·PANZHIHUA YEARBOOK·

攀枝花年鉴

攀枝花市人民政府 主办
攀枝花市地方志办公室 编

2016

方志出版社
Publishing House of Local Records

图书在版编目(CIP)数据

攀枝花年鉴. 2016 / 攀枝花市地方志办公室 编.
—北京：方志出版社，2016.11

ISBN 978-7-5144-2176-7

Ⅰ.①攀… Ⅱ.①攀… Ⅲ.①攀枝花市—2016—年鉴
Ⅳ.①Z527.13

中国版本图书馆 CIP 数据核字(2016)第 267363 号

攀枝花年鉴（2016）

编　　者：攀枝花市地方志办公室
责任编辑：冯　松

出 版 人：冀祥德
出 版 者：方 志 出 版 社
　　地址　北京市朝阳区潘家园东里 9 号(国家方志馆 4 层)
　　邮编　100021
　　网址　http://www.fzph.org
发　　行：方志出版社发行中心
　　电话(010)67110500
经　　销：各地新华书店
法律顾问：北京市大禹律师事务所
印　　刷：成都市标点制版印务有限责任公司

开　　本：889mm × 1194mm　1/16
印　　张：31.5
字　　数：1239 千
版　　次：2016 年 11 月第 1 版　2016 年 11 月第 1 次印刷
印　　数：0001 ~ 1000 册

ISBN 978-7-5144-2176-7　定价：180.00 元

2015年2月10日，由四川省旅游局指导，四川日报社、省社科院牵头开展的“2014四川旅游产业TOP10榜单推选及发布活动”揭晓，米易龙潭溶洞上榜“十大南丝路最值得期待”旅游目的地。（周小晖 摄）

2015年5月11日，攀枝花市政府与交通运输部科学研究院在攀枝花会展中心签署战略合作框架协议，双方确定在攀枝花市交通运输局设立“交通运输部科学研究院驻攀枝花市科技工作站”并为科技工作站揭牌。（胡晓莉 摄）

2015年5月23日，米易县金硕香芒果种植专业合作社生产的芒果获得农业部颁发的国家绿色食品认证书照片，填补米易芒果无绿色食品品牌的空白。（张剑发 摄）

2015年6月1日 攀枝花市美果宝农业开发有限公司在上海股权托管交易中心敲响Q板上市锣，成为攀枝花市首家在该中心挂牌上市的农业企业。（吕耀福 提供）

2015年6月6日，由中电建投资、水电七局承建的盐边万家山光伏发电项目第一个光伏阵列正式并网发电。万家山光伏发电项目位于盐边县桐子林镇，站场所处位置平均海拔约1400米，规划占地900亩，装机容量为3万千瓦，总投资约3.2亿元，预计年平均发电量3991.5万千瓦时。（高　原　提供）

2015年7月5日，经国家人力资源和社会保障部、财政部批准，中国十九冶集团攀枝花技师学院成为四川省获批2015年国家级高技能人才培训基地三家单位之一，并获中央财政一次性拨付补助资金500万元。（罗　琦　提供）

2015 年 7 月 7 日，为进一步拓宽教育资金来源渠道，经省教育厅同意、省民政厅批准，攀枝花市教育基金会正式成立。（王 冬 摄）

2015 年 8 月 27 日，攀枝花市政府与腾讯公司签署战略合作协议，双方就“互联网 +”达成全方位、深层次的战略合作，是继成都市、德阳市之后，全省第三个与腾讯公司建立合作的城市。（冉 旭 提供）

2015 年 11 月 1 日，由四川攀研技术有限公司生产的 40 桶重量 2000 千克危化品“硫酸氧钒”，经检验鉴定合格后出口至日本，这是攀枝花地区首次出口此类产品。（郭英卓 提供）

2015 年 11 月 17 日 在昆明举行的“2015 中国国际旅游交易会——中国特色旅游商品评选”活动中，攀枝花市的“攀枝花故事”牌钛自行车荣获金奖。（江兴群 提供）

2015 年 11 月 22 日，国家旅游局公布首批乡村旅游“千千万万”品牌名单，攀枝花市东区银江镇阿署达村荣获“中国乡村旅游模范村”称号。（马晓军 摄）

2015 年 11 月 28 日，2015 攀枝花钒钛资源综合利用院士行暨钒钛（国际）论坛在盐边县红格镇举行。来自国内外钒钛产业领域的专家、学者和企业家代表共赴盛会。（胡　荣 提供）

《攀枝花年鉴（2016）》编纂委员会

《攀枝花年鉴（2016）》编辑部

编辑说明

一、《攀枝花年鉴》是根据中共攀枝花市委、市人民政府决定，由攀枝花市人民政府主管、主办，攀枝花市地方志办公室编纂，全面反映攀枝花市政治、经济、文化和社会发展情况的地方综合性年鉴。《攀枝花年鉴》每年编辑出版1卷，已连续编辑公开出版25卷。

二、《攀枝花年鉴》是一部资料、数据、信息高度密集的大型综合性资料工具书，为科学决策、指导工作提供可靠依据和信息，让世界了解攀枝花提供窗口；也为攀枝花市留下可供借鉴的宝贵历史数据。

三、《攀枝花年鉴（2016）》记述攀枝花市2015年度资料，内容以条目形式表述。从稳定性和连续性出发，全书设特载、大事记、概貌、党政群团、军事、法治、经济管理、工业、农业、交通、信息产业、口岸、开发区建设、林业·环保、城乡规划建设·城市管理、商贸、金融、财政·税务、科学、文化、教育、体育·卫生、社会、附录、索引共25个部类。内文配以统计图表，力求图文并茂，增强可读性。附录中选载有重要文件目录、统计资料等，增加了二次文献分量，以供使用者查询。

四、《攀枝花年鉴（2016）》所用资料、图片，均由有关单位撰写、提供，并经有关领导审核、单位盖章。有关全年主要经济指标数据经市统计局审核。个别部门数据由于统计口径不同而表述不尽相同的，以市统计局年报数为准。全书文稿经市保密局、市统计局审查。全书编纂结束后，送编委会终审定稿，由方志出版社出版，国内外公开发行。

五、《攀枝花年鉴（2016）》类目、分目、副分目标题，分别用魏体、隶书、楷体区别，条目标题均用黑体字加“【】”符号，一次文献和二次文献采用不同字体以示区别。

六、《攀枝花年鉴（2016）》在编辑出版过程中，得到各县（区）、市级各部门、中央和省驻攀单位、其他各有关单位及全体撰稿人员的积极支持和通力合作，在此一并致谢。并请所有关心和支持《攀枝花年鉴》编辑出版的各界人士给予批评、指正。

《攀枝花年鉴》编辑部

2016年7月

《攀枝花年鉴(2016)》编撰单位责任人、主撰人

（排名不分先后）（姓名加黑者为责任人）

单　位	责任人	主撰人
中共攀枝花市委办公室、攀枝花市委研究室	夏应云	但镗宏　王晓龙　冯光旭　冯文平　胡文华
攀枝花市人大常委会办公室	钟国元	王　熙
攀枝花市人民政府办公室	徐明义	达士杰　陈　丽　李　阳
政协攀枝花市委员会办公室	刘　岚	舒晓艳
中共攀枝花市纪律检查委员会、攀枝花市监察局	王汉军	林　莉
中共攀枝花市委组织部	申　剑	刘成龙
中共攀枝花市委机构编制委员会办公室	陈建新	陈绍伟
中共攀枝花市委宣传部	孔　炜	雍茹元
攀枝花市委市政府目标督查办公室	李　海	罗　敏
中共攀枝花市委对台办	代兴强	赵雪松
中共攀枝花市委统战部	钟毅刚	高　雷　郭　建
攀枝花市精神文明建设办公室	赖小红	何宗敏
中共攀枝花市委党校	李国庆	周　玮
中共攀枝花市直机关工委	程桂兰	李　楠
攀枝花市国家保密局	唐明怡	孙俊峰
中共攀枝花市委群众工作局　攀枝花市人民政府信访局	蒋光忠	梁丹丹
攀枝花市人力资源和社会保障局	刘忠杰	肖礼荣
攀枝花市市委市政府接待办公室	徐明义	曾　媛
攀枝花市人民政府侨务办公室	王　棣	吴庆育
攀枝花市机关事务管理局	毛　明	陈其祥
攀枝花市扶贫和移民工作局	吕小平	张细平

攀枝花市安全生产监督管理局	谭兴忠	肖皇尧
攀枝花市旅游局	李福惠	邹元义
攀枝花市人民政府政务服务中心	杨秋林	卢　桃
攀枝花市住房公积金管理中心	邓孝良	张治文
攀枝花市投资促进局	胡昱冰	陈斌良
民革攀枝花市委	陈　洪	曹文飞
民盟攀枝花市委	胡志林	蒋冰韬
民进攀枝花市委	周治端	谢昌霖
中国农工民主党攀枝花市委	许　勤	王沛然
中国致公党攀枝花市委	邓永玲	马　萍
九三学社攀枝花市委	叶　桦	郭绍珊
民主建国会攀枝花支部	李绍华	于立光
攀枝花市工商业联合会	鲍俊华	刘　波
攀枝花市总工会	魏胜利	张瀚文
共青团攀枝花市委	卢　瑜	陈　莉
攀枝花市妇联	刘道泸	徐云芳
攀枝花市东区人民政府	杨礼文	张忠庆　鄢　平
攀枝花市西区人民政府	龙　勇	胡茂林
攀枝花市仁和区人民政府	岳　红	赵春贵
盐边县人民政府	蔡　君	刘贵云　冯子国
米易县人民政府	李　杰	李顺川　吴兴刚
攀枝花军分区	刘学东	马富强
武警攀枝花市支队	陈勇军	孙玉壶
攀枝花市人民防空办公室	卢开南	杨子仪
攀枝花市公安消防支队	杜　玥	柯于强
武警攀枝花市森林支队	张正文　李昌德	孟存业
中共攀枝花市委政法委	周元明	敬　波
攀枝花市公安局	殷旭东	姜　鑫
攀枝花市人民检察院	卢旭东	粟　一
攀枝花市中级人民法院	李光旭	陈　刚
攀枝花市司法局	陈志峰	冷　钢

攀枝花市政府法制办公室	文　静	杨清敏
攀枝花市科学技术和知识产权局	李　明	胡　荣
攀枝花市科学技术协会	林智深	潘学才
攀枝花市防震减灾局	杜勇进	王　斌　吴亚西
攀枝花市气象局	肖仲民	陶洪福　杜成勋
攀枝花市农林科学研究院	张洪祥	刘家伶
攀枝花市社科联	杜　非	谢仲华
攀枝花市地方志办公室	李冠华	龚思宇
攀枝花市党史研究室	起光勇	何岱俐
攀枝花市文化广播影视新闻出版局	杨　军	杨　忠
攀枝花市文联	李　平	杨　解
攀枝花日报社	张　春	李　建
攀枝花市教育体育局	董之云	刘万康　李红梅
攀枝花学院	刘立新	莫家莉
四川机电职业技术学院	许志军	葛启安
攀枝花市卫生和计划生育委员会	徐　翠	田维新
攀枝花市档案局	苟顶才	张国民
攀枝花市民政局	钱　卫	普　浩
攀枝花市残疾人联合会	李维忠	黄金秀
攀枝花市民族宗教事务委员会	罗文跃	周传宝
攀枝花市老龄工作委员会办公室	唐国建	马文祥
攀枝花市五创联动工作领导小组办公室	刘　松	李程林
中国农业银行股份有限公司攀枝花分行	李强松	曾兴慧
中国邮政储蓄银行攀枝花分行	曾　斌	张一佳
交通银行股份有限公司攀枝花分行	赵　宏	庄德臣
攀枝花市财政局	刘元海	夏　琼
华西证券有限责任公司攀枝花新华街营业部	冯于顺	李东泽
中国工商银行股份有限公司攀枝花分行	余　平	李　广
中国银行业监督管理委员会攀枝花监管分局	林鹏程	唐　云
天安财产保险股份有限公司攀枝花中心支公司	刘　炜	刘　燕
阳光财产保险股份有限公司攀枝花中心支公司	魏　勇	余水莲

华安财产保险股份有限公司攀枝花中心支公司	吕　峰	曾　平
中国建设银行股份有限公司攀枝花分行	杨克伦	杨　欢
中国农业发展银行攀枝花市分行	王　锋	何　雯
攀枝花农村商业银行股份有限公司	刘德顺	夏浚淞
攀枝花市国家税务局	陈力功	杨晓东
攀枝花市地方税务局	陈远俊	苏明慧
中国人民银行攀枝花市中心支行	李　勇	高永杰
中国人民财产保险股份有限公司攀枝花市分公司	郑旭瀚	李　艳
攀枝花市商业银行股份有限公司	杨宗林	李靓婧
中国平安财产保险股份有限公司攀枝花中心支公司	唐　华	李雪兰
中国人寿保险股份有限公司攀枝花市分公司	薛　飞	马艺瑕
中国太平洋财产保险股份有限公司攀枝花中心支公司	刘晓阳	郑翔宇
中国太平洋人寿保险股份有限公司攀枝花中心支公司	于　萍	韩文君
中国银行股份有限公司攀枝花分行	陈雪军	寸加斌
中华联合财产保险股份有限公司攀枝花中心支公司	刘海燕	皮宗兴
攀枝花市发展和改革委员会	覃发树	林升钦
攀枝花市经济和信息委员会	李兴华	郭英卓
攀枝花市国有投资（集团）有限责任公司	贺云海	余　淼
攀枝花市城市建设投资经营有限公司	曾光富	蔡　茵　李建莉
攀枝花市交通投资开发有限公司	蒋培胜	陈一萍　马清凤
攀枝花市政府国有资产监督管理委员会	丁建高	任文辉　杨　惠
攀枝花市统计局	柳建红	肖文才
攀枝花市审计局	张　雷	蔡　华
攀枝花市工商行政管理局	谢安德	邓　奎
攀枝花市质量技术监督局	陈　力	李　凯
攀枝花市国土资源局	陈忠恕	贾　磊
攀枝花市食品药品监督管理局	赖小红	蒋劲松
攀钢集团有限公司	张治杰	黄长银
中国十九冶集团有限公司	田　野	罗　珣
攀枝花煤业（集团）有限责任公司	袁渊泉	唐和平　江启飞　王　宁
国网四川省电力公司攀枝花供电公司	肖　杰	鲁丽玲　郑景轩

华电四川发电有限公司攀枝花分公司	贺熹坤	刘爱军
二滩水力发电厂	张　梁	王灵芝
攀枝花钢城集团有限公司	陈　泽	莫基秀
攀枝花市农牧局	邱小平	詹晓东
攀枝花市农业综合开发	鲁　川	周德敏　刘　飞
攀枝花市水务局	马泽林	冷洪强
攀枝花市交通运输局	唐成斌	胡晓莉
攀枝花市保安营机场	黄光炳	罗　莉
西昌车务段	周振华	李小莉
攀枝花市邮政管理局	雷云平	柳　兰
电信攀枝花分公司	丁　文	唐秀兰
移动攀枝花分公司	周林波	赵　燕
联通攀枝花分公司	马健峰	赵　琳
攀枝花市电子政务管理中心	陈传忠	梁　坚
攀枝花海关	周　敏	杨东梅
攀枝花检验检疫局	潘　斌	刘梦周　王春香　徐　洁
攀枝花钒钛高新技术产业园区	赵　中	潘俊羽
攀枝花花城新区	王　勇	樊　帆
攀枝花市林业局	凌永航	孟令贵
攀枝花市环保局	刘华太	朱丽娜
攀枝花住房和城乡规划建设局	刘志君	黄　杰　韦　剑
攀枝花市城管局	赵　琪	姜雪娇
攀枝花市商务和粮食局	战立君	姚　萍
攀枝花市供销社	魏渠河	叶宗翠
中国石油攀枝花分公司	王　梅	李泽民　吴　双
攀枝花烟草专卖局（公司）	郭明全	杨晓卫
攀枝花市盐业分公司	陈庆华	杨世堂

目　录

特　载

政府工作报告 …… (1)
要事纪略·“五创联动” …… (9)
概　况 …… (9)
创建国家环保模范城市 …… (9)
创建国家森林城市 …… (9)
创建国家园林城市 …… (9)
创建中国阳光康养旅游城市 …… (9)
创建全国文明城市 …… (9)

大事记

1 月 …… (10)
2 月 …… (10)
3 月 …… (11)
4 月 …… (11)
5 月 …… (12)
6 月 …… (12)
7 月 …… (13)
8 月 …… (13)
9 月 …… (13)
10 月 …… (13)
11 月 …… (14)
12 月 …… (14)

概　貌

自然概貌 …… (15)
地理位置 …… (15)
地形河流 …… (15)
气　候 …… (15)
国土资源 …… (15)
生物资源 …… (15)
国民经济和社会发展概貌 …… (16)
经济综述 …… (16)
农　业 …… (16)
工业和建筑业 …… (16)
固定资产投资 …… (17)
国内贸易及旅游 …… (17)
对外经济 …… (17)
交通、通信和邮电 …… (17)
财政、税收、金融和保险 …… (17)
教育和科学技术 …… (18)
文化、卫生和体育 …… (18)
环境保护和安全生产 …… (18)
人　口 …… (18)
人民生活和社会保障 …… (18)
县(区)概貌 …… (19)
东　区 …… (19)
建置人口 …… (19)
经济发展状况 …… (19)
工业经济 …… (20)
农业和农村经济 …… (20)
第三产业 …… (20)
招商引资 …… (20)
科　技 …… (20)
教　育 …… (21)
文　化 …… (21)
体　育 …… (21)

卫　生 …………………………………………… (22)
民生工程 ………………………………………… (22)
行政职能改革 …………………………………… (22)
项目建设 ………………………………………… (22)
城市建设 ………………………………………… (22)
城市管理 ………………………………………… (22)
街道、镇发展状况 ……………………………… (23)

西　区 …………………………………………… (23)
建置人口 ………………………………………… (23)
《攀枝花市西区 2015 年国民经济和社会发展计划》……
……………………………………………………… (23)
经济发展状况 …………………………………… (23)
工业经济 ………………………………………… (24)
新农村建设 ……………………………………… (24)
第三产业 ………………………………………… (24)
招商引资 ………………………………………… (25)
城市建设 ………………………………………… (25)
环境治理 ………………………………………… (25)
科　学 …………………………………………… (25)
教　育 …………………………………………… (26)
文　化 …………………………………………… (26)
卫　生 …………………………………………… (26)
民生工程 ………………………………………… (27)
交通建设 ………………………………………… (27)
省道 310 线格福路改建完工 …………………… (27)
重大项目建设 …………………………………… (27)
街道、镇发展状况 ……………………………… (27)

仁和区 …………………………………………… (28)
建制人口 ………………………………………… (28)
气　候 …………………………………………… (28)
矿产资源 ………………………………………… (28)
生物资源 ………………………………………… (28)
经济发展状况 …………………………………… (28)
工业经济 ………………………………………… (29)
经济指标 ………………………………………… (29)
重大项目 ………………………………………… (29)
农业经济 ………………………………………… (30)
城乡建设 ………………………………………… (30)
生态环境建设 …………………………………… (30)
交通建设 ………………………………………… (30)
旅　游 …………………………………………… (31)
教　育 …………………………………………… (31)
科　技 …………………………………………… (31)
文化体育 ………………………………………… (31)
医疗卫生 ………………………………………… (31)
社会保障 ………………………………………… (31)
街道、乡(镇)发展状况 ………………………… (32)

米易县 …………………………………………… (32)
建置人口 ………………………………………… (32)
经济社会发展 …………………………………… (33)
工业经济 ………………………………………… (33)
农村经济 ………………………………………… (34)
招商引资 ………………………………………… (34)
人事人才 ………………………………………… (35)
科　技 …………………………………………… (35)
教　育 …………………………………………… (35)
卫生计生 ………………………………………… (36)
文　化 …………………………………………… (37)
体　育 …………………………………………… (37)
就业创业 ………………………………………… (38)
社会保障 ………………………………………… (38)
精准扶贫 ………………………………………… (39)
生态建设 ………………………………………… (39)
城市建设 ………………………………………… (40)
旅游经济 ………………………………………… (40)
民族事务 ………………………………………… (41)
乡镇发展 ………………………………………… (41)

盐边县 …………………………………………… (42)
建置人口 ………………………………………… (42)
经济发展状况 …………………………………… (42)
农业经济 ………………………………………… (43)
工业经济 ………………………………………… (43)
招商引资 ………………………………………… (44)
科　技 …………………………………………… (44)
教　育 …………………………………………… (44)
文　化 …………………………………………… (44)
体　育 …………………………………………… (45)
卫　生 …………………………………………… (45)
盐边县纳入全省第二批县域全域规划试点 ……… (45)
第十届格萨拉索玛花生态旅游节开幕 ………… (45)
盐边县在“2015 中外知名企业四川行”签约项目 87.5 亿
元 ………………………………………………… (45)
攀枝花市首个农光互补电站项目正式并网发电 … (45)
盐宁路全线贯通 ………………………………… (45)

盐边县鳡鱼大桥新建工程全面完工 …………………（46）
盐边县小河沟水库工程正式开工建设 ……………（46）
盐边县首个芒果深加工项目成功落地 ……………（46）
四川省内首个农、风、光互补试点项目投产 ………（46）
盐边县桐子林水电站首批机组成功投产发电 ……（46）
盐边县义务教育发展基本均衡县工作通过省政府督导评估 ……………………………………………………（46）
2015 中国四川·二滩至泸沽湖山地徒步大会开幕 …… ……………………………………………………（46）
乡镇概况 ………………………………………………（46）

党政群团

中共攀枝花市委 …………………………………（48）
综　述 …………………………………………………（48）
国民经济发展 …………………………………………（48）
工业经济 ………………………………………………（48）
农业农村经济 …………………………………………（48）
现代服务业 ……………………………………………（48）
地方经济和民营经济 …………………………………（48）
项目建设 ………………………………………………（49）
招商引资 ………………………………………………（49）
城市建设 ………………………………………………（49）
深化改革 ………………………………………………（49）
对外开放 ………………………………………………（49）
民生工程 ………………………………………………（49）
依法治市 ………………………………………………（49）
社会稳定 ………………………………………………（49）
民主法治建设 …………………………………………（49）
党的建设 ………………………………………………（50）

重要会议 ………………………………………………（50）
中共攀枝花市委九届八次全体（扩大）会议暨市委经济工作会议 ………………………………………………（50）
全市领导班子思想政治建设工作会 ………………（51）
全市“三严三实”专题教育工作座谈会 ……………（51）
全市扶贫攻坚工作会议 ……………………………（52）
中共攀枝花市委九届九次全体（扩大）会议暨市委经济工作会议 ………………………………………………（53）

重要决策 ………………………………………………（54）
全面推进从严治党 …………………………………（54）
全面深入推进依法治市 ……………………………（54）
加强全市领导班子思想政治建设 …………………（54）
集中力量打赢扶贫开发攻坚战 ……………………（54）
全面创新改革驱动转型发展 ………………………（54）

制度建设 ………………………………………………（55）
深入反“四风”抓整改、巩固和拓展党的群众路线教育实践活动成果 ……………………………………………（55）
完善和深化集体林权制度改革 ……………………（55）
建立健全行政权力清单制度 ………………………（55）
推进户籍制度改革 …………………………………（55）
加强和改进党的群团工作 …………………………（55）

政策研究 ………………………………………………（56）
适应新常态、抢抓新机遇、展现新作为，加快推动攀枝花转型升级发展的研究 ……………………………（56）
抓住领导干部“关键少数”，营造良好政治生态的研究 … ……………………………………………………（56）
精准扶贫工作的研究 ………………………………（56）

纪律检查与行政监察 …………………………………（56）
概　况 …………………………………………………（56）
市纪委九届五次全会 ………………………………（57）
省委领导到攀调研 …………………………………（57）
领导到攀授课 ………………………………………（57）
党风廉政教育暨反腐倡廉警示教育大会 …………（57）
新提拔交流县级领导干部集体廉政谈话 …………（57）
市级单位纪检组织负责人 2014 年度述责述廉 ……（58）
纪检监察系统警示教育暨作风巡察动员会 ………（58）
攀枝花市廉政教育基地授牌 ………………………（58）
攀枝花市党员学习《两个条规》知识竞赛决赛活动 …… ……………………………………………………（58）
从严依规管党治党 …………………………………（58）
坚决压实“两个责任” ………………………………（58）
稳步推进纪律检查体制改革 ………………………（59）
正风惩腐维护群众利益 ……………………………（59）
深化源头防腐 ………………………………………（60）
违纪违法案件查处 …………………………………（60）
领导干部廉洁自律 …………………………………（60）
干部队伍建设 ………………………………………（61）
机关党建 ……………………………………………（61）

组织工作 ………………………………………………（61）
概　况 …………………………………………………（61）
“三严三实”专题教育和领导班子思想政治建设 …（62）
精准扶贫工作 ………………………………………（62）

党的建设制度改革 …… (62)
年轻干部人才递进培养 …… (62)
领导班子和干部队伍建设 …… (63)
干部管理监督 …… (63)
党的基层组织建设 …… (64)
人才工作 …… (65)
老干部工作 …… (66)
对口援藏工作 …… (67)
自身建设 …… (67)

机构编制管理 …… (67)
市级部门机构概况 …… (67)
机构编制事项审批 …… (67)
县(区)政府机构改革 …… (68)
政府职能转变 …… (68)
非行政许可审批事项清理 …… (68)
不动产登记职责整合 …… (68)
规范市县(区)部门内设机构名称 …… (68)
事业单位分类改革 …… (68)
综合行政执法改革试点 …… (68)
实名制管理与督查 …… (68)
机构编制突出问题专项整治 …… (68)
机构编制纳入经济责任审计 …… (68)
机构编制调查研究 …… (69)
事业单位法人治理结构试点 …… (69)
事业单位登记 …… (69)
事业单位登记管理改革 …… (69)
中文域名注册 …… (69)

宣传工作 …… (69)
概　况 …… (69)
理论武装工作 …… (69)
舆论宣传工作 …… (70)
文化建设工作 …… (70)
精神文明建设工作 …… (71)
对外宣传工作 …… (71)
互联网宣传管理及舆情信息工作 …… (71)
学习宣传贯彻习近平总书记系列重要讲话精神 …… (72)
实施社会主义核心价值观建设“3554”工程 …… (72)
建市50周年系列宣传活动 …… (72)
空政文工团大型经典民族歌剧《江姐》演出活动 …… (73)

精神文明建设 …… (73)
文明城市创建 …… (73)
先进典型选树宣传活动 …… (73)
推进志愿服务制度化 …… (74)
未成年人思想道德建设 …… (74)

目标督查 …… (74)
目标管理 …… (74)
督办督查 …… (75)
民生工程 …… (75)
办理人大代表建议和政协提案 …… (75)

统战工作 …… (76)
概　况 …… (76)
贯彻落实四川省委统战工作会议 …… (76)
服务全市改革发展 …… (76)
专题调研 …… (76)
扶贫工作 …… (77)
生态文明建设 …… (77)
参政党建设 …… (77)
党外代表人士队伍建设 …… (77)
非公经济人士理想信念教育 …… (77)
万企帮万村活动 …… (77)
民族宗教工作 …… (77)
统战部门自身建设 …… (77)

对台工作 …… (78)
着力产业研判,实施精准招商 …… (78)
开展投资促进活动 …… (78)
对台交流交往 …… (78)
对台宣传和涉台教育 …… (78)
服务台胞台属和台资企业 …… (79)
养产业合作交流会 …… (79)
《魅力城市——攀枝花》正式上线 …… (79)
队伍建设 …… (79)

保密工作 …… (80)
网络保密管理 …… (80)
召开全市保密工作会议 …… (80)
依法行政 …… (80)
保密宣传教育 …… (80)
保密检查 …… (80)
保密指导管理 …… (80)
保密技术 …… (80)
“三言三实”教育活动 …… (80)

市直机关工委 ……………………………………… (80)
思想建设 ……………………………………… (80)
组织建设 ……………………………………… (81)
制度建设 ……………………………………… (81)
作风和反腐倡廉建设 ……………………………… (81)
“双联”和干部驻村帮扶工作 ………………………… (82)
统战、工会、共青团、妇女工作 ……………………… (82)

党校工作 ………………………………………… (82)
概 况 ………………………………………… (82)
干部培训 ……………………………………… (83)
继续教育教学管理和招生 …………………………… (83)
科研工作 ……………………………………… (83)
宣讲工作 ……………………………………… (83)
信息化工作 ……………………………………… (83)

攀枝花市人大常委会 ……………………………… (84)
市九届人民代表大会会议 …………………………… (84)
市九届人大常委会会议 ……………………………… (84)
市九届人大常委会主任会议 ………………………… (85)
调查与视察 ……………………………………… (86)
办理代表批评、建议和意见 ………………………… (87)
人事任免 ……………………………………… (88)

攀枝花市人民政府 ………………………………… (89)
综 述 ………………………………………… (89)
国民经济 ……………………………………… (89)
城乡建设 ……………………………………… (89)
社会事业 ……………………………………… (89)
人民生活 ……………………………………… (89)

重要举措 ………………………………………… (89)
首抓项目稳定社会投资 ……………………………… (89)
力促工业企稳回升 ………………………………… (90)
大力发展第三产业 ………………………………… (90)
加快发展现代农业 ………………………………… (90)
切实改善保障民生 ………………………………… (90)
优化环境打造宜居城市 ……………………………… (90)
深化改革凝聚发展动力 ……………………………… (91)
统筹施策发展社会事业 ……………………………… (91)

重要会议 ………………………………………… (91)
全市对外开放和招商引资工作会议 ………………… (91)
市政府廉政工作暨全市依法行政、审计工作会议 ……… (91)
攀枝花金融生态建设暨银政企合作座谈会 ………… (92)
全市农业产业化重点项目推进会 …………………… (92)
全市科学技术奖励大会 ……………………………… (92)
全市安全生产工作推进会暨第三次安委会 ………… (92)
全市扶贫攻坚工作会 ……………………………… (92)
全市工业经济稳增长促投资工作推进会 …………… (92)

重要事件 ………………………………………… (93)
中国三线建设研讨会在攀召开 ……………………… (93)
三线建设博物馆正式开馆 …………………………… (93)
攀枝花市获批全国区域工业绿色转型发展试点城市 … (93)
深圳直飞攀枝花航班开通 …………………………… (93)
桐子林水电站正式投产发电 ………………………… (94)
第六届四川国际自驾游交易博览会在攀举办 ……… (94)
攀枝花国家钒钛高新技术产业开发区授牌 ………… (94)
市第七届运动会举行 ……………………………… (94)

政务工作 ………………………………………… (94)
办理人大代表建议和政协提案 ……………………… (94)
政务公开 ……………………………………… (95)
政务信息 ……………………………………… (95)
政务调研 ……………………………………… (95)
紧急救援与应急保障 ……………………………… (95)

信 访 ………………………………………… (95)
概 况 ………………………………………… (95)
矛盾纠纷排查化解 ………………………………… (96)
积案难案化解 ……………………………………… (96)
领导接访下访 ……………………………………… (96)
“三无”创建活动 ………………………………… (97)
“12345 市民热线” ……………………………… (97)
信访事项复查复核 ………………………………… (97)
网上信访信息综合平台 ……………………………… (97)
视频接访系统建设 ………………………………… (97)
“接访大厅”建设 ………………………………… (97)

人力资源综合管理 ………………………………… (97)
概 况 ………………………………………… (97)
就业创业 ……………………………………… (98)
完善促进就业创业政策 ……………………………… (98)
推进重点群体就业 ………………………………… (98)

"大众创业,万众创新"活动 …… (99)
职业能力建设 …… (99)
就业创业能力培训 …… (100)
基层平台与信息化建设 …… (100)
农民工工作 …… (100)
公务员管理 …… (100)
事业单位管理 …… (101)
专业技术人才管理 …… (101)
人才开发和市场管理 …… (102)
人才服务 …… (102)
工资福利 …… (103)
军转安置解困 …… (103)
人事考试工作 …… (103)
规划财务工作 …… (104)
依法行政工作 …… (104)
行政审批工作 …… (104)
行政"大调解" …… (104)
和谐劳动关系建设 …… (105)
企业工资分配制度改革 …… (105)
劳动保障监察 …… (105)
劳动人事争议仲裁 …… (105)
信息化工程 …… (106)
信访维稳综治工作 …… (106)
扶贫帮村"双联"活动 …… (106)

外事及港澳台事务 …… (106)
因公出国(境) …… (106)
外宾来访接待 …… (106)

接待工作 …… (106)
概　况 …… (106)
主要接待 …… (107)

侨　务 …… (107)
概　况 …… (107)
经济科技 …… (107)
权益保障 …… (108)

机关事务管理 …… (108)
概　况 …… (108)
房地产管理 …… (108)
公务车辆管理 …… (109)
物业管理 …… (109)
公共机构节能管理 …… (109)

扶贫与移民 …… (110)
概　况 …… (110)
扶贫工作 …… (110)
大中型水利水电移民 …… (111)
移民后期扶持 …… (111)
采煤沉陷区居民安置 …… (111)
信访维稳 …… (111)
扶贫移民资金管理 …… (112)

安全生产监管管理 …… (112)
概　况 …… (112)
安委会工作 …… (112)
安全教育培训 …… (113)
安全监察执法 …… (113)
举报投诉 …… (113)
安全生产宣传 …… (113)
依法治理 …… (114)
安全科技 …… (114)
安全文化建设 …… (114)
安全生产月活动 …… (114)
安全生产行政审批 …… (115)
煤矿安全监督管理 …… (115)
非煤矿山安全监督管理 …… (115)
危险化学品安全监督管理 …… (116)
烟花爆竹安全监督管理 …… (116)
民爆物品安全监督管理 …… (116)
冶金安全监督管理 …… (117)
职业健康监督管理 …… (117)
园区安全监督管理 …… (117)
安全生产监测监控 …… (118)

旅　游 …… (118)
概　况 …… (118)
招商引资 …… (118)
第六届四川国际自驾游交易博览会 …… (118)
首届四川省养生旅游节 …… (119)
争取资金支持 …… (119)
重点项目 …… (120)
基础设施建设 …… (120)
宣传营销 …… (121)
管理服务 …… (121)
编制规划 …… (121)

政务服务 …… (121)

概　况 …… (121)
行政审批改革 …… (121)
规范行政审批行为 …… (122)
创新审批服务形式 …… (122)
加强政务服务窗口建设 …… (123)
健全行政权力平台监督 …… (123)
规范权力运行 …… (123)
健全公共资源交易管理机制 …… (124)

住房公积金管理 …… (124)
概　况 …… (124)
住房公积金缴存管理 …… (124)
住房公积金使用管理 …… (125)
住房公积金运营效益及收益分配 …… (125)
利用住房公积金贷款支持保障性住房建设试点 …… (125)
资金管理及安全 …… (125)
推进住房公积金改革 …… (125)
住房公积金管委会会议 …… (126)
省住建厅检查、调研 …… (126)
住建部公积金督查员巡查 …… (126)

招商引资 …… (126)
概　况 …… (126)
攀枝花市参加“中外知名企业四川行”活动 …… (127)
攀枝花·毅德城项目落户仁和区 …… (127)
年产 2 万吨钛板坯项目成功落户盐边县 …… (127)
攀枝花市首个钛产品加工项目落户西区 …… (127)
第二届攀西试验区投资推介会攀枝花市签约 40 亿元 …… (127)
攀枝花市与九鼎投资共建投资小镇 …… (127)
攀枝花市与成都市签署合作框架协议 …… (127)
中国西部(四川)进口展暨国际投资大会攀枝花市投资促进工作成果丰硕 …… (127)
碧桂园项目入住花城新区 …… (128)
第六届四川国际自驾游交易博览会攀枝花市签约金额 233.6 亿元 …… (128)
攀枝花市与华润电力签订银江水电站合作协议 …… (128)

政协攀枝花市委员会 …… (128)
八届五次会议 …… (128)
主席会议 …… (129)
常委会议 …… (129)
提案工作 …… (130)
视察、考察 …… (130)
专题调研 …… (131)
学习会 …… (131)
协商座谈会 …… (132)
委员无题座谈会 …… (132)
宣传工作 …… (132)
文史工作 …… (133)
上下联动活动 …… (133)
界别工作 …… (133)
助推康养产业发展 …… (133)
促进攀西试验区建设 …… (134)
参与扶贫攻坚 …… (134)
参与全市重点工作 …… (134)

民主党派·工商联 …… (135)
中国国民党革命委员会攀枝花市委员会 …… (135)
组织状况 …… (135)
主要工作 …… (135)

中国民主同盟攀枝花市委员会 …… (136)
组织状况 …… (136)
主要工作 …… (137)

中国民主促进会攀枝花市委员会 …… (138)
组织状况 …… (138)
调查研究 …… (138)
参政议政 …… (138)
民主监督 …… (138)
统战理论 …… (138)
组织建设 …… (139)
社会服务 …… (139)
宣传信息 …… (139)
机关建设 …… (139)

农工民主党攀枝花市委员会 …… (140)
组织状况 …… (140)
主要工作 …… (140)

中国致公党攀枝花市委员会 …… (141)
组织状况 …… (141)
参政议政 …… (142)
社会服务 …… (142)
致公党员风采 …… (142)

九三学社攀枝花市委员会 …………………………… (143)
组织状况 …………………………………………… (143)
主要工作 …………………………………………… (143)

中国民主建国会攀枝花市基层委员会 ……………… (144)
组织状况 …………………………………………… (144)
参政议政 …………………………………………… (144)
对口帮扶 …………………………………………… (145)
自身建设 …………………………………………… (145)

攀枝花市工商业联合会 …………………………… (145)
概　况 ……………………………………………… (145)
参政议政 …………………………………………… (146)
引导非公有制经济人士健康成长 ………………… (146)
服务非公有制经济发展 …………………………… (146)
组织建设 …………………………………………… (146)

群众团体 …………………………………………… (147)
攀枝花市总工会 …………………………………… (147)
概　况 ……………………………………………… (147)
贯彻落实中央、省市委党的群团工作会议精神 … (147)
建功立业促发展行动 ……………………………… (147)
职工技能素质提升行动 …………………………… (147)
职工经济技术创新工程 …………………………… (147)
安全生产管理工作 ………………………………… (147)
劳模评选与关爱行动 ……………………………… (147)
维权与维稳 ………………………………………… (148)
困难帮扶工程 ……………………………………… (148)
“送温暖”活动 …………………………………… (148)
“送清凉”活动 …………………………………… (148)
“寒窗助学”行动 ………………………………… (148)
就业创业促进活动 ………………………………… (148)
户外劳动者关爱行动 ……………………………… (148)
工资集体协商工作 ………………………………… (148)
厂务公开民主管理 ………………………………… (149)
构建和谐劳动关系 ………………………………… (149)
“双基”夯实行动 ………………………………… (149)
企业和职工文化建设工程 ………………………… (149)
工会自身建设 ……………………………………… (149)

共青团攀枝花市委 ………………………………… (149)
组织概况 …………………………………………… (149)
服务党政中心 ……………………………………… (149)
推动工作创新 ……………………………………… (150)
开展法治实践 ……………………………………… (150)
强化自身建设 ……………………………………… (151)
关心下一代工作 …………………………………… (151)

妇联工作 …………………………………………… (151)
概　况 ……………………………………………… (151)
“两纲”实施 ……………………………………… (152)
“素质提升”行动 ………………………………… (152)
妇女居家灵活就业 ………………………………… (152)
维权信访工作 ……………………………………… (152)
“花城联姐”婚调室建设 ………………………… (153)
“幸福家庭”行动 ………………………………… (153)
“强基固本”行动 ………………………………… (153)
惠民关爱行动 ……………………………………… (153)
精准扶贫工作 ……………………………………… (153)
首届家庭文化艺术节活动 ………………………… (154)
首届“家庭植树节”活动 ………………………… (154)
承办四川省促进妇女居家灵活就业暨巾帼文明岗交流培会 …………………………………………… (154)

武　装

地方武装 …………………………………………… (155)
概　况 ……………………………………………… (155)
思想政治建设 ……………………………………… (155)
推进军事斗争准备 ………………………………… (155)
党委班子和干部队伍建设 ………………………… (155)
开展“三严三实”专题教育整顿活动 …………… (156)
狠抓部队安全稳定 ………………………………… (156)
提高综合保障能力 ………………………………… (156)
推进军民融合深度发展 …………………………… (157)
组织民兵骨干集训 ………………………………… (157)
组织基层专武干部集训 …………………………… (157)
攀枝花市民兵综合应急营成立 …………………… (157)
扶贫开发及帮扶工作 ……………………………… (157)
图片展览活动 ……………………………………… (158)
征兵工作 …………………………………………… (158)
保障“联合行动－2015D”军事演习 …………… (158)

武　警 ……………………………………………… (158)
思想政治教育 ……………………………………… (158)
组织建设 …………………………………………… (158)
队伍建设 …………………………………………… (159)

军事训练 …………………………………………… (159)
战备执勤 …………………………………………… (159)
后勤建设 …………………………………………… (159)
拥政爱民 …………………………………………… (160)
文化宣传 …………………………………………… (160)

人民防空 …………………………………………… (160)
概　况 …………………………………………… (160)
组织指挥 …………………………………………… (160)
工程建设 …………………………………………… (160)
平战结合 …………………………………………… (161)
警报建设 …………………………………………… (161)
疏散基地建设 …………………………………………… (161)
专业队伍 …………………………………………… (161)
基层组织 …………………………………………… (162)
宣传教育 …………………………………………… (162)
“六个一”项目 …………………………………………… (162)

消　防 …………………………………………… (162)
概　况 …………………………………………… (162)
火灾及接警出动情况 …………………………………………… (163)
消防工作社会化 …………………………………………… (163)
火灾隐患整治 …………………………………………… (163)
消防安全宣传 …………………………………………… (164)
监督执法 …………………………………………… (164)
实战化练兵 …………………………………………… (164)
后勤保障建设 …………………………………………… (165)
班子队伍建设 …………………………………………… (165)
党风廉政建设 …………………………………………… (165)
思想政治建设 …………………………………………… (166)
和谐警民共建 …………………………………………… (166)
回望建队 50 年 …………………………………………… (167)
“雷霆—E”综合应急救援演练 …………………………………………… (167)
119 消防宣传周 …………………………………………… (167)

武警攀枝花市森林支队 …………………………………………… (168)
组织建设 …………………………………………… (168)
思想政治建设 …………………………………………… (168)
军事能力建设 …………………………………………… (169)
依法治军建设 …………………………………………… (169)
后勤保障建设 …………………………………………… (169)
基层部队建设 …………………………………………… (170)

法　治

综治管理 …………………………………………… (171)
维护社会稳定 …………………………………………… (171)
社会治安综合治理 …………………………………………… (171)
服务经济社会发展 …………………………………………… (171)
领导责任制 …………………………………………… (172)
法治建设工作 …………………………………………… (172)
政法队伍建设 …………………………………………… (172)

公　安 …………………………………………… (172)
概　况 …………………………………………… (172)
打击刑事犯罪 …………………………………………… (172)
治安管控 …………………………………………… (173)
禁毒缉毒 …………………………………………… (173)
打击经济犯罪 …………………………………………… (173)
安全监管 …………………………………………… (174)
交通管理 …………………………………………… (174)
改革创新 …………………………………………… (174)
服务民生 …………………………………………… (174)
队伍建设 …………………………………………… (175)

检　察 …………………………………………… (175)
概　况 …………………………………………… (175)
案件集中管理 …………………………………………… (175)
刑事检察 …………………………………………… (175)
查办和预防职务犯罪 …………………………………………… (176)
诉讼监督 …………………………………………… (176)
依法治市 …………………………………………… (176)
法律政策研究 …………………………………………… (177)
检察技术 …………………………………………… (177)
司法警察 …………………………………………… (177)
法治能力建设 …………………………………………… (177)

法　院 …………………………………………… (178)
概　况 …………………………………………… (178)
刑事审判 …………………………………………… (178)
民商事审判 …………………………………………… (178)
行政审判 …………………………………………… (178)
执行工作 …………………………………………… (178)
服务大局 …………………………………………… (178)
司法为民 …………………………………………… (179)
司法改革 …………………………………………… (179)

民主监督 …… (179)
队伍建设 …… (179)

司法行政 …… (179)
概　况 …… (179)
强制隔离戒毒 …… (180)
人民调解 …… (180)
安置帮教 …… (180)
社区矫正 …… (180)
特赦工作 …… (180)
司法所规范化示范点创建 …… (180)
律师工作 …… (180)
公证工作 …… (181)
司法鉴定 …… (181)
法律援助 …… (181)
基层法律服务 …… (181)
法律七进 …… (181)
“六五”普法检查验收 …… (181)
“12·4”国家宪法日暨全国法制宣传日 …… (182)
法治示范创建 …… (182)
普法和法律服务志愿者支队成立 …… (182)
外来企业投诉 …… (182)
司法考试 …… (182)
司法业务用房建设 …… (182)

政府法制 …… (182)
开展依法行政示范创建活动 …… (182)
审查、制定市政府规范性文件 …… (182)
规范性文件备案 …… (182)
听取社会公众意见 …… (182)
法律顾问履职尽责 …… (183)
编制公布行政许可项目目录 …… (183)
行政复议案件 …… (183)
规范行政复议答复工作 …… (183)
行政复议委员会工作制度 …… (183)
行政执法证件管理 …… (183)
行政执法人员资格认证 …… (183)
行政处罚案件信息公开 …… (183)
行政处罚及行政许可案卷评查 …… (183)
重大行政处罚、强制备案 …… (183)
行政执法与刑事司法衔接 …… (184)
修改法规、规章草案 …… (184)
行政调解 …… (184)
仲裁工作 …… (184)
宣传教育 …… (184)

经济管理

宏观经济管理 …… (185)
经济目标完成情况 …… (185)
经济运行分析工作 …… (185)
产业经贸工作 …… (185)
农村农业工作 …… (185)
优化提升公路网络工作 …… (185)
铁路建设工作 …… (186)
改善能源体系工作 …… (186)
固定资产投资工作 …… (186)
社会事业发展工作 …… (186)
重大项目建设工作 …… (186)
攀西国家级战略资源创新开发试验区建设工作 …… (187)
财政金融与外资工作 …… (187)
招投标管理工作 …… (187)
行政审批工作 …… (187)
发展规划制定与实施管理工作 …… (187)
节能减排与环境资源工作 …… (188)
经济体制改革工作 …… (188)
成本调查监审与价格监测工作 …… (188)
价格监管与认证工作 …… (188)
收费管理工作 …… (188)
攀西资源开发工作 …… (189)
重点项目稽查工作 …… (189)
代建项目管理工作 …… (189)
监察工作 …… (189)
对口援建名山区灾区工作 …… (189)

工业经济管理 …… (189)
工业经济综述 …… (189)
生产要素协调与保障 …… (190)
重大工业产业化项目推进 …… (190)
经济发展方式转变 …… (190)
工业结构调整升级 …… (190)
信息化工作 …… (191)
“互联网+”和两化融合工作 …… (191)
产业园区建设 …… (192)
太阳能产业发展 …… (192)
无线电管理 …… (192)

国有资产投资经营管理 …………………………… (193)
概　况 …………………………………………… (193)
加强国企党建 …………………………………… (193)
深化国企改革 …………………………………… (193)
争取棚改项目贷款 ……………………………… (193)
一期企业债转回售 ……………………………… (193)
参股成昆铁路公司 ……………………………… (193)
加大观音岩引水工程资金保障 ………………… (193)

城市建设投资经营管理 …………………………… (194)
城市基础设施建设 ……………………………… (194)
拆迁安置 ………………………………………… (195)
筹融资 …………………………………………… (195)

交通投资开发经营建设和管理 …………………… (195)
概　况 …………………………………………… (195)
招投标 …………………………………………… (195)
竣工决算 ………………………………………… (196)
拓展融资渠道 …………………………………… (197)
重点路桥建设 …………………………………… (197)

国有资产监督管理 ………………………………… (198)
国有资产管理 …………………………………… (198)
国资国企改革 …………………………………… (198)
监管企业发展 …………………………………… (199)
监管企业安全和稳定 …………………………… (199)
国有企业党建 …………………………………… (199)
国有企业党风廉政建设 ………………………… (200)

统　计 ……………………………………………… (200)
统计报表 ………………………………………… (200)
统计调查 ………………………………………… (200)
普查工作 ………………………………………… (200)
统计分析 ………………………………………… (201)
统计服务 ………………………………………… (201)
统计改革 ………………………………………… (201)
统计双基建设 …………………………………… (201)
统计信息化建设 ………………………………… (201)
统计法制建设 …………………………………… (201)
统计能力建设 …………………………………… (201)

审　计 ……………………………………………… (202)
概　况 …………………………………………… (202)
宏观政策措施落实情况跟踪审计 ……………… (202)
城镇保障性安居工程跟踪审计 ………………… (202)
预算执行情况审计 ……………………………… (202)
领导干部经济责任审计 ………………………… (203)
投资建设项目审计 ……………………………… (203)
专项资金审计(调查) …………………………… (203)
内部审计工作 …………………………………… (203)
审计自身建设 …………………………………… (204)

工商行政管理 ……………………………………… (204)
个体私营经济监督管理 ………………………… (204)
市场主体登记管理 ……………………………… (204)
商标品牌战略 …………………………………… (204)
市场监督管理 …………………………………… (205)
保护消费者合法权益 …………………………… (205)
法治工商建设 …………………………………… (205)
个私协会管理 …………………………………… (206)

质量技术监督 ……………………………………… (206)
质量强市建设 …………………………………… (206)
质量监督抽查 …………………………………… (206)
质量管理 ………………………………………… (207)
国家钒钛质检中心建设 ………………………… (207)
标准化工作 ……………………………………… (207)
质量专项监督检查 ……………………………… (207)
计量市场监督管理 ……………………………… (208)
计量检定与计量测试 …………………………… (208)
特种设备安全监察 ……………………………… (208)
认证工作 ………………………………………… (208)
地标工作 ………………………………………… (208)
行政执法 ………………………………………… (208)
消费者质量投诉 ………………………………… (208)
代条码工作 ……………………………………… (209)

国土资源管理 ……………………………………… (209)
国土资源 ………………………………………… (209)
耕地保护 ………………………………………… (209)
重点项目用地保障 ……………………………… (209)
国土资源规划 …………………………………… (209)
矿政管理 ………………………………………… (209)
地质灾害防治 …………………………………… (210)
执法监察 ………………………………………… (210)
集约节约用地 …………………………………… (210)
地质环境恢复治理 ……………………………… (210)
农村集体土地确权登记发证 …………………… (210)

政务服务 …… (210)
精准扶贫 …… (210)
民生工程 …… (211)
法治国土建设 …… (211)
攀西钒钛磁铁矿整装勘查 …… (211)
钒钛磁铁矿综合利用示范基地建设 …… (211)
攀西国家级战略资源创新开发试验区 …… (211)
不动产统一登记 …… (211)
石墨矿勘查开发 …… (211)
工矿废弃地复垦利用试点工作 …… (211)
城乡用地增减挂钩试点 …… (211)
机构和队伍建设 …… (211)

食品药品监督管理 …… (211)
概　况 …… (211)
食品药品监管体制改革 …… (212)
依法行政示范创建 …… (213)
食品质量安全追溯体系建设 …… (213)
医疗机构药械质量管理规范化建设 …… (213)
食品药品专项整治 …… (213)
法律宣传 …… (213)
食品药品及医疗器械检验检测 …… (214)

民营经济 …… (214)
概　况 …… (214)
非公有制工业 …… (214)
非公有制经济队伍 …… (214)

工　业

钒钛工业 …… (215)
概　况 …… (215)

钒产业 …… (215)
概　况 …… (215)
攀钢集团钒业有限公司 …… (215)
攀枝花卓越钒业科技有限公司 …… (216)
四川攀西钒业科技有限公司 …… (217)

钛产业 …… (217)
概　况 …… (217)
攀钢集团钛业有限责任公司 …… (218)
攀枝花钢企欣宇化工有限公司钛业分公司 …… (218)
攀枝花东方钛业有限公司 …… (219)
四川安宁铁钛股份有限公司 …… (219)

钢铁生产 …… (219)
生产经营 …… (219)
深化改革 …… (220)
科技创新 …… (220)
非钢产业 …… (221)
基础管理 …… (221)
转型升级 …… (221)
企业文化 …… (221)

矿业生产 …… (221)
基本情况 …… (221)
生产经营 …… (222)
管理创新 …… (222)
工程建设 …… (222)

冶金建设 …… (223)
概　况 …… (223)
工程建设 …… (223)
人才建设 …… (223)
科技创新 …… (223)

煤　炭 …… (224)
概　况 …… (224)
生产经营 …… (224)
煤炭生产 …… (224)
相关产业 …… (224)
经营管控 …… (225)
改革发展 …… (225)
安全工作 …… (225)
人力资源管理 …… (225)
科技创新 …… (226)
信息化建设 …… (226)
节能环保 …… (226)
和谐矿区建设 …… (226)
240 万吨扩建工程 …… (226)
产业延伸 …… (226)
公车改革 …… (227)

电　力 …… (227)
国网四川省电力公司攀枝花供电公司 …… (227)
概　况 …… (227)
人力资源 …… (227)

电网建设与发展 …………………………………… (227)
经营管理 …………………………………………… (227)
安全生产 …………………………………………… (228)
科技与信息化工作 ………………………………… (228)
市场服务 …………………………………………… (228)

雅砻江流域水电开发有限公司二滩水力发电厂 …… (228)
概　况 ……………………………………………… (228)
主要指标完成情况 ………………………………… (228)

华电四川发电有限公司攀枝花分公司 ……………… (228)
概　况 ……………………………………………… (228)
经营管理 …………………………………………… (228)
安全生产 …………………………………………… (229)
依法治企 …………………………………………… (229)
对外市场拓展 ……………………………………… (229)
新能源开发 ………………………………………… (229)
队伍建设 …………………………………………… (229)
“7s”管理 …………………………………………… (229)
第三届职工技术运动会 …………………………… (230)
《平凡的感动——攀电人自己的故事》征集 ……… (230)
第三次党代会 ……………………………………… (230)
党建工作 …………………………………………… (230)
“四心”建设 ………………………………………… (230)
职工代表巡视督察 ………………………………… (230)

化工工业 …………………………………………… (230)
概　况 ……………………………………………… (230)
重点化工企业 ……………………………………… (231)

地方工业 …………………………………………… (231)
概　况 ……………………………………………… (231)
冶金行业 …………………………………………… (231)
轻工行业 …………………………………………… (231)
机械行业 …………………………………………… (231)

主要工业企业 ……………………………………… (231)
攀枝花钢城集团有限公司 ………………………… (231)
四川龙蟒矿冶有限责任公司 ……………………… (233)

农　　业

种植业 ……………………………………………… (234)
粮食生产 …………………………………………… (234)
蔬菜生产 …………………………………………… (234)
水果生产 …………………………………………… (234)
蚕桑生产 …………………………………………… (235)
植物检疫 …………………………………………… (235)
病虫害防治 ………………………………………… (235)
农药市场监管 ……………………………………… (235)
无公害农产品监测 ………………………………… (235)

养殖业 ……………………………………………… (235)
畜牧生产 …………………………………………… (235)
动物防疫 …………………………………………… (236)
畜产品检疫 ………………………………………… (236)

农业服务 …………………………………………… (236)
农民负担监管 ……………………………………… (236)
落实惠农政策 ……………………………………… (236)
农广校招生与培训 ………………………………… (237)
种子管理 …………………………………………… (237)
农田基本建设 ……………………………………… (237)
农村能源建设 ……………………………………… (237)
农业抗灾救灾 ……………………………………… (237)
农机发展与管理 …………………………………… (237)
农业产业化 ………………………………………… (238)

农业综合开发 ……………………………………… (238)
概　况 ……………………………………………… (238)
土地治理 …………………………………………… (238)
产业化经营 ………………………………………… (238)
其他项目 …………………………………………… (238)

水　　务

概　况 ……………………………………………… (239)
“十二五”水利规划完成情况 ……………………… (239)
重点水利工程建设 ………………………………… (239)
防汛抗旱工作 ……………………………………… (240)
农田水利基本建设 ………………………………… (240)
水资源管理 ………………………………………… (240)
水土保持 …………………………………………… (241)
安全生产和质量监督 ……………………………… (241)
依法行政和依法治水 ……………………………… (241)
水务改革 …………………………………………… (242)
高效节水项目建设 ………………………………… (242)

交通运输

公　路 ……………………………………………… (243)
概　况 ……………………………………………… (243)
交通基础建设 ……………………………………… (243)
筹融资 ……………………………………………… (243)
固定资产投资 ……………………………………… (243)
公交客运 …………………………………………… (243)
公路管养 …………………………………………… (244)
行政执法 …………………………………………… (244)
路政管理 …………………………………………… (244)
运政管理 …………………………………………… (245)
道路运输 …………………………………………… (245)
海事监管 …………………………………………… (245)
交通安全 …………………………………………… (246)
省厅公路局检查考核普通国省干线公路养护管理工作 ……………………………………………… (246)
交通部原部长黄镇东到攀枝花调研金沙江航运发展工作 ……………………………………………… (246)
开通西区河石坝至同德镇农村客运线路 ………… (246)
省交通运输厅副厅长冯文生一行到攀调研 ……… (246)
省道216线同德至渔门段恢复正常通行 ………… (246)
四川汽车客运票务网投运 ………………………… (246)
省道310线格福路龙洞至格里坪段试通车 ……… (247)
攀枝花市庄上旅游新村专线包车开通 …………… (247)
鱼塘至机场路新建工程建成试通车 ……………… (247)
米易县丙谷镇两个自发迁居农民安置点新建公路已全面竣工 ……………………………………………… (247)
攀枝花凉山两市州水上交通安全工作联席会在攀召开 ……………………………………………… (247)
华丽高速试验段开工建设　丽攀高速攀枝花全段年内通车 ……………………………………………… (247)
红飘带爱心出租车队成立 ………………………… (247)
市交通运输局被评为全国先进集体 ……………… (247)
市政府与交通运输部科学研究院签署战略合作框架协议 ……………………………………………… (247)
落实政协重点提案　提前完成渡金线限速调整工作 ……………………………………………… (247)
高速公路项目推介活动 …………………………… (247)
攀枝花市鱼鲊金沙江大桥5月底通车 …………… (247)
格福路改建完工 …………………………………… (247)
李传林一行调研攀枝花市交通运输重点工作 …… (248)
出租车行业"爱心送考" ………………………… (248)

铁　路 ……………………………………………… (248)
概　况 ……………………………………………… (248)
境内运输经营 ……………………………………… (248)

航　空 ……………………………………………… (248)
航空市场 …………………………………………… (248)
航空安全 …………………………………………… (248)
机场服务 …………………………………………… (248)

信息产业

邮　政 ……………………………………………… (249)
概　况 ……………………………………………… (249)
普遍服务监管业务 ………………………………… (249)
快递市场监管业务 ………………………………… (249)
发挥协会作用 ……………………………………… (249)
电子商务发展 ……………………………………… (250)
智能包裹柜建设 …………………………………… (250)
邮政综合便民服务平台 …………………………… (250)
阳光邮局 …………………………………………… (250)

中国电信攀枝花分公司 …………………………… (250)
概　况 ……………………………………………… (250)
"宽带乡村"惠民工程建设 ………………………… (250)
通信保障 …………………………………………… (251)
客户服务 …………………………………………… (251)

中国移动攀枝花分公司 …………………………… (251)
概　况 ……………………………………………… (251)
网络运营 …………………………………………… (251)
服务社会 …………………………………………… (251)
业务发展 …………………………………………… (251)
客户服务 …………………………………………… (251)

中国联合网络通信有限公司攀枝花市分公司 …… (252)
概　况 ……………………………………………… (252)
网络运营 …………………………………………… (252)
客户服务 …………………………………………… (252)
业务发展 …………………………………………… (252)
通信保障 …………………………………………… (252)
培训情况 …………………………………………… (252)
企业文化 …………………………………………… (252)

电子政务 …………（253）
概况 …………（253）
电子政务管理 …………（253）
电子政务基础设施建设 …………（253）
电子政务应用 …………（253）
市人民政府门户网站 …………（253）
政务信息公开 …………（254）
信息网络安全与运维保障 …………（254）
技术支撑与服务 …………（254）

口岸

攀枝花海关 …………（255）
概况 …………（255）
海关监管 …………（255）
税收征管 …………（255）
服务地方经济 …………（255）
精神文明建设 …………（255）

出入境检验检疫 …………（256）
概况 …………（256）
出口产品检验检疫监管 …………（256）
进口产品检验检疫监管 …………（256）
疫情监控、进口粮后续监管 …………（256）
产地证签证 …………（256）
服务地方经济发展 …………（256）
实验室建设 …………（257）

开发区建设

四川攀枝花钒钛高新技术产业园区 …………（258）
概况 …………（258）
经济发展状况 …………（258）
产业发展 …………（258）
招商引资 …………（259）
基础保障 …………（259）
安全环保 …………（259）
民生事业 …………（259）
升创工作 …………（259）

攀枝花市花城新区 …………（260）
概况 …………（260）
班子及队伍建设 …………（260）
项目建设 …………（260）
用地保障 …………（260）
资金保障 …………（261）
规划编制 …………（261）
招商引资 …………（261）
质量安全控制 …………（261）

林业·环保

林业 …………（262）
概况 …………（262）
天然林资源保护工程 …………（262）
退耕还林工程 …………（262）
森林城市创建 …………（263）
森林资源管理 …………（263）
林业行政执法 …………（263）
野生动植物保护及自然保护区建设 …………（263）
森林病虫防治检疫 …………（264）
森林防火 …………（264）
林业产业 …………（264）
林业宣传 …………（265）
林业改革与发展 …………（265）
林业科技 …………（265）

环境保护 …………（265）
环境质量 …………（265）
污染治理 …………（266）
固体废物管理 …………（267）
主要污染物总量减排 …………（267）
环境法制建设 …………（267）
环境宣传教育 …………（267）
环境污染强制责任保险 …………（267）
强制清洁生产审核 …………（267）
环境影响评价管理 …………（267）
科技标准监测管理 …………（268）
生态文明建设 …………（268）
农村生态环境保护 …………（268）
环境监察执法 …………（268）
环境应急管理 …………（268）
核与辐射环境监管 …………（269）
环境信访 …………（269）
排污费征收 …………（269）
企业信用评价 …………（269）

城乡规划建设·城市管理

住房和城乡规划建设 …………………… (270)
管理机构 …………………… (270)
城乡规划 …………………… (270)
基础设施建设 …………………… (270)
住房保障 …………………… (270)
房地产业 …………………… (271)
建筑业管理 …………………… (271)
行政审批 …………………… (271)

城市管理 …………………… (271)
概　况 …………………… (271)
城乡环境综合治理 …………………… (271)
创建国家园林城市 …………………… (272)
扬尘治理 …………………… (272)
市政设施 …………………… (272)
安全生产 …………………… (272)
数字化城管 …………………… (272)
制度建设 …………………… (272)
改革创新 …………………… (272)

商　　贸

商务和粮食流通 …………………… (273)
对外贸易 …………………… (273)
外资外经 …………………… (273)
社会消费品零售 …………………… (273)
服务业发展 …………………… (273)
产业发展现场会 …………………… (274)
民生工程 …………………… (274)
市场体系建设 …………………… (274)
市场流通监管 …………………… (274)
电子商务 …………………… (274)
商务援藏 …………………… (274)
项目资金争取 …………………… (274)
粮食安全保障 …………………… (274)

供销合作商业 …………………… (275)
概　况 …………………… (275)
农资经营 …………………… (275)
农民专业合作社 …………………… (275)
农村电子商务 …………………… (275)
农业综合项目库 …………………… (275)
精准扶贫 …………………… (276)
供销社综合改革 …………………… (276)
信访工作 …………………… (276)

石油营销 …………………… (276)
概　况 …………………… (276)
油价调整 …………………… (276)
安全环保计量质量管理 …………………… (277)
精细化管理 …………………… (277)

烟草营销 …………………… (277)
概　况 …………………… (277)
烟叶生产 …………………… (278)
烟草技术推广应用 …………………… (278)
现代烟草农业建设 …………………… (278)
卷烟营销 …………………… (278)
专卖管理 …………………… (278)
重大案件 …………………… (278)
企业管理 …………………… (279)

盐业营销 …………………… (279)
概　况 …………………… (279)
机构调整 …………………… (279)
市场营销 …………………… (279)
市场监管 …………………… (279)

金　　融

银　行 …………………… (280)
银行综述 …………………… (280)

中国人民银行攀枝花市中心支行 …………………… (281)
概　况 …………………… (281)
差别准备金动态调整 …………………… (281)
法人金融机构流动性管理 …………………… (281)
存款准备金管理 …………………… (282)
再贷款和再贴现管理 …………………… (282)
利率市场化改革 …………………… (282)
金融服务“三农” …………………… (282)
推进“中小微企业金融服务提升工程” …………………… (282)
建立沟通协调机制 …………………… (283)
普惠金融 …………………… (283)

落实差别化住房信贷政策 …………………………（283）
债券市场监督管理 ………………………………（283）
同业拆借市场监督管理 …………………………（283）
黄金市场的监督管理 ……………………………（283）
直接债务融资 ……………………………………（284）
跨境人民币业务 …………………………………（284）
金融统计基础 ……………………………………（284）
金融统计数据的研究运用 ………………………（284）
开展重点课题研究 ………………………………（284）
直接投资外汇管理简化和改进 …………………（284）
提升外汇监管工作 ………………………………（284）
外汇服务工作 ……………………………………（285）
维护涉外经营秩序 ………………………………（285）
现金供应 …………………………………………（285）
2015 年版第五套人民币 100 元纸币发行工作 ……（285）
人民币反假 ………………………………………（285）
整治银行卡网上非法买卖 ………………………（285）
加强“ACS”制度执行 …………………………（286）
成立金融稳定科 …………………………………（286）
新设银行业机构开业管理 ………………………（286）
完善重大事项报告制度体系 ……………………（286）
金融风险应急管理 ………………………………（286）
反洗钱工作 ………………………………………（286）
可疑交易报告管理 ………………………………（287）
银行业信息化工作 ………………………………（287）
金融 IC 卡应用 …………………………………（287）
保障国库资金安全 ………………………………（288）
提升国库收支效率 ………………………………（288）
加强国债管理 ……………………………………（288）
内控机制建设 ……………………………………（288）
金融宣传 …………………………………………（289）
强化干部实践锻炼 ………………………………（289）
开展反恐和维稳工作 ……………………………（289）

攀枝花银监分局 …………………………………（289）
概　况 ……………………………………………（289）
稳增长调结构 ……………………………………（289）
普惠金融 …………………………………………（289）
降低融资成本 ……………………………………（290）
金融扶贫攻坚 ……………………………………（290）
严控信用风险 ……………………………………（290）
严防案件风险 ……………………………………（290）
增加金融服务供给 ………………………………（290）
改善公司治理 ……………………………………（290）
金融创新 …………………………………………（290）
依法监管 …………………………………………（290）
提升内部管理水平 ………………………………（290）

中国工商银行股份有限公司攀枝花分行 …………（291）
概　况 ……………………………………………（291）
综合负债业务 ……………………………………（291）
信贷融资业务 ……………………………………（291）
中间业务 …………………………………………（291）
质量管理 …………………………………………（291）
金融服务 …………………………………………（292）
改革创新 …………………………………………（292）
网点建设 …………………………………………（292）
内控案防 …………………………………………（292）

中国农业银行攀枝花分行 …………………………（292）
概　况 ……………………………………………（292）
推进网点转型 ……………………………………（293）
银政合作 …………………………………………（293）
产品创新服务 ……………………………………（293）
服务三农 …………………………………………（293）
信贷业务 …………………………………………（294）
中间业务 …………………………………………（294）
内控制度建设 ……………………………………（294）

中国银行股份有限公司攀枝花分行 ………………（294）
概　况 ……………………………………………（294）
负债业务 …………………………………………（295）
资产业务 …………………………………………（295）
中间业务 …………………………………………（295）
重点项目营销 ……………………………………（295）
机制建设 …………………………………………（295）
党风廉政建设 ……………………………………（296）
内控管理 …………………………………………（296）
队伍建设 …………………………………………（296）

中国建设银行股份有限公司攀枝花分行 …………（297）
概　况 ……………………………………………（297）
资产业务 …………………………………………（297）
负债业务 …………………………………………（298）
中间业务 …………………………………………（298）
内控管理 …………………………………………（298）

交通银行股份有限公司攀枝花分行 ………………（299）

概　况 ……………………………………………… (299)
信贷投放 ……………………………………………… (299)
发挥综合化优势 ……………………………………… (299)
争取政策支持 ………………………………………… (299)
帮扶困难企业 ………………………………………… (299)
降低企业融资成本 …………………………………… (299)
加强银政合作 ………………………………………… (299)
规范化服务 …………………………………………… (299)

中国农业发展银行攀枝花市分行 ……………………… (299)
概　况 ……………………………………………… (299)
信贷业务 ……………………………………………… (300)
存款业务 ……………………………………………… (300)
中间业务 ……………………………………………… (300)
信贷管理 ……………………………………………… (300)
内控管理 ……………………………………………… (301)
风险防控 ……………………………………………… (301)
队伍建设 ……………………………………………… (301)

攀枝花市商业银行 …………………………………… (301)
概　况 ……………………………………………… (301)
跨区域发展 …………………………………………… (302)
零售业务转型 ………………………………………… (302)
服务地方经济 ………………………………………… (302)
拓展金融市场业务 …………………………………… (302)
风险和案件防范 ……………………………………… (302)
管理改革 ……………………………………………… (303)
社会责任 ……………………………………………… (303)

攀枝花农村商业银行股份有限公司 …………………… (303)
概　况 ……………………………………………… (303)
服务实体经济 ………………………………………… (303)
经营转型 ……………………………………………… (303)
资金业务 ……………………………………………… (304)
内控管理 ……………………………………………… (304)
人才队伍建设 ………………………………………… (304)
优质服务 ……………………………………………… (304)
践行社会责任 ………………………………………… (304)

中国邮政储蓄银行攀枝花分行 ………………………… (304)
概　况 ……………………………………………… (304)
资产业务 ……………………………………………… (305)
负债业务 ……………………………………………… (305)
队伍建设 ……………………………………………… (305)
渠道建设 ……………………………………………… (305)
内控管理 ……………………………………………… (305)
社会履职 ……………………………………………… (306)
优质服务 ……………………………………………… (306)

证　券 ……………………………………………… (306)
华西证券攀枝花营业部 ……………………………… (306)
概　况 ……………………………………………… (306)
管　控 ……………………………………………… (306)
财富管理 ……………………………………………… (306)
资本中介 ……………………………………………… (307)
安全工作 ……………………………………………… (307)

保　险 ……………………………………………… (307)
中国人民财产保险攀枝花市分公司 …………………… (307)
概　况 ……………………………………………… (307)
业务结构调整 ………………………………………… (307)
狠抓增值服务 ………………………………………… (307)
加大社区和农网建设 ………………………………… (307)
依法合规经营 ………………………………………… (308)
重大赔案 ……………………………………………… (308)

中国人寿保险股份有限公司攀枝花市分公司 ………… (308)
概　况 ……………………………………………… (308)
业务发展 ……………………………………………… (309)
队伍建设 ……………………………………………… (309)
客户服务 ……………………………………………… (309)
党建工作 ……………………………………………… (309)
内控合规建设 ………………………………………… (310)
重大赔案 ……………………………………………… (310)

中国平安财产保险股份有限公司攀枝花中心支公司 …… (310)
概　况 ……………………………………………… (310)
合规建设 ……………………………………………… (310)
业务创新 ……………………………………………… (311)
客服创新 ……………………………………………… (311)
重大赔案 ……………………………………………… (311)

中国太平洋财产保险股份有限公司攀枝花中心支公司 … (311)
概　况 ……………………………………………… (311)
管理创新 ……………………………………………… (311)
机构和渠道建设 ……………………………………… (312)

服务创新 …… (312)
重大赔案 …… (312)

中国太平洋人寿保险股份有限公司攀枝花中心支公司 …… (312)
概 况 …… (312)
制度建设 …… (313)
客户服务 …… (313)
产品开发 …… (313)
重大赔案 …… (313)

中华联合财产保险股份有限公司攀枝花中心支公司 …… (313)
概 况 …… (313)
重大赔案 …… (314)

阳光财产保险股份有限公司攀枝花中心支公司 …… (314)
概 况 …… (314)
财务管理 …… (314)
客户服务 …… (314)
理赔服务 …… (315)
重大赔案 …… (315)

华安财产保险股份有限公司攀枝花中心支公司 …… (315)
概 况 …… (315)
合规管理 …… (315)
客户服务 …… (316)
重大赔案 …… (316)

天安财产保险股份有限公司攀枝花中心支公司 …… (316)
概 况 …… (316)
基础管理建设 …… (316)
客户服务 …… (316)
重大赔案 …… (317)

财政 · 税务

财 政 …… (318)
攀枝花财政工作 …… (318)
概 况 …… (318)
全市财政预算执行情况 …… (318)
市本级财政预算执行情况 …… (319)
收支管理 …… (319)
扶持实体经济发展 …… (319)
支持产业发展 …… (320)
助推重大项目建设 …… (320)
保障社会事业发展 …… (320)
落实教育经费 …… (320)
财政工作座谈会 …… (321)
行政事业性收费清理 …… (321)
预算管理改革 …… (321)
国库管理改革 …… (321)
支农资金分配方式改革 …… (322)
农业“三项补贴”改革 …… (322)
仁和区涉农打捆项目试点工作 …… (322)
涉农资金专项整治 …… (322)
精准扶贫开发工作 …… (323)
新村建设 …… (323)
财政支出绩效评价工作 …… (323)
开展政府向社会力量购买服务工作 …… (323)
推广政府与社会资本合作模式(PPP) …… (323)
政府采购监督管理 …… (324)
国有资产管理 …… (324)
财政监督检查 …… (324)
政府性债务管控 …… (324)
财政科研 …… (325)
财政投资评审 …… (325)
财政信息公开 …… (325)
干部队伍建设 …… (325)

税 务 …… (325)
国家税务 …… (325)
概 况 …… (325)
税收收入 …… (326)
依法治税 …… (327)
纳税服务 …… (327)
税收征管 …… (328)
税政管理 …… (328)
队伍建设 …… (329)
政务管理 …… (330)

地方税务 …… (330)
概 况 …… (330)
组织收入 …… (330)
依法行政 …… (331)
税收征管 …… (331)
纳税服务 …… (331)
“两权”监督 …… (331)

队伍建设 …… (332)
政务管理 …… (332)
精准扶贫 …… (332)

科　学

自然科学 …… (333)
科知工作 …… (333)
概　况 …… (333)
科技体制改革 …… (333)
科技创新体系建设 …… (334)
攀西试验区重大科技攻关 …… (334)
农业科技 …… (334)
民生科技 …… (334)
知识产权工作 …… (334)
对外科技交流合作 …… (334)
“十三五”科技规划编制 …… (335)
决策咨询 …… (335)

科学技术协会 …… (335)
《科学素质纲要》督导 …… (335)
科普宣传教育活动 …… (336)
基层科普行动计划 …… (336)
青少年科技创新实践活动 …… (336)
学术研讨交流活动 …… (337)
第五届攀枝花科技论坛 …… (337)
院士专家工作站建设 …… (337)
“金桥工程”和“讲比”竞赛活动 …… (338)

防震减灾 …… (338)
概　况 …… (338)
地震监测预报 …… (338)
地震活动 …… (338)
震情跟踪会商 …… (339)
农村民居抗震设防 …… (339)
地震应急演练 …… (339)
基础单元示范创建活动 …… (339)
防震减灾目标考核 …… (339)
防震减灾宣传培训 …… (339)
建设完成攀枝花市地震数据中心 …… (339)

气　象 …… (340)
概　况 …… (340)
气象服务 …… (340)
气候综述 …… (341)
气温 …… (341)
降水 …… (341)
日照时数 …… (341)
相对湿度 …… (341)
气象灾害 …… (341)

农林科研 …… (342)
概　况 …… (342)
蔬菜研究 …… (342)
特色水果研究 …… (343)
园林绿化研究 …… (343)
烟草研究 …… (343)
畜牧研究 …… (343)
林业研究 …… (344)
节水研究 …… (344)
成果转化与示范 …… (344)
交流与合作 …… (345)
技术培训 …… (346)

社会科学 …… (346)
社科联 …… (346)
概　况 …… (346)
社科课题研究 …… (346)
社科学术活动 …… (346)
社科优秀成果评奖 …… (347)
社科知识宣传普及 …… (347)
《攀枝花社会科学》编发 …… (347)

志书・年鉴编修 …… (347)
概　况 …… (347)
部门志、行业志编修 …… (347)
《中国苴却砚图志》编纂出版 …… (347)
《中国苴却砚》出版 …… (347)
《攀枝花年鉴(2015)》编纂出版 …… (347)
县(区)年鉴编纂出版 …… (348)
企业、单位年鉴编辑出版 …… (348)
《攀枝花史志》编发 …… (348)

党史研究 …… (348)
概　况 …… (348)
《中国共产党攀枝花执政实录》(第8卷)出版 …… (348)
《攀枝花纪事》编辑出版 …… (348)
编修《中国共产党攀枝花历史大事记》 …… (349)

编纂《中国共产党攀枝花历史》(1921—1978)…… (349)
编纂出版《中国共产党攀枝花历史日志》………… (349)
编纂出版《攀枝花 50 年:建设者回忆录》………… (349)
各县(区)委执政实录出版………………………… (349)
党史征编利用……………………………………… (349)
宣传教育…………………………………………… (349)
资政工作…………………………………………… (350)
专题研究…………………………………………… (350)

文 化

概 况……………………………………………… (351)

艺术创作…………………………………………… (351)
音乐创作…………………………………………… (351)
舞蹈创作…………………………………………… (351)
戏剧创作…………………………………………… (352)
文学作品…………………………………………… (352)

艺术表演…………………………………………… (352)
重大演出…………………………………………… (352)
获 奖……………………………………………… (352)

美术·书法·摄影·展览…………………………… (352)
美术作品…………………………………………… (352)
书法作品…………………………………………… (352)
摄影作品…………………………………………… (352)
展览………………………………………………… (352)

群众文化…………………………………………… (352)
公共文化服务体系………………………………… (352)
公共图书馆………………………………………… (352)
文化馆事业………………………………………… (353)
全民阅读…………………………………………… (353)

文化遗产保护……………………………………… (353)
文物保护…………………………………………… (353)
第一次全国可移动文物普查……………………… (353)
四川攀枝花三线建设博物馆……………………… (353)
非物质文化遗产保护……………………………… (354)

印刷·出版·发行…………………………………… (354)
印 刷……………………………………………… (354)
出 版……………………………………………… (354)
发 行……………………………………………… (354)

文化市场…………………………………………… (354)
概 况……………………………………………… (354)
版权保护…………………………………………… (354)
文化产业…………………………………………… (354)
行政执法…………………………………………… (354)
“扫黄打非”………………………………………… (355)

广播影视…………………………………………… (355)
广播电视宣传……………………………………… (355)
事业建设…………………………………………… (355)
电影管理…………………………………………… (356)
安全播出…………………………………………… (356)

文联工作…………………………………………… (356)
诗画集《砚池清韵》首发…………………………… (356)
“水拍金沙”纪念攀枝花开发建设五十周年美术、书法、摄影作品展………………………………………… (356)
市文联六届二次全委会召开……………………… (356)
第八届攀枝花文学艺术奖………………………… (356)
《攀枝花文学》2014 年度优秀作品奖 …………… (357)
攀枝花文学艺术创作中心正式启用……………… (357)
全省书画名家“走进阳光花城”创作采风活动…… (357)
2015“最美花城”攀枝花摄影大赛………………… (357)
“我们的中国梦·纪念建市五十周年”有奖征文活动 ……………………………………………… (357)
阳光花城·米易诗会影响不断扩大……………… (357)
以颛项文化打造,提升地方文化影响力 ………… (357)
2015 年文艺惠民活动……………………………… (357)
2015 年文艺大讲堂活动…………………………… (358)
2015 年文艺进校园活动…………………………… (358)
2015 年展览活动…………………………………… (358)
2015 年文学创作成果……………………………… (358)
2015 年艺术创作成果……………………………… (358)

地方报业…………………………………………… (358)
概 况……………………………………………… (358)
宣传党的十八届四中、五中全会和省委十届七次全会精神……………………………………………… (359)
宣传贯彻中央“四个全面”战略布局……………… (359)
市委九届八次、九次全会宣传 …………………… (359)
纪念攀枝花三线建设 50 周年宣传 ……………… (360)
“三严三实”专题教育宣传………………………… (360)

自驾游新闻报道 …… (360)
“两会”新闻报道 …… (361)
培育和践行社会主义核心价值观宣传 …… (361)
“稳增长”新闻报道 …… (361)
民生宣传 …… (361)
“圆梦行动”传承大爱和温暖 …… (362)
推动媒体融合发展 …… (362)

教　育

基础教育 …… (363)
概　况 …… (363)
学前教育 …… (364)
义务教育 …… (364)
普通高中教育 …… (364)
特殊教育 …… (364)
职业教育 …… (364)
高等教育和成人教育 …… (365)
民办教育 …… (365)
中小学德育 …… (365)
学校卫生与健康教育 …… (365)
学校艺术教育 …… (365)
教育综合改革 …… (365)
义务教育均衡发展 …… (365)
依法治教 …… (366)
依法行政 …… (366)
规范办学 …… (366)
教育督导 …… (366)
教育科研 …… (366)
语言文字工作 …… (366)
教育投入 …… (367)
改善办学条件 …… (367)
农村义务教育薄弱学校改造 …… (367)
教育技术装备 …… (367)
教育信息化 …… (367)
教师队伍建设 …… (367)
人事制度改革 …… (367)
教育培训工作 …… (367)
学生资助工作 …… (367)
招生考试 …… (368)
教育信息宣传 …… (368)
党风廉政建设 …… (368)
党建工作 …… (368)
领导班子和干部队伍建设 …… (368)
联系服务群众 …… (369)
学校后勤保障工作 …… (369)
校园安全 …… (369)
信访维稳工作 …… (369)
义务教育发展基本均衡县创建 …… (369)

高等教育 …… (370)
攀枝花学院 …… (370)
概　况 …… (370)
教学管理 …… (371)
实践教学 …… (371)
课程教学改革 …… (371)
素质教育改革 …… (371)
继续教育 …… (371)
普教招生和就业 …… (371)
学生奖助学 …… (372)
第二轮岗位聘任 …… (372)
师资队伍建设 …… (372)
专业技术职务评审 …… (372)
科研工作 …… (372)
对外交流与合作 …… (373)
校园文化建设 …… (373)
后勤服务 …… (373)
攀枝花学院附属医院建设 …… (373)
党建工作 …… (374)

四川机电职业技术学院(攀钢党校) …… (374)
基本情况 …… (374)
奖项荣誉 …… (374)
国家骨干高职院校建设项目 …… (374)
改革与管理 …… (374)
职业教育与培训 …… (374)
教学和科研 …… (375)
招生与就业 …… (375)
人文与素质教育 …… (375)
学生资助与奖励 …… (375)
职业技能鉴定 …… (375)

体育·卫生

体　育 …… (376)
概　况 …… (376)
青少年体育 …… (376)
全民健身活动 …… (376)

参加全国体育赛事 …………………………………（376）
参加省级及以上群众体育竞赛 ……………………（377）
向四川省专业运动队输送运动员 …………………（377）
市场监管 ……………………………………………（377）
行政确认 ……………………………………………（377）
彩票销售 ……………………………………………（377）
社会体育指导员培训 ………………………………（377）
体育人才培养 ………………………………………（377）
体育产业 ……………………………………………（377）
体育基础设施建设 …………………………………（377）
国民体质测试工作 …………………………………（377）
攀枝花市第七届运动会 ……………………………（377）
体育“三下乡”活动………………………………（378）

卫生计生 ……………………………………………（378）
机构和队伍 …………………………………………（378）
医药卫生体制改革 …………………………………（378）
区域医疗卫生高地建设 ……………………………（378）
卫生基础设施建设 …………………………………（378）
基层医疗卫生体系建设 ……………………………（378）
医政管理 ……………………………………………（379）
无偿献血 ……………………………………………（379）
疾病预防控制 ………………………………………（379）
卫生监督执法 ………………………………………（379）
卫生应急 ……………………………………………（379）
妇幼卫生 ……………………………………………（379）
爱国卫生运动 ………………………………………（379）
食品安全风险监测 …………………………………（379）
计生利益导向政策 …………………………………（380）
流动人口服务管理 …………………………………（380）
依法行政 ……………………………………………（380）
健康服务业 …………………………………………（380）
人才引进培养 ………………………………………（380）
人口健康信息化建设 ………………………………（380）
中医药工作 …………………………………………（381）
民族卫生 ……………………………………………（381）
藏区援助 ……………………………………………（381）
卫生计生宣传 ………………………………………（381）

社　会

民政事业 ……………………………………………（382）
概　况 ………………………………………………（382）
城乡居民最低生活保障 ……………………………（382）
城乡医疗救助 ………………………………………（382）
农村五保供养 ………………………………………（382）
临时救助 ……………………………………………（383）
社会救助体系建设 …………………………………（383）
救　灾 ………………………………………………（384）
优待抚恤 ……………………………………………（384）
退役士兵安置 ………………………………………（384）
双拥工作 ……………………………………………（384）
基层政权建设工作 …………………………………（384）
社会福利事业 ………………………………………（385）
社会慈善工作 ………………………………………（385）
行政区划 ……………………………………………（385）
地名管理 ……………………………………………（385）
民间组织管理 ………………………………………（386）
婚姻登记和收养登记 ………………………………（386）
殡葬管理 ……………………………………………（386）
流浪乞讨人员救助 …………………………………（386）
社工人才工作 ………………………………………（386）

档案事业 ……………………………………………（387）
概　况 ………………………………………………（387）
重大项目及重大活动档案管理 ……………………（387）
农业农村档案管理 …………………………………（387）
民生档案管理 ………………………………………（388）
档案规范化管理 ……………………………………（388）
档案资源建设 ………………………………………（388）
档案法制化建设 ……………………………………（388）
档案信息化建设 ……………………………………（388）
档案文化建设 ………………………………………（388）
档案安全体系建设 …………………………………（388）
档案利用服务拓展 …………………………………（388）
档案宣传与培训 ……………………………………（388）

残疾人事业 …………………………………………（388）
概　况 ………………………………………………（388）
攀枝花市残联第六届主席团第二次会议 …………（388）
健全残疾人社会保障体系 …………………………（389）
落实残疾人社会保障制度 …………………………（389）
残疾人民生工程 ……………………………………（389）
残疾人民生大事 ……………………………………（389）
残疾人状况专项调查 ………………………………（389）
“量体裁衣”式残疾人服务…………………………（389）
残疾人康复 …………………………………………（390）
残疾人扶贫 …………………………………………（390）

残疾人教育 ………………………………………… (390)
残疾人就业 ………………………………………… (391)
残疾人维权工作 …………………………………… (391)
残疾人宣传 ………………………………………… (391)
残疾人体育 ………………………………………… (391)

民族宗教事务 ……………………………………… (391)
概　况 ……………………………………………… (391)
民族地区开发 ……………………………………… (393)
民生工程建设 ……………………………………… (393)
维护民族宗教领域稳定 …………………………… (393)
民族团结进步创建 ………………………………… (393)
参加全国少数民族运动会 ………………………… (393)
资助少数民族贫困生 ……………………………… (393)
对口“扶贫帮村” ………………………………… (394)

社会保障 …………………………………………… (394)
社会保障制度建设 ………………………………… (394)
社会保险扩面征缴 ………………………………… (394)
社会保险待遇发放 ………………………………… (394)
全民参保登记试点 ………………………………… (394)
机关事业单位养老保险制度改革 ………………… (394)
调整增加退休人员基本养老金 …………………… (395)
资格认证与关系转移接续平台建设 ……………… (395)
完善失业保险功能 ………………………………… (395)
城镇居民大病保险 ………………………………… (395)
异地就医即时结算 ………………………………… (395)
医保付费方式改革 ………………………………… (396)
医保监管机制建设 ………………………………… (396)
医保惠民利民政策 ………………………………… (396)
工伤保险管理改革 ………………………………… (396)
生育保险改革 ……………………………………… (396)
提升经办人员服务能力 …………………………… (396)
社保基金监管 ……………………………………… (396)
援企稳岗政策 ……………………………………… (397)
劳动能力鉴定 ……………………………………… (397)

老龄事业 …………………………………………… (397)
概　况 ……………………………………………… (397)
加强老年优待工作 ………………………………… (397)
开展第四次中国城乡老年人生活状况抽样调查工作 ……………………………………… (397)
推进康养产业发展 ………………………………… (397)
开展爱老助老宣传活动 …………………………… (398)
走访慰问特殊困难老人 …………………………… (398)
创建敬老模范县检查组的考核验收 ……………… (398)
建设基层示范性老年协会 ………………………… (398)
加强老龄问题调查研究 …………………………… (398)

附　　录

攀枝花市国民经济和社会发展主要统计指标 ……… (399)
2015 年重要文件目录 ……………………………… (404)
2015 年市委、市委办制发文件目录 ……………… (404)
2015 年攀枝花市政府及市政府办公室制发文件目录 ……………………………………… (424)

索　　引

A ~ Z …………………………………………… 456 ~ 468

Catalog

Special records

The government work report .... (1)
Important events · "common action to realize five innovation" .... (9)
Survey .... (9)
To create a national environmental protection model city .... (9)
To create a national forest city .... (9)
To create a national garden city .... (9)
To create a sunshine healthy endowment tourist city in China .... (9)
To create a national civilized citiy .... (9)

Chronicle of events

.... (10)

General picture

The general picture of nature .... (15)
Overview for national economic and social development .... (16)
The general picture of county (district) .... (19)
East district .... (19)
Wast district .... (23)
Renhe East district .... (28)
Miyi county .... (32)
Yanbian county .... (42)

The party and mass organizations

The communist party of China Panzhihua municipal party committee .... (48)
Summary .... (48)
Important meeting .... (50)
Important decision .... (54)
System construction .... (55)
Policy Research .... (56)
Discipline inspection and administrative supervision .... (56)
Organizational work .... (61)
Organization establishment management .... (67)
Propaganda work .... (69)
Promote cultural and ideological progress .... (73)
Target supervision .... (74)
United Front Work .... (76)
Taiwan affairs .... (78)
Confidential work .... (80)
City departments directly under .... (80)
Party school work .... (82)
Panzhihua Municipal People's Congress Standing Committee .... (84)
Panzhihua Municipal People's Government .... (89)
Summary .... (89)
Important measure .... (89)
Important meeting .... (91)
Important event .... (93)
Government affairs .... (94)
Petition letter .... (95)
Integrated human resources management .... (97)
Foreign affairs and Hong Kong, Macao and Taiwan Affairs .... (106)
Reception work .... (106)
Overseas Chinese Affairs .... (107)

Organ transaction management ······ (108)
Poverty alleviation and migration ······ (110)
Safety production supervision and management ······ (112)
Tourism ······ (118)
Government service ······ (121)
Housing Provident Fund Management ······ (124)
Attract foreign businesses and investment ······ (126)
Panzhihua Municipal Committee of the CPPCC ······ (128)
Democratic Party · Industry and Commerce ······ (135)
Panzhihua Municipal Committee of the Revolutionary Committee of the Chinese Kuomintang ······ (135)
Panzhihua Municipal Committee of the China Democratic League ······ (136)
Panzhihua Municipal Committee of the China Association for the promotion of democracy ······ (138)
Panzhihua Municipal Committee of the Peasants and Workers Democratic Party ······ (140)
Panzhihua Municipal Committee of the China Public Interest party ······ (141)
Panzhihua Municipal Committee of the Jiusan society ······ (143)
Panzhihua city grassroots committee of China democratic construction ······ (144)
Panzhihua Federation of industry and Commerce ······ (145)
Mass organizations ······ (147)
Panzhihua Federation of trade unions ······ (147)
Communist Youth League Panzhihua Municipal Committee ······ (149)
Women's work ······ (151)

Arm

Local armed forces ······ (155)
Armed police ······ (158)
People's air defense ······ (160)
Fire control ······ (162)
Panzhihua armed police detachment ······ (168)

Rule by law

Comprehensive management ······ (171)
Public ······ (172)
Procuratorial ······ (175)
Court ······ (178)
Administration of Justice ······ (179)
Government legal system ······ (182)

Economic management

Macro economic management ······ (185)
Industrial economy management ······ (189)
State owned assets investment management ······ (193)
Urban construction investment management ······ (194)
Construction and management of transportation investment and development ······ (195)
Supervision and administration of state owned assets ······ (198)
Statistics ······ (200)
Audit ······ (202)
Industrial and commercial administration ······ (204)
Quality and technical supervision ······ (206)
Land and resources management ······ (209)
Food and drug supervision and management ······ (211)
Private economy ······ (214)

Industry

Vanadium and titanium industry ······ (215)
Vanadium industry ······ (215)
Titanium industry ······ (217)
Iron and steel production ······ (219)
Mining production ······ (221)
Metallurgical Construction ······ (223)
Coal ······ (224)
Power ······ (227)
The Panzhihua city, sichuan province electric power company power supply company ······ (227)
Yalong river basin hydropower development co., LTD. Er'tan hydroelectric power station ······ (228)
Huadian Sichuan Power Generation Co., Ltd. Panzhihua branch ······ (228)
Chemical industry ······ (230)
Local industry ······ (231)
Major industrial enterprises ······ (231)

Agriculture

Planting ······ (234)
Breeding industry ······ (235)

Agricultural Service ······ (236)
Comprehensive agricultural development ······ (238)

Water service

······ 239

Transportation

Highway road ······ (243)
Railway ······ (248)
Aviation ······ (248)

IT industry

Post Office ······ (249)
Panzhihua branch of China telecom ······ (250)
Panzhihua branch of China mobile ······ (251)
Panzhihua city branch of China united network communications co., LTD ······ (252)
E - Government ······ (253)

Port

The panzhihua city customs ······ (255)
Entry - Exit Inspection and Quarantine ······ (256)

Construction of Development Zone

Sichuan panzhihua vanadium titanium high - tech industrial park ······ (258)
The panzhihua city huacheng new district ······ (260)

Forestry · Environmental protection

Forestry ······ (262)
Environmental protection ······ (265)

Urban and rural planning and construction · Urban management

The department of housing and urban and rural planning and construction ······ (270)
Urban management ······ (271)

Trade and business

Business and food circulation ······ (273)
Supply and marketing cooperative business ······ (275)
Petroleum Marketing ······ (276)
Tobacco marketing ······ (277)
Salt marketing ······ (279)

Finance

Bank ······ (280)
People's Bank of China Panzhihua City Center branch ······ (281)
Panzhihua branch of China Banking Regulatory Commission ······ (289)
Industrial Commercial Bank of China Ltd Panzhihua branch ······ (291)
Panzhihua branch of agricultural bank of China ······ (292)
The bank of China co., LTD., panzhihua branch ······ (294)
China construction bank co., LTD., panzhihua branch ······ (297)
Bank of communications co., LTD., panzhihua branch ······ (299)
China agricultural development bank of panzhihua. Branch ······ (299)
Panzhihua City Commercial Bank ······ (301)
Panzhihua rural commercial bank co., LTD ······ (303)
The postal savings bank of China, panzhihua branch ······ (304)
Negotiable securities ······ (306)
West China Securities Panzhihua Sales Department ······ (306)
Insurance ······ (307)
The Chinese people's property insurance Panzhihua city branch ······ (307)

China life insurance co., LTD., Panzhihua city branch …… (308)
China ping an property insurance co., LTD., Panzhihua central branch …… (310)
China Pacific property insurance co., LTD., Panzhihua central branch …… (311)
China Pacific life insurance co., LTD., Panzhihua central branch …… (312)
The joint property insurance co., LTD., Panzhihua central branch …… (313)
Sunshine property insurance co., LTD., Panzhihua central branch …… (314)
Hua an property insurance co., LTD., Panzhihua central branch …… (315)
The warship property insurance co., LTD., Panzhihua central branch …… (316)

Fiscal · Taxation

Fiscal …… (318)
Panzhihua financial work …… (318)
Taxation …… (325)
National Taxation …… (325)
Local Taxation …… (330)

Science

Natural science …… (333)
Scientific and technical work …… (333)
Science and Technology Association …… (335)
Earthquake Disaster Mitigation …… (338)
Meteorological …… (340)
Agriculture and Forestry Research …… (342)
Social Sciences …… (346)
Social Science Association …… (346)
Local records · Yearbook editing …… (347)
Party History Research …… (348)

Culture

Artistic creation …… (351)
Art performance …… (352)
Art · Calligraphy · Photography · Exhibition …… (352)
Mass culture …… (352)
Cultural heritage protection …… (353)
Printing · Publishing · Distribution …… (354)
Cultural market …… (354)
Radio and television …… (355)
Federation of work …… (356)
Local newspapers …… (358)

Education

Elementary education …… (363)
Higher Education …… (370)
Panzhihua University …… (370)
Sichuan institute of technology of profession of mechanical and electrical (pangang's party school) …… (374)

Sports · Health

Sports …… (376)
Health and family planning …… (378)

Society

Civil Affairs …… (382)
Archival undertaking …… (387)
The cause of the disabled …… (388)
Ethnic and Religious Affairs …… (391)
Social security …… (394)
Aging cause …… (397)

Appendix

The Panzhihua city main statistical indicators for national economic and social development …… (399)
Important file directory in 2015 …… (404)

Index

A ~ Z …… 456 ~ 468

特　　载

政府工作报告

——2016年1月13日在攀枝花市第九届人民代表大会第六次会议上

市长　杨自力

各位代表：

我代表市人民政府，向大会报告工作，请予审查，并请政协委员和其他列席会议的同志提出意见。

一、回顾“十二五”，我市建设发展取得新成绩

“十二五”时期，我国经济发展进入新常态，经济呈现持续下行的复杂态势。面对严峻挑战，在市委坚强领导下，在市人大、市政协监督支持下，市政府团结带领全市各族人民，迎难而上，开拓进取，坚定不移推进“三个加快建设”“三个走在全省前列”，坚持不懈打好“六大硬仗”，基本完成“十二五”规划主要目标。

——综合实力不断增强。与“十一五”末相比，地区生产总值由523.99亿元增加到925.18亿元，年均增长11.5%，人均GDP突破7万元；规模以上工业增加值年均增长14.1%；社会消费品零售总额由143.44亿元增加到286.20亿元，年均增长14.8%；一般公共预算收入由38.78亿元增加到53.34亿元，年均增长8.3%；全社会固定资产投资累计完成2654亿元，是“十一五”时期的2.51倍。按统计新口径初步核算，城镇居民人均可支配收入由17286元增加到30362元，年均增长12.1%；农村居民人均可支配收入由6757元增加到12861元，年均增长13.9%。

——城市品牌初步塑造。加快转变发展方式，大力推动产业升级、城市转型，中国钒钛之都、中国阳光花城、四川南向开放门户、国家现代农业示范区、中国阳光康养旅游城市成为彰显我市新形象、体现发展新内涵的重要品牌。建成国内规模最大的钒钛原料基地和潜力最大的钒钛低（微）合金钢机械深加工产业基地，成功举办中国（攀枝花）钒钛产业博览会，钒钛及相关产业产值占工业总产值比重大幅提升，初步实现了工业结构以钢铁为主向钢铁钒钛并进的战略转变。启动实施“五创联动”，成功创建为省级森林城市，顺利通过省级园林城市复审，加快构建区域性交通枢纽和商贸物流中心，花城景观打造卓有成效，环境空气质量优良率连续5年保持在90%以上，初步实现了从生产型工矿城市向综合型宜居宜业宜游城市的重大转型。大力发展现代农业，探索出了一条“以体系为支撑、向特色要效益”的山区特色高效农业发展道路，成为全国以整建制形式跻身第二批国家现代农业示范区的两个城市之一，是全省唯一的高效节水农业试点市，初步实现了从传统农业向现代特色农业的有效提升。在全国创造性提出中国阳光康养旅游城市概念并持之以恒推动建设，圆满举办首届中国康养产业发展论坛，“阳光花城·康养胜地”品牌成功打响，初步实现了从单一型旅游向康养旅游融合发展的创新突破。

——发展空间有序拓展。修编完成《攀枝花市城市总体规划（2011—2030）》。深入贯彻全域规划理念，成功打造红格、白马等特色小城镇，新型城镇化建设走在全省前列。统筹实施旧城改造，全面启动并有序推进新区建设，现代化新型城区初具规模，城镇化率由60.1%提高到64%以上，建成区面积由54.6平方千米扩大到74平方千米。加快建设城乡路网、电网、通信网,国省干线三年攻坚全面完成,炳仁路后段、龙密路、炳二区主干道、新密地大桥等建成通车,所有行政村全部通公路,电力主网结构更加完善,建成全国首个全光网城市。

——转型活力持续激发。稳步推进国资国企改革,组建国投、建设两大集团,市属经营性国有企业总资产较“十一五”末增加182%。市商行跨区域发展,市农商行组建运营,县域及三农金融服务实现全覆盖。深化行政审批制度改革,行政审批事项由434项减少到228项,非行政许可审批事项全部取消。资源税改革、矿山复垦等纳入全国试点,交通运输综合行政执法体制改革试点经验在全国推广。不断完善科技创新体系,建成一批公共创新服务平台,万人发明专利拥有量位居全省第二。招商引资累计履约项目1309个,到位资金2200亿元,比“十一五”增长129.8%。

——民生保障更加有力。累计投入民生资金180.38亿元,较“十一五”增加114.08亿元,年均增长13.3%。城镇登记失业率持续控制在3.7%以内,城镇新增就业8.9万人。在全省率先实现新型农村和城镇居民社会养老保险市级统筹,养老、医疗社会保险待遇高于全省平均水平。开工建设保障性住房3.3万套、竣工2.1万套,搬迁安置采煤沉陷区居民2074户,住房保障覆盖率达26.6%。初步建成区域教育、文化、医疗卫生高地,基础教育保持全省先进水平,普通高考成绩连续七年大幅提升;公共文化服务在全省实现“四个率先”,文化产业快速发展;建成省级以上临床重点专科11个,市中心医院被确定为攀西区域医疗卫生中心领头医院。全力打造“平安攀枝花”升级版,全面完成“六五”普法,群众安全感测评满意率年均达93.7%。妥善处置“8·29”煤矿事故,安全生产形势稳定好转。17个民族乡镇地区的生产总值从27.2亿元增加到51.8亿元,年均增长13%。农村贫困人口从85732人减少到19985人,贫困发生率从16.8%降至3.8%。

刚刚过去的2015年,是“十二五”规划的收官之年。地区生产总值比上年(下同)增长8.1%,规模以上工业增加值增长9%,全社会固定资产投资增长4.5%,社会消费品零售总额增长11.8%,一般公共预算收入下降15.2%,城镇居民人均可支配收入增长8.5%,农村居民人均可支配收入增长9.3%,单位生产总值能耗预计下降8%。一年来,我们重点抓了八个方面的工作:

一是首抓项目稳定社会投资。建立完善PPP项目库,储备项目43个,其中4个进入国家项目库。金沙水电站、中国重汽矿用车生产线、观音岩引水、马鞍山水库、梅子箐水库(扩建)等重大项目加快推进,攀钢钒950生产线技改、桐子林水电站、大面山风电一期、万家山光伏发电等项目竣工投产,银江水电站正式签约,毅德城、碧桂园等项目落户我市。福建金飞鱼、上海四极、天津致远、湖南红宇等知名企业与我市企业实现战略合作。全年新签约项目294个,其中投资额5亿元以上项目46个。

二是狠抓产业力促转型升级。在钢铁、矿业、煤炭等传统产业深受市场冲击的情况下,机械制造产业逆势增长12.9%,钒钛特色产品进入军工等高端领域,太阳能、风电等新兴产业加速壮大,全省首个农风光互补项目在我市建成,工业多点支撑格局逐步形成。跻身全国首批区域工业绿色转型发展试点城市,钒钛高新区成功创建为全国金属材料领域唯一的国家级高新区,高新技术产业产值增长29.3%。着力做精现代特色农业,积极培育新型经营主体,突出品牌打造,加强市场营销,强化科技支撑,不断延伸产业链,成功举办首届中国(攀枝花)芒果产业发展论坛,新增芒果1.4万亩、早春蔬菜2000亩。加快发展康养旅游产业,圆满承办第六届四川国际自驾游交易博览会,被纳入中国大香格里拉旅游推广联盟,被确定为中国自驾游目的地试点城市,旅游总收入增长34.6%。制定《攀枝花市电子商务发展规划(2014—2020)》,电子商务产业园建成投用,电子商务营业额从2014年的4亿元猛增至105亿元。房产新政带动房地产市场回暖,商品房销量增长12.9%。

三是细化举措帮扶困难企业。进一步完善稳增长措施,在全省率先推出政府搭桥贷款政策,设立攀西战略资源开发投资基金,建立完善市级领导直接联系企业、重点支持企业“红名单”、企业首席服务员、以纳税信用换取贷款信用等制度。实施“两降一缓三补贴”援企稳岗政策,企业少缴社会保险费8000万元、缓缴2.34亿元,发放稳岗补贴8452万元。强化要素协调保障,85%以上的工业企业享受电价优惠,企业铁路运费下降20%以上。发行全省唯一一支小微企业增信集合债券,21户企业受益。积极引导企业转型发展，攀钢集团新增重轨产能45万吨，东立科技、钢城集团卓越钒业在新三板挂牌。

四是深化改革凝聚发展动力。努力做好攀西战略资源创新开发试验区先行先试各项工作，启动实施重大科技攻关全球公开招标项目13个，攀钢高钛型高炉渣提钛及综合利用取得突破。农村土地承包经营权确权颁证按计划推进，集体林权制度主体改革基本完成，特色农业保险扩大试点范围，米易被纳入全省首批农村产权抵押融资试点县，盐边被确定为林权抵押贷款省级试点县。在全省率先实现医联体全覆盖，成为公立医院综合改革国家联系试点城市。生态文明体制、养老保险制度并轨等改革稳步实施。加快对外大通道建设，新开通至深圳航班，丽攀高速公路攀枝花段建成通车，成昆铁路扩能改造加快推进，攀大（理）高速公路开工建设。举办攀枝花—东盟经贸合作会、攀台现代特色农业和康养产业合作交流会，与成都市、北京市西城区签订战略合作框架协议。积极推进“大众创业、万众创新”，发放小额担保贷款1.17亿元，减免税收1.39亿元，扶持875人自主创业。引进专业技术人才516名，十九冶职工曾正超成为中国获得世界技能大赛金牌第一人。全面实行“三证合一、一照一码”登记模式，新增各类市场主体10073户，实现非公有制经济增加值427亿元，增长8.5%。

五是优化环境打造宜居城市。“五创联动”年度攻坚项目基本完成，获得“全国文明城市提名城市”称号，取得国家森林城市创建资格，完成国家园林城市申报准备，环境空气质量优良率达98.9%。开展市区视野区环城生态景观林建设，新增公共绿地2.69万平方米。乡村环境持续改善，新建幸福美丽新村76个、新村聚居点32个，建成农村廉租房161套。加快建设彝家新寨、民族团结进步新村，边远民族地区生产生活条件明显改善。

六是改善民生共享发展成果。投入资金40.9亿元，98项民生工程完成93项，其余5项因规划调整等原因暂缓实施或跨年完成。全力推进扶贫攻坚，通过“五个一批”脱贫6704人。将农村低保标准从2500元/年提高到3251元/年，农村贫困人口实现应保尽保。企业退休人员养老金人均增加225元/月，资助困难群众参加基本医疗保险比率达100%，大病保险制度全面实施。免除2.1万名幼儿学前教育保教费，义务教育“三免一补”、中等职业免费教育实现全覆盖。改造农村危房449户，危旧棚户区改造货币化安置率达54%。在全国“2015地级市民生发展百强榜”中，我市名列第75位，位居全省第一。

七是统筹施策发展社会事业。公办和普惠性幼儿园覆盖率不断提高，义务教育基本均衡检查验收通过率在全省仅次于成都，市建筑工程学校成为全国第二批中等职业教育改革发展示范学校。公立医院全面实行药品零加成，医保实现省内定点异地及时结报，公共卫生服务项目省级考核名列全省第一。成功举办纪念攀枝花开发建设50周年系列活动，三线建设博物馆、苴却砚博物馆建成开放。网格化服务管理实现社区（村）全覆盖，法治示范创建工作全面开展，社会治理能力综合测评位居全省第一，连续两年在全省群众安全感测评中位居前三。启动创建四川省质量强市示范城市，在西南地区率先建成特种设备智能化监管平台。全面加强生产、交通、食品、药品等安全监管。稳步推进1%人口抽样调查工作。扎实开展国防建设。人防、国安、检验检疫、海关、气象、供销、档案、机关事务管理、防震减灾、地方志、邮政管理、妇女儿童、残疾人等各项工作均取得新成绩。

八是转变作风加强自身建设。扎实开展“三严三实”专题教育，政风行风进一步好转。加快推进政务服务窗口标准化体系建设，审批项目即办率达71%。深入推进简政放权，下放市级管理权限40项。着力打造“阳光政务”，主动依法公开行政权力事项6174项，市政府门户网站跻身“全国地级市政府网站10强”。自觉接受各界监督，办结人大代表建议134件、政协提案243件，办理12345市民热线和“市长信箱”反映事项15499件。严格执行中央“八项规定”和省委省政府“十项规定”，出台市本级“三公”经费预算、差旅费管理等制度，市本级“三公”经费支出下降17.2%。加强党风廉政建设，压实“两个责任”，强化行政监察和审计监督，查办违纪违法案件380件。

各位代表，受国际矿产品价格低迷、国内钢铁产能严重过剩等因素影响，地区生产总值、社会消费品零售总额、城镇居民人均可支配收入等指标未能实现“十二五”规划目标，全社会固定资产投资、一般公共预算收入、城镇居民人均可支配收入未能完成市九届人大四次会议确定的年度任务。同时，经济社会发展还存在一些不足：一是产业结构转型升级步伐不快，经济抗风险能力较弱；二是道路、市政等基础设施建设相对滞后，交通瓶颈尚未完全破解；三是城乡发展还不平衡，边远民族地区同步奔小康难度较大；四是民生事业欠账较多，社会管理、城市工作有待进一步加强。政府自身也还存在创新能力不强、执行落实不力等问题，离群众满意尚有差距。

但令人振奋的是，五年来，我们危中寻机，推动攀西国家级战略资源创新开发试验区成功落地，加快建设国家现代农业示范区、国家钒钛高新技术产业开发区，加快创建中国阳光康养产业发展试验区，形成了“四区驱动”新格局！我们真抓实干，保障性住房、新农村建设、社保体系、社会治理等多项工作走在全省乃至全国前列，获得全国创业先进城市、全国和谐社区建设示范城市、国家知识产权示范城市等诸多殊荣，被授予“中国智慧城市推进成就奖”，连续三届荣获“全国双拥模范城”称号，开创了改革发展新局面！我们敢闯敢试，主动对接“一带一路”、长江经济带建设等重大战略，积极争创长江上游综合改革试验区，世界级钒钛产业基地、南向开放门户等战略定位获得国家及省上的肯定和支持，奠定了下一轮开发建设的坚实基础！

各位代表！过去的五年，我们坚定信心不动摇、克难奋进不懈怠，在转型发展的道路上取得了来之不易的成绩！这是市委正确领导，市人大、市政协监督支持，各级各部门努力拼搏，全市人民团结奋斗的结果。在此，我谨代表市政府，向全市各族人民，向驻攀解放军、武警官兵、政法干警和民兵预备役人员，向给予政府工作大力支持的人大代表、政协委员、各民主党派、工商联、无党派人士、人民团体和社会各界人士，向各位老领导、老同志，向在攀创业发展的建设者、投资者，表示衷心的感谢并致以崇高的敬意！

二、布局“十三五”，推动转型发展迈上新台阶

“十三五”时期，是我市全面小康的决胜期、结构调整的加速期、城市转型的关键期和全面改革的攻坚期。面对经济下行压力加大、区域竞争日趋激烈、结构调整持续阵痛、民生兜底任务繁重等多重挑战，我们必须传承“十二五”时期逆境奋发的昂扬精神，积极抢抓“一带一路”和长江经济带建设、“中国制造2025”、结构性改革等战略机遇，加快重构现代产业体系，加速城市转型步伐，加大民生改善力度，努力在新的起点上实现更快速度、更高水平、更好质量的跨越式发展。

根据市委《关于制定攀枝花市国民经济和社会发展第十三个五年规划的建议》，市政府编制了《攀枝花市国民经济和社会发展第十三个五年规划纲要（草案）》，已提交本次大会审议。

“十三五”时期的指导思想是：高举中国特色社会主义伟大旗帜，以马克思列宁主义、毛泽东思想、邓小平理论、“三个代表”重要思想、科学发展观为指导，深入贯彻习近平总书记系列重要讲话精神，紧紧围绕“四个全面”战略布局，全面贯彻“五大发展理念”，以产业升级和城市转型为主线，以提高经济发展质量和效益为中心，正确认识适应引领新常态，立足自身实际，突出特色优势，大力实施“三个加快建设”，全力抓好“四区驱动”，努力打造四川新的经济增长点，在全省高水平率先全面建成小康社会，奋力谱写中华民族伟大复兴中国梦攀枝花篇章。

“十三五”时期经济社会发展的主要目标是：到2020年，“中国钒钛之都”的国内外影响力进一步增强，“中国阳光花城”的发展活力进一步提升，“四川南向开放门户”的区域地位进一步巩固，基本实现“三个转变”“两个跨越”，即：由工矿基地向生态宜居城市转变，由钢铁之城向阳光花城转变，由三线建设城市向康养休闲城市转变；由资源大市向经济大市跨越，由总体小康向全面小康跨越。

围绕上述指导思想和总体目标，政府的主要任务是：

（一）以创新发展为动力，厚植发展优势。坚持把发展的基点放在创新上，大力推进科技创新、产业创新、管理创新、制度创新，以全面创新改革驱动转型升级，加快建设世界级钒钛产业基地，人均 GDP 保持全省领先。2018 年，地区生产总值和城乡居民收入比2010 年翻一番以上；2019 年，在全省高水平率先全面建成小康社会。

（二）以协调发展为要义，筑牢底部支撑。坚持在协调共进中拓宽发展空间、增强发展后劲，加快推动产业升级，大力发展县域经济，统筹推进城乡建设，不断增强园区集聚能力，县区、园区对全市经济的支撑作用显著增强，区域发展更加协调，产业结构更加合理。“十三五”末，县区综合实力在全省排名提升，钒钛高新区建成千亿园区，城镇化率达到67%，新增城区面积10 平方千米。

（三）以绿色发展为遵循，提升城市品质。坚持生

态为先、标本兼治,积极构建生态经济、自然资源保障、生态环境、生态人居、生态文化、生态建设能力保障等六大体系,全面实现“五创联动”既定目标,创建成为全国文明城市、国家森林城市、国家园林城市、国家环保模范城市和中国阳光康养旅游城市。

(四)以开放发展为导向,夯实门户地位。坚持以开放包容的理念推动转型发展,深入对接“一带一路”、长江经济带建设等重大战略,积极融入“成渝西昆贵”经济圈,力争将攀西—六盘水经济区上升为国家战略,携手共建金沙江经济圈,将我市打造成为四川通往南亚东南亚的发展高地。2018年,成昆铁路扩能改造攀枝花至昆明段建成通车;“十三五”末,基本建成畅通安全高效的现代综合交通运输体系。

(五)以共享发展为目标,增进民生福祉。坚持以人为本、民生为重,全力推进脱贫攻坚,努力推动基本公共服务均等化,建立更加公平可持续的社会保障体系,建成区域科技、教育、文化、医疗卫生高地,群众获得感、归属感、幸福感显著增强。2018年,70个贫困村全部摘帽,贫困人口全部脱贫;“十三五”末,城乡居民收入继续高于全国平均水平。

三、奋战2016,确保“十三五”开好局

今年,是“十三五”决胜全面小康的开局之年,也是推进结构性改革的攻坚之年。综合研判,2016年可能是更为困难的一年,但机遇与挑战并存,希望与困难同在!政府工作的总体思路是:坚持以党的十八大、十八届五中全会、中央经济工作会议、中央城市工作会议、省委十届七次全会、市委九届九次全会等重要会议精神为指导,以“五大发展理念”为统领,以稳中求进为基调,以提高发展质量和效益为核心,以全面改革创新为牵引,以“项目推进年”为抓手,围绕“四区驱动”,坚定不移实施“三个加快建设”,着力抓好产业升级、城市转型、改革开放、环境生态、民生改善、脱贫攻坚等重点工作,千方百计去产能、去库存、去杠杆、降成本、补短板,确保主要经济指标高于全省平均水平,力争GDP达千亿,促进经济社会全面协调可持续发展。

全市经济社会发展的主要目标建议为:地区生产总值增长8%以上,其中,第一产业增长3.6%以上,第二产业增长8.5%以上,第三产业增长8.5%以上;规上工业增加值增长9%以上;一般公共预算收入增长5%以上;全社会固定资产投资增长10%以上;社会消费品零售总额增长10.5%以上;城镇常住居民人均可支配收入增长8.5%以上,农村常住居民人均可支配收入增长9%以上;城镇登记失业率控制在4.5%以内;居民消费价格指数增速控制在3.5%以内;节能减排完成省上下达任务。

围绕上述目标,重点抓好七个方面工作:

(一)以项目建设为重点,着力稳增长促转型

——强化项目带动作用。将2016年确定为“项目推进年”,推行经济工作项目化、项目工作责任化,开展项目建设“五抓五比”活动,实施重大项目89个,完成全社会固定资产投资708亿元。加强项目库建设管理,积极谋划一批事关转型发展和增添后劲的重大项目。健全落实项目会审、并联审批、市级统筹、一线推进等机制,统筹协调要素配置,全力推进对传统产业提升、新兴产业培育、基础设施改善具有带动作用的重大项目。争取设立PPP项目财政支持基金,推动PPP模式运用于更多基础设施建设及社会公益性项目。强化项目全程服务和跟踪督办,着力解决好项目落地“最后一千米”问题。

——力促工业企稳回升。开展降成本行动,对接争取直购电、钢铁行业脱困优惠电价、留地电量等政策,协调进一步降低主要工业品铁路运价,支持攀钢、钢城等企业优质资产和市水务集团上市融资,完善企业“红名单”制度,用好应急转贷、产业引导股权投资基金等政策性资金。有序化解过剩产能,支持攀钢、攀煤、钢城、十九冶等企业深化改革、降本增效,鼓励关联企业建立战略联盟,引导困难企业盘活存量、创新发展,推动钛白行业兼并整合。统筹推进传统产业升级和新兴产业培育,积极推行“风光林”“风光农”“风光水”等融合发展模式,培育壮大钒钛、机械制造等特色优势产业,努力抢占石墨烯等战略性新兴产业发展先机。强化项目支撑,开工建设银江水电站、亿丰瑞废弃低品位矿回收利用、一美能源储能材料及高能电池等项目,加快推进金沙水电站、中国重汽矿用车生产线、钛材深加工园、攀钢钒氮合金扩能、攀钢氯化钛白等续建项目,确保攀钢300MW研石电厂、钢城集团渣钢铁高效回收加工、安宁铁钛硫钴综合回收利用等项目竣工投产。

——推动现代农业扩面提质增效。围绕国家现代农业示范区建设,加快转变农业发展方式,积极调整优化农业产业结构,着力打造优势特色农产品品

牌，大力推进农业集成创新示范农庄建设和新型经营主体培育示范工程，鼓励锐华等农业龙头企业做大做强。推进现代农业产业基地建设向二半、高寒山区及边远民族地区延伸，加快发展烤烟、核桃、养殖、花卉苗木等有助于山区群众脱贫致富的特色产业，优化种植烤烟12万亩，新增早春蔬菜3000亩、特色水果1万亩、优质林果2万亩。加强农业科技创新，鼓励支持农林科技人员开展新品种、新技术研究，推广稻菜轮作、果蔬结合、种养循环等高效模式，提高良种覆盖率和土地产出率。鼓励发展农产品精深加工，引导农业与康养旅游业互动发展。加快建设马鞍山水库、梅子箐水库（扩建）、麻晃引水、太阳能提灌站等水利设施，新增和改善灌面5.8万亩，建设高标准农田2万亩。引导农业化学投入品减量使用，强化农产品全程监管和责任追溯，守住农产品安全责任底线。扎实开展第三次全国农业普查。

——促进服务业提档升级。将2016年确定为“旅游提质增效年”，引进推广先进康养模式，大力发展养老、养生、养心、商务会展等“旅游+”产品，加快推进阿署达、普达、红格、自驾车营地等项目建设，办好欢乐阳光节、四川冬季乡村文化旅游节和全国首届国际生态康养产业博览会暨城市论坛，力争论坛永久会址落户我市。加快建设省级现代服务业集聚区，培育壮大科技服务、文化创意、信息咨询、金融保险等新兴服务业，积极推进万达广场、御湖花都等重点项目，引导商业企业发展新业态。培育推广“房地产+”新模式，用好棚改货币化安置政策，推动房地产市场有序去库存。

（二）以改革创新为重点，着力夯平台添动力

——深化重点领域改革。抢抓四川省被纳入国家系统推进全面创新改革试验区机遇，制定专项改革方案，推进供给侧改革，不断提高改革针对性和实效性。做好国有企业“三供一业”分离移交及人员分流再就业工作，加快国投集团、建设集团转型步伐。抓好工矿废弃地复垦利用试点。全面完成农村土地承包经营权确权颁证，扩大农村产权抵押融资、特色农业保险、小型水利工程产权制度改革等试点，启动农村集体资产股份制改造试点和农村供销社综合改革试点。深化投融资体制改革，支持市级投融资平台与政策性金融机构、风险投资机构等合作设立产业、创业投资引导基金，鼓励民间资本发起设立产业投资基金。深化商事制度改革，探索实行电子营业执照及全程电子化登记管理。探索建立科技研发、成果转化一体化机制，推进攀枝花学院创新创业改革试点，鼓励金融机构设立科技专营支行。积极推进电力、税务、教育、文化、卫生、审计、机关后勤保障等体制改革。

——加快推进试验区建设。研究出台攀西战略资源创新开发试验区先行先试工作方案，充分发挥钒钛资源综合利用国家重点实验室、国家钒钛制品质量监督检验中心、钒钛资源综合利用产业技术创新联盟等平台作用，大力实施企业创新主体培育工程，加快制（修）订钒钛类制品标准，力争高温碳化低温氯化高炉渣提钛、低成本高品质海绵钛、钛及钛合金3D打印等重大科技攻关项目实现产业化突破。加大国家级钒钛高新区建设力度，设立钒钛投资基金，创建国家级高品质钛产品产业化技术国际科技合作基地。科学编制石墨资源开发规划和产业招商目录，建立石墨制备与应用工程技术研究中心。完善国家级阳光康养产业发展试验区创建路线图，力争成为全省首批养老健康服务业发展试点城市、全国首批医养结合试点示范城市。

——大力实施“互联网+”战略。制定“互联网+”行动计划，推动生产方式和发展模式变革。以工业化、信息化深度融合为主线，积极开发基于互联网技术、服务“中国制造2025”的特种钢坯、定制铸件等产品，加快建设中国钒钛电子交易中心，加大对两化深度融合项目及企业的扶持力度。以省级电子商务进农村综合示范市建设为契机，加快建设农村信息网络和乡村配送体系，与京东、腾讯等合作建设“攀枝花特色馆”，支持26度果园等发展壮大，设立一批乡镇农村电子商务服务站，建成县（区）级农村电商服务中心4个。以智慧旅游城市建设为载体，创新旅游营销模式，积极发展“旅游+”产业。加快建设电子商务产业园和电商快递园区，搭建互联网服务平台，推动商贸、餐饮、住宿等传统服务业转型升级。

（三）以开放合作为重点，着力借外力促发展

——创新机制引资引智。加强产业研究和项目包装推介，探索推行项目招商落地市场化运作模式。坚持领导带队招商、驻点招商、以商招商、节会招商，主动对接世界500强中国100强企业、行业龙头企业和知名商（协）会，积极参加首届全球川商返乡发展大会、中外知名企业四川行、西博会等重大招商活动，确

保招商引资到位资金560亿元以上。深入开展“大众创业、万众创新”，支持社会力量组建创业俱乐部、创客空间等平台，探索设立创新创业孵化专项基金。加快建设高端智库和创新团队，健全人才引进、培养、使用机制，为科研人才参与创业创新松绑。

——务实推动区域合作。积极参与“一带一路”、长江经济带和孟中印缅经济走廊建设，加强与南亚东南亚国家的经贸交流合作。强化与毗邻市州的区域合作，推动攀西经济区一体化发展。深化同结对市州的友好合作，跟踪落实与成都市、北京市西城区议定的合作事项。办好第三届西三角区域开发合作交流会。巩固扩大攀台（湾）交流合作成果。推动重轨、钛白粉、弹簧钢板、耐磨铸件等拳头产品扩大出口，支持攀钢、钢城、十九冶等企业深化外经合作。

——着力提升区位优势。加快打造区域交通枢纽，扎实推进成昆铁路扩能改造、火车南站、攀大（理）高速公路、市综合客运中心及配套立交工程等项目，争取开工建设三堆子大桥等项目，做好攀盐（源）高速公路、攀宜（宾）沿江高速公路等项目前期工作，力争开通至上海航班，努力推动攀大（理）铁路、丽攀昭遵铁路、攀枝花至水富段航运资源开发纳入国家“十三五”专项规划。加快打造区域商贸物流中心，积极推进毅德城等项目，引导密地、攀青、新启等物流项目差异化发展。加快打造区域口岸中心，对接参与长江经济带海关区域通关一体化改革，积极筹建海关保税仓库，力争创建国家级出口工业产品质量安全示范区。

（四）以城乡建管为重点，着力强功能提品质

——加强城乡基础设施建设。贯彻落实中央、省委城市工作会议精神，不断完善城市规划体系，积极推进“多规合一”；努力做好海绵城市、地下综合管廊、城市轨道交通等项目可行性研究，力争启动前期工作。推进花城新区循环滚动开发，加快土地整理、花城商务、碧桂园等项目建设，做好新政务中心、规划展览馆、中心湖园林景观等项目前期工作。合理规划建设生活污水配套管网、生活垃圾中转站等市政设施，抓好棚户区、危旧房和老旧小区改造，按计划推进观音岩引水工程。启动建设全国重点镇，加快建设平地、格里坪、普威、渔门等省级试点镇，新建幸福美丽新村40个，改善提升县乡道130千米、村道80千米。

——加大生态保护建设力度。探索建立生态文明目标考核体系和生态环境损害责任终身追究制，科学划定生态红线，启动生态文明示范县（区）创建工作。加大钒钛、石墨等特色矿产资源的勘探和保护力度，避免无序开发、过度开发。加强生物多样性保护，完成国家级苏铁保护区三期工程。深入实施“蓝天、碧水、绿地、宁静、洁净”五大行动，探索环境污染治理第三方运维模式，建立节能减排先进适用技术推广部门联动机制，实施土壤污染治理与生态修复工程，加强污染综合防治，环境空气质量优良率保持在95%左右。

——推进城市精细化管理。紧扣节点推进“五创联动”，确保完成年度任务。推行城区网格化管理模式，完善城乡一体化数字城管体系，建立市区两级指挥平台及部门联动调处机制，构建“一刻钟社区便民服务圈”。深化市容环境整治，加强背街小巷治理，做好道路养护、街面保洁、扬尘治理等工作，确保通过国家卫生城市第二轮复审。加强城市交通管理，优化公交线网，整合停车站场资源，缓解交通拥堵、停车困难等问题。

（五）以改善民生为重点，着力办实事增福祉

——协调发展社会事业。加强学校标准化和信息化建设，加快农村薄弱学校改造和四十二中小、成都外国语学校攀枝花分校等项目建设，扩大公办和普惠性幼儿园比例，推进省级示范性高中与薄弱学校集团化协同发展。构建全民健身服务体系，力争承办3—5项大型体育赛事。打造三线建设党性教育基地，建成“渡口记忆”特色文化商业街、苴却砚文化旅游街区，提高本土艺术团体创作演出水平，推动群众文化繁荣发展。适时启动“健康攀枝花”建设，加快推进花城新区医院、市妇幼保健院异地新建等项目；加强“三医联动”，深化公立医院改革，健全医联体运行机制和分级诊疗制度。坚持计划生育基本国策，实施“全面二孩”政策。做好四川省质量强市示范城市创建工作。

——深入推进脱贫攻坚。大力实施“六大扶贫工程”，因地制宜推动山区和边远地区特色种养业加快发展，增强贫困地区群众造血能力。制定落实“五个一批”保障措施，建立完善扶贫绩效考核与责任追究制度，做好扶贫小额信贷工作。加大财政投入和资金整合力度，加快推进贫困地区水利、道路及通信网络建设。加强粮蔬种植、水果栽培、畜牧生产等农业实用技术培训，提升贫困地区群众就业创业能力。深入

开展社会帮扶,引导各方力量共同推进脱贫攻坚。加大对城市贫困户的帮扶力度。全年完成24个贫困村“摘帽”、7317人脱贫。

——促进社会和谐稳定。健全保险、救助、优抚三大社会保障体系,深化养老、医疗、生育、工伤等社会保险制度改革,做好扶老救孤、助残助幼、就业创业等工作。健全基层治理体系,推动“六大特色社区”建设,深入开展“法律七进”活动。加快建设立体化社会治安防控体系,严厉打击各类违法犯罪行为,不断提升群众安全感。畅通群众诉求表达渠道,落实重要信访包案制度,依法处置各类矛盾纠纷。严格落实安全生产责任,强化监督管理,防止重特大安全事故发生。完善食品药品监管机制,严厉惩处制假售假行为,确保食品药品安全。抓好大中型水利水电工程移民搬迁安置、后期扶持及采煤沉陷区综合治理工作。深入开展民族团结进步创建活动。依法管理宗教事务。进一步做好国防动员、民兵预备役和“双拥”工作。

——办成一批民生实事。优化公交线路2条,实施路桥大修项目7个;新增45个行政村接入光纤宽带;开工建设城乡公办幼儿园6所、农村义务教育教学用房1.33万平方米;开工建设保障性住房4839套,其中改造棚户区危旧房4743套;新增就业1.6万人,失业人员再就业5000人,就业困难人员再就业1200人;启动实施老旧(弃管)小区配电设施改造,用3年时间完成4.5万户电表改造;完成市残疾人康复中心改扩建;新建乡镇(街道)规范化法律援助工作站12个;为910名贫困精神病患者提供医疗救助。

(六)以平稳运行为重点,着力防风险保运转

——全力增收节支。坚持依法征管,深入挖掘增收潜力,加快培育新的财源增长点,积极争取上级项目资金支持,多措并举增加可用财力总量。强化支出管理,细化预算编制,硬化预算约束,坚决压缩一般性支出,切实降低行政运行成本,全力保运转、保民生。厉行勤俭节约,从严管理机关事务,按要求完成公车改革。加强监督检查,提高财政资金使用效率。

——防控债务风险。完善政府债务管理制度,健全债务审批、统计分析、风险预警机制,合理控制举债规模。加强政府债券项目库建设,做好政府置换债券争取工作。积极开展债务资金使用绩效评价,综合采取预算安排、盘活资产、转贷置换、强化审计等措施,有效防范债务风险。

——优化金融生态。建立健全信贷需求常态化共享、贷款贴息、风险补偿等机制,探索开展贷款保证保险,提高金融财政资源配置效率。加强风险监测、预警和处置,完善银政企共同参与的金融风险联合化解和处置机制,有效防范和化解区域性金融风险。依法处置企业债务危机,严厉打击非法集资、高利贷等行为。

(七)以狠抓落实为重点,着力转作风树形象

——善谋善成,提升政府创新力。问计于基层,求教于群众,借智于专家,找准结构调整与经济转型的突破口,努力推动产业重构、二次创业。不断完善决策咨询、政策研究、调研成果转化等工作机制,努力打造学习型、创新型团队。积极开展试点示范,在破解要素难题、优化工作流程、推动项目落地等方面出新招、求实效。进一步求变求新、简政放权,以政府权力的“减法”换取市场活力的“加法”。

——求真务实,提升政府执行力。越是困难的时候,越要强调执行和落实。必须坚持一分部署、九分落实,对确定的目标、制定的政策、部署的任务,不折不扣落实到位,推进政府工作提质提速。加强绩效管理、督促检查、信息反馈、情况通报、责任追究等制度建设,狠抓跟踪问效,着力解决选择性执行、变通性执行等问题。

——依法行政,提升政府公信力。配合市人大积极稳妥推进地方立法,加快构建符合我市实际、接轨国际规则的城市法律体系。主动接受法律监督、民主监督、司法监督、社会监督和舆论监督,扎实推进决策公开、执行公开、信息公开、结果公开。加强行政道德建设,言必行、行必果,以行动验证表态,用实践兑现承诺。

——正风肃纪,提升政府约束力。按照“五个必须”要求,守纪律讲规矩,加强自我约束,做到令行禁止。强力整治慵懒散慢浮僵等不良风气,严肃查处不作为、慢作为、乱作为、办事不公、吃拿卡要等行为。层层压实“两个责任”,切实促进政风行风明显改善。

各位代表,新常态需要新作为,新作为开创新局面!让我们紧密团结在以习近平同志为总书记的党中央周围,在中共攀枝花市委的坚强领导下,团结带领全市各族人民,大力弘扬攀枝花精神,直面困难,迎难而上,二次创业,再创佳绩,为在全省高水平率先全面建成小康社会而努力奋斗!

要事纪略·“五创联动”

【概 况】 2015年将完善机制作为“五创”工作的支点，健全组织领导、联席会议、督查督办、月报委会和信息报送等工作机制，夯实工作基础，强化支撑作用，确保工作有序运转。全年，共组织“五创联动”领导小组工作会3次，视察调研157次，专项工作会62次，印发工作专报22期、简报160期。针对重点工作、重点项目和重点区域加大督查力度，狠抓难点问题整改落实，不断强化对各县(区)、各部门指标任务推进情况和项目进展情况的跟踪督导，将创建任务落到实处。全年共开展督导33次，下发整改通知书5份，解决老大难问题20余起。

【创建国家环保模范城市】 以巩固和改善环境质量为核心，以缩小26项指标差距为目标，采取有效措施，着力攻坚重点项目，推动攀枝花市由老工业基地向生态宜居城市发展。“三片一线一企”的区域污染综合整治成效显著，城市扬尘污染整治有序推进，清洁能源使用率大幅提高，考核指标差距逐渐缩小，环境质量持续改善，六项监测指标平均浓度值全面达标。其中，可吸入颗粒物(PM_{10})平均浓度比2014年同期下降23.3%；二氧化硫(SO_2)平均浓度比2014年同期下降31.1%；二氧化氮(NO_2)平均浓度与2014年同期持平；细颗粒物($PM_{2.5}$)平均浓度比2014年同期下降20.5%； 氧化碳(CO)平均浓度比2014年同期下降19.7%；仅臭氧(O_3)平均浓度与2014年同期相比略有上各项。26项“国模”指标达标23项。

【创建国家森林城市】 围绕创建指标，梳理核对城市森林网络、城市森林健康、城市林业经济、城市生态文化、城市森林管理五大体系中的指标情况，强力开展指标攻坚。印发《攀枝花市国家森林城市建设总体规划》，举行声势浩大的“6·29”义务植树活动，在保安营机场路片区规划设置“亲子林”“爱情林”“励志林”“齐心林”和“友谊林”5个义务植树主题种植区，并建成核桃基地66.67公顷，完成5外城郊20公顷以上的休闲绿地建设。40项“创森”指标达标38项。

【创建国家园林城市】 以提高市民生活品质，优化城市环境为着力点，以开展综合性公园、社区公园、居住区公园、应急避险场所、道路绿化景观、立体绿化等项目建设为重点，提高建成区绿地率、建成区绿化覆盖率、人均公园绿地面积“三大指标”。下达《关于在全市继续深入开展花园单位(机关)花园家庭、花园小区、花园度假村(农家乐)创建活动的通知》，完成花城景观打造项目7个，创建1个市级园林式单位，2个市级园林居住小区，4个花园单位(机关)，10户花园家庭和6家花园度假村(农家乐)。截至目前，64项国园指标均基本达标。

【创建中国阳光康养旅游城市】 围绕抓好旅游投资落地、重大项目建设、旅游精品打造、旅游市场规范、旅游营销创新等工作，全面提升攀枝花市旅游整体形象。完成《2015年旅游招商引资方案》和《2015年旅游招商手册》制定，成功举办第六届中国国际自驾游交易博览会；完成5家四星级、4家三星级乡村农家乐(乡村酒店)的评定。全市前三季度，实现旅游总收入134.62亿元，同比增长35.68%。14个“创康养”重点项目完成10个。

【创建全国文明城市】 按照《全国文明城市测评体系》新标准要求，重新层层分解落实任务，深入实施“基础设施提升、城市环境优化、文明素质养成、文明创建提质、公共文明促进”行动，组织密集督导检查，加强创建宣传引导，进入全国文明城市提名城市行列，完成国检年度测评，社会文明程度明显提升。推出40名攀枝花好人，17人登上四川好人榜，7人荣登中国好人榜，表彰第三届市道德模范10人，选树第四届省道德模范4人，凝聚崇德向善正能量。评选表扬市首届优秀志愿服务项目5个、最佳志愿服务组织3个、优秀志愿者10名，推树省级志愿服务十佳候选6人、组织(项目)4个，培育志愿服务新风尚。开展“少年强·中国梦”“第二届攀枝花成人礼大典”等系列主题活动，举办市首届乡村学校少年宫才艺展示活动，完成6所中央彩票公益金支持建设项目和三区未成年人心理成长指导中心建设，有效净化社会文化环境，促进未成年人健康成长。3个“创文”重点项目全面完成。

(李程林)

大事记

1月

7日　中共攀枝花市委九届八次全体（扩大）会议暨市委经济工作会议在攀枝花会展中心举行。全会由市委常委会主持，市委书记刘成鸣作重要讲话。全会审议通过《中共攀枝花市委关于贯彻落实党的十八届四中全会精神全面深入推进依法治市的决定》《中共攀枝花市委关于坚持思想建党与制度治党紧密结合全面推进从严治党的决定》和《中共攀枝花市委九届八次全体（扩大）会议决议》，并安排2015年经济工作。

9日　十一届全国人大常委会委员、交通部原部长黄镇东率全国交通、航运等领域的部分专家到攀，调研金沙江航运发展工作。黄镇东充分肯定攀枝花市大力推动金沙江航运发展的工作思路和重点举措。

△　攀枝花市电子商务与现代物流业联动发展研讨暨《攀枝花市电子商务发展规划（2014—2020）》评审会召开，来自市内外的十余名电商专家就攀枝花市电子商务与现代物流业联动发展进行深入研讨，并对《攀枝花市电子商务发展规划（2014—2020）》进行评审。市委常委李章忠、副市长江海出席会议。

13日　由市委、市政府主办攀枝花市纪念毛泽东同志"三四"批示暨开发建设50周年群众文化活动，在市中心广场正式启动。

14日　全国首家陆士桢社会工作室在东区阳城龙庭社区授牌成立。市委常委张敏参加授牌仪式。

20日　市委书记刘成鸣在攀枝花会展中心会见中国钢研集团公司副总经理李波一行，双方就实现更高层次、更有作为的合作进行深入交流。市领导于会文、艾磊、刘建明，中国钢研集团公司战略部副主任刘国营参加会见。

△　市长张剡主持召开市政府第四十八次常务会议。会议审议并原则通过《关于加快发展现代职业教育的实施意见》《关于支持养老服务业发展若干意见》《关于推进政府向社会力量购买服务工作的实施意见》《攀枝花市水环境保护规划》等。

21日　攀枝花市委书记刘成鸣在盐边县红格镇会见来攀考察阳光康养产业的外国驻成都、昆明领事馆官员一行。省外侨办副主任张继勇，市委常委、市委秘书长许健民，副市长江海参加会见。

△　攀枝花市城市管理委员会2015年第一次主任会议在攀枝花会展中心举行。会议审议通过《苴却砚博物馆攀枝花大道南段沿线景观设计方案》等8个议题内容。市委副书记、市长、市城管委主任张剡，副市长、市城管委常务副主任殷旭东，副市长、市城管委副主任贾德华出席会议。会议综合各方意见，对在中国苴却砚博物馆攀枝花大道南段沿线实施人行道铺砖及绿化带升级打造项目等审议内容提出具体要求。

23日　攀枝花市东区泰隆商务楼宇工会组织正式成立。这是全市首家楼宇工会组织，标志着攀枝花市工会组织覆盖面深入到新经济组织等新的领域，呈现出良好的发展势头。市委常委、市委秘书长许健民为新成立的楼宇工会组织授牌。市委常委、市总工会主席张敏出席授牌仪式并讲话。

23—24日　国家林业局宣传办主任、新闻发言人程红率国家森林城市建设总体规划评审专家组一行，对攀枝花市国家森林城市建设总体规划进行现场考察。

25日　《攀枝花市国家森林城市建设总体规划》修编评审会在攀枝花会展中心举行。国家林业局宣传办主任、新闻发言人程红，四川省林业厅副厅长陶智全出席评审会。

2月

8日　攀枝花市钒钛磁铁矿资源综合利用示范基地建设获得2014年中央补助资金1.8亿元支持，该笔资金将依托攀钢集团等3家企业专项用于19个钒钛磁铁矿资源综合利用项目建设。

9日　攀枝花市米易县白马镇黄草村樱桃基地、攀莲镇南厂村核桃基地，通过四川省森林食品基地认证，并获得证书。

10日　由四川省旅游局指导，四川日报社、省社科院牵头开展的“2014四川旅游产业TOP10榜单推选及发布活动”揭晓，米易龙潭溶洞上榜“十大南丝路最值得期待”旅游目的地。

13日 攀枝花市与国家开发银行签订贷款合同，成功申请到棚户区改造专项贷款资金18.05亿元。

15日 市长张剡主持召开市政府第四十九次常务会议。会议审议并原则通过《关于公共资源交易体制改革实施方案》《关于发展现代保险服务业实施方案》等。

17日 攀钢“大型倾翻炉冶炼钒铁工艺研究”项目取得重大进展，钒铁冶炼收率提高到95.1%，直接创经济效益千万元以上。

26日 攀西地区首家煤炭电子商务交易中心——“攀西煤炭电子商务交易中心”正式上线运营，标志着攀枝花市西区在推进煤炭销售由传统贸易模式向新型电商模式的重要转变。

27日 攀枝花苏铁国家级自然保护区被国家林业局命名为首批全国林业信息化示范基地，成为全国25家获此称号的单位之一。

3月

1日 位于仁和区的中国苴却砚博物馆开馆。中国文房四宝协会将其列为全国第四个“中国文房四宝传统技艺人才培训基地”，并举行授牌仪式。

2日 攀枝花市花城新区干坝塘村举行三线建设博物馆开馆仪式。攀枝花市档案馆共提供6100余件珍贵档案。

4日 攀枝花市出台《关于推进政府向社会力量购买服务工作的实施意见》，标志着攀枝花市推进政府向社会力量购买服务工作正式启动。并下发《关于推进政府向社会力量购买服务工作的实施意见》。

7日 攀枝花市20名企业首席服务员正式上岗，将对攀枝花市骨干企业实行“零距离” 对 服务，促进骨干企业做大做强。

8日 四川省人社厅发文批准在攀枝花市农林科学研究院设立“四川省专家服务基地”，并颁发“四川省专家服务基地”标牌。

15日 攀枝花市出台《攀枝花市鼓励和扶持企业利用多层次资本市场直接融资的补助办法》。

18日 攀枝花市正式出版《攀枝花地名故事》。全书收录弄弄坪、雅江桥、炳草岗等共84个地名、桥名由来的故事。

21日 盐边县被纳入全省以县为单位的全域规划试点。

23日 四川省钒钛产业技术研究院首届理事会第三次会议召开。同时，到攀采访攀枝花生态文明建设、创新环境治理、攀钢成功治硫成效的多家媒体代表与市相关部门和攀钢集团公司负责人进行座谈。

26日 攀枝花市首部少儿音乐剧《金沙童话·故事》在攀钢俱乐部举行首演，受到群众广泛好评。

27日 市长张剡主持召开市政府第五十次常务会议。会议审议并原则通过《攀枝花市全面改善贫困地区义务教育薄弱学校基本办学条件项目规划（2014—2018年）》等。

29日 攀枝花首部城市形象宣传微电影《穿梭在梦里的阳光》正式公映。

31日 仁和总发乡凹子坡遗址发现一口唐宋时期古井，还有房屋柱洞遗址以及年代稍晚一些的古耕地遗址。

4月

1日 攀枝花市委市政府召开会议，贯彻落实全省深化国资国企改革工作会议精神，对攀枝花市进一步推动深化国资国企改革工作进行专题研究部署。市委书记刘成鸣出席会议并讲话。

3日 攀枝花市委常委、组织部长熊伟率市级有关部门负责人前往四川大学华西医院，对接攀枝花市政府与华西医院区域医疗卫生事业发展战略合作框架协议落地方案。

7—8日 省委常委、宣传部长吴靖平在市委书记刘成鸣的陪同下，通过实地查看、召开座谈会等方式，对攀枝花市贯彻落实省委“十个抓紧抓实”部署等工作进行督导，调研实体经济发展及重大项目推进情况，帮助解决当前制约攀枝花市经济社会发展的具体问题。

8日 市长张剡会见中国石油四川销售公司总经理付斌一行，双方围绕企业联手开拓市场、共同推进“缅气入攀”项目建设等内容深入交换意见。

△ 攀枝花泓兵钒镍有限责任公司荣获民营军品企业全国理事会副理事长单位，授牌仪式在攀枝花会展中心举行，成为西南地区唯一一家副理事长单位。

14日 市长张剡主持召开市政府第五十一次常务会议。会议审议并原则通过《攀枝花市2015年城市环境“一联合三集中”专项治理工作方案》等。

23日 攀枝花市人大常委会主任谢道全主持召开市九届人大常委会第三十次会议。会议审议通过《攀枝花市人大常委会关于深入推进依法治市的决议》。市人大常委会副主任张汝林、许秀峰、王向阳、马晓凤、陈可红、杨林出席会议。

27日 创建四川省质量强市示范城市动员大会在攀枝花会展中心召开。市委常委、常务副市长于会文，市人大常委会副主任王向阳，副市长李仁杰，市政协副主席赵忠义出席会议。

28 日　攀枝花市委书记刘成鸣主持召开市委常委会议，传达学习《中央办公厅关于在县处级以上领导干部中开展“三严三实”专题教育方案的通知》《省委关于严守政治纪律严明政治规矩加强领导班子思想政治建设的十项规定的通知》等精神，并就强化落实省政府出台 36 条稳增长措施、狠抓安全生产工作等进行安排部署。

5 月

6 日　2015 年攀枝花市与攀钢地企合作第一次会议在攀枝花会展中心召开，双方就目前需要互相重点支持解决的事宜进行会商。市委书记刘成鸣出席会议并讲话。

11 日　攀枝花市政府与交通运输部科学研究院在攀枝花会展中心签署战略合作框架协议，双方确定在攀枝花市交通运输局设立“交通运输部科学研究院驻攀枝花市科技工作站”，并为科技工作站揭牌。

13 日　攀枝花市委文化教育卫生体制改革专项小组 2015 年度工作会召开。会议审议讨论《市委文化教育卫生体制改革专项小组 2015 年工作方案》《市委文化教育卫生改革专项小组 2015 年度改革工作台账》。副市长刘建明出席会议。

15 日　攀枝花市有 2 名“攀枝花好人”荣登“中国好人榜”，分别是攀钢炼钢厂退休职工丁爱谱和攀枝花市东区银江镇马家湾社区居民唐明现。

20 日　由攀枝花学院主持研究的《攀枝花玛咖规范化种植技术研究及药用价值评价》项目通过科技成果鉴定。同时制定的《玛咖质量标准》填补国内外空白，为攀枝花市高山少数民族地区农民再创一条致富路。

23 日　国家知识产权局向钢城集团废旧物资分公司颁发两项发明专利证书，授予该公司《高炉铁水固态渣中渣、铁分离的方法》和《转炉钢渣热闷及渣、铁分离方法和副产物的应用》两项技术国家发明专利。

23 日　米易县金硕香芒果种植专业合作社生产的芒果获得农业部颁发的国家绿色食品认证书，填补米易芒果无绿色食品品牌的空白。至此，米易县共有三大特色农产品获得此项认证。

24 日　省委农工委、省财政厅、省国土资源厅、省农业厅等七部门联合下发通知，确定四川省首批 30 个县（市、区）为农村产权抵押融资试点县，米易县名列其中。

6 月

1 日　攀枝花市美果宝农业开发有限公司在上海股权托管交易中心敲响 Q 板上市锣，成为攀枝花市首家在该中心挂牌上市的农业企业。

4 日　攀枝花市召开全市创建全国文明城市工作会。会议对评选出的 10 名“攀枝花市第三届道德模范”进行表彰，为被评为第四届全国文明单位的市国税局、攀枝花海关和第四届全国文明村镇的米易县普威镇独树村、仁和区平地镇迤沙拉村、东区银江镇沙坝村授牌。

△　省教育厅公布 2015 年可跨市（州）招生公办普通高中学校名单，共 64 所中学榜上有名，攀枝花市第三高级中学校、第七高级中学校获得跨市州招生资格。

6 日　由中电建投资、水电七局承建的盐边万家山光伏发电项目第一个光伏阵列正式并网发电。万家山光伏发电项目位于盐边县桐子林镇，站场所处位置平均海拔约 1400 米，规划占地 900 亩，装机容量为 3 万千瓦，总投资约 3.2 亿元，预计年平均发电量 3991.5 万千瓦时。

10 日　攀枝花市西区河门口街道被四川省人民政府安全生产委员会正式授予“四川省安全社区”称号。这是攀枝花市首个创建成功的城区街道。

12 日　攀枝花市“花城 V 心小站”在市工人文化宫举行授牌仪式，标志着环卫工人、出租车司机等户外劳动者在工作中有了舒适的休息站。

13 日　在攀枝花市—凉山州（木里县）对口援藏工作座谈会上，攀枝花市与木里县签订《商务援藏战略合作协议》和首个企业合作协议，标志着攀枝花对口支援木里藏族自治县开启商务援藏模式。

△　中共四川省委决定，免去刘成鸣同志中共攀枝花市委书记、常务、委员职务。

18 日　市长张剡主持召开市政府第五十四次常务会议。审议并原则通过《攀枝花市城市公立医院综合改革试点工作实施方案》《关于进一步完善临时救助制度的实施意见》等。

24 日　国家工信部公布全国区域工业绿色转型发展试点城市名单，攀枝花市榜上有名，成为西南地区唯一入选城市。

26 日　攀枝花市领导干部大会在市会展中心召开，会议宣布了四川省委关于对攀枝花市委主要领导调整的决定，张剡同志任中共攀枝花市委书记。

27 日　攀枝花市 2015 年首届“家庭植树节”暨“家庭微公益行动”启动。

30 日　省林业厅与市政府在攀枝花会展中心签订《四川省林业厅攀枝花市人民政府共同推进金沙江干热河谷区生态建设战略合作框架协议》。

△　市档案馆举行“党和国家领导人情系攀枝花图片展”“馆藏书画精品展”“学习型干部的楷模杨文仲档案展”开展仪式和著名科学家传记《百年巨匠常隆庆》一书首发式。

7 月

1 日　全国优秀县委书记表彰会议在京举行，攀枝花市东区区委书记刘先伟荣获“全国优秀县委书记”称号。

2 日　中央新闻纪录电影制片厂大型文献纪录片《大三线》攀枝花拍摄的开机仪式在四川攀枝花三线建设博物馆举行。副市长刘建明出席开机仪式。

5 日　经国家人力资源和社会保障部、财政部批准，中国十九冶集团攀枝花技师学院成为四川省获批 2015 年国家级高技能人才培训基地三家单位之一，并获中央财政一次性拨付补助资金 500 万元。

7 日　为进一步拓宽教育资金来源渠道，经省教育厅同意、省民政厅批准，攀枝花市教育基金会正式成立。

9 日　攀枝花市联合深圳航空在深圳市举行深圳—攀枝花航线开通发布会，宣布 10 日起深圳可直飞攀枝花。

19 日　在 2015 年全国精益六西格玛项目发表赛中，攀钢选送的 6 个项目中 4 个项目获得全国黑带项目优秀奖，2 个项目获得全国黑带项目入围奖。

21 日　攀枝花市委书记、市长张剡主持召开市政府第 55 次常务会议。会议讨论并原则通过《关于调整全市最低工资标准的请示》《攀枝花市弃土场专项规划》《攀枝花市山体保护与利用规划》等。

24 日　攀钢《转炉智能化提钒工艺技术研究》项目被评为 2014 年度四川省科技进步奖二等奖，钒的回收率、钒渣品位、钒氧化率等处于世界领先水平。

28 日　攀枝花市基本完成基层医疗卫生机构管理信息系统建设，全市 63 家政府办基层医疗卫生机构均接入市级数据中心，基本医疗业务和公共卫生管理全部使用该管理信息系统运行。

8 月

1 日　攀钢钒炼铁厂推进的中长期项目——“高配比钒钛磁铁矿高强度冶炼系统技术研究”获得 2015 年冶金科学技术一等奖。

8 日　攀枝花市第七届运动会·第七届老年人运动会开赛仪式暨 2015 年“全民健身日”群众体育活动启动仪式在仁和区商业文化广场举行。

14 日　四川省评选出 100 名“向上向善好青年”和 100 名“乡村好青年”。攀枝花市陈太均、徐双伟、罗登方、张自娟、杨学林被评为四川省“向上向善好青年”，李永辉、刘长伟、张再美、孔维军、毕艳被评为四川“乡村好青年”。

19 日　建行攀枝花分行成功办理攀枝花中电光伏有限公司的跨境人民币资本金业务，1.53 亿元注册资金从境外汇入该公司在建行开立的人民币资本金专用账户。这是 2011 年人民银行颁布《外商直接投资人民币结算业务管理办法》以来，全市办理的首笔业务，实现攀枝花外商直接投资人民币结算业务零的突破。

21 日　攀枝花市第九届人民代表大会第五次会议，补选杨自力同志为攀枝花市人民政府市长。

△　市长杨自力主持召开市政府第 57 次常务会议，会议审议并原则通过《关于扶贫攻坚和移民规划安置工作情况的报告》等。

27 日　攀枝花市政府与腾讯公司签署战略合作协议。

△　在 2015 年四川省卫生计生监督技能竞赛总决赛中，攀枝花荣获团体一等奖。

9 月

9 日　攀枝花市政府与中国农行四川分行签订战略合作协议。

12 日　攀枝花市卫计委出台《攀枝花市医师多点执业实施办法（试行）》，标志着攀枝花市医师多点执业正式施行。

26 日　四川省发改委正式发文，将攀枝花市东立化工、金沙纳米、秉扬科技、汉风物流、卓越钒钛等 5 家企业，纳入 2015 年四川省“新三板”挂牌后备企业。

28 日　由攀枝花市起草的《出口钒铁中硅、铝、锰、磷、铜、镍、铬、钛的测定电感耦合等离子体原子发射光谱法》标准草案顺利通过四川检验检疫局组织的专家预评审，成为全省首个涉钒涉钛出口标准。

10 月

1 日零时起　攀枝花市将在所有市级公立医院（含大企业医院、高校附属医院）全面实施医药分开，彻底取消药品加成，除中药饮片外的所有药品实行零差率销售（即按进价销售）。

13 日　攀枝花市棚改工作推进会在攀枝花会展中心举行，就近期棚改工作进行安排部署。市委副书记、市长杨自力代表市政府与有关县（区）、单位签订《2015 年棚户区改造目标任务确认书》。

13 日　市长杨自力主持召开市政府第 58 次常务会议。会议讨论并原则通过《关于调整我市城乡居民最低生活保障标准的请示》等。

18 日　攀枝花市太阳能应用产业技术创新联盟成立大会在攀枝花学院召开。

19 日　攀枝花市首届大众创业万众创新活动周启动仪式

在市中心广场举行，主题为“创业创新——汇聚发展新动能”。

23日　首届中国西部（四川）进口展暨国际投资大会在成都世纪城新国际会议中心拉开帷幕。此次进口展，攀枝花展区设计以“钒钛之都攀枝花开”为主题，突出宣传攀枝花“中国钒钛之都”“中国阳光花城”“四川南向开放门户”三大城市名片。

24日　四川攀枝花钒钛高新技术产业园区获国务院批复，成功创建为国家级高新技术产业园区。

28日　攀枝花·雅砻江流域水电开发有限公司地企座谈会在雅攀水电园桐子林管理局举行。会议宣布成立由地企双方各级领导共同组成的“二滩、桐子林水电站区域综合协调委员会”。

29日　攀枝花市首届非物质文化遗产成果展示活动在市中心广场举行。本届“非遗”成果展的主题是“保护成果，全民共享”。

11 月

1日　四川攀枝花三线建设博物馆（攀枝花市博物馆）入选全国12个“弘扬优秀传统文化，培育社会主义核心价值观”优秀主题展览，是四川省唯一入选的展陈项目。

△　“攀枝花手机台”在市广播电视台演播大厅举行上线仪式。

△　由四川攀研技术有限公司生产的40桶重量2000千克危化品“硫酸氧钒”，经检验鉴定合格后出口至日本，这是攀枝花地区首次出口此类产品。

7日　中国产业技术创新战略联盟联络组发布“2014年度产业技术创新战略联盟活跃度评价报告”，攀枝花市钒钛战略联盟获得“高活跃度”评价。全国进入该评价等级的联盟有36家。

8日　攀枝花市出台《攀枝花市纵向医疗联合体建设实施方案（试行）》，构建起市中心医院、攀钢总医院、市中西医结合医院、市第二人民医院、市妇幼保健院五大纵向医疗联合体，在全省率先实现医联体全覆盖。

9日　在2015年（第十三届）四川电视节“金熊猫”奖国际纪录片颁奖典礼上，由攀枝花市广播电视台选送的人文类纪录片《中国傈僳族》荣获2015“金熊猫”奖，国际纪录片评选入围奖。这是攀枝花市影视作品首次获得国际性纪录片奖。

16日　第六届四川国际自驾游交易博览会在仁和区普达阳光国际康养度假区正式开幕。开幕式上，中国大香格里拉旅游推广联盟宣告成立，云南、西藏、四川三省（区）旅游部门共同签署《中国大香格里拉旅游推广联盟章程》。中国旅游车船协会授予攀枝花“全国自驾游目的地试点城市”称号。

17日　在昆明举行的“2015中国国际旅游交易会——中国特色旅游商品评选”活动中，攀枝花市的“攀枝花故事”牌钛自行车荣获金奖。

22日　国家旅游局公布首批乡村旅游“千千万万”品牌名单，攀枝花市东区银江镇阿署达村荣获“中国乡村旅游模范村”称号。

24日　四川省经信委正式印发2015年度四川省大企业大集团培育100强名单，驻扎于攀枝花市的中国十九冶集团榜上有名。

28日　2015攀枝花钒钛资源综合利用院士行暨钒钛（国际）论坛在盐边县红格镇举行。

12 月

1日　市长杨自力主持召开市政府第61次常务会议。审议并原则通过《加快推进科技企业孵化器建设实施方案》《关于深化特色农业保险试点工作的实施方案》《关于加强农产品质量安全监管工作的实施意见》等。

11日　2015首届四川省养生旅游节领导小组第一次筹备工作会在攀枝花会展中心举行。

15日　攀枝花市法学会成立暨第一次会员代表大会在攀枝花会展中心举行。省法学会秘书长魏义洪出席会议并为攀枝花市法学会授牌。大会选举产生攀枝花法学会第一届理事会理事、常务理事、秘书长、副会长、常务副会长和会长，张伟当选为攀枝花市法学会第一届会长。

20日　攀枝花市党政代表团与北京市西城区党政领导进行交流座谈，共同回顾两地友好交往20年来的丰硕成果。会上，与西城区签署两地《深化友好交流合作备忘录》和《深化干部队伍交流合作工作备忘录》，并签订涉及教育、旅游、康养等领域的数项合作协议；西城区向攀枝花市捐赠498.96万元资金，定向用于援建盐边县后元村村道硬化项目。

23日　以“阳光康养攀枝花休闲度假幸福城”为主题的2015首届四川省养生旅游节在攀开幕。本届养生旅游节旨在展示四川养生旅游产品，推动养生旅游产业转型升级，促进四川养生旅游发展。开幕式上，省科学养生促进会发布《四川省养生旅游示范基地评定（试行）标准》及《四川养生旅游项目实施工程》，并授予攀枝花市“四川省养生旅游示范基地”，授予攀枝花市阿署达花舞人间景区项目“四川省养生旅游示范项目”。

△　市长杨自力主持召开市政府第63次常务会议。会议讨论并原则通过《关于取消非行政许可审批事项的决定》《关于加快发展体育产业促进体育消费的实施意见》《攀枝花高新技术产业园区扩区调位发展规划》等。

25日　第五届攀枝花科技论坛在攀枝花会展中心开幕。本届科技论坛以“提升创新能力推动创新发展”为主题，旨在凝聚各方智慧，推动攀枝花“大众创业、万众创新”工作深入开展。

概 貌

自然概貌

【地理位置】 攀枝花市是中国四川省直辖市，位于中国西南川滇交界部，金沙江与雅砻江交汇于此。北纬26°05′～27°21′，东经101°08′～102°15′。东北面与四川省凉山彝族自治州的会理、德昌、盐源3县接壤，西南面与云南省的宁蒗、华坪、永仁3县交界。北距成都749千米，南接昆明351千米，是四川省通往华南、东南亚沿边、沿海口岸的昀近点，为“四川南向门户”上重要的交通枢纽和商贸物资集散地。

【地形河流】 攀枝花市地处攀西裂谷中南段，属侵蚀、剥蚀中山丘陵、山原峡谷地貌，具有山高谷深、盆地交错分布的特点，地势由西北向东南倾斜，山脉走向近于南北，是大雪山的南延部分。海拔昀高点位于盐边县境内的柏林山穿洞子(4195.5米)，昀低点位于仁和区平地镇师庄(937米)，相对昀大高差3258.5米，一般相对高差1500～2000米。

攀枝花市隶属长江水系，河流多，境内有大小河流95条，分属金沙江水系、雅砻江水系，两水系在雅江桥处汇合。流域控制面积较大的主要有安宁河、三源河、大河三大支流。其中流域面积大于500平方千米以上的6条，100平方千米～500平方千米的26条，50平方千米～100平方千米的18条，5平方千米～50平方千米的小河流只统计直接汇入金沙江、雅砻江的45条。

【气　候】 攀枝花市属南亚热带—北温带的多种气候类型，被称为“南亚热带为基带的立体气候”，具有夏季长，四季不分明，而旱季、雨季分明，昼夜温差大，气候干燥，降雨量集中，日照长，太阳辐射强，蒸发量大，小气候复杂多样等特点。年平均气温是四川省年平均气温总热量最高的地区，无霜期300天以上。

2015年，攀枝花市平均气温20.4℃～21.8℃，较常年显著偏高0.8℃～1.3℃。全年月平均气温最高出现在6月(28.5℃～29.9℃)，月平均气温最低出现在1月(11.9℃～13.1℃)。全年总降水量为947.5毫米～1116.8毫米，较常年偏多113.2毫米～225.9毫米，偏多幅度12.2%～27.3%。市日照时数为2393.5小时～2811.9小时，较常年盐边县、米易县正常，市区偏多173.9小时、仁和区偏少109.3小时。年平均相对湿度53%～63%，较常年市区正常，其余地区偏小3%～9%。

【国土资源】 2015年，攀枝花辖区面积7440.398平方千米，全市土地面积7440.398平方千米。其中，农用地约668000万平方米(耕地保有量为75000万平方米)，建设用地约51000万平方米，未利用地约18000万平方米。

【生物资源】 攀枝花市的植物和野生动物种类繁多，达2500多种。珍贵稀有动物中，国家一级重点保护动物有4种(金雕、豹、黑颈鹤、四川山鹧鸪)，国家二级重点保护动物30种。国家重点保护的一级、二级珍稀濒危植物14种，其中一级重点保护珍稀濒危植物攀枝花苏铁举世称奇，成片生长，达20多万株，且年年开花，雌雄竞放，与恐龙、熊猫一并被誉为“巴蜀三宝”。

国民经济和社会发展概貌

【经济综述】 2015年,在国际、国内经济下行压力持续加大的严峻形势下,市委、市政府主动适应新常态,坚持稳中求进总基调,积极抢抓发展机遇,为进入GDP千亿方阵和实现"十三五"良好开局奠定了坚实基础。经四川省统计局初步审定,2015年全市实现地区生产总值(GDP)925.2亿元,按可比价计算,增长8.1%。其中:第一产业增加值31.31亿元,增长4.1%,对经济增长的贡献率为1.5%,拉动经济增长0.1个百分点;第二产业增加值661.03亿元,增长8.5%,对经济增长的贡献率为80.2%,拉动经济增长6.5个百分点;第三产业增加值232.85亿元,增长7.2%,对经济增长的贡献率为18.3%,拉动经济增长1.5个百分点。人均地区生产总值75078元,增长8.2%。三次产业结构由2014年的3.4∶73.8∶22.8调整为2015年的3.4∶71.4∶25.2。全市非公有制经济实现增加值450.37亿元,增长9.0%,占GDP的比重为48.7%,非公有制经济对全市经济的贡献率48.0%。

2015年东区实现地区生产总值377.04亿元,增长7.5%;西区实现地区生产总值105.80亿元,增长8.4%;仁和区实现地区生产总值198.01亿元,增长8.3%;米易县实现地区生产总值131.21亿元,增长10.2%;盐边县实现地区生产总值113.12亿元,增长8.0%。

【农　业】 2015年农林牧渔业总产值55亿元,增长4.4%。其中:农业产值32.62亿元,增长5.5%;林业产值0.88亿元,增长4.6%;牧业产值16.58亿元,增长2.6%;渔业产值4.10亿元,增长3.3%;农林牧渔服务业产值0.76亿元,增长5.3%。

2015年粮食播种面积4.17万公顷,增长1.5%;油料播种面积0.24万公顷,下降1.8%;烟叶播种面积0.82万公顷,下降2.5%;蔬菜播种面积1.39万公顷,增长2.9%。

2015年粮食总产量22.45万吨,增长2.9%;油料产量0.36万吨,下降0.9%;烟叶产量1.69万吨,下降2.4%;蔬菜产量69.82万吨,增长4.9%;水果类产量22.82万吨,增长8%。肉类总产量5.40万吨,增长0.8%;猪肉产量3.99万吨,下降0.5%;牛肉产量0.32万吨,增长3.8%;羊肉产量0.47万吨,增长5.8%。

2015年完成造林面积3920公顷,封山育林面积4666公顷,育苗面积305公顷,森林覆盖率达60.03%。全年农业机械总动力达68.48万千瓦,增长2.0%;机耕负担面积50.85千公顷,增长4.4%;年末有效灌溉面积36.78公顷,排灌机械保有量4976台。

【工业和建筑业】 2015年全部工业增加值661.03亿元,增长8.7%,对经济增长的贡献率为78.7%。年末规上工业企业341户,全年规上工业增加值增长9.0%。

2015年规上工业总产值1561.1亿元,增长1.2%,从主要行业看,煤炭开采和洗选业191.8亿元、黑色金属矿采选业341.9亿元、有色金属矿采选业68.3亿元、石油加工、炼焦和核燃料加工业91.7亿元、化学原料和化学制品制造业204.8亿元、黑色金属冶炼和压延加工业275.4亿元、通用设备制造业36.9亿元、电力、热力生产和供应业62.1亿元。

2015年规模以上工业企业主要产品产量

	单位	绝对数	同比累计增长(%)
铁矿石(原)	万吨	9045	9.3
铁精矿	万吨	1165	8.3
成品糖	吨	12363	-4.2
啤酒	千升	42265	-7.5
水泥	万吨	226	8.8
生铁	万吨	564	-9.3

续表

	单位	绝对数	同比累计增长(%)
粗钢	万吨	529	-12.3
钢材	万吨	453	-9.7
砖	万块	17487	51.0
焦炭	万吨	552	0
发电量	万千瓦时	1735906	-7.7

规模以上工业企业实现销售产值1517.7亿元,增长1.2%;产销率为97.2%,与去年持平;实现主营业务收入1453.83亿元,下降6.9%、主营业务成本1309.23亿元,下降5.1%、销售费用28.94亿元,下降17.5%、资产合计2258.42亿元,增长6.5%。

2015年全社会建筑业增加值33.54亿元,比上年增长6.1%。年末资质等级以上总承包和专业承包建筑企业72个,实现总产值174.37亿元,增长6.9%。

【固定资产投资】 2015年完成全社会固定资产投资644.51亿元,增长4.5%,其中民间投资287.99亿元,下降5.5%。从三次产业看,第一产业投资21.80亿元,增长17.7%;第二产业投资224.68亿元,下降6.4%;第三产业投资398.03亿元,增长11.1%。从产业结构看:基础设施投资186.83亿元,增长21.2%;产业投资225.06亿元,下降1.1%;民生及社会事业投资155.62亿元,增长6%;房地产开发投资58.94亿元,下降21.6%。

2015年房屋施工面积696.72万平方米,增长3.9%;房屋竣工面积79.02万平方米,增长23%;商品房销售面积104.75万平方米,下降13.7%;商品房待售面积44.28万平方米,增长33%。

【国内贸易及旅游】 全年社会消费品零售总额286.20亿元,增长11.8%,其中限上企业实现零售额107.91亿元,增长8.7%。按行业分,批发业15.22亿元,增长14.9%;零售业232.51亿元,增长11.3%;住宿业2.94亿元,增长10.5%;餐饮业35.53亿元,增长13.8%。

全年旅游总收入202.11亿元,增长34.7%。接待旅游总人数1659.86万人次,增长20%。全市共有名胜风景区和文物保护区18个,星级饭店、宾馆18个。

【对外经济】 全年招商引资到位资金545.68亿元,增长8.5%,其中:国内省外到位资金351.84亿元,下降10.5%;省内到位资金193.84亿元,增长76.8%。

全年实现进出口总额25666万美元,下降14.8%。其中:出口总额21921万美元,增长28.7%;进口总额3745万美元,下降71.4%。

【交通、通信和邮电】 攀枝花市等级公路3131.99千米,其中高速公路144.72千米。全年完成公路旅客运输量2622万人次,客运周转量82117万人千米,货物运输量9232万吨,货物周转量502272万吨千米。全市机动车保有量23.38万辆,其中:汽车14.04万辆,私人汽车11.59万辆;摩托车9.21万辆;营运车辆1.64万辆,出租汽车1597辆。

境内铁路营运里程181.6千米,与2014年持平;境内火车站个数17个;全年完成铁路客运量171.8万人次,铁路货运量2232.67万吨。水路旅客周转量938万人千米,水路货运周转量990万吨千米。

全年邮电主营业务收入11.55亿元,其中电信业务主营收入9.92亿元,邮政业务主营收入1.63亿元。年末拥有邮电局(所)67处;全年报刊发行量2861.76万份;函件453.72万份;快递业务量528.51万件。年末固定电话用户29.78万户;年末移动电话用户数116.29万户,其中:3G移动电话用户数33.07万户;国际互联网用户数29.61万户。

【财政、税收、金融和保险】 2015年公共财政预算收入53.34亿元,下降15.2%。公共财政预算支出116.40亿元,下降4.1%。

2015年国税组织收入35.67亿元,下降27.7%,其中:税收收入36.52亿元,下降26.8%;增值税27.56亿元,下降30.4%;消费税1.09亿元,增长65.3%。地税组织收入40.93亿元,下降21%,其中:税收收入37.51亿元,下降19%;营业税收入11.35亿元,下降8.3%。

2015年末金融机构人民币各项存款余额856.81亿元,比年初增加31.25亿元,增长3.8%。其中住户存款余额462.44亿元,比年初增加30.46亿元,增长7.1%。金融机构人民币各项贷款余额697.15亿元,比年初增加38.66亿元,增长5.9%。

2015年末共有保险公司16家，全年实现保费收入19.69亿元，其中财产保险保费收入7.53亿元，人寿保险保费收入12.16亿元。保险赔款支出7.79亿元，其中财产保险赔款支出3.94亿元，人寿保险赔款支出3.85亿元。

【教育和科学技术】 全市拥有普通高等学校2所、普通中等学校58所、中等专业学校7所、小学65所、幼儿园208所。普通高等学校在校生35040人；普通中等学校在校生80055人，其中，普通中学在校生66875人；小学在校生74130人；幼儿在园儿童数30803人。专任教师总数12252人，其中普通中等学校专任教师5676人，小学专任教师4959人。学龄儿童入学率99.98%，初中毕业生升学率96.61%，小学教师学历合格率100%。

全年各项专利申请数2092项。高新技术产业实现产值280亿元；安排科技项目1336项，其中安排高新技术项目303个，当年新上高新技术项目191个；各类科技项目获市级以上科技成果奖85项，其中省部级奖15项；科技新增经济效益12.99亿元。

全市拥有国内专业技术人员58999人，其中具有中级职称以上人员22990人，农业技术人员771人。

【文化、卫生和体育】 全市拥有博物馆和展览馆3个，文化(艺术)馆50个，剧场影院7个，公共图书馆6个，藏书总量84.72万册。乡镇广播电视站43个，352个行政自然村全部开通广播和电视。广播节目综合人口覆盖率98.52%，比2014年提高0.38个百分点；电视节目综合人口覆盖率99%，比2014年提高0.06个百分点。

全市拥有医院、卫生院74个，疾病预防控制中心6个，妇幼保健站6个。医院、卫生院技术人员7599人，其中：执业医师2528人，注册护师、护士3690人。年末卫生机构床位数10097张，5岁以下儿童死亡率6.91‰，产妇住院分娩比例99.89%。

全市拥有体育场(馆)6个、各级体育社会团体56个、全民健身路径73条、社会体育指导站267个。全市各类运动队夺得全国比赛金牌7枚、银牌2枚、铜牌5枚；省级比赛金牌8枚、银牌6枚、铜牌6枚。全年举办35次全民健身活动，参加活动人数5.08万人。

【环境保护和安全生产】 全市“五创联动”年度攻坚项目基本完成，获得“全国文明城市提名城市”称号，取得国家森林城市创建资格，完成国家园林城市申报准备，全年单位GDP能耗下降10.17%，环境空气质量优良率达98.9%。开展市区视野区环城生态景观林建设，新增公共绿地2.69万平方米。乡村环境持续改善，新建幸福美丽新村76个、新村聚居点32个，建成农村廉租房161套。

全年发生工矿企业生产事故13起，比2014年减少2起，下降13.3%；死亡人数18人。安全事故死亡36人。

【人　口】 年末户籍总人口110.66万人。其中，农业人口51.77万人，非农业人口58.89万人；男性人口56.43万人，女性人口54.23万人。当年出生人口10238人，当年死亡人口6519人，人口自然增长率3.36‰。年末常住人口123.25万人，城镇化率为64.74%，比上年提高0.71个百分点。全年办理结婚登记10064对，离婚登记4344对。

【人民生活和社会保障】 全年城镇居民人均可支配收入30362元，增长8.5%。其中：工资性收入19224元，增长7.2%；经营净收入2636元，增长20.6%；财产性收入1625元，增长15.8%；转移净收入6877元，增长6.3%。城镇居民人均消费支出19860元，增长9.3%，其中：食品烟酒支出7078元，下降11.7%；衣着支出1332元，增长13.0%；居住支出2962元，增长2.0%；生活用品及服务支出1426元，下降2.1%；交通通信支出2217元，增长18.4%；医疗保健支出2799元，增长7.0%；教育文化娱乐支出1413元，增长10.8%。城镇居民恩格尔系数为35.6%。

全年农村居民人均可支配收入12861元，增长9.3%。其中：工资性收入4336元，增长9.0%；经营净收入7284元，增长9.5%；财产净收入301元，增长21.9%；转移净收入941元，增长6.4%。农村居民人均生活消费支出9903元，增长4.2%。其中：食品烟酒支出3679元，增长5.5%；衣着支出543元，增长16.5%；居住支出1922元，下降3.4%；生活用品及服务支出582元，增长0.6%；交通通信支出1398元，下降2.9%；教育文化娱乐支出770元，增长20.3%；医疗保健支出882元，增长11.8%；其他商品及服务126元，增长11.4%。农村居民恩格尔系数为37.2%。

全年居民消费价格总水平(CPI)上涨1.5%，其中食品类价格上涨1.4%，烟酒及用品类上涨2.1%，衣着类上涨1.1%，家庭设备用品及维修服务类上涨0.1%，医疗保健和个人用品类上涨4.1%，交通和通信类上涨2.4%，娱乐教育文化用品及服务类上涨1.1%，居住类上涨0.7%。工业生产者出厂价格(PPI)下降7.3%，工业生产者购进价格下降6.6%。

抽样调查表明，2015年城镇居民人均住房建筑面积33.26平方米；95.5%的城镇居民家庭拥有自有房屋产权；93.3%的城镇居民家庭住进单元房。

全市参加养老保险的人数45.66万人，减少4.6万人；参加医疗保险人数63.23万人，增加0.3万人；参加失业保险人数21万人，减少1.6万人；参加工伤保险人数20.76万人，减少0.49万人；参加生育保险人数20.97万人，减少1.08万人。城镇登记失业率为3.61%，比上年增长0.25个百分点。

全市享受城镇居民最低生活保障人数14947人,减少3137人;享受农村居民最低生活保障人数19937人,减少5453人;社会救济对象人数38344人,减少8679人。全市拥有社会福利收养性单位62个,床位5586张;社会福利院6个,床位数720张;敬老院25个,床位数2431张。

(李冠华)

县(区)概貌

东 区

【建置人口】 东区为攀枝花市主城区,是全市政治、经济、文化、金融和商贸中心,位于北纬26°32′~26°39′、东经101°39′~101°49′。行政区域东起渡(口)金(江)公路雅砻江与金沙江汇合处下行850米处;西至云盘山顶、凉风坳分别与仁和区、西区接壤;南抵攀枝花大道中段巴斯箐;北至大黑山麓、老岩山与仁和区、盐边县分界。面积166平方千米,其中耕地面积179公顷,占辖区总面积的1.08%。

东区辖1个镇、9个街道办事处,9个村民委员会、59个社区居民委员会。2015年年末,全区人口总数108655户305244人,其中男156399人、女148845人。总人口中非农业人口297834人(男152781人、女145053人)、农业人口7410人(男3618人、女3792人)。全年出生1617人,出生率5.30‰;死亡1047人,死亡率3.40‰;人口自然增长率1.90‰。全区有少数民族32个,人口10321人。

【经济发展状况】 2015年,东区实现地区生产总值(GDP)377.04亿元,同比增长7.50%;完成全社会固定资产投资175.38亿元,同比增长4.00%;地方财政收入7.52亿元,同比增长-24.50%;实现社会消费品零售总额174.84亿元,同比增长11.80%;招商引资实际到位资金109.14亿元,同比增长8.10%;城镇居民人均可支配收入33389元,同比增长8.60%;农村居民人均可支配收入15540元,同比增长9.20%。

2015年东区主要经济指标

指标名称	单位	2015年	比2014年增长(%)
年末总人口	人	305244	-0.99
地区生产总值	万元	3770361	7.5
第一产业增加值	万元	5783	4.2
第二产业增加值	万元	2414668	7.3
第三产业增加值	万元	1349910	7.8
旅游接待总人数	万人次	510.11	20
旅游收入总额	万元	770192.95	33.9
金融机构人民币存款余额	万元	5504697	11.4
参加基本养老保险职工数	人	286943	0
参加失业保险人数	人	186293	10.1

续表

指标名称	单位	2015 年	比 2014 年增长(%)
城镇登记失业人员数	人	4373	4.3
邮政业务总量	万元	11830	56.8
全社会固定资产投资总额	万元	1753788	4
社会消费品零售总额	万元	1748351	11.8
地方财政收入	万元	72894	
地方财政支出	万元	134843	
城镇居民人均可支配收入	元	33389	8.6
农村居民人均可支配收入	元	15540	9.2

【工业经济】 2015 年,东区亿丰瑞表外矿综合利用项目全面动工,攀钢钒氮合金扩能、睿能屋顶光伏发电站项目顺利推进,梅塞尔氪氙气体项目竣工投产,传统产业升级与新兴产业发展齐头并进。工业园区入口改造和入园道路维修工程全面启动,光伏产业孵化园动工建设,孵化器建设初见成效,846 厂搬迁有序推进,园区承载能力显著增强。融合式推进地企协作,地方企业订单数量和货款回收质量持续改善,鸿舰公司调整升级、居民转供电户表改造启动实施。建立重点企业包保服务制度,为 41 家重点企业制定帮扶措施 126 条,解决具体问题 86 个。为 16 户企业成功争取用电优惠政策,节省运营成本 5900 余万元。为 69 家企业争取各类发展补助资金 6456 万元,帮助企业争取应急转贷资金 1.90 亿元。全年实现工业增加值 241.47 亿元,同比增长 7.30%,其中区属地方规上工业增加值同比增长 19.50%。

【农业和农村经济】 2015 年,东区制定都市现代农业产业发展规划和奖励扶持办法,26 度果园等电商品牌享誉南北,阿署达、弄弄沟等乡村旅游品牌独具特色,第一、三产业加速融合发展。成功申报农业部农业综合开发项目 1 个,创建省级现代农业示范园 1 个、示范家庭农场 1 家,俊贤农业启动澳洲上市程序,新型农业经营主体活力焕发。投入资金 650 万元,改建新村聚居点 5 个,实施基础设施项目 9 个,在全市率先解决农村饮水安全问题,阿署达村获评全省幸福美丽新村建设先进典型,村容风貌显著改善。全年实现一产增加值 5783 万元,同比增长 4.20%。农村居民人均可支配收入 15540 元,同比增长 9.20%。

【第三产业】 2015 年,东区制定服务业改革发展实施意见,在全市率先出台电子商务发展鼓励扶持政策,产业发展更趋科学合理。攀枝花电子商务产业园建成开园,淘宝攀枝花馆开馆,钒钛交易中心年交易额突破 100 亿元,4 家物流企业入驻密地现代物流园区,南充商业银行开业运营,菩提苑康养基地建设稳步推进,先导型服务业迅速崛起。成功举办"稳增长促消费·东区在行动"等主题促销活动,"衣袋洗""佳家菜"开创服务消费新模式,全年完成社会消费品零售总额 174.84 亿元,增长 11.80%。花舞人间花香果园区开园迎宾,阿署达景区被评为首个"四川省养生旅游示范项目","渡口记忆"文化特色商业街建设取得突破性进展,成功创建首批中国乡村旅游模范村 1 个、金牌农家乐 2 个,圆满举办首届四川省养生旅游节,产业融合促进旅游魅力不断释放,全年实现旅游总收入 77.02 亿元,增长 33.90%。第三产业增加值完成 134.99 亿元,同比增长 7.80%。

【招商引资】 2015 年,东区精准包装招商引资项目 43 个,引进成都外国语学校投资办学,宇豪酒店、吉象乐园签约入驻阿署达特色街,与太平洋建设集团达成投资合作协议,项目引进再获突破。在全市率先运行微信招商平台,成功承办攀枝花国际块菌节,协办自驾游博览会等投资促进活动,招商引资平台不断拓展。全年招商引资实际到位资金 109.14 亿元,同比增长 8.10%,新引进亿元以上项目 16 个。积极发展外向型经济,全年实现外贸进出口总额 2.08 亿美元。

【科　技】 2015 年,东区出台科技创新奖励资助办法,设立应用技术研究与开发、科技成果转化等专项资金,创新扶持激励不断强化。全年投入资金 7000 余万元,实施重点科技攻关项目11个，兑现科技创新奖励资助45.90万元，成功申报攀西试验区重大科技攻关招标项目6个，新增国家级高新技术企业3家，申请专利255件，科技创新再添活力。制定“互联网+”实施意见，攀枝花商业银行芒果银行、特色农产品网络营销、智慧社区等新业态、新模式不断涌现，“互联网+”创新应用步伐加快。启动青年大学生创业创新设计大赛，发放创业补贴97.60万元、小额担保贷款310万元，社会创业活力全面激发。

【教　育】2015年，东区有区属学校(园)30所，其中小学14所、九年一贯制学校11所、初级中学2所、高级中学1所、幼儿园2所。在校学生、在园幼儿31117名，其中小学生18885名、初中生9367名、高中生2587名、在园幼儿278名。有在岗(职)教职工2240人。

2015年，东区有学前教育机构112所，其中公办幼儿园2所、民办幼儿园61所、攀钢企业办幼儿园14所、民办非学历教育培训机构35所。在园幼儿8600余名，非学历教育培训学校在校生4800余名。幼儿教育学前一年毛入园率123.50%，3～5岁学前三年毛入园率120.89%。区属小学义务教育综合评价(RSR)值继续保持全市第一，初中两个年级“RSR”值名列全市第一。中考国重计划内上线率28.30%，国重上线人数和“RSR”值均名列全市第一。落实义务教育“两免一补”(免除教科书费、作业本费，发放住校生补贴)政策，资助28000余名义务教育阶段学生，支付资金578.30万元，其中免教科书费344.53万元、免作业本费93.99万元、生活补助135.40万元，肉食补贴4.38万元。按照“指定入学”和“就近入学”相结合的原则，安置进城务工随迁子女279名入学，入学率100%。区属高中高考参考人数672名，文化类本一段上线13名，文化类本二段上线117名，艺术类本科上线42名，本科上线率25.60%。全年有600余名普通高中家庭经济困难学生享受资助，支付资金181.19万元，其中免学费57.09万元，发放助学金124.10万元。

坚持义务教育就近免试入学、初中毕业生学业考试与综合素质评价相结合的升学考试制度，完善《东区省级示范性普通高中招生计划定向切块分配录取办法》，深入实施招生“阳光工程”，圆满完成高中阶段教育学校招生统一考试、普通高校和成人高校招生考试及高等教育自学考试各项工作任务，完成东区普通高考标准化考点建设，确保招生考试公平公正。普通高考录取2139人，其中本科录取1261人、专科录取878人；高中阶段教育学校招生的五年制高职和三年制中职共录取1138人。成人高考报名人数909人，高等教育自学考试人数2823人。

2015年，东区整合教育资源，推进集团化办学，组建市二十五中小学、市十九中小学、市二小学3个教育集团。同时，按照“地域邻近、强弱搭配”的原则，将区属学校组建成4个学区联盟、12个共同体。通过“管理互通、研训联动、质量同进、文化共建、特色合作”五大行动工程，开展学校管理、德育、教学教研、艺体、党建、校园文化建设等工作的协作，促进学区联盟内优质资源共享。在学区联盟组建名班主任工作室、名教师工作室。

有序推进学前教育建设、学校新建、运动场改造及学校食堂建设等一批重点项目建设。截至年末，市十二小学食堂新建项目进行主体建设；市十六小学食堂新建项目主体完工；市二十中小学上操场改造及周边绿化和市二十一中小学运动场改造项目竣工；成都外国语攀枝花学校新建项目开工建设；市四十二中小学新建项目处于场平和挡墙施工阶段；炳二区幼儿园新建项目开工建设。

【文　化】2015年，东区有文化、新闻出版经营单位381家，其中歌舞娱乐场所84家、游艺娱乐场所6家、网吧70家、音像制品22家、国内出版物零售76家、打字复印109家、高危体育项目(游泳)8家、电影院3家、文艺表演团体3家。全年开展文化市场检查4200余家次，出动车辆360台次，取缔无证经营游商3家，收缴非法出版物70册、游戏机3台，立案调查21家。文化、新闻出版市场年审、换证287家。全年接待文化行政许可申请107件，其中许可50家、变更45家、注销7家，不予许可5家。

2015年，东区建成省级标准化社区书屋35个，免费开放群众文体活动场所80余处，成功举办四川省第十六届风筝比赛、东区第十届社区艺术节、首届“文化之星、文化英才”评选、纪念毛泽东同志“三·四”批示暨攀枝花开发建设50周年系列群众文艺演出。开展文化下乡活动，举行文艺演出2场、送图书500余册、拍摄“全家福”近30套，惠及辖区群众1000余人。委托程翔影院免费放映公益电影944场，其中农村108场、社区732场、学校104场，观众达170380人次。

【体　育】2015年，东区组队参加攀枝花市第七届运动会、承办“花舞人间杯”四川省第十六届风筝比赛、举办第六届东华山登山节、“欢乐阳光节系列体育活动”，开展风筝、羽毛球、乒乓球、地掷球比赛等各类群众性全民健身体育活动10余次。新安装健身路径5套、篮球架一副。资助贫困学生25人，兑现体彩助学金24000元。

开展群众体育活动。组织500人参加攀枝花市第四十一届元旦越野赛暨滨江大道休闲游活动；组织参加全市欢乐阳光节暨建市五十周年系列体育活动，取得羽毛球女队团体第一、男队团体第二，篮球(农村组)女队第六、篮球(农村组)男队第六；举办“滨江休闲·阳光健身”摄影展，展出作品80件，内容涉及体育休闲、东区自然景观和人文风情；

举办2015年贺岁杯羽毛球比赛、象棋围棋争霸赛、网球协会友谊赛、东区第三届地掷球比赛。国家地掷球队到东区冬训。市十五中获评首批全国学校体育工作示范学校。

【卫　生】 2015年,东区行政区域内有医疗机构269个,其中:国家二级甲等综合医院1所、国家三级甲等综合医院2所、国家三级甲等专科医院2所;由东区直管的社区卫生服务中心(站)19个,镇卫生院1所,村卫生室9个;民营医疗机构235个。辖区有卫生工作人员6451人,卫生技术人员3949人,执业(助理)医师1365人,注册护士2003人。

2015年,东区所有社区卫生服务中心和银江镇卫生院均在四川药械采购与监督平台上采购基本药物,配备并使用国家基本药物目录药品和省级增补的非目录药品,实行零差率销售,9个村卫生室由银江镇卫生院负责统一采购配送。确保基本药物安全有效、品质良好、价格合理、供应及时,基本药物制度实施工作稳步推进。

开展打击非法行医活动,对辖区内的非法行医点进行集中整治和打击。全年开展联合打击非法行医行动6次,常态化打击70余次,取缔游医摊点50余家,立案处罚违规医疗机构12家。开展对游泳场所、生活饮用水、医疗机构、学校卫生、公共场所等16项专项监督检查工作,全年督查公共场所1250余次,医疗机构610余次,对不符合卫生要求的637家单位提出书面整改意见,责令限期改正,并对15家单位进行立案查处,罚款10700元,监督覆盖率100%。

开展全区爱国卫生月活动、节假日和汛期爱国卫生活动、"5·31"世界无烟日活动等。开展卫生单位创建工作,加强卫生城市细胞建设,巩固国家卫生城市成果。实施科学防治,组织开展春秋两季除"四害"(苍蝇、蚊子、老鼠、蟑螂)工作,严格控制"四害"密度,东区各社区环境卫生条件得到改善,各类孳生地得以有效治理,居民健康意识增强,健康行为养成。

【民生工程】 2015年,东区投入2.10亿元,实施十大民生工程,完成59个民生项目。城镇新增就业6786人、失业人员再就业2075人,城镇登记失业率控制在3.50%以内,就业形势保持稳定。完成城乡低保标准并轨,养老金社会化发放率100%,困难群众重特大疾病医疗救助封顶线提高到5万元,各类社会保险参保21.30万人次、基金征缴2.60亿元,累计发放各类补助、救助资金5万余人次、1800余万元,社会保障水平进一步提高。帮助农民工追讨工资4500余万元,受理劳动争议仲裁案件240件,劳动关系更加和谐稳定。保障性住房建成297套、开工264套,为79户住房困难家庭分配公租房,发放廉租住房补贴697户、110万元。

【行政职能改革】 2015年,东区顺利承接工商管理职能,完成市场监督管理局、交通和农业水务局、卫生和计划生育局等机构的组建,新一轮政府机构改革全面完成。公布行政许可项目182项,前置审批转后置审批事项134项,取消非行政许可审批9项,行政审批制度改革深入推进。落实"三证合一、一照一码",通过"一窗受理(工商登记受理窗口),互联互通、信息共享",将工商行政管理、质量技术监督、税务部门分别核发的不同证照,改为由工商行政管理部门核发加载"统一社会信用代码"的营业执照,企业和农民合作社的组织机构代码证和税务登记证不再发放。新设立登记企业、农民专业合作社公章准刻纳入"一照一码"办理程序登记制度,为654户市场主体发放新营业执照,商事制度改革持续开展。公开财政预(决)算信息,对7个部门开展财政支出绩效评价,积极推进学前教育等政府购买服务工作,财税改革加快推进。农村土地承包经营权确权登记顺利完成,农村产权交易中心建成运行。公务用车制度改革稳步推进。

【项目建设】 2015年,东区储备争取资金和PPP项目49个、"十三五"重大项目364个。实施重点项目102个,完成年度投资55.60亿元;铁精矿管道运输工程、渣钢铁高效回收等18个项目竣工投产,市公交公司迁建、沿江北岸步行系统等15个项目加快推进,东区应急避难场所、司法业务用房等28个项目开工建设。全年完成全社会固定资产投资175.38亿元,增长4%。

【城市建设】 2015年,东区海德堡特色街区、金海乐活天街人气集聚,钢城经贸大厦、上恒广场等高端商务楼宇投入使用,时代天街、恒大城等楼盘主体竣工,城市新区承载能力不断增强。瓜子坪人民商场片区改造完成,市建二公司机关片区改造主体完工,巴斯箐公路养护总段、大渡口街等片区改造加速推进,老旧城区人居环境持续优化。马坎污水处理厂投入运行,西海岸、二街坊片区煤气管网改造全面完成,鱼塘至机场路连接线建成通车,小攀枝花公交换乘枢纽站工程进展顺利,城市综合服务功能不断完善。

【城市管理】 2015年,东区中心城区管理职能完成调整,数字化城管系统与网格化服务管理平台实现对接,处置数字化城管案件26000余件,城市管理更加规范高效。全面启动第二轮国家卫生城市迎复审工作,大力开展"一联合三集中"(开展联合执法专项行动,集中开展扬尘污染专项治理行动、集中开展车辆乱停专项治理行动、集中开展摊位乱摆专项治理行动)专项整治,市容乱象得到有效遏制,城市主次干道清扫保洁率100%,生活垃圾无害化处理率95%,城市生活污水集中处理率91%,顺利通过国家农村生活垃圾治理验收,市容市貌明显改观。

【街道、镇发展状况】 2015年，东区辖大渡口、炳草岗、密地、瓜子坪、向阳村、枣子坪、弄弄坪、长寿路、南山9个街道和银江镇。各街道和银江镇围绕区委、区政府中心工作，履行社会管理职能，做好各项经济服务和社会工作，服务民生，加强自身建设，街道、镇各项工作和事业持续向好发展。

2015年东区各街道、镇基本情况

街道(镇)名称	常住人口(人)	面积(平方千米)	社区(个)
大渡口	31049	5	6
炳草岗	117962	7.5	14
密　地	15111	6.7	6
瓜子坪	43721	5.2	10
向阳村	7007	13.5	4
长寿路	13005	2.7	2
枣子坪	20854	3	4
弄弄坪	25403	4.8	7
南　山	6273	2.5	2
银江镇	17449	116.1	13

注：银江镇人口数包括农村人口7410人、社区数包括村委会9个

（张忠庆　鄢平）

西　区

【建置人口】 西区位于攀枝花市西部，东与东区为邻，南、北与仁和区接壤，西和云南省华坪县交界，面积123.96平方千米。辖1个镇、6个街道办事处，10个村、32个社区居委会。2015年年末，全区人口总户数54158户，人口总数140655人(男72285人、女68370人)。非农业人口50728户131082人(男67487人、女63595人)，农业人口3430户9573人(男4798人、女4775人)。全年出生585人，出生率4.1‰；死亡762人，死亡率5.4‰。

【《攀枝花市西区2015年国民经济和社会发展计划》】 2015年3月28日，攀枝花市西区第十届人民代表大会第六次会议审议并批准《攀枝花市西区2014年国民经济和社会发展计划执行情况及2015年计划(草案)的报告》(以下简称“《计划》”)。《计划》明确西区2015年各项经济和社会发展目标：地区生产总值增长8%、力争9%。其中，第一产业增加值增长4.2%，第二产业增加值增长9%(规模以上工业增加值增长9%、力争10%)；第三产业增加值增长8%。全社会固定资产投资增长10%、力争10.5%。社会消费品零售总额增长11%、力争12%。公共财政收入增长5%、力争6%。城镇居民人均可支配收入和农民人均纯收入分别增长10%、力争11%。城镇新增就业1.6万人，城镇登记失业率控制在4%以内。居民消费价格指数(CPI)控制在3.5%以内。人口自然增长率控制在4%以内。单位生产总值综合能耗下降2%、二氧化硫和化学需氧量排放量完成省下达目标。《计划》提出2015年经济社会发展的主要任务和措施：坚持“一二三四”总体发展思路和“二三一”产业发展定位，围绕“6+2”产业发展，以培育发展新型产业为重点，做大做强优势产业，优化提升传统产业，着力构建现代产业体系。不断提高经济发展质量，加快推进体制机制创新，大力推进项目发展，切实加强生态环境保护，积极推进城乡统筹和深化改革开放，促进民生改善和社会和谐，全力提升经济综合实力，努力推动各项工作再上新台阶。

【经济发展状况】 2015年，西区完成地区生产总值105.8亿元，同比增长8.4%。其中，第一产业增加值0.89亿元，同比增长3.9%；第二产业增加值87.65亿元，同比增长

8.7%；第三产业增加值17.26亿元，同比增长6.6%。实现民营经济增加值53.74亿元，同比增长9.2%。规模以上工业增加值增长10.4%。全社会固定资产投资97.5亿元，同比增长10.5%。地方公共财政收入1.3871亿元，同比下降2%。争取各类补助资金11.1亿元，同比增长56.3%。社会消费品零售总额32.9亿元，同比增长11.7%。城乡居民人均可支配收入分别为28905元、14685元，分别增长8.3%、9.2%。

2015年西区主要经济指标

指标名称	单位	2015年	比2014年增长(%)
地区生产总值	亿元	105.8	8.4
第一产业增加值	万元	8914	3.9
第二产业增加值	万元	876508	8.7
第三产业增加值	万元	172588	6.6
粮食产量	吨	2622	0.08
蔬菜产量	吨	9915	1.60
肉类产量	吨	2174	0.8
禽蛋产量	吨	1472	-1.1
固定资产投资总额	万元	975082	10.5
社会消费品零售总额	亿元	32.9	11.7
招商引资到位资金	亿元	76	7.6
地方财政收入	万元	13871	
城镇居民人均可支配收入	元	28095	8.3
农村居民人均可支配收入	元	14685	9.2

【工业经济】 2015年，面对复杂严峻的经济形势，西区加强形势研判，紧扣"盘活存量，保运行、调整结构，促转型"等政策措施，实现工业经济平稳运行。全年，全区规模以上工业总产值完成234.03亿元，同比增长3.9%。其中，地方规模以上工业总产值完成218.8亿元，同比增长7.75%；攀煤工业总产值完成15.23亿元，同比下降31.32%。规模以上工业增加值增速10.4%。其中，地方规上工业增加值增速16.1%，攀煤工业增加值增速-33.7%。工业增加值能耗下降30.05%。完成全区技术更新改造投资36.76亿元，同比下降17.2%。其中，地方技术更新改造投资36.26亿元，同比下降14.4%；攀煤技术更新改造投资0.5亿元，同比下降75.43%。完成全区工业投资47.41亿元，同比增长2.9%。其中，地方工业投资46.91亿元，同比增长7.06%，完成全年目标任务33亿元的142.15%；攀煤工业投资0.5亿元，同比下降75.43%。新增规上企业源鑫峰建材、徐平石料厂、泓岩科技、金帆工贸和九鼎建材5家。

【新农村建设】 2015年，西区继续加快新村建设。庄上旅游新村一期完成32户分房和广场打造，游客接待中心竣工并投入使用，太阳沐歌乡村酒店投入使用；新庄村梨树坪新村2号楼基本建成，3号楼主体封顶，正在进行外墙装饰；田家湾新村正在进行室外配套设施和扫尾工作；金沙滩新村一期1～6号楼完工，野猪塘新村主体封顶，完成内外装饰，正在完善室外工程及扫尾工作。申请省级专项资金450万元，对新庄村七组，金家村三组、四组，苦荞村五组，滥坝村一组、二组实施幸福美丽新村建设，工程涉及道路改造、活动场所建设、入户通道、生活性基础设施改造、集中饮水、农村廉租房改造等基础设施项目19个；申请省级专项资金200万元，实施格里坪村美丽乡村建设，项目包括机耕道整治、山坪塘整治及管网配套、活动场所建设等。全年，收到危房改造申请50户，现场踏勘36户，办理完善危房改造手续15户，正在办理6户。

【第三产业】 2015年，西区着力壮大现代物流业，攀西煤炭电子交易中心上线运营，格里坪省际物流园货物吞吐能力每年达1000万吨。加快发展康养旅游产业，启动庄上·梅子箐景区阳光部落主题游乐园建设，成为第六届四川国际自驾游集结地；西佛山蓝花楹主题公园成林0.67平方千米，平江天主教堂景点主体完工，苏铁福镇水上乐园投入运行；新建蓝湖、庄上村、金家村等4家康养中心。举办庄上“狂欢水宴·清凉度假”泼水节、攀枝花(西区)东南亚经济贸易暨旅游文化展示展洽交流会、攀枝花·世界格斗冠军赛等大型活动。全年，接待游客145万人次，同比增长5%；实现旅游收入17亿元，同比增长36%；服务业增加值16亿元，同比增长6%。

【招商引资】 2015年，西区利用西博会、科博会、知名企业四川行等大型招商平台，加强重点产业和项目对接，新能源、新材料、机械制造等重点产业招商引资取得突破。引进正德工贸循环铸造产业园、天脉钛业新型钛复合材料精深加工、中电国际50兆瓦光伏发电等重大产业项目15个，签约沃尔玛、横店影城、太平洋影院、德铭阳光等知名连锁商贸企业。招商引资履约项目73个，实际到位资金81.14亿元，完成全年目标任务74亿元的109.64%。其中国内省外到位资金44.47亿元，完成全年目标任务44亿元的101.07%。完成固定资产投资2.04亿元，完成全年目标任务2亿元的101.85%。第十五届西博会签约项目3个，签约金额30亿，履约金额9.06亿元。2014年知名企业四川行活动签约项目3个，签约金额38亿，履约金额23.61亿元。完成2015年西博会和2014年知名企业四川行活动项目履约资金达到签约资金30%的督办任务。

【城市建设】 2015年，西区坚持规划引领，提升城市发展质量。完成西区新型城镇化、城乡建设规划、城镇交通体系和城乡统筹“十三五”专项规划编制4个。开展西佛寺路口地块、华美粮油地块、攀钢起重机厂对面地块、金沙滩路以西及原市五中周边地块等规划调整，参与攀枝花市中心城区标准分区划定方案、攀枝花市综合管廊规划、控规数据标准等规划编制。完成清香坪——大水井片区、陶家渡片区、格里坪工业园区控制性详细规划修编。坚持项目建设与产业植入相融合，以点带面加快片区开发。清香坪“文化岛”项目完成489户居民搬迁工作，完成466套安置房分配工作，一期项目“东盟国际商贸城”进入室内外装饰装修，完成投资2.4亿元；二期“星瑞时代广场”，总建筑面积44万平方米，新建商品房2280套，总投资10亿元，完成投资1.6亿元；三期公共文化服务设施、金融、商业、宾馆占地12.53万平方米，正进行征地拆迁。福广金城一期竣工、二期封顶，完成投资1.8亿元。大水井片区老法院旧改项目进入基础施工，完成土地征收33.3万平方米，完成投资4000万元。

完成沿江快速通道一标段和二标段、省道310、大水井西侧城市主干道改造，启动大水井棚户安置区配套路网工程建设，加快推进蓝湖森林公园、西佛寺打造、格里坪田家湾城市主干道工程等重大项目。完成市第三十六中小学、格里坪卫生服务中心、格里坪田家湾安置小区幼儿园、市第二人民医院外科住院大楼、攀西职业病防治中心等项目建设，筹备大水井城市棚户安置区配套路网工程建设项目。

制定2016—2020“十三五”期间棚户区改造计划，启动大水井安置房、新法院北侧棚户区改造项目，新开工保障性住房1080套，完成年度目标任务587套的184%，发放廉租房补贴900户。修建格里坪田家湾城市棚户区安置房四期12栋，其中9栋封顶，3栋进入主体建设。席草坪棚户区安置房主体即将封顶，市七中教师公寓(公租房)、福广金城旧城改造还建房、大水井公租房主体封顶。8月，清香坪廉租房、河门口廉租房三期廉租房分配453套。席草坪公租房、小水井公租房拟通过购买方式完成建设，年底完成购买方案制定。争取国家开发银行第二批次贷款1.72亿元，完成投资6400万元。

【环境治理】 2015年，西区稳步推进国家环保模范城市创建，27个攻坚项目通过验收。完成大水井八社灰坝片区环境综合整治、巴关河渣钢渣铁高效回收利用等区级重点项目5个。积极引进社会资本开发利用生态修复土地，咏安驾校培训基地投入使用；扩大环境保险试点覆盖面，5家重点排污企业全部参保。完成河门口公园改造、新庄高速出口景观打造等15个项目，新增造林面积0.73平方千米、绿化面积1.2万平方米，公共绿地12.4万平方米。全年环境空气质量指数(AQI)达标347天，达标率95.86%，提升14.35%；城市生活垃圾无害化处理率提升到93%，水环境和噪声环境质量均优于国家标准。

【科　学】 2015年，西区获省、市立项支持科技项目11个，其中省级项目5个，市级项目6个。获项目经费1046万元，其中省级项目省级“椪柑病虫害防治技术推广”专项10万元，“紫茎泽兰综合利用”项目30万元，“智能温室盆花产业化生产示范”项目100万元，“利用链带式焙烧机还原复合碳球团产业化”专项65万元，“基于焦炉煤气的钒钛磁铁矿竖炉还原熔分连续一体化工艺开发”专项800万元；市级项目“基于焦炉煤气的钒钛磁铁矿竖炉还原熔分连续一体化工艺技术”15万元，“知识产权优势培育、试点、示范企业”5万元，“科普示范社区建设(庄上村)”5万元，“科普示范社区建设(新庄村)”5万元，“老旧小区新型物业管理模式研究”5万元，“科普示范学校建设”4万元。筛选和包装2016年市级科技申报项目9个—西区农技培训能力建设、水循环综合处理技术研究、黑鸡枞规模化种植及综合开发(二期)、JWL－III型乳化炸药生产线静态敏化工艺研究与应用、知识产权优势培育企业试点、大学生村官创业、钛与其他金属复合技术研究、创建科普文明示范社区、示范乡镇及社区建设。

区属企业申报国家级高新技术企业2户，新增国家级高新技术企业2户。全年申请专利70件。其中，发明专利22件，完成专利应用转化15件，专利实施新增产值1.1亿元。申报完成市级科技成果鉴定10项。全年培养生产技术能人5人，印发农业适用技术资料3000份，举办实用新技术、新产品、新成果推广应用培训5次260人次。

【教　育】 2015年，西区有区属中小学校15所，其中省级示范性高中1所、初中1所、九年一贯制学校6所、小学7所。秋季学期，有在校中小学生14344人，其中小学生8416人、初中生4499人、高中生1429人。有幼儿园38所，其中公办幼儿园2所、企业办4所、民办32所，有在园幼儿3229人，学前三年毛入园率100%，学前一年入园率100%。

2015年，西区加强教育基础设施建设。投资8600万元，修建市第三十六中小学，建筑面积24536.38平方米，主体工程完工并投入使用，至12月收尾工程基本完工。7月，格里坪镇中小学校改扩建工程开工，该项目投资6320万元，工程正按计划推进。实施"两免一补"政策，惠及城市义务教育阶段学生14268人，免除义务教育阶段学生学杂费307万元。资助普通高中国家助学金和家庭经济困难学生858人次85.8万元；资助12名普通高校家庭经济困难新生6000元；家庭经济困难学生生源地信用助学贷款19人11.16万元。解决外来务工人员子女入学3749人次。

积极开展学区化改革，组建市第十初级中学、市第三十一中小学、市第三十六中小学三大教育集团，教育教学改革走在全市前列。教育教学质量稳步提升，2015年，西区参加中考1723人，升入普通高中724人，升入中职970人，其中211人被省一级示范性高中正式录取。义务教育质量RSR综合评价居全市第二，教学质量发展获全市进步一等奖。市第三十一中小学成为"全国校园文学实验学校"，西区获"全国规范化家长学校实验区"称号。

【文　化】 2015年，全区有文化馆(国家二级)、图书馆、镇综合文化站各1个，有村文体活动室10个、社区文体活动中心32个。社区和村均拥有图书阅览室、综合教育培训室、多功能文化活动室和文化宣传画廊、室外活动场地以及文体演出队伍。全区有室内文化活动场地1.1万平方米，有经营面积4000多平方米、投资100万元以上的娱乐场所5家。2015年，投资8万元，完成清香坪杨家坪文化长廊、河门口北街社区街心花园等文化阵地的提升打造。全年举办群众文艺活动20余场次，放映公益性电影580场，受益群众131580人次。出动执法检查2000余人次，检查经营户1300余家次，查处无证书刊经营、无证音像展销商家2家，没收非法出版物37本、光碟140张；排查出消防安全隐患场所21家次，并按要求完成整改。开展普法宣传2次，集中销毁侵权盗版影碟2000张、非法出版书刊300本、游戏机1台。实施网上行政审批工作，新设立打印复印企业5家、新闻出版发行企业3家、歌舞娱乐场所1家、互联网上网服务场所3家，变更歌舞娱乐场所法人5家、互联网上网服务场所法人10家。

2015年，西区境内有文学艺术界联合会2个、文联协会7个。反映西区历史文化、民风民俗、自然景观、建设成就的文学作品《苏铁风韵—西区诗文徵》，由中国文联出版社出版发行。撰写《藏羌彝文化产业走廊文化资源分布丛书》(西区篇)，拍摄反映西区风景、人文、风俗的文化旅游专题宣传纪录片，上报市文广新局后统一报送省文化厅。全年，原创、改编文艺作品11个。其中，改编小品《黑商家搞出的食品安全问题》，改编诗歌朗诵《打工者的心里话》，创编舞蹈《席勒的红裙》《天山姑娘》《桃夭》《邵多丽》，创编歌曲《绒花》《梦幻格萨拉》《你好吗》《映山红》。

【卫　生】 2015年，西区有医疗卫生机构122家，有卫生专业技术人员1584人。护士首次注册18人、变更注册73人、延续注册13人；执业(助理)医师首次注册19人、变更注册123人次、注销注册5人、补发证3人。

是年，西区开展诊疗体系改革。通过上下联动、对口支援、签约服务等方式，加快推进基层首诊、分级诊疗、双向转诊工作，按要求在基层开展首诊试点工作。辖区6个社区卫生服务中心和1个镇卫生院分别与市第二人民医院、攀煤集团职工总医院、攀钢集团职工总医院等二级以上综合医院签订《对口支援协议》及《双向转诊协议》。至年底，38名综合医疗机构医务人员到各社区卫生服务中心开展对口支援工作，双向转诊429人次。推进城乡居民健康档案管理、预防接种、传染病及突发公共卫生事件报告和处理、卫生监督协管服务、结核病患者健康管理等12项基本公共卫生服务。截至年底，西区城镇居民健康档案电子建档率96.6%，农村居民健康档案电子建档率98.8%；预防接种29770人次，传染病防治1946人次；儿童保健11105人次，孕产妇保健2589人次，老年人保健17296人次；慢性病管理51692人次，重性精神疾病管理2115人次。人均年公共卫生服务补助经费提高至40元。

2015年，西区新型农村合作医疗参合人数8549人，参合率99.52%。年人均筹资水平为470元。其中，政府年人均补助380元，农民每人年自筹90元。截至年底，累计筹集资金405.09万元，支出资金总额349.54万元。其中，住院补偿支出296.33万元，门诊统筹支出26.83万元，孕产妇正常分娩支出8.8万元，慢性病补偿支出15.68万元，大病保险支出1.89万元，公立医院取消药品加成门诊诊查费0.01

万元，农民累计受益7938人次。政策范围报销比达75.99%，实际补偿比达64.01%。

【民生工程】 2015年，西区在财政收入锐减、支出压力加大的情况下，优先保障民生支出，投入资金4.7亿元，实施10大项99分项民生工程和18件民生实事。突出抓好就业困难人员、高校毕业生等重点群体就业，城镇新增就业4496人，失业人员再就业1758人，创业带动就业110人，城镇登记失业率控制在3.86%。完善城乡社保体系，启动全民参保登记试点工作，推进跨省异地就医前台结算，将个体诊所纳入基本医疗保险定点管理。城乡基本养老保险、城镇基本医疗保险参保面不断扩大，新农合参保率达99.52%。强化政府兜底，健全社会救助体系，实施城乡低保54383人次，医疗救助6704人次。持续推进百姓安居工程，争取棚改贷款资金6.3亿元，建成1309套，分配352套，货币化安置587套。

【交通建设】 2015年，西区完成省道310格福路后段、五摩路、504电厂运灰路、陶花路、摩梭河桥、运灰路改造工程。完成田家湾城市棚户区配套路网、河石坝东向连接线路基施工，蓝湖地下通道投入使用。启动省道310格乌段改造，开通河石坝至同德农村客运线。启动19个新村基础设施建设项目，完成乡村道路建设13.6千米。全年，辖区道路运输经营许可证在册数885户，普通货运车辆1086台。

【省道310线格福路改建完工】 2015年5月31日，西区省道310线格福路改建工程全线贯通。项目东起格里坪村委会，西至福田镇与云南省交界处，全长22.925千米，按二级公路标准改造，铺设沥青混凝土路面。一期工程总投资6050万元，2013年完工。工程起点为格里坪村委会，终点是格里坪收费站，全长2.53千米，其中格里坪村委会至攀钢504电厂段1.9千米改造为双向四车道、路宽15米，攀钢504电厂至收费站段按双车道改造、路宽8.5米。二期工程(后段改造)投资1.7亿元，工程起点为格里坪收费站，终点为福田镇川滇交界处，全长20.395千米(其中西区境内10.346千米)。2015年1月底，格里坪收费站至龙洞段通车，5月31日，龙洞至川滇交界段通车。至此，省道310格福路改造工程全线通车。

【重大项目建设】 2015年，西区确定重点工程项目110个，总投资565亿元，年度投资65.18亿元。其中，在建项目31个，总投资229亿元，年度投资50.78亿元；代建项目79个，总投资336亿元，年度投资14.4亿元。省级重大项目2个，截至12月，完成投资15.6亿元；市级重大项目9个，开工建设6个，完成投资4.1亿元。省级重大项目金沙水电站完成年度投资14.9亿元，完成征地移民大纲审定工作，正在进行牛筋树河道施工；梅子箐水库改扩建工程顺利推进，完成年度投资7000万元。固定资产投资快速增长，全区固定资产投资完成93.5亿元，同比增长9.8%。

【街道、镇发展状况】 2015年，西区辖6个街道、1个镇。全年6街道1镇共完成地方规模以上工业总产值218.8亿元，招商引资到位资金395412万元。

2015年西区街道、镇基本情况

街道(镇)名称	人口(人)	面积(公顷)	社区(个)	工业总产值(现价)(万元)	招商引资到位资金(万元)
清香坪	46571	715	8	61433	16300
玉　泉	20789	520	5	57427	39510
河门口	9430	700	3	54208	26300
陶家渡	20380	350	5	5573	71777
摩梭河	9974	710	3	33322	26000
大宝鼎	10190	425	3	18647	31000
格里坪镇	23321	10874	15	1957366	184525(含园区)

说明：格里坪镇社区数包括10个村委会，人口数中包括非农业人口13749人
工业总产值只统计规模以上企业
陶家渡、摩梭河、大宝鼎面积为建成区面积

(胡茂林)

仁和区

【建制人口】 仁和区地处四川省西南部，位于北纬26°06′~26°47′、东经101°24′~101°56′。东临会理县，南接云南省永仁县，西靠云南省华坪县，北连盐边县。辖8个镇、6个乡和1个街道办事处，共设81个行政村、606个村民小组、19个居民委员会、131个居民小组。全区幅员1727.07平方千米，其中耕地面积10151公顷。全区共36个民族，有平地、啊喇、大龙潭、福田、金江5个少数民族乡镇、36个民族行政村、288个民族村民小组，民族乡镇总人口61990人。全区总户数73997户，总人口231400人。其中，男性116862人，女性114538人，非农业人口96977人，人口自然增长率为3.49‰。

【气　候】 2015年，仁和区平均气温21.9℃，比历年平均气温20.6℃高1.3℃；年极端最高气温42.2℃，比历年极端最高气温40.8℃高1.4℃；年极端最低气温1.9℃，比历年极端最低气温-1.8℃高3.7℃；年总降水量729.0毫米，比历年平均总降水量818.9毫米少11%；年日照总时数2659.6小时，比历年平均日照总时数2577.7小时多3%。雨季期于6月7日开始，11月7日结束。

2015年，仁和区有2次干旱过程，其中1次春旱，出现在3月1日至5月5日，连续66天总降水量1.4毫米。1次夏旱，出现在4月26日至6月6日，连续42天总降水量6.0毫米。有10天高温天气，分别出现在5月21日，5月23—25日，5月29日，5月31日，6月1—4日，日极端最高气温分别为40.1℃、41.4℃、41.0℃、41.1℃、41.0℃、40.6℃、41.2℃、41.3℃、41.6℃、42.2℃。有2次暴雨天气过程，分别出现在6月29日—8月5日，24小时(20~20时)降水量分别为66.8毫米、78.0毫米。1次寒潮天气过程，出现在12月16—17日，48小时日平均气温连续下降6.7℃。

2015年度气温偏高，日照正常，降水量正常。人工影响局部天气情况：2月18日至6月6日在仁和区仁和镇进行人工增雨作业4次，发射BL-1型火箭13发；5月2日至9月2日在仁和区同德镇、平地镇等2个乡镇进行人工防雹作业6次，共发射“三七”高炮炮弹92发。

【矿产资源】 仁和区地处攀西裂谷成矿带，地质构造复杂，岩浆活动频繁，地质成矿条件有利，矿产资源十分丰富，矿种齐全、配套。有铁、钛、钡、铜、铅、锌、镍、锡、金、铂、钯、铍、黄铁矿、花岗石、大理石灰岩、黏土、石墨、磷、蛭石、煤、砚石、油岩等20余种矿产共63处，属大中型矿床17处。大型矿床有钒钛磁铁矿、石灰岩、白云岩、石墨；中型矿床有煤、大理石、黏土矿。以攀枝花钒钛磁铁矿规模最大，具有质量好、埋藏浅、易开采等特点，是主要矿产资源，并具其伴生矿钛、钒、铬、镍、钴、硫、磷储量较大，可以综合利用。中坝乡石墨矿属全国重大矿藏地之一，为晶体质鳞片石墨，厚度稳定较大，易采选，为大型矿床。能源矿产以宝鼎煤矿最具优势，矿产以焦煤为主，煤质好，规模大，为攀钢冶金用煤和全市动力及民用煤的主要生产基地；务本煤矿为无烟煤，煤质好，地质条件简单，储量大，具有较好的开采利用前景。苴却砚石矿主要分布在大龙潭彝族乡、平地镇境内，累计探明储量2178万立方米。

【生物资源】 境内有野生动物359种以上，其中陆生哺乳纲9目31科54种以上，两栖爬行类17科78种以上，鸟纲17目47科227种以上。有野生植物130科，372属，546种。自然植被类型有针叶林、阔叶林、灌丛、灌草丛和稀树灌草丛5个类型，主要群落有4个。有9科11种名木古树实现挂牌，包括：黄桷树、红椿树、攀枝花树、川滇无患子、苦楝、香樟、酸角树、麻栎、清香树、柏树、麻栎树等主要本土树种11种。

【经济发展状况】 2015年，仁和区完成国内生产总值198.01亿元，同比增长8.3%。其中，第一产业完成增加值8.96亿元，同比增长3.8%；第二产业完成增加值160.15亿元，同比增长8.6%；第三产业完成增加值28.91亿元，同比增长7.2%。完成全社会固定资产投资154.33亿元，同比增长2.4%。招商引资快速增长，全年签约项目33个，招商引资到位资金100.77亿元，同比增长11.80%。大力实施项目攻坚，实现地方财政收入6.51亿元。城镇居民人均可支配收入达到26701元，同比增长8.4%。全年实现社会消费品零售总额33.51亿元，同比增长11.8%。

2015 年仁和区主要经济指标

指标名称	单位	2015 年	比 2014 年增长(%)
地区生产总值	亿元	198.01	8.3
第一产业增加值	亿元	8.96	3.8
第二产业增加值	亿元	160.15	8.6
第三产业增加值	亿元	28.91	7.2
粮食总产量	万吨	6.34	0.8
蔬菜总产量	万吨	23.41	-1.0
水果总产量	万吨	8.16	2.2
肉类总产量	万吨	1.74	3.0
禽蛋产量	吨	0.37	1.5
烤烟总产量	万担	4.32	-10.6
全社会固定资产投资总额	亿元	154.33	2.4
社会消费品零售总额	亿元	33.51	11.8
招商引资到位资金	亿元	100.77	11.8
地方财政收入	万元	6.51	-31.26
城镇居民人均可支配收入	元	26701	8.4
农民人均纯收入	元	13395	9.4

【工业经济】 2015 年,仁和区积极应对国家淘汰过剩产能影响,主动对接省、市政府工业增长措施,全力帮助企业破解难题,稳定生产。共兑现技改、奖励扶持资金 1.08 亿元,协助 9 户企业申报周转资金 1.50 亿元,协助 25 户企业融资 18 亿元。新培育三圣和吉源科技等 19 户规模以上企业,32 户规模以上企业恢复生产,88 户正常生产。

富邦 1000 万件钒钛制动毂项目一期、钢城集团渣钢渣铁钒钛资源综合利用项目一期顺利建成并实现调试性生产,贝特风机、汉风物流钢材剪切线和东泰平板太阳能热水器生产线投产,宏基商品混凝土、钒制品加工等项目顺利推进。淘汰落后产能,拆除恒鼎、圣达 6 座落后焦炉。

全区共投入 1.15 亿元,完成迤资园青富路改造和富邦、钢城集团项目临时供水、供电设施建设,橄榄坪园道路、供电和绿化设施进一步完善。入园企业达 59 家,预计实现增加值 16.3 亿元,同比增长 21.5%。

仁和区强化煤炭安全监管力度,整改隐患 308 条。积极推进煤矿兼并重组,工作方案和方式得到省、市政府认可,煤矿企业由 36 个减少到 10 个,矿井数由 53 个减少到 25 个。全年实现工业总产值 385.69 亿元,同比增长 5.4%。

【经济指标】 2015 年,仁和区共有工业企业 483 家,全区工业总产值完成 385.7 亿元,完成区目标任务 448.6 亿元的 86%,其中规模以上工业企业 73 家。规模以上工业总产值完成 377.5 亿元,完成区目标任务 438 亿元的 86%;工业增加值完成 140.9 亿元,完成区目标 160.58 亿元的 87.8%,其中规上工业增加值完成 138.2 亿元,完成区目标 157.88 亿元的 87.5%。

2015 年,仁和区限上商贸企业 55 户(其中:批发企业 21 家,零售企业 24 家,住宿餐饮企业 10 家),较 2014 年增加 18 家;办理再生资源、会展备案登记 31 件;三产增加值完成 23.6 亿元,同比增长 7%;社会消费品零售总额完成 28.6 亿元,同比增长 9.6%;外贸出口额完成 749 万美元。

【重大项目】 2015 年,仁和区 4 个重大工业产业化项目累计完成投资合计46755万元。其中:富邦钒钛累计完成投资20065万元,重汽集团攀枝花矿用车公司累计完成投资2687万元,运力汽车累计完成投资1895万元,天佑新能源累计完成投资22108万元。各重点项目建设进度:富邦钒钛1000万件载货汽车钒钛制动鼓项目的原料场、烧结系统、高炉系统、机加车间、供水系统、供电系统、余热发电、生活区等完成建设,2号高炉、1和2号铸造生产线已投入生产;中国重汽集团攀枝花矿用车生产线项目备案已完成,已取得项目建设150亩土地所有权,项目建设前期手续办理稳步推进,项目所需150亩土地场坪完成90%工作量;运力汽车载货汽车上装生产线项目厂房建设已完成,生产设备已采购并进行部分设备安装,矿用车配套零部件生产线设备基础设施建设已完成,设备采购正在进行,安全监测线正在进行设备基础设施建设,设备采购正在进行;天佑新能源干坝子49.5兆瓦风电场项目升压站已封顶,风机基座进场施工已完成,风机采购合同已签订,厂方已开始发运风电设备。

【农业经济】 2015年财政涉农资金整合打捆示范区建设项目总投资38207.46万元,由财政资金、相关涉农资金和社会投入资金三部分组成。资金用于区12个乡镇30个村提灌站、渠系、蓄水池等小型农田水利设施,安全饮水等小型农村公益设施,村组道路、畜禽圈舍、生产便道等小型农业生产基础设施,种子、苗木、种畜禽等农业生产资料补助等。2013年度财政现代农业生产发展(水稻)项目,投资6349.45万元,项目区水稻高产高效创建14000亩(其中标准化生产示范区面积7600亩和核心示范区6400亩)。田网建设实施田型调整6400亩,渠网建设新建及整治排灌渠45千米,路网建设新建及整治生产路54.8千米。烟叶产值和蔬菜、粮食产量实现稳定增长。加强农业专合组织建设,龙头企业增至23家,农民专业合作社增至276家,协会增至65家。省级新农村建设成片推进示范县项目总投资61491.38万元,旅游新村建设工作,整合项目32个。加强农产品质量安全监管,抽检合格率保持在98%以上,全年无重大农产品安全事件。采取以奖代补和农超对接的办法,拓宽销售渠道,提高农产品市场占有率,扩大农业效益。兑现惠农补贴3168万元。采用"一事一议"方式建设农村公益事业48项,财政奖补1285.05万元,12.2万人直接受益。全年实现农业总产值14.22亿元,同比增长4.4%。实现农民人均纯收入13395元,同比增长9.4%。

【城乡建设】 2015年,结合新型城镇化发展要求及花城新区建设规划,完成五十四至仁和片区控规修编、仁和区城区供排水规划、仁和区城市夜景照明总体规划、四十九植物园规划。完成平地镇、大田镇总体规修编与集镇控规编制、迤沙拉传统村落保护规划和迤沙拉历史文化名村保护规划。完成布德镇、同德镇、太平乡、务本乡、啊喇乡、福田镇6个乡镇的总体规划编制和34个行政村规划的初稿和准备规划编制评审。建成城区道路3.5千米、高位水池2个、供水主管网20千米、排污排洪设施1.5千米,敷设供气管线5千米。新启动保障性安居工程454套,争取到上级各类保障性安居工程项目补助资金3591.4万元。实施农村危房改造667户,处理违法建设和违法用地50起,拆除预建面积8446平方米。

房地产市场累计施工面积325万平方米,新开工面积97万平方米,竣工面积78万平方米,完成房地产开发投资20亿元,批准房地产市场预售面积27.59万平方米,销售住宅2745万套(约26万平方米),实现销售收入10亿元。完成建筑业税收1.611亿元、房地产业税收1.607亿元。领誉、银泰城、润丰·新座、上城、水岸沙湾等项目顺利推进。完成云盘路、大河南路改线段、城区0号及1号桥梁、莲花村5、6号道路、银华路、四十九小学地下通道、西路小学地下通道等道路建设。完成宝灵寺段约1千米河道整治和景观建设。

【生态环境建设】 2015年制定《仁和区省级生态区技术评估整改方案》;4月完成档案资料收集整理工作,完善省级生态区创建专题宣传片,9月拟定省级生态区考核验收迎检线路,10月完成省级生态区创建技术评估整改工作报告并编制完成资料汇编。仁和区政府第59次常务会议审议通过《仁和区土壤环境保护和综合治理实施方案》。指导啊喇乡、大龙潭乡、平地镇完成中央农村环境连片综合整项目实施方案编制工作。年内争取到农村环境连片整治中央资金551万元,农村环境保护中央资金150万元。组织市级环保专项资金项目实施,建设完成总发乡市级农村环境连片综合整治项目,将大龙潭乡市级农村环境连片整治项目打捆纳入中央连片综合整治项目一并实施。督促大龙潭乡、总发乡建成场镇生活污水处理设施,完成巴关河流域4.6千米河道整治工作。

【交通建设】 2015年,仁和区新建通村公路共11条25.2千米,丽攀高速、福格路310都按市级要求完成征拆协调服务工作,协助完成上级交办的攀大高速公路前期准备工作。安保工程全长98.266千米,安装波形路测护栏、标志等,涉及13条线路,总投资2434万元,9月底全面完成。3月前全面完成仁拉路及中坝桥改造项目,7月底完成务本乡哑口桥改造项目,完成县乡道改善工程项目7个共56.5千米。完成市局下达区民生工程农村公路建设项目27.9千米,公路安全保障设施建设97千米。完成区政府下达十项民生工程,其中通村公路22.1千米、安保工程安全护栏安装97千米、改善乡村公路22.46千米。完成区委、政府下达的交通运输行业的“急难险重”项目工作。全年完成固定资产投资9031万元。

【旅 游】 明确务本乡乌拉村桃园组旅游区发展思路,完成《务本乡乌拉村桃园组旅游区规划》编制并通过评审。完成《迤沙拉旅游总体规划》编制,并于年内完成迤沙拉茶马古道修复工作。修改完善《仁和区旅游发展总体规划》(2005年编制),以规划为引领,带动全区旅游产业发展。投入资金9000万元完成鑫岛游乐城一期工程,于12月开园营运。花城酒店10月1日正式对外营业。3月,板桥村、片那立村被四川省旅游标准化评定委员会正式命名为国家AA级景区。12月,完成首届中国康养产业发展论坛仁和考察点打造和迎检接待工作。全年境内接待游客260万人次,同比增长20%,实现旅游收入24亿元,同比增长49%。

【教 育】 2015年,全区有中小学22所,其中完全中学1所、初级中学4所、九年一贯制学校3所、小学14所,农村小学教学点38个。有幼儿园37所,其中示范幼儿园1所、乡镇中心幼儿园13所、国企幼儿园1所、民办幼儿园22所。全区有中小学教职工1692人(不含金江),其中专任教师1608人、工勤人员84人;秋季学期,全区有小学教学班331个、初中教学班155个、高中教学班61个;中小学有在校学生23025人,其中义务教育阶段在校学生19731人、高中在校学生3294人。全区小学入学率100%,初中入学率99.76%;小学辍学率0.04%,初中辍学率0.25%;小学生毕业率100%,初中生毕业率99.5%。完成和润小区幼儿园建设、大河中学高三部项目建设、前进镇中心幼儿园建设,完成太平、大龙潭、同德教师周转宿舍建设,完成四十九千米小学教学楼建设、东风小学运动场建设。全面落实义务教育阶段学生“两免一补”政策,免杂费、教科书费、作业本费1502.26万元,家庭困难住校生享受生活补贴527.15万元、肉食补贴115.98万元;到位资金1715万元,实施营养改善计划,惠及学生19731人。积极探索高效课堂教学模式,教学质量稳步提升,通过国家义务教育均衡发展督导评估。2015年大河中学高考再创辉煌,文化本科上线人数502人,艺体本科上线57人,重本上线66人。

【科 技】 全年争取国家、省、市科技项目25个,共获资金支持468万元。落实区级应用技术研发资金80万元。兑现专利申报、成果鉴定和成果转化资助资金114.5万元,推动富邦公司“FB系列钒钛灰铸铁汽车制动鼓”、东泰公司“铝基蓝钛膜平板太阳能热水器”和三圣公司“用于皮带运输机的托辊专利组合”投入产业化生产。组织东泰、瑞钢、高德特申报并通过国家高新技术企业认定,组织新申报市级工程技术中心1家,指导富邦等企业建成实验室3个。全年实现高新技术产业总产值83263万元。

【文化体育】 2015年,完成西路小学“留守儿童之家”建设,老街社区、土城社区等8个新建社区书屋图书配置以及其余11个城市社区图书更新及运转补贴工作,共投入36.2万元;完成团山村、混沙拉村等5个新建文化大院,以及仁和公园阳光康养书屋图书、书架配备工作;完成4000户原“MMDS”微波电视用户转网工程;完成仁和区县级广播前端机房建设,以及大田镇、务本乡等5个乡镇广播站、35个村级广播室建设。开展文物定向征集和重点征集工作,收到捐赠46件,向市文物局捐赠26件。收集整理省级非物质文化遗产项目谈经古乐的资料、曲谱。11月10日,中国苴却砚博物馆主体工程完工交付使用。

完成22名贫困学生运动员省、市级体彩助学金争取工作。完成仁和区13个乡镇、1个街办共165片全国第六次体育场地普查数据录入工作。8月,组织仁和区射箭队和女子足球队代表攀枝花市参加四川省第十二届运动会相关项目比赛,获奖牌9枚(其中金牌6枚;银牌1枚;铜牌2枚),夺得团体总分203分。

【医疗卫生】 2015年,辖区有各级各类医疗卫生机构238个。其中区级综合医院(二级乙等)1个、疾病预防控制机构1个、妇幼保健院(一级甲等)1个、卫生监督所1个、区新型农村合作医疗中心1个、社区卫生服务中心2个、社区卫生服务站7个、乡镇卫生院15个、个体诊所(门诊部)、村个体医102个、企业卫生所、学校医务室14个、村卫生站93个。各类医疗保健机构共有病床827张,每千人口拥有病床数3.7张。卫生技术人员617人,每千人拥有卫生技术人员2.76人。

仁和区深化医药卫生体制改革,新型农村合作医疗参合率达99.2%,参合农民受益21.42万人次;15个乡镇卫生院、2个社区卫生服务中心、7个社区卫生服务站和63个村卫生室开通四川省基层卫生管理信息系统,基本实现办公信息化;开展中医药技术服务,中医药服务比例平均达40%以上,常用中医适宜技术在基层运用达10种以上;6个乡镇卫生院污水处理及配套设施建设项目和26个村卫生室建设完工;基本药物制度全覆盖继续巩固,基本药物集中采购率100%;开展12项基本公共卫生服务,累计完成城乡居民电子健康档案25.14万人,规范化电子建档管理率达95.4%;开展城乡居民社区(乡村)医生签约服务,完成签约3.7万户。

【社会保障】 2015年共发放城乡低保金2581.35万元,14.4478万人享受低保待遇,2014年五保集中供养率达64.5%。

全年实现城镇新增就业3696人;失业人员再就业1754人;帮助就业困难人员实现再就业581人;实现劳务收入4.68亿元;发放社会保险补贴1430万元,惠及2535人;发放职业培训补贴160万元,惠及2119人;发放公益性岗位补贴8.84万元。为9272人进行就业失业登记,为1777人核发"就业失业登记证";建成15个乡镇(街道)劳动就业和社会保障服务中心。全年完成失业保险人数10920人;参加工伤保险人数11510人;参加生育保险参保人数11512人;完成城镇职工基本医疗保险基金征收5797万元;完成失业保险基金征收1090万元;完成工伤保险基金征收610万元;完成生育保险基金征收136万元。完成城镇职工基本医疗保险参保20049人,基金征缴5796.84万元;完成城镇企业职工基本养老保险参保17169人,基金征缴12850.34万元;完成城乡居民社会养老保险覆盖人数46582人,其中参保缴费25564人。

【街道、乡(镇)发展状况】 2015年,仁和区辖8个镇、6个乡和1个街道办事处,共设81个行政村、606个村民小组、19个居民委员会、131个居民小组(统计局数据)。

2015年仁和区街办、乡(镇)基本情况

乡镇	人口(人)	耕地面积(公顷)	农业总产值(万元)	工业总产值(万元)	粮食(吨)	蔬菜(吨)	水果(吨)	出栏肥猪(头)	人均纯收入(元)
大河中路街办	29138			11000					
仁和镇	43619	95	7981	7500	1187	10944	4525	6512	12389
平地镇	15109	1590	13292	4800	4756	16957	11285	18855	11264
大田镇	8874	406	9712	2200	3586	22456	11480	10916	11560
福田镇	4696	318	3848	19000	2892	3962	4300	7440	11535
同德镇	14324	949	13730	1000	7527	16793	4300	19854	11489
金江镇	17030	255	6486	29812	2655	11505	3000	7808	11764
布德镇	16617	1299	15271	87521	7692	35407	6043	27487	11534
前进镇	19398	387	7676	358000	3007	14685	5385	10472	12027
大龙潭乡	15750	2475	16868	775	12108	30004	13080	26250	11514
啊喇乡	9405	693	8574	1100	5050	10092	3200	9636	11140
总发乡	8959	313	11736	12000	3112	23079	3602	12131	11919
太平乡	9406	456	5829	367330	4114	6475	3943	11515	11694
务本乡	8462	376	5801	38711	2311	9180	4600	10821	11522
中坝乡	10613	539	15381	8800	4053	22609	2891	13225	11589

(赵春贵)

米易县

【建置人口】 米易县地处攀枝花市东北部,位于北纬26°42′~27°10′、东经101°44′~102°15′之间。东与凉山州会理县、南与攀枝花市盐边县山岭相连,西与盐边、凉山州盐源县以雅砻江为界,北与凉山州德昌县陆路接壤。县政府驻攀莲镇。面积2152.695平方千米,实有耕地16323公顷。辖7个镇(少数民族镇1个),5个乡(少数民族乡4个),88个村(少数民族村38个),826个村民小组(少数民族村民小组187个),11个城镇社区居委会,189个居民小组。户籍人口219751人,比2014年减少2790人。其中男性人口111171人,女性人口108580人;出生2838人,死亡2849人。

【经济社会发展】 2015年,米易县建立完善促进工业“十六条”、企业首席服务员等帮扶制度,105项“一企一策”帮扶措施全面落实,东方钛二期、正源偏钛酸等项目建成投产,众晶矿业等5户企业成功升规,兑现工业专项扶持、直购电价优惠和县级奖补资金等8500余万元;《农业标准化生产意见》等制度制定出台,国家现代农业示范区、省级现代林业重点县、马鞍山水库等项目加快推进,“米易红糖”国家地理标志产品成功申报,连续五年被评为全省“三农”工作先进县;迷易森林、如来藏寺等康养项目全面启动,颛顼龙洞改造、自驾游营地、太平洋影城、电子商务孵化中心等三产载体项目全面建成,老年养生文化旅游节、首届米易花会等活动成功举办。全年实现地区生产总值131亿元,同比增长10.2%;完成地方财政收入13.9亿元;城乡居民收入分别为27224元和13182元,分别同比增长8.5%和9.5%。

2015年米易县主要经济指标

指标名称	单位	2015年	比2014年增长(%)
地区生产总值	亿元	131.21	10.2
第一产业增加值	亿元	11.83	4.2
第二产业增加值	亿元	86.7	11.8
第三产业增加值	亿元	32.68	7.4
粮食总产量	吨	86766	4.4
肉类总产量	吨	14441	1.6
蔬菜产量	万吨	31.8	6.9
水果产量	吨	73733	10.6
社会消费品零售总额	亿元	29.94	12
固定资产投资总额	亿元	120.16	7.4
地方财政收入	亿元	8.21	1.2
财政总支出	亿元	22.39	1.8
地税税收收入	万元	56922	-33.2
国税税收收入	万元	42055	-31
农民人均纯收入	元	13182	9.5
城镇居民人均可支配收入	元	27224	8.5

【工业经济】 2015年,米易县深入实施“工业强县”战略,主动适应工业经济发展新常态,奋力确保工业经济持续稳定发展,完成工业总产值213.3亿元,其中,完成规上工业产值207.1亿元,实现规上工业增加值增速15%(扣除大企业为18.8%),完成市政府确定的目标任务。

实施“一企一策”帮扶,促成停产企业复产、重点企业产能释放,努力保障企业正常生产经营,正源科技、兴辰钒钛、华铁钒钛等企业维持正常生产;促成中禾矿业、瑞地矿业、地兴矿业、宏辉科技、华星科技等停产企业陆续复产;立宇矿业通过帮扶,对争取超层采剥事件从轻处理起到作用。制定105项帮扶措施办结87项,占82.8%;按计划推进事项18项,占17.2%。

推进工业重点项目建设,白马铁矿采选扩能(三期)完成35千伏变电所及供电线路和3#破碎站、1#破碎站土建工程;完成废石胶带运输系统建设,累计完成投资14613万元。白马铁矿废石废渣综合利用项目试产运行。湾丘铁路专用线扩能技改工程货场基本竣工。回龙沟220千伏变电站完成40%工程量。大陆槽沟尾矿治理及资源综合利用项目完成项目备案等手续。攀枝花兴辰钒钛有限公司重组已完成资产清算、评估等工作。完成花岗石废料综合利用项目备案、能评、国土、安全等相关行政审批手续和设备安装。

抓好工业招商和企业重组，与德胜集团、皇明集团、盛和资源等企业沟通对接，着力引进一批关联度高、竞争力强、工艺技术新的项目和企业，与皇明公司、盛和资源、四川虹源等企业签订空气能热泵热水器及光伏组件、稀土尾矿资源综合利用、LED 节能光源制造等项目投资协议。完成对花岗石产业的调研，拟定花岗石废料综合利用方案和进一步提升花岗石产业发展水平的意见。

【农村经济】 2015 年，米易县实现农林牧渔总产值 19.12 亿元；农业增加值 11.83 亿元，增长 4.2%；农民人均纯收入 13182 元，增幅 9.5%。

全县实现粮食播面 13466.67 公顷，产量 8.68 万吨，增幅 4.4%；发展蔬菜 5466.67 公顷，总产量 31.8 万吨，水果产量 7.15 万吨、核桃干果 9097 吨，完成烟叶收购 14.3 万担，肉类总量 1.44 万吨，肉类总产量 1.42 万吨，畜牧业总产值 3.53 亿元。生产商品鱼 1.382 万吨，苗种 20 亿尾，实现渔业总产值 0.81 亿元。

重点工作及民生工程全面完成，农业基础设施进一步完善，2014 年国家农业综合开发高标准农田建设项目、2014 财政现代农业生产发展项目、国家现代农业示范区 2013 年旱涝保收标准农田示范性项目等 4 个重点督办项目、6 个民生工程项目建设完成。新建大棚 100 公顷，完成高标准农田建设 893.34 公顷，实施田型调整 493.33 公顷，培肥地力 1333.33 公顷，整治及新建渠系 94 千米，新建蓄水池 160 口，整治山坪塘 1 座，新建太阳能提灌站 4 座；新建机耕道 15.7 千米，硬化整治机耕道 36 千米。

着力构建农业标准化体系建设，出台《米易县推进农业标准化生产的意见（试行）》，拟定《农业投入品监管试行办法》《畜牧业标准化生产技术规程》及相关技术操作规程、技术标准；打造一批农业标准化生产示范园，建成标准化养殖场（小区）9 个，发挥辐射带动作用；创建 7 个水稻万亩示范片、推广 933.33 公顷航天水稻新品种，高产达 15.05 吨/公顷。

加快推进农业产业化进程，新发展农民专业合作社 21 家，家庭农场 47 家，带动相关从业农户 32000 余户；新申报市级农业产业化龙头企业 4 家，全部通过验收。成功申报 3 家省级示范合作社，引导规范合作社 91 家。

全面完成土地承包经营权确权登记，确权登记面积为 46647.8 公顷，确权面积为 19652.33 公顷，只登记不确权面积为 26995.47 公顷。确权登记工作通过省级专家组验收，验收结果在全省已完成确权登记工作县（区）中排名第二。

【招商引资】 2015 年，米易县实施招商项目 113 个，到位资金 101 亿元，其中省外履约项目 73 个，到位资金 66.17 亿元。新签约引进项目 24 个（含 1 亿元以上项目 8 个，5 亿元以上项目 7 个，10 亿元以上项目 3 个），其中中海外南方投资建设有限公司迷易森林康养、红旗河坝现代农业综合产业园、太平洋院线、智慧旅游及四川虹源科技 50 兆瓦光伏农业光伏一体化并网发电暨 LED 节能光源改造等 14 个项目开工建设；盛和资源尾矿资源综合利用、四川盛辉皇明新能源空气能热泵热水机及配套产业生产基地暨太阳能光伏发电、北京华方投资老年养护楼等 6 个项目即将开工建设，超额完成省、市下达的招商引资目标任务。

抓好项目论证和储备，继续加强对项目涉及的产业政策、受众市场研究，梳理和分析并细化项目承接条件，增强与企业的前期对接深度；做实项目可行性论证等基础工作，全年完成项目储备 67 个，编制完成新版《米易县投资指南》《米易县康养项目册》等投促资料，推出重点招商引资项目 37 个，针对川发展集团、川投集团、光大银行、中国万景集团、中建材集团、北京华方等企业就颛顼龙文化风景区、老年养护楼项目、大坪子康养基地、水上娱乐中心、县内工业企业战略重组等项目编制个性化招商专案 30 余个。

强化项目引进推进工作，县委、县政府立足县情，理思路谋项目，定向、定位、定点、定人招商，把政策向招商倾斜、领导力量向招商集中、干部资源向招商聚集、社会力量向招商整合，印发《关于加快推进 2015 年度招商引资重点项目及重点工作的通知》，28 个重点招商引资项目和 5 项重点招商工作纳入全县 2015 年重点工作，实行县级领导包保制，每月通报项目进展情况，全力推进招商工作。同时，为进一步破解招商项目落地难的问题，解决项目引进、推进中遇到的相关问题，出台《米易县重大招商引资项目会商联动工作办法》，召开项目专题会商会议 49 次，有效推动招商引资重点项目早落地、早开工、早投产。

强化招商引资服务，本着精简放权、服务企业、提高效率的原则，6 月 23 日在县政务服务中心设立“米易县投资促进服务中心”和“米易县企业服务中心”两个企业公共服务平台，主要履行招商引资项目代办服务、招商引资项目对外发布及政策咨询服务、中介超市服务及外来企业投诉等职能，完成 6 个招商引资项目公司相关行政许可审批事项代办 42 项，帮办 10 项，受理咨询 8 批次 23 人次。争取省、市政策红利，根据《四川省人民政府办公厅关于加强改进投资促进工作的通知》精神，争取攀枝花驻成都招商驻点工作组和省市投促局的支持，成功将白坡乡大陆槽沟环境治理及资源综合利用项目申报为省政府匹配用地重大引进项目，为项目争取到省匹配 70%、地方匹配 30% 的新增建设用地指标政策，使该项目成为全市第一个享受省政府匹配用地政策的项目。

【人事人才】 2015年,米易县继续优化人才政策支持环境,深入实施"人才立县"发展战略,认真落实《米易县中长期人才发展规划纲要(2011~2020年)》,制定《米易县人才引进稳定培养暂行办法》,为经济社会发展提供人才支撑和智力保障。继续加强人才队伍建设,考录(聘)用152人,其中公务员30人、参公人员17人、事业人员105人,充实米易县人才队伍。完善人才评价标准,建立以德为先,以岗位职责要求为基础,以能力业绩为导向,充分体现人才价值,科学化,规范化,社会化的人才评价机制。改进人才评价方式,拓宽人才评价渠道,注重靠实践和贡献评价人才,年度考核与平常考核相结合的方式评价人才,建立岗位绩效考核为基础的事业单位人员考核评价制度,完善重在业内和社会认可的专业技术人才评价机制。加大人才培训力度,注重新上岗人员的岗前培训,在职人员的继续教育培训。采取网络培训及测试、集中脱产培训及测试等方式面向全县机关事业单位工作人员组织开展职业能力提升专项培训,共培训6300余人次。完善人才流动政策,为进一步优化干部队伍结构,激发干部队伍活力,盘活人力资源,制定《米易县县级机关事业单位股所级干部交流工作实施意见》,完成第一批县级股所级干部的交流工作。

【科 技】 2015年,米易县制定出台《米易县科技计划项目管理办法实施细则》《米易县重大科技攻关协同推进方案》,争取国家级立项1项,省级立项4项,市级立项6项,项目资金到位317.5万元。组织申报2016年四川省科技计划项目有4项,组织申报2016年攀枝花市科技计划项目10项。

培育国家高新技术企业,组织条件成熟的企业申报国家高新技术企业,新申报国家高新技术企业3家,认定3家(米易华星钒钛科技有限责任公司、攀枝花钢城集团米易瑞地矿业有限公司、攀枝花正源科技有限责任公司)。

实施国家和省级科技富民强县专项—早春蔬菜标准化生产技术集成示范与推广等重大科技专项,该项目引进蔬菜新品种103个;集成和示范推广番茄、苦瓜、辣椒、茄子、黄瓜及病虫害综合绿色防控技术;以米易县丙谷镇雷窝村为核心,建设核心示范基地400公顷,在撒莲、攀莲、垭口、白马、湾丘等建设示范区1666.67公顷;带动发展蔬菜新增面积133.33公顷,培训菜农4000余人次,发放技术资料1.4万余册。

举办2015年新型农民培训班,对全县8个乡镇蔬菜种植能手130人和乡镇农业综合服务中心技术员进行为期7天的集中脱产培训;2015年支持芒果、火龙果、枇杷、核桃等协会技术培训费2万元,举办培训班8场次,培训500人次,发放资料2000余份(册),现场技术指导和服务30余次;对2015年申报的31项农业新品种新技术引进试验项目进行筛选、论证,对符合条件的项目开展实地调查和技术指导,对拟支持的项目在公众信息网上进行公示,2015年支持涉及9个乡镇新品种新技术引进试验项目15项,项目资金10万元。

2015年全县专利申报138件,完成全年目前任务的110.4%,其中发明专利58件,完成目标任务的116%。

【教 育】 2015年,米易县投入学校基础设施建设资金5100万元,全面落实《学前教育三年行动计划》,新建白马镇、草场乡、湾丘彝族乡、垭口镇中心幼儿园,对得石镇、麻陇彝族乡幼儿园进行改扩建,全县12所乡镇中心幼儿园全部达到四川省幼儿园办园基本要求;城镇新建居民小区将幼儿园纳入整体规划,优先建设。中小学校基础设施不断改善,米易县第一小学西校区完工投入使用;改扩建米易县第二初级中学校、白马镇中心学校、垭口镇中心学校教学楼、丙谷镇新家小学校、新山傈僳族乡中心校、草场乡山后小学、攀莲镇回汉小学、撒莲镇断梁子小学等农村学校,完成薄弱学校改造年度计划;省级民生幼儿园建设项目、垭口镇中心校宿舍楼和运动场等项目加快推进;启动新建米易县第二小学校、米易县第二初级中学校食堂。修建72套教师周转房,超额完成全年69套农村教师周转房建设年度任务。

学校教育技术标准化建设全面推进,制定教育信息化建设三年实施规划,投入1000万元用于学校仪器装备及信息化建设,中小学教学仪器配齐率90%以上;20所中心校以上学校各功能教室建设和教学仪器配齐率达到《四川省中小学教育技术装备标准》;投入配套资金100余万元,新增56所"教学点数字资源全覆盖"项目学校,全县"农远"工程项目学校覆盖率100%。

教育师资队伍建设成效明显,狠抓师德师风建设。印发教师日常行为规范"十禁止",签订教师职业道德承诺书,坚持在教师职务评聘、年度考核、评优评先中实行师德一票否决,维护良好的教师形象。努力保持教师队伍稳定,建立教育教学质量奖励制度,2014年教学质量奖励经费526万元。2015年表彰模范校长、模范教师、优秀教师、优秀教育工作者120名,教育质量进步学校1个,发放奖金44.6万元。及时兑现教职工奖励性绩效工资7701万元;各级骨干教师津贴262万元;教师疗养和体检经费200余万元。积极探索"县管校用"新机制,加强农村学校薄弱学科教师队伍建设。2014—2015年,公开招考正式教师35名、特岗教师33名补充到农村学校,教师结构性缺编的问题得到改善。加大教师交流力度,制定《米易县关于县域内教师交流的实施意见》,2015年交流教师146名。推进学校互助发展,印发《米易县义务教育学校偕同发展方案》,5所城区学校与8所农村学校互相结对,通过送教进校、人员互派、共同教研等方式，被偕同发展学校在教育教学质量、学校管理等方面有明显进步。大力推进教师素质提升工程，落实120万元教师培训经费，全员培训、全体轮训，圆满完成国家、省、市、县、学校本部培训。组织133名学校管理干部和部分骨干教师到河南省西峡县学习“三疑三探”教学模式，全域推进课堂教学改革。组织小学英语、音乐、美术教师周末培训班20期，提高艺体教育水平。暑假聘请全国知名专家，集中组织500余名中层以上干部进行综合素质提升培训。安排专项资金60万元，建立首批19个“米易县中小学名师工作室”，充分发挥名师的示范、引领、指导作用。

学区建设引领示范作用初步凸显，为有效解决米易县第一小学班额大的突出问题，积极探索推进县第一小学学区化建设，以现在县第一小学为基础建立米易县第一小学区，即米易县第一小学东校区（本部）、米易县第一小学西校区（米易县第三小学）组建成新的米易县第一小学校。创新学前教育办学模式，成立米易县乡镇学前教育中心，公派法人对政府投资建设的10所乡镇中心幼儿园进行管控，采取购买服务、政府奖励创建等级园和补助保教费的方式，引入优质社会力量承担办园任务。2015年，政府配套设立普惠性幼儿园发展专项奖补资金124.96万元，公办（普惠性）幼儿园在园人数占在园幼儿总数的61.75%，超额完成年度目标任务。

【卫生计生】 2015年，米易县推进县级公立医院综合改革，县人民医院新建立新生儿室和血液透析室，方便群众就医。制定米易县县级公立医院法人治理结构工作实施方案和县级公立医院目标绩效考核办法，积极探索县级公立医院院长年薪制，拟定院长年薪制考核与医院目标绩效考核相结合、医院目标绩效考核结果与医务人员奖励绩效工资挂钩的考核办法。继续提高新农合保障水平，新农合筹资标准提高到每人每年470元，全县有175572位农民参加新农合，参合率99.85%，住院政策范围内补偿比例77.1%，住院费用实际补偿比例64.1%；全面实施新农合大病保险制度，补偿大病保险261人，补偿金额85.81万元，切实减轻群众医疗负担。继续巩固完善基本药物制度和基层运行新机制，加强绩效考核，严格落实中心卫生院配备使用不超过采购总金额40%和一般乡镇卫生院不超过采购总金额35%非基本药物规定；村卫生室全部配备使用国家基本药物和省增补基本药物；严禁基层采购使用自费药品，鼓励公立医院和其他医疗卫生机构优先使用基本药物。公立医院、政府办基层医疗机构上网采购药品金额比例100%。有序推进分级诊疗工作。明确双向转诊标准、要求及具体工作流程，对上转及下转患者开通绿色通道，实行免交挂号费、优先提供住院、检查及诊疗的“一免三优先”服务。通过依托医疗联合体及新农合报销政策，引导患者就近就医，建立“基层首诊、分级诊疗、上下联动、双向转诊”的医疗新秩序。全年，县级公立医院接收基层医疗机构上转病人1619人，下转病人835人，分级诊疗体系渐显成效。医疗质量和服务水平进一步提升，健全完善医疗服务质量管理与控制指标体系，强化重点环节管理，开展椎板开孔椎间盘摘除术等新技术10余项，在白马等5所乡镇卫生院扎实开展“建设群众满意的乡镇卫生院”创建活动，积极推进县级医院上下托管服务模式，通过技术指导、业务培训、管理支持等，有效提升基层医疗卫生服务能力。

基层医疗卫生服务体系建设不断加强，完成新山等4所乡镇卫生院项目及麻陇彝族乡新田村等6所村卫生室业务用房建设项目竣工投用。通过直接考核招聘方式，落实专业技术人员岗位25人，定向培养医学生3名，到医学院校引进应往届毕业生19名，推荐攀枝花市学术和技术带头人选1名，遴选乡镇卫生院副院长后备人选10名，8名专业技术人员参加2014年度增补全科专业住院医师规范化培训。组织县、乡16名专业技术人员参加规培。完成全省民族地区乡镇卫生院招聘执业医师培训9名，县医院1名专业技术人员参加四川省援外医疗队队员回国后继续教育项目清华大学专题培训。开展中医四部经典培训99人、省级中医骨干培训1名。县中医医院通过数字化医院评审。县级公立医院全面开展远程医疗服务，基层医疗卫生机构全部启用四川省基层医疗卫生机构信息系统；组建以市中心医院为中心，县级医疗机构和基层医疗机构共同参与的远程心电工作站。

公共卫生服务项目有效实施，服务水平明显提高，2015年全县人均基本公共卫生服务经费补助为40元/人，全县城乡居民健康档案规范化电子建档率97%以上，65岁及以上老年人健康管理率80%以上，高血压、糖尿病患者健康管理率分别为60.43%和51.94%。孕产妇住院分娩率99.85%，5岁以下儿童死亡率和婴儿死亡率分别为7.45‰和5.96‰，无孕、产妇死亡，完成辖区幼儿园儿童体检2790人，体检率100%。全县未出现传染病疫情暴发流行，法定传染病报告发病率193.16/10万，同比下降5.48%；启用移动执法手持终端，开展打击非法行医和整治“两非”等专项行动。完善卫生应急队伍和物资储备机制，深入开展突发公共卫生应急综合演练和应急风险评估。

中医药事业持续健康发展，县中医医院被正式授予成都中医药大学附属医院米易分院、四川省中医院米易分院、四川省治未病中心米易分中心；开展公共卫生中医药健康项目管理，推进中医药“治未病”工作，支持阳光康养产业的发展，以垭口镇等卫生院为项目单位，积极打造标准化中医科室建设。

计划生育服务管理扎实开展，全面实行计划生育证件简化办理，开通新便民服务平台，计划生育证件纳入网上办理。全县人口自然增长率3.31‰，控制在4‰以内，计划生育独生子女父母奖励金发放到位率100%，计划生育违法生育立案率100%，立案处理率90.4%。2015年，共落实村级计划生育服务人员报酬、免费技术服务基本项目、“三查”服务和流动人口服务管理等各项工作经费475万元，完成财政投入计划生育事业费人均9.7元的目标任务。开展流动人口计生基本公共服务均等化工作，落实市民化待遇。

计生利益导向政策认真落实，发放计划生育奖励扶助“三项制度”享受对象3765人，发放资金603.69万元；兑现独生子女父母奖励金5119户、61.43万元，兑现率100%；为农村独生子女死亡和鉴定为丧失劳动能力的独生子女父母缴纳城镇养老保险金81人，2015年新进入缴纳养老保险的7人，共缴纳城镇养老保险金43.78万元；为独生子女死亡伤残超龄父母发放定额补助20人，发放定额补助资金4万元；抓好计划生育“三结合”工作，将计划生育“三结合”帮扶任务落实到乡镇，各乡镇和帮扶单位结合精准扶贫工作和本部门行业特点，因地制宜确定帮扶项目、制定帮扶措施，帮助计划生育困难家庭发展生产，增加收入，全县建立巩固以种植、养殖业等为主导项目的帮扶基地12个，分解落实计划生育“三结合”新增328户，落实帮扶资金100余万元；利益导向机制创新措施。独生子女父母奖励金提前一年，从2015年起采用银行打卡直接发放；进一步发挥计划生育利益导向功能，加强对计划生育特殊困难家庭和独生女(双女)户读书困难家庭户走访慰问，全年发放慰问资金和慰问品10万元。

【文 化】 2015年，米易县群众文化生活丰富多彩，文化惠民得到进一步落实。举办第六届米易灯会、元宵焰火晚会，观灯人数60万人次以上，晚会吸引近10万群众到场观看；举办“阳光米易·幸福家园”广场舞大赛，全县38支代表队1400多人参加比赛；组建米易县首支青年业余志愿艺术团，动员招收成员70余名；举办的米易县第二届群众文化艺术节有近2000人、16支代表队参演。

开展“传承民俗文化，迎春寒假天天乐”“勿忘历史，快乐阅读”等主题活动和“书香伴我成长，阅读改变生活”主题晚会，倡导全民阅读，建设书香米易；举办“安宁讲堂”讲座21期；开展中国流动科技馆攀枝花巡展米易站展览，接待到馆参观者21000余人次；图书馆接待读者6万人次，借、阅图书资料20万余册次；组织开展“三下乡”活动，为村民赠送书刊、光碟、本土作者文学作品；公益性电影持续放映，丰富广大群众的业余文化生活。

完成普威镇马鞍山、白坡乡油房沟、麻陇乡马颈等地面数字电视发射基站建设任务；完成农村广播“村村响”建设任务和易园、健身绿道海棠蓝湾段公共广播系统的安装调试工作；完成米易高山无线发射台站建设前期工作。

完成县图书馆总分馆一期建设，在县监管中心、米易合美金熙酒店等单位联建图书室，在客运中心、政务中心等公共场所设置“报刊免费阅读点”，启动总馆集群化管理系统建设，完善数字图书馆数字资源建设。

对全县文物保护单位(特别是对田坝清真寺、何家大院)进行消防安全工作检查；开展全国第一次可移动文物普查工作；协助四川省考古研究院顺利完成对“米易庙门前遗址”的挖掘考古工作；在第五届中国成都国际非物质文化遗产节展示新山傈僳族织布技艺；组织参加攀枝花首届非遗成果展，展示、展演新山傈僳族织布技艺、纺线技艺、傈僳族舞蹈“阿瑟瑟依瑟瑟”、彝族歌曲“梦回马鹿寨”；对新山乡的舞蹈、织布等非遗项目，在通过各大活动进行推广的同时，拍摄专题片对其进行宣传，争取运用多种方式使其得到有效保护、传承。全年，开展33项非遗保护名录项目保护传承工作。

【体 育】 2015年，米易县贯彻落实《全民健身实施计划(2011—2015年)》，以“阳光·运动·休闲·康养”为主题，促进康体结合，组织开展全民健身活动，成功举办第36届元旦健身跑、第六届徒步五十千米活动，米易县第七届运动会、米易县2015年彝族火把节传统体育项目竞赛活动和全县广场健身操舞培训活动，2.3万余人参加全县性有组织的全民健身竞赛、展示活动；11.8万余人长期坚持参加体育锻炼，参加全民健身活动人数比例54%。

引进国家、省级体育比赛及全市各大行业系统运动会，成功承办2015年四川省青少年校园足球冬令营暨冠军杯联赛、2015年中华龙狮大赛(米易站)暨全国“龙腾狮跃闹元宵”大联动启动仪式、四川省青少年皮划艇激流回旋锦标赛、攀枝花市烟草系统第三届职工运动会。

组队参加省、市级比赛，参加纪念攀枝花建市50周年暨2014年攀枝花欢乐阳光节系列群众体育活动篮球总决赛(农村组)，夺得男子组第一名、第四名，女子组第二名、第四名；参加攀枝花市第三十届门球比赛暨四川省第八届老运会选拔赛夺得第八名；组团参加攀枝花市第七届运动会31个大项的16个大项的比赛，其中老年组、学生组分别参加5个大项，成年组参加6个大项，取得成年组团体总分第七名、奖牌总数第六名，学生组团体总分第四名、奖牌总数第四名。老年组获得集体项目第一名3个、第二名1个、第三名2个、第四名2个、第八名1个，取得个人项目第一名1个、第二名2个、第六名2个、第七名1个。代表团荣获攀枝花市第七届运动会体育道德风尚奖代表团，米易县体育局被攀枝花市人民政府授予“2012～2015年度全市群众体育先进单位”。

探索体育产业发展新途径，助推体育与生态旅游、商务旅游、体育旅游产业发展，2015年，贯彻落实《国务院关于加快发展体育产业促进体育消费的若干意见》，依托皮划艇赛道，举办首届郁金香花展，接待观光游客13万人次。与芭蕉箐康养旅游开发有限公司协作，开始在皮划艇赛道开展“激情漂流”活动。

新奥运周期达标创建活动取得新进展，2015年1月皮划艇训练基地通过国家体育训练基地重新命名考核，国家体育总局授予“四川米易国家皮划艇激流回旋训练基地”，8名运动员获得国家二级运动员称号。参加2015年四川省青少年曲棍球冠军杯赛，夺得第四名，并荣获“体育道德风尚奖”代表队；参加省青少年女子曲棍球锦标赛荣获甲组第二名、乙组第四名；参加2015年四川省青少年校园足球冬令营暨冠军杯联赛获得初中女子组第五名；米易运动员李露夺得2015年全国皮划艇激流回旋春季冠军赛女子皮艇冠军、全国皮划艇激流回旋锦标赛女子单人皮艇冠军，为入选国家队2016年冬训和进军2016年亚锦赛、世界杯赛打下了坚实基础；完成参加省运会业训队员注册工作，新注册皮划艇激流回旋19人、女子曲棍球33人、女子足球38人。

体育惠民工作稳步推进。投入资金3500余元，完成城南社区河滨公园、河西社区全民健身路径检修；投入资金90000余元，完成游泳馆检修；投入资金70余万元，完成县篮球场维修改造；新建全民健身路径2套，安装农民体育健身工程篮球板12副、室外乒乓球台10副；新建农民体育健身工程1个。全年体育场馆免费开放16.6万余人次，完成年度任务的110.7%（不含花展期间皮划艇赛道观光游客13万人次）。

【就业创业】 2015年，米易县深入实施就业优先战略，将城镇新增就业、城镇登记失业率作为宏观调控的重要指标，纳入全县国民经济和社会发展规划及年度计划；给予小微企业就业创业支持，落实各项社保补贴，充分发挥小微企业就业主渠道作用；全面落实降低失业保险费率政策，扩大失业保险基金支持企业稳岗政策实施范围；按季开展就业形势研判，实时掌控城乡劳动者就业失业情况和企业岗位、人员变动情况，采取积极措施，及时防范失业风险。

推进创业带动就业，推动创业型城市创建成果长效化、常态化，积极开展“双创”活动，将小额担保贷款调整为创业担保贷款，支持高校毕业生、返乡农民工等各类就业重点群体和困难人员自主创业，发展农民合作社、家庭农场等新型农业经营主体和养老服务、乡村旅游等阳光康养产业；向米易籍外出创业成功人士发送短信邀请回乡创业，征集创业项目，支持众创空间进行路演，营造大众创业良好氛围。

统筹推进重点群体就业，把高校毕业生就业放在首位，通过高校毕业生创业补贴、免担保小额借款、小额担保贷款等方式促进其创业，通过推荐就业见习、推荐职业培训等方式使未就业的高校毕业生尽快实现或参加到就业准备活动中去。大力推进农村劳动力转移就业，结合新型城镇化建设和户籍制度改革，落实城乡劳动者平等就业制度，完善职业培训、就业服务、劳动维权“三位一体”的工作机制，推进农村富余劳动力有序外出就业和就地就近转移就业。实施“政策、岗位、补贴、技能、服务”五送活动，全面摸底、动态掌握“零就业”家庭基本情况，针对性地制定帮扶方案，确保出现一户消除一户；充分发挥公益性岗位托底安置就业困难人员就业的作用，鼓励社区积极开发社区服务、社区管理等公益性岗位，9个社区开发托老托幼、设施维护、社区保洁等58个公益性岗位，安置12名就业困难人员就业，给予公益性岗位补贴13.27万元。加大职业培训力度，大力开展35岁以下城镇登记失业人员、农村转移就业劳动者、毕业年度高校毕业生、城乡未继续升学的应届初、高中毕业生为主的青年培训计划，培养一批技能型劳动者。

落实政策帮扶企业稳定岗位，全年指导锦秀机械等22家企业申领稳岗补贴188.22万元，涉及员工4214人；给予40家招用农民工的单位社保补贴257.4万元，促使1716名攀枝花市户籍农民工稳定就业。

2015年，全县实现城镇新增就业1955人，城镇失业人员再就业342人；就业困难人员再就业252人，青年劳动者技能培训770人，创业意识培训318人，创业能力培训275人，创业培训合格率达到80%以上，品牌培训100人；促进高校毕业生创业51人，发放创业补贴50.2万元；完成劳务转移人数4.1万人，取得劳务收入5.15亿元；城镇登记失业率3.66%，控制在4%以内，全县就业局势基本稳定。

【社会保障】 2015年，米易县按照《攀枝花市城乡居民大病医疗工作实施方案》要求，实施符合政策范围人员基本医疗保险费用报销“一站式”即时结算大病保险费用；积极跟进医保付费方式改革工作，在按项目付费的基础上，实现单病种付费，印发《攀枝花市基本医疗保险付费总额控制试行办法》，做好辖区内相关医院的实施准备工作；全力做好县级医院异地即时结算工作，根据省、市异地即时结算工作安排，米易县人民医院、米易县中医医院、米易县攀莲镇城北社区卫生服务中心（米易县妇幼保健院）三家县级公立医院成功接入全省异地就医即时结算平台，实现异地参保人员即时结算功能，方便异地医保患者，有效解决外地医保患者就医问题。

全力推进全民参保登记试点工作，成立试点工作领导小组，召开全县试点工作启动会和业务培训会，与各乡镇签订目标责任书，明确各乡镇登记目标，层层落实责任，了解试点工作推进中存在的问题，实地对乡镇开展业务指导。8月19日，全县全民参保登记工作启动，截至年底，全县录入人员参保信息214192条，完成率97.86%；做好被征地农民参保工作，做好成昆复线扩能、白马三期、城市建设等征地项目农转非人员社会保障工作，截至年底，新增参保缴费被征地农民866人，征收养老保险基金77119534.56元；1740人参加城镇居民基本医疗保险；扩面征缴任务全面完成，全县城镇职工养老、医疗、失业、工伤、生育参保人数分别为22232人、29641人、13714人、13102人、15208人；分别征收基金27808.6万元、5738.6万元、1122万元、804.1万元、193万元；城镇居民基本医疗保险参保人数14413人；城乡居民社会养老保险参保人数94317人，参保缴费人数52392人。做好机关事业单位养老保险前期准备工作。开展数据采集，全县参保机关事业单位298户，应参保人数6970人。

城乡低保更加规范，出台《米易县贯彻落实〈四川省社会救助实施办法〉的意见》《农村低保家庭农副业收入核算工作实施方案（试行）》等文件，健全社会救助工作机制。开展以规范落实城乡居民最低生活保障工作规程为主要内容的社会救助专项整治工作，积极推进困难成年重度残疾人最低生活保障，全面打造公平低保、阳光低保。9月，将城市低保标准由每人每月380元提高到440元，农村低保标准由每人每年2500元提高到3251元，全年发放保障金2171.23万元，城乡低保对象累计月人均补助分别为315.45元、164.65元，完成目标任务（270元、120元）的116.8%和137.2%。

医疗救助一体化，通过资助参合参保、门诊救助、大病救助、重大疾病救助等措施，有效缓解困难群众就医负担。全年救助城乡困难群众24836人次，发放救助金1094.25万元，城乡医疗救助政策范围内住院自付费用救助比例71.64%。

养老服务业发展加快。全年，维修改造公办养老床位100张、新增民办养老床位380张、8个城乡社区日间照料中心、6个农村幸福院建设全部按要求完成目标任务，全县7个农村敬老院全部完成事业单位法人登记。到年底，全县登记备案17家民办养老机构，18个农村幸福园、21个城乡社区老年人日间照料中心，各类养老床位1154张，每千名老人拥有养老床位数33张。

2015年，将居家养老服务分为就医服务和上门家政服务两大类，其中就医服务实行普惠制，凡年满70周岁以上的老年人均可到县医疗机构进行免费常规体检，参与体检人数9124人；上门家政服务主要针对困难老人、独居老人和80周岁以上老人需求开展，服务人数1050人。全县居家养老服务人数达10174人，完成目标任务5230人的194.5%，全县农村居家养老服务覆盖率70%以上，城市社区居家养老服务覆盖率100%。

【精准扶贫】 2015年，米易县投入扶贫专项资金1060万元，在9个乡镇14个村实施助农增收项目，扶持664户2349人贫困户产业发展、居住环境改善，硬化社道7.5千米，改建两座危桥，在草场乡仙山村将扶贫到户补助资金作为股金入股养羊专业合作社，项目的实施改变村容村貌，帮助贫困农户拓宽增收渠道，完成年度脱贫解困目标任务。

强力推进对口援边项目，投入资金2081.79万元在白坡乡新建社道27.87千米，建设小桥两座，进行电力设施改造，扶持26户养羊大户，1户养牛大户；扶持7户贫困户实施危房改造，贷款贴息160万元帮助南坝村32户农户建房，开展实用技术培训5期540余人次。

及时清理、动态管理，确保贫困对象识别精准。认真开展信息采集工作。完成2014年44个项目、2015年11个帮扶项目的信息采集系统录入；完成2014年999户3074人脱贫系统录入管理工作；完成664户2349人贫困人口系统预脱贫录入工作，完成贫困户增减信息采集录入工作，督促各乡镇对精准扶贫相关资料进行收集整理归档，通过市委、市政府督查调研检查。

开展信息比对工作，重点对贫困户户主及家庭成员相关信息进行拉网式排查，经比对或核实，清理核减贫困户165户673人。对399人身份证号码信息不准确的进行更正，对已经属于民政部门"五保户"的建档立卡贫困人口8人进行清退。

狠抓责任落实，建立健全"片为重点、工作到村、扶贫到户"的扶贫工作机制，按照"一村一个工作组，一户一个帮扶人"的要求，将扶贫开发攻坚目标责任分解落实到部门、乡镇、村组，落实56个部门派驻61名干部驻村帮扶、33名县级领导及75个部门（单位）联系指导精准扶贫工作、全县2674名干部结对帮扶3724户贫困户，选派25名优秀干部到贫困村担任党支部第一书记。

狠抓扶贫规划，完成《普威镇西番村（2015—2019）精准扶贫规划》《攀莲镇南厂村（2015—2019）精准扶贫规划》的编制，完成《草场乡仙山村精准扶贫（试点）项目实施方案》的编制，完成23个贫困村精准扶贫规划，4个彝族乡镇12个贫困村"十三五"彝家新寨项目规划的申报工作。

【生态建设】 2015年，米易县城空气质量优良率99.18%，安宁河水质各断面水质达标率100%，晃桥水库饮用水水源水质达标率100%，米易县城区区域环境噪声年均值53.1分贝，城区交通干道噪声昼间年均值67.9分贝，均达到目标要求。全年全县可削减化学需氧量约300吨、氨氮约50吨、氮氧化物约300吨。按照排污许可证核发的有关工作要求，对全县21家重点企业发放排污许可证。

金沙江干热河谷生态修复三期项目全部完成。2015年，继续依托生态修复项目，加强视野区绿化。总投资700万元，完成工程322.07公顷造林植苗、全林防火除草和7513米水土保持防洪措施工程建设，修建3655米林业生产及护林防火通道。巩固7万亩退耕还林成果工程。完成2015年退耕还林后续产业资金项目267.6公顷，补助资金兑现到户,兑现补助资金1284万元。现代林业重点县建设。2015年,现代林业重点县建设投资300万元。核桃新造140公顷、低改326.67公顷、基础设施建设全部完成,完成攀枝花市捷茂中药材种植有限公司中药材初加工生产线项目厂房建设。管护国有林21786.67公顷,兑现管护资金105.6万元,工程全面完成。兑现集体森林生态效益补偿金21440公顷工程全部完成,兑现补助资金354万元。

【城市建设】 2015年,米易县坚持规划引领,优化发展布局,全年召开会议4次,审议规划方案22个,编制完成草场克朗新区二期、贤家新区控制性详细规划,白马镇旅游度假区龙吟峡景观规划、垭口镇总体规划、撒莲镇总体规划、风情水街、迷易森林、迷易生态文化美食城、如来藏寺、白马老街改造、城关二小、海棠蓝湾医疗服务中心、儿童主题公园等规划;编制完成丙谷镇湾灰新村、新民新村、湾丘乡两岔河新村等11个新村规划方案;启动米易县城市总体规划(2011~2030)、米易县颛顼龙洞风景区保护规划、传统村落保护规划编制工作。

房地产开发平稳有序,绿阳生活广场、尚品国际、龙阳丽园、海棠花语、岐黄养生大院、宏坤中央公园、华森苑、海棠蓝湾、绿阳生活等项目主体完工并陆续投入使用;通过依法公开出让启动迷易森林项目。全县房地产项目13个,建筑面积109万平方米,其中商品房7000余套,面积66.7万平方米,吸引社会投资约40亿元。办理预售许可证的4089套,36万平方米,占总数54%。

围绕"建设阳光时尚花园城、打造康养度假目的地"的目标,坚持"花园城市、公园县城"总体定位,投入资金6亿元,完成世行贷款城南基础设施项目、城北步行景观桥项目、阳光车旅自驾游营地一期及配套景观、法制主题公园、易园提升、克郴规划三路四路、城关一小西校区、克郴幼儿园、污水处理厂扩容、大坪子水厂等11个项目;有序推进迷阳湖大桥、克郴新米西路、老干部活动中心、儿童主题公园、火车站片区改造等6个项目;启动建设米易风情水街项目、如来藏寺项目。

全力推进棚户区改造,编制实施酿造厂片区棚户区、城北工矿棚户区、湾丘乡棚户区、攀莲镇铁建路棚户区4个项目,申请国开行贷款4.7亿元。启动攀莲镇河东城中村棚户区、河西城中村棚户区、克郴城中村棚户区项目建设,建设安置房1837套计21万平方米,建成公租房廉租房308套,海棠花语城镇居民限价商品房1473套投入使用。涉及公安局片区旧城改造和米易县第一初级中学运动场建设征收的291户安置房和71户商业门市顺利分配。深入实施农村危房改造,启动实施农村危房改造600户。加大全县老旧危房排查力度,排查存在安全隐患房屋225栋,建议拆除133栋,建议委托鉴定8栋,建议加强日常检查和修缮84栋。完成电力户表改造6000户。

加快集镇建设,统筹城乡一体,攀莲镇、丙谷镇成功申报国家级重点镇,丙谷镇、白马镇、普威镇为省级"百镇建设"试点镇,争取省级资金3000余万元。白马、丙谷、普威乡镇基础设施、风貌改造全面推进,丙谷、普威通过省级绩效考核,湾丘集镇樱花大道、河堤建设基本完工。建设新村聚居点11个,新建农房440户。完成高龙移民414户78645.4平方米安置房建设。

加大综合管理,规范城乡秩序,禁止违法建设工作全面开展,制定下发《米易县禁止违法建设工作规定》《米易县重点区域农房规划建设管理办法》《米易县违法占地和违法建设有奖举报暂行规定》《关于网格化巡查和管理违法建设的相关规定》《关于农村房屋"平改坡"实施意见》等,建立禁止违法建设领导小组联席会议制度,全年处理群众来信来访200余件,制止违法建设100余起、拆除违法建设80余处,拆除面积5136平方米;制定《物业管理工作实施意见》《物业服务指导价建议方案》,小区物业管理试点加快推进。

依法开展征收,储备土地资源,完成普威林业局、丙谷一糖厂、新二街建设项目河堤、成昆铁路扩能工程、火车站站前广场棚户区、酿造厂片区、城中街的国有土地上房屋征收工作,共征收国有土地上房屋建筑面积161504平方米,收回国有土地使用权面积约40公顷,征收补偿费用总额约21830万元。

强化行业管理,规范建设行为,办理施工许可证35件,备案招投标、比选文件31件,施工、监理合同备案24份,办理竣工备案工程21项。妥善处理13个项目的农民工工资投诉,涉及人数约1300人,金额1800万元。开展监督工程122项,建筑面积175.1万平方米。抽查涉及工程主体结构安全和主要使用功能的工程实体质量和开展工程质量监督执法检查和巡查500多次。发出《责令限期改正决定书》52份、停工通知书6份、简报16份,对5个责任人员进行不良行为记录扣分处罚,组织安全生产工作会议7次,对一线建筑工人安全生产知识考核,考核389人,发放考核奖励9400元。

【旅游经济】 2015年,米易县以"建设现代时尚花园城打造康养度假目的地"为旅游发展总体思路,以做强特色优势、做响康养品牌、做实项目载体为抓手,狠抓康养平台载体,推进全县重点旅游项目建设进度,推动全县旅游事业发展,全年接待游客总人数333.6万人次,实现旅游总收入33亿元,同比分别增长29.52%和34.15%。完成旅游项目签约资金25.45亿元,招商引资到位资金1.58亿元。

完成颛顼龙洞景区改造提升,4月至9月,实施洞内声光电工程,完成洞内栏杆改造、主电缆安装、流石坝治理、洞内灯光安装调试、沿线背景音箱安装、通讯设施等提升改造、景区内旅游公厕建设、3D情景创意设计、洞外环境整治及景观打造等。岐黄养生大院1~34号楼及治未病中心完成屋面工程、成品窗套安装,临高速路匝道面绿地防护约2万平方米的室外环境打造完成90%的工程量,完成停车场场平、排污排水管道安装。全面完成阳光车旅自驾游营地自驾车营地主体工程、配套酒店、商业体主体和酒店外装,内装家具安装、商业体装修游客接待中心主体工程及其内外装修、导向标识设计、营地美化等工作,11月18日举行海棠蓝湾自驾游营地开营仪式。编制完成观音阳光康养水上乐园项目规划设计方案,通过县规管会评审。米易县智慧旅游项目由成都半城科技有限公司投资约2500万元建设,完成项目投资协议签订,搭建智慧旅游OA办公系统平台,数据中心投入使用;激情广场、政务服务中心免费WiFi投入使用;激情广场、政务服务中心等公共场所和五星级宾馆触摸交互终端、信息发布管理平台、发布终端投入使用。

鱼米阳光度假区和米易龙潭清泉度假村一期投入运营,二期建设按计划推进;米易龙潭清泉度假村实行"一卡通"运营管理模式;芭蕉箐枇杷水乡景区提升打造完成6道冷水箐河沟人工瀑布,荷花观赏、真人CS、游船嬉水等项目建成并投入运营;普威独树旅游新村、海塔世外桃源旅游景区积极推进旅游景区基础设施和配套建设;普威镇民族新村(彝家新寨)完成规划并启动建设,设计实施30户;普威镇风情水街完成投资2760万元,完成土地挂牌出让、规划设计、拆迁工作、施工围栏搭建等。对2012—2013年6个重点旅游新村床位,兑现床位补助资金102.95万元。组织县内乡村酒店积极申报省级精品和特色乡村旅游经营点,向省旅游局申报2家精品乡村旅游经营点、3家特色乡村旅游经营点。草场乡康阳休闲山庄(拟申报3星级乡村酒店)、草场乡俊仙居康养中心(拟申报4星级乡村酒店)、白马镇金圆乡村酒店(拟申报4星级乡村酒店)、垭口镇艺鳞乡村酒店(拟申报4星级乡村酒店)等4家农家乐(乡村酒店)通过初步评定。

举办"2015攀枝花·米易中老年养生文化旅游节"活动,首批邀请到北京、重庆、成都等全国各地的中老年人900余人到米易体验冬季阳光康养之旅,良好的城市形象得到进一步提升。

【民族事务】 2015年,普威、麻陇、白坡、湾丘、新山5个民族乡镇实现地区生产总值419084.3万元,同比增长8%;农民人均可支配收入12010元,同比增加878元。新增芒果13.33公顷、核桃20公顷。改良核桃666.67公顷,核桃挂果率提高15%,实现产量(鲜果)2.5万吨,实现产值1亿元。种植烤烟2580公顷,产量107973担,实现产值2.4亿元。

加强基础设施建设,投资7800万元完成麻楠路改造33.1千米,硬化村道社道25.1千米,解决18000人交通出行困难。启动米会路改造12千米。贯通民族地区麻陇乡、普威镇、草场乡晃桥彝族村的麻晃引水工程建设顺利推进,总投资1.5亿元。

加强民族资金管理,省、市民族资金起到杠杆引领作用。加强两资项目调查、选项、审定、申报、下达、验收等工作。2015年,向省、市争取民族资金568万元,项目16个,涉及沟渠整治、桥梁修建、道路硬化、住房改造、教学设备购置等,省、市民族资金吸引各种配套资金2600万元。完成工程6个,组织验收3个,在建工程按进度顺利推进。

县级民族资金投入成效明显。2015年,安排县级民族资金3345万元,其中县级产业发展引导金200万元、县级民族工作机动金175万元、县级"两个百分之五"资金220万元,实施项目36个,完成10个;安排民族地区专项扶持资金2750万元(省级8个税种分享收入的20%),实施项目15个。其中1579万元用于麻楠路建设,671万元用于民族地区村社道路硬化、人畜安全饮水等,500万元用于涉农预备资金。

加强项目建设和项目资金使用检查,对2014年省、市民族资金项目进行验收,对2015年项目实施情况进行检查,切实保障了项目建设进度和建设质量。配合市民宗委、市财政局对2013年、2014年省级少数民族发展资金进行专项检查。

民族新村建设顺利推进。投入650万元,完成麻陇乡彝家新寨建设,完成4千米村道硬化、900平方米文化活动中心改造、村委会、卫生室改造,87户四件套发放到位,完成87口农村沼气池建设、52户新建房屋及35户房屋改造。新山傈僳族风情园全面完成,集中区6户房屋完工,13户散户房屋全部完成,农户入住。普威西番民族风情园完成30户(其中10户已入住,20户主体已完工)。普威水街建设完成土地征用、房屋拆迁、土地拍卖、建设方案等工作。

社会事业加快发展,湾丘乡新建幼儿园投入使用,白坡乡、新山乡幼儿园建设顺利推进,普威中学、麻陇小学运动场改造投入使用。麻陇卫生院住院楼竣工投入使用。配合市民宗委、市农林科学院,组织新山乡、麻陇乡和白坡乡核桃示范户开展两期种植管理技术培训班,培训1000余人次,发放资料1000余份,切实提高农户科学管理技术,推动核桃产业健康快速发展。

为65人办理族别更改(正),出具民族成分证明书191份,对13户种植能手,7户养殖能手进行表彰。

【乡镇发展】 2015年,米易县不断提升现代农业发展基础,创新农业产业化经营方式,稳步推进农业农村体制改革,乡镇经济社会发展呈现出良好态势。

2015 年乡镇主要经济指标

乡镇名称	户籍人口（人）	耕地面积（公顷）	农业产值（万元）	工业产值（万元）	粮食产量（吨）	蔬菜产量（吨）	烤烟产量（吨）	甘蔗产量（吨）	园林水果产量（吨）	出栏生猪（头）
攀莲镇	55801	1675	28650	214234	14538	61228	532	22774	6105	25689
丙谷镇	25046	2247	25583	309519	12542	65435	798	11186	7473	18964
撒莲镇	16425	1200	19418	2178	8460	58140	420	2772	6894	12032
垭口镇	10372	608	8705	656048	3713	27276	43	2100	1972	7046
得石镇	7791	670	15313	37679	2533	5388	450	2400	4920	8110
新山乡	7080	1049	8481	747	4309	13435	895	7069	3657	17145
湾丘乡	16143	1108	12118	587195	6451	16346	431	99	2126	9624
白马镇	29663	1981	19835	317590	14010	23121	455	2653	10777	16635
草场乡	20282	1631	17019	5534	9927	23640	473	16132	9720	15268
普威镇	12912	1128	12252	1206	2819	6708	1498	0	12803	14025
麻陇乡	8360	1400	8563	607	3487	8575	1218	684	1795	7856
白坡乡	9876	1626	15272	527	3977	8663	1518	6031	3258	11568
合　计	219751	16323	191209	2133064	86766	317955	8731	73900	71500	163962

（李顺川　吴兴刚）

盐边县

【建置人口】 盐边县地处攀枝花市北部，位于北纬 26°25′～27°21′、东经 101°08′～102°04′。东邻米易县、凉山彝族自治州会理县，南接市郊仁和区，西与云南省华坪县、宁蒗彝族自治县接壤，北与凉山彝族自治州盐源县毗邻。县政府驻桐子林镇，距攀枝花市 28 千米、桐子林火车站 3 千米、攀枝花机场 44 千米、西攀高速公路盐边入口处 18 千米。境内矿产资源富集，光热资源丰富，旅游资源独特。盐边县幅员 3269.453 平方千米。下辖 4 个镇、12 个乡、164 个村、826 个村民小组、7 个居民委员会。共居住有 25 个民族，其中汉族人口最多，其余人口较多的依次为彝族、傈僳族、苗族、回族、纳西族、傣族等。年末，全县总人口 209419 人，其中城镇人口 40273 人，乡村人口 169146 人；男性人口 107439 人，女性人口 101980 人。人口出生率 9.2‰，人口自然增长率 3.83‰。

【经济发展状况】 2015 年，盐边县完成县域生产总值 113.12 亿元，同比增长 8%。其中第一产业增加值完成 9.05 亿元，同比增长 4.1%；第二产业增加值完成 85.06 亿元，同比增长 9%；第三产业增加值完成 19.01 亿元，同比增长 4.6%。规上工业增加值增长 9.8%。固定资产投资 97.14 亿元，同比增长 7.9%；招商引资到位资金 88 亿元，同比增长 10%。社会消费品零售总额实现 15.06 亿元，同比增长 11.6%。城镇居民人均可支配收入达到 26730 元，同比增长 8.3%。农民人均纯收入达到 11903 元，同比增长 9.3%。

2015 年盐边县主要经济指标

指标名称	单位	2015 年	比 2014 年增长（%）
地区生产总值	万元	1131233	8
第一产业增加值	万元	90482	4.1
第二产业增加值	万元	850642	9

续表

指标名称	单位	2015 年	比 2014 年增长(%)
工业增加值	万元	804701	10.1
建筑业增加值	万元	52300	-9.2
第三产业增加值	万元	190109	4.6
非公有制经济增加值	万元	533088	9
农业总产值	万元	173885	4.3
规模以上工业产值	万元	1564984	-3.3
全社会固定资产投资额	万元	971406	7.9
社会消费品零售额	万元	46180	11.6
地方财政收入	万元	46180	
地方财政支出	万元	136462	
国税收入	亿元	2.55	-39
地税收入	亿元	3.48	-32.2
金融机构各项存款余额	万元	412446	-11.36
金融机构各项贷款余额	万元	443749	0.09
农民人均可支配纯收入	元	26730	8.3
城镇居民人均可支配收入	元	11903	9.3

【农业经济】 2015 年,全县实现农业总产值 17.39 亿元,按可比价格计算增长 4.3%。全年粮食总产量 68854 吨,同比增长 1.98%。启动 10 座病险水库除险加固工程和渔门小河沟水库工程,完成云川大堰整治 10.5 千米。新建太阳能提灌站 2 座、机耕道 64 千米。有序推进花果山等 6 个地质灾害点治理。完成温泉乡土地开发整理,新增耕地 235.33 公顷。加大农技推广力度,新建高标准农田 666.67 公顷,改良土壤 78.67 公顷,节水灌溉 2666.67 公顷。完成《盐边县现代农业发展总体规划(2014—2020)》《盐边县现代林业产业发展规划(2014—2020)》并启动实施。发展果叶兼用蚕桑新品种示范基地 733.33 公顷。现代畜牧业重点县、肉羊标准化生产基地县加快建设,建成畜、禽良种扩繁场 5 个,肉羊新品种新技术集成集约示范园 1 个。农村经营主体快速发展,全年,新注册农民专合社 61 户,成立家庭农场 31 家。桑葚果酒深加工项目动工建设,锐华农业 5000 吨果蔬气调库一期项目主体完工。全年收购烟叶 4575000 千克,实现收入 1.01 亿元。

【工业经济】 2015 年,全县完成工业增加值 80.47 亿元,同比增长 10.1%,县域规模以上工业产值累计完成 156.5 亿元,同比下降 3.3%。落实稳增长各项政策措施,帮助企业渡难关,争取省、市各类企业发展资金 4856 万元,协调水钢红发等 18 户企业使用市应急转贷资金 2.11 亿元,为企业协调金融机构贷款近 5 亿元。龙蟒矿冶等 10 户企业成功纳入省直购电试点,协调争取降低铁路运价,不断强化土地、用水等要素保障。支持企业技术创新,争取省级钒钛产业发展资金 2500 万元用于攀云钛电子束熔炼炉技改项目。向阳钒业年产 4000 吨氮化钒等 15 个技改项目加快推进。攀云钛成功申报省级技术研发中心,一立矿业技改通过 2 项专利认证。川能投大面山一期 4.6 万千瓦农风光互补发电项目、中电建万家山 3 万千瓦光伏发电项目竣工投产,桐子林水电站 3 台机组并网发电。攀德新材料 2 万吨/年钛板坯加工项目一期建成投产。钛材加工园标准厂房及配套设施项目完成建设,联合钛业金属表面镀钛中试及工业化生产项目进入设备采购阶段。春芳物资 8 万吨型煤技改进入试生产。依法推进煤矿兼并重组及复工复产工作，金谷1井等4个矿井复产，梨树湾、马草湾煤矿复工。启动建设协鑫新能源光伏发电开发项目。

【招商引资】 2015年，盐边县积极参加2015年“中外知名企业四川行”、第二届中国攀西战略资源创新开发试验区投资推介会、“2015中国西部进口展暨国际投资大会”等活动，签约项目24个，协议投资金额108亿元，其中投资5亿元以上的项目3个。积极推动龙蟒与百利联合作上市，建立龙蟒与昆钢供应链价格联动机制。加快与九州证券公司合作，推动项目收益债券发行。全年全县招商引资累计到位资金88亿元，增长9.5%。

【科 技】 2015年，盐边县组织市级以上项目22个，其中省级以上项目7个、市级项目15个；获立项支持11个，获项目资金支持347万元。

【教 育】 2015年，全县共有中小学校85所，其中完全中学1所，单设中学5所，九年一贯制学校1所，乡镇中心小学校15所，县城独立小学1所，教学点62个（其中一师一校12所）。有幼儿园31所（公办幼儿园17所，民办幼儿园14所）。全县在校生24755人（其中小学在校生人数14780人，初中在校生人数7728人，高中在校生人数2247人）。在园幼儿6056人（其中公办4195人，民办1861人）。小学、初中正常适龄儿童少年入学率分别达100%和97.52%；小学、初中毕业率分别达到99.73%和99.52%；小学、初中辍学率分别为0.21%、1.26%；15周岁和17周岁完成率分别达到99.46%和95.99%；残疾儿童少年入学率达95.96%；学前3年毛入园率达86.89%。全县有中小学教师1843人，中小学专任教师学历达标率均为100%；幼儿园专任教师337人，教师专业持证上岗率80%以上，学历合格率96%。

【文 化】 2015年，盐边县以挖掘打造盐边文化品牌为引领，全面推进公共文化服务体系建设，着力推进文化大发展大繁荣，提高盐边文化软实力。加强基层公共文化建设服务管理的检查督促指导工作。落实171个农村及社区部分公共服务运行管理工作经费，指导督促基层认真开展好“六项”服务，努力发挥其应有作用。做好全县16个乡镇文化站免费开放工作检查指导和考核等工作，确保免费开放工作的正常开展。积极打造乡镇基层公共文化管理服务示范性新亮点，完成“全国先进综合文化站”及“优秀农家书屋管理员”的推荐评选工作。做好文化馆、图书馆免费开放，切实开展好各项服务。为读者提供报纸杂志的阅览、图书外借的优质服务，同时还为有特殊需求的市民提供地方文献资料的查询、搜集等服务。全年，共服务读者9000余人次，借阅图书10000余册。做好农家书屋出版物的采购配送和充实更新工作，为乡镇配置图书8万册。广播电视设施建设快速推进，全县有“村村通”直播星用户14344户、“户户通”直播星5170户，有线用户10000户，无线（地面数字电视）用户19600户。广播、电视人口综合覆盖率分别达97.3%和98.63%，市县节目覆率从“十一五”的14%提高到44.5%。扎实开展广场群众文化“大家跳”“大家唱”活动，各文化广场掀起群众广场舞、健身舞的热潮，广场文化氛围大大提高，广大群众热情高涨，广场文化活动活力不断增强。组织开展春节联欢晚会、第九届“箐山情”电视歌手大赛、片区文化汇演等一批文化娱乐活动，极大地丰富群众的文化生活。积极开展“书香天府·花城阅读”全民阅读活动，着力营造多读书、爱读书、读好书的浓厚氛围。开展艺术辅导和文化下乡工作，业务人员深入机关单位、农村、军队、学校、社区文艺团体进行音乐、舞蹈、戏剧小品以及书法绘画类辅导培训，累计辅导120余次，辅导人数4000余人。开展送文化下乡16次，受益群众6000余人。全年投入资金602.4万元用于公共文化服务体系建设，其中省级356万元、市级60万元、县级186.4万元。按照市级民生工程任务，解决边远山区3000户农村群众收听收看广播电视难的问题。通过精心组织实施户户通直播星工程建设，实际在全县安装户户通直播星5190套，解决5190户用户收听收看广播电视难的问题，超额完成目标任务的73%。全年，完成农村公益电影放映1968场、社区公益电影放映96场、学校公益电影放映96场。文化市场继续保持健康、稳妥、有序的发展势头。逐步形成娱乐、演艺、音像、出版物、互联网上网服务、印刷业、经营性体育等综合性文化市场体系，共有文化与出版物经营企业148家，从业人员400余人，固定资产总额6000余万元，年上缴税金400余万元，文化产业增加值占全县GDP的1.4%左右，为县域经济社会发展做出积极贡献。依托本土文化，打造文艺精品。由《远山的呼唤》改编的攀枝花市第一步本土电影《梦回远山》在格萨拉影视基地拍摄完毕，并作为公益电影在全国进行展播。在格萨拉拍摄歌曲《孜莫啦》MV；话剧《远山的呼唤》荣获“攀枝花市第八届文学艺术奖”。成功引进《布阿诗嘎薇》等电视剧在格萨拉生态旅游区拍摄，提升盐边旅游文化内涵。编辑出版《阳光锅庄》《阳光在歌唱》《好梦盐边》等作品。结合禁毒宣传工作，创作彝族母语禁毒宣传话剧《远山的呼唤》，并在格萨拉、温泉等北部村寨、云南省宁蒗县、凉山州盐源县、米易县等把公益演出21场次，受教育观众达10万余人次，充分发挥了以文化育人的作用。创作《孜莫拉》《女儿歌》等本土文艺作品代表攀枝花市参加四川省第七届少数民族艺术节和四川省群星奖等赛事，分别荣获最佳剧目奖，音乐舞蹈一、二、三等奖等奖项。

【体 育】 2015年，对全县农村600名6至70岁的不同年龄组人群进行全民健身活动状况问卷调查。选送的参赛作品《试论老年人科学体育健身的现状和发展》，荣获四川省十一届老年人科学健身研讨会优秀论文奖，是攀枝花市推荐4篇作品中唯一获奖作品。组织选派4名体育骨干参加全国柔力球培训、省健身气功培训、市广场健身操（舞）培训。举办健身培训班2期，对100余名体育健身骨干进行培训。利用妇女节、重阳节等节日进行柔力球、健身秧歌腰鼓体育项目的展示活动，引导群众开展全民健身运动。组织篮球队参加全市总决赛、中老年柔力球队代表攀枝花市参加四川省第八届老年人运动会。蹴球队参加第十届全国民族传统运动会获得银牌一块，实现全国少数民族运动会奖牌“零”的突破。组织运动队参加市七运会，共获金牌10枚、银牌7枚、铜牌17枚，四至八名142个，总成绩923分（不含大赛带分），成年组总成绩在21个代表团中排名第六位，奖牌榜排名第八，在三区两县中排在东区和东道主仁和之后，位列第三，完成预期保8争7目标任务，获得体育道德风尚运动奖。组织2支男子篮球队、2支女子篮球队参加姚基金学生篮球季比赛，新城一小篮球队获全市第一名，进入四川省八强，全国比赛（西安站）获金奖。在省体育局注册8名田径和武术项目运动员，为参加省锦标赛和下届省运会做好准备。

【卫 生】 2015年，全县有各级各类医疗卫生机构192个，其中二级乙等综合医院2个、二级甲等中医院1个，疾病预防控制机构1个，妇幼保健机构1个，新型农村合作医疗中心1个，卫生监督机构1个，社区卫生服务中心1个，乡镇卫生院16个，村卫生室164个，民营医院4个。全县卫生系统核定总编制数678人，现有正式职工560人。全县共有卫技专业技术人员501人，其他专业技术人员59人。其中，高级职称41人、中级职称130人、初级职称330人。全县平均每千人拥有卫生技术人员约4.3人，开设病床893张，平均每千人口拥有病床数为4.2张。

【盐边县纳入全省第二批县域全域规划试点】 2015年3月，盐边县和都江堰市、荣县等7个县市被确定纳入全省第二批县域全域规划试点。通过试点，盐边县将于年底前完成规划编制工作，届时将基本实现全县经济社会发展、城乡统筹、土地利用等规划“多规合一”，进而有利于促进全域空间合理利用与保护，实现区域基础设施统筹与城乡公共服务均等化，加强区域生态保护和城乡规划管理等。

【第十届格萨拉索玛花生态旅游节开幕】 2015年4月12日，第十届格萨拉索玛花生态旅游节在盐边县格萨拉生态旅游区、国胜百灵山杜鹃花海开幕，为期2个月。本届格萨拉索玛花节以“绚丽索玛花，激情格萨拉”为主题，举行了电影《远山的呼唤》开机仪式，攀西最大规模彝族原生态千人锅庄、格萨拉组合演唱会、“寻找最美格萨拉”等系列活动，塑造了“中国阳光花城—攀枝花”旅游城市形象，提高了攀枝花中国阳光康养旅游品牌知名度。

【盐边县在“2015中外知名企业四川行”签约项目87.5亿元】 4月23—24日，盐边县在“2015中外知名企业四川行”活动上成功与云南昆钢控股有限公司、四川足球俱乐部有限公司、贝高装饰材料（上海）有限公司、四川省能投盐边风电开发有限公司等大企业签订15个合作协议，其中第一产业2个、第二产业10个、第三产业3个。项目主要涉及风电开发、光资源开发、镀钛、钛材深加工、粉末冶金、康养等方面，协议金额达87.5亿元，其中省级签约项目50.5亿元，市级签约项目37亿元。此次签约重点是与协鑫新能源（中国）投资有限公司签订光资源综合开发投资框架协议，以盐边县北部的格萨拉彝族乡、温泉彝族乡和南部的桐子林镇等区域的光伏项目群整体综合开发为重点，对县域内丰富的光热资源实施“农光、林光、牧光、渔光”一体化开发，计划投资分批实施1.3GW光伏项目及其他配套项目。

【攀枝花市首个农光互补电站项目正式并网发电】 6月5日，盐边县万家山一期3万千瓦设施农业暨光伏并网发电项目成功并网发电，标志着该电站全面建成投产。该项目由中国电力建设集团攀枝花新能源开发有限公司投资建设，总投资3.2亿元，工程于2014年7月23日正式开工建设。项目采用设施农业与光伏板阵列架相结合，在利用光伏板阵列形成设施农业大棚，选择具有耐阴等特性的农作物品种进行工厂化栽培、种植的同时，实现光伏发电设计装机容量3万千瓦。项目预计每年上网发电量3991.5万千瓦时，年发电产值约为3800万元，可实现税收约400万元/年，每年可减少使用约1.26万吨标准煤，相当于减排二氧化碳2.18万吨、一氧化碳3.27吨、二氧化硫226.3吨、氮氧化物100.6吨、灰渣1760吨、总悬浮颗粒物5.03吨，将加快推进盐边能源结构和产业结构调整。

【盐宁路全线贯通】 6月10日，盐宁路（格萨拉～宁蒗）路面硬化全线贯通。盐宁路位于盐边县格萨拉乡境内，连接盐边县和云南省宁蒗县，是格萨拉彝族乡和温泉彝族乡5个村的对外交通枢纽，全长23.7千米，路面宽3.5米，总投资1600万元，由攀钢出资1000万元、盐边县配套600万元共同组织实施。重修盐宁路是攀枝花市“8+8”对口帮扶项目之一，贯通后将极大地改善当地群众出行条件，方便生产、生活物资及农产品运输，对促进当地脱贫致富和发展旅游产业具有重大意义。

【盐边县鳡鱼大桥新建工程全面完工】 6月21日，盐边县鳡鱼大桥正式完工，提前半年完成建设任务。鳡鱼大桥位于观音岩桥下游80米盐择路与柏观路交会处，全长270米，单跨200米，桥面宽11.5米。该桥是上承式箱拱桥，采用挂篮悬背浇筑施工，属国内同类桥型、同类施工工艺第一桥。鳡鱼大桥新建工程是盐边县重要民生工程项目。鳡鱼大桥的正式通车运行，改善了鳡鱼彝族乡、共和乡等乡镇上万群众出行条件，方便生产生活物资及花椒、核桃等农产品运输，有力推动当地群众脱贫致富。

【盐边县小河沟水库工程正式开工建设】 7月1日，盐边县小河沟水库工程施工单位进驻工程现场，标志着小河沟水库工程正式进入施工阶段。盐边县小河沟水库工程位于渔门镇岩郎村坡脚社，总库容107.0万立方米，正常蓄水位库容86.6万立方米，兴利库容85.8万立方米。工程总投资6079.72万元，其中小河沟水库枢纽工程5408.54万元，水库配套渠工程费671.18万元。

【盐边县首个芒果深加工项目成功落地】 7月28日，盐边县与台湾商人沈百合签订《盐边县芒果深加工及种植基地建设项目投资框架协议书》及相关土地房屋租赁合同，标志着盐边县首个芒果深加工项目成功落地盐边。该项目位于盐边县台湾农民创业园，主要包括芒果深加工项目建设、芒果和释迦种植基地建设两部分，预计总投资2.3亿元。其中芒果深加工项目预计投资3000万元，种植基地建设项目预计投资2亿元。项目分两期进行建设，其中一期建设年产500吨芒果干和5000吨芒果汁的生产线、建设200~333.33公顷水果种植基地；二期建设年产芒果汁和芒果冰各5000吨的加工厂、建设1333.33公顷种植基地。

【四川省内首个农、风、光互补试点项目投产】 2015年9月8日，盐边县红格镇大面山一期风电场风机叶轮迎风转动，首台风机并网发电，标志着四川省内首个农、风、光互补试点项目正式投产运营。该工程装机规模4.6万千瓦，共安装23台FD116-2MW双馈型发电机，年上网电量约8800万千瓦时。与火电相比，每年节约标煤2.7万吨，减少温室气体排放6.94万吨。对盐边县农、风、光互补项目的开发和优化起到重要的示范和推动作用。

【盐边县桐子林水电站首批机组成功投产发电】 10月28日，位于盐边县境内的桐子林水电站首批2台30万千瓦机组成功发电，标志着雅砻江下游水能资源开发全部完成。桐子林水电站是2010年国家确定的西部大开发23个标志性重点项目之一，也是雅砻江流域最末一个梯级电站，该电站核准总投资62.57亿元，正常蓄水位为1015米，总库容为0.912亿立方米，安装4台15万千瓦轴流转浆式水轮发电机组，总装机容量60万千瓦。机组全部投产后，所发电量每年可新增工业增加值约8.6亿元，节约标准煤87万吨。

【盐边县义务教育发展基本均衡县工作通过省政府督导评估】 11月25—27日，省政府教育督导评估组对盐边县义务教育发展基本均衡县工作进行督导评估。通过实地检查、查阅资料、听取汇报等方式，评估组一致认为盐边县已经达到义务教育发展基本均衡县的要求。"十二五"以来，盐边县累计投入资金13.14亿元发展教育事业，大力实施学校标准化建设工程、教师队伍建设工程、办学质量提高工程、教育民生工程，积极推进义务教育学区化管理改革试点工作、教师"县管校用"、全域中小学课堂教学改革等，全县办学条件不断改善、群众满意率不断提升、教师队伍素质不断提高。

【2015中国四川·二滩至泸沽湖山地徒步大会开幕】 12月27日，2015中国四川·二滩至泸沽湖山地徒步大会在盐边县红山国际社区开幕。本次徒步大会由盐边县人民政府、盐源县人民政府和泸沽湖景区管理局共同举办，历时4天。大会以"徒步筰山若水，沐浴冬日暖阳"为主题，旨在促进全民健身，推广冬季阳光旅游。徒步区域贯穿红格温泉省级旅游度假区、二滩国家森林公园、格萨拉生态旅游区、泸沽湖风景名胜区3个国家AAAA级景区。整个赛程分为4个赛段，分别是红格站、二滩站、格萨拉站、泸沽湖站。来自四川、重庆、云南、贵州、广西等10余个省、自治区、直辖市的263名运动员参加比赛。本次徒步大会的成功举办，进一步拓展了盐边、盐源两县区域合作空间，促进区域旅游产业发展，实现"资源共享、线路互推、信息互通、游客互送、利益共赢"的目标。

【乡镇概况】 2015年，盐边县下辖16个乡镇，其中4个镇(桐子林镇、红格镇、渔门镇、永兴镇)、12个乡(新九乡、和爱彝族乡、益民乡、红果彝族乡、鳡鱼彝族乡、共和乡、惠民乡、国胜乡、红宝苗族彝族乡、箐河傈僳族乡、温泉彝族乡、格萨拉彝族乡)、164个村、826个村民小组。其中，格萨拉彝族乡幅员最大，为339.55平方千米；桐子林镇人口最多，为24549人，国内生产总值最大，为750392.78万元；益民乡蔬菜产量最大，为33545吨；共和乡烤烟产量最大，为1288吨；渔门镇水产产量最大，为7573.8吨；国胜乡为茶叶之乡，茶叶产量达71吨。

2015 年盐边县乡镇情况

指标 乡镇名称	幅员面（平方千米）	村（个）	人口（人）	国内生产总值（万元）	二业总产值（万元）	财政收入（万元）	农民人均纯收入（元）	农业总产值（万元）	粮食总产量（吨）	蚕茧产量（吨）	蔬菜产量（吨）	水果总产量（吨）	畜禽出栏				水产品产量（吨）	烤烟产量（吨）	茶叶产量（吨）
													生猪（头）	牛（头）	羊（只）	家禽（只）			
桐子林镇	240.00	4	24549	318324	750392.78	31666	12850	9715	2668	–	8653	2664	11311	358	2179	64633	164.5	–	–
红格镇	160.23	4	15659	95731	158139.7	1047	11336	11748	5144	–	16488	5187	10966	646	3698	58851	129	300	–
渔门镇	236.64	17	18587	40337	79034.2	394	10850	25874	6754	283	8383	1851	23389	581	6899	92737	7573.8	452	–
永兴镇	223.02	18	19305	27899	20229	64	11000	16879	9072	974	6755	1749	26776	452	4085	115990	541.8	586	1
益民乡	66.75	10	13244	23353	7179.4	104	12016	13460	5625	–	33545	8163	21697	201	1239	70524	50	–	–
新九乡	124.80	7	12598	320994	663146.82	11781	11315	5812	4417	–	3875	375	11795	219	1417	10807	225	225	–
和爱彝族乡	64.50	4	5604	9871	218	16	10388	5401	1667	–	5680	1200	5291	143	1755	24530	45	753	–
红果彝族乡	245.73	11	13157	21150	7362	386	10553	10084	4040	–	5423	1860	14500	197	8032	42940	638	662	–
鳡鱼彝族乡	272.00	14	7236	6972	405	55	10414	6965	2659	98	2848	754	7389	447	8146	28178	545	677	–
共和乡	240.84	17	7026	8871	0	2	11510	8943	3403	–	4749	146	9273	370	3893	32945	126.45	1288	–
国胜乡	321.42	14	18662	16002	16269	138	10850	14237	6819	164	9488	2187	15378	362	6895	56429	958	–	71
红宝苗族彝族乡	304.00	7	4691	4697	1292	64	10361	4335	1420	15	2025	744	4504	382	9744	20780	9	213	4
惠民乡	146.67	13	16512	17387	946	138	11000	18995	8169	1167	4623	1594	25671	475	3358	62545	488.2	–	–
箐河傈僳族乡	115.38	6	6595	6776	3072	66	10629	4219	2915	29	2913	198	3964	103	4935	27203	18	151	5
温泉彝族乡	167.92	7	6756	7371	590	34	10336	6594	2035	43	3619	267	10423	1098	10398	20813	12	470	–
格萨拉彝族乡	339.55	11	9949	14195	2182	225	10676	8984	2047	–	4038	–	17950	1209	15105	46004	150	249	–

（刘贵云　冯子国）

党政群团

中共攀枝花市委

综　述

【国民经济发展】　2015 年,中共攀枝花市委统筹推进稳增长、调结构、促改革、惠民生、防风险各项工作,全市经济社会发展在严峻考验中稳步前行。全年实现地区生产总值 925.18 亿元,增长 8.1%;地方公共财政收入 53.34 亿元,下降 15.2%;城镇居民人均可支配收入 30362 元,增长 8.5%;农村居民人均可支配收入 12861 元,增长 9.3%。

【工业经济】　2015 年,攀枝花市筛选确定 59 家重点支持"红名单"企业与市级领导对口联系,"一企一策"帮扶,及时协调解决实际困难。大力推进以资源综合利用、机械制造、汽车零配件、新能源等为重点的 110 个年度重大项目建设,攀钢"钒 950"生产线技改、300 兆瓦煤矸石综合利用等一批地企合作项目竣工投产,干坝子风电、万家山光伏发电等一批新能源项目投产发电。着力引进福州金飞鱼、上海四极等实力企业与市内有技术、有产品、有市场但生产经营困难企业进行重组,旭鼎机械、华铁钒钛、白云铸造等企业优质资产重新焕发生机。全年规模以上工业增加值增长 9.0%,分别比全国、全省高 2.9、1.1 个百分点。

【农业农村经济】　2015 年,马鞍山水库、梅子菁水库等重大水利项目稳步推进,一批节水灌溉、太阳能提灌、高标准农田项目建成投用,农业生产条件进一步改善,乡村公路实现"村村通"。早春蔬菜、晚熟芒果、核桃、咖啡等产业持续壮大,攀西特色农产品深加工园、台企百津园万吨芒果深加工、锐华万吨果蔬气调库冷链中心等项目加快建设,成功举办首届中国(攀枝花)芒果产业发展论坛。着力培育新型农业经营主体,引导扶持农业龙头企业做优做强,新增农民专业合作社 101 户、家庭农场 111 户。积极推广红格巧克力农庄、米易休闲渔业度假基地等经营模式,大力发展"互联网+农业",与淘宝、腾讯、赶集网等一流电商企业开展合作,与京东达成电商进农村合作协议,国内多家农业名企在攀建设线下基地,被列为省级电子商务进农村综合示范市。全年实现农业总产值 54.9 亿元,增长 4.4%。

【现代服务业】　2015 年,攀枝花市出台全市《电子商务发展规划(2014—2020)》《关于支持养老服务业发展的若干意见》等行业规划及相关政策措施,促进康养、旅游、物流、电商等产业融合发展,打造区域物流和电子商务中心城市,争创中国阳光康养产业发展试验区。积极引进台湾敏盛及日、韩、欧美先进康养模式,花舞人间、普达阳光、海棠蓝湾等康养项目稳步推进,去冬今春到攀过冬康养的"候鸟"老人突破 10 万人次。电子商务产业园正式开园,密地、格里坪等现代物流基地基本建成。坚持办好"欢乐阳光节",积极争办全国、全省性旅游节会活动,成功举办第六届四川国际自驾游交易博览会、首届四川养生旅游节,被纳入中国大香格里拉旅游推广联盟、中国自驾游目的地试点城市,被列入"2015 中国十大避寒名城",被评为全省首个养生旅游示范基地。全年旅游服务业实现增加值 232.85 亿元,增长 7.2%。

【地方经济和民营经济】　2015 年,攀枝花市继续把县(区)作为推动国民经济跨越发展的战略支点,充分挖掘县(区)

发展潜力，加快提升县（区）整体经济实力。坚定不移地支持民营经济发展，充分发挥财政资金的导向作用，多渠道缓解中小企业融资难问题，鼓励和支持民营企业参与优势资源就地开发、产业链就地延伸。全面实行“三证合一、一照一码”登记模式，新增各类市场主体10073户，实现非公有制经济增加值427亿元，增长8.5%，占GDP的比重提高到46.15%。

【项目建设】 2015年，攀枝花市建立完善PPP项目库，储备项目43个，其中4个进入国家项目库。金沙水电站、中国重汽矿用车生产线、观音岩引水、马鞍山水库、梅子箐水库（扩建）等重大项目加快推进，攀钢“钒950”生产线技改、桐子林水电站、大面山风电一期、万家山光伏发电等项目竣工投产，银江水电站正式签约，毅德城、碧桂园等项目落户攀枝花市，福建金飞鱼、上海四极、天津致远、湖南红宇等知名企业与攀枝花市企业实现战略合作。全年新签约项目294个，其中投资额5亿元以上项目46个。

【招商引资】 2015年，攀枝花市围绕推进产业升级和城市转型，瞄准重点区域、重点企业，创新开展领导带队招商、驻点招商、节会招商、以商招商，得到中铁建、中建材、中节能、中建三局、万景集团、九鼎集团等知名企业积极回应，毅德城、万达广场等重大项目抓紧落实。全年招商引资到位资金545.68亿元，增长8.5%。

【城市建设】 2015年，攀枝花市加快建设花城新区，道路基础设施基本建成，干线管网、景观绿化等工程有序推进，碧桂园、新区医院等项目开工建设。大力实施金沙江沿江生态修复，干热河谷造林绿化成效显著，主城区段亲水、休闲、健身等项目基本建成。深入开展“五创联动”工作，通过省级环保模范城市复检，被评为全国呼吸环境十佳城市，成为全国文明城市提名城市，获得全省空气质量改善二等奖。

【深化改革】 2015年，攀枝花市深入推进全面深化改革工作，行政审批制度改革步伐加快，非行政许可审批事项全部取消；投融资体制改革取得突破，4个PPP项目进入国家推荐名单，18家企业在成都（川藏）股权交易中心展示板挂牌；国资国企改革扎实推进，新组建的市国有投资集团、建设集团运行良好；农村集体土地、集体建设用地、林地确权完成，米易被纳入全省首批农村产权抵押融资试点县，米易农村产权交易中心和盐边集体林权流转交易平台建成运营；医疗卫生体制改革稳步实施，被纳入全国公立医院综合改革试点，分级诊疗制度改革走在全省前列，在全省率先实现医联体全覆盖。

【对外开放】 2015年，攀枝花市成功举办攀枝花—东盟经贸合作会、攀台现代特色农业和康养产业合作交流会，与成都市、北京市西城区签署深化区域合作协议，并达成多项合作项目，对外合作层次和水平进一步提升。指导中小企业创新商业模式，扩大产品线上交易，促进市场延伸。组织企业参加科博会、中外知名企业四川行等活动，帮助企业提升知名度和竞争力，攀钢成为印度钢管最大供货商，重轨远销全球20多个国家和地区。

【民生工程】 2015年，攀枝花市持续加大民生投入，大力实施10大民生工程，认真办好24件民生大事，实际落实资金41.1亿元，超计划2.8个百分点，成功进入“2015中国地级市民生发展前百强”，居全省第一。持续推进“百万安居工程”、百镇建设和幸福美丽新村建设。开工建设保障性安居工程6373套，开工率100.2%，3个镇入选全省第三批“百镇建设行动”试点，基本建成108个幸福美丽新村。深入推进脱贫攻坚，建立市委常委会每季度听取扶贫开发工作情况汇报制度，健全落实市县两级领导、部门和贫困村第一书记定点包村精准扶贫机制，完成贫困人口复核比对，大力实施“六大扶贫工程”，继续深化“8+8”对口帮扶，全年脱贫24个村7317人，分别超目标20%和13.3%。

【依法治市】 2015年，攀枝花市深入开展“法律七进”活动，法制副校长和法制辅导员制度覆盖所有中小学校，市直属中小学校全部聘请顾问律师，实现“一村（社区）一法律顾问”。协同推进依法执政、依法行政、公正司法，健全法律顾问团制度，公布行政权力清单，积极稳妥推进司法公开、专项治理、诉非衔接、检调对接等工作。大力实施专项整治，积极开展预防和化解医疗纠纷、涉法涉诉信访积案化解、执法突出问题集中整治等工作，招投标、政府采购、土地出让、专项资金管理等领域突出问题得到有效治理。不断加强基层法治建设，分类推进法治示范县（区）、乡镇（街道）等9项示范创建活动，完善基层社会管理和服务体系，网格化服务管理实现全覆盖。

【社会稳定】 2015年，攀枝花市全力维护和谐稳定，狠抓安全稳定责任落实，严打违法犯罪活动，及时化解矛盾纠纷，不断加强生产、交通、食品、医药等安全监管，连续两年在全省群众安全感测评中位居前三名。

【民主法治建设】 2015年，攀枝花市支持人大依法行使职权，在全省首批获得地方立法权。支持政协切实履行职能，民主党派“直通车”作用充分发挥。全面加强党管武装工作，统筹推进统一战线、老干部、工青妇、民族、外事侨务、对台等工作，形成了凝心聚力干事创业的良好局面。

【党的建设】 2015年，攀枝花市扎实开展"三严三实"专题教育，按要求编制、落实实施方案和指导意见，制定党员干部行为规范，新建制度297项，完善制度291项，做到了"规定动作"不走样、"自选动作"有特色。扎实开展教育实践活动整改落实"回头看"，6300余条教育实践活动整改措施落实到位。积极加强领导班子思想政治建设，以纪念攀枝花开发建设五十周年为契机，强化宣传思想工作，大力弘扬"攀枝花精神"。从严教育管理监督干部，出台市委全面从严治党决定及加强党员干部管理监督等一系列实施意见，引导党员干部讲政治、守纪律、守规矩。持续推进基层党组织建设，推进"两江、两路、两园"党建示范片建设，实施"两新"党建强基工程，派驻93名机关优秀干部到"涣散村""后进村"担任第一书记，不断夯实基层基础保障。切实压实"两个责任"，坚持主要领导带头示范，严格执行"一岗双责""一案双查"制度，强化廉政教育，狠抓案件查办，始终保持反腐倡廉高压态势，切实解决发生在群众身边的"四风"和腐败问题。全年立案查处380件382人，其中县级干部31件31人，为376名党员干部澄清了是非。

重要会议

【中共攀枝花市委九届八次全体（扩大）会议暨市委经济工作会议】 1月7日，中共攀枝花市委九届八次全体（扩大）会议暨市委经济工作会议在攀枝花会展中心举行。全会由市委常委会主持。全会深入学习贯彻党的十八大、十八届三中、四中全会精神和省委十届四次、五次全会精神，传达学习中央、省委经济工作会议精神，听取和讨论刘成鸣受市委常委会委托作的报告，谋划部署2015年工作，研究深入推进依法治市、全面推进从严治党若干重大问题，审议通过《中共攀枝花市委关于贯彻落实党的十八届四中全会精神 全面深入推进依法治市的决定》《中共攀枝花市委关于坚持思想建党与制度治党紧密结合 全面推进从严治党的决定》和《中共攀枝花市委九届八次全体（扩大）会议决议》。

刘成鸣指出，2014年是攀枝花攻坚克难、转型升级、加快发展成果丰硕的一年。一年来，在省委、省政府坚强领导下，市委、市政府团结带领全市人民，深入贯彻落实党的十八大、十八届三中、四中全会和省委十届四次、五次全会精神，主动适应新常态，积极应对经济下行、成本上升、市场低迷、内需不足、国际矿价冲击等挑战，全力稳增长、抓改革、促转型、增效益、防风险、惠民生、创和谐，在严峻复杂形势下，开创了各项事业发展新局面。世界经济仍处在国际金融危机后的深度调整期，总体复苏疲弱态势难有明显改观，全国经济正从高速增长向中高速增长转变，全省缺乏继续保持两位数高增长的有力支撑，全市面临的外部环境在短时间内难有明显好转。但是，在看到困难的同时，更要看到当前的危机，是危中有机，是传统发展模式之危、科学发展模式之机，是粗放发展模式之危、集约发展模式之机，是资源依赖模式之危、创新驱动模式之机，全市正面临一系列重大战略机遇，正处于产业升级、城市转型的加速期和厚积薄发、蓄势待发的关键期。要认清形势、把握机遇，进一步坚定加快发展的信心和决心。要认识新常态、适应新常态，与时俱进引领新常态，正确看待增长速度换挡，坚持发展、主动作为，保持定力、加快转型，挖掘潜力、激发活力，把握全局、守住底线。要扬长避短、化危为机，坚持"两眼向上"，从国家和省重大战略中挖掘新的增长点；坚持"两眼向外"，从日益做大的攀枝花品牌中挖掘新的增长点；坚持"两眼向内"，从攀枝花市现有资源和存量中挖掘新的增长点。

刘成鸣指出，2015年，是全面深化改革的关键之年，是全面完成"十二五"规划的收官之年，是攀枝花建市50周年，做好新一年全市各项工作，具有重大的现实意义和深远的历史意义。要以党的十八大、十八届三中、四中全会、中央经济工作会议和省委十届四次、五次全会及经济工作会议精神为指导，围绕在全省率先全面建成小康社会和建设新攀西，主动适应经济发展新常态，坚持稳中求进总基调，以提高经济发展质量和效益为中心，以转变发展方式为主线，以深化改革、创新驱动为动力，以保障和改善民生为重点，以依法治市、从严治党为保障，全力以赴"稳增长、促转型、抓改革、转作风、防风险、保稳定"，坚定不移推进"三个加快建设""三个走在全省前列"，坚持不懈打好"六大硬仗"，科学谋划好"十三五"发展规划，努力促进全市经济持续健康发展、社会大局和谐稳定。

刘成鸣要求，要围绕建设攀西战略资源创新开发试验区，突出政策争取，强化创新驱动，夯实项目支撑，狠抓产能释放，加快推进新型工业化发展进程；围绕建设国家现代农业示范区，加快完善基础设施，大力发展特色产业，进一步深化农村改革，不断提升现代农业发展效益；围绕创建国家康养产业发展试验区，加强规划设计，发展重点产业，打造平台载体，大力促进现代服务业发展；围绕打造四川南向开放门户，深入推进重点改革，突出抓好招商引资，全面扩大开放合作，大力推进对外大通道建设，全面加快改革开放步伐；围绕推进"五创联动"工作，加快花城新区建设，狠抓沿江景观打造，促进城乡协调发展，持续改善城乡发展面貌；围绕深化全国和谐社区建设示范城市创建成果，切实保障和改善民生，统筹推进社会事业发展，不断强化社会管理创新，全力发展社会民生事业。

刘成鸣强调，要立足实际，大胆探索，深入推进依法治市工作。要坚持依法执政，牢牢把握正确方向；坚持科学立法，切实保障地方发展；坚持依法行政，加快建设法治政府；坚持公正司法，努力维护公平正义；坚持普治共举，全面构建法治良序。

刘成鸣指出，要从严从实、管党治党，不断加强和改进党的建设。要大力弘扬“攀枝花精神”，进一步凝聚加快发展的精神力量；认真践行“三严三实”要求，进一步健全落实党建工作责任制；不断深化教育实践活动成果，进一步锤炼为民务实清廉的优良作风；始终坚持“五好”“三重”标准，进一步锻造走正道干实事打硬仗的干部队伍；着力打造“五彩花城党建”品牌，进一步筑牢本固基强的组织堡垒；加快完善不敢腐不能腐不想腐的制度机制，进一步营造风清气正的政治生态。

【全市领导班子思想政治建设工作会】 3月26日，全市领导班子思想政治建设工作会在攀枝花会展中心召开。会议深入贯彻中央从严管党治党系列部署，认真落实全省领导班子思想政治建设工作会议精神，深刻剖析、反思教训，对当前和今后一个时期加强全市领导班子思想政治建设工作进行动员部署。市委书记刘成鸣出席会议并讲话，市委副书记、市长张剡主持会议。

刘成鸣指出，市委高度重视中央和省委从严管党治党决策部署的贯彻落实，立足攀枝花实际，主持研究制定了一系列管党治吏的规章制度，把中央和省委关于从严治党的要求在全市具体化、明确化、责任化。总体上，全市各级领导班子的整体素质是好的，但仍存在着一些领导班子全局意识不强、理论素养不扎实、民主集中制落实不力；有的领导干部信念不坚定、面对各种诱惑思想滑坡，面对发展机遇，敢抓敢抢的意识淡薄等问题。解决这些问题必须认真抓好领导班子思想政治建设这个根本，准确把握从严治党新常态新要求，切实把思想和行动统一到中央和省、市委部署要求上来，着力锻造一支走正道、干实事、打硬仗的干部队伍，为推进“三个加快建设”、促进经济社会平稳健康发展提供坚强的思想政治保证和组织保证。

刘成鸣强调，立足攀枝花实际，我们必须突出带头、鲜明导向，进一步明确加强领导班子思想政治建设的主要任务。要带头坚持理想信念，做始终忠诚于党和人民事业的表率。始终坚定马克思主义信仰、社会主义信念和正确政治方向，始终保持蓬勃朝气、昂扬锐气、浩然正气，脚踏实地推进改革发展。要带头坚持真抓实干，做千方百计为攀枝花人民谋福祉的表率。引导党员干部把党和人民的事业扛在肩上，把心思和精力用在专注工作上，勇于改革创新，勤奋干事创业。要带头坚持群众路线，做密切联系群众的表率。引导党员干部真正弄明白“为了谁、依靠谁、我是谁”等根本问题，坚持从群众中来、到群众中去，不断密切与群众的血肉联系，始终与人民同呼吸、共命运、心连心。要带头坚持精诚团结，做顾全大局的表率。教育引导各级领导班子和领导干部强化大局意识、增强团队观念，齐心协力把攀枝花各项事业推向前进。要带头坚持清正廉洁，做风清气正的表率。引导党员干部在反腐倡廉上严起来、紧起来，真正在思想上筑牢拒腐防变的防线，立起廉洁自律的戒尺，推动全市形成干部清正、政府清廉、政治清明的浓厚氛围。

刘成鸣指出，思想政治建设是领导班子建设的核心和灵魂，是提高领导班子和领导干部素质的根本途径。当前和今后一个时期，要突出狠抓学习教育，在坚定理想信念上下工夫；要狠抓选用培养，在加强干部队伍建设上下工夫；要狠抓监督管理，在增强凝聚力战斗力上下工夫；要狠抓作风建设，在营造良好政治生态上下工夫；要狠抓惩治腐败，在保持反腐败定力上下工夫；要狠抓制度建设，在严格管党治吏规范上下工夫。

刘成鸣强调，思想政治建设是一项常抓常新的工作，是领导班子建设的永恒主题和长期任务。各级党委（党组）要把领导班子思想政治建设列入重要议事日程，创新方式方法，建立长效机制，狠抓工作落实，确保各项目标任务落到实处。要强化组织领导和具体指导，统筹安排、整体联动，形成工作合力，将领导班子思想政治建设与“三个加快建设”战略目标相结合，与年度“急难险重”工作任务相结合，找准联系点、着力点和突破口，改进领导方式，转变工作作风，以更加奋发有为的精神状态、更加切实有效的工作举措，把领导班子思想政治建设的成果转化成实实在在的改革发展成果，努力推动全市经济社会平稳健康发展。

【全市“三严三实”专题教育工作座谈会】 5月12日，攀枝花市召开“三严三实”专题教育工作座谈会。市委书记刘成鸣围绕“三严三实”主题为党员领导干部讲专题党课，要求全市各级党组织和党员干部不能有松口气、歇歇脚的思想，不能有厌战、懈怠的情绪，不能有消极应付的心理，要把学习践行“三严三实”作为重大政治任务来推进，真正把思想和行动统一到中央、省委的部署上来，做政治上的“明白人”、事业上的“实干家”，以饱满的热情和有力的举措做好各项工作。

刘成鸣指出，开展“三严三实”专题教育，是继承和发扬优良传统，推进党的建设新的伟大工程的内在要求；是推动形成从严治党新常态，营造风清气正政治生态的重要举措；是深化党的群众路线教育实践活动，巩固作风建设成果的具体行动；是严明政治纪律严肃政治规矩，强化班子队伍建设的重要抓手；是落实“四个全面”战略布局、推进攀枝花跨越发展的迫切需要。因此,全市党员干部特别是各级领导干部要带头践行"三严三实"要求,把"忠诚、干净、担当"落实在行动上、融入到党性修养的全过程、贯穿到为官用权的各方面、体现到干事创业的实践中,以实际行动树标杆做表率。

刘成鸣强调,"三严三实"专题教育是融入经常性教育的一次探索实践,各级各部门要把握常态化教育的特点,注重经常性教育的要求,不能用搞活动的办法来搞"三严三实"专题教育。要把讲专题党课与平时的"三会一课"结合起来,把专题学习研讨与平时中心组学习结合起来,把学习交流与平时的"党员学习日"结合起来,进一步提高学习的实际效果,以此推动经常性学习教育制度化规范化。同时,对存在"不严不实"问题甚至违法乱纪的领导干部,该教育的要教育、该批评的要批评、该调整的要及时调整、该查处的要坚决查处。并根据攀枝花市《"不严不实"领导干部认定办法》,对不认真参与专题教育、存在"不严不实"问题的领导干部,市里将视情况采取约谈提醒、责令写出检讨或进学习提高班等方式开展教育,对教育后仍不能适应原岗位工作要求的,采取转岗、免职、降职、降级等多种方式进行处理。

刘成鸣要求,开展"三严三实"专题教育,是从严管党治党的一项重大举措,也是关系党的建设全局的一项重要工作。各级党委(党组)要高度重视、加强领导,把专项教育摆上重要位置,周密安排部署,强化责任落实,扎实有效推进。要以高度的政治责任感、良好的精神状态和扎实的工作作风,切实开展好这次专题教育,为推进攀枝花科学发展、加快发展提供有力保障,为在全省率先全面建成小康社会提供坚强支撑,奋力开创攀枝花各项事业发展新局面。

【全市扶贫攻坚工作会议】 9月10日,全市扶贫攻坚工作会在攀枝花会展中心召开。会议全面落实中央"精准扶贫、精准脱贫"战略,深入贯彻省委十届六次全会精神,对全市扶贫攻坚工作进行再安排、再部署,动员全市上下进一步统一思想,强化措施,形成合力,坚决打赢扶贫开发攻坚战,确保攀枝花市在全省率先全面建成小康社会。市委书记张剡出席会议并讲话,市委副书记、市长杨自力主持会议。

张剡指出,全市新阶段扶贫开发总体要求是:坚持围绕在全省率先全面建成小康社会的战略目标,以贫困地区为主战场,以消除绝对贫困为目标,以精准扶贫、精准脱贫为主线,着力抓好七项重点扶贫工程,到2018年年底前全市2.69万名农村贫困人口全部脱贫、70个贫困村全部"摘帽",贫困农民人均纯收入在2010年全市农民人均纯收入基础上翻一番以上,实现贫困地区基本公共服务均等化、社会保障全覆盖,让贫困群众住上好房子、过上好日子、养成好习惯、形成好风气。

张剡指出,当前,已进入全面建成小康社会的决定性阶段,实现这个宏伟目标,重点在农村,难点在贫困地区。中央和省委从推进"四个全面"战略布局的高度对扶贫开发工作提出了刚性要求,抓好扶贫工作,更要把握好"全面"这个关键,不能让任何一个贫困地区"掉队"、任何一名贫困群众"落伍"。

张剡强调,实施精准扶贫、精准脱贫,就是要以全面小康的"时间表"倒逼扶贫开发攻坚的"路线图"。全市各级党组织和广大党员干部,必须进一步统一思想、凝心聚力,把扶贫攻坚作为当前和今后一段时期最大、最急、最紧的民生工程,坚决消除绝对贫困,坚决打赢扶贫开发攻坚战。全市上下必须要集中力量、精准施策,把脱贫致富与全面小康、加快发展与扶贫开发、精准扶贫与区域开发、夯实基础与提升能力、政府主导与社会动员统筹结合起来,努力探索具有攀枝花特色的扶贫开发新路子,奋力夺取脱贫致富、全面小康的决定性胜利。

张剡强调,要加强基础设施建设,着力改善贫困地区发展条件。切实抓好水电路网等基础设施建设,强力推进贫困地区、偏远山区道路建设,加强水利设施建设,全面实施贫困地区电网改造升级等工程建设,加快推进贫困地区电信网、广电网、互联网建设;抓好农村环境综合整治,深入推进幸福美丽新村、彝家新寨建设,积极打造旅游新村;精心保护生态环境,实施重点生态修复工程,努力实现经济发展与生态建设的良性互动。要培育特色富民产业,着力增强贫困地区内生动力。大力发展特色产业,依托资源禀赋,按照精准规划、市场导向、科学管护的要求,布局发展特色富民产业,开辟更多的脱贫增收渠道;积极推动商贸流通发展,大力推进"互联网+农业"发展模式,打造特色品牌,促进销售流通;深化农业农村改革,放活土地经营权,大力培育贫困地区新型农业经营主体,探索扶贫新模式,不断提升贫困地区农业现代化和产业化水平。要发展社计民生事业,着力提高贫困地区民生水平。大力发展公共事业,促进基本公共服务向农村延伸、向贫困村覆盖,切实织好网、兜住底、促公正;着力强化社会保障,完善提升社会保障体系,进一步编织好兜住贫困地区困难群众基本生活的社会安全网;积极创新社会管理,加强乡村新风正气塑造,巩固各民族共同团结进步、共同繁荣发展的良好局面。要提升能力素质,着力增强贫困群众自我发展本领。加强农业技术培训,帮助贫困村发展现代农业,促进农民持续增收;加强职业能力培训,整合各类培训资源,加大教育投入,把人力资源转化为人力资本,实现由被动救济到主动脱贫的转变;加强就业创业服务,帮助贫困群众拓宽劳务输出、自主创业渠道,创造更多就业机会,引导贫困农民就地就近就业。要强化政策保障，着力健全扶贫攻坚制度支撑体系。加强对接争取，找准对接点和突破口，主动与上级汇报沟通，积极同金融机构加强协调联系，争取更多项目进入国家、省上“盘子”，更多的扶持资金和政策投向我市贫困地区；完善政策措施，科学编制好“十三五”扶贫专项规划，创新和完善各项政策措施，为贫困地区经济社会发展提供有力保障，真正做到集中力量办大事。

张剡要求，各级党委、政府要强化组织领导，健全完善“工作到村、扶贫到户、帮助到人”的工作机制，健全扶贫开发机构，加强扶贫队伍建设，深入实施领导联系帮扶、“8+8”对口援边、“第一书记”驻村帮扶等制度，贫困村不摘帽、贫困户不脱贫，工作组就不撤出；要动员全社会力量参与到扶贫攻坚工作中，营造全社会关注扶贫、支持扶贫、参与扶贫的浓厚氛围，教育引导贫困群众靠勤劳双手改变落后面貌、创造美好生活；要强化执行、监管和考核，确保扶贫攻坚工作落到实处。

【中共攀枝花市委九届九次全体(扩大)会议暨市委经济工作会议】 2015年12月29日，中国共产党攀枝花市第九届委员会第九次全体(扩大)会议在市会展中心召开。全会由市委常委会主持。会议审议通过《中共攀枝花市委关于制定国民经济和社会发展第十三个五年规划的建议》和《中共攀枝花市委关于全面创新改革驱动转型发展的决定》《中共攀枝花市委九届九次全体(扩大)会议决议》。市委书记张剡代表市委常委会作工作报告，回顾总结了2015年及“十二五”时期工作，就建议起草情况向全会作了说明，对“十三五”开局之年的主要工作任务作出安排部署；市委副书记、市长杨自力对2016年经济工作作了具体安排。

张剡指出，2015年，在省委坚强领导下，市委团结带领全市人民，突出政策引领，着力稳定工业增长；突出效益提升，着力做精现代特色农业；突出品牌打造，着力做大现代服务业；突出城乡统筹，着力推进新型城镇化进程；突出开放搞活，着力增强外原动力；突出改革创新，着力激发内生动力；突出民生改善，着力增进群众福祉；突出依法治市，着力创新社会治理；突出从严从实，着力营造良好政治生态，全市经济社会发展在严峻考验中稳步前行，实现了“十二五”发展良好收官。

张剡指出，过去的五年，市委认真贯彻落实中央、省委系列重大决策部署，大力实施“三个加快建设”“三个走在全省前列”，统筹推进经济、政治、文化、社会、生态文明和党的建设，全市经济平稳较快增长，综合实力大幅提升，城乡面貌显著改观，发展后劲明显增强，群众生活持续改善，战略地位更加突出，党的建设不断加强，基本完成了“十二五”规划确定的主要目标任务，在率先全面小康的征程中迈上了新台阶。

张剡指出，“十三五”时期是全面建成小康社会的决胜期，攀枝花市发展总体上仍处于大有可为的重要战略机遇期，有望在新的起点上实现更快速度、更高水平、更好质量的跨越式发展。只要始终保持专注发展定力，做到转方式不偏离、补短板不放松、防风险不懈怠，就一定能实现由资源大市向经济大市的整体性跨越、由总体小康向高水平率先全面小康的历史性跨越。

张剡指出，全市“十三五”经济社会发展的指导思想是：高举中国特色社会主义伟大旗帜，以马克思列宁主义、毛泽东思想、邓小平理论、“三个代表”重要思想、科学发展观为指导，深入贯彻习近平总书记系列重要讲话精神，紧紧围绕“四个全面”战略布局，全面贯彻创新、协调、绿色、开放、共享发展理念，正确认识、适应和引领新常态，立足自身实际，突出特色优势，大力实施“三个加快建设”“三个走在全省前列”，全力抓好“四区驱动”，努力打造四川新的经济增长点，在全省高水平率先全面建成小康社会，奋力谱写伟大中国梦攀枝花恢弘篇章。

张剡强调，“十三五”期间，要坚持创新发展，持续提升发展质量效益；坚持协调发展，积极构筑均衡发展格局；坚持绿色发展，着力建设生态文明家园；坚持开放发展，加快释放合作共赢活力；坚持共享发展，不断增进百姓民生福祉，推动全市综合实力迈上新台阶、产业升级实现新跨越、城市转型取得新进展、民生保障得到新加强、生态建设取得新成效、改革开放实现新突破、民主政治建设迈出新步伐，全面开创各项事业发展新局面。

张剡指出，2016年，是实施“十三五”规划的开局之年，要坚持以“五大发展理念”为统领，以稳中求进为基调，以提高发展质量和效益为核心，千方百计去产能、去库存、去杠杆、降成本、补短板，着力推进产业升级、增强发展的支撑力，加快推动城市转型、增强城市的辐射带动力，持续深化改革开放、增强发展的驱动力，不断优化环境生态、增强发展的可持续性，切实保障和改善民生、增强发展的聚合力，深入推进脱贫攻坚、增强发展的普惠性，全面加强和改进党的建设、增强发展的保障力，确保主要经济指标高于全省平均水平，力争GDP过千亿，促进经济社会全面协调可持续发展。

张剡强调，要发展创新型经济，加快产业转型升级；强化企业主体地位，激发创新发展活力；破除体制机制障碍，打通政产学研用协同创新通道；强化科技成果转移转化，促进科技经济深度融合；发挥金融助推作用，增强创新创业资金支持；实施创新人才战略，充分激发创新者动力活力；深入实施知识产权战略，营造公平竞争的创新秩序；强化组织保障，营造良好的创新发展环境。到2020年，基本形成创新驱动型、资源节约型、环境友好型的现代产业体系，建立政产学研用紧密结合、在全省具有示范带动作用、在全国具有鲜明地区特色的区域创新体系，构建起适应创新驱动发展要求的制度环境和政策法规体系，形成以创新为主要引领的经济体系和发展模式，衡量创新发展的主要指标高于全国全省平均水平，实现"发展动力转换、发展方式转变"，建成国家创新型城市。

重要决策

【全面推进从严治党】 2015年1月7日，中共攀枝花市委下发《关于坚持思想建党与制度治党紧密结合全面推进从严治党的决定》。决定指出，全面推进从严治党必须高举中国特色社会主义伟大旗帜，以马克思列宁主义、毛泽东思想、邓小平理论、"三个代表"重要思想、科学发展观为指导，深入贯彻习近平总书记系列重要讲话精神，认真落实从严治党责任，坚持思想建党与制度治党紧密结合，严肃党内政治生活，从严管理干部，持续深入改进作风，坚定不移推进反腐败斗争，严明党的纪律，发挥人民群众监督作用，使为民务实清廉成为广大党员干部的自觉行动，着力营造干部清正、政府清廉、政治清明的从政环境，为加快建设经济繁荣、民族团结、和谐进步、人民幸福的新攀西提供坚强政治保证。决定要求，要从严开展理想信念教育，进一步解决好党员干部的"总开关"问题；要从严执行党内生活制度，进一步增强党的团结和统一；要从严管理监督各级干部，进一步建立健全有约束力的机制；要从严治理选人用人环境，进一步推进高素质干部队伍建设；要从严夯实党的组织基础，进一步增强基层组织的凝聚力、战斗力；要从严锤炼党员干部作风，进一步树立党和政府的良好形象；要从严抓好反腐倡廉建设，进一步完善惩治和预防腐败体系；要从严贯彻执行党的纪律，进一步规范党员干部从政行为；要从严落实管党治党责任，进一步提升从严治党实效。

【全面深入推进依法治市】 2015年1月7日，中共攀枝花市委下发《关于贯彻落实党的十八届四中全会精神全面深入推进依法治市的决定》。决定指出，实施依法治市必须贯彻落实党的十八大和十八届四中全会、省委十届五次全会精神，高举中国特色社会主义伟大旗帜，以马克思列宁主义、毛泽东思想、邓小平理论、"三个代表"重要思想、科学发展观为指导，深入贯彻习近平总书记系列重要讲话精神，坚持党的领导、人民当家做主、依法治国有机统一，坚定不移走中国特色社会主义法治道路，坚决维护宪法法律权威，依法维护人民权益、维护社会公平正义、维护攀枝花和谐稳定，为推进"三个加快建设""三个走在全省前列"，在全省率先全面建成小康社会提供有力法治保障。决定要求，要全面落实依法治国基本方略和依法执政基本方式，深入实施《攀枝花市依法治市规划（2014—2020年）》，加快建设法治攀枝花，形成高效的法治实施体系、严密的法治监督体系、有力的法治保障体系，实现科学立法、严格执法、公正司法、全民守法，加速推进区域治理体系和治理能力现代化。

【加强全市领导班子思想政治建设】 2015年4月1日，中共攀枝花市委下发《关于进一步加强全市领导班子思想政治建设的实施意见》。意见要求，要带头坚持理想信念，做始终忠诚于党和人民事业的表率；要带头坚持真抓实干，做千方百计为攀枝花人民谋福祉的表率；要带头坚持群众路线，做密切联系群众的表率；要带头坚持精诚团结，做顾全大局的表率；要带头坚持清正廉洁，做风清气正的表率。

【集中力量打赢扶贫开发攻坚战】 2015年9月9日，中共攀枝花市委、攀枝花市人民政府下发《关于集中力量打赢扶贫开发攻坚战确保同步全面建成小康社会的意见》。意见提出，要深入学习贯彻习近平总书记系列重要讲话和省委十届六次全会精神，认真贯彻落实《四川省农村扶贫开发条例》，以贫困地区为主战场，以消除绝对贫困为目标，以精准扶贫、精准脱贫为主线，按照"六个精准"和"五个一批"的要求，严格领导责任，凝聚社会合力，夯实基层基础，通过精准扶贫示范引导，瞄准贫困地区，聚焦贫困人口，着力抓好七项重点扶贫工程，坚决打赢扶贫开发攻坚战。《意见》提出，按照"在全省率先实现全面建成小康社会"的要求，2018年底前，全市7300户26817名农村贫困人口全部脱贫、70个贫困村全部"摘帽"，贫困农民人均纯收入在2010年全市农民人均纯收入基础上翻一番以上，实现贫困地区基本公共服务均等化、社会保障全覆盖，贫困村村村有硬化路、卫生室、文化室、宽带网，户户有安全饮用水、生活用电、数字电视，让贫困地区群众住上好房子、过上好日子、养成好习惯、形成好风气。

【全面创新改革驱动转型发展】 2015年12月29日，中共攀枝花市委下发《关于全面创新改革驱动转型发展的决定》。决定指出，全面创新改革驱动转型发展必须要全面贯彻党的十八大和十八届三中、四中、五中全会精神，深入学习贯彻习近平总书记系列重要讲话精神，牢固树立"五大发展理念"，深入实施省委"三大发展战略"，以实现创新驱动转型发展为目标，以推动科技创新为核心，以破除体制机制障碍为主攻方向，全面实施"四区驱动"战略，统筹推进各领域创新改革，加快形成适应经济发展新常态的体制机制和发展方式，推动经济增长保持中高速、产业发展迈上中高端，创建国家创新型城市，为在全省高水平率先全面建成小康社会提供强劲动力。决定提出，到2020年，基本形成创新驱动型、资源节约型、环境友好型的现代产业体系，建立政产学研用紧密结合、在全省具有示范带动作用、在全国具有鲜明地区特色的区域创新体系，构建起适应创新驱动发展要求的制度环境和政策法规体系，形成以创新为主要引领的经济体系和发展模式，衡量创新发展的主要指标高于全国全省平均水平，实现“发展动力转换、发展方式转变”，加快建成国家创新型城市。

制度建设

【深入反“四风”抓整改、巩固和拓展党的群众路线教育实践活动成果】 2015年1月12日，中共攀枝花市委办公室印发《关于深入反“四风”抓整改、巩固和拓展党的群众路线教育实践活动成果的实施意见》。意见指出，要充分认识巩固和拓展教育实践活动成果的重要意义，从严从实抓好中央、省委巡视组反馈问题整改工作，坚决遏制腐败问题蔓延势头；要动真碰硬抓好教育实践活动深化整改，坚决防止“四风”问题反弹回潮；要强化源头治理，健全和落实改进作风常态化制度；要坚持从严治党，严肃党内政治生活；要以上率下抓整改，充分发挥领导带头示范作用；要大力加强基层服务型党组织建设，推动抓整改转作风落到基层；要切实担负管党治党责任，确保整改落实到位。

【完善和深化集体林权制度改革】 2015年5月5日，中共攀枝花市委办公室、攀枝花市人民政府办公室印发《攀枝花市完善和深化集体林权制度改革的实施方案》。方案指出，要坚持农村基本经营制度，按照生态优先，促进经济发展和自然和谐的原则，依法明晰产权、规范流转、放活经营、强化服务，积极培育和发展新型林业经营主体，赋予农民更多财产权利，不断创新集体林业经营体制机制，进一步解放和发展林业生产力，最大限度地调动全社会参与林业发展的积极性，积极培育和发展新型林业经营主体，推进林业规模化、产业化经营，增加农民收入，为全市生态文明建设和建成长江上游生态屏障做出贡献。方案提出，到2020年，林权管理法规体系比较完善，林权流转交易行为规范有序，农民财产权得到有效保障，财产性收入稳步增长。财政金融支林体系更加健全，财政金融杠杆作用充分发挥，公共财政投入整合力度不断加大。林业组织形式和经营方式不断创新，农民组织化程度明显提高，生产经营规模逐步扩大，林业发展支持政策体系完善，林业可持续发展政策体系初步形成，实现资源增长、农民增收、生态良好、林区和谐的目标。

【建立健全行政权力清单制度】 2015年7月17日，中共攀枝花市委办公室、攀枝花市人民政府办公室印发《关于贯彻落实进一步建立健全行政权力清单制度的实施意见》。意见明确市级行政职权主要实施机关是推行行政权力清单和责任清单制度、推进行政权力依法规范公开运行工作的责任主体。依法承担行政职能的事业单位、具有行政职权的垂直管理部门（以下统称为行权单位），也应推行行政权力清单和责任清单制度，推进行政权力依法规范公开运行。意见要求，要深入推进简政放权，清理优化行政职权，建立健全行政权力清单制度，实现行政职权全省基本统一，推动行政权力阳光公正廉洁运行。进一步明确市政府工作部门及相关部门的职责权限，按照权责一致原则，建立相应责任清单制度。规范行政权力行使，强化行政权力依法规范公开运行，加快形成边界清晰、分工合理、权责一致、运转高效、依法保障的政府职能体系和科学有效的权力监督、制约、协调机制，全面推进依法行政。

【推进户籍制度改革】 2015年9月29日，中共攀枝花市委、攀枝花市人民政府下发《关于进一步推进户籍制度改革的实施意见》。意见要求，要进一步推进户籍制度改革，全面放开攀枝花市城区和建制镇落户限制，有序推进农业转移人口市民化，配套出台促进农业转移人口市民化的政策制度，稳步推进城镇基本公共服务覆盖全部常住人口。要基本建立新型户籍制度，统一城乡户口登记制度，全面实施居住证制度，实施流动人口服务管理制度，建立以有合法稳定住所为基本条件、以经常居住地登记为基本形式的户口迁移登记制度，建立人口基础信息库，实现跨部门、跨地区信息整合共享，推进治理体系和治理能力现代化。

【加强和改进党的群团工作】 2015年11月26日，中共攀枝花市委下发《中共攀枝花市委关于加强和改进党的群团工作的实施意见》。意见指出，加强和改进党的群团工作必须要加强党委对群团工作的组织领导，落实对群团工作的领导责任，完善群团组织领导体制和工作保障机制，建立健全党建带群建机制，支持群团组织依法依章程独立自主开展工作；要推动群团组织团结动员群众在改革发展稳定第一线建功立业，积极投身深化改革和创新发展主战场，积极维护群众合法权益和加强服务群众，积极参与创新社会治理和维护社会稳定；要推动群团组织引导群众自觉培育和践行社会主义核心价值观，充分发挥群团组织的教育引导作用，注重发挥先进典型的示范引领作用，把网络作为开展群众工作的重要阵地；要支持群团组织在社会主义民主中发挥作用，推动群团组织积极参与民主政治建设，拓宽参与协商民主的渠道和形式，加强群团组织的参政议政能力建设；要推动群团组织改革创新、转型发展，加快建立大群团工作格局，加快形成一体化工作模式，加快构建枢纽型工作体系，支持群团组织承接政府转移职能和参与政府购买服务；要加大对群团工作的支持保障力度，加强基层组织建设，保障群团工作经费，创造良好工作条件。

政策研究

【适应新常态、抢抓新机遇、展现新作为，加快推动攀枝花转型升级发展的研究】 2015年，市委办公室对全市产业升级、城市转型情况进行调查研究，形成《适应新常态　抢抓新机遇　展现新作为，加快推动攀枝花转型升级发展》的调研报告，就攀枝花加快推动产业升级、城市转型提出建设性意见。报告指出，要一以贯之、持之以恒地坚持市委、市政府提出的"三个加快建设""三个走在全省前列"及"三个转变""两个跨越"的发展思路，加快推动攀枝花转型升级发展。报告提出，要全力推动产业体系新提升，全力做强二产、做精一产、做大三产，促进三次产业良性发展；要着力构建现代城乡新形态，推进花城新区循环滚动开发，推进"五创联动"紧扣节点实施，推进集镇新村功能提升，推进城市建设管理科学化精细化，走出一条具有攀枝花特色的新型城镇化道路；要加速释放改革开放新红利，稳步推进深化改革，积极扩大开放合作，持续抓好招商引资，大力推进交通建设，不断汇聚发展动能，拓展发展空间；要致力促进民生福祉新改善，持续推进民生改善，协调发展社会事业，全力维护和谐稳定，提升全市人民的满意度和幸福感；要扎实推进扶贫攻坚新突破，培育富民兴农产业，完善基础设施建设，健全公共服务体系，提升群众能力素质，整合各方力量资源，坚决打好扶贫开发攻坚战。

【抓住领导干部"关键少数"，营造良好政治生态的研究】 2015年，市委办公室对攀枝花"抓住领导干部关键少数，营造良好政治生态"进行调查研究，形成《抓住领导干部"关键少数"，营造良好政治生态》的调研报告。报告指出，要带头坚持理想信念，做始终忠诚于党和人民事业的表率，强化理论武装，加强党性锻炼，培育践行社会主义核心价值观；要带头坚持真抓实干，做千方百计为攀枝花人民谋福祉的表率，鲜明选人用人导向，营造干事创业环境，整治为官不为问题；要带头坚持群众路线，做密切联系群众的表率，密切联系服务群众，扎实做好群众工作，大力推进民生事业发展；要带头坚持精诚团结，做顾全大局的表率，坚持以目标任务凝聚团结，坚持以制度机制保证团结，坚持以机关文化滋养团结，坚持以人格魅力引领团结；要带头坚持清正廉洁，做风清气正的表率，持续深入推进正风肃纪，建立健全权力监督制约机制，从严管理监督干部。

【精准扶贫工作的研究】 2015年，中共攀枝花市委办公室对盐边县格萨拉乡精准扶贫进行了调查研究，深入分析致贫原因，认真研究扶贫脱贫措施，形成《关于盐边县格萨拉彝族乡大湾、后元和茅坪子村精准扶贫工作的调研报告》。报告认为，该乡村民致贫原因主要是：地理位置偏远，交通瓶颈制约严重；产业基础薄弱，群众增收速度缓慢；社会事业滞后，生产生活条件艰苦；生活负担沉重，抗击风险能力较低；部分贫困群众观念陈旧，自我发展意识不强。报告建议，要科学编制发展规划，促进特色产业发展，大力发展乡村旅游业，进一步深化农业农村改革，培育特色种植养殖业，积极推动商贸流通发展；要强化基础设施建设，持续抓好水电路网等基础设施建设，继续推进幸福美丽新村建设；要提高公共服务水平，大力发展公共事业，不断强化社会保障，进一步加强农村治理；要激发群众脱贫动能，积极培育自我发展能力，充分发挥群众主体作用，切实转变陈旧观念，积极引导结对帮扶；要完善扶贫攻坚机制，加强组织领导，不断强化政策支撑，切实提高资金效益，促进社会参与。

（但镫宏　王晓龙　冯光旭　冯文平　胡文华）

纪律检查与行政监察

【概　况】 2015年，攀枝花市纪检监察工作，全面推进"三转"，进一步发挥派驻机构职能作用，强力保障派驻纪检监察机构工作，新增派驻纪检机构19个、派驻监察机构5个，市级部门（单位）专门的纪检监察机构达到96个，其中副县级纪检机构60个、监察室36个；制定《关于加强市纪委派驻机构建设的意见》，并设置首批7家派驻纪检机构。配齐配强纪检监察干部。全市共交流和提拔纪检监察干部81人，其中跨地区、跨系统、跨部门交流纪检监察干部48人。同时，将不能正确履职或不能做好表率的干部交流出系统，全市被调离岗位4人，转任非领导职务2人。加强对派驻机构的管理考核。制发《关于规范纪检监察干部请销假和外出备案工作的通知》《市级单位纪检组织负责人试用期满转正考核暂行办法》《市级单位纪检监察干部年度考核暂行办法》等制度。对73名市级单位纪检监察组织负责人试用期满转正、年度考核统一考核述职测评，实现对市级单位纪检监察干部的全过程管理监督。

【市纪委九届五次全会】 2015年2月13日，中共攀枝花市第九届纪律检查委员会第五次全体会议在攀枝花会展中心召开。全会应到委员33人，实到委员28人，符合规定人数。各县（区）纪检监察机关负责人，市级各部门及企事业单位纪检监察组织负责人，市纪委特约纪检员、特邀监察员等79人列席会议。全会由市纪委常委会主持。市委书记刘成鸣出席全会第一次大会并讲话。市委常委，市人大常委会、市政府、市政协领导，市中级人民法院院长出席会议。市、县（区）有关方面负责同志参加会议。市委常委、市纪委书记李群林代表市纪委常委会作《坚持依规治党，深化改革创新，奋力开创党风廉政建设和反腐败工作新局面》工作报告。全会传达学习十八届中央纪委五次全会、省纪委十届四次全会、市委九届八次全会暨市委经济工作会议精神，回顾总结2014年全市党风廉政建设和反腐败工作，研究部署2015年工作任务。

全会指出，2014年，市委、市政府认真落实中央和省委关于党风廉政建设和反腐败工作的部署要求，切实履行主体责任，旗帜鲜明反对腐败，持续发力整肃作风，建章立制巩固成果，大力营造风清气正的政治生态。全市各级纪检监察机关聚焦中心任务，强化监督执纪问责，党风廉政建设和反腐败工作取得新的成效，为全市实施“三个加快建设”、推进“三个走在全省前列”、打好“六大硬仗”，开创各项事业发展新局面提供了坚强纪律保障。全会强调，2015年要坚持从严治党、依规治党，严明党的政治纪律和政治规矩，认真执行党风廉政建设责任制，深入推进纪律检查体制改革，持之以恒正风肃纪，狠抓权力运行的监督制约，坚决遏制腐败蔓延势头，深化纪检监察队伍自身建设，以铁的纪律打造过硬队伍，奋力开创我市党风廉政建设和反腐败工作新局面。要从严治党，依规治党，加强党的纪律建设，坚持把严明党的政治纪律和政治规矩作为首要任务，从严监督执纪；要厘清责任，严格问责，坚决压实两个责任，开展“一案双查”，突出问责追究，倒逼两个责任落到实处；要牵头抓总，持续发力，驰而不息正风肃纪，紧盯“四风”新形式、新动向，敬终如始抓好专项整治；要转变方式，突出重点，坚决有力惩治腐败，坚持抓早抓小，及时核查问题线索，对党员干部苗头性、倾向性问题早发现、早提醒、早纠正；要完善体系，构建机制，科学有效防治腐败，深入推进“积极预防、系统治理”工作机制，强化廉政风险防控，开展系统化防治腐败工作；要转变作风，深化改革，全面加强自身建设，积极适应纪检监察体制机制创新改革，坚守责任担当，执好纪、把好关、问好责，健全内部监督制度，用铁的纪律打造一支忠诚、干净、担当的纪检监察队伍。全会还审议通过市纪委工作报告和市纪委九届五次全会决议。

【省委领导到攀调研】 10月28～29日，四川省委常委、省纪委书记王雁飞在市委书记张剡陪同下，深入攀枝花市米易县法治廉政文化公园、米易县纪委监察局机关、攀钢集团公司轨梁厂、东区阳城社区、攀枝花市政务服务中心和攀枝花市公安局等地检查指导党风廉政建设和反腐败工作。四川省纪委常委罗智波参加调研。市委常委、市纪委书记李群林陪同调研。王雁飞对攀枝花市的党风廉政建设、落实“两个责任”和经济社会发展情况给予充分肯定，同时提出要加强廉政文化建设形式多样，内容新颖；社区工作要回归本职，去“官衙”化；政务中心是服务群众的窗口，坚决杜绝“两张皮”；党风廉政建设是公安之魂，要切实做到抓早抓小。

【领导到攀授课】 5月7日，四川省纪委副书记邓顺贵到攀枝花市，应市委邀请在全市县处级主要领导干部读书班的第一堂课上，为全市副县级以上领导干部作《全面落实从严治党要求坚定不移将反腐败斗争推向纵深》的专题报告。邓顺贵从党中央关于反腐败斗争的战略部署、四川省反腐败斗争的主要任务和营造风清气正的政治生态三个方面，系统阐释党风廉政建设方面面临的新形势、新任务和反腐败的新理念、新思路、新举措，并以大量实例，重点介绍四川省落实“两个责任”、深化正风肃纪、严肃惩治腐败、加强巡视监督、创新办案机制和推进纪律检查体制改革等特色亮点工作情况，引用典型案例对党员领导干部违纪违法的主客观原因进行深刻剖析。

【党风廉政教育暨反腐倡廉警示教育大会】 3月26日上午，攀枝花市领导干部反腐倡廉警示教育大会在会展中心大会堂召开。市委常委、市纪委书记李群林主持会议。会上通过提请锦江监狱在押职务犯罪服刑人员中国农业银行西藏自治州分行原行长韩某到攀现身说法，中共攀枝花市纪委同时通报8期典型案例，用身边人身边事给全市领导干部上一堂生动的警示教育课，注射一支防止作风问题反弹的“预防针”。全市700余名副县处级以上领导干部现场接受教育。市委书记刘成鸣出席会议，并在讲话中明确要求全市各级领导干部和广大党员要时刻保持清醒的政治头脑，提高辨别是非的能力，增强拒腐防变的意识，切实担当起实施“三个加快建设”、推进“三个走在全省前列”、打好“六大硬仗”、实现“四个翻番”、在全省率先全面建成小康社会的重任。市委常委、市人大、市政府、市政协领导出席会议。

【新提拔交流县级领导干部集体廉政谈话】 6月30日，全市召开县级领导干部集体廉政谈话会议。2014年10月以来职务发生变动的全市60余名县级领导干部进行集体廉政谈话，着重从四方面增强组织纪律意识、廉洁自律意识，筑牢思想防线。会上，参会人员首次进行书面廉政知识测试，强化测试结果运用，并观看根据发生在四川某市真实案例改编的廉政微电影，新提拔的县级领导干部签订《县级领导干部廉洁自律承诺书》《廉洁自律承诺书》。

【市级单位纪检组织负责人2014年度述责述廉】 3月30—31日，攀枝花市纪委监察局召开市级单位纪检组织负责人2014年度考核述职测评会，41个市级部门（单位）纪检组长（纪委书记）先后上台，分别就党风廉政建设和反腐败斗争工作进行口头述职，市委常委、市纪委书记李群林根据述职情况当场进行点评。述职述廉之后，市纪委将评议结果结合平时掌握的情况进行综合评价，确定等次，奖优罚劣。同时，述职述廉报告、评议和纠正结果将装入个人廉政档案，作为干部使用的重要依据。根据市纪委监察局与市委组织部、市人社局等单位联合制发《市级单位纪检监察干部年度考核暂行办法》，这是攀枝花市首次实施单位纪检组织负责述责述廉全覆盖，实现市级单位纪检监察干部全部由市纪委监察局统一考核测评，强化市纪委监察局对纪检监察干部统一管理，切实发挥"派"的权威和"驻"的优势，进一步推进纪检监察体制机制改革。

【纪检监察系统警示教育暨作风巡察动员会】 10月12日，攀枝花市纪检监察系统警示教育暨作风巡察动员会在会展中心召开。市委常委、市纪委书记李群林出席会议。会议精神表明纪检监察机关解决"灯下黑"和"清理门户"的鲜明态度、坚定决心。主要从5个方面抓实纪检监察干部监督工作。认识到位，以鲜明的态度和有力的措施加强纪检监察干部队伍教育、管理和监督，对纪检监察干部队伍中发生的违纪违法行为，坚决做到不护短、零容忍、严肃查。严明纪律，以更高的标准约束纪检监察干部行为，真正做到遵守纪律没有特权、执行纪律没有例外。严字当头，以有力的措施强化纪检监察干部管理监督，从严教育、从严管理、从严监督、从严查处，始终保持纪检监察干部队伍的纯洁性。以上率下，以高度负责的精神履行领导干部监管责任，加强领导、落实责任，抓好班子、带好队伍。以发现问题为导向，深入开展作风巡察。由市纪委3位副书记分别带队，抽调14名市级部门纪检组长，对5个县（区）纪委监察局、34个市级单位纪检监察机构开展历时两个月的作风巡察。

【攀枝花市廉政教育基地授牌】 10月19日，市委常委、市纪委书记李群林带队前往攀西监狱出席授牌仪式，向其授予"攀枝花市廉政教育基地"。攀西监狱成为攀枝花市又一个"廉政教育基地"。授牌后，攀枝花市将与攀西监狱强化基地的管理，拓展创新廉政教育内容、途径，充分发挥监狱的警示教育作用，为攀枝花市党员领导干部警示教育提供有力服务保障，为推动攀枝花市党风廉政建设和反腐败工作，积极预防职务犯罪做出新的贡献。四川省攀西监狱长陈雄伟，攀枝花市委组织部、市委宣传部、市检察院，市法院，政法委，公安局，司法局及各县区纪委负责人共30人参加活动，并参观警示教育基地。

【攀枝花市党员学习《两个条规》知识竞赛决赛活动】 12月24日，攀枝花市党员学习《中国共产党廉洁自律准则》《中国共产党纪律处分条例》知识竞赛活动决赛在攀枝花学院会堂举行。经过复赛选拔出的东区、米易县、市直机关、市公安局、市教育体育局、攀钢集团公司6支队伍进入决赛的最终角逐。市委副书记、市长杨自力出席竞赛活动并讲话。市委常委、市纪委书记李群林，市委常委、市委组织部部长熊伟，市委常委、市委宣传部部长沈钧出席活动。

【从严依规管党治党】 2015年，市纪检监察机关切实履行"管住纪律"这一本职，以严标准要求党员、严措施管住干部，坚决维护党章党纪党规的严肃性。坚持把维护党的纪律放在首位，进一步严明政治纪律和政治规矩，从严监督执纪，决不允许搞团团伙伙、拉帮结派，决不允许自行其是、阳奉阴违，坚决纠正个人主义、自由主义。强化党员干部的纪律观念和规矩意识，督促全体党员干部严守党的政治纪律、组织纪律、财经纪律、工作纪律、生活纪律；自觉讲规矩，用规矩来明确责任，用规矩来约束行为，严肃查处目无组织、欺骗组织、对抗组织行为。加强纪律执行情况的监督检查，坚决查处在贯彻执行中央、省、市重大决策部署上打折扣、做选择、搞变通的行为，使党的纪律真正成为带电的"高压线"。强化对纪律执行情况的监督检查，督促落实中央、省委和市委重大决策部署，围绕市委、市政府工作大局，准确把握职能定位，改变以往事前、事中的过程监督模式，从注重过程监督向注重结果倒查转变，从注重一线监督向注重督促落实转变，从注重事前监督向注重事后问责转变，特别是对政府部门履职情况的监督检查，全面强化事后监督问责，做到履职更科学、实效更明显，确保市委、市政府重大决策部署的贯彻落实。坚持对重点工作、重大项目做到全面监督检查、全面问责失职，切实增强监督检查的权威性和督促整改的严肃性。

【坚决压实"两个责任"】 2015年，市纪委、市监察局牢牢牵住党风廉政建设党委主体责任、纪委监督责任这个"牛鼻子"，做实监督检查，强化责任追究，倒逼"两个责任"落实。

在宣讲约谈、建立责任清单的基础上，以责任清单的项目要素作为出发点和着力点，做到整体部署与工作“台账”管理相结合，强化过程监督，常吹“哨子”，压实责任。市主要领导带头示范，层层签订党风廉政建设责任书，对县（区）、市级部门主要负责人约谈，督促分管领导落实“一岗双责”。全年市委常委会议、市政府常务会议研究部署党风廉政建设情况17次。市委书记、市长亲自安排部署重大反腐倡廉工作和对有关信访、舆情反映进行批示51次，切实加强对反腐倡廉工作的组织领导。把主体责任落实情况纳入党委（党组）绩效目标考核。结合实际，制定全面落实纪委监督责任的实施意见，细分监督责任，初步构建“64353”的监督责任体系。年初，县（区）委和市级部门5名主要负责人向市纪委全会述责述廉，其余主要负责同志书面述责述廉。在“廉洁攀枝花”网站公示80个市级部门和5个县（区）的主体责任清单，接受群众监督。通过建立“双述双评双查”制度，即县（区）党委政府和市直部门（单位）主要负责同志向市纪委全会述责述廉制度，市级部门派驻机构负责人向市纪委常委会述责述廉制度，党风廉政建设社会评价和政风行风群众满意度测评约谈制度和“一案双查”制度，用刚性制度倒逼“两个责任”落到实处。定期开展“约谈巡察”，对党风廉政建设工作领导不力、群众满意度测评排名靠后的县（区）和部门党委（党组）和纪委（纪检组）主要负责人每半年进行一次约谈。坚持“一案双查”，出台《攀枝花市党风廉政建设责任追究工作办法（试行）》及操作流程，党风廉政建设责任追究36件，督促党员领导干部“知责、明责、履责、尽责”。

【稳步推进纪律检查体制改革】 2015年，市纪委、市监察局牢牢把握“问题导向、积极稳妥、抓细抓实”的总体改革原则，建立攀枝花市纪律检查体制改革工作台账，蹄疾步稳推进各项改革。落实“两个为主”，强化工作领导。深入落实中央、省纪委《关于查办腐败案件体制机制改革的实施意见》，切实做到线索处置和案件查办在向同级党委报告的同时向上级纪委报告。实行线索、案件进展、审理量纪三个报备，加强对案件线索和查办案件“闭环式”管理，强化上级纪委的知情权、领导权和监督权。制定出台县（区）纪委书记、副书记、派驻机构负责人和市属企事业单位纪委书记、副书记三个提名考察办法，纪委书记、副书记的提名和考察以上级纪委会同组织部门为主进入实践操作，已提名考察3名县（区）纪委副书记和21名市级单位纪检组长（纪委书记）。建立县（区）纪委、市纪委派驻机构向市纪委定期报告工作制度，规范工作程序。强化“两个全覆盖”，形成工作合力。按照“全覆盖、分类派、统一管，明权责、增力量、促监督”的思路，坚持统一规划、分步实施，市级部门（单位）专门的纪检监察机构95个已经配备82名干部，力争完成所有派驻机构的改革和组建。改革完善派驻机构的领导体制和工作机制，明确职能、分清责任，理顺派驻机构与派出机关、驻在部门、派出纪工委的关系。健全市纪委监察局纪检监察室与派驻机构工作协作机制，统筹派驻机构工作力量。健全派驻机构工作和干部考核办法、案件检查和信访工作规程，切实发挥“派”的权威和“驻”的优势。创新协调机制，形成反腐合力。及时调整市委反腐败协调小组成员及完善办事机构方案，进一步明确反腐败协调小组工作职责、议事规则及协调办法。健全纪检监察机关与法院、检察院和公安机关、审计机关之间案件线索协调会商机制和移送机制，完善快查快移、抓早抓小和整体联动机制。统筹办案力量，健全纪检监察机关与司法机关、行政执法机关在查办腐败案件中的协作配合机制，形成反腐败工作合力。建立会议联系、案件线索报告、案件线索移送、信息查询、大案要案组织协调等五大机制，切实解决沟通协调不畅、执纪力量不足等问题。稳步推进基层纪委改革，突出主责主业。坚持“先易后难、稳步推进”的工作理念，以米易县、西区为试点探索开展县（区）纪律检查体制4+X改革模式〔“4”即完成县（区）纪委监察局内设机构改革，实现派驻机构全覆盖，完善反腐败协调机制建设和制定两个责任清单，“X”即探索建立纪委对同级党委委员特别是常委会成员的监督、党风廉政建设巡察机制、确定乡镇纪委职责定位和建立协作办案机制〕。县（区）纪委监察局内设机构改革在设置办公室、信访室、纪检监察室、审理室和党风政风监督室5个室的基础上，根据各县（区）实际情况和纪委人员编制情况合理确定设立相应的内设机构，确保从事主责主业的人员达70%以上，县级部门纪检派驻机构覆盖率达100%，实现管理体制更加顺畅、人员分布更加合理、履职能力更加精专、主责主业更加突出、工作成效更加明显。

【正风惩腐维护群众利益】 2015年，市纪委、市监察局把认真解决发生在群众身边的“四风”和腐败问题作为工作重点，切实采取问题大排查、纪律大审查、作风大整治、制度大建设、思想大教育“五大举措”，掀起解决发生在群众身边的“四风”和腐败问题工作高潮。着力开展问题大排查，确保排查全覆盖。梳理十八大以来线索信访件581件，按照5类线索处置，已了结501件，拟立案36件，转初核35件，暂存9件；梳理“十八大”以来未了结和未立案涉及群众身边的“四风”和腐败问题的案件线索85件。抓住全省开展涉农资金审计和省委巡视组巡视全市的契机，抽调财政、审计专业人员组成财务审计工作组，对全市60个乡镇481个村（社区）的两级财务情况进行专项审计检查，实现检查全覆盖。发挥党风政风监督员、村级纪检员、网络舆情监督员、社区网格员“四支队伍”联系群众的优势，将线索排查“触角”延伸至基层一线，走访群众3500余人，收集群众反映问题586个。深入开展阳光政务进基层活动，现场收集群众反映的问题34个，已解决29个。着力开展纪律大审查，形成强大震慑力。建立常态监督、专项监督、归口监督、内部监督、社会监督“五位一体”的监督体系，成立4个常态监督组，对发生在群众身边的“四风”和腐败问题实行分领域、不固定、高频次的明察暗访，从严督查督办，督促整改问题59个；各县（区）同步开展监督检查，督促整改问题83个。通过片区协作办案、交叉办案、提级办案、挂牌督办等方式，以更加坚决的态度和果断的措施纠“四风”、拍“苍蝇”，切实做到“四风”问题坚决纠正、腐败问题坚决查处、诬告错告坚决澄清是非。2015年，共查处发生在群众身边的“四风”和腐败问题145件145人。着力开展作风大整治，坚决防止一阵风。持续保持惩治“四风”高压态势，什么问题突出就整治什么问题，哪个领域问题严重就治理哪个领域，坚持看住一个个节点，抓住一个个具体问题，建立分级负责的常态督查机制，健全市、县（区）、乡（镇）三级联动作风监督网络，确保监督检查全域覆盖，不留死角、不留空白、不留盲区。加大治本力度，深入分析发生在群众身边“四风”和腐败问题的深层次原因，推动建立行政权力清单、责任清单、负面清单“三张清单”。着力开展制度大建设，织密制度的笼子。健全完善具体管用的刚性制度规定，牵头制定《关于推进正风肃纪工作常态化的实施意见》《关于贯彻落实省委建立健全作风建设长效机制的实施意见》《关于全面落实纪委监督责任的实施意见（试行）》《关于对党员领导干部进行诫勉的实施细则（试行）》《关于对市管领导干部问题线索进行谈话函询的暂行办法》《攀枝花市纪检监察机关纪律审查情况通报办法》等，初步构建起完备的作风建设长效制度体系。着力开展思想大教育，筑牢拧紧总开关。加大党章、党规党纪宣传教育，在全市党员中开展学习《中国共产党廉洁自律准则》《中国共产党纪律处分条例》知识竞赛活动，入脑入心，引导党员领导干部依规办事、依规用权、依规施政。深化警示教育，针对一些干部对“从严治党、从严治吏”的认识始终慢一步，有的甚至还有“一阵风”的认识的这种心态，采取日常廉政教育提醒、服刑人员现身说法、“以案说纪”教育多种形式加强警示教育。建立通报曝光机制，点名道姓通报曝光发生在群众身边的“四风”和腐败问题典型案件93件，形成震慑。

【深化源头防腐】 2015年，市纪委、市监察局认真落实中央、省市委关于惩防体系建设要求，制定全市惩防体系工作意见，细化任务分工，新增7项工作任务。强化统筹联动，构建预防腐败的“防火墙”，把权力关进制度笼子，努力从源头上防治腐败。深化源头治理，规范领导干部从政行为。建立“积极预防、系统治理”相关制度机制，完善工作领导小组名单和联席会议制度，督促新建《攀枝花市公共资源交易服务中心廉政谈话提醒制度》《攀枝花市公共资源交易服务中心十严禁》《攀枝花市公共资源交易项目保证金管理规定》等，进一步扎密制度笼子。深入推进“积极预防、系统治理”工作机制，在系统或部门开展系统化防治工作。结合实际推进预防腐败创新项目工作，已建立3个市级预防腐败创新项目。建立开通全市行政权力依法规范公开运行监察平台，理顺行政权力电子监督工作流程，推动形成三重监督模式。建立行权平台运行通报制度，联合下发10期《攀枝花市行政权力平台依法公开规范运行情况通报》，督促办理998条报警案件。探索地企合作，统筹办案模式。以“五同共建”为重点，推进中央、省驻攀企业与地方纪检监察工作深度融合。出台《攀枝花市统筹联动中央驻川和省驻攀单位纪检工作办法（暂行）》，进一步明确全市统筹联动纪检工作相关事宜，在反腐倡廉宣传教育、案件查办、党风廉政建设社会评价、“创铸树”活动中加强工作联系、搞好沟通联络，强化协作配合和解决实际问题，做到资源共享。建立健全市纪委和统筹联动单位日常联络、协调沟通工作机制，规范办文办会、信息宣传、纪检业务培训等联动工作机制。探索建立“条块结合、企地协同”的协作办案模式。

【违纪违法案件查处】 2015年，市纪委、市监察局坚持有腐必惩、有贪必肃，以零容忍态度惩治腐败，把握“四个时间节点”，突出“三类人”，加大纪律审查力度，让群众享有正风反腐更多“获得感”。全力参与省纪委重大案件查办，积极协助配合跨地区案件查办，全面完成中央巡视组信访交办任务和省纪委交办案件。2015年，攀枝花市纪检监察机关受理来信来访924件，比2014年同期下降53.3%；立案380件382人，比2014年同期上升38.2%；结案376件378人，结案率为98.9%；给予党政纪处分374人，组织处理4人，挽回经济损失1341.11万元，收缴涉案金额822.96万元。

【领导干部廉洁自律】 2015年，市纪委、市监察局注重抓早抓小，用好纪律这把尺子，在“主动出击”上下工夫，听到问题反映就及时过问，发现情况就认真处理，根据事实综合使用批评教育、提醒谈话和组织处理、纪律处分等多种手段，使“咬耳扯袖、红脸出汗”成为一种常态。建立廉情预警制度，对信访举报、群众反映和监督检查、专项治理工作中发现的苗头性、倾向性问题及时进行提醒谈话，对尚不构成违纪的一般性问题及时进行诫勉谈话和函询。2015年，各级纪检监察机关实施提醒函询诫勉谈话84人次，对新提拔和交流的222名县级领导干部进行集体廉政谈话。为440名党员干部澄清是非。将源头治理、预防腐败摆在更加突出的位置,前移关口、把住源头,增强制度约束的刚性,确保领导干部不敢腐、不能腐、不想腐。把反腐倡廉教育作为思想建党重要内容,坚持每年在全市领导干部党风廉政教育暨警示教育大会上开展服刑人员现身说法,以案说教。对600余名县处级领导干部提出廉政要求,会上通报典型案例。抓住重要时间节点提醒在前,教育在先,以参观教育基地、廉政短信、约谈等形式全面加强日常廉政教育提醒,切实增强党员干部的廉政意识。10月,市委书记张剡带队,市委、市人大、市政府、市政协领导和市级部门主要负责人、县(区)党政主要领导前往四川省法纪教育基地(锦江监狱)接受警示教育。深入推进廉洁文化建设,挖掘50年来攀枝花发展建设中的勤政廉政元素,拍摄制作电视专题片《奋斗的精神不朽的丰碑》。创新干部教育培训载体,不断推进廉政教育基地和廉政文化点的建设,将四川省攀西监狱作为攀枝花市廉政教育基地和廉政教育共建单位,廉洁文化的社会渗透力和影响力进一步扩大。

【干部队伍建设】 2015年,市纪委、市监察局持续深化"三转",深入推进"创铸树"活动,扎实开展"三严三实"专题教育,保持干事的激情和谦抑的品质,以政治上强、能力上强、作风上强、心力上强为基本标准,坚决防止"骄气、义气、小气、暮气",严防"灯下黑",努力打造一支忠诚、干净、担当的纪检监察干部队伍。突出主业转职能。2015年10月,再次清理全市、县(区)两级纪委监察局牵头或参与议事协调机构(领导小组),全面退出不在上级要求范围内的议事协调机构(领导小组),明确新增议事协调机构实行逐级备案制度,无新增议事协调机构情况。明确市纪委书记不再分管其他业务,清理规范全市129名纪检组长、纪(工)委书记排名和分管工作。从机构设置上保证主要力量集中在查办案件和党风政风监督上,执纪监督机构占机构总数的64%,从事主责主业的人员达到机关总人数的75%。创新实践转方式。牢牢把握"三再"工作规律,从注重过程监督向注重结果倒查转变,从注重一线监督向注重督促落实转变,从注重事前监督向注重事后问责转变,特别是对政府部门履职情况的监督检查,全面强化事后监督问责。着力"开门反腐",打造"阳光纪检",坚持定期举办"纪委开放日"活动,努力做到履职更科学、实效更明显。自检自严转作风。强化对纪检监察干部从严要求、从严监督、从严管理,把政治上强作为前提,加强纪检监察干部理想信念教育,筑牢思想"总开关"。把能力上强作为关键,坚持干什么学什么、缺什么补什么,培育"学思践悟"的良好风气,有针对性地加强学习培训和岗位锻炼,努力使每位纪检监察干部都成为行家里手。把作风上强作为保障,建立内部监督办法,强化纪检监察干部的日常监督管理,出台《攀枝花市纪检监察干部行为规范》《攀枝花市纪检监察干部监督提醒约谈暂行办法》,对纪检监察干部"六必谈"。持续开展纪检系统作风巡察,收集各类意见、建议261条,发现问题不足115个,召开集体约谈会及时整改,确保纪检监察干部既敢于担当、敢于监督,又自觉接受监督,依法用权。把心力上强作为基础,认真践行纪检监察干部"六项承诺",做到学习上高标准、职务上不攀比、生活上严要求,思想上不懈怠、心有定力。同时,对纪检监察干部发生的问题不遮掩、不护短、零容忍,已对8名违纪违法的纪检监察干部进行严肃查处,确保干部队伍整体的纯洁。

【机关党建】 2015年,市纪委、市监察局深化学习型机关党组织建设,广泛开展"爱读书、读好书、善读书"活动,将年度机关党员干部理论学习、中心组学习、"三严三实"专题教育活动等融会贯通,有计划、分层次组织党员学习培训。全年召开一次民主生活会和一次民主评议党员工作,定期开展机关党员干部交心谈心、思想状况分析和党性分析评议,准确掌握机关党员干部的思想、作风和工作情况,提高思想政治工作的针对性、有效性和实效性。理论知识扎实深入,"三严三实"专题教育活动务实开展,"走基层"活动持续开展。2015年,纪委、监察局机关到帮扶村猛粮坪村开展"双联"工作累计出动人数达186人次,整合协调部门帮助争取项目资金70余万元,实施"双联"项目道路、饮水、电力等基础设施建设项目9个,解决人饮困难91人,修建人畜饮水工程11处,其中硬化村组道路2千米,新修和拓宽村组道路3千米,实施科教文卫项目4个,改厕、改厨、改圈19户,参与联户结对扶贫26人次,举办培训班2期,开展强农惠农政策宣传1场次,刊发扶贫信息宣传稿件2篇,培训村组干部5人次,资助贫困学生3人,帮助解决办公设备3套。市纪委、监察局机关在猛粮坪村还确定11户困难家庭作为领导班子"双联"对象,确定10户困难联系户作为机关党总支联系户进行"双联"。在春节和"七一"期间对定点帮扶的63户贫困户进行走访慰问,送去慰问金7315元,食用油63桶,大米1550公斤。11月24日,市委常委、市纪委书记李群林同志带领市纪委、市地税局、市农牧局相关人员深入仁和区布德镇老村子村重点贫困村对精准扶贫帮扶工作进行调研,帮助制定精准脱贫工作方案等工作,成立8个脱贫攻坚专项督查组,对老村子村精准脱贫工作进行重点督查。

(林莉)

组织工作

【概　况】 2015年,攀枝花市组织工作认真贯彻党的十八届五中全会、省委十届六次、七次全会及市委九届八次全会精神，紧扣“四个全面”战略布局和扶贫攻坚政治任务，落实从严管党治吏和“三严三实”要求，营造山清水秀的政治生态，为攀枝花在全省率先全面建成小康社会提供坚强的组织保证。全市党员总数108531人，其中女党员29039人，少数民族党员7825人。全年调整县级干部356人次，培训各级各类干部46339人次，发展党员2074名。

【“三严三实”专题教育和领导班子思想政治建设】 出台《关于在县处级以上领导干部中开展“三严三实”专题教育的实施方案》《关于进一步加强全市领导班子思想政治建设的实施意见》《关于进一步深化“三严三实”专题教育的指导意见》3个总的指导文件，集中对5个县（区）、81个市级部门（单位）开展4轮巡查督导。扎实开展“三个专题”学习讨论，建立党员学习日和理论辅导员制度。突出法纪警示教育，召开全市领导干部警示教育大会，3家单位进行反思发言，由服刑人员现身说法；突出攀枝花精神教育，以“钢铁是怎样炼成的”为主线，组织干部到攀枝花三线建设博物馆、大渡口十三栋等现场教学；突出先进典型教育，集中宣传“花城大妈”“钢城螺丝钉”等7组群雕28个先进典型和13名省级优秀公务员先进事迹。正向制定“党员干部行为规范”，反向制定领导干部“不严不实”40种表现和认定办法，建立边学边改、上下联动、立规执纪“三本台账”，共查找存在问题1395项，确定整改措施2080项。抓好教育实践活动整改落实“回头看”，督促6300余条整改措施落到实处，形成《攀枝花市党的群众路线教育实践活动制度建设成果汇编》。建立党的建设制度“废改立”清单，全市累计新建制度297项，完善制度291项。深入推进“庸懒散浮拖”问题、“9+4”突出问题专项整治和“五项专项治理”，建立市、县、乡三级联动作风监督网络，开办“阳光政务”电视问政栏目。随机对158家单位落实中央“八项规定”和省、市“十项规定”等情况进行监督检查，发现督促整改问题93个。共查处涉及“四风”问题127件127人、侵犯群众切身利益案件61件61人。

【精准扶贫工作】 以“党员干部率先精准扶贫”和“贫困党员率先精准脱贫”为目标，计划用3年左右时间，每年投入200万元，打造一批精准扶贫示范项目，帮扶一批贫困党员精准脱贫，带动贫困户整体脱贫。选派93名村“第一书记”到村帮扶，制定《攀枝花市村“第一书记”管理考核办法（试行）》，开展村“第一书记”动员培训、精准扶贫能力提升培训、示范培训3期。统筹选派熟悉现代农业、旅游发展、村镇建设、阳光康养、群众工作等方面的领导干部充实进县、乡党政班子，对有贫困村的3个县（区）、30个乡镇党政班子择优配备，对在扶贫攻坚等基层一线表现突出、成效明显的干部提拔重用。制定《2015～2017年攀枝花市贫困地区干部和扶贫干部培训实施方案》，实施贫困村党组织书记提质增能计划，逐级开展乡镇、村党组织书记和“第一书记”“3+10”精准扶贫政策培训。实施年轻干部人才递进培养驻村扶贫、“科技特派员”产业扶贫、“公益指导员”社会事业结对帮扶、“双百+”农村实用人才开发脱贫、专家服务基层扩能增效扶贫、人才精准扶贫建功“双评”等“六项行动”，出台《贯彻落实激励引导教育卫生人才服务基层的实施意见》，研制加强乡镇专业技术人才队伍建设的意见，健全人才向基层流动机制。新建1个特色农业省级专家服务基地，实施13个“专家下基层”项目，组织150余名专家到基层和农村开展技术服务，选派专业技术人才到70个贫困村扶贫攻坚。

【党的建设制度改革】 全面深化党的组织制度、干部人事制度、基层组织建设制度和人才发展体制机制等“四大体系”建设。出台《深化党的建设制度改革工作方案》，制定《2015年党的建设制度改革工作要点和台账》，逐项明确责任单位、责任领导和完成时限。积极推进省级“激励科技人员创新创业专项改革试点”、市级“公务员平时考核试点”两项试点工作，开展已出台文件落实情况及社会效果评估工作。出台《关于进一步完善全面深化党的建设制度改革工作的实施意见》，建立完善工作会议、文件备案、联络员等制度，通过每周报送动态、每月督促自查、半年进行总结、年度开展考核等方式，改革任务有序推进。全年被市委《改革动态》采用信息3条，在《人民日报》等中央、省级媒体上发表稿件51条。

【年轻干部人才递进培养】 召开全市优秀干部人才递进培养工作推进会、挂职干部座谈会等，推进各领域干部人才递进培养。从优秀大学毕业生中选调基层公务员18人，招录急需紧缺专业选调生31人，从优秀村干部、优秀工人农民、服务基层项目人员中定向考录乡镇机关公务员12人，公开考核招聘事业单位高层次人才和急需紧缺专业人才121人；创新实施年轻干部递进培养“灵魂工程”，通过开展入班宣誓、封闭军训、蹲点调研等方式，着力解决“根”和“魂”的问题；分类选派递进培养班学员参加党外干部、对外开放、康养旅游等县级干部赴外专题培训，探索构建具有攀枝花特色的“上挂、下挂、外挂、平挂、对挂”实践锻炼“五挂”模式，选派190名干部到上级部门、贫困地区、驻点招商、项目一线等实践锻炼；开展后备干部调研工作，出台《优秀年轻干部递进培养跟踪管理监督暂行办法》，建立优秀年轻干部“一单一表一库一档”管理模式，构建递进培养“选、育、用、管”

全过程监督链条。全市确定优秀年轻干部人才递进培养对象3个批次929名。其中,紧缺专业人数264人,占28.4%;女干部345人,占37.1%;少数民族干部146人,占15.7%;非党干部116人,占12.5%。市本级递进培养班学员中已交流提拔42人。以"双高"(高层次和高技能)人才培养为抓手,确定92名市有突出贡献专家及学术和技术带头人后备人选培养对象,14名市级、10名省级有突出贡献专家及学术和技术带头人选培养对象,安排高层次人才结对培养126名中青年人才,建立高端人才梯次培养工作链条。

【领导班子和干部队伍建设】 认真落实省委"三重"用人导向和"三个六"的用人原则,注重在急难险重、对外开放、扶贫攻坚、信访维稳"四个一线"培养选拔干部。2015年,市委常委会研究干部议题14次,调整市管干部356人次。其中,"60"后185人次,占52.0%,"70后"93人次,占26.1%;"80后"7人次,占2.0%,首次配备1名"80后"县(区)委常委。调整女干部21人次、少数民族干部7人次、党外干部14人次。新提拔的68名县级干部中,"四个一线"提拔干部58人,占85.3%。认真贯彻中央《推进领导干部能上能下若干规定(试行)》,落实全省推进领导干部能上能下暨干部教育培训工作研讨班精神,对受到省、市表彰的5名优秀乡镇党委书记和1名省级记一等功公务员提拔重用,对执行力不强、工作不得力的1个"软班子"和15名不称职干部果断调整。立足攀枝花资源型工业城市特点,出台《关于实行领导班子功能结构模型管理的贯彻实施意见》,将县(区)划分为中央商务区、综合能源区、新材料产业基地、特色经济强县四大类型,将市级部门(单位)班子划分为党政综合类、经济金融类、规划建设类、社会管理类、科教文卫类、农业农村类六种类别,差异化配备领导班子。认真贯彻全省培养选拔年轻干部和女干部、少数民族干部、党外干部工作座谈会精神,召开全市优秀年轻女干部、少数民族干部、党外干部三个座谈会,制定《关于加强少数民族干部培养选拔工作的意见》《关于加快党外科级领导干部队伍建设工作的意见》,分别提拔6名、3名、3名优秀年轻"女少非"干部担任县级副职,调整4名党外县级领导干部到市级部门担任一把手、县(区)党政班子成员等重要岗位。全市"女少非"干部担任县级正职的分别有22人、11人、8人,各县(区)党政班子均配备了"女少非"干部。

严格执行省委规范选人用人"1+5"文件和省委组织部《干部选拔任用工作规程(试行)》,制定《攀枝花市关于切实防止干部"带病提拔"的实施办法(试行)》,规范动议、民主推荐、考察、任职等各环节流程。建好优秀干部人才库,把优秀的年轻干部人才递进培养班学员、后备干部、受表彰的优秀党组织书记、艰苦地区和一线先进典型、"5211工程"年轻干部等作为干部动议提名的重要来源。对重要岗位动议做到"四个提前",即提前核查个人有关事项报告、提前征求党风廉政意见、提前排查信访举报、提前核查干部档案材料,凡是存疑且一时难以查清的,坚决"放下"。制定《关于改进和完善县级领导班子和领导干部政绩考核工作的实施办法》,充分发挥考核"指挥棒"和"风向标"作用。改进干部考察工作,实行领导干部个人有关事项报告"凡提必核"、干部档案"凡提必审"、信访举报"凡提必查"、党风廉政"凡提必听",探索制定干部考察工作专业化办法和干部考察员制度。制定《攀枝花市2015—2018年县(区)、市级部门贯彻执行条例情况检查工作规划》,修订市管干部个别提拔任职、平级职务转任推荐考察工作"两个流程",完善选拔任用县级、乡科级领导干部工作"两个流程图",严格实行"先谈话推荐后会议推荐"。制定《攀枝花市乡科级领导干部破格提拔办法(试行)》,全面推行"一评议、两公示、两核查"制度,严格执行全程"放下"制度,对7名在档案、个人有关事项报告、党风廉政等方面存在问题的干部实行"放下"。

制定《2015—2018年干部教育培训规划》,拓展精品示范培训、主体班次培训、行业自主培训"三大培训渠道",全年累计培训干部46339人次。围绕理论武装为根本、党性教育为核心、能力提升为重点"三条主线",市委率先举办县处级主要领导干部读书班,市委书记张剡亲自作主题报告,并先后邀请国家农业部、省纪委、省依法治省办等有关专家领导授课,培训学员102人。县(区)跟进举办乡科级主要领导干部读书班。举办"四个全面战略布局学习研讨班",深入学习贯彻党的十八届三中、四中全会和习近平总书记系列重要讲话精神;赴陕西延安、山东临沂举办县处级领导干部理想信念培训班、新任职县级领导干部培训班等,强化党性教育;赴中国青年政治学院、同济大学、海南大学等国内知名高校,举办对外开放、依法治市、产业扶贫等专题培训班,共培训县级领导干部754人次。先后举办乡镇党委书记学习省委十届六次全会精神培训班、乡镇党政领导干部专业能力提升培训班,培训乡镇干部86人次。在上海同济大学举办木里县干部综合素质提升班、在攀枝花学院举办"对口援建雅安市名山区干部培训班",共培训援助地区干部105人次。

【干部管理监督】 对全市5个县(区)、81个市级部门(单位)的800多名县级干部开展全覆盖谈心谈话,听取对班子队伍建设的意见建议,掌握干部想法和需求。健全干部经常性提醒教育机制,加大提醒、函询和诫勉力度,全面集中统一保管市管干部因私出国(境)证件,对擅自因私出国(境)的27名市管干部,责成单位党委(党组)提醒告诫,对10名干部因信访举报等问题进行函询、约谈。加强选调生管理，在全省率先创建《攀枝花选调生》简报，实行一月一谈、一季一评定、半年一汇报、一年一总结“四个一”跟踪管理。开展南充拉票贿选案、广东茂名买官卖官案、湖南衡阳破坏选举案等警示教育，建立买官卖官问题“特别监督档案”动态管理机制，深化选人用人问题“5+2”专项整治，全市630名超配干部已全部消化完成；未发现领导干部在企业违规兼职（任职）情况；对2014年度受到撤销党内职务或者行政职务以上处分的乡科级领导干部选拔任用工作集中倒查；对涉密岗位和涉及人财物等关键岗位“裸官”集中清理。全面落实县级以下公务员职务与职级并行制度，制定出台加强非领导职务管理、乡镇干部队伍建设、公务员记二等功评选奖励等政策措施，圆满完成法检系统司法警察警员职务套改。推荐1名干部荣获“全国优秀县委书记”称号，10名公务员和3个公务员集体获得“四川省第五届人民满意公务员（集体）”和“记一等功公务员（集体）”称号，对181名工作实绩突出、表现优秀的公务员给予记三等功奖励。规范市、县（区）部门内设机构名称设置，规定市级部门称“处”的科级内设机构一律改为“科”，县（区）部门称“科”的股级内设机构一律改为“股”。全面实行干部调整配备职数预审制度，将职数预审工作由干部选任科室负责调整为由干部综合科室负责。邀请省委组织部专家对全市160余名组织人事干部开展专题培训，在全市开展干部档案专项筛查审核，统一印制下发最新版《干部履历表》，组织所有干部重新填写干部履历表。严格干部任前档案审核，对3名档案不实的干部取消任职资格。完成2014年度市管干部个人有关事项报告的信息录入、汇总综合及上报工作，在乡科级正职领导干部中全面实行个人有关事项报告制度，对105名市管干部开展随机抽查核实，对87名拟提拔为副县级及以上干部、转任重要岗位的人选开展重点抽查核实，有40名领导干部因个人有关事项报告存在问题被函询、约谈，3名干部被暂缓提拔。

【党的基层组织建设】 制定《攀枝花市“两江、两路、两园”党建示范片建设指导标准》《“两江、两路、两园”党建示范村（社区）建设考核验收标准》，重点抓好带头人建设、产业（服务）建设、党建特色工作建设、活动场所建设、基础保障建设“五个示范”建设，重点打造一批“世外果园”系列新农村示范党组织、城市包容文化和三线建设文化突出的示范社区党组织，50个村（社区）、39个“两新”组织已完成示范建设工作。由县（区）领导、县（区）部门、村（社区）“第一书记”组成“1+N+1”工作组，制定“一村一策”整顿方案，集中开展村务财务和民主管理混乱、侵害群众利益问题、信访矛盾纠纷突出问题等4项专项整治，开展整顿督查2次，发出督查通报2期。全市227个软弱涣散党组织中210个完成整顿转化，转化率达92.5%，其中48个后进村（社区）全部整顿转化。出台《关于进一步加强和改进机关党建工作的意见》，规范机关党组织生活，推行“一季度一主题”党支部活动。实施“思想建党校园工程”，在国有企业开展“双争”示范创建活动，深入推进党建带工建、带团建、带妇建工作。全市2144个一般党组织中，432个升级为先进党组织，升级率达20.1%。

采取培养村官书记、调整不胜任书记、培养年轻党员等措施，从农村青年党员、青年致富带头人、返乡创业大学生中选育储备带头人，选拔培养大学生村官书记5名、调整后进村党组织书记5名。做好大学生管理培养工作，采取留村任职、考录公务员和事业人员、转聘到乡镇（街道、社区）公益岗位、鼓励支持自主创业等方式，59名满2个聘期的大学生村官分流消化率达100%；组织7名在岗大学生村官建立大学生村官创业基地。采取乡镇（街道）党（工）委牵头组织、县（区）委组织部督促指导、市委组织部现场督查的方式，针对党组织书记能力素质、村（社区）基础保障、党建工作亮点和成绩等情况进行考核，考核整改结果与绩效补贴挂钩，对不适宜继续担任的村（社区）党组织书记，由乡镇党委及时予以调整。制定《2015年度攀枝花市基层党组织书记示范培训方案》，采取“集中辅导+分区授课+总结交流”的方式，示范培训乡镇（街道）、村（社区）书记102人；选派66名村（社区）党组织书记、52名大学生村官参加全国、全省示范培训。市、县两级举办基层党组织书记培训班15期，实现县乡村、重点领域党组织书记培训2轮全覆盖。

认真落实省委发展党员“四项计划”，着重在企业生产一线班组长、业务骨干中发展党员，突出抓好优秀青年特别是农村优秀青年入党工作。2015年，全市发展党员2074名，发展35岁及以下党员占81.4%，发展农村优秀青年党员占农村发展党员总数的83%，完成省委下达指标；处置不合格党员238名；消除连续3年没有发展党员的村（社区）。新发展青年党员数量与党员老龄化数量基本持平，党员队伍老龄化趋势减缓。出台《2015～2018年攀枝花市党员教育培训实施细则》，建设市级党员教育“三学院三基地”10个、省级党性教育基地1个，正在建设“攀枝花·全国三线建设”党性教育基地，制作播出攀枝花党建栏目50多期，建成市级培训教材库和师资库，精准培训10万基层党员。优化升级“攀枝花市党员教育网”，分级建立“12371”手机信息发布平台，“共产党员微信、易信”订阅量超过党员总数的10%，位列全省第一方阵。积极探索党员教育考核机制，试行党员教育纪实制，推行党员教育在线测试。制发《党员档案管理办法》，从档案内容、管理、材料遗失补办、工作纪律等7个方面对党员档案管理进行全面规范，完善档案收集、鉴别、转递、查借阅制度体系。创新开展党员档案专项审核，建立“组织部门—基层党委—基层支部”三线共抓的档案审核机制。开展全市离退休党员管理服务工作调研，抓好流动党员服务。推行乡镇党代会年会制试点，5个县（区）19个乡镇开展了党代会年会制试点，推行率达43.2%。开展“七一”先进评选表彰，市委表彰45个先进基层党组织、100名优秀共产党员、29名优秀党务工作者和19名践行“三严三实”优秀党员领导干部。东区炳草岗街道阳城社区党总支等3个基层党组织被评为全省先进基层党组织，蒋陈等7名共产党员、姚宏等2名党员领导干部分别被评为全省优秀共产党员、全省践行“三严三实”优秀党员领导干部。健全党员日常关怀工作机制，元旦春节期间共组织走访慰问老党员、困难党员、老干部7876人，发放慰问金300.52万元。

召开全市城区党建工作现场推进会，出台《攀枝花市打造“六大特色社区建设”实施方案》，持续深化社区“六站一平台”功能化建设，建立完善“三治一化”社区治理机制，构建一体化公共服务体系。已建成组织健全、平安和谐、便民利民、文明祥和、民主法治、环境优美“六大特色”综合性社区6个、“组织健全”特色社区3个，光明社区和纳尔河社区被命名为“四川省依法治村（社区）示范村（社区）”。出台《关于加强居民小区党组织“两个功能”建设的指导意见》，以居民小区或物业管理为边界，设置小区党支部，落实活动场所，每年为每个小区党支部提供1万元以上活动经费，全市已试点建立小区党支部13个。推行党组织领导下的小区治理“四会”（业主委员会、监事会、议事会、自管会）模式，巩固全国和谐社区建设示范城市创建成果。紧盯“贫困村、贫困户、‘双报到’社区”三个重点走访对象，确保领导干部、重点对象、县级以上党代表走基层“三个全覆盖”。制定《关于建立健全共产党员服务队的指导意见》，组建社会公共服务党员服务队、农技医卫党员服务队、党员志愿者服务队、党员网格员服务队“四支共产党员服务队”，建立完善社区“双报到”志愿服务台账及长效机制。全年，全市1.6万余名党员共走访群众60万余人次，接访6200余人次，化解初信初访案件4532件、重点领域信访积案120件。

认真落实中央《关于加强社会组织党的建设工作的意见（试行）》和省委《关于加强产业园区党的建设》“1+3”系列文件，召开全市商（协）会组织党的建设座谈会，持续开展“百日”攻坚行动。全市共新建非公企业党组织177个、社会组织党组织79个，在乡镇、街道和产业园区建立55个“两新”组织综合党委；非公企业党组织覆盖率达92.2%，单独建党率达36%；社会组织党组织覆盖率达95.9%，单独建党率达31%。全市“两新”党组织总数920个，党组织覆盖率达93.1%。召开全市“两新”组织党建工作现场推进会，交流推广宏基商砼党支部、扬驰胶业党支部、吉祥驾校党支部、宋艳华餐馆党支部加强企业党建工作助推企业发展的经验做法；结合纪念中国共产党成立94周年表扬优秀“两新”党组织书记和“两新”组织党建工作指导员，授予宋晓达等24名同志“攀枝花市优秀‘两新’党组织书记”荣誉称号，张海禄等10名同志“攀枝花市优秀‘两新’组织党建工作指导员”荣誉称号。严格按照“双强六好”标准，保持好24个第一批、第二批市级“两新”党建示范单位的创建水平，指导第三批15个基层“两新”党组织的创建工作，切实将其建设成为服务发展的“红色引擎”、服务群众的“红色娘家”。39个“两新”示范党组织的发展增速平均高于全市民营经济增速近7个百分点，实现了发展强、党建强目标。

制定《关于调整村（社区）干部基本报酬补助标准的通知》，高标准落实村（社区）党组织书记和村（居）委会主任待遇，其中社区干部待遇标准在省级基础上每月提高200元。全市“两新”党组织配备专职工作人员53名、兼职工作人员130名。印发《关于调整村（社区）办公经费的通知》，全面提高村（社区）工作经费，全市村、社区党组织工作经费分别达3～5万元/年、5万元/年；服务群众专项经费分别达6万元/年、10万元/年；对示范创建的村（社区）办公经费在全市统一标准上再提高2万元/年。出台《关于进一步加强非公有制企业和社会组织党建工作经费保障的通知》，平均每个“两新”党组织活动经费达5484元。党员教育培训经费提高到每人每年不低于30元，远程教育站点运行经费每个每年不低于2000元。推动被征用、损毁村（社区）活动场所的新建和维修，开展社区活动场所使用情况督查，全面推进社区“六站一平台”功能化建设，所有社区服务场所达到300平方米以上，全面解决村（社区）党组织活动场所不达标、闲置和功能异化等问题。投资1000余万元，推进社区公共服务综合信息平台建设。

【人才工作】 建立完善市人才工作领导小组议事规则、联席会议、月报年评、督查通报、政策备案等制度，组织开展全市边远民族乡镇人才、科技人才、农业人才、康养产业人才等专题调研，着手编制《“十三五”人才发展规划》《市产业园区领导班子和干部人才队伍建设规划指引（2016～2020）》，将人才驱动作为推动全市大众创业万众创新、“一带一路”建设、依法治市、精准扶贫等重大工作的重要手段和保障进行部署落实。制定《攀枝花市领军型技术创新人才培养暂行办法》《攀枝花市高层次人才承担导师结对培养工作管理办法》《2015年攀西战略资源创新开发试验区建设人才工作方案》《攀枝花市“大地飘香”深化农业人才队伍培养工程方案》《关于进一步加强乡镇干部队伍建设的实施意见》《攀枝花市人才精准扶贫行动方案》。大力实施高层次人才引进“千人计划”和“钒钛之光”优势工业人才、“大地飘香”现代农业人才、“阳光花城”康养产业人才、“攀籍”优秀人才回流、“促进大学生和科技人员创新创业”等“1＋5”重大人才工程，统筹推进教育、卫生、文化、法治等各类人才队伍建设。

市委书记张剡赴海南大学、中国热科院对接签订市校、市院合作协议和项目，与两所院校加快共建干部人才互派锻炼基地、专家示范基地、项目中试基地、科技成果转化基地、大学生实习实践基地等。市委常委、组织部长熊伟带队赴四川大学华西医院对接落实卫生人才队伍培养合作方案，华西医院为攀枝花提供人才培养、学科建设、科研教学、干部保健全方位帮扶。与北京西城区签订《深化干部人才交流合作备忘录》，与成都建立人才合作机制，分享先进地区优势人才资源。全力推进“组团引才”“项目引才”“招商引才”“柔性引才”，首次由市领导率团赴海南大学、四川大学等国内重点高校宣讲引才，计划引进储备人才102名；在全市征集20个领军型创新创业项目，面向海内外发布项目引才公告；在北、上、广、深、蓉、陕6个驻点招商小分队设立引才工作站，推动项目、资金、人才打捆入攀；依托中国（攀枝花）芒果产业发展论坛、攀枝花钒钛资源综合利用院士行暨钒钛产业论坛、首届四川省养生旅游节等品牌活动，吸引海内外500余名院士、专家、企业家等高端人才集聚攀枝花献计献策。2015年，全市共引进高层次人才和急需紧缺专业人才496名，同比增加48%；柔性引进海外高层次人才13人，院士专家工作站、博士后科研工作站累计签约服务的院士、专家、博士后研究人员共42人。深入推进“钒钛之光”优秀企业家、创新团队、“双高”人才、“双百”农业人才等培养计划，纳入市人才专项经费重点资助培养。遴选确定了首批24名优秀企业家培养对象、5名领军型技术创新人才培养对象，持续培养科技创新人才21人、创新团队18个、高层次和高技能人才71人，培训农技人才10万人次。首次在海南大学举办“阳光康养产业扶贫”专题班，培训干部人才47名。攀枝花学院、四川机电职业技术学院新开设康养服务类专业，首批招收学生130名。2015年，全市有2名创新人才入选省“千人计划”，1名创新人才获省青年科技奖，15名高层次人才被评为国家或省级专家，19岁的曾正超在第43届世界技能大赛上为中国赢得首枚金牌。

投入2500万研发经费，引导近1000名科技人才参与123个钒钛及相关产业重大技术攻关及产业化等课题。全力助推攀枝花学院“全省激励科技人员创新创业试点”工作，指导制定科技人员离岗创新创业，配套人事、劳资、岗位管理及兼职取酬、提高科技成果转化收益等政策，协调解决其专业技术人才引进和职称结构调整等问题，逐步破除阻碍科技人员创新创业的机制藩篱，有4人离岗、9人兼职创办领办科技型企业或转化科技成果。组织召开全市大学生创新创业工作现场会，推进高校、产业园区、县（区）大学生创新创业俱乐部和创业园建设。开展“邮储银行杯”青年创业创富大赛、“商业银行杯”青年大学生创业创新设计大赛等，组织大学生创业培训23368人次，发放创业培训补贴、创业补贴271.5万元，小额担保贷款及贴息、小额免反担保贷款122.2万元，争取上级免担保创业贷款548.5万元，帮扶208名大学生创业，兴办创业实体12个。攀枝花学院在首届全国大学生移动互联网创业大赛中荣获团体总冠军。制定《攀枝花市院士（专家）工作站管理办法》，首次对建站单位配套建设资助经费，新评建立3个市级院士（专家）工作站。新增1个国家技能大师工作室、5个省劳模创新工作室，成立攀西科技创新中心，钒钛科技孵化器升级为国家级孵化器，攀枝花技师学院获批国家高技能人才培训基地，四川机电学院获批省级大学生创新创业园。

完善干部人才医疗保健制度，投入490余万元组织5600多名干部人才开展健康体检。及时回应人才所需所盼，多次到重点工程项目和企业开展人才政策上门服务，优化市人才公寓入住管理规定，为来攀创新创业的各类人才提供创业投资、项目孵化、配偶就业、子女入学、优质医保等“一条龙”服务。制定《市有突出贡献专家、学术和技术带头人及其后备人选评选条件》《高层次人才引进稳定培养办法实施细则》等，新评选市级优秀专家198人，新认定高层次人才636人，兑现津贴补助1400余万元。市委、市政府召开表彰大会隆重奖励2014年度科技成果80项、科技创新人才750余人，发放科技进步奖、高新技术产业发展奖、钒钛磁铁矿资源综合开发利用技术创新奖402万元。编发《攀枝花市人才政策手册》，首次制定《攀枝花市人才工作宣传方案》，在《中国组织人事报》《中国人才》、共产党新闻网、组织工作网、《四川人才工作通讯》等国家、省级内刊媒体发稿38篇，在各行业、各系统选树优秀人才典型14名，涌现出北京林业大学博士张强英回乡创办三角梅高新技术产业园区等攀籍优秀人才典型。

【老干部工作】 制发《关于进一步加强市级机关、事业单位离退休党支部（党小组）建设的通知》，健全离退休干部党建工作责任制和学习活动经费保障制度。办好市老年大学，首次成立临时党支部，坚持每两个月编发一期本土学习资料《攀枝花老干部学习参考》，出台离退休干部情况通报、学习、走访慰问等5项制度。投资2300多万元建成市老干部活动中心并投入使用，在省委老干部局专项检查验收中获得好评。对118名空巢、独居、失能老干部开展关怀帮助。在纪念抗战胜利70周年之际，组织走访慰问和集中宣传，举办老干部书画摄影展，联合市档案局开展抗战老战士资料征集进国家档案馆活动。创新开展“我看三个加快建设、共谱攀枝花发展新篇章”和“展阳光心态、做阳光老人”两大主题活动，建立“攀枝花银发人才信息库”，结合开展“四进五讲五员”活动，打造4支老干部宣传队、5支老干部志愿服务队，通过座谈、研讨、征文、志愿服务等多种形式传播增添正能量。在全省老干部工作“四先”表彰大会上，攀枝花市有7个先进集体和个人受到表彰。

【对口援藏工作】 市委书记张剡先后6次对援藏工作作出批示，2次主持召开市委常委会专题研究。坚持市委书记、市长任“双组长”机制，增加1名市领导任领导小组副组长，配备市援藏办专职副主任。市援藏领导小组组长、副组长先后到木里县调研走访3次，相关成员单位到木里藏区对接工作7次。落实10万元专项工作经费，为援藏干部人才能干事、干成事创造条件。围绕民生、产业、智力援藏等重点，全年投入2720万元援藏资金，实施8个援藏项目。探索建立“商务援藏”新模式，与木里县签订《商务援藏战略合作协议》，引入民间资本，实施“跨区域或反季节农产品产销衔接冷链配送中心”项目。实施“援助木里藏区千名干部人才培养工程”，举办各类干部人才专题培训35期，培训2300余人次。落实藏区“9+3”学生免费教育计划，248名毕业生就业率达100%。建立攀木两地项目推进联动机制，坚持“资金跟着项目走”，定期督查项目进度及援藏资金使用情况。2015年6月，市委常委、组织部长熊伟率团赴木里慰问援藏干部人才。坚持把藏区作为培养锻炼干部的重要途径，前两批次75名援藏干部人才中已有41人被提拔调整到重要岗位或晋升职称，占54.7%。1名援藏人才在全省第三批援藏干部人才工作周年座谈会上作交流发言。

【自身建设】 扎实开展部机关“三严三实”专题教育和领导班子思想政治建设，严明政治纪律、政治规矩，组织开展5次专题党课讲授、3次专题学习讨论，建立“边学边改”“上下联动”整改台账和“立规执纪”台账，已查摆“边学边改”整改事项25个，提出整改措施25条。对部机关干部进行全覆盖培训，选派66人次参加中组部、省委组织部和全市各类培训。选派2名同志到省委组织部帮助工作。通过公开考录、遴选等方式补充10名同志到部机关和市委老干部局工作。制定《市委组织部机关干部交流暂行办法》，全年共提拔科级以上领导干部11人，其中县级领导干部3人，正科级领导干部8人。全年共交流干部8人次，其中对外交流干部5人次，内部轮岗3人次。2015年，共编发《攀枝花组工通讯》《网络集萃》39期、攀枝花组工网站信息1300余条，被中组部网站采用9条、《四川组工动态》《组工情况交流》采用24篇、省委组织部网站采用84条，被《组织人事报》《四川日报》等中央、省级媒体采用54条。深入开展网宣工作“增量提质”工程，完成18家影响力网评文章600余篇，网宣工作居全省前8名。大力推进组织工作信息化建设，高质量完成全省组织系统“大组工网”安全分级保护和视频会议系统建设。研究制定《关于进一步加强全市组织系统会议管理的有关规定》《市委组织部机关厉行节约反对浪费有关规定》，全面实行公务卡结算制度，严控部机关各类经费管理使用，精文简会，部机关日常运行费、公车运行费、会议费、接待费等行政支出得到有效控制并较2014年有所下降。抓好部机关党风廉政建设和推进依法治市工作，扎实开展部机关“走基层”“双联”“双报到”等活动和精准扶贫工作，先后与仁和区平地镇迤沙拉村、波西村建立结对帮扶关系，选派1名优秀年轻干部到波西村挂任“第一书记”。全年到平地镇走访慰问“亲戚”48户，筹集捐赠款物共计3.73万元，帮助波西村引进项目8个。到社区开展“党员义工日”活动4次。推行“三管”会（精细化管理分析会、运行管理分析会、程序化管理分析会）制度，制定《市委组织部机关工作任务督查督办制度》，编发《督查通报》13期。加强干部档案、文书档案、重要机密文电的保密工作，顺利通过市档案局档案安全执法检查，涉密文件清退做到100%，确保了无失密、泄密事件发生。积极化解信访难题，部机关共受理日常信访45件次，办结率100%。开展关心关爱干部职工“十项行动”，组织全体干部职工参加健康体检，全面落实干部职工带薪休假和落实干部职工生日关心慰问等制度。

（刘成龙）

机构编制管理

【市级部门机构概况】 2015年，中共攀枝花市委共有工作部门10个，挂牌机构5个，市委办事机构1个，议事协调机构的常设办事机构1个，部门管理机构2个，市委直属事业单位3个；攀枝花市政府共有工作部门32个，挂牌机构10个，市政府派出机构5个，市政府直属事业单位9个；设市人大机关、市政协机关、市中级人民法院、市人民检察院；设群团组织8个，民主党派机关8个。

【机构编制事项审批】 2015年，中共攀枝花市委机构编制委员会办公室共召开办公会议6次，研究议题108项；召开中共攀枝花市委机构编制委员会会议3次，研究议题58项；中共攀枝花市委机构编制委员会、中共攀枝花市委机构编制委员会办公室共调整党群政法机关机构编制事项22项，行政机关机构编制事项39项，事业单位相关机构编制事项69项。

【县(区)政府机构改革】 市政府机构改革工作于2014年底完成,各县(区)政府职能转变和机构改革方案于2014年底正式批复。2015年4月,根据"县(区)政府要单独设置科技"的要求,对县(区)政府机构改革方案进行调整。截至年底,各县(区)政府机构改革完成。

【政府职能转变】 2015年2月2日,印发《关于实施〈攀枝花市人民政府职能转变和机构改革方案〉任务分工的通知》按年度将政府职能转变任务分解为38项(其中,2014年3项,2015年29项,2016年3项,2017年3项),明确每项任务的责任部门和时间节点;6月,印发《2015年度转变政府职能和机构改革任务工作台账》,涉及16个部门共29项工作任务,明确具体工作进度和完成时限。各部门均按要求完成2015年工作任务,在深化行政审批制度改革、加大简政放权力度、加快社会组织管理制度改革、完善财税管理体制、改进政府管理和服务方式、规范行政权力运行等方面取得了良好成效。

【非行政许可审批事项清理】 2015年,对31个政府工作部门和8个政府直属事业单位非行政许可审批事项进行清理,共清理出317项非行政许可审批事项。6月初,对应省上公布取消事项,结合攀枝花市实际公布第一批取消的14项市本级非行政许可审批事项;11月中旬,再次公布取消市本级7项非行政许可事项,将19项非行政许可事项调整为政府内部审批事项,市本级非行政许可审批事项清理工作全面完成。此次清理后,攀枝花市不再保留"非行政许可审批事项"这一类别。

【不动产登记职责整合】 整合土地登记、房屋登记、林地登记、草原登记等不动产登记职责,交由市国土资源局牵头承担,在市国土资源局加挂"攀枝花市不动产登记局"牌子,整合设立攀枝花市不动产登记中心,承担不动产登记具体经办工作。

【规范市县(区)部门内设机构名称】 8月7日,印发《关于规范市县(区)部门内设机构名称的通知》。8月至9月,对5个县(区)及市本级57家党政群机关、17家事业单位内设机构名称进行清理和规范,市级各部门、市属事业单位中称"处"的科级内设机构一律改为"科";各县(区)党政群机关、事业单位中称"科"的股级内设机构一律改为"股"。

【事业单位分类改革】 在认真分类的基础上,对事业单位的类别予以批复,截至2015年底,市属事业单位分类改革中整合机构编制资源和规范管理的意见,提出行政类、生产经营类事业单位过渡管理办法;对市属事业单位机构编制资源进行整合,撤销名存实亡的事业单位,整合重复分散的事业单位,提出整合标准;对事业单位机构编制事项进行规范,对单位名称、减编标准、领导职数核定标准等予以明确;按照成熟一家推进一家的原则,推动市机动车安全检测中心、市建设工程质量检测中心、市水利水电勘测设计院等经营类事业单位改革。

【综合行政执法改革试点】 2015年3月27日,中央编办行文批复,攀枝花交通运输领域综合行政执法体制改革纳入全国综合行政执法体制改革试点,攀枝花市成为全国138个、全省7个改革试点城市之一。经过系列考察、调研、梳理,年底,攀枝花市的市、区交通运输综合行政执法体制改革试点工作方案已经形成,在综合米易县和盐边县交通运输综合执法及仁和区工商食品药品监管综合执法改革方案的基础上,攀枝花市综合行政执法体制改革试点工作方案已经,正按程序报省政府审批。

【实名制管理与督查】 加强机构编制实名制平台建设,市级部门机构编制调整相关文件信息和人员信息录入率达到100%;严格审批机构编制事项,坚持机构编制"一支笔"审批制度,确保中央核定的各级行政编制总额和各类专项编制员额不突破,全市事业编制总额、工勤编制总额以2012年底统计编制数为基数只减不增;严格执行编制前置审批制度,全年共完成市级编制使用前置审批765名,2015年底全市在编实有数与2014年底在编实有数相比减少126人,完成财政供养人员只减不增的任务;落实机构编制实名制年度核查制度,对5个县(区)实名制系统进行检查;开展"12310"机构编制投诉举报电话受理工作,对市级部门执行"三定"规定等情况进行监督检查。

【机构编制突出问题专项整治】 继续开展中央巡视组、中组部选人用人检查组反馈的问题整改,围绕"擅设职位、设置机构不报批、超限额设置机构、挂牌机构实体化、超限额核定领导职数、条条干预"等六个方面的突出问题对照检查。对市委党校及攀枝花仲裁委员会秘书处等事业单位的机构编制事项进行规范,对违反规定干预下级机构编制管理工作的市级部门和单位按要求进行和整改。在政策范围内,对县(区)提出的符合机构设置政策规定的31项整改事项予以审批。

【机构编制纳入经济责任审计】 推动领导经济责任审计,3月27日,联合印发《关于转发认真贯彻〈党政主要领导干部和国有企业领导人员经济责任审计规定实施细则〉的通知》,把机构编制管理情况作为经济责任审计的一项重要内容予以明确。

【机构编制调查研究】 加强机构编制工作调研,形成《攀枝花市乡镇政府职能运行情况的调研报告》《攀枝花市市县环境监察执法队伍建设情况的报告》《积极探索 深度挖潜 不断提升机构编制动态管理水平》《试点法人治理结构 推动基层医疗改革》等调研成果。

【事业单位法人治理结构试点】 2015年,全市事业单位法人治理结构试点工作全面展开。其中:西区于2014年确定为攀枝花市试点县(区)以后,在清香坪社区卫生服务中心开展事业单位法人治理结构试点工作,从试运行情况看效果较好,社区卫生服务中心工作效率明显增强,日门诊量同比增长28%,医护人员收入大幅提高,能依靠自身力量持续发展,西区在省卫生计生委、省财政厅、省中医药局关于四川省2014年度基本公共卫生服务项目省级绩效考核中排名全省第一;盐边县、米易县纳入全国第二批县级公立医院试点,东区和仁和区分别开始事业单位法人治理结构试点工作;攀枝花市城市公立医院法人治理结构试点工作已纳入全国试点,市级所有公立医院纳入试点范围。

【事业单位登记】 2015年,市事业单位登记管理局开展事业单位登记工作,截至12月底,全市共有各级各类事业单位1227个,其中:市级248个、东区110个、西区114个、仁和区231个、米易县210个、盐边县234个,事业单位登记率100%。

【事业单位登记管理改革】 2015年,将事业单位年检制度改为年度报告公示制度,对全市所有事业单位取消年检,改为报送年度报告并向社会公示其年度报告,接受社会监督。全年共完成事业单位法人年度报告公示及换证工作1160家;将事业单位开办资金验资登记改为确认登记,全年共办理开办资金确认登记95家。

【中文域名注册】 推进事业单位中文域名注册,2015年,全市事业单位注册开通中文域名953家,占全市事业单位年度公示数的82%。其中,市本级事业单位全部进行中文域名注册,注册率100%。

(陈绍伟)

宣传工作

【概 况】 2015年,中共攀枝花市委宣传部机关行政编制27人,工勤人员编制3人,实有干部24人,工勤人员3人。内设办公室、政策法规研究室、干部管理科(挂离退休人员工作科牌子)、理论科、宣传科、文艺教育科(文化改革发展科与文艺教育科合署办公)、新闻出版科、网络监管协调服务科、网络宣教评论科、对外宣传科、综合科(挂未成年人思想道德建设工作科牌子)、创建协调科。代管市对外宣传服务中心、市舆情信息中心(挂攀枝花市互联网不良与违法信息举报中心)。

2015年,全市宣传思想文化工作以邓小平理论、“三个代表”重要思想、科学发展观为指导,全面贯彻党的十八大和十八届三中、四中、五中全会精神,以深入学习贯彻习近平总书记系列重要讲话精神为主线,围绕市委中心工作,突出思想政治建设抓理论武装,突出正面宣传强化舆论引导,突出社会主义核心价值观丰富文明城市创建内涵,突出文化强市战略推进文化改革发展,突出优化基层宣传文化队伍夯实阵地建设,为我市全面深化改革、深入推进依法治市、全面推进从严治党,提供了坚强的思想保证、强大的精神动力和有力的舆论支持。

【理论武装工作】 强化理论学习,进一步统一思想。认真贯彻落实中央坚持思想建党与制度治党“双轮驱动”的决策部署,在推动思想建党和制度治党方面先行先试,建立健全《攀枝花市党委(党组)理论学习辅导员制度》《中共攀枝花市委理论学习中心组学习制度》《攀枝花市党员学习教育制度》《攀枝花市党员学习日制度》等系列制度,搭建起党员全员学习的新平台,推动理论学习常态化、大众化。坚持以市委理论学习中心组为龙头、以县级干部为重点,精心组织、指导全市各级党委(党组)中心组开展专题理论学习,全年共组织市委中心组专题集中学习26次,参学率100%。发挥“攀枝花发展讲坛”的品牌影响力,邀请中央党校哲学教研部副主任董振华、中国人民大学马克思主义学院王向明、国家行政学院培训部主任安令裕等著名专家学者,到攀枝花为领导干部作“治国理政的总体布局——习总书记‘四个全面’解读”“践行‘三严三实’做忠诚干净担当的好干部”“‘三严三实’与‘三道三德’——领导者的系统思维”“互联网+与智慧城市建设”“群体事件的现状处置与舆情引导”等专题报告会10场,县级单位中心组6000余人次参加集中学习。围绕市民关心关注的社会热点焦点问题和市委市政府的重大决策部署等,组织“攀枝花市民讲坛”50期,搭建起普通党员群众和领导干部的公益性学习交流平台。广泛开展学习型党组织、学习型机关、学习型企业、学习型社区、学习型家庭等系列创建活动,定期举办“攀枝花市全民读书月”“全民读书节”等系列读书活动,全民学习、终身学习理念逐步深入人心。

创新理论宣传，推动党的政策入脑入心。以学习习近平总书记系列重要讲话精神为主线，围绕党的十八届四中、五中全会和省委十届六次全会精神，以及“三严三实”“四个全面”、领导班子思想政治建设、严明政治纪律严守政治规矩、党风廉政建设等重点专题，开展系列主题宣讲17000余场，听众达21.6万人次，有力推动党的理论、中央和省、市委重大决策部署在攀枝花落地生根。

加强理论研究，注重成果转化运用。年初召开“中国三线建设研讨会”，会议达成“中国三线建设文化遗产保护·攀枝花共识”。围绕三严三实专题教育、城市转型、弘扬三线建设精神、改革发展、依法治市等主题，组织全市社科理论专家深入开展理论研究，形成《基于政治学视阈的“三严三实”研究》《刚柔并济严实相成锻造一支为民务实清廉的干部队伍》等一批有分量、有价值的重点理论文章和应用性研究成果。在全市开展“加强思想政治建设，践行‘三严三实’”主题征文活动，收到论文141篇。市委书记张剡的理论文章《四川攀枝花市探索建立党员学习日制度》被中央核心期刊《党建》杂志第11期刊用。《领导干部作风制度建设路径探析——以攀枝花为例》作为市（州）优秀论文入选省委宣传部“思想建党与制度治党紧密结合，构建良好政治生态”理论研讨会。

【舆论宣传工作】 突出主题宣传，增强发展意识。组织全市各级各类新闻媒体深入开展党的十八届三中、四中、五中全会、省委十届四次、五次、六次、七次全会、省委经济工作会和市委九届七次、八次、九次全会精神宣传，全面解读会议精神，大力宣传全国、全省、全市“十二五”期间取得的巨大发展成就、宣传“十三五”的重大战略部署。深入宣传全市实施“三个加快建设”“三个走在全省前列”，统筹推进经济政治、文化社会、生态文明和党的建设的新成效；宣传全市加快建设攀西战略资源创新开发试验区、国家现代农业示范区、国家钒钛高新技术产业开发区、中国阳光康养产业发展试验区的新进展；宣传“三严三实”、五创联动、全国和谐社区创建的新成果；宣传全市抢抓“一带一路”战略契机，打造四川南向开放门户，促进经贸旅游合作和文化交流的新做法；宣传全市加快推进“互联网+”，搭建创新创业发展平台，培育发展新兴业态，推动产业转型升级的新探索；宣传全市在实施精准扶贫、精准脱贫工作中的新经验；宣传全市各级各部门主动适应新常态，全力以赴稳增长、促转型、抓改革、保稳定的新举措，引导广大干部群众把思想和行动统一到推动全市跨越发展的大局上来，把力量凝聚到全市各项中心工作上来。

加强法制宣传，弘扬法治精神。深入开展依法治市宣传，大力宣传攀枝花市深入推进依法治市和全面推进从严治党的整体部署、重要举措、具体安排和进展成效。精心组织“法律七进”宣传，大力宣传各县（区）、各部门推进依法治市、建设法治攀枝花的先进经验、典型做法和显著成效。强化“六五”普法宣传，广泛宣传学法用法的好典型、好经验，选树普法先进典型16个，打造《现在开庭》《攀枝花警界》等“以案说法”精品栏目，推出《阳光政务——走进县区》电视问政栏目7期。加大公益普法宣传，大力弘扬社会主义法治精神，推进法治教育入脑入心入行。

深化改革宣传，汇聚发展动力。在市级新闻媒体开设“全面深化改革进行时”专栏，大力宣传攀枝花建市50年特别是党的十八大以来攀枝花市解放思想、实事求是、与时俱进推进改革发展和现代化建设事业取得的伟大成就与实践经验，大力营造凝心聚力搞建设、一心一意谋发展的浓厚氛围。《全面深化改革多出“攀枝花经验”》《我市推进攀西战略资源创新开发实验区“先行先试”改革》等稿件取得良好的社会反响。

认真组织文化科技卫生“三下乡”、两会、欢乐阳光节、国防教育、双拥征兵、社会管理、党风廉政、计划生育等重大活动和工作的宣传，对攀大高速、攀宜沿江高速、银江电站、桐子林电站等重大项目推进情况进行重点宣传。

【文化建设工作】 加强公共文化服务体系建设。进一步完善公共文化服务体系，出台《攀枝花市人民政府关于推进政府向社会力量购买服务工作的实施意见》，11项公共文化服务项目纳入《攀枝花市政府购买服务指导目录》；推进乡镇综合文化站和村级文化室向文化院坝转型升级，重点对20个“幸福美丽新村（社区）文化院坝”功能进行完善。加快标志性文化基础设施建设，四川攀枝花三线建设博物馆建成开馆，并成功入选全国12个“弘扬优秀传统文化，培育社会主义核心价值观”优秀主题展览，2015年共接待国内外观众10万余人次，得到业内专家学者和三线建设者的充分肯定和认可；中国苴却砚博物馆和市文学艺术创作中心建成并投入使用。

着力推进文化产业发展。通过进一步深化文化体制改革，积极稳妥地处理好电台、电视台合并，有线网络公司组建后续的人员安置、“转身”与稳定工作，继续做好事业单位分类改革工作，维护机构、编制和队伍稳定，为文化产业发展增添动力。出台《攀枝花市推进文化创意和设计服务与相关产业融合发展专项行动计划（2014—2020年）》，为全市文化产业绘制发展蓝图。主动融入藏羌彝文化产业发展走廊，积极引导苴却砚文化产业园区、印务产业园区、傈僳情韵文化旅游项目等一批品牌基础好、带动效益大、发展前景广阔的重大文化产业项目加快发展。苴却砚“千砚工程”被列为文化部36个重点项目之一。

大力实施文艺精品创作工程。组织开展“中国梦”“建市50周年”主题文艺创作，创作大型戏曲《亓伟其人》、话剧《望江》、小说《攀枝花1965》等一批反映攀枝花建设史的优秀作品。启动首部本土电影《远山》的拍摄工作。大型原创舞剧《以梦为花》在首届四川艺术节成功演出。京剧小品《紧要关头》作为四川省唯一入选作品入围第六届“中国戏剧奖·小戏小品奖”展演。长篇小说《黑丧鼓》入围第九届“茅盾文学奖”并荣获第八届四川文学奖。纪录片《中国傈僳族》获2015“金熊猫”奖国际电视纪录片入围奖，建市50周年纪录片《五十而立》获“人文中国”优秀纪录片三等奖。

广泛开展重大文化活动。深入开展“深入生活、扎根人民”和“结对子、种文化”等文化活动，开展送文化、送艺术到校园、到社区等活动100余场，开展“大家唱、大家跳”群众文化活动400余场。完成“金沙水拍云崖暖”美术书法摄影展、“花开知多少”攀枝花历史文化知识竞赛等纪念攀枝花三线建设50周年系列宣传文化活动。组织中国煤矿文工团来攀慰问演出2场、大型歌舞诗《祖国不会忘记》5场展演。分别协调空政文工团、省人民艺术剧院来攀演出大型歌剧《江姐》2场、话剧《巴交龙布》2场。举办攀枝花市首届非物质文化遗产成果展示活动，将“文明共建、文化共享”工作引向深入。

【精神文明建设工作】 扎实推进文明城市创建。按照新版《全国文明城市测评体系》要求，重新层层分解落实，举办工作培训班解读测评体系，召开动员会、联席会等部署工作，组织密集督导检查，制发督查通报34期，有力促进了问题的整改提高。加强创建全国文明城市宣传引导，深入实施“基础设施提升、城市环境优化、文明素质养成、文明创建提质、公共文明促进”行动，顺利完成年度“国检”“省检”测评，获得“全国文明城市提名城市”称号，社会文明程度极大提升。新增全国文明单位2个、全国文明村镇3个。3个全国文明单位、2个全国文明村镇和71个省级文明单位、14个省级文明村镇复查验收合格。启动5个全国文明村镇“三个一”建设，提高农村精神文明建设水平。

创新开展未成年人思想道德建设。组织开展“少年强、中国梦”主题教育实践活动，利用清明节、六一、七一等时间节点，组织开展童心向党歌咏比赛、全省优秀童谣征集、2015年“美德少年四川行”和“向国旗敬礼”网上签名寄语活动。举办攀枝花市首届乡村学校少年宫才艺展，全面展示乡村学校少年宫建设成果和学生良好的精神风貌。积极推荐10名候选人参与央视、全省美德少年评选。做好2014年度中央专项彩票公益金支持乡村学校少年宫项目督查、乡村学校少年宫亮点工作宣传报道及教师辅导员培训需求调查等工作。

【对外宣传工作】 精心策划重大主题外宣活动。围绕攀枝花市重点工作和重大项目，主动作为，精心策划攀枝花三线建设50周年、中国（攀枝花）芒果产业发展论坛、第六届四川国际自驾游交易博览会、2015攀枝花钒钛资源综合利用院士行暨钒钛（国际）论坛、攀枝花市与成都市、北京西城区合作交流、第14届中国西部博览会、科技博览会、世界华商大会、川滇黔十市地州合作与发展峰会、第三届山地城镇可持续发展专家论坛等系列重大外宣活动，全方位、立体式、多角度地宣传推介攀枝花的优势钒钛资源、特色产品、特色旅游、特色文化，全面提升攀枝花的城市影响力。精心组织攀枝花“生态文明建设　创新环境治理”集中采访报道活动，在人民日报头版刊发《十年治污持之以恒、空气质量明显改善——蓝天白云攀枝花》的报道，在央视《新闻联播》中播出头条《新常态　新成效·共建青山绿水　同享生态红利》和《攀枝花：百里钢城“阳光”转型》的新闻，新华社推出《BOO模式助力攀钢“治硫”“脱硫”还城市清新空气》等报道，宣传攀枝花转型之路发展取得的显著成效，为攀枝花经济社会发展营造良好的舆论环境。

积极拓宽对外宣传渠道。加强与中央、省级主流媒体沟通联络，借助优秀品牌栏目不断提升攀枝花的城市知名度。与四川广播电视台签订战略合作框架协议，在重大报道选题、新闻从业人员轮训、新闻评阅等工作中开展合作交流，联合新华社四川分社共同推进攀枝花地方频道移动客户端建设，联合腾讯公司共同建设“攀枝花发布”，推进攀枝花市智慧城市建设。借助央视“新闻调查”“乡土”“从农田到餐桌”“乡约”等专题栏目到攀枝花拍摄的契机，充分宣传攀枝花的三张城市名片，不断提高攀枝花的城市美誉度。

2015年，对外宣传充分运用报纸、电视、广播、网络、微信、微博等平台，初步形成全媒体、人外宣的宣传格局。全年在中央、省级新闻媒体及网络媒体刊（播）新闻稿件2052篇（条）。其中，人民日报刊发稿件4篇（人民网22篇）；新华社刊发内参稿件32篇（国内动态清样8篇，内部参考6篇）；中央电视台共播出新闻5条，播出栏目12期；中央人民广播电台播出19篇；四川日报刊登65篇（头版头条4篇，头版11条），四川电视台播出445条（四川新闻头条5条）。

【互联网宣传管理及舆情信息工作】 推动新媒体融合，主动占领网络舆论阵地。出台《攀枝花市推动传统媒体和新兴媒体融合发展专项方案》，借助攀枝花新闻网、中国·攀枝花网、GoGo攀枝花网、攀枝花公众信息网、攀枝花手机报、微信“早安攀枝花”、微博“微攀枝花”等网络宣传平台，推进传统媒体转型升级，主动融入新媒体，主动占领网络舆论主阵地。攀枝花日报社全媒体矩阵列入全省媒体融合重点发展项目，攀枝花广播电视台手机台、官方微信矩阵正式上线运营。“攀枝花发布”“@微攀枝花”分别获2015年度四川十佳城市政务微信和十佳政务微博。精心组织网上重大主题宣传，针对网民关注的民生、经济、科技、教育、医疗、卫生等涉及群众自身利益方面的敏感舆情和热点话题，主动开展网上正面宣传，大力宣传中央的方针政策和省委、市委战略部署，宣传市委、市政府推动经济社会发展的重要举措、改善民生的重点项目和取得的具体成效。注重网上舆论引导，及时做好解疑释惑、化解矛盾、理顺情绪的工作，把公众情绪引导到健康、理性的轨道上来，全年共组织网评员在微博、论坛、新闻跟帖等互动环节发帖1000余条，完成省网信办下达的网评任务87次。

抓好舆情信息工作。做好网络舆情的日常监控工作，在敏感时期、重大会议、重要庆典活动等时间段，安排专职人员24小时网络监控。建立重要舆情、重大突发事件处置联动工作方案，完善了“优秀舆情信息员”“好信息”评比标准、舆情跟踪反馈机制、舆情信息员激励机制、舆情信息保密工作制度、市县（区）两级舆情机构工作沟通协调机制等系列工作机制。继续加大舆情信息的收集整理和报送工作力度，针对舆情集中关注的问题，组织展开舆情分析，对群众提出的意见、要求，及时梳理后汇报给各分管领导进行处理。对重要社会舆情进行长期跟踪分析研究，准确判断舆情变化的走势，为领导决策提供参考。编发《舆情摘报》42期、《舆情专报》15期，领导批示37条，向中宣部报送舆情信息2700余条，被采用153条，促成一批民生问题得以快速解决。

加强互联网建设和管理。完善和落实市委网络安全和信息化领导小组办公室职责，建立舆论引导联合值班等体制机制，牵头推动舆论引导、打击网络违法犯罪、信息化建设、电子政务、电子商务5个专项小组各项工作，与“互联网+”相关的重点项目推动有力，进展顺利。大力开展互联网专项整治行动，及时妥善处置了65条网上敏感舆情、20条不良信息和多起网络突发事件。

【学习宣传贯彻习近平总书记系列重要讲话精神】 组织党委（党组）中心组认真开展专题学习。下达学习贯彻习近平总书记系列重要讲话精神学习书目和理论普及读物任务。围绕“深入学习习近平总书记系列重要讲话精神”“学习贯彻党的十八届五中全会和省委十届七次全会精神”等主题，以中心发言、讨论交流、听党课、举办高端讲座、警示教育参观等多种学习方式，开展党委（党组）中心组专题学习，全年共开展22个专题24次学习，参学率100%。扎实开展“三级三讲”活动。以学习习近平总书记系列重要讲话精神为主线，分市级部门（含高校、大企业）党组（党委）、县（区）党委、镇（街道）党委中心组三个层级，采取党委（党组）书记亲自讲、领导班子成员到分管领域和联系点讲、邀请知名专家讲三种形式，组织开展专题宣讲。其中县级以上党委（党组）书记和领导班子成员到分管领域、联系部门（单位）带头作主题宣讲报告（讲党课）316场，邀请著名专家学者作专题辅导报告（讲党课）31场，共计347场。发扬理论联系实际学风，大力开展理论研究。市委中心组及成员在新华社《国内动态清样附页》发表“学习反思南充拉票贿选案心得体会”、在《四川日报》发表“实现‘绿色化’发展政府必须勇于担当”、在《调查与研究》发表“坚持以改革开放为动力加快推进攀枝花转型升级发展”等理论文章。攀枝花市向省委宣传部上报经验文章《为率先全面建成小康社会注入新力量》，被选为全省党委（党组）中心组学习贯彻习近平总书记系列讲话精神座谈会经验交流材料。

【实施社会主义核心价值观建设“3554”工程】 出台《攀枝花市社会主义核心价值观“3554”工程实施方案》，对攀枝花市培育和践行社会主义核心价值观进行全面部署和安排。广泛开展“攀枝花市社会主义核心价值观城市文化景观作品征集”“社会主义核心价值观公益广告征集”“最美阳光花城——社会主义核心价值观‘随手拍’”作品征集等系列主题活动，推进社会主义核心价值观进家庭、进学校、进企业、进乡村、进机关。向省上推荐社会主义核心价值观示范县1个，创建社会主义核心价值观示范点16个。组织开展攀枝花市第三届道德模范评选活动，评选出王辉荣、丁爱谱等10名道德模范，并推荐他们参评四川省第四届道德模范，4人被评为四川省第四届道德模范。加大“我推荐我评议身边好人”工作力度，推荐上榜“四川好人”18人、“中国好人”6人。深入宣传一批人民满意公务员、记一等功公务员等先进典型，在全市营造学先进、赶先进，作贡献、当表率的浓厚氛围。积极参与“四川志愿、携手圆梦”活动，组织开展了攀枝花市首届志愿服务评选表彰活动、学雷锋知识竞赛、学雷锋心得征文等形式多样的志愿服务活动，推进学雷锋志愿服务制度化、常态化，进一步传播志愿服务理念、弘扬志愿精神。推荐申报参评“四川志愿·携手圆梦”第三届四川省2015年度百名优秀志愿者、十佳志愿服务项目、十佳志愿服务组织、十佳志愿服务社区和十大最美志愿者，4人被评为四川省优秀志愿者、1人被评为四川省十大最美志愿者、1个社区被评为四川省十佳志愿服务社区。积极倡导“我们的节日”，广泛开展邻里守望、爱心帮扶等群众活动，大力弘扬中华传统文化，营造邻里和谐的社区氛围。

【建市50周年系列宣传活动】 召开中国三线建设研讨会。2015年3月2日，在攀枝花三线建设50周年到来之际，中国三线建设研讨会在攀枝花市召开，此次会议由中国三线建设研究会、毛泽东思想生平研究会、中共四川省委党史研究室、中共攀枝花市委、攀枝花市人民政府共同主办。中共中央组织部原部长、中国三线建设研究会顾问张全景，军事科学院原副院长、中将、中国三线建设研究会会长钱海皓，中共中央文献研究室副主任、毛泽东思想生平研究会会长陈晋，中共中央党史研究室副主任吕世光，国家文物局博物馆与社会文物司司长段勇，中央档案馆利用部副主任孔繁玲出席会议并讲话。市委书记刘成鸣致辞。市委副书记、市长张剡主持会议并在会上作题为《三线建设精神　攀枝花崛起之灵魂》的主旨发言。全体与会代表达成《中国三线建设文化遗产保护·攀枝花共识》。来自全国三线建设研究领域的专家学者云集阳光花城，紧密结合中央“四个全面”战略，围绕“弘扬三线建设精神，凝聚改革发展合力”主题，共同见证攀枝花50年发展巨变，重温激情燃烧的岁月，总结三线建设辉煌成就，传承和弘扬三线建设精神，为推动经济社会转型发展提供经验启示，为谱写中国梦绚丽篇章提供精神动力和智力支持。

举行纪念三线建设50周年大型专题文艺演出展演活动。从2015年3月2日开始，纪念攀枝花市三线建设50周年大型歌舞诗《祖国不会忘记》专题文艺演出精彩上演。3月2日首演并全市直播后，3月4—7日，数千名市民群众免费享受了这台感人至深、精彩纷呈的文化大餐。这台演出由中国当代著名舞蹈编导家、舞台艺术家、中央民族歌舞团总导演邓林及其创作团队创作完成，汇集了当前国内顶尖级编、导、舞创作队伍，以舞台艺术手法集中展现攀枝花50年波澜壮阔的建设历程和攀枝花开发建设的卓越成就。时长一个半小时，由上篇和下篇17个节目构成的歌舞诗，浓缩攀枝花50年开发建设的辉煌历史，也纪念了半个世纪的风雨历程。在情景音画《总是想着你》、舞蹈《召唤》《弄弄坪》、音诗画《英雄》、歌舞《忘不了你》、独幕舞剧《大公棚里的女人》、街舞《密地桥头》、诗歌剧《心曲》、歌舞《爱我家园》等节目中，演员们倾情投入的表演，呈现出建设者们豪迈前进的英雄气概，展现了攀枝花在一代代建设者的辛勤努力下发生的日新月异的变化，唤起观众对那段峥嵘岁月的记忆，不少观众在观演时热泪盈眶。

【空政文工团大型经典民族歌剧《江姐》演出活动】 2015年11月16—17日，攀枝花市特邀中国人民解放军空军政治部文工团来攀连演两场大型经典民族歌剧《江姐》，全市2000余名党员领导干部观看演出接受教育。

（雍茹元）

精神文明建设

【文明城市创建】 2015年，在建成“全国文明城市提名城市”的基础上，调整市创文指挥部成员，充实工作人员，增强工作力量。按照新版《全国文明城市测评体系》要求，重新层层分解落实创建任务。举办新版《全国文明城市测评体系》工作培训班；组织县区、市级部门等负责同志赴山东、江苏等地学习考察文明城市创建；召开工作动员会、联席会等研究部署工作；开展密集督导检查和日常巡查，制发34期督查通报；深入实施“基础设施提升、城市环境优化、文明素质养成、文明创建提质、公共文明促进”行动，顺利完成年度“国检”“省检”测评工作，城市公共文明指数年度测评在全省地级提名城市排名第四位。

为巩固文明城市创建成果，不断丰富创建载体，充实创建内涵，有效扩大创建工作覆盖面。印发《攀枝花市推进精神文明建设十大行动实施方案》；组织集合“辉荣春芽书屋”“爱谱连锁工作室”“鹿雯立幸福教练工作室”等特色社会力量，创新服务，为文明创建增色添彩；开展学习型社区、和谐家庭、文明市民、身边好人等创建评比活动，引领社会正能量；举办市民学校、市民讲坛、道德讲堂，公民道德教育平台如雨后春笋，唱响社会主旋律；引导“后来如何”“早安攀枝花”“攀枝花手机台”等新兴媒介，成为文明传播新阵地。2015全市新增市国税局等5个全国文明单位（村镇），攀枝花电业局等5个全国文明单位（村镇）复查验收合格，71个省级文明单位、14个省级文明村镇通过复查验收，对5个省级文明单位作出摘牌处理。米易县荣获“全国文明城市提名城市”荣誉称号。

围绕文明城市创建，加强创建宣传引导，在市内媒体开设宣传曝光专栏，通过热线新闻、曝光台等栏目着重刊播一批市民反映强烈，比较突出的问题，促使各相关职能部门进一步履职尽责。开展“讲文明树新风”公益广告征集活动，共收集作品130余件，设计制作平面类公益广告5000余幅。充分运用喷绘、电子显示屏等各种载体，在各类公共场所、繁华地段、重点区域、建筑围挡等显著位置设置“讲文明树新风”公益广告、社会主义核心价值观24字主题词公益广告，形成了文明城市创建宣传强势。编印攀枝花《市民手册》5万册，提升社会各界对创建工作的知晓率、支持率和参与率，营造了万众一心、齐心协力创建文明城市的浓厚氛围。

【先进典型选树宣传活动】 2015年，组织开展第三届道德模范评选活动，按照评选程序，评选出攀枝花市第三届道德模范10名，以攀枝花市文明委文件印发表扬决定，给予表彰奖励。在全市组织参评四川省第四届道德模范评选活动，攀枝花市推荐报送10个参评候选人，有6人入围四川省第四届道德模范候选人；在《攀枝花日报》连续刊载投票公告和攀枝花市入围候选人的事迹材料，广泛发动大市民参与投票，杨成会、常星、王占刚、刘乔生4人被评为四川省第四届道德模范。加大“我推荐我评议身边好人”工作力度，每月收集、整理、推荐“四川好人”候选人材料，2015年全市有21人被评选为“四川好人”，陆学英、丁爱谱等6人上“中国好人榜”。组织开展关爱困难道德模范、优秀志愿者、身边好人活动，在元旦、春节前后，走访慰问市级及以上困难道德模范、优秀志愿者、身边好人62人，发放慰问金143000元。在建市50周年，邀请徐刚、童琪等道德模范参加全市纪念活动。

【推进志愿服务制度化】 2015年，认真学习宣传贯彻全省精神文明建设工作暨弘扬雷锋精神深化志愿服务视频会议精神，广泛开展志愿服务活动，加大志愿服务品牌打造，志愿服务制度化不断推进。在全市组织开展“攀枝花市首届志愿服务评选表彰活动”，“爱谱连锁”党代表工作室、“大力蚂蚁”助学等5个项目被评选为“优秀志愿服务项目”，辉荣志愿者协会、攀枝花市青年志愿者协会、攀枝花市东区志愿者协会被评选为“最佳志愿服务组织”，张滔、吴良成、胡渡海等10人被评选为“优秀志愿者”，市文明委行文予以表扬奖励。结合文明城市创建工作，组织开展志愿服务专项督查，对23个志愿服务支队的志愿服务工作开展情况进行检查，并给予通报。在全市组织参与“四川志愿·携手圆梦”主题志愿服务活动，开展四川省学雷锋知识竞赛和学雷锋心得征文、社会主义核心价值观公益广告征集、志愿服务评选展示等活动，发放竞赛试题5000份，评选上报学雷锋心得征文10篇、公益广告7个；攀枝花市张滔、胡渡海、吴正基、吴良成、宋艳华被评选为2015年度“四川省优秀志愿者”，东区炳草岗街道西海岸社区被评选为“四川省十佳志愿服务社区”，张滔获“四川省十大最美志愿者”荣誉称号。在春节、清明、端午、中秋、重阳等“我们的节日”，全市各志愿服务组织、广大志愿者积极参与到“暖冬行、爱传递”“弘扬志愿精神·共建和谐社区”“情系端午·邻里守望”“周末主题日·党员义工进社区”“码上学雷锋”“阳光康养志愿服务”“绿色骑行、健康生活”“拒绝毒品、关爱生命”等主题志愿服务活动，志愿者队伍不断壮大，志愿服务氛围日渐浓厚。青年志愿者以“专业化”“心贴心”“面对面”“实打实”“可持续”的志愿服务，全面融入攀枝花市“五创联动”宣传、城乡环境治理、植绿护绿实践、生态环境保护、康养旅游、无车日倡导、重大赛事赛会、关爱困难留守儿童等行动中，成为志愿服务的生力军。

【未成年人思想道德建设】 2015年，全市未成年人思想道德建设工作围绕培育和践行社会主义核心价值观，抓住重要时间节点开展主题活动，不断在促进未成年人健康成长环境上下工夫。利用六一、七一、十一等时间节点，以“少年强·中国梦”为主题，组织开展童心向党歌咏活动、全省优秀童谣征集活动、2015年“美德少年四川行”主题活动和“向国旗敬礼”网上签名寄语活动，报送“中华经典诵读会”优秀节目和童心向党歌咏活动光碟，推荐10名候选人参加中央电视台、四川省美德少年评选，2篇论文获全省未成年人思想道德建设工作论文征集评选三等奖。以纪念抗战胜利70周年为契机，组织开展知识竞赛、文艺汇演、文艺作品巡回展、“勿忘国耻　快乐阅读”“我讲抗日英雄”故事会等活动，组织青少年开展“传承中华文化　共筑精神家园”读书教育活动。

全市乡村学校少年宫常态化运行深入推进，举办攀枝花市首届乡村学校少年宫才艺展示活动，并对才艺展获奖节目及作品进行表扬通报。开展乡村学校少年宫亮点工作宣传报道推荐及教师辅导员培训需求调查，对2014年建成的7个中央项目乡村学校少年宫进行检查考核，对2015年新批的6所中央项目乡村学校少年宫做好筹建工作。市电视台、盐边县电视台录制仁和平地、盐边桐子林镇乡村学校少年宫等展播视频节目，东区银江中心校乡村少年宫视频展播节目获全省展播优秀奖。

城区建成未成年人心理成长指导分中心，在硬件建设基本完成的情况下，进一步完善全市未成年人心理辅导网络，加快全市未成年人心理辅导工作体系的构建，日常管理运行工作逐步开展。

（何宗敏）

目标督查

【目标管理】 2015年，市目标办以制度建设为重点，更加注重目标绩效管理工作的导向性、规范性，着力完善绩效考评体系。及时分解下达2015年度综合目标任务。制定印发《攀枝花市2015年度市级综合目标任务实施方案》《2015年度市级部门职能目标》，分解任务，落实责任，并对完成全年目标任务提出要求。省级目标任务下达攀枝花市后，及时将目标任务分解落实到市级部门。认真完成2014年度市级综合目标考核。依据《攀枝花市2014年度目标绩效考核工作实施方案》，精心组织，做好答疑解惑，顺利完成县（区）、市级部门和钒钛高新区2014年度综合目标考核奖惩工作。

完善目标绩效考评体系。研究制定《关于调整市级目标绩效考评特殊情况加扣分标准的通知》，报市绩效领导小组审定实施；起草制定《攀枝花市市级领导年度目标绩效管理办法》，报市委常委会审定实施；按程序报请研究有关“挂靠”单位的考核奖惩问题，进一步规范考核对象；依据市领导批示，研究市国税局请求市财政全额代发2014年度目标绩效奖、攀枝花市国安局申请解决退休干部目标奖、市政府驻成都办事处申请将部分工作纳入2015年度重点工作考核等问题，并提出处理意见。强化目标实施过程监控。完善省级目标上半年半年报、三季度季报、四季度月报的督查工作机制。根据目标运行情况，及时跟进会议督办和约谈督办，召开省级目标督办会、会商会2次，约谈部门负责人10余人次。强化主要经济指标监控，建立主要经济指标按月督查通报制度，印发督查通报8期。加强固定资产投资、社会消费品零售总额等重点指标的督查调研，推动“四上”企业培育，完成《关于促进固定资产投资工作的督查调研报告》，上报领导参阅。

【督办督查】 围绕市委、市政府中心工作，改进督办督查方式，确保重大决策部署的落实和政令畅通。做好重大决策部署督办。突出抓好中央“八项规定”、省委、省政府“十项规定”、稳增长促改革调结构惠民生政策措施、全面推进大众创业万众创新等重大决策落实，抓好省委省政府、市委市政府重要会议议定事项的督促检查，按时反馈和通报重大决策和会议部署的落实情况。全年共上报各类专题报告9份，督办市委常委会议、市政府常务会议议定事项209项，办结198项，正在办理11项。做好领导批交办事项督办。全年共发出市委、市政府主要领导批示、指示督办通知364份，印发办理情况通报12期、办理情况专报12期。做好重大事项专项督办。着力抓好市委、市政府确定的2015年7大类107项重点工作目标任务，坚持月督办、月通报制度。制定《攀枝花市年度重点工作目标绩效考核实施细则》，对牵头单位、参与单位和督导单位等实施分类考核，既考核实施效果，也考核履职效能，规范奖惩办法。加强市长重点推进项目、投资促进工作的督办，按月报告、通报工作进展情况。全年共开展重点工作、市长重点推进项目、稳增长、防汛和地质灾害防治等专项督查30余次，印发督查通报16期，督查专报9期。改进督查督办方式。对重要事项深入现场摸实情，深挖问题寻求解决途径，对督办事件反复督导，直到问题解决。对难度大、涉及部门多的重大事项，通过召开协调会议，集中研究解决办法，重点对东区渡口记忆、阿署达花舞人间、观音岩饮水工程等重大事项进行督办协调，推动工作落实。

【民生工程】 指导县（区）、市级部门适应新形势、新要求，务实推进民生工程和民生大事政策落地、加快建设。及时制定民生工程实施方案。分解落实省委、省政府下达的十项民生工程和20件民生实事，结合市委、市政府的工作部署，牵头制定《攀枝花市2015年十项民生工程及24件民生大事实施方案》，共10大项、98个分项，其中省级51项，市级47项，省级民生实事17件，市级民生实事7件。全年预算资金安排39.95亿元，比2014年增长2%。认真抓好民生工程督查督办。采取现场督查、召开督办会、单位约谈、发督查通报等多种形式，加大对民生工程项目的督查督办。全年共组织专项督查3次，现场督查100余次，召开专项督办会10次，约谈责任单位8次，发出督查通报8期。截至12月，98项民生工程中，有93项完成全年目标任务，有4项需跨年完成，有1项暂缓实施（人行过街设施建设）；24项省、市民生大事中，有23项已完成全年目标任务，有1项暂缓实施（同上）。累计执行资金40.9亿元，完成全年计划的102.4%。夯实民生工程基础工作。修订《攀枝花市民生工程绩效考评实施细则》，完善考评内容，改进考评方式，加大对资金预算执行进度和拨付进度的督查考核。按照知情人评知情事的工作思路，探索实施民生工程社会满意度评价，制发《攀枝花市2015年度民生工程满意度测评实施方案》，规范测评对象、测评内容和测评方式。探索开展民生工程实施效果网上评议，将市级责任单位实施民生工程情况晒在网上，动员群众参与评价。做好民生工程宣传报道。制定《攀枝花市2015年“民生工程和民生大事”宣传工作时间安排表》，充分利用广播、电视、报刊、网络等媒介，开设“2015民生工程巡礼”“关注民生就业”“决战全面小康，全力精准扶贫”“民生无小事，滴滴暖人心”等专栏，有计划、分阶段开展民生新闻宣传报道，增强广大市民对民生工程建设的知晓度、满意度。截至12月，各级媒体共刊登和编发民生工程新闻稿件800余件，推出“民生社会”版面120多期。

【办理人大代表建议和政协提案】 2015年，接收交办市人大代表建议139件、政协提案256件，所有建议、提案均在规定时限内办理答复完毕，按时办复率达100%。严格执行制度，增强办理工作的规范性。着力落实协商沟通、限期答复等工作制度，建议提案办理工作有序开展。跟踪督查到位，增强办理工作的实效性。会同市人大人事代表工委、市政协提案委对23个主办单位进行督查，召开督办协商会4次，涉及办理件332件，督查面达81.5%，发现各类问题127个。现场督查点位25次，梳理建议提案重点关注问题2个。对21个重点建议提案和9个涉及民生的建议提案进行重点督查督办，召开协调会10次。从办理结果看，建议提案所提问题已经解决或基本解决的共199件，占总数的50.4%，比2014年提高6个百分点。市人大代表、提案人对办理工作的满意率分别达到99.3%和

99.2%，满意率连续三年超过95%。强化服务意识，开展督查调研。组织编写《2014年市人大代表建议和政协提案重点关注问题》，在“两会”期间印发代表委员供其参阅。继续强化“多对一”督办协商方式，组织20个承办单位针对赵鸥代表所提24件建议召开见面答复会，为代表履职提供服务。加强部门联动，组织研究建议提案反映强烈的“停车难、收费乱”、社会噪音扰民和校外午托机构监管等问题，形成调研报告，为领导决策提供参考。

（罗　敏）

统战工作

【概　况】 2015年，中共攀枝花市委统战部内设办公室、干部科、党派知识分子科、经济联络与海外科，机关事务管理科、民族宗教科6个科（室）；行政编制12名，单列管理行政编制2名，机关后勤事业编制4名，实有在职干部职工17人。

2015年，中共攀枝花市委统战部认真贯彻落实党的十八届三中、四中、五中全会精神，中央、省委、市委统战工作会议和全国、全省统战部长会议精神，学习贯彻《中国共产党统一战线工作条例》及省委《实施细则》精神，紧紧围绕市委、市政府确定的推进“三个加快建设”“三个走在全省前列”，打好“六大硬仗”等战略任务，组织和引导统一战线着眼大局，发挥优势，服务全市改革发展，全面做好新时期统一战线各领域工作，进一步巩固和发展统一战线工作的良好态势，为实现攀枝花在全省率先全面建成小康社会提供广泛力量支持。

【贯彻落实四川省委统战工作会议】 8月18日，攀枝花市委召开市委统战工作会议，市委常委、市人大常委会主任、市政协主席出席会议，市委各部委、市级各部门党组（党委）、各人民团体党组、有关企事业党委主要负责同志参加会议。会议由市委副书记、市长杨自力主持。会议传达学习中央、省委统战工作会议精神，交流工作经验，对今后一个时期全市统一战线工作进行安排部署。市委书记张剡出席会议并作讲话，强调要围绕省委书记王东明提出的“七个更好”要求，进一步做好全市统一战线各领域工作。市委统战工作会议后，市委召开专题会议研究市委统战部上报的当前全市统战工作存在的薄弱环节和需要改进方面的报告，就10个问题进行研究和明确，从全局推动统战工作的全面发展。

【服务全市改革发展】 2015年，中共攀枝花市委统战部协助各民主党派、工商联加强与上级组织联系、争取支持，邀请民主党派中央和省委领导到攀调研视察，为攀枝花市在破解经济社会改革发展难题、争取上级政策支持、扩大攀枝花影响力等积极作为，取得显著成效。

4月1日，民建四川省委副主委、省政协常委王元勇率调研组到攀，就推动长江经济带健康发展开展调研，并与攀枝花相关部门进行交流座谈，促进攀枝花市尽早融入长江经济带发展；4月16日，致公党中央社会服务部部长李万通一行到攀枝花调研，向攀枝花市捐赠2套远程医疗设备；25—28日，通过民革四川省委、民革攀枝花市委的协调和争取，民革全国机关建设工作研讨会在攀枝花召开，全国政协副主席、民革中央常务副主席齐续春出席并作讲话，来自全国各省市的150余位民革组织机关人员参加会议；9月15—16日，“四川民盟送文化下乡”文艺演出分别在攀枝花市米易县、盐边县举行。民盟四川省委主委、省政协副主席赵振铣出席活动并讲话，民盟四川省委副主委、民盟成都市委主委李铀，民盟省委秘书长姚其清等领导及2000余名当地群众观看演出；11月15—16日，通过农工党攀枝花市委的争取，全国政协副主席、农工党中央常务副主席刘晓峰率调研组到攀枝花市，就围绕“四川攀西地区土壤污染防治”课题，对攀枝花市生态环境综合整治项目、耕地保护与发展项目和工矿废弃地复垦利用试点项目进行调研；11月16日，全国政协副主席、农工党中央常务副主席刘晓峰出席第六届四川国际自驾游交易博览会开幕式并参观部分展馆；12月5—10日，民革中央网站特约编辑培训会和《亲历者赞—民革人物报道集》（第三、四辑）审稿会在攀枝花召开，民革中央副主席修福金出席并考察攀枝花康养产业建设情况，对攀枝花下一步怎样加快城市转型发展提出建设性的意见建议，出席会议的全国各地的民革党员在攀枝花进行交流学习，并感受攀枝花的阳光和热情；12月20—25日，由中央统战部、各民主党派中央、全国工商联黔西南“星火计划、科技扶贫”试验区联合主办的贵州省黔西南州乡村旅游培训班在攀枝花召开，民革中央副主席何丕洁、全国政协副秘书长出席培训班并考察攀枝花康养产业发展情况，来自黔西南州100余位从事乡村旅游发展的同志，就攀枝花市的阳光康养产业建设进行参观学习，宣传和推介攀枝花的阳光康养城市建设。

【专题调研】 2015年11月12日，攀枝花市举行统一战线专题调研成果汇报会，听取各民主党派、市工商联和市知联会的专题调研成果汇报。中共攀枝花市委书记张剡出席会议并讲话。中共攀枝花市委副书记、市长杨自力主持会议。市人大常委会主任谢道全，市政协主席单荣，中共攀枝花市委副书记于会文，中共攀枝花市委常委、常务副市长黄正富，中共攀枝花市委常委、市委组织部部长熊伟，市政协副主席、中共攀枝花市委统战部部长赵勇出席会议。调研报告涉及“四川南向门户”、电子商务建设、新型农业经营主体、攀西战略资源创新开发等方面。调研成果得到中共攀枝花市委书记张剡，中共攀枝花市委副书记、市长杨自力充分肯定。

【扶贫工作】 2015年，攀枝花市统一战线创新扶贫攻坚模式，主动投身扶贫攻坚战略部署，整合资源和力量，启动“全市统一战线定点帮扶红宝乡三年行动计划”，定点帮扶红宝乡，助推该乡经济社会发展和精准扶贫，加快脱贫奔康。2015年，通过在红宝乡大力实施聚智建言、基础改善、产业提升、教育提质、医卫促进、扶贫解困“六大帮扶行动”，取得明显成效。全年累计争取和投入资金180多万元，实施基础设施建设和产业项目10个，开展一系列专题调研、技术培训、送教助学等扶贫帮扶活动。

【生态文明建设】 2015年，全市统一战线积极响应市委、市政府关于加快推进生态文明建设的部署，号召全市统一战线广大成员踊跃参与，捐资认植，投入资金50余万元，在保安营梁子山脉侧翼处，实施“统战同心林”项目，“统战同心林”种植面积4.67公顷，植树9000余棵。

【参政党建设】 2015年春节前，受市委书记刘成鸣委托，市委副书记、现市长杨自力主持召开全市党外人士迎春座谈会。春节后第一天，市委书记刘成鸣等市委、市人大、市政府、市政协主要领导走访慰问市级各民主党派机关、工商联机关和知联会。2015年5月25—30日，市委组织部与市委统战部在北京社会主义学院联合举办全市党外干部理论与实践培训班，来自全市各民主党派、工商联、党外知识分子联谊会和市人才递进培养班的党外干部共63名学员参加为期5天的专题培训。9月，组织民主党派、工商联、知联会负责人赴仁和开展第24期暑期学习活动。坚持按照政治协商的内容、原则和程序，规范有序地开展政治协商，2015年，《政府工作报告》、市委重大人事安排、党风廉政建设和反腐倡廉等工作先后征求党外人士意见和建议。积极协助民主党派市级组织做好换届工作，形成《中共攀枝花市委统战部关于协助民盟、农工党、致公党、九三学社四个民主党派市级组织做好换届工作的意见》，并报市委同意，为2016年换届奠定基础。

【党外代表人士队伍建设】 市统战部与市委组织部通力合作，认真贯彻落实中央、省委关于加强党外代表人士队伍建设有关精神，切实加大党外干部发现储备、教育培训、选拔使用等工作力度。3月12日，市委组织部、市委统战部召开第三次党外干部工作联席会议，会议对党外科级干部队伍的发现储备、培训锻炼，加强管理等方面进行深入研究。市委组织部与市委统战部联合出台《关于加强党外科级领导干部队伍建设的意见》，明确党外科级领导干部配备数量，并制定具体措施办法。市委统战部与市委组织部组成联合考察组，对25名任正科级职务年限在3年以上、年龄45岁以下的党外科级干部进行考察了解，形成考察报告，向市委提出近期使用的党外干部建议。截至年底，攀枝花市有15个正县级领导岗位由党外干部担任；市人大、市政协在专委会中足额配备党外主任、副主任的基础上，配齐党外专职副秘书长。市政府工作部门配备2名正职，市政府直属机构配备1名正职。全市县（区）人大、政府、政协领导班子中，除因调动原因而空缺党外副职外均实现足额配备。

【非公经济人士理想信念教育】 按照“政治上自信、发展上自强、守法上自觉”的总体要求，深入开展以诚信守法为重点的非公经济人士理想信念教育活动，制定《关于以守法诚信为重点深入开展理想信念教育实践活动的实施办法》。4月17日，召开以守法诚信为重点深入开展理想信念教育实践活动动员会，市委书记刘成鸣作重要批示，市政协副主席、市委统战部部长赵勇对理想信念教育活动提出具体要求，与会企业家共同发起“攀枝花市非公有制经济人士守法诚信倡议书”，并参与“与法同行·诚信经营”签名活动。邀请时任雅安市检察院党组书记、检察长杨长云结合司法实践的具体案例，从民营企业主体常见的法律纠纷、民营企业在经营管理中易发生的问题、民营企业在发生矛盾纠纷后的解决机制等方面为100余名非公经济人士举办专题讲座。

【万企帮万村活动】 按照全国工商联、国务院扶贫办和中国光彩事业促进会的部署和要求，开展“万企帮万村”精准扶贫行动，引导全市民营企业积极参与，在自愿选择和指导对接的原则下，采取帮“一帮一”或“多帮一”的形式与建档立卡贫困村结对帮扶，动员全市82户企业与45个建档立卡贫困村结对。

【民族宗教工作】 结合依法治市工作部署，联合市民宗部门在宗教场所深入开展“和谐寺观教堂”创建和法律进寺观教堂活动，在寺观教堂举办法律知识宣讲4次，开展经常性的法制宣传教育活动，组织开展学习培训逾1000人次。加强与宗教界代表人士的联系，坚持定期对宗教界代表人士进行走访慰问，并帮助解决实际困难问题。

【统战部门自身建设】 中共攀枝花市委统战部加强机关规范化建设，推进部内各项工作有效运转，加强统战干部队伍建设，加强统战信息、宣传、调研等基础工作，《攀枝花市“三头给力”推动党外干部使用配备实现“三个前所未有”》信息被省委统战部《统战工作》采用，并以专题信息形式上报中央统战部，省委统战部简报也以“攀枝花市党外干部使用配备实现三大突破”为题刊发，向省委、省人大、省政府、省政协报送。圆满完成《攀枝花市统战志》编纂工作，正式出版发行。

（高雷、郭建）

对台工作

【着力产业研判，实施精准招商】 2015 年，全市台办系统按照中央和省、市委对台工作部署，围绕市委、市政府中心工作，主动适应经济发展新常态，拓展工作思路，创新工作方法，把对台招商引资作为对台工作的第一要务，对“如何克服区位劣势抓好对台招商引资工作、攀台在产业合作方面有哪些契机”进行认真分析研判，把“特色农业、康养产业、钛材料精深加工”作为对台招商引资的三大重点产业。

全力促成台湾百津园贸易公司到攀投资建设芒果深加工厂和芒果、释迦种植基地。全年先后邀请台湾百津园贸易公司董事长 10 多次到攀考察、洽谈。6 月中旬，沈百合最终决定在盐边台创园核心区投资建设一个加工鲜芒果的深加工厂，生产芒果干、芒果汁、芒果冰、芒果丁等系列产品，并将建设 1 个芒果、释迦种植基地。7 月 29 日，芒果深加工厂一期项目正式动土建设。

积极推进攀枝花阳城金海旅游投资有限公司与台湾敏盛医院进行深度合作，助推攀枝花市康养产业发展。在市委台办的积极支持下，1 月，由具有 40 年医养融合经验的台湾敏盛医院日间照护机构提供全套技术支持的攀枝花市第一个“敏盛模式”的日间照护机构——攀枝花台湾敏盛长辈照护中心金域阳光店正式营业。截至 2015 年年底，该中心运行良好，已成为攀枝花市打造阳光康养产业的示范企业。

积极邀请台湾台水集团董事长郭台伟到攀洽谈养殖澳洲淡水龙虾和种植火龙果。

【开展投资促进活动】 2015 年，市委台办坚持“请进来”和“走出去”相结合，深入开展投资促进活动。

5 月 11—17 日，牵头组成攀枝花盐边台湾农民创业园专项考察团，赴台参加“第二届川台农业合作论坛”，向参会台湾企业家推介攀枝花的资源禀赋、投资环境和美好的发展前景；8 月 18—20 日，市委台办牵头组织相关单位组团参访深圳台商理监事会，并在深圳台商协会举办攀枝花专场产业推介会，向深圳台商协会的 20 个分会、200 余家台资企业主推介在攀枝花市发展特色农业、康养产业、钒钛产业方面的有利条件、发展前景；11 月 19—23 日，市委台办组织两家台资企业和盐边台湾农民创业园参加“第三届四川农业博览会暨川台农业合作成果展”。四川省委常委、农工委主任李昌平和省委台办领导在巡视第三届农博会“川台农业合作成果展”时，参观攀枝花盐边台湾农民创业园展位并察看参展台企展出的产品。

2015 年，市委台办荣获省委台办“2015 年度四川对台经济工作先进单位”。

【对台交流交往】 2015 年，全市台办积极倡导“两岸一家亲”理念，坚持追求两岸同胞感情融合和心灵契合，积极创造各种条件，不断扩大攀台各界民众的相互接触，进行面对面的沟通、心与心的交流，努力增进两岸同胞的了解互信、情亲融合。

4 月 1—2 日，市委台办邀请美东台湾客家联谊会会长陈孝达到攀实地考察现代特色农业和康养产业。陈孝达一行实地考察了盐边台湾农民创业园的规划及核心区打造情况，考察攀枝花台湾敏盛长辈照护中心金域阳光店的运行情况；7 月 10—11 日，市委台办邀请全国台企联常务副会长、台湾客家商会会长黄明智率领深圳台商协会总会考察团到攀枝花考察。市委书记张剡、副市长江海会见了黄明智一行。在攀期间，黄明智一行实地考察了攀枝花台湾敏盛长辈照护中心金域阳光店、红山国际社区和攀枝花逸品敲冰巧克力庄园有限公司；9 月 11—12 日，全国台企联常务副会长、成都台商协会荣誉会长高锦乐和三亚市台商协会会长、三亚市凡尔赛饮食文化有限公司董事长蔡宝良一行到攀枝花考察芒果深加工项目。副市长刘先伟会见高锦乐一行。在攀期间，高锦乐一行到东区、仁和区了解农业发展情况、投资环境，就芒果深加工项目的具体事宜与东区、仁和区投促局进行了商谈。

2015 年，经市委、市政府批准，市委台办组织“盐边台湾农民创业园专项考察团”“攀枝花市城市管理和旅游业考察团”赴台进行经贸交流活动。据统计，全年全市有 1200 人次的市民赴台湾参观旅游。

【对台宣传和涉台教育】 2015 年，全市涉台宣传和涉台教育工作紧紧围绕中央、省委台办和市委、市政府中心工作，以活动、项目为抓手，拓展渠道、创新手段、整合力量，不断加大工作力度，进一步展示攀枝花在岛内的良好形象，扩大攀枝花在岛内的知名度和影响力。

利用参加“第二届川台农业合作论坛”和两个因公赴台团组在台期间的契机，召开有针对性的座谈会、推介会，重点介绍攀枝花市情以及发展特色农业、康养产业、钒钛产业的有利条件、发展前景等，推介攀枝花良好的投资环境；举办台海形势报告会，与民革攀枝花市委共同邀请厦门大学台湾研究院副院长李非教授到攀作台海形势报告。攀枝花市对台工作部门、民革党员、从事统战工作的干部、台胞台属等 120 余人聆听报告；在《四川对台工作》和《攀枝花日报》、攀枝花广播电视台上宣传，在中国台湾网、华夏经纬网上发布，不定期地向省委台办和市对台工作领导小组成员报送反映攀枝花市对台工作的动态。

2015 年，市委台办荣获省委台办“2015 年度四川对台宣传工作先进单位”。

【服务台胞台属和台资企业】 2015 年，全市各级台办认真贯彻《四川省政府关于促进台资企业加快发展的若干政策意见》，不断强化服务意识，提升服务质量，积极帮助台资企业加快发展。

对台胞、台属、台资企业反映的生产、生活中的问题和诉求，采取领导负责、专人跟进的办法，逐一调解和落实，做到件件有答复、事事有落实，没有一起因处理不当而造成涉台上访事件。

认真开展“服务台商大走访季”活动。市委台办深入贯彻中央和省委对台工作决策部署，以“解决问题求实效，建章立制促发展”为主题，对在攀的 9 家台资企业、4 家台资项目逐一走访。市委台办还与市人社局、市住房公积金管理中心组成市、县(区)两级联合检查组，对台资企业缴交社会保险费和住房公积金的情况进行走访调研和监督检查，向企业宣讲法律、答复咨询、赠送资料。

继续争取到台湾中航集团董事长彭荫刚先生资助攀枝花市贫困小学生完成小学学业助学金 3 万元。按照彭荫刚先生的意愿，及时将助学金发给东区、西区、仁和区、米易县、盐边县的 50 名小学生。

坚持开展走访慰问活动，积极帮扶困难台胞台属。4 月 1 日，市委台办陪同四川省台联会长刘琪一行慰问了在攀居住的唯一一名台湾籍大陆同胞陆大跃。在中秋节，市委台办负责人专程到台属汤文澡家，送去党和政府的关怀。

【康养产业合作交流会】 为进一步加强攀台之间在现代特色农业、康养产业方面的交流与合作，10 月 28—29 日，在省委台办的大力支持下，市委台办和市级相关单位共同承办了“攀台现代特色农业和康养产业合作交流会”。十届四川省政协副主席曾清华等省、市领导，台湾人寿保险商业同业公会理事长、中国信托人寿副董事长兼产险董事长许舒博等台湾知名人士出席会议。台湾农业赴川参访团现代农业和康养产业领域企业负责人，攀枝花市相关部门(单位)负责人，攀枝花市部分台资企业、农业和康养企业负责人等共 140 余人参会。攀台双方围绕“深化合作交流，促进共同发展”主题，举办了会见会、参访考察等重要活动。市委书记张剡在交流会结束后深入部分台资企业调研，了解台商在攀投资兴业情况，鼓励台资企业借攀枝花市特色农业和康养产业加快发展之机发挥优势、调整结构、形成特色、创造品牌。

在攀台现代特色农业和康养产业合作交流会召开期间，市委台办邀请了中央电视台《海峡两岸》栏目、中新社四川分社、《四川日报》《四川经济日报》、四川新闻网等媒体，组织了《攀枝花日报》《攀枝花晚报》、攀枝花广播电视台、GOGO 攀枝花等市级媒体，对合作交流会进行全方位的采访报道。中央电视台《海峡两岸》栏目以“主打阳光康养，攀枝花引进台商入驻”为题，对攀枝花发展阳光康养产业的情况进行了介绍；中国新闻网以“攀台两地现代农业和康养产业合作交流会在四川攀枝花举行”为题对合作交流会进行深度报道，被《中国日报》、凤凰网、华夏经纬网、中国台湾网、新浪新闻、网易财经、新民网等 20 余家媒体转载；《四川日报》以“台湾省客商扎根攀枝花，用最好的技术生产最好的芒果”为题介绍攀枝花市发展康养产业、芒果产业和推进盐边台创园建设等情况；台湾《旺报》以半个版面介绍攀枝花发展阳光康养产业、现代特色农业、引进台湾省客商到攀投资创业等情况。通过宣传，扩大了攀枝花的影响力，提升了攀枝花的城市魅力，展示了“阳光花城·康养胜地”的城市形象。

【《魅力城市——攀枝花》正式上线】 创新宣传形式，与台湾中时电子报合作编制宣传推介攀枝花市的电子书——《魅力城市—攀枝花》。该电子书由卷首语、城市概述、吃喝玩乐攀枝花、文化艺术、节日庆典、宜居生活、印象城市、互动商家等单元组成，通过文字、图片、视频、音频、地图链接等多种形式，全方位推介攀枝花。8 月 27 日，该电子书在中时电子报正式上线。

【队伍建设】 2015 年，根据中央和省、市委部署要求，市委台办以“三严三实”专题教育活动为契机，切实加强机关队伍建设。

全面提高对台干部业务素质和工作能力。根据人事变动和工作需要，及时调整市委台湾工作领导小组组成人员。2015 年，市委台办原副调研员王铎提拔为调研员，选调市地方志办原年鉴科科长赵雪松到台办综合科工作。先后选派 7 名从事对台工作的干部参加国台办、省委党校等举办的相关业务培训。

深入开展“双联”“双报到”和帮助特殊青少年等工作。“七一”前，市委台办向“双联”对口帮扶村——金江镇马海达村送去扶贫帮扶技术培训资金 4000 元。切实做好社会治安综合治理、党风廉政建设、组织人才和老干部、普法、保密、信访、档案等工作，完成了省委台办交办的其他工作。

2015 年，市委台办继续保持了“四川省文明单位”称号。

(赵雪松)

保密工作

【网络保密管理】 2015年，市委保密办(局)严格落实中央、省有关规定，核实全市在用、在建、拟建涉密网络4个，采取主动联系、上门服务、全程跟踪等方式指导全市各级党政机关涉密网络实施分级保护建设，多次召开沟通协调会，明确涉密网络建设、测评和审批工作任务和要求。在人员编制非常紧张的情况下，仍然响应省委保密办、省国家保密局的要求，派出两位同志参加全省涉密网络测评工作，高标准高质量按期完成4个市(州)近50余个节点的组织部门、检察院涉密网络测评工作。

【召开全市保密工作会议】 4月16日，攀枝花市召开全市保密工作会议。各县(区)委保密委员会主任、保密局局长；市委各部委、市级各部门、各人民团体、各有关企事业单位分管领导；军工单位保密委员会主任、保密办主任；获得全省保密工作先进单位和先进个人，共计118个部门，130人参加会议。会议由市政府秘书长、市政府办主任、市委保密委员会副主任徐明义主持。会议首先为2014年四川省保密工作先进集体和先进个人颁发奖牌和奖状。然后市委副秘书长、市保密委员会副主任、市委保密办主任、市国家保密局局长唐明怡传达中央政治局委员、中央书记处书记栗战书在中央保密委员会全体会议上讲话和全国、全省保密工作会议精神。最后，市委常委、市委秘书长、市委保密委员会主任许健民做讲话。

【依法行政】 贯彻依法治市的有关要求，强化法治思维和依法治密，清理保密行政权力目录，加强政府信息公开保密审查的指导监督，做好规范性文件审查备案工作。严格规范保密资格审查，办理和确认10件涉密工程，调整和批复1家市级机关的保密要害部门部位，现场审查涉密定点维修单位2家，完成1家军工企业保密资格审查，完成5家单位共约300万字公开出版物保密审查。

【保密宣传教育】 2015年，统筹推进保密形势、保密法律法规、保密监督检查、保密技术防范、涉密信息系统“三员”等业务培训，筹建全市保密教育培训师资库，做好保密工作杂志和工具书籍的征订发行工作。开展《手机背后的谍网》观看活动，督促落实《手机使用保密管理规定》和《普通手机使用保密守则》。

【保密检查】 2015年，在全市范围内先后开展国有企业保密管理、机关单位涉密网络和非涉密网络建设管理、涉密测绘成果保密管理等专项检查，并对全市16家重点涉密单位进行了抽查，对发现的问题及时要求整改，确保全年全市无重大失泄密案件发生。

【保密指导管理】 2015年，发挥机关单位保密工作的主体作用，加强对党政机关、涉密单位、军工企业和重点行业、重点区域的保密指导管理。健全保密工作统计数据年度更新机制，2015年完成全市134家单位的数据更新。全程参与做好高考、研究生考试、公务员考试、司法考试等考试的保密管理工作。

【保密技术】 2015年，按照涉密计算机信息系统分级保护机密级一般标准建设了独立的保密机房，开展非涉密文件监控系统建设，完成服务器端建设，加强全市保密系统信息化建设，更新检查软件和反窃听窃视工具，按照省委保密办、省国家保密局的部署，筹划全市涉密载体销毁及保密技术服务中心建设。

【“三言三实”教育活动】 市保密局认真贯彻彻落实习近平总书记和中央、省、市委关于全面从严治党的部署要求，扎实开展“三严三实”专题教育，结合保密部门实际，坚持问题导向，严格执行各项规定，努力廉洁高效的工作氛围，为推动保密工作提供有力的思想和组织保证。

(孙俊峰)

市直机关工委

【思想建设】 坚持把“凝聚思想共识、构筑精神高地、落实党建责任”作为全面从严治党的首要任务，扎实推进思想引领、理论武装和强化责任等工作。

加强思想政治建设。坚持把深入学习贯彻习近平总书记系列重要讲话精神作为重大政治任务，牵头开展机关党组(党委)理论中心组学习的督导检查，推动市直机关领导班子以身作则，率先垂范，不断提高领导班子思想政治素质。坚持开展思想状况分析工作，指导机关党组织开展思想动态调研，主动了解和掌握干部职工的思想反映、意见建议和关切诉求，并通过基层调研、问卷调查、集中约谈等方式，形成了《攀枝花市直机关党员干部思想状况分析报告》。

深化学习型机关创建工作。开设市直机关“党务知识大讲堂”，邀请党建工作领导、专家集中授课，着力提升党务干部的政治理论、业务工作水平。截至年底举办3期，累计1000余人次党务干部参加。组建公文写作讲师团，指导机关立足实际，组织干部职工开展培训。深入推进“全民阅读进机关”，并开展了读书感言征集活动，组织广大机关干部职工踊跃撰写，畅诉感悟，共收到读书感言近500份。同时，各级机关也立足需求，加强学习阵地建设，广泛建立学习园地，为职工书屋添置设施、设备，购买各类书籍、音像制品等，进一步营造良好的学习氛围。

强化机关党建责任落实。制发《市直机关基层党组织书记工作职责》，进一步明确市直部门党组（党委）书记的第一责任和机关党组织书记的直接责任，并于4月召开全市机关党建分析会，研究分析新常态下机关党建在从严治党中的地位、作用和工作重点，帮助机关党务干部牢固树立"抓好党建是最大政绩"的意识，全力推动年度目标任务的有效落实。同时，完善《机关党建目标考核办法及细则》，对机关党建实行目标管理，并抓好专职书记述职测评，加大考核推优力度。

【组织建设】 扎实开展市直机关"基层组织建设年"活动，全年共完成46个机关党组织的换届指导工作，31个机关党组织换届实施了公推直选。市直机关共配备专职书记29名，其中，新配备2名，推荐2名轮岗交流，并完成2名专职书记的考察任务。配备专职副书记19名，兼职书记312名，5名专职书记年度考核被评为优秀等次。同时，把好"入口关"，定期举办市直机关"在党旗下成长"入党积极分子培训班，严格落实发展党员公示、票决、预审、纪实和责任追究等制度，全年新发展党员54名，预备党员转正64名。

以项目化管理抓机关党建品牌建设。围绕"有特色、叫得响、可推广、能长效"的原则，广泛挖掘集体典型、个人典型和党建经验，从26个申报项目中，首批重点培育了市水务局——"水润花城""煤气公司党员服务队"、市林业局——"绿色先锋、美丽花城""阳光地税心服务"，以及"花城法官"等5个品牌项目，着重抓好培育、立项、实施、验收、推广5个环节，强化培育与宣传同步、立项与指导同步、验收与推广同步，积极探索党建工作项目化、项目成果品牌化的新途径。从22个市直部门（单位）申报的26个品牌项目中，确定5个首批重点打造的立项品牌，重点打造，如"市林业局——绿色先锋、美丽花城品牌""市水务局——水润花城"和"煤气公司党员服务队""市地税局——阳光地税心服务"等。

定期组织技能比赛和评选表彰。以"爱岗敬业、岗位建功"为主题，举行市直机关公文写作技能大赛，共有64名机关干部参加竞赛。举办市直机关"党务知识大练兵"现场知识竞赛，共推选出8个代表队开展现场竞赛。同时，在"七一"建党节期间开展先进评选。全年共评选出30个先进机关基层党组织，190名爱岗敬业模范党员、优秀党务工作者、学习型党员标兵等先进典型。市煤气总公司党员服务队裴毅、市社会福利院柯丽婷获得四川省"身边雷锋·时代榜样"争创岗位学雷锋敬业标兵荣誉称号。

【制度建设】 认真贯彻执行《中国共产党党和国家机关基层组织工作条例》和《四川省〈中国共产党党和国家机关基层组织工作条例〉实施细则》，推动市委印发《关于进一步加强和改进新形势下机关党建工作的意见》，对全市机关党建的责任体系、运行机制、考评机制和保障机制等作了进一步的完善。制定《机关党建工作联系指导制度》，将市直部门（单位）74个直属党组织划分为6个组，由工委县级领导干部牵头开展定点联系指导，推动机关党建工作落到实处。

不断健全关心、关爱党员机制。全年为321名生病住院党员和去世党员家属发放慰问金7.5万余元。同时，联合市委组织部下发《关于进一步加强市级机关、事业单位离退休党支部（党小组）建设的通知》，进一步加强离退休党员的管理和服务，明确将机关离退休党员实际上缴党费的50%，划拨给该单位离退休党组织用于开展学习活动，并在此基础上，拓宽划拨范围，对只成立离退休党小组的市直机关，也可按上述标准划拨，经费由所属党支部负责监管。

【作风和反腐倡廉建设】 坚持把纪律和规矩挺在前面，认真落实"两个责任"，切实维护党纪党规的严肃性。同时，着力打造特色机关文化，激活机关干部职工干事创业的激情。

严肃党内政治生活。抓好"三严三实"专题组织生活的审核、检查。指导和推动市直机关开展"三严三实"专题教育，加强督导检查，认真审核机关党组织的专题组织生活会，并派员随机参与，给予指导。开展"我为支部献一策"主题活动。各级机关党组织通过召开组织生活会、座谈会、个别征求意见、发放调查问卷等方式，向全体党员征集生动、鲜活、朴实的支部工作方式方法，引导党员变"被动"为"主动"，增强组织纪律意识，积极参与组织生活，累计征集意见建议800余条。开展"我的组织生活"主题活动。市直机关以党支部为主体，积极组织开展各具特色、形式灵活、内容丰富的组织生活，激发党员的参与热情；并组织开展了优秀组织生活观摩活动，搭建交流推广平台。

整合力量抓"四风"。市直纪工委牵头对市直机关"三公经费"和公车私用私驾等情况进行为期10天集中检查，12个机关纪检组织、50余人次纪检干部参加；印发《攀枝花市践行"三严三实"要求市直机关党员干部行为规范》，列出25种行为规范，来约束机关干部的日常行为，为进一步巩固市直机关"四风"问题专项整治工作成果做出努力。

着力打造特色机关文化。以"团结·和谐·奋进"为主题，启动市直机关"首届文化艺术节"活动。组织机关干部开展元宵登山、书画摄影、棋牌、诗歌朗诵、趣味体育、文艺调演等比赛和展示活动，进一步活跃了机关氛围，排解了工作压力，激活了奋进动力。活动中共有5000余人次机关党员干部职工参与其中，涌现出一批创作和表演水平较高的文艺作品，累计有84个单位和59名选手获奖。同时，丰富机关“快乐工作·健康生活”文体活动兴趣小组内容，为不同单位有共同爱好的机关干部搭建交流平台，让干部职工在丰富多彩的业余生活中陶冶情操、提振精神。

【“双联”和干部驻村帮扶工作】 以推动脱贫攻坚任务为目标，纵深推进“双联”、万名干部直接联系服务群众和干部驻村帮扶工作。

创新开展分类指导工作。“双联”办突出地域特色，指导各联系部门和联户干部按照“因人而异、一户一策、分门别类、因地制宜”原则，将联系户划分为输血户、造血户和活血户三类，并建立联系户基本情况台账，主攻薄弱环节，有针对性地带动贫困户脱贫。创新开展“送志向”活动。针对攀枝花北部山区较为偏远封闭，对推动发展动力不足等特殊情况，在开展“送温暖、送政策、送法律、送技术、送文化、送经验”等“六送”活动的基础上，提出向联系村、联系户开展“送志向”活动，通过正面教育引导、开展实用技术培训、组织外出学习参观、开展城乡青少年结对互访交流体验等活动，帮助联系村、联系户坚定致富信心、增强发展后劲和动力；帮助联系村青少年开阔眼界，增长知识，树立远大志向。2014 年，还积极向省上努力，从省直工委争取到“金秋助学”资金和工作经费 20 万元，支持工作开展。完成部分帮扶部门和联户干部的结对调整。为进一步整合帮扶资源，强化帮扶工作力量，“双联”办结合扶贫攻坚任务，按照“五个一”要求，对市级领导、市级部门“双联”工作联系点进行了调整，各部门对干部结对联系贫困户的调整工作也基本完成。

充实驻村扶贫工作力量。指导市级帮扶部门组建 70 个驻村帮扶工作组、共 371 名干部到贫困村开展驻村帮扶；完成第三批“双联”下派干部的安排工作，32 名“双联”下派干部中，有 23 名肩负起联系村第一书记的职责。2015 年各级帮扶部门和联户干部累计开展送技术活动 1023 次，培训农牧民 77328 人次，组织学习参观 268 次，参加人数 9627 人；宣传讲解各种惠民等法律法规政策 1251 次，发放相关资料 2.3 万余份；投入资金 4495.387 万元，解决民生难题 3812 件。

【统战、工会、共青团、妇女工作】 市直机关工委坚持统筹兼顾，大力加强统战和群团工作。机关统战工作稳步推进，加强与市直机关无党派重点代表人士的联系，发挥统一战线成员的作用，动员他们积极建言献策。进一步加强市直机关优秀党外干部的调查统计和推荐工作。协助市委统战部、侨联、侨办和台办举办“三胞三属”中秋茶话会。

工会工委在较好完成年初确定的各项工作任务外，积极选派 128 名队员组团参加第七届市运会，并取得较好成绩；扎实开展“送温暖”活动，组织机关干部走访慰问老干部、对口帮扶职工生活困难户、市直机关困难职工、省市劳动模范等共计 125 人，发放慰问金达 7.3 万余元；推荐的 7 名机关干部获评攀枝花市劳动模范、1 名机关干部获评四川省劳动模范。定期开展对市以上职工劳模的慰问工作。

团工委、妇工委积极开展各类主题活动，为发挥正向引导和贴心服务等作用奠定良好基础。

（李楠）

党校工作

【概　况】 2015 年，攀枝花市委党校、攀枝花行政学院、攀枝花社会主义学院（以下简称校院）有职工 59 人（含离岗待退 2 人，人大任职 1 人），副教授 13 人（含离岗 2 人，副研究馆员 2 人）中级 7 人（馆员 2 人），初级 4 人（助教 3 人，助馆 1 人）。内设 15 个科，即办公室、组织人事科、科研科、图书馆（信息技术部）、机关党委办公室（工会）、继续教育科、联络科、后勤管理科、教务科、公务员（党外人士）培训科、党建党史教研室、经济学教研室、行政学教研室、哲学文化教研室、科社法学教研室。

2015 年，校（院）有攀枝花市学术和技术带头人后备人选 2 人（王跃、代发君），攀枝花市有突出贡献优秀专家 1 人（罗莲），攀枝花市级优秀人才示范岗 1 人（罗莲）。校院第七届校学科带头人 1 人、校院专业技术骨干 1 人、校院优秀青年教师 1 人。

全年校（院）共完成主体班培训 34 个班次，共轮（培）训 2572 人。

2015 年校（院）教研人员共发表各级各类理论文章 34 篇，立项、完成各级各类课题 9 项。在四川省党校系统第九届优秀科研评奖中，该校荣获优秀科研工作组织奖，是全省 21 所市州党校中，除成都市委党校以外，唯一一所连续九届获此殊荣的市级党校。彭瑶被评为“优秀科研管理工作者”。在各级征文活动中获奖 2 项。

2015 年，校（院）远程学习中心连续第三次被国家发展和改革委员会西部开发司授予“中国西部开发远程学习网优秀学习中心”称号，全国仅有 10 个学习中心获此殊荣。王川被授予中国西部开发远程学习网“优秀工作人员”称号。

市委党校被省干函院授予“2015 年度学院网络教育学习中心成长奖”，张明兴、党勇被授予先进个人。

2015 年校（院）积极开展“双联”活动和精准扶贫。对“双联”活动和精准扶贫对口乡村中确定的帮扶对象、湖光社区困难党员等进行看望和慰问，帮助他们解决生产、生活中的实际困难。定期看望慰问身患重症和家庭生活困难的党员及职工。

积极开展关爱下一代工作。组织校（院）30 名特殊青少年开展观影活动，进行爱国主义宣传教育。全年 2 次为米易县草场乡明德小学 30 名困难学生送去学习用品、科普读物和助学金。

【干部培训】 围绕党委政府中心工作，做好干部教育培训，充分发挥校（院）在干部教育培训中的主渠道、主阵地作用。

2015 年，校（院）共完成 34 个培训班次，轮（培）训学员 2572 人次。其中，“四个全面”战略布局学习研讨班 4 期，培训学员 166 人；县处级主要领导干部读书班 1 期，共培训学员 102 人；县级领导干部理想信念教育培训班 2 期，培训学员 120 人。攀枝花市对外开放专题培训班 1 期，培训学员 51 人；攀枝花市依法治市专题培训班 1 期，培训学员 55 人；攀枝花市“阳光康养产业扶贫”专题培训班 1 期，培训学员 47 人；市管新任职领导干部培训班 1 期，培训学员 28 人；攀枝花市乡镇党委书记学习贯彻省委十届六次全会精神培训班 1 期，培训学员 44 人；攀枝花市乡镇党政领导干部专业能力提升培训班 1 期，培训学员 42 人；攀枝花市优秀干部人才递进培养第三期培训班 1 期，培训学员 81 人；2015 年选调生岗前培训班 1 期，培训学员 18 人；“5211”工程培养型年轻干部培训班 1 期，培训学员 73 人；“5211”工程潜力型年轻干部培训班 1 期，培训学员 203 人；东区优秀干部人才递进培养第三期培训班 1 期，培训学员 51 人；全市基层纪检监察干部综合业务培训班 1 期，培训学员 60 人；“提升依法行政能力、做人民满意公务员”主题培训班 14 期，共培训学员 1380 人；民主党派入党积极分子培训班 1 期，培训学员 51 人。党外知识分子联谊会培训班 1 期，培训学员 68 人。

【继续教育教学管理和招生】 继续开展学历教育，做好在职研究生、省干函院东财网络学院的招生、教学管理和考试工作，2015 年有在读学员 285 人。2015 年研究生招生报名 119 人，比 2014 年增加 4 人，录取 20 人，比 2014 年减少 25 人；由于考生准备不充分，录取人数较少，在职研究生 2015 年没有开班，录取学员跟 2016 年学员一起跟读；东北财经大学网络学院全年报名录取新生 57 人，比 2014 年增加 5 人。

【科研工作】 该校（院）科研工作坚持为提高教学质量服务、为地方党委政府决策服务、为“五大建设”服务、为理论创新服务，积极履行党的哲学社会科学研究机构的职能，主动成为党委政府重要的思想库，进一步提升党校的学术地位和社会影响力。

课题研究。完成各级各类课题 9 项。包括省社科规划课题市州项目 1 项、2015 年省党校重大研究课题（市州项目）1 项、省哲学社会科学基地项目 1 项、省党校调研课题 4 项，市社科规划课题 2015 年度项目 2 项。

成果发表。全校共发表各级各类理论文章 34 篇。包括核心期刊 1 篇，省级公开刊物 11 篇，省级内刊 1 篇，市级刊物 19 篇，省级理论研讨会入选论文 2 篇。其中：发表在核心期刊《图书情报工作》《互联网思维下图书馆服务变革探讨》一文被人大报刊复印资料《图书馆学情报学》全文转载，这是校（院）科研文章连续三年被人大报刊复印资料全文转载；发表在校刊《攀枝花新论》《代价合理性的基本内涵》一文被中央党校主办的《党政干部参考》转摘。《用社会主义核心价值观统领国内社会思潮》入选 2016 年度全国行政学院系统共建共享网络课程目录。

科研获奖。在四川省党校系统第九届优秀科研评奖中，党校荣获优秀科研工作组织奖；获优秀科研成果奖 6 项（《加强城市社区党组织书记队伍建设的新探索》《产业升级进程中职业技术技能的发展趋势及学习提升分析—以制造业为例》获二等奖，《坚持“四多”与践行群众路线》《公共服务视阈下的社会活力分析》《政府形象媒介性人际传播分析》《贺麟古典哲学及时代价值》获三等奖）；在各级征文活动中获奖 2 项。

科研管理。新订《中共攀枝花市委党校科研课题（项目）经费支出管理暂行办法》及其配套制度，增强了科研经费管理的规范性、科学性。12 月召开全市党校系统深入学习贯彻党的十八届五中全会精神理论研讨会；组织教研人员围绕全市中心工作撰写理论文章，并参加各级各类理论研讨会、征文活动等。

【宣讲工作】 2015 年按照市委的安排部署，围绕“党的群众路线教育实践”活动和学习党的十八届三中、四中、五中全会精神的活动，攀枝花市委党校选派学校理论学习中心组成员中教学和宣讲经验丰富的专家、教授参加市委宣讲团，党校专家教授深入到攀枝花市级各部门（单位）、县（区）、企业、部队进行理论宣讲，全年共宣讲 40 余场。

【信息化工作】 发挥学习研究单位信息发达优势，积极开展“中国西部开发远程学习网（CDDLN）”攀枝花远程学习中心的各项工作。为校（院）教师、培训班学员及全市各级、各部门提供免费远程培训课程。2015 年共开设 15 场次专题培训，课程涉及“一带一路战略和西部经济发展”“深化改革专题”“民生保障与改善”“创新社会治理”“公共危机管理与应对”“十三五规划重点问题解读”等专题，共计培训学员 600 余人次。2015 年市委党校远程学习中心被国家发展和改革委员会西部开发司第三次授予“优秀学习中心”。

发挥党校信息化考点的作用，组织“全省拟任县处级党政领导干部政治理论水平任职资格远程考试”攀枝花考点考试 2 次共 5 场，考试人数共 338 人。

（周 玮）

攀枝花市人大常委会

【市九届人民代表大会会议】 2015年2月5—7日，攀枝花市第九届人民代表大会第四次会议在攀枝花会展中心召开。会议议程：1. 听取和审查攀枝花市人民政府工作报告；2. 审查和批准攀枝花市2014年国民经济和社会发展计划执行情况和2015年计划草案的报告；3. 审查攀枝花市2014年财政预算执行情况和2015年财政预算草案的报告，批准2014年市本级财政预算执行情况和2015年市本级财政预算；4. 听取和审查攀枝花市人大常委会工作报告；5. 听取和审查攀枝花市中级人民法院工作报告；6. 听取和审查攀枝花市人民检察院工作报告；7. 选举。

会议作出关于攀枝花市人民政府工作报告、批准攀枝花市2014年国民经济和社会发展计划执行情况和2015年计划草案的报告、攀枝花市2014年财政预算执行情况和2015年财政预算、攀枝花市人大常委会工作报告、攀枝花市中级人民法院工作报告、攀枝花市人民检察院工作报告等的决议。

会议选举马晓凤（女）、杨林、陈可红为攀枝花市第九届人民代表大会常务委员会副主任；补选李光旭为攀枝花市中级人民法院院长；补选申剑、李力生、肖杰、卿成为攀枝花市第九届人民代表大会常务委员会委员。

2015年8月20—21日，攀枝花市第九届人民代表大会第五次会议在攀枝花会展中心召开。会议议程：选举。

会议选举杨自力为攀枝花市人民政府市长。

【市九届人大常委会会议】 2015年，市九届人大常委会召开第25～37次常委会议，审议"一府两院"及市人大常委会的议题分别是：1月8日，市九届人大常委会第25次会议，审议通过市人大常委会2014年规范性文件备案审查工作情况报告；1月19日，市九届人大常委会第26次会议，审议通过市人大常委会代表资格审查委员会关于个别代表的代表资格审查的报告、讨论通过有关人事任免事项；1月21日，市九届人大常委会第27次会议，审议通过市人大常委会代表资格审查委员会关于个别代表的代表资格审查的报告；1月22日，市九届人大常委会第28次会议，审议市人大常委会工作报告（草案）、市九届人大四次会议议程、市九届人大四次会议主席团和秘书长名单（草案），审议通过市人大常委会代表资格审查委员会关于补选市九届人民代表大会代表资格的审查报告、市九届人大四次会议列席人员名单，听取市人大常委会办公室关于市九届人大四次会议筹备工作情况汇报，讨论通过有关人事任免事项，决定接受唐建民辞去攀枝花市第九届人民代表大会常务委员会副主任职务、接受祝鸿辞去攀枝花市中级人民法院院长职务、任命李光旭为攀枝花市中级人民法院代理院长；3月10日，市九届人大常委会第29次会议，审议通过《市人大常委会2015年工作要点》；4月23日，市九届人大常委会第30次会议，审议通过《攀枝花市人大常委会关于深入推进依法治市的决议》；6月30日，市九届人大常委会第31次会议，听取和审议市人大常委会研究室关于2015年上半年市人大常委会审议意见及一府两院办理情况摘登公告的报告、听取和审议市政府关于市本级政府性债务情况的报告、关于贯彻执行《四川省城市园林绿化条例》情况的报告、听取和审议关于林业工作情况的报告，听取和审议市中级人民法院关于全市法院民商事审判工作情况的报告，听取和审议市人民检察院关于全市检察机关刑罚执行和监管活动检察监督工作情况的报告、对市林业局开展了工作评议；7月29日，市九届人大常委会第32次会议，决定接受张剡辞去攀枝花市人民政府市长职务，决定任命杨自力为攀枝花市人民政府副市长、代理市长，决定攀枝花市第九届人民代表大会第五次会议于8月20日在攀枝花会展中心召开，建议会议议程为补选攀枝花市人民政府市长；8月17日，市九届人大常委会第33次会议，审议市九届人大五次会议议程（草案）、市九届人大五次会议主席团和秘书长名单（草案），审议通过市人大常委会代表资格审查委员会关于市九届人民代表大会代表资格的审查报告、市九届人大五次会议列席人员名单，听取市人大常委会办公室关于市九届人大五次会议筹备工作情况的报告，决定免去于会文的市人民政府副市长职务，决定任命黄正富、刘先伟为市人民政府副市长；8月27—28日，市九届人大常委会第34次会议，听取和审议市政府关于全市2015年1—6月国民经济和社会发展计划执行情况的报告，听取和审议关于攀枝花市2014年财政决算和2015年1—6月份财政预算执行情况的报告，听取和审议关于2014年度市级财政预算执行和其他财政收支情况的审计工作报告，听取和审议关于扶贫攻坚和移民规划安置工作情况的报告，审查和批准2014年市级财政决算，审议通过市人大常委会代表资格审查委员会关于市九届人民代表大会代表资格的审查报告，对市公安局工作进行评议；10月

30日，市九届人大常委会第35次会议，听取和审议市政府关于2015年财政预算调整方案的报告，听取和审议市人民政府关于办理代表在市九届人大四次会议上所提建议、批评和意见情况的报告，听取和审议市人民政府关于贯彻执行《四川省〈义务教育法〉实施办法》情况的报告；11月12日，市九届人大常委会第36次会议，通过有关人事事项；12月25日，市九届人大常委会第37次会议，听取和审议市政府关于攀枝花市2014年度审计查出问题整改情况的报告，听取和审议市政府关于2015年民生工程实施情况的报告；听取和审查市政府关于2015年地方政府债务限额的议案，批准攀枝花市2015年地方政府债务限额，审议通过《攀枝花市人民代表大会常务委员会关于召开攀枝花市第九届人民代表大会第六次会议的决定》，对部分市人大常委会审议意见办理情况进行满意度测评，听取市人大常委会代表资格审查委员会关于个别代表的代表资格审查的报告，人事事项。

【市九届人大常委会主任会议】 2015年，市九届人大常委会召开了第52～72次主任会议，审议和讨论的议题分别是：1月4日，市九届人大常委会第52次主任会议，讨论市人大常委会工作报告、讨论有关人事事项、听取市人大财经委关于增补委员的报告、听取市人大常委会教科文卫工委关于攀西战略资源创新开发重大科技攻关项目推进情况的审议意见的报告、听取市人大常委会办公室关于2014年全市民生工程完成情况的审议意见的报告、听取市人大常委会办公室关于市九届人大常委会第二十五次会议召开时间和建议议题的情况汇报；1月19日，市九届人大常委会第53次主任会议，听取市中级人民法院有关人事事项的报告、听取市人大常委会代表资格审查委员会关于个别代表的代表资格审查的报告(草案)、听取市人大常委会办公室关于市九届人大四次会议日程安排的报告；1月21日，市九届人大常委会第54次主任会议，听取市人大常委会代表资格审查委员会关于个别代表的代表资格审查的报告(草案)；1月22日，市九届人大常委会第55次主任会议，听取市人大常委会代表资格审查委员会关于个别代表的代表资格审查的报告(草案)、听取市人大常委会人事代表工委有关人事情况的汇报；1月22日，市九届人大常委会第56次主任会议，听取市人大常委会人事代表工委关于建议将提请李光旭为代理院长列入市人大常委会第二十八次会议审议议案的报告、听取市人大常委会人事代表工委关于建议将祝鸿同志提出辞去市中级人民法院院长职务的申请列入市人大常委会第二十八次会议审议议案的报告、听取市人大常委会人事代表工委关于建议将唐建民同志提出辞去市人大常委会副主任职务的申请列入市人大常委会第二十八次会议审议议案的报告；3月9日，市九届人大常委会第57次主任会议，讨论《攀枝花市人大常委会2015年工作要点(征求意见稿)》、听取市人大财经委关于筹备全省人大财经工作座谈会情况的汇报、听取市人大常委会农工委关于筹备全省人大农业工作座谈会情况的汇报、听取市人大常委会代表资格审查委员会关于个别代表的代表资格审查的报告(草案)、听取市人大常委会办公室关于市九届人大常委会第29次会议召开时间和建议议题的汇报；4月15日，市九届人大常委会第58次主任会议，听取市政府关于人事事项的报告、听取市人民政府关于攀枝花市城市总体规划修改情况的报告、听取市人民检察院关于人事事项的报告、听取市人大常委会人事代表工委关于人事事项的报告、听取市人大法制委员会关于攀枝花市依法治市的决议(草案)的报告、听取市人大常委会教科文卫工委关于食品药品安全保障专题询问工作方案及询问题目的报告、听取市人大常委会办公室关于食品药品安全保障工作视察方案的报告、听取市人大常委会办公室关于市九届人大常委会第三十次会议召开时间和建议议题的情况报告；5月12日，市九届人大常委会第59次主任会议，听取市人民政府关于贯彻执行《中华人民共和国人民防空法》情况的报告、听取市人大法委关于地方立法准备工作情况的报告、听取市人大常委会农民宗侨工委关于开展工作评议方案(草案)的报告、听取市人大常委会教科文卫工委关于市人大常委会专题询问食品药品安全保障工作审议意见的报告、听取市人大法委、市人大财经委、市人大城环资委、市人大常委会农民宗侨工委关于市人民政府办理市人大常委会审议意见(第32、34、35、37、38、39、40号)情况的报告、听取市人大常委会人事代表工委关于市人大常委会评选表彰优秀建议案及办理先进单位、先进个人、提出建议的个人的实施工作方案(讨论稿)的报告；6月16日，市九届人大常委会第60次主任会议，听取市人民政府有关人事事项的报告、听取市人大法委关于市人大常委会工作评议方案的报告、传达全省市州人大立法工作培训会议精神、听取市人大常委会教科文卫工委关于调整主任会议议题的报告、听取市人大常委会研究室关于市人大常委会审议意见及办理情况摘登的报告、听取市人大常委会办公室关于市人民政府办理市人大常委会审议意见(第41号)情况的报告、听取市人大常委会办公室关于市九届人大常委会第三十一次会议召开时间和建议议题的情况报告；7月16日，市九届人大常委会第61次主任会议，听取市人民政府上半年工作情况的报告、听取市人民政府关于完善农村医疗卫生服务体系情况的报告、听取市中级人民法院上半年工作情况的报告、听取市人民检察院上半年工作情况的报告、听取市人大法委、财经委、城环资委、农工委关于市人大常委会审议意见的报告，农工委关于对市人民政府林业工作评议意见的报告、听取市人大常委会办公室关于市九届人大常委会第三十二次会议召开时间和建议议题的情况报告；7月29日，市九届人大常委会第62次主任会议，听取市人民政府及市人大常委会人事代表工委有关人事事项的汇报、听取市人大常委办公室关于召开市九届人大五次会议决定（草案）的报告；8月17日，市九届人大常委会第63次主任会议，审议市人大常委会代表资格审查委员会关于市九届人民代表大会代表资格的审查报告（草案）、听取市人民政府、市人民检察院有关人事事项的报告，听取市人大常委会办公室关于市九届人大五次会议议程（草案）、市九届人大五次会议日程（草案）、市九届人大五次会议主席团和秘书长名单（草案）、市九届人大五次会议列席人员名单（草案）的汇报，听取市人大常委会办公室关于市人大常委会第三十三次、第三十四次会议召开时间和建议议题的报告、听取市人大法委关于调整市公安工作议题的说明、听取市人大常委会教科文卫工委关于42号审议意见办理情况延期报告的说明、听取市人大常委会教科文卫工委关于开展全市妇女儿童发展纲要实施情况专项调研的报告；8月27日，市九届人大常委会第64次主任会议，审议市人大常委会代表资格审查委员会关于市九届人民代表大会代表资格的审查报告（草案）；9月9日，市九届人大常委会第65次主任会议，听取市政府关于攀枝花市2015年1—6月国民经济和社会发展计划执行情况的审议意见的报告、听取市政府关于2014年财政决算和2015年1—6月财政预算执行情况的审议意见的报告、听取市政府2014年市级财政预算执行和其他财政收支审计工作情况的审议意见的报告、听取市政府扶贫攻坚和移民规划安置工作情况的审议意见的报告、审议通过关于对市公安局工作的评议意见的报告；9月17日，市九届人大常委会第66次主任会议，传达学习全省领导干部大会和市委常委（扩大）会议关于南充拉票贿选案查处情况的通报及相关精神、听取市政府关于攀西战略资源创新开发试验区建设推进情况的报告；10月15日，市九届人大常委会第67次主任会议，听取市人大财经委关于建议市人大常委会第三十五次会议增加财政预算调整议题的情况说明、听取市人大常委会人事代表工委关于市人民政府办理市人大代表在市九届人大四次会议上所提建议、批评和意见的情况报告、听取市人大常委会教科文卫工委关于市人民政府办理市人大常委会审议意见（第42号）情况的报告、听取市人大常委会办公室关于市人大常委会第三十五次会议召开时间和建议议题的情况报告、听取市人大常委会办公室关于市人大常委会组成人员暨市、县（区）人大主任学习会工作方案；10月30日，市九届人大常委会第68次主任会议，听取市政府有关人事事项的汇报；11月12日，市九届人大常委会第69次主任会议，听取市人大常委会人事代表工委有关人事事项的汇报、听取市人大常委会教科文卫工委关于《攀枝花市人大常委会关于市人民政府贯彻落实〈四川省义务教育法实施办法〉情况报告的审议意见》的报告、听取市人大常委会办公室关于市人大常委会第三十六次会议召开时间和建议议题的情况报告；11月19日，市九届人大常委会第70次主任会议，听取市政府关于深化改革工作情况的报告、听取市政府关于《攀枝花市国民经济和社会发展第十三个五年规划纲要》编制工作情况的；12月9日，市九届人大常委会第71次主任会议，听取市中级人民法院有关人事事项的报告、听取市人大财经委关于建议市九届人民代表大会常务委员会第三十七次会议增加《市人民政府关于提请审议批准2015年地方政府债务限额的议案》的报告、听取市人大法委关于市中级人民法院、市人民检察院办理市人大常委会审议意见（第45、46号）和市人民政府办理市人大常委会工作评议意见情况的报告、听取市人大常委会代表资格审查委员会关于个别代表的代表资格审查的报告、听取市人大常委会人事代表工委关于《在全市代表中开展"扶贫攻坚—人大代表在行动"活动的意见（审议稿）》的报告、听取市人大常委会办公室关于贯彻落实市委人大工作会议精神会议方案的报告、听取市人大常委会办公室关于市人大常委会审议意见（第30、34、43、44、46号）测评方案的报告、听取市人大常委会办公室关于市人大常委会第三十七次会议召开时间和建议议题的情况报告；12月24日，市九届人大常委会第72次主任会议，听取市人民政府有关人事事项的报告、听取市人民检察院有关人事事项的报告、听取市人大常委会人事代表工委有关人事事项的报告、听取市人大常委会办公室关于召开市九届人大六次会议决定（草案）的报告。

【调查与视察】 2015年，围绕市九届人大常委会议和主任会议审议的议题，市九届人大有关专门委员会和市九届人大常委会有关工作委员会，先后就市政府贯彻执行《四川省城市园林绿化条例》、关于全市林业工作、评议市林业局工作、关于全市法院民商事审判工作、关于全市检察机关于刑罚执行和监管活动检察监督工作、2015年1—6月国民经济和社会发展计划执行、2014年财政决算情况和2015年1至6月预算执行、全市扶贫移民工作、评议市公安局工作、2015年市级财政预算调整、贯彻执行《四川省<义务教育法>实施办法》等情况进行调查、调研，并在调查、调研的基础上形成调查报告或审查报告，供常委会议或主任会议审议参考。

关于市政府贯彻执行《四川省城市园林绿化条例》的情况，调查报告认为存在的主要问题是城市绿地总量仍然偏小，后续增绿难度较大。全民绿化意识和法律意识还不够强，损绿、毁绿现象时有发生。城市园林绿化建设投入不足，管护水平不高。调查报告建议：深入开展宣传教育，进一步提高对贯彻《城市园林绿化条例》重要性的认识。全面推进绿化工程建设，进一步提高城市园林绿化水平。继续加大资金投入力度，做好城市绿化工作的要素保障。不断加强队伍建设，确保城市园林绿化工作取得良好成效。

关于全市林业工作情况，调查报告认为存在的主要问题是：林业法律政策宣传不够深入。管护机制不健全，森林管护任务十分艰巨。行业管理体制制约林业水、电、路等基础设施建设。干部队伍建设还需不断加强。调查报告建议：各级政府要进一步切实加大林业法律政策宣传力度。进一步扎实做好造林绿化工作。进一步认真落实各项林业政策措施。进一步着力强化森林资源保护管理。进一步有效加强林业干部队伍建设。

关于评议市林业局工作，调查报告认为存在的主要问题是：林业法律政策宣传不够深入。管护机制不健全，森林管护任务十分艰巨。行业管理体制制约林业水、电、路等基础设施建设。干部队伍建设还需不断加强。调查报告建议：进一步切实加大林业法律政策宣传力度。进一步扎实做好造林绿化工作。进一步认真落实各项林业政策措施。进一步着力强化森林资源保护管理。进一步有效加强林业干部队伍建设。

关于全市法院民商事审判工作情况，调查报告认为存在的主要问题是：民商事案件审判工作质效有待提高。民商事审判队伍建设有待大力加强。民商事审判工作还存在着一些其他问题和困难。调查报告建议：认真履行审判职能，努力为全市经济社会发展服务。努力完善工作机制，着力提高民商事审判工作质效。大力加强队伍建设，切实提高民商事审判队伍素能。加大支持保障力度，不断优化民商事审判工作环境。

关于全市检察机关刑罚执行和监管活动检察监督工作情况，调查报告认为存在的主要问题是：监外执行、社区矫正和财产刑执行监督工作还需加强。监所检察队伍建设有待进一步加强。市看守所及派驻检察室的硬件建设有待加强。调查报告建议：进一步加强监外执行、社区矫正和财产刑执行监督。进一步夯实刑事执行检察工作基础。

关于2015年1—6月国民经济和社会发展计划执行情况，调查报告认为存在的主要问题是：部分指标进度不理想。工业经济不断下滑。项目投资后劲不足。消费市场发展趋缓。相关指标协调性不高。调查报告建议：全力以赴抓发展，努力实现全年各项目标任务。夯实产业基础，全力稳定经济增长。狠抓项目建设，做强投资底盘。增进民生福祉，深入推进社会事业发展。科学严谨，编制好攀枝花市“十三五”发展规划。

关于2014年财政决算情况和2015年1至6月预算执行情况，审查报告在分析了2014年财政决算情况和2015年1至6月预算执行情况后，建议：政府要继续支持实体经济发展。要加大抓征收压支出保民生的力度。要加大财政改革和管理力度。

关于全市扶贫移民工作情况，调查报告认为存在的主要问题是：自然地域条件恶劣，农村基础设施建设仍然滞后。农民受教育程度低，观念较落后，勤劳致富意识不强。“挂包帮”制度执行力度不足，预期帮扶效果受到影响。调查报告建议：要适应扶贫攻坚新形势，进一步增强广大干部群众实施精准扶贫战略的自觉性和主动性。要采取过硬措施，进一步解决我市扶贫攻坚中产业扶持和基础设施建设的突出问题认真研究精准扶贫和移民后扶政策，科学谋划和继续实施好“8＋8”对口援边、彝家新寨等重点项目。要强化制定具体帮扶措施，扎实稳步推进精准扶贫工作。准扶贫工作扎实有效推进，真正做到识真贫、扶真贫、真扶贫。要积极争取政策，努力做好我市移民后期扶持和煤炭采空沉陷区居民搬迁安置工作。

关于评议市公安局工作，调查报告认为存在的主要问题是：社会治安形势依然严峻。打防管控质效有待提高。队伍建设、管理还需加强。调查报告建议：重拳出击，加大破案打击力度加强情报信息搜集和研判，准确把握我市刑事案件发展的规律、特点和方向，整合办案力量，形成打击合力，努力提高案件侦破率。打防结合，加强社会治安管控。突出重点，加强公安队伍建设。

关于2015年市级财政预算调整，市人大财经委员会进行了审查。审查报告认为：市人民政府提出的预算调整方案符合相关法律法规的规定和我市的实际。审查报告建议本次人大常委会议批准《关于攀枝花市本级2015年财政预算调整方案的报告》和2015年市级财政预算调整方案。

关于贯彻执行《四川省〈义务教育法〉实施办法》的情况，调查报告认为存在的主要困难和问题是：学校资源整合和合理规划布局任重道远。经济下行给地方政府保障义务教育办学条件持续改善带来了困难。师资条件仍然是义务教育不断提高办学水平的根本制约因素。存在办学行为不规范现象和个别教师师德师风问题有的农村学校因为缺乏音乐、体育、美术、科学和信息技术教师，或为片面追求监测学科的考核质量，存在不能开齐课程、开足课时的现象。调查报告建议：进一步完善保障体系。进一步强化对学校办学的正确导向和规范管理。加强青少年社会教育工作。

【办理代表批评、建议和意见】 市第九届人民代表大会第四次会议期间，代表提出的议案转建议2件；建议134件。在闭会期间，代表提出建议3件。会议期间和闭会期间市人大代表共提出建议共计139件。其中，涉及法制方面的6

件，占4.3%；涉及财政、经济、交通方面的48件，占34.5%；涉及城市规划、管理、国土资源、环保方面的43件，占30.9%；涉及教育科学文化、卫生方面的19件，占13.7%；涉及农业民族方面的14件，占10.1%；涉及社会劳动保障人事方面的1件，占0.7%，其他方面的8件，占5.8%。在139件代表建议中，交由市政府办理134件、由市委编办办理2件、市委政法委办理1件、市电子政务办办理1件、攀枝花学院办理1件。截至8月31日，市政府办理134件建议的情况是：代表所提问题已经解决或基本解决的（A类件）有64件，占总数的47.8%；代表所提问题正在解决或列入规划逐步解决的（B类件）有46件，占总数的34.3%；代表所提问题因条件所限暂不能解决的（C类件）有24件，占总数的17.9%。

其他部门办理的5件的情况是：市委编办办理的2件建议的问题均是因条件所限暂不能解决；市委政法委办理1件建议的问题已经解决或基本解决；市电子政务办办理1件建议的问题已经解决或基本解决；攀枝花学院办理1件建议的问题正在解决或已经列入规划逐步解决。

在各承办部门的努力下，139件建议已按要求全部答复代表。经代表在办理建议工作的网上反馈意见和书面反馈意见表统计，领衔代表对办理工作总体满意的138件，基本满意的1件，总体满意度99.27%。其中代表对139件的办理过程满意度100%；对办理结果满意的有135件，基本满意的有4件，满意度97.08%。

对2014年市九届人大三次会议代表所提问题正在解决或已列入计划逐步解决的“B”类件，继续办理的情况。2014年市九届人大三次会议代表所提问题正在解决或已列入计划逐步解决的“B”类件共有60件，截至年底已办结42件，因条件变化暂无法办理的有7件，正在办理的11件，办结率70%。

【人事任免】 2015年，市九届人大常委会任免“一府两院”及市人大常委会国家工作人员56人（次），分别是：1月8日，市人大常委会第25次会议，决定接受张如英、张国民同志辞去攀枝花市第九届人民代表大会常务委员会副主任职务。1月19日，市人大常委会第26次会议，任命徐贝贝为攀枝花市中级人民法院知识产权审判庭庭长、陈海峰为攀枝花市中级人民法院民事审判第二庭副庭长、张渝婕为攀枝花市中级人民法院民事审判第三庭副庭长、雷晓芳为攀枝花市中级人民法院审判员、民事审判第一庭副庭长、李果为攀枝花市中级人民法院审判员；免去徐贝贝的攀枝花市中级人民法院民事审判第一庭副庭长职务。1月22日，市人大常委会第28次会议，决定接受唐建民辞去攀枝花市第九届人民代表大会常务委员会副主任职务；决定接受祝鸿辞去攀枝花市中级人民法院院长职务；任命李光旭为攀枝花市中级人民法院审判员、审判委员会委员、副院长。4月23日，市人大常委会第30次会议，决定任命李明为攀枝花市科学技术和知识产权局局长、唐成斌为攀枝花市交通运输局局长、丁建高为攀枝花市政府国有资产监督管理委员会主任；决定免去丁建高的攀枝花市科学技术和知识产权局局长职务、雷雨的攀枝花市交通运输局局长职务、陈绍泉的攀枝花市政府国有资产监督管理委员会主任职务；任命符裕华为攀枝花市人民检察院检察委员会委员、董兴建为攀枝花市人民检察院检察委员会委员；免去刘安富的攀枝花市人民检察院检察员职务、陈代年的攀枝花市人民检察院检察员职务、唐金基的攀枝花市人民检察院检察员职务；免去申仲安的攀枝花市人大常委会办公室副主任职务。7月29日，市人大常委会第32次会议，会议决定接受张剡辞去攀枝花市人民政府市长职务、决定任命杨自力为攀枝花市人民政府副市长、代理市长；8月17日，市人大常委会第33次会议，决定免去于会文的攀枝花市人民政府副市长职务；决定任命黄正富为攀枝花市人民政府副市长、刘先伟为攀枝花市人民政府副市长；免去陈壮飞的攀枝花市人民检察院检察员职务、杨莎的攀枝花市人民检察院检察员职务；任命卢建军、代宗玲、陈荣军、张毅、安世东、孙杨、李俊涛、陈太林、杜伟为攀枝花市人民检察院检察员。8月21日，市九届人民代表大会第五次会议，选举杨自力为攀枝花市人民政府市长。11月12日，市人大常委会第36次会议，任命解超怀为攀枝花市人大常委会法制工作委员会主任、唐志强为攀枝花市人大常委会法制工作委员会副主任。12月25日，市人大常委会第37次会议，决定接受许秀峰辞去攀枝花市第九届人民代表大会常务委员会副主任职务；决定免去柳康健的攀枝花市人民政府副市长职务、何昌文的攀枝花市食品药品监督管理局局长职务、吴文发的攀枝花市民族宗教事务委员会主任职务；决定任命段怀云为攀枝花市民族宗教事务委员会主任、赖小红为攀枝花市食品药品监督管理局局长；免去马明林的攀枝花市人民检察院副检察长、检察委员会委员、检察员职务；免去赵树明的攀枝花市中级人民法院审判员职务、余晋东的攀枝花市中级人民法院审判员职务、李果的攀枝花市中级人民法院审判员职务；任命刘起新为攀枝花市中级人民法院审判员、李淑群为攀枝花市中级人民法院审判员、刘益宏为攀枝花市中级人民法院审判员；任命左明为攀枝花市人大常委会办公室副主任。

（王熙）

攀枝花市人民政府

综　述

【国民经济】　2015年，地区生产总值925.18亿元，增长8.1%，人均GDP突破7万元；其中，第一产业增加值31.31亿元，增长4.1%；第二产业增加值661.03亿元，增长8.5%，第三产业增加值232.85亿元，增长7.2%。全社会固定资产投资完成644.51亿元，增长4.5%；城镇居民人均可支配收入30362元，增长8.5%；农村居民人均可支配收入12861元，增长9.3%。工业多点支撑格局逐步形成，机械制造产业增长12.9%，太阳能、风电等新兴产业加速壮大，规模以上工业增加值增长9%。农业经济稳步发展，实现农林牧渔业总产值54.94亿元，增长4.4%，新增芒果1.4万亩、早春蔬菜2000亩。加快发展康养旅游产业，旅游总收入增长34.7%，实现社会消费品零售总额286.2亿元，增长11.8%。财税金融运行较好，实现公共财政预算收入53.34亿元，下降15.2%；公共财政预算支出116.4亿元，下降4.1%。全市年末金融机构人民币各项存款余额856.81亿元，增长3.8%；金融机构人民币各项贷款余额697.15亿元，增长5.9%。

【城乡建设】　2015年，加强城市规划编制与完善，城市建设用地范围内控制性详细规划基本实现全覆盖，开展阿署达片区、格里坪园区等17个片区控制性详细规划修编工作，全市控规覆盖率达80%，城镇化率达64.74%，建成区面积达80.61平方千米。三区两县按照全域规划要求编制完成新村建设总体规划、133个行政村规划和155个新村聚居点规划。进一步完善城市基础设施，花城新区阳光大道商务办公区段、车管所至巴斯箐段、干坝塘大桥等项目全面完工，花城大道炳仁路起点至车管所段建成投用，炳仁线管网、景观绿化工程道路等全部完成，主干道特色景观已现雏形。新开公交线路1条，优化调整公交线路5条，完成路侧护栏建设35千米，数字城管信息系统完成省市对接，并与天网系统对接。农村公路建设任务顺利实施，建成县乡道184千米、通村公路166千米，完成投资4.57亿元，超额完成年度目标任务。

【社会事业】　2015年，加快推进重大科技攻关及成果转化，深化国家知识产权示范城市创建，全年各项专利申请数2092项，高新技术产业实现产值280亿元，科技新增经济效益12.99亿元。学龄儿童入学率99.98%，初中毕业生升学率96.61%，小学教师学历合格率100%。全市有乡镇广播电视站43个，352个行政自然村全部开通广播和电视，广播节目综合人口覆盖率98.52%，比上年提高0.38个百分点；电视节目综合人口覆盖率99%，比上年提高0.06个百分点。年末卫生机构床位数10097张，5岁以下儿童死亡率6.91‰，产妇住院分娩比例99.89%，人口自然增长率3.31‰。全市各类运动队夺得全国比赛金牌7枚，银牌2枚，铜牌5枚。全年举办了35次全民健身活动，参加活动人数5.08万人。

【人民生活】　2015年，城乡居民收入稳步提高，全年城镇居民人均可支配收入30362元，增长8.5%。其中：工资性收入19224元，增长7.2%；经营净收入2636元，增长20.6%；财产性收入1625元，增长15.8%；转移净收入6877元，增长6.3%。全年农村居民人均可支配收入12861元，增长9.3%。其中，工资性收入4336元，增长9%；经营净收入7284元，增长9.5%；财产净收入301元，增长21.9%；转移净收入941元，增长6.4%。全年居民消费价格总水平(CPI)上涨1.5%。全市年末城镇居民人均现住房建筑面积33.26平方米；95.5%的城镇居民家庭拥有自有房屋产权；93.3%的城镇居民家庭住进单元房。全市参加养老保险的人数45.66万人，减少4.6万人；参加医疗保险人数63.23万人，增加0.3万人；参加失业保险人数21万人，减少1.6万人；参加工伤保险人数20.76万人，减少0.49万人；参加生育保险人数20.97万人，减少1.08万人。城镇登记失业率为3.61%，增长0.25个百分点。全市享受城镇居民最低生活保障人数14947人，减少3137人；享受农村居民最低生活保障人数19937人，减少5453人。

重要举措

【首抓项目稳定社会投资】　2015年，精准对接国家、省上投向，围绕国家“11+6+3+1”投资重点领域，建立完善PPP

项目库，储备项目43个，其中4个进入国家项目库。大力开展“投资促进季”工作，促进资金、土地等要素向重点项目聚集，完成基础设施、民生及社会事业投资340.57亿元，增长13.2%。成昆铁路扩能改造、攀大(理)高速公路、花城大道电子商务一条街、第四十二中小学校、马鞍山水库等项目加快建设，桐子林水电站、炳仁线管网及景观绿化工程、花城大道老黑地至龙塘沟段主线等项目完工；积极推进重点产业投资，攀钢钒950生产线技改、攀钢300MW煤矸石电厂、干坝子风电、万家山光伏发电等项目竣工投产；中国重汽矿用车生产线、白马铁矿采选扩能改造工程等项目扎实推进；银江水电站正式签约，毅德城、碧桂园等项目落户，福建金飞鱼、上海四极、天津致远、湖南红宇等知名企业与攀枝花市企业实现战略合作。全年招商引资到位资金545.68亿元，增长8.5%，新签约项目294个，其中投资额5亿元以上项目46个。

【力促工业企稳回升】 2015年，进一步完善稳增长措施，在全省率先推出政府搭桥贷款、产品收储贴息政策，建立完善市级领导直接联系企业、重点支持企业“红名单”、企业首席服务员、以纳税信用换取贷款信用等制度，59户“红名单”企业成为重点支持对象。强化要素协调保障，全市85%以上的工业用电享受电价优惠，钒钛产业园区特殊电价再度下调，工业企业铁路运输费用获得降价20%以上的优惠政策，65户企业获得9.5亿元应急转贷帮助。实施“两降一缓三补贴”援企稳岗政策，企业少缴社会保险费8000万元、缓缴2.34亿元，发放稳岗补贴8452万元。发行全省唯一一支小微企业增信集合债券，21户企业受益。积极引导企业转型发展，攀钢集团新增重轨产能45万吨，东立科技、钢城集团卓越钒业在新三板挂牌，攀煤集团非煤产业整体减亏。攀枝花市跻身全国首批区域工业绿色转型发展试点城市，单位生产总值能耗下降10.17%。钒钛高新区成功创建为全国金属材料领域唯一的国家级高新区，高新技术产业产值增长29.3%。

【大力发展第三产业】 2015年，积极推动康养旅游业发展，以阿署达花舞人间景区(一期)、普达芒果乐园、鑫岛欢乐世界、苏铁福镇为代表的新竣工景区(点)成为旅游新亮点。圆满承办第六届四川国际自驾游交易博览会，实现贸易签约额21.65亿元，攀枝花市被纳入中国大香格里拉旅游推广联盟，被确定为中国自驾游目的地试点城市和全省首个养生旅游示范基地。去冬今春到攀过冬康养的“候鸟”老人突破10万人次，实现旅游总收入202.11亿元，增长34.7%。《攀枝花市电子商务发展规划2014－2020》编制完成，电子商务产业园正式开园，钒钛交易中心全年完成交易额近100亿元。加快发展物流商贸业，新启物流中心(一期)、密地现代商贸物流园区(一期)建成投用。房产新政带动房地产市场企稳回暖，商品房销量增长12.9%。

【加快发展现代农业】 着力做精现代特色农业，积极推广稻菜轮作、果蔬结合、种养循环等高效模式，以蔬菜标准化示范园、芒果种植标准化示范园、种草养畜示范园等建设为着力点，不断做大做强特色优势产业，促进粮食稳定生产、经济作物增产增收、畜牧业良好发展。积极培育新型农业经营主体，加强农产品市场营销和品牌打造，强化科技支撑，不断延伸产业链，优质农产品比重达85%。成功举办首届中国(攀枝花)芒果产业发展论坛，创建省级农业主题示范公园4家。引入台商建设逸品敲冰巧克力庄园和具有台湾特色的莲雾、释迦等水果基地，加快发展核桃、块菌、咖啡等林业特色产业和中草药、野猪驯养繁殖等为代表的林下种养殖业。全面启动“电子商务进农村”，积极打造“攀枝花特色产品网上行”促销模式，在京东建成“攀枝花特色馆”。

【切实改善保障民生】 大力实施10大民生工程，认真办好24件民生大事，全年投入资金40.9亿元。全力推进扶贫攻坚，通过“五个一批”脱贫6704人。城镇新增就业1.7万人以上，城镇登记失业率为3.61%。将农村低保标准从2500元/年提高到3251元/年，实现农村贫困人口应保尽保。不断提升社保待遇，企业退休人员养老金人均增加225元/月，新农合筹资标准提高到470元/年，资助困难群众参加基本医疗保险比率达100%，大病保险制度全面实施。加强教育补贴帮扶，免除2.1万名幼儿学前教育保教费，义务教育“三免一补”、中等职业免费教育实现全覆盖。切实改善群众居住条件，开工建设保障性安居工程6373套，危旧棚户区改造货币化安置率达54%，完成农村危房改造449户。在全国“2015地级市民生发展百强榜”中，攀枝花市名列第75位，位居全省第一。着力打造“平安攀枝花”，推进立体化社会治安防控体系建设，交通、火灾事故死亡人数同比分别下降8.9%、50%，全市治安形势持续平稳，群众安全感满意度测评位列全省第三。

【优化环境打造宜居城市】 深入开展“五创联动”，年度攻坚项目基本完成。国家环保模范城市创建工作按计划推进，231个项目实施完成125个，26项创建指标已完成23项。环境空气质量优良率为98.9%，PM10、PM2.5均值浓度下降超20%。“国家森林城市”创建取得实质进展，40项创建指标已完成38项，保安营片区生态治理工程、马坎片区生态修复工程等103个创森项目全部完成，金沙江干热河谷生态脆弱区典型地段生态修复二期工程后期管护已通过验收，完成义务植树248.11万株。开展市区视野区环城生态景观林建设，新增公共绿地2.69万平方米。“国家园林城市”申报已做好准备工作，64项“国园”指标基本完成，学府公园、大河公园二期3000平方米景观提升等项目建设全面完成，丽攀高速新庄出口绿地景观打造等9个花城景观打造项目顺利完成。荣获“全国文明城市”提名城市，杨成会等4人被评为四川省第四届道德模范，全市上“四川好人榜”16人，上“中国好人榜”6人。乡村环境持续改善，彝家新寨、民族团结进步新村加快建设，新建幸福美丽新村76个、新村聚居点32个，建成农村廉租房161套。

【深化改革凝聚发展动力】 努力做好攀西战略资源创新开发试验区先行先试各项工作，启动实施重大科技攻关全球公开招标项目13个，攀钢高钛型高炉渣提钛及综合利用取得突破。农村土地承包经营权确权颁证按计划推进，集体林权制度主体改革基本完成，特色农业保险扩大试点范围，米易被纳入全省首批农村产权抵押融资试点县，盐边被确定为林权抵押贷款省级试点县。在全省率先实现医联体全覆盖，成为公立医院综合改革国家联系试点城市。生态文明体制、养老保险制度并轨等改革稳步实施。加快对外大通道建设，新开通至深圳航班，丽攀高速公路攀枝花段建成通车，成昆铁路扩能改造加快推进。成功举办攀枝花—东盟经贸合作会、攀台现代特色农业和康养产业合作交流会等，与成都市、北京市西城区签订战略合作框架协议。积极推进“大众创业、万众创新”，发放小额担保贷款1.17亿元，减免税收1.39亿元，扶持875人自主创业。引进专业技术人才516名，十九冶职工曾正超成为中国获得世界技能大赛金牌第一人。全面实行“三证合一、一照一码”登记模式，新增各类市场主体10073户，全市实现非公有制经济增加值450.37亿元，增长9%。

【统筹施策发展社会事业】 2015年，公办和普惠性幼儿园覆盖率不断提高，义务教育基本均衡检查验收通过率在全省仅次于成都，普通高考成绩连续七年大幅提升，市建筑工程学校成为全国第二批中等职业教育改革发展示范学校，攀枝花学院本科特色专业建设稳步推进。大力建设医疗卫生高地，构建起由市中心医院、攀钢集团总医院等5家三级医院分别牵头，8家二级医院为支撑，65家基层医疗机构为成员的纵向医联体，分级诊疗制度全面推行，公立医院全面实行药品零加成，医保实现省内定点异地及时结报，公共卫生服务项目省级考核名列全省第一。积极推进文化事业发展，成功举办纪念攀枝花开发建设50周年系列活动，三线建设博物馆、苴却砚博物馆建成开放，三线建设博物馆入选全国优秀主题展览，免费开放文化馆、图书馆、纪念馆等公共文化场馆，市广播电视台手机台、官方微信矩阵上线运营。网格化服务管理实现社区（村）全覆盖，法治示范创建工作全面开展，社会治理能力综合测评位居全省第一。启动创建四川省质量强市示范城市，在西南地区率先建成特种设备智能化监管平台。稳步推进1%人口抽样调查工作，全面落实“单独两孩”政策。

重要会议

【全市对外开放和招商引资工作会议】 2月3日，攀枝花市召开2015年对外开放和招商引资工作会议。市委书记刘成鸣出席会议并讲话。市委副书记、市长张剡主持会议。市政协主席单荣，市委常委艾磊，市人大常委会副主任张汝林，副市长江海出席会议。会议充分肯定了2014年全市对外开放和招商引资工作，并分析了对外开放工作面临的新形势、新任务、新挑战，对2015年全市对外开放和招商引资工作进行安排部署。市政府与各县（区）、钒钛高新技术产业园区签订2015年对外开放和招商引资目标责任书。会议要求，各级各部门要加强对外开放和招商引资工作，将其作为“稳增长、调结构、抓改革、惠民生”的重要抓手；要立足当前、着眼长远，抓好已有项目的落地，整合资源，引进产业链上的大项目；要处理好抓紧赶、加快转之间的关系，在盘活存量、扩大增量上精准招商、招大引强，凸显工作实效。

【市政府廉政工作暨全市依法行政、审计工作会议】 2月27日，攀枝花市召开市政府廉政工作暨全市依法行政、审计工作会议。市委副书记、市长张剡，市委常委、常务副市长于会文出席会议。会议总结了2014年市政府廉政、依法行政、审计等三项工作情况，并对2015年工作进行安排部署。会议指出，在党风廉政建设方面，各级各部门负责人要认真履行“第一责任人”的职责，对于重要工作、重大问题、重要案件亲自研究部署、亲自协调督办；各级各部门班子成员要按照“一岗双责”的要求，对职责范围内的廉政建设担负领导责任，既抓好工作，又带好队伍；各级各部门要自觉接受监督，认真开展述责述廉工作；各级监察机关要履行监督责任，认真落实“一案双查”制度，建立责任落实检查考核制度。会议强调，在依法行政工作方面，要全面推行行政权力依法规范、公开运行；健全依法决策的程序，探索推进“三张清单”，规范行政执法行为；深化政务公开和政府信息公开，强化监督；认真做好行政复议等工作，保证依法公平公正审理案件。会议指出，在审计工作方面，各级审计部门要从审计财政财务收支的真实性、合法性、效益性入手，防范重大违法违纪、重大损失浪费、重大风险隐患、重大履职尽责不到位等问题;要关注群众利益维护、社会事业发展、公共制度建设等,注重保障民生,促进公共资源、公共资产、公共服务公平合理配置,推动实现社会公平公正。

【攀枝花金融生态建设暨银政企合作座谈会】 3月19日,攀枝花金融生态建设暨银政企合作座谈会在成都召开。副省长甘霖出席会议并讲话,市委书记刘成鸣致辞,市委副书记、市长张剡主持座谈会。省政府办公厅巡视员吴显奎、人民银行成都分行行长周晓强,省发改委、省经信委、省财政厅、四川银监局、四川证监局、四川保监局有关负责人,省级银行机构、证券机构、保险机构负责人出席座谈会。省级相关部门、省级各大金融机构围绕支持攀西战略资源创新开发试验区建设和攀枝花"三个加快建设",与市委、市政府及攀枝花市部分企业展开互动交流,共商先行先试之举,共谋转型升级之策,为全省和攀枝花金融生态环境打造、实现经济金融良性互动发展进行有益探索。市委常委、常务副市长于会文在会上发布市政府重点支持企业的"红名单"和重点支持项目,并对《攀枝花市人民政府关于进一步加强全市金融生态建设的若干政策措施》作简要说明。

【全市农业产业化重点项目推进会】 5月26日,攀枝花市召开全市农业产业化重点项目推进会。市委副书记、市长张剡出席会议并讲话,市委常委、市委秘书长许健民出席会议,副市长李仁杰主持会议。会议着重听取了攀枝花万亩三角梅产业基地建设等重点项目的规划和实施推进情况汇报,并就项目推进过程中存在的问题进行研究和协调。会议指出,攀枝花万亩三角梅产业基地建设等优势特色项目示范带动性较强、发展前景广阔,对于支撑和促进攀枝花市一三产业互动发展、旅游业提质升级发展、农业产业化创新发展,助力打造阳光花城、康养胜地具有积极的推动作用。会议要求,要加强统筹规划,突出鲜明特色,给予倾力支持,合力推进农业产业化重点项目加快建设,助推攀枝花市一三产业实现相融互动发展。

【全市科学技术奖励大会】 7月17日,攀枝花市召开科学技术奖励大会。市委书记张剡出席大会并讲话,市委副书记杨自力主持大会,市领导艾磊、张汝林、刘建明、庞向东出席会议。十九冶集团公司、攀钢集团钛业公司等获奖代表在大会上作交流发言。会议对"高配比钒钛磁铁矿高强度冶炼系统技术研究"等80项科技成果授予2014年度市科学技术进步奖,对"钛白无机包膜技术深度开发"等8个获攀枝花市钒钛磁铁矿综合开发利用技术创新项目奖的项目和攀钢集团钛业有限公司等8个获攀枝花市促进高新技术产业发展奖的单位给予表扬。张剡代表市委、市政府向获奖单位和个人表示热烈祝贺,向全市科技工作者和关心支持科技事业发展的各界人士致以崇高敬意,对推进科技创新提出要求:推进科技创新,前提在于把握好科技发展的重大机遇;动力在于深化改革、完善技术创新市场导向机制;核心在于科技与经济社会的紧密结合;关键在于打造一流的创新环境。

【全市安全生产工作推进会暨第三次安委会】 8月27日,攀枝花市召开安全生产工作推进会暨第三次安委会。市委副书记、市长杨自力出席会议并讲话,市委常委、政法委书记张伟主持会议,副市长殷旭东总结2015年1~7月全市安全生产工作情况,安排部署下一阶段安全生产重点工作。会议强调,要进一步扎实推进各项安全生产工作,努力保持安全生产形势持续稳定好转,为全市经济社会发展、平安和谐稳定,营造良好的安全生产环境。2015年1—7月,全市共发生各类安全生产事故417起,死亡16人,同比分别下降29.32%和15.79%,死亡人数占全年控制指标的29.19%;受伤人数减少14人,同比下降58.33%;经济损失减少707.46万元,同比下降41.79%,实现"四项绝对指标"连续下降。会上传达学习省委常委会、全省安全生产工作座谈会主要精神,钒钛高新区作工作交流发言,攀煤集团作述职发言。

【全市扶贫攻坚工作会】 9月10日,攀枝花市召开扶贫攻坚工作会,市委书记张剡出席会议并讲话。市委副书记、市长杨自力主持会议。市领导单荣、于会文、李群林、张伟、李章忠、熊伟、张敏、陈可红、杨林、殷旭东、李仁杰、刘先伟、赵忠义出席会议。会议全面落实中央"精准扶贫、精准脱贫"战略,深入贯彻省委十届六次全会精神,对攀枝花市扶贫攻坚工作进行了再安排、再部署。市委常委、常务副市长黄正富在会上代表市委、市政府与仁和区、米易县、盐边县签订扶贫攻坚工作目标责任书。会议提出,攀枝花市新阶段扶贫开发总体要求是:坚持围绕在全省率先全面建成小康社会的战略目标,以贫困地区为主战场,以消除绝对贫困为目标,以精准扶贫、精准脱贫为主线,着力抓好七项重点扶贫工程,到2018年年底,全市2.69万名农村贫困人口全部脱贫、70个贫困村全部"摘帽",贫困农民人均纯收入在2010年全市农民人均纯收入基础上翻一番以上,实现贫困地区基本公共服务均等化、社会保障全覆盖,让贫困群众住上好房子、过上好日子、养成好习惯、形成好风气。

【全市工业经济稳增长促投资工作推进会】 11月9日,攀枝花市召开工业经济稳增长促投资工作推进会。市委副书记于会文、副市长刘先伟出席会议。会议分析研判当前宏观经济走势，对攀枝花市工业经济稳增长、重大项目推进等方面工作进行安排部署。会议指出，各级、各部门要主动适应新变化新要求，进一步提高贯彻落实市委、市政府决策部署的实际工作能力，真正做到观大势、谋大事、懂全局、抓落实。会议要求，各有关部门要深入学习、强化服务，积极协调解决企业在发展中面临的困难和问题，在吃透弄懂上级政策的基础上，提升服务企业的水平和质量。要坚持问题导向，认真梳理存在的问题，分类指导，全力以赴帮助企业渡过难关。金融机构要全力支持实体经济发展，进一步发挥输血、造血功能，尽最大努力降低企业融资成本。各企业要进一步强化市场主体意识，苦练内功，不断延伸产业链，努力提高市场竞争力和影响力，不断为攀枝花工业经济稳增长提供支撑和动力。

重要事件

【中国三线建设研讨会在攀召开】 3月2日，在攀枝花三线建设50周年之际，中国三线建设研讨会在攀枝花市召开。会议由中国三线建设研究会、毛泽东思想生平研究会、中共四川省委党史研究室、中共攀枝花市委、攀枝花市人民政府共同主办。中共中央组织部原部长、中国三线建设研究会顾问张全景，军事科学院原副院长、中将、中国三线建设研究会会长钱海皓，中共中央文献研究室副主任、毛泽东思想生平研究会会长陈晋等领导出席会议并讲话。市委书记刘成鸣致辞。会议紧密结合中央“四个全面”战略，围绕“弘扬三线建设精神，凝聚改革发展合力”主题，共同见证攀枝花50年发展巨变，重温激情燃烧的岁月，总结三线建设辉煌成就，传承和弘扬三线建设精神，为推动经济社会转型发展提供经验启示，为谱写中国梦绚丽篇章提供精神动力和智力支持。市委副书记、市长张剡主持会议并在会上作题为《三线建设精神，攀枝花崛起之灵魂》的主旨发言，部分来自全国党史系统的领导和重点三线建设企业代表分别作主旨发言。全体与会代表达成了《中国三线建设文化遗产保护·攀枝花共识》。市委、市人大、市政府、市政协有关领导同志，相关专家学者代表，三线建设相关省、区、市及四川省三线建设重点城市党史研究室负责同志，部分参加攀枝花开发建设的老领导、老同志，四川省及攀枝花市相关部门负责同志出席会议。

【三线建设博物馆正式开馆】 3月3日，在攀枝花三线建设50周年之际，攀枝花市举行三线建设博物馆开馆仪式。中共中央组织部原部长、中国三线建设研究会顾问张全景，军事科学院原副院长、中将、中国三线建设研究会会长钱海皓，中共中央文献研究室副主任、毛泽东思想生平研究会会长陈晋，中共中央党史研究室副主任吕世光，中共江西省委常委、组织部部长、中共攀枝花市委原书记、市人大常委会原主任赵爱明，原中国人民解放军铁道兵第二指挥部副司令员、原渡口市革委会主任、市委第一书记顾秀，中共陕西省委第一巡视组组长、陕西省人民政府原副省长、中共攀枝花市委原副书记、市人民政府原市长吴登昌出席仪式。中共四川省委常委、宣传部部长吴靖平宣布三线建设博物馆开馆。开馆仪式由市委副书记、市长张剡主持，市委书记刘成鸣在仪式上致辞，中共攀枝花市委原书记孙本先，攀钢集团公司原董事长、总经理赵忠玉在仪式上发言。三线建设博物馆通过一件件鲜活的文物、一幅幅生动的照片，再现三线建设者的艰苦奋斗、无私奉献精神，形象展示了三线建设那段可歌可泣的历史，是中国共产党领导全国人民艰苦奋斗、勇于创新的一部爱国主义教育生动教科书，对于弘扬三线建设精神，激发全国人民的爱国主义情操和集体主义精神具有重要意义。

【攀枝花市获批全国区域工业绿色转型发展试点城市】 6月24日，攀枝花市入选国家工信部公布的全国区域工业绿色转型发展试点城市名单，成为西南地区唯一入选城市。2014年工信部开展工业绿色发展专项行动，在全国筛选一批重化工业特征明显、地方政府积极性高、有一定工作基础的地级市，并启动了区域工业绿色转型发展试点工作。攀枝花市主动对接积极争取，结合自身实际编制了《攀枝花市区域工业绿色转型发展试点实施方案》，在2015年3月顺利通过工信部组织的专家评审。入选试点城市后，攀枝花市围绕“率先实现工业绿色转型发展”的目标，加快钢铁等传统产业改造升级，着力发展钒钛、机械制造、太阳能等战略性新兴产业，推进资源综合利用、节能节水、污染物减排、两化融合、淘汰落后产能等重点工作，力争通过3年时间的努力，在工业结构调整升级、资源能源利用效率、污染排放水平等领域取得突破性进展，探索建立具有推广意义的资源型城市工业绿色转型路径和模式。

【深圳直飞攀枝花航班开通】 7月9日，攀枝花市联合深圳航空在深圳市举行深圳—攀枝花航线开通发布会，宣布自7月10日起深圳可直飞攀枝花。广东、香港的20余家媒体、40余家旅行社应邀参加发布会。该航线机型为空客A320型，设有143个经济舱和8个头等舱，每天一班，航班号ZH9779/80。该航班深圳出港7点05分，9点20分抵达攀枝花；返程攀枝花出港10点10分，12点10分抵达深圳。深圳至攀枝花航线的开通，是攀枝花市抢抓国家实施“一带一路”、长江经济带发展战略机遇，加强与珠三角地区的对接,突破攀枝花交通瓶颈的重要举措。航线的开通将加强攀西地区和深圳及珠三角地区的联系,助推攀西地区旅游产业的进一步发展。

【桐子林水电站正式投产发电】 10月28日,中国西部大开发标志性工程、雅砻江流域最末一个梯级电站——桐子林水电站首批2台共30万千瓦机组投产发电,标志着雅砻江下游水能资源开发全面完成。市委书记张剡宣布桐子林水电站1、2号机组投产发电。省总工会党组书记、副主席罗茂乡,市人大常委会副主任陈可红、副市长柳康健、市政协副主席吴文发等出席桐子林水电站投产发电劳动竞赛表彰大会。桐子林水电站是2010年国家确定的西部大开发23个标志性重点项目之一,以发电任务为主,电站正常蓄水位为1015米,总库容0.912亿立方米,安装4台15万千瓦轴流转浆式水轮发电机组,总装机容量60万千瓦,年平均发电量29.75亿千瓦时。

【第六届四川国际自驾游交易博览会在攀举办】 2015年11月16日,第六届四川国际自驾游交易博览会在仁和区普达阳光国际康养度假区正式开幕。全国政协副主席、农工党中央常务副主席刘晓峰宣布第六届四川国际自驾游交易博览会开幕。亚太旅游协会主席凯文·墨菲,全国政协常委、江苏省政协副主席周健民,四川省人民政府资政张作哈,四川省政协副主席王正荣出席开幕式。开幕式由四川省人民政府副秘书长王七章主持,市委书记张剡在开幕式上致辞。这次博览会以"阳光康养攀枝花,国际自驾集结地"为主题,由攀枝花市人民政府、四川省旅游局主办,攀枝花市仁和区人民政府、攀枝花市旅游局承办,是中国西部旅游高端专业展会、四川旅游国际化重要推手和大香格里拉旅游推广重点项目。博览会期间,中国大香格里拉旅游推广联盟宣告成立,云南、西藏、四川三省(自治区)旅游部门共同签署《中国大香格里拉旅游推广联盟章程》。中国旅游车船协会授予攀枝花"全国自驾游目的地试点城市"称号。来自柬埔寨、马来西亚等南亚、东南亚国家驻昆明总领事,德国、意大利、俄罗斯、韩国等10余个国家和地区的旅行商、投资商、境外领事机构,四川省级相关部门负责人、友好省份政府分管负责人以及大香格里拉地区旅游部门负责人等参加活动。

【攀枝花国家钒钛高新技术产业开发区授牌】 2015年11月28日,"攀枝花国家钒钛高新技术产业开发区"在四川授牌,这是经国务院批准的首个以金属材料产业开发为主要依托的国家级高新区,也是攀西战略资源创新开发的重大科技孵化平台和主要成果转化载体。攀枝花钒钛高新区已引进企业175家,其中省级以上创新型企业36家、国家级高新技术企业30家,拥有国家级钒钛科技孵化器、钒钛资源综合利用国家重点实验室、国家钒钛制品质量监督检验中心,以及国家级钒钛资源综合利用产业技术创新联盟,形成以钒钛、化工、机械加工为主导,以现代服务业、生态农业、新材料为补充的现代产业体系。攀枝花钒钛高新区升级,有利于增强中国钒钛产业的国际竞争力,建设全球领先的钒钛产业基地;有利于支撑攀西国家级战略资源创新开发试验区建设,带动川滇黔毗邻地区的创新发展;有利于增强攀枝花转型发展新动力,推动资源型城市可持续发展。

【市第七届运动会举行】 2015年11月29日,攀枝花市第七届运动会在仁和区开幕。市委书记、市七运会组委会名誉主任张剡出席开幕式并宣布市七运会开幕。市委副书记、市长、市七运会组委会主任杨自力致开幕词。市委常委、市七运会组委会副主任张敏,市人大常委会副主任张汝林,市政协副主席赵忠义出席开幕式。开幕式由副市长、市七运会组委会副主任刘建明主持。运动会以"阳光运动·这里仁和"为主题,设老年组、成年组、学生组3个组别,共设置31个大项、46项赛次、478个小项的比赛,全部比赛产生559枚金牌,来自三区两县、各大企业、各行业的21个代表团8000余名运动员参赛。这次运动会既是对全市体育事业发展水平的一次大检阅,也是全市经济社会发展水平的一次大展示,更是对全市人民精神力量的一次大凝聚,对攀枝花市在新的历史时期转型发展、再铸辉煌将产生重大积极作用。

政务工作

【办理人大代表建议和政协提案】 市政府坚持以增强实效为目的,以规范办理程序、完善办理机制为保障,形成职责分明、重点突出、督办有力、落实到位的办理工作局面。全年,市政府系统共承办市人大代表建议134件,占建议总数的96.4%。其中:涉及法制、民政方面8件,占6%;涉及财政、经济、交通、就业方面46件,占34.3%;涉及城市规划、城市管理、国土资源、环保方面43件,占32.1%;涉及教育、科学、文化、卫生方面18件,占13.4%;涉及农业、民族、水务方面14件,占10.5%;其他方面5件,占3.7%。共承办政协提案243件,占总数的94.9%。其中:经济建设类113件,占46.5%;教科文卫类47件,占19.3%;统战综合类83件,占34.2%。从办理结果看,人大代表对办理工作表示满意的有133件,基本满意1件,满意率99.3%;政协委员对办理工作表示满意的有241件,基本满意2件,满意率99.2%。

【政务公开】 进一步规范政府信息公开工作，更加注重主动、及时、定期和依法公开。全年主动公开信息数量1091909条，其中概况信息925条，计划总结信息352条，法规公文信息2020条，工作动态信息742188条，人事信息906条，财政信息447条，行政执法信息24272条，其他信息320799条。通过政务服务中心查询信息108911条，通过档案馆查询7747条，通过图书馆查询35700条，通过政务微博和政务微信发布各类信息15520条，全年召开新闻发布会17场，播出“阳光政务”节目7期。对全市42个行权部门6174个行政权力事项进行了清理并向社会公布。在微政务平台上打造“攀枝花发布”（微信号：pzhsrmzf）攀枝花市政务微信公众号，常规情况每日推送4条信息，重大活动期间每日推送5～8条信息。

【政务信息】 全年共收到各县（区）政府、各市级部门、各企事业单位报送的信息8937条，从报刊、媒体、互联网等其他渠道获取信息4500条。编发《攀政快讯》160期1502条，《攀政快讯特刊》63期，为市政府领导提供各项决策部署落实情况、工作推进情况、存在的问题和对策建议等政务信息。编报《每日报省要情》224期，全年累计向省政府信息公开办报送信息1281条，被《川政晨讯》采用65条，被省《要情专报》采用5条，直报点采用4条。新增刊物《每日政情》，登载市政府领导每日动态、领导安排部署工作的情况，国家、省上重要动态、重大决策部署情况等。

【政务调研】 针对全市经济社会的热点和难点问题，围绕“三大发展战略”“两个跨越”“三个加快建设”等战略部署，深入开展调查研究，强化决策咨询，高质量完成《关于攀枝花市加快建设四川南向开放门户的对策研究》《“十三五”县域经济发展研究》等重大课题的调研和起草工作。精心组织开展全市政府系统2015年度政务调研成果评选活动，共收到调研文章221篇，评出东区人民政府、市地税局等5个政务调研工作先进集体和《经济发展新常态下做好地税工作的几点思考》《攀枝花市康养旅游产业发展的制约因素及提升对策研究》等60篇政务调研优秀成果。

【紧急救援与应急保障】 编制落实农业救灾技术实施方案，制定完善重污染天气应急、辐射事故应急、鼠疫防控应急、群体性事件和大规模暴力犯罪应急处置等应急预案，修订完善安全生产专项及部门应急预案128个，指导生产经营单位修订完善预案476个，完成矿山、危险化学品和油气管网行业领域预案优化工作，实现重点岗位、重点人员应急处置卡全覆盖。成立攀枝花市民兵综合应急营，组建森林灭火队伍515支5421人、防汛抢险队伍114支3014人、市县（区）两级应急处突预备分队500人、市人防应急通信保障专业分队60人，建有群防组织1418个12067人、专职治安巡逻队6支201人、社区巡逻队52支193人、兼职巡逻队15支80人，全年培训灾害信息员113人。积极组织人员支援云南省华坪县“9·15”洪灾抢险救灾，在仁和区、米易县、盐边县灾害易发高发和交通不便的边远山区、贫困地区、高寒地区居民集中居住地建立6个救灾物资储备点，增设3处应急避难场所，建成一批抗旱应急工程，确定辖区10～50辆客车、20～100辆货车（含危险品运输车3辆）作为储备运力。

（达士杰　陈丽　李阳）

信　访

【概　况】 2015年，全市共有专门信访机构11个，市委群工局（市政府信访局）领导班子职数一正二副，内设机构为四科一室一中心（办公室、接访科、办信科、督查督办科、网络投诉科、12345市民热线受理中心），全局共有行政编制11名，工勤编制2名，事业编制7名，科级领导职数6名，因领导班子调整其分管工作也作相应调整。全市5个县（区）均设立县（区）委群众工作局（政府信访局）及群众工作中心（副科级事业单位），共有行政编制16名，事业和工勤编制30名；在市级部门中，市人大、市政协、市纪委、市公安局、市人社局、市国资委内设机构中设置有专门的信访科（室），配备专职信访工作人员；攀钢、攀煤、十九冶、钢企、电力等五大企业设有专职信访机构及工作人员。

市、县（区）、乡（镇）三级党政部门和有关企事业单位共配备专兼职信访干部1085人。其中专职信访干部188人、兼职信访干部897人；硕士研究生14人，大学本科652人，大专及以下419人；35岁及以下327人，36～49岁739人，50岁以上19人。干部队伍年龄结构、学历层次趋于合理，综合素质较高。

2015年，全市面对严峻的信访形势，在市委、市政府的正确领导下，全市信访系统切实发挥职能作用，以积极的态度，务实的作风，努力践行“三严三实”要求，信访工作成效明显，为全市改革和发展创造稳定和谐的社会环境，受到省信联办、市委、市政府的充分肯定。市委群工局（市政府信访局）获全省信访系统“三查三促三争当”活动先进集体、纪念攀枝花三线建设50周年系列活动先进集体、完成2015年度全市维护社会稳定工作目标先进单位、先进基层党组织等称号。

群众走访：2015 年，全市两级信访部门受理群众来访 2503 批次 13190 人次，其中，市本级接待群众走访 1550 批次 9446 人次，同比批次上升 3.0%、人次上升 2.9%。其中，集体访 410 批次 7612 人次，同比批次下降 1.2%、人次上升 3.6%；个人访 1140 批次 1834 人次，同比批次上升 4.6%、人次上升 0.1%；聚集到市委、市政府门口上访 384 批次 5869 人次，同比批次下降 18.5%、人次下降 9.0%。

群众来信：2015 年，市委群工局共受理群众来信 263 件，同比上升 5.6%。办理省转送信件 245 件，同比下降 23.2%。

网上信访：2015 年，市委群工局共受理网电信访 15831 件次，其中，人民网地方领导留言 57 件，同比下降 32.14%，回复率为 100%；四川省网上信访信息系统信件 190 件（因该系统于 2015 年 1 月 1 日正式开通，暂时无法进行同比），回复率为 99.3%；市长信箱信件 3554 件，同比下降 6.65%，回复率为 99.83%；“12345”市民热线受理中心受理来电来信 12070 件，同比下降 6.3%，回复率为 99.95%。

进京到省上访：2015 年，全市群众到省上访 81 批次 231 人次，同比批次下降 5.8%、人次上升 47.1%。其中，到省集访 4 批次 126 人次，同比批次下降 33.3%、人次上升 94.3%。全市群众进京上访 44 批次 85 人次，同比批次下降 30.2%、人次上升 30.8%（其中，非访 12 批次 13 人次，同比批次下降 14.3%、人次下降 7.1%；越级访 15 批次 55 人次，同比批次持平、人次上升 266.7%）。

领导接访下访情况：2015 年，33 名市级领导干部到市群众工作中心共接访群众 81 批次 1346 人次。

市领导接访事项及重点案件督办情况：2015 年，市委群工局共下发督办通知 48 份，督办市领导接访案件 48 件，各相关涉事单位化解办结 48 件。中央交办（转办）信访案件 8 件，已办结。省交办（转办）信访案件共 216 件，已全部办结，办结率 100%。全市自行梳理排查信访案件 210 件，已办结 210 件，办结率为 100%。

省委第三巡视组交办案件办理情况：2015 年 8 月中旬至 10 月中旬，省委第三巡视组在攀巡视，市委群工局协助省委巡视组做好巡视期间的接待和信访件交办工作，期间巡视组共分五批次交办信访件 89 件，全部办结，期限内办结率达 100%。

积案难案办理情况：市信联办交办的 15 件多次到市上访重点信访案件和 97 件欠薪类信访事项、58 件征地安置补偿类信访事项已全部办结化解。

2015 年，在重大节日、全国全省全市“两会”“纪念抗战胜利 70 周年纪念活动”、全省“自驾游博览会”等重要敏感期间，攀枝花市超前谋划，主动作为，细心安排，全力做好了特殊敏感时期信访维稳工作，确保了社会和谐稳定。

存在的主要问题：信访总量仍然偏大，到市、赴省、进京非正常上访时有发生；新的信访问题不断产生，老信访问题偶有反复；解决信访问题的难度大，特别是一些重访、缠访、闹访现象明显加剧；重点信访人员稳控难，重点积案难以化解，维护社会稳定的潜在风险加大。

【矛盾纠纷排查化解】 2015 年，全市各级各部门深入贯彻落实《关于把矛盾纠纷排查化解工作制度化的意见》，把矛盾纠纷排查化解工作作为信访工作的重中之重来抓，注重源头治理防范，促使大量的矛盾和问题化解在初始和萌芽阶段。

全市群工信访部门采取经常性排查和集中排查相结合、一般排查和重点排查相结合、块块排查和条条排查相结合等形式，对劳动社保、征地拆迁、涉法涉诉、环境保护等突出领域的矛盾纠纷，尤其是对有可能发生大规模集体上访、越级非正常上访和群体性事件的苗头性、倾向性的不稳定因素进行全面排查。对排查出来的矛盾纠纷和突出问题逐一建立台账，落实责任单位，制订工作方案，明确化解时限，疑难复杂的案件实行领导包案，综合采取经济、法律、解释、教育等方法进行化解。2015 年，全市共认真梳理排查矛盾纠纷 1447 件，就地化解 1192 件，就地化解率 82.4%。

【积案难案化解】 2015 年，国家、省信访局交办和攀枝花市自行梳理排查信访积案难案约 434 件。中央交办、转办的信访案件共 8 件，现已全部办结，办结率 100%；省交办的信访案件共 216 件，已全部办结，办结率 100%；其中：省委第三巡视组分五批次交办信访件 89 件，已全部办结，期限内办结率达 100%；省信联办集中交办的第一批 35 件积案难案、第二批 31 件积案难案、43 件进京上访案件、12 件进京非访案件、5 件三跨三分离案件已全部办结；省领导批示要求办理结果的信件 1 件已办结并上报结果。自行梳理排查信访案件 210 件，已全部办结，办结率为 100%。其中：市委、市政府将涉稳和信访积案挂牌督办 40 件纳入“重点工作”，加大力度全力化解，并印发《关于化解涉稳和信访突出问题的通知》，明确责任部门的工作职责任和工作目标，对化解涉稳信访问题提出明确的工作要求。截至年底，40 件涉稳和信访突出问题已全部化解，化解率为 100%；市信联办自行梳理排查 15 件多次到市上访重点信访案件和 97 件欠薪类信访事项、58 件征地安置补偿类信访事项，现已全部办结，办结率为 100%。

【领导接访下访】 2015 年，全市各级各部门认真落实《中共攀枝花市委办公室攀枝花市人民政府办公室关于印发市领导定期接待群众来访实施方案方案》，市领导每季度至少安排1天接待来访群众。市主要领导以及分管领导张伟书记、殷旭东副市长分别就重大节日、重要敏感节点和事关全市信访稳定的重大问题多次作出重要批示，并身体力行带头接访群众、下访基层、带头包案化解社会矛盾纠纷。全市各级领导干部共接访群众375批5231人次，解决221件信访问题，其中33位市领导到市群众工作中心和市政府接待群众来访81批次1346人次，通过跟踪督办，大部分群众的信访问题得到切实解决，受到信访群众的好评。

【"三无"创建活动】 2015年，全市上下深入贯彻中央、省委、省政府和市委、市政府关于信访工作决策部署，坚持法治思维和法治方式，全面推进信访工作制度改革，按照"突出重点、分类管理、分级创建、逐年推进"原则，扎实开展创建"三无"活动，信访工作能力水平得到提升，基层基础更加牢固，源头防范更加有力，形成齐抓共管的信访工作大格局；群众诉求表达、利益协调、权益保障等机制进一步健全，事要解决更加有效，使群众合理合法诉求依照法律规定和程序就能得到合理合法的结果；依法信访的导向进一步树立，信访秩序更加规范。全市进京非正常上访量为12批次13人次，全面完成省政府下达的"进京非正常上访量不高于14人次"的指标任务数，有效地将"三无"数据指标控制在省下达目标指数范围内。

【"12345市民热线"】 "12345市民热线"以"一号对外，集中受理、归口办理、统一监管、分别回复、分类选登"的方式办理、回复市民来电来信，解决市民日常生活一般性求助、各类建议和诉求、投诉举报、政策法规咨询。全年，"12345"市民热线共接到群众来信来电12036件，已办结11889件，办结率达98.8%。

对"12345市民热线"来电来信、市长信箱群众来信等重要信访情况，及时收集、研判，并通过《群工专报》《每月信访情况通报》等形式反馈给县(区)党委、政府主要领导，分管领导和涉事部门，及时向党委政府和涉事责任主体单位提供快捷准确的信息，把各种已经显现的或潜在的矛盾隐患解决在初期，全年共编发各类情况通报12期。

【信访事项复查复核】 严格按照《信访条例》和攀枝花市人民政府《规范市级信访事项复查复核暂行办法》的规定，对申请复查复核信访事项审查把关，加强业务指导，规范责任单位的办理程序，全年复查复核委员会办公室受理复核复查复核条件的信访案件27件，已全部息访。

【网上信访信息综合平台】 2015年初，市委群工局确定将市、县(区)、乡镇(街道)三级部门、单位全部接入全省网上信访信息系统，实现信访业务全流程网上办理，并完善国家、省、市相关投诉受理平台中涉攀信访事项网上受理机制的工作目标。目前，全市已全面完成接入全省网上信访信息系统工作，实现信访信息系统市、县(区)、乡镇(街道)三级运用全覆盖。

【视频接访系统建设】 2015年初，全市确定构建市、县(区)、乡镇(街道)三级全覆盖建设视频接访系统目标，目前，视频接访系统技术方案已编制完成，但由于市级视频接访系统受场地限制，现已正式启动建设，县(区)、乡镇(街道)的建设工作同步实施。

【"接访大厅"建设】 按照"2015年十项民生工程及24件民生大事项目"工作要求，继续加快市政府信访局涉及的民生工程"接访大厅建设"工作。该工程因选址和设计耗时长等因素导致工期滞后。

(梁丹丹)

人力资源综合管理

【概　况】 2015年，全市有6个人力资源和社会保障局，其中市局1个，县(区)5个；下辖9个直属单位，分别是市就业局、市社保局、市医保局、市人才服务中心、市转业军转培训中心、市劳动保障监察支队、市人事局考试中心、市劳动争议仲裁院、市劳动保障信息中心，其中副县级单位5个，参照公务员法管理事业单位4个。全系统共有在编在职人员261人，其中共产党员172人，占65.6%；35岁以下57人，占21.8%；大学本科及以上学历191人，占73.1%。全系统中有高级职称的4人，中级职称的9人，初级职称的6人。

就业形势基本稳定。坚持把促进就业创业放在突出的位置，通过深入实施积极的就业政策，促进重点群体实现就业，以创新创业带动就业，加强职业技能培训，强化就业服务等措施，全面推进就业创业工作，全市就业形势基本稳定。2015年全市城镇新增就业18528人，城镇失业人员再就业6023人，帮助就业困难人员实现再就业2119人，城镇登记失业率3.61%。

社会保障制度不断完善。积极应对经济下行导致企业参保缴费困难等问题，努力做好扩面征缴工作，稳步提高待遇水平，实施援企稳岗政策，扎实做好机关事业单位养老保险制度改革。2015年全市参加各项社会保险达到198.16万人次，社会保险基金征缴总收入40.62亿元，总支出68.80亿元。人均养老金提高225元，达到2518元，高于全省平均水平34%、全国平均水平10%。

人才人事工作扎实推进。2015 年全市引进专业技术人才 516 名。重点培养高层次专业技术人才、高技能人才、中青年骨干人才共 564 人。创建技能大师工作室国家级 1 个，省级 1 个，市级 4 个。完善公务员管理和事业单位人事管理制度。继续推进中小学教师职称制度改革，积极做好非公有制组织从业人员的职称评审工作。深化工资制度改革，将全市最低工资标准从 1250 元/月调整为 1380 元/月，发布 2015 年企业工资指导线（基准线为 11%，上线为 17%，下线为 4%），指导企业合理确定职工工资水平。

劳动关系和谐稳定。加强劳动保障监察执法和劳动人事争议仲裁工作，及时化解劳资矛盾纠纷，有效维护社会的和谐稳定。2015 年，全市劳动合同签订率达 93% 以上，已建工会企业集体合同签订率达 90% 以上；处理争议案件 7913 件，受理举报投诉案件 135 件，其中涉及工资拖欠案件 104 件，追讨欠薪 14274 万元，涉及劳动者 9832 人。

存在的主要问题：受经济增速放缓、经济下行压力加大、产业结构调整等多种因素影响，就业形势较为严峻。就业总量问题及结构矛盾并存，隐性失业、停业现象严重，潜在的失业风险巨大。社会保险基金征收困难。全市新增欠费单位 1128 户，新增欠费总金额高达 45922.38 万元，影响了全市养老、医疗、工伤保险基金等社保基金的安全运行。人才开发工作有待进一步加强。高端人才引进渠道狭窄，信息不畅。企事业单位引进硕士、博士主要是通过高校招聘，对成熟型高端人才缺乏引进渠道和手段，领军型创新创业人才匮乏。企业效益滑坡，企业人才特别是高层次人才流失严重，缺乏必要的稳定机制。和谐劳动关系建设任务艰巨。部分企业特别是钢铁、煤炭行业的企业生产经营困难，持续巨额亏损，导致全市劳动关系不稳定性因素增加。大量因劳动者被清退，欠薪、断保等问题引发的劳动争议和举报投诉案件数量日益上升。农民工工资清欠难度大。建设工程层层转包、违法分包现象普遍存在，导致拖欠农民工工资案件时有发生。

【就业创业】 2015 年，市人力资源和社会保障局坚持把促进就业创业放在突出的位置，深入实施积极的就业政策，全市城镇新增就业 18528 人，完成全年目标任务 1.6 万人的 115.8%；城镇失业人员再就业 6023 人，完成全年目标任务 5000 人的 120.46%；帮助就业困难人员实现再就业 2119 人，完成全年目标任务 1200 人的 176.58%；城镇登记失业率 3.61%（目标任务控制在 4.0% 以内）；认定高校毕业生就业见习基地 66 个，完成全年目标任务的 120%；兑现 398 名困难大学生的求职创业补贴，涉及资金 31.84 万元；促进 2012 级藏区“9 + 3”学生 247 人实现就业，初次就业率达 99.6%；帮助在校大学生和高校毕业生创业就业 10096 人次，完成全年目标任务 1500 人 673.1%；促进 256 名高校毕业生实现创业，完成目标任务 210 人的 121.9%。

【完善促进就业创业政策】 2015 年，市人力资源和社会保障局认真贯彻落实国家和省新一轮就业创业政策，提请市政府出台了《关于进一步做好新形势下就业创业工作的意见》；牵头制定《攀枝花市鼓励农民工等人员返乡创业三年行动方案》；参与制定《攀枝花市全面推进大众创业万众创新工作实施方案》，制定完善更加积极的就业创业优惠政策，进一步健全促进就业创业政策体系。在原有基础上，进一步规范完善社保补贴发放、公益性岗位开发管理、零就业家庭认定、创业担保贷款、大学生求职、就业见习、失业人员创业补贴、援企稳岗等扶持政策，将城市低收入群体纳入就业困难人员认定对象，把困难职工家庭纳入就业帮扶范围，把获得助学贷款大学生纳入大学生求职创业补贴范围，提高见习补贴标准，提高小额借款以及中小企业创业担保贷款额度，将稳岗补贴对象扩大到所有符合条件企业。新的政策更加积极、更加优惠，受益群体更加广泛，对全市促进就业创业，稳定就业形势起到积极作用。

【推进重点群体就业】 2015 年，攀枝花市人力资源和社会保障局全力推进重点群体就业工作。大力开展“离校未就业高校毕业生就业促进计划”。扎实推进毕业生实名制登记。通过电话、上门、即时通讯等多种渠道及时与毕业生取得联系，建立离校未就业高校毕业生就业服务数据库，开展“一对一”服务。379 名离校未就业高校毕业生，完成实名制登记 331 人，其中实现就业 232 人。规范高校毕业生就业见习服务。制定《关于加强就业见习人员和见习补贴管理的通知》，进一步规范见习人员和见习补贴管理。及时调整见习补贴标准，见习补贴标准由 800 元提高到 1000 元。派遣就业见习人员 337 人，兑现见习补贴 43.52 万元。扩大困难家庭高校毕业生重点帮扶范围。把对低保家庭和残疾高校毕业生的求职创业补贴扩展到参加助学贷款的困难毕业生，优惠政策覆盖范围更大。兑现 110 个低保家庭、3 名残疾和 285 名助学贷款大学生的求职创业补贴，共计 31.84 万元。开展大学生就业服务专项活动。通过就业政策宣讲进校园、职场文化进校园活动，帮助大学生了解就业形势、就业扶持政策和企业文化、职场环境，努力提高就业成功率。通过公共招聘进校园活动，为用工单位和求职者搭建双向选择平台，促进人岗匹配。开展城市低收入群体和困难职工就业帮扶。建立起规范化、精细化和长效化的就业援助制度和“就业、培训、社保、维权、服务”五位一体的工作机制。入户调查低收入家庭 830 余户，认定低收入家庭人员 623 人，开展低收入家庭就业援助 170 人次，实现就业人数

585人。开发公益性岗位，实施困难人员托底安置。新开发公益性岗位292个，累计已开发公益性岗位803个，帮助274名困难人员就业。积极开展就业援助专项活动。通过开展“春风行动”“再就业援助月”“民营企业招聘周”“大中专毕业生就业服务月”“走基层、送服务”活动、高校毕业生“双选会”“进矿区、进村社”招聘会等就业服务专项活动，为用人单位和就业困难人员双方搭建用工平台。及时审核兑现各项补贴。全市审核各项就业补贴资金8835.33万元，惠及城乡劳动者32549人次，完成支付6476.06万元。

【“大众创业，万众创新”活动】 2015年，攀枝花市人力资源和社会保障局大力推进以创新带动创业、以创业带动就业工作。着力构建立体融资担保模式。通过对创业担保贷款政策的整合和创新，建立起包括免息免担保小额借款、免担保小额贴息贷款、小额贴息贷款、中小企业小额贷款在内的创业融资服务，以解决不同层次的资金需求，担保贷款额度最高可达500万元。全市共发放小额担保贷款(含小额借款)9152万元，同比增长44.61%；其中创业人员贷款4352万元，占47.55%；劳动密集型小企业贷款4800万元，占52.45%。全市通过小额担保贷款直接扶持自主创业476人，吸纳就业人员2157人。实施“大学生创业引领计划”。开展创业指导进校园活动。组织创业专家团成员、创业成功人士现场指导，助力有创业愿望的大学生找到创业路径。新增经营类专家10人，召开专家咨询会、研讨会、辅导会4次，对全市报送创业项目进行会商指导。开展创业培训进校园活动。开展免费创业培训，将创业培训补贴对象由毕业年度高校毕业生扩大为在校大学生，提高大学生创业意识和创业能力。共组织全市大学生创业意识培训6650人次，创业能力培训2432人次，创业实训360人次，拨付培训补贴145.3万元。积极搭建创新创业平台。在攀枝花学院和机电学院建立大学生创业孵化基地、孵化园，通过对入园项目提供创业帮扶、财务指导、场租补贴、技术支持、市场拓展、法律咨询等服务，已累计孵化项目60余个。先后投入653万元建成“大学生创新创业俱乐部”，俱乐部以座谈、沙龙、会议的形式组织有创业意愿的高校学生交流，提升了高校学生的创业能力，为将来建立起集创业基金、品牌推广、人才招聘等于一体的完整创业生态体系打下基础。开展创新创业主题活动。组织开展科技活动周、创业项目路演、“大众创业万众创新”活动周，组织全市创新创业团队参加“中国创翼”青年创新创业大赛、世界技能大赛、大学生移动互联网创业大赛等，营造浓厚的创新创业氛围，参加的创业大赛取得良好成绩，其中十九冶技师学院毕业生曾正超在巴西圣保罗举行的第43届世界技能大赛中获得焊接项目金牌，攀枝花技师学院“焊世界”创业团队在“中国创翼”青年创业创新大赛全国总决赛中获得优胜奖，攀枝花学院在中国首届大学生移动互联网创业大赛中荣获全国团体冠军。筹划建设“众创空间”，为大众创业提供优质创业服务。与新建或闲置的写字楼开发企业洽谈，分别策划了社区服务产业众创空间、支付服务产业众创空间等拟建项目；统筹规划劳动大厦负3楼和部分负2楼办公空间，并与国内创业服务机构达成合作意向，拟建为涵盖创业服务、融资服务、政策宣讲、专家指导、沙龙交流、培训实训、苗圃孵化、创业孵化等帮扶服务的众创空间，为创业民众提供质优价廉的创业服务，助推初创实体成功创业。

【职业能力建设】 2015年，市人力资源和社会保障局以培训促进就业，积极开展各类职业技能培训、岗位技能提升培训、创业培训、高技能人才培养和职业技能鉴定工作，职业能力建设取得积极成效。技能人才队伍建设稳步推进。扎实开展高技能人才培养工作。全年41名培养对象参加各类业务培训90余次、参加技术交流、攻关50余次，参与重大技术革新或改造11次。各培养单位全年为41名培养对象提供培养经费130余万元。与市总工会、团市委等部门联合举办“攀枝花市百岗万人职工技能大赛”；开展美发师、焊工、电工等工种技能大赛，培养了一大批技术能手和岗位标兵。攀枝花市高技能人才选手曾正超在第43届世界技能大赛焊接项目上荣获该项目金牌，实现了中国参加世界技能大赛以来的金牌“零突破”。充分发挥职业院校和培训机构的骨干作用，将培养技能人才的机构列为重点扶持单位，从资金和政策上给予支持，逐步形成了政府引领、行业发动、企业行动、个人需求的技能人才培养新格局。攀枝花技师学院被评为国家级高技能人才培训基地，获得中央财政500万元专项资金补助。以专项行动为抓手全面推进职业培训。全面完成青年劳动者技能培训，3483名青年劳动者技能培训，完成省民生工程目标任务和省人社厅下达目标任务2500人的139.3%，完成报市政府目标任务3000人的116.1%。开展培训“春潮行动”。完成“春潮行动”就业技能培训5328人次。稳步推进职业技能鉴定工作。积极与省人社厅沟通，把钒钛领域内的转炉炼钢工、连铸工、冷作工等14个特有工种纳入全省通用工种培训鉴定范围。全年共组织电工、焊工、人力资源、物流等27个职业的鉴定考试工作，共有16000余人报名参加考试，有12994人取得职业资格证，初级工2067人，中级工9418人，高级工1309人，技师(含高级技师)200人(其中高级技师63人)。全面推进公务员和事业单位人员培训。组织100名优秀公务员和事业单位管理骨干赴四川省国家公务员培训中心学习；举办14期全市公务员和参照公务员法管理事业单位“提升依法行政能力，做人民满意公务员”主题培训，共3365人参训；

开展专业技术人员《心理健康与心理调适》网络培训、考试工作，全市共19379人参加网络培训和考试。

【就业创业能力培训】 2015年，市人力资源和社会保障局加大培训力度，全面提高劳动者就业创业能力。完善政策，将有创业愿望和培训要求的城乡劳动者全部纳入创业和职业培训范围，建立与培训质量、就业效果挂钩的培训绩效考核制度，将培训合格率、就业创业成功率以及学员的满意度作为评估标准，确保就业创业培训质量和效果。提高培训管理的信息化程度。依托就业服务管理信息系统平台，抓好就业培训实名制系统模块的使用，实现职业技能培训和创业培训的基础数据录入、开班申报、开班审核、信息查询全过程信息化管理，提高了业务办理便捷水平，并且确保培训机构和培训学员全程监管，防止重复培训、虚报冒领。大力开展职业技能培训和创业培训。组织城镇失业人员培训1942人，培训后就业率69%；农村劳动者培训3791人，转移就业率93%；春潮行动培训劳动者3102人，青年劳动者3482人，品牌培训培训劳动者720人。开展创业培训，提升城乡劳动者创业意识和创业能力。组组城乡劳动者开展创业意识培训9697人，创业能力培训4764人，创业实训1029人。组织企业新招员工岗前技能提升培训384人，及时解决了大企业招用人员培训的需求。完善创业培训师资库，加强创业培训教学研讨，严格师资管理。组织各创业培训定点机构的29名教师到省就业训练培训中心参加"SIYB"师资专业培训，进一步充实创业培训师资力量。

【基层平台与信息化建设】 2015年，市人力资源和社会保障局进一步加强基层平台与信息化建设夯实公共就业创业服务基础。完善基层平台建设。全市207个乡镇（街道）、社区（村）已完成劳动就业和社会保障服务平台标准化建设，将就业失业登记、失业保险申领备案、社保补贴申报等业务全部下沉到社区，打通服务群众最后一千米。着重梳理基层公共就业创业服务内容和业务流程，进一步明确充实社区就业创业服务工作内容，全市城乡劳动者可就近享受到均等的就业创业"一条龙"服务。逐步实现就业创业服务业务全面信息化办理。着力办好"攀枝花公共招聘网"和"攀枝花就业创业服务网"，为用人单位、求职者、创业者提供更加便捷、高效的公共就业创业服务。在攀枝花公共招聘网共实名注册企业数为1700余家，全年累计提供岗位数14777个，求职者注册人数为17190人，发布求职简历11201份。统筹城乡就业建立起包含93万人在内的城乡统一的人力资源数据库。完善"攀枝花市就业服务管理信息系统"功能，修改完善社保补贴模块、公益性岗位管理模块、农村劳动力实名制登记模块、离校未就业高校毕业生实名制登记模块及社保联动等功能，全面实现市、县（区）、街道、社区四级就业服务工作信息化办理。

【农民工工作】 2015年，市人力资源和社会保障局全面完成农民工各项工作任务，全市转移和输出农村劳动力9.2万人，实现劳务收入10.12亿元，完成"劳务品牌培训"840人。积极做好农民工返乡创业工作。建立支持农民工返乡创业工作联席会议制度，制定7项专项行动方案，确保工作全面推进。进一步健全创业项目库，充实创业指导专家团。完善创业项目的征集、筛选、评估、更新机制，新增入库项目12个（总入库项目430个），并利用全国创业网索引平台，汇集近3万个创业项目，为返乡创业农民工提供更多创业选择。加大对返乡农民工创业的金融扶持力度。降低创业担保贷款门槛，取消个体工商户创业担保贷款申请的户籍限制，将贷款申请对象扩大到所有在攀创业的人员，对符合条件的创业项目予以全额贴息。扩大贷款经办机构。积极拓宽贷款经办银行，将市农商银行和邮政储蓄银行纳入经办机构范围，借助其经办点多，延伸范围广的特点为返乡农民工提供就近申请，就近放款的金融服务。提供全方位的贷款套餐。针对创业项目小，资金需求量不大的个体返乡创业人员，开发10万元以内的个体工商户小额贷款，办理时间短，手续简便。针对创业项目较大，流动资金需求量大的返乡创业项目，提供200万元以内的小微企业创业贷款，缓解创业者资金压力。突出技能培训，促进就业创业。全年全市农村劳动力就业技能培训6117人，品牌培训840人，岗位技能提升培训4184人，创业培训3418人。为统筹推进城乡就业，建立城乡一体的劳动力资源数据库，启动农村劳动力实名制登记入库工作，农村劳动力实名制登记入库29.67万人。

【公务员管理】 2015年，考录工作稳步推进，面对"战线长、环节多、任务重"的挑战，做好了2014年下半公务员招录、2015年定向招录公务员、面向公安院校公安专业招录人民警察、面向社会招录人民警察等工作，全年录用公务员52名，做好了2015年下半公务员招录前期工作。考录工作规范严格、坚持公平公正，全年没有发生一起因工作失误造成的负面事件和事故。职位管理进一步加强。严格贯彻落实《关于严禁超职数配备干部的通知》文件精神，重点对科级非领导职数的超配情况进行清理，制定出台《关于进一步加强市级机关非领导职务干部管理的通知》，消化整改效果明显。按照国家、省有关政策规定，结合攀枝花市实际，出台《攀枝花市县以下机关建立公务员职务与职级并行制度的实施意见》，稳步开展县以下机关公务员职务与职级并行工作。考核奖励树新渠道。为进一步表彰先进，鼓励全市广大公务员积极积极投入到经济社会发展中，出台《攀枝花市公务员记二等功奖励办法(试行)》。启动2015年公务员记二等功评选奖励工作，拟评选记二等功公务员集体20个，记二等功公务员80名。积极推进公务员平时考核试点工作，确定了市委统战部、市政务中心、市交警支队和东区为试点单位，完善试点工作方案，加强督查和指导，已取得了初步成效。基层保障机制有所完善。认真贯彻落实《关于进一步加强乡镇干部队伍建设实施意见》和《关于做好艰苦边远地区基层公务员考试录用工作的实施意见》，建立健全符合攀枝花市实际的基层选人用人留人机制，稳定基层公务员队伍，在2015年下半年公安机关录用人民警察工作中适用了部分艰苦边远地区考录政策，取得较好成效。基础工作更加扎实。完成人事任免90余人次，办理人员流动57人次，审核推荐先进集体40余个、先进个人80余人次，公务员登记120余人次，非领导职务晋升40余人次，非领导职务确认30余人次。完善了公务员信息系统，按要求向相关部门报送报8000余人社会信息。组织150余人参加攀枝花市省级公务员录用面试考官资格培训，充实考官队伍。积极做好工商、质监部门移交地方的相关工作

【事业单位管理】 2015年，攀枝花市人力资源和社会保障局深入推进事业单位人事制度改革，积极做好事业单位分类改革中的人事管理工作。认真贯彻《事业单位人事管理条例》。全面实施岗位管理制度，加快事业单位人事管理制度化、科学化、规范化建设，进一步规范事业单位岗位设置和岗位聘用管理，认真贯彻执行事业单位工作人员公开招聘、流动、晋升、处分、申诉等政策规定，共引进硕士研究生和副高级以上高层次人才和紧缺岗位人员121名；加强事业单位工作人员和编外人员管理，牵头与相关部门一道制定了《加强机关事业单位人员管理和编外人员管理的实施意见》，着力解决“吃空饷”和清理规范在编不在岗以及编外大量用人等问题。积极探索事业单位人员年度考核管理办法，在2014年年度考核中全面推行绩效考核制度。认真开展公车改革司勤人员调查情况摸底，提出人员安置初步意见。积极探索和完善教育、卫生、新闻广播等事业单位分类专业测试和考核办法，严格审查直接考核招聘岗位的专业和学历要求，市级部门公开招聘事业单位工作人员226人，其中公开考试招聘142人，公开考核招聘84人。严格执行岗位管理制度，调整岗位1842个(含岗位等次晋升1106个)，申报取得二级岗位人员2人；按照事业单位人员流动的相关规定和市编委主任会议审议通过的人员流动规则，按程序办理人员流动，今年共办理人员流动81人次，其中公开考调事业单位人员6人。

【专业技术人才管理】 2015年，攀枝花市人力资源和社会保障局积极推进专业技术人才管理工作。创新体制机制，优化政策环境。修订《攀枝花市高层次人才承担导师结对培养工作管理办法》，建立规范、系统的导师结对培养制度，充分发挥高层次人才在人才培养中的传帮带作用。出台《攀枝花市有突出贡献专家、学术和技术带头人及其后备人选评选条件》，建立科学、合理的专家评选机制。强化高端培养，提升专业素质。在钢铁、钒钛、化工、建筑、农业、教育、卫生等领域确定高层次人才重点培养对象30人，通过实践锻炼、导师带培、学历教育、学术交流、考察学习和项目带动等多种培养形式，有效提升了培养对象的专业素养和业务能力。全市92名高层次人才结对培养126名基层和农村中青年技术人才，为加强基层人才队伍建设发挥了积极作用。调训25名农业、旅游、国土、经济、信息等行业专业技术骨干参加“特色高效农业”“生态文化旅游融合发展”“地质灾害监测预警及救灾关键技术”“智慧城市与信息安全”“绿色经济”“西部战略性新兴产业”等国家级和省级高级研修培训。举办“四川省专家下基层行动工程高级研修培训班”，推动全市专家下基层行动工程和专家服务基地建设工作的深入开展。注重推荐选拔，建设人才梯队。组织开展攀枝花市第九批有突出贡献专家、第七批学术和技术带头人及其后备人选的推荐选拔工作。经推荐申报、资格审查和专家评审委员会评审(议)，评选出市级专家共199名。经国务院和四川省委、省政府批准，2015年攀枝花市钢铁、钒钛、能源、建筑等行业33名专业技术人才被评选为国家级或省级专家，其中享受国务院颁发政府特殊津贴人员5名、四川省有突出贡献的优秀专家7名、四川省学术和技术带头人3名、四川省学术技术带头人后备人选18名。加强平台建设，发挥智力作用。在农业、林业、教育、医疗卫生、城镇规划等领域建设市级专家服务基地12个，执行“专家下基层行动”短期智力需求项目13个，组织150余名专家到基层和农村开展智力支持和技术服务。加强攀钢博士后科研工作站和十九冶博士后创新实践基地建设，全年在站博士后研究人员10名，促进产、学、研结合和相关重点项目研究。深化职称改革，做好职称评审。贯彻落实《关于进一步加强非公有制组织从业人员职称工作的通知》，深入调研非公有制组织职称工作，加强政策宣传，畅通申报渠道，完善评审机制，积极做好非公有制组织从业人员的职称评审工作。按照省政府要求，向扩权试点县(盐边县、米易县)下放中级职称管理权限，并指导其做好中级职称的申报、评审、审核等工作。安排布置全市2015年度中、初级专业技术职务任职资格的推荐申报和评审工作，全年推荐评审、确认高级职称344人，评审、确认、初定中级职称370人，通过考试取得专业技术资格、执(职)业资格共3169人，办理职称证

书共7000余本。全年非公有制组织从业人员通过评审和考试取得专业技术资格、执(职)业资格共965人。拓展服务方式,强化服务保障。《攀枝花市高层次人才服务管理系统(人才智库)》正式启动运行,实现高层次人才管理和服务工作信息化、标准化、精细化和动态化,提高工作效率和服务质量。

【人才开发和市场管理】 2015年,市人力资源和社会保障局全力推进了人力资源开发和市场管理工作。创新机制优化人才政策环境。制定《攀枝花市高层次人才引进稳定培养办法》和《攀枝花市引进领军型创新创业人才暂行办法》的实施细则,形成一个职责明确、程序清晰,简明高效、部门协调配合的操作性文件,提高人才政策落地率,完善人才开发政策。加强人才宏观指导工作。制定《攀枝花市"十三五"人才发展规划编制工作实施方案》,明确规划编制的工作任务及责任分工、工作步骤及进度安排、组织领导及工作机制等,提出12个需要专题研究的内容。吸引攀籍优秀人才回流。草拟《关于吸引攀籍优秀人才回流的实施意见(征求意见稿)》,初步提出吸引攀籍优秀人才回攀的基本思路,充分开发本土人才资源,鼓励和引导攀籍优秀人才回攀服务。多种渠道引才聚智。通过公开招考、赴外招聘、网上招聘引进高层次人才和急需紧缺专业人才496名;在钢铁钒钛、城市规划、交通物流、农林水利、文化教育、医疗卫生等领域继续聘请19名政府顾问和28名政府特聘专家,为经济和社会发展谏言献策。在工业、农业和卫生领域获准国家、省7个引进国外智力项目计划(其中:国家级重点项目1项),获资助经费42万元。引进奥地利、以色列、乌克兰、新西兰等国及中国台湾地区专家13人到攀枝花市进行技术指导。发布《攀枝花市引进领军型创新创业人才公告》,开展攀枝花市领军型创新创业项目征集申报工作,征集项目20项,待组织专家评审。吸引稳定高层次人才。认定(确认)一至四批在攀在岗高层次人才636人,兑现2014年度安家补助、租房补贴、工作津贴等优惠待遇1400余万元。协调联系推荐5名企业引进的博士研究生配偶通过公开考试、直接考核招聘等方式进入市属事业单位。做好2014年管理期内在职市级有突出贡献专家、学术和技术带头人及其后备人选纳入高层次人才管理工作,兑现符合高层次人才认定条件的143名市级专家2014年度人才津贴138万元。协调联系推荐5名企业引进的博士研究生配偶通过公开考试、直接考核招聘等方式进入市属事业单位。鼓励高校毕业生到基层服务。发布5个岗位需求计划,169名考生报名,66名考生参加笔试。指导县(区)按照规定的步骤进行资格复审、面试、体检等工作,5名招募人员和1名续聘人员于9月1日正式上岗。兑现攀枝花市"三支一扶"大学生2015年生活补贴经费和其他经费17.67万元(中央财政12万元,省财政5.67万元)。提高编外用工报酬。从2014年1月1日开始,经市政府研究同意市级机关和财政全额保障事业单位的编外用工人员每人每年增加用工经费3000元,为484名编外人员办理增资手续。

【人才服务】 2015年,攀枝花市人力资源和社会保障局转变观念为各类人才提供良好的服务。全力做好流动人员档案管理和服务工作。全年共接收档案46000余份,接收归档材料7800份,为800人提供档案查询、查阅、借阅服务,办理档案转出手续1300人,协助300余人办理退休手续,出具各类证明300余份,办理工资审批82人,代办初级职称评审30人,为20家企事业单位124人缴纳五项社会保险费100余万元。做好人才档案移交工作。根据人力资源市场整合的需要,市劳动代理服务中心的26441份档案全部移交市人才服务中心。稳妥推进专家示范基地建设和专家下基层行动工作。实行基地首席专家负责制,每一个基地指定一名专家负责,对基地所聘专家进行详细分工、协作实施。跟踪服务,全程掌握建设和下基层行动项目进展情况。全年全市12个专家服务示范基地、13个"专家下基层行动"项目进展顺利,基地规模扩大,增产、增收显著;辐射、带动了种、养殖产业的发展;加速科技成果的转化;充分发挥专家力量促进城乡均衡发展。做好高层次人才服务工作。完成高层次人才申报人员资格初审和经费预算等工作。共申报高层次人才575人,分别为第二类2人,第三类1人,第四类10人,第五类171人,第六类28人,第七类304人,第八类59人。加快办证节奏,提高办证频率,通过网站、短信等方式及时通知考生,努力提高考生对证书办理和发放办理和发放工作的满意率。全年共办理和发放考试类专业技术、职(执)业资格证书共4740本;评审类专业技术职称证书1455本。初步建成高层次人才管理系统。高层次人才管理系统的培训工作已经筹备完成上线。组织70名企业专家和高层次人才进行健康体检。组织11名专家赴外休假疗养。充分发挥市场配置人力资源的基础性作用促进就业。用人单位需求人数44041人,通过四川攀西人才市场和网络向社会发布就业岗位11716个次,求职人员68273人,求人倍率为0.64。深入开展校园招聘活动。举办"2015年攀枝花市高校毕业生公益性大型双选会"共计入场招聘单位322家,提供职位数1014个,需求人数3863人,共38371名求职人才进场求职。积极开展就业援助月活动。举行4场"就业援助月送岗位到基层"现场招聘会,用人单位136家,向社会发布就业岗位320个,需求人数5355人。达到"讲实效、贴地气"的目的,对失业农民实现就业和稳定就业起到促进作用。推出"月月专场"招聘会,共开设17场专区招聘会。认真组织日常招聘会，举办60场现场招聘会，共有389家招聘单位入场招聘；为求职者提供4775个职位，需求人数21742人，进场求职人数达42100人。发展网络招聘，在攀西人才网发布招聘信息的用人单位达473家，为求职人员提供6941个职位，需求人数为22272人，求职人员在攀西人才网上发布27072条求职信息。努力拓展现代信息化服务手段。推出手机版网站和微信公众号。完成公众号的微信认证，认证后的微信公众号添加"自定义菜单""微信客服"等功能。手机版网站新增的自定义菜单主要分"招人才""找工作"及"档案服务"三大块，将微信公众号与手机版网站相结合，可以通过微信连接手机版网站查看职位信息及查询档案信息。求职招聘大厅开通免费WIFI，让求职者享受移动互联的便捷。

【工资福利】 2015年，攀枝花市人力资源和社会保障局按照国家和省的统一部署，进一步深化机关事业单位收入分配制度改革。对全市机关事业单位工作人员基本工资标准和离退休人员离退休费进行调整。根据四川省人民政府办公厅关于《转发人力资源社会保障厅、财政厅关于调整机关事业单位工作人员基本工资标准和增加机关事业单位离退休人员离退休费实施意见的通知》文件精神，制定攀枝花市调整机关事业单位工作人员基本工资标准和增加机关事业单位离退休人员离退休费的实施意见并组织实施，于6月30日前，全市机关事业单位共34437人调整了基本工资标准、18578人增加离退休费并已全部兑现到位。同时，机关工作人员规范后津贴补贴与事业单位绩效工资水平也按要求扣减到位。对机关事业单位规范后津贴补贴水平进行调整。根据省上会议精神，对市级机关事业单位规范后津贴补贴水平进行调整，于2月兑现市级机关5105人的规范后津贴补贴提高的职级标准、兑现市属事业单位9460人提高的绩效工资水平，人均增资200元/月。做好工资日常管理工作。完成2015年市级机关（含参公管理事业单位）工作人员按年度考核结果晋升级别、机关（含参公管理事业单位）工作人员正常晋升级别（岗位）工资档次、事业单位工作人员正常增加薪级工资和机关（含参公管理事业单位）工作人员年终一次性奖金审核工作，机关工作人员人均增资240元/年、事业单位人均增资300元/年。做好机关事业单位养老保险制度改革相关工作。根据全省养老保险制度改革工作的要求，完成市级机关事业单位共14565名在职人员2014、2015年度缴费工资基数、9104名退休人员退休费的复核工作。

【军转安置解困】 2015年攀枝花市人力资源和社会保障局完成军转安置及企业军转干部解困维稳任务。军转干部安置。完成省上下达计划接收安置军转干部17名任务（计划分配军转干部9名，自主择业军转干部8名），随调家属1名。基本情况为团职干部3名（正团职2名，副团职1名）；营职及营以下干部6名（副营职干部3名，正连职1名，副连职1名；技术干部1名）。学历情况为硕士研究生1名，本科8名，本科及以上学业占全年转业干部总人数的100%。年龄情况为平均年龄40.57岁，其中：团职44.66岁，营职34.66岁，技术干部33岁。35岁以下5人，占2015年转业干部安置人数的55%；36～45岁的2人，占2015年转业干部安置人数的22%。安置去向为计划分配3名团职（2名正团职、1名副团职）军转干部均安置在公务员岗位并落实领导职务；计划分配营职及以下干部6名（技术干部1名），全部安置在公务员岗位，落实相应非领导职务。自主择业军转干部8名，分别安置在仁和区1名、东区3名、西区3名、盐边县1名。随调家属1名，安置到仁和区教育局所属事业单位。企业军转干部解困和维稳工作。按计划及时开展企业军转干部解困工作。按月发放退休军转干部的生活困难补助，在省调整政策后及时兑现补助。完成对退休军转干部、失业军转干部、在岗（再就业）军转干部的生活困难补助以及为失业军转干部、再就业军转干部代缴养老保险。已补助生活困难人员近万人次，补助金额达1040万元；个案补助特别困难人员103人次。对所有企业退休（内退）、在岗（再就业）、失业军转干部进行建军节、春节慰问，慰问3420人次，发放慰问金136.8万元。

【人事考试工作】 2015年，攀枝花市人力资源和社会保障局以考试安全为核心，以考风考纪为生命线，完成全年的考试任务和信息化建设工作。人事考试工作：完成公招考试考务组织实施工作。完成公务员录用考试4项（笔试3项，面试1项），参考人数1541人，科次4085科；完成市教育体育局直属学校公开招聘工作人员笔试1项，参考人数115人，科次115科；完成市属事业单位招聘工作人员2项（笔试1项，面试1项），参考人数1998人，科次528科。顺利组织实施各类专业技术资格（水平）考试20项，参考人数13444人，科次33553科，其中报考人数超过千人的考试5次，分别为全国一级建造师及相应专业考试2403人，全国职称外语等级考试2090人，执业药师执业资格考试1675人，会计专业技术初级无纸化考试1122人，二级建造师及相应专业执业资格考试1608人。完成社会化代理和其他考试2项，参考人数352人，科次352科。完成人事考试指挥中心二期工程建设前期工作，推进考试信息化。积极推进人事考试指挥中心二期工程建设，考察落实合作学校，研究制定建设方案，努力筹措建设资金，完成建设方案的报批并通过相关部门的评审。推进题库系统建设，提高命题保障能力。

多渠道征集试题，扩大题库容量，确保试题质量，不断提升题库系统的安全性、实用性和科学性，为事业单位公开招聘工作人员考试公共科目提供高质量的命题保障。

【规划财务工作】 2015 年，攀枝花市人力资源和社会保障局积极推进局系统规划财务、社保基金预决算和统计工作。对“十二五”人社事业发展情况进行评估总结。研究制定人社事业发展“十三五”规划，确定未来五年全市人社事业发展思路和重点项目。完成 2015 年省级就业社会保险管理与监督定向财力转移支付资金分配工作。完成 2014 年社保基金决算编审工作并上报省厅；完成一、二、三季度社保基金预算执行情况报表的审核上报；完成 2015 年社保基金调整预算的编审上报工作；完成 2016 年社保基金预算编审上报工作。按时保质保量完成并报送 2015 年度综合统计各项年报表；完成全市人社系统统计人员情况摸底调查，掌握全市人社系统统计人员基本情况，为下一步开展统计人员培训做好了准备。

【依法行政工作】 2015 年，市人力资源和社会保障局全面推进依法行政工作，使行政执法责任制得到有效落实。清理规范行政权力事项，规范行政执法行为。对应省政府公布的市级行政许可目录及时清理调整并上报行政许可项目。及时公布本部门清理确定保留非行政许可审批目录并根据法律变化情况进行实时调整。取消定点零售药店、定点医疗机构资格审定。保留职工退休审批，并下放部分权限。正常退休审批按照参保人员参保关系所在地由各县(区)人社行政部门自行办理，提前退休审批全部由市人社局统一办理。加大规范行政权力清理力度。对最新颁布的行政权力事项进行清理，并对本机关制定发布的规范性文件统一公布失效、废止或修改的文件目录或条款。落实行政权力网上公开运行各项工作。依法梳理行政执法依据，加大行政权力清理力度，按时完成网上运行数据录入和流程图的编制等平台运行的基础工作。根据行政权力法律变化或行权部门职能调整及时调整行政权力运行目录。2014 年所有行权目录中的权力事项，实现全业务全流程网上公开运行办理，方便群众查询，接受有关部门和群众的监督。完善规范性文件咨询论证、审核、备案、评估、清理、公布等制度建设。依法依规清理报送行政权力 95 项，对重要的规范性文件制定，做好了咨询论证、审核、备案、评估等工作，确保了行政执法监督工作的有效运行。加强了行政执法与刑事司法衔接工作，加大劳动监察和基金监督等重点领域行政执法，依法查办案件，向公安机关移送涉嫌犯罪案件 1 件。无渎职和执法不当等原因引起的执法投诉案件。清理行政执法主体，落实执法人员资格制度。新报申领执法证 19 人，行政执法监督证 2 人；年审 34 人的执法证和 5 个执法主体，并建立了行政执法人员信息化管理系统。完善行政复议体制，依法推进复议工作。参与省厅、市政府法制办行政复议答复 11 件，自己办理复议案件 3 件，无行政行为被依法撤销、变更、确认违法、责令改正或者履行法定职责的情况发生。参加攀枝花市东区法院和攀枝花市中级人民法院行政应诉 30 件。

【行政审批工作】 2015 年，市人力资源和社会保障局加强行政审批工作，办理工伤性质认定 720 件、提前退休审批 1166 件、审批民办培训学校 1 户、外国人在攀就业 1 件、劳务派遣行政许可 2 件、特殊工时制度审批 2 户。对参保单位的岗位性质进行备案管理。要求所有参加城镇企业职工基本养老保险的企业对本企业的所有岗位进行清理，明确划分出管理(或干部)岗位和生产(或工人)岗位后，报同级人力资源和社会保障行政部门及社保经办机构备案。各大型企业的备案工作已完成，中小型企业的备案工作也在有序进行；对企业职工从事特殊工种的情况实行年度备案制度。明确要求全市的国有企业、县以上城镇集体企业及国有和县以上城镇集体企业改制后的民营企业除应在档案中对本企业职工从事特殊工种情况进行如实记载，经在本企业公示无异议后报送同级和市人力资源和社会保障行政部门进行备案，作为职工从事特殊工种的情况的主要依据。指导攀钢集团公司、钢城企业公司规范填写职工人事档案，解决职工档案记载不清致使无法办理提前退休问题。建议明确各类档案的管理权限。针对人事档案管理情况混乱困扰退休审批的难题，市人社局明确提出档案分类管理办法，并在相关媒体上发布公告。

【行政“大调解”】 2015 年，市人力资源和社会保障局加强行政争议“大调解”工作，按照人社行政调解与劳动保障监察、劳动人事争议仲裁、人社信访相联系和进法院，社区的“三联两进”要求，在全市 60 个街道劳动保障服务中心建立了调解组织机构，设置专门调解室；有 359 个社区(乡村)劳动保障服务所均配备了相关兼职调解人员，把人民调解、行政调解、司法调解有机衔接、联动协调。对信访维稳综治案件实行领导包案机制，对群众诉求的问题采取“一个问题、一名领导、一个方案、一抓到底”的办法进行认真解决。主要领导干部一般每月安排 2 天接待群众来访，领导班子成员坚持定期轮流接访，确保每周有领导干部接待群众来访。严格群众来信和初访办理制度，对符合法律法规、政策规定的能解决的立即解决，坚持不懈地抓好矛盾纠纷排查和调处工作，做到行动迅速、处置及时、措施到位、稳控有力，把涉及企业破产、关闭、改制中职工和部分军队退役人员安置等方面的信访突出问题处理好、解决好，把问题解决在基层、把事态控制在当地，从源头上遏制了非正常上访势头。完善信访协调会、典型案例会诊等工作制度，充分发挥人力资源和社会保障业务部门的职能作用，建立健全信访、仲裁、监察和维稳、综治等联动机制，密切配合其他职能部门妥善处理涉及人力资源和社会保障方面信访维稳综治问题，形成统一领导，部门协调、统筹兼顾、各负其责、齐抓共管的人社工作大信访工作格局。在工作中坚持经常排查与集中排查、有效地推进信访案件化解得了、控制得住、处理得好，尤其对非正常上访，重信重访的问题，进行重点排查，严格分解落实工作责任，限期妥善解决。

【和谐劳动关系建设】 2015年，市人力资源和社会保障局积极推进和谐劳动关系建设工作。加强形势研判，提前介入、及时化解劳资矛盾纠纷。多渠道、多方式加强对企业劳动关系现状的监控，对劳动关系矛盾纠纷，努力做到早发现、早控制、早解决，将劳动关系矛盾化解在萌芽状态，避免出现大的集体停工和群体性事件。积极协调各方力量，主动介入，妥善处理了攀钢钒、攀煤、钢城集团、富邦等企业因优化人员结构、裁员等用工改革而存在的重大劳动关系隐患，避免企业出现群体性事件。切实做好劳务派遣行政许可工作。贯彻实施新修订劳动合同法，严格规范劳务派遣，全面落实各项工作任务，依法做好行政辖区内的劳务派遣行政许可工作。下发《关于贯彻落实〈劳务派遣行政许可实施办法〉的实施意见》《关于劳务派遣经营许可证有关事宜的通知》等5个文件。提出经办工作的具体要求，细化行政许可的审批流程，规范行政许可的法律文书，并在政务中心、机关网站、各类媒体等进行公布，对劳务派遣公司进行宣讲，加强监管，规范行为，平稳有序推进劳务派遣行政许可工作。积极推进劳动合同、集体合同签订工作。全市劳动合同签订率达到93%以上。市、县两级协调劳动关系三方充分发挥职能优势，互相支持，协调配合，共同推进实施集体协商及集体合同签订工作，全市已建工会企业集体合同签订率始终保持在90%以上。

【企业工资分配制度改革】 2015年，市人力资源和社会保障局积极推进企业工资分配制度改革工作。做好国有企业负责人薪酬制度改革工作。会同市国资委等有关部门，在认真学习中央省上文件、深入企业调查研究、两次组织调查摸底、广泛听取主管部门和市属国有企业意见，并在反复测算论证的基础上，起草了《关于深化市属国有企业负责人薪酬制度改革的实施方案实施方案（征求意见稿）》。科学合理调整全市最低工资标准工作。以市政府名义下发《关于调整全市最低工资标准的通知》，将攀枝花市月最低工资标准从1250元每月调整为1380元每月，非全日制用工小时最低工资标准从13.2元每小时调整到了14.4元每小时，并规定执行时间为2015年7月1日起执行。促进低收入劳动者收入合理增长。制定发布全市2015年度企业工资指导线。企业工资指导线的基准线为11%、上线（预警线）为17%、下线为4%。全市各级协调劳动关系三方四家加大对企业工资指导线的宣传落实力度，加强对企业执行情况的监督检查，进一步发挥工资指导线在工资集体协商中的导向作用，切实增强工资指导线的实施效果和社会影响力。

【劳动保障监察】 2015年，市人力资源和社会保障局加大劳动保障监察执法力度，有力地促进了整个劳动保障工作的开展。开展农民工工资支付情况专项检查。检查排查用人单位户数2102户，处理工资支付类案件数97件，工资支付类突发事件42件，不办社会保险登记类案件数20件，未按时足额缴纳社会保险费类案件11件，追发劳动者工资11614.04万元。开展清理整顿人力资源市场秩序专项行动。共检查全市职业中介机构22家，用人单位302家。开展用人单位遵守劳动用工和社会保险法律法规情况专项检查。共检查各类用人单位28户，涉及劳动者1461人。涉及劳动者942人；旅行社7户，涉及劳动者18人；劳务派遣单位2户，涉及劳务派遣人员49人。完成劳动保障监察目标任务。主动监察用人单位2102户，涉及劳动者179812人。审查用人单位报送书面材料971户，涉及劳动者59900人；参与处理突发事件42件，涉及劳动者人数2751人；追发劳动者工资待遇11614.04万元，涉及劳动者7795人；督促12户用人单位为15名劳动者缴纳社会保险费17.36万元；督促7户用人单位为7名劳动者办理社会保险登记；接受举报投诉128件，立案128件，结案128件，结案率100%；

【劳动人事争议仲裁】 2015年，市人力资源和社会保障局以调为主和“快立、快调、快结”的方针，不断推进劳动争议仲裁工作，争议处理效能全面提升。全市共处理劳动人事争议4049件，其中案前调解处理3725件，立案受理1024件，按期结案率为100%，调解处理率达94.6%。一裁终局案件撤销率为零。全面贯彻“预防为主”方针，以“四进预防·和谐仲裁”主题活动为统揽，以“四个转变”为目标，将劳动法规、仲裁审理、权益维护送进企业、园区、乡镇（街道）、校园。以开展“劳动法规大讲堂”为重点，全面开展劳动法规宣传；以加大集体劳动争议和突发事件的排查力度为重点，强化用工指导显服务；以排疑达惑为重点，积极做好接待咨询服务工作。加强与劳动人事争议调解组织联系沟通。编印《劳动争议调解组织工作规范》，印制“六本五挂”，开展调解员培训，推行基层调解组织定点指导制度，使预防工作有了"地气"。通过目标考核、人员互派、评选活动、观摩活动、研讨活动,推进市县(区)两级仲裁院"一体化",使预防工作有了"底气"。通过"劳动法规大讲堂"、兼职仲裁员、仲法联动等活动与机制的推行,扭转了仲裁"一方单打"的不利局面,使预防工作有了"力气"。

全面启动仲裁员专业化建设,采取外派、传帮带、庭审观摩、上挂下派蹲点等形式,重点推进能力拓展专项计划。举办内部专业化培训25期,达到50学时。

【信息化工程】 2015年,市人力资源和社会保障局加强信息化建设工作,确保金保工程信息系统安全平稳运行,并确保各项就业和社会保障业务顺利运行。完成全民社保登记系统的建设任务,并投入运行。完成医疗保险实时监控项目的建设,并投入运行。完成金保工程二期建设的规划编制工作。完成攀枝花市民卡工程总体设计方案,并启动了部分项目建设。"12333"人力资源和社会保障咨询服务热线总量达到12.39万次,社会保障卡累计发放总量达到92.4万张。

【信访维稳综治工作】 2015年,市人力资源和社会保障局切实落实信访维稳综治"五查"和"五定五包"工作,圆满完成了各项工作任务。"五查"即查人社工作各个时期存在的主要矛盾排查化解情况;查社会保障、人事人才政策是否落实到位;查依法维护企业和劳动者权益情况;查工作人员依法履职情况;查重大信访维稳问题对利益相关人员的合理诉求是否得到解决。"五定五包"即定领导、定方案、定专人、定质量、定时限;包掌握情况、包解决困难、包教育转化、包稳控管理、包依法处理。完成省、市交办7件信访疑难案件;积极推进网上信访办理回复工作,市本级依法受理、国家投诉网、人民网、市长信箱、"12345"市民热线、局长信箱等群众来信507件次,涉及人数530人次;接待来访群众607批次,涉及群众874人次;及时化解集体访71批次,涉及农民工等群众4971人次。与有关部门配合召开专题研究信访人诉求联席会议20次,召开人社系统信访维稳及阶段性工作布置会议4次。没有发生在全市、全省、全国有影响的涉稳案件;没有发生进京赴省访群体性事件。

【扶贫帮村"双联"活动】 2015年,市人力资源和社会保障局按照双联工作以及精准扶贫要求,认真开展帮扶工作,扎实为帮扶村办实事。与西番村签订帮扶协议,制定《攀枝花市人力资源和社会保障局扶贫攻坚工作实施方案》以及《攀枝花市人力资源和社会保障局扶贫攻坚工作年度计划》,明确具体帮扶项目,要求局干部职工深入联系户家中进行走访慰问,对困难原因进行分析,帮助找到解决办法和措施。机关干部职工到米易普威镇西番村开展送温暖活动,看望慰问困难党员,详细解困难党员的家庭、生活状况,鼓励困难党员树立信心,在村委会的带领下走上致富道路。邀请市农林科学院专家服务站成员、省级农业产业化经营龙头企业——攀枝花市益寿堂医药有限公司、成都拐点教育咨询有限公司等单位的专家和负责人到普威镇的新龙村重点讲授珍稀水果——蓝莓、名贵中药材——重楼的种植和果树冬季养护技术,介绍出国劳务的信息。培训3场次,普威镇附近村民200余人参加培训。动员干部职工,本着自愿原则进行爱心捐赠,局机关共捐款3180元,捐赠钱款直接送到西番村。

(肖礼荣)

外事及港澳台事务

【因公出国(境)】 2015年,全市派遣因公出国(境)共13批15人。因公出国、赴港澳总人数分别为14人及1人。分赴以色列、法国、希腊、丹麦、芬兰、韩国、美国、瑞典、加拿大、新加坡、德国等10多个国家和中国香港地区进行友好访问、招商洽谈、学习培训等任务。

【外宾来访接待】 2015年,全市共邀请来自俄罗斯、乌克兰、奥地利、以色列、新西兰等国及中国台湾地区专家20人次开展了7个引进国外智力项目,其中:攀枝花云钛实业有限公司的钛锭项目获准国家级重点项目,获得资助经费50万元。全年接待外宾6批次共50余人,分别来自:美国驻成都总领事馆、泰国驻成都总领事馆、巴基斯坦驻成都总领事馆、澳大利亚驻成都总领事馆、斯里兰卡驻成都领事馆、新西兰驻成都总领事馆、以色列驻成都总领事馆、缅甸驻昆明总领事馆、孟加拉国驻昆明总领事馆和马来西亚驻昆明总领事馆等外国驻成都、昆明领馆,日本广岛县日中亲善协会以及中国香港地区驻成都经贸办事处等机构。同时,参与全市重大活动如自博会、养生旅游节等的外宾接待工作。2015年,全市累计接待外国游客3152人次。

(曾　媛)

接待工作

【概　况】 1999年9月,中共攀枝花市委、攀枝花市人民政府接待办公室成立,属市政府办事机构,按正县级行政机关单位设置,受市委、市政府双重管理,2011年归口市委党群系统管理。

2015年，中共攀枝花市委、市政府接待办公室有在职职工25人（男性14人、女性11人），退休人员4人。在职职工中，公务员8人，事业编制人员4人，工勤人员5人，占编聘用人员3人，编外聘用人员5人；有主任1名、副主任2名、调研员1名、副调研员1名。

全年，完成接待任务164批12574人次，其中，国家领导级任务3批次，省部级任务78批次。安全行车15万千米无大小责任事故，确保接待工作安全、准时、优质。

【主要接待】 2015年1月9—10日，接待原交通部部长黄镇东来攀调研。2月19—21日，接待全国政协副主席、民革中央常务副主席齐续春来攀调研。3月1—5日，接待原中组部部长张全景在攀调研；三线建设五十周年纪念活动在攀举行，来宾达700余人。7月25—28日，民革中央机关建设研讨会在攀召开，全国政协副主席、民革中央常务副主席齐续春出席会议。11月15—19日，四川第六届国际自驾游博览会在攀召开，来宾达600人；全国政协副主席、农工党中央常务副主席刘晓峰在攀调研。11月23—24日，省委书记、省人大常委会主任王东明在攀调研。同年，还接待了全国政协教科文卫体委员会主任马德秀，原中央编办主任张志坚，成都军区原司令李世明；省委、省人大、省政府、省政协领导王雁飞、范锐平、李昌平、吴靖平、黄润秋、彭渝、黄彦蓉、刘捷、曲木史哈、晏永和、杨兴平等，老领导何郝炬、冯元蔚、谢世杰、张学忠、张中伟、秦玉琴、陶武先、顾秀等，江西省委常委赵爱明、陕西省原副省长吴登昌等其他省（直辖市、自治区）领导到攀调研。

（赵　智）

侨　务

【概　况】 2015年，根据《中共攀枝花市委　攀枝花市人民政府关于印发〈攀枝花市人民政府职能转变和机构改革方案〉的通知》，市政府侨务办公室职责划入市政府办公室，调整后市侨联内设机构1个，即市侨联办公室，现有在职职工4人，同时与工、青、妇等其他5家群团组织共同在全市社区建设有14个群团组织社会服务中心。

2015年，市侨联团结广大归侨侨眷和海外侨胞，紧紧围绕市委、市政府的中心工作，充分发挥桥梁纽带作用，服务经济发展，依法维护侨益，各项工作取得新成绩。积极参与《中共攀枝花市委关于加强和改进党的群团工作的实施意见》的制定，紧密联系全市侨联工作实际，努力争取侨联工作在文件中得以多处体现，为进一步加强市侨联工作提供政策支持；充分发挥侨联对外联系广泛，资金智力密集的独特优势，积极组织参加"第13届东盟华商会""世界越柬寮华人团体联合会第七届文化商务交流暨会员代表大会""四川省首届中国西部（四川）进口展暨国际投资大会"等大型经贸科技活动，努力开展引资引智工作；进一步加强《侨法》宣传教育，依法维护侨益，关爱归侨侨眷，大力弘扬侨爱，积极动员引导广大归侨侨眷和海外侨胞参与全市各项事业建设；努力拓展海内外联谊，加强对外宣传和文化交流工作，提升城市的知名度和吸引力，不断培育壮大侨务资源；主动参政议政，积极参与"市政府与市级群团组织联席会"、市"五侨联席会"等各类活动，信息互通，资源共享，进一步凝聚侨联工作合力，为全市三个加快建设贡献力量。

2015年5月，市侨联荣获"第十六届世界华人学生作文大赛"组织奖。10月，市侨联主席王棣荣获"2011—2015年度全国侨联系统维权工作先进个人"称号。

【经济科技】 6月，市侨联组团参加"第13届东盟华商会"。市侨联一直以来都非常重视利用好这个平台，以助推攀枝花市主动融入国家"一带一路战略"，加快建设四川南向开放门户，并提前就全市招商项目、洽谈展位、城市宣传等进行周密安排，共组织市投促局、东区工商联等25个部门与企业的200余个项目参加会议。会议期间，全市参会人员积极发放宣传资料，与来自美国、泰国、越南等国家的华商就钛铝板材加工、机械部件制造和人才引进等项目进行深入洽谈，取得较好效果。

10月，市侨联做好"世界越柬寮华人团体联合会第七届文化商务交流暨会员代表大会"参会组织工作，积极派员参加省侨联组织的会务保障工作。会议期间，市侨联发放项目资料册和宣传光盘200余份，为来自美国、柬埔寨等参会重要嘉宾提供会务服务工作，新结识一批海外客商。

10月，市侨联做好"四川省首届中国西部（四川）进口展暨国际投资大会"的参会组织工作。市侨联主席王棣参加投资大会有关对口联谊活动。10月23日，中国侨联主席林军到攀枝花展馆参观。市长杨自力、副市长刘先伟陪同参观并介绍攀枝花相关情况。林军对攀枝花市在投资大会上主动作为、借势借力谋发展的举措和成绩表示肯定，希望攀枝花始终保持专注发展定力，在钒钛资源创新开发利用、特色农业发展等方面不断取得新成绩。林军表示，中国侨联将充分发挥海外联系广泛的独特优势，继续支持四川做好"请进来""走出去"各项工作，在加快攀西国家级战略资源创新开发试验区建设等方面，尤其是在攀枝花的钒钛资源创新开发利用等方面给予关心支持，通过鼓励引导广大侨商在四川投资、创业、扎根，举办大型侨务活动开展等方面的工作，助推四川、攀枝花经济社会又好又快发展。

2015年，市侨联认真做好侨务引智工作。以市侨联2

名海外高层次人才海外顾问为重点，进一步密切联系，加强合作。以攀籍海外高层次人才为重点，密切联系，通过发送电子贺卡、电子贺信深化友谊，共谋发展。建立全市留学回国人员数据库，进一步夯实全市引智基础，同时积极推荐全市优秀留学归国人员参与省侨联2015年成立的省侨联特聘专家委员会，为引智工作开展打下坚实基础。

【权益保障】 2015年9月，组织全市侨联干部参加中国侨联举办的“法治中国，你我同行”“一带一路”相关省份侨界群众法治学习活动，提升侨联干部运用法治思维和依法维权意识，推动侨联工作开展。将《侨法》分别纳入全市党校主体班和干部培训班的学习内容，进一步提升全市机关干部知侨法，依法护侨的意识。在“12·4”法制宣传日广泛开展侨法宣传活动，一方面突出面向党政机关和社区的侨法宣传，向市级部门和主要社区发放了《常用侨务法律法规汇编》300余本。另一方面积极支持基层侨务部门开展侨法宣传，“12·4”期间，全市各县（区）和大企业统战部都积极开展侨法宣传活动。盐边、米易县委统战部在县移民广场等公共场所开展侨法宣传活动，通过悬挂“知侨法、护侨益、聚侨心、促和谐”宣传标语，免费发放侨法宣传资料250多份等形式开展侨法宣传，攀钢集团公司统战部向所辖各二级企业发放《常用侨务法律法规汇编》《侨法知识问答》等侨法宣传资料100余份，主动在企业开展侨法宣传，攀枝花学院统战部在《攀枝花学院报》上刊登侨法知识。

自“六五”普法以来，市侨联一方面加强组织领导，建立完善侨联侨法普法机制，另一方面突出重点，认真开展侨法“七进”工作。6月，市“六五”普法检查组对市侨联进行检查，认为市侨联抓住“宣传侨法、依法护侨”重点，工作开展扎实，特点非常突出，充分体现了侨联工作特色，“六五”普法工作推进有力，基础工作扎实。

市侨联积极开展归侨侨眷关爱和扶贫帮扶工作，先后走访慰问归侨侨眷、牛棚村定点帮扶联系户等共21户贫困家庭，送去慰问款物折合人民币近万元，帮扶2户农村贫困侨眷家庭发展生产，送去生产帮扶资金7000元，做好全市48名老归侨生活补助发放工作，发放补助金4万余元，主动把党和政府的关怀送到归侨侨眷心中。

（关庆育）

机关事务管理

【概　况】 2015年，攀枝花市机关事务管理局内设办公室、房地产管理科、车辆管理科、物业管理科、节能管理科5个科室，共有在岗职工21人，退休职工3人，其中：局党组成员4人，局长1人、副局长2人、副县级纪检员1人；正科级5人，副科级1人。全年新增领导班子成员2人，新提拔正科级干部2人、副科级干部1人。按职能职责分工，主要贯彻执行国家、省、市机关后勤工作的方针、政策；研究制定机关事务管理工作的规章制度，并组织实施；拟定市级机关后勤体制改革规划、办法，并组织实施；负责市级机关房地产及基础设施的管理、配置、大宗维修；负责市属除学校、医院及企业化管理以外的事业单位的所有房屋改造、装修、维修，公有用房的分配、调整、租赁，闲置房地产的处置和经营管理，无房工作人员的统计调查、审核，拟定解决住房（经济适用房、廉租住房）方案，并组织实施；负责编制公务车辆配备、调整、更新、报废计划；负责市级机关的公务车辆配备，制定公务车辆配备规则；探索和推进公务用车制度改革；编制公务船舶配备、调整、更新计划；负责职工周转房、人才公寓的征地、规划、建设、分配、物业管理工作，指导市直属单位物业管理工作；负责市级机关公共机构节能工作，制定管理办法，并组织实施；承办市委、市政府交办的其他工作。

2015年，按照市委、市政府机构改革的要求，攀枝花市机关事务管理局不再承担政府采购工作，下属事业单位市政府采购中心于2014年底移交攀枝花市公共资源交易中心管理。

【房地产管理】 2015年，共启动市政务中心、市总工会、市机关职工食堂等维修改造工程项目24个，计划投资1727万元，通过公开招标、比选节省投资110万元；完成维修改造工程项目23项，完成投资1367万元；完成竣工决算审计12个，审减投资50.7万元。

全年收到26个部门（单位）要求维修改造办公业务用房的申报，申报项目共需投入维修改造资金1730万元，经评估筛选，向市政府上报12个单位办公用房维修改造项目，拟投入维修改造资金300万元。经市政府审批，市财政局审核同意安排200万元专项维修资金，用于2015年市级行政事业单位办公用房维修改造。截至年底，按要求全面完成投资。

实施市级党政机关和事业单位办公用房的零星应急维修抢险工程，投资120万元。帮助和协调市教体局、市人大、市政协、市检察院等10家单位利用自筹资金200余万元开展办公业务用房维修改造。按照攀枝花市政府第41次常务会议要求，审定实施办公用房调整改造项目9个，完成投资461万元，调整搬迁攀枝花市统计局、攀枝花市环保局等市级机关单位16个，调整办公用房12560平方米，减少外租房8288平方米，每年为财政减少租金支出400余万元。

实施市政务中心负一楼改造、市纪检监察视频指挥监控远程教育中心改造、市政协旧礼堂改造等5项市政府特批的专项资金改造工程，计划投入资金1147万元，实际完成投资586万元。为市统计局、市环保局、自驾游博筹备指挥部等20个单位调配办公用房14190平方米。

严格按照招投标法、政府采购法等法律法规规定，依法依规开展办公用房维修改造工程项目建设的勘察设计、招标代理、施工、监理以及与工程建设有关的设备、材料的招标采购工作。项目工程量在50万元以上的新建、改造、装修项目，从立项、设计、施工、监理，均实行公开招标。规模标准以下不需立项的维护、改造、装修项目，直接由项目业主单位参照比选规定和市委、市政府印发的《攀枝花市级机关办公用房维修管理暂行办法》在攀枝花日报进行公告，由社会中介机构抽选评标专家评标比选、使用单位参与监督，公开确定中选单位，严格规范操作比选流程。

【公务车辆管理】 2015年，纳入管理的市级公共机构公务车1876台，同比降低2.09%。其中，小轿车1055台，同比降低3.2%；越野车305台，同比降低1.6%；特种专业技术用车60台，同比增长13.2%；其他车辆463台，与上年持平。

严格执行中共中央办公厅《关于全面推进公务用车制度改革的指导意见》(中办发〔2014〕40号)及四川省机关事务管理局《关于党政机关暂停购置一般公务用车的通知》(川机管函〔2014〕550号)精神，全年停止购置一般公务用车。严格审批和控制特种专业技术用车和执法执勤用车的购置，共批准购置执法执勤和特种专业技术公务车辆24台，其中市级部门(单位)购置14台，县(区)购置10台；及时调拨和处置公务车辆80台，按规定和程序处置废旧公务车辆3批次，共计64台；处理“市长信箱”关于公车私用投诉和市政协代表提案2件。根据《中共四川省委关于印发〈中央第九巡视组巡视我省情况反馈意见整改落实方案〉的通知》(川委〔2014〕364号)要求，督促仁和区、盐边县对违规购置和使用公务车辆的问题进行整改，并及时向省公务用车专项治理领导小组汇报。配合市纪委对市住建局、市人大、西区等单位、地区的党风廉政责任制履行情况、惩防体系建设情况进行专项检查，对餐饮娱乐场所、学校周边公车使用情况进行暗访。加强与省机关事务管理局的沟通联络，关注全省公务用车改革动态，积极争取政策，推动全市公务用车制度改革。

【物业管理】 2015年，市级机关纳入管理办公用房559处，面积517000平方米；办公地产160宗，面积1071787.56平方米，均比2014年略有增加。全年盘活闲置房屋56处，出租利用19867.80平方米，为财政增收423.77万元。为解决市民政局、市公积金管理中心、市委组织部、市纪委等10个单位办公和业务用房，承租办公用房6409.14平方米，承租面积同比降低43.22%，支出租金265.16万元，同比降低39.04%。

采取措施加强炳三区攀枝花市人才公寓、职工周转房管理，提高入住率。500套职工周转房已入住301套，入住率达到60%；257套人才公寓已入住112套，入住率达到43%。协调解决炳三区攀枝花市人才公寓、职工周转房小区入住人员的公交出行问题，改善居住环境。制发《关于进一步清理规范管理党政机关办公用房的通知》，共清理、接收7个单位移交的出租房26处，面积9851.11平方米。开展对炳三区攀枝花市人才公寓、职工周转房957套住房以及代管的48处出租房屋(共71213平方米)为期20天的安全隐患大排查。对检查出的安全隐患情况拍照存档，并向使用人发出书面整改通知，并逐项督促落实，确保国有资产的安全。

根据《攀枝花市人民政府办公室关于印发攀枝花市清理规范驻省会城市办事机构实施方案的通知》，开展全市驻省会城市办事机构的清理和规范管理工作，清理驻省会城市办事机构5个，向四川省机关事务管理局申请保留3个、撤销2个。四川省机关事务管理局批准攀枝花市保留市政府驻成都办事处1个办事机构，撤销攀枝花市旅游局、仁和区、盐边县、东区在成都设立的4个办事机构。共涉及驻蓉办事机构工作人员17人，房屋面积440.5平方米，资产总额673.42万元。

【公共机构节能管理】 2015年，制发全市《公共机构资源能源消耗统计实施方案》，按时完成并向省里上报全市公共机构2014年能耗统计年报及2014年能耗分析报告，2014年攀枝花市消耗能源折合标煤17.31万吨，用能人数263365人，人均综合能耗同比下降0.027吨标煤，下降率3.94%，每万平方米单位建筑面积能耗下降26.1吨标煤，下降率4.05%，人均用水量下降1.17吨，下降率3.24%，均完成省里下达给攀枝花市的节能工作目标任务。投资360万元对市疾控中心既有建筑节能综合改造和市财政局办公楼中央空调节能示范项目进行改造，共改造建筑面积1.6万平方米、建筑围护结构6000平方米。按照省机关事务管理局的通知要求，及时组织攀枝花市9名公共机构节能管理人员参加清华大学第二批网上节能管理培训，督促县(区)和市级公共机构加紧落实《攀枝花市公共机构节能十二五规划》及分解的目标任务。组织开展全市公共机构节能宣传周活动，共发放公共机构节能宣传画1500多张、节能常识宣传资料6000余份，悬挂宣传横幅200余条，制作展板50块，发送节能宣传短信6万余条。组织攀枝花市实验学校创建第二批国家级公共机构节约型示范单位，并迎接国管局考核组的考核验收。将攀枝花市实验学校和攀枝花市城建档案馆纳入2015年节能改造示范项目全力推进，项目总建筑面积约28000平方米，预计总投资700万元，启动节能诊断和节能改造的施工图设计工作。积极推广新能源示范利用，全年推广利用太阳能热水系统集热面积0.8万平方米，配合市水务局制订攀枝花市节水型单位建设方案，并组织实施。

（陈其祥）

扶贫与移民

【概　况】 2015年，攀枝花市扶贫和移民工作机构有6个，攀枝花市及东区、西区、仁和区、盐边县、米易县扶贫和移民工作局均为独立机构。市、县（区）扶贫和移民工作机构工作人员为148人。全市扶贫移民系统紧扣2015年度目标任务，以集中力量打赢扶贫开发攻坚战，实现同步全面建成小康社会为中心，以加快推进大中型水利水电项目规划编制、在建项目移民搬迁安置和后期扶持为重点，以狠抓扶贫移民工作队伍建设为保障，以维护扶贫移民地区社会稳定为目标，主动作为，真抓实干，使各项工作取得明显成效，积极推进攀枝花经济社会发展。截至年底，全市累计6773名农村扶贫对象脱贫，完成省级下达年度目标任务的101.1%，完成乌东德、金沙水电站《移民安置规划报告》编制报审，并批准执行在建水利水电工程移民搬迁安置目标任务，保证了水利水电重点工程建设顺利推进，全力抓好移民后期扶持工作，有力促进了移民群众增收致富，被评为"全省扶贫移民优良单位"。

【扶贫工作】 2015年，市扶贫项目共投入资金12139.67万元。其中，省级财政专项扶贫资金2571.5万元（含彝家新寨建设资金437.5万元、财政专项扶贫资金1665万元、资产收益扶贫试点资金400万元、扶贫资金项目管理费69万元）；市本级财政扶贫资金400万元；"8+8"对口援边建设项目资金2400万元；整合其他行业部门资金2334.24万元；县级财政投入专项扶贫资金1021.69万元；农户自筹3412.24万元。通过"五个一批"的实施，圆满完成2015年度脱贫目标任务，贫困发生率由2014年底的5.15%下降到3.83%。

抓安排部署，在凝心聚力上下工夫。将深入学习宣传贯彻省委十届六次全会精神作为重要任务，轮训扶贫人员1000多人次；拟制并提请市委、市政府印发《关于集中力量打赢扶贫开发攻坚战确保同步全面建成小康社会的意见》，明确提出在2018年底全市所有贫困村"摘帽"、贫困人口全部脱贫，贫困地区农民人均纯收入在2010年全市水平上翻一番目标；着力从"基础设施、产业发展、教育文化、医疗卫生、社会保险、生态扶贫"六大重点扶贫工程编制贫困村脱贫规划、贫困户脱贫方案。

抓精准识别，在摸清底数上下工夫。在2014年贫困村、贫困户建档立卡的基础上，2015年重点对扶贫对象进行了3次复核比对工作，全市清退不符合国家贫困标准的贫困户1239户4650人，新进入1021户4524人。最终复核结果为现有2014年底贫困人口7081户26773人。重新核实"五个一批"为：扶持生产和就业发展一批5787户17256人、移民搬迁安置一批1322户4911人、低保政策兜底一批1540户4379人、医疗救助扶持一批1163户2339人、灾后重建帮扶一批8户30人。

抓联系指导，在落实帮扶上下工夫。推动建立联系指导贫困村精准扶贫工作制度。36位市级领导联系指导39个贫困村，31个市政府部门主要负责人分别联系指导1个贫困村，选派70名驻村第一书记脱产驻村帮扶两年，明确提出"贫困村不摘帽、贫困户不脱贫、联系帮扶不撤出"的刚性要求，完善了工作推进机制。

抓示范创建，在探索创新上下工夫。以增收为核心，以产业扶贫为主攻方向，在县（区）确定1个贫困村开展精准扶贫示范，在每个贫困村确定至少10户贫困户开展精准脱贫示范，全市确定150名党员进行重点帮扶，打造一批党员精准扶贫示范户。

抓社会扶贫，在形成合力上下工夫。继续开展"8+8"对口援边帮扶，进一步改善边远民族贫困地区的生产生活条件；深入开展国家"扶贫日"活动，2015年共募集扶贫善款590余万元；持续开展党政机关企事业单位定点扶贫、"双联"帮扶、"百千万千群心连心"活动；大力开展科技扶贫，成立由市、县、乡三级农技人员、当地致富能人和"土专家"等组成的科技服务团队派驻到贫困村，开展技术培训和指导，拓展增收渠道。

抓设施建设，在培育产业上下工夫。在基础设施建设方面：新建、硬化和改造道路共190.02千米，新建村道小桥6座，整治深井1口，新建堰沟23.31千米、挡墙890平方米、人畜饮水池、水窖249口，改造太阳能提灌站1座，新建产业发展水系配套设施2套，铺设人畜饮水管道94.96千米，购置变压器、变压箱3套，入户用电线路架设125户；新建及改造农户住房179户，农户环境绿化125户，新建沼气池1口，购置太阳能热水器48个，购置电器"四件套"125套；在支柱产业建设方面：新种中药材16666.75平方米，新种芒果、核桃、桃树、甜杏、枇杷、花椒等林果252.68万平方米，改良核桃、芒果等215.31万平方米，良种核桃采穗基地建设项目1个，发展养羊大户66户，养牛大户1户，养鸭11520只、养鸡7875只，养羊1071只，养牛62头，养猪156头，标准化羊圈建设40户，支持专业合作社发展6个，实施精准扶贫项目发展1199户，培育和壮大特色优势产业项目624户，劳务扶贫技能培训500人，实用技术培训2509人次，进行产业及基础设施建设贷款贴息3期1927.9万元；在乡村社会事业发展方面：支持中小学校园文化体系建设项目1个，新建村内公共基础设施3个，村商贸场所1个，搭建农商对接平台1个，卫生院服务能力提升打造项目1个。

【大中型水利水电移民】 乌东德水电站移民。配合《乌东德水电站建设征地补偿和移民安置规划报告》的编制、报审，省扶贫移民局于8月26日正式批准执行，规划移民投资18亿余元，把市、县（区）提出的安置点方案、道路交通等31个问题作为工作重点分类进行处理。

金沙水电站移民。组织开展对《金沙水电站建设征地补偿和移民安置规划报告》市、县两级咨询及市级部门征求意见，并于8月24日通过国家水规总院组织的审查。协调钢企瑞钢搬迁补偿方案的确定并初步取得认可，协调金沙水电站枢纽区工程实施、华电集团变电站的搬迁事宜，完成了三维实业煤场转运工作及场地移交工作，保证了省重点工程顺利推进，全面启动枢纽区石家沟渣场建设征地移民工作。

观音岩水电站移民。积极处理移民搬迁后出现的新问题，完成移民生产用水方案调整，积极组织并协调做好移民变更项目申报与报告编制。组织搬迁安置移民发展芒果产业，移民区前期48公顷芒果基地初见成效，2015年产出芒果6万余斤。

桐子林水电站移民。积极争取到省政府及省扶贫移民局的理解和支持，确定由建设单位出资8000万元特殊措施费专项解决移民政策外“一揽子”问题。协调配合长江造林局作好小得石林场整体搬迁工作，解决小得石林场53户不到米易县城安置点、长期上访且滞留的职工搬迁安置问题和其他相关问题。全面完成库周道路交通、输变电工程等移民专项迁（复）建工程建设，满足移民生产、生活发展需要，针对移民安置过程中农村移民房屋补偿标准、头道河移民集中安置点、成都铁路局西昌工务段桐子林站区、小得石镇农村集中安置点变更事宜，指导米易县、盐边县作好移民安置调整变更申报工作，并取得省局批复，新增移民安置补偿资金4202万元，完成了建筑物与构筑物的拆除，林木砍伐、卫生消毒防疫等库底清理工作，确保9月底通过电站下闸蓄水阶段性专项移民安置验收，电站10月28日首批机组正式发电。

马鞍山水库。开展因工程变更及设计漏项新增的实物指标补充调查工作，征地补偿、专项设施复建等工作有序推进，制定《马鞍山水库工程建设征地补偿及移民搬迁安置补充规定》，完成1279线下移民搬迁过渡工作，加大开展征地补偿、专项设施复建等工作力度，完成对7个方面移民安置规划调整事项的上报工作，得到省局认可批复。

梅子箐水库。按照征地补偿和移民安置协议要求，明确工作任务、资金管理、各方职责，积极协调处理枢纽区移民搬迁过程中的相关问题。指导西区、仁和区扶贫移民局完善征地移民安置措施，加大争议区域土地“两补”资金分配工作协调力度，农户个人部分已达成一致意见并兑现施工枢纽区的青苗补偿，“两补”资金正在兑付之中，加大征地补偿、专项设施复建等工作力度，梅子箐组移民集中安置点已完成地勘并启动规划设计工作，正在优化方案。

【移民后期扶持】 开展直发直补登记、核实工作，督促直发直补兑现，按要求全市清理核减396人。2015年向全市26829名后扶人口兑现直发直补资金1623.72万元，完成观音岩电站476名移民后扶人口申报，并通过核定；开展后扶项目、资金清理工作，按照省扶贫移民局要求开展自查工作，全市后扶资金按照时间节点及时拨付，确保2014年底结存资金在2015年底前实施完毕；做好整村推进后扶项目，仁和区（含300万元的奖补资金）整村推进项目实施已全部按照年度规划实施；做好米易“避险解困”的实施和盐边县第二批“避险解困”的申报及相关工作，米易县白坡乡第一批移民后扶“避险解困”项目，项目资金6576万元全部到位，截至2015年底2个安置点农房主体工程完成37户，产业方面累计投入资金1500万元，完成666.67公顷芒果定植建设，完成盐边县所涉及3277人第二批“避险解困”试点方案，通过国家水利部的评审；做好库区切块项目和解困项目资金安排工作，2015年全市共争取到库区基金4260万元，所涉县（区）均按照后扶项目要求进度结合库区移民的实际推进项目实施；做好二滩库区滑坡塌岸治理重点工作，滑坡塌岸资金已争取到位7850万元（省级资金5850万元，雅砻江公司2000万元）。截至11月30日，盐边县渔门教帅街滑坡治理一期、二期治理已全面完成。

【采煤沉陷区居民安置】 拟写《关于进一步加快采煤沉陷区综合治理工作的意见》，并提请市政府研究审议；安排鉴定采煤沉陷区危房鉴定235户，协调搬迁危房住户3户；加强对采煤沉陷区的地质灾害监测监控，有效避免次生灾害和安全事故发生；细心接待采煤沉陷区居民上访，有效地化解矛盾，维护煤炭沉陷区的总体稳定。

【信访维稳】 扶贫移民、采煤沉陷区安置工作涉及民生，不稳定因素多、信访维稳任务重。2015年主要从五个方面抓信访维稳工作。深化宣传教育，使扶贫移民政策法规做到家喻户晓;实行领导负责制、首问责任制、包案制、分级负责制和责任追究制,明确各级责任;坚持定期排查和信息报告制,有效控制和及时化解不稳定因素;热情接待上访群众,耐心做好思想工作,努力劝返非正常集访群众,对串联、煽动的少数人面对面进行对话、教育;按省、市要求认真开展信访积案化解工作及稳控工作。全年接到来信、来访 29 件(其中来信 16 件,103 人次,来访 13 批,77 人次),其中国家信访局交办 1 件,省局交办 3 件,市信访联席会议办公室交办省委第三巡视组信访件 1 件,市信访复核委员会交办的 5 件信访三级终结件,"市长信箱"交办 1 件,市委群众工作局交办 1 件,28 件全部按时办结,无退回案件,办结率达 96.6%。

【扶贫移民资金管理】 严格执行《四川省大中型水利水电工程移民资金管理暂行办法》,加强监督管理。严格执行"专款专用、专户存储、专账核算"原则,严格执行资金拨付审批程序和手续制度,加强对用款单位和机构的业务指导、管理和监督,加强对资金使用全过程的监管。组织对县(区)的扶贫移民资金进行监督检查,未出现扶贫移民资金违规操作,提高了资金使用效益,保障了资金安全和扶贫移民工作正常推进。

(张细平)

安全生产监管管理

【概 况】 攀枝花市安全生产监督管理部门,坚持安全发展理念,坚守安全红线意识,强化安全监管,严格落实安全综合监管职责,2015 年,全市共发生各类生产经营性事故 552 起,同比减少 221 起,下降 28.59%;死亡 36 人,同比增加 4 人,上升 12.50%。事故死亡人数占省政府下达攀枝花市全年控制指标 55 人的 65.45%;受伤 25 人,同比减少 10 人,下降 28.57%;直接经济损失 1520.02 万元,同比减少 764.01 万元,下降 33.45%。发生较大事故 1 起(2015 年 10 月 27 日攀枝花鼎星钛业有限公司新渣场发生垮塌事故),死亡 5 人,占省政府下达攀枝花市的较大事故控制指标 3 起的 33.33%;未发生重大及以上事故。

【安委会工作】 建立完善安全生产责任体系。认真贯彻落实《攀枝花市安全生产"党政同责、一岗双责"暂行规定》,积极指导督促县(区)党委、政府建立健全安全生产责任体系,市、县、乡、村四级全面实现安全生产"五级五覆盖";强力推动企业建立"五落实五到位"安全生产责任体系,全市 193 家规上企业全部完成"五落实五到位";配合市目标督查办定期对市级领导、安全生产目标责任单位"党政同责、一岗双责"落实情况进行督查,编发《市级领导抓安全工作动态及市级安全生产目标责任单位履职情况通报》4 期。

落实安全生产目标任务。分解下达安全生产控制指标到各县(区)、市级相关部门和各大企业,纳入年度安全生产目标考核;代市政府拟定《安全生产目标管理责任书》《攀枝花市 2015 年安全生产工作重点任务分解表》《关于实施"五大行动"进一步加强安全生产工作的通知》,细化明确全年安全生产工作重点、目标和任务,并强化督查。

落实综合监管责任。充分履行综合监管职能,上传下达中央、省、市有关安全生产工作的系列决策部署,积极组织筹备召开全市安全生产工作会议 1 次、市政府安委会(扩大)会议 3 次、安全生产专题会议 6 次安排部署安全生产工作;加大对各县(区)、钒钛高新区、行业管理部门安全生产工作的指导协调,协调解决巴关河泄洪洞上游河道安全、五摩路地质灾害治理、外国语学校挡墙安全隐患整治等协调事项 12 起;针对重点行业、重点时段、重大事故及时安排部署打非治违、安全生产大检查、危险化学品专项整治、敬老院等人员密集场所安全专项检查等安全生产工作,印发安委会文件 13 份,安办文件 89 份,编发《安全生产简报》56 期。

建立健全安全生产制度。安监局牵头修订完善《攀枝花市安全生产警示和约谈制度》,对攀钢集团等 15 家企业负责人进行约谈;制定出台《建立企业安全生产"黑名单"制度实施意见》《攀枝花市较大以下生产安全事故提级调查处理及挂牌督办办法》;印发《建立完善安全生产领域打非治违常态化工作机制实施意见》。

强化安全隐患排查治理。进一步完善隐患排查治理体系,召开全市安全隐患排查治理体系建设工作推进会,对建设工作进行再部署,开展专题培训,督促企业建立完善隐患排查治理制度,464 家企业注册安全隐患排查治理信息系统,上报安全隐患 1442 项。深入开展安全隐患"大排查大整治"及"回头看"活动,对排查出的隐患,分类建档,整改到位,共排查企业 7601 家次,排查出一般事故隐患 9829 项。印发《攀枝花市 2015 年重大安全隐患整治项目》,向社会公告涉及煤矿、消防、非煤矿山、危险化学品、城镇燃气 5 个行业领域的 10 项重大安全隐患整治项目,9 项已按时完成整改,1 项延期整改。

强化安全生产救援体系建设。深化应急预案管理,指导督促县(区)、市级部门和企业修订完善各类安全生产应急预案,强化应急演练,组织指导开展各类应急演练 67 次。加大应急救援投入,向攀煤救消大队、消防支队、海事水上救援中心、盐边县矿山救护中队划拨安全生产应急救援专项经费共 25 万元,保障应急队伍建设,应急物资储备等。强化监测监控，对全市重大危险源进行再次摸底，共收集重大危险源235个纳入市监控中心管理，完善安全生产应急平台和资源数据库建设，对全市5个县（区）监控平台进行改造升级。同时，督促交通运输部门加强交通运输GPS监控，气象、国土部门做好重大灾害性、关键性、转折性天气的监测预警，及时发布地质灾害预警信息。

积极推进安全社区建设。2015年，攀枝花市完成“四川省安全社区”建设任务3个，即米易县攀莲镇、仁和区中坝乡、东区炳草岗街道办。市监局组织召开全市安全社区建设工作推进会，对安全社区建设工作进行安排部署，划拨10万元建设经费，保障建设工作开展。据统计，市安全社区建设推进办组织建设单位相关人员参加全省安全社区建设培训2次，聘请成都支持中心专家现场指导8次，深入建设单位督促指导建设工作18次。米易县攀莲镇、仁和区中坝乡、东区炳草岗街道办被命名为“四川省安全社区”，新九乡、渔门镇作为2016年安全社区建设任务，于年底提前通过现场评定，完成建设任务。

【安全教育培训】 制定全市2015年煤矿特种作业人员培训计划和从业人员全员安全生产培训实施方案。全面加强安全培训基础建设，加大执法检查力度，努力提高培训机构安全培训质量。全年培训特种作业人员8306人，企业负责人和安全管理人员2925人。

【安全监察执法】 强化执法计划导向，市安监执法支队按照2015年执法计划开展监察执法。主要开展烟花爆竹专项暗查暗访执法检查、非煤矿山汛前专项暗查暗访执法监察、金属冶炼专项暗查暗访执法监察、“亮剑”专项执法监察等，专项行动中重点检查领导机构人员落实情况、责任体系监管职责落实情况、安全管理制度落实情况、安全保障和预警防范措施落实情况、安全宣传教育落实情况，单位主要负责人认识到位情况、安全生产责任主体履职到位情况、日常管理与阶段性监督检查到位情况、隐患排查及整改到位情况、危险源监控到位情况。

创新执法模式，以“执法先送法、监察先服务”的执法理念，采取先提示、后检查，先警示、后查处，先约谈、后处罚的“三先三后”执法方式，创新执法模式，将柔性执法、联合执法、突击执法灵活运用，打击安全生产违法行为。全年支队共出动执法人员600余人次，共检查生产经营单位90家次，发现各类问题和隐患400余条，下达检查记录45份，下达责令限期整改指令书8份。立案查处案件16起（含事故处罚），罚款152.71万元。

及时处理各类安全生产举报。受理信访举报4件，网络举报6件，“12350”电话举报68件。安全事故类举报7件，隐患类举报58件，违法类举报11件，其他类12件。按照“有报必查、查必有果”的原则，积极组织协调、调查处理，处理回复率100%。

【举报投诉】 “12350”安全生产举报电话收到举报68件，转县（区）34件，转其他部门11件，安监局处理23件，全部调查处理，查处率100%。

【安全生产宣传】 加强与市级相关部门和新闻媒体的协调联系，积极开展安全生产工作的宣传报道。针对安全生产工作的热点难点，对市民关注的职业健康、校车安全、道路交通等热点难点问题，主动配合或协调相关部门配合加强宣传报道。

充分利用广播、网络等媒体，采取安全生产专题访谈、播放公益广告、有奖问答、征集安全生产方面的合理化建议等形式，扩大宣传覆盖面，大力宣传安全生产法律法规、工作成效、工作经验、先进典型，坚持营造安全生产浓厚氛围。

开展“媒体走基层访安全”活动。组织主流媒体深入安全生产一线从不同侧面进行宣传报道。宣传先进典型和安全监管一线的先进人物事迹。

开展安全生产宣传咨询日、安全事故警示教育、安康杯等安全宣传活动，通过现场咨询、派发宣传资料、安全知识有奖问答、播放事故警示教育片等多种形式，大力开展各类安全宣传。据统计，展出宣传展板435块、挂图520余幅，发放各类安全宣传材料140000余份、安全物品30000余件。接受咨询30500余人次。

开展职工安全生产“知险、避险、应急救生”教育，在广场等公共场所安排了现场灭火、逃生等项目体验，由消防官兵手把手指导市民群众正确使用灭火器、灭火等设备扑灭火灾，传授避险逃生等安全知识。

开展安全生产“大讲堂”活动。市安监局领导分别到5个县（区）、社区，对政府、部门分管安全领导以及重点企业负责人开展《新安全生产法》的宣讲。同时，在日常安全检查中，将企业宣传贯彻《新安法》作为重点内容，随机抽查一线操作人员，督促企业真正将《新安法》的宣传贯彻落实到位，使企业职工入脑入心。

开展一线从业人员现场有奖问答活动。在全市开展一线从业人员安全生产现场奖励特色活动。市财政预算30万元专项奖金，采取现场问答的方式进行。由检查执法人员深入企业，随机抽取多名从业人员，就岗位危险因素、安全法律法规常识等进行问答，答对80%以上的人员获得现场100元的奖励。对答错50%以上的人员，责令企业对此人员进行重新的安全教育和培训，合格后方可上岗。截至年底，30万奖金全部兑现。

【依法治理】 加强领导，明确职责。安监局成立依法治理工作领导小组，明确局长为全局依法行政工作第一责任人，其他局领导在其分管范围内对依法行政工作负主要责任，各科室、支队、中心主要负责人对本部门的依法行政工作负直接责任；局政策法规科负责依法行政工作的指导、协调和日常督促检查工作。制定《关于解决依法行政方面突出问题的实施方案》，制定整改措施，明确了整改责任人和整改时限，进行了整改。

深化安全生产行政审批制度改革。按照国务院和省政府工作部署，对行政审批项目进行全面清理，依法取消或者下放行政审批项目并对外公布，继续深化行政行政审批“两集中、两到位”，加强对保留的行政审批项目规范运行和后续监管。推进和完善并联审批、网上审批，精简行政审批程序。

开展行政权力清理。按照“规范权力流程，简化办事程序，提高办事效率”的原则，对行政权力进行全面清理，完善行政权力运行工作流程图。完成行政权力清理审核、职权目录编制工作，通过对行政执法和行政许可职权的梳理，进一步明晰工作标准、岗位职责、工作程序，使每一个工作人员都进一步明确自己的岗位责任，从而建立权责明晰、行为规范、监督有效、保障有力的工作体制。

依法规范安全生产行政执法行为。在日常的执法检查过程中，加强对执法行为的监察力度，使执法人员按照“严格、规范、公正、文明”的执法要求进行执法，做到亮证执法，现场笔录和现场处理决定书清晰、准确、合法。对涉嫌犯罪的案件进行及时移交，树立程序观念，按法定程序对违法行为实施行政处罚。并做到罚缴分离，使用国家总局统一格式的执法文书，行政执法文书填写规范，并严格按照四川省安全生产行政执法案卷评查标准，对所有已结案案件进行统一编号和归档，相关当事人签名、盖章印迹完整，做到一案一卷，一卷一档，由专人专柜保存案卷。

加强行政执法的监督。制定完善《攀枝花市安监局贯彻执行中央、省、市委重大决策部署的监督检查办法》《攀枝花市安全生产综合监管实施意见》《攀枝花市安全生产阳光执法若干规定》等一系列制度，并严格执行。纪检组对执法人员依法办事和廉政执法情况进行重点监督，坚决从源头上杜绝“吃拿卡要”行为。建立健全“监察执法廉政反馈卡”制度，由纪检监察室统一制作“监察执法廉政反馈卡”，要求执法人员在执法过程中携卡执法，执法活动完成后，将卡交给执法相对人填写廉政监督卡，并寄回市安监局纪检监察室。同时，还对执法人员检查过的企业采取回访调查等方式，对执法过程进行监督。

【安全科技】 制定印发《关于进一步健全完善安全生产科技支撑体系建设的方案》。大力培育技术服务市场，继续聘请相关专家为安全顾问，为全市安全生产工作提供专家咨询和技术支撑，完善专家库，建立专家人员能进能出机制。以省安科院米易分院为平台，充分利用其人员、装备、技术优势，加强合作，推动攀枝花安全科技工作的发展。探索注册安全工程师事务所的试点工作，加大对注安师事务所的扶持力度，不断加强注安师事务所在安全生产领域的支撑作用。完善安全在线监测监控系统，对现有的重大危险源监控中心实施升级改造，督促各县（区）和相关企业将监控端全部接入市安监局远程监控中心，并加强日常管理和维护。推广三维激光扫描、安康卡、手持机等先进技术在安全生产中的应用。

【安全文化建设】 2015 年，对全市安全文化建设示范企业考核验收小组对攀枝花钢城集团瑞丰水泥有限公司、攀枝花市烟草专卖公司、国网四川盐边县供电有限责任公司 3 家企业进行逐一考核验收。按照听取企业创建工作汇报，详细查阅有关档案资料，实地察看企业安全行为和安全文化氛围营造情况等程序和省级安全文化建设示范企业的 50 项验收标准进行逐项计分考核。经过全面的考核，攀枝花市烟草专卖公司、国网四川盐边县供电有限责任公司 2 家企业符合安全文化示范企业的相关标准，通过验收并报省安监局审核。

【安全生产月活动】 开展“安全生产宣传咨询日”活动。6 月 16 日上午，在全市范围内开展安全生产宣传服务咨询日活动。主会场设咨询台 32 个，展出大型宣传展板 55 块、挂图 92 幅。活动通过现场咨询、派发宣传资料、安全知识有奖问答等多种形式，广泛宣传党和国家安全生产方针、政策、法律法规，传播安全知识、弘扬安全文化。活动期间，各有关部门和参加咨询的企业向前来咨询的群众派发各类安全宣传材料 32000 余份，凉扇 6400 把、安全知识扑克 2900 副。为群众提供企业安全生产、交通安全、家庭防火、安全用电等各类咨询 800 余条。同时，在现场利用电子显示屏播放《聚焦新安全生产法》的宣传片和安全逃生知识的视频，还安排现场灭火、逃生等项目体验，由消防官兵手传授避险逃生安全知识；针对职业健康宣传出动体检车，开展测血压、胸透等一系列项目，为广大市民群众免费体检。

各县（区）在人员密集场所设置分会场，攀钢、攀煤、十九冶、钢城集团、观音岩水电站、桐梓林水电站等大企业也结合各自实际在企业和职工中开展安全咨询日活动。共设置咨询台 117 个，展出宣传展板 380 块、挂图 430 幅。派发各类安全宣传材料 99800 余份，发放安全物品 26000 件。现场咨询 19500 余人次。

开展安全生产新要求宣讲活动。市、县两级组成34个宣讲团分别对各县(区)和乡镇(街道)的党政主要负责人、分管负责人、安全监管人员以及县(区)属重点企业主要负责人及一线工作者等进行宣讲,宣讲活动共举办61场,6000余人参加,各宣讲组宣讲习近平总书记、李克强总理等中央领导和王东明书记等中央、省委领导关于安全生产工作一系列重要指示批示精神,以及新修订《中华人民共和国安全生产法》主要内容,攀枝花市关于安全生产"党政同责、一岗双责、齐抓共管"的新要求,《企业安全生产责任体系五落实五到位规定》外,还对煤矿安全、非煤矿山安全、汛期安全、安全社区建设等进行宣讲。

【安全生产行政审批】 2015年,市安监局认真贯彻落实行政审批制度改革要求,进一步简政放权,优化审批工作流程,提高办事效率和服务质量,及时受理并办结各项行政审批事项,共受理办结事项10686件。办理提速79.94%,累计提速天数达2475天,持续实现"三百一零"(现场办结率100%,按时办结率100%,群众测评满意度100%,有效投诉率为0)。

根据国家、省、市行政审批制度改革方案要求,依照省政府公布的市州行政许可目录,本着"有法可依、有根有据、高效精简"的原则,严格相关按照法律法规要求,对所属的7大类、11子项的安全生产行政审批事项的申办条件和申报材料进行清理,严格做到依法审批;根据国家、省出台的一系列新政策规定,依法取消建设项目(包括危险化学品建设项目)安全设施竣工验收、主要负责人和安全管理人员的安全资格认定、危险化学品建设项目安全设施"三同时"审查工作中试生产备案三项行政许可事项。

【煤矿安全监督管理】 加快整顿关闭,淘汰落后产能。按照省委、省政府煤矿整顿关闭工作的部署和要求,按规定的关闭程序、标准,强力推进整顿关闭工作,2015年在2013年、2014年关闭49处煤矿的基础上,新增关闭煤矿5处,共关闭煤矿54处,关闭率为54.54%,淘汰落后产能434万吨。

推进兼并重组,实现升级改造。积极协调重组过程中矿井关闭、重组协议的签订、职工的妥善安置、职业健康体检、企业资产评估、公司更名、相关证照的办理等工作;加强督促力度,主动为煤矿企业服务;对煤矿企业就利用重组关闭矿井资源的可行性从资源、技术、安全、效益等方面进行专题论证。14家主体企业均与被兼并企业签订兼并重组协议,2家企业兼并重组工作基本完成,其余企业兼并重组工作正在积极推进。

严格政策规定,稳推复产复工。明确复产复工的程序、标准和责任,全力推进煤矿复产复工,达不到安全生产条件的煤矿一律不得复产复工;全面"安全体检"已复产复工的煤矿,掌握煤矿资金投入、技术管理、安全生产条件等情况,及时整改,消除安全隐患;动态分析复产复工推进情况,推进情况和存在的问题及时上报市政府。截至2015年底,全市保留45处煤矿中已完成复产复工验收的矿井共24处(生产矿井9处,建设矿井15处),4处正在进行隐患整改,16处停产缓建,1处异地新建。

全面排查隐患,认真落实整改。全市共成立10个排查小组,整合专家力量,实现采、掘、机、运、通、防排水等各大系统及工艺全覆盖,反复查找煤矿各个环节存在的安全隐患。通过煤矿企业自查、排查组集中排查以及督查等形式,共排查出隐患2786条(重大安全隐患38条,3条列为省级督办,4条列为市级督办),对3家煤矿实施停产处罚,对9家煤矿共处罚款25.1万元。

煤矿安全生产大检查。全年出动检查人员412人次,检查106次,查出隐患941条,下达现场检查记录16份,责令整改文书17份,检查覆盖率达100%。

【非煤矿山安全监督管理】 开展执法检查。根据2015年省安监局非煤矿山安全生产工作要点,结合攀枝花市实际,在征求县(区)局意见的基础上制定并印发《攀枝花市非煤矿山2015年安全监管工作要点》,明确总体工作思路和目标重点,同时根据分级负责、属地管理的原则,合理制定年度监管执法计划,并切实开展执法检查工作。

完成金属非金属矿山整顿关闭工作。根据《攀枝花市金属非金属矿山整顿工作方案》的部署,2015年全市金属非金属矿山整顿工作按计划关闭2家。至此,2013—2015年总体任务全部完成,全市共关闭(退出)31家,超计划1家。

开展汛期安全生产工作。全面完成尾矿库"四位一体"防汛责任体系,在尾矿库、矿山等生产现场设置防汛责任公示牌,公布各级防汛责任人及联系方式;对全市所有尾矿库、地下矿山和高陡边坡采场等重点监管对象开展汛前专项检查;在督促企业履行安全生产主体责任、开展自查自纠的基础上,市、县(区)、乡(镇)分级督查,适时开展暗查暗访工作,抽查不同县区的企业16家次。

组织召开攀枝花市尾矿库汛期安全生产专题工作会,对全市所有尾矿库企业的安全负责人、安全管理人员以及辖区有尾矿库的3个县(区)安监局、7个乡(镇)政府相关负责人等对《新安法》进行宣传贯彻,并对安全度汛工作提出明确要求。

开展非煤矿山"三项监管"工作。微信助力监管。全市共设置7个非煤矿山微信监管,市、县(区)局及专业机构(人员)共353名相关人员加入微信监管系统,同时接收或发送的微信信息共100多条。专家“会诊”监管。分级、分步开展专家会诊工作，全市共完成65家企业专家会诊，其中市级8家、盐边11家、米易14家、东区7家、西区4家、仁和区21家。风险分级监管。在企业自评的基础上，结合“专家”会诊意见对非煤矿山进行分级。目前，市安监局根据县区上报情况分2批次在门户网站公示全市风险分级情况，全市非煤矿山共60家，其中A级6家、B级11家、C级29家、D级14家。

开展安全生产责任清单试点工作。印发《关于推行非煤矿山企业安全生产责任清单制的通知》，在全市范围内选取不同行业的8家企业作为市级示范企业，通过购买服务的方式，组织5名专家为试点企业免费提供服务，并在试点企业的基础上，按露天金属、非金属矿山，地下矿山，尾矿库（选厂），露天小采石场和砖瓦用页岩矿山等不同类别制定相应的安全生产责任清单。

推行非煤矿山重点监管工作。印发《关于确立非煤矿山安全重点监管对象的通知》，确定仁和区为市级非煤矿山重点监管县，根据需要提供服务。各县（区）安监局分别确定辖区内的重点监管乡（镇）8个，县区级重点监管企业18家。市安监局领导班子成员在非煤矿山领域分别联系1个重点乡（镇）和1家企业，对口开展指导和服务工作。

建立市级非煤矿山重大危险源数据库。市安监局与省安科院加强合作，借助其先进的科技力量，建立市级非煤矿山重大危险源数据库，并与其签订技术服务协议。配合省安科院对3座列为第一期重点对象的排土场和尾矿库进行实地扫描。

做好尾矿库综合治理收尾工作。市安监局牵头组织市发改、经信、国土、环保和财政等部门于11月4日、5日和11日分别对米易县、盐边县和东区等3个有尾矿库的重点县（区）开展尾矿库综合治理专项督查工作，要求督促企业按期整治病库并及时销号，确保年底完成任务。

【危险化学品安全监督管理】 开展危险化学品、易燃易爆物品安全大检查。天津“8·12”事故后，按照市委、市政府的安排，立即组织攀枝花市危险化学品、易燃易爆物品大检查。从8月14—23日，开展集中大检查，对监管职责范围内的危险化学品、易燃易爆物品企业和相关设备、设施、装置、场所进行全面排查，共组成检查组102个，出动执法检查人员1700余人次，检查企业745家次，发现隐患672项，下达责令限期整改指令书176份、现场处置措施决定书3份；组织开展餐饮燃气大检查，以液化石油气为重点，全面整治餐饮燃气领域突出隐患，督促企业加强对员工的安全教育培训，提升安全意识和安全管理水平；开展加油站安全隐患自纠自查，认真查找监管工作中的薄弱环节和不足之处，严格许可制度，把好准入关口，提高设备实施和装置本质安全度。

开展隐患“大排查大整治”活动。认真开展危险化学品领域安全隐患“大排查、大整治”活动。各级监管部门共检查企业（点）410家次，下发现场检查记录205份、现场处置决定书1份、责令限期整改指令书42份，排查出安全隐患260余条，全部整改到位。

开展油气输送管道隐患整治攻坚工作。成立油气输送管道隐患整治领导小组，制定《攀枝花市油气输送管道隐患整治攻坚战实施方案》，对隐患整治工作的时间进度、整治内容、工作措施、整治要求、各部门职责等进行详细的安排布置和明确建立隐患分级挂牌督办制度、会议制度、定期通报制度、目标考核制度、信息报送制度、分片包干督办制度等。经排查，全市现有天然气管道45.9千米（未通气），煤气管道572千米，共查出隐患346处，完成整改118处，其他隐患已落实安全防范措施，整改工作有序推进。

开展油气罐区专项大检查。按照《四川省开展油气等危险化学品罐区专项安全大检查实施方案》的统一安排部署，认真组织开展危险化学品罐区大检查，制订工作方案，明确具体要求。经清理，全市共有74个企业设有油气等危险化学品罐体，共有411个各类储罐，主要涉及汽油、柴油、苯、甲醇、煤焦油、液氯、液氨、液氧、硫酸、盐酸等危险化学品，进一步完善了油气罐区台账。

【烟花爆竹安全监督管理】 开展烟花爆竹生产批发企业专项检查。组织开展烟花爆竹生产、批发企业开展防静电设施检测，重点对烟花爆竹生产企业导静电设施、涉药工器具、防静电服装配备进行督导检查。先后对1家生产企业、3家批发企业进行检查，企业均按要求进行防雷、防静电检测。

开展烟花爆竹经营企业安全专项整治。开展“两关闭，三严禁”：关闭存在“下店上宅”“前店后宅”等与居民居住场所设置在同一建筑物内的零售点；关闭与人员密集场所和重点建筑物安全距离不足、集中连片经营、在超市内销售、未按规定专店销售的零售点；严禁销售超标、违禁、专业燃放类产品或非法产品；严禁在许可证载明的经营场所外存放烟花爆竹；严禁超许可证载明限量存放烟花爆竹。全市共排查烟花爆竹经营零售点259处，关闭、撤销许可证35处，未发现经营网点有“三严禁”情况。

【民爆物品安全监督管理】 推进企业技改升级。积极引导民爆生产企业开展生产技术升级改造，按照《民用爆炸物品危险作业场所监控系统设置要求》（WJ9065－2010）及《民用爆炸物品生产线视频监控系统建设技术要求》，积极开展科技创新，由四川雅化实业集团有限公司攀枝花生产点开展为期一年的 JWL－III 型乳化炸药生产线静态敏化工艺及装备工业化通过工信部、省国防科工办组织的安全验证，并同意转为正式生产线；易普力攀枝花公司 LRZ－5 乳化炸药生产线 ANZJ－D1 型智能化工业炸药自动包装设备研制获得省科工办立项备案。

开展隐患大排查大整治专项行动。认真组织民爆企业开展隐患"大排查大整治"活动，建立健全隐患排查治理体系，形成隐患排查制度化，常态化。共查出各类隐患 65 条，整改 65 条，整改率 100%。

攀枝花民爆物品生产企业长期未发生生产安全事故，攀枝花市安监局被评为全省民爆矿业"十二五"安全监管先进单位，受到省国防科工办表彰。

【冶金安全监督管理】 认真抓好冶金建设项目审查，督促企业加强冶金煤气、各类炉窑、有限空间作业、检维修作业的安全管理，严格落实各项制度和要求，持续完善各类炉、窑涉及的温度、压力、液位等参数连续监测措施和视频监控，加强冶炼设备的自动化控制改造，不断提升工艺自动化水平，积极推进冶金企业安全标准化及其复评工作，有效提升冶金行业的本质安全水平。

【职业健康监督管理】 加强职业卫生基础建设。攀枝花市于 2013 年开始启动开展职业卫生基础建设活动，2014 年在全市所有企业全面开展职业卫生基础建设活动。2015 年，对职业卫生基础建设进行认真总结，查漏补缺，确保所有存在职业病危害的企业全部达标。截至年底，全市共有 1136 家进行职业病危害因素申报，全年共进行职业健康体检 29747 人，开展建设项目职业卫生"三同时"审查 65 起，其中预评价 17 起，设施设计专篇 8 起，控制效果评价 38 起。

开展职业健康专项行动。继续巩固和深化水泥生产和石材加工两个行业的粉尘治理成果。全市 4 家水泥生产企业全部按要求进行现场整改、资料完善和检测工作，推进水泥生产企业包装和装车两个环节的技术升级改造，实现自动化生产。石材加工企业基本完成湿式加工作业替代干式加工作业。

加强职业卫生监督执法。进一步扩大监督检查覆盖面，将汽修、印刷等存在职业病危害的行业纳入监管范围；强化专项执法，根据专项治理情况确定专项监督执法的重点、范围和对象，重点对职业病危害严重的企业开展明察暗访。2015 年，市、县（区）、园区共检查企业 300 余户次，发现存在问题 800 余项，责令现场整改 600 余项，限期整改 224 项。

配合省安监局开展四川省职业健康综合监管系统试点工作。省安科院在攀枝花市选取攀钢钒热轧板厂、钢城集团轧钢分公司和金沙水泥有限公司作为试点企业，同时在米易县开展全县试点。2015 年，省安科院完成试点企业和体检机构的调研工作，收集和整理了所有试点企业职业健康监护档案和体检流程相关数据，并根据调研情况对监管系统的功能进行完善。省安科院采用现场培训与集中培训的方式完成了对攀枝花市、米易县试点企业的系统培训工作，培训企业总数 23 个（攀枝花 3 个、米易县 20 个），现已有 13 个（攀枝花 3 个、米易县 10 个）企业开展试用，建立劳动者职业健康电子监护档案共计 2346 个。

【园区安全监督管理】 完善安全生产责任体系建设。出台《攀枝花市人民政府办公室关于加强工业园区安全生产工作的通知》及《攀枝花钒钛高新区安全生产"党政同责、一岗双责"实施办法》，强化园区党工委、管委会、各县（区）政府、市、县（区）园区负有安全监管职责的部门安全生产管理责任；调整园区安委会组成人员，将管委会主任、党工委副书记、纪工委书记和管委会副主任全部纳入安委会领导班子，组织召开安全生产会议，加强园区安全生产领导。进一步明确园区领导班子成员和安委会各成员单位安全生产监管职责，做到园区安全生产责任全覆盖。

加快危险化学品安全生产攻坚。成立以管委会主任和安监局局长为组长的危险化学品安全生产重点工作攻坚领导小组，切实加强领导，全面推进各项攻坚任务的落实；园区各责任部门主动作为、积极工作、细化措施，对照目标稳步推进攻坚工作，确保 2015 年年底以前全面实现攻坚目标；全面梳理攻坚任务，制订工作措施，加强人员和经费保障，及时化解难点问题；加强监督检查，落实企业安全生产主体责任，确保攻坚任务落到实处；启动园区危险化学品安全生产攻坚工作督办机制，每月报告攻坚进度，定期考核通报攻坚情况。

开展易燃易爆储罐（库房）安全专项检查。对 28 户涉及易燃易爆储罐（库房）企业日常管理、应急准备、值班值守、安全连锁报警、出入库登记、雨季"四防"、危险作业管理等工作进行专项检查。通过检查，各企业建立易燃易爆储罐（库房）台账，编制危险化学品储存场所清单和危险化学品安全技术说明书，建立健全岗位应急处置手册，对一线员工"识险、避险、应急逃生"进行培训和演练，罐区（库房）管理，严格出入库登记得到加强。

开展隐患排查治理。全年共监督检查涉钛企业 90 家次、化工企业 123 家次、冶金机械企业 45 家次、建材洗选和其他企业 30 家次，共排查出安全隐患 365 项，发出《责令限期整改指令书》46 份。采取隐患整改推进会议、约谈企业负责人、相关企业出具隐患整改承诺书、移交安全监察执法部门查处安全生产违法企业等方式督促企业完成隐患整改346项，整改率94.8%。同时，完成市安委会挂牌督办的钢企欣宇化工和金沙纳米自动化控制系统改造2个重大安全隐患。

开展应急演练。组织企业开展3次应急演练，园区各企业到场观摩，相互学习应急演练知识，总结应急救援经验，完善应急预案，强化演练组织保障，不断提高应急能力。

【安全生产监测监控】 2015年，监控中心监测监控煤矿45个，发生非掉线类零至三级报警128872次，其中零级报警110119次，一级报警10313次、二级报警178次、三级报警920次，掉线类零至三级报警7342次。

2015年，通过移动会商系统组织参加国家安监总局、省安监局组织的各类视频会议18次。

建设网站，助推政务公开。建立域名为"攀枝花市安全生产远程监控中心、公益"的网络红页，发布政务信息，宣传政策法规、服务项目和工作开展情况，提升公共服务水平。

（肖皇尧）

旅　游

【概　况】 2015年，市旅游局紧紧围绕市委、市政府确定的年度工作目标，以市场为导向，以改革为动力，以筹备"第六届四川国际自驾游交易博览会"（简称"自博会"）为契机，大力优化产业结构，不断完善旅游基础设施，加大旅游宣传促销力度，有力推动全市旅游工作的顺利开展。全年实现旅游总收入202.11亿元，同比增长34.72%；完成招商引资项目24个，签约资金146.45亿元，实际到位资金31.48亿元；纳入统计的10家A级景区的旅游新村共接待游客260.85万次，营业收入2.72亿元，同比分别增长43%、57%；积极向省上争取各类资金712.40万元；已建成2A级以上景区18个（其中4A级景区2个），国家工农业旅游示范点3个，国家级自然保护区和国家级历史文化名村各1个，国家、省级森林公园各1个，国家级竞训基地2个，省级旅游度假区2个，省级生态示范区1个，省级乡村旅游示范县1个，星级宾馆18家，星级农家乐（乡村酒店）134家（接待床位3万余张）；有国内、国际旅行社26家，旅游纪念品生产企业15家，直接从事旅游业人员达2.3万余人；成功举办"第六届四川国际自驾游交易博览会"和"2015首届四川养生文化节"，有力地推进全市旅游产业健康快速发展和旅游经济较快增长。

【招商引资】 2015年，按照"科学规划、适度包装、整体推出、各个突破、着眼效果"的原则，坚持"走出去、请进来"，加强项目包装，精心筹备并积极参加各类投资洽谈会、博览会、展销会。先后与中铁物资公司、昆吾九鼎投资管理、中建材集团、中国万景集团、中国港中旅集团、深圳航空等公司开展专题对接。与视觉（中国）、美林集团、东方园林文旅产业集团、首汽集团、雄风集团等企业进行直接对接。以北京同创九鼎投资管理股份有限公司为代表的企业与攀枝花市成功签订地企战略合作框架协议；香港瑞凯集团、四川新国旅旅行社、央视传媒等招商目标企业也先后赴攀考察。全市旅游招商引资合同项目24个，旅游招商引资签约资金146.45亿元，实际到位资金31.48亿元。

【第六届四川国际自驾游交易博览会】 11月16日，以"阳光康养攀枝花·国际自驾集结地"为主题的第六届四川国际自驾游交易博览会（以下简称"自博会"）在普达阳光国际康养度假区举办盛大开幕。本届自博会由开幕式、展览与交易、研讨暨推介会三大主体活动及"一起到攀枝花"嘉年华系列活动、康养旅游休闲度假产品及线路考察、自驾体验游等部分组成。全国政协副主席刘晓峰，亚太旅游协会主席凯文·墨菲，全国政协常委、江苏省政协副主席周健民，四川省人民政府资政张作哈，四川省政协副主席王正荣等领导出席开幕式。开幕式由四川省人民政府副秘书长王七章主持。参加开幕式的有柬埔寨、缅甸、越南、马来西亚、孟加拉国等南亚、东南亚国家驻昆明领事馆总领事，德国、意大利、俄罗斯、韩国等10余个国家和地区的旅行商、投资商、境外领事机构和媒体代表四川省毗邻省政府分管负责人以及大香格里拉地区旅游部门负责人。开幕式上，四川、云南、西藏三省（区）旅游局、旅游发展委员会负责人共同签署了《中国大香格里拉旅游推广联盟章程》，成立中国大香格里拉旅游推广联盟。授予攀枝花市"全国自驾游目的地试点城市"，举行"这里仁和　丝路花开"大型文艺表演。

在研讨暨推介会上，东南亚、南亚国家代表缅甸驻昆明领事馆总领事吴昂觉悟，中国自驾车船协会秘书长刘汉奇，第十一届全国人大常委、财经委员会副主任贺铿等专家进行专题演讲；攀枝花市成功对接合作项目40个，协议金额233.6亿元。其中，正式协议项目24个，投资额131.6亿元；框架协议项目16个，意向投资额102亿元。

在旅游展和南亚·东南亚商品展交易中，展览展品丰富，种类繁多，有来自中国、老挝、缅甸、泰国、柬埔寨、马来西亚、越南、孟加拉国等国家的80余家企业参展。在展馆现场，共发放《攀枝花旅游指南》《攀枝花旅游地图》《驾游大香格里拉》等宣传资料近万份。在南亚·东南亚商品展区，来自泰国、马来西亚、越南、缅甸、老挝、柬埔寨、孟加拉国等7国105家国内外客商汇聚一堂，携带具有异域风情和本土特点的各类商品参展，市内群众首日贸易签约额达到12.236亿元，其中市内本土企业贸易签约额达6.73亿元，国外参展参会企业贸易签约额达5.506亿元。

自博会期间来自世界旅游组织、亚太旅游协会（PA-TA）、南亚及东南亚国家驻蓉驻昆外交机构、中国旅游车船协会、中国旅游协会休闲度假分会、全国休闲标准化技术委员会及德国、意大利、俄罗斯、韩国等10余个国家和地区的旅行商、投资商、境外领事机构和媒体代表，四川省相关市（州）政府分管负责同志，省级相关部门负责同志，友好毗邻省、市（州）政府分管负责同志共600余名参会嘉宾先后走进三线建设博物馆、阿署达花舞人间景区、苴却砚博物馆、仁和滨河景观、红格温泉旅游度假区等景区，考察攀枝花秀丽独特的旅游资源。

“一起到攀枝花”嘉年华活动有2000人参加，首届攀枝花荧光夜跑全程2千米，活动现场每间隔一段距离都设置了荧光景观，供参与者拍照留念，在灯光和音乐的伴随下，荧光跑赛道充满欢声笑语，景区的夜色随即被星星点点的荧光点亮。花式篮球、滑板等户外炫酷表演、班夫山地电影节等精彩活动在普达景区上演。

自博会仁和自驾游服务站启动暨自驾游体验游发车仪式由中共攀枝花市委常委、市委宣传部部长沈钧宣布仁和自驾游体验游正式发车后，自驾游车队出发前往苴却砚博物馆、片那立旅游新村、平地自驾游营地、迤沙拉等地感受大美仁和。此次自驾游行程为2天1夜，着力打造“遇见仁和”品牌。通过文化寻踪、自然体验、休闲康养三个板块，将“中国阳光康养之城”“亚热带水果之乡”“中国苴却砚之乡”等仁和多旅游资源进行整合，形成仁和区国际自驾游集结地、南丝绸之路人文驿站的旅游功能定位。

最后在攀枝花市米易县海棠蓝湾自驾游营地举行自驾游营地开营仪式。设有帐篷区、房车区、停车场、自助厨房和自助洗浴房等，功能完善的海棠蓝湾自驾游营地受到在攀游览的自驾车队的好评。

此次自博会共有中央电视台、中央人民广播电台、人民网、新华社、《香港文汇报》《香港大公报》《四川日报》、四川电视台、《华西都市报》、四川新闻网、《重庆日报》、华龙网、《成都商报》、腾讯网、四川报道、新浪网等56家媒体报道。原创和转载共184条新闻（视频及音频）。其中，中央电视台“朝闻天下”栏目、《大公报》“大公资讯”等，对四川省、云南省、西藏自治区打造大香格里拉旅游做出报道。截至11月19日，攀枝花旅游信息网浏览达199039人次，排名全省市州第一；在百度搜索“自博会”网页，可找到相关结果超过30万个。

【首届四川省养生旅游节】 12月23日上午，以“阳光康养攀枝花　休闲度假幸福城”为主题的2015首届四川省养生旅游节在攀枝花市金海开元名都大酒店开幕。四川省旅游协会副会长、秘书长孟刚主持开幕式。此次会议旨在强点聚焦，展现四川养生旅游产品，推动养生旅游产业转型升级，促进四川养生旅游的大发展。开幕式上发布了《四川省养生旅游示范基地评定（试行）标准》及《四川养生旅游项目实施工程》，授予攀枝花市“四川省养生旅游示范基地”和阿署达花舞人间景区项目“四川省养生旅游示范项目”牌匾。省人民政府参事、省旅游协会会长陈保明，省旅游局副局长郑学炳，省科学养生促进会会长桑子冰，市委常委、宣传部长沈钧出席开幕式。会期3天，共有各级领导、国内外专家学者、创业精英320余人出席和参加会议。

开幕式上，四川省旅游局副局长郑学炳致辞。强调，四川是旅游大省，资源丰富，中医养生是中华民族传统文化的精华，随着经济发展，养生旅游是大势所趋，攀枝花拥有良好的资源禀赋发展阳光康养旅游，下一步要将之作为四川养生旅游的重点试点地区，而本届养生旅游节的开幕必将推动攀枝花乃至四川养生旅游的发展；市委常委、宣传部部长沈钧讲话，对来攀参加养生旅游节的嘉宾表示欢迎。并向各位嘉宾介绍攀枝花阳光康养旅游的优势、现状和发展前景。

会议期间举办首届四川省养生旅游节研讨会，嘉宾就《经济学角度论述康养旅游》《现代智慧旅游和养生旅游》《现代养生旅游的国际化发展》《养生旅游从四川走向国际》《攀枝花发展康养旅游产业的优势与实践》等“养生旅游”相关话题进行演讲和对话；在配套活动中，还有书画作品展、攀枝花康养旅游产业发展座谈会、攀枝花旅游线路产品推介会、养生康养项目展示和考察体验等活动。出席本次养生节会议的印度尼西亚、中国台湾地区，以及国内在养生旅游学界专家一致认可攀枝花市发展康养旅游符合当前国内外旅游发展方向，并为未来康养产业的发展献计献策。同时，通过旅游线路产品推介给攀枝花企业拓展市场和中外企业投资搭建平台。

【争取资金支持】 2015年，全国政协副主席、农工党中央常务副主席刘晓峰，四川省委书记王东明和省旅游局等国家、省级领导人及上级有关部门领导先后到攀枝花调查视察，市委、市政府积极主动汇报攀枝花旅游产业发展现状、优势和发展规划，获得国家、省级领导对攀枝花发展阳光康养产业的关心支持，加快攀枝花创建中国阳光康养产业试验区进程。同时，积极向省上争取资金支持。全年，向省上争取到各类项目资金712.4万元。其中，旅游公共服务设施建设项目补助资金480万元、宣传促销活动项目补助资金100万元、智慧旅游试点工程项目补贴80万元、其他项目资金

52.4 万元。2015 年，市财政投入旅游发展专项资金 2430 万元。

【重点项目】 2015 年，市旅游局以“自驾游交易博览会”举办为中心，联动相关部门，做好“新建、续建、竣工”三个一批旅游项目的分类推进。加强协调服务，帮助业主解决实际困难和问题，全力推进普达阳光国际康养度假区、阿署达花舞人间景区、境内金沙江中心区段沿江景观带、渡口记忆、西佛山景区、阳光车旅及苴却砚博物馆、大河中学体育中心、大河中学礼堂等重大旅游项目群建设。

沿江休闲景观带 2015 年计划投资 3.8 亿元，实际投资 3.8 亿元。滨水新空间完成场坪工程总工程量的 99%。金雅旅游度假区项目主体工程基本完工。

阿署达景区 2015 年计划投资 4 亿元，实际投资 4.03 亿元。特色街区招商中心完成内装并对外营业，成功引入吉象乐园、明宇酒店、机电学院大学生创业园等多个项目。其中水上世界项目建成并营业；花香果园区观景平台接待点对外营业，并面向游客开展莲雾采摘体验活动；品质提升项目—凤凰山舍完成内部提升项目建设，正式营业；露天汽车影院建成。

渡口记忆文化特色街 2015 年计划投资 2.7 亿元，实际投资 2.7 亿元。加快办理 3 个新建地块施工前置手续，项目建设顺利开展。截至 12 月，攀枝花正龙实业有限公司负责的南入口地块主体封顶；攀枝花市渡口记忆老街建设投资有限公司负责的渡口记忆广场地块上段主体工程正在浇筑第三层，下段正开挖桩坑；攀钢集团生活服务有限公司负责的添溢彩地块排洪沟、边坡挡墙施工完成。外立面改造顺利推进。管网线搬迁工作已协调煤气、水、国防光缆完成搬迁，电网搬迁完成 90%，仅剩下地面部分管网杆线的拆除工作，东区住建局正在协调剩余电网的搬迁工作。

西佛山景区 2015 年计划投资 2.5 亿元，实际投资 1.5 亿元。寺院区观音殿、大雄宝殿、念佛堂完工，等待举行开光仪式；地藏殿殿堂内部装修工程完工；山墙建设工程正在有序推进。景区环境治理绿化工程完成绿化 500 亩。花道长廊完成初步规划，寺院内旅游厕所装修工程完工。

庄上梅子箐旅游度假区 2015 年计划投资 3 亿元，实际投资 1 亿元。太阳沐歌乡村酒店主楼试营业，恒温戏水池建成并投入使用，8 栋别墅区正在有序推进装修工程，装修工程进入尾期。新增射击场、碰碰车场项目完成设备安装，对外开放营业。新村广场旁旅游厕所建成投入使用。正在有序推进太阳部落游乐城项目落地建设前期手续完善工作，跑马场项目已动员部分农户签订土地租用协议。

普达阳光国际康养度假区 2015 年计划投资 3.17 亿元，实际投资 3.7948 亿元。炳仁线延长线（普达一期道路）进行工程建设许可证办理。南线工程：一标段 K1 + 500 - K1 + 960 段全部完成。北线工程：三标段芒果乐园段全部完成；四标段全部完成；六标段（K8 + 805 - K9 + 267.93）暂停。炳仁线延长线（普达跨线大桥）：一期环线道路工程五标段（跨线大桥）：1#盖梁砼浇筑完成（全部盖梁完成），T 梁预制完成 2 片（累计已完成 55 片，总共 72 片）。水域整理（引水渠及下普达水库建设）：土地完成用地预审审批工作，招标代理机构网上比选资料准备完毕。完成花海景观 75 亩绿化及局部植物、地被补植、绿化工作。完成普达跨线大桥 5 跨 T 型梁铺设，完成一期道路环线安置区连接线、南线、北线、景观大道工程量的 50%。水域整理（引水渠及下普达水库建设）：土地报批资料已送市国土局待批，完成财评工作。度假酒店：土地报批资料已送省国土资源厅待批。攀岩线、岩南线高压线路搬迁：土地协调工作全部完成。施工方面：攀岩线完成 34 个塔基的基坑建设、完成 8 个塔基的组装，完成工程量的 40%；岩南线基坑全部建设完成、完成 15 个塔基的组装及架线工作，完成工程量的 70%。完成安置新村给水主管网建设，安置新村现完成房屋分配 208 套，村民陆续入住。

米易县颛顼龙洞景区 2015 年计划投资 0.1 亿元，实际投资 0.1 亿元。洞内声光电改造完成，国庆期间对外开放并开始营业。洞外正在进行规划设计。

龙潭清泉旅游度假村 2015 年计划投资 0.15 亿元，实际投资 0.1 亿元。完成一期工程（温泉水世界），进入试营业阶段。正在进行二期工程（水疗养中心）前期工作。

米易岐黄养生大院 2015 年计划投资 0.05 亿元，实际投资 0.05 亿元。主体完工，现进行内外装饰。1 ~ 34 号楼及未病中心完成屋面工程、成品窗套安装，临高速路匝道面绿地防护约 2 万平方米的室外环境打造完成 90% 的工程量。

阳光车旅项目 2015 年计划投资 1.5 亿元，实际投资 1.5 亿元。自驾车营地完成主体工程，正在进行车位基础配套工程。其配套的酒店、商业体主体及装修完成，设置了导向标识标牌。游客接待中心完成主体工程及内外装修美化和部分绿化等。11 月 18 日开始营业。

【基础设施建设】 智慧旅游城市初步建成。按照一年建设、两年完善、五年运维的工作思路，2015 年攀枝花智慧旅游城市建设投资 271.16 万元，完成主要的硬件建设，建设应急平台中心机房，改造旅游应急指挥大厅，铺设基础网络光纤，对软件部分进行设计和提升，三大基本功能（智慧管理体系、智慧旅游体验、智慧营销体系）初步实现。旅游厕所建设如期推进。2015 年计划总投资 281 万元新建和改建旅游厕所 21 个（其中 AAA3 个、AA10 个、A8 个），截至年底已竣工18个。旅游接待咨询中心(2个)改造建设如期完成。

【宣传营销】 以目标客源市场为重点,借助最新媒介,创新营销手段,实施全方位、多角度的城市旅游宣传营销。2015年,在省内主要市、州投放华西腰带广告24万份,设计制作新春温馨提示卡、旅游宣传DM单17万份;推送新春彩信,并分别与3家媒体及3家微信平台建立长期合作机制及激励机制,及时发布旅游资讯,开展网络攻略大赛评选;以"阳光花城、清凉一夏"为主题,启动攀枝花夏季旅游营销工作,制作夏季营销方案,广告、手机彩信、微信、户外广告等媒体多形式开展营销工作;参展四川首届生态旅游博览会、雅安市茶文化旅游节、小西博会,考察西昌自驾车营地,开展浓缩景观展示、产品展销、重点招商引资项目签约等活动;开展攀枝花—深圳直航暨拓展相关旅游市场宣传,7月9日在深圳召开航线开通发布会;围绕"自博会"组织开展系列宣传营销活动,并取得实效。

【管理服务】 完成阳光康养旅游标准体系框架图(餐饮、住宿);出台拓展旅游市场优惠政策;推动成立攀枝花市旅游联盟,彻底解决攀枝花没有地接社的问题。全年举办乡村旅游、导游讲解员、宾馆饭店、旅游景区、旅行社等各类培训班共计67期,培训4372人次(其中乡村旅游培训21期,共计1689人次);全年共为木里县培养人才266人次左右。强化安全生产,加大市场专项整治和监管。对全市旅游市场开展联合、专项检查11次,联合市委宣传部、市发改委、市食药局、市公安局、市安监局、市质监局等部门,共出动检查人员645人次(含县区),被检查单位涉及全市旅游景区(点)、旅游咨询服务中心、旅游客运车公司、星级宾馆饭店、等级农家乐、旅行社等单位共620个次(含县区);协调处理各种旅游服务质量纠纷案件10起,索赔案例3起,涉及金额2.9万余元,维护了旅游市场秩序,确保全年无安全事故发生。

【编制规划】 按照《中国阳光康养旅游城市发展规划》和《攀枝花市创建(中国)阳光康养产业试验区发展规划》,编制了《攀枝花市十三五旅游产业发展规划》。充分利用攀枝花市得天独厚的康养旅游资源优势(是指温度、湿度、海拔高度、优产度、洁净度、绿化度"六度"及山水资源),全力打造"阳光花城·康养胜地"品牌;以养生、养老、养心、医疗、体育、旅游6大核心领域为切入点,着力构建"1+6+N"阳光康养有机发展模式(以阳光康养旅游产业为统领,有机耦合养老、养生、养心、医疗、体育、旅游6大方面,积极对接生态农业、金融保险、文化创意、房地产、科技信息等多个产业业态),努力将攀枝花打造成为国际阳光康养休闲度假胜地。在"十三五"期间,抢抓"互联网+"和"旅游+"机遇,着力围绕打造面向南亚、东南亚的国际自驾集结地,面向国际国内的阳光康养旅游度假目的地,构建特色产品体系,大力发展落地自驾、健康养老、运动养生、生态养心、商务会展等产业;顺应新媒体时代要求,实现"阳光花城·康养胜地"城市品牌与产品整合营销方式与成效的"双突破";营造大康养产业发展理念,构建和谐健康的康养产业发展生态系统。

(邹元义)

政务服务

【概　况】 2015年,市政务服务中心(以下简称中心)按照省、市关于行政审批改革有关要求和群众路线实践教育活动的精神和工作部署,继续深入落实行政审批体制改革,以加强标准化建设和转变服务窗口为中心,有序推进行政审批改革工作,规范行政审批行为,创新审批服务形式,服务的实效和水平得到进一步提高。

2015年,中心共进驻行政审批管理部门、公共服务单位、公共资源交易部门、代理收费银行和监督管理部门55个,进驻项目462项,进驻人员472人。全年办理事项318万件,按时办结率100%,现场办结率100%,办理提速93.04%,群众满意率99.96%,实现零有效投诉。

攀枝花市公共资源交易中心开展建设工程招投标247个建设工程交易项目,概算总投资15.66亿元,中标金额13.43亿元,节约资金2.23亿元,资金节约率14.28%。

【行政审批改革】 2月,攀枝花市参照省政府模式,成立市政务服务管理办公室,牌子加挂在中心。中心增设行政审批制度改革科,主要负责行政审批改革、行权平台运行及相关工作,具体执行市行政审批改革领导小组的各项决定。积极为决策提供信息和资料。不断强化改革大政方针的学习,总结改革中的经验,形成《关于加快行政审批改革进程的调研报告》《加强我市投资项目审批服务的几点建议》《关于进一步深化行政审批改革提高审批效率的建议》《关于推进简政放权放管结合转变政府职能工作情况的汇报》《推进便民服务有关情况汇报》上报市委、市政府,为攀枝花市行政审批改革决策提供积极的信息和资料。代市政府起草了《关于贯彻落实行政审批行为改进行政审批工作的实施意见》《关于印发2015年简政放权放管结合转变政府职能工作方案的通知》《关于印发精简审批事项规范中介服务完善企业投资项目并联审批制度实施方案的通知》等全市行政审批改革的主要指导性文件。加强对全市审批项目的动态调整。结合国务院、省政府、市政府不断调整的审批项目目录，梳理和明确各单位的涉及的调整项目，调整方向和调整要求，召开专题会议落实各项工作，制发《关于保留、取消、调整行政审批项目有关工作的通知》《关于做好省第三、四批次行政审批事项调整有关工作的通知》《关于落实市（州）行政许可项目目录有关工作的通知》等文件，专题落实行政审批项目的精简、下放和调整工作。坚定推行“目录之外无审批”，按照全省公布的市（州）230项审批项目目录，拉网式清理全市审批项目，重点监控取消和暂停项目的执行情况；认真执行法无依据不可为原则，严格禁止各种形式的变相审批、搭车审批，保证全省统一目录的规范执行。审批项目全面规范化管理。按照统一目录逐项规范审批项目的编号、名称、项目性质、承办单位等内容，方便各监管机关和社会监督。全面承接省级下放项目和权限。对省级下放项目的承接，各部门落实承办机构、承办人员、工作任务、工作责任，要求各审批单位对上主动衔接、明确承接时限，承接不能一步到位的说明原因和拟承接时间。通过全市电子政务大厅、行政审批办件系统加强下放项目动态监管，监督检查各类省级下放项目纳入政务服务平台办理情况，承接省级下放事项104项，全部做到按时完成、无缝对接。督促市级部门下放管理权限。制发《关于做好向扩权试点县下放部分市级管理权限目录工作的通知》，明确市级下放时间，下放和承接、办理规范等具体要求。通过统计相关数据，分析承接情况，专题督办市级单位按要求下放权限。加大市级单位和县（区）间的协调。督促市级单位向县（区）下放权力，协调处理有争议的项目，加大对县（区）经办人员的培训和指导，保证项目放得到位、接得起来。2015年，市级下放县（区）的20项经济管理权限、20项社会事业单位管理权限全部落实到位。

【规范行政审批行为】 认真执行“应进必进，不进备案”。牵头对暂不进驻市、县（区）政务中心的审批项目进行集中清理。24个市级审批项目因场地限制、涉密、权限下放、法律取消等原因申请不进驻市政务服务中心办理的，全部经市政府常务会审定，报省政府备案。其他206个审批项目全部进驻中心办理，通过电子政务大厅统一公示项目名称、法律依据、办理流程、申请材料、收费依据和标准、联系电话和监督方式等“七公开”内容，接受社会和群众监督，通过全省行政审批办件系统办理，统一接受全省效能督查。扎实巩固“两集中、两到位”（为深化行政审批制度改革，建立规范高效的审批运行机制，提高行政服务效能，推进一个行政机关的审批事项向一个处室集中、行政审批处室向行政审批服务中心集中，保障进驻行政审批服务中心的审批事项到位、审批权限到位）。根据项目调整动态，对审批部门的审批决定权、审批上报权和组织协调权进行动态明确，推进审批单位向审批窗口授权，不断提升现场办结率。重新整合综合服务窗口，制定综合服务窗口管理办法，由中心安排专人值守，建立授权办理机制，兼顾服务项目少、工作人员紧的窗口服务和日常工作。

认真执行首问负责、限时办结制、责任追究制等“三项制度”。落实省政府“承诺时限原则上比平均法定时限缩短50%以上”的要求，组织进驻项目不断优化承诺，整体承诺时限比法定时限压缩70%以上。办理提速，敦促依法只需要对申请材料的形式要件进行审核的项目当天办结，在办理中实现二次提速，整体办理提速达到92.91%。建立按时办结三级监控体系。由经办窗口、经办单位、市政务中心共同组成三级监控体系，对办件情况进行有效监督。中心安排专人对行政效能监察系统进行值守和记录，对临近逾期和预警的办件进行人工督办，全力完成省政府下达的100%的按时办结率的目标任务。

按照清理一批规范一批的原则，对审批项目的服务指南进行动态调整，不断按照新规规范审批事项的服务指南。明确了审批项目公布一个月内，在审批系统、电子政务大厅内完成项目名称、法律依据、申报材料、收费依据和标准、承诺时限、联系和投诉方式等内容的工作目标，并提供电子文档的下载服务，在审批窗口免费提供纸质办事指南，使攀枝花市办事指南的更新速度走在全省前列。加快推进窗口审查要点编制，市住建局服务窗口完成审查细则汇编，对进驻项目逐项细化审查内容、审查标准、审查要点等内容，严格规范自由裁量权。

【创新审批服务形式】 2015年，中心牵头对成都市、福建省、上海市等地先进做法考察学习，总结先进经验，结合攀枝花市实际，反复论证，形成“一证多码”工作方案。通过对办件系统再造，实现资料网上流转、信息同步共享；通过整合窗口，由中心牵头完成资料初审，实现一窗受理、同步派件、并联审批、同窗出件；通过优化各审批窗口流程、整合申报资料、推进档案共享、办理结果互认，实现证照赋码同步推进；首创“一证多码”同步刻制公章。从6月29日全市发出第一张同时印有工商注册码、组织机构代码、国地税纳税人识别码的工商营业执照，到9月25日全省统一颁发“一证一码”，全市共核发“一证多码”工商营业执照200余个，从申请时起到办理完结总计费时1天，办理时限较原来的10余天大幅压缩。

市住建局将进驻中心的30个流程，优化到17个流程，管理服务事项从113项精简到81项，为需要到省里验证企业、人员资质的提供集中代办，每年为企业节约办事成本上百万元；房产、地税两部门打破部门壁垒，实现相同申请材料一家受理,两家共享;市房管交易大幅提速,二手房房产证当天办结,土地证1小时办结,两证当天可取;医保局窗口工作人员咨询、受理、办理业务全掌握,所有服务事项一柜申办。2015年,市政务服务平台简化和取消30个事项的50个环节,调整和取消31类19个事项的申报材料。

【加强政务服务窗口建设】 建成中心网上请销假系统,工作人员通过电脑、手机履行请销假手续,基本实现网上请假和脸谱考勤同步公示,进一步增强中心管理的公开、公平。挖掘现有办件系统潜力,梳理整合流程,在全省办件系统上实现“四证合一”(营业执照、组织机构代码证、税务登记证和印章刻制备案)办理流程网上流转。反复梳理中心网站和政务服务电子大厅,及时调整服务审批服务事项归类,完善进驻事项告知内容,更新公告公示内容,发挥网站的服务功能。加强窗口上网行为监控数据分析,在强制性控制上网行为的基础上,合理开放上网资源,保证窗口正常工作需求。不断为办事群众和工作人员提供更人性的服务和工作环境。服务面积在原1.5万平方米的基础上再扩容3000平方米,停车场在原不足百个停车位的基础上扩至300个停车位,新设群众自主办事导航机、大厅自主读书下载机、WIFI供办事群众取用,新增的窗口工作人员用餐房、健身房,供窗口7个社团开展形式多样的活动。

以群众需求为指导不断引入新的服务内容。新增市就业局、市煤气公司进驻中心,开展单位用工备案、失业金申领和煤气缴费、缴费卡充值、补卡和银行代扣服务。新增大学生就业创业综合服务窗口,整合大学生创业涉及的培训、贷款、企业登记、税收优惠等政策,编印综合性宣传资料,安排专人值守窗口,为大学生创业提供专项服务。

不断完善市、县(区)、乡镇(街)道、村社四级政务服务体系建设,全市60个乡镇街道设立的便民服务中心,472个的村(社区)设立便民服务站(代办点、代办站),与乡镇(街道)便民服务中心有效衔接。在全市乡镇便民服务中心推广使用统一软件,推进基层政务服务电子化。召开全市基层政务服务机构培训会,加大对基层工作人员的培训力度,提高基层政务服务人员的工作能力和服务水平。加强对两税、车管等独立办事大厅的指导,推进政府部门窗口标准化、规范化服务。1—11月,全市5个县(区)各级便民服务机构共办168万件,按时办结率100%。其中,县区政务中心共办理81万件,乡镇(街道)级便民服务中心共受理办结31万件,村社级便民服务机构受理办结56万件。

坚持多种方式征集对管理和服务的意见,全年收到意见和建议共66件,包括服务反馈表40件、值班长6件、电子政务大厅14件,社会监督员6件。建立意见反馈处理机制,安排专人,定期整理,进行分类、调查、核实和处理。将问题的发现和整改、意见的采纳结合起来,不断完善中心各类管理办法。

【健全行政权力平台监督】 2015年,代市委、市政府起草《关于贯彻落实进一步建立健全行政权力清单制度的实施意见》《加强行政权力依法规范公开运行电子监督工作实施意见》《行政权力依法规范公开运行电子监察管理办法》等运行机制文件。建立综合监管部门的协同配合机制,明确市政务服务中心、市法制办、市监察局、电子政务办、市效能办及检察院等综合监督管理部门的职责,进一步细化综合监督管理部门的工作任务,提高了综合部门监管协同能力。

建立平台运行日常监管制度。指定专人每日巡查全市行权平台,通过平台、电话的形式加强督查督办。建立督查督办巡查记录,履行监管部门职责。建立行权平台运行通报制度。与市监察局按月制发《攀枝花市行政权力平台依法公开规范运行情况通报》,分析全市行权平台运行数据,进行分析和督办,宣传先进经验,批评后进问题。联合市监察局、市效能办、市目标办建立行权平台运行绩效考核机制,将行权平台运行情况和效能建设、党风廉政建设目标考核挂钩。加强现场督查,分别联合市监察局、市法制办、市委编办、市电子政务办、市效能办,对全市行权单位、区县行权单位工作进行现场抽查。

组织召开的全市行政权力依法依规公开运行平台建设工作推进会议,市委主要领导专题部署《攀枝花市加快推进行政权力依法规范公开运行实施方案》,各行权单位按照要求,结合实际,制定相应的实施方案,明确工作人员、牵头领导、落实了工作责任、工作目标。

加强专业培训。为提高攀枝花市行权平台运行操作水平,邀请省行权平台有关专家到攀枝花市进行为期2天的专题培训,覆盖全市40个行权部门、5个县(区)的相关操作人员。加强个性问题现场指导。建立全市行权平台运行qq群,行权运行相关政策要求及时传达,出现问题及时沟通和解决。加强共性问题集中指导。与市监察局联合发文《关于进一步规范行权平台网上运行有关问题的通知》,明确行权事项运行范围,细化优化流程、压缩时限、设置风险监控点位,建立流程设置台账,提高办件效率和质量等具体要求。不断争取省行权管理部门的指导。对报(预)警情况异常,办结量与行权监察平台数据更新不同步,不能顺利办结等问题积极与省行权平台维护中心沟通、汇报,寻求解决途径,与省上建立起有效的沟通指导机制。

【规范权力运行】 中心按照《关于公布省市县三级行政权力清单的通知》要求,同市法制办、市委编办从7月起组织全市行权部门对省政府公布的市级行政权力进行划分和认领，并对各行权部门申报的行权目录进行集中审核、确认、汇总。本着切实履职的原则，除法律已取消和已废止、权限不在市本级、其他特殊原因外，其余有法律依据的一律认领，不谈条件。省政府公布的市级行政权力共10类6243项中，攀枝花市共认领6174项，未认领69项，其中许可事项230项，认领228项；处罚事项5185项，认领5141项；征收事项53项，认领51项；强制事项207项，认领204项；确认事项72项，认领71项；裁决事项4项，认领4项；给付事项10项，认领9项；检查事项131项，认领131项；奖励事项56项，认领55项；其他权力事项295项，认领280项。以上目录已经市政府同意，按照省政府要求，于9月30日前予以公示，并报省政府备案。有9个行权部门，依法提出新增行权事项239项，其中许可事项7项，处罚事项167项，征收事项9项，强制事项8项，确认事项3项，检查事项18项，奖励事项6项，其他权力事项21项。全部向省政府反馈有关意见，提请省政府审定。

【健全公共资源交易管理机制】 建立健全“一委一办一中心”的公共资源交易管理体系，即：成立市公共资源交易管理委员会，起草《攀枝花市公共资源交易管理委员会议事规则》，强化顶层管理；成立市公共资源交易管理委员会办公室，起草《攀枝花市公共资源交易委员会办公室工作规则》，改革市政务中心内设机构，成立公共资源交易管理科，承办办公室管理工作；整合市政府采购中心，组建新的公共资源交易服务中心，负责建设工程招投标、政府采购、国有资产交易、土地矿产招拍挂四方面工作。加强公共资源交易中心内部管理机制建设。修订完善工作人员岗位职责、项目档案、廉政准则等制度四大类共28项内部管理和内部控制制度，进一步完善公开招标、竞争性谈判、询价、单一来源等采购方式的工作流程，提升交易工作的制度化、规范化、阳光化。

代市政府起草并颁布《攀枝花市市本级公共资源交易目录》，进一步明确应通过公共资源交易平台开展的招标投标活动的范围，推进公共资源交易行为的规范进程，有效遏制招标投标过程中规避监管的行为。

推进电子化招投标工作。起草《开展电子化招投工作的报告》并报市经政府审核同意后，中心和相关部门一起，不断推进全市电子招标平台建设，初步实现网上公告、网上报名、网上收退保证金等功能，开展网上竞价工作。网上竞价系统于9月正式上线并试运行，截至年底注册商家30家。正常开标26个项目包，成功18个包，失败8个。资金总预算20.2万元，经竞价后成交金额15万元，节约4.9万元。

针对部分商品政府采购协议价高于市场价，采购人在协议采购中任意选择高配置机型、对供货商选择有明显倾向性以及化整为零规避公开招标等问题，选择部门采购量大，物品稳定性高、较为成熟常用的台式计算机、显示器、便携式计算机和打印机等通用类货物，实行批量集中采购，有效提高了政府采购的效率和降低政府采购成本。2015年集中采购完成19批次，采购预算金额1200万元，实际采购金额840万元，节约资金360万元，节约率30%以上。

截至年底，“两金”账户共收取保证金22亿元，退款19.6亿元，沉淀资金2.4亿元。在确保资金安全和满足正常收退前提下，将一部分沉淀资金以定期存款方式来增加收益，每年预计增加市财政收入400万元以上。

（卢　桃）

住房公积金管理

【概　况】 攀枝花市住房公积金管理中心是直属于攀枝花市人民政府，不以营利为目的的正县级事业单位。其主要职能是按照国务院《住房公积金管理条例》及国家相关政策规定履行本市行政区域内的住房公积金管理职能，包括住房公积金的缴存、提取、个人贷款、项目贷款、会计核算等业务。攀枝花市住房公积金管理中心设综合服务科、归集科、会计科、办公室、信（项）贷科、技术科、稽核科7个职能部门和仁和区管理部、盐边县管理部、米易县管理部、西区管理部、东区管理部5个派出机构。2015年底，事业编制46人，在岗职工40名，其中正县级干部1名、副县级干部3名、正科级干部11名、副科级干部4名。另有编外临聘人员14人。

【住房公积金缴存管理】 2015年新增缴存住房公积金180801万元（含结息），较上年增加1761万元，增长1%。截至2015年底，缴存总额1389181万元。2015年12月末缴存余额695538万元，比2014年同期减少8868万元。

2015年全市单位和职工个人住房公积金缴存比例为各5%～12%。单位和职工个人月缴存上限1738元，月缴存下限是69元。2015年人均月缴存额925.9元（单位+个人），与2014年同期持平。2015年末职工人均住房公积金余额4.39万元，与2014年同期持平。

2015年新增缴存单位139户、新增缴存人数7643人，同比增长2%。因离退休人员增加较多等原因2015年减少缴存人数10710人。2015年末实际缴存人数158111人，比年初净减少3063人。全市住房公积金缴存覆盖率81.88%，同比下降1.59个百分点。

2015年以来，经济下行压力持续加大，特别是钢铁、矿业、房地产、煤炭行业影响尤其严重。由于攀枝花市以钢铁、矿业为主的特殊产业结构,受经济下行冲击尤为明显。攀钢、攀煤等骨干企业和与之相联的企业生产经营严重困难,资金异常紧张。部分企业降低工资、工资缓发、社保停缴,住房公积金欠缴缓缴严重。截至2015年末,攀煤欠缴住房公积金6700万元、钢城集团欠缴住房公积金9729万元、攀钢欠缴住房公积金3098万元,3户大企业累计欠缴住房公积金达19527万元。

【住房公积金使用管理】 2015年缴存职工使用住房公积金357602万元(提取+贷款),同比增长56.9%。当年住房公积金使用额占当年缴存额的197.8%,当年新增缴存全部用于住房公积金提取,当年新发放贷款全部依赖以前年度结余资金发放。

2015年全市共提取住房公积金189457万元,同比增长34.2%。其中:购房提取103279万元、偿还购房贷款本息提取41555万元、离退休提取25594万元、户口迁出本市转出2127万元、租赁住房提取553万元、其他提取16349万元。提取住房公积金成为广大职工家庭购买住房和偿还住房贷款的重要资金来源之一。

2015年全市共向6636户职工家庭发放住房公积金贷款168145万元,同比增长93.7%。截至2015年12月末,累计向42103户缴存职工家庭发放公积金个人住房贷款648876万元。住房公积金个人贷款的及时发放,极大地缓解了职工购房资金压力,支持了市房地产业项目发展。

2015年12月末缴存余额695538万元(含结息),贷款余额419076万元(含项目贷款),个贷率(贷款余额/缴存余额)60.3%,比年初41.8%增加18.5个百分点。

2015年,职工直接用于购房的住房公积金27.14亿元(购房提取+贷款),占全市同期住房销售金额(含二手房)44.15亿元的61.5%,住房公积金资金成了购房资金主力。全年住房公积金贷款支持购房6636套,占全市住房销售14992套(含二手房)的44.3%。

2015年,住房公积金贷款发放额168145万元,占全市同期住房贷款额254730万元的三分之二,8家商业银行住房贷款的总和仅占全市住房贷款总额的三分之一,住房公积金贷款成为我市住房贷款的主流。

【住房公积金运营效益及收益分配】 2015年,住房公积金业务收入为27097万元:其中住房公积金利息收入10966万元、增值收益利息收入1268万元、委托贷款利息收入14863万元。业务支出为7001万元:其中支付职工个人住房公积金利息6208万元、归集手续费支出170万元、委托贷款手续费支出235万元,其他支出388万元。2015年实现增值收益为20096万元,比2014年13378万元增加6718万元,增长50.2%。

根据财政部《住房公积金财务管理办法》(财综字〔1999〕59号)和《财政部关于加强住房公积金管理等有关问题的通知》(财综〔2006〕38号)第七条的规定,按住房公积金增值收益的60%提取分配贷款风险准备金12058万元、分配管理费用1633万元、分配廉租住房补充资金6405万元。截至年底,个人贷款和项目贷款风险准备金余额46825万元、累计提取廉租住房补充资金20805万元,住房保障能力和抗风险能力不断增强。

【利用住房公积金贷款支持保障性住房建设试点】 2015年国家决定不再开展利用住房公积金贷款支持保障性住房建设试点工作,重点工作是加强贷后管理,按期收回已发放的贷款。2015年收回项目贷款本金3640万元,收回利息283.7万元。截至12月,17个试点项目有16个项目贷款偿还完毕,现有"大水井公租房"1个项目贷款余额5000万元。自2012年试点工作开展以来,按期收回贷款本息无一逾期,实现"贷得出、用得好、收得回"的试点工作目标。

【资金管理及安全】 2015年,公积金缴存余额695538万元,贷款余额419076万元(含项目贷款),可用资金276462万元,比年初401228万元下降124766万元,下降31.1%。扣除缴存余额15%的备付金外,结余住房公积金172131万元。12月末,住房公积金在银行的存款329468万元,比2014年同期438112万元减少108644万元,下降24.8%。

2015年度住房公积金贷款回笼情况良好,回笼本金52047万元、利息14863万元。2015年12月末个人贷款逾期余额142.4万元(其中:单位担保3.6万元),比2014年同期增长112.23%。个人贷款逾期率为0.34‰,项目贷款无逾期,贷款风险得到有效控制。

【推进住房公积金改革】 调整住房公积金使用办法。3月25日,根据《住房城乡建设部、财政部、中国人民银行关于发展住房公积金个人住房贷款业务的通行》(建金〔2014〕148号)等文件精神,出台了"调整个人贷款首套房认定标准和首付款比例、开展提取支付房租"政策。《四川省人民政府办公厅转发住房城乡建设厅等部门关于进一步提高住房公积金使用效率促进住房消费实施意见的通知》(川办函〔2015〕67号)文件下发后,结合全省危旧房棚户区改造工作现场暨促进房地产市场健康发展工作会议(攀西片区)要求,5月12日出台"进一步放宽首套房认定标准和首付款比例、提高贷款额度到60万元、放宽在攀购房贷款条件、取消贷款费用、提取支付物业费"等11项政策措施。新政策的出台,降低了公积金使用门槛,住房公积金使用额大幅增

长，极大地促进了全市住房销售

推进信息化服务改革。为改变信息化建设严重滞后影响住房公积金业务工作开展和服务效率的提升，攀枝花市住房公积金管理中心积极争取一套全新的信息化管理系统。2014 年 12 月，市政府常务会批准住房公积金信息化建设立项，总投资 1350 万元。攀枝花市住房公积金管理中心加强对信息建设的组织领导，严格按照项目建设程序开展设计、评审、招标、建设、监理等各环节的工作。截至 2015 年年底，该项目计机房改造和硬件采购安装完成，应用软件开发完成需求调研进入代码编写阶段。新系统将在 2016 年 4 月投入试运行。

推出一系列便民利民措施。改变公积金提取方式，将原来的现金提取方式变为转账提取，确保提取的便捷性和安全性；从 6 月开始办理还贷逐月委托提取，将借款职工一年一取的提取方式改为按月自动提取，取得公积金贷款的职工当月实际支付的还款本息在次月直接划入到指定账户，从而免除了每年准备提取资料、每年到公积金中心的烦琐事；进一步简化业务办理要件。借款人、购房人、租房人提取本人住房公积金不再提供婚姻状况证明。申请还贷提取不再提供银行打印的还款明细清单。申请住房公积金贷款不再提供房产查询信息；取消住房公积金贷款的中间费用。将向个人收取的评估费、公证费和期房阶段性担保费，改由攀枝花市住房公积金管理中心承担，不再向借款人收取；住房公积金贷款初审当天办结，住房公积金提取当天办结；贷款办理时限由以前 2 个月缩短为 15 个工作日，职工办理公积金贷款更加方便、快捷、高效。

制定出台攀枝花市《关于进一步扩大住房公积金覆盖面的实施意见》。按照四川省人民政府办公厅《关于印发进一步扩大住房公积金制度覆盖面指导意见的通知》(川办函〔2015〕95 号）精神，结合攀枝花市实际研究进一步扩大住房公积金覆盖面的具体政策措施；起草并引发《攀枝花市人民政府办公室关于进一步扩大住房公积金覆盖面的意见》。

【住房公积金管委会会议】 3 月 25 日，在市住房公积金管理中心会议室召开攀枝花市住房公积金管理委员会三届五次会议。审议通过 2014 年度攀枝花市住房公积金缴存使用情况和增值收益分配方案、住房公积金 2014 年度报告和调整住房公积金使用办法等事项。总结 2014 年住房公积金管理工作，安排部署 2015 年住房公积金管理工作。会议由市政府副秘书长、市住房公积金管委会副主任唐刚主持，市政府副市长、市住房公积金管理委员会主任贾德华作重要讲话。

5 月 11 日，在市住房公积金管理中心会议室召开攀枝花市住房公积金管理委员会三届六次会议。审议通过调整住房公积金使用办法等事项。总结 1—4 月住房公积金管理工作，安排部署 2015 年下半年住房公积金管理工作。市政府副秘书长、市住房公积金管委会副主任唐刚主持会议，市政府副市长、市住房公积金管理委员会主任柳康健出席会议并讲话。

【省住建厅检查、调研】 3 月 12 日，以省住建厅公积金监管处处长尹久亮为组长的省住房公积金检查调研组到攀枝花市检查指导工作。检查调研组先后考察攀枝花市县（区）服务网点，一站式贷款服务大厅，听取和检查攀枝花市住房公积金在机构设置、制度管理、信息化建设、公积金归集、提取、个人贷款和项目贷款试点等方面的工作。检查调研组对公积金业务进行指导，对全市的公积金管理工作，尤其是 2015 年提高住房公积金使用效率，支持房地产市场发展等方面取得的成果给予高度评价。检查调研组希望攀枝花继续加大住房公积金使用管理力度，力争个贷率达到 85% 的目标。

4 月 15 日，省住建厅住房公积金廉政风险防控工作第四检查小组，对攀枝花市住房公积金廉政风险防控工作进行专项检查。检查组通过查阅档案、查看业务网点、召开座谈会等方式，检查了住房公积金缴存、提取、贷款业务办理、信息公开、社会监督、职工举报投诉的受理处置等情况。检查组认为攀枝花市住房公积金管理中心对防控工作高度重视，把廉政风险防控工作融入了住房公积金管理的全过程，实现了业务管理和服务质量的有效提升。对中心资金外部风险控制，内部稽核审计、项目贷款管理工作进行了充分肯定。希望攀枝花市继续加大住房公积金监管力度，建立长效机制，为改善职工住房条件做出新的更大贡献。

【住建部公积金督查员巡查】 4 月 24 日、7 月 5 日，住建部住房公积金督察员对攀枝花市住房公积金贷款支持保障性住房建设工作及提高住房公积金使用率支持房地产市场发展进行督查。督查组到保障性住房建设项目现场查看工程进展情况、查阅有关资料、听取攀枝花市贯彻落实进一步提高住房公积金使用效率促进住房消费各项政策措施情况汇报，对攀枝花市利用住房公积金贷款支持保障性住房建设试点工作给予高度评价，对如何进一步发挥住房公积金政策作用，提高住房公积金使用效率，促进房地产市场发展提出工作要求。

（张治文）

招商引资

【概　况】 2015 年，攀枝花市投资促进工作围绕市委市政府招大引强、结构调整的工作思路，紧抓攀西钒钛战略资源创新开发试验区建设等重大机遇，进一步丰富招商活动，拓宽信息渠道，创新招商引资方式，优化投资环境，着力招大引强，重大项目取得实质性进展，全市投资促进工作成效显著。

2015 年，全市履约招商引资项目 382 个，到位资金 573.47 亿元，完成市政府下达年度目标任务 540 亿元的 106.20%，同比增长 14.03%。其中，履约国内省外项目 217 个，实际引进国内省外资金 351.84 亿元，完成市政府下达年度目标任务 330 亿元的 106.62%。全市履约的招商引资项目形成固定资产投资 430.11 亿元，占履约项目总到位资金的 75.10%。

【攀枝花市参加“中外知名企业四川行”活动】 4 月 23 日上午，“中外知名企业四川行”活动举行“投资攀枝花 · 共享新机遇”—攀枝花专题投资推介会暨项目合作签约仪式。四川省省委常委、宣传部部长吴靖平出席会议并讲话；攀枝花市市委书记刘成鸣致辞；攀枝花市副市长江海向大会作投资推介。在此届“中外知名企业四川行”活动上，攀枝花市签约合作项目 71 个，主要集中在钒钛、机械制造、新能源、康养旅游等方面，总签约金额 505.33 亿元。其中，签订框架协议项目 19 个，投资额 215.8 亿元；签订正式投资合同项目 52 个，投资额 289.53 亿元。

【攀枝花 · 毅德城项目落户仁和区】 6 月 12 日，攀枝花市仁和区与毅德集团在深圳毅德控股集团签订《攀枝花 · 毅德城项目投资合同》，标志着毅德集团正式落户仁和。攀枝花 · 毅德城项目位于仁和区莲花村高铁站旁，占地面积约 45.34 公顷，项目签约资金为 22 亿元。项目定位为川西南、滇西北区域具有较强辐射和带动作用的现代化商贸城，由行业商会总部平台、金融服务平台、全方位交易服务平台、电子商务平台，共四大现代化平台构成。项目布局由商品交易区、电商物流区、商业配套区三大功能区组成。

【年产 2 万吨钛板坯项目成功落户盐边县】 2015 年 6 月 5 日，宝鸡华德易达实业有限公司成功入驻盐边县安宁钛材园区，公司投资 3000 万元，建设 20 万吨/年钛板坯项目，公司已以攀枝花市攀德新材料有限公司于盐边县登记注册，并着手办理项目建设前期各项行政审批手续，将在盐边县投资建设锂电池生产项目。

【攀枝花市首个钛产品加工项目落户西区】 6 月 28 日至 7 月 4 日，宝鸡市天脉钛业有限公司董事长郎军一行对攀枝花市各县（区）、钒钛产业园区进行考察，并与西区签订攀枝花市首个钛产品加工项目投资协议。该项目一期投资 1 亿元建设 3 条钛炊具生产线。

【第二届攀西试验区投资推介会攀枝花市签约 40 亿元】 8 月 7 日，在第二届攀西战略资源创新开发试验区投资推介会暨项目签约仪式上，攀枝花签约 5 个项目，投资金额共 40 亿元，涉及钒钛资源综合利用、新能源、机械制造等领域。此次推介会上签订的项目，均能代表攀枝花市产业优势的发展方向。

【攀枝花市与九鼎投资共建投资小镇】 8 月 25 日，攀枝花市举行地企战略合作主题活动，攀枝花市与北京市同创九鼎投资管理股份有限公司签订合作协议。根据协议，九鼎投资将在攀枝花建立规模为 3 亿元人民币的基金，同时与攀枝花共建投资小镇，吸引各方资本进入，服务攀枝花企业发展。双方将在股权投资、金融服务及创新、产业引导基金、PPP 项目合作、企业上市、优势产业推广等领域展开多层次、多领域、全方位合作，将攀枝花市的区域和资源优势与九鼎投资的投融资服务等优势结合起来，促进攀枝花市经济增长和企业发展。

【攀枝花市与成都市签署合作框架协议】 10 月 25 日，成都市与攀枝花市区域合作框架协议暨项目签约仪式在成都天府新城会议中心举行。攀枝花市市委书记张剡在签约仪式上致辞并作城市推介。成都市市委副书记、市长唐良智在签约仪式上讲话。市委副书记、市长杨自力和成都市市委常委、常务副市长朱志宏分别代表两市政府签署区域合作框架协议。协议的签署标志着成攀两地区域合作进入新的历史阶段，两地将深入贯彻落实“四个全面”战略布局，充分发挥各自优势，促进资本、资源、人才、信息等生产要素在两地优化配置、合理流动，实现优势互补、利益共享，共同开创区域合作新局面。会上，两地有 15 个合作项目在现场集中签约，其中投资项目 9 个，投资金额 45.2 亿元；贸易及合作项目 6 个，涉及工业产品购销、电子商务、物流配送、金融服务等领域。

【中国西部（四川）进口展暨国际投资大会攀枝花市投资促进工作成果丰硕】 10 月 23—25 日，中国西部（四川）进口展暨国际投资大会在成都市举行。活动期间，攀枝花市参加了展览展示、中国西部（四川）国际投资大会暨项目签约仪式、2015 川欧经济合作交流暨投资项目洽谈会、四川电子信息产业投资合作洽谈会、中国（四川）汽车产业投资合作洽谈会、第七届中国西部国际资本论坛、世界越柬寮华人团体联合会第七届文化商务交流暨会员代表大会、第八届中国西部国际采购商大会开幕式及2015中国供应链管理高峰论坛、省领导巡馆等9项省级平台活动。借助中国西部(四川)进口展暨国际投资大会活动平台,策划并组织中国建筑材料集团北新集成房屋成都基地项目实地考察;成都·攀枝花区域合作框架协议暨项目签约仪式;成都锦欣医疗集团妇幼专科医院项目、宝鸡天脉钛业西区厨具生产基地项目、皇明太阳能热泵热水机及配套产业米易生产基地项目、中建材·攀枝花系列合作项目、中成致远·白云铸造机械制造基地项目、协鑫集团攀枝花光伏资源综合开发项目、昆钢·盐边县微合金铁粉及钒钛综合利用项目等7场专题对接会。攀枝花市政府与中建材签署了在石墨资源综合利用、新型房屋建材、农业产业化、阳光康养等诸多领域的战略合作框架协议,中成致远与白云铸造签署在攀枝花市建设机械制造基地的正式合同。在中国西部(四川)国际投资大会暨项目签约仪式活动中,攀枝花市共签约项目26个,签约金额达130.05亿元。

【碧桂园项目入住花城新区】 10月25日,攀枝花市花城新区与碧桂园集团正式签约,携手打造新区干坝塘核心区首个大型房地产开发项目。碧桂园集团作为中国房地产十强企业,致力于新区改善性住房建设,拟分三期在干坝塘核心区开发建设房地产项目,计划用地面积约50公顷,总投资50亿元,一期即将启动,计划用地面积约9.13公顷,投资12亿元。

【第六届四川国际自驾游交易博览会攀枝花市签约金额233.6亿元】 在第六届四川国际自驾游交易博览会上,攀枝花市签约项目共计40个,金额233.6亿元。正式协议项目24个,投资额131.6亿元;框架协议项目16个,意向投资额102亿元。项目以三产服务业为主,一产、二产也有所涉及。其中,三产项目30个,金额182.5亿元;二产项目9个,金额51亿元;一产项目1个,0.1亿元。

【攀枝花市与华润电力签订银江水电站合作协议】 12月16日,攀枝花市政府与华润电力控股有限公司在深圳市签订攀枝花银江水电站合作协议,双方将在前一阶段友好合作的基础上,按照国家有关法律法规,本着公平公正、互惠互利、诚实守信的原则,继续携手加快银江水电站项目建设。市委书记张剡,华润(集团)有限公司总经理乔世波出席签约仪式。市委副书记、市长杨自力与华润电力控股有限公司高级副总裁姜利辉分别代表攀枝花市人民政府和华润电力控股有限公司签订协议。市政协主席单荣,市委常委、常务副市长黄正富,市人大常委会副主任杨林及四川省发改委能源局、长江勘察规划设计研究院相关负责人出席签约仪式和座谈会。

(陈斌良)

政协攀枝花市委员会

【八届五次会议】 2015年2月3—7日,中国人民政治协商会议第八届攀枝花市委员会第五次会议在攀枝花会展中心举行。会议应到委员304人,实到291人。

出席开、闭幕大会并在主席台前排就座的有市政协主席及副主席。应邀出席会议并在主席台就座的有中共攀枝花市委、市人大常委会、市政府、攀枝花军分区、市中级人民法院、市人民检察院的领导,原市领导、七届市政协主席及副主席,各民主党派、工商联的领导;在攀第十一届省政协委员,市人大常委会秘书长和市政府秘书长、市长助理应邀参加开、闭幕大会。市委、市政府有关部门及单位负责人,市级各民主党派、工商联负责人,有关企业分管统战工作的领导,不是市政协委员的大企业、攀枝花学院、市直机关工委统战部(科)负责人,市政协各专委会特邀副主任、市政协机关县级干部应邀列席会议。

会议期间,有10人进行大会发言,另有11篇以书面形式发言。发言紧扣攀枝花市中心工作,把握经济社会发展及人民群众关心的热点问题,就启动轻轨交通建设、观音岩引水工程建设、全面推进依法治市、促进城乡教育均衡发展、打造城市绿色交通、关爱女性健康、加快推进分级诊疗制度、试点实行企业社会信用评价、支持花卉产业发展等方面作精彩发言,为促进攀枝花经济社会发展积极建言献策。与会委员集中视察滨江大道滨水新空间项目建设现场、东区阿署达村、鱼塘至机场路连接线新建项目现场、四川攀枝花三线建设博物馆建设现场、普达阳光国际康养度假区、仁和滨河景观宝灵寺段、花城新区商务一条街项目现场等。

与会委员列席市九届人大四次会议,听取并讨论张剡市长所作的政府工作报告、攀枝花市2014年国民经济和社会发展计划执行情况及2015年计划草案的报告、攀枝花市

2014年财政预算执行情况和2015年财政预算草案的报告、攀枝花市中级人民法院工作报告、攀枝花市人民检察院工作报告，会议对以上报告表示赞同。

会议审议并通过单荣代表政协第八届攀枝花市委员会常务委员会所作的工作报告和伍维根代表政协第八届攀枝花市委员会常务委员会所作的关于八届三次会议以来提案工作情况的报告。会议同意马晓凤辞去政协第八届攀枝花市委员会副主席职务。委员们以无记名投票的方式，补选雷雨为政协第八届攀枝花市委员会副主席；补选辛大平为政协第八届攀枝花市委员会常务委员。会议一致通过《政协第八届攀枝花市委员会第五次会议决议》《政协第八届攀枝花市委员会提案委员会关于八届五次会议提案审查情况的报告》。

【主席会议】 2015年，市政协共召开16次主席会议。会议学习传达中共十八届五中全会精神、中央统战工作会议精神，省委十届六次全会精神、省政协十一届三次会议精神、全省政协后勤工作会议精神、2015年省政协学习会精神、《柯尊平同志在省政协十一届第47次党组(扩大)会议上的讲话》精神，省、市委统战工作会议精神，省委政协工作会议精神、省政协贯彻落实省委政协工作会议精神专题会议精神和市委常委(扩大)会议精神，市委中心组“讲政治、守纪律、守规矩”专题学习反思会精神等。

会议听取市政协八届五次会议各小组讨论常委会工作报告和提案工作报告情况汇报，市中级人民法院、市人民检察院2015年上半年工作情况的通报，市纪委(监察局)2015年上半年党风廉政建设和反腐败工作情况的通报、市公安局关于全市公安工作情况的通报、市扶贫移民局关于全市扶贫开发工作情况的通报、市中级人民法院关于全市法院加强人才队伍建设提高司法公信力情况的通报、市卫计委关于全市人口健康信息化建设情况的通报、市经信委关于攀枝花市机械制造业发展情况的通报、市住建局关于攀枝花市城镇污水处理厂运行及污水管网建设情况的通报和市城管局关于攀枝花市城镇生活污水处理厂情况的通报、市农牧局关于攀枝花市农村土地承包经营权确权登记颁证工作情况的通报，听取全国政协教科文卫体委员会莅攀慰问调研相关工作筹备情况及省政协科技委员会“积极助推我省航空与燃机产业加快发展”对口协商会情况的通报，以及市政协各工作机构2015年上、下半年工作情况汇报。

会议审议通过政协第八届攀枝花市委员会第六次会议筹备工作日程安排、各组负责人名单，政协第八届攀枝花市委员会第五、第六次会议小组临时召集人建议名单，2015年市政协主席会议成员督办的6件重点提案，政协第八届攀枝花市委员会2015年工作要点和工作安排表、主席会议成员分工、增补委员参加专委会及委员学习活动组方案，关于表彰市政协八届五次会议大会发言的决定、关于表彰市政协委员学习活动组先进集体的方案；审议通过《关于聘请田巨龙同志为八届市政协教科文卫体委员会特邀副主任的报告》《2016年攀枝花市政协新年茶话会方案》等，还审议通过市政协经济委员会、人口资源环境委员会、教科文卫体委员会、社会和法制委员会、联谊民族宗教委员会的相关调研报告。

会议通报市委、市政府领导对市政协2015年上、下半年报送的调研、视察报告、情况专报的批示情况，审议市政协八届五次、六次会议有关事项及有关人事事项，研究筹备召开市政协2015年常委会议有关事宜。

【常委会议】 2015年，市政协共召开6次常委会议。会议听取市政协八届五次会议各小组讨论《政府工作报告》和《计划》《预算》报告、“两院”工作报告、会议决议及提案审查报告情况汇报，市发改委关于攀西战略资源创新开发试验区政策落实情况的通报、市民政局关于攀枝花市医养融合式康养产业发展情况的通报和市卫计委关于攀枝花市医养融合医疗卫生发展情况的通报、市扶贫移民局关于全市彝家新寨建设情况的通报、市科知局关于深化科技体制改革加快创新体系建设情况的通报、市食药监局关于宣传贯彻新《食品安全法》情况的通报，市政府关于市政协八届五次会议以来提案办理情况的通报、市政协提案委员会关于市政协八届五次会议以来提案工作情况的汇报，市纪委(监察局)关于2015年全市党风廉政建设和反腐败工作情况的通报，书面听取市政协各专门委员会2015年工作总结汇报。

会议审议通过中国人民政治协商会议第八届攀枝花市委员会常务委员会工作报告(审议稿)，关于八届三次、五次会议以来提案工作情况的报告(审议稿)，关于召开中国人民政治协商会议第八届攀枝花市委员会第五、第六次会议的决定，政协第八届攀枝花市委员会第五、第六次会议日程、编组原则、列席人员名单和政协第八届攀枝花市委员会常务委员会关于授权主席会议审议政协第八届攀枝花市委员会常务委员会第二十次会议未尽事宜的决定。审议通过政协第八届攀枝花市委员会常务委员会关于任命代长华为政协第八届攀枝花市委员会经济委员会副主任的决定、关于任命吴红怡为政协攀枝花市委员会办公室副主任的决定；关于同意欧钦辞去常务委员、委员职务的决定，关于同意马晓凤、戴道云、罗万云、徐中强辞去委员职务的决定；关于撤销谢永林政协第八届攀枝花市委员会委员资格的决定；关于增补雷雨、辛大平、王平、包晓红、陶毅、彭军为政协第八届攀枝花市委员会委员的决定；关于调整董之云委员界别的决定。会议还审议通过市政协经济委员会、人口资源环境委员会、教科文卫体委员会、社会和法制委员会、联谊民族宗教委员会的相关调研报告，协商讨论攀枝花市“十三五”规划纲要编制工作。

【提案工作】 市政协八届五次会议以来，提案委员会共收到提案271件，经审查立案256件，立案率94.5%。按类别分：经济建设方面115件，占44.9%；教科文卫体方面52件，占20.3%；其他方面89件，占34.8%。所有提案在规定时限内全部办理答复完毕。提案被有关部门采纳或基本落实及正在落实的133件，占52.0%；正在研究解决或准备纳入规划的75件，占29.2%；因条件所限，暂时难以解决的48件，占18.8%。从提案者反馈的意见看，对提案办理结果表示满意的占99.2%，基本满意的占0.8%。市政协八届五次会议以来的提案工作成效显著，与2014年相比，提案的采纳率提高7.2个百分点，委员满意率提高2.5个百分点。

3月，在市政府的大力支持下，攀枝花市政协提案在线信息系统建设完成并投入使用，实现提案提交、交办、督办、回复、反馈、数据统计等全部流程自动化。为使政协各参加单位和委员尽快掌握系统的使用方法，4月23日，市政协组织两次培训活动，分别对民主党派、工商联、人民团体的相关人员和全体政协委员进行培训。市政协副主席何群主持培训会。

3月26日，市政协提案委员会组织《关于加快启动、推进攀枝花市实验学校北校门安全环境治理工程的建议》重点提案督办活动，市政协副主席何群、周治端、雷雨以及市政府相关单位参加督办活动。4月14日，市政协主席单荣前往渡金线，督办重点提案《关于提高攀枝花大道东段（金江阿基鲁桥至密地桥加油站）限速的建议》，市政协副主席何群、赵忠义参加督办，并形成《市政协主席单荣督办〈关于提高攀枝花大道东段（金江阿基鲁桥至密地桥加油站）限速的建议〉重点提案》的情况专报，副市长柳康健作出批示。5月22日，市政协提案委员会组织重点提案《关于对省道310线渡口桥南至新庄桥南道路进行改造的建议》督办活动，市政协副主席何群、雷雨参加督办活动。6月26日，市政协提案委员会组织召开重点提案《关于加快启动、推进攀枝花市实验学校北校门安全环境治理工程的建议》督办会，市政协副主席周治端参加督办会。7月3日，市政协副主席何群带领市政协提案委员会对西区政协提案工作情况进行调研。7月28日，市政协副主席何群带领市政协提案委员会对东区政协提案工作情况进行调研。8月11日，市政协召开市、县（区）提案工作座谈会，会议交流提案工作情况和成功做法及经验，并对提案工作面临的新形势、新情况、新任务及如何进一步提升提案工作科学化水平等问题进行研讨，市政协副主席何群、雷雨，以及县（区）政协分管提案工作的领导和提案委负责人出席会议。

【视察、考察】 2015年4月16日，市政协主席单荣率市政协常委会组成人员、驻攀省政协委员、部分市政协委员，对观音岩引水工程建设情况进行视察。市人民政府副市长刘建明陪同视察，市政协副主席赵勇、庞向东、伍维根、何群、周治端、赵忠义，秘书长唐云城参加视察活动。形成《关于观音岩引水工程的视察报告》。4月30日，市政协副主席吴文发率市政协委员第八学习活动组对仁和区大河景观打造三期工程进行视察。6月17日，市政协主席单荣率市政协常委会组成人员，对攀枝花市矿业发展情况进行视察。市人民政府副市长江海陪同视察，市政协副主席赵勇、伍维根、何群、吴文发、周治端、赵忠义、雷雨，秘书长唐云城参加视察活动。形成《关于我市矿业发展情况的视察报告》。9月16日，市政协主席单荣率市政协常委会组成人员和驻攀省政协委员，对攀枝花市和谐社区建设情况进行视察。市人民政府副市长殷旭东陪同视察，市政协副主席赵勇、庞向东、何群、吴文发、周治端、雷雨，秘书长唐云城参加视察活动。形成《关于我市和谐社区建设情况的视察报告》，市委书记张剡、市长杨自力、市委副书记于会文、副市长柳康健对报告作出批示。10月22日，市政协学习文史委员会组织部分市政协委员，在市政协副主席何群、雷雨的带领下，前往西区苏铁园视察景区服务配套设施建设。11月25日，市政协主席单荣率市政协常委会组成人员、驻攀省政协委员，对攀枝花市2015年民生工程实施情况进行视察。市人民政府副市长刘建明陪同视察，市政协副主席赵勇、庞向东、伍维根、吴文发、周治端、赵忠义、雷雨，秘书长唐云城参加视察活动。形成《关于我市2015年民生工程实施情况的视察报告》。

4月20—27日，市政协副主席赵忠义带领市政协联谊民族宗教委员会赴凉山州、乐山市学习考察彝家新寨建设。形成《市政协助推我市彝家新寨建设工作情况报告》，副市长李仁杰对报告作出批示。6月3—9日，市政协副主席庞向东带领市政协教科文卫体委员会部分委员赴福建省、上海市，学习考察当地在构建区域卫生信息平台，推进卫生应用系统信息化建设等方面的经验和做法。6月7—13日，市政协副主席何群带领市政协提案委员会，赴遂宁市、南充市、广安市、达州市、资阳市，对政协提案办理协商制度化、程序化、规范化建设，发挥提案办理协商在推进协商民主过程中重要作用等方面的做法和经验进行学习考察。7月5—11日，市政协副主席赵忠义带领市政协社会和法制委员会部分委员赴辽宁省鞍山市、重庆大渡口区，学习考察当地在平安社区建设方面的成功做法和典型经验。12月3—4日，市政协副主席赵忠义带领市政协经济委员会，赴凉山州考察了解西昌钢钒生产建设情况。

【专题调研】 2015年3月至5月，市政协经济委员会多次组织市政协委员，在市政协主席单荣，副主席赵勇、吴文发的带领下，对攀枝花市攀西战略资源创新开发试验区相关政策落实情况开展专题调研，形成《关于我市攀西战略资源创新开发试验区相关政策落实情况的调研报告》。4月7—12日，市政协联谊民族宗教委员会组织部分市政协委员，在市政协副主席伍维根、赵忠义的带领下，对包括"8+8"对口帮扶在内的攀枝花市整体扶贫工作开展专题调研，形成《关于我市扶贫工作情况的调研报告》。4月14—15日，市政协教科文卫体委员会组织部分市政协委员，在市政协副主席庞向东、周治端的带领下，对攀枝花市人口健康与卫生信息化建设情况开展专题调研，形成《关于我市人口健康与卫生信息化建设情况的调研报告》。副市长刘建明对报告作出批示。4月21—23日，5月5—7日，市政协人口资源环境委员会组织部分市政协委员，在市政协副主席庞向东、周治端的带领下，对攀枝花市医养融合式康养产业发展情况开展专题调研，形成《关于我市医养融合式康养产业发展情况的调研报告》。副市长刘建明对报告作出批示。6月3日，市政协社会和法制委员会组织部分市政协委员，在市政协副主席伍维根、赵忠义的带领下，对攀枝花市法院系统加强人才队伍建设、提高司法公信力工作情况开展专题调研，形成《关于我市法院系统人才队伍建设工作的调研报告》。8月13—14日，市政协经济委员会组织部分市政协委员，在市政协副主席吴文发的带领下，对攀枝花市机械制造业发展情况开展专题调研，形成《关于我市机械制造业发展情况的调研报告》。市委副书记于会文对报告作出批示。8月28日，市政协人口资源环境委员会组织部分市政协委员，在市政协副主席庞向东、周治端的带领下，对攀枝花市城镇生活污水处理厂运行及污水管网建设情况开展专题调研，形成《关于我市城镇生活污水处理厂运行及污水管网建设情况的调研报告》。市委副书记于会文对报告作出批示。9月8日、10日、11日，市政协联谊民族宗教委员会组织部分市政协委员，在市政协副主席伍维根、赵忠义的带领下，对攀枝花市农村土地承包经营权确权登记颁证工作开展专题调研，形成《关于我市农村土地承包经营权确权登记颁证工作情况的调研报告》。10月28—29日，市政协教科文卫体委员会组织部分市政协委员，在市政协副主席周治端的带领下，对攀枝花市深化科技体制改革、加快创新体系建设情况开展专题调研，形成《关于我市深化科技体制改革加快创新体系建设情况的调研报告》。11月4日，市政协提案委员会组织部分市政协委员，在市政协副主席何群的带领下，对仁和区实施市级民生工程扶贫解困工作项目情况进行调研。12月1日，市政协社会和法制委员会组织部分市政协委员，在市政协副主席赵忠义的带领下，就攀枝花市贯彻落实新《食品安全法》情况开展专题调研，形成《关于我市宣传贯彻新〈食品安全法〉情况的调研报告》。

【学习会】 2015年3月17日，市政协召开委员学习活动组工作会议。市政协主席单荣出席会议。市政协副主席何群作市政协2012—2014年委员学习活动组工作总结，副主席雷雨宣读关于表彰市政协委员学习活动组2012—2014年先进集体的决定。5月13日，市政协机关开展第一次"党员学习日"活动，市政协主席单荣主持学习会，副主席庞向东、伍维根、何群、吴文发、赵忠义，秘书长唐云城以及机关全体党员参加学习。之后，市政协机关每月开展一次"党员学习日"活动。6月19日，市政协主席单荣到米易县，为该县副科级及以上领导干部上了一堂题为《坚定践行"三严三实"加快推进"四个全面"》的专题教育党课。在近两个半小时的专题教育党课上，单荣从统一思想认识，充分理解"三严三实"重大意义；明确科学内涵，准确把握"三严三实"精神实质；突出问题导向，对照检查"不严不实"具体表现以及坚持从严从实，奋力推进"四个全面"建设四个方面作了讲解。7月3日，市政协主席单荣主持召开"三严三实"教育"严于修身"专题学习讨论会。会议围绕"严于修身，加强党性修养，坚定理想信念，拧紧思想和行动的'总开关'"开展学习讨论。会上，市政协副主席庞向东、伍维根、雷雨以及部分机关县级干部分别作发言。市政协副主席何群、周治端出席会议。8月19日，市政协主席单荣主持召开"三严三实"教育"严以律己"专题学习研讨会。会议围绕"严以律己，严守政治纪律和政治规矩，做政治上的明白人"主题展开学习研讨。市政协副主席赵勇、何群以及部分机关县级干部分别作发言。市政协副主席庞向东、伍维根、周治端、赵忠义、雷雨出席会议。10月16日，市政协主席单荣主持召开"三严三实"专题教育"严以用权"专题学习研讨暨中共中央通报的拉票贿选案剖析反思会。会议围绕"严以用权，实实在在谋事创业做人，做到敢于担当、奋发有为"主题，以中共中央通报的拉票贿选案为反面教材，开展检视讨论，进行集中交流。市政协副主席赵勇、庞向东、伍维根、吴文发、周治端、赵忠义、雷雨，秘书长唐云城以及机关全体干部参加学习交流。10月23日，市政协办公室召开党组会议，专题学习《中国共产党廉洁自律准则》和《中国共产党纪律处分条例》，并对学习宣传贯彻《准则》和《条例》工作进行安排部署。11月18日，市政协主席单荣主持召开市政协学习会，专题学习中共十八届五中全会精神、中共四川省委政协工作会议精神、省政协贯彻落实省委政协工作会议精神专题会议精神和市委常委（扩大）会议精神。市政协副主席庞向东、伍维根、何群、吴文发、周治端、赵忠义、雷雨,秘书长唐云城以及常委、县(区)政协主席、各民主党派和工商联秘书长、市政协机关全体干部参加学习。

【协商座谈会】 2015年4月14日,市政协教科文卫体委员会组织部分市政协委员实地视察市中心医院、仁和区社区卫生服务中心,就居民健康档案、预约挂号等医疗便民服务开展情况召开对口协商会,并对下一步工作提出建议意见。7月9日,市政协经济委员会组织部分市政协委员视察钒钛交易中心、东区电子商务园区、26度果园电子商务线下门店、易邮铺电商平台、攀果鲜线下体验店,并就电子商务发展情况召开对口协商座谈会,对进一步发展攀枝花市电子商务提出建议。8月12日,市政协社会和法制委员会组织部分市政协委员,视察东区大渡口街道困难职工分帮扶中心、市困难职工帮扶中心、市工人文化宫新建的"市职工服务中心"、国家统计局攀枝花调研队户外劳动者"花城V心小站",详细了解攀枝花市困难职工帮扶工作开展情况,并就攀枝花市困难职工帮扶工作召开对口协商座谈会。在听取相关部门的情况通报后,委员们建议加大投入,拓展渠道,充分发挥社会力量和爱心捐助作用,切实解决帮扶资金困难;发挥政府、企业、社会闲置资源作用,着力解决帮扶机构场地、设施问题;发挥志愿者作用,动员社会各方参与帮扶救助;加强信息化建设,努力做到信息共享,更好地做好帮扶救助工作。市政协副主席伍维根、赵忠义参加会议。8月17日,市政协人口资源环境委员会组织部分市政协委员,视察人防工程应急通讯处理系统及地下指挥系统,并召开攀枝花市人防工程"六个一"项目建设情况对口协商会。在听取市人防办的情况介绍后,委员们建议攀枝花市各级党政领导要统一认识,加强领导,将人防工程作为重要公益项目加大建设力度;各部门要进一步强化责任,协调配合,形成合力,建立联席会议制度,及时协调解决项目建设中的重大问题。市政协副主席庞向东、周治端参加会议。8月27日,为跟踪2014年报送的《关于我市草食畜牧业发展情况的报告》落实情况,市政协联谊民族宗教委员会约请市农牧局和参与调研的市政协委员召开专题对口协商会议。在听取市农牧局相关情况通报后,委员们在充分肯定市农牧局工作的基础上,就如何加强该项工作进行深入交流,并提出意见和建议。市政协副主席赵忠义参加会议。9月23日,市政协教科文卫体委员会组织部分市政协委员,实地视察第四人民医院传染病防控设施建设情况和传染病防治工作开展情况,并召开协商座谈会,对下一步工作提出意见建议。11月27日,市政协召开攀枝花市法院系统人才队伍建设工作专题协商会,围绕破解法院系统人才队伍建设中的重点难点问题进行对口协商。在听取相关部门情况通报后,委员们建议及时补充人员,确保满编运行;落实差异化人才政策,确保基层法院队伍稳定;采取政府购买服务的方式缓解法院审判辅助人员紧缺、队伍不稳定问题;以专项资金或纳入年度预算等方式返还部分罚没收入及诉讼费用;五个基层法院比照市中院执行。市政协主席单荣,副主席赵忠义出席会议。12月3日,市政协召开专题协商暨重点提案督办会,就加强电梯安全管理与维护工作进行专题协商,并对重点提案《关于加强物业管理工作的建议》进行督办。市政协主席单荣,副主席庞向东、何群、周治端出席会议。12月22日,市政协副主席赵勇主持召开市政协八届六次会议集体提案和大会发言专题协商会,市政协秘书长、副秘书长,以及县(区)政协、各民主党派、工商联、各人民团体、大企业统战部(科)负责人参加会议。12月25日,市政协主席单荣主持召开"十三五"规划纲要专题协商会。会议听取市发改委关于攀枝花市国民经济和社会发展第十三个五年规划纲要有关情况的通报。参会人员针对攀枝花市"十三五"规划纲要征求意见稿,从"十三五"的战略布局、目标任务、产业转型、社会事业发展等不同层面,提出各自的意见和建议。市政协副主席赵勇、庞向东、伍维根、何群、吴文发、周治端、雷雨,秘书长唐云城以及常委出席会议。市政协机关副县级以上干部、县(区)政协主席、市级各民主党派、工商联秘书长以及部分市政协委员参加会议。

【委员无题座谈会】 2015年4月1日,市政协邀请中共界、特邀界等界别委员,召开委员无题座谈会。市政协副主席何群到会听取委员们的意见和建议。6月11日,市政协邀请总工会界、共青团与青联界、妇联界、社会福利和社会保障界等界别委员,召开委员无题座谈会。市政协副主席赵忠义到会听取委员们的意见和建议。9月25日,市政协邀请民革界、民盟界、民进界、农工党界、致公党界、九三学社界等界别委员,召开委员无题座谈会。市政协副主席赵勇到会听取委员们的意见和建议。12月3日,市政协邀请体育界、农业界、文化艺术界、新闻出版界、对外友好界部分委员,召开委员无题座谈会。市政协副主席雷雨到会听取委员们的意见和建议。在会议中,委员们分别就扶贫攻坚、深化改革、城市交通、康养旅游、农业发展、城市基础设施建设、干部工作与人才队伍建设,以及委员管理、提案工作等方面提出意见和建议,形成《我市部分市政协委员反映的几个问题》,以政协信息的形式分4期报送市委、市政府,促进相关具体问题的解决。

【宣传工作】 2015年,全年在市内外报纸杂志及各级新闻网上发表宣传政协工作的稿件410余篇(幅)。在《攀枝花日报》上举办《政协之窗》专版,办好市政协网站。市政协被评为2015年全省政协新闻宣传报道先进单位。6月5日，市政协召开市、县(区)政协、各民主党派、工商联秘书长联席会议暨全市政协宣传信息工作座谈会，市、县(区)政协、各民主党派、工商联秘书长及通讯员、信息员参加会议。会议总结和交流2014年全市政协新闻宣传和社情民意信息工作，安排部署下一步工作。

【文史工作】 2015年，完成文史资料第18辑《天堑变通途》发行工作。文史资料第19辑征集工作有序开展。参与完成建市50周年大型纪念画册《光辉岁月》的编辑印刷工作。参加庆祝建市50周年座谈会，支持和参加《常隆庆在攀西》一书研讨会和全国三线建设研讨会等活动和工作。

4月，云南省保山市政协文史委一行6人来攀，交流学习文史资料工作开展情况，共商文史工作继承与发展，并商定攀枝花市政协协助保山市政协文史委出版《南方丝绸之路文集》，完成有关稿件征编工作。之后，市政协完成文稿撰写5篇，图片摄制10幅，从不同角度反映攀枝花概况，送宝山市政协。5月18日，市政协书画院成员在格里坪庄上村花卉基地写生。8月25日市政协书画院在市文联创作室举办书画作品集体创作会，20多位书画家挥毫创作。10月中旬，市政协副主席雷雨带领市政协学习文史委员会，前往湖北黄石参加八省十三市政协第十二届书画展，攀枝花21幅书画作品以高水平赢得各地书画家们的赞扬，部分书画家与当地商家签订书画作品联营合同。10月27日至11月2日，市政协学习文史委会组织部分市政协委员，在市政协副主席何群的带领下，赴重庆合川区、万州区、黔江区学习交流文史资料工作的先进经验和好的工作方法。

【上下联动活动】 2015年4月1日，民建四川省委副主委、省政协常委王元勇率调研组到攀，就推动长江经济带健康发展开展调研，并进行座谈交流。市政协副主席赵勇陪同调研并参加座谈会。4月1—2日，全国政协常委、四川省政协副主席、民盟四川省委主委赵振铣率调研组莅攀，就经济社会发展、全面深化改革以及盐边县“双联”工作等进行调研考察，并召开座谈会，听取攀枝花市相关工作情况汇报。市政协主席单荣出席汇报会，市政协副主席赵勇、伍维根陪同调研考察并参加汇报会。4月21—23日，省政协副主席、农工党四川省委主委王正荣一行莅攀调研医养一体化养老模式发展情况，并进行座谈交流。市政协主席单荣主持座谈会，副主席庞向东陪同调研并出席座谈会。5月18—19日，省政协副主席、省工商联主席陈放率调研组莅攀调研，并出席于19日在攀枝花市召开的四川省工商联商(协)会建设座谈会。市政协副主席吴文发陪同调研并出席座谈会。5月27日，省政协副主席罗布江村率省委政协工作会议专题调研组莅攀，就攀枝花市加强和改进政协工作情况进行调研，并主持召开调研座谈会，听取市委、市政府相关情况汇报，市政协主席单荣，副主席赵勇、庞向东陪同调研并参加汇报会；28日，莅攀的省委政协工作会议专题调研组召开座谈会听取攀枝花市政协工作情况汇报。省政协副主席罗布江村主持座谈会。市政协主席单荣向调研组汇报攀枝花市政协工作情况。市政协副主席庞向东、何群、赵忠义、雷雨参加座谈会。各县(区)政协、各民主党派、工商联负责人、各级政协委员和无党派人士在会上围绕加强和改进新时期政协工作提出意见建议。8月6—7日，省政协副主席、民盟四川省委主委赵振铣率队莅攀，就攀枝花市经济社会发展和扶贫开发攻坚工作进行调研，并召开座谈会听取攀枝花市相关情况汇报。市政协主席单荣出席座谈会，市政协副主席赵勇、伍维根陪同调研并出席会议。9月12—13日，全国政协常委、教科文卫体委员会主任张玉台率全国政协教科文卫体委员会慰问团莅攀开展教师节慰问活动，听取攀枝花市工作汇报，并到二滩水电站考察调研。市政协主席单荣，副主席庞向东、周治端陪同参加相关活动。10月28—30日，十届四川省政协副主席曾清华率省政协委员莅攀，就攀枝花市公共文化服务体系建设进行考察调研，并召开座谈会听取相关情况汇报。期间，曾清华副主席还参加攀台现代特色农业和康养产业合作交流会，并会见部分台湾嘉宾代表。市政协副主席雷雨全程陪同。11月15—16日，全国政协副主席、农工党中央常务副主席刘晓峰率调研组深入攀枝花市部分县(区)，围绕“四川攀西地区土壤污染防治”主题，重点对攀枝花市生态环境综合整治项目、耕地保护与发展项目和工矿废弃地复垦利用试点项目进行调研。市政协主席单荣，副主席赵勇陪同调研。

【界别工作】 2015年3月25日，市政协召开2015年界别工作座谈会。市政协主席单荣出席会议并讲话，副主席赵勇主持会议，副主席伍维根、何群、周治端、雷雨出席会议。会议学习《中共中央关于加强社会主义协商民主建设的意见》精神，通报市政协2014年界别工作情况，并对2015年界别工作进行安排部署。一年来，各界别围绕农村学前教育、米易县建设发展、文化基础设施建设、档案管理工作、“圆梦行动”开展情况、电子商务产业发展等进行调研视察，组织学习、座谈等活动。全年各界别开展各种活动40余次。

【助推康养产业发展】 2015年，市政协围绕市委“三个加快建设”的目标，把协力打造康养胜地作为政协推动经济转型发展的着力点。与省政协上下联动，联合开展医养一体化养老模式情况调研，省政协调研组对攀枝花市探索总结的医院设立老年日间照料养护中心、康养企业与医院合作建立老人日间看护中心、养老机构与医院开展"绿色通道"医疗合作等几种医养融合模式给予高度肯定，认为攀枝花在探索建立医养一体化养老模式，促进医养结合的养老事业发展方面走在全省前列，其经验值得全省借鉴和推广。调研组充分吸纳攀枝花市意见，形成省政协《关于促进我省医养一体化养老模式发展的对策建议》，为全面推进全省医养融合发展，建立符合四川实际的医养融合服务模式起到积极的推动作用。充分发挥政协交友广泛、渠道畅通的优势，采取请进来、走出去的方式，大力宣传攀枝花市阳光康养产业，全国政协副主席、民革中央常务副主席齐续春及山西省、湖北省、新疆维吾尔自治区、北京市西城区、秦皇岛市、六盘水市、泸州市等 37 批省内外政协客人来攀考察康养产业，大家相互交流，共同探讨，提高攀枝花在全国康养产业的知名度和影响力，为攀枝花市创建中国阳光康养产业发展试验区献计出力。以康养为纽带，促进务实合作，抓住新疆维吾尔自治区政协莅攀调研康养产业的机遇，积极探索融入"一带一路"建设的契合点，市政协副主席庞向东带队及时赴湖北宜昌、新疆伊犁考察了解特色果品通过伊犁霍尔果斯口岸销往中亚的经验，与伊犁政协达成双向交流合作共识，促成攀枝花市企业与当地企业签订 2.76 亿元特色农产品购销协议。

【促进攀西试验区建设】 2015 年，市政协着力抓好政策跟踪落实，持续推进攀西战略资源创新开发试验区建设。充分发挥驻攀全国政协委员和省政协委员优势，在全国、省政协全会上就执行留存电量、科技攻关、配套土地矿产资源等政策提交 11 份提案，受到国家和省级相关部门重视并认真办理。按照市委安排，组织相关专家对加快攀西试验区建设和继续争取科技攻关相关政策开展调研研究，围绕将试验区提升到国家层面、建立国家级攀西试验区科技支撑机制等核心问题召开 3 次专题研讨会，并形成汇报材料。积极主动与省政协、全国政协经济委员会对接联系。5 月，市政协主席单荣、副主席赵勇陪同市政府主要领导专程赴成都向全国政协经济委副主任彭小枫和省政协领导作专题汇报，得到理解和支持。协助政府推进钒钛产业园区升级创建工作，组织委员、专家学习借鉴绵阳、唐山等城市国家级高新区建设经验，开展深化科技体制改革、加快创新体系建设情况调研。在省政府和市委、市政府强力推动下，经过各方共同努力，11 月，攀枝花国家钒钛高新技术产业开发区正式获得授牌，成为国内唯一的金属材料类国家级高新区。

【参与扶贫攻坚】 2015 年，市政协积极参与扶贫攻坚工作。贯彻落实中央及省、市委扶贫攻坚工作部署，制发《关于在委员中开展"我为扶贫攻坚做件事"活动的意见》，动员广大政协委员投身扶贫攻坚主战场，全面参与精准扶贫。全年共直接帮扶困难户 480 余户，捐助 53 万元现金及价值 100 余万元的物品，协调基础设施建设、产业发展等资金 1984 万元，现金助学及设立助学金 75 万元，为 63 名贫困学生圆大学梦。

主席会议成员定点包村。4 月 22 日至 5 月 8 日，市政协主席单荣，副主席赵勇、庞向东、伍维根、何群、吴文发、周治端、赵忠义、雷雨分率 9 个督导组，深入联系指导的贫困村进行督查督导，形成 9 份专题督查报告，针对具体困难进行现场协调，帮助解决交通基础设施、种养殖业发展、安全饮水工程、农房改造等问题，使扶贫攻坚目标任务落到实处。持续助推彝家新寨建设。深入彝区调研研究，考察借鉴凉山、楚雄等地经验，会同相关部门向省政协和省扶贫移民局专题汇报攀枝花市彝家新寨建设试点工作情况，向市委、市政府提出意见建议。在各方努力下，全市所有彝族村已全部纳入省"十三五"彝家新寨建设规划。

对全市扶贫工作开展专题调研，提出严格精准识别、分类开展扶贫指导、集中力量建好基础设施、着力谋划致富产业等意见和建议，为扶贫攻坚献计献策。扎实开展"走基层""双报到""双联"等活动。11 月 5 日，市政协主席单荣带队深入仁和区务本乡大火山村，对当地精准扶贫工作推进情况进行督查调研。市政协副主席吴文发陪同调研。1 月 19 日，单荣主席走进格里坪村五组村民谢方礼新建的葡萄种植大棚，详细了解建设投入、葡萄种植技术掌握情况，并把米易县葡萄种植专业技术合作社的技术人员请到现场实地指导。11 月 16 日，格里坪村举办西区格里坪"苏铁山药"收获开挖仪式，市政协机关积极联系市广播电视台、《攀枝花日报》为"苏铁山药"免费做宣传服务，提高苏铁山药的知名度，助推山药的销售，帮助农民致富。与格里坪镇困难群众结成联系帮扶对子 56 对，派出驻村干部。

【参与全市重点工作】 2015 年，在市委统一部署下，市政协负责参与交通项目建设。主席会议成员及各工作机构明确任务、落实责任，深入现场、靠前服务，就项目建设过程中的困难和问题献计出力。在市委、市政府强力推动下，在市政协参与督导下，成昆客运扩能改造工程攀枝花段加快推进、攀大(过境)高速控制性工程开工、观音岩大桥建成通车、国省干道迎部检工作顺利推进，城乡交通得到较大改善。

(舒晓艳)

民主党派·工商联

中国国民党革命委员会攀枝花市委员会

【组织状况】 2015年中国国民党革命委员会攀枝花委员会(以下简称民革市委)共发展党员7人,平均年龄37岁。截至2015年年底,民革攀枝花市委会有基层组织5个,民革党员120人。其中,有女党员45人,占总数37%;与中国国民党及台湾、海外有渊源关系的党员40人,占33%。按界别划分:科技界18人,占15%;教育界20人,占17%;医卫界16人,占13%;政府机关、群团组织机关39人,占33%;大企业11人,占9%;新的社会阶层人士16人,占13%。从学历职称看,具有大专以上学历的党员112人,占93%;具有高级职称的党员40人,占33%;具有中级职称的党员34人,占28%;从年龄结构看,党员平均年龄49岁,其中40岁以下的27人,占23%;41~50岁的59人,占49%;51~60岁的14人,占11%;60岁以上的20人,占17%。离退休党员25人,占21%。

截至年底,民革党员中担任各级人大、政府领导职务的有:主委魏渠河担任市供销社主任,市委委员邓冰蓉担任市人大城环资委主任,民革党员魏功训担任市水利农机局副局长。全市民革党员中,省人大代表1人、省政协委员1人;市人大常委1人、市人大代表1人、市政协常委2人、市政协委员7人;东区人大常委1人、政协常委2人、政协委员4人;西区政协常委2人,政协委员1人;仁和区政协常委1人;米易县人大代表1人;盐边县人大代表1人。担任各类特约检察员、监督员的共5人。

【主要工作】 2015年7月,"民革全国机关建设研讨会"在攀召开,全国政协副主席、民革中央常务副主席齐续春、民革中央副主席郑建邦、民革中央副主席、全国政协副秘书长、民革省委主委刘家强出席会议,来自民革中央机关、全国30个省级、副省级民革组织驻会副主委、秘书长、办公室主任共150余人参加会议。11月,"民革中央网站特约编辑培训会"暨"亲历者赞—民革人物报道集审稿会"在攀举办,民革中央副主席修福金出席会议,来自民革中央机关、全国30个省级民革组织的特邀编辑和宣传处负责人共100余人参加会议。12月,由中央统战部、各民主党派中央、全国工商联"星火计划、科技扶贫"联合推动组主办的"贵州省黔西南州乡村旅游培训班"在攀举办,民革中央副主席、联合推动组组长何丕洁出席会议,来自贵州省黔西南州、遵义市、毕节市纳雍县共100余人参加了培训。全年,有来自上海、宁夏、广东阳江、江苏镇江、秦皇岛、遵义、西昌等9批省内外民革组织客人来攀考察康养产业,除实地参观,还与攀枝花市发改委、市卫计委、市民政局、市旅游局等相关部门召开座谈会,围绕康养产业的发展前景,政策支持等方面进行交流探讨。通过这些交流活动,提高了攀枝花市在全国康养产业的知名度和影响力,为攀枝花市创建中国阳光康养产业发展试验区奠定了基础。

2015年"两会"期间,民革市委向政协大会提交大会发言1篇、书面发言1篇,集体提案件12件。其中大会发言《从构建科学的指标体系入手全面推进依法治市进程》获市政协优秀大会发言。集体提案《提升我市农业抗灾能力的对策建议》反映的问题,承办单位从完善应急预案,加强灾害性天气监测、预报和预警,推广农业减灾技术,建立完善农业保险制度和财政救助体系等方面积极吸纳提案建议。《关于增设攀枝花特色旅游纪念品经销点的建议》《关于加强公共体育健身场所及设施管理的建议》中的意见和建议也得到相关部门的采纳落实。《关于建立淘宝网"特色中国攀枝花馆"的建议》《采取切实措施,促进钒钛交易中心健康运行的建议》《建议政府充分利用好企业存量资源,提升全市便民服务质量》得到相关部门的重视。2015年民革市委会把"促进电子商务快速健康发展"确定为调研课题,汇报给民革省委后,经研究确定为省、市联合调研课题。6月和9月,民革省市委联合调研组前往成都青羊总部基地电子商务产业园区、湖北武汉"5·5"创意产业园区调研,与相关部门召开座谈会,收集了翔实的基础数据和材料,最后形成《对我市建设川西南滇西北电子商务第一城的对策建议》调研报告,在全市统一建言献策会上发言。同时,形成《精准助推我省电子商务产业快速发展的建议》被民革省委确定为省政协大会发言材料。8月,民革市委、市扶贫移民局、市交通航务管理局联合调研组开展《关于加快金沙江攀枝花至水富段航运资源开发》课题调研,前往向家坝水电站、乌东德水电站开展实地考察,形成了《关于加快金沙江攀枝花至水富段航运资源开发的调研报告》。为促进金沙江流域区域经济发展,争取获得更高层面的关注和支持,调研成果已作为民革省委集体提案提交省政协。同时还开展《关于发展康养农业的建议》《关于申报“二滩国家公园”的建议》等课题调研。

民革市委会深入开展坚持和发展中国特色社会主义学习实践活动，组织全市民革党员学习贯彻中共十八大、十八届三中、四中、五中全会和习近平总书记系列重要讲话精神。民革各支部采用多种形式把民革党员在学习实践活动中激发起来的积极性引导到本职工作和参政议政工作中，以全面深化改革为主线，以“三农”问题、社会法制和促进祖国和平统一三个重点领域为依托，打造民革攀枝花市委参政议政工作的亮点，让学习实践活动内化为助推地方经济社会发展的动力。在实践活动中，涌现了一批优秀基层支部和党员，其中民革市直支部主委何洪英被民革省委评为全省十佳学习实践活动先进个人。“三八”妇女节，以建市50周年为契机，组织女党员参观三线博物馆；九九重阳节看望慰问退休老党员。

作为以促进祖国和平统一为重点工作的参政党，民革市委牢牢把握海峡两岸大交流、大合作、大发展趋势，突出特色，加强联络，切实做好祖国统一工作。中秋节之际，民革市委会联合市委台办举办台海形势报告会，邀请厦门大学台湾研究院副院长李非教授作专题报告。民革市委会以中国人民抗日战争暨世界反法西斯战争胜利70周年为契机，把寻找、看望、慰问抗战老兵和收集、整理抗战历史资料活动作为一项重要工作。全年寻访7位在攀抗战老兵，送上由四川抗日老兵救助会颁发的牌匾和荣誉勋章，并送去慰问金和慰问品。

2015年1月，组织民革党员中的医学专家、律师、书法爱好者，前往四合院社区，开展“送医、送法律、送春联”活动，为社区居民书写春联200余幅，发放法律知识手册、法律宣传单500余份，提供法律咨询。5月，民革市委中山合唱团到市儿童福利院看望慰问，捐款18000元，赠送儿童节礼物，为孩子们表演丰富多彩的文艺节目。8月，组织民革党员为统一战线“同心林”捐款5000余元。11月，民革仁和区支部前往太平乡先锋村慰问，捐赠人民币5000元，并联系攀钢生活公司花城物业中心捐赠价值3000元的皮鞋。民革市委会按照《攀枝花市统一战线定点帮扶项目的对接方案》要求，认真落实盐边县红宝苗族彝族乡定点帮扶计划。发挥党员优势，牵线搭桥，筹集核桃箐村傈僳坪组社道硬化资金30万元；谜糖村龙头核桃基地水系配套项目资金20万元；核桃良种示范基地建设项目资金30万元；对谜塘村10户养殖农户，每户补助2.5万元；为高考贫困生捐款3000元。

民革市委会与民革省委联合调研撰写的《关于在四川攀西地区大力发展阳光康养产业的建议》，在民革中央开展的“民革省级组织参政议政成果评选表彰活动”中，通过专家评审与网络投票相结合的方式，从省级民革组织遴选出的55个优秀调研课题评比中获得一等奖。民革党员陈洪获得民革中央宣传工作先进个人称号。同时，各位民革党员立足本职工作岗位，也作出了明显的成绩。王建国书画作品入选全国八省十三市政协书画院联展；吕涛与他人创作完成了三线建设博物馆壁画《常隆庆》；高建山获攀钢集团公司“爱、献、做”先进个人；李群被选入全市优秀干部人才递进培养；高进获得纪念攀枝花三线建设50周年系列活动先进个人；王明中获东区优秀政协委员；何艳萍、钟实秋、袁心彤、董新志、刘英、程杨、黄强等均获得行业系统及单位先进个人。

（曹文飞）

中国民主同盟攀枝花市委员会

【组织状况】 2015年，中国民主同盟攀枝花市委员会有总支3个，支部18个。年内新发展盟员13人，截至年底有盟员435人，其中女盟员154人，占盟员总数35%；具有中共党员和民盟盟员双重身份的有27人，占6%。按界别划分，文教界248人，占57%；科技医卫界89人，占20%；政府机关、群团组织机关等51人，占12%；新社会阶层人士13人，占3%。从学历职称看，具有大专以上文化程度的372人，占86%；具有高级职称者194人，占45%；具有中级职称者191人，占44%。从年龄结构看，全市盟员平均年龄55岁，其中40岁以下的54人，占12%；41～50岁的135人，占31%；51～60岁的104人，占24%；61岁以上的142人，占33%。离退休盟员164人。

2015年，攀枝花市委盟员中现有市人大代表4人，其中市人大常委1人；县(区)人大代表3人，其中副主任2人；省政协委员2人，市政协委员10人，其中副主席1人，市政协常委2人，县(区)政协委员17人，其中县政协常委4人，副主席1人；市特约检察员1人，人民监督员1人，特约监督员1人，四川省旅游服务质量监督员1人，市旅游质量监督员1人，市教育督导员1人，市公安局特邀监督员3人。他们在参政议政岗位上，不负社会和盟组织的重托，注意观察和发现身边的各种情况，积极反映群众的意见和要求，为中共市委、市政府能及时掌握社情民意作出了贡献。

民盟盐边县总支委员会成立。5月15日上午，民盟盐边县总支委员会成立大会在盐边县教育局隆重召开，会议选举产生了民盟盐边县第一届总支委员会。攀枝花市政协副主席、民盟攀枝花市委主委伍维根、副主委胡志林、李建萍，中共盐边县县委常委、常务副县长蔡君，县政协副主席、统战部长刘兴伦等市、县领导和部分兄弟民主党派代表出席会议，民盟攀枝花市委副主委李建萍主持会议。按照中国民主同盟章程有关选举规定，大会选举产生了民盟盐边县第一届总支委员会委员三名(张林、杨伦、程远苓)，并随后选举产生了民盟盐边县总支下属两个支部的领导班子。

按照民盟四川省委和中共攀枝花市委统战部的统一安排部署，通过民主推荐和考察，雷武岷、赵牧、李建萍、王联勋、王兵、钟海荣、陈忠荣、蒋冰韬等8人被列为民盟攀枝花七届市委会后备人选；伍维根、雷武岷等25人被列为民盟四川民主党派代表人士及后备人才。

【主要工作】 在市政协八届五次大会上，民盟攀枝花市委就《打造攀枝花绿色城市交通　提升阳光康养品质》和《打造城市绿色交通　提升阳光康养品质》《使人民幸福就是最高的法律—关于切实开展"依法治市"的建议》在大会上发言，受到市政协的充分肯定。提交《打造城市绿色交通、提升阳光康养品质》《关于切实开展"依法治市"的建议》《一切为了学生：校园公共安全教育常态化刻不容缓！》《关于利用金沙江航道开展货运解决超载危害城市道路的建议》《关于为攀枝花市职业教育机构建立融资平台的建议》《寄宿制学校医务人员配备情况调查及建议》《关于增开炳草岗至市玉佛寺公交车的建议》《关于加大对自愿无偿献血人员关怀的建议》《关于成立攀枝花护理康养学院的建议》等集体提案9件。民盟攀枝花市委提供《关于加强我省寄宿制学校校医配备的建议》被采用为省政协会议集体提案。这些提案质量普遍较高，具有一定的前瞻性和实效性，得到有关部门的重视，一些建议被市委、市政府及职能部门采纳，并转化为决策内容和工作措施。

2015年，民盟四川省委表彰民盟攀枝花市委为"2014年参政议政工作先进集体"，表彰刘成栋为"反映社情民意信息工作先进个人"。

2015年1月，盟员李杰当选米易县人民政府副县长，7月，盟员江泽先任攀枝花市国资委副主任。4月，民盟攀枝花市委以政策建议信形式致信市委书记刘成鸣《关于邀请北大阙维民教授到我市指导工业遗产城申报工作的建议》，已批转市政府有关部门研究。10月，伍维根、胡志林陪同，中共市委副书记于会义带领赵勇、黄武明、郑秋蕾一行拜会民盟四川省委，争取民盟中央和民盟省委的支持帮助。

2015年，民盟市委推动开展的《强力推进大香格里拉旅游环线建设　带动我省藏区发展》课题，得到民盟省委的大力支持帮助，并拟上升为民盟中央课题，有力推动攀枝花市经济社会发展，相关工作正有条不紊进行中。

搞好调研工作，反映社情民意。2015年，盟市委完成中标民盟四川省委调研课题：《基本医疗保险制度实施中存在的主要问题及建议》及《建立健全我省重点流域生态补偿机制的建议》；完成民盟四川省委2015年度理论研究课题：《协商民主与中国传统政治文化研究》。同时，完成中共攀枝花市委、政府重点调研课题《加快培育攀枝花市新型农业经营主体的路径解析》的调研工作并向中共攀枝花市委、政府做了成果汇报。

在四川民盟教育论坛研讨会上，民盟员刘进先、陈尧生提交的职业教育研讨论文《民办教育的改革方向和推进措施》获三等奖；刘成栋、姜卫群、谭德铭、蔡宏图、陈忠荣等在四川民盟法治论坛研讨会上分别提交《浅析建筑领域法律法规的应用状况及建议》《论劳动合同中企业合法权益的保护》《试论把权利关进制度的笼子》《坚决排除非法证据　让民众在司法案件中感受到公平正义》《政府法律顾问制度》、《混合所有制改革中的法律问题》等论文。

2015年，民盟市委陆续向民盟省委报送了关于修改执业医师等级标准的建议、地方政府为"稳增长"不加选择乱救企业的现象应予重视、对《全国无偿献血表彰奖励办法》的修改建议、对建筑领域"挂证"现象进行溯源治本的建议、关于编修《中国民主同盟志（1941－2014）》的建议、关于在医疗卫生系统设立眼视光专业系列职称的建议、大学招生办学中的乱象需要规范等20余篇信息，在四川民盟各地市州信息采用排名中名列行茅。

3月，按照《中共攀枝花市委统战部（含民主党派）新一轮"走基层"暨"双联"活动方案》要求，民盟攀枝花市委全体机关干部赴盐边县红宝苗族彝族乡广东湾村开展走村入户和调研帮扶活动。5月，受省政协副主席、民盟省委主委赵振铣委托，民盟攀枝花市委主委、市政协副主席伍维根率队到盐边县温泉乡道角村，入户走访赵振铣主委的双联工作对象—放羊坪组村民杨阿红、寨子上组李阿仔家，了解他们的具体困难和发展诉求，以实现精准定位帮扶。资助杨阿红家成年母牛一头、附子（中草药）种子一亩，资助杨阿仔家成年山羊六双（一大一小为一双）、附子（中草药）种子一亩，分别价值约一万元。9月，民盟省委协调四川润驰集团，向攀枝花盐边县温泉乡捐赠27台电脑，用于创建"双联"工作微机室，改善民族地区网络通讯条件。润驰集团冯福明经理专程将电脑从成都运送至温泉乡政府并指导安装。民盟市委继续支付四川大学敬蕙宁同学2015学年度大学学费7200元。为盐边县红宝乡5名在读学生捐赠学习用品750元。另外，为切实落实攀枝花市统一战线定点帮扶项目的对接工作，民盟攀枝花市委主动衔接攀大医学院，特招了3名盐边县红宝乡、2名温泉乡的应届初、高中毕业生就读四川省攀枝花卫生学校护理专业。

坚持特色，积极开展"三下乡"社会服务。9月15—17日，"四川民盟送文化下乡"文艺演出在攀枝花市米易县、盐边县举行。民盟四川省委主委、省政协副主席赵振铣出席活动并讲话。民盟员艺术家马渲子、李多、"叮当"张旭东、吴瑕、"矮冬瓜"林晓东、"胖姐"钟燕萍、彭燕飞，特邀艺术家张徐、王玉梅等为观众带来了包括戏剧、相声、歌曲、脱口秀等诸多艺术门类的节目。民盟攀枝花市委文艺支部、攀枝花学院支部、机电学院支部也分别组织了两个节目参加演出。

为响应攀枝花市统战部建设统一战线“同心”生态林，加快推动攀枝花创建国家森林城市、国家园林城市和建设生态、宜居、康养的现代山水城市的倡议，民盟攀枝花市委组织全市盟员积极参与，累计捐款15900元。

（蒋冰韬）

中国民主促进会攀枝花市委员会

【组织状况】 2015年，中国民主促进会攀枝花市委员会（简称民进攀枝花市委）有总支部3个（下设7个支部）、直属基层支部11个，会员386人，其中女会员174人。会员中具有大专以上学历的知识分子307人，占会员总数79.5%，其中博士2人、博士后1人。具有高级职称的会员180人，中级职称149人。获特级教师称号7人。会员中教育界302人，其他界别84人。

会员中有市人大常委1人，市人大代表3人；县（区）人大副主任1人，常委3人，人大代表5人；省政协委员1人，市政协副主席1人，市政协常委2人，委员9人；县（区）政协常委4人，委员16人；市政府行政执法监督员1人，市人民检察院特约检察员1人，市中级人民法院司法监督员1人，市人民政府法制办公室行政复议陪议员1人，市司法行政系统政风行风特邀监督员1人，市新闻评论员1人，市监察局特邀监察员1人，市政务服务监督员1人，市卫生局医德医风监督员1人，市卫生监督局行风监督员1人，市交警支队警风监督员1人，市公安局特邀监督员2人，市教育局行风监察员5人，市环保局监督员1人。会员中中共党员22人。全年发展会员13名，年发展率为3.4%。其中机关事业单位人员4人，中小学教师4人，企业家2人，新社会阶层2人，司法界1人。

2015年，民进攀枝花市委机关干部1人被任命为民进攀枝花市委秘书长，攀枝花民进任县处级实职会员从4人增至5人。

【调查研究】 2015年，民进攀枝花市委坚持围绕全市中心工作，积极履行参政议政职能，对民进市委参政议政工作机制进行重大调整，针对专题建言献策、政协大会发言和政协集体提案三大调研工作，成立3个调研组，由主、副委分别牵头负责，以制度的形式确定组织形式、责任分工、时间节点，明确课题组的组织形式、运行机制及人员组成。同时对原有的参政议政工作委员会成员和经济工作委员会成员进行大幅调整补充，人数由10余人增至50余人，通过广泛吸纳会内优秀人才和参政议政骨干会员，参政议政力量得到极大充实。

2015年，民进攀枝花市委结合全市文化发展形势，在中共攀枝花市委和市政府本年度拟请各民主党派和市工商联重点调研课题中选择《增强攀枝花文化影响力的对策思考》这一课题，精心选择专业人士组成调研组，通过细致探索，多方征求意见，形成调研报告提交给市委、市人大、市政府、市政协领导作决策参考。

2015年，民进市委申报承担民进四川省委“对接孟中印缅经济走廊运输通道和西南出海大通道建设”课题，课题组多次召开专题研讨会，赴成都等地调研，并参加10月在成都召开的第四届中印国际学术论坛，形成高质量、高水平的调研成果。

围绕2016年政协大会发言“攀枝花市地下管网建设及污水处理”调研课题和2016年政协大会集体提案工作，民进市委两个课题组广泛开展部门座谈、实地调研，召开提案征集会、调研座谈会7次，广泛邀请会内参政议政骨干会员参与，主委周治端多次亲自带队参与调研座谈，形成政协大会发言《加快推进污水管网建设　打造绿色生态水环境》及十余件集体提案提交政协。

【参政议政】 2015年，民进攀枝花市委向政协大会提交大会发言《早日启动轻轨交通建设　实现城区“半小时”快捷交通圈》。提交集体联名提案10件；向市人大提交建议8件。民进攀枝花市委的人大代表、政协委员向“两会”提交个人、联名提案、建议20余件。主委周治端代表民进市委在市政协八届五次会议上所作的大会发言获评一等奖。集体提案《关于市实验学校北校门安全环境治理提案》被确定为2015年市政协主席重点督办案。主委周治端撰写的《做好“水文章”，实施“水利攀枝花”战略，让“两江”之水更好的惠及攀枝花》的调研报告获民进四川省委参政议政优秀成果（调研报告类）一等奖，为民进市委首次荣获此类奖项。

【民主监督】 2015年，民进攀枝花市委领导班子及省、市、县（区）人大代表、政协委员及各类特邀人员共参加中共攀枝花市委、市人大、市政府、市政协及县（区）党政部门、市公检法等部门召开的协商会、通报会、座谈会、研讨会、学习会和各项调研、视察活动40余次，就攀枝花市的重要人事安排、经济发展、城市建设、产业发展等方面提出意见和建议。

【统战理论】 民进攀枝花市委坚持以中国特色社会主义理论体系指导开展参政党理论研究活动和理论研究工作，会员代璐遥完成民进省委2015年度统战理论研究课题《参政党在推进协商能力建设方面的研究》。会员杨祖东完成统战理论研究论文《与时俱进　为国为民—民进优良传统的时代价值与继承》。

【组织建设】 2015 年,攀枝花民进基层组织全面启动换届。主委会班子到县(区)统战部、学校党组织和基层组织了解、沟通、协商共 20 余次,截至 12 月底,13 个总支部、支部完成换届,7 个总支部、支部的班子配备进行了加强,班子成员从 21 人增至 55 人,其中新任班子成员占 56%,新任主委 2 名,班子的年龄、层次梯度结构得到改善。民进市委七届四次全委会议审议通过《民进攀枝花市监督委员会工作条例》和《民进攀枝花市监督委员会成员建议名单》,正式成立民进攀枝花市监督委员会。

2015 年,民进攀枝花学院支部荣获民进全国先进集体,民进米易支部荣获民进四川省委社会服务先进集体;会员 1 人荣获民进全国先进个人,1 人荣获民进全国社会服务工作先进个人,1 人荣获民进四川省委参政议政先进个人,1 人荣获四川省优秀教育工作者,1 人荣获攀枝花市劳动模范,1 人荣获攀枝花文学艺术贡献奖,2 人分别荣获"攀枝花市科学技术进步成果"二等奖,2 人荣获"2012—2015 年度全市群众体育先进个人",3 名科级干部纳入中共市委组织部、统战部组织的全市党外干部考察名单并接受考察。

全年派送 10 名基层领导和会员参加市委组织部、统战部在北京社院组织的党外干部理论与实践培训班;派送 1 名基层领导参加省社院 31 期民主党派干部班;派送 5 名民进市委班子成员参加市委统战部组织的暑期学习活动;派送 6 名入会积极会子参加市委统战部组织的全市各民主党派入党积极分子培训班。

【社会服务】 结合民进优势,开展"送教助学到红宝"活动。民进市委领导带队组织优秀会员教师到红宝乡开展送教助学活动两次。民进市委多次联系协调市第五小学,商定红宝中心校教师轮流到市第五小学跟岗培训方案,教师的生活、交通补助由民进市委机关负责。

积极参加"书香彩虹"公益活动,响应民进中央向金沙县中小学捐赠图书的号召,共捐赠价值 24000 余元的 1200 本图书送达金沙县青少年活动中心。积极响应全市统一战线实施建设统一战线"同心"生态林的倡议,认植 227 株树木,捐款 11350 元。2015 年义务植树日,机关工作人员在"同心林"基地植树 50 余株。

全年,民进市委领导、民进机关干部多次前往盐边县新九乡九场村等村开展慰问联系、调研帮扶活动,看望贫困群众 21 人,捐赠 4000 余元,捐赠棉被、米油数批。民进机关支部、东区总支部、西区总支部、仁和总支部、米易支部等组织会员教师送教助学近 20 人次,捐助贫困学生 5000 元,看望慰问困难群众捐款捐物共计 7100 元。民进市委向红宝乡中心校捐赠 40 套课桌椅,价值 9 千余元。

按照中共市委、市政府关于全市精准扶贫工作的安排,周治端主委负责联系督导盐边县鳡鱼乡小石洼村的扶贫工作,民进市委作为牵头单位与中共市委群工局共同联系帮扶小石洼村。主委周治端带队深入小石洼村贫困农户开展访谈调研,摸清情况、力求精准,按时完成村级脱贫和贫困户帮扶具体方案。

根据中共市委组织部关于选派"双联"工作下派干部到村(社区)挂职锻炼的相关要求和市统一战线三年定点帮扶盐边县红宝乡的工作需要,民进市委选派 1 名机关干部到盐边县红宝乡挂职锻炼,为期两年。

【宣传信息】 2015 年,编发简报 10 期,向民进省委、市政协、市委统战部、攀枝花公众信息网发送消息、报道 180 余条,《团结报》采用 1 篇、民进中央网站采用 1 篇、人民政协网采用 4 篇,《四川政协报》采用 1 篇、《攀枝花日报》采用 3 篇、《四川民进》采用 34 篇、民进省委网站采用 111 篇、攀枝花公众信息网采用 4 篇,稿件分布栏目进一步增加,图片稿件采用数量较往年有较大提高。机关干部王波、谢昌霖被民进四川省委评为 2015 年度优秀通讯员。主委周治端,副主委朱发彬、汪沛川接受四川新闻网、攀枝花电视台、《攀枝花日报》《攀枝花晚报》等多家媒体的采访 10 次和专题访谈 4 次。

由王文君口述、王波整理的《温州送别葛老》一文获民进中央《民进 70 年情缘:岁月钩沉》收录,向民进省委选送一首庆祝民进成立七十周年诗词《民进赞歌》。全年,向民进省委报送社情民意信息 3 篇,《关于加强全市校外午托机构管理的建议》《关于继续加强农村饮水安全工作,确保农民用上达标安全饮用水的建议》等 2 篇获得采用并向省政协报送。采取电子邮件为主、攀枝花民进 QQ 群为辅的网络宣传方式,同时借助民进中央和民进省委网站等平台,面向全市会员开展宣传教育和理论学习工作,全年通过电子邮件、攀枝花民进 QQ 群向全市会员发送宣传、学习邮件 53 件。

【机关建设】 2015 年,机关共召开 15 次机关办公会议和学习会议。机关干部选派 1 人参加中共市委组织部、统战部在北京社会主义学院举办的攀枝花市党外干部理论与实践培训班;选派 2 人参加四川省干部函授学院举办的机关企事业单位档案管理与现行文件管理专题培训班;选派 1 人参加四川省公务员培训中心举办的政务公开与新媒体应用专题培训班;选派 2 人参加民进四川省 2015 年专职干部培训。

机关干部 1 人提拔任命为民进市委秘书长;机关干部 1 人纳入中共市委组织部、统战部组织的全市党外干部考察名单并接受考察;机关干部 1 人到盐边县红宝乡挂职锻炼任副乡长,为期两年。

2015 年,民进攀枝花市委荣获民进省委 2015 年度"参政议政工作先进单位""统战理论工作先进单位""网络宣传工作先进单位”“组织工作先进单位”“社会服务工作先进单位”“机关建设工作先进单位”6 项表彰。民进攀枝花市委档案工作通过攀枝花市档案局档案工作规范化管理复查，达到四川省档案工作规范化管理二级标准。

（谢昌霖）

农工民主党攀枝花市委员会

【组织状况】 2015 年，农工民主党攀枝花市委员会（以下简称农工党市委）共有 17 个基层组织，其中 4 个总支委员会，13 个支部。截至 12 月底，全市共有农工党员 298 人。其中，男党员 154 人，占党员总数 51.7%；女党员 144 人，占党员总数 48.3%；具有中共党员和农工党员双重身份的有 14 人。按界别划分，教育界 12 人，占 4%；科技界 3 人，占 1%；医药界 240 人，占 80.5%；公有制经济 2 人，占 0.7%；新的社会阶层 1 人，占 0.3%；法律界 4 人，占 1.3%；政府机关、党派机关、环保部门等 17 人，占 5.7%；其他界别 19 人，占 6.5%。从学历职称看，具有大学以上文化程度的 144 人，占 48%；具有高级职称的 75 人，占 25.2%；具有中级职称的 207 人，占 69.5%。从年龄结构上看，全市农工党员平均年龄 52.7 岁。其中，40 岁以下 65 人，占总人数的 21.8%；41～50 岁的 104 人，占 34.9%；51～60 岁的 45 人，占 15.1%；61 岁以上的 84 人，占 28.2%。在职党员 187 人，占总人数的 62.7%；离退休党员 111 人，占 37.3%。

全市农工党员中有省人大代表 1 人，省政协委员 2 人，市人大常委会副主任 1 人，市人大代表 1 名，市政协委员 11 人，其中，担任市政协常委 3 人。县（区）人大代表 2 人，县（区）政协委员 7 人，县（区）政协常委 4 人，市公安局特邀监督员 2 人。

市委会批准符合发展条件的 17 人为农工民主党党员，其中男党员 11 人，女党员 6 人，平均年龄为 36 岁。新党员中，博士研究生 1 人，硕士研究生 4 人，大学本科学历 9 人，大学专科学历 3 人；高级职称 4 人，中级职称 13 人。

【主要工作】 2015 年，农工党攀枝花市委会以《加大政府统筹力度　促进城乡教育均衡发展》为题在市政协八届五次全委会上发言。此大会发言受到与会者的高度评价，并获得市政协大会发言通报表彰。农工党市委共提出集体提案 8 件，个人及个人联名提案 15 件。这些提案内容涉及攀枝花市医疗、交通、城管、司法等多个方面。无论是集体提案还是个人或个人联名提案，得到相关部门的积极回应，提案主办单位对农工党市委会提案高度重视，多次与农工党市委会联系并进行座谈沟通，大多得到了提案承办单位满意或较满意的回复。农工党市委还积极参加市有关部门和单位组织的各种活动和会议。

2015 年，农工党市委积极开展调研活动。3 月，中共攀枝花市委、市政府为加快攀枝花市经济社会发展，给各民主党派拟定出一些调研课题，对此农工党市委会高度重视，决定以“加快四川南向开放门户建设，积极融入国家‘一带一路’建设战略”为调研题目，并在 11 月中旬召开的全市统一战线专题调研成果汇报会上发言，获得中共攀枝花市委、市政府主要领导及与会者的高度评价。3 月，农工党海南省委副主委兼秘书长吉小妹在农工党四川省委的陪同下率农工党海南省委会人员及海南省琼中黎族苗族自治县政府相关人员一行赴攀调研考察中国西促会创新扶贫示范县及医疗卫生帮扶示范县工作。考察组调研米易县医院和仁和区医院，并与盐边县委、县政府就盐边县如何开展创新扶贫示范县工作进行座谈交流。4 月，省政协副主席、农工党四川省委主委王正荣一行莅攀调研医养一体化养老模式发展情况，副市长刘建明代表市政府汇报了攀枝花市康养产业、养老服务业、医养融合等发展情况。11 月，全国政协副主席、农工党中央常务副主席刘晓峰率农工党中央参政议政部、宣传部一行在省委会王正荣主委等陪同下莅临攀枝花，为结合农工党中央 2016 年开展的全国土壤污染及防治大调研活动作准备而先期在攀西地区开展土壤污染及防治调研活动。调研组调研了攀枝花市西区西佛山生态环境综合治理项目、米易县垭口镇安全村耕地保护与发展项目、米易县湾丘彝族乡工矿废弃地复垦利用试点项目等。并于 11 月 17 日在西昌召开了“四川攀西地区土壤污染及防治”座谈会。

根据农工党《章程》规定，除医药卫生界别外，农工党新增了计生、人口资源和环境保护等领域发展新党员。2015 年，农工党市委会一次性发展了 6 名环保界新党员。并于 12 月份举办一期新党员暨后备干部学习班。

2015 年是农工党攀枝花市委会下属各基层组织换届年。截止 12 月底，农工党市委会所属各基层组织均顺利完成换届。2015 年，农工党市委会副主委李明参加了中共四川省委组织部举办的为期三个月的领导干部递进班学习，并被中共攀枝花市委由市政府副秘书长提拔为市科技局局长。农工党市委会副主委张雪峰也被任命为市政协副秘书长，并参加了中共攀枝花市委组织部组织的在浙江大学举办的县级领导干部学习班学习。

2015 年，农工党市委会及各基层组织按照农工党中央和省委会有关加强成员思想建设的文件精神，努力加强全市农工党员的政治理论学习，提高理论水平，增强政治自信。同时通过学习，借以增强农工党市委会搞好自身建设，提高农工党市委会的政治把握能力、参政议政能力、合作共事能力、民主监督能力和组织协调能力。2015 年，农工党市委会要求各基层组织要继续深入开展坚持和发展中国特色社会主义学习实践活动，要求寓学习实践活动于学习中共十八大、十八届三中、四中、五中全会精神及学习习近平总书记系列重要讲话精神之中，认真学习中央统战工作会议精神和省委统战工作会议精神，组织机关干部认真学习中共中央“八项规定”“六项禁令”和中共四川省委“十项规定”。通过学习并结合本职工作，认真开展讨论，对照检查，学以致用。2015年，农工党市委会继续深入开展坚持和发展中国特色社会主义实践活动。在纪念农工党成立85周年活动中，农工党市委会组织全市农工党员参加农工党中央开展的“三学”知识竞赛活动。5月，组织党员参加由农工党省委举办的“学精神、学党章、学党史”知识竞赛活动。7月，为抢救地方党史，农工党省委下达了《关于做好地方组织发展史料抢救和编辑工作的通知》，农工党市委会于11月底上报省委会。

2015年，农工党市委会共出工作简报10期，向农工党省委投稿近20篇主要工作和活动信息，并部分登载。向农工中央主办的《前进》杂志投稿5篇，向农工党中央网站投稿4篇，被采用3篇。

2015年，农工党市委会机关工作取得丰硕成果。4月，市委会副主委兼秘书长许勤赴银川参加农工党中央市级组织机关建设专题调研座谈会并发言。5月，农工党市委会机关收到农工党中央《关于开展中国农工民主党市级组织机关建设情况问卷调查的通知》，立即组织各基层组织开展调查问卷工作，并撰写调查材料，于规定时间内上报农工党省委。6月，农工党四川省委在河北省社会主义学院举办了机关干部暨中青年骨干党派培训班。农工党市委会机关干部及一名骨干党员参加了此次培训。6月，农工党市委会副主委兼秘书长许勤赴成都参加省委统战部举办的民主党派廉政建设专题培训会。7月，农工党泸州市委会机关专职副主委兼秘书长关健率机关干部一行赴攀枝花考察调研机关建设，并与农工党攀枝花市委会座谈。8月，农工党市委会参加了在攀枝花会展中心举行的学习贯彻中央和省委统战工作会议精神宣讲会。9月，中共攀枝花市委副书记丁会文走访各民主党派、工商联机关，并与各民主党派、工商联和党外知识分子联谊会相关负责人进行座谈。9月，农工党市委召开座谈会，隆重庆祝中国农工民主党成立85周年纪念和中国人民抗日战争胜利70周年纪念。农工党市委会班子成员，市委委员、各基层组织负责人、机关干部、党员代表等40人参加会议。10月，中共攀枝花市委副书记于会文带领市委统战部、农工党市委相关负责人，专程拜访农工党省委并进行了座谈。10月，农工党省委在广安市举办新一届基层负责人培训班，市委会4位基层负责人参加了此次培训。

2015年，农工党攀枝花市委会社会服务工作扎实推进。农工党市委会在定点帮扶的盐边县红宝苗族彝族乡工作中做了如下几个方面的工作：①从2014年开始，根据红宝乡反映的村村通工程，农工党市委会与市中心医院联合，通过“一事一议财政补奖项目”建成一条长约1.5千米、造价30万元的公路（其中农工党市委、市中心医院共出资16万元），并于2015年建成通车；②农工党市委会与市中心医院联合帮助红宝乡干坪子村修建了一座小型桥梁（由农工党市委与市中心医院联合修建，共出资5万元），现主体工程已经完成，人、车可以通过；③根据农工党市委会对红宝乡卫生院及村卫生站医卫人员培训计划，将用三年时间完成对其急诊急救、护理、心电图、B超、临床、检验等内容的培训，为此，农工党市委会还拿出两万多元钱作为参训医卫人员的生活补助。第一批培训人员已培训完成；④农工党市委会与市中心医院联合出资16万元左右，帮助该乡完成村社灌溉水渠硬化工程，工程已完工；⑤农工党市委会还向该乡卫生院捐赠电子血压计6台。

2015年，农工党市委会继续向西区路南社区优选出的贫困优秀大学生曹博进行捐资助学帮扶，现为第三年，农工党市委会共资助了其大学学费12300元。4月，由攀枝花市委统战部和各民主党派、工商联倡议，全市统一战线成员积极参与“同心”生态林计划实施项目，农工委市委会及全体党员共捐款8500元，认植树木170余棵。

（王沛然）

中国致公党攀枝花市委员会

【组织状况】 2015年，中国致公党攀枝花市委员会（以下简称致公党市委会）发展新成员14名，截至年底成员总数203名。成员平均年龄50.8岁。其中女成员97人，占总数47.8%。成员中有侨海关系的110人，占54.1%。成员从事教育工作的占19%，科技工作的占11%，医疗卫生工作的占9%，公有制经济的占13%，党政机关的占34%，其他占14%。成员担任四川省、攀枝花市各级人大代表、政协委员情况为：省政协委员2人、市人大代表2人（其中常委1人）、市政协委员15人（其中副主席1人，常委3人）、县（区）人大代表1人、县（区）政协委员35人（其中常委6人）。有1人被聘为市纪委监督员、2人被聘为市公安局警风警纪监督员、1人被聘为市中级人民法院调解员、1人被聘为市政府教育督导员、1人被聘为市公交公司行风义务监督员、10人被聘为县（区）“特约四员”。

2015年，致公党市委会指导致公党攀枝花市各支部完成换届工作，致公党各支部选举结果如下：致公党市直支部第六届委员会主委饶晓东，副主委刘谦、彭元，委员袁晓亮；致公党东区支部第二届委员会主委郑红延，副主委陈子祥、陈建，委员朱启曼、王非亚；致公堂西区支部第二届委员会主委张洪，副主委牛宝成、向猛，委员周维、丁加凤；致公堂仁和区支部第六届委员会主委黄宏疆，副主委康冬、王棵，委员杨应东、刘和军；致公堂米易县支部第六届委员会主委范大才，副主委周俊丽、侯甫兵，委员沈爽、何志源；致公堂攀钢支部第六届委员会主委王怀斌，副主委李晓煜、郝建璋，委员李开华。致公党盐边支部第五届委员会主委陈颖，副主委梁天福、何远美，委员蔺雨阳、邱盛鸿。根据工作需要，致公党市委会增补致公堂市直支部主委饶晓东为致公党攀枝花市第五届委员会委员。

【参政议政】 市政协八届五次全委会上致公党市委会大会发言—《阳光法治　阳光康养》获第五名，致公党市委会向大会递交《关于清理整治我市城区道路停车收费乱象的建议》等6篇集体提案。2015年在攀枝花市统一战线专题调研成果汇报会上，致公党市委会调研报告《加强攀枝花新型智库建设的对策建议》重点针对攀枝花智库建设中存在的问题提出了相应的对策建议。市长杨自力在听完大会汇报后，立即要求市决咨委结合致公党市委会提出的建议，尽快组织相关人员对市决咨委的运行机制建立以及如何与市相关智库机构进行联动等问题进行专题研究并提出具体措施。会后，市科知局副局长、市决策咨询委员会副秘书长肖鹏举向致公党市委会传达了市长杨自力的指示，并邀请致公党市委会相关人员参会，在会上进一步听取意见。

关注民生民情、采集民声民意。全年组织专题调研10余次，承担致公党四川省委会重点课题1项—《关于我省基础设施、公共服务、医疗卫生等领域使用PPP模式面临的问题及对策》，致公党四川省委会课题1项—《关于加强农产品电子商务平台建设的建议》。调研报告《关于我省基础设施、公共服务、医疗卫生等领域使用PPP模式面临的问题及对策》被致公党四川省委会采纳为集体提案，呈报2016年省政协全委会议。撰写社情民意6篇，其中致公党四川省委会采纳3篇、攀枝花市政协采纳3篇。为强化激励，规范课题管理，2015年致公党市委会按照《致公党攀枝花市委会参政议政管理办法》，对李仲先等10名参政议政先进个人进行表彰，并按照办法规定加强参政议政专委会建设，进一步规范参政议政专委会工作流程，为确保专委会活力，在专委会人员配备上采用动态管理模式，根据课题属性及研究需要及时吸收骨干党员、年轻党员加入专委会，让更多党员参与参政议政工作。

【社会服务】 在致公党四川省委会的指导下，致公党市委会2015年度重点推进"金家村致公社区发展基金"、红宝乡定点帮扶、"致公爱心鼓号队""致公爱心图书室"捐建、致泸合作"十百千"工程等社会服务项目：继续代向全市13名贫困女童及28名贫困孤儿资助一学年学习费用，转捐赠金额5.89万元。2015年年初，"金家村致公社区发展基金"10万元爱心党费到账，致公党市委会进一步指导金家村村民完成了基金管理、使用制度建设，并做好第一批贷款人的征集工作。基金管理小组充分听取致公党市委会意见，在贷款人中优先考虑文化程度高、经营理念好的村民，通过这些"致富带头人"，进一步调动村民生产致富的积极性，以确保基金效益最大化。4月，基金第一批贷款全部发放，并已全部用于发展生产。4月中旬，致公党中央社会服务部部长李万通莅临金家村调研，高度肯定致公党市委会在项目选点、项目推进、致富带头人培育等方面所作的积极努力。按照致公党四川省委会致泸合作"十百千"工程的总体安排和要求，致公党市委会组织人员赴泸州市濂溪社区开展帮扶工作，为该社区部分下岗职工、困难家庭找到稳定的工作及固定的收入来源。按照《攀枝花市统一战线定点帮扶项目的对接方案》要求，致公党市委会认真落实帮扶计划，4月，组织致公党畜牧养殖专家赴红宝乡重点培训2～3户村民畜牧养殖圈舍标准化建设、饲草养殖技术。在精准扶贫工作中，按照全市统一部署，致公党市委会与市档案局、米易县新山乡三方研究制定定期联系制度及帮扶计划。11月，致公党市委会组织攀钢支部成员赴新山乡麦地小学看望该校教师、学生，并捐赠一批学习用具及衣物。此外，致公党市委会协调联系，为新山乡中山村争取到20万元道路维护经费。致公党市委会争取到友好组织—致公党北京市西城区委会总价值12万元的图书6000多册，在米易县新山乡麦地小学、仁和区啊喇乡中心校捐"致公爱心图书室"。2015年致公党市委会继续开展"致公爱心鼓号队"捐建活动，向盐边县红宝苗族彝族乡中心校捐赠价值1.5万元的鼓号器材，帮助该校建立攀枝花市第8支致公爱心鼓号队。为改善城市环境，全市致公党员捐款1万元用于攀枝花市统一战线"同心林"建设，致公党市委会原副主委何青为"同心林"撰写《同心林后记》。致公党市委会争取到致公党中央价值40万元远程医疗设备2套，分别捐赠给市中心医院和攀钢医院，为攀枝花居民分享发达地区医疗资源搭建一条彩虹桥。

【致公党党员风采】 2015年，全市致公党员立足本职，为攀枝花市经济社会发展作出积极贡献，主要获奖成果有：王怀斌、万红伶研究的课题《废弃耐火材料和钒铁渣再生利用技术研究》相关成果获攀枝花市2015年度科技进步二等奖、攀钢科技进步三等奖；王怀斌主研课题《微细粒级钛精矿成球用有机结合剂的开发与应用》相关成果获攀枝花市2015年度科技进步二等奖；唐光荣撰写的《激发攀西战略资源创新开发试验区科技创新活力的对策研究》获第七届四川省中青年专家学术大会论文三等奖，该文同时获得2015年攀枝花市政府政务调研成果二等奖；曾国涛撰写的《论"致力为公"内涵的历史演变》入选《中国致公党理论研究论文集(2015)》，该文荣获2015年度四川省统战理论政策研究创新成果三等奖；曾国涛撰写的《浅谈中小学生文学社团活动实践的现状及对策》获第五届全国校园文学研究高峰论坛暨全国校园文学成果展览会一等奖，在第二届全国语文教师文学课堂展评活动中，曾国涛主讲的“诗歌创作”被评为“录像课”二等奖；衡先奎主研的课题“新课改下有效教学模式与高效课堂的研究”结题，该课题是教育部“十二五”教育科研规划重点课题《新课改下课堂教学方法与手段的有效性研究》的子课题，经综合评定，该子课题荣获教育科研成果一等奖；衡先奎撰写的《让实验教学在数学高效课堂绽放精彩—助力初中数学实验教学的思考》荣获由教育部中国人生科学学会教师发展专业委员会举办的“中国梦·全国优秀教育教学论文评选大赛”一等奖；衡先奎执教的“勾股定理的应用（八年级上册华东师大版）”一课，在教育部国家教师科研专项基金全国中小学教师教学研究优质课评选中，荣获一等奖。

2015 年全市致公党员王棣被评为“全国侨联系统维护侨益工作先进个人”；陈颖被评为“中国致公党扶贫开发工作先进个人”；陈建被评为“全国企业‘一套表’联网直报优秀工作人员”；陈建被评为“四川省第六次全国人口普查先进个人”；丁朝霞演唱的歌曲《请到这里来》、王勇作曲的音乐剧《金沙童话·故事》、刘希撰稿的电视片《以梦为马》获得“攀枝花文学艺术奖”；王勇、李芳被评为攀枝花市第九批突出贡献专家；李芳被评为“四川省非物质文化遗产保护工作先进个人”“第五届中国成都国际非物质文化遗产节先进个人”。

（马　萍）

九三学社攀枝花市委员会

【组织状况】 2015 年，九三学社攀枝花市委员会（以下简称九三学社市委）有基层委员会 1 个、基层支社 15 个，共有社员 639 人，其中女社员 226 人，占 37%。2015 年，九三学社市委发展社员 27 名，发展率 4.4%，平均年龄 37.5 岁，高级职称 10 名，博士 1 名，硕士 5 名。3 名社员去世。

2015 年，九三学社市委有 4 个支社按计划完成换届工作。西区支社第四届支委会班子，主委：范华强，副主委：古伯琼，支委：杨华友、赵均勇。仁和支社第四届支委班子，主委：陈公林，副主委：罗宏儒，支委：杨鹰、补雪梅、付春、宋虹磊、蒋祺、唐睿韩。攀煤支社第六届支委会班子，主委：杨秀兰，副主委：张宏，支委：刘卫东、沈诺。攀钢四支社第四届支委班子，主委：华建慧，副主委：徐平姣，支委：蒋和平、陈春芳、雷文琼。

据不完全统计，社员作为负责人和主研人员的课题共获各级鉴定成果 5 项、通过各级鉴定课题 3 项；获授权发明专利 5 项、受理专利 3 项；出版《张祖光科技论文集》《钒基材料制造》《钒钛磁铁矿冶金处理著作的译文汇编》等专著 3 部，在核心期刊发表论文 59 篇，参与省部级课题 18 个。社员发明专利《生产碳化钒的方法》获得第 43 届日内瓦国际发明展金奖和马来西亚特殊专项奖。

2015 年九三学社社市委荣获 2011—2015 年全国社会服务工作“先进集体”，1 名社员荣获全国社会服务工作“先进个人”称号，九三学社被社省委评为“2015 年宣传工作先进集体、信息工作先进集体”。在九三学社中央纪念九三学社创建 70 周年专题表彰中，4 名社员被评为“优秀社员”，1 名机关干部被评为“优秀社务工作者”。在九三学社省委纪念九三学社创建 70 周年的表彰活动中，九三学社市委被评为“优秀市级组织”，攀钢三支社、盐边支社被评为“优秀基层组织”，7 名社员被评为“优秀社员”，1 名机关干部被评为“优秀社务工作者”。

【主要工作】 思想建设　根据学习实践活动五年计划，及时制定学习实践活动实施方案，以“九三学社创建 70 周年”为契机，开展系列庆祝活动。9 月 2 日，九三学社市委召开学习贯彻市委统战工作会暨庆祝九三学社创建 70 周年座谈会，组织社员共同回忆社史、旗帜人物事迹，畅谈九三学社始终坚持与中国共产党肝胆相照，风雨同舟，荣辱与共，亲密合作的光荣历史和优良传统。全市各基层支社开展主题座谈会、专题讲座、读书会、集体观看《为了民主与科学》等形式的纪念活动 16 次。

组织建设　九三学社市委七届十次全委会暨领导班子谈心会，九三学社省委对九三学社攀枝花市委及本届领导班子进行届中考核和测评工作。动态调整后备干部队伍，及时补充新鲜血液。利用九三学社中央青委会、九三学社省委参政议政智库、人才库、九三创新研究院、支社换届等平台先后推荐使用社员 30 人次。根据九三学社省委统一安排部署和工作开展需要，九三学社市委成立扶贫工作领导小组、青年工作委员会。2015 年，组织三批共计 27 名社员参加中共省委、市委统战部、市委组织部举办的各类培训班。组织三批共计 13 名社员参加九三学社中央、九三学社省委组织的培训班。组织 5 名社员参加九三学社省委首届青年论坛。

参政议政　九三学社市委在市政协八届五次会上，提交大会发言 3 篇，集体提案 19 篇，其中《关于对我市观音岩引水工程建设的建议》获大会发言二等奖，市委、市政府将该工程纳入 2015 年民生工程和重点工作；《加快推进分级诊疗的实施　充分发挥基层医疗机构作用》及《攀枝花市科技创新的问题及对策建议》获优秀奖。引导社员中的人大代表、政协委员认真履职，共提交个人提案、议案 30 余篇。社市委所提的提案，落地有声，取得实效。如：《关于恢复攀枝花地区研究生考点的建议》引起市委、市政府高度重视，经过相关领导、部门的争取，攀枝花市获准从2016年起开始设立硕士研究生招生考试考点，解决攀枝花市每年近千名考生的后顾之忧。通过调研形成《降成本　拓市场　创机制　突破攀西战略资源创新开发瓶颈》的调研报告，围绕如何突破攀西战略资源创新开发的瓶颈提出建议，在全市统一战线建言献策会上，得到市委、市政府主要领导的肯定。九三学社市委向九三学社省委报送社情民意信息19篇，其中《高度重视"网络导医"新型行业中存在的岗位职责规范及资格认证问题》等3篇被省政协采用，《建议从立法角度打击以乞讨目的故意致残儿童犯罪行为》等2篇被中共省委统战部采用，实现信息工作的突破。

民主监督　九三学社市委担任省、市、县（区）人大代表、政协委员、市级各类特邀（约）员共有90余人，他们认真履行协商民主职责，积极参与《政府工作报告》、十三五规划、阳光政务、政风行风、司法公正的协商民主，积极开展专题协商、对口协商、界别协商、提案办理协商，受到社会各界和有关部门的好评，为密切党群干群关系，加强政风行风和廉政建设发挥了积极作用。

"九攀合作"　充分发挥直通车作用，为"九攀合作"第三轮协议签署奠定基础。九三学社市委通过深入调研向九三学社中央、九三学社省委上报《关于四川攀枝花钒钛高新技术产业园区建设为国家高新技术产业园区的报告》，经多方努力，2015年10月，攀枝花钒钛高新技术产业园区获国务院批复，成功创建为国家级高新技术产业园区，11月正式挂牌。九三学社市委请求九三学社中央帮助协调呼吁"攀枝花三线建设博物馆"命名为"中国三线建设博物馆"的相关事宜，也得到九三学社中央，特别是赖明副主席和贺铿副主席的积极支持。九三学社中央原副主席贺铿应邀出席四川省第六届国际自驾游博览会研讨暨推荐会，并作《中国宏观经济与西部发展》主题演讲并与社员代表交流座谈、题字留念。在九三学社省委大力支持，特别是黄润秋主委和沈光明副主委的亲自关怀下，中共攀枝花市委副书记于会文拜访九三学社中央，受到九三学社副主席邵鸿、赖明的亲切接见，并拟定2016年的在攀召开九三学社中央科学座谈会。九三学社市委领导还拜访九三学社中央副主席、创新中国智库主席王志珍。

"九红合作"　根据"九红合作"协议内容，针对盐边县红宝乡的实际情况，多次组织专家，到红宝乡开展烤烟种植、魔芋病虫害防治等专题培训和指导，有针对性地解决农户的实际困难与问题。九三学社市委争取到20万元用于《攀枝花市少数民族地区山羊规范化养殖技术集成与推广示范》科技项目。通过与红宝乡党委政府衔接沟通，深入红宝乡谜塘村现场选定12户养殖户进行项目实施并开展山羊圈舍建设、种草技术及病菌防御等现场培训指导。九三学社市委组织医卫专家深入红宝乡最边远的择木龙村开展送医送药活动，义诊100余人次，发放3000余元的常用药品。全年，九三学社市委为红宝乡捐款捐物共计两万余元。

机关建设　九三学社市委进一步完善机关各项管理制度，提高机关工作效能。落实贯彻九三学社市委机关与支社联络机制，发挥机关上传下达的枢纽作用，帮助解决社员实际问题与困难，为1名长期身患重病、生活特别困难的社员争取到3万元"王选关怀基金"。进一步加强学习交流，先后与九三学社浙江大学基委会、成都、广元、西昌市委、龙泉驿支社等围绕参政议政、自身建设、社会服务及社务工作进行交流座谈。机关干部先后参加九三学社中央、省委组织的机关专职干部、网站及各类公务员业务培训共计10余人次。进一步做好宣传工作，对九三学社市委的各种会议、活动及时进行宣传报道，共计发送消息、宣传报道41条，其中，《团结报》采用1篇，团结网采用2篇，社中央网站采用7篇，《九三学社省委社讯》采用5篇，九三学社省委网站采用38篇。编发《九三攀枝花》社讯2期。

（郭绍珊）

中国民主建国会攀枝花市基层委员会

【组织状况】　2015年，民建攀枝花市基层委员会发展1名会员，截至年底会员57人，设3个支部（攀钢支部、综合支部、产业支部）。会员平均年龄46岁，其中女会员17人。具有大学以上学历的45人，其中9人为研究生学历；具有高级职称的7人。会员中省政协委员2人；市人大常委1人、市人大代表1人、县（区）人大代表1人；市政协委员5人、县（区）政协委员9人；市公安局特邀监督员3人，市检察院特邀检察员1人，市法院特邀监督员1人；民建省委专门委员会委员6人。会员中经济界人士40人，占72%，其中25人为非公有制经济人士和新的社会阶层代表人士，经济界人士中有国有企业管理人员，钢铁钒钛产业业主及管理人员，流通领域业主等。机关设办公室，行政编制人员1名，工勤人员1名。

【参政议政】　2015年，按照中共市委、市政府与市级各民主党派关于2015年全市统一战线参政议政调研工作协商确定的范围，民建攀枝花市基层委员会以《攀枝花农村产权制度改革研究及建议》为课题，成立调研小组，分别召开会议和实地调研，走访相关部门，多方征求意见，历经6个月时间反复酝酿，最终定稿。调研稿包括攀枝花农村产权制度改革工作推进情况，农村产权制度改革中存在的困难和问题，对策和建议等三个部分。11月，在参政议政调研成果汇报会上，基层委员会做了《对推进攀枝花市农村产权制度改革的建议》的交流汇报。

2015年攀枝花"两会"期间，民建市基层委员会作了《关于在攀枝花试点实行企业社会信用评价体系的建议》的政协大会发言；民建市基层委员会还利用"直通车"优势，积极争取民建省委莅攀调研。4月，民建省委副主委王元勇率"长江经济带"健康发展专题调研组来攀枝花，实地考察了攀枝花市金沙江航运物流、铁水联运规划区、钒钛高新园区、农业种植基地，就攀枝花资源开发、钒钛产业健康发展、流域能源及资源开发等与攀枝花市进行了交流座谈，扩大了攀枝花市产业的对外影响力。此前，全国人大常委会副委员长、民建中央主席陈昌智率队就民建中央重点调研专题"加强经济合作，推动长江经济带健康发展"赴四川调研，并与成都、攀枝花、泸州、宜宾、凉山等市(州)政府及相关部门进行了座谈。

2015年四川省"两会"期间，在省政协十一届三次会议上，省政协委员、民建攀枝花市基层委员会主委李绍华提交了《关于加强金沙江干流大型跨省工程水面水环境干流机制建设的建议》个人提案，还联名提交了《关于加强农村文体活动的建议》的提案。

【对口帮扶】 2015年，在对口帮扶盐边县边远的特困乡——红宝苗族彝族自治乡中，民建市基层委员会组织会员为盐边县红宝乡小学捐赠电脑3台，价值1万元，为困难学生捐赠3000元助学金和10000元校服。积极组织会员参加全市统一战线"同心"生态林建设。此外，会员还通过其他渠道，为社会困难群体救助及参与社会公益事业捐款物达10余万元，以特色活动为载体，依托基层委员会书画文艺创作室，开展了系列送文化下乡服务活动。

【自身建设】 民建攀枝花市基层委员会按照民建中央和省委的部署，结合自身实际，精心组织、务实开展、深入推进"坚持和发展中国特色社会主义"学习实践活动，带领和引导攀枝花民建会员增强对中国特色社会主义的道路自信、理论自信、制度自信和文化自信，积极协调推进"四个全面"战略布局，充分调动民建会员积极性，有效凝聚和发挥会员的智慧和力量，为促进攀枝花经济社会发展做贡献。

2015年，结合开展学习实践活动，继续加强思想政治建设，不断夯实会员和支部的思想基础，同时关心会员，形成合力，巩固学习实践活动成果，逐步提高参政党能力建设，积极推动基层组织健康发展。

按照民建省委关于开展"坚持和发展中国特色社会主义"学习实践活动的要求，基层委员会深入推进学习实践活动有序开展。坚持会员分散自学与支部集中学习交流相结合，基层委员会举办座谈会与专题讨论相结合等形式开展活动，学习中共理论与民建会史会章相结合，学习形式和内容丰富多彩、卓有成效，确保了活动质量并收到实效。把学习贯彻中央统战工作会议精神和省委统战工作会议精神与学习贯彻习近平总书记一系列重要讲话精神紧密结合，与深入开展坚持和发展中国特色社会主义学习实践活动紧密结合，以民建建会70周年和民建四川省委成立35周年为契机，弘扬民建优良传统，坚持"三个自信"，不断夯实与党同心团结奋斗的共同思想政治基础；以习近平总书记重要讲话和中央、省委统战工作会议精神为指导，切实加强自身建设，坚持民主立会、实干兴会、人才强会、文化育会等"四种理念"，树立同心意识、责任意识、大局意识、纪律意识、操守意识等"五个意识"，切实践行"三严三实"，努力加强思想建设；把握市委、市政府中心工作，围绕"四个全面"战略布局及其重点领域、主攻目标，聚焦人民群众反映最强烈、最亟待解决的突出问题，深入实际，深入基层，做好社情民意工作，如实反映群众心声，打造参政议政和社会服务精品。

2015年，基层委员会坚持把中国特色社会主义理论、党的统一战线理论、民建会史会章知识、时政及省情、市情形势相统一，综合学习与专题宣讲相结合，使会员的政治思想素质和政党意识得到提高。在纪念民建成立七十周年"与党同心"读书活动暨会章会史学习会活动中，要求广大会员积极配合所在单位的"三严三实"思想教育活动的开展并接受教育，会员精神面貌和工作状态有效焕发，岗位工作成绩突出，凸显会员风采。针对产业领域会员经营困难的实际，基层委员会积极协调，帮助会员克服困难搞好经营，努力巩固就业，维护社会稳定和经济正常运行，促进攀枝花经济社会发展。民建会员在本职岗位上，涌现出一批先进工作(生产)者和业务骨干，会员多件美术作品参加省政府艺术展览，3件作品代表四川省入选民建庆祝建会七十周年全国美术展览。

5月，攀枝花市基层委员会召开纪念民建成立七十周年"与党同心"读书活动暨会章会史学习会，会议学习贯彻了中共十八届三中、四中全会和习近平总书记系列重要讲话精神，民建省委副主委王元勇做主题报告。11月，民建攀枝花市基层委员会攀钢支部召开座谈会，纪念民建成立70周年，攀钢集团公司党委统战部负责人应邀到会。12月，民建攀枝花市基层委员会综合支部组织会员召开座谈会，纪念民建成立70周年。会议学习了中共十八届五中全会精神，13名会员参加学习活动。2015年，民建攀枝花市基层委员会荣获民建中央先进集体光荣称号，民建攀枝花市基层委员会主委李绍华被评为民建中央表彰的全国优秀会员；民建攀枝花市基层委员会被民建省委评为机关工作先进单位，并荣获民建省委参政议政先进集体光荣称号。

(刘　波)

攀枝花市工商业联合会

【概　况】 2015年年底，市工商联有执委85人，其中，主席、副主席18人(企业家副主席14人),副会长9人(企业家副会长6人),秘书长1人,常委37人。机关有干部职工11人,其中:行政人员8人、事业人员1人、工勤人员2人。

【参政议政】 全年开展大型专题调研2次,组织人员对近200户企业进行走访调研,针对企业发展中遇到的困难和问题,加强协调处理,认真研究思考解决办法,并向上级提出意见建议,全年编印《非公要情》3期呈送攀枝花市委、市政府主要领导和有关领导参阅。在市政协八届五次大会期间作了"共克时艰迎挑战,政企同心渡难关"的大会发言,提交了《关于加快我市电子商务发展的建议》等9件集体提案。创新开展"我为攀枝花非公有制经济发展献智(2015)"活动,先后收集专题文章20余篇,有效促进建言献策职能的更好履行。着力推动中小微企业监测点工作的开展,召开中小微企业监测点工作推进会,对有关人员进行业务培训。完成全国工商联、省工商联组织的各项专题教研工作,并获得年度上规模民营企业调研、民营企业履行社会责任情况调研工作先进。

【引导非公有制经济人士健康成长】 按照"政治上自信、发展上自强、守法上自觉"的总体要求,抓好以守法诚信为重点的非公经济人士理想信念教育培训活动,争取时任市委书记刘成鸣对活动作出重要批示,倡导100余位非公企业家共同发起"攀枝花市非公有制经济人士守法诚信倡议书"并参与"与法同行 诚信经营"签名活动,邀请有关专家、领导先后举办"民营企业投融资法律风险防范""民营企业刑事法律风险防范"等5个方面的专题讲座,全年实现培训非公人士1000多人次;开展"年度攀枝花市诚信企业""守法诚信示范企业"认定工作,年内认定诚信企业16家,守法诚信示范企业7家。

积极开展"万企帮万村"和精准扶贫工作,促成全市首批68家企业与37个贫困村结对并开展有关活动。与攀枝花学院签订共同促进大学生创新创业工作合作协议并举办推动青年创业创新工作座谈会,促成多位企业家与大学生结成对子,拓展企业家和青年学生的创业之路。动员市汽车流通商会、安宁铁钛等11家单位捐资20万元,用于"统战同心林"建设;动员两家企业以捐物捐资的形式开展对盐边县红宝乡、共和乡的帮扶活动;与市委宣传部共同在市级各新闻单位、省级在攀媒体开展了"稳增长,见行动2015年度民营经济特别报道"专栏,对四川上恒集团、攀枝花锐华农业开发有限公司等十余户企业进行集中宣传。

【服务非公有制经济发展】 积极争取上级工商联的支持,成功承办省工商联直属商协会会长攀枝花行、知名企业家攀枝花行活动3次,活动期间,举办攀枝花"城市推介会",组织开展有关项目对接等活动,扩大了全市对外开放和宣传力度,推动招商引资工作取得较好效果;同时,市总商会与省商会联盟签署了共促攀枝花产业发展的合作协议。邀请省工商联领导先后赴攀枝花对阳光康养产业、高科技产业等发展情况开展专题调研;邀请楚雄州、南充市、广安市、广元市等地工商联,省矿业商会、省知识产权协会、成都市社会福利行业协会等单位先后率近200位企业家到攀枝花进行商务考察,有力推动了民间商务活动的开展;加强外引内联的牵线搭桥工作,促成深圳金砖银行与攀枝花市合作建立了PPP项目基金。

顺利承办"2015年民营企业家新春座谈会",举办专题调研座谈会4次。完成2015年度市级领导联系民营骨干企业优选,做好每两个月开展一次专题调研,并向市委常委会报告有关工作,促成了骨干企业反映问题的解决。组织企业家先后开展县(区)行活动4次,推动了攀枝花市招商工作。推动成立攀枝花"三并联"服务中心、省工商联(省商会)民营企业知识产权服务中心攀枝花分中心,拓展了服务企业的手段。

【组织建设】 及时把一批有影响、有代表性、热心工商联工作的民营经济人士发展为会员,会员数同比增长10%以上。指导攀枝花市南充商会、攀枝花市(浙江)温州商会顺利完成换届。推动成立攀枝花市青年企业家商会、攀枝花市总商会小贷协会。与攀枝花市"两新"工委召开全市"两新"组织党建工作现场推进会暨商(协)会组织党的建设座谈会,推动市南充商会、市泸州商会等单位建立党组织。

按照全国工商联提出的县级工商联"五好"目标,加强"五好"县级工商联创建工作,通过努力,继米易、西区、盐边3家工商联达标后,仁和区工商联实现达标,进一步提升了县区级工商联建设水平。

以努力造就一支政治强、业务精、作风正的干部队伍为目标,凝聚力量,提振精神,激发活力,在全市部门行风评议中进入前列(第2位)。定期开展机关干部学习活动,加强机关党建,扎实开展"三严三实"专题教育,严格执行各级关于改进工作作风、密切联系群众有关要求,进一步健全工作机制,完善责任体系,加大督查督办力度,形成了科学的管理机制、规范的运行机制和严格的监督机制,提升干部队伍的凝聚力和战斗力。

认真落实党风廉政建设责任制,加强"廉洁准则""党员处分条例"等知识的学习,提高了全体人员的思想政治觉悟和党风廉政意识。结合实际开展廉政文化进机关活动,通过开展警示教育、职业道德教育和革命传统教育,提高了拒腐防变能力。

(刘 波)

群众团体

攀枝花市总工会

【概　况】 2015年,全市各级工会组织以中央、省市委党的群团工作会议精神为统领,以中央、省市委《关于加强和改进党的群团工作的意见》为指导,以打造"服务型工会"为目标,在组织、引导、服务职工和维护职工合法权益上依法履职、探索创新,切实发挥了党联系职工群众的"桥梁纽带"作用。全年工会工作获各种表彰奖励19项,其中获全总表彰4项,省级表彰8项,市级表彰7项。

截至2015年底,全市已组建各类工会组织4716个,发展会员50.7万人,共有专职工会干部约450名(不包括省属企事业单位专职工会干部)。市总工会现有职工(含直属事业单位及临聘人员)153人,其中:在职在编职工59人,离退休职工73人,聘用人员21人(机关聘用人员9人,特派员11人,专职社会化工会工作者1人)。

【贯彻落实中央、省市委党的群团工作会议精神】 2015年,市总工会和全市各级工会及时学习宣传贯彻中央、省市委党的群团工作会议精神和习近平总书记关于群团工作的重要讲话精神,通过专题研讨、名家讲座、实地调研等方式,全面分析解读;充分利用网站、杂志、简报、微博等媒介广泛宣传,将中央、省市委对改革发展的谋划、对工会工作的新要求、对职工群众的关怀送到一线,并特邀全总原书记处书记、政研室主任李滨生为全市党政领导干部和群团工作者作专题辅导报告,有力推动了上级精神在全市职工中的入脑入心,并有效转化成为对上级各项决策部署的主动贯彻落实。

【建功立业促发展行动】 2015年,市总工会结合市委、市政府确定的"急难险重"任务和重点工作任务,在景观风貌打造、花城新区建设项目,"五创"工作,重大产业化项目,重大交通建设项目,重大民生及社会事业建设项目,重大基础设施建设项目等五个方面确定了20个工程(工作)组织了"五比五赛",参赛职工达到6万余人,涉及重点工程建设投资金额达到350亿元,推动解决了制约攀枝花市经济社会发展的瓶颈问题,推动全市经济社会加快发展、科学发展。

【职工技能素质提升行动】 2015年,市总工会组织开展多工种、多层面的职工技术比赛,涉及110余个工种,参赛职工达到6万余人次,年内共有2200余名职工实现了技术等级晋升。开展第三届全市"百岗万人"职工职业技能大赛决赛,涉及10个工种,14个系统(单位)400余名选手参赛。推动"安康杯"竞赛深入开展,创新宣传教育模式,开展职工"知险、避险、应急救生"大教育活动,在增强职工安全生产责任意识和提升职工安全生产技能水平方面发挥积极作用。

【职工经济技术创新工程】 2015年,市总工会继续组织开展"钒钛之光"职工经济技术创新活动,探索"钒钛之光"职工经济技术创新活动的活动形式,调整活动定位,把由一线职工自己发明创造的,成本较少,操作简便、效果明显、推广容易的小发明、小创造放到突出位置,使职工经济技术创新工作更显工会特色,进一步激发了职工的劳动创造热情,并涌现出一大批新的技术创新成果。全年职工共提合理化建议11800余条,被采纳近8300余条,实施6800余条。围绕提高产能比率,继续实施"五小"活动(小设计、小革新、小发明、小建议、小窍门)和"建节约型企业,做节约型职工"点滴节约竞赛,有力地支撑了企业生产工艺设备的优化升级。

【安全生产管理工作】 2015年,市总工会参与安全生产责任事故调查16次,借助"智慧工会"平台开设"职工安全生产隐患和事故的举报和报告"窗口,拓展职工安全生产隐患举报渠道,共接到安全生产微信、短信36条,其中举报7条,建议3条,咨询26条,均予以回复。创新职工参与安全生产管理模式,会同市安监局等联合下发《关于建立攀枝花市安全生产职工代表大会专项报告制度的通知》,促进生产经营单位安全生产管理的优化,全面体现职工意志。

【劳模评选与关爱行动】 2015年,市总工会开展攀枝花市第七次劳模和省先进的评选,新评选产生100名攀枝市劳动模范,推选产生全国劳动模范4名,省劳动模范23名;完成"劳模三津"及劳模慰问金106万余元发放工作;认真开展劳模信访案件的调查处理和疏导解释工作,以及劳模先进的认定和违规违纪劳模的处理工作,确保劳模队伍的先进性。圆满完成攀枝花开发建设50周年"三线建设"老劳模欢乐阳光行"七个一"系列活动任务。

【维权与维稳】 2015年,市总工会积极参与涉及职工切身利益的法律法规政策的制定。先后参与《攀枝花市社会救助实施办法》、市委构建科学有效的社会治理体制方案、攀枝花市最低工资标准调整、攀枝花市公交价格调整等9个涉及全市职工切身合法权益及民生政策的制定,积极代表职工提出建议和意见,绝大部分建议和意见被市委、市政府采纳。开展四川省企业职工就业收入监测及国企改革改制过程中转岗分流、下岗失业职工、困难职工再就业及培训等五项工作,为进一步做好工会帮扶和维权工作提供现实依据。配合政府有关部门对农民工工资支付情况进行专项检查,共检查各类企业754户,涉及劳动者43754人,其中农民工37962人。发现存在拖欠工资隐患的企业124家,涉及拖欠工资21762.9万元,其中农民工工资金额19575.26万元。补发工资的农民工达7563名,责令用人单位为农民工支付工资及赔偿金额10289.1万元,18件涉嫌犯罪案件移送公安机关。做好敏感时段的职工群众来信来访接待工作,及时处理"12351"维权热线电话咨询投诉和网络舆情,积极妥善处理攀钢钒科技公司职工转岗等重大、集体上访事件,全年共接待职工来信来访786件次、涉及1456人次,接听处理"12351"热线电话156件次,维护职工队伍和社会稳定。

【困难帮扶工程】 2015年,市总工会进一步夯实帮扶基础、创新帮扶手段,根据低保线调整,及时调整困难职工建档标准,进一步扩大因病致贫职工覆盖面;推动实施帮扶项目绩效管理,对市总工会、各县(区)总工会使用的2014年度省总工会各类帮扶专项资金开展帮扶项目绩效评价工作;积极申报2015年度中央财政帮扶专项资金、省财政专项帮扶资金、省总各类专项帮扶资金、省总工会困难职工帮扶基金会资金,申报各类帮扶资金项目21个、申报资金1432.52万元。进一步发挥"智慧工会"平台作用,整合群团维权热线、信息平台,提高服务群众科学化、精细化水平。

【"送温暖"活动】 2015年元旦春节期间,在全市工会系统开展"送温暖走访慰问"活动,向市财政积极争取提高2015年送温暖慰问金标准,为3674户困难职工发放春节慰问金185.72万元,陪同省总工会慰问攀煤集团公司、西区清香坪街道、十九冶及困难职工,送去慰问款物10.5万元;陪同37位市级领导走访自己的对口联系户。全市各级工会共走访慰问困难职工、下岗失业职工、农民工等4.3万余户(人),发放慰问款物价值1400余万元,1526名各级领导干部对口帮扶了自己联系的困难职工1838户。

【"送清凉"活动】 2015年,市总工会于5月启动"夏季送清凉"活动,在市总工会领导率领下,先后至攀钢钒炼铁厂2号烧结机烟气脱硫改造工程、花城新区花城大道商务办公区段项目工程施工现场、花城大道老黑地至龙塘沟及其连接线道路工程现场、渡口记忆南街项目工程施工现场、市中西医结合医院新(扩)建工程施工现场、攀枝花公园、机场路口交警执勤点、渡口大桥交警执勤点等8个单位、建设工地,看望慰问在酷暑中、烈日下坚守岗位的1450名一线职工、农民工、环卫工人和交警,为他们送去价值近15万元的防暑用品、药品以及《职工维权手册》。

【"寒窗助学"行动】 2015年,全市工会系统继续开展"寒窗助学"行动,本着不重复、不遗漏的资助原则,对考上大学的城乡贫困学生、高中阶段就读的困难职工、困难农民工子女进行助学救助,努力实现城乡困难学生助学覆盖面最广、救助学生最多、助学金额最大的目标。5月底启动2015年参加高考的城乡贫困学生调查工作,7—10月先后开展2015"圆梦行动""攀枝花市商业银行爱心助学金""攀枝花农村商业银行爱心助学金"等助学活动,全市工会共资助650名家庭经济困难学生,发放助学金308.27万元。

【就业创业促进活动】 2015年2—3月,市总工会与相关部门联合在全市开展"2015年工会就业援助月""春风行动"等,共举办现场招聘会25场,发放宣传资料2万余份,介绍就业2538人,提供劳动维权服务和法律援助427人次。

【户外劳动者关爱行动】 2015年,市总工会创新帮扶手段,为解决广大环卫工人、出租车司机等户外劳动者在工作中面临饮水难、吃饭难、休息难和如厕难等困难,与攀枝花晚报共同发起"花城V心小站"公益活动,5月4日公开向社会发出征集,活动以爱心企业、社会各界自愿参与为原则,广泛发动爱心企业和社会各界无偿提供户外劳动者服务场所和服务设施,坚持"七个一"标准(即一个室内场所、一套桌凳、一台微波炉、一台饮水设备、一台空调或风扇、一个应急医药箱、一份报纸),科学规划、合理选点设立,以满足环卫工人、出租车司机等户外劳动者的服务需求,计划在年内全市建设105家小站。活动开展以来,吸引大批爱心企业和社会各界参与,全年在全市范围内建成97个"花城V心小站",基本实现对环卫职工服务全覆盖,切实帮助户外劳动者解决实际困难。

【工资集体协商工作】 2015年,市总工会多措并举深入推进工资集体协商,3—4月全面开展"培育协商理念·共促和谐双赢"为主题的"集中要约月"暨"集中宣传月"活动,并通过电视台、网站、微信、微博等,宣传了一批职工与企业共渡难关的先进典型。全年全市单独签订工资集体协议2786份,涵盖职工36.22万人,已建工会企业工资集体协商建制率达95.7%以上。选树了15家先进典型,发挥示范作用。

全国总工会集体合同部工资协商处处长郭琛一行赴攀枝花调研，积极评价攀枝花工资集体协商工作。2015年，米易县花岗石行业工资集体协商获全总表彰。

【厂务公开民主管理】 2015年，市总工会拟订了《攀枝花市厂务公开民主管理工作规划（2015—2020年）》（初稿），明确总体和年度目标任务，细化实施方案、建设标准、考核办法，为今后工作制度化、规范化、标准化提供支撑，确保这项工作有序、有力推进。对2014年度全市试点的3家厂务公开民主管理主题活动单位进行现场调研和总结，为2015年推进这项活动提供借鉴。全年实现已建会公有制企业厂务公开和职代会制度建制率达到100%、规模以上非公企业92.7%、建会25人以上企业74%。已书面建议“健全以职工代表大会为基本形式的企事业单位民主管理制度”纳入市“十三五”规划。11月20日，攀枝花市厂务公开民主管理工作，在全国企业厂务公开民主管理工作汇报暨“双活动”交流会议上书面交流。

【构建和谐劳动关系】 2015年，市总工会认真贯彻落实中共中央、国务院印发《关于构建和谐劳动关系的意见》，牵头劳动关系三方四家在全市开展全市构建和谐劳动关系大调研，形成《攀枝花市近年在促进企业发展与维护职工权益上构建和谐劳动关系的调研报告》，报市委、市人大、市政府、市政协领导阅示，主要领导批示在全市传阅，为下一步出台《攀枝花市关于构建和谐劳动关系的实施细则》提供参考。

【“双基”夯实行动】 2015年，全市各级工会进一步抓好非公企业、小型分散企业、有雇工个体户的建会工作，着力解决一些“钉子户”“遗漏户”“挂名户”的建会问题，重点推进“两新”组织工会组建和会员发展工作。开展农民工入会集中行动，各基层单位积极行动，聚焦农民工集中行业，成立快递行业联合工会、三森美居建材工会联合会、美容美发行业工会、餐饮行业工会等，把农民工纳入到工会组织中来，全年新增农民工会员5065人，超额完成省总5000人的目标任务。全市职工人数为527825人，会员人数507150人，比2014年新增10530人，职工入会率达到96.1%。加强基层工会标准化建设，推荐申报全省示范乡镇（街道）工会2个、示范社区工会3个；加强乡镇（街道）、社区工会经费补助力度，在省总工会补助1100元的基层上，市总工会对60个乡镇（街道）、133个社区工会每个补助3900元，补助经费合计733200元，为乡镇（街道）、社区工会工作提供经费保障。

【企业和职工文化建设工程】 2015年，市总工会发动各基层工会建立文艺小分队，继续挖掘和培养一批职工文艺骨干人才；开展“五送”活动，为偏远企业和一线职工送去7场演出；大力开展“书香天府·花城悦读”活动、全市职工书画大赛，举办纪念中国人民抗日战争暨反法西斯胜利70周年文艺汇演，进一步唱响爱党爱国爱社会主义的时代主旋律，凝聚改革合力。发挥市工人文化宫作用，举办全市职工摄影、书法、绘画大赛，走近进城务工人员大型公益演出；开展“购买服务、惠及职工”公益活动，投入近万元购买运动券300张，惠及职工群众300人次；全年举办两期为期3个月的职工才艺培训班，开设10余个项目的32个培训班，吸引各县（区）、企事业单位1100余名职工参与；继续实施文化宫“十八项”公益活动，全年有1.8万余人次参与其中。

【工会自身建设】 2015年，市总工会围绕转变工作作风，着力培养有服务意识、群众意识、忧患意识、实干意识、创新意识的工会“五有”干部队伍。严格执行《关于加强干部选拔任用工作监督的意见》，遵守干部人事纪律，规范职务设置。高度重视提高工会干部能力素质，积极探索教育培训模式和方式，进一步增强培训工作的针对性，将各级工会干部送到省级以上工会干部学校培训，5—6月，分两批次将来自全市各行各业的200余名基层工会干部送到浙江大学学习，进一步提高其做好工会工作的能力和素质。

（张瀚文）

共青团攀枝花市委

【组织概况】 截至2015年底，全市有基层团委238个，团工委24个，团总支189个，团支部2510个，其中直属团（工）委、总支28个，协管团委10个。有团员71767人，占全市14～28周岁青年数133472的53.8%。有团干部2416人，其中专职团干部编制74人。团市委机关有行政编制14个（2个为关工委专门编制），实有人员14人，在岗11人（2人借调、1人下派锻炼），书记1名，副书记3名（1名由关工委专职秘书长兼任）。下属事业单位为市少年宫，少年宫编制数26个，在编19人（离岗待退2人）。

【服务党政中心】 突出“中国梦”、社会主义核心价值观、攀枝花精神教育，挖掘选树青少年身边的励志典范彭超、助人榜样张滔等，通过举办“我的中国梦—奋斗的青春最美丽”事迹报告会、分享会，在线上线下开展“严实”品德教育等，用小故事讲大道理、小人物讲大情怀、小行动传播大价值、小声音清朗大网络。邀请陆士桢教授就践行社会主义核心价值观举办专题讲座，举行庆“六一”入队、离队、入团仪式暨党、团、队组织意识衔接教育示范活动，开展原创儿童音乐剧《金沙童话·故事》巡演、“缅怀革命先烈　传承攀枝花精神”祭扫、主题团日、优秀青年代表座谈、少先队辅导员说课竞赛等活动,带动影响4万余名青少年。

聚焦"五创联动",开展植绿护绿,共青林、红领巾林认建认养蔚然成风,1.7万名青少年踊跃参与,"绿娃娃的梦想"受邀参加在北戴河举行的全国生态文明教育成果展。借助团内优势资源,邀请56名优秀青年企业家参加中外知名企业四川行活动。实施青年创业促进计划,建立青年导师俱乐部、创客俱乐部,帮助95名青年向上争取到扶持资金778.5万元,帮扶项目数、争取资金数均为全省第一。组织121个大学生群体项目参加第二届"创青春"大赛,11个项目晋级全省复赛,1个项目获全省三等奖。推荐攀枝花市创业创富大赛参赛者曾正超参加第43届世界技能大赛,获焊接项目金牌。动员机关、企事业单位为在校大学生提供实习岗位306个,"领头雁"培养、小额贷款、农村青年培训等活动有序推进。

结合省委扶贫开发重大战略部署,制定《组织动员青年参与全市扶贫攻坚工作方案》。联合市委组织部举办农村团干部、大学生村官暨贫困村"第一书记"培训班,增强"脱贫"内生动力。积极对接凉山州木里县实施对口援藏工作,捐赠物资合计6万元。依托26所留守学生之家,组织青年志愿者、社会爱心人士定期开展结对帮扶。广泛开展"玩具(图书)总动员"第三季—环保微炬汇活动及纸爱红领巾活动,募集玩具、图书累计5000余件,分批捐赠给边远山区贫困少年儿童。整合省、市资源,积极争取申彤希望小学改扩建、"唯心愿"助学等各类捐赠价值300余万元用于改善边远民族地区和贫困村办学条件。结合"双联""走基层"等工作,动员社会力量对团市委结对的新建村开展帮扶。

【推动工作创新】 认真贯彻落实中央和省、市委党的群团工作会议精神,深入基层调研,形成《贯彻群团工作会议精神》《关于学习考察省残联和成都市群团组织社会服务中心建设情况的报告》《关于深化改革推进共青团工作转型发展的工作方案》等,其中《"大群团"联动思维》获中国青年报和四川青年网刊登,《深学党史 深知党情 深入宣教 促进工作》被《攀枝花纪事》选用。牵头开展群团信息化平台建设,在广泛收集服务对象需求基础上,试点建立群团组织服务对象基本信息库和特殊困难群体信息库。召开全市群团社会服务中心建设工作推进会,由工、青、妇共同推进现有14个群团社会服务中心建设,探索"三社联动"模式,初步形成了党群共建、资源整合、整体联动、高效运行的工作格局,实现服务群众"零距离"。

切实做好纪念攀枝花三线建设50周年、第六届四川国际自驾游交易博览会等重大活动志愿服务,赛会青年志愿者突破1200人,提供志愿服务超过6万人次。整合力量成立教育、卫生、文化、法治4支青年志愿者队伍,共招募志愿者951人。承办2015年攀枝花、乐山、凉山大学生志愿服务西部计划培训班,新增东区为大学生志愿服务西部计划项目县(区)。通过定期召开志愿者座谈会、对各县(区)项目办工作开展督查等措施,加强对西部计划志愿者的关爱培育。联合旅游局组织240余名市民参与新春免费观光康养城市重大项目建设,让市民共享宜居城市成果。"同创文明城市"、助残"阳光行动"、关爱农民工子女、春运、国庆等志愿活动常态开展。加大对外沟通协作力度,为清华大学、对外经贸大学等高校学生赴攀开展社会实践提供支持。

适应社会发展和青年变化,在全市推广使用集管理终端、工作平台、服务载体于一体的"电子团员证"系统,第一批已采集41899名团员、12726名青年基本信息。拓宽团员成为注册志愿者渠道,已有34067名团员完成注册。推进青年网络文明志愿行动,组建1157名网宣员骨干,及时发布青年关注话题、主动公开团属活动情况,着力拓展官方网站、微博、微信覆盖面及影响力,建立"青年之声"互动社交平台,"花城青年"微信粉丝数近9000人。举办"为青春点赞·为花城添彩"纪念五四运动96周年主题团日活动,充分发挥攀枝花手机团委团购淘宝店作用,为青年节约生活成本30万余元。在阳城社区设立陆士桢社会工作室,探索群团组织参与社会治理新途径。

【开展法治实践】 坚持把制度建设放在重要位置,着力增强依章履职、依规办事、依制管人的制度意识,推动新常态下的共青团事业实现长远发展。建立青少年德育及思想教育工作联席会制度,草拟形成《关于进一步加强新时期少年儿童和少先队工作的实施意见》《关于加强和改进学校共青团工作的意见》等。牵头建立《全市群团组织关爱帮扶特殊青少年制度》《全市特殊青少年信息统计及管理使用制度》,完善全市共青团信息报送、基层调研、对外宣传等工作制度3项,完善中心组理论学习、督查督办、保密管理等制度共13项,完善外出报备、政务接待、财务内控等制度5项,着力健全于法周延、于事简便、务实管用的制度体系。

举办"在阳光下成长——法治节目进校园"活动,通过从青少年身边取材,将法治教育有机融入学生社会实践、社团及班队活动中,900余名青少年观看了演出。继续深化"体验式"教育的社会影响力,开展"争当小民警——学生进警营"等活动,引导少年儿童树立良好的法治意识和自护意识,覆盖青少年2万余人。多次深入学校、社区开展安全自护教育活动,努力提高青少年的安全意识,为青少年营造一个良好安全的成长环境。结合"6·26""12·5"等纪念日,组织志愿者开展禁毒等法治宣传活动。充分运用新媒体,加大对依法治市精神的解读、阐释和传播,发布相关信息30余条,覆盖青少年4万余人。

积极发挥预青办组织协调作用,召开市预防青少年违法犯罪工作联席会,印发《2015年全市预防青少年违法犯罪工作要点》《关于团结动员广大团员青年在依法治市进程中发挥生力军作用的实施意见》，不断构建完善的预青工作格局。加强12355青少年综合服务平台建设，继续开展“轻松备考12355与你同行”阳光行动，通过线上、线下活动相结合的方式帮助中、高考学生减压。深入走访调研，形成《进城务工人员随迁子女、留守学生（儿童）现状调研报告》《“五失”青少年情况调研的报告》，为党委、政府决策提供依据。持续开展共青团与人大代表、政协委员面对面活动，制度化反映青少年利益诉求。

【强化自身建设】 巩固群众路线教育实践活动成果，抓好“三严三实”专题教育。团市委班子查找问题14项，制定整改措施37条，班子成员查找问题21项，制定整改措施49条。加强领导班子思想政治建设，修订完善《中共共青团攀枝花市委党组议事规则和决策程序》《团市委科级领导干部选拔任用工作流程(试行)》。严格落实“一岗双责”，签订党风廉政建设承诺书27份，制定《团市委机关党员干部行为规范》。扎实开展“团干部如何健康成长大讨论”活动，聚焦“自省自励、懂得感恩，克服缺点、虚功实做，坚定信念、远离贪腐”，重点抓好“一学三听九活动”和“一会三查一活动”。持续开展“走基层、解难题、办实事、惠民生”“走进青年、转变作风、改进工作”大宣传大调研、团干部基层联系点活动。

巩固和加强传统领域团建工作，对联系青年不紧密、作用发挥不明显的直属团组织进行清理，同时将中石油、中石化、交通银行等驻攀企业纳入协管。协助泸州团市委设立驻攀团工委，在融入城市、生活娱乐、学习实践、情感交友等方面，为在攀泸州籍青年提供帮助和服务。针对机构重组等情况，及时指导攀枝花学院、东区、盐边、市卫计委等团委召开代表大会，调整相应人员和机构。围绕基层服务型团组织建设，进一步巩固乡镇团的组织格局创新，完成非公企业团建15家，稳步推进青年社会组织、互联网行业、自由职业者群体等新兴领域团建工作。

主动争取党政支持，敦促市、县(区)团委班子和机关干部及时配备到位，团市委配备1名副书记、补充2名机关干部，推动县(区)团委及关工委配齐4名以上工作人员。与浙江大学合作，举办攀枝花市机关团干部综合素质提升专题培训班，近70名机关干部参训。选派机关干部外出学习培训29人次，推荐1名辅导员赴韩国开展青年交流及友好访问。深化青年马克思主义者培养工程，推荐1名副书记到团省委任职、1名团干部顺利转岗，从盐边县、攀煤、市烟草公司等选拔7名青年干部到团市委机关挂职锻炼，选派4名团干部赴邮储银行、米易县等地挂职。继续开展五四表彰活动，机关2名中层干部分获“全国优秀团干部”“攀枝花市劳动模范”称号，另有21名个人、35个集体获省级以上表彰。

【关心下一代工作】 2015年全市有关工组织1735个，“五老”志愿者21563人。全市各级关工委进一步健全组织网络，在网格、楼栋、两新组织建立关工组织，依托党建带群建形成关工工作联盟，共272名离岗待退领导干部加入到关工委；进一步加强基层调研指导，总结交流，重点整改个别村(社区)的“空白点”“空架子”问题；通过组织分级发动、典型示范带动、激励机制保障，进一步充实“五老”队伍，成功创造了“攀枝花经验”，市工商局78岁高龄的张伟获得全省第三届“十佳五老”提名奖。2015年，市关工委被中国关工委、中央文明办授予“全国关心下一代工作先进集体”荣誉称号。

在全国公益慈善组织持续遭遇信任危机、在攀枝花市企业发展进入极度困难期的情况下，市关心下一代基金会及时调整工作思路，积极争取有关单位和公益组织的支持与合作，历时4个月对已开展的10余个公益项目进行逐一地考核评估，认真查找不足、及时总结经验，终因管理严密、运行规范、业绩显著，在全省同类基金会中率先且唯一获得省财政厅、省国家税务局、省地方税务局认定的免税资格。

联合市教体局等7个单位，对全市“五失”等特殊青少年进行排查统计及建档建库工作，同步形成调研报告、特殊青少年关爱帮扶工作办法初稿，并完善了“两库一卡”(即全市特殊青少年信息库、全市关心下一代志愿者信息库及结对关爱卡)。全市特殊青少年1862人，其中“五失”青少年929人，其他特殊青少年933人；已结对关爱的特殊青少年约1700人。各级关工委开展关爱特殊青少年活动约2000余次，关爱资金约7000万元，受益青少年数万人次。

(陈　莉)

妇联工作

【概　况】 2015年，攀枝花市妇女联合会(以下简称市妇联)内设机构为“3部1室1中心”，即：组织联络部、宣传教育部、权益部、办公室(市政府妇儿工委办)和攀枝花市妇女儿童服务中心。为适应新形势下妇联工作需要，发挥市妇女儿童服务中心作用，市妇联对市妇女儿童服务中心进行规范，主要职责调整为承担家庭和儿童工作，更名为“家庭和儿童工作部”。调入1名纪检组长，领导班子增为5人，正式职工16人。

年内，市妇联贯彻落实中央、省、市委党的群团工作会议精神，按照“1251”工作思路，即突出一个主题(汇聚巾帼正能量，共建幸福攀枝花)，实施两个纲要(妇女儿童发展纲要)，深化五大行动(落实素质提升、巾帼建功、幸福家庭、维权服务、强基固本)，实现一个目标(攀枝花妇女儿童事业发展整体水平和妇联工作整体水平走在全省前列)，着力推进各项工作,为全市经济社会发展做出了积极贡献。

2015 年,市妇联获得省政府妇儿工委、省妇联“推进男女平等基本国策二十周年特别贡献奖”,省政府妇儿工委办“2015 年信息工作全优奖”,四川省妇联“2015 年度妇联系统综合工作一等奖”等荣誉称号。多项工作受到市委、市政府表彰。但全市妇女发展和妇女工作中还存在一些困难和问题:男女平等基本国策的落实力度还需进一步加大,妇女参与发展的能力有待进一步提升,妇联干部适应新形势新常态的意识需要加强,自身建设水平需进一步提高。

【“两纲”实施】 优化“两纲”实施环境。成立攀枝花市政府政策法规性别平等咨询委员会,从源头上建立性别平等评估咨询机制,开展理论研究和实务研讨,参与攀枝花地方性政策法规的制定和评估咨询,促进政策法规设计和实施的全过程充分体现性别平等。将男女平等基本国策纳入市委组织部开展的“5211”领导干部培训工程,培训对象覆盖到市内各级领导干部。市妇联在攀枝花市优秀年轻干部人才递进培训班上讲授男女平等基本国策有关知识。

出台“两纲”指标监测体系。成立由市政府分管市长任组长的“两纲”监测评估领导小组,进一步明确各成员单位任务。印发《攀枝花妇女发展纲要监测指标体系(2011—2020)》和《攀枝花儿童发展纲要监测指标体系(2011—2020)》。通过监测统计会议,强化任务部署,培训两纲统计业务,做到人员、任务、责任三落实。

开展中期评估工作。制定“两纲”中期评估方案,召开座谈会,充分讨论达成共识。市人大、市政府妇儿工委组成“两纲”专项调研督导组,对各县(区)“两纲”实施中期情况进行督导调研。中期评估报告初稿形成后,又召开报告会审暨相关工作部署会,形成正式报告。省政府妇儿工委督导组检查后对全市妇女儿童工作给予充分肯定和高度评价。中期评估结果显示:攀枝花市“两纲”指标共计 138 项,其中:有 14 项定量指标高于省级目标。“妇纲”的 79 项指标中,提前达到终期目标 47 项,预期可达标 30 项,提前达标和预期可达标占指标总数的 97.47%;“儿纲”的 59 项指标中,提前达到终期目标 51 项,预期可达标 8 项,提前达标和预期可达标占指标总数的 100%。全市“两纲”实施呈现出领导有力、推进有序、亮点纷呈的局面。在全省“推进男女平等基本国策二十周年特别贡献奖颁奖大会”上,攀枝花市政府作为唯一地方政府代表作了交流发言。

【“素质提升”行动】 围绕攀枝花城市转型、产业转型,通过“农家女大课堂”和城镇妇女技能培训班,开展妇女素质提升、创业就业技能培训。根据市场需求和妇女意愿,在仁和区举办育婴师培训班 2 期,为 147 名大龄妇女提供免费培训,打造“花城月嫂”品牌。2015 年全市有 4495 名女性参加中式烹调师、养老护理员、育婴师等职业技能培训,占全部职业技能培训人数的 47.5%。

开展巾帼文明岗创评活动,丰富巾帼文明岗创建载体,以“建一流队伍,树一流形象,创一流业绩”为目标,以“提高妇女素质、开展优质服务、树立行业新风、创业建功成才”为内容,结合行业特点,开展技能培训、岗位练兵、岗位成才活动,发挥女职工在企业管理、安全生产、技术创新、降本增效等方面的重要作用,激发妇女聪明才智和创造活力,展示巾帼风采。全市创建国家级巾帼文明岗 17 个、省级 38 个、市级 508 个。

【妇女居家灵活就业】 以城镇失业妇女、农村妇女、留守妇女等为主要对象,依托攀枝花特色资源,通过培育特色产业、拓展市场营销等举措,推动生态种养业、家庭农场、阳光康养和乡村旅游业、家政服务等产业发展,带动妇女就近就便灵活就业。一批经过培训的妇女在自家门口上岗就业,如:西区庄上太阳沐歌乡村酒店接纳了 43 名当地妇女就业,占员工总数的 66%;丽新园艺吸纳了 47 名当地妇女就业,占员工总数的 76%。全市建立妇女居家灵活就业示范基地 26 个。争取省上项目资金 100 万元,用于西区妇女居家灵活就业示范基地建设。探索建立综合性、多元化、开放式的居家灵活就业模式。引导成立社区居民服务公司,开发小区物管、家政服务、居家养老、校外午托、慈善爱心超市、绿化保洁等市场容量大、技术含量低、工作弹性大的就业岗位,吸纳妇女在家门口上岗,既创造价值、提升地位,又照顾家庭、促进和谐。

【维权信访工作】 把“服务妇女群众、化解矛盾纠纷”作为妇联信访维稳工作的重点,把首问制和岗位责任制相结合,保证人民群众来访有人接待,有人办事,做到职责分明,责任到人,热情周到。对群众各类诉求,做到早发现、早介入、早处理,做到件件有着落,事事有回音,努力将各种矛盾纠纷隐患消除在萌芽状态。在信访中关注弱势群体,强化法律援助。5 个区县都建立了援助站,统一制度、公示牌、登记账簿,形成覆盖全市的妇女儿童法律援助体系。全年办理妇女儿童法律援助案件 28 件(次),避免和挽回经济损失 80 万余元。市、县两级妇联接待信访案件 345 件,办结率 100%。“花城联姻”心理热线 12338、3316065 接听电话 102 件次,结案率 100%。

加强维权队伍建设。建立高级专家人才库,整合国内、省内、市内的婚姻家庭、心理等方面的专家入库,聘请中国社科院陈一筠教授等 10 余人组成顾问专家团队,指导维权工作。以妇联培训与自主教育培训相结合的方法,吸纳本土优秀人才入库,先后培养婚姻咨询师 95 人、心理咨询师 35 人、沙盘师 25 人、“花城联姐”调解员 97 人,使之成为妇联开展专业化维权服务的生力军。夯实基层妇联干部维权技能，以2+1培训（维权大课堂、成长大课堂和技能实操培训）为主体科目，做实素质和能力提升。广泛吸纳社会专业人士，加入维权志愿者队伍。

【“花城联姐”婚调室建设】 市妇联与市司法局联合下发了《攀枝花市司法局、攀枝花市妇联关于加强婚姻纠纷人民调解工作的意见》和《关于开展攀枝花市“花城联姐”婚姻家庭纠纷调解工作室的通知》，在全市社区（村）依托妇女之家开展专业化、标准化、规范化的“花城联姐”婚调室创评活动，由市、县（区）、乡镇（街道）三级妇联司法组织共同指导实施。发挥了基层妇联组织在婚姻家庭纠纷人民调解工作中的优势，推进人民调解、司法调解、行政调解相互衔接配合，依法保护妇女、儿童、老人的合法权益，促进家庭及社会的和谐稳定。全市建立“花城联姐”工作室20余个，咨询调解案件1300余件。

【“幸福家庭”行动】 实施“幸福教练”工程。市妇联在西南财大举办“做幸福教练，建幸福家园”培训班4期，400名妇女干部参加培训。幸福教练骨干深入县区、企事业单位、学校，因地制宜开展讲座和培训，传播幸福理念，普及幸福知识，普惠基层群众。其中，西区在村、社区开办家风、家教、婚姻、健康、法制等系列“幸福微课堂”，突出“小、精、准、实”。全市6万多群众参与，共创“人人做自己的幸福教练，人人做家庭的幸福教练”的幸福文化氛围，提升家庭幸福指数，促进社会文明风尚。市妇联联合市纪委以实施“幸福家庭行动”为载体，深入开展廉洁文化进家庭活动，将家庭廉洁文化纳入幸福教练课堂。在广大党员干部及家庭中普遍开展算清“五笔账”活动，提高家庭细胞拒腐防变的免疫力。

开展寻找“最美家庭”活动。传承“孝、爱、亲、和、廉”、文明家风，开展以“家风力量·幸福守望”为主题的寻找“最美家庭”行动。活动不设标准，不设门槛，发动全民参与，以“议家风、讲故事、示家训、晒幸福、秀梦想”等喜闻乐见的形式，在全市社区、乡村、机关企事业单位、学校中蓬勃开展。全市评选“最美家庭”3000户，其中东区评选的1000户“最美家庭”还将享受挂号优先、体检打折、银行、通信VIP服务等机制性待遇。

开展家庭教育公益讲座。市妇联邀请儿童教育专家金子谦来攀开展家庭教育公益巡回讲座6场，邀请省内教育专家开展“同心共育，呵护成长”专题公益讲座，邀请中国社会科学院婚姻情感专家陈一筠教授开展“建设幸福家庭”专题公益讲座，6000余人参与。市妇联深入县区12所学校和5个社区开展“维权大讲堂暨女童安全”公益讲座17场，受众人数达5000人数，极大地强化了家长、学校、学生的安全防范意识。

【“强基固本”行动】 加强妇联人员经费保障。为解决“有人办事、有钱办事”的问题，市妇联在牵头起草市委加强党的群团工作意见中，多方征求意见，推动市委、市政府出台政策：在乡镇（街道）探索设立党群工作部，妇联主席纳入中层及以上干部考核，根据乡镇（街道）群团服务对象规模和工作需要，通过多种方式配备1~2名党群工作专干；市级财政按妇女儿童人均1元标准落实妇联专项工作经费，县区财政按每人每年不少于2元标准安排，乡镇（街道）妇联工作经费按每年不低于3万元标准落实。

加强组织自身建设。建立妇女代表联系群众制度，拓宽妇联组织联系妇女群众的途径，构建社会化、开放式妇女工作格局。开展村（社区）妇联组织改建工作，制定规范流程指导基层工作。为推进基层群团组织深化改革，深入县区开展调研，形成《关于基层群团组织转型发展的调研报告》。发挥“妇女之家”作用，组织教育培训、学习宣传、维权服务、帮扶救助及文娱等各类活动4300余次，30余万人次参与。探索“互联网+妇联”的工作模式，启动智慧女性信息平台建设项目，拓展服务渠道和服务方式。依托妇联QQ群、门户网站、官方微博、官方微信等载体，广泛传播正能量。

加强女干部队伍建设。推动把培养选拔使用女干部纳入全市干部队伍建设总体规划。对村（社区）女委员实行“专职专选”，实现全市100%的村（社区）“两委”班子中至少有1名女性成员，100%的村妇代会主任和社区妇联主席进“两委”的“两个百分百”目标。完成全市科级以上女干部人才信息库建设，对信息库进行动态管理。向市委组织部推荐12名优秀正县女干部、24名优秀副县女干部、34名优秀正科级女干部。举办女性主题沙龙活动，110余名副县以上女领导干部、高层次女性人才参与了心灵健康、情感家庭知识互动。

【惠民关爱行动】 为提高妇女健康水平、推进幸福攀枝花建设，市妇联组织市政协妇联界别委员对妇女“两癌”免费筛查、救助情况进行专题调研，市妇联在政协大会上作《关于在我市农村和城市低收入群体中全面推行妇女“两癌”免费筛查、救助的建议》发言，建议尽快出台免费筛查和救助政策，为全市35~64岁的12万农村妇女和城市低收入妇女提供帮助，该建议转化为全市重点提案办理。米易县政府率先每年投入100万元，用于城乡妇女体检。2015年，攀枝花将“两癌”筛查范围扩大到全市各县（区），并纳入政府民生工程项目。开展事实无人抚养儿童特别关爱行动，全市认定事实无人抚养儿童184人，兑现帮扶资金96万元。利用“三八”节、“六一”节、母亲节等开展走访慰问活动，各级妇联发放慰问金20余万元。

【精准扶贫工作】 结合全市扶贫攻坚工作，制定下发《攀枝花市妇联参与全市扶贫开发攻坚战实施方案》，到贫困村开展精准扶贫对接、调研工作，明确发展思路。建立“石榴花香班庄园”官方微信平台，与市级大型微信运营平台“早安攀枝花”合作，扩大宣传覆盖面，适时发布旅游资源和特色农产品信息，提高知名度。在帮扶村强化村两委干部扶贫攻坚促进经济发展作用，实行村两委干部结对帮扶贫困户，引导村民支持发展、参与发展、主动发展。协调落实项目资金330万元，用于道路维修，卫生院建设等，切实帮助帮扶村增强基础设施建设，增强发展生产和增收致富能力。开展农村大龄未婚青年婚姻状况调研工作，在5个乡镇14个村社召开座谈会，集中对择偶难这一问题进行调查分析和数据采集，形成调研报告，为市委、市政府制定精准帮扶相关政策提供依据。

【首届家庭文化艺术节活动】 在纪念攀枝花三线建设五十周年暨“三八”国际妇女节105周年期间，推出具有本土特色的家庭文化套餐。征集展播家庭文化元素的本土原创作品。各级妇联组织在全市范围内征集家庭元素丰富的原创歌曲、微视频、摄影作品及书画作品等并进行展播，倡导文明、健康、乐观向上的生活方式。在实物展览的基础上，利用微信、微博等新媒体，扩大宣传展览范围。征集到摄影作品215件，手工、书画、本土服饰等作品300件，微视频32件。征集13首歌颂女性、歌颂攀枝花的本土原创歌曲，制作了《芬芳花城》主题宣传纪念牒，赠送给全市各条战线的一线职工代表、巾帼文艺队、妇女之家等，为基层群众开展各类宣传文化活动提供音乐素材，向社会传播攀枝花女性“爱国爱家爱人民，爱岗敬业爱生活”的正能量。举办幸福心理沙龙及亲子教育讲座活动。以“芬芳花城，幸福人生”为主题，邀请幸福教练创始人、国际芳香治疗师魏相相，从女性身心健康、情感家庭、创造和实现自我等方面开展讲座。以“做智慧父母，建幸福家庭”为主题，邀请全国亲子教育专家金子谦，开展“幸福亲子大课堂”巡回讲座。举办家庭文化专题风采展示活动。通过举办“芬芳花城，幸福家园”主题文艺演出等，将家庭文化、广场文化、村镇文化、社区文化相结合。评选表扬在全市具有代表性的“爱心家庭”“学习家庭”“平安家庭”“低碳家庭”“洁美家庭”等十佳家庭。以“坚持男女平等基本国策，共创法制和谐攀枝花”为主题，举行专场文艺演出，对“最美妻子、孝顺媳妇、伟大母亲”进行表彰，并启动维权宣传周活动，对攀枝花市促进妇女发展、推动男女平等，共建和谐家庭文化成果进行宣传展示。

【首届“家庭植树节”活动】 搭建公益活动平台，创新开展“家庭植树节”及“家庭微公益”活动，引导广大家庭成员积极参与志愿服务活动。通过攀枝花日报、GOGO攀枝花网站等广泛宣传，组织动员广大妇女、家庭以及爱心企业、社会组织大家庭等，开展植绿、爱绿、护绿志愿服务行动，认建认养树木，参与城市绿化建设，打造成片“家庭文化景观林”。6月底到7月中旬，市妇联利用周末组织了4个植树专场，全市最美家庭、亲子家庭、出租车爱心驾驶员家庭等700多个家庭代表，2000多人陆续前往机场路幸福林，亲手在山头上种下认建认养的蓝花楹等树木。

【承办四川省促进妇女居家灵活就业暨巾帼文明岗交流培会】 2015年12月2—4日，四川省促进妇女居家灵活就业暨巾帼文明岗交流培训会在攀枝花召开。省妇联副主席李静、市委副书记于会文，副市长刘建明出席会议。各市州妇联分管领导、发展部长、巾帼文明岗、致富带头人代表等230余人参加会议。会上，市妇联作经验交流大会发言。与会人员参观了攀枝花妇女居家灵活就业示范基地、巾帼文明示范岗、东区阿署达花舞人间国际康养产业城等。期间，在米易县召开攀枝花阳光康养产业发展和妇女居家灵活就业工作交流会，市民政局、市旅游局、米易县政府等推介了攀枝花康养旅游项目。

（徐云芳）

武　装

地方武装

【概　况】　攀枝花军分区辖东区、西区、仁和区、米易县、盐边县5个人武部和攀钢集团公司、攀煤(集团)公司、中国十九冶集团公司3个大企业武装部。军分区司令员张青,政治委员李力生。2015年,在省军区党委和市委、市政府的坚强领导下,攀枝花军分区以强军目标为引领,以"三严三实"专题教育整顿活动为抓手,按照"举旗铸魂固根本、聚焦中心强能力、整风整改抓作风、依法治军保稳定"的工作指导,切实加强部队全面建设,部队保持和巩固良好发展势头。

【思想政治建设】　2015年,军分区坚持以学习全军政工会议精神为主线,坚定听党指挥政治信念,强化理论学习。以坚定理想信念为首要课题,坚持把政治建军作为最高政治要求,紧紧围绕习主席系列重要讲话特别是在全军政工会上的讲话精神这条主线,突出抓好"学习践行强军目标、做新一代革命军人"主题教育和"三严三实"专题教育整顿活动的融合结合,采取常委先学一步、党委中心组带机关同步学、常委领导作党课辅导、党小组集体学习讨论等方式,跟进学习习主席治国理政重要论述,特别是"四个全面"战略布局为主的新规范、新思想、新要求。2015年,共召开8次专题常委会,先后对相关政策法规、指示要求等进行认真学习,深刻领会规范用权、聚焦战斗力的精神要义。积极组织全区官兵职工参加《解放军报》"党的创新理论知识"答题竞赛活动,通过个人自答、党小组纠错等参与过程,促进官兵职工对党的创新理论知识的深化理解,进一步增强举旗铸魂的政治自觉。努力营造营区政治氛围,在营区主要路段新增、更新宣传橱窗10个,把"三严三实""四个全面"和上级相关要求纳入灯箱内容,编印《应知应会知识点》小册子下发官兵学习。狠抓组织建设,严格党内政治生活,进一步健全党的各级组织,落实组织生活制度,抓好支委会、党小组会、党日学习、领导干部过双重组织生活、每月主动缴纳党费等制度落实,制作党费缴纳公示栏。丰富党日活动,"七一"邀请"战斗英雄"安忠文作英雄事迹报告,强化全体党员党性观念,增强在党言党、在党忧党、在党为党的意识。高度重视军队调整改革期间人员思想教育工作,充分发挥组织功能,广泛开展交心谈心活动,及时掌握官兵思想动态,引导官兵正确认识改革的必要性、重要性,确保在任何时候任何情况下都坚决听众党中央、中央军委和习主席指挥。

【推进军事斗争准备】　2015年,军分区始终围绕核心使命任务,牢固树立战斗力这个唯一的根本标准,坚持党委工作向打仗靠拢、决策部署向战斗力看齐、人财物使用向战斗力聚焦。召开党委议训会议,分析训练形势,查找弱项短板,研究制订聚焦实战抓训练的对策措施。1月,组织800多名民兵应急队员参加开训动员;带领全体官兵和部分专武干部、民兵骨干共123人开展冬季野营拉练。改革训练方式,整合教学资源,采取"小兵种大集中"的方式,分别对150民兵骨干集中组训。狠抓首长机关军事训练,落实"三实"训练,认真组织现役官兵夜间射击训练和半年军事训练考核,部队实战化训练水平有明显提高。结合民兵整组,深入推进民兵转型建设,5月下旬召开全市民兵转型建设座谈会和市级民兵应急营成立大会,切实提高全市民兵快速动员、遂行任务能力。狠抓征兵工作,坚持按照"数量完成、质量达标、退兵为零、阳光廉洁"的目标要求,张司令员、刘参谋长在市电视台录制征兵访谈节目,在微信等网络新媒体上发布《我在军营等你》之英雄召集令,加强征兵宣传鼓动,取得很好效果,报名数、上站体检人数、新兵大学生比例等各项指标均出现大幅度提升,新兵质量得到保证,没有出现退兵现象。7月22日至8月2日,认真抓好军区演习部队过境各项保障工作,并协调市双拥办做好对每个批次部队的拥军慰问,使全体过境兄弟部队"一进入四川就有回家的感觉",用实践标准检验支前动员保障能力。

【党委班子和干部队伍建设】　2015年,军分区以提高核心领导能力为标准,强化党委班子和干部队伍建设。深入开展民主集中制学习教育，修订完善党委议事规则，强化集体领导，增强班子团结，党委决策水平有新提高。坚持定期召开党委会议，研究解决部队思想政治工作、安全管理、军事训练等重难点问题，党委核心领导作用更加有力。充分发挥基层组织功能，坚持按程序办事，全面做到公开、公平、公正，有效提升官兵职工出谋划策的积极性和主动性。狠抓作风转变，注重机关工作相互协调，强化工作统筹，加强作风转变，抓好文件传真的整合、工作教育的结合，改进会风文风。突出领导干部表率作用发挥，要求下级做到的，领导先带头做到，一级做给一级看，始终以自身模范带头作用，引领全体官兵职工践行“严”和“实”要求。组织常委和人武部主官面向全体人员述职述廉，收到良好效果。注重加强干部队伍建设，调整3个人武部党委班子，提升任正团职干部1名，副团职干部2名，选送1名干部参加院校培训。加强对6名转业干部待安置干部的教育管理，积极协调市级相关部门做好安置工作。加强对1名退休干部的服务管理，主动靠前做好移交地方安置思想动员和政策解释工作。

【开展“三严三实”专题教育整顿活动】 2015年，军分区紧紧把牢整风整改基调，扎实开展“三严三实”专题教育整顿活动。党委高度重视，认真准备动员。及时召开专题常委会传达学习省军区实施方案要求，研究贯彻落实意见。成立了以主官任组长的领导小组，抽调机关得力参谋人员组成办公室。专题教育整顿活动开展前，领导小组办公室专门深入五个县(区)基层调研、组织座谈会、召开专题调研汇报会，广泛征求基层意见建议。精心组织实施，确保教育整顿活动不走过场。军分区党委常委坚持以身作则、以上率下，在教育整顿全过程坚持带头参与，切实为部队当好表率、做出样子，形成党委领导亲自抓、机关部门全力抓、领导小组办公室具体抓的浓厚氛围。注重科学统筹，加强机关各部工作协调统筹，正确处理集中学习教育与训练工作的关系，确保专题教育整顿和各项工作任务两不误、两促进。抓好学习教育，丰富配套活动强化学习教育。采取常委先学一步、党委中心组带机关同步学、常委领导作党课辅导、党小组集体学习讨论等方式，深入学习相关文件和指示精神。认真抓好学习配套活动，组织102名官兵职工到攀枝花市三线建设博物馆参观学习，组织观看《作风建设永远在路上》专题录像片和“三严三实”专题话剧《江姐》，深入开展“新一代革命军人样子”大讨论。把握整风整改基调，突出重点抓好清理整治。充分发挥组织功能，严格党内政治生活，强化全体党员党性观念，抓好组织生活制度落实，坚持领导干部过双重组织生活。机关相关业务部门按照部署要求和任务分工，认真研究制定了8个方面专项清理整治方案并认真加以贯彻落实。特别突出干部工作大检查、财务工作大清查、违规住房大清理、资产清理四项重大任务的严查严改。坚持贯穿工作，确保教育整顿落到实处。深刻领会贯彻“三严三实”要求，既把教育整顿活动作为重点工作，又把“严”和“实”要求作为全年全时段工作的基本指导，贯穿到各项工作任务中去，向实战化聚焦，向效果靠近。通过教育整顿，广大官兵思想认识普遍得到提升，在锤炼党性、净化灵魂、强化责任方面收到很好收获。

【狠抓部队安全稳定】 2015年，军分区落实依法治军从严治军要求，狠抓部队安全稳定。扎实开展“学法规、用法规、守法规”活动，牢固树立法治意识。坚持用制度管事管人管权，全面学习贯彻《军分区、人武部正规化建设补充规定》，修订完善首长办公会议事规定、官兵职工教育管理、勤务队正规化建设管理、公务接待、经费使用等制度规定。认真学习新《基层建设纲要》，抽调精干力量组成课题组，结合人武部工作职责内容、工作对象、任务特点等客观实际，研究制订人武部贯彻《纲要》实施细则。严格落实“六个管好”，建立单位、社会、家庭监督管理机制，狠抓八小时以外社会交往管理。开展武器弹药专项清理整治，组织120名官兵职工签订“零持有”承诺书；将3区2县武器弹药全部集中到军分区民兵武器仓库保管，武器弹药管理进一步正规。

【提高综合保障能力】 2015年，军分区坚持以任务为牵引，努力提高综合保障能力。推动后勤管理规范化，坚持党委理财，认真落实党委集体领导下的军政主官会签制度。规范地方发票使用，加强对全区经费使用的审查，强化资金和银行账户管理，落实现金“双限额”管理措施。采用后勤干部每月集中办公、交叉审查账务等形式，规范财经管理秩序。认真开展财务工作大清查、违规住房大清理、资产清理等工作，利用财务管理系统、银行账户资金监督系统，借助地方税务发票查询系统等科学手段，翻阅凭证11798份，查询发票22311张，核查合同100份，审核资料2018份，查证经费开支、不真实票据、合同签订、手续不全、资产登记不规范、发放补助补贴等大小问题1270多例，涉及金额498.77万元，清退目标考核奖6万元，慰问金28.65万元，个人违规资金42.60万元。坚决推进住房专项清理整治，腾退违规占用公寓房4套、违规购置经济适用住房10套，整治领导干部超面积办公用房17套。加强职工管理，规范社会用工和非现役工勤人员聘用管理。着力纠治军车特权思想，加大驾驶员管理教育力度，整顿驾驶作风，维护军队形象；严格车辆维护保养和派遣制度，强化动态管理，强制性停驶6辆超标报废车，确保车辆安全行使。坚持重大工程项目纪委监督，通过公开招标，认真组织军分区轻武器射击场道路及后期工程建设，完成直升机备用停机场土地确权及围栏建设，加大米易县人武部搬迁建设指导力度。围绕担负多样化军事任务，积极探索民兵预备役非战争军事任务常态化、多样化、大规模后勤保障方法，努力提升综合保障效益。召开军分区后勤工作会，巩固拓展生活保障社会化成果，积极推进通用物资储备、基础设施建设、后勤技术服务等社会化。以官兵满意为标准，树牢服务意识，扎实做好各项服务保障工作，及时足额将部队各项经费和官兵、职工生活待遇落实到位。协调攀枝花市中心医院为官兵搞好"八一"拥军体检，保证军分区官兵身心健康。

【推进军民融合深度发展】 2015年，军分区紧跟地方经济社会发展大势，积极推进军民融合深度发展。坚持把参与和支援地方经济社会建设作为义不容辞的政治责任，广泛开展双拥共建。着力发挥生态环境建设中的骨干作用。紧紧围绕攀枝花市"五创联动"目标，广泛组织发动民兵积极参与天然林保护、生态建设和长江护林体系建设。投入20余万元，组织发动官兵和民兵在机场路建成50亩"国防林"。着力发挥扶贫帮困中的示范作用。积极开展定点扶贫帮困，军分区预算50万元在仁和区同德镇、凉山州木里藏族自治县克尔乡分别帮扶1个贫困村，由主官分别带队深入帮扶村开展调研，走访座谈贫困村民100余户，了解掌握其困难和需求，拟制扶贫规划细则并稳步推进实施，帮助扶贫点开展乡村道路建设，目前已经开工4千米；帮助争取建设1个集贸市场的项目，已完成建设土地审批；3个经济种植产业项目建设正在加紧实施。县(区)人武部分别预算20万元就地帮扶1个贫困村或联系几户贫困户。各县(区)人武部以民兵训练基地和"青年民兵之家"为依托，通过举办"三农"实用技术培训、建立民兵科技示范点、培养民兵示范户的方式，形成以民兵为骨干的扶贫网络。着力发挥维护社会稳定的卫士作用。充分发挥民兵人员多、社情熟、便展开的特点，积极组织民兵参与维护社会稳定，充分发挥卫士作用。东区民兵护林防火分队、仁和区苴却砚守护分队、攀钢、攀煤民兵守护队，完成抢险救灾、防火、护路、护厂、护矿等维稳任务；11月，仁和区出动民兵500人次参与四川省第四届自驾游博览会安保和秩序维护工作，以良好的形象、过硬素质圆满完成任务。2015年，军分区共出动民兵4000余人(次)，协助地方处置森林灭火、巡逻执勤、防止疫情、抗洪抢险等40余次。

【组织民兵骨干集训】 为深入贯彻习主席"能打仗、打胜仗"要求，破解"教练员队伍缺乏、专业训练难落实"问题，着力提高民兵实战化训练水平，3月16—20日，攀枝花军分区采取"小兵种大集中"的方式，组织开展高射机枪射击、重机枪射击、警棍盾牌术、水上救援、森林灭火等5个专业民兵骨干集训，集训采取分片区组织的方式展开，每个县(区)人武部各承担1个专业组训任务，每个单位每个专业各抽派5名民兵骨干参训，5个区县人武部和3个大企业武装部共训练骨干150人，有力提高民兵骨干军事技能和组训能力，为军分区民兵军事训练工作的深入开展和民兵分队应急应战能力的提升打下坚实的基础。

【组织基层专武干部集训】 4月26—30日，攀枝花军分区组织基层专武干部集训。为贯彻新颁发的《专职人民武装干部工作规定》，攀枝花军分区集中全市60个乡(镇、街道)基层武装部和5个大企业武装部共65名专武干部进行集训。集训采取连队式管理、院校式教学的方式，选派机关、人武部优秀教练员和地方专家，围绕具备军人基本素质、提高本职业务能力、探索基层建设规律等重点，对理想信念、政策法规、军事技能、教学法、情报信息工作、非战争军事行动、征兵工作、国防动员、民兵组织建设等内容进行学习训练，组织基层武装工作经验交流，有效提升基层专武干部综合素质，进一步打牢基层武装部建设基础。

【攀枝花市民兵综合应急营成立】 5月28日，攀枝花军分区组织召开攀枝花市民兵综合应急营成立大会。市、县(区)、人武部、企业武装部领导及民兵综合应急营全体民兵干部100余人参会。攀枝花市人民政府市长、市国动委主任张剡出席会议并为民兵综合应急营授旗。会议由攀枝花军分区司令员张青主持，军分区政治委员李力生宣布任职命令。此举是攀枝花军分区为贯彻全省民兵转型建设推进会精神和《四川省民兵应急力量规范化建设实施细则》的具体举措。民兵综合应急营是在前期对全市20余家国有、民营企(事)业单位调研的基础上，依托全市规模以上企业、高新技术产业、军民通用行业优势资源组建而成，辖应急通信、交通运输、医疗救护、防化4个连队，共264人。

【扶贫开发及帮扶工作】 根据军分区本级扶贫帮扶对象建立情况，张青司令员和李力生政委分别带队深入攀枝花市双河村和凉山州木里藏族自治县阴山村实地调研，根据调研情况制定帮扶措施，并多次组织军地领导召开现场办公会协商解决扶贫事宜。截至2015年底，已为当地扶贫点在修建新集贸市场争取到市级相关部门的政策和落实相关部门河流整治资金1390万元，并启动解决道路硬化工程、水利设施修建工程和科技致富帮扶方案。在藏区扶贫工作方面，军分区秉承激发藏区群众"造血功能"的思路，与木里县政府共同研究制定扶贫村的养殖业发展规划，筹划开展养殖帮扶工作，并积极协调畜牧防疫专家进山防疫，在品种引进、技术支援、资金援助等方面给予大力支持。

军分区8位团以上领导干部与攀枝花市仁和区同德镇贫困学生结成帮扶对子，多次专门抽出时间到学生家里、学校了解学习和生活情况，送去学习用品、生活物资和现金等，帮助改善学习环境。

【图片展览活动】 8月25—26日，由攀枝花军分区政治部牵头主办的"重温历史，缅怀先烈"纪念中国人民抗日战争暨世界反法西斯战争胜利70周年和红军长征入川80周年图片展活动在攀枝花市中心广场举行。活动得到攀枝花市委宣传部、市民政局和各驻军单位的全力配合。此次图片展是攀枝花市纪念抗战胜利70周年系列活动之一，展期两天。展板内容由红军长征入川、侵华日军暴行、抗战时期著名战役、抗战英雄人物事迹4个板块组成，共计90余块展板，展出图片近千张。通过讲述抗战的真实历史，弘扬抗战精神，既深切缅怀抗战先烈，又激发民众爱国热情。

【征兵工作】 2015年度共征集新兵389人（含女兵14人），其中大学生210人（14名女兵均为大学生），占54%，高中生（中专、中职）145人，占37.3%，初中生34人，点8.7%。大学生新兵比例比省军区要求高14个百分点，初中生比例比省军区要求低7个百分点。各人武部按有关政策规定，顺利与接兵部队完成新兵交接，并按照省军区明确的新兵输送计划，分批完成输送启运工作。

【保障"联合行动-2015D"军事演习】 7—8月，成都军区参加"联合行动-2015D"军事演习部队过境攀枝花市，攀枝花军分区承担辖区道路保通、协调部队做好相关保障和群众工作的任务。期间，军分区的各项保障工作得到参演部队官兵的高度肯定和赞扬。参演部队回撤后纷纷发来感谢信，对军分区在协调宿营、餐饮、医疗、支前等各项保障中的优质服务表示感谢，对军分区官兵的工作态度和雷厉风行的工作作风表示钦佩，并表示在军分区的大力支持和真情关注下，一定坚守我军宗旨，瞄准强军目标、坚定强军信心、献身强军实践，不辜负党和人民的重托。

（马富强）

武　警

【思想政治教育】 2015年，武警攀枝花支队始终扭住思想政治建设这个根本性建设不放松，更加自觉地坚持政治建队，确保部队绝对忠诚、绝对纯洁、绝对可靠。

抓理论武装立起主心骨。充分运用领导宣讲、专题研讨、岗位践行等方法，扎实抓好十八届五中全神的学习贯彻，专题学习"三严三实"理念，组织专题辅导、党课教育和主题党日会、习近平总书记系列重要讲话、全军政治工作会议和武警部队古田政工会议推进会精活动，切实筑牢忠诚可靠思想理论根基；结合肃清郭伯雄、徐才厚案件流毒影响，开展专题教育和经常性教育，切实统一官兵思想行动，坚定政治信念。

抓政治教育保证忠诚度。着眼培育"四有"革命军人，坚持主题教育铸军魂、基础教育打底子、经常性教育解扣子、形势政策教育统思想，进一步强化官兵听党指挥"忠诚度"；用好"三真"力量，突出抓好集中授课、小课串讲、课后讨论、体会交流、推门听课、开门评课等环节落实，严密组织优秀"四会"政治教员评比竞赛及理论骨干培训，广泛开展"新一代革命军人样子"大讨论活动，切实夯实官兵听党话、跟党走的思想根基。

抓思想稳控筑牢防火墙。扎实做好意识形态领域工作，深入开展政治纪律教育整顿，专题组织时事政策、防间保密、防范邪教等教育，注重加强网络和手机管控，确保官兵政治坚定；精心组织心理、法律服务下基层活动，细致做好一人一事尤其是"十四类"重点人员的思想引导、心理疏导和严格管控。年内，官兵思想纯洁稳定，没有出现违反纪律的人和事，支队的经验做法被省武警总队转发。

【组织建设】 2015年，武警攀枝花支队全面贯彻从严治党新要求，大力加强党委班子自身建设，努力肩负起带领官兵按照内涵式发展要求建设全面过硬一流支队的责任。

注重抓学习强能力。加强中心组理论学习、课题研究和参加省武警总队理论集训，采取习主席重要讲话精神跟进学，"军事篇""武警篇"战略思想专题学，新思想新理念新规定新要求及时学等措施，把科学的立场观点方法，转化为班子成员的理论观点、政治信仰、思维方法和实践指南，转化为部队建设的重点、官兵关注的热点、工作落实的难点等问题的解决，不断提高党委班子的政治信念、领导水平和工作能力。

注重守纪律讲规矩。坚持把守规矩落实到党内生活上，从严守好用党的领导的绝对性统领"双重领导"特殊性、坚决执行上级命令、严肃贯彻民主集中制，保证党委领导的正确方向；坚持把守规矩落实到党内团结上，主官之间、副职之间、部门之间，不当"两面人"、不做"阴阳事"，没有戒心疑心离心，团结一致干事业；坚持把守规矩落实到集体决策上，做到议事先议政，把是否符合上级政策规定、是否符合支队长远建设、是否符合官兵意愿作为党委决策"三条硬规矩"，研究决定重大问题，先守规定、再问民意、最后决议，不搞个人专断，不做集体"闯红灯"的决策，保证党委决策的科学性民主性合法性。坚持以讲政治讲政策讲纪律、敢担当敢负责敢较真、想基层谋基层抓基层、重公心重公平重公正的“四个导向”,凝聚“一班人”正风气、树形象、抓落实,7名班子成员都能以事业为重,把心思精力用在工作上,“一班人”为部队做好榜样。

【队伍建设】 2015年,武警攀枝花支队始终把干部队伍建设摆在突出位置,按照“好干部”时代标准,在选准、用好、育强、管严上下真功夫实功夫,不断提高素质能力,增强活力动力。

科学选拔任用干部。认真贯彻上级干部政策有关要求,严把选人用人标准条件,切实树立“好干部”时代标准和能打胜仗的能力导向。加强和改进干部考核工作,进一步修订完善营以下干部定期考评和平时考评办法,把敢于担当作为必备素质,注重从政治素养和道德品行上、从重大任务和群众公论中考察识别干部。坚持按原则按政策按规矩按程序选配干部,突出各级主官和班子调整配备,加大机关与基层之间、基层单位之间干部交流任职的力度,进一步优化结构、增强活力。严格落实干部任前公示等制度,切实增强选人用人准确性公信度,防止用人上的不正之风。

严格干部教育管理。持续抓好干部队伍教育活动,主官带头、以上率下,解决干部队伍尤其是少数主官心浮气躁、精力外移、作风漂浮、违纪违规等问题。加强干部“在位、尽责、守纪”检查督导,落实公开承诺、责任追究制度,加大对重点帮教对象、在外干部跟踪管控,督促各级干部安心尽责守纪。坚持把从严管理与关心爱护统一起来,为干部办实事做好事,做好转业干部移交安置、随军家属就业、子女入托入学、特困干部救济等工作。

建好用好人才队伍。认真贯彻省武警总队《十三五人才建设规划》,突出在科学管理、优化配置、大抓培养、深挖潜力等方面下工夫,为推进人才力量建设提供人才支撑。选拔优秀干部参加武警部队任职培训,鼓励参加各类在职继续教育,搞好学历升级和素质提升。运用人练基本功、规范化精细化落实等活动载体,突出抓好干部经常性应用性培训,着力提高胜任本职和善抓落实的能力。认真抓好院校招生、优秀士兵保送入学和大学生士兵提干等工作,从源头上提高部队干部质量。

【军事训练】 2015年,武警攀枝花支队按照“真难严实”要求抓实战化训练。紧紧围绕“能打仗、打胜仗”的强军要求,以新《纲要》、军事训练“八落实”,省武警总队、支队党委会议中心纪要为载体抓手,着力提高基础训练、实战训练、官兵分训、士官组训、训练保障、培养“教头”方法路子,完成省武警总队反恐集训比武、季度军事考核、军事科目规范、勤训轮换等大项军事活动,研究军事训练“十项措施”,坚持季度全员全科目考核、分层建立训练档案、设立“龙虎榜”和“曝光台”,严密组织战训法集训、反恐应急班驻训比武、“卫士－15·雪域”带实战背景的综合比武、演习,军事训练水平呈稳步上升态势,全年军事训练成绩达到优秀。

【战备执勤】 2015年,武警攀枝花支队突出强军之要,紧贴职责使命,努力在加强部队战斗力建设上下工夫,促进以执勤处突为中心的各项任务完成。着眼认真学习领悟上级新思想、新理念、新规定、新要求,支队党委四次召开议中心专题会议,学规定、析形势、查问题、研措施,不断强化谋中心、抓中心意识;着眼驻地维稳形势和重点,围绕编携配装训狠抓反恐排和应急班建设,常态搞好战备教育、方案演练和针对性训练,提高快速反应、及时应对、有效处置能力;打好“三场战役”,落实武警部队、省武警总队誓师动员大会精神,抓好情报收集、形势研判、方案修订和敏感期战备工作,5次组织不打招呼的检验性拉动,不断提高部队“箭在弦上、引而待发”战备水平。在此基础上,认真学习贯彻武警部队“湖北会议”和省武警总队“凉山会议”精神,结合执勤安全教育整顿、勤务鉴定和反恐大排查活动,组织部队学习新规定、把握新要求、落实新举措,紧紧跟上中心工作的开展步伐;深入查找治理执勤隐患,加大常委编组查、机关专项查、值班网络查等勤务检查监督力度,确保固定执勤目标绝对安全;从严管控各类临时勤务,坚持重大任务常委带队、机关干部和基层主官一线组织、值班首长全程跟踪,确保任务安全。

【后勤建设】 2015年,武警攀枝花支队紧紧围绕现代后勤“三大建设任务”,围绕“三个服务”,下工夫提高后勤综合保障水平。

建强应急保障力量。按照“一组五队”要求,突出抓好应急力量建设,修订完善各类应急保障预案,及时补充各类应急保障物资,严格落实“三分四定”,做到储、运、供、管配套合理;定期组织野炊、救护、车辆故障排除等应急保障训练,提升后勤队伍能力素质,确保遇有情况能够“拉得动、供得上、救得下”。

强化后勤依法管理。适应整风整改的新形势、新纪新规从严落实的新常态,深入推进伙食管理年、现代后勤检验评估,结合财务工作大清查和生活费、集中采购、工程建设、经济适用住房清理整治,坚持把查找问题与整改纠正、整改问题与重申规定、清理清查与规范工作结合起来,在整治整改中进一步严格标准、制度、秩序、规范的执行,提升经费物资依法管理。

抓好专业人才培养。集中组织驾驶员、炊事员、理发员、水电工技能培训,每月组织司务长以会代训,分两批组织后勤人员勤训、轮换集训，对专业士官组织集中教育整训，结合清理清查重点，加强后勤干部业务技术、思想作风、道德纪律的培养提高，促进后勤队伍建设。

【拥政爱民】 2015 年，武警攀枝花支队认真落实“双重领导、双重保障”的指挥管理体制，将接受攀枝花市委、市政府领导贯穿于部队建设和完成任务的全过程；借力地方优势提升官兵素质，先后组织官兵参加地方两用人才培训 316 人次；发挥部队优势，为攀枝花学院、攀枝花市二十五中小、大河中学、中国银行攀枝花分行等单位军训 15000 人，讲授国防知识课 20 余场次，每月组织攀枝花市中心广场升旗仪式，弘扬爱国主义正能量；积极参与挂村帮户活动，帮助盐边县惠民乡跃进村疏通进村公路，购置教学用具，资助 3 名贫困学生，同时还先后为灾区等捐款 10 万余元，开展便民服务活动 20 余次，不断拓展双拥共建内涵和质量。

【文化宣传】 2015 年，武警攀枝花支队深入开展纪念抗日战争胜利 70 周年和“强军风采”系列文化活动，严密组织主题文艺汇演和第二届军事体育运动会，不断砥砺官兵血性虎气；着力加强政治文化环境建设，细化“五小”自我教育活动，用好“三个半小时”“三帮一带”等制度载体，精心打造特色文化队伍，部队发展内涵底蕴更加厚实。年内，先后在各新闻网、省武警总队局域网发表稿件 500 余篇，《立起好新一代革命军人样子》等 10 篇经验做法被省武警总队和武警部队政工网转发。

（孙玉壶）

人民防空

【概　况】 攀枝花市人防工作始终以军事斗争人防应急准备为牵引，遵循“长期准备、重点建设、平战结合”的方针及“与经济建设协调发展，与城市建设相结合”的原则，积极推进防空防灾“两防一体化”建设。2015 年，攀枝花市人防办按照四川省人防办提出的“三位一体”的人防发展道路（即：一个总体要求、一个指导思想、一个工作重点），按照“战时靠得住、平时用的上”的总体要求，以“重在建设”为指导，以人防“六个一”项目建设为抓手，不断提高人民防空的战备效益、社会效益和经济效益。积极融入政府应急管理体系，融入社会经济发展，走融合式发展道路。完善人防组织指挥体系，结合民生修建人防工程，拓宽人防、民防知识宣传教育渠道，扎实推进基层人防组织建设，强化基础训练和综合演练，不断提高人防的整体抗毁能力、快速反应能力、应急救援能力和自我发展能力。

【组织指挥】 2015 年，市人防办继续强化以地面站、市机动通信系统为依托的全市人防应急机动通信系统建设，形成以卫星地面站、短波通信、超短波通信、3G 图传、北斗导航和警报信号发放等多手段一体化的网络体系，确保全市人防卫星通信、短波通信、视频会议和警报统控系统的统一性和互联互通。形成地上与地下、固定与机动相配套的防空防灾综合指挥平台。自攀枝花市应急联动中心在市人防办挂牌后，为有效整合全市信息资源，省人防办及市级相关部门积极支持市人防办将现有的人防指挥平台升级改造成为全市应急指挥联运平台。攀枝花市是国家确定的二类重点人防城市，为适应新时期防空袭斗争的需要，加强攀枝花市战备建设，攀枝花市人防办于年初启动《攀枝花市城市防空袭方案》修订工作。《攀枝花市城市防空袭方案》是未来战争中开展城市防空袭斗争的总设想。它既是平时攀枝花市进行人民防空战备建设的主要依据，又是战时开展防空袭斗争的总方案。方案按照一个基本案，8 个保障计划（防空袭政治工作保障计划、防空袭人口疏散保障计划、防空袭交通运输保障计划、防空袭物资保障计划、防空袭医疗救护保障计划、防空袭通信警报保障计划、防空袭消防洗消保障计划、防空袭工程保障计划），9 张空袭附图的构成进行修订。历时 9 个月，收集和整理 9 万余字及 100 余张表格的基础数据，于年底通过评审。

【工程建设】 2015 年，攀枝花市人防办坚持“以建为主，以收促建”的原则，认真执行《人民防空工程建设管理规定》等法规制度，严格执行“两集中、两到位”（推进一个行政机关的审批事项向一个处室集中、行政审批处室向行政审批服务中心集中，保障进驻行政审批服务中心的审批事项到位、审批权限到位），认真执行首问责任制、一次告知制、限时办结制，实现“咨询一人清楚，进一门办好，按承诺时限办结”。承诺人防工程的质量监督和竣工验收的非行政审批项目在 5 个工作日内完成审批流程。实行事前施工图交底，事中跟踪上门服务，事后分步工程验收及工程竣工验收，为办件提速提供实质性的保障。依法开展结合民用建筑修建防空地下室工作，至年底，全市审批人防工程建设 4 件，审批面积 1.6 万平方米，竣工验收人防工程 9 个，竣工面积 4.3 万平方米，工程完好率 100%；审批人防工程易地建设 20 件，严格按照《关于规范和调整防空地下室易地建设收费的通知》收取易地建设费 1500 余万元，超额完成年初下达目标任务 800 万元的 187.5%。对廉租住房、公共租赁房、经济适用房、棚户区改造等保障性住房项目免收人防易地建设费，其他所有项目全部按照《中华人民共和国人民防空法》的要求，应建必建。坚持以“建一个工程，筑一道防线”为目标，着力建设高质量高标准的精品工程，发挥人防工程单位面积效益，实现人防工程建设从独立独栋建设向统一集中建设转变，从分散型建设向集约型建设转变，从小型化建设向规模化建设转变，进一步增强“结建”人防工程的平时使用功能和使用效率，社会效益和经济效益显著提高，全市人防工程人均掩蔽面积增效明显。截至年底，规模化人防工程建成并投入使用3个（金海·开元名都大酒店、金瓯广场和峻岭天下人防工程），在建和将建规模化人防工程9个，建筑面积约11.5万平方米。其中，在建规模化人防5个（金海世纪城、香榭丽都、银泰城、波尔卡城邦和金域阳光），将建规模化人防工程3个（御景城、帝景华庭和攀枝花市综合客运中心），规划建设规模化人防工程1个（恒大城）。

【平战结合】 2015年，为不断提高人防工程等设施的开发利用程度和为社会提供公益服务的水平，攀枝花市人防办重点突出主城区平战结合人防工程建设，完成社会投资建设人防工程资金1.5亿元；开发利用人防工事30000平方米，平战结合收入100余万元，创产值1400余万元。人防“结建”工程平战结合利用率达90%，完成市委、市政府下达的新增1200个停车位民生工程建设任务，吸纳就业70余人。市人防办将人防工程开发利用与日常维护管理并行，强化全市148000平方米公共人防工程的维护管理，按照“一把手亲自抓、分管领导具体抓，安全问题责任到人”的原则，对地下宫、竹湖园等市直管人防工程建立防火档案，制定灭火、应急疏散预案，坚持做好安检记录；坚持在重大节假日，旱、雨季，采取现场检查与不定期检查相结合的方法开展安全隐患排查整治活动。全年，完成“5·20”早期人防工程维修改造项目的竣工验收工作；全力打造竹湖园人防工程、地下宫人防工程，促进人防产业成为调结构、扩内需和惠民生的新的增长点。对攀枝花市人防应急指挥中心、“5·20”早期人防工程、竹湖园人防工程、中心广场地下宫等人防工程的建筑结构安全、供变电系统、消防系统、疏散通道等易产生安全隐患的重点部位，以及安全生产责任制落实情况、安全生产管理情况、安全措施落实情况及节假日值班情况进行检查。发现问题，及时查找原因，制定措施，限期督促整改，彻底消除安全隐患，确保各人防工程安全运行。

【警报建设】 2015年，逐步完善攀枝花市人防应急指挥中心指挥信息系统工程巩固市人防指挥所与省人防办指挥中心、三区两县人防办之间的通信联络。完成省人防办下达的通信任务，坚持每周二与省办指挥中心进行远程视频连接，确保设备运行正常，全年与省人防固定电台联络时间共计209小时，联络次数374次，沟通369次，收报366份9150组（字），沟通率为98%；市级短波二级网全年共联络35次，沟通35次，发送报文30份共750组（字），沟通率为100%；报务员全年进行数字码抄收等基本业务训练达800小时以上；按国家防办文件精神，对超短波网进行改造，更换双工器，对约6套差转台、20个车台、70部手持机进行重新调试和写频，实现网络运行正常；卫星地面站全年开通约40小时。4月下旬至5月上旬，组织对全市75台防空警报设备设施进行普查及经纬度标注工作，进一步完善档案内容。重新调试安装市第十三小学、市第六中等单位的防空警报器。顺利完成“九一八”全市防空警报试鸣工作，共有80台警报器参与鸣响，鸣响率达100%。

【疏散基地建设】 深入贯彻落实《四川省人民防空战时（应急）人口疏散基地建设的意见》，结合新农村建设战时（应急）人口疏散基地，按照“以人为本、统筹规划、积极兼容”的原则，选择交通便利，供电率、供水率、通信覆盖率均达到100%，且基础设施完善（建有休闲广场、篮球场、文化活动室、医务室、公共洗衣池和公厕等）的村（社区）作为战时（应急）城市人口疏散安置点。统筹利用现有资源，促进战备效益、社会效益和经济利益的有效统一。各乡镇疏散工作均制定有接收安置方案和保障计划，具体明确接收安置农户人数、可安置人数及户主信息。对所有安置户进行统一编号，悬挂有“战时人口疏散安置户”的铭牌，乡、村（社区）均悬挂“战时人口疏散安置点”的铜牌。做到每户家庭、每位居民能够掌握自己紧急疏散时的路线和场所，清楚在紧急情况下“谁来管、怎么走、到哪里去”。全年新建成达标疏散基地2个，即仁和区大龙潭乡和盐边县的国胜乡，可疏散14713人。至年底，全市达标疏散基地实现可安置人口149527人。

【专业队伍】 2015年，攀枝花市人防办根据攀枝花市政府、攀枝花军分区《关于加强人民防空专业队伍建设的意见》要求，整合抢险抢修、医疗救护、防化防疫、通信、运输、消防、治安7种专业队伍，全年完成全市1767人的人防专业队伍整组。同时，为锻炼和提高人防通信分队在防空防灾、参与应急抢险情况下的快速反应能力和应急通信保障能力，检验移动指挥系统在山区、高原等复杂条件下设备设施运行及维护管理情况，结合人防工作实际，组织4次人防通信分队跨区域野外拉练，参训人员达155人次，训练时长达288小时；全年完成人防应急通信分队人员整组65人，应急通信队伍每月坚持2次以上市内训练，全年训练时间达360小时。为培养一支“战时应战、急时应急、平时服务”综合素质出色的志愿队伍，4月组织民防志愿者队伍开展了应急运输、医疗救护、心理咨询等灾害应急救援演练活动。9月，市人防办举办全市警报维管人员业务培训一期，参训人员达

65人次。培训结束后，对警报维管人员进行业务能力测试，通过现场内部发放各种警报指令，考察警报器维管人员在紧急情况下，警报手动控制及通过中控发放警报指令的能力。

【基层组织】 攀枝花市人防办积极推动基层人防(民防)组织建设，按照“先试点，再总结、后推广”的工作模式，逐步分批在全市的街道(社区)、乡镇、攀枝花学院等大(中)专院校和企业成立人民防空领导小组，在各街道所辖社区居委会建立“社区民防工作站”，已基本实现覆盖市、县(区)大企业(重要经济目标)和街道(乡镇)三级人民防空防灾组织指挥体系的总体目标。截至年底，攀枝花市设立人防工作站15个，民防工作网络逐步完善，民防工作走上融合式发展快车道。人防工作站职责明确，主要负责对本辖区公民进行人民防空法律法规宣传和防空防灾知识教育，做好机关企事业单位、在校学生的防空防灾知识普及工作；负责本辖区战时人口疏散工作；负责人防志愿者队伍组建和训练等几项工作。责任落实，街道办组建人防工作总站，街道办主任兼任总站站长，明确一名副主任负责人防工作；社区组建社区人防工作站，社区主任兼任站长，明确一名副主任负责人防工作。管理规范，人防工作站做到“十落实”(即：牌子落实、人员落实、计划和制度落实、场所和宣传阵地落实、队伍落实、宣传教育活动落实、宣传教育器材和教材落实、人防工程和应急避难场所标识落实、应急设备和器材落实、疏散方案落实)。

【宣传教育】 2015年，攀枝花市人防办以宣传人防政策法规和建设成就为重点，全方位多渠道开展人防宣传工作。以重大活动为载体，充分利用好宣传时机。在竹湖园广场组织开展“3·1”国际民防日系列宣传活动，通过发放宣传手册、摆放宣传展板、新浪微博同步直播等方式向大家宣传防空防灾知识。丰富宣传的多样性，工作人员还走进公园，走进商铺一边发放宣传资料，一边进行知识讲解。活动共发放宣传手册、资料等5000余份，接受群众咨询达100余人次，不断增强居民自我防范意识、防灾减灾意识和避险应急能力。以民防知识教育为载体，发挥社区的辐射作用。通过发放宣传材料、制作宣传板报、开设培训班、配备适当器材、开展疏散演练、应急自救讲座等活动，多渠道宣传人防知识与法规政策。通过“社区教育居民，居民宣传到户”的方式，形成全民学民防的氛围。以人防宣传阵地为载体，抓好经常性宣传。在五十四小广场、阳城社区、机场路建立图文宣传教育阵地，制作人防法律法规和民防知识宣传栏，悬挂宣传标语，制作宣传牌，为广大市民提供学习人防法律和民防知识的平台。

【“六个一”项目】 《四川省人民政府办公厅关于加快推进人民防空(民防)“六个一”项目建设的通知》将人防“六个一”项目建设列为近期人民防空工作的重点，人防“六个一”项目指：一个基本指挥所、一个机动指挥所、一个以上规模化人防工程、一个核心疏散基地、一个民防宣传教育中心、万人以上乡镇一套预警报知系统。攀枝花市人防办已初步完成“三个一”项目(一个机动指挥所、一个以上规模化人防掩蔽工程、万人以上乡镇一套预警报知系统)的建设任务。2015年，攀枝花市人防办以“六个一”项目建设为重点，加快推进人防基本指挥所与民防宣教中心建设。目前攀枝花市将人防基本指挥所与民防宣教中心项目纳入《攀枝花市“十三五”规划重大项目库——民生保障工程》，拟选址于花城新区，与其他市重点项目一起统筹规划建设。项目建设周期为2016至2018年，规划总投资为11000万元。同时，市人防办积极向省人防办、省财政厅争取建设资金，经核准的570万项目前期建设专款已拨付到账。

(杨子仪)

消　防

【概　况】 2015年，攀枝花市公安消防支队认真贯彻落实党的十八大、十八届三中、四中全会和全军政治工作会议精神，紧抓全面深化改革发展机遇，攻坚克难、砥砺奋进，以“建官兵满意班子，带人民满意队伍”为目标，以“风气先导、建设先行、铁军先进、文化先锋”和“执法最阳光、队伍最和谐”为要求，始终坚持“增强稳中求进的战略定力、坚守两个稳定的底线意识、保持创新发展的激情活力、推进四大体系建设”的工作思路，全面落实“五大消防”要求，不断在求真务实中开拓进取，努力在应对挑战中加快发展，构建“政府统一领导、部门依法监管、单位全面负责、群众积极参与”的社会化消防工作新格局，确保全市火灾形势总体持续平稳，全市连续10年以上未发生较大以上火灾事故，全市消防工作和部队建设呈现出安全、协调、持续、“内涵式”发展的良好态势。全年，支队获得全省消防部队政治干部岗位练兵团体第二名和装备技师比武竞赛团体第三名的优异成绩，创新制作的“狭小空间救援担架”被省消防总队评为优秀“三小”成果奖；攀枝花大道特勤中队被表彰为“全国青年文明号”、获评“全省政法系统先进单位”，防火监督处法制宣传科被公安部消防局表彰为“优秀消防法制部门”，攀枝花大道特勤中队党支部被省消防总队表彰为“全省消防部队先进基层党组织”；2名官兵获“全省消防部队优秀共产党员”等省级以上表彰，2名士官分获“公安消防部队士官优秀人才一等奖”“攀枝花市第三届道德模范”，113人次立功受奖。

【火灾及接警出动情况】 2015年,全市共发生火灾512起,受伤3人,死亡4人,直接财产损失210.32万元。与2014年相比,火灾起数下降29.77%,亡人数下降20%,伤人数上升300%,直接财产损失下降77.89%。在全国相继发生哈尔滨“1·2”、平顶山“5·25”、天津“8·12”等重大火灾事故及全省火灾形势较为严峻的情况下,全年火灾形势持续稳定,全市连续10年未发生较大及以上火灾事故。

全年,全市消防部队共接警出动1586次(含增援),出动消防车2826辆次、官兵15659人次,抢救被困人员236人,疏散人员1586人,抢救保护财产价值近2亿元,无灭火救援失误。

【消防工作社会化】 2015年,市消防支队以“政府统一领导、部门依法监管、单位全面负责、群众积极参与”为消防工作原则,不断加快推进消防工作社会化进程。以攀枝花特色的《政府落实消防责任“五个一”机制》为抓手,充分发挥政府主导职能,推动市委、市政府将消防工作列入重要议事日程,不断推动各级落实《攀枝花市“十二五”消防事业发展规划》要求,确保全市消防工作的有序开展。推动政府主导消防工作,提请市政府召开常务会专题审议通过《2015年消防工作意见》和《消防工作目标任务分解表》,协调市、县(区)两级政府召开消防工作专题会议22次,与职能部门签订责任状257份。市委书记张剡,市委副书记、市长杨自力,市委副书记于会文,副市长殷旭东等市级主要党政领导多次专题听取工作汇报、率队开展消防检查、调研指导部队建设,对消防工作作出重要批示指示,全市消防工作实现有力推进。构建“横向到边、纵向到底”的消防安全责任体系,建立完善消防工作检查考评机制,推动市政府将消防工作纳入目标考核、政务督察重要内容,定期组织检查。严格落实行政问责制度,明确奖惩,落实责任,年初组织开展全市2014年度消防工作考核,并进行全市通报。加强责任职能部门协作配合,充分发挥市政府消安委平台作用,定期召开联席会议,全面分析研判全市火灾形势,研究消防工作难题,协调、规范监管行为,不断改进、完善协作方式,全年共召开联席会议2次,研究解决消防安全重大问题3项,开展消防安全专项治理14次。年初迎接国务院消防考核筹备工作中,提请市政府组织召开协商会,划分目标任务,协调联系或指导市级部门收集、整理相关资料1000余份,有力推动市级各部门督促抓好本行业、本系统消防安全工作的责任落实。大力加强和创新社会消防管理,深化重点单位“四个能力”建设达标成效,推动社会单位主体责任的不断落实。目前全市人员密集场所的“四个能力”建设达标率、重点单位消防安全“户籍化”档案建档率、重点人员密集场所的“三提示”工作覆盖率均达100%。不断推进落实社会工作参与责任,完善《火灾隐患举报投诉奖励实施办法》,充分发挥“火灾隐患投诉举报中心”平台作用,建立以“户长”“楼长”为主体的村社(居委)消防联动体系、发挥基层派出所和警务室的职能作用等方式,采取全方位、立体化的社会化宣传,广泛动员和引导广大群众全面参与,营造全市上下关注消防、参与消防的社会氛围。

【火灾隐患整治】 2015年,市消防支队始终以服务攀枝花市“三个加快建设”“三个走在全省前列”为既定目标的经济建设发展大局,始终站在“保稳定、重民生、促发展、稳全局”的高度,落实《2015年全市消防工作意见》《2015年全市防火工作要点》要求。在建市50周年庆典活动“9·3”抗战纪念和第六届四川国际自驾游交易博览会等一系列重大安保任务中,履行消防监督职责,排查整治火灾隐患,提高社会公共消防安全水平,改善全市消防安全环境。扎实开展敬老院、劳动密集型企业、彩钢板违章建筑、夏季消防安全检查、易燃易爆场所和冬春火灾防控等13个专项整治行动,切实从源头上根治各类消防安全隐患,减少火灾隐患“存量”,控制火灾隐患“增量”,有效预防和遏制火灾事故的发生。平顶山“5·25”、天津“8·12”火灾事故发生后,分别提请市政府、市公安局在全市范围内主动开展为期10天和2个月的专项整治活动,被省消防总队简报刊载。抗战胜利70周年纪念和西藏自治区成立50周年消防安保期间,全市各级消防部门以高标准、严部署、强措施,扎实开展火灾隐患排查整治,始终保持火灾隐患排查整治高压态势,实现全市未发生较大以上火灾的既定工作目标,全市实现火灾“四项指数”全面下降,即火灾起数下降26.56%、直接财产损失数下降83.12%、火灾受伤人数下降50%、火灾死亡人数下降100%,火灾防控能力大幅度提高。全年,全市各级消防部门共出动监督检查警力15419人次,检查单位(场所)7699家,发现火灾隐患或违法行为5036处,依法整改4937处,下发《责令改正通知书》3469份,责令“三停”(停止施工、停止使用、停止营业处罚)35家,临时查封36家,行政拘留6人;共办理消防审核63件,消防验收72件,消防设计备案68件,消防验收备案71件;组织实施火灾原因调查21起,无执法投诉、执法过错、行政复议。落实《攀枝花市重大火灾隐患整改指导意见》,市、县(区)政府定期检查、消防部门上门指导、媒体平台及时曝光等做法,完成博胜商场、粮康花园2个重大火灾隐患整改。深化全市街道、乡镇、农村消防安全三级“网格化”管理成效,对火灾高危单位全面实施“户籍化”适时动态监管。年初及时调整全市消防重点单位向社会公告,每月组织、督促社会单位及时录入更新完善消防资料档案，每半年向社会面通报单位消防工作开展情况。

【消防安全宣传】 2015年，市消防支队全面提高消防安全素质，宣贯《全民消防安全宣传教育纲要(2011－2015)》，在消防宣传“七进”中，开展社会化消防宣传和媒体消防宣传活动，建立完善政府主导、立体互动的消防宣传新格局。全方位宣传，会同市政府新闻办先后组织召开2次新闻发布会，及时向省市各级、各类媒体通报消防工作信息；依托市电视台、汽车电台、晚报、微信、微博等媒体，向社会公众及时报道消防部队防火监督、灭火救援情况，剖析火灾案例，以案说法，以理服人；开展消防宣传“入村(社区)进户”和“进军训”活动，组织民间艺术团体每月到1个乡镇开展1次消防宣传演出，组织全市军训学生进行消防安全教育；推进“微文化”为主题的消防宣传新模式，成功录制《隐形的卫士》微电影，拍摄消防安全宣传片2部，通过微信、微博和“攀枝花119”电视栏目广泛展播。拍摄的“当非主流撞上绿军装”消防图组在各大媒体广泛刊载，点击率超过200万条次，有效提升消防关注度、群众参与度，获评省消防总队“今天我们都是消防员”微信作品二等奖。全社会参与，发动全市消防志愿者深入周边社区、农村、单位、学校开展消防宣传，协调宣传教育培训部门在公交车、出租车、移动广告车上增设消防安全警句，特别是在“119”消防宣传周，以政府名义发文表彰119消防奖先进集体和个人，广泛开展“社区消防宣传大使”评选活动，邀请近百名记者深入消防站体验警营生活，将“三个一”活动推向深入。全方位培训，将消防安全教育纳入党政领导干部及公务员培训、职业培训、科普和普法教育、义务教育内容，创新开展“消防安全检查现场奖励”活动，受到群众一致好评。全年，支队在中央、省级媒体刊播新闻、信息、图片200余条次，中央电视台、四川电视台、四川新闻网均多次反映支队工作；与市电视台合办《攀枝花消防》栏目12期，拍摄微电影1部、消防安全宣传片2部，印发消防安全宣传单3.2万余份，印制《防火宝典》2万册，发送消防提示短信40万余条；举办流动培训52期，覆盖全市50余个行业系统，培训人员5200余人，开展开展疏散逃生演练近千次，“全民消防”理念逐渐树立。

【监督执法】 2015年，市消防支队深入推进执法规范化建设，在提高执法公信力上取得新突破。加强执法业务培训，修订完善支队《执法工作规范》，成立“执法督导服务队”，采取党委成员定点指导、防火科室一对一帮扶、督察部门定期核查等措施，深入开展“执法大讲堂”、执法现场观摩、典型案例点评等活动，以讲促学，经验互通，全年举办12期集中培训班，开展2次分岗位强化培训，定期开展全体防火干部理论测试，提升监督执法人员的执法水平。加强《四川省公安派出所消防监督检查工作规定》的宣贯落实，明确公安派出所消防监督职责，按照“边宣贯、边培训”原则，制定派出所民警学习培训计划和推进表，采取有效措施，确定专人指导培训，举办6期200余人参加的派出所民警消防业务培训班，有效提升公安派出所消防监督执法能力和水平，形成“全警动员、责任明确、多警联动”的良好局面。加强执法责任追究，在全省网上执法质量交叉检查中，深入开展执法回执督查、执法质量考评等工作，通过抽查案卷、调查走访、现场核查等方式，督促执法人员牢固树立执法责任心、公正心，促进执法程序规范，全年组织开展执法回执制度落实、执法记录仪规范使用、行政许可法律文书使用等专项检查12次，发现并整改问题18处。强化执政为民，加强窗口建设，健全集“业务受理、举报投诉、消防宣传、咨询服务、廉政监督”于一体的市政务中心一站式服务窗口，支队《便民利民十三条措施》的执行落实，精简行政审批、执法办案流程，有效提升执法服务水平。按照“精确归档、数字建档、规范管档”的工作思路，斥资70余万元加大执法档案室建设，聘请市档案局4名专业人员对支队2004年以来的所有执法案卷进行规范整理，对确定长期保存的4000余件纸质文档进行数字化扫描和系统录入，完成总队数字化执法档案室建设试点任务。

【实战化练兵】 2015年，市消防支队终紧盯“能打仗、打胜仗”这一强军战略目标，坚持向管理要战斗力，向训练要战斗力，提升部队攻坚克难能力。加强正规化建设，始终坚持党委统揽、主官主抓、分管专司、机关合力、上下协同、综合治理的运行机制，规范部队“四个秩序”，深化在全省推广的部队“网格化”管理，先后部署开展条令条例暨规章制度学习月、全员军人职业化养成整训、法纪法规警示教育等活动，部队正规化水平提升。加强实战化练兵，以实战化科目训练为纲，全面开展立体进攻、纵深突破、破拆排险、堵漏抑爆、深井救人等攻坚课目训练，先后组织全勤指挥部、整建制中队实兵实装演练等180余次，开展整建制中队实战化比武和业务技能竞赛2次，完成“攀西片区大跨度大空间应急救援综合演练”增援任务，有效提升部队作战效能。通过牵头承办总队“雷霆—E”地震救援综合演练，实地锤炼部队快速反应、拉动集结、实战救援和军地联动作战能力，其中军地联勤联战提升救援效能的工作做法，被部局、总队简报登载反映。推广多种形式消防队伍建设，完成米易县丙谷镇、盐边县渔门镇专职消防队建设任务，新招录政府专职队员30人，文职人员7人，增配执勤车3台，灭火救援实力大幅提升，同时依托大型企业、乡镇政府，先后成立18支自愿消防队伍，人数达到420人，对初期火灾扑救起到较大作用。

不断夯实战训业务基础，着力解决基层战训资料“僵、假”问题，创新开展季度基层战训基础资料集中评审活动，全面推进基础资料完善、消火栓普查、装备实地测试、举高消防车“四个一”训练工作，年内共制定或修订各类灭火救援预案330份、重点单位熟悉卡330份，规范制作各类战训应知应会资料200余册，并结合实际修订编印《缺水地区供水方案》和《全市交通水源手册》。以“执勤中队干部能力考评”和“士兵职业技能鉴定”为载体，深入开展“战训大讲堂”活动，组建各类“战训兴趣爱好小组”9个，为部队培养一大批“战术通”“业务通”“器材通”人员。“8·12”天津重大火灾爆炸事故后，针对辖区常见的17种危化品，编印《易燃易爆危险品应急处置简明手册》下发基层部队学习，巩固和强化官兵对业务理论知识的熟悉掌握，全年共开展战训大讲堂和战例研讨21次，各级指战员发表战训调研文章110余篇，创新技战术操法5项、器材10件套，其中“狭小空间救援担架”被省消防总队评为优秀“三小”成果奖。

【后勤保障建设】 2015年，市消防支队强化后勤保障能力建设，积极争取市委、市政府及财政等职能部门的支持，确保全市部队各项经费需求在今年地方财政极端困难情况下全部得到满足。加强装备器材建设，按照“增加数量、优化结构、提升质量、配足配强”，投入专项经费购置举高喷射车、城市主战车等执勤车辆6台，个人防护装备及灭火救援器材5500余件(套)，各类消耗性灭火药剂61吨，完成省上下达的目标任务。加强部队基础建设，大力推进培训基地暨战勤保障大队建设，已完成主体工程建设；投入90余万元，完成金沙大道中队、新街社区中队、二滩中队营房装修改造，并争取中央补助资金，启动攀枝花大道中队维修改造工作。加强经费使用的规范管理，建立党委宏观理财、部门按预算开支、财务按预算审核的“标准化”流程，强化基层单位对预算经费的合理安排，全面规范经费开支审批制度和经费报销。注重提升经费效益，坚决贯彻落实中央“八项规定”、公安部党委“十项规定”以及总队党委有关作风建设规定，严格落实公务卡结算制度，最大限度压缩消耗性开支，年内行政性消耗经费、“三公”经费压缩比例分别达到9.9%、89.85%，确保最大限度地把经费用到部队建设和战斗力提升的“刀刃”上。

【班子队伍建设】 2015年，市消防支队始终秉持“建一流班子、带一流队伍、干一流业绩”的理念，以党建工作为龙头，牢牢把握领导班子和干部队伍建设这一根本，以能力和素质建设为核心，不断推进部队执政能力建设。

不断加强各级班子建设。年内召开党委会21次，研究解决重大议题144个，高质量集中学习会12次，民主生活会3次，为基层解决实际困难34件。并先后召开“361”规则推进会5次、举办基层党组织书记培训班、入党积极分子培训班各1次，集中学习讨论会3次，开展以“戴党徽、亮身份、争标兵”为主要内容的“党员亮身份”活动、“铭记政治生日，牢记党员责任”重温入党誓词主题党日活动和“公安消防党旗红”创先争优活动等，激发和增强全市消防部队党员官兵身份意识。

不断加强人才队伍建设。深入推进支队特色的“成才在警营”干部骨干队伍素质提升工程，规范师徒结对、干部异岗异地锻炼、基层骨干人才培养、两用人才培养等方面的工作流程，通过每季度由机关职能部门向本系统内官兵下发指定学习资料，通过考试检验学习效果的方式督促官兵学习、举办干部全员培训班、组建各类兴趣小组、鼓励官兵参加在职学历教育等措施，全面提升人才骨干综合能力素质。严格落实党管干部原则，修订完善支队《干部管理规定》《干部绩效考核实施细则》《营职领导干部竞争选拔工作办法》等，全面推行营职干部“双考”，机关干部“公选”等要求，全年12名营以下优秀干部得到提拔使用，12个基层班子全部得以充实，部队上下进一步形成“凭实干进步、靠业绩用人”的导向。开展“五类标兵”争创评选活动，在支队政工网专栏每季度对标兵进行展播，全年各级共上报94人次参加评选，有效发挥先进典型引领作用。

加强从优待警工作，制定落实支队党委《2015年为基层办实事计划》，组织修订从优待警实施细则，健全发挥党员济困帮扶基金机制。聘请两名律师作为常年法律顾问为官兵开展法纪教育和法律维权服务，全力为官兵排忧解难。全年，共办理家属随军未就业补助18人、看望住院官兵18人，移交转业干部4人，选拔2名优秀士官到地方学驾驶，依托“党员济困帮扶基金”对7名家庭困难官兵进行帮扶。

不断打造服务型机关，牢固树立面向基层、面向官兵、面向群众的服务导向，在机关干部中喊响“从我做起、向我看齐、对我监督”的口号，牢固树立“不让上级交办的事项延误、不让待办的文件积压、不让前来办事的官兵冷落、不让机关的形象受损”的观念，努力使机关干部在学习上先于人、政治上强于人、创新上优于人，风气上正于人，形象上好于人。年内，先后派出40余人次深入基层对工作、部队管理教育、警营文化建设、消防监督执法等工作进行帮扶指导。

【党风廉政建设】 2015年，市消防支队认真贯彻落实中央纪委十八届五次全会精神，严格落实党风廉政建设“一岗双责、军政同责”和党委主体、纪委监督“两个责任”要求，狠抓部队各级党风廉政建设，不断内强官兵素质、外树良好形象，努力建设“官兵满意、群众满意”的坚强集体，为部队发展提供强有力的保证。

全年，党委中心组开展党风廉政学习12次，各级组织开展廉政相关学习60余次。全市消防部队开展廉政专题讲座5次，观看警示教育片8部，参观供电公司廉政文化教育基地、大田会议遗址纪念馆等廉政教育基地，切实增强“高压线”意识。制订下发《党风廉政建设和反腐败工作要点》《支队党委班子成员2015年党风廉政建设和反腐败工作责任分工》，将党风廉政建设和反腐败工作任务作为“一岗双责”重要内容细化分工至每名党委成员进行“捆绑”落实，逐级签订《党风廉政建设责任书》，健全完善《干部廉政档案》，与机关各部门、各大中队签订《党风廉政建设责任书》。深入开展领导干部工作生活待遇问题清理整治和“违规住房、用车和超面积办公用房”专项清理活动，对超标用车、超面积办公室进行集中整改，对执法、采购等内容进行专项整治。打造二滩大队为廉政文化建设示范大队，保证廉政工作常提醒、常监督，有力确保部队风清气正。着重抓好督察巡视和督察审计工作，全年共开展督察巡视38次，下发整改通知书28份，整改问题42个，并对2个大队进行离任审计、对4个大队进行常规审计，支队全体执法干部均以电视直播形式向社会进行了公开述职述廉。

【思想政治建设】 2015年，市消防支队以习主席系列重要讲话精神为引领，以建设“对党绝对忠诚、聚焦打仗有力、作风形象良好”的政治机关和政治干部队伍为目标，认真贯彻落实全军、公安现役部队和全省消防部队政治工作会议精神，牢牢把握政治工作时代主题，着力在举旗铸魂上下工夫，不断用新理念应对新情况，用新思路破解新难题，引释政治工作迸发出更大效能，推动政治工作迅速生成为部队战斗力，真正成为助推部队全面发展的思想武器。

以“三课”制度为统揽，每月制订下发《思想政治教育计划安排表》，结合形势任务需要邀请地方党校教师、律师及其他专家学者上“大课”，安排部队政治教员上“串课”，全年共上“大课”11次、“串课”26次。扎实开展“两个经常性”工作，在落实好“双四一”“三互”等传统经常性管理教育方式的基础上，按照“珍惜缘分，和谐共事，快乐工作，幸福生活”的工作理念。开展“两个经常性”工作，强化基层“三支队伍”（即教育骨干队伍、心理骨干队伍和文化骨干队伍）建设，充分发挥与攀枝花市心理卫生中心联办的“心理健康服务站”的作用，定期组织开展心理健康测试和心理健康上门“巡诊”活动，对官兵的心理健康问题做到早发现、早治疗、早解决。全年开展心理健康“巡诊”2次、集体辅导2次，有效杜绝官兵心理健康问题的发生。今年5至8月分别命名为“有灵魂”“有本事”“有血性”“有品德”教育月，在政工网开辟主题教育活动专栏，自主编发主题教育学习资料汇编，斥资2万余元为基层购置《习近平重要论述学习笔记》《党在新形势下的强军目标》《之江新语》等书籍。9月，召开“学习践行强军目标，贯彻战斗力标准，做新一代革命军人的表率”专题党委民主生活会，总队党委常委、副总队长王松林同志出席会议，对支队的主题教育活动给予高度评价。主题教育活动期间，政治处先后开展推门听课8次、专项实地检查1次，确保主题教育活动落到实处、见到实效。

创新开展自主教育，部署开展“铭记党恩消防情”“守规矩”“两不怕精神”“团队精神”等四项教育活动；先后组织全省优秀人民警察、攀枝花市道德模范马良，全国公安现役部队士官优秀人才奖一等奖获得者陈庆洪等先进典型走上讲台为基层官兵畅谈自身奋斗历程，官兵反响良好。创新推行“双微双日”教育模式（即推行“微课堂”教育模式，建立钢城消防政工微信群，新兵入伍、干部入队和老兵退伍当天定为理想信念教育日，5月4日、7月1日分别作为党团员集中宣誓日），以“三五分钟讲讲课、三五百米背背题、三五句话谈收获、三五成群议时政”的形式切实把政治教育融入到官兵的日常生活、学习、执勤、训练中，使官兵在自我教育中实现思想转化。

不断加强法制政工建设，以《政工条例》《军队基层建设纲要》《党的基层组织若干规定（试行）》《公安消防部队思想政治教育大纲（试行）》及5个配套文件等为指导，大力推进政治工作法制化建设。以“夺旗争星”评比竞赛活动为依托，通过随机抽查、视频督察、推门听课和查阅资料等方式，对基层单位在制度落实、主题教育开展、自主教育实施等重点性、阶段性工作开展常态化督导检查，使部队日常政治工作更加规范有序开展。

开展政工岗位练兵活动，以建设“对党绝对忠诚、聚焦打仗有力、作风形象良好”的政治机关和政治干部队伍为目标，以总队政治干部岗位练兵比武竞赛为契机，部署开展政治干部大学习、大培训、大练兵活动，制定下发《“忠诚党的事业、热爱政治工作”事业观教育暨政治干部岗位练兵活动实施方案》，组织全体政治干部开展全封闭式培训8天，开展授课活动20余次，阶段考核10余次，召开练兵心得交流会2次，全面提升政治机关和政治干部的履职尽责能力。在总队举行的政治干部岗位练兵比武竞赛中，参赛干部充分发挥攀枝花消防“敢打必胜、勇争一流”的优良作风，取得团体第二名的好成绩。

【和谐警民共建】 2015年，市消防支队积极响应市委市政府号召，在国家扶贫日向四川省扶贫基金会捐款1.8万余元，向盐边县水库村提供3万元的帮扶资金。在元旦、春节、“三八”、国庆等重要节点和时段，支队党委成员纷纷率队看望慰问支队离退休老干部、竹湖园社区、市福利院困难群众、拥军模范唐明宪和党的十八大代表丁爱谱等，传递消防部队的深情厚谊,得到地方政府和辖区群众的高度认可和赞誉。各级党委政府、机关单位以及各界群众纷纷走进部队,慰问官兵,共叙鱼水深情。党的十八大代表丁爱谱、拥军模范唐明宪积极投身消防安全宣传教育工作,带头宣传宣讲消防知识,形成"全民参与消防,共建平安家园"的消防工作格局。

【回望建队50年】 2015年,市消防支队建队50周年,支队制定下发《回望50年工作方案》,部署开展以编写一本《攀枝花市消防志》、开展一次回访、举行一次"光辉的历程·灵魂的洗礼"参观见学活动、举办一次"唱响攀枝花消防之歌"歌咏比赛、开展一次"一天一事件"展播活动、召开一次庆祝建队50周年座谈会为内容的"六个一"活动,提升官兵的历史认同感、追随感和归属感。活动期间,工作人员先后辗转重庆、云南、成都、绵阳等地,用摄像机镜头记录下十多位攀枝花消防老兵对第二故乡的真实情感,并制作成短片进行宣传,激励官兵传承精神、爱岗敬业。成功举办1期"警营小导游"培训班,为每个中队培养2名"能说本单位历史,能讲第二故乡故事"的"警营小导游",建成支队消防博物馆和3个基层"3D"警营影院,推动各基层中队与辖区学校、图书馆签订图书共建协议,挂牌成立10个"警民共建流动图书馆",充实基层图书室的资源,丰富官兵课余文化生活。

【"雷霆—E"综合应急救援演练】 2015年4月25—26日,由市消防支队牵头承办的总队级"雷霆－E"攀西战区(攀枝花、凉山)综合应急救援拉动演练在攀枝花市举行,省消防总队共调集攀枝花、凉山2支公安现役救援队,以及攀枝花市交通、卫生、气象、通信、环保等19个职能部门和社会联动单位共376人、67台应急救援车辆参加演练,实地锤炼部队快速反应、拉动集结和实战救援能力,提升社会力量联动处置火害事故应急响应水平。

高仿真模拟灾情。坚持实战练兵要求,不打招呼、不露细节,着眼最大、最难、最不利的灾情,假定攀枝花市东区银江镇于2015年4月25日8时发生里氏7.0级地震,道路损坏、建筑坍塌、人员被困,亟待救援。并根据地震灾害事故特点,营造破败断壁的逼真场景,设置泥泞山路,搭建建筑废墟,掩埋假人活体,模拟发生电力中断、水源污染、煤气泄漏、放射源外溢、余震不断等地震次生灾情。设置徒步携行、紧急排险、高空救援、区域搜索等科目,提高演练的对性和实战性。演练采取三级调度响应模式。"灾情"发生后,市消防支队迅速集结一支重型救援队前往事发地开展救援,成立指挥部遂行作战,同步向市政府、省消防总队进行报告。接报后,市政府启动《全市综合应急救援预案》,19个职能部门快速响应、高效联动,及时调派29台车辆、180名救援人员投入协同作战行动;总队启动《攀西战区跨区域作战预案》,第一时间调集凉山支队轻型救援队5台消防车、40名官兵参与增援作战,最快形成作战合力。市各应急救援联动单位充分发挥专业优势,适时开展全时段水源空气质量检测、大功率工程车辆开道排险、悬浮机全方位高空航拍、通信车10分钟基站搭设等工作,为救援工作高效有序开展提供全方位保障,形成联动配合、协同作战的局面。特别是在救援队执行每项任务时,有序穿插煤气泄漏抢险、核辐射定量检测、构建筑安全评估、现场医疗急救等科目,按照"真训、实演、严考"的要求,抽调全省5个支队战训骨干,对演练全程进行监督评判。指挥部高效运作,宣传报道、通信保障、政工鼓动等小组各司其职,紧密配合;救援队官兵人均负重80公斤徒步行军5.4千米,抵达演练现场后,来不及休整并领受任务,相继完成营地搭建、区域搜索、高空救援等大密度、高强度演练项目。在模拟实战中提高专业化、职业化水平,既锻炼队伍、磨炼意志、提升能力,又为今后实战积累宝贵经验,部队攻坚克难能力得到明显提升。采取联动单位集中保障和官兵72小时自我保障相结合的方式,调集6辆战勤保障车全力投入后勤保障工作,设置2个现场医疗点,准备常用药品80种,开展现场消毒2次。充分利用350M、3G、POC、短波、卫星等多种通讯设备,现场搭建指挥中心、救援队、指挥部、联动单位"四方互通"通信体系,并多角度、高质量向全省消防部队进行救援实况转播。通过悬挂激励标语、重温入党誓词、典型采访报道等形式提升士气、激发斗志,营造舆论氛围,进一步树立攀枝花消防的良好形象。

【119消防宣传周】 为切实提升全民消防意识,增强消防宣传工作的主动性、积极性,市消防支队在部消防局、省消防总队的统一安排下,结合全市实际情况,部署开展以"参与社区消防,建设平安家园"为主题的119消防宣传周系列活动,不断推动全市各界、各行业和全体公众投身参与到消防宣传公益事业中。

2015年11月6日,市公安局、市消防支队承办的"参与社区消防,建设平安家园"系列活动暨2015年攀枝花市119消防宣传周活动启动仪式在金瓯沃尔玛广场隆重举行。市政府副秘书长李安明、市公安局副局长胡世明及市消防支队主要领导出席启动仪式,省、市新闻媒体、消防官兵代表、市物业管理公司、社区、社会单位代表以及消防志愿者和各界群众近1000余人参加启动仪式。11月组织攀枝花日报、晚报、新媒体中心、广播电视台和攀钢传媒中心等10余家新闻媒体开展"百名记者消防行"体验活动,感受警营环境、观摩业务训练、观看器材操作和体验疏散逃生,增强媒体人员对消防工作全面客观的深入理解。百个社区话消防,结合社区微型消防站建设，组织辖区消防大队、派出所人员深入全市132个社区，近千个住宅小区开展以“送知识、排火患、话消防”为主要内容的“百个社区话消防”活动，共张贴宣传海报2万余张，下发宣传资料5万余份。评选出攀枝花市“社区消防宣传大使”6名，其中3名优秀“社区消防宣传大使”获部消防局通报表彰。百套器材赠机关，专门定制消防应急包、拉画笔、消防安全扑克、雨伞等价值5万余元的消防宣传品，11月9日统一向市级各部门赠送100套消防应急包，有效改善消防宣传“重基层、轻机关”的不良局面。同攀枝花市公交总公司、攀枝花学院共同开展“百辆公交载消防”活动，组织119名大学生消防志愿者，深入119辆公交车向乘车群众进行面对面的消防安全宣传，使消防宣传深接“地气”。对攀枝花市财政局、市民政局、机关事务管理局、市教育局等多个部门开展消防安全知识讲座，举办各种消防知识培训、讲座200余堂，受教育人数达万余人。以贴近群众日常生活的“小媒体”为重要平台载体，坚持每日更新支队、大队两级官方微信、微博和QQ平台公告内容，全面加强与三大通信运营商的协作力度，定时发送消防安全提示短信。在全市200多个楼宇电视、LED显示屏、开机视频(KTV、宾馆、网吧等场所)等电子设备，循环播放消防宣传视频和标语，营造良好的消防宣传氛围。

(柯于强)

武警攀枝花市森林支队

【组织建设】 2015年，武警攀枝花市森林支队不断加强班子建设，始终抓住保持纯洁先进这个主题不偏移。注重围绕“三型”目标建班子，不断增强凝聚力战斗力创造力。一是突出讲政治。按照“六步法”要求，先后36次集中党委中心组带机关理论学习、8次专题辅导、9次体会交流，分4批次参加指挥部和总队干部理论轮训，落实党委常委上党课制度，邀请市委党校和攀枝花学院专家到队宣讲党的十八大、十八届五中全会以及习主席系列重要讲话精神。先后抓了4次教育，并成立领导小组围绕“6个肃清”，专门清理消除涉及周永康、徐才厚、郭伯雄案件的负面影响。党委班子带头弘扬“四心”(忠心对党、全心为民、尽心履职、诚心待人)队风，始终听党话、跟党走。广泛开展党纪条规学习、廉政教育“五个一”和“读书思廉”活动，努力营造敬法、崇廉的良好氛围。带头执行中央8项规定，军委10条规定和总部32条措施。“三清”和“三查三治”中，对财务存在的签批手续、凭证附件不全等5类问题进行了整改，盘亏固定资产24件(套)、盘盈28件(套)，清理2名“家门口兵”，党委常委主动退还不合理报销经费2.2万元，做到政治上清醒、经济上清白。严格组织生活制度，按照“十六字”方针，召开党委会集体研究基层建设、经费开支、物资采购等敏感问题，推荐和使用的15名干部、31名技术学兵、15名选改士官，上下反映较好。敢于刮骨割肉、洗涤灵魂，坚持刀口向内，扎实抓好“三严三实”专题教育，强力推进“四项整顿”和“8个方面专项清理整治”，召开党委常委民主生活会，制定19条整改措施，合并培训班3个、会议5次、压缩大项活动6项，与2014年比，下发文电减少24%、行政消耗性开支减少8.32万元。党委常委平均跑面62天，下连当兵、蹲连住班30天。认真落实戴政委在指挥部党委二届十五次扩大会议上强调的“五个带头”，班子中有5名同志长期与家人两地分居，都能正确处理大家与小家的关系，恪尽职守。建立“246”工作机制，及时为基层解决楼房渗水、休假难落实、鞋袜不合适、大病医治、困难救济等21个问题，深受官兵好评。

【思想政治建设】 大力加强思想政治建设，不断坚定信念，保持本色，鼓舞斗志，增强合力。把培养新“四有”军人作为目标。组织官兵认真学习党的创新理论和全军政治工作会议精神，不断增强“四信”。6次召开党委议教会，10次组织教育准备会和试教评学，22次采取网上查课和推门听课等方式督促周三“教育日”落实，规范教育秩序、筑牢官兵思想根基。在支队主官大课辅导基础上，安排8名干部小课串讲，5名战士上讲台，精心抓好“学习践行强军目标，做新一代革命军人”主题教育，广泛开展“六破六立”“新一代革命军人样子”大讨论，以及“强军风采”等18项配合活动，主题教育做法被总部转发。开展9次法纪教育，搞好法律咨询服务。组织参观“金色攀枝花”、瞻仰“人民英雄纪念碑”，传承光荣传统。观看《警钟》《人生警戒线》等法纪片，3次到仁和区法院旁听、到攀枝花市戒毒所开展警示教育，强化法规意识。与4名官兵家乡司法、民政联系，妥善解决宅基地、林地等涉法问题。教育官兵弘扬传统美德，践行习主席“厉行节约、反对浪费”的要求，开展“六节”(节约一滴水、一分钱、一度电、一粒米、一两油、一张纸)、“两多两少”(多用针线包、少掏小钱包，多买一本书、少抽一包烟)和“五不一有”(不向家里要钱、不买高档用品、不下馆子、不吃零食、不搞攀比和人人有存款)活动。目前，支队战士存款约85万元。积极开展拥政爱民活动，资助大河中学8名贫困生完成学业，3次向米易县德石镇黑谷田村实施精准扶贫，8次到驻地义务劳动。把及时解难帮困作为重点。坚持把解决思想问题和实际问题有机结合起来，投入5万元订阅46类报纸杂志，联系县(区)新华书店设立“流动图书站”为基层官兵送好书，官兵读书学习风气日渐浓厚。与攀枝花学院、市文化馆和共建单位联系，利用周末举办新闻、乐器、舞蹈等培训，活跃官兵文化生活。及时将患糖尿病、滑膜炎等病的14名同志送院救治,为20名特困官兵发放补助20万元,为6名困难党员发放救济金6000元,积极为退伍老兵办好“十件实事”,确保47名秋季退伍老兵走得愉快安心。广泛开展“大谈心”活动,基层每周普遍找战士谈一次心,支队党委常委找干部谈心平均4次以上、多的达9次,构建了良好的内部关系。

【军事能力建设】 支队按照“四队”的模式,深化“五个转变”,严格训练“八落实”,以时不我待的使命担当抓好能力建设。围绕常态应急抓战备。着眼实现战备工作“三化”,及时召开了防期动员会,修订完善各类战备方案,规范战备值班秩序,每月对战备工作实施检查。召开了4次党委中心会议,分析防期形势。投入24.8万元,购置水泵等灭火机具配件。聘请3个厂家的技术员到队,维修水泵20台、风力灭火机39台,培训维修骨干32人。按照“一队多能”要求,把各中队第一个班作为应急班。每月协调定点超市补充配发给养物资,防期内每半月、防期外每月组织修理厂巡回检修车辆装备。每月组织通信兵岗位轮训,及时维护350兆超短波通信组网基站,满足了遂行任务所需。着眼实战需求练精兵。依据指挥部实战化训练《指导意见》,研究制定《贯彻“八落实”标准推进实战化训练措施》,坚持在计划安排上体现实战化要求,按照“营区操场训基础、两化基地练应用、生疏地形演合成”的思路,在周表、月计划中细分营区训、基地练、结合实战演练的内容,把周五作为战术演练日(每月第一周练灭火拉动、第二周练紧急疏散、第三周练营区防袭击、第四周机动),确保实战化训练贯穿全年。坚持以任务需求牵引实战化训练落实,1—2月份,依托计划烧除,采取勤训结合的模式,组织第一次驻训,重点完成新兵技战术训练和新老兵合成训练。4月上旬,依托灭火实战,采取以战促训的模式,组织第二次驻训,兵力前置到仁和区中坝乡和盐边县红格镇,重点研练班(组)战术和野急避险课题。6月中旬,采取“上导下训”的方式,把四个中队拉到生疏环境开展勤务组织、灭火行动等9个内容的实战化演训。11月4—6日,依托“两化”基地,组织第三次驻训,重点贯彻落实指挥部战训法“五长”集训精神,扎实开展遂行任务能力评估,研究规范分队“红红对比、红蓝对抗”的战术训练路子。坚持以检查考核提升实战化训练质量,每次季度考核均以实战的标准,设置考核内容,验收任务能力,以考核助推训练质量。坚持积极作为防灭火。落实指挥部首长强调的“一个驻防”“三项勤务”和“三个进入”的指示,支队制定“五先”思路,不等不靠打好防火灭火主动仗。2014年12月到2015年1月,按照“四个熟悉”(熟悉林区道路、林情植被、地形地貌、联合指挥)要求,3次同市森防指,深入13个重点林区乡镇进行战场勘察和防火督查。突出“四个节点”(元旦、春节、清明、五一),派出兵力深入“四个区域”(自然保护区、风景名胜区、重点目标区、敏感关注区)开展清山巡护和防火宣传。先后动用兵力2472人次,累计行程4000余千米,执行计划烧除任务11次,点烧隔离带150余千米。春节前后,高效扑灭3起森林火灾。支队还探索总结出“三组六人”战斗模式与“三互”“三帮一带”融合,形成“平战一体”的战斗编成。联系解放军3536厂家,为基层定做配发了50个新式灭火机背包和100个水带背囊,提升了作战效能。

【依法治军建设】 严格部队管理,始终狠抓依法从严治警这个铁律不撒手。党委机关带头落实点名考勤、战备值班、警容风纪和卫生检查,为部队作表率。坚持每周升国旗、警容风纪检查、条令学习日,就餐秩序、卫生检查评比、装备日等制度,开展“正三声、练三相、纠三手”等活动,从一点一滴抓起、一言一行严起、一举一动纠起。先后32次通过视频、18次不打招呼突击检查,对视频点名未按规定时间到位的3名干部通报批评,责令战备值班履行职责不好的一个大队整改,正规了“四个秩序”。严格标准抓规范。以“八个规范”、指挥部两个《实施细则》为依据,借鉴《总队能级量化管理》试点成果,结合实际研究细化支队机关、大队、中队“三个考评标准”,制定机关、基层“两个评分细则”,使管理更加精细、精准、精确。规范了手机、网络使用,指定专人定时清理局域网共享磁盘,有效防止违规上网和涉密文电外泄。每周对车辆进行维护保养,加大干部私家车管控力度。将30名离队学习培训、相对集中的人员划分9个小组,指定管理负责人。对探亲、休假人员,落实“三报一卡”措施,确保人员思想行为不失控。盯着隐患抓治理。3月起贯穿全年开展“学法规、用法规、守法规”活动,结合上级事故案件通报,3次分析安全工作形势,随机开展安全警示教育。严密组织安全工作大检查,为购置未加密的9台电脑安装水印系统,将战士中按规定不能使用的14个移动存储设备寄回家中,集中采购并登记造册32个移动硬盘用于机关、基层日常办公,确保涉密资料安全。完善了3处军械室改造,保证枪弹安全。抓实季节性事故预防,突出“五个重点问题”整治,加大人员管理力度,紧盯“禁酒令”落实,严防违反“八严”纪律规定。扎实开展“严纪律、查隐患、保安全”专项教育整顿和“百日安全竞赛”活动,采取自下而上、统分结合、“挂账销号”的办法,排查出12项隐患,确保部队纯洁稳定。

【后勤保障建设】 搞好后勤建设,始终着眼提升保障效益这个难点不松劲。围绕现代后勤“三大建设任务”,注重提高后勤综合保障效能,不断服务中心、服务基层、服务官兵。紧贴任务抓保障。着眼增强应急保障能力和遂行多样化任务需要，及时修订保障方案。按照灭火作战应急保障要求，注重加强“一组三队”建设研究和经常性战备训演练。结合驻训，加强野外生存、野外宿营、野外就餐、野外维修、野外救护等训练，提高实战条件下保障水平。按标准储备好油料、给养，并购置52种常用战备药品发到基层。先后投入14.3万元，对遂行任务车辆进行了全面检修。坚持每月管理员集体办公，采取送出去、请进来等方式，组织“一长五员四小工”的技能培训。分3期举办人均2000千米的驾驶员复训，保证任务所需。强化管理增效益。坚持党委当家理财和双主官“联审联签”制度，保证经费使用符合规定，科学合理。上半年，组织业务人员对经费开支情况进行审计，对固定资产进行清理和计价挂账，杜绝公有财产流失。落实指挥部首长关于管好“皇粮”、管严“援粮”、管住“杂粮”的指示，坚持收支“两条线”，所有经费纳入预算管控。严格执行上级规定不打折扣，及时停发了在攀枝花市补贴中水电、攀龄津贴、电话费等福利费。做到超出1000元现金提取必须报上级审批，大额支出集中支付，零星支付公务卡结算，有效防范资金安全风险。认真落实伙食管理“五项制度”，每月机关业务部门至少2次到基层“吃碰饭”，对伙食进行检查。坚持“两下厨房，三进班排”，定期对食堂、餐具、营区、办公场所进行消毒，做好疾病预防工作，确保官兵身心健康。面向基层办实事。聘请地方专家到队授课，指导基层因地制宜发展“两业”生产，特别是盐边大队果园、蔬菜和养殖初具规模。年初，遴选4名优秀战士参加炊事培训，实现每个大队有1～2名等级厨师。坚持以人为本，拿出1.5万余元为基层官兵免费发放牙膏、牙刷、洗发液等12种日常生活用品。投入1.54万元，为各中队安装了符合国家标准的净水器。先后为新兵购买亲情电话卡、组织干部(士官)及家属体检、为满服役期战士就业培训等办了10件实事。

【基层部队建设】 紧贴基层实际，始终坚持抓经常、打基础这个思路不动摇。以《纲要》和指挥部《实施办法》为依据，抓好经常性基础性工作，部队建设稳中有升。年初党委扩大会召开后，组织层层传达学习，研究部署新年度工作。2月，利用一周时间对新《纲要》进行深入学习研讨，对照基层建设标准和“八项经常性”工作，支队先后2次对“两个计划”进行集体研究。6月，结合半年工作总结，搞好“双向讲评”，依据《纲要》扎实搞好“回头看”，找准工作突破口。7月，结合传达上级党委扩大会议，对下半年工作进行认真梳理，对两个《计划》进行微调，使之更加符合上情、队情，避免盲目抓建。10月，在总队考核结束后，各级开展反思式阶段性总结，制定固强补弱措施。强化能力素质。先后推荐46名官兵参加了上级组织的12类培训，不断拓展视野，夯实基础。结合实际，2月，组织班长骨干集训，专门安排《纲要》学习和“如何抓好经常性工作”培训。开展创先争优。先后开展2次政治教员授课竞赛，1次“四会教练员”比武，3次炊事、卫生员、驾驶员等竞技活动，4次新闻稿件、强军板报评比，不断激发官兵钻研业务热情。积极评选优秀党(团)组织，有1个团支部和3人受到总队表彰。扎实开展“双争”评比，基层每月组织评选“红星战士”。依据新《纲要》和干部考评成绩，每月按照支部推荐、基层党委初评、支队党委审定程序，评选当月“红星干部”，并通报和张榜挂星。每季度对干部进行一次民主测评、找其谈一次心、开展一次教育、综合考核一次、组织一次排名，有效激发官兵干在平时、比在平时、争在平时的内动力。坚持每季度第一个月中队自检自查、第二个月大队交叉检查和第三个月支队普考普查的规定，确保按《纲要》抓建不断线，创先热情不降低。

(孟存业)

法 治

综治管理

【维护社会稳定】 2015年,各级各部门坚持一手抓矛盾存量的攻坚化解、一手抓矛盾增量的源头预防,全力维护社会大局稳定。坚持把重要时段安保维稳工作作为关键环节,建立重要敏感时段安保维稳信访工作机制,完成全国和省市"两会""9·3"阅兵、党的十八届五中全会、纪念"三线建设"50周年、第六届四川国际自驾游交易博览会等多个敏感时段的安保维稳工作。坚持把反暴恐活动作为重中之重,全面升级安保维稳措施,适时开展实战处置演练,切实维护社会公共安全。坚持把矛盾增量预防作为源头关口。认真贯彻落实社会稳定风险评估的有关规定,探索开展项目节点"五查"活动,推动稳定风险评估机制向更广领域、更深层次延伸覆盖,全年实施稳定风险评估及"五查"活动300件,化解各类隐患100余件。坚持把矛盾存量攻坚化解作为重要抓手,全市共梳理涉稳信访积案40件作为市委、市政府重点工作实施挂牌化解,以中央和省信联办、省委巡视组、市维稳领导小组、市信联办等名义交办涉稳信访问题431件督导化解,有效化解一批亟待解决的"骨头案""钉子案"。坚持把一般纠纷联动化解作为工作常态,不断深化"三联两进"工作机制,推进"大调解"工作向基层延伸、向纵深发展,实现矛盾纠纷控制在基层、化解在萌芽状态,全市共调处各类矛盾纠纷11891件,调解成功11312件,调解成功率95.1%。全市没有发生重大政治事件、严重暴力恐怖事件、大规模群体性事件、大规模进京上访和重大个人极端事件、重大公共安全事件,特殊敏感时期实现非访"零进京"、集访"零赴"。在省委、省政府组织的年终检查中,攀枝花市维稳工作获得好评,进入全省优秀行列。

【社会治安综合治理】 2015年,各级各部门以持续提升群众安全感满意度为目标,以夯实平安创建基层基础为重点,以推进网格化服务管理工作为抓手,以构建治安防控长效机制为着力点,深入推进平安攀枝花建设。出台《关于创新社会治理方式深入推进网格化服务管理工作的意见》,全市共优化调整网格1199个,配备专兼职网格员1201人,网格化服务管理实现全覆盖。出台《关于加强社会治安防控体系建设的实施方案》,天网二期改造和公安智能安全系统建设、技防示范点建设、老旧小区改造等工作有序推进,全市新增监控探头5822个,改造老旧小区近200个,"红袖标""十户联防"、机动车防盗及GPS定位等群防群治活动全面铺开。本着"什么问题突出整治什么问题、哪里问题突出整治哪里"的原则,深入开展"打黑除恶""缉枪治爆""两抢一盗""打非治违"等治安突出问题整治专项行动,全年共挂牌整治市级治安重点地区6处,排查整治治安突出问题108处,"八类严重暴力犯罪""两抢"、入室盗窃发案同比分别下降6.5%、1.5%、14.3%,安全感测评连续三年位居全省第三,人民群众对平安建设的满意度进一步提升。认真开展流动人口和出租房屋的信息采录和管理,"一标三实"基础信息更新机制不断完善,从业人员和实有人口信息采集排名分居全省1、3名;覆盖市、县(区)、乡(镇)三级的社区矫正定位管理系统全面建成,在省委、省政府组织的年终检查中,攀枝花市综治工作获得好评,进入全省优秀行列。

【服务经济社会发展】 2015年,全市政法系统坚持以服务科学发展为取向,自觉将政法工作融入全市发展大局。积极运用法律手段调节经济社会关系,统筹各方力量和资源,先后组织开展危爆物品寄递物流清理整顿、农民工工资拖欠清理化解等专项活动和打击制售伪劣产品、集资诈骗、非法经营、强迫交易等专项行动,严厉打击寻衅滋事、涉黑涉恶、敲诈勒索、强揽工程、强买强卖、垄断市场等各类破坏投资环境、阻碍经济发展、影响和谐稳定的违法犯罪行为,平等保护各类经济主体的合法权益,全市政法机关共侦破、批捕、审结各类经济、民生案件13000余件,挽回经济损失8000余万元,切实营造安全规范、充满生机活力的经济社会发展环境。坚持把运用法治思维、法治方式攻坚化解群体类矛盾纠纷,作为政法综治维稳工作的应尽之责和检验工作成效的重要标准。在花城新区建设、成昆铁路复线施工、桐子林电站修建等急难险重项目、重大工程建设推进遇到阻碍时，有效保障重大项目落地、重大工程建设和重点企业发展。认真贯彻落实四川省委政法委《关于进一步发挥政法工作保障服务经济发展重要职能的指导意见》，审慎把握介入时机和方式、慎重采取强制措施、讲究执行工作策略，既坚守法律底线，又最大限度帮助企业共渡难关，努力实现法律效果与社会效果有机统一。

【领导责任制】 2015 年，全市政法系统牢固树立"第一责任与第一要务统筹抓"的理念，坚持把维稳综治工作摆上重要议程，纳入经济社会发展全局来研究和谋划，作为"保障工程""民生工程"来抓，做到维稳综治工作与经济社会发展同规划部署、同研究落实、同考核奖惩。依托综治维稳领导责任制和目标考核体系，全市各级、各部门都与下属单位层层签订目标责任书，逐级逐项细化分解压实责任，在全市范围内形成一级抓一级、层层抓落实的责任体系，党政领导、综治维稳信访协调、部门负责、社会协同、公众参与的"大维稳""大平安""大应急"工作格局初步形成。切实发挥综治维稳部门牵头组织、协调各方的职能作用，统筹公安、林业、国土、住建、卫生、教育、人社等各方力量和资源，先后组织开展危爆物品寄递物流专项清理、农民工工资拖欠问题化解等行动，各级、各部门在维护稳定、化解矛盾、综合治理上既各司其职又通力合作，形成上下联动、齐抓共管的强大合力。市委维稳办、市综治办会同市委目标督查办、市政府目标督查办把综治维稳工作的进展情况和工作成效作为全局工作的重要考核指标，加强日常督促检查，推动综合治理和维护稳定各项措施的落实。

【法治建设工作】 2015 年，全市政法机关作为推进法治建设的重要力量，深入开展"法律七进"等活动，积极推行"菜单式""订单式"法律服务，依法审理与民生密切相关的行政案件，全力推进预防职务犯罪工作，依法处置违法信访、非法聚集和极端个人行为，推动依法治市取得新突破。大力推进"三大公开"平台建设、网上办公办案、行政权力公开运行等工作，开办"现在开庭""每周一案""阳光检察""攀枝花警界""小科帮忙—律师支招"等政法公开栏目 10 余个，着力解决监督不到位和信息不透明问题，以信息化促公开，以公开促公正。建立执法司法规范化建设第一责任人、办案进度"月通报、周督促、日推进"等制度，确保执法司法规范化建设融入到每一个案件、监督到每一个环节、落实到每一个干警，着力解决执法随意性问题，确保程序规范和操作规则得到严格遵守。全面加强执法司法监督考评，建立执法巡视、作风巡查、案件评查制度，完善执法办案考评机制和责任追究办法，开展案件评查和积案集中清理处理活动，通过明察暗访、交叉检查等方式，着力解决执法责任不明晰和窗口单位、一线岗位干警服务态度差、办事效率低等问题。

【政法队伍建设】 2015 年，全市政法系统以主题教育活动为载体，认真贯彻落实省委政法委《关于进一步加强领导班子思想政治建设的实施意见》《关于推进全省政法系统"三严三实"专题教育的意见》等文件要求，召开市委政法队伍建设工作会议，组织开展"三严三实"专题教育等活动，打牢政法队伍高举旗帜、听党指挥、忠诚使命的思想基础。立足抓早抓小，及时发现和纠正领导班子和干警队伍中出现的苗头性、倾向性问题，制定出台《关于在全市政法系统实行谈心提醒教育制度的意见（试行）》，对领导班子成员、中层干部和干警开展谈心提醒 2700 余人次，严厉查处政法干警违纪违法案件 5 件 5 人。深化"转变作风执法为民"活动，组织政法干警深入基层、融入群众听取群众意见 859 条，完善便民利民措施 125 条，整改群众反映问题 42 个，涌现出"最美警察""田坎法官""群众最喜爱的检察官""花城守望人"等一大批深受群众喜爱的先进个人，赢得群众的广泛信任和支持。坚持把队伍培训融入推动政法工作全过程，分级分类有序开展队伍培训。坚持以"零容忍"的态度，严厉查处政法干警徇私舞弊、枉法裁判、以案谋私等执法司法腐败案件。

（敬　波）

公　安

【概　况】 2015 年 7 月 10 日，经市编办批准，攀枝花市公安局法制处更名为攀枝花市公安局法制支队；9 月 1 日，按照市委办、市政府办《关于规范市县（区）部门内设机构名称的通知》要求，攀枝花市公安局称"处"的科级内设机构改为"科"，共 14 个内设机构更名。

全市公安机关紧扣省公安厅总体部署，统筹做好打击防范、安全监管、改革创新、队伍建设等各项工作，积极服务全市经济社会发展。全年，共立刑事案件 8994 起，破获 4720 起；逮捕 1054 人，移送审查起诉 2022 人。破获毒品刑事案件 205 起，缴获毒品海洛因 56782 克，冰毒 2282 克，麻古 4200 克；侦破经济犯罪案件 362 起，挽回经济损失 604.6 万元；查处治安案件 11130 起，行政拘留 4243 人。市人大常委会以 100%"满意率"通过对全市公安机关近三年公安工作和队伍建设的评议。国家统计局攀枝花调查队调查结果显示，95.76% 的群众感到安全，较 2014 年上升 0.39 个百分点，在全省公安机关政风行风群众满意度测评中位列第四。

【打击刑事犯罪】 2015 年，全市公安机关持续深化刑侦警务改革，不断提高破案打击专业能力，始终保持严打高压态势，努力实现“打准、打狠、打出平安”的工作目标。强化破案打击的机制引领，不断健全领导同步上案、办案搭档、轮流接案、技术人员专职、现场必勘、案件回访“六项制度”，将侦查破案、追逃追赃、现场勘查任务落实到搭档组、落实到民警，确保案件现场100%勘验。坚持传统侦查方式与信息科技手段的有机结合，建立案件预警通报、案件串并研判、侦查手段合成、信息资源共享四大合成作战机制，对各类严重暴力犯罪案件、多发性侵财犯罪案件实施集中打击，通过情报手段、情报资源研判成果协助实战部门破获刑事案件240余件，利用刑侦信息直接破案或发挥作用破案占破案总数的42.7%，有力提升破案打击工作效能。建立健全每日警情、节日警情、周末警情和每周治安动态“四项分析”制度，建立“黄赌毒”“殴打他人”“涉案吸毒人员”三项专题分析制度，开展“涉黑涉恶”“非法集资”等专项调查，主动把握社会治安特点和刑事犯罪规律。针对性组织开展“春季严打整治”“中秋国庆严打整治”“禁毒专项整治”等专项行动，严厉打击影响群众安全感的“两抢”、入室盗窃、盗窃摩托车、扒窃、吸贩毒等突出违法犯罪，持续整治突出治安问题和治安复杂区域。全年，共立刑事案件8994起，侦破4720起；逮捕1054人，移送审查起诉2022人。全年命案发生17起侦破16起，破案率94%，破获“2·16”“3·28”“6·12”特大运输毒品案等毒品刑事案件351起，其中部督案件3起、省督案件3起；打掉侵财团伙79个、破获系列案件80串，抓获历年逃犯18人。

【治安管控】 2015年，全市公安机关围绕国家治理体系和治理能力现代化建设要求，认真落实党委、政府治安防控体系建设会议精神，着力夯实信息、机制、责任等防控基础，不断提升公安机关驾驭社会治安能力。以基层派出所为重点，突出派出所管理、防范、服务职责落地，重点加强派出所辖区人、地、事、物、组织的基础管理，落实社区网格力量巡防与公安民警专防措施，提升基层派出所防范工作的系统化、规范化水平；不断深化街面网格巡防、重点部位定点巡防、人员密集场所集中巡防、案件高发时段重点巡防机制，提升巡防管控实效。坚持人防技防结合，积极打造省级卡点控边、天网工程控面、治安卡口控点、网上巡查控网的“四网布控”格局，新建天网监控点位5673个、治安卡口68个，启动省级治安卡点2个。全年、全市共受理治安案件11565起，查处11130起；治安处罚10369人，其中行政拘留4243人、警告4889人、罚款1237人。以服务实战为目标，推进“一标三实”和流动人口登记管理工作，推动暂住人口、出租房、重点人员等关键信息底数清、情况明、管控到位。采集标准地址809102条，采集实有人口1035009条，实有单位37648条，采集实有单位从业人员32485条。全年共制发二代证72276张；16周岁以上人口信息图像采集录入率达99.84%，新生婴儿登记率达100%。

【禁毒缉毒】 2015年，全市公安机关按照各级党委、政府关于加强禁毒工作的决策部署，紧紧围绕“摧体系、断网络、打零包、重强戒”的工作思路，不断夯实禁毒基础工作，深入开展禁毒宣传，严厉打击各类毒品违法犯罪活动。按照守土有责的要求，开展以“禁毒百城会战”“大普查大收戒、堵源截流、涉毒重点地区整治”“网络扫毒”等专项行动，紧紧围绕零包贩毒、涉毒人员、外流贩毒聚集区域等重点，抓好吸贩毒问题重点治理。全年共破获涉毒刑事案件205件，其中：部级毒品目标案件3件，省级毒品目标案件3件；抓获涉毒犯罪嫌疑人285名，缴获各类毒品63560克，其中海洛因56782克，冰毒2282克，麻古4200克。开展娱乐场所、涉毒重点区域和重点部位整治和吸毒人员“大收戒”，查处吸毒人员2034人次，强制隔离戒毒797人，社区戒毒426人，行政拘留1945人。加强禁毒教育基地建设，举办禁毒展览，宣传毒品危害，展示禁毒成果，广泛发动人民群众和社会力量，充分利用“6·26”国际禁毒日等重要时间节点，组织开展禁毒主题话剧《希望》攀枝花站巡演活动。对攀枝花市公安侦破的“10·22特大运输毒品案”等一批有影响的重大案件进行跟踪报道并在四川电视台播出。2015年，通过各类新闻媒体刊登、播发禁毒宣传稿件132篇；发放禁种铲毒宣传年画6500多份，禁毒宣传资料35000余份，全市禁毒宣传教育覆盖面达到80%以上，其中机关企事业单位、各类学校、街道社区、手机用户禁毒宣传教育覆盖面达到100%。充分发挥微博、微信等新媒体作用，扩大宣传覆盖面、增强宣传实效，加强与广大群众的交流互动，引领广大群众特别是青少年远离毒品、健康生活。

【打击经济犯罪】 2015年，全市公安机关全面提升防范和打击经济犯罪工作的效能和水平，促进全市社会和谐稳定。着力推进“查处非法集资犯罪”等涉众型经济犯罪大案的侦破工作，全力维护全市经济安全和市场经济秩序。成功破获涉案金额7000余万元的理信公司和阑驰公司非法吸收公众存款案、郑某特大骗取贷款案、凌某购买、伪造的增值税专用发票案、王某虚开增值税专用发票案等一批影响大、危害大的经济犯罪案件。全年，全市共立各类经济犯罪案件373起，比2014年同期下降0.5%；破案362起，同比上升1.9%，抓获各类犯罪嫌疑人176人，移送审查起诉161人，与2014年同期比较，分别上升26.6%和112%。为充分调动广大人民群众参与防范和打击经济犯罪工作，全市公安机关开展“打击经济犯罪　识假防骗　共创平安”主题宣传活动，深入村社进行经侦宣传46次，向群众发放涉及打击假冒伪劣经济犯罪、打击涉众型经济犯罪、治理商业贿赂犯罪等宣传资料12000余份、宣传手册1800余本，接待群众法律法规咨询800余人次。

【安全监管】 2015年,全市公安机关深刻汲取重特大事故教训,狠抓安全源头管理,完善隐患排查整治机制,确保安全形势的总体平稳。全面深入开展治爆缉枪、“打非治违”、夏季消防大检查等大排查、大整治行动,深入推进民爆危化品“一体化”服务管理、道路交通安全综合整治、消防责任“五个一”机制(市政府常务会专题研究一次消防工作,市政府组织一次全市消防工作检查考评并纳入政府绩效考核内容、市政府主要领导每年到消防支队现场办公一次、至少每半年听取一次消防工作汇报,市政府分管领导至少每季度听取一次消防工作汇报)和监管场所“五化”(勤务模式科学化、执法行为规范化、管理方式精细化、监管手段信息化、设施保障标准化)建设,重点完善大型群众性活动安全管理规范,落实农村道路交通安全管理责任。全年共排查整改各类安全隐患6659起,严厉查处涉爆案件1起,收缴炸药19.44千克、雷管100发,组织完成39个政府挂牌督办重大火灾隐患的整改销案,督促完成农村道路防护栏安装41.9千米,最大限度预防各类安全事故的发生。2015年交通、火灾事故死亡人数同比分别下降5.9%、60%,安全形势保持平稳态势。

【交通管理】 2015年,全市公安交警部门始终坚持“路通畅,少伤亡,群众安,形象好”的工作理念,深入推进道路交通安全综合治理行动。市政府成立由市长任组长,分管副市长任副组长的道路交通安全综合整治领导小组,先后下发《攀枝花市道路交通安全综合整治工作考核细则》《攀枝花市开展道路交通安全综合整治深化巩固年行动实施意见》等规范性文件,明确政府领导责任、部门监管责任和企业主体责任,固化“政府主导、部门负责、社会参与、综合治理”的道路交通安全工作格局。在完善货车双超整治防控管理中,交警部门在继续把好高速公路双超治理入口关的基础上,采取“双拳并举”(控源头+严路面)策略,扎实开展普通公路双超整治,制定《货车出场(站)六不准制度》等制度,出台货物装载源头管理办法,安装货物出场称重设备,逐级签订责任书39421份;严厉打击货车非法改拼装行为,推行“以货管车”措施。与交通运输等部门建立联勤联动机制,实行“一站式”综合检查、共查处货运车辆各类违法172120起、超限卸载291台次,货车超限率长期保持在1%的可控范围。全市没有发生一次死亡3人以上的较大交通事故,道路交通安全形势持续稳定。全年,查处无证驾驶1305起、酒后驾驶642起,醉酒驾驶215起,对718名交通违法驾驶人实施治安拘留;全市共发生道路交通事故8889起,较2014年同期上升7.92%。死亡83人,受伤1582人,直接经济损失633.5万元,与2014年同期比较,分别下降3.49%、11.92%、15.59%。在2015年“9·18”青龙山山体滑坡、“10·8”炳仁线三线博物馆路段地基塌陷、“10·29”桐雅路泥石流等应急抢险任务中,做到闻警即动、快速应对,成功处置各类应急抢险救援工作。交警部门深入开展“交通文明行动计划”,建立一套交通安全宣传新模式,巩固传统宣传,创新宣传方式,不断增强交通参与者的文明交通、安全交通意识。开通公安交警微信平台,推出“资讯服务”“交通违法提醒”“出行提示”等功能,为广大交通参与者提供交通资讯服务。

【改革创新】 全市公安机关深刻领会中央关于全面深化公安改革“1+3”(《关于全面深化公安改革若干重大问题的框架意见》,相关改革方案为《公安机关维护国家安全工作规则改革方案》《公安机关管理服务如执法工作改革改革方案》《公安机关管理体制和人民警察管理制度改革方案》)意见方案精神和全省公安机关改革部署要求,立足攀枝花警务工作实际,有序推动警务运行机制、执法权力运行机制、户籍制度等公安改革工作不断深化。重点坚持刑侦队与派出所“双轮驱动”,进一步突出刑侦专业化、责任化打击机制建设和派出所防范、管理、服务“三大职能”落地,总结完善所队警务机制改革配套制度,着力解决两支队伍“干什么、怎么干,考什么、怎么考”的问题,实现刑侦队破案打击能力和派出所“保一方平安”能力双提升,进一步推动“打不胜打、防不胜防、基础不牢”问题解决。西区公安分局所队、改革经验在全省公安系统交流。认真落实依法治市要求,深入推进执法权力运行机制建设,严格落实市、县(区)两级局长办公会集体审案制度。建立健全案件办理法制部门“统一审核、统一出口”机制,严把程序关、证据关、强制措施关,严防关系案、人情案。坚持阳光执法,编制和公布执法权力清单745项;坚持内查外评结合,强化执法突出问题整治,组织开展规范执法执勤、规范接处警“两个规范”集中教育整顿活动,深入推进如实立案、规范执法、涉案财物管理等专项工作,查摆整改执法问题40个;主动邀请法检两院专家和律师代表座谈会诊,收集执法改进意见107条,逐一对照整改。

【服务民生】 治安部门主动融入全市全面深化改革大局,总结户籍制度改革试点经验,全面放开落户限制,积极服务全市城镇化建设;主动落实职能转变措施,狠抓行政审批改革,建立行政审批事项定期清理和行政审批权力清单制度,精简公安行政审批项目44项,清理率达50%;创新行政管理服务方式,优化窗口办理流程,落实预约办理、限时办结等窗口服务措施,按时办结率达到100%,群众满意率不断提高;创新推出《攀枝花市公安机关服务银行业金融机构十项措施》,寓管理于服务中;拟制《攀枝花市公安局大型群众性活动安全管理规范(试行)》,大型活动安全许可及日常监管进入规范化轨道。交警部门聚焦民生服务,着力完善网点布局,构建"家门口"的服务体系。在推出"5555122"车管远程服务平台、邮政储蓄银行代办车管业务的便民服务举措后,2015年,车管所加大对米易车管所、盐边车管服务窗口等便民服务站的建设,投入资金、人员,增加服务设施,"打造群众家门口车管所"方便群众就近办理车管业务。积极探索创新,提供"多元化"的服务措施,便捷高效的交管服务随处可见。"攀枝花交警"微信公众号位列全省政务类第八名;在"攀枝花微信公众号影响力排行榜"上位列第三名。

【队伍建设】 2015年以教育培训实战化、制度化、常态化为方向,围绕实战、服务实战,自主开设"公安业务知识大讲堂",落实领导干部带头讲课机制,分类开展岗位轮训,加强新招录民警的初任培训和基层多岗位锻炼,共组织开展法制业务、信息化应用、武器警械及警情处置等专项培训197期,培训民警5569人次。努力推动警力由"数量型"向"质量型"转变。2015年,全市公安机关共在各级各类媒体上稿2521件。其中省级媒体上稿937件,中央级媒体上稿104件。《人民公安报》以《攀枝花:所队警务机制改革助力打防"双核"驱动》标题,对攀枝花公安所队警务机制改革进行详细报道。攀枝花公安微博微信全面建成,全年共发布微博569条,微信1076条。在省厅组织的微博、微信评选活动中,攀枝花公安取得二等奖、三等奖各一次。面对公安管理体制、人民警察管理制度改革全面启动等利好局面,抢抓机遇,持续强化公安队伍素质能力和作风建设,深入推进"我是好民警"争创活动,全年全市公安机关共82个集体受到部、省、市级表彰,384名个人受到中央、省、市级表彰。其中,车管所被公安部评定为"全国一等车管所"陈红同志获得"四川省先进工作者"称号;市人大常委会以100%"满意率"通过对全市公安机关近三年公安工作和队伍建设的评议。

(姜 鑫)

检 察

【概 况】 2015年,全市设市和县(区)两级检察院6个,共有在职检察官229名,其他检察人员107人。全市检察机关依法打击各类刑事犯罪,全力维护社会和谐稳定,共批准(决定)逮捕各类刑事犯罪案件649件997人,提起公诉1287件1881人。依法查办和预防职务犯罪,促进反腐倡廉建设,立案查办贪污贿赂、渎职等职务犯罪案件61件70人。全市检察机关营造法治化环境,服务大局促经济健康平稳运行;反腐倡廉促新风,推动惩防职务犯罪实现新突破;依法治理促和谐,维护社会大局稳定取得新成效;全面履职强监督,促进规范公正司法实现新提升;围绕中心强素质,推动检察队伍建设迈上新台阶。两级检察院受到最高人民检察院、省级和市级以上表彰的先进集体24个次、先进个人41人次。

【案件集中管理】 2015年,全市检察机关以统一业务软件应用为基础,深化案件办理"全员、全面、全程、规范"的集中管理、动态监督。全年统一受理案件2527件,要求补送更正44件;移送案件2311件。强化案件流程监控,加强对办案过程和节点的同步监督,开展案件流程管理情况通报49次,对违规情形进行口头提示25次。规范接待当事人及其辩护人、诉讼代理人,接收申请会见17人次、要求和申请阅卷263人次、申请变更强制措施6人次、要求听取意见14人次、其他10人次,案件信息查询216人次,反馈结果均为满意。开展案件质量评查97件,重点对10件特定种类案件限时评查逐案报告。制定《攀枝花市涉案财物管理细则(征求意见稿)》,监督办理涉案款入库2514.9177万元、出库287.986万元,涉案物入库384件,出库157件。严格执行《四川省检察机关案件信息公开工作细则(试行)》,两级院按照规定通过互联网倒入程序性信息3009项,发布重要案件信息34条,依法公开法律文书675份。全面上线运行电子卷宗系统,对移送审查起诉的案件全部制作电子卷宗,共553件1185册。

【刑事检察】 2015年,全市检察机关立足检察职能,依法打击刑事犯罪,积极维护社会稳定。突出打击故意杀人、强奸、绑架、拐卖妇女儿童等严重侵犯公民人身权利的暴力犯罪,依法批捕103件137人,起诉202件287人;严厉打击"两抢一盗"、诈骗、拒不支付劳动报酬等严重侵犯公民财产权利的犯罪,依法批捕303件441人,起诉400件615人;加大打击毒品犯罪力度,依法批捕131件217人,起诉137件199人。积极参与治安重点地区和突出治安问题专项整治,结合执法办案加强社会治安动态及对策研究,推动完善社会治安防控体系。

维护市场经济良好秩序。围绕转方式调结构、创新驱动战略、阳光康养城市建设等重点工作,坚决打击破坏社会主义市场经济秩序犯罪,批捕28件66人,起诉47件99人。严厉打击生产销售伪劣商品类犯罪,切实维护食品药品安全,批捕3件3人,起诉7件13人。突出打击非法吸收公众存款等破坏金融管理秩序类犯罪,批捕5件14人,起诉3件25人。严厉打击金融诈骗类犯罪,批捕3件4人,起诉9件11人。加大打击危害税收征管类犯罪力度,批捕2件4人,起诉5件7人。积极查办非法经营等扰乱市场秩序类犯罪,批捕14件40人,起诉15件35人。

优化生产经营发展环境。坚持规范与引导并重，平等保护各类市场主体合法权益，努力营造安全规范、充满活力的发展环境。严厉打击破坏盗抢生产设施设备、阻工阻路等破坏企业生产经营秩序犯罪，批捕37件59人，起诉21件90人。加强对项目招投标监督，提供行贿犯罪档案查询907次。加大重大项目跟踪服务力度，开展同步预防24次，帮助落实预防措施17项。慎用查封、扣押、冻结等手段，减少对企业生产经营的影响。加大对商业贿赂职务犯罪打击力度，立案查办30件32人。

促进地区生态文明建设。持续深入实施《加强和推进生态环境建设工作实施意见》，集中开展专项行动，批捕11件11人，起诉36件48人；主动开展水资源领域渎职犯罪专项检察，对全市20余家用水单位进行摸排，严肃查办水资源管理中的渎职犯罪；审查起诉《环境保护法》修订实施后全省首例环境污染犯罪案。用好检察建议促进环境监管，向行政执法机关发出检察建议3件。加强生态保护法治宣传，深入矿区、林区、乡镇、社区开展生态环境资源法治宣传100余次。

【查办和预防职务犯罪】 2015年，全市检察机关共立案查办各类职务犯罪案件61件70人，同比上升14%。查办贪污贿赂犯罪案件53件59人，其中侦办省检察院交办的资阳市原市委副书记、市长邓全忠涉嫌受贿7000余万元案件等8件8人。坚持查办涉农惠民领域贪污贿赂职务犯罪，立案查办23件24人。强化行贿犯罪打击力度，立案查处15人，占贿赂案件36人总数的42%。突出查办窝案、串案，立案查处征地拆迁领域15件15人。加大渎职侵权犯罪惩治力度，立案查办重点领域、重点部门渎职犯罪案件8件11人，同比上升83%。

着力提升案件质量。以侦查手段信息化促办案规范化，完善远程侦查指挥系统，建成远程提讯系统，进一步提高侦讯质效。认真落实讯问犯罪嫌疑人全程同步录音录像、看审分离和审录分离等制度，确保案件优质安全。依法充分保障律师与职务犯罪嫌疑人各项权利，加强与律师的工作交流，构建相互监督、相互促进的新型检律关系。通过在电视台、繁华商业区LED显示屏滚动播放廉政宣传短片、建设廉洁警示教育基地、拍摄预防微电影、开通预防微信等方式，不断提高预防教育实效。充分利用网络资源，积极开展专网预防，在市、县（区）两级12家医院专网开设预防专栏。加强预防研究，形成调研报告10篇，撰写的《攀枝花市人民检察院惩治和预防职务犯罪年度报告》得到市委、市人大、市政府、市政协主要领导肯定，《国有企业改革中的职务犯罪研究》被省检察院评为二等奖。更加注重预防实效，全年针对查办的职务犯罪案件提出预防建议8件，均被采纳，针对某医院系列案件提出的检察建议被省检察院评为一等奖；开展专项预防调查8次、预防咨询105件次；开展预防警示教育56场次，对10件职务犯罪典型案例进行剖析，帮助落实预防措施28项；深入花城新区、成昆复线等重点建设工程开展跟踪服务20次。

【诉讼监督】 2015年，全市检察机关加强侦查活动监督。共办理对侦查机关的立案监督案件18件，其中应当立案而不立案12件，不应当立案而立案6件。追捕漏犯6人，纠正违法40余件次。依法不批准逮捕264人（不构成犯罪13人，证据不足122人，无社会危险性66人，符合监视居住条件1人，其他62人），发出《不批准逮捕理由说明书》172份，《逮捕案件继续侦查取证意见书》《补充侦查提纲》243份。建立捕后羁押必要性审查制度，在侦查、审查起诉、一审和二审环节共审查羁押必要性案件46件，变更强制措施2人。坚持每案必讯，纠正不规范侦查行为6件。

加强刑事诉讼监督。全年纠正漏罪和遗漏罪犯20件41人，提出抗诉7件，法院已审结并改判3件，1件终止审理（被告人死亡）。对88人作相对不起诉和附条件不起诉，引导侦查取证19件次，参加现场勘查7件次，及时纠正不规范讯问11起，制定实施《关于加强审查起诉阶段证据审查工作的意见》，被省检察院转发推广。

强化民事行政诉讼监督。发出再审检察建议10件，法院采纳7件，3件正在审理中；提出抗诉2件，法院均已改判；办理审判程序违法情形及违法行为监督17件，执行活动违法情形监督13件，行政违法行为监督案件16件，息诉和解案件3件。

加强刑事执行监督建立重点罪犯“减假暂”备案审查制度，开展入所检察1857人次，出所检察1791人次，纠正监管场所各类违法24件24人，死刑执行临场监督5件5人；全程监督特赦41名罪犯，确保无错无漏；强化期限监督，催办、提示羁押期限即将届满案件2100余件次，保持全市各诉讼环节“零超期”成果；认真开展社区矫正服刑人员脱管漏管专项检察，对1195名罪犯进行逐人清查，纠正违法73件；在全省检察机关首创开启“互联网+”社区矫正网上同步监督新模式，并在省院会议上交流。

【依法治市】 2015年，全市检察机关切实加强依法规范履职。深入开展规范司法行为专项整治工作，针对查找出的问题建立整改台账并切实整改；在全省检察机关率先制定实施《关于司法规范化建设第一责任人制度》，通报不规范典型案例3件并落实整改责任。强化内部相互制约，监督自侦部门立案（应当立案而不立案）4件。主动接受外部监督，征求代表、委员对检察工作的意见建议22条，及时研究制定整改落实措施15项；向市人大常委会专题汇报三年来全市检察机关刑罚执行和监管活动检察监督工作情况，办理人民监督案件3件。

着力推进“两法衔接”。切实履行“双牵头”职责，先后与22家行政执法单位签订“两法衔接”实施意见，建立健全联席会议、个案协调、信息通报等制度，制定信息交换、业务流程和监督制约规范，全年共走访行政执法机关40余次，查阅案卷70余件，建议行政执法机关移送涉嫌犯罪18人。切实抓好“两法衔接”信息平台建设和运行，目前，攀枝花“两法衔接”平台用户登录接入率达90%以上。

深入开展法治宣传。加强法治宣传力度，在国家级媒体发稿65篇，省级142篇，市级媒体212篇，制作检察官释法说理的《阳光检察》电视、电台节目78期。加速新媒体平台建设和应用，完成两级院官方“微信”“微博”建设和检务公开平台升级改版。深入开展“法律七进”，组建法律服务小分队4支，开展公益性法治讲座11场，深入基层开展法治宣传教育20余次。探索法治教育新途径，借助市委远程教育平台，积极开展送法进村社；与市图书馆建立普法协作机制，举办“攀枝花市民法治讲坛”2期。

全面推进轻刑快办。坚持“两个简化，一个缩短”，有效衔接侦查、审判、法律援助工作，打通案件管理、侦查监督、审查起诉各个环节，建立快速办理通道，极力压缩案件流转环节时间。细化适用条件，制定轻微刑事案件的认定标准和方法，全年共快速办理故意伤害、危险驾驶等轻微刑事案件232件264人。

切实践行司法为民。充分发挥12个基层派驻检察室和104个检察联络点作用，接受群众法律咨询170件次，帮助化解不稳定因素40余起。畅通来信、来访、网上信访、电话信访等诉求渠道，受理群众来信来访365件，办理刑事申诉案件4件，院领导接待群众72人次，阅批信件54件，均及时依法处理。加强司法救助工作，共办理国家司法救助案件10件，救助对象20人，发放救助金11.3万元，积极承担高检院安排部署的涉法涉诉改革试点工作，依法解决群众诉求。

【法律政策研究】 2015年，全市检察机关共完成调研文章100余篇，其中被市级刊物采用10篇、被省级刊物采用10篇、被国家级刊物采用8篇。结合攀枝花市检察工作实际认真做好各个专题的论文征集和编辑工作，《试论依法治国背景下的检察公信力建设》《完善司法权捕后羁押必要性审查工作机制的思考》《维护司法公正　完善刑事审判监督制度要先行》3篇调研文章在第二届“治蜀兴川”法治论坛（乐山）征文中分获二、三等奖和优秀奖；《检察机关对行政执法监督的思考——以民事行政检察职能为视角》被评为中国检察学研究会民事行政检察专业委员会第四届年会优秀论文；《生态文明法治建设刍议》获得“三江源法治论坛”论文优秀奖。充分发挥检察委员会办事机构的职能作用，认真开展检委会规范化建设自查活动，进一步强化规范意识、服务意识，充分发挥检委办职能作用，不断提高检委会审议质效，两级院共召开检委会72次，讨论议案141件，要求案件承办部门修改完善议题报告15次、补充议题材料10次、直接退回议题2次。

【检察技术】 2015年，全市检察机关检察技术部门大力开展检验鉴定工作，重点抓职务犯罪侦查以及侦查监督、公诉和监管场所需要进行的司法鉴定案件，共办理检验鉴定案件12件。大力开展技术性证据审查工作，重点对案件中涉及“四种情况”（对案件定罪量刑起关键作用的、有两个以上不同鉴定意见的、对鉴定意见提出异议的、社会鉴定机构出具鉴定意见的）的技术性证据进行审查，着力强化监管场所在押人员病残、保外就医、非正常死亡案件中鉴定材料的审查，共办理技术性证据审查案件141件。大力开展技术协助工作，采取提前介入、辅助侦查、参与审查等有效形式，积极参与技术取证、现场勘验、技术咨询等办案活动，共办理技术协助案件5件。

【司法警察】 2015年，全市检察机关司法警察共参与查办职务犯罪案件61件70人，执行看管233人，执行拘传3人，执行传唤25人，协助执行拘留、逮捕63人，执行提押35人，参与搜查出警2人次，参与扣押（查封）6人次，参与查询出警254人次，协助调查取证出警379人次，送达法律文书138人次。在涉黑、涉恶以及有重大影响案件的提押、出庭公诉工作中，参与刑事检察案件出警664人次，切实保护检察官人身安全，维护正常办案秩序。高度重视办案安全防范工作，不断完善办案工作区使用审批、出入登记、交接、执勤等规章制度，改进办案工作区管理模式。结合防恐防暴形势，开展以看管、搜查、监视居住、押解等为重要内容的建制队警务勤务演练，组织开展全市检察机关司法警察第16期全封闭集中训练。编制图文并茂、全方位记录司法警察履职安全要领的《司法警察执行职务规则简明手册》。

【法治能力建设】 2015年，全市检察机关坚持思想建设与制度建设两手抓，建立完善加强干部教育监督管理等方面制度46个，进一步形成用制度规范工作管理队伍的机制。

持续推进专业化职业化建设。进一步强化干警办案实战能力训练，两级院共有5名党组成员、31名干警参加公诉办案见习，18名干警参加公诉岗位见习，见习人员办理案件74件118人；36名干警参与双岗锻炼，办理公诉案件48件75人，其他案件25件28人，撰写调研报告10余篇，市检察院以公诉岗位为着力点全面推进检察队伍能力建设工作被省院荣记集体二等功。继续推进专业化正规化培训，组织40余名新进人员进行专业培训，开展岗位练兵26期、参训干警470人次，推荐干警参加各级调训16人次、省检察院轮训64人次。

（粟　一）

法　院

【概　况】 2015年，全市国家审判机关有攀枝花市中级人民法院（以下简称“市中院”）、东区人民法院、西区人民法院、仁和区人民法院、米易县人民法院、盐边县人民法院，共设17个人民法庭。全市法院共有政法专项编制462个，实际在编人员422人。其中：法官232人，占55%；司法警察、书记员及其他工作人员190人，占45%。市中级人民法院内设机构25个，实际在编人员103名。2015年，全市法院紧紧围绕全市工作大局，按照“凝心聚力、实干创新、勇争一流”的总体思路，忠实履行宪法和法律赋予的职责，工作取得新的进展。全市法院全年受理各类案件22756件，结案21973件，同比分别上升27.73%、27.51%；法官人均结案94.3件，位居全省第三。市中院受理各类案件2309件，结案2232件，同比分别上升22.69%、21.5%。2015年。全市法院共有18个集体、25名个人受到最高法院和省市表彰。

【刑事审判】 2015年，全市法院共受理刑事案件1706件，审结1652件，同比分别上升22.38%、20.32%。开展“打击区域性突出犯罪”专项审判活动，依法审结故意杀人、绑架、抢劫等严重暴力犯罪案件60件，维护人民群众生命财产安全。审结贩卖、运输毒品等犯罪案件132件，着力遏制毒品犯罪高发态势。开展打击非法占用林地犯罪专项行动，对7人依法判处刑罚，收回林地50余公顷，切实保护生态环境。依法从严惩治贪腐犯罪，审结贪污贿赂案件44件52人，同比分别上升69.23%、79.31%。市中西医结合医院原院长殷光义犯受贿罪，被依法判处有期徒刑12年。积极推广“轻刑快办”机制，审结案件304件，服判息诉率达100%，在全省法院作经验交流。

【民商事审判】 2015年，全市法院共受理民商事案件13675件，审结13312件，涉案标的51.42亿元，同比分别上升15.03%、16.41%、52.27%。面对案件大幅上升势头，法院开展“化难案、解新案”专项审判活动，充分发挥民商事审判职能，依法审结股权纠纷、企业破产等案件55件，促进企业优胜劣汰和产业结构调整。审结买卖、租赁、担保等合同案件5802件，规范引导市场经济秩序。审结婚姻家庭、人身损害等案件2231件，弘扬家庭美德，维护合法权益。深化知识产权“三合一”审判机制，审结知识产权、技术合同案件21件，严厉打击虚假诉讼，切实维护司法公正和诉讼诚信。实施全面、全程、全员调解，民商事案件调撤率达53%，促进矛盾纠纷有效化解。

【行政审判】 2015年，全市法院共受理行政案件197件，审结191件，同比分别上升89.42%、89.11%。坚持保障群众合法权益与推进依法行政并重，撤销、确认行政行为违法22件，同比上升12%。开展“行政审判司法建议”专项活动，分析行政机关个案败诉原因，提出司法建议18条。依法审理涉政府信息公开案件，促进行政权力公开透明运行。建立行政机关负责人旁听案件提升依法行政意识机制，首次邀请全市70余名乡（镇）长等亲历旁听行政案件庭审，助推法治政府建设。

【执行工作】 2015年，全市法院受理执行案件6912件，执结6553件，执结率94.81%，涉案标的11.05亿元。积极推行“权利清单”制度，“点对点”网络执行查控系统功能进一步发挥，有效保障申请人合法权益。开展“弘扬诚信、惩戒失信”专项执行活动，强化信用惩戒，限制出境253人，限制高消费221人，公开曝光998人，纳入失信“黑名单”1471人，38名失信被执行人慑于压力主动履行债务2349.42万元，有力推动诚信攀枝花建设。深化“打击拒不执行法院判决、裁定等犯罪行为”专项活动，司法拘留33人，以涉嫌拒执犯罪移送公安机关侦查37件，切实维护司法权威。

【服务大局】 2015年，市中院突出针对性，认真研究新常态下人民法院服务经济社会发展大局的结合点和着力点，努力提升服务保障水平。突出前瞻性，提交立案登记制实施情况，进一步规范农村集体土地征收等调研分析报告，为党委、政府决策提供参考。突出问题性，深入分析类案增长成因症结，强化区域性、行业性风险监测，提出司法建议33条，促进提高管理水平。突出主动性，制定服务保障市委九届九次全会精神的意见，切实把思想和行动统一到全市工作大局上来。上报市委建议出台《被诉行政机关负责人出庭应诉办法》，助推法治政府建设。

加强对经济下行背景下民间借贷纠纷大幅上升新情况的研究，依法审结此类案件1209件，规范引导民间资本健康运行。针对企业经营困难、劳动争议大幅上升的新趋势，加强调解工作，妥善化解矛盾纠纷2267件，促进发挥劳动力和资本要素的最大效能。针对房地产开发、物业服务合同等群体性纠纷大幅上升的新问题，审慎审结案件705件，努力做到政治、法律和社会效果的有机统一。针对新行政诉讼法实施后行政案件大幅上升的新任务，建立健全行政纠纷综合协调机制，行政案件撤诉率达16.42%，促进行政争议的实质性解决。

切实开展“法律七进”。积极送法进机关，开展行政诉讼法专项培训活动20余场次。扎实推进"法律进学校",配备法治副校长和辅导员40余名,开设"新学期第一课"法制讲座100余场次,受教育学生8000余人次。认真开展"法律进乡村、进社区",以鲜活案例开展巡回审判、以案说法活动150余场次,受教育群众6000余人次。大力开展"法律进企业",推行"菜单式""订单式"法律服务,全市法院走访调研重点园区、龙头企业150余人次。切实强化法治宣传。拍摄法治微电影2部,召开新闻发布会7次,播发"现在开庭""每周一案""法庭聚焦"和"法官在线"153期,发表宣传稿件1041篇。"现在开庭"栏目荣获第十三届四川电视节"金熊猫"奖。

【司法为民】 2015年,全市法院以"两个中心"为载体,探索司法为民新举措。充分发挥诉讼服务中心便民利民功能,全市法院诉讼服务中心、诉讼服务站接待群众2.2万余人次,开展上门立案、邮寄立案230余件次。加快执行指挥中心建设,推动建立"内外联动、信息共享、快速反应、功能齐全"的执行指挥体系,进一步破解执行难题,让打赢官司且有条件执行的当事人及时实现权益。

以"三大平台"为支撑,拓展司法公开新路径。积极推进审判流程公开,开通"12368"诉讼服务热线,发挥科技法庭全程录音录像功能,微博直播庭审33次。全力推进裁判文书公开,在中国裁判文书网公布裁判文书11314份,占依法可以公开案件的100%。大力推进执行信息公开,"执行服务窗口、执行公开网"等基础平台建设全面完成,当事人自主查询执行案件进展7000余人次,现场及网络同步竞价拍卖执行财产7亿余元。

以"四项工作"为重点,强化司法为民新成效。认真开展"双联""走基层"、精准扶贫等活动,深入帮扶村调研指导190余人次、慰问贫困群众110户,捐助款物20余万元。积极开展"司法大拜年"涉民生案件专项执行,执结案件911件,到位金额1010.19万元。深入推动"服务型、阳光型、效能型"人民法庭建设,人民法庭审结案件4342件,占辖区民商事案件的36.74%。切实加大司法救助力度,为困难当事人缓减免诉讼费437.76万元,发放司法救助资金113.92万元。

【司法改革】 2015年,全市法院积极探索审判权运行机制改革。秉承"学习借鉴、消化吸收、试点先行、逐步推广"的原则,市中院在司法责任制、审委会制度改革,各区(县)法院在审判长和承办法官负责制、人民法庭办案责任制、院机关和人民法庭分案制度进行改革、深化"诉非衔接"等方面积极探索,推动完善"权责明晰、权责统一、监督有序、配套齐全"的审判权运行机制。做好立案登记和诉非衔接改革。坚持依法登记立案,5月1日立案登记制改革实施以来,全市法院共登记立案8230件,当场登记立案率达90%。加强司法调解与人民调解、行政调解、行业调解的衔接配合,委托调解案件428件,邀请调解案件510件,依法确认调解协议220份,推动形成多元化解决矛盾纠纷的合力。推进人民陪审员制度改革。坚持广泛性和专业性相结合,拓宽陪审员选任渠道和范围,全市法院陪审员达250名,超过全省确定目标的120%。完善个案随机抽选陪审员方式,扩大案件参审范围,陪审员参审率达86.79%。

【民主监督】 2015年,全市法院自觉接受各方面监督。向市人大常委会、市政协主席会汇报、通报半年工作和民商事审判、人才队伍建设情况,按照常委会和主席会议意见,细化制定加强和改进工作的措施。对"两会"和闭会期间收集的46条类型化意见建议,逐项制定改进措施。向代表、委员寄送《重大事项通报》3600余份,发送手机彩信周报1.9万余条,邀请旁听庭审、监督执行、参加重要会议和活动120余人次。审结检察机关抗诉案件10件,依法改判、发回重审6件。

【队伍建设】 2015年,大力加强人才队伍建设。坚持"好干部"标准、"三重"(重品行、重实干、重公认)用人导向,公招、遴选干警32名,交流、提拔科级干部10名。扎实抓好教育培训,组织参加上级培训230余人次,邀请上级法院到攀培训民事、刑事、执行干警3批次,开展优秀庭审、书记员速录、公文撰写等自主培训、竞赛1000余人次。注重多岗练才,上挂下派锻炼干警21名。强化文化引领,开展"书香法院"建设、"争做新时期合格法官"主题演讲比赛等活动,市中院特色文化创建入选全省法院"文化特色项目"。全市法院共有18个集体、25名个人受到最高法院和省市表彰。

(陈 刚)

司法行政

【概 况】 攀枝花市司法行政系统包括市司法局机关、市强制隔离戒毒所、市法律援助中心、5个县(区)司法局、6个公证处、60个司法所、21个律师事务所、18个基层法律服务所。市司法局机关设13个内设机构和政治部(警务部)、机关党委、纪检组。市司法局13个内设机构名称由"处"改为"科"。根据《中共攀枝花市委机构编制委员会关于调整市劳动教养管理所有关机构编制事项的通知》要求,市劳动教养管理所(市司法强制隔离戒毒所)调整为"攀枝花市强制隔离戒毒所",原承担的劳动教养管理职能予以废止。2015年,市司法局获评"四川省学法用法示范机关(单位)";西区司法局获评全省政法系统先进集体;盐边县司法局红格司法所获评全国先进司法所。攀枝花三才律师事务所获评全省优秀律师事务所。

【强制隔离戒毒】 2015年，攀枝花市强制隔离戒毒所严格落实安全隐患四级排查机制，狠抓场所安全稳定工作，全年开展安全隐患排查16次，发现并整改安全隐患15个，实现场所安全生产无事故。推进戒毒管理创新，深化"常青藤四分管理模式"，建立强戒人员解除回归衔接机制，与社区居委会、司法所、派出所、社会团体共同做好戒毒人员解除回归后的安置帮教工作，帮助建立和恢复社会支持系统，巩固戒断成果。加强科学矫治，借助图书馆、体育馆、文化馆等公共资源和心理、医学、教育、职业培训等社会资源，广泛开展社会化教育，提高教育矫治水平，促进强制隔离工作持续健康发展。2015年，全所累计收治戒毒人员97人，实现了应收尽收目标。场所连续15年实现"六无"（无毒品流入、无脱逃、无非正常死亡、无所内案件、无重大生产安全事故、无重大疫情）。4月，为支持成昆铁路新线建设，市委、市政府确定市强制隔离戒毒所搬迁至仁和区棉沙湾片区。11月，市强制隔离戒毒所进行临时过渡搬迁，完成10公顷铁路建设占用土地交付工作。

【人民调解】 2015年，攀枝花市司法行政机关认真贯彻落实《四川省人民调解规范化建设办法》，巩固和完善人民调解组织结构、工作职能和制度机制，针对矛盾纠纷易发多发领域，积极培育行业专业性人民调解组织，不断壮大调解队伍，推进人民调解向规范化、专业化迈进。市医疗纠纷调解委员会经过一年多的发展，配备调解队伍13名，法律、医学专家库577名，覆盖市、区622家医疗机构，建立完善"八化"工作模式和"医疗服务质量第三方监督评价机制"，实现医疗投诉由医院单独处理向第三方参与转变。分别设立20个小区物业纠纷人民调解前置窗口和"花城联姐"婚姻家庭纠纷调解室，畅通物业、婚姻家庭领域调解渠道。2015年，全市875个人民调解组织共调解纠纷5253件，调解成功5211件，成功率达99%以上。9月，市仁和区仁和镇调委会驻仁和法院调委会成功调解一起涉及金额5600余万元的巨额债务纠纷，获省政府通报表扬并向全省推广经验。

【安置帮教】 2015年，攀枝花市狠抓过渡性安置帮教基地建设，建立安置帮教基地8个、公益性劳动基地22个、社区服务基地10个，对刑满释放人员中的"三无人员"和确有困难的人员予以优先安置。认真落实刑满释放人员必接制度，建立与攀西监狱"定期双向联系"制度，确保刑满释放人员和监狱假释、暂予监外执行罪犯接送工作衔接紧密，防止出现脱节掉链问题。积极破解就业安置难题，会同人社部门对即将刑满释放人员进行职业技能培训，与刑满释放人员原工作单位积极协商，尽力争取原工作单位进行就业安置，加强与工商、社保、培训、税收部门沟通协调，积极扶持刑满释放人员自主创业、自谋职业，有效拓宽刑满释放人员安置渠道。2015年，全市共衔接刑释解教人员911人，安置862人，安置率94%，帮教911人，帮教率100%，无重新违法犯罪人员。

【社区矫正】 2015年，攀枝花市不断加大社区矫正人员监管力度，积极推进网格化和信息化管理，将全市482个社区（村）按照区域划分为1085个网格群，定点分配"责任田"，把工作触角连接到网格，延伸到一家一户，有效避免工作"盲区"和"真空"。全面建成社区矫正定位管理系统，市、县（区）司法局和全市60个司法所全部完成安装并投入运行，社区服刑人员全部纳入系统管理，实现24小时全天候智能化监控，有效防止脱管漏管问题。创新社区矫正工作模式，建立"三类三重"工作机制（区分宽管、普管、严管三个类别）和"九个一"矫治模式（每月对服刑人员集中教育1次，个别谈话1次，思想汇报1次，思想动态分析1次，公益劳动1次，家访1次，考核1次；每季度集中谈话1次；每半年集中评议1次）。构建政法、综治、公安、检察、法院、司法多部门联动机制，定期召开联席会议，完成社区矫正定位管理系统与市检察院检察监督系统网络对接，实现信息交换、多方联动。推动社会力量参与社区矫正，将社区矫正人员纳入全市社区公共服务综合信息平台，由社区提供就业扶持、生活救助、社会保险、公益劳动，聘请110名婚姻家庭咨询师提供心理测试、咨询等服务，不断提升社区矫正效果。2015年，全市在册社区矫正人员973人，解除社区矫正人员722人。

【特赦工作】 2015年9—10月，根据国家特赦部分服刑罪犯相关规定，攀枝花市司法行政机关严格依法开展甄别、比照、公示、核实、评审、组卷、报请等工作，摸排社区服刑罪犯1000余名，报请特赦人员全部被市中级人民法院裁定特赦，率先在全省第一批次完成特赦社区服刑罪犯工作。9月，制定《关于加强对特赦人员的教育管理的通知》，组织全市特赦回归人员集中进行形势政策教育、法纪道德教育和岗位技能培训，帮助特赦回归人员融入社会。

【司法所规范化示范点创建】 2015年1—5月，攀枝花市司法行政机关按照"组织机构、干部队伍、业务能力、所务管理、基础设施"五个规范化要求，开展司法所规范化建设示范点创建活动。6月12日，经严格评比，全市共有19个司法所达标，由市司法局命名授牌为"司法所规范化建设示范点"。

【律师工作】 2015年，攀枝花市21家律师事务所、239名执业律师积极参加“法律服务进社区”“法律服务进百村”“法治宣传进寺观教堂”等公益性活动，严格落实律师“以案说法”工作制度，广泛深入社区、村(社)、寺观庙堂开展法治宣传、讲解法律知识、解答法律疑问，增强社区居民、村(社)民、宗教人士的法律意识，维护社会稳定。全年，全市律师共办理各类案件4896件，担任机关、企事业和社会团体法律顾问538家，提供法律援助803件。42支法律服务小分队深入开展“法律服务进百村”活动，在全市129个社区推行法律顾问公示牌挂牌，开展法制宣传和法制讲座104场次。

【公证工作】 2015年，攀枝花市6个公证处积极推行公证行业首问责任制、限时办证、证后回访、预约办证、绿色通道、法律援助、投诉监督等制度，不断规范公证执业行为。探索完善有效证据提取途径，扎实开展公证质量交叉检查和“重经济效益、轻公证质量”问题专项治理活动，全面提高公证办证质量，推进公证事业健康发展。全年，共办理各类公证事项5651件，办证合格率达96%，公证质量有效投诉控制在0.5%。

【司法鉴定】 2015年，攀枝花市司法鉴定行业集中开展“质量建设年”活动和优秀司法鉴定文书评选活动，全面推行司法鉴定机构能力验证，规范司法鉴定执业秩序，提高司法鉴定质量，提升司法鉴定社会公信力。全年，办理司法鉴定案件2177件，案件办结率、鉴定合格率100%。12月，攀枝花法正司法鉴定中心完成脱钩改制，司法鉴定机构与司法行政机关全部实现人、财、物彻底分离。

【法律援助】 2015年，攀枝花市积极拓宽法律援助范围，将交通事故人身损害赔偿、虐待、遗弃、家庭暴力、涉农纠纷、见义勇为等纳入法律援助受案范围。巩固和完善“1小时法律援助服务圈”，在全市军分区(武装部)、老龄办、看守所新建13个法律援助工作站，开辟老年人、农民工、妇女儿童、军人军属、少数民族维权绿色通道，提供个性化、专业化法律援助。8月31日，攀枝花市人大常委会副主任马晓凤带领市大人法制委对市法律援助工作检查时肯定了全市法律援助工作取得的成效。2015年，全市各级法律援助机构共办理法律援助案件1236件，提供法律咨询15730人次，为困难群众挽回经济损失230余万元，免收法律服务费120余万元。

【基层法律服务】 2015年，攀枝花市18个基层法律服务所61名基层法律服务工作者积极为基层群众提供公益性、便民性法律服务，引导群众依法合理表达利益诉求，维护和谐稳定。担任法律顾问186家，代理各类案件1652件，办理法律援助案件205件，解答法律咨询6300件。

【法律七进】 法律进机关，全年举办8期县级领导干部法治轮训班，600余名在职县级领导干部参加集中法治轮训。落实机关法律顾问制度，推选12名优秀律师为政府法律顾问团成员。推荐律师担任党政机关、企事业和社会团体法律顾问568家，组织编发普法读物16余万册；法律进学校，采取政府购买法律服务的方式，为全市15所市直属学校聘请法律顾问；推荐从事法律职业的学生家长和法学专业大学生50名担任中小学法治班主任，为中小学校推荐配备法治副校长、法治辅导员121名。开展依法治校示范学校创建活动，命名了17所学校为第六批市级依法治校示范学校，确认了14所学校为第四批市级依法治校示范学校；法律进乡村，实施“六个一”普法工程，设立乡镇法治辅导站44个，建立法律援助工作站44个，组建法治宣传队伍52支，制作村级法治宣传栏331个，培养“法律明白人”2734名，发放便民法律服务联系卡3万余张。

法律进社区，建立“一社区一法律顾问”挂牌制度，为全市129个社区配备法律顾问。结合“双报到”活动，加强社区青少年、下岗职工、流动人员、农民工等重点人群法治宣传教育；法律进企业，开展“诚信守法企业”示范创建活动，指导企业建立完善学法用法制度，推进企业聘请律师担任法律顾问。组建法律服务宣讲团，深入企业开展法律宣讲50余场次、法律知识巡讲200余场次，专项法律宣传60余场次；法律进单位，建立健全“谁主管谁负责谁普法”制度，加强法治宣传工作督促考核。为全市67家单位聘请了法律顾问，促进单位履行法律宣传社会责任。推动在医院、车站等公共场所设立固定法制宣传栏和电子显示屏，全方位开展法制宣传教育；法律进寺庙，建立法律进寺观教堂大宣讲机制，利用礼拜、开斋节、观音会等等时机，加强法律法规和反邪教知识宣传。全年培训宗教教职管理人员200多人，面向僧尼和信教群众编制印发普法读物和普法宣传用品，发放宗教政策、法律法规宣传单2000余份。

【“六五”普法检查验收】 2015年6月15日，攀枝花市“六五”普法检查验收全面展开，由市委、市人大、市政府、市政协领导带队组成5个检查组对全市5个县(区)、79个市级部门进行检查验收。同时，市司法局组织起草了《攀枝花市“六五”普法汇报材料》，收集整理全市“六五”普法迎检档案135卷，组织编撰《攀枝花“六五”普法回眸》，开展“六五”普法系列宣传报道，在《四川法制报》《攀枝花日报》《攀枝花晚报》、攀枝花电视台集中展示市司法局、5个县(区)、5个普法先进个人、11个市级部门先进典型。9月10—11日，四川省政协副主席赵振铣带省“六五”普法检查验收第五组对全市“六五”普法工作进行检查验收，充分肯定全市“六五”普法工作成效。全市“六五”普法工作全面完成。

【“12·4”国家宪法日暨全国法制宣传日】 2015 年，攀枝花市“12·4”国家宪法日暨全国法制宣传日以“弘扬宪法精神，建设法治中国”为主题，综合运用电视、广播、电台、报刊、网络、街面、墙体、展板等信息载体，设立法治宣传咨询站，开设宣传专题专栏，多位一体开展法治宣传。组织全市法律服务人员、社会团体开展送法进乡村、模拟法庭进校园、“以案说法·法律大讲堂进高校”、法治文艺汇演、法治演讲竞赛、法治游园、法治漫画比赛等系列宣传活动。活动期间，出动宣传车辆 16 台，张贴宣传挂图 2000 余张，印发宣传资料 2 万余份，接受群众咨询 5 万余人次。

【法治示范创建】 2015 年，攀枝花市东区被全国普法办公室命名为第三批“全国法治县(市、区)创建活动先进单位”。东区炳草岗街道湖光社区、西区玉泉街道巴关河社区被司法部、民政部命名为第六批“全国民主法治示范村(社区)”。米易县获评“省级法治示范县(市、区)”。米易县攀莲镇获评“省级法治示范乡镇(街道)”。市司法局、市国税局获评“省级学法用法示范机关(单位)”。

【普法和法律服务志愿者支队成立】 2015 年 7 月，攀枝花市普法和法律服务志愿者支队正式成立，开始面向社会开展普及法律知识、提供法律服务、进行法律援助等工作。支队由市司法局统一领导，下设各县(区)司法局、攀枝花学院 6 支普法和法律服务志愿者大队，形成自上而下、统一组织、分层设立、逐级管理，以支队为总揽、大队为支撑、志愿者服务站点为平台的网络体系。

【外来企业投诉】 2015 年，攀枝花市外来企业投诉中心认真贯彻落实《攀枝花市外来企业投诉办法》，抓好外来企业投诉工作队伍管理、工作制度、服务平台建设，规范外来企业投诉受理、调查和处理程序方法，实现与人民调解、法治宣传、法律服务、法律援助各项工作有效对接。在外来企业集聚区设立法律服务工作站(室)52 个、专项人民调解机构 45 个、投诉中心工作站 18 个，畅通外来企业投诉和矛盾纠纷解决渠道。全年，共为外来企业举办法制讲座 60 场次，担任外来企业法律顾问 105 家，帮助外来企业处理法律事务 450 件，提供法律援助 60 件，成功调解外来企业纠纷 120 件，受理投诉案件 5 件，办结 5 件，企业满意度达 100%。

【司法考试】 2015 年 9 月 19—20 日，攀枝花市 2015 年度国家司法考试在市十八中小学校开考，共计 460 名考生报名参加考试，报考人数相较 2014 年度减少 8 人。

【司法业务用房建设】 2015 年，攀枝花市东区司法局、米易县司法局司法业务用房项目纳入中央“十二五”政法基础设施建设投资计划。米易县司法局业务用房采用购买方式完成建设任务，于 9 月正式投入使用，东区司法局业务用房于 3 月正式开工建设，主体工程于 12 月封顶，市司法局业务用房于 5 月正式开工建设，主体工程于 9 月封顶。

(冷钢)

政府法制

【开展依法行政示范创建活动】 2015 年 3 月 25 日，省依法治省办与省政府法制办确定攀枝花市 34 个单位为依法行政示范创建单位。6 月 25 日，市政府法制办印发《关于推进依法行政示范创建活动的实施意见》，10—11 月，市政府法制办对依法行政示范创建工作进行督促检查，进一步加强对依法行政示范创建工作的指导和推动力度。12 月，攀枝花市工商局、交通运输局等 10 家单位被四川省依法治省领导小组评为“依法行政示范创建合格单位”。

【审查、制定市政府规范性文件】 2015 年，市政府法制办公室共收到攀枝花市政府各部门报送的拟以攀枝花市政府名义下发的规范性文件草案及其他涉法文件草案 29 件，均按期审查完毕，向市政府提交审查报告 24 件，确保市政府规范性文件合法、有效。

【规范性文件备案】 严格执行《攀枝花市行政规范性文件制定和备案规定》，市政府发布的规范性文件均按时向市人大常委会和省政府法制办报送备案，无一件被确认违法或撤销。做好各县(区)政府和市政府各部门规范性文件的备案审查工作，全年共收到报送备案审查的规范性文件 56 件，均按时审查完毕，做到“有件必备，有备必审，有错必纠”。

【听取社会公众意见】 市政府法制办在制定或审查重大决策方案时，坚持深入调查研究，进行必要性、可行性和合法性论证;加强与相关部门的沟通协商，充分听取意见。涉及重大公共利益和人民群众切身利益的，通过公开登报、网上公开、当面座谈等方式扩大和邀请群众有序参与。如在审查《攀枝花市市场主体(经营场所)登记管理办法》时，考虑到该《办法》涉及“住改商”“一照多址”“一址多照”等多个和人民群众切身利益相关的改革制度，2015 年 6 月 26 日，市法制办采用在《攀枝花日报》及“攀枝花市人民政府法制办政务网”全文刊登的方式，征集广大市民和社会各界的意见或建议，共收到意见或建议 10 余条，在充分采纳民众意见建议的基础上，对初步拟定的《攀枝花市市场主体(经营场所)登记管理办法》进行修订完善，保障该《办法》的民主性和科学性。

【法律顾问履职尽责】 2015年,市法律顾问团成员共参与审查"攀枝花至田房高速公路鱼塘收费站改扩建项目合作协议书""攀枝花市人民政府四川中航通用航空产业集团有限公司框架合作协议"等协议、合同32件,形成法律顾问常态参与重大行政决策的工作机制。创新法律顾问履职方式,邀请法律顾问在依法行政和行政执法培训中授课,全年法律顾问主讲市政府常务会议学法4次,主讲专题法制培训4期8次,有效提升法制培训效果。

【编制公布行政许可项目目录】 按照省政府要求,市政府法制办组织市级部门以省政府公布的《市(州)行政许可项目目录》为基础,结合攀枝花市部门机构设置情况对行政许可项目逐项进行清理审查,确认攀枝花市市级行政许可项目共230项(不含国家垂管部门),将审批项目分解落实到攀枝花市34个市级部门。经市政府第50次常务会议审议通过,3月31日,市政府在《攀枝花日报》和市政府公众信息网上向社会公布攀枝花市市级行政许可项目清单。

【行政复议案件】 2015年,市政府法制办公室收到公民、法人和其他组织向市政府提起的行政复议申请21件,审结20件,未审结1件。其中维持12件,终止4件,责令作为1件,告知2件,撤销2件。行政复议案件涉及县(区)政府、劳动保障、工商、发改等多个部门,案件内容涉及行政确认、行政处罚、工伤认定、房屋补偿等行政执法领域。在案件审理中,市政府法制办坚持秉公办理,不偏袒,不护短,立足"案结事了、定纷止争"原则,将调解工作贯彻行政复议案件审理全过程。

【规范行政复议答复工作】 市政府法制办于2015年5月6日印发《关于进一步规范行政复议答复工作的通知》,通知明确规定,被申请人应当围绕作出具体行政行为所认定的事实是否清楚,证据是否确凿,适用依据是否正确,程序是否合法,内容是否适当等问题限期作出答复,并针对行政复议申请书中提到的问题进行重点答复。同时规定,行政复议机关召开行政复议听证会,可以根据情况,要求被申请人的负责人出席。被申请人的负责人应当按要求出席。对行政复议机关要求案件调解的,被申请人的负责人应当组织有关部门积极参与,采取有力措施,争取实现案结事了。

【行政复议委员会工作制度】 12月23日,市政府行政复议委员会印发《攀枝花市人民政府行政复议委员会议事工作规则(试行)》《攀枝花市人民政府行政复议委员会行政复议案件审理会议议事规则》《攀枝花市人民政府行政复议委员会委员守则》三项制度。《攀枝花市人民政府行政复议委员会工作议事规则(试行)》主要明确市政府行政复议委员会的工作职责、开展工作方式和日常具体办事工作机构设置等内容。《攀枝花市人民政府行政复议委员会行政复议案件审理会议议事规则》对市政府行政复议委员会审理行政复议案件的工作程序进行具体规范。《攀枝花市人民政府行政复议委员会委员守则》明确市政府行政复议委员会各位委员必须遵守的行为规范和申请回避的情形。三项工作制度的制发,有利于完善市政府行政复议委员会运行机制,保障行政复议委员会审理有序、决定合法、运作高效,提高行政复议工作质量,增强行政复议的社会公信力。

【行政执法证件管理】 2015年,市政府法制办公室办理各类行政执法证件计681本,其中行政执法证578本、行政执法监督证件6本,委托行政执法证97本。年审3014本执法证件,审验合格2868本,注销146本。

【行政执法人员资格认证】 严格执行行政执法人员资格认证制度,开展行政执法资格认证培训,将《行政许可法》《行政处罚法》及行政执法证据、说理性行政处罚决定书及行政执法案卷制作知识作为培训重点内容,将法律知识结合案例进行讲解,取得良好效果。2015年,共举办行政执法人员资格认证培训7期,培训行政执法人员904人。

【行政处罚案件信息公开】 依法公开行政处罚案件信息是保障公民知情权的一项重要内容,是转变政府职能,密切联系群众的重要举措,对提高行政执法部门依法、规范、公正、阳光执法具有积极的推动作用。2015年,市政府法制办采取网上日常查看,电话联系,通报情况等方式,加大对行政处罚案件信息公开的监督力度。全年市林业、工商、食品药品监管、文化广播影视新闻出版等部门公开行政处罚案件信息69件。

【行政处罚及行政许可案卷评查】 2015年,市政府法制办公室将案卷评查作为行政执法日常监督检查的重要方式,将行政执法案卷评查工作与优秀行政处罚决定书评选工作一并进行,推行柔性执法和说理型文书,发挥优秀案卷的典型示范作用,不断提高行政机关及其工作人员的行政执法水平。10—11月,市政府法制办对重点执法部门报送的优秀案卷采取进部门走基层"集中人员、集中时间、集中地点、集中案卷,面对执法一线人员"的方式进行评查,评查10个市级行政执法部门27件行政处罚案卷,7个市级行政执法部门21件行政许可案卷,评出4个优秀许可案卷和12个处罚案卷并予以通报表彰。

【重大行政处罚、强制备案】 2015年,市政府法制办公室审查各县(区)政府和市级各部门报送的重大行政处罚备案30

件、重大行政强制备案1件，通过备案审查提前介入，实现层级监督关口前移，及时发现和纠正违法或不当的行政行为。

【行政执法与刑事司法衔接】 构建行政执法与刑事司法衔接信息共享平台是解决信息共享、案件查询、线索移送等关键问题的有效手段，市政府法制办积极配合市检察院推进信息共享平台建设，督促全市有关部门配齐设备，及时录入涉罪案件移送、办理等信息。2015年攀枝花市通过平台监督移送涉嫌犯罪案件11件，及时回复案件咨询4件次。开展破坏环境资源和危害食品药品安全违法犯罪专项监督活动及“林地行动”，以专项活动彰显行政执法与刑事司法衔接成效。2015年，市政府法制办联合市检察院等11家成员单位开展“破坏环境资源和危害食品药品安全违法犯罪专项监督活动”，联合森林公安等5家单位开展“林地行动”。在专项活动中，行政执法机关主动移送涉嫌犯罪案件11件，检察机关监督移送涉嫌犯罪案件5件，监督公安机关立案侦查5件，公安机关主动立案侦查36件。

【修改法规、规章草案】 2015年，市政府法制办公室收到省政府法制办发来的《四川省重大行政决策责任追究暂行办法》《四川省国家投资工程项目招标投标条例》等地方性法规、省政府规章征求意见稿15件。市政府法制办及时向市政府各部门及县(区)政府征求意见，并将意见收集、汇总、研究后按时反馈书面意见，为立法工作提供建议意见。

【行政调解】 2015年，市政府法制办公室进一步强化履行行政调解指导、督促职责，及时梳理汇总行政调解数据。全年各级行政调解主体共办理行政调解案件7189件，调解成功6759件，调解成功率94%。

【仲裁工作】 2015年，攀枝花仲裁委员会共受理仲裁案件51件，不予受理1件，受理案件标的额达1.96亿元。已审结案件21件(含2014年结转6件)，其中调解和解结案10件，裁决3件，驳回请求1件。受理案件涉及购销合同纠纷、勘查设计合同纠纷、建设施工合同纠纷等不同类型的经济合同纠纷，其中建设工程施工合同纠纷数量在今年的案件受理数中占有比例最大，民间借贷纠纷数量今年骤然增加，矛盾突出。在案件办理过程中，攀枝花仲裁委坚持“公正、廉洁、高效”原则，将有效定纷止争作为仲裁工作的着力点和落脚点，严格把好立案关、组庭关和裁决关，规范仲裁程序，强化案件管理和对外宣传，不断提升仲裁公信力和影响力。

【宣传教育】 2015年，市政府法制办公室加大信息收集和整理力度，编印《政府法制工作摘要》14期。继续办好“市政府法制办公众信息网”，上传更新各类信息数据100余条，网站全年点击访问量达30万余次，充分发挥法制信息服务领导、交流经验、指导工作的作用。完成《攀枝花年鉴(2015)》“政府法制”部分的撰稿工作，获“先进单位”称号，受到市委、市政府通报表彰。

加强同各级新闻媒体的联系沟通，宣传报道政府法制工作。2015年，《攀枝花市政府法制办狠抓“两支队伍”依法行政培训工作》《攀枝花市稳步推进交通运输综合行政执法体制改革试点工作》《攀枝花市政府法制办“七项制度”推进行政执法监督工作》等7则新闻被四川省人民政府法制信息网宣传报道。

2015年，市政府继续认真落实常务会学法制度，市政府法制办公室精心制定年度学法计划，组织相关专家学者分别就规范性文件制定与备案、依法行政、十八届五中全会精神等内容在会上进行专题讲解，切实提升领导干部运用法治思维和法治方式推动发展的能力。将社会公众作为法制宣传教育的基础，强化“法律七进”。严格按照“谁执法、谁普法”的原则，督导各级行政机关通过电视、报刊、网络、知识竞赛、送法下乡等多种媒介和方式广泛开展法制宣传教育，编印《攀枝花市行政执法人员培训教材》等学习教育资料，免费向公众发放，推进全民学法，带动全社会形成学法用法的良好风气。

(杨清敏)

经济管理

宏观经济管理

【经济目标完成情况】 2015年,全市实现地区生产总值925.18亿元、增长(同比,下同)8.1%。第一产业实现增加值31.31亿元、增长4.1%,第二产业增加值实现661.03亿元、增长8.5%,其中规模以上工业增加值增长9.0%,第三产业增加值实现232.85亿元、增长7.2%。全社会固定资产投资实现644.51亿元、增长4.5%。社会消费品零售总额实现286.20亿元、增长11.8%。实现公共财政预算收入53.34亿元、下降15.2%。城镇居民人均可支配收入达30362元、增长8.5%。农村居民人均纯收入达12861元、增长9.3%。居民消费价格指数(CPI)累计上涨1.5%。单位生产总值能耗下降8.82%,化学需氧量排放量、二氧化硫排放量完成省下达目标。

【经济运行分析工作】 深入各区县调研并形成《关于攀枝花市2015年1-6月国民经济和社会发展计划执行情况的报告》;完成《攀枝花市1-7月经济运行情况通报》,并在8月27日市委全委会上做专题汇报;完成《关于2015年前三季度全市经济运行情况及全年预测的报告》,并在市委财经领导小组2015年第一次会议上做专题汇报;完成《提振信心、精准发力、奋战四季度、确保完成全年目标任务》的专报,并呈送市委书记张剡和市长杨自力。

【产业经贸工作】 完成2个十三五专项课题《十三五时期攀枝花市新兴产业研究》和《十三五时期攀枝花市产业升级和主攻方向研究》。承接LNG加气站和天然气汽车定点改装审批权限,组织相关机构编制攀枝花市加气站十三五规划,并上报省发改委。会同市商粮局起草《攀枝花市人民政府关于贯彻落实四川省粮食安全省长责任制的实施意见》,已通过市政府常务会议讨论并印发全市。2015年,向省发改委申报成功项目3个,其中包括省级工程实验室1个,争取资金100万元;“宽带乡村”项目1个,争取资金100万元;经贸领域专项基金项目1个,争取贷款资金3900万元。牵头组织举办2015年攀枝花“大众创业、万众创新”活动周。完成人大提案承办件(第92号建议)1件;完成市长信箱答复件3件;完成市领导批示件4件。全年3次深入各县(区)和钒钛高新区调研全市工业和服务业发展情况。

【农村农业工作】 紧紧围绕加快发展现代农业的主线,全力做好农村农业工作。认真研究和把握国家宏观调控政策和投资导向,深入调研,抓好全市农业项目的包装、储备工作。搞好项目衔接,加大项目资金的争取力度,2015年争取到位省级以上农业项目资金9834万元。深入推进全市农田水利基础设施建设,夯实农业发展基础,完成盐边县2015年规模化节水灌溉增效示范项目和全市2015年农村饮水安全工程水质检测中心项目批复工作,抓好观音岩引水工程、马鞍山水库、梅子箐水库以及3个烟区水源项目等骨干工程的建设工作,加快推进金沙江南亚热带植物园建设项目前期工作。全面完成仁和区、米易县、盐边县高标准农田建设总体规划(2011-2020年)。加大对使用中央预算内、国债、省预算内资金的重点项目的监督管理力度,完成仁和区2012年石漠化综合治理等项目核查监督工作。

【优化提升公路网络工作】 全市重点交通项目计划投资5.7亿元,全年完成投资5.32亿元。高速公路建设加快推进,丽江—攀枝花高速公路攀枝花至云南省华坪荣将段全线贯通;攀大高速公路于2015年12月全线开工建设;配合交通部门编制《G4216金阳至攀枝花段高速公路工程可行性研究报告》送审稿,并开展项目招商引资工作;配合完成西区至盐源县高速公路前期工作,该项目已被纳入省2014版高速公路规划。省道310线格里坪至福田改扩建工程、省道310线客运中心—新庄大桥升级改造工程全线完工通车,至此,市政府确定的重点交通攻坚建设项目全部完工通车。鱼塘至机场路新建工程于3月提前通车,截至12月底完成村道建设140千米。牵头完成全市轨道交通发展思路研究。

【铁路建设工作】 加快成昆铁路米攀段扩能改造工程建设，抓拆迁，截至12月25日，全市累计交付红线用地192.6114公顷，占红线用地总量的90.33%；抓投资，2015年实际累计完成投资29亿元，超年度目标任务45%；抓保障，自工程开工以来成昆公司累计拨入9亿元，已全部下拨各区县，另外向省发改委争取到省第三批专项建设基金1亿元；每周下基层2次以上，全年开展工作座谈会议23次，及时协调和化解各种矛盾纠纷。加快铁路项目前期工作，完成丽江至攀枝花至昭通铁路、攀枝花至大理铁路、格里坪至云南华坪石龙坝铁路3个项目预可研报告的编制工作；与成昆公司正式签订《成昆铁路峨眉至米易段扩能工程攀枝花市境内征地拆迁工作实施协议》；与大理白族自治州共同向国家发改委、国家铁路总局上报《关于将攀枝花至大理铁路列入国家十三五规划建设项目的请示》。代市委、市政府草拟并上报《关于将成昆铁路扩能改造工程全线提速至200千米/小时的建议》等。

【改善能源体系工作】 2015年，全市重点能源项目计划投资50.5亿元，全年完成投资42.23亿元，完成年度计划的83.8%。其中水电方面，观音岩水电站计划投资8亿，完成投资8.56亿元，2、3、4号机组年投产发电；桐子林电站计划投资7亿，完成投资7.77亿元，1号、2号、3号机组并网发电；金沙电站计划投资7亿，完成投资5亿元，取得电站环评批复，可研报告已审查；银江电站顺利签约。火电方面，攀钢1×30万千瓦煤矸石电厂已完成全部工程建设内容并通过检查验收，向省发改委申请启动验收工作。风电、太阳能等方面，全市有9个风电场项目建设，总装机55.85万千瓦，总投资50.77亿元，2015年计划投资13.13亿元，全年完成投资11.25亿元，其中：仁和干坝子风电场项目、盐边大面山风电场一期项目、仁和桃树平风电场项目竣工投运，仁和老公山风电场项目、仁和麻栗坪风电场项目即将竣工投运，盐边大面山风电场二期项目于年底开工建设，仁和黄桷垭风电场项目、米易龙肘山风电场项目、盐边大面山风电场三期项目在2015年核准立项并将于2016年开工建设。全市共有3个太阳能集中式光伏项目建设，总装机8.2万千瓦，总投资7.64亿元，2015年计划投资5.93亿元，完成投资5.15亿元，其中盐边万家山、红格赖山垭口光伏电站并网发电，西区光伏项目8月开工建设，已完成项目总投资的83%。“缅气入攀”按计划推进，2015年全年完成投资3868.5万元，楚—攀天然气支线管道工程于12月1日通过国家发改委的核准，攀枝花市天然气门站及市内天然气管网工程一期四条主管道和用户管线工程等项目有序推进。电网建设成效明显，攀枝花电网2015年计划投资13456万元，全年完成投资14200万元。编制完成全市十三五风电、太阳能发展规划方案及协助编制十三五农村电网升级改造规划方案及十三五攀枝花配电网规划方案。

【固定资产投资工作】 狠抓投资管理，印发《关于下达2015年全市投资预期目标任务的通知》，及时将全年投资任务分解落实到各县区。坚持每月监测分析投资和重大项目计划执行情况，针对存在的问题，深入分析研究，及时提出对策措施建议。加强调查研究，督促指导各县区抓好投资工作；加强市级相关部门沟通衔接，指导项目统计入库。积极争取资金，全市发改委系统全年争取到中央预算内和省预算内资金5.79亿元；完成四批专项建设基金申报工作，共申报163个项目，总投资约1800亿元，申请资本金近260亿元。电信“宽带乡村”建设项目、攀枝花钒钛产业园区马店河水厂供水工程一期、攀大高速等共计6个项目通过国家最后审批，承接签约资金1.3亿元。做好政府投资项目管理。向市政府上报《攀枝花市重大项目前期经费计划表（2015年度）》，专门用于指导各县区和市级相关部门开展重大项目的前期工作。审批政府投资项目6个，核准项目1个。会同财政部门，编制完成《攀枝花市市级基建项目2015年资金需求明细表》，做好政府投资项目储备和三年滚动投资计划的编制工作。搞好投融资体制改革。代市政府起草《攀枝花市创新投资管理方式建立协同监管机制工作方案》，完成《关于深化投融资体制改革的调研评估报告》，进一步激发民间投资活力；创新融资模式，规范中介机构服务，起草《攀枝花市发展改革委关于印发委托投资咨询评估暂行管理办法的通知》；加快投融资体制机制创新。建立攀枝花市PPP项目库，2015年，共储备43个项目，总投资116.95亿元，有4个项目进入国家发展改革委第一批PPP项目库，2个项目进入国家第二批PPP项目库。

【社会事业发展工作】 全年上报卫生、教育等社会事业专项中央投资计划项目27个，争取中央预算内资金11752万元。在7个社会事业专项11个项目中争取到2015年中央预算内专项投资资金10420.8万元，并督促中央投资尽快落实和项目按程序尽快开工。共批复立项7个，批复总建筑面积69988.64平方米，批复总投资36450.49万元。深入市卫计委、市教育局、西区、仁和区、盐边县等项目现场进行督查，重点对2014—2015年转下达项目进行两轮现场督导。积极协助推进花城新区医院建设、妇女儿童医院、残疾人康复中心等重大项目。按市委、市政府有关领导批示，做好康养产业发展推进工作，修订康养规划及政策指导意见等。

【重大项目建设工作】 2015年，攀枝花市共确定重大项目110个，总投资规模1540.13亿元，2015年计划投资207.53

亿元。市发改委狠抓新项目开工,狠抓续建项目进度,狠抓项目管理工作,但因宏观经济原因,2015 年 110 个全市重点项目累计完成投资 155.09 亿元,占年度计划的 74.73%,欠进度 25.27 个百分点。

【攀西国家级战略资源创新开发试验区建设工作】 完成《“十三五”时期攀枝花市攀西战略资源开发试验区政策体系研究》《攀枝花钒钛资源综合利用战略研究》重大课题研究;协同推进重大科技攻关项目,制定《2015 年度攀枝花市重大科技攻关协同推进方案》;牵头组织凉山州、雅安市筹办全省“双创”活动试验区专题展示活动。2015 年,获中央战略性新兴产业专项资金 7089 万元,攀西战略资源创新开发专项资金 1.76 亿元,其中当年到位资金 1.51 亿元。攀西战略资源开发投资基金组建方案获批,安宁铁钛上市股权投资、万民农牧公司生态农业生猪产业化示范基地建设等 2 个项目已经立项,正源科技年产 5 万吨脱硝催化剂载体二氧化钛项目废酸浓缩装置、钛都化工 5 万吨年化纤钛白粉扩能改造等 23 个项目纳入基金近期重点跟踪项目。对全市试验区项目库实现动态调整,储备科技攻关、创新平台、产业化和基础设施四大类重点项目 119 个,总投资 1774 亿元。加快推进重点产业化项目建设,如云钛实业的“国产化制造大功率电子束冷床熔炼炉(EB 炉)”项目首期 4000 吨钛锭生产项目进入试生产;正源科技 5 万吨/年脱硝催化剂载体二氧化钛原料偏钛酸工程一期 3 万吨特钛原料生产线正进行试生产调试;钒业公司钒氮合金扩能改造工程已有 6 条扩能生产线投入试生产等。

【财政金融与外资工作】 做好企业债券存续期监管工作,针对市国投公司的企业债券以及市城投公司的小微企业增信集合债券,按照《国家发展改革委办公厅关于进一步加强企业债券存续期监管工作有关问题的通知》精神,积极督促两家公司严格按照债券《募集说明书》的承诺,依法使用、合规运作、履约披露、保障兑付。根据国家发改委 2015 年 2 月发布的《关于进一步改进和规范企业债券发行工作的几点意见》和 4 月国家发改委印发的《城市地下综合管廊建设专项债券发行指引》《战略性新兴产业专项债券发行指引》《养老产业专项债券发行指引》《城市停车场建设专项债券发行指引》的要求,积极探索项目收益债的发行工作,筛选出四川省德铭投资有限公司德铭·菩提苑(养老项目)作为拟发行项目收益债企业。抓好申报基本建设项目贴息工作,分别为攀枝花市花城新区干坝塘基础设施建设和西区基础设施建设争取到贴息资金各 100 万元,共计 200 万元,申报了攀枝花市国有投资(集团)有限责任公司企业债券“11 攀国投债”贴息项目。答复市人大代表王鹏提出的《关于设立钒钛投资基金的建议》。利用沙特政府贷款项目的攀枝花市中西医结合医院门诊医技楼项目进展顺利,《金沙江干热河谷区攀枝花段生态恢复与治理申请法国开发署贷款项目》已由省发改委和省财政厅联合上报到国家发改委和财政部,该项目总投资 4.2 亿元,其中申请法国开发署贷款 0.37 亿欧元(折算人民币 2.6 亿元)。

【招投标管理工作】 认真审核把关全市国家投资工程建设项目招标事项,截至 12 月 31 日,依法依规完成招标共计 31 个标段,项目招标总控制价 61507.36 万元,总中标金额 53178.00 万元,节约资金 8329.36 万元,节资率为 13%。严格监管权限内政府投资工程比选活动,完成比选共计 19 个合同段,项目总控制价 1399.5 万元,总中选金额 1199.80 万元,节约资金 199.7 万元,节资率为 14%。依法规范招标代理机构比选活动,通过四川招标比选网自主择优选择代理机构 12 次。严格执行招标(比选)项目备案制,按照《四川省国家投资工程建设项目招标投标条例》有关规定,对项目业主提交的招标公告、招标文件、评标报告、中标通知书、合同等资料进行审查备案,共计完成备案 240 余次。经过市发改委、市政府法制办和市政管办会审会商,攀枝花市的 15 个招标投标有关规定拟保留 8 个,修订 2 个,废止 4 个,失效 1 个。

【行政审批工作】 努力提高和加强窗口服务质量,实现群众评议满意率 100%,有效投诉为零。做好行政许可工作,根据市政府公布的《攀枝花市市级行政许可项目目录》,制定行政许可事项的服务指南、格式文本以及审查工作细则等。截至 12 月 31 日,完成企业基本建设投资项目许可共计 37 件,总投资 77.54 亿元;受理企业延长备案时限的项目 25 件;办理固定资产投资项目节能登记表 29 件。实现现场办结率 100%,按时办结率 100%。发挥牵头部门的作用,积极与相关部门配合,按期完成 108 个投资项目(总投资 269.26 亿元)会商工作,审议通过项目 102 个(总投资 267.17 亿元)。

【发展规划制定与实施管理工作】 向省发改委上报希望纳入国家“十三五”规划《纲要》的重点改革和重点政策 11 项,重大工程和重大项目 15 个,希望纳入四川省“十三五”规划《纲要》的重点改革和重点政策 42 项,重大工程和重大项目 120 个。完成全市 22 个“十三五”前期重大课题研究的验收;启动全市 16 个“十三五”重点专项规划研究。按照国家、省、市“十三五”规划的统一安排部署,于 12 月初形成《纲要》(征求意见稿),12 月中下旬广泛征求了市人大代表、市政协委员、各民主党派、工商联、无党派人士、军队代表、学者代表、企业家代表和市决咨委的意见和建议。经再次修改后,《纲要》(征求意见稿)原则通过市政府常务会、市政府全体会议、市委常委会的审议并形成了《纲要》(草案)。与规划《纲要》同步编制了《攀枝花市"十三五"规划重大项目库》,以有力保障和支撑《纲要》的实施。《项目库》按模块化、工程化思路构建,提出"区域交通枢纽工程、城乡管网改造工程、机械制造产业壮大工程、钒钛产业升级工程、钢铁矿业调整工程、新兴特色产业培育工程、优质高效农业提升工程、消费扩容创新工程、民生保障工程、生态环境改善工程"和"创新驱动工程"的"10+1"工程。《项目库》"10+1"工程储备1026个重大项目,估算总投资10046亿元,"十三五"期间计划投资2480亿元。协助民进中央完成《长江上游经济带经济体制和生态文明体制综合改革试验区规划》(攀枝花篇)。

【节能减排与环境资源工作】 制定全市2015年度节能计划目标,对节能减排指标考核标准进行完善和细化,实行节能减排首长负责制,各级政府、市级部门统一部署和协调,2015年超额完成年度节能减排目标任务。发展低能耗的新技术,充分发挥可再生能源优势,落实节能激励政策,2015年,全市清洁能源使用率为75%,新能源利用替代能源量占全市能源消费比例达到6.2%以上。深入推进污染物总量减排,2015年度环境空气质量全面达标,水环境质量保持稳定,全市综合环境质量持续改善。截至2015年底,全市主城区环境空气质量达标率98.9%,可吸入颗粒物(PM10)平均浓度0.064毫克/标准立方米,比2014年的0.083毫克/标准立方米下降23%;二氧化硫平均浓度0.034毫克/标准立方米,比2014年的0.051毫克/标准立方米下降33%;二氧化氮平均浓度0.032毫克/标准立方米,与2014年持平;细颗粒物(PM2.5)平均浓度0.032毫克/标准立方米,比2014年的0.040毫克/标准立方米下降20%。全市环境空气中的二氧化硫、颗粒物浓度持续下降,6项监测指标年度均值全部达到《环境空气质量标准》(GB3095-2012)的标准要求,大气污染防治目标任务得以实现。全市5个国、省控地表水监测断面水质达标率100%,3个饮用水源地监测断面水质达标率100%。

【经济体制改革工作】 完成攀枝花市公务用车制度改革前期工作任务。提交经济体制改革专项小组领导会议审议并重新制定了《市经济体制改革专项小组工作规则》《市经济体制改革专项小组成员单位职责》。以市委全面深化改革总体目标为方向,从5个重点领域20项重点改革提出攀枝花市经济体制改革工作要点,按照市委要求起草并出台《攀枝花市2015年深化经济体制改革工作要点》。根据《中共攀枝花市委全面深化改革领导小组2015年工作要点》的总体部署,围绕推进行政审批制度改革、财税体制改革、投融资体制改革、社会保障体制改革、攀西试验区建设五个重点领域提出17项共计70款重大经济体制改革实施意见,并出台《攀枝花市2015年深化经济体制改革实施方案》和《经济体制改革专项小组2015年工作台账》。

【成本调查监审与价格监测工作】 加强农产品成本调查工作,继续保留2014年农产品成本调查品种,完成2015年农户存粮、种植意向、农资购买专项调查、主要农产品的成本预测和小麦、中籼稻、烤烟、上半年生猪直报调查,形成10篇2015年种植业和饲养业各品种生产成本分析材料。加强重要商品成本调查工作,依据《四川省重要商品和服务成本调查目录(1)》和《四川省重要商品和服务成本调查点名单(1)》,基本完成基础资料的搜集工作,完成钢材、煤炭、自来水、污水的重要商品成本调查数据和分析材料。提高成本监审质量,完成攀枝花公交客运总公司公交客运营运成本监审工作,三年共核减不合理成本1378.82万元,核增成本251.54万元;完成攀枝花市第三人民医院老年日间生活照料服务收费成本测算工作;完成攀枝花市公路养护管理总段1、2号楼经济实用住房修建成本,核减不合理成本11.77万元。加强监测预警,切实做好控制价格总水平过快上涨工作。2015年,共上报各类监测报表120余份,完成各类价格分析10期,印发《市场价格动态》8期。

【价格监管与认证工作】 加强涉案财物价格认定工作,不断提高案件认定质量,2015年办理刑事案件价格认定460件,认定金额1267.46万元,办理民事案件价格认定3件,认定金额32.98万元,办理行政执法案件价格认定17件,认定金额64.23万元,认定涉嫌受贿财物金额809.29万元。努力调解价格赔偿纠纷,化解价格矛盾,2015年办理价格矛盾纠纷调解案价格认定26件,认定金额55.12万元。开展成本认证4件。

【收费管理工作】 继续清理规范行政事业性收费、经营服务性收费、社团收费,其中取消和暂停49项行政事业性收费,对小微企业免征42项行政事业性收费,降低12项收费标准,取消12项、放开22项经营服务性收费,取消2项非行政许可审批事项,向扩权试点县下放4项定价权,取消2项行政许可项目。开展规范医疗服务价格工作,继续审核修订2012版9360项医疗服务价格,审核批复28项新增医疗服务项目收费。公布四川省行政性收费目录清单、四川省涉企行政性收费目录清单、四川省涉企经营性收费目录清单、四川省考试考务费目录清单,督促相关单位认真做好涉企收费项目和标准公示工作，要求各收费部门和单位对收费项目及标准进行仔细核对后及时将涉企收费项目和标准以及减免政策进行公示。继续加强教育收费管理。加强日常收费管理，审批经济适用房、普通话培训等7项收费标准，备案攀枝花学院等12个培训收费标准；办理12件市长信箱的答复、15件“12345”市民热线转来的信访回复、办理1件人大代表建议、协助办理人大代表建议和政协委员提案3件；处理42份收费文件。

【攀西资源开发工作】 积极争取资金和申报项目，2015年，争取到中央和省级资金2420万元；已梳理14个项目申报2016年省攀西资源开发资金支持，项目总投资105294万元，拟争取省补助资金5823万元。抓好项目监督管理，按照省上开展2015年财政绩效评价工作的要求，对攀枝花市抽查到的4个攀西资金项目开展项目绩效评价；督促责任单位严格按资金使用范围加快2015年下达的3个西部大开发前期研究项目工作。代市政府草拟《攀枝花市推进“一带一路”建设重点工作(2015－2016年)》《关于成立攀枝花市推进“一带一路”建设工作领导小组的通知》两个文件，并上报市政府审定后印发。

【重点项目稽查工作】 配合国家稽查办、省稽查办做好专项稽查工作，1月，配合专项稽查米易县综合档案馆建设项目；年初，稽查未开工和进度缓慢的8个2012—2014年攀枝花市中央预算内投资项目；3月，专项稽查西区5个中央预算内投资项目计划执行情况，认真清理2012年未开工项目，2013年、2014年、2015年以来所有项目的中央预算内投资计划执行情况。11月，对19个中央预算内投资补助的全市卫生、教育项目进行专项稽查；10月，按照四川省人民政府印发的《关于进一步加强政府投资项目管理规定的通知》要求，对全市各县(区)政府投资项目进行清理、自查。认真调查信访反映情况，专项稽查并处理群众实名举报的“攀枝花圣地元科技有限责任公司不按规定使用中央基建投资预算专项资金及四川省战略新兴产业发展专项资金”事件。9月，参加国家发改委在南京审计学院举办的2015年重大项目稽查人员培训班学习。

【代建项目管理工作】 认真做好代建项目管理，实行月报与工程简报相结合的进度报送制度，认真落实代建合同备案制度，全面掌握市本级代建项目总体实施情况。2015年下达市级政府投资代建项目5个，项目总投资控制额度33450.75万元。

【监察工作】 落实党风廉政建设主体责任，制定《市发改委2015年党风廉政建设和反腐败工作的安排意见》和《任务分工表》，拟定并督促班子成员、科室局中心负责人分别签订《党风廉政建设责任书》，制发《市发改委关于开展内设机构主要负责人述责述廉工作的通知》，组织全委各科、室、局、中心主要负责人就履行党风廉政建设主体责任和个人廉洁从政(业)情况进行总结，制定《市发改委内设机构主要负责人会议述责述廉工作方案》开展会议述责述廉、民主测评等工作。落实推进惩防体系建设组织协调工作，制定《市发改委2015年预防腐败工作要点》和《市发改委2015年职务犯罪预防工作要点》，拟定《市发改委岗位廉政承诺书》。加强党风政风监督，正风肃纪，全年市发改委未接到有违反“四风”和侵害群众切身利益等方面违纪问题的信访举报，未发现有违反“四风”方面违纪问题，未发现有公款吃喝、公款旅游出国、公款送礼、公车私用、私分滥发和奢侈浪费等情况，未接到有关违反中央“八项规定”、省、市“十项规定”违纪问题的举报投诉。加强反腐倡廉教育，组织全委干部职工前往攀西监狱开展预防腐败廉政警示教育活动、观看《国资之蠹》《贪欲使他走向了深渊》等反腐倡廉警示教育电教片。

【对口援建名山区灾区工作】 指导对口援建项目加快推进。累计拨付名山区援建资金2860万元，有力推动雅攀共建蒙顶山茶产业项目加快实施。积极探索长效合作机制。3月，组织攀钢、钢城集团等企业赴名山区开展产业对接合作，促成十九冶集团、攀枝花市逸鼎商贸公司与名山区签订相关投资协议。同时，市政府与名山区政府签订《攀枝花市对口援建雅安市名山区产业提升战略合作框架协议》。9月，针对雅安市提出开展互利共赢对口合作(帮扶)的建议，专题与市级部门研究，初步形成两市互利共赢对口合作(帮扶)的建议50条，并反馈雅安市。开展干部人才培训，10月组织名山区50名领导干部来攀开展为期5天的学习培训。

(林升钦)

工业经济管理

【工业经济综述】 2015年，国内宏观经济下行、主要行业市场需求不足、主要产品价格持续下跌，攀枝花市工业经济面临严峻形势。市经信委积极贯彻落实市委、市政府决策部署，建立健全政策体系和服务机制，全力打好工业稳增长、调结构、控风险、保稳定组合拳，工业经济实现平稳发展。全年实现规上工业总产值1561.1亿元，同比增长1.2%；规上工业增加值同比增长9.0%，比全省平均高1.1个百分点，增速居全省第12位；全年完成工业投资222.7亿元、技改投资248.2亿元，规上工业增加值能耗下降16.19%，非公有制经济增加值450.37亿元,同比增长9.0%。

【生产要素协调与保障】 煤炭方面,完善了新疆、内蒙古、贵州省六盘水市等市外供煤渠道,协调华坪县政府降低其低热值煤矸石过关费(从每吨58.1元降低到16元);继续采取“北上南下西进”措施全力保障煤炭供应,2015年全市累计外调煤炭696.58万吨。工业用电方面,经过积极争取,2015年全市工业执行各类优惠电量83.5亿千瓦时,累计优惠电费2.9亿元,全市85%以上的工业用电享受电价优惠。积极争取钒钛产业园区特殊电价,在2014年0.534元/度的基础上降价到0.4872元/度。成品油方面,积极争取成品油资源,强化成品油的综合协调,按照优先保障顺序,确保全市工业对成品油的正常需求。2015年,全市累计购进成品油51.69万吨,累计销售55.36万吨。铁路运输方面,通过与铁路部门的进一步协调与沟通,全市重点企业的铁路运输费用均得到适度下降,有力地帮助企业降本增效。攀钢、德胜、龙蟒、安宁铁钛、球团、钒钛加工、机械加工等企业均不同程度得到了降低铁路运输费用的优惠政策。其中攀钢的铁路运输费用平均下降了20%—30%,德胜公司下降了30%—40%,其他企业的运输费用享受了20%—30%的降价优惠政策。与泸州市政府签订泸攀港口铁水联运框架协议,为开通泸攀直达班列打下基础。2015年,全市企业享受铁路运输优惠费用累计3.4亿元。

【重大工业产业化项目推进】 2015年,克服市场持续低迷、融资困难、用地指标紧张等不利因素影响,42个重大工业产业化项目中已开工30个项目,完成投资23亿元,完成开工累计投资71亿元,重大工业产业化项目成效较为显著。

一批项目相继竣工投产。已有攀钢钒“950”生产线技术改造工程、攀钢梅塞尔氪氙项目、天佑仁和干坝子风电项目、中水电万家山光伏发电项目、得天矿业350万吨/年钒钛磁铁矿采选项目、攀钢密地选矿厂精矿输送管道项目、中电建万家山30兆瓦光伏发电站项目、川能投大面山一期4.6万千瓦风电项目、攀钢1×300兆瓦煤矸石发电机组等9个项目竣工或部分完工投入运行。

一批重点项目顺利开工建设。攀钢钒发电厂新建300兆瓦煤矸石综合利用机组当月完成投资3152万元、年累计完成27418万元、开工累计完成137418万元,设备安装完毕,正在进行设备调试;攀钢钒业公司钒氮合金扩能项目累计完成投资3890万元,已建成6条炉窑并投入运行;攀钢白马矿1号排土场及废石胶带输送工程当月完成投资560万元、年累计完成12743万元、开工累计完成52743万元,破碎站挡墙施工,35千伏变电站主变压器、35千伏高压柜安装及2a、3a、4a变电所施工;钢城集团废旧物资分公司渣钢铁高效回收加工项目年累计投资2500万元、开工累计投资5500万元,已完成进口设备采购,正在进行安装;天佑桃树坪49.5兆瓦风电场项目累计完成投资40900万元,大部分设备已进场,正在进行设备吊装;白云铸造2万吨/年磨球生产线项目,已购置高能离子束复合3D打印机器人设备2台,与天津致远公司签订项目合作协议;云钛实业大功率电子束冷床(EB)炉国产化攻关研究项目累计完成投资62500万元,项目设备采购招标完成,已签订机械设备订购合同,现场土建已完成。

一批项目加快推进前期工作,实现年内开工目标。攀钢钒业公司钒氮合金扩能技改项目、白马铁矿采选扩能技改项目、攀钢梅塞尔氪氙项目、天佑新能源老公山风电场项目、云钛实业大功率电子束冷床EB炉国产化攻关项目等5个项目实现年内开工。

部分项目进度滞后,个别项目暂停实施。由于市场、技术、政策等原因,12个项目未能在2015年实现开工。

【经济发展方式转变】 推动产业向高端化迈进。攀钢钒“950”生产线技术改造项目完工,新增重轨产能45万吨;钒氮合金扩能改造项目已完成6条炉窑建设并投入生产;梅塞尔氪氙气体生产线项目竣工,新增产能氪11.3立方米/天、氙0.87立方米/天、液氧60吨/天;天佑新能源仁和区干坝子49.5兆瓦风电场项目竣工并网发电;中电建万家山30兆瓦光伏电站项目竣工并网发电。工业绿色循环发展能力进一步增强。6月,获得工信部全国工业绿色转型发展试点城市的命名批复;全年完成金沙水泥、水钢红发矿业、国辉矸石砖厂3户淘汰落后产能任务;圣地元科技硫酸亚铁综合利用、攀钢300兆瓦煤矸石综合利用机组、钢城集团引进芬兰Ecofer渣钢铁高效回收加工线等资源综合利用项目进展顺利;超额完成年度和“十二五”工业节能、节水目标。

【工业结构调整升级】 传统产业改造提升。关闭15万吨以下小煤矿,对基本符合安全生产条件、设备设施完备、资源有保障的煤矿进行改造提升,有序复工复产。攀钢30万千瓦砖石发电项目建设顺利推进。以矿权为纽带促进矿业企业整合,龙蟒、安宁采选规模进一步扩大,攀钢矿业公司铁精矿输送管道工程基本竣工投运,一立公司高钛球团项目开工建设、安宁公司硫钴综合回收利用工程进展顺利。废弃低品位表外矿全部得以再选,选铁必选钛,资源综合利用水平进一步提高。钢铁产业以产品结构调整和市场拓展为主,攀钢“950”生产线技改扩能工程顺利竣工投产达产,钢城集团渣钢渣铁高效回收利用项目建设有序推进。金沙水泥粉磨站技术改造项目开工,以更节能环保的立磨淘汰落后小磨机。积极培育以钒钛新材料、新能源、节能环保生物医药为主的新兴产业,钒钛材料向高端产品延伸。助钛科技年产6000立方米蜂窝式"SCR"脱硝催化剂和尚亿科技环保催化剂项目竣工投产,兴中钛业脱硝钛白转型升级项目建设进展顺利,攀钢钛业公司氯化法钛白项目完成前期工作,具备开工条件。攀枝花市正在成为国内最大的脱硝催化剂材料和器件生产基地。天民钛业继续拓展钛及钛合金铸件产品,联合钛业金属基镀钛工程开工建设,攀研院成功开发生产出钛合金飞机零件。攀钢钒氮合金扩能改造、向阳钒业氮化钒、一美科技磷酸钒铁锂储能材料等项目顺利推进,天脉钛业钛复合板及钛锅项目完成前期工作,准备开工建设。重汽集团矿用车组装、泰能钒钛汽车及矿山机械配件、高晶钒钛20万吨汽车钒钛板簧等项目加快建设,含钒钛低微合金钢铁及机械制造业快速发展,攀枝花市正在从特色机械零配件生产基地迈向整机(车)制造基地。天佑新能源干坝子49.5兆瓦风电、中水电30兆瓦光伏电站竣工发电,协鑫新能源大面山设施农业光伏发电和太阳坡设施农业光伏发电完成前期工作,具备开工条件,川能投大面山风电二期和大面山50兆瓦光伏电站项目正在加紧完善前期工作,四喜农业桑葚果酒项目建设进展顺利。

【信息化工作】 "宽带中国"示范城市建设。自实施"宽带中国"战略以来,攀枝花市积极完善以光纤宽带网络为骨干的通信及信息基础设施,通过科学规划、抢抓进度、快速推进,使攀枝花市信息化基础设施显著提升,2014年10月,攀枝花市正式被国家工信部和发改委确定为全国首批39个"宽带中国"示范城市之一,建成全国首个全光网城市。全光网城市的建成使攀枝花市宽带网络服务能力达到全国一流先进水平,"三网融合"快速推进。截至2015年12月,全市家庭宽带接入能力覆盖率达到100%。光缆总长6.08万皮长千米,同比增长0.42万皮长千米,增长率7%;光纤75.28万千米,同比增长10.2万千米,增长率15.6%。城域网总出口带宽300G,与2014年持平。固网宽带用户数27.94万户,同比增长1.04万户,增长率3.8%,覆盖率达到83%,居民家庭实现20—100兆光纤入户,接入平均带宽达到25兆,企业和产业园区实现500—1000兆接入。固定电话用户31.47万户,同比增长1.2万户,移动通信用户113.65万户,同比减少6万户。全年无线流量2000T,固网宽带流量54932T。数字电视用户32万户,有线数字电视用户24.422万户,增长16.6万户(其中城网用户22.6万户,增长15.21万户;农网用户1.82万户,增长1.4万户);全市有线电视接入宽带用户17941户,增长14839户。

4G无线通信网络建设。全力推进4G移动通信网络建设,移动通信(3G/4G)基站4448个(其中3G基站1694个,比2014年减少298个,4G基站2754个,比2014年增长1466个),实现主城区、县城、乡镇和重点村的全覆盖。

"宽带乡村"惠民工程。2015年,市经信委牵头组织实施建设全市89个行政村有线光纤宽带建设工作。截至年底,投入资金5092万元,完成100个行政村的有线光纤宽带接入建设工作,完成年度目标任务的112.4%,超目标任务11个。通过有线光纤宽带接入建设工作,全市352个行政村已有271个实现有线光纤宽带接入,覆盖率达到76.98%,有效改善了农村信息化基础,提升了农村获取信息能力和生活品质。

大数据中心建设。发展大数据产业,推动攀枝花市信息产业发展。由市经信委牵头开展的攀枝花市大数据中心项目已完成前期工作,完成大数据中心建设可研报告和请示材料的编制工作。同时积极与省经信委、省发改委争取,将攀枝花大数据中心作为省政府电子政务云的异地灾备中心,成功申报国家绿色数据中心试点。

智慧城市和信息化统筹工作。编制了《关于加快建设智慧城市的意见》《关于我市信息化发展存在问题的报告》等材料,为智慧城市系统推进、全面建设、优化升级提供顶层架构思路。完成《智慧城市顶层设计》正式公开招标工作,确定华为技术有限公司承接顶层设计编制工作。完成《攀枝花市"十三五"信息化发展规划》编制的委托。提出市涉密电子政务内网建设方案意见,推进涉密电子政务内网项目建设。配合完成市保密局、市纪委涉密系统建设。加快信息化应用系统建设,完成市民卡、公积金管理平台、地下管线信息系统、市民卡工程平台、特种设备监管系统等10个信息化项目建设评审工作,预算总投资12654.56万元。智慧城市项目推进取得实效,2015年4月,攀枝花市被中国智慧城市发展促进工作联盟授予"中国智慧城市推进成就奖"。市民卡、社区信息化综合服务平台、智慧旅游、智能公交、智慧医疗、特种设备监管系统等项目的建设,使攀枝花市智慧城市建设稳步推进,取得新的成绩。其中,社区信息化综合服务平台建设,为攀枝花市成功创建全国"和谐社区"提供了坚实的支撑,被民政部树立为全国地级城市的典范。

【"互联网+"和两化融合工作】 根据市委市政府要求,组织市级有关部门和相关企业编制了《关于统筹推进攀枝花市"互联网+"工作方案》。按照省政府督办要求,做好相关推进工作督查指导落实。编制了《攀枝花市"互联网+工业"行动计划》。2015年组织工业企业申报市级"两化融合"资金项目,兑现补助资金85万元。积极对接省经信委,组织企业申报省级"两化融合"资金项目、"两化融合"贯标体系、服务支撑机构。积极落实国家、省有关"互联网+创新计划"。5月30日,市经信委邀请腾讯公司大成网来攀,与市领导进行座谈。草拟了市政府与腾讯公司战略合作协议,8月27日正式签约。与腾讯公司完成《攀枝花市城市服务平台建设方案》初稿编制工作,组织市级部门进行研究讨论。

【产业园区建设】 2015年,攀枝花全市工业园区经济在艰难中平稳运行,园区经济增长较缓,企业经济效益下滑,但总体情况好于全市平均水平。2015年实现产值1041.5亿元,占全市工业总产值的66.7%,同比增长14.44%,高于全市6个百分点,实现利润22.99亿元,同比下降43.18%,实现税金18.65亿元,同比下降33.2%。

园区进一步优化园区产业布局。完成《攀枝花市产业园区发展规划(2014—2030)》编制工作,统筹全市园区产业分工和布局。以老工业基地调整改造为契机,支持东区园区扩区调位,帮助和指导东区园区编制《攀枝花高新技术产业园区扩区调位发展规划》,编制工作已经完成,并已提交市政府审核;全力推进园区公共服务平台建设,提升园区承载能力。帮助东区园区积极推进园区小企业科技孵化基地建设,启动高梁坪园区公共固体废弃物堆场项目,帮助米易县园区完成长坡固体废物处置场项目前期工作等。大力推进盐边县钛材加工园建设,该项目总投资1.1亿元,建设标准厂房和配套道路,该项目已经基本建成,已有两户企业签订了意向性进驻协议;引进嫁接盘活存量。引进国内先进企业进行兼并重组,依靠产业资本的力量盘活企业资产、做强优势产业。引进中国重汽整合运力汽车建设70矿用车生产线及配套检测线,引进福州金飞鱼整合攀枝花旭鼎机械生产柴油机部件,引进上海四极公司盘活华铁钒钛脱硝钛白发挥产能,引进天津致远集团和湖南宏宇新材与攀枝花白云铸造合作扩大合金铸件和环保装备的销售市场等;积极协调要素保障。钒钛产业园区特殊电价在2014年0.534元/度的基础上降价到0.4872元/度。通过与铁路部门的协调与沟通,德胜公司运输费用下降了30%~40%,其他企业的运输费用享受了20%~30%的降价优惠政策。与泸州市政府签订泸攀港口铁水联运框架协议,为开通泸攀直达班列打下了基础。

2015年,攀枝花市经信委从四川省经信委争取到100万元产业园区发展引导资金。

【太阳能产业发展】 根据《攀枝花市政府关于促进太阳能应用和产业加快发展若干政策意见》精神,进一步加强太阳能工作组织领导,根据工作需要对市太阳能资源开发利用工作领导小组成员进行调整,充实领导力量,有针对性指导东区、西区、仁和区太阳能工作,推动各县(区)太阳能应用和产业发展。组织攀枝花学院开展《新能源产业集群发展规划》编制、省级太阳能应用重点工程实验室申报和攀枝花学院与深圳彩虹合作建设钒电池博士后工作站等工作,不断促进太阳能应用技术进步。组织开展太阳能招商引资和对外合作专项工作,经多次考察论证磋商与中法光伏(香港)有限责任公司签订以农业大棚光伏应用为主要内容的《太阳能开发战略合作框架协议》。开展对全市林业、农业太阳能提灌示范推广应用项目的总结工作,形成《攀枝花市发展太阳能提灌,解决金沙江干热河谷农林灌溉,促进生态修复治理的报告》和《攀枝花市太阳能应用现状及促进太阳产业能加快发展的对策和建议》。

【无线电管理】 无线电频谱管理。严格规范行政许可审批审核。结合全市经济社会发展实际,2015年先后为攀钢冷扎厂、攀钢物流有限公司、安信物业、沃尔玛(四川)百货公司等52个单位办理了续频和重新指配了频率。其中,无线电监测站积极做好频率指配和台站设置技术审查工作。

无线电年检。按照国家规定收取频率资源占用费征费,收取无线电频率占用费14万元。监测站开展无线电发射设备(对讲机、车载台、公众通信基站)指标抽查检测150余个,保障了无线电发射设备的正常运行。

无线电安全保障。保障无线网络和信息安全,维护空中电波秩序。全力保障全国两会无线电安全工作。成立经信委“两会”无线电安全保障工作领导小组,加强对保障工作统一领导和组织指挥。派出监测等技术人员6名,启用设备包括2个固定监测网,2台移动监测车,无线电信号压制系统3套,电磁频谱分析仪1台。开展考试无线电安全保障工作。2015年由市经信委牵头,无线电管理科、监测站以及市经信委办公室共同完成了公务员录用考试、全国普通高校招生统一考试等20多种不同类型的考试。先后派出无线电保障人员200余人次,监测车辆80余台次,启动各类设备250余台/套次,起到较大的震慑作用,积极维护考试公平公正。在纪念抗日战争暨世界反法西斯战争胜利70周年活动期间的无线电安全保障工作。排查非法信号,全力确保无线电通信网络畅通。

开展打击整治“黑广播”专项工作。对调频广播频段87兆赫至108兆赫进行不间断的监测,并结合平常的考试保障,以及无线电频谱监测月报统计等工作,认真监测,分析及监听,发现疑似信号及时予以跟踪排查。8月,发现有频率为90.7兆赫的广播电台为黑广播,按照工作部署,无线电监测站立即派出监测人员紧急排查信号源,经过2个晚上的紧急排查和专业监测设备定位,将“黑电台”查获。还市民一个洁净广播环境,消除了一个无线电插播非法信号隐患。

无线电宣传。按照国家和省有关做好无线电宣传工作的要求,紧紧围绕宣传主题,认真组织开展形式多样,内家丰富，贴近生活，群众易懂的无线电宣传活动，收到良好的成效。

加大培训力度，扩大技术交流，大力推进无线电人才队伍建设。加强自我学习，监测站撰写业务学习笔记15篇，集中交流学习文章5篇。10月，攀枝花市与成都、丽江、凉山等进行川滇毗邻部分地区无线电监测技术联合演练活动，邀请云南省和四川省无线电办公室领导到会指导，邀请成都军区频谱管理中心专家和技术骨干参加；12月4日在广元举行的省无线电监测技术演练以及与成都军区技术交流中，攀枝花无线电监测站获得团体综合二等奖（第三名），获得室内外信号源查找二等奖（第三名），车载移动监测与测向三等奖第四名。

民航铁路通信保障。积极与民航、铁路部门联系，开展保护民航、铁路无线电专用频率保护工作。

无线电日常监管。加强无线电监测工作，加大对无线电干扰的查处力度，有效维护空中电波秩序。按照省无线电办公室要求开展频谱月度监测，开展监测3000小时；开展重点区域定点监测，组织对机场、攀钢主厂区、部分工业园区等地方电磁频谱状况进行监测；及时处理无线电干扰申诉，受理并排查干扰申诉3起。

（郭英卓）

国有资产投资经营管理

【概　况】 攀枝花市国有投资（集团）有限责任公司（简称“攀枝花国投集团”）是经攀枝花市人民政府批准，于2014年底在原攀枝花市国有资产投资经营有限责任公司基础上组建的具有独立法人资格的国有大型投资类企业集团。集团的职能定位是：资本运营、战略投资、金融服务。集团的目标定位是：成为对地方社会资本投向及产业发展具有强烈引领作用、对地方经济发展具有较强支撑作用的一流的国有资本运营公司。截至2015年12月31日，攀枝花国投集团注册资本（实收资本）51.75亿元人民币，资产总额170余亿元，集团参控股企业22家，涵盖金融、非银金融、投资开发、能源、交通等行业。

【加强国企党建】 2015年，攀枝花国投集团党委成立，把加强和改进党对国有企业的领导放在第一位，确保党的路线、方针、政策在集团全面贯彻落实，充分发挥党组织的政治核心作用；强化国有企业党建工作组织领导，由公司董事长兼党委书记，党委成员大部分进入董事会，设立党委办公室，与董事会办公室合署办公，按照“党的建设与国有企业改革同步谋划、党的组织及工作机构同步设置”的原则，进一步明确党委在公司法人治理结构中的法定地位，确保加强党的领导与完善公司法人治理结构相统一；进一步完善党建工作机制，制订《攀枝花市国有投资（集团）有限责任公司党委会议事规则》《中共攀枝花市国有投资（集团）有限责任公司党委中心组学习制度》等制度，确保党委参与公司重大决策的程序和作用；吸收公司本部各部门负责人、控股子公司领导班子参加中心组学习，确保集团公司干部的思想政治建设牢牢掌握在党组织手中。

【深化国企改革】 2015年，继续深入贯彻落实《国务院关于深化国有企业改革的指导意见》，围绕建立和完善现代企业制度，完成攀枝花国投集团本部组织机构的改革，将原“投融资部、产权部、财务部、代建部、办公室”四部一室，调整为“党委办公室（董事会办公室）、投资融资部、运营管理部、财务审计部、综合管理部”四部一室；完成（集团）公司本部用工制度改革，建立“择优竞聘上岗，岗位能上能下，单位能进能出”的选人用人机制，对部门负责人和岗位人员进行优化调整，未能竞聘上岗的人员一律按照待岗学习处置，同时拿出5个岗位面向社会招聘；积极推进企业薪酬制度改革，按照现代人力资源管理的要求，制订了与公司工作目标、工资预算总额和员工岗位职责、工作绩效全面挂钩的薪酬管理制度，打破过去企业职工薪酬待遇和社保缴纳搞“平均主义”“干多干少一个样”的局面，为有效调动干部职工干事创业积极性提供了条件。

【争取棚改项目贷款】 2015年继续按照市委、市政府的要求，全力以赴做好棚户区改造国开行专项贷款争取、管理和发放工作，全年累计为攀枝花棚户区改造一期项目争取专项贷款16.05亿元，并做好二期项目5.04亿元专项贷款争取工作，缓解了攀枝花市棚户区改造的资金压力，加快了全市保障性住房建设步伐。

【一期企业债转回售】 积极加强与承销商联系，低成本完成6亿元公司一期企业债的转回售，减轻了需一次性支付一期企业债本息的债务压力，保证集团承担的政府债务链的安全。

【参股成昆铁路公司】 加大对交通、能源、矿业等国民经济重要行业和关键领域的战略性投资，按照市政府要求，完成2015年度出资参股成昆铁路公司计划，确保攀枝花国投集团所持股份占该公司总股本的20%，进一步优化了集团的股权结构。

【加大观音岩引水工程资金保障】 全力推进攀枝花市近年

来水利设施建设规模最大、投资最多、覆盖区域最广的民生工程——观音岩引水工程，2015 年工程各施工标段已按计划陆续动工，实现了从起点到密地桥段的全线全面开工；对作为该工程的项目业主的攀枝花国投集团独资子公司——原水公司注资 16849 万元，解决了供水管道建设资金短缺问题，全年完成投资约 7132 万元，累计完成投资约 3.8 亿元。

（余　森）

城市建设投资经营管理

【城市基础设施建设】 2015 年，市城投公司共组织代建项目 25 项，累计完成投资 26295 万元。其中：在建项目按计划推进，进度良好，沿江景观建设公共基础设施北岸攀钢文体楼至密地桥段步行系统一标段已完成总量的 60%，完成攀钢文体楼至截污干管 1 泵站段，即 3－11 区步道系统，二标段完成路基土方回填的 90%、路面铺装的 20% 及密地二社至密地桥段施工；马坎污水处理厂截污干管完成管道建设 16.8 千米，已于 2015 年 12 月底完工；花城大道老黑地至龙塘沟及连接线道路完成总量的 89%。三线建设博物馆、中西医结合医院住院大楼（全部标段）、攀西职业病防治中心、老干部活动中心、攀枝花公园愉悦苑改造暨文艺中心 5 个续建项目均已完成竣工验收，投入使用；市公安局业务技术用房装备及应急物资库房、市妇女儿童医院 2 个拟建项目正在进行前期准备工作，分别完成监理招标和勘察设计招标。

2015 年攀枝花市城市建设投资经营有限公司建设项目情况

项目名称	建设规模	资金来源及金额
市中西医结合医院住院大楼工程	总建筑面积 27000 平方米	7500 万元
沿江景观建设公共基础设施北岸攀钢文体楼至密地桥段步行系统	全长约 9.4 千米。工程内容包括步道、栈道、绿化、照明等配套基础设施	17514 万元
花城大道老黑地至龙塘沟及连接线道路工程	花城大道老黑地至龙塘沟段主线，道路总长 1.639 千米；连接线华沙路前段道路全长 0.43 千米，华沙路后段道路全长 0.655 千米；连接线川沙路道路全长 0.294 千米；连接线干荷道路全长 0.919 千米。主要建设内容包括道路、桥涵、沿线市政管网、交通设施、照明工程、绿化等	30625 万元
老干部活动中心	该项目总占地面积 10833 平方米，总建筑面积 6273 平方米	1923 万元
攀枝花公园愉悦苑改造暨攀枝花文艺中心	攀枝花愉悦苑 7600 平方米，新建攀枝花文艺中心 2500 平方米，特设园林建筑，框架结构	895 万元
攀枝花市青少年体育活动中心	建设总面积 17550 平方米	2200 万元
攀西职业病防治中心建设项目	总建筑面积 12500 平方米	5760 万元
攀枝花市全科医生临床培养基地建设项目	新建培养综合楼 4400 平方米	2500 万元
四川攀枝花三线建设博物馆（攀枝花博物馆）	总建筑面积 20000 平方米	19703 万元

续表

项目名称	建设规模	资金来源及金额
马坎污水处理厂及截污干管工程	马坎污水处理厂厂址紧邻金沙江北岸位于倮果桥北上游约1.3千米处,设计污水处理能力4万立方米/天,截污干管以污水处理厂为分隔点,分为上游和下游两段;上游段西起于弄弄坪片区钢花村,沿金沙江江岸向东行至渡口吊桥,而后靠钢城大道外侧继续向东,最后到达污水处理厂,全长14.818千米,下游段东起倮果大桥桥北,沿钢城大道东段向西行至污水处理厂厂内终点提升泵站,全长1.815千米	马坎污水处理厂及厂外截污干管项目总投资17910万元(含污水处理厂10120万元,厂外截污干管7790万元)
市公安局业务技术用房装备及应急物资库房工程	装备及应急物资库房2251平方米,为地下一层,地上二层建筑	694万元
市妇女儿童医院	建设规模48700平方米,占地面积55300平方米,设置床位290张。主要建设内容包括:门诊部、急诊部、医技部、住院部及保障系统用房、地下停车场等附属设施	29988万元

【拆迁安置】 2015年,公司积极协助、配合项目所在辖区的相关单位和部门协调解决沿江北岸步行系统工程、花城大道、马坎污水处理厂等项目的征地拆迁安置补偿问题,使拆迁安置工作满足工程建设的需要。

【筹融资】 公司把工作当做重中之重来抓,立足融资,谋划项目,及时了解掌握最新金融政策,调整融资思路,抢抓融资机遇,适应新的政策与定位,拓展融资渠道,降低融资成本。重点扶持民营企业,公司按照市政府的安排,与中信信托公司合作,启动中信·民享35号四川攀枝花应收账款流动化信托项目,募集资金3亿元;为推动基础设施建设项目,缓解财政资金压力,根据市政府提请市人大审议的批复意见,以龙密路城市主干道的11.8公顷土地质押,由中国建设银行股份有限公司攀枝花分行设立资产收益权理财产品,募集资金1亿元。

(蔡茵　李建莉)

交通投资开发经营建设和管理

【概　况】 攀枝花市交通投资开发有限公司(以下简称“交投公司”)成立于2002年12月,注册资本金12.47亿元人民币,经营范围是对交通基础设施建设投资;对道路、桥梁、隧道工程建设经营;汽车站点、船舶码头建设投资,属国有独资企业,公司成立的初衷是构建一个融资平台以筹集全市交通路桥建设所需要的建设资金,无任何经营性质收入。

按照市委、市政府安排部署,攀枝花建设(集团)有限责任公司于2014年12月24日正式成立,根据《攀枝花建设(集团)有限责任公司组建方案》文件要求,交投公司作为全资子公司划入建设集团。

2015年,交投公司围绕目标任务和要求,严格按照国家基本路桥建设程序和有关规定组织建设,建立健全管理制度,加强工程优质、高效、安全、节约、廉洁等方面的全过程控制,各项目实行标准化管理,努力实现工地标准化、施工标准化、管理标准化,文明施工,顺利完成2015年工作目标任务。

【招投标】 2015年,交投公司认真做好各项目招投标准备工作,强化合同管理,督促施工、监理、监控等参建单位严格履行合同义务和各自职责,认真核查建设、监理单位资格条件,确保建设管理机构和管理人员条件合格、素质过硬、管理规范,并制定对建设单位和施工、监理管理人员的考核办法,努力为各项目的开工建设创造有利条件。项目实施过程中积极开展投资控制管理,严格执行概算不超估算、预算不超概算的原则,坚持以批准的预算为基准,以招标价为依据,积极开展优化设计工作,加强设计变更管理,按规定程序控制设计变更,严格计量支付管理,杜绝超计和重复计量,通过各种有效手段成功节约大量建设成本,确保项目投资控制处于良好状态。

2015年攀枝花市交通投资建设招投标项目情况

	工程项目		开标日期	中标单位	中标金额（万元）
1	客运中心局部完善工程	施工	2015.8.24	四川雪臣建筑有限公司	332.5468
2	客运中心局部完善工程	监理	2015.8.24	成都市四方建设工程监理有限公司	11.12

【竣工决算】 2015年，交投公司加强投资控制和资金管理，严格执行概算不超估算，预算不超概算的原则，坚持以批准的预算为基准，以招标价为依据，加强设计变更管理，合理控制设计变更，积极开展优化设计工作，杜绝超计和重复计量，做到专户储存，努力创造良好的工程投资环境和条件，全年完成工程竣工决算大项目13个，批复结算金额共437888.303万元。

2015年攀枝花市交通建设竣工决算情况

工程项目	施工单位	监理单位	合同金额（万元）	变更金额（万元）	批复结算（万元）
国道108线K3019+101~K3076+585段改造工程A合同段	核工业西南建设集团有限公司	四川国际工程监理有限公司	2808.5964	647.1868	3116.1538
国道108线K3019+101~K3076+585段改造工程B合同段	四川腾达路桥有限责任公司		2982.9118	346.1099	2973.7933
国道108线K3019+101~K3076+585段改造工程交安工程I合同段	四川嘉和交通工程有限公司		638.0258	253.2982	840.0720
国道108线K3019+101~K3076+585段改造工程交安工程II合同段	四川鑫圆建设集团有限公司		530.3070	75.3006	557.1076
国道108线K3019+101~K3076+585段改造工程附属工程合同段	四川长和建筑工程有限公司		865.9390	76.0993	789.8397
国道108线K3019+101~K3076+585段改造工程路面合同段	江西中煤建设集团有限公司		2125.6606	25.9967	1988.6519
省道214线K130+880~K140+000段水毁处治工程	攀枝花瑞达交通工程有限责任公司		18.9731	无变更	18.9731

续表

工程项目	施工单位	监理单位	合同金额（万元）	变更金额（万元）	批复结算（万元）
机场路地质灾害治理工程	攀枝花攀甬路桥建设有限公司	攀枝花金路工程咨询监理有限公司	176.3854	27.9082	184.2936
攀枝花沿江快速通道西区段（路面）合同段工程	攀枝花公路桥梁工程有限公司	四川恒丰公路工程监理有限公司	1776.4321	85.2770	1719.2390
国省干道安保工程（一期）B标段	攀枝花攀路交通工程有限公司	攀枝花金路工程咨询监理有限公司	154.2411	9.5653	149.9465
攀枝花巴关河大桥维修加固工程	四川川交路桥有限责任公司	四川公路工程咨询监理公司	1352.8859	213.9181	1468.0530
省道310线纳拉河桥、灰老沟新建工程	攀枝花公路桥梁工程有限公司	四川公路工程咨询监理公司	1821.4350	196.7207	1852.7939
省道310线格福路K255＋300～K275＋586段改建工程（BT）	核工业西南建设集团有限公司		14049.7055	755.2293	14009.6685

【拓展融资渠道】 2015年通过各种渠道到位资金41346.32万元，其中：省补资金1470万元，财政投入4134万元，车购税资金2605万元。在资金使用过程中，对每个建设项目单设账套，单独核算，主动汇报建设项目进展情况和资金使用情况，听取银行好的资金管理建议。在资金日常支付过程中，严格实行专款专用，专项存贮，确保工程项目资金的安全有效。

【重点路桥建设】 2015年市交投公司首次实施的两个BT建设项目鱼塘至机场路新建工程和省道310线格福路（格里坪至福田段）改建工程相继提前建成通车；仁和沟桥应急抢险加固工程顺利完工；综合客运中心边坡治理项目和汽车客运中心局部完善改造工程进入收尾整理资料阶段。

（一）已完工项目情况

1. 鱼塘至机场路新建工程。项目于2013年10月正式开工建设，2015年3月较合同工期提前4个月完成主体工程建设并投入试营运。为攀枝花市建市50周年庆典增添了光彩。项目完成投资23320万元。2. S310线格福路（504电厂至福田段）改建工程项目于2014年1月开工建设，2015年6月较合同工期提前3个月实现通车。项目完成投资15517万元。3. 仁和沟桥应急抢险加固工程该项目是2015年交投公司代建的第一个工程项目，工程于2015年7月开工，9月按合同工期完工。项目完成投资270万元。

（二）续建项目

1. 攀枝花市综合客运中心边坡应急抢险工程。工程于2014年4月正式开工建设，项目工期为6个月。由于项目受协调难度大、弃土困难、炳二区四号道路规划不确定、原施工图优化以及施工范围内原隐蔽的排污管线等因素影响，工程进展缓慢。面对诸多不利因素，市交投公司组织业主、设计、监理、施工单位及时调整施工组织计划，根据轻重缓急，于2014年7月在雨季集中到来前消除了边坡安全隐患，确保边坡上方十九冶安置房的安全，抢险工作取得阶段性胜利。该项目建设内容：治理边坡长约470米，高约34—45米，采用锚索格构梁、抗滑桩等挡防工程进行处治，同时形成炳二区四号道路路基。该项目已完成建设进入资料整理收尾阶段。通过优化设计共完成投资约5652万元,较项目立项金额7945万元减少2293万元。

(三)新开工项目

1. 省道310线仁和沟桥应急抢险加固工程。项目投资金额约为270万元。项目工期为2个月,于2015年7月17日开工,2015年9月26日完工。建设内容:裂缝修补、支座更换、增大墩柱截面、砼破损修补、桥面铺装、伸缩缝更换和增设、交通安全设施恢复等。2. 市汽车客运中心局部完善改造工程。项目估算总投资798万元,资金来源:省交通运输厅汽车客运站提升改造专项补助资金及业主自筹。项目于2015年10月完成招投标工作,2015年11月开工。建设内容包括:综合交通能力改造,优化人流、车流等运输流线,对信号灯、引导标志等导向设施完善改造;站容、站貌改造,站前广场、建筑外立面、内立面及部分站务用房改造;服务设施完善更新,部分安全服务设施提升改造,信息化服务设施改造。

交投公司高度重视工程质量,采取从招标开始的全过程质量控制模式,强化精细化管理理念,落实精细化管理措施,努力提高工程质量。按照质量管理体系对项目进行跟踪检查,坚持日常检查、工地巡查、专题会议等多种方式结合进行质量管理工作,加强对监理单位人员履职尽责情况监督,加强对施工单位人员到位情况监督检查,要求质检人员切实发挥作用,提高质量意识和规范操作意识。督促施工和监理单位加大技术力量配备,提高施工操作实施方案的合理性和可行性。对工程质量严把材料源头、施工过程和成品检验等三道关口,确保项目工程质量合格率达100%。

(陈一萍　马清凤)

国有资产监督管理

【国有资产管理】 2015年,市国资委监管企业资产总额287.79亿元,同比增长4.87%,负债125.74亿元,同比增长2.08%,所有者权益165.83亿元,同比增长7.1%。;实现营业收入9.42亿元,同比增长7.83%,实现利润11690万元,同比增长2.17%。按年度目标考核口径,截至12月底,出资企业实现资产总额35.21亿元,超目标任务6.7%,实现利润2589万元,超目标任务17.68%,国有资产保值增值率102%,超目标任务1个百分点。

国资监管制度创新取得重大进展。推动出台《攀枝花市属重点国有企业集团领导班子选配暂行办法》《攀枝花市市级国有资本经营预算管理办法》《攀枝花市市属国有企业经济责任审计管理办法》;修订完善《攀枝花市属国有企业聘用中介机构管理办法》;牵头组织完成《攀枝花市属国有企业负责人薪酬制度改革实施方案》《攀枝花市国有企业负责人薪酬管理制度》《攀枝花市属国有企业负责人履职待遇、业务支出管理暂行办法》《攀枝花市市属国有企业监事会工作办法》起草论证工作。

加强对两大集团公司指导力度。促进企业明晰产权、明确权责,指导协调对两大集团资产、负债、人员等方面的问题进行全面清理和妥善处理;紧紧抓住规范法人治理结构这一核心,审查批准两大集团公司董事会、经理层、监事会组建及规范运行方案;配合市委组织部完成对集团公司经营班子的选配;指导推动建立完善集团公司内部人事、分配制度,两大集团公司将竞争上岗与市场化选聘相结合,完成公司中层管理人员的选配;规范两大集团公司对外担保行为,完善风险管理机制,组织对两大集团公司近年来对外担保,特别是对民营企业担保情况进行全面清理,完善对外担保立项及审批程序;与行业主管部门充分沟通,争取在攀枝花市重大项目建设上给予集团公司重点扶持。

监事会突出国投集团重点,组织对市国投集团公司2015年上半年董事会决议进行现场核实,对市产投公司提交的市金丰小贷公司逾期贷款事项进行核实,向市国资委提交了监事会专项工作报告,并向企业及时反馈意见,提出整改要求。

依法治企及质量强市工作加快推进。制定印发《市国资委推进市属国有企业依法治企工作实施意见》。牵头组织举办2015年"百名法学家百场报告会"暨"以案说法"企业专场法制讲座,对在攀国企及经营性事业单位开展《中华人民共和国民事诉讼法》《中华人民共和国产品质量法》《中华人民共和国合同法》等专题培训。突出抓好企业领导人员和经营管理人员的法治宣传教育,坚持和完善企业领导人员和经营管理人员学法制度,制定学法用法实施意见,企业全年集体学法3次以上,参训率达90%以上。组织开展"工程建设违规严重问题专项整治工作",及时发现和纠正企业存在的问题。督促指导各监管单位建立质量强企领导小组,完善考核激励机制,市水务集团荣获攀枝花市第二届政府质量奖,攀枝花宾馆成功创建诚信计量示范单位。

川投化工国有股权转让方案于2015年7月30日在西南联交所第一次公开挂牌,并根据市场响应情况,9月15日至11月2日在西南联交所再次发布转让公告,资产转让程序性工作已全部完成,企业所欠银行7351万元贷款本息、原有62名职工安置及职工职业病问题得到妥善处理。

【国资国企改革】 制定出台《攀枝花市属国有经济发展规划(2015－2020)》。按照市委关于巩固和发展攀枝花市地方国有经济的总体部署及市委、市政府全面深化攀枝花市地方国资国企改革的意见,邀请攀枝花学院专家参与,在深入调研的基础上，拟定《攀枝花市属国有经济发展规划(2015－2020)》，并于2015年4月市政府第51次常务会议审议通过。

在攀央企"三供一业"(驻攀中央企业供水、供电、供气和物业管理)分离移交正式启动。成立了攀枝花市中央、省属企业"三供一业"分离移交工作协调小组，完成所涉企业的调查摸底，加强与攀钢集团等重点企业分离移交工作对接。攀钢、十九冶、华电攀枝花分公司、国网攀枝花供电公司已纳入国务院国资委分离移交"三供一业"第一批企业名单。

混合所有制发展取得新成效。市国投集团引进民营资本，组建成立攀枝花市金丰小额贷款公司、金恒金融仓储公司、金信石基金管理公司，金融服务板块实力进一步壮大。市产业投资公司与中节能集团及民营资本合作，组建成立攀枝花市恒德废物集中处理公司，确保了全国重点危废处置项目——攀枝花市危险废弃物处置中心建成并投入使用，为推进全市"PPP"项目建设发挥了较好示范效应。市建设工程公司国有控股、职工参股组建成立盛安租赁公司，在企业职工规范持股、有效参与企业管理上做了积极探索。

指导完成市汽车运输总公司下属集体企业弯腰树木材加工厂改制工作，企业多方筹集资金对66名职工进行妥善安置，解决职工住房难等实际问题。

【监管企业发展】 新重组的市国投集团、建设集团两大集团为全市棚户区改造及西区恒大板簧公司、万年长房地产公司等企业融资13亿元，为企业、医疗机构及县(区)政府提供担保31.45亿元，发放小额贷款、中小企业贷款、工业应急转贷7.74亿元，低成本完成6亿元"10攀国投债"转回售。2015年全省国资国企改革工作会上，攀枝花市大企业集团重组整合经验得到省委、省政府领导的充分肯定。

市国资委监管企业全年累计完成投资27.3亿元。市国投集团花城大道电子商务一条街、阳光大道商务办公区段和干坝塘大桥等项目，建设集团三线建设博物馆及鱼塘至机场路新建工程、省道310线格福路改建工程、攀钢文体楼至密地桥段步行系统工程、老黑地至龙塘沟及连接线道路工程、马坎污水处理厂截污干管工程，市水务集团米易污水处理厂一期完善工程、阳光大道供水工程、弯腰树泵站改扩建工程等一大批重点基础设施项目建成并投入使用。

市属国企上市加快推进。确定市水务集团为培育上市目标，督促指导市水务集团先后与北控水务、华西证券、西南证券等第三方机构接洽，就推进企业上市进行座谈。邀请券商进行上市辅导，梳理存在问题，重点在财务状况增长、企业投资方向、产业链延伸等方面深入交换意见。

市水务(集团)有限公司荣获四川省服务业企业100强，四川省企业管理现代化创新成果二等奖，全省工业生产者价格调查先进单位。企业公共服务质量和水平得到新的提高。城市生活用水水质检测指标提高到118项，水质综合合格率达100%，5年累计完成供水39795万吨，污水处理12108万吨，污泥处理54857吨，削减化学需氧量28879吨、氨氮2901吨，削减化学需氧量总量占全市95%以上。

【监管企业安全和稳定】 进一步落实国资委班子成员信访包案制和企业维稳主体责任制，强化预查预警制度，重点加强在大企业集团组建过程中的稳定工作。坚持从源头解决问题，职工社保遗漏、特种工种认定、部分国企职教幼教退休教师待遇调整等一批企业改制遗留问题得到妥善处理。2015年，市国资委先后处理来信来访171件，接待上访人数约1420余人次，与职工对话21次，稳控处理群体上访事件12起，下访入户工作16次。接待群访14批次，全年无到市委、市政府群访；国资委领导接访15次，其中陪同市领导接访3次；办理国家信访信息网交办案件1件、省信访信息网交办案件4件、省委第三巡视组转来信访件2件、市长信箱14件、"12345"市民热线反映16件；组织召开涉稳问题处理新闻见面会1次；召开安全生产和信访维稳工作专题会议8次，其中市国资委党委专题听取信访维稳和安全生产工作汇报5次，委务会专题研究信访维稳和安全生产工作3次；结合"12·31"上海外滩踩踏事故、"8·12"爆炸事故和"10月27日攀枝花市鼎星钛业公司弃渣场滑坡事故"等，组织委系统开展专项安全大检查3次，在汛期、旱季等时间节点组织开展安全检查、隐患排查9次，委主要领导参加检查19人次，检查重点单位、重点场所和重点部位153个，发现安全隐患45起，提出整改措施47条，督促、指导监管单位采取有效措施整治重大隐患3起；进一步强化重点时间节点应急值守、24小时值班制度和领导带班制度，认真执行每日工作和上访群体动态零报告制度。

【国有企业党建】 "三严三实"专题活动取得实效。加强组织领导，成立市国资委系统"三严三实"专题教育活动领导小组，全面落实各项工作责任，印发市国资委系统"三严三实"专题教育活动实施方案，市国资委及监管单位班子成员紧扣"三严三实"要求，联系改革发展实际，联系党员、干部思想、工作和作风实际讲党课50余人次，分层分类组织好学习研讨24次，召开专题民主生活会8次，组织开展党员学习日活动8次，职工参加专题学习教育面达100%，委领导班子及成员深入查找自身践行"三严三实"方面存在的差距和问题，梳理25项"问题清单"，提出整改措施62条。

干部人才工作得到新的提高。认真贯彻落实《党政领导干部选拔作用工作条例》，向市委推荐3名县处级副职后备干部培养人选，非定向推荐3名县级领导干部拟提拔使用人选，向市委组织部推荐相关领域后备干部和中长期培养对象初步人选10名；理顺两大集团公司中层管理人员选拔任用工作管理关系；加强对监管企业人才的教育培养，对6家监管单位的后备干部进行跟踪考察，选调1人到委机关挂职锻炼；牵头十九冶集团公司人才优先发展试验区建设工作，顺利完成年度任务并通过考核验收。指导市国投集团公开竞岗中层管理人员5名。开展人才引进，组织监管单位到四川大学、云南大学、重庆大学等高校开展现场招聘，招聘引进各类专业技术、技能等人才20余人。加大人才培养投入力度，委系统各单位全年人才教育培养投入约80万元，教育培训1200余人次。

制定《关于加强新形势下发展党员和党员管理工作的实施办法》，发展新党员11人，组织5名入党积极分子参加市直机关工委培训。对委系统31个基层党组织负责人进行了《中国共产党发展党员工作细则》专题培训，严格落实"三会一课"制度，组织委机关开展"党员学习日"活动8次。

启动精准扶贫工作。按照市委统一安排部署，深入米易县小得石镇黑谷田村调研，全面摸清底数，确定21户85名村民为精准扶贫对象，具体落实到了班子成员和机关科室。按照市委统一安排部署，选派机关优秀年轻干部到双联村任村支部第一书记。组织开展"走基层""双联""双报到""百千万·干群心连心"等活动，委班子成员带队深入联系点村社，围绕党的建设和农村发展中的重点难点问题进行调研，加强与市民委等部门协调，多方争取扶贫资金20万元，捐赠水泥200吨，帮助米易县撒莲镇金花塘村解决山坪塘加固病险整治资金缺口等难题，支持促进各企业向对口帮扶村社捐赠现金163630元、实物365件。

【国有企业党风廉政建设】 牵头完成《攀枝花市市属国有企业落实党风廉政建设党组织主体责任、纪检监察组织监督责任的实施意见》的起草工作，该实施意见已经市深化改革领导小组审定通过。2次召开党风廉政专题会议，组织机关党员及企业领导人员到凉山监狱进行现场警示教育；全面落实工作责任。对市委下达的1项牵头任务和29项协办任务进行全面分工落实，与6家监管单位和委班子各成员及科室负责人签订责任书，23名企业领导班子成员向委党委做了履行党风廉政建设责任书面承诺，12名企业党组织负责人、纪委书记或分管领导签订了落实主体责任和监督责任承诺书；深入开展"积极预防、系统治理"工作，邀请市纪委、市检察院、市审计局等部门领导或专家到国资委进行问题会诊和分析研判；持之以恒正风肃纪。进一步完善公务出差、经费报销、车辆管理使用等制度规定，组织开展效能监察和作风巡查，发现1起侵占公款的违法犯罪线索，并移送司法机关处理。在委纪检监察系统全面组织开展"创铸树"活动、廉政廉洁风险防控管理取得实效；加大案件查处力度，全年受理信访件14件，其中初核6件。

（任文辉　杨　惠）

统　计

【统计报表】 2015年，全市统计系统始终将提高数据质量作为统计的中心工作来抓，坚持强化制度审核，精心构建数据质量管控机制，补充完善《攀枝花市统计数据质量管理办法》，有力地保证了统计数据的准确性、及时性和完整性。按照国家统计方法制度，认真组织开展各项常规统计监测工作，按季测算GDP等主要统计指标，完成工业、农业、能源、服务业、贸易外经、劳动工资、社会科技、投资、建筑业等国民经济行业各专业报表收集、评审和报送工作，涉及一、二、三产业，国民经济行业20个门类、96个大类、432个中类、1094个小类，20个专业，40余套统计月报、季报和年报，230多张定期报表，共1万多个统计指标。

【统计调查】 完成常规统计调查任务。组织实施了城乡居民收入调查、投入产出、平安创建、"两纲"监测、旅游产业、乡镇信息、民营经济、文化产业、非公有制经济、非公人才统计监测，"6+2"重点产业运行监测、工业景气指数、小微企业、劳动力和人口抽样调查等统计监测和专项调查工作，客观、真实地反映了新常态下攀枝花市经济社会发展成果。高质量完成1%人口抽样调查工作。狠抓1%人口抽样调查经费、机构、物资落实和两员选调，抓好小区划分、数据采集处理等业务工作，高标准完成东区互联网试点填报工作，11月2日，常务副市长黄正富现场检查指导入户登记工作，对全市1%人口抽样调查各项工作的组织实施作了充分肯定。不断拓展社情民意调查领域。不断完善社情民意调查制度规范，全方位宣传"12340"社情民意调查工作，积极承担全市各类民意调查相关工作，2015年共开展党风廉政建设社会评价、软环境测评等调查项目16项，有效样本量达到29000多个，调查结果得到委托方的肯定，对推动市委、市政府和有关部门的工作起到积极作用。

【普查工作】 第三次全国经济普查资料开发工作成效明显。及时发布攀枝花市第三次全国经济普查主要数据公报，整理编印了《攀枝花市第三次全国经济普查主要数据提要》《攀枝花市第三次全国经济普查文件选编》《攀枝花市第三次经济普查年鉴》。组织县（区）统计局完成经济普查课题10篇、市级各成员单位13篇，完成经济普查课题外包3篇。第三次全国农业普查前期工作有序推进。按照国家统计局、省统计局统一部署，及时组建攀枝花第三次全国农业普查筹备办公室，抽调工作人员，配合做好前期筹备工作。积极做好攀枝花市第三次全国农业普查2016－2018年度经费预算编制工作。高质量完成农业普查省级专向试点工作。结合攀枝花实际,开展农业发展专题调研,及时向省局报送第三次全国农业普查工作动态信息6篇,编辑农业普查简报4期。

【统计分析】 通过建立健全数据会商制度、经济运行分析制度、信息共享发布制度,围绕关键指标,把握节点任务,加强预警预测。按季度组织召开经济运行形势分析会议,深入企业和基层开展调查研究,加强对数据背后情况的分析和研判,不断提高对宏观经济走势的把握能力和预判能力,为市委、市政府科学决策提供有价值的参考依据。全年编撰调研报告10篇,编辑“工作动态”141期,统计分析62期、统计专报29期、领导参阅9期,完成3个重点课题研究,其中1篇课题分别荣获2015年度“全市政务调研工作”和“全省综合统计分析优秀成果”一等奖,有8篇统计分析和统计专报得到市领导肯定性批示。

【统计服务】 充分发挥统计优势,改版编印《攀枝花统计月报》《统计专报》《攀枝花统计手册——2015》等统计产品。每月编印《领导参阅》,为市领导决策提供参考借鉴。加强政务信息报送,全年省统计局采用“市州工作”栏目采用动态113条、其他工作信息采用713条,两办信息66条,《四川省情》采用3篇,主流媒体信息采用30余条,统计政务信息获全省一等奖,超额完成全年两办信息目标任务。通过召开新闻发布会、发布统计公报以及利用统计信息网、政府门户网、微信、微博和主流媒体,加强信息发布工作。积极参与目标督查,发挥数据优势,按季整理全市主要经济指标目标进度完成情况,积极参与市委、市政府组织的各项目标督查调研活动,为全市各类目标任务的完成发挥了积极作用。

【统计改革】 积极参与经济体制改革。2015年,在市委全面深化改革领导小组的领导下,市统计局积极参加经济体制改革专项小组办公室组织的相关会议,按要求完成市委改革办安排的各项工作,报送改革工作动态11篇,各项工作按进度推进。深入推进投资统计改革。按照国家局、省局关于推进统计改革相关部署,将投资统计改革纳入2015年全市经济体制改革重点工作进行管理,并通过成立工作机制、加强测算分析与汇报、做好试点准备、开展数据质量检查、开展5000万元项目核查工作等措施,全面推进投资统计改革工作。统筹推动各项统计改革。及时跟进国家方法制度改革,扎实做好服务业统计监测和文化产业“四上企业全面调查,四下企业抽样调查”统计新方案。开展能源统计和全社会能源消耗测算工作,为能源统计改革创造条件。严格按照省局的工作部署和要求,抓好业务培训,实行专业联动,合力推进GDP核算和人口调查改革。

【统计双基建设】 通过采取严守制度、严格审批、严格清理三项措施,组织学习统计调查制度和统计标准,按照要求报批《攀枝花市部门综合统计报表制度》,规范开展涉企统计报表清理工作,严格实施标准化建设。通过抓制度落实、抓达标创建、抓督促检查,在2014年底5个县(区)全部达到省统计局规范化建设标准基础上,2015年继续推进乡镇规范化建设。加强部门联动,明确部门职责,形成共建共享的基本单位名录库建设工作机制;推进名录库建设省级试点——米易县的试点工作,为名录库系统建设的长远发展积蓄技术经验和人力资源。严格按照“先有库,后有数”“要进库,走程序”的规定,通过建立制度、严格申报审批流程、狠抓调查单位核查等措施,扎实做好“四上”企业入库申报工作。

【统计信息化建设】 完成县(区)8兆MSTP统计广域网络建设,两县已完成乡镇专线接入统计网络,三区正在抓紧完成统计网络向乡镇(社区)延伸工作。根据统计信息化建设要求,结合统计工作实际,每年均有一定数量的设备更新,统计信息化软硬件资源得到较大提升。按规定配备、运行了防火墙、上网行为管理、入侵防御等相应的信息安全软硬件设备,统计信息网络安全管理不断加强。各种信息处理、管理系统在统计业务工作中的重要性日益突出。“街道与乡镇信息系统”与西区民政局合作,共同探讨将其应用于民政困难人口统计与管理的可行性。

【统计法制建设】 通过开展领导学法、业务培训、专题讲座等形式,抓好对统计系统干部职工、企事业统计人员、专业执法人员的教育培训,将统计法制工作与重点工作、重要活动相结合进行全覆盖宣传教育。通过修订《市统计局行政执法责任制》、与县(区)签订《依法统计承诺书》、向“四上”企业发放《法律事务告知书》、在统计外网设置失信企业信息公示专栏等措施,增强企业的统计法制意识。定期开展数据质量巡查,加大统计执法检查力度,2015年全市检查单位70户,对8户有违法行为的单位进行查处,超额完成省统计局下达的执法检查目标任务。2015年,按照全省统计法制示范创建活动安排,攀枝花市统计局及时制订工作方案,在落实法律顾问制度、推进政务公开等方面采取有效措施,推动依法行政工作水平的提升。

【统计能力建设】 加强机关党建工作。加强机关党的组织建设、思想建设和作风建设,组织职工参与市直机关第一届文化节趣味体育比赛,认真开展精准扶贫和领导走访慰问贫困户活动;深入开展“三严三实”专题教育,组织全系统开展“三严三实”主题演讲活动并选派优秀人员参与全省统计系统演讲竞赛。严格执行党风廉政建设责任制。围绕统计系统党风廉政建设和风险防控要求，强化“两个主体”责任，健全廉政风险防控体系，实行上下班电子考勤，有效推动全市统计系统党风政风行风的良性发展。加强干部队伍建设。做好干部提拔任用工作，推荐2名符合条件的干部参加全市干部递进培养，推荐1名干部派驻贫困村担任“第一书记”，激发干部职工的工作积极性和主动性。不断深化统计教育培训工作。2015年全市共有417名统计人员参加统计从业资格培训和考试，有1274人参加统计继续教育，组织49人参加全国统计中、初级职称考试；培训县乡、企业统计人员近300人次。

（肖文才）

审　计

【概　况】 2015年，市审计局人员编制57人，在编52人。领导职数7名。设有办公室、人事科、监察室、法规科、内部审计监督指导科（审计执行监督科）、企业与金融审计科、行政事业审计科、固定资产投资审计科、财政审计科、经济责任审计分局、农业与资源环保审计科、社会保障与外资审计科等12个职能科（室）、分局。

2015年，全市审计机关紧紧市委、市政府中心工作，积极适应新常态、把握新定位，依法履职、积极作为，在促进发展、促进制度完善、促进作风转变、促进廉政建设方面取得较好成效。全市共完成审计项目及调查205个，向各级党委政府提交审计专题和综合报告223篇，向市委、政府提交信息、专报和工作动态88篇，移送违法违规问题线索10件，移送人员3人。审计处理后应上缴财政11335万元，应减少财政拨款1394万元，核减政府项目投资额28202万元，推动建立健全制度13项，审计提出建议意见633条。

市审计局参与联合实施的资阳市土地出让收支和耕地保护情况审计被审计署评为“全国表彰审计项目”；市审计局被省审计厅表彰为2015年度“绩效考核良好单位”；市审计局陈益被省委、省政府表彰为第五届人民满意的一等功公务员；市审计局办公室、攀枝花市东区审计局被省人社厅、省审计厅表彰为四年一度的四川省审计系统“先进集体”；市审计局邓秀蓉、米易县审计局路少君被省人社厅、省审计厅表彰为四年一度的四川省审计系统“先进个人”。市审计局连续多年保持“省级文明单位”。

【宏观政策措施落实情况跟踪审计】 2015年，国务院、审计署对切实加强稳增长等政策措施落实情况跟踪审计工作作出部署，要求各级审计机关把促进稳增长等政策措施贯彻落实作为当前审计工作的头等大事、重中之重，全力投入。在2015年开展的各项审计业务工作中，攀枝花市审计局始终把监督检查政策执行、促进宏观调控作为首要目标和核心任务。攀枝花市、县（区）两级审计机关在项目计划和人员安排上，优先保障稳增长政策措施贯彻落实情况跟踪审计的需要。全年，攀枝花市审计局组织协调各县（区）审计局和市局各科室（分局）完成了第1季度及6月、7月、9月、10月、11月、12月全市稳增长跟踪审计工作，重点审计全市相关重大投资项目、重点专项资金、简政放权、棚户区改造等政策落实情况，按时向攀枝花市政府、省审计厅报送了全市阶段性综合报告，并及时对下一阶段全市的稳增长政策措施贯彻落实情况跟踪审计工作做了安排布置。稳增长跟踪审计结果表明，各县（区）、市级相关部门和单位采取多项措施，在推进重大项目建设、简政放权、企业减负、保障性安居工程建设、投资促进等方面做了大量的工作，并取得积极进展。但也存在部分重点项目进度滞后、简政放权及其运行效果有待提升、政策措施未完全到位等问题。

【城镇保障性安居工程跟踪审计】 2015年1—3月，根据审计署、省审计厅的统一部署，采取同级审、上审下两种方式，市审计局组织开展了对攀枝花市本级和5个县（区）、一个园区（攀枝花钒钛高新产业园区）2014年城镇保障性安居工程的跟踪审计，对全市2014年城镇保障性安居工程（包括棚户区改造、廉租住房和公共租赁住房、经济适用住房、限价商品住房等保障性住房）的投资、建设、分配、运营等情况及2012年、2013年跟踪审计发现问题的整改情况进行审计。通过审计，对个别县（区）存在的挤占挪用保障性安居工程专项资金43.07万元、棚户区改造专项资金398万元拨付不及时、住房租赁补贴17.07万元发放不及时、保障性安居工程资金404.19万元筹集管理不到位、44户违规享受住房保障待遇等问题及时进行了整改。审计结果表明，2014年攀枝花市认真贯彻落实中央各项政策要求，积极推进棚户区改造和各项保障性安居工程建设，在改善困难群众居住条件、推进新型城镇化建设、拉动投资和消费需求、促进经济增长和社会和谐等方面取得明显成效。

【预算执行情况审计】 2015年，市审计局以推进深化财税体制改革、提高财政资金使用绩效、完善制度规范管理、维护财政资金安全为目标，开展预算执行审计及审计调查。完成对市级预算管理和市级预算收入管理、市财政局、市经信委、市投促局等部门的预算执行情况的审计。在审计内容上，重点关注预算执行、重大项目资金保障、全口径预算管理及转移支付制度的健全完善、政府性债务管理、财政资金存量的盘活、预决算信息公开的规范、预算绩效管理机制的完善、对上年度审计建议的采纳及相关改进等情况。通过审计查出违规金额95.61万元，管理不规范金额72105.38万元，审计处理后，应上缴财政95.61万元，应调账处理金额38.83万元,应缴纳其他资金72066.55万元。并针对查出的问题提出相应的审计意见和建议。在市人大常委会和市政府的高度重视下,各有关部门和单位针对预算执行和自身管理中存在的问题,认真制定整改措施,落实审计处理决定,并深入分析产生问题的原因,完善相关制度。违规和管理不规范资金已得到有效纠正,多数审计意见和建议被采纳。8月27日市第九届人大常委会第三十四次会议审议并通过市政府《2014年度市级预算执行和其他财政收支的审计工作报告》,市人大常委会对2014年度市级预算执行审计工作给予充分肯定。12月底,市人大常委会审议了本年度审计整改情况报告,对市审计局采取切实有力措施抓各部门、单位的审计整改所取得的新成效给予充分肯定。

【领导干部经济责任审计】 2015年,市经济责任审计联席会议成员单位围绕"扩面、提质、增效"这一目标,不断推进《党政主要领导干部和国有企业领导人员经济责任审计规定》及其《实施细则》的落实,进一步加大经济责任审计力度,强化统筹协调能力,深化审计结果运用,有力推动了全市经济责任审计工作再上新台阶。

全年,市本级共完成经济责任审计项目13个(含省审计厅授权的对中共仁和区委书记陈可红、仁和区人民政府区长任礴军任期经济责任审计项目2个),查出违规金额193.22万元,管理不规范金额67033.55万元,审计处理后,应上缴财政180.81万元,应归还原渠道资金5432.26万元,应缴纳其他资金7238.95万元,应调账处理29888.97万元。通过审计,在完善干部监督管理机制、客观公正评价干部业绩、促进领导依法行政和廉洁自律等方面发挥了重要作用,为各级党委考察任用干部提供了科学依据。

【投资建设项目审计】 2015年,以促进投资领域改革和核实工程决算、规范项目建设管理、提高投资效益为目标,全力开展投资审计工作。全市审计机关核减投资额28201.89万元,市本级共完成政府投资项目审计120个(其中,审计报告17个,审定报告9个,定案表94个),核减投资额16143.24万元(其中,审定报告审减金额为359.57万元,定案表审减金额为11849.86万元,审计报告审减金额为3933.81万元)。政府投资建设项目审计发现的主要问题有:多计工程价款,主要原因是工程量多计、材料价格签证虚高、取费重复或高套;项目未经批准超概算。多计工程价款问题,各被审计单位已按审计结果据实结算;超概算问题建设单位(代建单位)正按照基本建设程序报请原审批部门批准。

继续对鱼塘至机场路新建工程、花城新区重点建设项目、观音岩引水工程、格福路改造、攀枝花三线建设博物馆(攀枝花博物馆)项目等重大项目推进情况进行跟踪审计,审计中发现项目变更设计文件提供不及时,变更手续办理严重滞后等问题已向建设单位提出审计建议。

继续采取有力措施加强攀枝花市对口支援雅安市名山区灾后恢复重建资金的跟踪审计工作,确保有限资金的专款专用。2015年,市审计局对该项目继续压实责任、突出重点、创新方法。采取派审计人员常驻和集中突击的方式方法,从人员和专业技术等方面予以支持,派出审计组实地开展审计工作,加大援建审计工作力度。截至2015年10月底,市财政共拨入名山区援建资金2000万元,实际支出1624万元。市审计局已出具跟踪审计报告6份,审计信息3篇,建议名山区相关部门尽快制定茶产业发展扶持基金使用管理办法,进一步规范扶持基金管理和使用,发挥更大效益。从而确保攀枝花市援建资金合理、安全使用,建设项目稳步推进。

【专项资金审计(调查)】 2015年,全市审计机关继续加大党委、政府重视、社会关注、群众关心的热点、难点资金的审计监督力度。

2015年,市审计局对攀枝花市2012—2014年使用失业保险基金开展促进就业帮扶创业和预防失业管理的使用情况开展专项审计调查,针对存在的问题提出了审计建议3条。审计调查结果表明,2011—2014年全市失业保险基金开展促进就业帮扶创业和预防失业工作共计支出38097.8万元,自2011年攀枝花市开展扩大失业保险基金使用范围试点工作以来,运用失业保险基金开展促进就业帮扶创业和预防失业工作对稳定就业岗位、减少企业裁员、降低失业率、维护社会稳定等方面发挥积极的作用。

对市级2013年住房维修资金收支管理情况开展专项审计调查。审计结果表明,相关单位能按照自身部门的权责,根据制度规定管理各类维修资金,保障自管房、商品房及公有住宅售后的维修,在确保资金安全的前提下,实现了资金的保值增值,截至2013年12月31日市级住房维修资金余额为39251.63万元,累计实现增值收益1889万元。同时,发现需加以纠正的问题有:维修资金管理分散,存在各自为政,事权、财权等划分不明晰的情况,影响维修资金使用效益。存在住户已入住多年,并已取得房产证,但住宅专项维修资金未按规定归集上缴,长期滞留在开发商、单位或住户手中的现象。受申请维修资金手续繁琐、宣传不到位、多头管理等因素的影响,加之攀枝花市新建住宅楼占比较高,导致全市住宅专项维修资金使用率偏低。投资渠道单一。结存的维修资金均以银行定期存款为主,投资收益偏低。个别改制单位存在挤占挪用专项资金的情况。

【内部审计工作】 2015年,市审计局在加强内审业务培训,提高内审人员综合素质方面做了大量工作。积极组织内审后续教育培训。按省审计协会的通知，结合攀枝花市工作实际，市审计局局自2015年4月开始，有计划、分批次组织全市内审及相关人员到成都参加统一培训，全年组织700余人参加内审培训。同时，结合攀枝花市部分单位实际情况，组织行业性内审培训工作。针对攀枝花东区地税局业务量大，涉及纳税户范围广，同时该局监察审计机构设置较完善，但新手较多的实际情况，市审计局与市地税局及东区地税局积极进行沟通后，抽调局内审科相关人员对东区地税局进行审计专业方面的培训。参加培训人员包括东区地税局监察审计室及局下属各所的相关人员共计30余人。培训内容包括内部审计条例、审计文书的撰写、经责审计质量控制等。

市审计局积极与东区政府及其相关部门沟通，推动东区内审工作制度建设，指导其拟定了《关于加强全区内部审计工作的意见》。

【审计自身建设】 2015年，全市审计机关以造就一支政治坚定、纪律严明、作风优良、业务精湛的审计队伍为目标。落实全面从严治党和党风廉政建设主体责任。认真组织学习党章、廉洁自律准则和纪律处分条例，健全审计机关党组织及领导班子成员的责任体系。制定落实党风廉政建设主体责任的具体措施，严肃政治纪律、组织纪律、廉政纪律、保密纪律、财经纪律、工作纪律，加强管理、健全制度。扎实开展“三严三实”专题教育。紧密联系实际，认真学、深入查、着力改，坚持自上而下查问题、以下看上寻根源，深入查找党员尤其是领导干部的不严不实问题，认真落实整改，以严和实的作风搞好专题教育。加强对干部的监督、教育和管理。坚持从严管理审计队伍，强化监督，严格执纪问责。完善干部选拔任用、考核激励和培养培训制度，组织全市审计人员参加各级各类培训；积极创造机会、搭建平台，采取到上级审计机关上挂学习、大型审计项目混合编组等方式进行实战培训，促进审计干部全面锻炼、进步和成长。

（蔡　华）

工商行政管理

【个体私营经济监督管理】 2015年，市工商局制定出台攀枝花市个体工商户转型升级为企业的实施意见，民营经济转型呈现新活力。全市71户个体工商户成功转型升级为企业，新登记个私经济主体9862户、比2014年增长0.97%，全市共有个私经济主体64490户、比2014年增长10.61%、比十一五末增长21.67%。

2015年，全市新登记私营企业2100户、比2014年增长1.2%；新登记个体工商户7637户、比2014年增长1.45%；新登记农村专业合作社125户、比2014年下降23.78%。

2015年全市共有私营企业12520户、比2014年增长12.95%，比“十一五”末8564户增加46.19%；个体工商户50971户、比2014年增长10.02%，比十一五末增长14.7%；农民专业合作社999户、比2014年增长12.63%。

扶持失业人员、残疾人员、大学生创业，多渠道，多途径创造新的就业机会和就业岗位。2015年高校毕业生通过申办个体工商户和企业等实现自主创业269人，通过市场主体安置下岗失业人员131人。

【市场主体登记管理】 2015年，市工商局在商事登记制度改革的基础上，继续优化登记手续，出台《攀枝花市市场主体住所（经营场所）登记暂行规定》，随着该项制度的落实，进一步简化经营场所登记手续，为全市广大创业者带来更多便利，充分激发了大众创业热情和市场创新活力。

2015年，全市共有各类市场主体（含分支机构）66381户、比2014年同期增长10.55%、与“十一五”末相比增长23.24%，其中：内资企业14361户，外商投资企业50户，农民专业合作社999户，个体工商户50971户；注册资本（出资金额）1213.07亿元，比2014年同期增长13.68%。存量市场主体数量和注册资本金都继续保持较高增长。

制定《攀枝花市“三证合一”“一照一码”登记制度改革实施意见》，全面实行“三证合一、一照一码”登记模式，企业的组织机构代码证和税务登记证不再发放，由工商部门统一核发“三证合一”“一照一码”营业执照，企业使用加载有18位统一社会信用代码的营业执照。全市办理设立登记447户，变更登记613户，注销登记69户，备案登记61户，接待群众咨询6926人次，极大地促进了民间资本尤其是小额资本参与市场竞争的热情。

【商标品牌战略】 稳步推进商标战略，设立市钒钛高新区商标品牌示范园区和盐边县商标品牌示范县，建立商标服务站，加大商标培育的指导力度。推进“商标富农”工程，配合“旅游新村”“阳光康养”“欢乐阳光节”的品牌建设工作，加强对攀枝花市具有特质、特色农副产品申报地理标志证明的宣传指导工作。

开展商标品牌培育，全市共接受商标咨询700多人次，指导申报省著名商标2件，指导商标注册、转让、续展500余件。全市申请商标注册数381件，新申请成功注册商标156件，有效商标总数达到2556件。指导协助两户企业向省工商局递交2枚注册商标申报著名商标。

保护商标品牌，印发《攀枝花市工商局打击侵犯知识产权和制售假冒伪劣商品专项行动方案》。重点整治互联网领域侵权假冒商品，打击流通领域销售假冒伪劣日用品行为。检查经营主体1200户次，立案调查15起，收缴拉芳等日化用品169瓶(盒)，没收商标侵权惠普“硒鼓”35个、日化品316个(盒/瓶)、阿尔卑斯糖果48.7千克。

在全市范围内开展商标代理市场专项整治，对商标等知识产权代理业务的机构进行专项检查，重点对其是否在国家商标局备案，是否存在弄虚作假、虚假宣传等行为进行检查。

宣传、动员、组织攀枝花市龙头企业参加中国国际商标·品牌暨中华品牌博览会，展示攀枝花市名优产品。

【市场监督管理】 切实履行工商行政管理部门维护市场经济秩序主要职能，强化市场秩序监管，全市工商系统共查处各类经济违法案件129件，为市场经济健康发展营造公平、公正、有序竞争的环境。

推进企业信用信息公示工作，向社会全面公示63710户市场主体登记、备案信息和109件行政处罚信息。完成2013年度企业年报公示10066户，年报率达97.12%；完成2014年度年报公示12031户，年报率达96.84%。

建立健全信用约束机制，以企业信用监管为核心，依托企业信用信息公示系统，加强年报、企业备案、行政许可、行政处罚等信息的归集分析。截至2015年底，886户企业被列入经营异常名录管理，经企业改正、申请，35户被移出经营异常名录。积极推进失信联合惩戒，已有企业和个体工商户因被列入(标注)经营异常名录在银行贷款及部分招投标工作中受到限制。

开展“红盾春雷行动2015”，在全省统一开展“整治不正当竞争”“打击侵犯注册商标专用权”“查处侵害消费者合法权益”的基础上，增加“整治虚假违法广告”专项行动。全市集中力量查处一批有影响力的案件，震慑了违法违规行为，成效显著。全市共立案查处案件140件，案值148.93万元，取缔无照经营13户。

开展整治民间投(融)资理财咨询类公司专项行动，向群众散发宣传资料3120余份，建立投(融)资理财类企业监管台账及股东、从业人员信息台账。全市工商系统查处2起投资理财咨询类案件，移送公安机关涉嫌非法集资案件线索3件。

维护公平有序的网络经营秩序，开展网络销售服装等商品质量抽检20个批次，对3个不合格批次的服装进行查处。对6户小微企业开展电子商务活动网络宣传的轻微违法行为，进行规范指导，给予行政建议，免于行政处罚。

开展打传销工作，向全市行政事业单位发出《致广大市民的一封公开信》宣传资料3500余份，现场解答群众140余人次。2015年查办打击传销案件1件，打击传销窝点1个，涉案人数11人。

宣传贯彻落实新《中华人民共和国广告法》《中华人民共和国商标法》等相关法律法规，开展“红盾春雷2015——虚假宣传”专项执法行动、整治互联网重点领域广告专项执法行动。全市系统监测各类广告25069条次，清理、规范户外广告1582条，立案查处违法广告案件51件。

开展城乡环境综合治理、城乡结合部市场治理和市场监管综合整治、文明城市创建工作。在原有创建同乐世界、德铭阳光为中国诚信市场的基础上，向省工商局申报米易县城北市场为诚信市场。治理期间，检查集贸市场、超市178个次，检查经营户13489户次，清理户外广告875处，规范乱摆摊位行为832起，清理垃圾37吨，发放宣传资料2000余份，有效地维护了集贸市场秩序，创造了干净的购物环境。

【保护消费者合法权益】 全市工商系统干部职工积极服务民生需求，在消费维权、积极参与化解社会矛盾纠纷等方面，取得新成绩。

加强流通领域商品质量监管，建立流通领域不合格商品公示制度。全年抽检食品包装材料、成品油、农资、钢材、消防产品等重点商品262个批次，依法立案查处不合格商品34个批次。

提升消费维权工作水平，建立和完善本辖区“12315诉转案”工作机制，积极探索先行赔付工作，及时处理消费投诉中发现的违法行为。强化侵害消费者权益违法行为的查处力度。做好消费投诉和举报的汇总分析，适时发布消费提示和警示。全市受理消费者投诉515件、办结504件，处理率97.8%，办理消费者举报57件。

加强消费宣传与教育引导，召开2014年度全市消费维权工作新闻发布会；组织消委会成员单位开展“3·15”大型广场宣传活动；参加市电视台、市有线台消费维权访谈节目2期；上线市电台“3·15畅享消费特别节目”，现场接听、解答消费者咨询和疑问；以短信形式向全市30余万手机用户发送公益消费维权短信，提高消费者维权意识和经营者自律意识。

开展重点领域和服务领域专项治理，重点开展了开展央视“3·15晚会”曝光问题专项整治、流通领域钢材专项整治、流通领域消防产品专项整治、电动车专项整治等。查处重点领域和服务领域各类案件20件，查处重点领域消费维权案件35件。

【法治工商建设】 加强行政执法主体管理，实行资格审查及公示制度。推进行政执法和刑事司法衔接工作，完善案件移送标准和程序。严格规范行政执法裁量权。组织开展“法治工商评价考核达标单位”和“依法行政示范单位”创建活动。推进全局行权平台建设。

清理、编报市工商局行政权力清单，对本级行政权力事项进行清理、认领，并编制行政权力申报表。市工商局行政许可事项12项、行政处罚事项249项、行政强制事项23项、行政确认事项2项、行政裁决事项1项、其他权力事项18项。

全年核审一般程序案件36件，指导、参与一审、二审行政诉讼案件13件，依法承办、指导行政复议案件答辩4件，受理、审查行政复议案件1件，依法受理、审查国家行政赔偿案件1件，1个行政处罚案卷被评为全市行政执法部门优秀案卷。

开展法律进民企工作，组织全市200多名企业代表和工商、市场监管干部参加“新法进民企”集中普法宣讲培训会。组织召开30多人参加“诚信守法民营企业”示范创建培训会，并在会后组织专业律师深入走访8户候选企业，为示范创建提供个性化指导服务，向社会企业发放相关新法宣传资料3000余册。

【个私协会管理】 市个体私营经济协会聘请专职法律顾问，为个私会员提供相关的法律知识解答，受理会员的法律咨询，为提起诉讼的会员提供相对优惠的代理服务，切实维护其合法权益不受侵害。2015年协会共接受会员法律咨询200多人次，处理率100%。

全面免收会费，宣传落实各项创业就业优惠政策，开展免费咨询业务。通过创业指导、技能培训、减免会费、融资服务等方式，帮助会员创造新的就业机会和就业岗位。2015年，协会全面停收了所属500余户个体会员，800余户企业会员会费，免收额度约70万元。

加强非公党建工作，提升会员的政治意识。配合省工商局、市委两新工委，深入各非公企业党组织开展党建督导工作，指导会员企业做好入党积极分子的培养和发展工作。与德铭阳光携手，开展“送法上门、共商共建”的党建活动，探讨和交流非公党建和政企合作方式。

组织会员参加中个协举办的经营管理、互联网营销等方面的专业性培训和四川省首席质量官任职培训活动，同时还与全国各地的会员建立联系，增加交流与业务合作。支持和鼓励会员走出去，组织会员到俄罗斯学习、考察，积极开拓国内、国际市场。

（邓　奎）

质量技术监督

【质量强市建设】 2015年3月，攀枝花市获批创建“四川省质量强市示范城市”。4月，攀枝花市人民政府成立由市长任组长，32个部门主要负责人为成员的攀枝花市质量强市工作领导小组，印发《攀枝花市创建四川省质量强市示范城市实施方案》，对创建工作进行全面部署；5个县（区）政府均成立工作机构，制订工作方案，并全面启动质量强县（区）工作；制定《攀枝花市质量强市工作考核办法》《攀枝花市质量工作考核细则》，强化对质量强市工作的督查；召开质量强市示范城市创建工作动员大会，将创建工作分解后与5个县（区）政府、32个市级部门签订《四川省质量强市示范城市创建目标责任书》，将质量强市工作及示范城市创建工作纳入政府目标考核。

编写《攀枝花市2014年综合质量分析报告》。2015年1－4月，由14个市级部门联合编写《攀枝花市2014年综合质量分析报告》。该报告对攀枝花市产业、产品、工程、服务和环境五大质量进行全面分析，为党委、政府宏观经济决策、企业投资提供参考，为攀枝花市进行质量水平环比评估、质量强市示范城市评选提供了依据。

实施品牌战略。2015年，攀枝花市共有36个四川名牌。结合第十二届名牌产品培育工作，拟定8个产品的培育计划，主要涉及工业产品、服务产品。

开展《质量对经济贡献度分析》课题研究。2015年，攀枝花市质监局联合四川大学以数学的方法、量化的形式，开展质量工作与经济增长规律的研究，形成《质量对经济贡献度研究——基于攀枝花质量管理现状的分析》，研究显示综合质量每提升1个百分点，可带动GDP0.342个百分点的增长。该研究是全省对质量工作与经济增长规律的首次探索。

城市质量精神征集活动。为配合“四川省质量强市示范城市”创建工作，2015年5—12月，攀枝花市质量强市工作领导小组办公室（攀枝花市质量技术监督局）面向全国开展“攀枝花城市质量精神”宣传表述语征集活动，6月8日投稿结束，累计收到全国31个省（自治区、直辖市）和香港、澳门两个特别行政区的6000余条投稿。经过三轮评选后报攀枝花市政府批准同意，安徽省安庆市巴建强的作品“攀枝花，让质量与阳光同行”获得一等奖，并被确定为“攀枝花市城市质量精神”。

第二届攀枝花市政府质量奖评选。根据《攀枝花市政府质量奖评选办法》，2015年1月，攀枝花市强力推进品牌战略领导小组启动第二届攀枝花市政府质量奖评选工作。全市13家企业提出申报。经资料审查、现场评审、领导小组审议和攀枝花市政府第62次常务会议审定，授予攀钢集团攀枝花钢钒有限公司、攀枝花市水务（集团）有限公司、攀枝花市锐华农业开发有限责任公司三家企业“攀枝花市第二届政府质量奖”。至此，攀枝花市共有4家企业获得“政府质量奖”。

【质量监督抽查】 2015年，根据四川省质量技术监督局的安排部署，攀枝花市质量技术监督局编制《攀枝花市2015

年产品质量定期监督检验计划》，累计抽查150家企业160批次，涉及8类44种工业产品。其中，检验合格159批次，不合格1批次，产品抽查批次平均合格率为99.38%。开展建筑材料、食品包装(容器)、钒钛类产品省级专项抽查203个批次，合格202批次，批次合格率为99.51%。

【质量管理】 2015年，全市参与“QC”(质量控制)小组活动1000余人，获得国家级质量管理小组优秀成果2个，国家级优秀质量信得过班组2个，四川省质量管理小组优秀成果23个，四川省优秀质量信得过班组8个，市级优秀成果49个，优秀班组18个。

【国家钒钛质检中心建设】 2015年，国家钒钛制品质量监督检验中心建设进一步加速，先后投入275万元完善设施设备，增加检测项目70个，中心检测能力已涵盖25个钒钛制品的374个参数；投入10万元组织人员参加各类培训，申报立项市级科技项目2项，申报受理发明专利1项，参与修订的8项行业标准发布实施，组织制订的8项地方标准正式发布。此外，国家钒钛制品质量监督检验中心还完成了82批次省级钒钛制品专项监督抽查任务，承担了20个批次钛及钛合金板材的国家监督抽查任务。

4月14日，全国生铁及铁合金标准化技术委员会实验基地、全国铁矿石与直接还原铁标准化技术委员会实验基地在国家钒钛制品质量监督检验中心成立。4月15日，国家钒钛制品质量监督检验中心参与承办了全国铁矿石与直接还原铁标准化技术委员会、全国生铁及铁合金标准化技术委员会2015年年会。11月28—29日，国家钒钛制品质量监督检验中心承办了2015攀枝花钒钛资源综合利用院士行暨钒钛(国际)论坛——钒钛检测技术及标准应用学术交流会。

【标准化工作】 2015年，攀枝花市质量技术监督局深入贯彻落实《国务院关于印发深化标准化工作改革方案的通知》，做好标准化改革前期准备工作，全面完成“十二五”标准化工作计划。

标准登记备案。2015年，攀枝花市质量技术监督局积极督促、帮助企业收集国家标准、行业标准、地方标准，指导企业制定产品标准。截至12月31日，攀枝花市质量技术监督局备案企业标准144个，注销22个，累计备案2109个企业标准。县、区备案企业标准21个，注销8个，累计备案648个，完成2015年全市企业产品标准复审备案计划，标准清理登记、标准复审达、产品标准覆盖率均达100%。

标准制修订工作。为充分利用攀西特色资源，引导行业有序竞争，继续发挥企业联盟标准对行业的规范和引领作用。市质量技术监督局指导钛矿行业企业联盟秘书处及联盟成员单位完成换届选举，修订复审《钛精矿(岩矿)》等2个联盟标准，建立《钛精矿(岩矿)》技术标准体系。加强区域性地方标准管理，积极推进全市地方标准的制修订工作，为促进攀枝花市特色农业产业质量提升，更加规范、有序生产，市质监局积极配合市水务局、市农牧局等相关部门，编制《早春蔬菜露地甘蓝膜下滴灌灌溉技术规范》《早春设施蔬菜番茄膜下滴灌灌溉技术规程》《设施农业节水灌溉工程技术规范》等7个节水降耗区域性地方标准，完成《攀枝花市农业地方标准体系》及相关区域性地方标准修订和复审。

采用国标工作。全市采用国际标准和国外先进标准达14个，帮助攀枝花市红发物资有限责任公司、攀枝花市新隆矿业有限公司、四川安宁铁钛股份有限公司等13家企业的《钛精矿(岩矿)》13个产品顺利通过认可，取得《四川省采用国际标准产品认可合格证书》和《采用国际标准产品标志证书》。截至2015年底，全市共有98个单位187个产品采用国际标准或国外先进标准。

【质量专项监督检查】 2015年，攀枝花市质量技术监督局重点开展了建材、农资、车用燃油、家具、商品条码、消费品、电梯安全等专项监督检查。

开展农资产品执法打假专项行动。检查化肥生产企业4家次，免费随机抽检辖区内化肥生产企业生产的4批次的化肥(包括复混肥、磷肥和有机肥)，合格率100%。及时妥善处置盐边县共和乡太平村烟农举报地膜质量问题。

开展建材产品执法打假。联合各县(区)局，对全市水泥生产企业生产资质、质量保障措施、生产销售情况进行全面检查。共出动执法人员30人次、车辆11台次，检查水泥生产企业9家次，从检查的情况看，企业能够执行好相关标准和检验制度，所生产产品经检验合格出厂。

开展儿童用品执法打假。对全市89家超市、商场及玩具批发门市等儿童用品经销商进行执法检查，未发现销售未经强制认证和超范围认证的儿童玩具。

开展车用燃油专项行动。检查加油站10家，炼油厂1家，共出动执法人员40人次。被抽查的加油站使用的加油机均在检验有效期内，且主板和流量测量转换器铅封均完好；1家炼油厂正在进行生产前设备调试。

开展家具类产品执法打假专项行动。联合市工商局印发《攀枝花市强化四川省家具装修装饰材料监管助推四川家居产业质量提升工作方案》，检查生产企业8家，抽取6家企业8个批次产品，合格率100%。

开展消费品集中执法打假专项行动。检查仁和、东区3家纸巾生产企业，出动执法人员15人次。对厂名、厂址标注不规范的问题责令企业进行整改，对在检查中发现的问题组织人员开展回访。

开展清理规范钢材市场秩序专项行动。对全市熔炼轧钢企业进行实地摸底排查，共有35家熔炼和轧钢企业，其中正常生产的5家，间歇生产的5家，停产的25家；对35家熔炼轧钢企业实施“重点监控”和“一般监控”的分类监控措施（9家企业列入重点监控名单，26家企业列入一般监控名单）；开展清理规范钢材市场秩序专项行动，共出动执法人员394人次，开展夜间突击检查3次，检查熔炼轧钢企业104家次，立案处罚1起，没收地条钢5.48吨、生产模具3.02吨、地条钢生产原料2吨，关停转产熔炼企业2家。

开展商品条码专项行动。从7月8日起在全市范围内开展为期两个月的商品条码监督专项检查工作，出动执法人员53人次，检查包括超市、商场等营业场所和葡萄酒、油底肉、饵块米线、油漆、外包装等生产企业共计11家。对在检查中发现的问题，及时责令3家超市、2家商场进行整改，并将整改结果通知（区）县质监局。

开展电梯安全专项执法行动。9—10月开展以全市商场、超市、小区及投诉举报等电梯为重点针对性的专项检查。共出动执法人员95人次，检查电梯使用单位27家，检查各类电梯181部，消除安全隐患32起。

开展打假保名行动。在全市范围内开展以葡萄酒、油底肉等名牌产品为重点的打假保名行动，走访企业6家，检查经销点10家，未发现有侵犯名牌企业权益、损害企业形象的现象。

【计量市场监督管理】 2015年，攀枝花市质量技术监督局共对36家企业生产的100批次包装商品开展过度包装监督抽查，抽检商品的合格批次为96批次，抽查检验商品的净含量合格率为99%，净含量标注合格率为97%。总体合格率为96%。对“民用三表”、高速公路计重称量设施89台、医用计量器具10414台进行检定。对东区、西区、仁和区共44家集贸市场的在用计量器具进行全面免费检定，共计检定各类在用计量器具 3747台件，合格率为97%。全年共派出检测人员100余人次，出动车辆60余车次。

【计量检定与计量测试】 全年强制检定计量器具41125台件。乡镇以上医疗单位在用强检计量器具受检率在90%以上。免费对1545台出租车计价器调试时钟误差。

【特种设备安全监察】 2015年，攀枝花市质量技术监督局在全市开展电梯安全监管大会战、油气管道隐患整治攻坚战和燃煤锅炉节能减排攻坚战“三大战役”，开展人员密集场所特种设备安全专项检查和特种设备安全“打非治违”等15次专项行动。排查安全隐患1900余处，下达“特种设备安全监察指令书”92份。对2起严重违反特种设备安全管理要求的违法违规行为予以立案查处。完成攀枝花市特种设备智能化监管平台一期项目建设，开通“96933”应急救援电话，在人员密集场所选择100台电梯安装了互联网监控系统。

2015年，推动实现特种设备作业人员和特种设备安全管理人员理论知识考试机考化、实际操作考试实物化。截止12月31日，全市特种设备作业人员共计26943名，其中起重机械作业人员17145名，压力容器操作人员3512名，电梯作业人员533名，锅炉司炉工1211名，特种设备焊工535名，厂车作业人员2654名，游乐设施操作人员106名，特种设备安全管理人员990名。

攀枝花市特种设备数量为：锅炉315台，压力容器5382台（不含气瓶），电梯2516台，起重机械4570台，游乐设施56台（套），厂（场）内机动车辆642台，压力管道2096条，气瓶199851只。

【认证工作】 2015年，对全市电机、手提电脑、节能灯等3类产品生产企业进行摸底调查；对自镇流荧光灯、吸油烟机、家用电磁炉、洗衣机、家用电冰箱等5类产品销售企业执行能效标识进行专项抽查、检查工作。抽取获得质量管理体系认证的西区玉鼎水泥厂进行管理体系监督检查。对全市获得资质认定的40家实验室进行全覆盖监督检查，组织各检验检测机构培训新评审准则。

【地标工作】 2015年，攀枝花市质量技术监督局积极加强与国家质检总局、省质监局及米易县政府的工作联系、对接，推动“米易红糖”申报国家地理标志保护产品，经国家质检总局公告受理申请及组织专家技术审查，于12月29日发布《关于批准对达茂马铃薯等产品实施地理标志产品保护的公告》，批准米易红糖为国家地理标志保护产品，攀枝花市国家地理标志保护产品增加至7个。完成18个批次的攀枝花市国家地理标志保护产品年度质量专项监督抽查，形成《质量分析报告》向省质监局报送。

【行政执法】 2015年，攀枝花市质量技术监督局共办理行政处罚案件34起，其中立案处罚8起，代码当场处罚26起，罚没款245860.99元。在行政执法案卷评比中，《攀枝花东鑫电梯销售有限公司未经许可擅自从事电梯维护保养案》被评为2015年攀枝花市优秀行政执法案卷。同时，全面推行重大具体行政行为审查和备案制度，达到备案标准的及时向市政府法制办报备，办案准确率达100%，结案率100%。全年无行政诉讼案、无行政复议案。

【消费者质量投诉】 2015年攀枝花市质量技术监督局严格落实“12365”值班制度，严格做到“四有”（即有记录、有人出现场、有处理结果、有反馈），确保诉求合理的及时解决，行为违法的及时处理。全年共受理电梯、计量、汽车三包、产品质量方面等各类投诉举报、咨询167件,其中投诉举报93起,业务咨询电话74起,投诉咨询办结率为100%。

【代条码工作】 继续清理整顿代码数据库,加强代码人员岗前培训管理。全市代码数据库有效数据23549条,各办证点代码新办证1620件、变更768件、到期换证1640件、年度信息报告7693件、废置341件、迁出38件、迁入53件,过期沉淀数971条,档案扫描、上传5229件。代码更新率48.06%;档案质量合格率100%;数据质量合格率99.84%。

积极配合市工商等部门,开展“四证合一”“三证合一、一照一码”行政审批改革工作。根据全国组织机构代码管理中心《关于贯彻落实〈质检总局关于贯彻落实“三证合一、一照一码”登记制度改革的通知〉的通知》和《国家质检总局关于贯彻落实“三证合一、一照一码”登记制度改革的通知》,从9月25日起,质监窗口不再向企业、农民专业合作社发放和更换机构代码证书;10月1日起,不再向个体工商户发放和更换机构代码证书。

2015年全市共申办商品条码9家,续展44家,续展率100%。

(李　凯)

国土资源管理

【国土资源】 截至2015年底,攀枝花市幅员面积74万公顷,其中:建设用地5.1万公顷,未利用地1.8万公顷,农用地66.8万公顷;农用地中耕地7.5万公顷(含水田2.6万公顷,占35%;水浇地0.02万公顷,占0.3%;旱地4.9万公顷,占64.7%),占总面积的10.1%;园地4万公顷;林地50.5万公顷;草地4.8万公顷。

全市已发现矿产种类76种,探明储量39种,得到开发利用的矿种40种,主要优势矿种为钒钛磁铁矿、煤矿、花岗岩、石墨等,探明储量分别为63.1亿吨、3.2亿吨、8127万立方米、0.16亿吨。全市共发现矿产地490余处(含矿点、矿化点),其中,大型、特大型矿床45个,中型矿床31个。

全市其他主要矿种的保有资源储量情况分别为:伴生钒矿978.45万吨、伴生钛矿40964.96万吨、溶剂石灰岩34056万吨、冶金用白云岩4786.7万吨、耐火黏土1324万吨、硅藻土1549.2万吨、苴却砚原石2077.5万吨。

【耕地保护】 进一步加大耕地保护力度,切实提高耕地保护效果,不断提高耕地质量。建设高标准基本农田0.45万公顷,同比增长69%;积极开展中心城区永久基本农田划定工作,完成中心城区1651.3公顷耕地图斑的举证工作,占上级下达任务总量的80.86%。完成全市2011—2013年耕地质量等别更新工作,顺利通过国土资源部的检查验收。

严格落实耕地“占补平衡”制度,大力实施土地整理项目。完成米易县投资攀莲镇土地整理项目的验收发证工作,取得占补平衡指标61.5907公顷;完成盐边县彝族乡农村土地整治272.8公顷,新增耕地235.3公顷。加快推进13个省投资土地整治项目的建设,建设总规模8956.8487公顷,预计新增耕地面积4643.2327公顷,预计总投资24485万元。加大耕地后备资源调查力度,启动32个土地整治项目可行性研究工作;

2015年,全市耕地保有量7.508万公顷,超省级下达目标任务2.598万公顷,完成全年目标任务的153%。

【重点项目用地保障】 2015年,全市国土资源管理系统围绕市委、市政府中心工作,依法统筹各业用地,做好重大产业化项目、新区建设和民生工程用地服务,优先保证能源、交通、水利等重要基础设施用地。全年共争取计划指标586.86公顷,同比增长27.58%,上报农用地征(转)用面积661.132公顷(其中耕地211.298公顷),新增建设用地面积622.917公顷,同比增长8.98%,全面保障了天然气管道输送、攀大高速、金沙水电站、火车南站、花城新区基础设施建设等重点项目的用地需求。

全年市本级供应国有建设用地90宗、面积751.9公顷、合同价款5.9亿元。

【国土资源规划】 组织上报2015年攀枝花市土地利用总体规划局部调整方案,涉及调整面积459.3698公顷,确保了钒钛园区成功升级为国家级高新技术产业园区和一批重点项目及时落地。

开展土地利用总体规划中期评估,合理调整规划目标和控制指标,优化土地利用空间布局,同步更新规划数据库、推进“三线”划定(指划定城永久基本农田保护红线、生态保护红线和城市开发边界线)和“多规合一”(指国民经济和社会发展规划、城乡规划、土地利用规划、生态环境保护规划等多个规划的相互融合,融合到一张可以明确边界线的市县域图上,实现一个市县一本规划、一张蓝图,解决现有的这些规划自成体系、内容冲突、缺乏衔接协调等突出问题)。

完成了攀枝花市第三轮矿产资源规划大纲编制工作。

【矿政管理】 2015年,继续推进矿业权市场建设,全年矿产资源补偿费实际入库3855.45万元,完成市政府目标的193%;同时,结合矿产资源审计对以往矿补费征收入库情况进行清理,补缴入库6828.1万元,全年合计入库1.068亿元。

完成2015年度地质勘查单位登记工作；对71宗矿山储量动态监测报告、25宗探矿权勘查实施方案、7宗探矿权设置情况、2宗探矿权的协议出让论证报告以及14宗权限内矿权储量核实报告进行审查；完成2宗矿权的价款评估工作；完成4宗矿业权储量登记审查以及全市矿产资源储量统计工作，对攀枝花市矿产资源概况进行了更新。

对全市62宗有效探矿权和40家矿山企业的依法采矿情况、资源开发利用情况、矿山地质环境保护情况、土地复垦方案编制等情况进行抽查和检查；对25宗矿权的新立、延续、转让、变更实施方案进行审查，完成权限内20宗矿权的储量核实报告评审备案；完成盐边中梁子铁矿探转采工作，积极跟进米易潘家田铁矿、盐边大老包铁矿、盐边湾子田铁矿的探转采工作。

【地质灾害防治】 切实把地质灾害防治作为"生命工程"抓好抓实。2015年，对全市253个隐患点均编制专项防灾预案，确定专职监测人员362名。组织开展11处地质灾害工程治理项目，完成121户受地质灾害威胁户的避险搬迁安置工作；开展科普宣传45次，宣传人员4800人，开展地质灾害防治知识专业培训4次，培训人员约720人，与市电视台合作制作了12期专题防灾宣传节目。

汛期期间，共发布地质灾害预警预报信息20次，发布短信3.3万余条；开展应急调查115次，编制应急调查与处理措施建议报告110余份；对41个矿山和30处在建工程地质灾害防治措施落实情况进行检查；组织开展应急演练186次，参加演练人数6454人。全年发生地质灾害险情82起，其中滑坡63起、不稳定斜坡11起、崩塌7起、泥石流1起，受威胁人口1865人。经过全市上下共同努力，攀枝花市平稳度汛，没有因地质灾害造成人员伤亡或失踪。

【执法监察】 扎实开展年度卫片执法检查，严肃查处违法违规用地行为；加大打击煤矿私挖盗采工作力度，建立部门联合执法机制，组织开展联合执法，提高动态巡查密度，实施私挖盗采举报奖励制度，始终保持打击违法行为的高压态势。2015年全市国土资源系统共开展动态巡查1678次，巡查参加人数4340人次，发现土地违法行为128件（同比下降26.86%）、矿产违法行为7件（同比下降50%），私挖盗采活动51起，制止率100%。立案查处土地违法行为为17件，拆除构建筑物1022平方米，没收构建筑物17668万平方米，收回土地6.94公顷，罚没款50.92万元；立案查处矿产违法行为7件，罚没款71.78万元；向公安机关移送私挖盗采涉嫌犯罪案件7件，直接挽回国家经济损384万余元。

【集约节约用地】 结合攀枝花市工业用地现状，出台《攀枝花市工业用地节约集约利用管理指导意见（试行）》，对工业项目的准入、考核、监管、出让等进行明确规定。加强建设用地全程监管，开展节约集约用地专项清理，加快批而未供、闲置土地开发利用，共消化历年"转而未供"土地243公顷，盘活存量建设用地185公顷；共处置闲置土地7宗，收回土地56.19公顷；清理低效利用土地29宗，面积209.84公顷，实现"十二五"期间单位GDP建设用地下降30%的目标。

【地质环境恢复治理】 按照"开发与保护并重"的原则，结合矿业城市转型发展、改善矿区群众生产生活条件，探索实施与促进当地旅游产业发展相结合的矿山地质环境恢复治理思路。推进五处矿山地质环境恢复治理项目，争取省级资金2172.52万元；其中米易县二滩粘土矿山地质环境恢复治理项目被评为省级示范工程，治理总面积达541公顷。

【农村集体土地确权登记发证】 截至2015年，全市已完成2349宗集体土地所有权、937宗集体建设用地使用权和139180宗宅基地使用权的权属调查、地籍测量和确权登记工作，全市农村集体土地初始确权登记完成率100%。

顺利完成2014年度土地利用现状变更调查工作，共完成1359个遥感监测图斑的内、外业调查核实和数据库更新上报工作。

【政务服务】 2015年，共办理土地、矿产行政审批及服务事项19000余件。完成权限外采矿权审查17件，权限内采矿登记22件，勘查许可证年检7件；完成商品房、房改房（住宅）商业门面分户8168件，散户2350件；完成划拨用地审批39宗，出让用地审批25宗；用地预审24件，建设项目临时用地20件；完成二手房过户、离婚析产、更名更址登记8178件；完成土地初始登记、变更登记89件，抵押登记149件。接待在线咨询67人次，清理、装订历史档案1050件，装订发证档案17775件；工作人员上门服务104次。窗口现场办结率达100%，按时办结率达100%，工作群众评议满意率达100%。局政务中心窗口收到办事单位和群众送来锦旗6面，表扬信10封，被评为2015年度全市为民服务优秀窗口。

【精准扶贫】 研究制定支持贫困地区扶贫攻坚相关措施，从用地需求保障、农村土地整治、后备资源利用、矿产资源开发、地质环境保护等方面对全市70个贫困村给予特殊政策支持。加快推进花椒箐村、大龙潭村、干坝子村等贫困村土地开发整理项目建设。加大贫困地区的自然灾害频发区地质灾害避险搬迁力度，2015年共完成受地质灾害威胁的121户430余人的避险搬迁。同时，向对口帮扶村派驻第一书记和驻村帮扶干部，签订帮扶责任书，加大资金投入力度，全年共投入帮扶资金30余万元，硬化道路18千米。

【民生工程】 全年全市完成高标准基本农田建设项目5个，地灾治理工程2处，地灾避险搬迁121户；实施市级民生工程1项，完成盐边县彝族乡农村土地整治272.8公顷，新增耕地235.3公顷。加大对民生工作的督查力度，民生项目用地保障、征地拆迁遗留问题处置等工作取得显著成效。

【法治国土建设】 积极推进行政审批制度改革，及时清理上报权力事项及依据，严格执行行政处罚裁量标准，清理调整下放行政审批权限5项。

加强行政权力依法规范公开，运行电子监察平台建设，认真设置电子监察点位和廉政风险防控信息，重点监督执法决定公开、执行裁量权标准、遵守执法程序等情况。全局153项行政权力逐一在网上进行"晾晒"。

进一步加强政府信息公开，2015年，共主动公开政府信息400余条，内容涵盖工作动态、公示公告、交易信息，征地信息等多个方面。通过《中国矿业报》《中国国土资源报》《攀枝花日报》等媒体发表信息报道和新闻宣传50余篇。

全面加强信访维稳工作，全年共接待来访共11批26人次，收到各类信访信件120件，全部办结，没有发生维稳信访不良事件。

【攀西钒钛磁铁矿整装勘查】 2015年，加快推进钒钛磁铁矿整装勘查项目，完成地质勘查投资约6000万元。及时推出仁和区飞机湾钒钛磁铁矿普查探矿权项目，起拍价达8300万元。

【钒钛磁铁矿综合利用示范基地建设】 2015年，争取中央补助资金1.875亿元，全面完成攀西战略资源开发区——潘家田铁矿低品位钒钛磁铁矿综合利用工程和钒钛磁铁矿示范基地矿产资源综合利用项目——密地选矿厂铁精矿管道输送系统工程两个重点项目。

【攀西国家级战略资源创新开发试验区】 2015年，主动与中国地质科学院等科研单位合作，开展攀枝花市钒钛磁铁矿中伴生稀散元素概况、红格钒钛磁铁矿中伴生稀散元素分布特征及富集规律、攀枝花稀贵金属产业链发展等共5个钒钛磁铁矿伴生稀散和贵金属元素潜力评价研究项目，为攀西战略资源创新开发试验区资源综合利用向纵深发展寻找突破口。

【不动产统一登记】 认真贯彻实施《不动产登记条例》，积极推动完成了攀枝花市不动产登记职责整合、机构组建，正式挂牌成立市不动产登记局和市不动产登记中心。

【石墨矿勘查开发】 迅速落实中共四川省委书记王东明莅攀调研指示精神，将石墨矿的勘查和开发纳入第三轮矿产资源规划，积极争取中央、省级资金和政策支持，加大石墨资源的地质找矿工作力度。

仁和区大田镇三大湾石墨矿预查项目已12月1日通过省国土资源厅组织的论证审查，纳入地勘基金项目库。

【工矿废弃地复垦利用试点工作】 2015年，完成米易湾丘2个项目，取得复垦利用挂钩指标104.33公顷，用于保障新增建设用地；已验收工程项目2个，复垦面积27.0149公顷，可新增耕地11.794公顷，草地8.856公顷；已完成待验收工程项目2个，正在实施项目4个，预计可取得挂钩指标270.41公顷。

【城乡用地增减挂钩试点】 开展第一个城乡建设用地增减挂钩项目——西区庄上村增减挂钩项目，多渠道解决新农村建设用地，项目拆旧区拆旧地块37个，面积9.92公顷，涉及拆迁农户114户439人，可产生挂钩周转指标9.9公顷。

【机构和队伍建设】 2015年，配合省国土资源厅办理县级领导干部转正1名；调离干部免职2名；共调整系统内科级领导干部22人次，其中交流9人、提拔13人；提拔副县级领导干部2人；增加副调研员职数1名。通过考试、调动、转任、挂职等方式引进人员，涉及各类干部人才共39人次。加大后备干部培养和教育培训力度，组织各级各类培训共计520人次，创建平台开展在线训练考试。全年向省厅党委和市委共推荐县级领导干部拟提拔使用人选、县处级副职后备干部和中长期培养对象、优秀年轻干部递进培养人选27名。

（贾　磊）

食品药品监督管理

【概　况】 2015年，攀枝花市共有食品生产经营主体（不含农产品生产）3万余户，从业人员约9万人。其中，取得"食品生产许可证"的食品生产企业90户，食品经营单位14580户。

全市辖区内共有药品生产企业2户，药品批发企业15户（兼营医疗器械13户），药品零售连锁企业11户（兼营医疗器械11户），药品零售单店（连锁门店）496个（兼营医疗器械414户）。有医疗器械生产企业2户（定制式义齿），医疗器械经营企业166户（第三类40户，第二类126户），医疗机构931户。市食品药品监管局监管10家市属及大企业医疗机构、1家市级疾病预防控制中心、30家较大的保健食品经营企业、34家较大的化妆品经营企业。

2015年，市食品药品监管局（含稽查支队）在职人员71人（行政人员41人，事业执法人员26人，工勤人员4人）。离退休人员12人。

2015年，市食品药品监管局围绕保障公众饮食用药安全这一中心任务，以依法行政为主线，以队伍建设为主题，以制度建设为基础，以提升食品药品安全水平为目标，完善监管网络、技术支撑、风险管控、质量追溯四个体系，落实政府属地责任、部门监管责任、市场主体责任和社会共治责任，初步形成食品药品安全“源头严防、过程严管、后果严惩”的全流程监管工作格局，全市未发生食品药品安全事故。

2015年，市食品药品监管局规范许可审批，严把主体准入关。年初省局下放25类食品生产许可后，及时制订实施方案，明确责任和要求，积极开展食品生产许可业务知识培训，统一审批程序，确保省局下放的25类食品生产许可权限顺利交接、有序展开。全年共办理食品药品行政许可7536件，其中食品5617件，药品医疗器械1919件，与2014年相比，提高14个百分点。强化日常监督检查，全年监督检查食品生产经营单位20270户次，药品生产经营和使用单位3649户次，对4852户餐饮企业开展量化等级评定，动态评定率100%，超全年目标任务5个百分点。

突出薄弱环节、关键领域监管。对全市1500余户小作坊、小食品店、小餐饮店、小食品摊贩进行登记，并将其纳入监管视野。规范预包装食品、散装食品、熟食品、食用农产品标签标识，推进肉类溯源体系建设和婴幼儿配方乳粉药店销售试点。强力推进“明厨亮灶”试点，实现后厨“阳光操作”，全市4852户餐饮企业中完成“明厨亮灶”927户。对全市2家药品生产企业、15家药品批发企业、10家连锁公司总部、512家药品零售药店（门店）全面完成新版“GMP”“GSP”认证。加强对“GSP”认证企业的跟踪检查，防止认证企业经营管理“下滑”。加强特殊药品日常监管，严防死守，杜绝流入非法渠道。加大医疗器械生产经营单位监管，重点监控大型医疗设备、无菌植入类医疗器械。着力加强药械不良反应（事件）和药物滥用监测工作，每百万人口“ADR”报告数连续多年名列全省第一。稳步推进药品电子监管，全市药品经营企业全部实施电子监管。

完善风险防控机制，加强风险防控。组建食品药品安全事件应急机构，制定食品药品安全事件防范应急方案，成立由21名食品药品专家组成的应急管理专家库。强化舆情信息工作，指导县（区）及时核查处置省局通报涉及攀枝花的舆情信息。在全省率先组织全市食品安全成员单位开展食品安全事故应急处置桌面推演。邀请有关专家对全市食品药品监管系统进行应急管理专题培训，邀请食品安全委员会成员单位、专家和企业每季度召开食品药品风险交流研判例会，根据风险研判结果，开展风险隐患治理和重点领域的专项整治。

加强食品药品安全知识宣传和食品药品从业人员培训。对县（区）、乡（镇、街办）、市食品安全委员会成员单位分管领导及系统监管人员共计160余人进行《中华人民共和国食品安全法》《中华人民共和国药品管理法》等知识培训。采取集中培训、以会代训等方式，累计培训食品药品生产经营及使用单位法人代表、质量管理人员、重要岗位人员、从业人员和乡（镇）协管员、监督员、信息员共计2.5万余人，培训达到40学时以上。开展“食品安全宣传周”“安全用药宣传月”“食品药品安全进校园”“食品药品安全乡村行”等大型宣传活动。在市电视台黄金时段连续播放食品药品安全公益宣传广告片60天120次，电台播放60天300余次；在市会展中心滚动灯箱悬挂宣传广告3个月，在公交车站站牌悬挂新《中华人民共和国食品安全法》和科普知识公益广告40幅3个月，在全市50台热线公交车内宣传新修订的《中华人民共和国食品安全法》3个月，通过手机推送新修订的《中华人民共和国食品安全法》宣传短信2次17000条，印制《攀枝花市2014年食品安全状况》白皮书3000册，“12331”宣传画5000张。

2015年，市食品药品监管局深入开展“队伍建设年”主题活动，执法能力得到有效提升。委托中国政法大学分两期对全市245名行政执法人员进行法律法规和监管能力培训，对全系统47名新进执法人员进行专业法律知识培训和考试，合格率达100%。开展执法案卷评查和大讲评，在办案意识、办案方法、办案质量上有很大提升。全年共办理食品药品案427件，结案414件，罚没款共计349.33万元。其中，市食品药品监管局稽查支队共办理一般程序行政处罚案件64件（食品流通3件、餐饮服务4件、药品52件、医疗器械4件、化妆品1件），结案64件，结案率100%，案件数量较2014年增长31件，增长率94%，向公安机关移送案件6件，法院判决2人。

统筹兼顾，全面完成各项重点工作任务。开展第二轮创卫复审食品安全专项整治，制定第二轮国家卫生城市复审食品安全专项指挥部和系统内部工作2个实施方案，明确成员单位和系统内部工作目标、具体任务，按时间节点全面开展食品安全专项治理。加强重大活动食品安全保障，抽调业务精湛的监管人员入驻10个定点接待点，严防死守，全程跟踪指导；全面加强重点部位、重点领域、关键环节的隐患排查和治理整顿，实现2015年“攀枝花欢乐阳光节”“自博会”等重大活动食品安全无事故。

【食品药品监管体制改革】 按照中央建立统一、权威、高效监管体制的要求，东区、西区“二合一”（工商、食药合并），盐边、米易“三合一”（工商、质监、食药合并）组建新的市场监管局。新的市场监管局在职能上突出食品药品监管的主体地位，在职责上突出食品药品安全主要责任，在任务上突出保障食品药品安全这一主要任务。充实监管人员，监管力量得到加强。采取公招、选调等方式，充实市食品药品稽查支队4人，市级机构到岗率达92%。组建首批20人组成的食品药品社会监督员队伍。新组建的县(区)市场监管局在食品药品监管力量方面得到明显加强，县级机构人员(含执法人员)到岗率达80.2%。扎实推进基层监管所建设，夯实监管基础。全市建立30个基层监管所，东区、米易已分别设定监管所编制51人、38人，30个基层监管所已到位169人。利用省专项资金230万元为基层监管所配备执法用车23台。

【依法行政示范创建】 2015年，市食品药品监管局深入贯彻依法治市要求，积极推进食品药品安全依法治理。建立并完善重大案件集体审议、评议考核、投诉举报、自由裁量、干预行政执法责任追究等30多项内控制度，做到用制度规范行为，用规矩约束权力。开展行政审批事项动态清理，及时动态公布行政审批项目调整清单。开展行政执法案件办案程序、时间要求等全过程网上运行监督。加强执法案件查办信息公开，接受公众监督。完善行政执法与刑事司法衔接机制，加强与相关部门的协作配合，建立信息共享、案情通报、案件移送等工作机制，实现行政处罚和刑事司法有效对接。建立举报奖励制度，依据《中华人民共和国食品安全法》等法律法规修订后的新规定，重新制定《攀枝花市食品药品安全举报奖励办法》。通过建立组织机构，制定创建方案，修改完善相关法制工作制度，强化措施，责任落实，行政权力运行更加规范，示范创建各项工作取得明显成效，被四川省依法治省领导小组表彰为依法行政示范单位。

【食品质量安全追溯体系建设】 制定《猪肉及制品溯源体系建设实施方案》，在白酒、食用油、肉制品生产经营企业中各选取1户企业开展食品质量安全追溯体系建设试点。指导试点企业建立原辅料进货验收、生产经营过程控制、产品出厂检验和销售等记录制度，并在全市食品生产经营企业推广，实现"来源可追溯、去向可追查、责任可追究"。建立食用农产品准入制度。督促农产品批发市场、集贸市场、农村乡镇设立农产品快检室，配备相关设备，开展快速检测，确保批发市场上食用农产品具备相关准出、进口凭证。选择攀枝花市农副产品批发市场、西海岸市场、百盛超市作为示范市场，落实市场业主和食用农产品销售主体责任，促使市场业主加大投入，改善市场硬件设施，建立场内经营者信用档案，加强食用农产品快检，确保食用农产品质量。2015年攀枝花所有农村乡镇及攀枝花市农副产品批发市场、水产品批发市场、攀西农产品批发市场均已设立农残快检室并投入使用。

【医疗机构药械质量管理规范化建设】 按照四川省食品药品监管局要求，及时制定辖区医疗器械日常监管计划，在全市深入开展医疗机构在用大型医疗设备、避孕套质量安全、无菌和植入性医疗器械等专项检查。针对医疗机构、特别是基层医疗机构存在的药械管理制度不健全、相关人员专业知识欠缺、购进渠道混乱、设施设备不足、储存条件较差、主体责任落实不到位等问题，实施"医疗机构药械质量管理规范化建设"，在年初确定23家示范单位的基础上，又制定下发指导意见，紧紧围绕机构人员落实、管理制度健全、购进验收规范、储存条件完善、调配使用合理的要求，制定完善3个相关标准，将规范化建设全面推进，向基层延伸。

【食品药品专项整治】 按照四川省食品药品监管安排部署和市领导"月月要有专项整治"得要求，先后开展白酒质量安全、火锅底料、豆芽菜、进口冻肉制品、蜜饯专项、含铝食品添加剂、节令食品、重要节日及重大活动、中药材中药饮片、药品流通领域、银杏叶药品专项、"两非"药品、危险化学品和易燃易爆物品、医疗机构制剂、特殊药品等52个专项整治。在白酒质量安全专项整治中，对全市1823户散装白酒生产经营单位进行调查摸底，检查生产经营单位3265户次，下达整改通知书100份，立案11件，没收不合格散装白酒313千克、瓶装白酒117瓶，处罚没款11万元。在打击走私冷冻肉的工作中，开展为期一个月的进口食品专项整治行动，相继查办案件8件，仁和区食品药品监管局、米易县市场监管局联合或配合公安等部门在京昆高速攀枝花段查获相关证明文件不全的冷冻肉两批，共计113.67吨。在火锅底料专项整治中，监督检查相关经营户1038户次，抽检食品74批次，查办案件8件，向公安机关移送非法添加非食用物质案件7件。在中药材中药饮片专项整治中，对全市药材中药饮片生产企业、经营使用单位1044家和92个农贸市场进行集中整治，责令整改115家，查办案件75件，处罚没款67.2万元，没收川乌、草乌等毒性中药材6千克，移送涉嫌犯罪案件3件。及时对胞磷胆碱钠注射液、银杏叶制剂等问题药品进行全面清理，召回7239盒。

【法律宣传】 新修订的《中华人民共和国食品安全法》颁布以后，市食品药品监管局及时进行专题分析研究，制定宣传教育培训工作方案，举行食品生产经营企业代表、市级有关部门和市县两级监管部门参加的座谈交流6次。通过"食品安全宣传周""法律七进"等形式广泛宣传《中华人民共和国食品安全法》，印发宣传海报40000份；按食品生产、流通、餐饮服务三个环节，分类编印《中华人民共和国食品安全法》知识手册32000份；分级分类开展《中华人民共和国食品安全法》培训，市食品药品监管局负责对1500户食品生产、经营企业负责人和食品安全管理员进行培训，县(区)

负责培训其他类型的生产经营主体,2015 年完成对所有食品生产企业的《中华人民共和国食品安全法》《四川省食品生产质量安全管理规范》培训;《中华人民共和国食品安全法》纳入市委党校(市行政学院)干部教育培训课程。

【食品药品及医疗器械检验检测】 2015 年,市食品药品监管局不断加强检验、检测能力建设。按照国家局、省局有关食品安全检(监)测能力建设规划项目的要求,经多方协调沟通,计划投资 1250 万元的食品检验实验大楼项目前期准备工作顺利推进。进一步加大检验、检测和风险监测力度。全市抽检食品药品共 3966 批次。食品抽样检验 3157 批次,合格 2906 批次、不合格 251 批次〔国家抽检 86 批次,合格 79 批次、不合格 7 批次;省级专项抽检 239 批次,合格 237 批次,不合格 2 批次;省级民生工程抽检 514 批次,合格 449 批次、不合格 65 批次;市级组织抽检 1162 批次,合格 1080 批次、不合格 82 批次;县(区)组织抽检 1156 批次,合格 1061 批次、不合格 95 批次〕。药品抽样检验 785 批次,合格 740 批次、不合格 45 批次,其中监督抽检 572 批次,不合格样品 45 批次,不合格样品检出率 7.97%,较 2014 年上升 4.39 个百分点,完成中药材(饮片)专项抽检 50 批次。抽样检验医疗器械 24 批次,不合格 2 批次,完成 9 个品种化妆品抽样任务。完成药品快检 400 批次,超任务完成 50 余批次。开展重点品种风险监测 82 批次。

(蒋劲松)

民营经济

【概　况】 2015 年,面对市场需求不足、产品价格低迷、企业成本上升、工业增速回落、经济下行压力加大等严峻形势,全市非公经济发展工作牢牢抓住保增长、稳增速这一要务,努力帮助企业化解各种困难和风险,全市非公经济保持平稳健康发展态势,在拉动投资增长、增加财政收入、促进科技创新等方面发挥了重要的作用,成为经济增长的重要力量、地方税收的重要来源和吸纳就业的重要渠道。

2015 年非公有制经济总量持续增加,全市非公有制经济完成增加值 450.37 亿元,增长 9.0%,比全省平均水平高 0.7 个百分点,增速在全省排第 12 位。其中,一产完成增加值 11.3 亿元,二产完成增加值 319.15 亿元,三产完成增加值 119.92 亿元,分别增长 4.5%、9.6%、7.4%。

非公有制经济占 GDP 比重进一步提升。全市非公有制经济增加值占 GDP 比重为 48.7%,比 2014 年提高 0.8 个百分点;非公有制经济对全市国民经济的贡献率为 48.0%,同比提高 0.8 个百分点。形成了公有、非公有制经济共同推动全市经济发展的格局,随着非公有制经济总量和比重不断提升,占据全市国民经济近半壁江山。非公有制经济以灵活的资产组合和运作机制,成为繁荣市场、推动经济增长的重要力量。非公有制经济三次产业比例为 2.5∶70.9∶26.6。

【非公有制工业】 2015 年,攀枝花市非公有制经济增速超过攀枝花市 GDP 增速 0.9 个百分点。攀枝花市非公有制经济的较快发展主要得益于非公有制工业的快速发展,全年攀枝花市非公有制工业实现增加值 300.14 亿元,增长 9.8%,增速比攀枝花市非公有制经济增速高 0.8 个百分点,比攀枝花市规模以上工业增加值增速高 0.8 个百分点,非公工业占全市非公经济的比重为 66.6%。非公工业对全市国民经济的推动作用非常明显,成为打造工业强市的重要力量。

【非公有制经济队伍】 2015 年,攀枝花市非公市场主体在册总数 6.45 万户,比 2014 年同期净增 0.62 万户;注册资本 535.77 亿元,比 2014 年同期净增 101.15 亿元;从业人员总数 16.26 万人,比 2014 年同期净增 1.97 万人。其中:私营企业 1.25 万户,比 2014 年同期净增 0.14 万户;注册资本 473.19 亿元,比 2014 年同期净增 91.33 亿元;从业人员 4.9 万人,比 2014 年同期净增 0.27 万人。

(郭英卓)

工 业

钒钛工业

【概 况】 2015年钒钛产业实现工业总产值83.5161亿元,比2014年减少51.523亿元,下降38.15%。其中钒产业31.367亿元,同比减少30.4107亿元,下降49.23%;钛产业52.1491亿元,同比减少21.1123亿元,下降28.82%,钒钛产业产值占全市工业总产值6%左右,同比下降3个百分点。

攀钢钒业、西钢钒钒厂是两家重点骨干国有钒生产企业,钒产品产量、产值均占钒产业总量的90%以上。对全市钒产业的发展始终起到引领和带动作用。仁通钒业、锦利工贸在地方钒企业中具有一定代表性,仁通钒业利用自己研发的工艺技术、自制机器设备、不需经过五氧化二钒工序,直接从提钒尾渣中提炼氮化硅钒铁。锦利工贸在钒生产规模、企业经营管理、坚持正常生产、产品定向出口、企业经济效益等方面走在同行的前例。

钛精矿、钛白粉行业继续保持占国内钛矿生产份额的70%左右和钛白粉企业数量、产能、产量稳居全国单一地区之首。钛矿、钛白两个行业的产值约占钛产业总产值的83.63%。攀矿选钛、龙蟒矿冶、安宁铁钛是攀枝花市钛矿生产的重点骨干企业,2015年三家钛精矿产量171.87万吨,占全市总产量的75.15%。龙蟒矿冶公司在非常时期采取深化改革、降本增效、领导下沉、调整发展战略、实施精益管理等多项措施,保持企业正常高效运转和职工队伍的稳定;安宁铁钛董事长、总经理罗阳勇多次召开中层以上干部会,对照"三严三实",开展批评与自我批评,提出心中有戒、心中有责、心中有公司、精打细算、保命经营的经营方针,确保企业各项工作正常开展;兴中、东方钛业是全市钛白行业重点骨干企业。兴中钛业董事长王礼华提出,"在困难面前只要坚持住、办好自己的事,企业就有希望",做到了不停产、不裁员、不减薪、不欠薪,企业呈现上下一条心、团结向上朝气足的大好局面;东方钛业开足马力生产,市场销售顺畅,创历年来钛白产量和产品出口之最;正源科技是全市唯一一家2015年建成投产的企业,董事长杜广平克服银行贷款受阻、无任何外援的不利条件,靠自己的力量将年产3万吨(一期)偏钛酸生产线建成投产,并以自己的产品为纽带,租赁四川华铁脱硝钛白生产线接收安置100余名职工;为充分利用新三板等多层次资本市场、增强企业融资能力、推动产业发展和转型升级,卓越钒业、东立科技股份两家公司先后成为攀枝花正式挂牌的新三板上市企业;攀钢海绵钛、钛冶炼厂坚持正常生产、工艺流程稳定。海绵钛产品质量稳步提升。钛渣产量超11万吨、产量、产能利用率均在国内同行业之首。

(郭英卓)

钒产业

【概 况】 2015年,全市有钒制品生产企业10家,其中地方8家。主要钒产品有:钒渣产能52万吨,产量40.4659万吨,同比下降16.33%;五氧化二钒产能3.33万吨,产量2.3565万吨,同比下降15.88%;50钒铁产能2.15万吨,产量1.42万吨,同比下降5.9%;80钒铁产能0.8万吨,产量0.7067万吨,同比下降13.58%;钒铝合金产量0.001万吨;钒氮合金0.4063万吨,硅钒铁产量0.1万吨;钒制品出口0.4947万吨,创汇0.702亿美元。攀枝花市钒制品生产能力和实际产量均占国内第一。

(郭英卓)

【攀钢集团钒业有限公司】 2015年,攀钢集团钒业有限公司(简称钒业公司)固定资产原值11.45亿元,净值6.46亿元,建筑面积7.77万平方米,在册职工1116人,有氧化钒生产线3条,钒铁、钒氮合金生产线各2条,是世界单体最大的钒制品生产企业。

2015年,钒业公司结合工艺流程的整合,对人力资源配置及时做了调整,对三个氧化钒作业区的废水处理工序、五氧化二钒作业区和新三氧化二钒作业区沉淀、钒铁作业区新老线大规模进行了整合,对岗位人力资源进行优化配置,并用优化出的人员置换外协人员,做到人力资源的高效利用,降低了企业的劳动用工费用。同时根据新的生产组织方式,对班组和岗位进行整合,积极探索设备维护与操作岗位的大工种作业,推行操维合一管理模式,班组数由63个减至54个,降幅14.28%;在岗劳动用工总量减至1219人,超额完成攀钢钒公司下达的2015年底在岗劳动用工总量≤1248人目标。

2015年钒业公司受钒渣资源严重不足影响,全年共加工钒渣23.58万吨,较2014年降低11.65%,生产氧化钒19784.88吨(以V_2O_5计)、高钒铁7903吨、钒氮合金4063吨。2015年钒业公司物耗成本较目标成本降低1776万元,同比降低5826万元,全年成本费用同比降低7973万元,超额完成攀钢钒公司倒逼降本目标408万元,对外加工创收400万元。全年合同兑现率100%,完成吨袋包装4921.15吨,超额完成年初计划14.5%。在钒产品市场价格平均下滑37.9%,利润同比下降3.88亿元的背景下,通过低成本生产,全年实现利润-2.05亿元。氧化钒系统收率首次突破81.8%,最高达到81.82%;钒铁收率达95.31%,钒氮收率达98.5%,较2014年分别提高0.89、0.35和0.1个百分点。

依靠科技攻关和技术改造、强化过程管理等措施,通过实施氧化钒球磨系统优化、精渣焙烧优化试验、浸出与沉淀系统工艺优化、APV洗涤工艺优化、沉淀带式过滤机回收APV、钒铁喷吹冶炼、双通道推板窑达产达效等攻关项目,氧化钒钒渣单耗逐步降低,各项经济技术指标不断刷新纪录,实现科研创效3842万元,其中科技攻关创效2416.40万元,科技项目创效1068.72万元,成果应用与推广创效357.22万元。2015年开展了4种钒的新产品项目产业化研究,其中3种产品实现销售。《粉状五氧化二钒产业化技术研究》项目通过了四川省组织的科技鉴定,获得了2015年度攀枝花市科技进步三等奖,年累计销售量183吨。电池级高纯钒项目完成了攀研院工艺与钒业公司工艺的对比分析,确定了以钒业公司工艺为主线的设备改造方案;完成了120吨/年试验线改造设计与改建;现场进行了70批次连续试验,制备了约27吨高纯五氧化二钒(其中6吨满足日本银河标准)、2吨高纯AMV。销售4.6吨,其中电池级2吨,非电池级2.6吨,达到了钒电池、彩色玻璃、钒锂电池等高新尖化工行业要求。高纯偏钒酸盐产业化研究项目被列入第二批攀西试验区重大科技攻关项目,已正式启动相关工作并签订招标合同。钒铝合金实现了规模生产与批量销售,产品质量稳定,符合用户需求,2015年共生产钒铝合金7.573吨(折合AlV50),销售5.878吨(折合AlV50)。打通了氮化钒铁生产工艺,进行了336炉44千克炉料级试验,共制得FeV55N11合金11.0吨,产品质量稳定,符合标准要求。新产品研发成功,改善了公司产品单一现状,增强了核心竞争力。

2015年,钒业公司狠抓效益型和重点技改项目建设工作,已完成了五氧合格液输送至新三氧沉淀集中处理、钒铁冶炼喷吹优化改造提高收率等项目实施已投入正常生产;钒氮扩能改造项目,已完成原料系统及6座推板窑的改造并投入正常生产;氧化钒废水蒸发浓缩系统"三开一备"模式运行平稳。同时积极配合新产品研发、生产工艺改进及人力资源优化,进行设备配套改造。先后实施了氧化钒作业区沉淀板框洗涤水全部回用及部分上清液回用、新三氧沉淀APV造浆改造、电池级高纯五氧化二钒试验线改造、干燥还原水浴料回用、钒铬分离试验线改造、膜电解试验等项目,有效保障了生产顺行和新产品试验的加快转化。

(黄长银)

【攀枝花卓越钒业科技有限公司】 攀枝花卓越钒业科技有限公司(简称"卓越钒业公司")是钢城集团的控股子公司,设在攀枝花钒钛产业园区,注册资本1.23亿元,其中,钢城集团占股48.31%,四川省红鲸投资管理有限公司占股27.03%,四川柱宇投资有限公司占股19.28%,自然人占股5.38%。主要生产、加工、销售钒制品,以攀钢弃渣为主要原料,生产五氧化二钒和钒铁,已形成年产五氧化二钒7400吨、五零钒铁4000吨的生产能力;拥有五氧化二钒生产线两条,主要设备:回转窑、立式烘干窑、煤气发生炉、带式过滤机、破碎机、旋风除尘器。攀钢西钢钒和攀宏公司是公司的主要原料供应商,其委托加工业务是维持公司生存的支柱,另有部分社会资源作为补充。2015年上半年资源充足,下半年因攀钢和西钢钒限产,原料出现短缺,全年累计组织含钒尾渣131630吨,精渣27657吨,其他渣1386吨。截至2015年12月末,公司总资产15742.35万元、净资产13479万元,固定资产原值8241.54万元、净值5460.09万元;在岗员工310人;下设1家全资子公司——柱宇公司。

卓越钒业公司的前身为攀枝花钢城卓越钒钛有限公司,2011年1月18日,由钢城集团与四川省卓越钒钛有限公司共同出资成立,主营五氧化二钒的受托加工、五氧化二钒的生产及销售。主要利用钢铁企业提钒尾渣生产五氧化二钒,属于国家大力支持的资源综合利用产业。2015年4月,钢城集团正式启动卓越钒业公司挂牌申报工作,并对原有的两家涉钒企业——攀枝花钢城卓越钒钛有限公司和攀枝花市柱宇钒钛有限公司进行重组整合。5月，日信证券、大信会计师事务所、国浩律师事务所进驻开展挂牌辅导。6月，攀枝花钢城卓越钒钛有限公司与攀枝花市柱宇钒钛有限公司完成资产重组，两家涉钒企业实现一体化整合。8月16日，经攀枝花钢城卓越钒钛有限公司股东会审议通过，由钢城集团、四川省红鲸投资管理有限公司、四川柱宇投资有限公司和其他主要股东共同作为发起人，同意对公司进行股份制改造，将有限责任公司整体改制为股份有限公司。8月17日，攀枝花卓越钒业科技股份有限公司召开成立大会暨第一次股东大会。12月4日正式通过全国中小企业股份转让系统（新三板）审核，获得挂牌批文。12月17日正式在新三板挂牌上市，证券名称为卓越钒业，证券代码为835008，成为攀枝花市首家挂牌新三板的企业。

2015年，完成资产重组和改制后的卓越钒业公司，通过对比重组前柱宇公司和卓越公司的各项技术参数，改进焙烧工艺，优化设备控制、熔炼工艺参数，提高钒渣焙烧转化率。通过安装"回转窑焙烧物料充分氧化装置"，使钒渣焙烧转化率提高到80%～83%，解决了焙烧结块、结球的难题，提高了可溶钒回收率和转换率，纯碱降幅达到75%。为提高浸取过程中的钒浸出率，卓越钒业公司对湿球磨段管进行改造，安装沉降水槽及提升机，实行部分固液分离，减少水量，使浸取液体含钒量由原来的10～12克/升提高到13～15克/升，减少了液体罐数量，也减轻了沉淀、废水处理量。面对复杂多变的市场环境，公司全力开展降本增效，压缩生产成本和各项费用。通过招标采购，降低煤炭采购成本29.8万元，辅料采购成本减少6万余元；通过改进操作工艺，解决返料过多，提高窑尾的温度和稳定性，单位产品碱消耗由0.82吨降至0.15吨；通过浸取熟料搅拌及输送改造，提高物料粒度和浸取收率，单月可增收2.68万元。下半年，公司根据钒行业不景气，精渣量不足、生产与亏损成正比的现状，对两个车间实施半负荷生产，根据来料加工情况组织生产，使每个车间月产片钒控制在130吨左右，既提高回收率，又保证了生产顺行，同时将公司亏损控制在最低。全年生产五氧化二钒5320吨，实现收入14429万元，利润222万元。

（莫基秀）

【四川攀西钒业科技有限公司】 四川攀西钒业科技有限公司是钢城集团的控股子公司，位于四川省西昌市经久工业园区公共服务区，主要从事钒制品生产销售。2013年11月，在西昌市工商行政管理局注册成立，由钢城集团瑞海实业有限公司、四川省红鲸投资管理有限公司和四川省德铭投资有限公司共同出资成立。注册资本5000万元人民币，其中，钢城集团瑞海实业公司出资46%，四川省红鲸投资管理有限公司出资40%，四川省德铭投资有限公司出资10%。2015年2月，四川省德铭投资有限公司将股权转让给四川创加出国实物服务有限公司和四川瑞信通投资股份有限公司，两家单位分别占股5%。公司占地3.33公顷，分两期建设，一期拟投资7000万元人民币建设年处理含钒尾渣90000吨，生产五氧化二钒2000吨的含钒尾渣综合利用生产线。2014年3月12日，一期工程开工建设，同年12月，完成厂房土建、钢结构厂房全部工程和单体设备调试。全年完成投资5000万元人民币。2015年1月9日，煤气发生炉、回转窑开始点火烘炉。1月16日，开始试生产，按"打通工艺、查找问题"的原则，对工艺的每台设备进行试运行；带料试生产过程中，工艺、设备故障较多，未能完成工艺线贯通。2月开始进行试生产消缺，不断进行工艺技术改造，未正常生产。3月20日，生产线全线贯通，完成消缺目标。4月，进行浸出工序改造、玻璃钢罐体的制作和安装。6月3日，完成首条带式过滤机安装，煤气发生炉点火试生产。6月7日，104沉钒工序开始进行沉钒试生产。6月10日，产出偏钒酸铵。11月，对104沉钒工序进行系统改造燉连续运行17天。12月17日，试机完成后全面停产。全年无经营收入，亏损75.34万元。截至2015年12月31日，公司总资产9383.69万元，净资产4924.66万元，职工人数130人。

（莫基秀）

钛产业

【概　况】 钛精矿。2015年攀枝花市钛精矿产能约414万吨，产量228.7063万吨，比2014年减少26.157万吨，下降10.26%。产值12.2358亿元，比2014年同期减少3.5642亿元，下降22.56%。钛精矿产量一直稳居国内第一，是国内最大的钛原料生产、供应地。

钛渣（含酸溶性富钛料、人造金红石）。2015年攀枝花市钛渣产能58.2万吨，占国内产能的29%，产量14.0773万吨，同比减少3.0053万吨，下降17.59%。产量约占国内总产量23.46%，同比减少12个百分点。产值3.66亿元，同比减少2.13亿元，下降36.79%。

钛白粉。2015年攀枝花市钛白粉产能59.209万吨，约占全国产能的14.53%，产量29.5483万吨，同比减少1.2558万吨，下降4.07%，产量约占全国总产量的12.85%，低于2011年至2014年4年间的15%至17%。产值31.3774亿元，同比减少8.9451亿元，下降22.18%。钛白粉出口3.2047万吨，同比减少1.0853万吨，创汇0.5633亿美元。

金属钛。海绵钛产能1.5万吨（欣宇化工0.5万吨和恒为0.75万吨已停产2～3年，国家已不纳入统计）。产量

0.8444万吨,产值3.9687亿元;钛锭产能0.4万吨,产量0.0531万吨,产值0.3392亿元;钛材(攀长钢)包括板材、卷材、棒材、线材,产量0.2832万吨,产值1.1639亿元;铸(锻)件(天民钛业)产量0.0011万吨,产值0.033亿元。

废副综合利用。现有综合利用企业5家:德铭化工、东立化工、圣地元科技、金沙纳米、瑞天环保,上述5家企业利用硫酸亚铁掺烧制取新硫酸、超细铁粉和聚铁净水剂,全年利用硫酸亚铁约35万吨,利用废酸50余万吨,创产值0.535亿元。东立化工公司先后投入3000万元,在东方钛业有限公司建成6条烘干线,将七水硫酸亚铁烘干成一水后连同废酸浓缩出的硫酸亚铁掺烧硫铁矿制取新硫酸,80%用于东方钛白生产,剩余部分卖给净水剂生产商。是全市处理硫酸亚铁资金投入最多,处理能力最大,见效最快的企业。

硫酸。产能137.5万吨,产量69.2292万吨,产值2.423亿元。其中硫酸专业生产厂4家,产能35.5万吨,产量24.15万吨;钛白厂自配硫酸厂4家,产能102万吨,产量45.0792万吨。攀枝花市自产硫酸尚不能全部满足钛白粉生产需要。

(郭英卓)

【攀钢集团钛业有限责任公司】 攀钢集团钛业有限责任公司(简称钛业公司)注册资本16亿元人民币,截止2015年12月底,资产总额73.65亿元,负债率79.37%;在岗职工2626人(不含东方钛业)。2015年实现营业收入14.43亿元(不含海绵钛2.79亿元),利润-0.95亿元。钛业公司具备年产钛渣18万吨、钛白粉16万吨、海绵钛1.5万吨、特钢6万吨和经营钛精矿70万吨以上的能力,销售市场覆盖全国,产品出口欧美、日本、东南亚等30多个国家和地区。是亚洲最大、技术领先的钛原料生产基地、中国硫酸法钛白粉生产知名企业和中国最大的海绵钛生产企业,形成了从钛原料到钛化工、钛金属的钛产业链。

2015年,钛业公司推进了一系列改革与管理措施:在钛冶炼厂试点实行"承包经营"管控模式,充分放权,全面推行"一厂一策"改革措施。建立各具特色岗位绩效量化考核体系,初步建立起差异化收入增长机制,科级及以上干部建立起既有共性也有个性的KPI指标体系;技术人员、研发人员、技能人员实行任期目标责任制考评模式;一线职工以岗位作业指导书、明星员工评选、绩效积分作为绩效考核的基础和支撑。强化技术营销,设立专职技术营销岗位,实行了钛渣、钛白、海绵钛技术总监制,从无到有培养技术营销人员,在技术与销售结合上进行有益尝试;钛业公司领导带队有针对性地走访了钛白粉、海绵钛、钛合金客户86家,在不断地走访中看到了产品差距、制定了整改措施,也锁定了目标客户,2015年开发新客户26家(其中包括神户制钢等国外新客户5家)。强化基础管理工作正式启动,总体规划、局部示范推进五制配套和精益六西格玛等成熟管理体系。钛冶炼厂作为五制配套工作推进试点单位,为钛业公司其他单位启动五制配套摸索了经验;以海绵钛厂为主的8个精益六西格玛项目也完成了项目筛选,进入导入阶段,有序推进。

2015年生产钛白粉9.98万吨,同比增长18.7%;钛渣10.78万吨,同比降低8.88%;海绵钛8386吨,同比降低0.8%;生铁5.32万吨,同比降低14.4%,经营钛精矿64.07万吨。2015年,出口钛白粉17729吨,出口创汇2569万美元;海绵钛出口140吨,出口创汇85万美元。钛冶炼厂组织实施了氧化球团冶炼钛渣技术攻关,已基本突破氧化球团造球工艺技术,解决了攀钢矿直接入炉及冷固球全球团冶炼关键技术,实现了全攀钢矿冶炼钛渣;6-8月连续3个月钛渣产量突破1.25万吨,刷新了钛渣月产纪录,加工成本大幅下降。海绵钛厂实现了氯化炉稳定运行,创造国内熔盐氯化炉最长运行周期,氯化精制钛收率、一次产出率等指标不断提升,多项指标超设计水平;还蒸系统工艺保障条件不断优化,产品质量不断提升,连续3个月0级以上品级率达到70%以上,全年OA级品级率达设计;镁电解工序大循环成功启动,实现了全流程生产,生产成本跳水式下降。1-6月份重庆钛业R-298品级率达到84.35%,同比提高22.73%。东方钛业成功转产高品质R298、R248、R258产品。2015年钛业公司安全环保工作受控,全年轻伤1人次、轻伤以上事故为零。

围绕"科技强企"战略大力开展重大科学技术攻关,2015年申请专利20项,其中发明专利11项,全年专利授权19项。争取各级政府政策资金到账455万元。开展集团公司及以上重大项目9项,继续承担"攀西高钙镁钛渣熔盐氯化技术开发"等4项国家级及省部级科研项目;10矿钛渣炼技术取得重大突破,实现了全10矿直接入炉冶炼,吨渣电耗降低300千瓦时,冶炼周期缩短1.5小时;打通了钛精矿氧化焙烧冶炼钛渣工艺流程,初步测算吨渣冶炼工序成本降低300余元。全年合理化建议实施402条,命名钛业公司级先进操作法5项。

(黄长银)

【攀枝花钢企欣宇化工有限公司钛业分公司】 攀枝花钢企欣宇化工有限公司钛业分公司是钢城集团投资建设的海绵钛专业生产公司,位于攀枝花钒钛产业园区马店河化工区内,占地26公顷。2007年开始筹建,2009年建成投产,总投资9.5亿元,设计年产海绵钛5000吨。主要产品有海绵钛、氯化钙。采用镁还蒸馏生产工艺,主要生产工序包括:高钛渣—氯化—(中间产品:粗四氯化钛)—精制—(中间产品:精四氯化钛)—镁还原蒸馏—破碎包装—商品海绵钛。生产线与已建成的1万吨/年高钛渣、5万吨/年氯碱厂配套，在工艺上形成上下流程对接和氯、镁内部循环，排放物、废弃物互为资源，实现环保运行，清洁生产，构成完整的钛产业链，成为国内第一家真正意义上的全流程海绵钛生产企业。海绵钛全流程的主要生产线有：一条低温氯化生产线、三条氯化生产线、一条精制生产线、一条镁电解生产线（共8套电解炉）、一条还原蒸馏生产线（共44套炉子）。

2013年钢城集团将钛业分公司并入攀枝花钢企欣宇化工有限公司，停止海绵钛生产。2014年海绵钛市场仍然疲软，公司继续停止海绵钛生产，做好设备维护保养工作，尽量降低停产带来的设备损失。同时，开展钛业分公司工商注销的相关工作，年末已完成国税注销。2015年积极开展压库促销，销售海绵钛1500吨，实现销售收入9695.98万元。

（莫基秀）

【攀枝花东方钛业有限公司】 公司位于攀枝花市米易县丙谷镇，于2006年6月由攀钢钛业公司与四川安宁铁钛股份有限公司共同出资组建，2011年7月起由攀钢钛业公司控股（占65%）。公司注册资本3亿元人民币，占地20公顷，有员工1000余名，是一家高档金红石钛白粉研发、生产和销售的资源综合利用企业。公司混合所有制模式扬长避短，集中了民企体制开放有活力、经营灵活高效以及国企管理规范、技术力量强等优势，既发挥了国有经济的主导和支配作用，又促进自身上规模、上水平，实现了共同发展。

公司投资3.5亿元的一期4万吨/年全流程硫酸法高档金红石型钛白生产线于2009年3月竣工投产，是国内单套最大、技术最先进的生产线之一。2012年5月公司投资启动建设一条6万吨/年硫酸法金红石型钛白粉生产线，最终形成10万吨/年以上的生产规模，并配套建设30万吨/年硫酸生产线。该线于2014年建成，现正在逐步释放产能。公司主要生产R5566、R258等系列产品（其中“东太牌金红石钛白粉R5566”被列入2015年四川省地方名优产品），远销世界35个国家和地区，出口比例近50%，是攀枝花市仅次于攀钢的第二出口大户。荣获国家级高新技术企业、四川省发展小巨人企业、攀枝花企业50强、攀枝花制造业企业40强、四川省企业技术中心、攀枝花市政府“外贸出口先进企业”等称号。

2015年，实现总产量达6.8万吨，销售收入3亿余元，利润744万元，出口创汇2242万美元。

【四川安宁铁钛股份有限公司】 公司位于攀枝花市米易县垭口镇，成立于1994年4月，注册资金1亿元，现有员工1200余人，其中各类专业技术人员500余人。公司高度重视技术创新研发，建设有省级企业技术中心、攀枝花市钒钛磁铁矿采选工程技术研究中心，率先在四川省内开展低品位矿石（TFe15%～19.99%）综合利用技术研究，已取得多项技术成果。公司连续多年入围“攀枝花市企业50强”及“攀枝花市民营企业销售收入与纳税额双10强”，已成长为综合利用攀西钒钛磁铁矿资源的国家高新技术企业、国家级“矿产资源综合利用示范基地”承建企业、国家第二批绿色矿山试点企业。同时，被确定为省工业化城镇化领导小组重点支持的钒钛资源综合利用企业、四川省冶金产业“十二五”重点培育壮大企业、四川省循环经济示范企业、四川省最佳诚信企业、四川省重点培育上市企业、攀枝花市重点培育百亿元企业。

公司拥有特大型钒钛磁铁矿山一座，配套建设有大型钒钛磁铁矿洗选厂、高档金红石型钛白粉企业。近年来，公司积极响应省、市、县政府“资源就地转化”战略，相继投入23亿元资金进行系列技改，已具备年产900万吨钒钛磁铁矿原矿（其中低品位矿300万吨）、210万吨钒钛铁精矿、50万吨钛精矿、12万吨高档金红石型钛白粉的生产能力。

2015年，综合利用原矿630万吨（含低品位矿），生产铁精矿165万吨、钛精矿46万吨，实现销售收入8亿元，上缴税金1.7亿余元。

（郭英卓）

钢铁生产

【生产经营】 2015年，面对国内外经济下行、国内钢铁产能严重过剩、钢材和进口矿价格“断崖式”下跌的严峻形势，攀钢集团公司（以下简称攀钢）坚持依靠自己的力量战胜困难，在行业内率先提出“保命经营”，全年实现营业收入467亿元、控亏40亿元，在极其艰难的条件下完成生产经营目标。特别是攀钢钒前9个月一直保持盈利，10月才开始出现亏损，盈利能力处于国内同等规模钢企先进水平。突出抓好降本增效，制定落实降本增效措施，累计增利67.2亿元。其中，全方位推进招标采购，供应环节增利30.7亿元，特别是焦煤价格降幅高出行业平均4个百分点；优化人力资源、盘活土地和房产存量资产等革命性举措增利32.72亿元。突出抓好市场开拓，确定了以川滇为核心销售区的市场战略，以寸土必争的决心抢占成都、昆明区域市场，综合产销率达到99.82%；成立钢轨技术服务中心、汽车板技术服务中心，着力提升技术服务水平和品质；实现出口销售收入4.57亿美元，出口重轨25.03万吨。突出抓好结构调整，对重轨、汽车钢等效益产品实行放量生产，重轨产销规模居全国第一；根据市场供求及产品盈亏状况，适时调整生产规模，主要产品产量均有不同程度下降。突出抓好资金管控，坚持"以收定支、收支平衡"原则，实行资金分类管理；采取最严厉措施控制"两金"占用，截至2015年底存货与应收款项比年初减少18.35亿元；通过融资租赁等方式积极拓展融资渠道，有效防范了经营风险。

2015年攀钢主要产品产量指标完成情况

项　目	完成情况	同比增减(%)
铁精矿(万吨)	1080.03	-17.5
生铁(万吨)	945.47	-11.47
粗钢(万吨)	896.82	-16.59
钢材(万吨)	821.03	-15.57
其中:重轨(万吨)	126.39	-4.23
热轧板卷(万吨)	598.08	-2.84
冷轧板卷(万吨)	187.16	29.64
无缝钢管(万吨)	72.16	-19.5
钒制品(万吨)	3.51	-10.84
钛精矿(万吨)	63.55	-6.79
钛白粉(万吨)	9.98	18.47
高钛渣(万吨)	10.78	-8.88
海绵钛(万吨)	0.84	-0.98
钛材(吨)	2573	-11.37

【深化改革】 2015年，攀钢成立改革领导小组，明确改革重点和路线图，加快实施重要领域和关键环节的改革。强力推进人力资源优化，平稳关停攀成钢公司冶炼系统和棒线材机组，减少处级以上领导人员46名，协商一致解除劳动合同9186人，内部退养372人，得到国家发改委、工信部、全国总工会及四川省委政府的一致肯定，并在全国化解钢铁过剩产能部署工作会上作经验交流。深化分配制度改革，健全完善绩效考核体系，加大工效挂钩考核力度，领导干部带头降薪20%～30%，建立起收入能增能减新机制。推进体制机制变革，制定发布《攀钢机构编制管理办法》；实施审计一体化管控；完成劳研所子公司改制工作。优化内部资源整合，将国旅公司、昆明物业纳入生活公司实行一体化管控，将北海钢管纳入攀钢钒统一管理，将工程公司西昌检修分公司交由西昌钢钒整体托管。稳步实施股权多元化改革试点，青白江医院合资合作取得实质性进展。

【科技创新】 2015年，攀钢大力实施科技强企战略，扎实推动重大技术研发和成果转化。全年共计承担国家和攀西试验区科研课题20项，获省部级科技奖23项。入选国家级知识产权示范企业，获得国家发明专利权424项，国际专利权11项。举全公司之力抓好重轨、汽车板、高炉渣提钛产业化等三大科研项目，已取得阶段性成果。其中，以大生产组织和工厂化管理的模式推动高炉渣提钛产业化攻关，高温碳化环节技术经济指标全面突破设计水平，低温氯化环节实现连续稳定生产，全工序低成本产业化曙光初现；热处理贝氏体钢轨通过第三方型检并获得上道试铺资格，过共析钢轨、深硬化层钢轨等研发工作进展顺利；西昌钢钒冷轧项目达产达效成效显著，创造了当年投产、当年形成高级别汽车板批量供应能力的业界奇迹。此外，氧化钒清洁工艺生产线、海绵钛厂达产达效技术攻关取得长足进步，钛合金石油管具备批量生产能力，四川高速重载钢轨开发工程实验室、钛钢联合实验室建设稳步推进，科技引领支撑作用进一步增强。

【非钢产业】 2015 年，攀钢实行简政放权，放开搞活非钢产业，推动企业向多元经营跨越。全年非钢产业共计盈利 1.68 亿元，同比增利 1.24 亿元。成都投资依托攀钢物流体量、成都区位优势和现代物流技术手段，全面推进传统业务与互联网融合，积极拓展现代钢铁物流产业。其中，达海产业园已发展成为西南地区板卷材仓储规模最大、仓储流通能力最大、加工线最多、智能装备最先进、信息化最专业的综合性实体物流园，并提供仓储、剪切加工、物流配送、金融等“一站式”服务，实现了钢铁产品从生产到终端用户的供应链解决方案；积微物联电商平台于 2015 年 7 月 1 日上线运营，线上钢材挂牌量累计 114.9 万吨，成交量突破 40 万吨，钛产品成交量 5.17 万吨，线上交易金额达到 9.75 亿元；积微运网于 9 月成功上线，已注册车辆 2485 台，注册司机 2580 人。生活公司加强对国旅公司、昆明物业的资源整合，大力发展超市、食品加工等核心业务，经营性业务实现利润 1840 万元。发展壮大医疗卫生产业，组建四川众齐健康产业有限公司；攀钢总医院积极开拓外部市场，托管盐边县人民医院，实现利润 2320 万元。汽运公司、冶材公司大力开拓内外部市场，分别实现利润 116 万元、534 万元。文化传媒分公司加快发展文化产业，全年创收 1122 万元。机电学院首次实现持平不亏，通过国家示范性骨干高职院校验收。

【基础管理】 2015 年，攀钢启动基础管理能力和经营决策能力“两个能力”建设年活动，全面提升企业精细化管理水平。在攀钢钒、西昌钢钒、攀长特等单位全面推行以作业长制为中心的“五制配套”基层管理模式；深化精益六西格玛管理，共计实施六西格玛项目 90 个，通过注册六西格玛黑带资格考试 204 人。围绕权力集中、资金密集、资源富集、资产聚集等重点领域开展效能监察，堵塞管理漏洞，推动降本增效和管理提升。扎实推进以点检定修制为核心的设备管理体系建设，在资金大幅削减的情况下，设备保障能力明显提升。严格落实以党政同责为核心的安全生产责任制，开展危险化学品和易燃易爆物品安全专项整治，全面排查和治理安全隐患，安全工作总体处于受控状态。

【转型升级】 2015 年，攀钢成功召开第八次党代会，确立“科技强企、主攻钒钛、做精钢铁、放活非钢”战略思路，绘就了建设钒钛资源综合利用世界级企业的发展蓝图。全年累计完成固定资产投资 112715 万元，建成的重点项目有：发电厂新建 1×300 兆瓦煤矸石综合利用自备电厂工程、“950”生产线技术改造工程、达海工业科技综合产业园钢材加工剪切配送中心（B 地块一期工程）、机电学院工程训练中心项目。加快推进钢铁产业结构调整，淘汰攀成钢粗钢产能 170 万吨，攀长特产线布局调整工作稳步实施；重庆高强汽车钢项目投产，填补西南高端汽车钢研发和生产空白。钒钛产业发展取得新进展，钒氮合金扩能项目进展顺利；重庆钛业环保搬迁建设硫酸法钛白粉项目进入设备安装阶段，氯化法钛白项目攀枝花（一期）正式启动。狠抓生态文明建设，累计投入资金 3.03 亿元，实施节能减排项目 22 项。采取“BOO”模式完成攀钢钒公司新 2 号烧结机烟气脱硫装置改造，攀钢二氧化硫全面实现达标排放，并受到新华社、中央电视台等中央媒体的关注报道。深入开展节能降耗，积极推行合同能源管理，吨钢综合能耗 650 千克标准煤，同比降低 19.4 千克标准煤；吨钢能源费降至 1027 元，扣除价格下降因素创效 1.8 亿元。

【企业文化】 2015 年，攀钢坚持以传承和弘扬攀钢精神为主线，切实加强企业文化建设，凝聚了攻坚克难的强大正能量。举办纪念攀钢成立 50 周年系列活动；在《攀钢日报》发表《高举“鞍钢宪法”旗帜，践行“六种发展理念”，让攀钢精神永放光芒》署名文章，赋予攀钢精神“心怀感恩、奋力拼争、永不服输、与时俱进、关爱互助”的新内涵，开展“攀钢精神大家谈”、攀钢精神专题研讨会等活动，营造了“践行攀钢精神、促进控亏转型”的浓厚氛围。认真落实密切联系职工群众“四个一”制度，深入开展“大下访”“大走访”活动，畅通职工诉求表达渠道，突出抓好深化改革过程中的维稳工作，维护了正常的工作和生产秩序。积极为职工办实事办好事，建立困难职工家庭动态管理档案，领导干部结成一帮一对子 2289 个；走访慰问各类职工 7230 户次，发放帮困救助金、助学款、慰问品共计 1581 万元。

（黄长银）

矿业生产

【基本情况】 攀钢集团矿业有限公司（简称矿业公司）成立于 1973 年 5 月 1 日，原为攀枝花冶金矿山公司。1993 年 6 月，并入攀钢（集团）公司，1994 年更名为攀钢集团矿业公司。2008 年 4 月，改制为攀钢集团矿业有限公司。2014 年 10 月 11 日，与鞍钢矿业、卡拉拉铁矿整合，组建鞍钢矿业集团。作为攀钢高炉冶炼的主要原料供应基地，公司拥有钒钛磁铁矿、石灰石矿、白云石矿等矿山。其中，拥有钒钛磁铁矿资源储量约12亿吨，可采资源量6亿吨。主要生产钒钛磁铁精矿、钛精矿、石灰石、生石灰粉、高镁石灰等矿产品，已形成年产钒钛磁铁矿石3879万吨，钒钛磁铁矿精矿1309万吨（品位54%～57%），钛精矿68万吨（品位≥47%），石灰石成品矿108万吨的生产能力。公司现有机关部室14个，矿山采选单位6家，辅助业务单位10家。截止2015年底，有在岗职工10163人。

【生产经营】 2015年，矿业公司落实"控制规模、以销定产、有保有压、经济保供"的生产组织原则，克服采场条件变化、矿石性质变差等影响，结合攀钢铁精矿需求减少、变化较大的实际，及时调整生产组织方式和主要生产指标，有力保障了攀钢冶炼需要。兰尖铁矿完成采剥总量148万吨，输出铁矿石120万吨。朱矿完成采剥总量3677万吨，输出铁矿石1536万吨。密地选矿厂生产铁精矿520万吨，品位54.02%。白马铁矿完成采剥总量5287万吨，输出铁矿石1551万吨。白马选矿厂生产铁精矿464万吨，品位56.03%。不断优化选钛生产线技术经济指标，大力提高钛精矿产能，选钛厂生产钛精矿52万吨，品位47.62%。江南选钛厂生产钛精矿12万吨。外委完成铁精矿56万吨。石灰石矿狠抓辅料矿生产组织，满足了冶炼生产需要。兴茂公司、物资处、能动中心、设备修造总厂、质计量中心、矿研院等单位围绕生产经营目标，认真做好规格矿生产，物资、水电供应，设备检修，质量计量检测，技术服务和研发等工作，为公司实现生产经营目标做出了贡献。

2015年，矿业公司完成铁矿山采剥总量9112万吨，输出铁矿石3207万吨，生产铁精矿1080万吨、钛精矿64万吨、石灰石粉矿34万吨、生石灰粉49万吨、高镁灰6万吨。实现销售收入36.44亿元，报表利润-7.4亿元，较集团公司下达的控亏7.8亿元目标减亏4000万元，顺利实现了生产经营目标。

【管理创新】 2015年，矿业公司坚持市场原则，改进各项管理工作，深化改革，着力提高公司应对市场变化的能力，降低公司运营成本。大力推进生产、设备经济高效组织运行，盘活资产资源存量增效，优化物流及节能减排，外委、外协降价及模式调整，物资降采利库、功能承包，外部政策争取、人力资源优化、管理创新六个专项攻关，进一步对标挖潜、降本增效，完成降本增效措施5.65亿元。财务管理强化了经营理念，加强全员成本目标管理，严控费用支出。通过融资租赁筹资5亿元，弥补了资金缺口。加大工序成本控制力度，密地、白马铁精矿完全成本分别为287.42元/吨、336.19元/吨，钛精矿成本570.58元/吨，与2014年相比分别下降42.25元/吨、25.94元/吨、75.06元/吨，降幅分别为12.82%、7.16%、11.63%，公司铁精矿成本近年来一直保持冶金行业协会统计内企业中的最低。安全环保管理以严格落实安全生产法律法规和减排指标为重点，紧盯"双无"目标，创新工作思路，狠抓制度建设及隐患排查治理。不断加大现场烟尘、粉尘治理，落实环保措施，职工生产作业环境进一步改善。2015年，公司发生轻伤事故1起，轻伤1人，千人负伤率0.9‰；尾矿入坝率100%，环保设施完好率90%，运行率99.31%，污染物综合排放合格率100%。2015年是公司成立以来，安全工作的效果和成绩最好的一年。设备管理以设备基础管理为重点，深化设备点检工作，确保设备稳定运行。设备事故较2014年有所减少，公司主要设备完好率98.44%，可开动率96.54%，基本实现设备高效、经济、可控运行。强化能源管理，减少水电流失，积极争取并获得国家、省、市电价优惠政策，全年节约电费4404万元，铁精矿综合能耗20.69千克标煤/吨，较2014年降低1.69千克标煤/吨。物资管理不断创新采购方式、优化采购策略，大力推进备件"三化"和功能性承包采购，强化市场价格对标，全年利库物资2136.32万元，削减计划减少采购1139.14万元，降采创效10922.87万元。资源、投资管理注重生存中谋发展，编制完成公司《2015—2025年发展规划纲要》《2015-2017年发展规划》，积极做好兰尖—朱矿深部延伸勘查及白云石矿采矿权延续工作，努力争取政策，获得国家级、省级补助资金1.2亿元。科技工作以持续提升钒钛磁铁矿综合利用水平为目的，大力开展科研技改及科技攻关工作，积极推进国家863项目、攀西试验区项目、国家支撑计划课题，申请专利44项，其中发明专利22项，全年科技创效约1.2亿元。院士（专家）工作站建成投入运行，借助外部力量在选铁、选钛产业化方面大力推进科技创新。开展业务外包减量降价工作，公司业务外包减量降价创效4105.81万元。强化质量计量管理，实行内部质计量业务收费工作，达到了提高成本意识的目的。人力资源管理以"盘活人力资源存量，经济劳动组织"为主线，深化"三项制度"改革。精简机构，撤销新白马公司办公室，分流人员到白马一矿一厂，车辆划归公司车队管理，并派驻勤车辆替代二级单位外租车辆。按照"有进有退"原则，调整公司业务，积极推进兴旺公司、凉山公司注销工作。大力开展定岗定编，盘活存量资源，优化配置密地铁精矿管道输送等工程项目人员。全面终止白马片区保安业务外协，收回自营。全面清理劳务用工，完成了劳务派遣清零目标。开展各级各类员工岗位技能培训，灵活实行工资发放与利润指标挂钩、能增能降的薪酬分配机制，职工整体素质有所提升，队伍稳定。

【工程建设】 2015年，矿业公司认真疏理在建重点工程，以效益为中心，调整建设节奏。加快推进生产安全保障项目及降本增效明显项目，密地选矿厂铁精矿管道输送系统全面投入生产运行，优化了物流，大幅降低了成本。选矿厂工艺设备升级改造、选矿厂噪声治理等重点工程按期竣工，积极推进白马铁矿1号土场及破碎胶带运输系统、白马三期3号矿石破碎站及胶带运输系统等工程，全年完成技改维简工程70余项、完成投资3.55亿元。停建尖山露天转地下开采、白马三期等投资较大且当前效益不明显的工程项目，停建项目涉及投资金额10.98亿元，极大缓解了公司资金压力。充分发挥自有设计院的技术力量，以优化设计、增大竞争性发包、加强预结算管理为重点，开展降低工程建设投资攻关，共计节省投资4638万元，其中优化设计节省投资2038万元，竞争性发包节省投资1900万元，实现了投资可控，降本增效效果显著。

（黄长银）

冶金建设

【概　况】 2015年，中国十九冶集团有限公司（以下简称中国十九冶）成为规模超百亿的创新型施工总承包特级企业集团。中国十九冶充分发挥央企优势和“双特级”资质优势，着力顶层设计，坚持大营销战略，全年新签合同额140亿元，再创历史新高。其中，非钢市场比重为73.68%，房建、市政、交通“三驾马车”带动企业成功转型。

2015年，中国十九冶在天府新区先后中标夔州大道、利州大道、杭州路西段等市政道路项目，全年新签施工合同近14亿元，在建项目合同总额近30亿元，在国家级新区建设中一马当先；并在城市综合管廊市场取得新突破，注册成立中国十九冶城市综合管廊工程分公司，中标沈阳市铁西新城综合管廊（一期）工程，综合管廊总长度约9千米，合同金额3.5亿元；首个“PPP”项目正式落地，中标的昆明滇池西岸湿地整治项目，合同额达10亿元。海外市场再创佳绩，海外市场全年新签合同16.89亿元，实现大幅增长。在巴布亚新几内亚、纳米比亚实现市场滚动开发，逐步形成进军南美、开拓北非、稳定发展东南亚的海外市场开发大格局。

2015年，全面深化改革，推动创新发展。车改工作持续推进，共出售公务车168辆，收回资金647.4万元；改革薪酬制度，制订下发《深化薪酬制度改革的意见》《关于印发突贡员工年度奖励办法的通知》《专业技术职务津贴管理暂行办法》《分子公司负责人2015年度综合业绩考核说明》《总部机关员工绩效考核细则》等文件，为推进公司深化改革、提升经营业绩、促进可持续发展提供了有力的制度保障；创新融投资模式，认真做好“与政府深度合作”和“利用金融工具”两篇大文章，新设城市综合管廊公司、计财部融投资处等专门机构，拓展“PPP”项目、综合管廊等新兴市场。

【工程建设】 2015年11月30日，由中国十九冶承建的台塑河静钢铁一号高炉按建设计划顺利实现“11·30”全面建成目标，成为台塑越南河静钢铁投资案中首先实现阶段性全面建成目标的主体项目。中国十九冶承建的台塑河静钢铁高炉项目包括2座4350立方米高炉全工艺系统，自2013年3月2日开工以来，在进度、品质、安卫环管理等方面均处于台塑河静钢铁项目各单元前列，树立了中冶集团在国际上的良好形象。

2015年，中国十九冶其他国外项目纳米比亚“MR125”公路建成通车；巴布亚新几内亚新爱尔兰公路第一标段通车；缅甸燃煤电站项目、印度尼西亚OBI岛镍铁项目和塔岛镍铁项目顺利推进，“一带一路”市场前景广阔。国内，大邑沙渠工业园区基础设施工程、武钢防城港钢铁基地冷轧连退线工程、青钢环保搬迁项目、攀枝花炳三区F线道路工程、重庆西部现代物流园工程等相继完工；泸州空港路项目、天府新区博览城区域路网项目、攀枝花第四十二中小学校项目、双鸭山中俄国际物流园工程、昆明滇池西岸度假区生态湿地项目等重点工程全力推进；2015年先后承担了凉山鲁北风电场、攀枝花老公山风电场等塔筒制作项目，风电能源板块钢结构基地的定位越来越清晰。

2015年，中国十九冶承建的武钢冷轧镀锡板生产线工程荣获2014—2015年度“鲁班奖”，11项省部级优质工程奖、3项全国用户满意工程、22项优秀“QC”成果奖检验了中国十九冶“双特级”企业的成色。

【人才建设】 2015年中国十九冶技能人才队伍蓬勃爆发，4月，公司员工曾正超、杨金发包代表中国队获新西兰大洋洲技能挑战赛焊接项目金、银牌，曾加彩、舒品吉获建筑金属构造项目金、银牌；5月，杨金发获得第十二届全国工程建设系统职业技能竞赛焊接项目金奖；6月，王晨宇两度夺得中央电视台《中国大能手》“强焊之战”冠军；8月，曾正超夺得第43届世界技能大赛焊接项目金牌，助力中国队实现该项赛事金牌“零”的突破。至此，在中国十九冶焊接人才库里，拥有中华技能大奖获得者1人，享受国务院政府特殊津贴专家2人，全国技术能手7人，全国冶金建设行业高级技能专家4人。

2015年，中国十九冶在劳动模范评选活动中喜获丰收，党委书记、董事长田野荣膺全国劳动模范，谢德斌当选四川省劳动模范，李永红当选广西壮族自治区劳动模范，甘伟、张宗文当选中冶集团劳动模范，王进、苏惠明、何韬当选攀枝花市劳动模范。

【科技创新】 2015年公司被认定为国家高新技术企业，全年专利受理156项，新授权专利109项，申报国家级工法1项、部级工法4项，评定12项企业级工法，6项科技成果通过中冶集团和攀枝花市联合鉴定，组织内部重点课题70项，申报攀枝花市重点研发项目3项，《大型冶炼高炉技改建造综合技术的研究和应用》获中国钢铁工业协会一等奖，3项成果获得2015年度中国安装协会科学技术进步奖，10项科技成果获攀枝花市科学技术进步奖，行业标准《冶金行业设备基础后置锚栓技术规范》已报批。

（罗　珣）

煤　炭

【概　况】　攀枝花煤业（集团）有限责任公司（以下简称攀煤公司）是川煤集团规模最大的子公司，始建于1964年，是20世纪60年代国家在“大三线”建设中为攀枝花钢铁基地配套建设的国有大型煤炭企业。经过近半个世纪的艰苦创业和改革发展，攀煤（集团）公司已建设成为以煤为主，电力、火工、建筑建材、机械制造等多业并举、配套发展的综合性企业。公司煤炭核定生产能力507万吨/年，现有4对矿井、300兆瓦电力、2亿块煤矸石砖及火工、机械制造、物流贸易等产业在内的11个分公司、8个子公司及其他职能部门等共25个单位，在册职工1.47万人，职工家属10万余人，总资产89.21亿元。企业先后获得四川省优秀企业、全国节能一级企业、全国思想政治工作优秀企业、全国五一劳动奖状等荣誉称号。

【生产经营】　2015年是攀煤公司成立以来极为困难的一年，受市场影响，煤炭产品连续八轮降价，非煤产业持续严重下行，企业生产经营、安全稳定、历史遗留等多重问题交织，全体员工在前所未有的行业隆冬中砥砺前行，基本实现“企业保生存、员工保饭碗、矿区保稳定”的既定目标。全年生产原煤370.99万吨，同比减少20.77万吨；产销精煤172.23万吨，同比减少16.72万吨；总进尺40236米，同比减少5489米；矸石发电4.02亿度，同比减少4.74亿度；生产矸石砖（含蒸压砖）9861万块，同比减少2776万块。营业收入14.97亿元，同比减少8.95亿元；亏损4.01亿元，同比增亏0.69亿元。矿井百万吨死亡率1.02。全年在岗员工人均收入4.05万元，同比减少11%。

【煤炭生产】　2015年，面对市场疲软下行，矿井煤质下滑，特别是安全事故、花山矿火区、小宝鼎矿权等突发因素，公司紧紧围绕“稳量、提质、促销”工作主线，采取了一系列行之有效的非常措施，煤炭生产基本稳定，扣矸扣水后产量稳定在370.99万吨。其中，小宝鼎矿3月中旬恢复生产，9个月生产原煤59.15万吨，基本追回前期欠产，全年产量62.96万吨，同比增产5.75万吨，在停产近半年的情况下做到了矿区秩序不乱，员工人心不散；太平矿实现了机采产量为主的采煤方法变革，全年保持两套综采格局，全年产量83.18万吨，同比基本持平；花山矿火区治理进展顺利，4月下旬恢复4068、4158工作面正常通风，6231大采高综采工作面4月上旬开始生产，但受个别工作面地质变化影响，全年产量128.35万吨，同比欠产24.27万吨；大宝顶矿克服“1·15”事故及通勤时间受限影响，提前一个季度将两个主力中厚煤层工作面投入开采，全年产量96.5万吨，超计划2.5万吨；精煤公司继续开展产率提升、介质降耗两个攻关，合理组织焦、瘦煤配洗工作，全年精煤产率达到47.46%，同口径比增收5900万元；运销公司主动对接川、滇周边市场，全年地销精煤14.43万吨、原煤3.42万吨、中煤35.83万吨、煤泥14.42万吨、矸石18.27万吨。

【相关产业】　2015年，面对非煤产业市场下行、市场饱和、销售遇阻等困难因素，攀煤公司按照一厂一策、分兵突围的思路，研究实施辅助后勤产业改革改制指导意见，逐步还原非煤单位市场主体地位，企业承受住了保命经营的压力，基本实现年初预定的总体减亏目标。其中，矸石电厂在合计发电仅1400小时的不利形势下，积极争取水火置换、火火置换政策，多渠道增收节支，全年实现利润1500万元；九鼎公司千方百计拓宽矸石砖、水泥制品销售市场，在全年少产销2700多万块砖的情况下，通过关停粉煤灰蒸压砖生产线，深挖机电创收潜力，提升水泥制品产销能力，实现保本保命经营；恒威公司发挥爆破、危化品运输服务优势，抢占金沙水电站、成昆高铁市场，火工品产销同比基本持平，爆破业务实现盈利41万元；机制公司完成了与日兴公司合作历史遗留问题的处置，设备检修维护质量同比得到提高，全年实现收入4688万元并略有盈利；物房公司适应企业转型发展需要，全年建筑施工产值750万元，积极组建农林开发公司，基本完成闲置土地清查和矿区农林开发规划；整合组建的生活公司不等不靠，加强内部管理，加大对外创收，特别是在机关片区水电费回收上实现同比增收61万元，较好完成公司下达的减亏指标；总医院积极拓展医疗市场，创新管理体制机制，全年收入6611万元，基本实现收支平衡；培训中心建立灵活务实的订单式培训机制，全年对外教育培训创收

103 万元。成都公司通过节支降耗、减员分流，同比减亏 310 万元。其他非煤单位也基本完成公司下达的经营指标。

【经营管控】 2015 年，公司坚持以全面预算管理为抓手，树立过紧日子、苦日子的思想，挖掘潜力，降本增效，全公司成本费用控制取得一定成绩，同口径减少成本费用支出 3 亿元。建立健全与工资总额挂钩的指标考核体系、与干部使用及年薪收入对接的绩效考核体系，同时成立了价格管理委员会，严格按市场原则确定公司各种产品、服务价格，最大限度地维护企业经济利益。在过程管控上，突出材料物资、设备配件、水电消耗全过程管控，全年节约采购成本 841 万元，代储物资 2384 万元，回收复用 7352 万元，修旧利废 1734 万元，减少外购电量 6600 万千瓦时，完成 1.4 万块民用水电表智能化改造，民用水电回收率同比提高 20%。精简压缩工程项目，全面叫停地面零星工程，基本收回外委工程，作出退出盐边地区资源整合的战略决策，同时对云南、众一等对外投资合作项目资金按股份比例贷回，妥善处置了容大焦化部分遗留问题，缓解了公司经营压力。规范业务招待、通勤通讯、公务用车、差旅费、办公费等管理制度，对所有办公用品实行统一招标，定点定价采购，对单位公务用车重新核定压缩，对所有车辆的保险购置、维修保养、油料消耗实行招标议价、定点服务，全公司管理费用同比下降 3825 万元，创近年来最好水平。在对外争取政策受益上，全年争取电量置换、电价补贴、改革发展资金、可持续发展资金、分流安置富余人员、困难企业稳岗补贴等政策资金 9600 余万元，减少土地及其他税负 700 余万元。

【改革发展】 2015 年，公司制订实施了三年深化改革、扭亏脱困指导意见，成立改革脱困领导小组及八个专业小组，研究落实近 20 个办法制度。以减员分流、压层提效为重点的三项制度改革取得重大突破，全年减少处级管理岗位 10 个，科级管理岗位 324 个，一般管理岗位 640 个，分流安置富余人员 2500 人，其中买断 902 人，清理清退七类人员 261 人，全公司在岗员工由年初的 15132 人减少到 12835 人，净减 2297 人。规范工资发放管理办法，全面压缩单项奖，对停工停产单位统一发放攀枝花最低工资，对处级管理人员收入统归公司本部计发，公司工资总额同比下降 10%。其中，中层管理人员收入实行上限封顶，同比下降 35%。以厘清整合业务、规范改进管理为重点的体制机制调整实现历史突破，煤炭生产单位完成机运通供等三级变两级管理，撤销 12 个区科设置和 54 个三级机构，攀煤公司存续达半个世纪之久的矿井三级管理模式彻底变革；各子公司逐一修订公司章程，补齐董事、监事高层人员，处理集体股、个人股遗留问题，落实“三会四权”制度，企业法人治理结构得到健全完善。同时，按照专业化管理、市场化运营的要求，矿山救援队完成专业化整合，生活后勤土地、房产、物业、垃圾清运、农贸市场管理等内部业务重组整合基本到位。

【安全工作】 2015 年，生产经营的持续下行给安全生产带来新的挑战，公司安全状况极不稳定，开年就发生大宝顶“1·15”安全事故，下半年花山矿、太平矿相继发生事故，面对事故频发的被动局面，公司以开展冬春百安、打非治违、安全大检查、安全警示教育等安全活动为抓手，严格落实领导干部值班、带班管理，建立健全各级安全责任体系，加强员工安全教训培训，提高安全检查督导质量，搞好矿井质量标准化恢复性建设，突出安全隐患排查整改等方面细化措施、严防强管，全年开展安全培训 6547 人次，开展专项检查 127 次，查改隐患 11594 条，追查处理处、科级干部 57 人次，查处“三违”人员 621 人次，安全罚款 380 万元。特别是从三季度开始，有针对性地制订实施了决战后期安全生产非常措施，开展“反松懈、反麻痹、反三违”专项治理和干部工作作风、职工劳动纪律“双整治”行动，重点加强节假日、双休日、中夜班、零星工程、零散作业人员及地面生产单位、火工危化品的安全管理。通过一系列工作，进入 9 月以后，人身、机械事故率大幅下降，安全生产态势逐步恢复平稳。

【人力资源管理】 2015 年，攀煤公司以规范用工制度、完善薪酬分配机制、提高职工队伍综合素质为工作重点，扎实推进人力资源管理工作，取得一定效果，全公司在岗员工由年初的 15132 人减少到 12835 人，净减 2297 人，为公司改革发展起到了良好的助推作用。劳动用工管理上，制定《攀煤公司深化劳动用工制度改革实施方案》及 2015 至 2017 年度分流富余人员目标及用工总量控制目标。劳动用工实行统一集中和归口管理，严格控制用工总量，劳动合同签订率 100%。扎实推进“三定”（定编、定员、定岗）工作，实行虹膜考勤制度。全年录用 187 名技校毕业生、社会招收 23 名员工、招聘 2 名大中专毕业生、安置 4 名退伍军人就业。薪酬管理上，制定《攀煤公司工资管理暂行办法》，推行以全面预算管理为基础，总额调控、宏观管理、水平控制、职工收入与企业发展、效益同步增长为原则的工资政策。贯彻落实攀枝花市职工最低工资保障制度，凡提供了正常劳动的职工，工资收入都不低于攀枝花市政府规定的最低工资标准。职工培训管理上，全年共组织培训 296 期，培训人员 7987 人。其中，煤矿特种作业人员计划培训 2500 人，实际培训 2671 人；岗位技能培训计划 1800 人，实际培训 2566 人；班组长计划培训 700 人，实际培训 489 人；地面特种作业计划培训 130 人，实际培训 553 人；入党积极分子计划培训 100 人，实际培训 95 人；群监员计划培训 100 人，实际培训 100 人；井下电工电器防爆知识培训计划 900 人，实际培训 900 人；职业技能鉴定计划 400 人，实际鉴定 268 人。

【科技创新】 2015年,公司共下达重点科技项目16项,各项工作有序开展。通过省级科技成果鉴定6项,其中"大倾角松软厚煤层一次采全高关键技术与装备"达到国际领先水平,获省科技进步二等奖;通过市级鉴定10项,获市科技进步奖6项;获川煤集团科技进步奖3项,其中"大倾角综放工作面顶板动态监测系统研究与应用"和"陆相沉积煤层群高产高效矿井建设"达到国内先进水平,基本形成了攀煤公司煤炭主导产业核心技术。获国家知识产权局授权专利54项,其中发明专利2项,实用新型专利52项,申请科技研发抵税和各级科技项目补助资金230万元,为公司降本增效做出积极努力。组织修订下发《攀煤(集团)公司科技计划项目管理办法》及配套的10项管理办法,为公司实施科技扭亏战略提供了制度保障。通过《宝鼎科技》学术交流平台和职工"五小"活动,公司科技人员共计发表专业科技论文30篇,收集合理化建议197条,增收创效1000万元。认真组织开展公司内部技术创新考核,持续推进创新能力提升。通过科技创新驱动,积极推进创新型企业建设。

【信息化建设】 2015年,公司根据川煤集团要求,结合公司实际,组织制定完成《攀煤公司信息化工作管理办法》《信息化工作考核办法》,为规范信息化工作管理,明确信息化工作职责,确保公司信息化工作协调、有序、有效推进奠定了制度基础。配合川煤集团基本完成安全生产调度管理指挥系统建设,组织完成新煤仓视频监控及公司虹膜考勤系统建设。认真做好网络维护及技术支持工作,有效保证了川煤财务、OA办公、人力资源等各系统正常运行。信息化项目通过川煤科技项目鉴定2项,获攀枝花市科技进步奖2项。着力加强系统效能发挥,在做好人员培训的基础上,加强系统维护和运营管理工作,由公司信息化办公室牵头,重庆煤科院、天地常州院参与,对四矿各子系统存在的问题进行集中梳理并形成整改计划,确保信息化系统对公司四矿安全生产的有效保障。

【节能环保】 2015年,公司在节能环保工作上下大力气。组织完成2014年环保节能年度考核工作,进一步促进职能管理规范化。制定下发2015年度公司环保、节能工作计划,努力保证公司节能减排目标顺利实现,积极促进矿区低碳发展。全年公司节能目标完成万元增加值能耗为4.04吨/万元,同比上升0.15吨/万元(主要原因为2015年公司工业总产值下降);实现节能量5240吨标准煤,节水79.97万吨、节电5494.29万千瓦时。进一步加强与省、市(区)、川煤相关单位(部门)联系协调,认真做好公司环保补助资金项目、污染投诉处理等工作,较好发挥了职能服务支撑作用。抓好节能降耗工作,推进电机能效提升计划稳步实施。顺利通过市经信委重点用能企业现场节能监察及电机能效提升计划执行情况专项监察。对四矿及精煤公司的能耗限额工作进行技术指导,顺利完成省级节能中心的能耗对标考核工作。认真组织开展新《中华人民共和国环境保护法》的宣传力度,对公司各单位相关管理人员及领导干部30余人进行集中培训,强化各单位环保节能意识。全面落实好新《中华人民共和国环境保护法》各项规定及配套办法,充分发挥职能作用和环保技术服务,进一步推进矿区环境治理、确保环保设施正常运行。

【和谐矿区建设】 2015年,在生产经营十分困难的局面下,公司坚持以人为本,力保职工工资发放,落实员工休假办法,加大困难群体帮扶救助力度,实施公司帮扶中心、地方困难群体"三就两安一低保"(就业、就医、就学、安定、安居、低保)帮扶救助方案,保障员工合法权益。全年公司走访慰问各类群体2917户、发放慰问金267.57万元,组织职工疗养382人,职工体检5592人。力所能及的改善员工生产生活环境,完成花山矿、大宝顶矿、太平矿食堂、澡堂及矿区有线电视数字化改造,涉及住户12000多户,全年共发展数字电视用户799户,累计发展2425户。推动沉陷区、棚户区住房产权证办理,维修成套住宅37栋、1031户,实现动力站小区物业及矿区部分公共设施移交地方管理。围绕改革图存、减亏止滑、安全稳定工作主题,深入开展"三严三实"和形势任务主题教育活动,加强和改进两级机关和中层管理人员作风建设,营造良好的改革发展环境。积极实施内部改革社会稳定风险评估,加强重点群体和突出涉稳问题掌控,细化落实信访接待工作,排查处置公司11个历史遗留问题,在企业经营困难,职工收入下降的形势下,信访总量同比有所下降。同时,卫生保健、离退休、统计、档案、保密、武保等各项工作也取得较好成绩,矿区基本保持整体稳定。

【240万吨扩建工程】 2015年3月11—12日,由四川省安全监管局党组成员、副局长刘健率专家组对花山矿240万吨技改扩能工程进行综合竣工验收。验收委员会通过实地察看以及查看图纸和资料的方式,一致同意该矿扩建工程项目综合竣工验收现场审查合格。该矿矿井扩建前设计生产能力180万吨/年,扩建工程于2010年7月动工,总投资37471.33万元。扩建改造涉及开拓、采掘、通风、瓦斯抽放等16个系统,扩建工程完工后,该矿成为川渝地区在建的最大煤矿。

【产业延伸】 按照改革脱困要求,结合自身实际,公司将旗下物房公司管理与经营职能分开、实现公司主辅分离,并进一步推进农林开发业务。此次调整将物房公司承担的土地、房产、物业、绿化、集贸市场管理职能及全公司垃圾清运业务划归机关事务公司,成立农林公司。同时机关事务公司更名为攀煤生活服务公司。

【公车改革】　为加快推进公车改革，降低用车成本，提高车辆使用效率及用车安全，确保公车使用管理“安全规范、廉洁高效、厉行节约”，2015年，公司对各二级单位现有公务车辆进行清查并核定用车标准，对超标车辆、老旧车辆、待报废车辆收归公司统一管理处置，取得初步效果。全公司通过报废、抵款、拍卖等方式，处置公务车辆34台，年节约运行费用200多万元。同时实行车辆保险、车辆维修保养、油料消耗统一招标定点服务。并加强公务车辆使用和费用监督管理，对公务车辆使用管理不善、车辆费用超预算、有违纪行为的单位和个人，按有关规定追究责任、严肃处理。

（唐和平　江启飞　王宁）

电　力

国网四川省电力公司攀枝花供电公司

【概　况】　国网攀枝花供电公司始建于1965年，为国网四川省电力公司下属的特一型企业，下设职能部门11个，县级供电企业4个（仁和供电分公司、西区供电分公司、米易县供电公司、盐边县供电公司），业务支撑和实施机构7个，集体企业1个（攀枝花网源电力建设工程公司）。

2015年，国网攀枝花供电公司固定资产总额37.18亿元。拥有变电站、开关站85座，变电容量793.42万千伏安，其中220千伏变电站11座，总容量480万千伏安；110千伏变电站30座，总容量258.85万千伏安；35千伏变电站36座，总容量54.565万千伏安；10千伏开关站8座。拥有35千伏及以上线路2544千米，10千伏配网线路5049千米，配电变压器3996台。拥有供电客户35.6万户，供电人口121.99万人。

2015年，完成售电量79.44亿千瓦时；线损率3.97%，比年计划低0.23个百分点；城市综合电压合格率100%，城市供电可靠率99.93%。荣获“全国五一劳动奖状”“国网公司电能替代工作先进集体”“省公司安全生产先进单位”“省公司电亮藏区先进单位”等诸多荣誉，顺利通过全国文明单位复查。

【人力资源】　2015年，国网攀枝花供电公司用工人数为1373人（其中主业岗位长期职工868人），比2014年同期用工人数减少19人。实现关键重要岗位交流18人，完成内部人力资源市场人员调整150人次，交流中层干部20人。重新修订《中层干部管理办法》和《中层后备干部管理办法》等制度，完善干部选拔任用机制。累计培养国网公司级优秀专家5人，省公司级优秀人才144人，国网攀枝花供电公司优秀人才总数位居省公司系统前列。

【电网建设与发展】　加强电网规划管理，科学编制公司“十三五”电网发展规划，实现“十二五”和“十三五”的无缝衔接。2015年新增变电容量920兆伏安、输电线路141.8千米，新开工建设变电容量480兆伏安、输电线路83千米，投运智能变电站3座。截至年末，攀枝花电网已形成500千伏双环网为支撑，覆盖各区县的220千伏双环网为骨干，各级电网协调发展的输配电网络。

米易—安宁220千伏同塔双回架空线路于2015年6月竣工投产，确保了万家山光伏、大面山风电等清洁能源顺利接入安宁220千伏变电站并送出。

桐子林至米易π入桐子林电站220千伏线路工程于2015年7月竣工投产，确保了桐子林水电站的发电和按期送出。

枣子坪220千伏输变电工程于2015年6月竣工投产，该工程满足了攀钢集团和周边地区用电增长需求，同时极大地改善和加强了攀枝花220千伏骨干电网结构。

上板桥110千伏输变电工程于2015年1月竣工投产，满足了花城新区干坝塘片区建设和发展的用电需求。

太平110千伏输变电工程于2015年5月竣工投产，满足了仁和区太平片区的用电发展需要，提高煤矿生产供电的可靠性和供电质量。

【经营管理】　积极克服经济下行压力，通过攀钢504电厂水火置换，按照地方、用户、企业多方受益的原则，落实攀钢3台10万千瓦机组关停工作，高效协同推进攀钢自备电厂替代交易，增加售电量11.98亿千瓦时，全年减少电煤消耗78万吨，二氧化硫排放2137吨，氮氧化物2033吨，烟尘排放量160吨，改善了攀枝花人居生态和招商引资环境，提高了人民群众对政府和电力企业的认可度。积极应对国家电力体制改革新要求，全力构建智能配售电体系，国网攀枝花供电公司初步实现由传统电力行业向现代服务业的转型升级。

【安全生产】 2015 年,国网攀枝花供电公司生产、基建、农电、集体企业未发生人身重伤及以上事故,未发生有人员责任的一般及以上电网、设备、火灾事故、恶性误操作事故;未发生有管理责任的破坏电力设施引发倒杆、断线、变电站失压案件;未发生负主要管理责任的由于供电安全引起的煤矿等重要用户人身死亡事故;未发生负主要责任及以上交通事故;未发生负主要责任的群体性伤害事件;建立完善的应急管理体系,成功应对“8·30”地质灾害等多次突发事件,积极支援华坪洪涝灾害恢复重建工作,完成多次重要保电工作,应急体系得到省公司及社会各界的高度赞扬。截至年底,实现连续安全生产 2497 天。

【科技与信息化工作】 2015 年,攀枝花电网各电压等级继电保护及安全自动装置全部实现微机化,220 千伏系统线路、主变、母差保护全部实现双重化,保证了电网安全稳定运行。地区调度数据网全面建成,攀枝花市成为全省第一个完成新调度数据网接入的单位,自动化通道运行率达到 100%。建成互联网安全风险管控平台,以异动为驱动的运营管理提升框架初步建立。全年申报各项专利 20 项,其中发明专利 5 项、实用新型专利 15 项。在省级及以上刊物发表论文 6 篇,形成管理创新成果 12 项、科技创新成果 3 项、技术创新成果 13 项。

【市场服务】 积极主动对接大客户,帮助指导客户用好各项电价的优惠政策,2015 年共计优惠电费 1.9 亿元,涉及工业客户 88 户。建立“社区供电服务联络员”制度,基本形成城市“十分钟缴费圈”,代收网点遍布全市。打造省内唯一城区“20 分钟配网抢修圈”,平均抢修时限缩短 30 分钟。常态化开展状态检修、带电作业和零点检修,特色服务得到用电客户的普遍赞誉。推行“一证办理、一站式服务”新模式,客户接电时间平均缩短 20%。完成低电压治理项目 163 个,投资 6774.6 万元,消除低电压用户 4000 余户,新一轮农网改造升级加速实施。积极落实国家援藏政策,2015 年,除 21 名常驻援藏人员外,分批选派 84 名专业技术管理人员指导受援单位推行统一的管理模式、管理标准、业务流程,藏区供电公司实现与地市公司管理的全面接轨。

(鲁丽玲、郑景轩)

雅砻江流域水电开发有限公司二滩水力发电厂

【概　况】 2015 年是雅砻江流域水电开发有限公司(以下简称雅砻江公司)流域电力生产的“设备管理年”和深入推进雅砻江流域水能资源开发的“战略转移年”,二滩水力发电厂在雅砻江公司迈入电力生产经营与流域开发建设管理双轮驱动、并重发展的新常态的形势下,深入贯彻落实“流域化、集团化、科学化”的发展与管理理念,持续保持“艰苦奋斗、乐于奉献”精神,通过广大员工的共同努力,顺利实现桐子林水电站 3 台机组的接机发电,连续安全生产记录首次跨越 3000 天大关,全面完成电力生产安全指标,保持了安全稳定的良好局面。

【主要指标完成情况】 2015 年,二滩水电站完成发电量 135.54 亿千瓦时,主设备完好率 100%,自动开停机成功率 99.61%,机组等效可用系数 90.15%,水工建筑物完好率 100%。桐子林水电站发电量 2.79 亿千瓦时(不含试运行电量),主设备完好率 100%,自动开停机成功率 100%,机组等效可用系数 95.46%,水工建筑物完好率 100%。

(王灵芝)

华电四川发电有限公司攀枝花分公司

【概　况】 2015 年,华电四川发电有限公司攀枝花分公司、攀枝花三维发电有限责任公司(以下统称“公司”)总装机容量为 270 兆瓦。截至 12 月底,共有职工 1082 人,其中在岗职工 661 人。在岗职工平均年龄 44 岁。下设 17 个部门 3 个办公室。

全年,公司销售电量合计 6.68 亿千瓦时(含替代电量),同比减少 2.31 亿千瓦时,完成四川省经信委年计划电量(9.965 亿千瓦时)的 67.03%;累计进煤 12.29 万吨,同比减少 55.72 万吨;累计入厂标煤单价 573.04 元/吨(含税),同比降低 84.99 元/吨(含税);累计入炉标煤单价 596.13 元/吨,同比降低 99.25 元/吨。全年累计亏损 1.32 亿元。截至 2015 年 12 月 31 日,公司实现连续安全生产 3577 天,非计划停运 0 次,同比下降 1 次。

2015 年,公司继续保持“省级安全文化建设示范企业”“省级电力企业安全生产标准化达标企业”“中国华电集团公司四川公司文明单位”“四川省文明单位”荣誉称号。

【经营管理】 2015 年,公司克服社会用电负荷大幅下降,四川火电机组最小开机方式提前实施等不利因素,抢发争发枯期电量。4 月,及时跟踪攀枝花电网检修安排,争取机会抢发电量,单机运行至 5 月 20 日,多发电 2600 万千瓦时。8 月,争取到 10 天保养运行,完成 11 号机组带 150 兆瓦负荷性能试验和电除尘改造后热态检验。及早实施替代发电,争取丰、枯水期替代电量，实现电量完成率67.46%，高出四川统调机组发电量0.04%。推行燃料全过程精细化管理，降低燃料成本，全年累计节约燃料成本722.4万元。实施低成本经营战略，出台《扭亏增盈管控措施》《全面预算管理实施办法》《财政税收政策争取方案》《成本费用控制方案》等系列制度措施，形成全方位、全员、全要素、全过程的降本增效管控体系，全年材料费、修理费、其他费用（包含办公费、招待费、会议费、运输费、差旅费等）同比降低599.28万元，降幅21.60%，推行现金流滚动测算，保证了公司资金链接续。

【安全生产】 2015年，公司全面落实各级安全生产责任。组织开展安全文明标准化检查52次，发出整改通知227份；检查项目712项，累计考核63项。组织节日、季节性安全大检查以及防洪度汛、防粉尘爆炸、"六打六治"打非治违专项行动、电力安全整治活动"回头看"等各类专项检查14次，发现问题423项，整改完成419项。修订《电力生产安全工作规定实施细则》《交通安全管理标准》等44个安全管理制度标准，实现安全制度体系全覆盖；修编1个综合应急预案、19个专项应急预案、25个现场处置方案，完成预案内部评审和报备。建立项目经理负责制，实施对外项目作业安全管控。制定检修技改项目费用控制年度计划，取消到期的12号机组大修、空预器改造项目及灰场子坝加筑的后续部分，降低生产成本。利用12号机组调停机会，实施公用系统检修消缺；结合11号机组电除尘改造，安排同步小修，完成热工、电气、防锅炉"四管爆漏"专项检查整改。完成11号电除尘技改。

【依法治企】 2015年，公司持续抓好法律风险防控，完成19项规章制度、10项重大决策、191份合同法律审核，实现重大决策、合同、规章制度法律审核率100%。组织召开以"强化依法治企意识、狠抓规章制度执行"为主题的依法治企工作座谈会。公司负责法律事务、普法宣传、合同管理的部门就履职管理工作情况进行汇报。10月13日，公司印发《新五年法制工作规划实施方案》，明确公司今后五年（2015－2019年）法制工作总体目标任务。11月下旬，组织全员进行学习《华电法典》考试，628名在岗员工参加考试，全部合格。

【对外市场拓展】 2015年，公司以"为企业创效、员工创收"为宗旨，实施"走出去"战略，依托华电四川区域公司大平台，定位转向水电检修市场，组织完成西溪河地洛、洛沽电站水电站机组及公用系统检修工作，理县水电站、理堂水电站维护性检修工作，瓦屋山沙坪、葫芦坝电站两台机组的中修和大、小修工作，会理两个小区的电气安装工作，会理电力公司桐梓林电站安装、维护、检修等工作，全年完成对外施工项目30余项，合同金额1113万元。

【新能源开发】 2015年，公司西沟灰场光伏项目实现突破。西沟灰场光伏项目场址为公司位于攀枝花市西区格里坪镇的西沟灰场，占地面积约10.67公顷，规划预计总容量5.88兆瓦，海拔高程1200～1260米。项目经昆明勘察设计院做可研报告，总规划动态总投资4830.87万元。规划为二期，拟分期建设，其中一期占地5.27公顷，主要利用公司西沟灰坝一、二、三级子坝进行建设，建设容量2.89兆瓦，动态总投资2368.21万元。二期为四、五级子坝及储灰渣闭库后的坝面部分。12月24日报西区政府相关部门，经研究后，该分布式光伏发电项目在12月29日获得市政府备案。一期项目完成招标和合同谈判，进入施工阶段。编制完成《江边村光伏项目建议书》报送仁和区政府。组织分析研究已取得的攀枝花地区及周边区域水电建、并购项目资料。

【队伍建设】 2015年，公司优化岗位设置，出台《组织机构、定员定岗、岗级及部门职责调整方案》，根据公司设置的中层管理岗位、专业技术岗位、生产技术、非生产技术岗位等不同职级类别，对公司20个部门重新定岗定员。为提高职工工作技能，强化教育培训的激励功能，建立岗位能上能下的动态管理机制，实行培训考核合格后再高一层级岗位聘用模式。9月初至12月中旬，完成全员竞聘上岗。修订《工资分配及长效激励约束机制实施办法》，建立以业绩为导向的内部薪酬分配制度和薪酬激励约束机制，全面推行岗位工资制，调动员工积极性，实现经营责任的层层传递，提高职工劳动效率和公司经济效益。该办法于2015年5月开始实施。9月16日，修订出台《中层干部年度绩效考评暂行办法》，按照公开、公平、公正、注重实绩的原则，实行定量考核与定性考核相结合，以定量考核为主的考评方式，对公司中层管理人员的年度工作绩效进行综合考评，并与职级职务任免挂钩。全年举办各类培训班25期，涉及技术、管理、素养、安全培训四大类，全员培训率94.6%。组织开展特种作业人员取换证培训，全年取换证人员60人。利用替代发电时机，组织运行人员参与大机组运行培训，取得岗位资格，为公司运行人员"走出去"储备人才。

【"7s"管理】 根据中国华电集团公司关于在集团下属发电企业推广"7S"管理工作部署，公司持续开展以"整理、整顿、清扫、清洁、素养、安全、节约"为内容的"7S"管理工作，按照各生产、非生产区域具体情况，划分出216个整治区域，其中安全整治80个区域、生产区域51个区域、库房区域4个、检修工器具间（含班组学习室）31个区域、行政办公区域29个、食堂区域5个，厂区环境7个区域，确定9个"7s"示范区,6 月完成 9 个示范区打造,12 月完成全部 216 个区域的“7S”管理整治工作,经公司“7S”管理领导小组组织人员,按照“7S”管理标准验收后,全部合格。有效改善公司现场作业环境,规范作业行为,提高员工素质。

【第三届职工技术运动会】 2015 年 4 月 1 日至 11 月 30 日,公司组织开展以“大培训、大比武、大提升”为主题的第三届职工技术运动会,设置 17 个单人项目、4 个团体项目,涵盖检修、运行、安全技能、消防管理、招投标、合同管理、党群工作等多个方面,参赛人员达 450 人次,78 人获得个人奖,16 个集体获得团体奖。本次运动会是公司历年来参与人数最多、工种覆盖率最广、创新力度最大、比武效果最突出的一次技术比武盛会,达到了以赛促练、以赛促学、学以致用的目的,职工队伍整体技能素质得到全面锻炼和提升。

【《平凡的感动——攀电人自己的故事》征集】 2015 年 5 月,公司党委组织开展以“平凡的感动——攀电人自己的故事”为主题的事迹征集活动,公司职工积极参与投稿,10 月底,活动领导小组将全部稿件经过甄别整理后,将其中具有代表性和典型意义的 26 篇人物故事汇编成册,印发给公司在岗职工人手一本,这项活动聚人气、接地气,极大地丰富了公司企业文化的人文内涵,弘扬正能量。

【第三次党代会】 2015 年 12 月 29 日,公司在综合会议室召开第三次党员代表大会,公司 70 余名党员代表,41 名列席人员参加会议。会议听取并审议了党委工作报告、纪委工作报告和党费收缴使用管理情况报告,会议全面总结了第二次党代会五年来的各项工作开展情况,安排部署了下一阶段重点工作任务。会议以无记名、差额选举的方式,选举产生第三届党委委员和纪委委员。

【党建工作】 落实中国华电集团公司《基层党委工作条例》《基层党支部工作条例》《基层党组织生活制度》《四川公司党建工作考评办法》,定期组织召开支部党员大会、支部委员会、党小组会,按时上好党课,严格“三会一课”制度。制定党委议事内容、议事规则和加强领导班子建设的实施办法、主要工作一览表,制定《党风廉政建设“两个责任”的实施办法》,明确任务分工和责任追究,从理论学习、能力建设、团结协作、作风建设、廉政建设等方面,提升班子的整体功能和成员的综合素质。广泛开展把非党员的工作骨干培养成党员,把非工作骨干的党员培养成工作骨干的“双向培养”活动,定期组织积极分子培养、考察活动,举办入党积极分子培训班,按计划发展党员 14 名,通过“一对一”“一对多”等形式,提高现有党员素质和新党员的质量。

针对 2015 年对外施工项目较多,涉及人员多,时间长的实情,制定《对外工程建立临时党组织管理办法》,按照施工项目属地原则,根据各施工项目的党员人数设立临时党组织,发挥外出施工队伍中党员的先锋模范作用。在华电四川公司党建工作考评中获得 A 类评价,受到华电四川公司通报表扬。

【“四心”建设】 按照华电四川公司工会要求,完成“怡心”心灵驿站、“悦心”职工书屋、“乐心”职工活动室和“爱心”医护点的建设。“怡心”心灵驿站设置心理保健和援助工作室,在 2015 年 10 月,举办一期心理健康基础知识座谈会。“悦心”职工书屋新增图书 600 余册,为职工提供纸质图书近千册。购置三台电脑,开通职工电子书屋,提供四川总工会《电子职工书屋》的账号和密码,供职工登陆阅读各类网络书籍。“乐心”职工活动室分别组织开展乒乓球、羽毛球、排球和象棋等比赛项目,共计 200 余人次参加各类比赛活动。“爱心”医护点设置 39 个小药箱。组织全体在岗职工 762 人进行健康体检,其中包括 292 人职业健康体检和 388 名女职工专项体检。走访慰问劳模、工亡职工家属、困难职工 123 人。

【职工代表巡视督察】 2015 年,公司组织开展职工代表巡视督察,对上届职代会提案和建议的落实情况以及巡视督察中发现的新问题跟踪督办,通过进驻现场察看和走访相关承办部门了解的方式进行巡视督察:针对上届职代会提案、意见建议,各相关承办部门做到件件有回复,90% 的提案和建议得到有效落实。

(刘爱军)

化工工业

【概　况】 2015 年,全市规模以上化工企业 40 户,主要产品有:钛白粉、脱硝催化剂载体二氧化钛、黄磷、硫酸、烧碱、炭黑、油漆、磷酸、盐酸、炸药、磁粉、润滑油、石油压裂支撑剂、液化气等。2015 年纳入行业统计的 40 户企业,完成工业总产值210.71亿元，同比增长6.68%；完成工业增加值66.66亿元，同比增长6.18%；实现售收入185.96亿元，同比增长3.08%。

【重点化工企业】 攀枝花市荣昌化工有限公司于2005年成立，注册资本1000万元，占地面积2.67公顷，位于攀枝花钒钛高新技术产业开发区内，是攀枝花市最早从事硫酸生产的厂家之一。公司采用选矿弃渣、硫酸亚铁等废弃物，是资源综合利用企业。有职工100余人，其中各类管理、技术人员29人。

公司拥有一套工业硫酸生产线和一套磷复合肥生产线，年产攀农牌磷复合肥2万吨，年产硫酸6万吨，硫酸生产工艺采用国内外最先进的“3+2”流程，主产品技术指标全部达到国家标准。环保系统均按国家要求设置，废水全部回收循环使用，废气达标排放。

荣昌化工视变革为机会，不断加大科研和技改的投入力度，持续创新，走上二次资源综合利用、循环经济的可持续发展之路。

2015年公司生产硫酸60000吨、铁精粉5.8万吨、过热蒸汽5.5万吨，实现年销售收入近亿元。

地方工业

【概 况】 2015年，在国际、国内经济下行压力持续加大的严峻形势下，攀枝花地方工业增速放缓。据市统计局统计，规模以上地方工业340户，完成工业总产值1272.5亿元，同比增长3.8%，占全市工业总产值的81.52%，较2014年增加3.21个百分点。实现主营业务收入1144.53亿元，同比下降1.67%，占全市规模以上工业企业主营业务收入的73.27%，较2014年下降0.35个百分点。规模以上地方工业企业主营业务收入上亿元的企业187户，其中，100亿元以上1户，20亿元—50亿元6户，10亿元—20亿元11户，5亿元—10亿元22户，1亿元—5亿元147户。

【冶金行业】 2015年，全国经济下行压力继续加大，国际铁矿石价格继续下跌并长期处于低位，攀枝花地方冶金行业一直低迷，增幅较2014年有较大回落。据行业统计，纳入行业统计的地方重点冶金生产企业87户，完成工业总产值391.66亿元，同比增长3.23%；完成工业增加值140.27亿元，同比增长8.16%；实现销售收入339.75亿元，同比增长5.72%；实现利润7.36亿元，同比下降55.11%。

【轻工行业】 2015年，受国际国内经济不景气的影响，轻工行业发展面临巨大困难，全行业克服不利因素影响，实现增长态势。全市列入行业统计的轻工企业有10户，完成工业总产值13.99亿元，同比增长11.65%；完成工业增加值5.26亿元，同比增长8.53%；实现销售收入13.9亿元，同比增长2.11%。

【机械行业】 2015年，全市机械行业增长速度放缓。据行业统计，纳入行业统计的45户重点企业完成工业总产值180.44亿元，同比增长6.1%；完成工业增加值63.37亿元，同比增长23.29%；实现销售收入161.96亿元，同比增长3.52%。

（郭英卓）

主要工业企业

【攀枝花钢城集团有限公司】 2015年，攀枝花钢城集团有限公司（简称钢城集团）下设9家分公司、18家全资子公司和9家控股子公司；机关设职能部室10个。年末在岗员工10826人，比2014年减少991人；拥有各类生产设备6554台（套）（含70条生产线）；总资产136.13亿元，净资产11.12亿元，固定资产原值41.24亿元、净值27.22亿元，流动资产87.85亿元。

2015年，在钢铁行业“寒冬”凛冽、钢铁企业亏损严重的形势下，钢城集团坚持把减亏增效力保资金良性循环作为首要任务，建立减亏增效管理责任体系，制定下发减亏增效实施方案，突出责任考核，开展专项工作督导，按月分析现金流、利润差异情况，强化减亏增效责任落实。着力降库存和应收账款，分别成立存货和清欠专项工作组，逐月推进降存货和清欠工作，确保困难时期资金不断链，应收账款比年初同口径下降1亿元，存货比年初降低4.26亿元。狠抓降本增效，大幅压缩非生产性支出。生产、物流、销售和采购成本同比分别下降1.92亿元、0.19亿元、1.49亿元、3.1亿元；直购金额比例达到50.1%，经营费、业务招待费等专项费用同比下降43%。努力开拓市场，继续巩固与攀钢的战略合作，积极应对攀钢降价，确保已有产品服务不丢失；强化区域市场优势，螺纹钢在攀枝花和西昌的市场占有率分别达80%和70%以上。精心组织生产，严格按市场需求和效益优先的原则，全面推行高效低耗生产模式，不断优化生产组织；成立钢铁产业链运管督导小组，加强对钢铁产业链工作的组织协调和集中调度，推动钢铁产业链实现整体效益最优、现金流最大。瑞钢公司最高日产量达到1911吨，吨钢加工成本降低236元；轧钢分公司综合定尺率达到99.52%，原料非正常倒运储存费用为零；及时调整32项没有边际贡献或现金流为负数的产品及业务的生产组织，大幅降低亏损。持续深化改革，继续推进人力资源优化和分配制度改革，合同制员工减少1195人，清退派遣及外包业务劳务工524人，劳务费支付较年度预算下降12.5%，全员劳动生产率得到有效提高；将单位产品人工成本与区域市场同行业优秀企业对标，颁布下发20个通用性岗位市场化薪酬指导价；不断优化绩效考核体系，初步建立起以经营性净现金流和利润为核心和重点的绩效考核体系，以及体现劳动差异化的绩效考核机制；调整经营管理者薪酬，2015年下半年，集团公司高管和经营管理者基本年薪标准分别降低20%和10%，对连续两个季度未完成利润和经营性现金流目标的6家单位进行管理评审，并严格考核。继续推进产业结构调整和转型升级，资本运营取得重大突破。将合金分公司划归冶金辅料分公司托管；将协力有限公司相关业务调整到起重运输机械厂；解散注销了连续亏损的四川浩天复合材公司；将铁路设备修造公司划归汉风物流公司托管，并将铁路设备修造公司的部分业务及对应的资产、人员、债权债务交由起重运输机械厂托管，集团公司设立国鑫机械制造有限公司承接起重运输机械厂及铁路设备修造公司相关业务。2015年，钢城集团确立了资本运营战略，抓住全国中小企业股份交易系统（"新三板"）的机遇，将产业结构调整、转型升级与资本运营的要求对接，使集团公司的钒业版块成功登陆新三板。12月17日，钢城集团卓越钒业公司在全国中小企业股份转让系统正式挂牌上市，成为攀枝花市首家新三板挂牌企业。以科技创新为支撑，拓宽资源综合利用渠道。瑞海冶金材料公司"利用攀钢西昌钢钒公司炼钢除尘灰生产XG型造渣剂的开发与应用"项目，被确定为2015年凉山州企业技术创新项目和2015年四川省生产性服务业专项资金项目，分获30万元激励资金和40万元的财政资金支持；开展HRB400钢筋抗震指标合格率攻关，产品合格率从70%提高到95%以上；引进吸收高炉渣显热回收利用及超细微粉制备技术，拓宽资源利用途径；"100吨级低氧钛及氢化钛粉关键制备技术研究"项目被列入"攀西战略资源创新开发试验区第二批重大科技攻关项目"计划；"提钒废水高效循环复用元素回收""电工钢环保水基涂料制备技术及应用研究""攀枝花市工业废水综合利用工程技术中心建设""钢城集团专利战略研究与国家知识产权优势企业建设"4项科研项目获2015年攀枝花市科技计划立项支持。

2015年，面对前所未有的生存危机，钢城集团以非常措施应对艰难困境，保持了生产经营的总体平稳。全年实现经营总收入165亿元、工业总产值72.34亿元、工业增加值20.15亿元，同比分别下降18.15%、30%、32.32%。2015年钢城集团再次入围"中国制造业500强"，位列第294位，比2014年上升12位；并以废弃资源综合利用的环保企业再次入围"中国民营企业500强"，成为攀枝花市唯一一家入围企业，位列第218位，比2014年上升7位；再次入围四川企业100强，位列第30位，比2014年下降7位；入围四川制造业100强，位列第18位；位列2015攀枝花民营企业50强第1位，分获"2015攀枝花企业50强""2015攀枝花制造业40强"第二位，"2015攀枝花企业纳税40强"第三位。钢城集团申报的《以提升核心竞争力为目标的管理升级》获"2014年度四川省企业管理现代化创新成果"一等奖；钢城集团持有的贺宣商标获四川省2014年度著名商标，是攀枝花市唯一获此殊荣的商标。钢城集团及其子公司瑞地矿业有限公司被四川省科学技术厅、四川省财政厅、四川省国家税务局、四川省地方税务局认定为国家高新技术企业。钢城集团工会被全国总工会授予"模范职工之家"称号。钢城集团轧钢分公司工会被命名为四川省"模范职工之家"，球团厂维检大班被命名为四川省"模范职工小家"。钢城集团雅圣服饰公司被四川省服装（服饰）行业协会评为"2014年四川服装行业20强企业"及2014年四川"优秀职业装品牌"；钢城集团瑞海实业公司工程技术研究中心经四川省经济和信息化委员会、省科学技术厅、省财政厅、省地方税务局和中华人民共和国成都海关联合队认定为省级企业技术中心；轧钢分公司生产技术部QC小组、环业公司工艺管理第一QC小组、环业公司企业管理第一QC小组、环业公司技术管理第一、第二、第三QC小组等11个QC小组被四川省经济信息委员会、省质量技术监督局、省总工会等6家单位联合授予2015年度优秀质量管理小组；瑞城实业瑞致电工钢公司获成都市安全生产标准化三级企业授牌。钢城集团起重运输机械厂铁运车间焊工何丽成为2014年享受国务院政府特殊津贴人员，是攀枝花市唯一获此殊荣者，并荣获"第十二届全国技术能手"称号，2015年度四川省优秀共产党员称号;环业公司经理杨胜利被中国质量协会、中华全国总工会、中华全国妇女联合会、中国科学技术协会联合授予“全国质量管理小组活动卓越领导者”称号;轧钢分公司轧钢车间主任王云获“四川省劳动模范”称号;球团厂党总支书记、经理覃金平,铁路设备修造公司工程机械分厂副厂长张健,瑞钢工业公司运转车间主任姜崎伍,轧钢分公司轧钢车间主任王云,凉山瑞京环保资源开发有限公司生产技术室副主任郑云,冶金辅料分公司设备技术员杨仕伟6人获“攀枝花市劳动模范”称号。

(莫基秀)

【四川龙蟒矿冶有限责任公司】 公司是由四川龙蟒钛业股份有限公司投资组建的一家全资子公司,注册资本22000万元,注册地址盐边县新九乡,公司于2002年3月在盐边县组建成立,是集科研、生产、销售为一体的钒钛磁铁矿采选企业。是攀枝花市和盐边县骨干企业。公司在钒钛磁铁矿资源综合开发利用领域取得多项处于国际、国内先进水平的技术,获授权专利37项。

公司下辖一选厂、二选厂,有职工708人,拥有先进的选矿设备。公司以专业的队伍、精益的管理、先进的设备,为市场提供品质一流的铁矿石、铁精矿、钛精矿等产品。

公司始终坚持用龙蟒企业文化提升核心竞争力,坚持科技创新,实行精益管理。成功开发“红格表内、表外混合矿高效预分选技术”,建成“300万吨/年红格钒钛磁铁矿表内、外矿预分选示范工程”,已形成800万吨(表内矿)/年开采规模;“红格低品位钒钛磁铁矿高效选铁和微粒级浮选钛工艺技术”的自主研发成功,取得高效选铁、微粒级浮选钛技术的重大突破,在资源综合回收利用和规模上有了飞跃的发展,2015年产销原矿1373万吨、铁精矿267万吨、钛精矿63万吨,实现工业总产值15.8亿元,上缴税费2.58亿元,钛资源回收率相对于原矿达到30%以上,已成为全国最大的钛原料供应商。

(郭英卓)

农 业

种植业

【粮食生产】 2015年，攀枝花市粮食作物播种面积41662公顷，比2014年增加626公顷，粮食产量22.45万吨，比2013年增加0.63万吨，完成四川省农业厅下达粮食生产任务。

其中，全市小春粮食作物种植面积12464公顷，产量3.63万吨。小麦面积5618公顷，产量1.88万吨，比2014年减少300吨；豌豆面积39.50公顷，产量0.61万吨，比2014年增加301吨；胡豆面积690.47公顷，产量0.12万吨，比2014年减少36吨；马铃薯面积468公顷，产量0.27万吨，比2014年增加98吨；油菜面积1628公顷，产量0.24万吨，比2014年减少1.5吨；大麦面积229公顷，产量0.04万吨，同2014年持平；其他粮食面积1553公顷，产量0.66万吨，比2014年增加15吨。

大春粮食播种面积29198公顷，比2014年增加425公顷，增长1.45%；粮食产量18.81万吨，比2014年增加0.55万吨，增长3.0%。水稻面积14279公顷，比2014年增加1公顷；玉米播种面积12509公顷，比2014年增加390公顷，产量6.30万吨，比2014年增加0.32万吨；大春马铃薯面积589公顷，产量0.14万吨，同2014年持平；豆类播种面积997公顷，主要为大豆，产量0.22万吨，比2014年增加0.01万吨。

市农牧局组织科技人员开展高产试验示范工作，米易县创建7个水稻万亩高产示范片，1个玉米万亩高产示范片、1个小麦万亩高产示范片，项目区比大面积田块增产2%以上，核心示范区比大面积田块增产10%，选用优质杂交水稻花香7号、花香1618等杂交稻品种，采用强化栽培措施，水稻最高单产突破1002.4千克/亩；仁和区高创产建示范片面积2666公顷，其中水稻666公顷、玉米2000公顷，完成万亩高产创建示范片项目总投资93.87万元，其中财政补贴80万元，群众自筹资金13.87万元。

【蔬菜生产】 2015年，全市蔬菜种植面积13920公顷，产量69.88万吨，产值15亿元，分别比2014年增加391公顷、3.24万吨、1.0亿元，2.9%、4.8%、7.1%。其中早春蔬菜面积8744公顷，产量41.3万吨，同比增长3.22%。设施蔬菜面积达4533.33公顷，平均公顷收益在22.5万元以上，最高公顷收益可达60万元，根据对攀西、丙谷等几个大的交易市场的销售情况调查，各类蔬菜综合均价为2.8元/千克左右，相比去年3.0元/千克有所回落，全市早春蔬菜总的销售收入可达13亿元，比2014年增加0.95亿元。

2015年，全市完成经过省农业厅批复认定的米易湾丘—白马现代农业蔬菜示范区等19个万亩示范区的建设，完成《西瓜嫁接栽培试验示范项目》验收和成果鉴定，获得攀枝花市2015年科技进步二等奖。新技术试验示范方面，开展甜瓜、茄子、苦瓜的嫁接试验示范及推广项目工作，2015年，茄子嫁接苗面积66.66公顷、甜瓜、苦瓜各6.6公顷，辣椒3.33公顷。

【水果生产】 2015年全市水果种植面积32000公顷，产量23.4万吨，分别比2014年增长6.7%和10.9%，产值11亿元，同比增加1.5亿元。

芒果生产：2015年芒果种植面积增加1333.33公顷，总面积达21333.33公顷，全年芒果产量10万吨，比2014年增加1.5万吨，产值7亿元，同比增加1亿元。

枇杷生产：受低温霜冻影响，今年种植面积2133.33公顷，产量0.7万吨，比2014年减少300吨。

其他水果：石榴、脐橙、梨、桃等总体长势较好，产量较上年略有增加。2015年西瓜种植面积733.33公顷、增加0.1公顷，产量3.3万吨、增加0.45万吨。樱桃种植面积1000公顷、增加0.02公顷，受低温影响产量0.44万吨、比2014年减少200吨。

适度规模发展咖啡、莲雾、番木瓜、火龙果、番荔枝等热带作物产业和花卉产业，使之成为主导产业的补充，走精品、珍品之路，通过调整产业结构，逐步完善产品结构，满足市场需求。

2015年，向省农业厅农场管理局申报攀枝花市锐华农业开发有限责任公司早春枇杷、芒果等8个项目。依托攀枝花市锐华公司、德益果品公司、大祥果品公司共获得70

万元热作经费，攀枝花市仁和区植保植检站承担的热作病虫害监测防治项目经费2万元；组织实施中国热科院的“果园种草养畜”项目；组织实施市科知局“芒果品种区域化示范应用研究”、二半山区特色水果甜樱桃的试验示范项目。

加强“攀枝花芒果”“攀枝花枇杷”等农产品地理标志的宣传，积极引导企业、合作社使用农产品地理标志，加强地理标志的使用的监管，与20余个单位签订了“攀枝花芒果”“攀枝花枇杷”农产品地理标志使用协议书。

【蚕桑生产】 2015年，全市发放蚕种88080盒，生产蚕茧3692吨，单产41.9千克，全年平均蚕茧均价34.92元，比2014年略有降低。全市蚕农蚕茧收入12895万元。全市鲜桑果外销、果汁加工和桑果干累计销售1万吨（折合鲜果），农民桑果销售收入实现4000万元。蚕业综合产值突破2亿元，比2014年增加2500万元。

引进红果1号、红果2号、蜀果1号等9个果新桑品种在盐边县国胜乡进行对比试验；招商引进四川四喜农业、四川国有果业公司到盐边县开展桑果加工开发；全市盐边县惠民乡、渔门镇分别被广东农业科学院蚕业加工所国家蚕桑产业技术中心确定为“国家公益性行业（农业）科研项目蚕桑资源基地”和“国家蚕桑产业技术体系蚕桑多元化开发示范基地”；编写了《攀枝花市盐边县万吨桑葚加工项目建议书》。

【植物检疫】 2015年分别设立稻水象甲、红火蚁、柑橘溃疡病、黄龙病等监测点，其中稻水象甲监测点10个、红火蚁监测点2个、柑橘黄龙病监测点9个（露地栽培监测点5个、防虫网覆盖栽培监测点4个）、柑橘溃疡病监测点2个，实行定期监测和定时上报制。建立柑橘黄龙病和红火蚁防控示范区，其中柑橘黄龙病防控示范面积14公顷，红火蚁防控示范面积12公顷。全市推广太阳能杀虫灯200余盏，食诱剂150套、黄板10000余张、蓝板1000张，性诱剂53.33公顷。开展了柑橘小实蝇、芒果畸形病、芒果速死病、石榴枯萎病和红火蚁饵杀防控试验示范，取得了一定效果。

全市共计培训人员450人次，其中，专业技术人员70余人次、种苗生产经营户60余户、果蔬种植大户140余户、农业公司（专合社）30余家。

【病虫害防治】 2015年实施农作物病虫害专业化统防统治比例29%；实施农作物病虫绿色防控示范面积16000公顷。

全市农作物病虫草鼠总体呈中等发生，病虫草鼠累计发生83626.66公顷次，防治面积11369.33公顷次，挽回损失2.36万吨，实际损失1.65万吨。其中，病害累计发生25113.33公顷次，防治面积40553.33公顷次；虫害累计发生25106.66公顷次，防治面积35733.33公顷次；农田鼠害累计发生8326.66公顷次，防治面积9400公顷次；农田草害累计发生24546公顷次，防治面积2773.33公顷次。

【农药市场监管】 2015年，全市各级农药执法部门共开展农药市场执法60余次，出动执法人员600余人次，检查农药门市1600余户次，检查农药产品4000余品次。在全市农药监管中未发现违法销售高毒、高残留农药行为。查出标签违规农药品种9个，已责令其限期整改。开展农药法律法规培训4期，培训农药经营户600余户，发放农药政策法规宣传资料3000余份；培训农民3800余人次，发放农药施用技术资料6000余份；发放农药公告800余份。

【无公害农产品监测】 2015年，完成市级农畜产品质量安全监测任务21批次，样品805个，检测参数19740个。完成省农业厅安排的农产品质量安全监测任务8批次，样品660个，检测参数23960个，撰写结果分析报告8份。完成省畜牧食品局安排的畜禽产品兽药残留监测任务4批次，样品480个，检测参数480个。完成省级专项成都平原水稻专项监测1次，样品105个，检测参数525个。

完成四川省绿色食品发展中心安排的2015年绿色食品有机食品年度抽检任务，抽检样品80个。完成社会委托检测业务19批次，样品28个，检测参数329个，出具检验报告19份。全年共完成蔬菜、水果、茶叶、猪肉、鸡肉、鸡蛋、鱼7类农畜产品质量安全监测21批次，样品805个，检测参数20100个。对全市屠宰场进行监测3批次，共检测样品80个，参数280个；对全市养殖场进行监测3批次，共检测样品80个，参数300个；对鸡蛋中氟喹诺酮类残留监测1批次，样品40个，参数40个；

对水产品进行监测4批次，检测参数为水产品中磺胺类、孔雀石绿、氯霉素。共检测样品120个，参数360个；对攀枝花市外销蔬菜监督抽检1次，样品100个，检测参数4000个；元旦春节监督抽检1次，样品包括蔬菜、水果和食用菌共计130个，检测参数5000个。

养殖业

【畜牧生产】 2015年，全市生猪出栏61.3万头，减少2.1%；肉牛出栏2.65万头，增长3.2%；肉羊出栏27.18万只，增长5.0%；家禽出栏389.88万只，增长5.0%；肉类总产量5.4万吨，增长0.8%。

2015年，全市畜禽良种覆盖率达91%，猪三元杂交比例达73%，肉牛、肉羊良种及杂交改良面分别达22%、57%，禽兔良种面96%。生猪外三元杂交面比2014年提高3个百分点；牛、羊良种及杂交改良面均分别同比提高4个百分点。

全市现有种畜禽场9家，其中，种猪场2个、种兔场1

个、种牛场1个、种羊场5个(祖代场2个、父母代场3个)。建立米易鸡保护区和中蜂资源保种场。注册“米易草凳鸡”商标,养殖“米易草凳鸡”商品鸡近7200只。

【动物防疫】 2015年全市对高致病性禽流感、口蹄疫、猪瘟、高致病性蓝耳病、山羊痘、鸡新城疫等动物疫病实施免费强制免疫,群体免疫密度常年维持在95%以上,其中应免畜禽集中免疫密度达到100%,免疫抗体合格率均达到70%以上。

2015年全市共组织到位439.842万元的重大动物疫病疫苗:分别为猪瘟脾淋弱毒活疫苗129万头份,其中秋防调运65万头份。高致病性猪蓝耳病灭活苗162万毫升、其中秋防调运82万毫升,高致病性猪蓝耳病弱毒疫苗10万头份,其中秋防调5万头份。猪O型口蹄疫苗203万毫升、其中秋防调运107万毫升。牛、羊口蹄疫125.4万毫升,其中秋防调运67.7万毫升。牛口蹄疫三价疫苗8万头份,其中秋防调运4万毫升。高致病性禽流感H5N1疫苗268万毫升、其中秋防调运139万毫升。H5-H9疫苗205万毫升,其中秋防调运102万毫升。高致病性禽流感-鸡新城疫二联苗196万羽份,其中秋防调运108万羽份。

全市库存重大动物疫病防控疫苗为:猪瘟苗32.5万头份,高致病性猪蓝耳病灭活苗35.6万毫升,猪蓝耳病弱毒疫苗10.3万毫升;猪口蹄疫29.6万毫升,牛、羊口蹄疫75.6万毫升,高致病性禽流感H5N1疫苗45.6万毫升、H5-N9疫苗86.25万毫升,高致病性禽流感—鸡新城疫二联苗81.36万羽份、鸡新城疫疫苗23.2万羽份。全市今年库存消毒药10.32吨,库存防护服568套,库存消毒设备108台。

全市春防和秋防共免费强制免疫:小反刍兽疫(山羊和绵羊)应补免20.6万只,实免20.6万只,免疫率100%;猪瘟应免99.1万头、实免99.1万头、免疫率100%,口蹄疫(猪、牛、羊)应免173.9万头、实免173.9万头、免疫率100%,高致病性禽流感应免625.6万羽、实免625.6万羽、免疫率100%,鸡新城疫应免595.2万羽、实免595.2万羽、免疫率100%,高致病性猪蓝耳病应免99.1万头、实免99.1万头、免疫率100%,二维码耳标佩带率:猪100%,牛100%,羊100%。

【畜产品检疫】 2015年,市农牧局切实做好规模养殖源头监管、产地起运和检查站关口监管、屠宰场入场和异地调运落地监管工作,全年全市没有发生动物重大疫情和畜产品安全事故。

2015年全年监管规养殖场183场次,出动执法人员290多人次。全市44个动物产地检疫申报点,产地检疫申报受理率达100%。全市产地共检疫生猪19.6346万头,牛羊8.1601万头,家禽190.7252万羽。共屠宰检疫生猪41.273万头,牛羊8.6984万头,家禽92.934万羽;共抽检待宰生猪尿样17916份,其中盐酸克伦特罗6882份,莱克多巴胺5517份,沙丁胺醇5517份,检测结果全部为阴性。

从简阳、会东引进川中黑山羊80只(公羊5只、母羊75只)、建昌黑山羊154只(公羊10只、母羊144只);攀枝花市中康新润经批准从成都引进杜泊羊120只(公羊55只、母羊65只)。

检查全市179家兽药经营企业、86个规模养殖场,出动执法人员200人次,执法车辆45台次,抽查药品4批次,均未发现《农业部关于组织开展2015年第二批假兽药查处活动的通知》所列假兽药、非法兽药企业的兽药产品。出动车辆61台次,人员196人次,对全市动物诊疗机构进行了清理整顿,对管理相对人开展了法律、法规和有关政策规定的宣传、讲解和告知工作。全市共清理整顿动物诊疗机构6家(东区5家、西区1家,其余县区没有),未发现违规行为。

农业服务

【农民负担监管】 2015年,市农牧局加强农民负担监管,维护农民合法权益,按照省农业厅等6部门联合下发的《关于进一步做好2014年农民负担监管工作的通知》和省农民负担监督管理领导小组转发农业部《关于开展2014年涉农乱收费专项治理工作的通知》文件的要求,发布了“关于开展农民负担监管检查的通知”和“关于开展全市农民负担监管工作和涉农乱收费专项治理工作检查的通知”,从全年的检查情况看,全市农村基层涉农收费公示到乡率达100%,到村、社率达95%以上,收费公示面达100%。

全市严格按照《四川省人民政府办公厅关于进一步做好农民负担监管工作的意见》《攀枝花市村民一事一议筹资筹劳管理试行办法》和各县、区村级公益事业建设一事一议财政奖补资金管理办法等文件要求,对全县、区村级组织“一事一议”筹资筹劳议事原则、议事范围、议事程序、申报审批、资金管理、审计监督等做出明确规定,并在每年农民负担管理文件中对相关问题进行强调和规范。并要求把农户每年的筹资投劳情况,在“农民权益义务监督卡”上登记。共申报一事一议项目127个,首批实施87个。

2015年,处理农村土地承包经营纠纷信访1起,处理市群工局转来的市长信箱群众来信3件。全年共接待各种农民上访12起17人次,对每一起来信来访认真接待、调查,与县、区配合,在规定时间内,做到件件有回应,事事有回复,把矛盾化解在基层。

【落实惠农政策】 2015年6月,市农牧局根据《国家财政部关于调整完善农业三项补贴政策的指导意见》精神和四川省农业厅、四川省财政厅关于印发《四川省调整完善农业三项补贴政策实施方案》的通知文件精神要求,经过登记、汇总、审核、公示等程序，完成农业支持性保护补贴中的“耕地地力保护补贴”工作。省财政安排全市(含扩权县)农业支持保护补贴资金4788.5万元。全市2015年“耕地地力保护补贴”按拥有耕地承包权的种地农民、享受补贴的农民做到耕地不撂荒、地力不降低的要求，全市共涉及“耕地地力保护补贴”有137193户农户，享受“耕地地力保护补贴”面积为26177.72公顷。补贴资金通过“一折通”全部发放到全市种粮农户手中，实现了在全市范围将农业“三项补贴”合并为“农业支持保护补贴”，调整为支持耕地地利保护和粮食适度规模经营的政策目标。

2015年农业保险品种包括水稻、玉米、能繁母猪、育肥猪、肉羊、水果及果树，农业保险保费收入706.37万元，保费支出718.2万元，简单赔付率101.67。

【农广校招生与培训】 2015年，全市农广校围绕农村实用技术培训30万人目标任务，在各乡镇大力举办田间学校培训班，共培训农民实用技术10万人次。其中，市农广校举办田间学校培训7个班，共2000余人次。市农牧局与市委组织部就《关于做好2015年农村实用人才带头人培训班工作的通知》，攀枝花市选出了18名农场种植大户在四川省郫县农科村进行了为期一周的培训。

【种子管理】 2015年，全市种子管理部门加强种子执法检查，春耕生产以来，全市解决种子纠纷事件29起，均使用简易处罚程序办结，办结率100%，出动执法车辆128车次，执法人员398人次，检查种子经营门市2037个次，开出《行政处罚(当场)决定书》5份，《没收违法物品清单》5份，查收非法种子109.9公斤，责令12户种子经营户下架并停止销售未经四川省审定或引种的玉米种子860公斤，在同德、民政、太平、平地、大田市场打掉5个无证种子摊点，挽回经济损失19.92万元，全年委托和抽检种子样品342个，不合格样品13个，种子合格率96.19%，对全市384户种子经营人员进行种子法律法规和农业基础知识培训及相关考试，实行种子经营培训合格上岗制度。培训378人次，培训率98%，发放资料3000余份。

【农田基本建设】 2015年，市农牧局完成省政府下达全市建设高标准农田1333.33公顷，实际完成1400公顷，为年度计划的105%。依托农业综合开发项目，现代农业生产发展项目，省级财政高标准农田建设项目。资金配套和到位情况较好，完成投资4600万元，对整个高标准农田建设起到了至关重要的作用。完成测土配方施肥任务30000公顷，推广配方施肥面积40000公顷。完成高标准农田建设1000公顷，总投资2000万元。米易县、盐边县、仁和区实施了2015年农业综合开发土地治理项目。完成主要农产品产地重金属普查取土样183个。

【农村能源建设】 2015年，攀枝花市计划新建农村户用沼气池900口，推广农村太阳能热水器2万平方米，改建省柴灶3000台。截至11月底，全市完成新建农村户用沼气池900口，推广太阳能热水器2万平方米，改建省柴灶3000台。2015年农村能源建设计划总投资450万元，其中中央预算内投资180万元，农户自筹资金270万元。

【农业抗灾救灾】 全市自2014年12月16日、2015年1月8—16日发生低温冻害，累计受灾面积243.26公顷，直接经济损失达94.1万元。受灾作物主要是豌豆175.2公顷，蔬菜27.73公顷，芒果22.66公顷，小麦17.66公顷。其中：成灾84.87公顷，减产158.40公顷。

2015年3月24日，全市多地发生阵雨天气，17:00至19:00发生1至10分钟不等冰雹灾害，全市农作物受灾面积1810.93公顷，成灾1567.06公顷，减产243.87公顷，经济损失3125.42万元。主要受灾乡镇米易县白坡镇、攀莲镇、草场乡、白马镇、普威镇、新山乡、撒莲镇、丙谷镇和仁和区大田镇。主要受灾作物为樱桃632.6公顷，梨138.73公顷，枇杷108.93公顷，核桃351.33公顷，芒果93.33公顷，青花椒167.73公顷。灾情发生后，及时进行了灾害普查，掌握灾害情况，统计受灾数据上报。市农牧局、市农林研究院、市林业局派出2个工作组，第一时间到一线开展灾害调查和指导群众开展灾后灾情调研及技术指导，做好受灾群众安抚工作。此次灾情无转移安置和人员伤亡。入汛以来，全市降雨量较往年正常偏多，暴雨次数频繁。汛期，农作物受灾面积970公顷，成灾680公顷，绝收面积310公顷，主要受灾农作物为烤烟、玉米等农作物，粮食减产0.09万吨，经济损失1423.25万元。汛期通过强化应急值守，及时发布气象信息确保灾情得到及时处理，灾害得到有序应对。

【农机发展与管理】 2015年，按照省农业厅关于开展道路交通安全综合整治攻坚年行动有关要求，全面完成了1353台运输型拖拉机签订不超载超限的安全责任书和承诺书工作。市农牧局和县(区)签订安全生产责任书5份，各县(区)农机监理站(所)与各乡(镇)签订了安全生产目标责任书44份，各乡(镇)与农机从业人员签订了安全责任书7388份。全市共检验拖拉机2519台，年检率43%。办理上牌5654台，上牌率96.6%。有效地提高了拖拉机驾驶员驾驶证办理，持证率92.5%。全市注销拖拉机129台，注销拖拉机驾驶证32本，新上号牌634副，新办驾驶证656本。

2015年，市农牧局扎实开展“安全生产月”活动，开展了103次道路交通安全联合执法检查。办黑板报48期，书写宣传标语67条，开展法规宣传82次，编写发送手机短信15737

条，举办有线电视宣传8期，发放宣传资料25737份。全市农机系统共出动检查人员共检查各型拖拉机248台次，拖拉机驾驶员248人，其他农业机械75台次，纠正违章行为47起。6月，发放宣传资料5840份，机手咨询139人次。

2015年8月至12月，全市集中开展农业行业安全生产大检查共计组织暗访暗查组24个，出动检查人员192人次，监督检查辖区内企事业单位和场所21家，纠正违法行为65起，对发现的拖拉机违法载人、非法改装等行为向相关县区进行了通报和及时处理。协同公安、工商部门一起开展拖拉机涉牌涉证专项整治行动。按照"谁主管、谁负责"和"属地管理、分级负责"的原则，出动执法人员73人次，开展联合检查14次．检查拖拉机安全技术检查检验机构5家。对全市范围内9个农机经销企业、47个农机经销点、71个农机维修厂及维修点进行拉网式检查。重点检查拖拉机和微型耕整机是否存在非法改装拼装，其他农业机械是否符合相关安全技术标准。全市共检查拖拉机298台，微型耕整机476台，其他农业机械634台，查处拖拉机和微型耕整机非法改装26台，不符合国家强制标准微型耕整机14台，不符合相关标准青饲料切碎机27台。

【农业产业化】 2015年，市农牧局根据组织开展了73家农业产业化龙头企业运行监测工作，组织了5户农业产业化龙头企业参加了企业首席质量官任职培训。开展了2016年农产品产地初加工补助设施建设需求摸底调查工作及2015年米易省级农产品初加工项目县项目实施督导工作。

提升品牌、加强营销，增强农产品市场竞争力。2015年市农牧局配合相关部门成功在市内举办了"中国(攀枝花)晚熟芒果产业发展论坛"、在杭州、长沙、广州等开展了"2015攀枝花芒果营销活动"。通过两次大的活动全市芒果市场竞争力得到明显提升。从事芒果生产的合作社、家庭农场、农业企业的销量、价格等均高于2014年。搭建平台，推动农业招商引资工作。市农牧局组织相关企业、合作社参加了中国西部(四川)进口展暨国际投资大会、成攀合作洽谈会、第十三届中国农产品交易会、天府名城首都行等相关展会，宣传攀枝花特色农产品，散发了农业招商项目资料。开展创建四川省省级示范农业主题公园工作。攀枝花市锐华芒果主题公园、垭口镇青松林农业公园、宝鼎生态旅游公园等4个农业主题公司开展了省级示范农业主题公园创建工作。

（詹晓东）

农业综合开发

【概　况】 攀枝花市农业综合开发领导小组办公室(以下简称农发办)是攀枝花市农业综合开发项目的管理机构。农发办分设2级，共6个部门，其中，市级1个、县(区)级5个。截至2015年年末，各级管理人员共计15人(市级3人，县、区级12人)。

2015年，全市总计投入农业综合开发项目建设资金8624.2万元。其中，争取中央资金3936万元、省级资金1561.4万元，市级安排资金608万元，县(区)配套资金183.8万元，企业和群众自筹2335万元。

【土地治理】 2015年攀枝花市农业综合开发在米易县攀莲镇、盐边县渔门镇、仁和区务本乡开展了土地治理高标准农田建设项目。总计投入2169.6万元，其中：中央资金1436万元，省级资金506.2万元，市级财政安排资金20万元，县区配套资金33.8万元，群众自筹173.6万元。项目建设高标准农田1040公顷，

新建山坪塘1座、提灌站1座、蓄水池91口，整治渗漏蓄水池3口，衬砌渠道53.61千米，埋设管道10.92千米，新建机耕路11.75千米，修筑田埂10.67千米，改良土壤93.33公顷，测定土样100个，田形调整22公顷，测土配方施肥66.67公顷，示范推广416.67公顷，技术培训3000人次，购良种5600公斤、太阳能杀虫灯38盏、有机肥100顿。

【产业化经营】 2015年，攀枝花市共获得上级产业化项目10个，其中，国家产业化经营财政补助项目7个，国家部门新型合作示范项目2个，省级现代农业产业带发展项目1个。10个项目总计投入1941.7万元，其中：财政资金1052万元，专业合作社自筹资金889.7万元。

【其他项目】 2015年，米易县获得国家现代农业园区试点项目，项目分3年实施，2015年项目总计投入3268.9万元，其中：中央资金1500万元，省级资金576万元，县级财政配套24万元，企业、专业合作社和群众自筹1168.9万元。

2015年，攀枝花市获得国家农业部项目1个，即：东区辣木良种(苗木)繁育及生产示范基地热作项目。总计投入272万元，其中：中央资金200万元，省级资金64万元，市级财政配套8万元。攀枝花市获得国家林业生态示范项目1个，即：仁和区林业生态示范项目。总计投入163.2万元，其中：中央资金120万元，省级资金43.2万元。市县两级地方立项农业综合开发项目10个，总计投资808.8万元，其中：市级财政投入580万元，县级配套126万元，群众自筹102.8万元。

（周德敏　刘　飞）

水　　务

【概　况】 2015年，全市有市水务局、东区农业交通水务局、西区水务局、仁和区水务局、米易县水务局、盐边县水务局6个水务行政管理单位。全市水务系统现有职工380人，其中硕士8人，研究生12人，本科学历175人，具有大学学历138人，中专36人，高中及高中以下19人。职称方面，高级职称12人，中级职称57人，初级职称99人。

2015年是"十二五"水利发展的收官之年，也是"十三五"水利发展规划的谋划之年。全年完成水利投资10.523亿元，比上年增长11.59%，其中在全市有关部门的共同努力下，共争取到省级以上涉水无偿资金4.568亿元，较上年增长3.8%，圆满或超额完成各项目标任务。新增和改善灌面4595.63公顷，完成目标任务的132.5%；新增和恢复蓄引提水能力929.96万立方米，完成目标任务的134%；综合治理水土流失面积122.1平方千米，完成目标任务的110%；累计完成地方年发电量7.9亿千瓦时，完成目标任务的118.8%；新增节水面积4222.11公顷，完成目标任务的131.8%。加强水利工程蓄水保水，全年水利工程蓄水量达1.5093亿立方米，创历年来最高水平。投资973.23万元，建成47处集中供水工程，解决2.003万农村人口饮水不安全问题，提前半年超额完成省委、省政府目标任务。承担的水利项目和农建综合管理项目双双荣获省政府"李冰杯"竞赛三等奖，连续五年获绩效考评二等奖。2015年，我局荣获全省防灾减灾先进单位、全省水土保持补偿费征收先进集体、全省水土保持专项执法检查先进集体、全国文明城市网上申报工作先进集体、支援华坪"9·15"抢险救灾先进单位等省市十余个奖项。纪念攀枝花开发建设50周年、全市政务调研、"三严三实"专题教育、维稳和社会综合治理、年鉴、地方志编纂、市直机关文化节等十余项工作被市委、市政府表彰为先进。完成"十二五"水利各项任务，为全市经济社会健康发展提供了坚实的水资源保障和支撑。

【"十二五"水利规划完成情况】 "十二五"全市累计投入水利建设资金达41.4567亿元，是"十一五"的1.61倍，规划投资实现率达67%，规划项目落地率达89%，在全省同行业处上游水平。争取到中央、省级财政投入18.3132亿元，是"十一五"时期的2.292倍。水利投资的历史性增长，为全市扩内需调结构促发展做出了积极贡献，为水利加快改革发展储备了强劲动力。大中型水利基础设施建设实现历史性突破。开工建设投资上亿元的工程6处，总投资32.8437亿元。建成中型水库1处，新增库容1129万立方米。新开工建设的中型工程数是前30年新建中型工程总数的2倍。一大批关系长远的重大项目纳入国家和省级规划，一大批期盼多年的重点工程开工建设，全市水利建设实现历史性突破，水利效益实现历史性提升。民生工程取得实效。"十二五"共解决25.2957万农村人口、1.6145万农村学校师生的饮水不安全问题，分别完成规划目标的208%和133%。水资源节约与保护、水生态文明建设效益明显。投入各类水土流失资金113362万元，综合治理水土流失面积582.56平方千米，完成规划目标的153%。突出节约高效，新增节水面积19609.8公顷，完成规划目标的245%，其中，全省3个高效节水示范县全部落户我市，五年间全市共计投资6.03亿元，新建高效节水灌溉面积17141.9公顷。投资1.328亿元，整治中小河流5条7段，整治河堤25.5千米。农田水利基本建设取得长足发展，全市新增山坪塘、小水池、小水窖等"五小水利"工程24158处。投资1.125亿元，新建抗旱水池134口，打井126眼，整治及新建提灌站149座(其中新建光伏太阳能提灌站32座)，架设人饮及生产用水管道12660千米。新增灌溉面积17402.7公顷，恢复改善灌面18856.09公顷，受益人口21.27万人。五年来，战胜建市以来最大的持续干旱，完成75座病险水库除险加固工作，完成规划目标的187.5%，山洪灾害防治、预警体系初步建成。

【重点水利工程建设】 攀枝花市坚持以重点水利工程建设为抓手，大力推进现代水务发展。目前已编制完成《攀枝花市水资源总体规划》和《攀枝花市"十三五"水利发展规划》，"十三五"期间拟实施的水利项目纳入规划盘子估算总投资超过100亿元。2015年，我市全力推进7处在建重大水利工程项目，夯实全市水利基础设施。督促指导观音岩引水工程、马鞍山水库新建工程、梅子箐水库扩建工程等7

个重点水利项目业主优化方案，强化目标责任，高效、有力推进项目建设。全年完成重大基础设施建设总投资3.4887亿元，为全市拉动投资、增强基础设施能力做出重要贡献。其中：总投资47714万元的马鞍山水库新建工程，年度完成投资1.00337亿元，基本完成年初目标任务；总投资41340万元的梅子箐水库扩建工程，完成投资9254万元，基本完成年初目标任务；总投资6005.51万元的仁和区西水东调工程，主体工程全部完工，完成年初目标任务；总投资15340.13万元的米易县麻晃引水工程，完成年度投资3503.26万元，基本完成年初目标任务；总投资18.67亿元的观音岩引水工程，受设计变更及招投标影响，完成管道敷设1千米，隧洞掘进400米，年度完成投资7132万元。继续扎实开展藤桥河引水工程、滇中引水攀枝花供水工程、米易县老街子水库工程以及金沙江太阳能提灌站等重点工程前期论证和评估工作，为全市今后骨干项目申报和争取实施打下坚实基础。

【防汛抗旱工作】 2015年攀枝花防汛抗旱工作在市委、市政府正确领导下，在省防汛抗旱指挥部的大力支持下，经过全市防汛抗旱系统广大干部职工共同努力，全面完成防汛抗旱工作年度目标任务，防汛工作实现了无人员伤亡和将灾害损失减少到最低程度，无重大财产损失；抗旱工作确保重旱区群众生活用水和生产保苗用水，确保了旱区人心稳定和社会稳定。加强组织领导，严格落实防汛抗旱责任制。2015年，市委书记张剡、市长杨自力、市委常委、市委秘书长许健民、副市长李仁杰等市领导多次深入重点水库、尾矿库、滑坡隐患点进行明察暗访，对重点区域、重点地段、重点工程的防汛安全进行调研。全面落实防汛责任制，通过登报对全市水库防汛责任人、山洪灾害严重威胁区责任人、市、县(区)行政责任人进行公示，公开接受社会监督。组织召开了全市防汛抗旱工作会，与县(区)政府、二滩水电站、桐子林水电站、胜利水库等签订汛期安全生产责任书。修订并完善防汛抗旱会商制度，切实做到定期会商和不定期会商相结合、常规会商和紧急会商相结合。修订完善防汛应急预案，做到未雨绸缪。加强灾害监测预警预报工作，切实做到重点部位、重点防范区域和重要工程雨前排查、雨中巡查、雨后核查，特别做好水库、水电站、山洪泥石流灾害威胁区隐患排查工作。强化应急意识，提早储备应急物资，开展防汛应急演练，切实提高了应急处突能力。加强防汛值班值守制度，强化汛期值班抽查和明察暗访。加强江河防洪管理，加强河道梯级电站联合调度管理，建立起安宁河米易境内4座梯级电站与西昌水文局水情信息互通的水电站联合调度机制。建立大河流域水库联合调度机制。修订并出台《二滩水电站泄洪和放水预警管理规定》，进一步规范泄洪、预警、巡护等联动各项机制。山洪灾害防御预警系统发挥效益明显，防汛应急演练持续开展，河道采砂秩序井然，防汛抢险队伍和防汛物资准备充分，确保了全年无人员伤亡和重大财产损失。加快开展抗旱水源工程建设，加强县、乡两级抗旱队伍建设和抗旱物资储备工作。投入抗旱设备2148台(套)，及时解决0.35万人、0.899万头牲畜饮水问题，建成一批抗旱应急工程，确保了旱区人心稳定、社会稳定，受旱群众生活稳定和农民增收。

【农田水利基本建设】 攀枝花市水务局围绕全省“再造一个都江堰灌区”，坚持“治水兴攀”基本方略，大力开展农田水利基本建设，夯实粮食基础，为全市特色现代农业快速发展提供了强有力的水利支撑。全年新增和恢复蓄引提水能力929.96万立方米，新增和改善灌面4595.63公顷，新增节水灌溉面积4222.11公顷，年末全市水库蓄水量达1.5093亿立方米。切实抓好冬春农田水利基本建设宣传发动、组织协调工作，积极出台《攀枝花市2015年度农田水利基本建设考核办法》，及时制定《攀枝花市“农建杯”绩效考核标准》，全面完成全市“农建杯”年度绩效考评工作。全年投入8328万元建设资金实施“五小水利”工程，整治和新建渠道218千米，新建水池(窖)312口，整治和新建提灌站20座，整治山坪塘16座，架设人饮及生产用水管道125千米，全市小型农田水利基础设施条件得到显著改善。大力推广应用新能源提灌技术，上级有关部门对攀枝花市太阳能提灌项目关注程度高，国家灌排中心、山西省水利厅、广元市及所辖县水务局先后组织前来参观考察攀枝花市太阳能提灌站项目，学习借鉴攀枝花市实施太阳能提灌经验。建成并投入使用6座太阳能提灌站，有效破解了攀枝花市特色水果浇灌难题。大力实施高效节水灌溉项目，组织开展多种作物灌溉定额系数研究和灌溉制度试验研究，有效提高农业灌溉用水利用率。大力实施中央小农水重点高效节水试点项目，年度完成投资9827万元，实现新增高效节水灌溉面积3001.5公顷，成功争取到国家灌溉试验重点站落户我市，率先在全省范围内制定出6项早春蔬菜膜下滴灌区域性地方标准，切实推动南方节水减排降耗行动向纵深发展。拍摄攀枝花高效节水灌溉电视专题片和科教片，并在中国节水灌溉网、攀枝花电视台宣传展播。投资973.23万元，建成47处集中供水工程，解决规划内2.003万农村人口饮水不安全问题。启动“十三五”农村饮水安全巩固提升规划基础工作，开展需求调查，编制规划，加快推进县级水质检测中心建设。实施抗旱应急水源工程建设，总投资3450万元，建成机井21口，引提调工程7处，有效确保受旱区人心稳定、社会稳定，受旱群众生活稳定和农民增收。

【水资源管理】 紧扣用水总量控制红线，全面落实项目水资源论证、取水验收和取水许可证核发等制度。完成水资源监控能力建设项目。强力推进观音岩水库水源地保护区划定前期各项工作。切实加强沿江入河排污口综合整治和规范管理。深入开展城乡环境综合治理,积极推进水库施肥养鱼整治工作,对全市33座饮用水源水库、24座备用水源水库进行清理和整顿,完成57座饮用和备用水源水库水质检测工作,库区水质进一步好转。稳步推进河道、湖泊、水库及水利工程管理范围和保护范围勘测划定工作,切实加强水利风景区规划建设。全年多次组织并召开规划审查工作会,切实加快胜利水库水生态保护与水利风景区规划建设步伐。在全市5个县(区)组织实施水系森林廊道项目9个,累计投入资金144.92万元,完成水系森林绿化任务2平方千米。投入各类水土流失治理资金21913.38万元,综合治理水土流失面积122.1平方千米。承办并召开金沙江中游水量调度协调会,完成阿海、金安桥、龙开口、鲁地拉等中游梯级水电站蓄水发电对攀枝花市沿江取用水造成一定影响的繁重协调任务,力保攀枝花取供水安全。

【水土保持】 坚持“预防为主、防治结合、综合治理”方针,全力加快小流域水土保持和水土流失综合预防治理工作。全年累计投入各类水土流失治理资金21913.38万元,其中实施省级以上水土保持专项治理资金800万元(包括新争取400万元),督促生产建设项目单位投入水土保持恢复治理资金10245万元,全市完成水土流失综合治理面积114.1平方千米,超额完成年初目标任务。切实加强水土保持监督管理工作。强化水土保持审批管理,全年完成7个市级生产建设项目水土保持方案审查批复;对36个省、市级批复项目开展现场监督检查,出具检查意见36份,对其中13个项目提出限期整改要求,对23个项目发出水土保持补偿费征收通知,对6个项目发出限期缴费通知,并依法征缴水土保持补偿费194.29万元;对14个生产建设项目依法采取行政约谈,督促项目建设单位依法履行水土保持法律法规义务;督促5个生产建设项目依法完成水土保持设施竣工验收工作。启动全市水土保持2015-2030年规划编制工作。强化水土保持宣传和发动。按照市五创联动和深化体制改革工作要求,统筹做好创森、创园和生态文明体制改革等工作。

【安全生产和质量监督】 落实工程质量监督责任制,对全市15个在建水利工程进行质量监督,下发质量监督意见40多份,现场抽检报告100余份。积极配合指导全市重点水利工程的质量监督巡查工作,配合省质量监督中心站对米易县马鞍山水库和西区梅子箐水库两个中型水库开展质量监督巡查工作,下发质量监督巡查意见。配合做好盐边县高堰沟水库竣工验收工作,规范资料的收集,档案的整理,出具竣工验收质量评定报告。加强对仁和区大竹河水库工程蓄水阶段验收的监督管理,出具蓄水阶段验收质量监督评定报告。配合省水利厅对攀枝花市米易县小河河堤治理工程、盐边县渔门镇集中供水工程、西区巴关河治理工程稽查工作。完成观音岩引水工程三标、九标、二标、四标质量监督计划和检测计划审核工作,加强工程建设质量监督。在对米易麻晃引水工程进行常规质量监督检查情况下,组织开展一次全面巡查,出具巡查意见,督促参建各方积极整改巡查过程中出现的问题。加强对全市河堤治理工程、仁和西水东调工程的质量监督管理。进一步规范县区水利工程质量监督工作,完善质量监督工作制度,规范工程质量监督管理程序,建立站内质量监督台账,下发质监纪要(包括质量监督整改意见)30多份,出具质量检测抽检报告100余份。切实加强安全生产工作监督检查和指导,积极开展水利工程施工安全、水库大坝防汛安全、农村小水电装机发电等系列安全生产警示及培训工作,全年未发生一起重特大生产安全事故和工程质量安全事故。

【依法行政和依法治水】 攀枝花市水务局认真落实领导干部学法用法制度,年初制订计划,将法律法规学习列入党组中心组理论学习、干部日常学习培训、党支部学习重要内容,将学法、普法、依法治理工作落实到水务工作的各个环节,同部署、同实施。全年共组织“依法治水”专题培训2期200余人次,组织会前学法3次,邀请法律顾问讲解案例1次,开展法制专题讲座1次。认真执行并落实水务重大行政决策制度和责任追究制度。完善并出台《中共攀枝花市水务局党组“三重一大”议事规则》,在水利工程建设中执行《攀枝花市水务局社会稳定风险评估实施细则》,制定重大决策听取意见制度、专家咨询论证和评估制度、集体决定制度、实施后评估制度、合法性审查制度和责任追究、听证制度和重大行政决策听证制度实施细则等,明确重大行政决策的具体事项和决策机制、规则和程序。落实专家咨询论证制度和法律顾问制度。健全行政复议工作制度,完善行政复议机构和人员。加强水行政调解的组织领导,组建并成立水行政调解领导小组。依法推进简政放权,规范行政权力,清理、调整行政权力目录130项。规范行政审批项目前置条件和办事指南,切实保障12项行政审批项目规范化运行。规范行政权力的公开透明运行,加强行政权力运行平台的管理和监督。加强依法行政有关信息公开和执法证件管理,完成全局行政执法证年审和行政执法人员信息对外公开工作。认真开展水资源、河道管理、水土保持、渔业、供排水等专项执法活动,积极探索市、县(区)水务系统之间联合执法、市级部门之间联合执法的机制。全年开展水行政执法日常巡查共计220次,专项执法检查26次,严格查处涉水违法行为,有效遏制了水事违法行为发生。加强在建水利工程质量监督,组织人员对水利工程施工中的重要环节、重点部位开展质量检测和抽查，对全市15个在建水利工程进行质量监督，下达质量监督意见40余份，现场抽检报告100余份，促进项目责任单位依法依规建设好工程，确保工程质量和安全。全年窗口受理行政审批事项33件，办结33件，提前办结率100%，群众满意率100%，归档率100%。全年无一起行政复议、行政诉讼、行政赔偿案件发生。完成市级行政机构改革任务，调整、移交城市排水和水产、渔业行政职能。

【水务改革】 大力推进简政放权，依法规范行政权力公开透明运行，清理、调整行政权力目录130项。规范行政审批项目前置条件和办事指南，切实保障12项行政审批项目规范化运行。加强行政权力运行平台的管理和监督。加强依法行政有关信息公开和执法证件管理。认真开展水资源、河道管理、水土保持、渔业、供排水等专项执法活动，市、县(区)水务系统之间联合执法、市级部门之间联合执法的机制。依法强化水土保持监督管理工作。完成市级行政机构改革任务，调整、移交城市排水和水产、渔业行政职能。出台《攀枝花市水务局关于市管取水单位水资源费征收有关事项的通知》，切实水资源费征收管理改革。推动水利工程建设和运行管理标准化、规范化建设，完成3座水库标准化试点工作。出台攀枝花市《农村小型水利工程产权制度改革实施意见》，积极稳妥推进全市农村小型水利产权制度改革，在县(区)成立改革领导机构和农村水改办，试点乡镇成立工作组，上下联动，积极推进改革试点工作。在丙谷、新山、攀莲等乡镇启动摸底调查和测绘定点工作，举办产权明晰和移交培训会，改革工作稳步推进。开展农田水利设施产权制度改革和创新运行管护机制试点工作，米易县被列为全国100个农田水利产权制度改革和创新管护机制试点县之一。启动河湖管理范围和水利工程管理与保护范围划界确权工作。深入推进直属事业单位分类改革工作。基层水利服务体系不断健全，在全市成立起7个基层水利片区管理站，32个乡镇水利服务站，落实59个事业编制，落实基层站点专职水利服务人员56人，村级水务员81人，用水者协会18个，全面提高了基层水利管理水平和水利服务能力，为解决水利基层工作“最后一千米”和“终端操作”的问题奠定了坚定基础。

【高效节水项目建设】 2015年，攀枝花市继续大力实施高效节水灌溉项目，并组织开展多种作物灌溉定额系数研究和灌溉制度试验研究，有效提高了农业灌溉用水利用率，年度完成投资9827万元，其中各级财政投入8500万元，群众以物折资和投劳折资1327万元，建成高效节水灌溉面积3001.5公顷，年底通过省财政厅和水利厅绩效考评验收，圆满完成目标任务。积极争取米易县列入2015年度省级小农水重点县建设项目县，通过竞争立项、民办公助、先建后补等综合机制，预建高效节水灌溉面积4.2平方千米。成功争取到米易县、盐边县列入2016年省级小农水重点县入围名单。积极编制全市“十三五”高效节水灌溉规划并上报省厅。成功争取到国家灌溉试验重点站落户攀枝花市，率先在全省范围内制定出6项早春蔬菜膜下滴灌区域性地方标准，切实推动南方节水减排降耗行动向纵深发展。

(冷洪强)

交通运输

公　路

【概　况】 2015年，攀枝花市公路总里程4712.54千米，按行政等级分：高速公路195千米、国省道454.64千米，农村公路4065.9千米；按技术等级分：二级以上等级公路320.76千米、三级公路168.74千米、四级公路2468.84千米、等外路1559.20千米。水运通航里程368.4千米。出租车1417辆，公交车639辆，运营线路42条，年客运量约1.39亿人次。

【交通基础建设】 完成丽攀高速公路云南华坪段13.6千米主体工程建设。攀大高速公路完成施工图勘察设计、监理、检测公开招标工作和特许权协议签署工作，去年底已破土建设。联合凉山、宜宾，与中国交通建设股份有限公司签订了攀宜高速公路投资意向协议。积极推进攀枝花至盐源高速公路项目前期工作，与多个知名企业对接，多角度开展了项目推介。

各项民生工程任务圆满完成。完成省市下达的7项民生工程和2件民生工程大事。建成农村通村公路174.7千米，为目标任务的134%。建成路侧护栏35千米。完成G108等8个项目共150千米的国省干线公路大修工程，为目标任务的333%。国省干线公路路面使用性能指数达85.1。完成攀大高速公路年度建设和格福路改建任务。新开通一条社区公交线路。

农村公路扶贫攻坚扎实推进。积极落实中央、省、市扶贫工作相关精神。牵头组织盐边县等3个县(区)政府和市农牧局等8个市级部门，召开扶贫专题会议，确定了我市精准扶贫公路建设目标任务，拟订责任单位职责、项目规划、资金筹措、道路建设标准等事项。对全市70个省级贫困村开行农村客运情况进行了调查摸底。争取到农村公路改善提升工程建设补助资金6995万元；村道建设补助资金2182.5万。组织局机关干部开展“扶贫攻坚”专项督导，深入对口帮扶的盐边红果乡大槽村进行对接摸底和入户调查，明确了扶持对象，落实了扶持责任人，制定了帮扶措施，帮助该村厘清扶贫产业和基础设施建设规划，打下扶贫攻坚的良好基础。

其他交通重点项目顺利推进。完成攀枝花汽车客运中心局部完善工程、小攀枝花公交换乘枢纽站新建工程、攀枝花综合客运中心边坡治理。格福路改建项目提前3个月完工，畅通了攀枝花市的西大门。鱼塘至机场路连接线新建工程项目提前4个月完工，打通主城区上下高速公路又一个通道。

立体交通网络基本健全。公交基础设施、公交线网布局和公交服务水平得到显著提升，公交智能调度系统建设、公交场站建设加快建设。积极开展新能源公交、出租车推广研究，认真研究新一轮出租车报废更新工作，继续开展好出租汽车行业开展优质文明服务活动，大力推进公路客货运场站建设，出租汽车行业健康发展，服务水平进一步提升，市民乘车环境进一步改善。

【筹融资】 2015年，市交通运输局积极争取上级资金支持，全年筹措到位资金5.59亿元，其中省级交通建设项目资金补助1.63亿元、二级收费公路化债资金1.92亿元、银行融资1.43亿元、其他资金0.61亿元。

【固定资产投资】 2015年，全市交通完成投资10.58亿元，其中攀大高速公路完成1.2亿元，重点干线公路建设完成投资1.49亿元，国省干线公路大中修工程完成投资2.65亿元，农村公路建设完成投资3.83亿元，安保工程完成投资0.09亿元，危桥改造完成投资0.4亿元，站场建设完成投资0.94亿元。

【公交客运】 2015年，市交通运输局全面实施优先发展城市公共交通战略，不断加快公交车辆更新和线路优化，顺利实施公交票价调整，努力为公众提供安全、方便、经济、舒适的公共交通服务。新开公交线路1条，优化调整公交线路5条；建成公交GPRS智能调度及安全监控系统，初步形成运营调度智能化、数据生成自动化、安全监控可视化、服务市民信息化、企业管理规范化。积极研究新能源、清洁能源公交、出租车的推广应用。稳步推进了出租车新一轮报废更新方案研究,制定了工作方案初稿。以开展“亲情车厢”“优质服务精品线”创建、优质文明出租车评选、“最美的哥的姐”评选等活动为载体,不断提升运输服务水平。为特殊群体乘车提供优惠,全年办理免费乘车老年卡7125张,免费乘车爱心卡1133张,特困户、低保户免费乘车卡2926张。在“无车日”开展公交卡充值优惠活动。继续推行学生免费乘船政策,累计安全运送学生超过35万人次,落实财政资金350余万元。出租汽车行业健康发展,同时开展对出租车公司的质量信誉考核和驾驶员的教育培训工作。

【公路管养】 2015年,市交通运输局完善了《攀枝花市干线公路小修保养工作检查考核办法(试行)》《攀枝花市公路桥涵养护规范》,制定了《攀枝花市2015年公路防汛抢险预案》等相关工作制度。

以迎接交通运输部全国干线公路养护管理工作检查为契机,积极开展国省干线公路养护管理工作。投入资金1.7亿元,已完工G108线50千米示范路、S310客新线、红雅线、504电厂至福田段、雅江桥至烂院子段、S216线渔门至同德、同德至西区、S214渡仁西线8个项目150千米的大修工程,完成目标任务的333.33%,路况水平全面改善。在交通运输部五年一次的检查中,攀枝花市国省干线公路养护管理工作得到了检查组的一致好评。

加强桥梁检查力度,坚持每日巡查和每月经常性检查。完成观音岩水电站大件设备运输沿线的10座桥梁的维修加固工程;对老雅江桥、炳草岗大桥等七座桥梁进行了特殊检查。

【行政执法】 2015年,市交通运输局认真开展局长办公会议会前学法、执法人员全员培训、大比武活动,提高执法能力。以“法律七进”活动为契机,充分利用各种媒体、媒介开展执法宣传工作。

加强行政审批窗口服务建设,全年共办理行政许可项目12件,非行政许可项目3978件,群众评议率为100%,群众满意度100%。延伸行政审批服务,主动到企业、社区上门服务,办理行政许可事项。

加强对城乡客运和出租客运车辆的管理,加大非法营运的打击力度,出动执法人员13823人次,检查车辆、业户8159台户次,查处违章行为737起。通过联合联合执法加大治超检查力度,投入执法人员2.14万人次,检查载货车辆47.5万台次,责令卸货1.98万台次,超限率控制在4.16%。通过明察暗访、案卷评查、评议考核等措施,加强执法监督,规范交通运输行政执法。

【路政管理】 2015年,市路政管理支队围绕区域性交通枢纽建设,发挥路政维权护路职能,巩固治超成果,强化各项管理,审查各类案件1579件,开展重大案件集体会审23次。全年没有发生行政复议和行政诉讼案件。开展执法培训和宣传,完成行政权力依法规范公开运行平台基础数据的填制和录入,加强路政许可案件事前审核和事后监督工作,加强行政审批工作的清理和规范,做好政务服务工作。政务服务窗口办理案件1362件,办结率达100%;接待业务咨询730余人次,群众满意率为100%,对涉及市重点工程、民生工程等集中审批项目在法规许可的范围,实行以“便利直通车”和“绿色通道为主”的一站式全程服务。2015年,市路政管理支队直接挽回公路损失2831.2006万元;实施行政处罚111次,罚款43.6574万元。办理行政许可1384件。

市路政管理支队继续开展货运机动车辆超限运输路面专项治理工作,各大队在所辖路段开展流动治超。以倮渡北线、渡仁西线、红雅线为重点路段,对绕行固定公路超限检测站的、采取短途驳载运输的、车货总重超限55吨的车辆进行查处。

加强公路超限检测站管理,修订管理办法,完善考核评议制度,加强超限站日常工作的管理,完善各类台账和记录。通过明察暗访,对超限站实施督促检查290人次。完成米易超限检测系统升级工作,建立惩防体系,为过往车辆提供力所能及的服务。

2015年,市路政管理支队投入执法人员2.33万人次,检查载货车辆50.7万台次,其中超限30%以上车辆1.9775万台次,责令卸货2.0621万台次,卸载货物9675吨,超限率(治理标准)控制在4.06%。向市运管处、市交警支队抄告违法超载超限车辆信息23台次。

完善安全责任体系职能,加强安全培训教育、监督管理和日常检查。6月,开展了汛期抢险保通应急演练和米易公路超限检测站上方立宇尾矿坝模拟溃坝应急桌面推演活动。加大对公路桥梁的巡查密度,建立辖区路段隐患排查数据库、安保设施修复统计数据库,做好汛期和地质灾害路段的监控和处置,做好改建路段保通工作。投入资金8.36万余元,新购置了对讲机、应急灯、帐篷等应急物资;投入资金27.87万元,及时修复标志标牌等路产设施。开展公路“三乱”明察暗访11次,继续保持了全市公路基本无“三乱”(乱罚款、乱收费、乱设卡)成果。

加路容路貌整治工作,确定巡查计划、巡查时间、巡查装备,落实各大队管辖路段责任制,完善查处分离的内部监督制约机制,同公路沿线乡镇、公路养护部门等建立协查机制。继续整治公路沿线环境的“脏、乱、差”现象,专项治理车辆抛洒污染公路,开展非公路交通标志标牌的治理、公路两侧建筑控制区内违章建筑的治理、公路及公路用地违章行为的治理、违规设置公路平面交叉道口的治理、路边店、加水点、加油站的管理等重大违章专项整治行动17次。2015年,市路政管理支队共清理违章建筑物和构筑物890平方米(29处)、清除占用公路及留地1750平方米(85处)、规范公路平交道口130米(12处)、拆除非法广告标牌15块。纠正未加盖篷布车辆1250台次,批评教育违规车辆890台次,责令当事人清扫路面870平方米,查处车辆抛洒污染公路案件19起。平均上路巡查率为87%;查处公路损毁和公路占用案件53件,案件查处率为98%,结案率为100%。

【运政管理】 2015年,攀枝花市运输安全形势持续稳定全年无源头安全责任事故发生。扎实开展道路交通安全综合整治深化巩固年、道路运输平安年等专项行动,充分利用车载电视、LED显示屏滚动播放交通安全宣传提示语和视频,结合"安全生产月"和汛期开展应急处置能力培训,加大驾驶员社会责任、职业道德、驾驶习惯的培训力度。落实汛期24小时值班制度,建立与气象、国土部门信息共享机制,储备30台客车和30台货车作为汛期应急运力。逐级与全市货运企业和个体业户签订《安全承诺书》,签订率分别达到100%和99%。完成25家维修企业、5家普通货企业安全标准化达标评审工作。重点开展危爆物品和寄递物流清理整顿专项行动专项整治,完成全市22家危货企业、东区、仁和区的货运站、零担运输、快递企业、客车附搭小件快运及其他县区摸底排查工作。

规范维修驾培工作。推广使用二级维护视频监控系统达93户,定期抽查二级维监控平台,实施节能减排,严厉查处无证经营、超范围经营等违规维修行为5起,与211户一二类维修企业签订《维修业户不得非法改装货车安全责任承诺书》,组织维修从业资格培训考试合格276人。推进驾校改造达标,常态化开展教练员"吃拿卡要"专项整治,在全省率先完成从业资格信息库清理,平稳启动驾驶员继续教育工作,至今已有5702人报名参加。继续推行"预约培训、计时收费"培训模式,充分满足学员的个性化培训服务需求。认真落实重点驾驶人"黑名单"管理制度。

完成2015年度道路运输企业质量信誉考核工作,对19户危险货物运企业、12户道路客运企业、211户一、二类维修企业、11所驾校、12户出租汽车组织开展质量信誉考核,共评选出AAA级危货企业11户、客运企业6户、驾校2所、维修企业56户、AA级出租汽车公司11户。与全市100%的货运企业和99%的货运业户签订了安全生产责任书承诺书。建立交通、公安联合驻点巡查制度,组织西区安和商贸公司申报公路甩挂运输试点项目,做好2015年度车辆购置税收入补助地方资金的初审工作。开展20座以上客车和8吨以上货车、油罐车等应急运力数据调查,按照新修订的《道路危险品运输管理规定》要求,完成19户危货企业复核换证工作(新增3家除外)。

整治非法营运。采取定点稽查和流动稽查结合、定时检查和突击检查结合、集中整顿和长效管理结合"三结合"的方式,根据非法客运车辆主要营运区域、营运时间,集中全市有效执法力量,严肃查处非法客运行为,维护正常客运秩序。2015年出动执法人员15828人次,检查车辆(业户)9784台户次,查处违章行为828起(其中"黑车"119辆次)。

【道路运输】 2015年,市交通运输局保障服务,行业运输水平进一步提高。运输生产稳步发展,全年完成道路运输客运量2622.33万人次、客运周转量82117.41万人千米、货运量9232.22万吨、货运周转量502271.69万吨千米,完成水路运输客运量30.78万人,周转量861.84万人千米、货运量15.13万吨、周转量907.8万吨千米。城市公交运营里程完成4098万千米,完成客运量达1.39亿人次。

2015年,市客运中心共开行省际、市际、县际线路57条,平均日发班次255余班,日平均输送旅客2100人次,全年小件货物运量达到40000余件。年发送营运班次84747班,输送旅客690650人次。开通市内8个邮政储蓄购票点和网上购票服务,在腾讯微博开通了市客运中心官方微博,在客流高峰期设散客包车、加班车订票点,方便旅客订、购票。报废更新班线客运车辆(含农村客运)45辆,积极指导米易新增出租汽车20辆,客货运站场建设完成投资0.94亿元。完成农村客运通乡率93%、通村率68%。完成124辆省、市际客运班车3G视频安装,达100%,在2942辆12吨及以上普货和半挂牵引车安装卫星定位装置,占总数的56%。完成25家维修企业、5家普通货企业安全标准化达标评审工作。

【海事监管】 全市航务海事部门加强整治突出问题。开展"打非治违"专项行动,加强与涉水部门的工作联动,积极开展安全隐患整治。盐边、米易海事部门积极会同水务局等部门开展联合执法行动,对碍航网箱进行清理整治,强制拖离主航道碍航养殖网箱,拆除碍航网箱及渔具,确保二滩库区中心航道宽度达到了70米以上,保障航行安全秩序。建立健全乡镇船舶安全管理"四级"责任体系。加强学生乘船安全管理。加大辖区巡航执法检查力度,开展跨区域巡航联合执法行动。盐边县交通、海事部门会同"两地四县"交通、海事及水务部门开展了二滩库区跨区域巡航联合执法行动。利用船载卫星定位监控系统,加强客运船舶动态监管,及时查处超载、不按规定停靠和穿戴救生衣等违法违规行为。查处违法行为21起,处罚款17300元。

2015年,全市航务海事部门开展巡航执法检查194次,安全检查947次,安全检查船舶8980余艘次,查处安全隐患54起,完成整改54起;查处违法行为21起,处罚款17300

元;发布预警信息26550余条;开展安全培训及宣传教育活动42次,发放宣传资料9600余份,受教育人数达13200余人次。

全面完成2015年春节、国庆黄金周和“五一”等小长假水路运输工作。加大培育水运市场,引导运力结构调整。加强水路运输管理,全面清理企业的经营资质,积极引导辖区内客船、客渡船向标准化、专业化、节约化方向发展,降低船舶能耗,提高船舶的技术状况。完成水路客运量30.78万人,周转量861.84万人千米;完成水路货运量15.13万吨,周转量907.8万吨千米。继续深入开展客运船舶优质服务竞赛活动,加强运输组织、协调,合理组织安排运力疏运旅客。委托四川省交通运输厅交通勘察设计研究院进行《攀枝花市航运发展规划》的编制工作,形成《攀枝花市航运发展规划》送审稿。

修订完善攀枝花市水上交通突发事件应急预案,深化船舶自救互救机制建设工作。组织盐边县地方海事处、钒钛高新区建设交通局、“国银壹号”和“永昌二号”渡船等单位在金江镇金江上码头联合开展了水上交通应急演练。云南省华坪县“9.15特大洪灾”发生后,接到市政府应急调度指令,立即组成7人搜救小组,组织救援车辆2辆、冲锋舟2艘赶赴云南省华坪县会同蓝天搜救队开展搜寻失踪人员,较好地完成搜救任务,受到市政府的通报表彰。

【交通安全】 2015年,市交通运输局监管到位,道路运输、水上交通、工程建设、公路养护与管理、防汛抢险等行业领域均未发生因源头管理而引发的安全生产责任事故。各项安全生产指标均在省、市下达的目标控制范围内。重点组织开展“深化道路安全综合整治巩固年”“平安工地建设”“危险品运输”“打非治违”等专项整治活动。深刻汲取天津港“8·12”特别重大事故教训,组织开展“危险品运输”安全生产大检查、大整治专项行动,对全市22户危险品运输企业进行了拉网式全面检查和督查,对2家危险品运输企业下达整改通知书,并督促完成全面整改。重点整治省际、市际客运班线和农村客运线路营运安全,全市运管部门出动执法人员13823人次,检查车辆(业户)8159台户次,查处违章行为737起(其中“黑车”103辆次)。加大对公路桥梁的巡查密度,出动路政执法人员27650人次,车辆1645台次,排查治理安全隐患229处,设置警示标志114处,确保公路安全、畅通。加强水上交通安全管理,海事部门累计安全检查947次,排查整改安全隐患54起,保持了“零事故、零伤亡”的良好局面。加强交通在建工程施工现场管理,交通质监部门共开展安全监督检查48次,排查、整改隐患28处,确保了交通建设生产领域的安全持续稳定。

应急处置能力不断增强。完善了各类应急救援分项预案,做到了“一事一案”“一桥一案”。开展了各类实战和桌面应急演练,提高了应急处置能力,经受住了实践的检验。在雨季“8·27”“9·18”两次重大公路险情中,反应及时、处置得当,确保了公路安全畅通。在云南省华坪县“9·15特大洪灾”和市“11·12”事故搜救中受到市政府的通报表彰。

安全生产标准化建设推进有序。完成了58家维修企业、普通货运企业、城市公交和出租车企业三级达标考评工作。全年交通四大重点领域安全工作稳步推进,未发生安全责任事故,安全形势持续稳定可控。

【省厅公路局检查考核普通国省干线公路养护管理工作】 1月8—9日,厅公路局总工程师梁正钦带队对攀枝花市2014年度干线公路养护管理工作进行了检查。检查组重点查阅了公路管理部门、金江公路养护管理段、桥梁养护队、桥梁检测中心等单位的规范化管理内业资料,现场检查了部分危桥整治、安保工程和大中修工程项目建设完成情况,并与市交通运输局、公路管理处、总段相关负责人交换了意见。

【交通部原部长黄镇东到攀枝花调研金沙江航运发展工作】 1月9—10日,十一届全国人大常委会委员、交通部原部长黄镇东在省政协副主席、秘书长高烽的陪同下率部分航运专家莅临攀枝花,调研金沙江航运发展工作,并听取攀枝花市的工作汇报。市委书记刘成鸣、市委常委李章忠、副市长贾德华参加了汇报会。

【开通西区河石坝至同德镇农村客运线路】 1月14日上午,市交通运输局在西区河石坝转盘处正式开通河石坝至同德镇农村客运线路,并面向市民群众免费运行两天。

【省交通运输厅副厅长冯文生一行到攀调研】 1月14日,省交通运输厅副厅长冯文生一行到攀调研。下午,调研组一行先后实地察看了鱼塘至机场路新建工程、丽攀高速公路、S310格福路、西区农村公路建设(石灰石矿道路改善工程)及公路安保工程等项目。15日上午,冯副厅长组织市交通运输局、海事局、丽攀高建办、丽攀公司、各县(区)政府及各县(区)交通运输局召开座谈会。市委常委李章忠、市交通运输局党委书记、局长雷雨及总工程师刘应贵参加了会议,会议由市政府副秘书长庞德主持。

【省道216线同德至渔门段恢复正常通行】 2月6日中午,省道216线渔门镇至同德镇段大修工程完成了路面铺筑,恢复正常通车。

【四川汽车客运票务网投运】 四川汽车客运票务网(www.scqckypw.com)已投入运行,覆盖攀枝花、成都、南充、绵阳、德阳等112个省内汽车客运站。2月11日起,市民可通过该网站查询各大汽车客运站地理位置、实时班次、购买汽车票,且免收服务费。

【省道310线格福路龙洞至格里坪段试通车】 省道310线格福路龙洞至格里坪段8.5千米道路改建工程提前完工,2015年2月11日试通车。

【攀枝花市庄上旅游新村专线包车开通】 12月13日,庄上旅游新村至清香坪旅游包车开通。

【鱼塘至机场路新建工程建成试通车】 3月3日零点,鱼塘至机场路新建工程试通车。鱼塘至机场路新建工程是市区通往G5高速的又一便捷通道,工程主体现已完工并达到通车条件,为方便市民出行,于3月3日零点试通车。试通车期间,过往车辆请严格遵守道路沿线交通限速、警示标志通行。禁止客车、大货车、危化品运输车通行。

【米易县丙谷镇两个自发迁居农民安置点新建公路已全面竣工】 2014年,丙谷镇党委、镇政府根据路发村、护林村上报的自发迁居农民新建公路项目,启动了路发村四社(二台坡)和护林村二社(黄草岭)安置点的新建公路建设项目。2015年1月底,两个安置点的新建公路工程全面竣工。

【攀枝花凉山两市州水上交通安全工作联席会在攀召开】 3月24日,攀枝花、凉山两市州水上交通安全工作联席会议在攀枝花召开。攀枝花市交通运输局副局长朱斌、凉山州交通运输局安全总监李波、副调研员刘强出席会议并讲话,米易县、盐边县、仁和区、盐源县、德昌县、会理县地方海事处负责人以及两市州海事局业务科室负责人参加了会议,会议由市地方海事局局长梁勤国主持。

【华丽高速试验段开工建设　丽攀高速攀枝花全段年内通车】 4月27日,华(坪)丽(江)高速公路试验段正式开工建设,标志着华丽高速项目从国家高速公路2030年展望线纳入国家"十三五"规划,提前了15年。

【红飘带爱心出租车队成立】 4月29日,攀枝花市东区大渡口街道金福社区与攀枝花市4家出租车汽车公司,共同成立了"红飘带爱心出租车队"。今后,大渡口街道辖区内凡80岁以上的老人,凭出租车爱心服务卡可免费乘坐爱心出租车。

【市交通运输局被评为全国先进集体】 5月,人力资源和社会保障部、交通运输部表彰了一批全国交通运输系统先进劳模和先进集体,四川省交通运输系统有9个先进集体、7个先进工作者、14个劳模榜上有名。同时,四川省总工会也表彰了交通系统的劳动模范。其中,市交通运输局是全省21个市州交通运输局中唯一一个人力资源和社会保障部、交通运输部表彰的先进集体,攀枝花公交客运总公司第二公司汽车维修电工祝明成为14个劳模之一。

【市政府与交通运输部科学研究院签署战略合作框架协议】 5月11日上午,市政府与交通运输部科学研究院在会展中心签署战略合作框架协议,在此基础上,双方在攀枝花市交通运输局设立了"交通运输部科学研究院驻攀枝花市科技工作站"。交通运输部科学研究院党委书记王晓曼、副市长柳康健分别代表双方在协议上签字,并为科技工作站揭牌。

【落实政协重点提案　提前完成渡金线限速调整工作】 5月12日,市交通运输局提前完成市政协重点提案《关于提高攀枝花大道东段(金江阿基鲁桥至密地桥加油站)限速的建议》,调整后的限速为:自5月12日零时起,县道金歇路密地大桥至马家田桥段机动车行驶最高限速统一调整为60千米/小时;三堆子大桥至倮果大桥路段机动车行驶最高限速调整为:小型载客汽车80千米/小时,大车及货车60千米/小时。

【高速公路项目推介活动】 5月22日下午,市交通运输局党委书记、局长唐成斌在局办公楼六楼会议室组织召开攀枝花市西区至凉山州盐源县高速公路推介会活动。盐边县县长邓斌、副县长石西平到会,市投资促进局,市交通运输局,盐边县发改局、旅游局、财政局、交通运输局等相关部门人员参加会议。本次推介活动邀请了中铁国恒置业公司董事长陈选国、中铁实业股份有限公司总裁万国忠、中铁国恒置业公司董事长常务副总经理徐大滨、董事长助理及副总经理谭毅、杨程波参加。

【攀枝花市鱼鲊金沙江大桥5月底通车】 攀枝花市鱼鲊金沙江大桥5月底实现通车。鱼鲊金沙江大桥东岸位于会理鱼鲊乡鱼鲊村,西岸位于仁和区大龙潭乡拉鲊村。大桥2010年5月开建,该桥全长1599.7米,桥面宽18.5米、双向四车道。建成后,将结束国道108线断头路、采用轮渡运输渡江的历史。

【格福路改建完工】 省道310线格福路改建工程全长20.286千米,于2014年1月26日开工,2015年5月31日全线建成试通车,比合同工期提前4个月完成。该线的贯通,标志着攀枝花南向出攀主干道全面打通。

【李传林一行调研攀枝花市交通运输重点工作】 6月16—18日，省交通运输厅党组成员、驻厅纪检组长、监察专员李传林率厅相关部门来到攀枝花，对攀枝花市交通运输工作情况进行了调研。市交通运输局党委书记、局长唐成斌等局领导陪同。调研组一行实地调研了三堆子超限检测站、二滩港客运汛期安全工作情况，重点对综合客运中心、S310客清线大修工程、丽攀高速川滇交界处C1标段、S310格福路改造工程、丽攀高速瓜子坪收费站、得石镇至三滩桥道路改建等工程项目推进情况进行现场指导，并在会展中心听取了攀枝花市1至5月交通运输工作情况及党风廉政工作情况，提出工作要求。

【出租车行业“爱心送考”】 2015年是攀枝花市出租车行业连续8年爱心送考公益活动之年，共有156辆出租车参与“爱心送考”活动。高考期间，免费接送考生达1643趟次，运送学生达2967人次。

（胡晓莉）

铁　路

【概　况】 2015年，攀枝花境内铁路由西昌车务段管辖的车站共有17个：弯丘、青杠、沙坝、米易、丙谷、垭口、枣子林、桐子林、牛坪子、三堆子、攀枝花、倮果、密地、渡口、弄弄坪、巴关河、格里坪站。其中，客运办理站2个即米易、攀枝花；货运办理站12个，即弯丘、青杠、米易、垭口、桐子林、攀枝花、倮果、密地、渡口、弄弄坪、巴关河、格里坪；区段站2个，即攀枝花、密地。主要承担着攀枝花市的客货运输任务及大量军、专、特运任务，经济吸引区辐射凉山州、云南省广通、丽江、巧家等市县地区。

【境内运输经营】 2015年，攀枝花境内发送旅客171.14人次，其中直通旅客32.86万人次，管内旅客150.85万人次，到达旅客138.23万人次，完成客运收入2.34亿元。货物发送量461295车、2232.67万吨，货物到达量249715车、1234.72万吨。

（李小莉）

航　空

【航空市场】 在巩固稳定成都、重庆、北京航线的基础上，2015年7月10日，攀枝花至深圳航线成功开通，由深圳航空公司执飞，机型为A319，攀枝花至深圳航线为攀枝花机场首条直飞长航线，新航线开辟工作取得突破。

全年，攀枝花机场共安全起降航班1920架次，完成旅客吞吐量16.19万人次，货邮吞吐量420吨。

【航空安全】 2015年攀枝花机场结合“平安民航建设”专项行动，以“七个不发生”为目标，以“三个百分百”为重点，修订完善《航班大面积延误应急救援预案》《消防应急救援预案》《供水供电突发情况应急预案》等，全面推动各项安全措施的有效落实，全年未发生一起安全事故和有效投诉，为机场第十个安全年。

攀枝花机场2015年未发生安全责任事故或事故征候，航班放行正常率100%，延伸服务、航务代理满意率100%。

【机场服务】 2015年攀枝花机场着重从软件和硬件上全面提升服务品质。一方面全力打造“阳光随行”服务品牌。利用“阳光彩铃”为旅客提供航班延误时的及时服务；通过“共庆佳节互动活动”，树立攀枝花机场新的服务品牌。另一方面积极引入航站楼商业、零售、餐饮新模式，引入新的商家、新的经营理念，整体提升机场的服务品质。

（罗　莉）

信息产业

邮　政

【概　况】 2015年,全市共有国营邮政公司1家,邮政速递公司1家,民营快递企业9家,备案分公司、分拨中心9处。市邮政公司下辖县区分公司6个,邮政支局所70个,报刊亭54处,便民服务站443个。民营快递公司分支机构、备案分支网点108处。邮政企业现有生产车辆119辆,投递车辆71辆,在岗职工612人,民营快递企业从业人员528人,投递车辆315台。

2015年,攀枝花市邮政业累计完成业务总量18168.30万元(不含邮政储蓄直接营业收入),同比增长42.19%,增速排名全省第二。完成业务收入16254.46万元,同比增长26.02%,增速排名全省第三。其中,邮政公司实现业务收入1.0005亿元,成功突破亿元大关,排名全省第三;快递业务量累计完成528.51万件,同比增长97.87%,增速排名全省第一,实现快递业务收入8448.71万元,同比增长45.70%,增速排名全省第五。“双11”快递旺季期间,单日收投件平均处理量达62785件,收派总量较2014年同期增长40%以上。

【普遍服务监管业务】 2015年攀枝花市邮政管理局共行政审批及备案普服营业场所、村邮站以及便民服务站共20个。发挥社会监管作用,开展社会监督24次,走访消费者77人,反映问题8条,提出工作建议13条。加强邮政专用标志车辆日常监管,开展行政村通邮情况调查和投递段道调查,普服监管信息化工作稳步推进。对基础设施、法定业务开办、安全生产、投递频次、空白乡镇补建交接及营业等方面开展监督检查50余次,累计检查三区两县乡镇普服营业场所80余次,检查人数超过300人次。对辖区内《乙未年》特种邮票、申办冬奥会成功纪念邮票、抗战胜利70周年纪念邮票的发行情况进行监督检查,规范邮票发行。开展邮政用品用具抽检工作,对其中1家不符合标准的生产企业注销经营资质。完成《人民日报》党刊的投递情况调查。召开邮政行业安全工作专项会议20余次,参与和开展“扫黄打非”执法检查10余次,检查邮政报刊亭及其他营业场所100余处。空白乡镇补建工作攻坚克难顺利完成,荣获全国补建工作“优秀集体”荣誉称号。

【快递市场监管业务】 攀枝花市邮政管理局依法完成全市9家法人企业年度报告审核,注销了攀枝花市聚信企业管理咨询服务有限公司及其下属弯腰树、矿务局、西区三个营业部,新增了瑞丰速递一个品牌,新增了两家分公司,分别是北京瑞丰速递服务有限公司攀枝花分公司和成都市永实讯捷速递服务有限公司攀枝花分公司。邀请市公安局治安支队、禁毒支队,市国安局,市安监局资深工作人员为全市邮政快递企业从业人员200余人开展邮政行业安全培训,提高一线营投人员安全意识和安全操作技能。推动全市邮政快递车辆规范管理及车辆顶灯统一安装,开展邮政、快递车辆车身标志统一工作。因地制宜开展攀枝花市快递营业场所标准化改造,仁和区试点网点全部改造完成。开展许可变更、许可注销、延期申请及分支机构新增核查,办理延期分支机构名录44份、变更4份、新增3份。开展市场行政执法检查及行政处罚,现场下发责令改正通知书19份,行政处罚快递企业2家,处罚金额2000元。完成统计月报、年报的催报与审核。受理消费者投诉41起,受理率、回复率100%。做好重要时段、重大节日安全保障专项检查,保障了汛期、高温天气、中秋、国庆、“双11”以及其他时段的寄递渠道安全。根据全国寄递物流清理整顿工作总体部署,全面推行收寄验视、实名寄递和X光机安检“三个100%”制度落实,联合市综治办等部门加强督促检查。

【发挥协会作用】 攀枝花市邮政管理局打造“政府监管、行业自律、社会监督”三位一体的邮政监管体系,充分引导快递协会发挥连接政府与企业之间的桥梁纽带作用。及时沟通协调解决车辆标志统一问题、快递与电商协同发展问题、商议快递园区建设等问题。带领部分企业对自贡、宜宾、乐山、南充、遂宁、绵阳、德阳等快递地协会开展双向考察交流活动，互相学习先进管理经验，带动企业坚持“走出去、引进来”战略，改进攀枝花市快递企业发展模式。

【电子商务发展】 攀枝花市邮政管理局积极融入地方电子商务发展，邮政综合便民服务平台“易邮铺”入驻攀枝花市电子商务产业园，市委书记张剡亲临指导工作，攀枝花市邮政公司被选举为市电子商务协会副会长单位；2015 年 6 月，在市委、市政府确定的 3 个县级电子商务中心和 13 个乡镇电子商务服务点中，邮政公司承建 2 个县级中心、10 个乡镇级电商服务示范点，在此项工程中起主导作用。民营快递企业利用自身优势发展电商业务，攀枝花市申通快递有限责任公司大力发展特色水果寄递业务，成立了“攀枝花市攀果鲜商贸有限公司”。6 月开始对攀枝花特色水果、农特产品实行线上线下销售，走上了“快递 + 电商”的共赢发展路子。

【智能包裹柜建设】 2015 年，攀枝花市邮政公司加大寄递业务能力建设，开始在全市人流集中、网购量大的居民小区、高等院校、写字楼等区域布放智能包裹柜。智能包裹柜，俗称“快递神器”，因其便利性、安全性、私密性广受用户欢迎。可以投递包括进口快递、包裹、约投挂号、同城重要函件等留有收件人手机号码的邮件。投递员将邮件投递到客户选定的智能包裹柜，系统自动发送包含取件密码的短信，客户凭短信自提。全年共布放智能包裹柜 15 处，分别是东区望江苑、印象米兰、阳光骊景、金碧天下、公园大地、水岸新天、阳城龙庭、仁和峻岭天下、春天花园、上海花园、和苑小区，紫荆山邮政大楼、清香坪邮局、机电学院、锦江之星。

【邮政综合便民服务平台】 攀枝花市邮政公司发挥邮政便民利民作用，初步建成了适应电子商务发展模式、线上线下相结合的邮政综合便民服务平台。线上：携手邮乐平台，将现有邮政业务切入电子商务产业链，着重为攀乡特色水果搭建网络销售平台，自营淘宝网店和微信微商城在 2015 年实现芒果销售 2.5 万公斤，同时线上集邮品、旅游联票、分销酒水、报刊文化礼盒等销量不断增加。线下：大力推进渠道建设，在做好自营网点的基础上，共建成便民服务站 443 个，其中有效网点 277 个，邮掌柜系统使用数量为 116 个，累计使用率为 51%，2015 年实现交易额 1140 万元，同比上年增长 3 倍；积极承接政府公共服务，与电业局、市民卡中心、西铁旅、客运中心、通信等部门、行业达成合作协议，叠加代收电费、代缴通信费、邮件收寄、邮件自提、特色农产品电商服务、网络代购、票务业务、代理车险等 20 余项业务，助推了基本公共服务均等化。

【阳光邮局】 2015 年 9 月 11 日，攀枝花地区首个主题邮局——阳光邮局正式开门营业。阳光邮局，依托攀枝花“阳光花城”之称而得名，汇集阳光、攀枝花、邮政等元素于一体，旨在以文化创意为核心，通过创新的邮政产品和服务，以及各种新颖的销售和体验方式，将攀枝花本地的阳光文化进行全方位的传播与推广，打造充满创意和生活乐趣的全新邮局形象。阳光邮局 logo 以笑脸、太阳的基础造型，左边是醒目的“中国邮政”标识，右边是一幅约 3 米多长的浮雕，细致刻画了攀枝花建市 50 年来从百里钢城到阳光花城的变迁，以及邮政始终伴随城市变迁的深厚渊源。邮局内部不仅划分了创意明信片、花城特色、集邮珍藏、水果宝贝、书刊杂志、书写思想、线上体验等区域，还设置了“时光邮筒”。邮局内除提供原有邮政专营业务和便民服务外，还平价销售阳光味道十足的攀西水果，展示销售攀枝花独特的钒钛金属类生活用品以及不断上架更新的各类创意产品。同时，阳光邮局定期举办集邮会员活动，为集邮爱好者提供交流、品鉴、收藏集邮产品的文化平台。

（柳兰、寇建梅）

中国电信攀枝花分公司

【概　况】 2015 年，中国电信攀枝花分公司（以下简称市电信公司）深入贯彻落实《“十二五”国家战略性新兴产业发展规划》和《“宽带中国”战略及实施方案》精神，快速推进攀枝花市信息化建设，着重夯实农村信息化基础建设，稳步推进信息惠民、城乡一体化发展打造，成功将攀枝花市纳入了“宽带乡村”惠民工程扩大试点范围。

市电信公司已拥有 200G 传输出口容量、30 余万户语音容量、180G 互联网出口带宽、容量 200 万户的移动通信网络。全市已建成无线 3G、基站 829 个、4G 基站 673 个，无线网络人口覆盖率达到 99%，手机用户上网平均速率达到 54.21Mb/s。城市光纤到户 49.5 万户，覆盖率超过 99%；互联网出口带宽占攀枝花市总出口带宽的 80%。

【“宽带乡村”惠民工程建设】 市电信公司充分发挥国有企业主导地位的责任，深入贯彻落实《“十二五”国家战略性新兴产业发展规划》和《“宽带中国”战略及实施方案》精神，快速推进攀枝花市农村信息化建设，夯实农村信息化基础，稳步推进信息惠民、城乡一体化发展。2015 年 1 月，攀枝花市仁和区、盐边县、米易县相继召开“宽带乡村”惠民工程建设启动会，至此攀枝花市全面启动“宽带乡村”惠民工程建设项目。

2015年，攀枝花市“宽带乡村”惠民工程建设项目共计5个批次，涉及2个乡镇、114个行政村光纤点位建设。完成253个行政村光纤点位建设，新建光纤端口1.79万个、延伸光纤端口0.56万个，达到乡镇100%通光纤，行政村71.8%通光纤。

【通信保障】 2015年，市电信公司履行全市重要活动通信保障，相继承担了攀枝花市国际自驾游博览会、攀枝花市阳光康养发展论坛、攀枝花市欢乐阳光节、攀枝花市东盟经贸合作会、攀台现代特色农业和康养产业合作交流会等重大活动的现场通信保障。3月，攀枝花市东盟经贸合作会，市电信公司主要负责会展现场互联网、无线WIFI覆盖保障工作，成功达到互联网光纤接入100M，无线WIFI现场覆盖100%。11月，攀枝花市欢乐阳光节，市电信公司主要负责现场的3G网络覆盖，通过放置移动基站，充分保障3000部手机可以同时接入。

【客户服务】 2015年，市电信公司坚持以全业务服务达标工作为主线，以客户满意率测评监督为抓手，从服务质量管控、经营风险防范、全渠道服务监督、缺陷短板挖掘入手，持续夯实基础服务能力。客户综合满意率达到87.27%，较上年提升3.06%；客户投诉率1.0‰，投诉处理满意率87.87%；装维故障处理客户满意率95.05%，较上年提升3.33%。

（唐秀兰）

中国移动攀枝花分公司

【概　况】 中国移动通信集团四川有限公司攀枝花分公司（以下简称攀枝花移动）是攀枝花地区最大的移动通信主导运营商，主要经营移动话音、数据、IP电话和多媒体业务，具有计算机互联网国际联网经营权。攀枝花移动分公司设有综合部、市场经营部、数据部、政企客户部、网络维护部、大数据中心、人力资源部、财务部、纪检监察室、工会、党群工作部，在攀枝花市区域内分别设有东区分公司、江北分公司、西区分公司、仁和分公司、米易分公司、盐边分公司。

2015年，攀枝花移动在谋求自身发展的同时，不忘承担社会责任，全力推进城市经济和信息化建设，积极投身各项社会公益事业。在2015年的发展进步中取得经济效益和社会效益双丰收的良好成绩，全年缴纳地方税3235万元，有效推进了攀枝花市经济的发展。

【网络运营】 2015年，攀枝花移动基站数达到3269个，全年累计新开通4G基站812个，载频数增加到1061个，光缆达到13000皮长千米，CMNET城域网设备由20台设备增长到30余台，汇聚节点覆盖由东区扩大到全市区域。中小城市基础设施投资3200万元，建设5.2万端口配线，完成“三区两县”16个街道、44个乡镇10万户光纤宽带接入覆盖，同时完成城域光缆网扩容、城域传送网优化扩容、城域数据网扩容等配套工程，实现“三区两县”城镇100%光纤覆盖，城镇家庭用户光纤宽带接入能力达到100Mbps。从2005年开始村通建设以来，攀枝花移动累计投资37760万元，建设村通基站566个，村通载频2407个，传输2466皮长千米，全市352个行政村100%覆盖，2344个村名小组覆盖率为96%。

【服务社会】 2015年，攀枝花移动始终坚持按照全市重大活动安排，提前拟定综合保障方案，为全市18个重大活动提供现场通信保障。同时，攀枝花移动加大人力物力投入，对本地通信网进行多次全面排查，消除网络安全隐患，整合网络值班形成大监控模式，保障工作负责人7×24小时密切监视网络运行状况，及时处理网络故障和投诉，保障网络正常运行。汛期期间，全市范围内出现大面积停电9次，涉及基站停电累计5759站次。攀枝花移动第一时间启动汛期应急预案，出动通信保障抢险人员270人次，抢险车辆216台次，使用应急油机发电16台次，保障基站的正常运行。

【业务发展】 2015年，攀枝花移动坚持围绕“政府倡导、社会关注、群众需要”的总体要求，密切关注电子政务发展，紧紧围绕市委、市政府制定发展目标，积极推进移动信息技术在社会各领域的广泛应用，消除政府与大众、企业与企业、企业与客户、农村与城市之间的信息鸿沟，先后实施东区长寿路街办平安社区项目、盐边县天网（渔门集镇）及道路违章抓拍项目、攀枝花市质量监督局特种设备监管项目、攀枝花市智慧旅游建设项目、市民卡公交M2M项目、医保专线等影响力大的重点项目。

【客户服务】 2015年，攀枝花移动深入了解客户需求、收集客户对移动产品和服务的意见和建议，全年开展“总经理服务日”6次，拉近公司与客户之间的距离，让客户切实享受到热忱、贴心、周到、优质的移动信息服务；全年处理投诉43178件，办理率达到100%，及时为客户处理和解决业务咨询和投诉问题；开展4期端到端服务监测，通过网络测试、营业厅业务办理、拨打“10086”热线、电子渠道业务办理、终端售后咨询等多种方式进行监测，共计上传监测样本近1107件，并对监测结果进行总结分析，持续提升服务质量。

（赵 燕）

中国联合网络通信有限公司攀枝花市分公司

【概 况】 中国联合网络通信有限公司攀枝花市分公司是中国联通四川下属的分公司，（以下简称攀枝花联通公司），组建于1999年。主要业务有：固定通信业务、移动通信业务，国内、数据通信业务、网络接入业务和各类电信增值业务，与通信信息业务相关的系统集成业务等，为广大用户提供全方位、高品质的宽带通信和信息服务。2015年，攀枝花联通有在册员工74人，内设10个后台支撑部门，15个营销单元。

2015年，攀枝花联通公司深化实施“移动宽带领先与一体化创新”战略，坚持以提质增效为中心，着力加快转型发展，着力推进改革攻坚，着力强化反腐倡廉，全面增强企业基础能力、内生动力和差异化竞争力，开创持续快速健康发展新局面。

【网络运营】 2015年，攀枝花联通公司全面发力加速4G网络建设，打造4G精品网，积极进行网络布局优化调整，提升4G网络竞争力。实现了网络能力、资源保障与支撑保障能力的全面提升。加快建设进度，提升网络能力。以项目管理为载体，以LTE、3G、宽带和基础传输网络建设为重点，强化项目管理的落地执行及关键环节管控，有效、精准支撑市场发展，实现网络能力、市场响应效率和客户感知的有效提升。全年新建基站973个，其中2G基站227个，3G基站40个，4G基站706个。加强网络优化，提升覆盖水平。大力开展深度优化工作，深入落实网络质量监控体系，确保重点网络（3G）和重点区域的2G/3G/4G网络协同优化，通过区分网络场景、从基础优化向深度优化进行转换、建立问题库解决机制等方式，倒逼网络质量问题的快速解决，有效提升了网络质量。

【客户服务】 2015年，攀枝花联通坚持以客户为中心，积极践行“互联网+”行动，启动“互联网+行业”计划，推动政府、企业信息化转型升级，依托4G/3G无线宽带网络和光纤网络，打造移动互联网、云计算、大数据、物联网等领域产业。

面对移动互联网时代广大客户全新的消费需求，实施全过程、全产品、全周期的360°管理。通过闭环管控，借助平台刚性运营，倒逼内部管理能力和服务协同的提升，有力地推动着企业运营管理上新台阶。

【业务发展】 2015年，攀枝花联通公司围绕围绕中国联通集团公司“深化实施移动宽带领先与一体化创新战略”的工作部署，以“聚合资源价值经营，增存并举效益发展”为中心，以“提升企业的转型与竞争能力”为目的，以“七个狠抓、七个提升”为主线，内聚合力，外放能力，实现公司在新常态格局中创新经营与转型发展的全面突破。在行业应用方面，以创新体验营销、文化营销、异业合作等模式，以“智慧城市”战略协议为契机，加强智慧项目的推进，在智慧校园、智能公交、智慧交通、智慧驾考、移动警务等行业应用方面推陈出新。以移动OA、移动执法、移动销售、汽车信息化、PTT集群对讲、监测监控、无线数传七项行业应用标准产品和“智慧园区”一个整体解决方案为突破，加强行业应用拓展。

【通信保障】 2015年，攀枝花联通公司网络通信能力跨上一个新台阶，市场竞争的网络基础更加扎实。加强网络优化工作，提高网络运行质量。制定了以市场需求和市场评价为标尺的网络质量评估体系。为攀枝花“平安高考”、第六届四川国际自驾游交易博览会、米易灯会提供网络通信保障，在网络维护中不断加强网络安全防范工作，确保全年无重大通信事故发生。网络功能、网络覆盖和通信质量得到根本改善。推动网络向扁平化、集中化方向发展，持续开展网络建设，提高网络覆盖。4G网络实现市区、县城、高校校园、4A及以上景区连续覆盖，乡镇镇区实现全覆盖，并开展村村通工程。

【培训情况】 2015年，攀枝花联通公司着力建设“懂管理、善经营、作风硬、思想强”的管理团队，和“能力素质优异、充满生机与活力、高绩效高贡献”的员工队伍，全方位多元化促进干部员工能力素质提升。全年组织开展培训474余期，参陪人员达到7106人次，促进核心员工管理能力快速提升，制定了攀枝花联通人才培养机制。

【企业文化】 开展员工关爱工程，进一步加强员工食堂的建设，组织公司员工参加体检、献爱心活动，对节假日加班员工、住院员工、女职工生产、困难职工进行慰问等。进一步增强了员工主人翁意识，建立“总经理在线”QQ群、内部微信群、总经理邮箱，积极开展了“面对面、心贴心、实打实服务职工在基层”等活动。切实加强企业文化建设，制定企业文化核心价值理念，组织干部员工进行企业文化理念讨论学习；开展企业文化上墙，营造企业文化宣传氛围，促使企业文化氛围愈加浓厚。

（赵　琳）

电子政务

【概　况】 攀枝花市电子政务办公室与市人民政府办公自动化办公室、市经济信息中心合署办公，实行三块牌子一套人员。主要负责全市电子政务的规划、建设、管理、协调推进和督导工作，为全市电子政务工作的综合管理职能部门。2015年，全市电子政务工作继续在全省保持领先，电子政务工作成效连续9年进入政府工作报告。在工信部中国软件评测中心主办的第十四届（2015）中国政府网站绩效评估活动中，攀枝花市政府门户网站位列全国301个地级市政府网站绩效评估第十四名，列西部地区130多个地级市政府网站第三名。在2015年度全省政府网站评估活动中，攀枝花市政府网站列全省21个市（州）第五名。全年，向四川省电子政务内网主网站报送信息采用量列全省21个市（州）第六位，向四川省政府门户网站报送信息采用量列全省21个市（州）第四位。

【电子政务管理】 2015年，市电子政务办公室制定并印发《2015年全市电子政务内网网站信息报送目标任务及计分标准》和《2015年攀枝花市政府网站绩效评估指标体系》，继续将电子政务工作纳入市委、市政府年度目标管理，推进各县（区）市级各部门网上为民服务工作向深度拓展。代中共攀枝花市委办公室、攀枝花市人民政府起草《关于统筹推进全市电子政务发展的实施意见》，于8月21日印发全市贯彻落实。按照《攀枝花市政府投资信息化项目管理办法》规定，对“市质监局特种设备智能化监管项目”“市民政局社区信息化项目”“市住房公积金管理中心公积金管理系统”等10余个新建政府投资电子政务项目按照资源整合共享的原则开展前置审核工作，从源头上防止重复建设，进一步提升政府投资的效率。完成《关于全市公共安全视频监控资源整合共享的实施意见》《攀枝花市“互联网+政务效能”行动计划》《关于加强政府网站信息内容建设的实施意见》等10多个方案的编制工作，为推进资源整合与共享工作提供有效决策参考。

【电子政务基础设施建设】 按照《关于统筹推进全市电子政务发展的实施意见》的工作要求，组织完成了全市电子政务外网安全改造和优化升级，为金保网、社区公共服务综合信息平台的互通，以及其他业务专网安全接入电子政务外网创造了条件。2015年，全市新增158家单位接入电子政务外网，接入电子政务外网的单位达409家，其中市级部门177家、县（区）级部门232家。协调攀枝花电信分公司投资210万元完成全市电子政务外网三级安全等级保护建设，为各非涉密业务系统安全接入电子政务外网奠定了基础。通过与攀枝花电信分公司合作，完成全市电子政务外网网络提速，市级部门网络带宽已由4M提升到10M；同时优化电子政务外网网络环境，有效提升各部门的办公效率。按照中央和省委关于涉密电子政务内网建设的决策部署，组织完成《攀枝花市电子政务内网建设方案》的编制，并组织专家对该方案进行评审和论证，于2015年6月通过省电子政务内网建设和管理领导小组办公室的审核。根据四川省2015年“互联网+”重点工作方案和攀枝花市实际，开展全市电子政务云建设前期调研工作，完成《攀枝花市电子政务云建设方案》的编制工作。

【电子政务应用】 针对全市各部门在使用协同办公平台中发现的问题及工作建议，进一步优化和完善协同办公平台功能，使之高效正常运转，全年，全市共制作发放个人数字证书922个，累计发文9.7万余份，收文124万多份，发送短信110多万条。完成全市行政权力公开透明运行平台升级工作，加强了平台的安全监管与运维工作；截止2015年年底，完成42个行权部门6174个行政权力事项的清理和公布工作，平台累计审核通过行权录入事项26421项。

【市人民政府门户网站】 2015年，按照全国政府网站普查工作要求，组织完成了全市86家政府网站普查资料的上报及备案登记工作。对照《2015年攀枝花市政府网站绩效考核指标》，对86家政府网站存在的问题进行梳理和通报，督促有关部门认真整改，有力地促进了全市政府网站建设。进一步整合教育、就业、医疗卫生、社会保障、住房、公用事业、企业服务等领域的政策法规、办事流程、便民服务和互动资源，推进“一站式”网上政务服务。紧紧围绕群众关心、社会关注的重点领域、热点问题及时、准确地公开政府信息。2015年，公开财政预算决算、“三公”经费和行政经费、保障性住房、食品安全、环境保护、招投标、生产安全事故、征地拆迁、价格和收费等13大重点领域信息449条；公开民生工程法规政策、执行进度、实施效果等信息 261 条。在保障市长信箱、“12345”市民热线和市纪委举报中心、组织部“12380”举报平台等政民互动渠道畅通运行的基础上，开发建设了智能问答平台等政民互动渠道，使政民互动交流更加多元更加亲民。全年，网站发布“阳光政务”电视问政节目 7 期、政风行风热线广播节目 35 期，公开征集公众意见 10 次，解读相关政策文件 34 条，保障人民群众的知情权、参与权、监督权，提升党委政府公信力和影响力。开发建设网站移动 APP 等新应用，进一步强化政务微博、政务微信等新媒体的作用，实现网站与新媒体信息同步、协作发布，多渠道传播主流声音和正能量。网站页面浏览量达 425.5 万次，网站访客数（UV）达 145.9 万人。

【政务信息公开】 对政府信息公开目录系统进行重新部署，加强全市政府信息公开目录系统监管和内容保障。2015 年，全市政府信息公开目录系统共公开信息 8376 条。充分利用四川省和攀枝花市电子政务内网网站、电子政务外网网站和市政府门户网站等三大门户网站信息发布和宣传展示功能，开展 2015 年市委市政府重点工作以及“2015 攀枝花两会”“攀枝花市开发建设 50 周年系列纪念活动”“芒果产业发展论坛”“第六届四川国际自驾游交易博览会”等在四川省和攀枝花市网站的宣传展示工作，提升攀枝花市在国内外、省内外的知名度和影响力。全年，制作攀枝花市开发建设 50 周年等专题网站 10 多个，采访报道新闻发布会 17 次；市电子政务内网网站、电子政务外网网站和市政府门户网站共发布信息 3.9 万条，向省政府门户网站报送信息 2447 条，向省电子政务内网门户网站报送信息 3198 条。

【信息网络安全与运维保障】 2015 年，市电子政务办公室严格执行《攀枝花市政务网站管理办法》《信息安全管理制度》《信息发布审核登记制度》等 18 个网络与信息安全规章制度，进一步加强网络、网站和信息发布等安全管理，强化网上巡网制度，严格执行公共机房 7×24 小时值班制度，确保全年无重大安全事故发生。按照国家和省电子政务外网安全管理规范，开展电子政务外网安全改造和三级等级保护建设工作。编制完成市政府门户网站容灾备份系统建设方案，投资 149 万元，建设市政府门户网站容灾备份系统，以保障全市政府门户网站和应用系统的安全。

【技术支撑与服务】 市电子政务办公室继续做好各县（区）和市级部门技术保障支撑工作。为市城管局数字城管、市审计局金审工程等 52 个市级部门和 5 个县（区）的重要应用系统和政务网站提供安全运维支撑。2015 年，邀请北京大学数字中国研究院常务副院长陈秀万、四川大学计算机网络与安全研究所所长李涛在攀枝花会展中心举办“2015 年信息安全培训会”“互联网 +”与“智慧城市”建设主题报告会。组织开展协同办公平台应用操作、行权平台应用操作、网络与信息安全、政府网站建设等业务培训共 20 期，近 3000 人参加培训。提供电话咨询与业务指导 1300 余次，上门服务 100 余次，为全市党政机关办公提供有力的技术支撑服务。

（梁　坚）

口 岸

攀枝花海关

【概　况】 中华人民共和国攀枝花海关(以下简称“攀枝花海关”)为隶属于成都海关的正处级海关。1996 年 11 月经国务院批准成立,其监管区域包括攀枝花市、凉山彝族自治州,面积 6.74 万平方千米,是成都海关关区隶属海关机构中离总关最远的“内陆边关”。主要任务是依照《中华人民共和国海关法》和其他有关法律法规,对进出境的运输工具、货物、物品实施监管,征收关税和其他税费,查缉走私,编制海关统计和办理其他海关业务。

2015 年,攀枝花海关主动把握和适应新常态,深入践行“四好”总体要求,着力围绕“服务、改革、法治、强基”,全面实现内陆“一流海关”建设总体目标,以成都海关精神为引领,坚持“小关也有大作为”,在经济下行压力加大的情况下,主动作为、上门服务,用足用活政策,细化工作举措,激活企业发展潜力,攀枝花市外贸出口呈现快速增长势头。全年攀枝花市累计实现对外贸易进出口总额 15.9 亿元人民币(以下货币单位均为人民币)。其中,出口总值为 13.6 亿元,增长 30.1%,同期四川出口下降 25%;进口总值为 2.3 亿元,下降 71%,同期四川进口下降 27.2%。全市外贸进出口总值在全省 21 个市州中列第十二位,同比上升 2 位;其中出口总值列第十二位,同比上升 4 位;进口总值列第九位,同比排位不变;出口增幅居全省首位。

【海关监管】 2015 年,面对经济下行压力加大的严峻局面,攀枝花海关主动上门“送政策、送服务”,开展企业巡查、查验,并与企业面对面座谈,保证业务工作稳步开展。年内对辖区内 15 家企业进行巡查,完成了对鞍钢国贸公司进口的超声波探伤仪专用工控机的查验。全年查验率 3.8%,查获率 100%,无纸化报关占报关单总量的 87%。全年共监管进出口货运量 306272 吨,进出口货物总值 4403 万美元。

【税收征管】 2015 年,攀枝花海关不断深化税收征管改革,提高征管水平。为企业提供便捷、优质、高效的通关服务,推动更多企业选择属地报关、属地纳税,实现攀钢出口钛白粉属地申报。全年共征收税款 5222 万元人民币。在努力做好征、补税同时,加大对国家鼓励项目扶植力度,共审批减免税货物总值 429 万美元,审批减免税进口货物 8 批次,其中鼓励项目 2 批次,科学技术设备减免 6 批次,减免税总额 284 万元人民币。

【服务地方经济】 2015 年,攀枝花海关主动融入攀西经济发展之中,全力支持攀枝花南向门户、攀西钒钛战略资源创新实验区和新启物流集团铁路口岸迁建工作,主动参与、加强指导、提前介入,多次会同口岸相关部门进行论证研究,10 月陪同市政府及相关企业到成都海关及青白江铁路口岸进行调研学习,帮助企业厘清疑难问题,积极推进建设南向物流枢纽。牵头开展了攀枝花打造南向通道调研工作,积极为打通南向开放大通道建言献策。5 月和 11 月分别赴云南、广西口岸调研,向市委、市政府提交了《攀枝花对南亚东南亚国家贸易情况分析报告》《攀枝花市打造南向通道建设的几点建设—关于赴昆明市、红河州河口县考察工作的报告》《关于赴广西考察口岸工作的报告》。攀枝花海关关领导先后 10 余次到攀枝花钛海科技有限责任公司、天成丝绸有限公司、新启物流公司等重点企业开展调研,现场办公,解决企业困难和问题,促进辖区重点项目、特色产业优先发展。

在软环境建设中充分展示海关良好形象,切实加强窗口单位作风建设。全年共开展“送政策、送服务”活动 35 次,辖区内 20 多家进出口企业、政府部门近百余名代表参加政策宣传与海关业务培训,取得良好的宣传效果。在 2015 年市级行政部门软环境政风行风群众满意度测评中,攀枝花海关在 40 个参与测评的部门中排名第十五,在中央直属部门中排名第二。

【精神文明建设】 2015 年 2 月,攀枝花海关被中央文明委正式命名为“全国文明单位”;职工曾鸣家庭被省委宣传部、省精神文明办公室、省互联网信息办公室、省妇联评为

"2015 年四川省最美家庭"。

（杨东梅）

出入境检验检疫

【概　况】 攀枝花出入境检验检疫局（以下简称攀枝花检验检疫局）是四川出入境检验检疫局（以下简称四川检验检疫局）设在攀枝花市的正处级分支局，实行垂直领导；是四川检验检疫局授权依法主管攀枝花市和凉山州出入境检验检疫工作的行政执法机关和涉外经济监督部门。

攀枝花检验检疫局依照《中华人民共和国进出口商品检验法》及其实施条例、《中华人民共和国进出境动植物检疫法》及其实施条例、《中华人民共和国国境卫生检疫法》及其实施细则和《中华人民共和国食品安全法》等法律法规、部门规章、规范性文件，负责攀枝花市、凉山州的出入境卫生检疫、动植物检疫以及进出口商品检验、鉴定和监督管理工作。攀枝花检验检疫局工作人员对执法行为承担相应的法律责任和行政责任。

2015 年，攀枝花检验检疫局设副局长 1 名（主持工作），副局长 2 名，正副科级领导职数 16 名。非领导职务按照有关规定配备。内设办公室、综合业务科、通关科、行财科、动植食科、风险管理科、检验监管科、实验室、保健中心、技服中心，共 8 科室 2 中心。同时设纪检组、机关党支部、工会。有行政编制 23 名，事业编制 8 名，现有在职职工 25 人（其中公务员 20 人，事业人员 5 人），退休人员 4 名。

全年，共检验检疫进出口商品 359 批，与 2014 年同比减少 6%；货值 5716 万美元，与 2014 年同比减少 18%。

【出口产品检验检疫监管】 2015 年，攀枝花检验检疫局共检验出口商品 330 批，与 2014 年同比增加 7%，货值 4459 万美元，与 2014 年同比减少 14%。

出口植物及植物产品 4 批，与 2014 年同比减少 33%；货值 11 万美元，与 2014 年同比减少 58%；出口食品 94 批，与 2014 年同比减少 27%；货值 1668 万美元，与 2014 年同比减少 13%；出口化工产品 98 批，与 2014 年同比减少 4%；货值 2243 万美元，与 2014 年同比减少 19%；出口金属及其制品产品 51 批，与 2014 年同比减少 42%；货值 299 万美元，与 2014 年同比减少 7%；出口矿产品 33 批，与 2014 年同比增加 313%；货值 215 万美元，与 2014 年同比增加 68%；出口其他产品 2 批，货值 24 万美元，2014 年同期无同类产品出口。产品为改性铵性炸药，出口到缅甸。

检验鉴定出境货物运输包装 48 批，与 2014 年同比增加 71%。

【进口产品检验检疫监管】 2015 年，攀枝花检验检疫局共检验检疫进口商品 29 批，与 2014 年同比减少 6%，货值 1257 万美元，与 2014 年同比减少 31%。

进口机电产品 29 批，与 2014 年同比增加 4%，货值 1257 万美元，与 2014 年同比减少 28%。进口设备均一次检验合格，进口品种为冷轧工程数控工作辊轧辊磨床、X 射线荧光光谱仪、隧道轴流风机、离心式鼓风机、磁共振成像系统等。

【疫情监控、进口粮后续监管】 2015 年，攀枝花检验检疫局制定《攀枝花检验检疫局 2015 年实蝇监测及外来有害生物调查工作计划》，完成 14 个监测点的实蝇监测工作。对辖区进口粮食检疫监管工作情况进行调研分析，落实中央储备粮库后续监管工作要求，督促企业落实检验检疫各项管理制度。检疫监管核销进口玉米加工 3000 吨，检疫监管攀枝花密地国家粮食储备库 10000 吨美国小麦。

【产地证签证】 2015 年，攀枝花检验检疫局共签发原产地证书 335 份，金额 1985 万美元。其中，一般原产地证书 71 份，金额 419 万美元；其他各类优惠原产地证书 264 份（中国——巴基斯坦自由贸易区原产地证书 44 份，中国——智利自由贸易区原产地证书 2 份，中国——东盟自由贸易区原产地证书 106 份，亚太贸易协定原产地证书 24 份，普惠制原产地证明书 63 份，中国——秘鲁自由贸易区原产地证书 1 份，海峡两岸经济合作框架协议证书 24 份），签证金额 1566 万美元。按平均减免关税 5% 的幅度计算，各类优惠原产地证书为辖区内的企业获得 509 万人民币的关税优惠。

【服务地方经济发展】 2015 年，攀枝花检验检疫局和攀枝花海关签署了《关于深化关检协作共同促进外贸稳定增长合作备忘录》。

2015 年，攀枝花检验检疫局和攀枝花海关共同制定《打造四川南向开放门户调研工作方案》，攀枝花市政府根据调研方案组织攀枝花海关、攀枝花检验检疫局、攀枝花市商务和粮食局、攀枝花市口岸办、攀枝花市物流办到昆明铁路口岸、河口口岸实地考察，并向四川检验检疫局汇报铁路口岸迁建工作，到成都青白江铁路口岸实地调研学习，形成考察报告，为攀枝花市委、市政府进一步打造四川南向开放门户提供决策参考。

攀枝花检验检疫局推动生态原产地产品保护工作，向攀枝花市政府提交建议，得到攀枝花市政府的支持，并印发《关于大力推动生态原产地产品保护工作的通知》。11 月 10 日，召开攀枝花市生态原产地产品保护动员会暨大型培训会，攀枝花市刘先伟副市长、四川检验检疫局陈洪波副局长、四川检验检疫局机关相关处室负责人、攀枝花各县（区）

分管领导、攀枝花8个市级部门负责人以及企业、协会负责人共计70余人参加,中检集团专家段志洁授课,并与攀枝花市商务和粮食局、攀枝花市农牧局、攀枝花市盐边县人民政府等共同签署《共同建设出口芒果质量安全示范区合作协议》。组织攀西30余家重点出口企业的近50名质量、技术负责人进行了质量体系、产品标准和风险防范等专题培训。

攀枝花检验检疫局深入攀枝花钒钛高新技术产业园区进行调研,同园区管委会共商国家级出口工业产品质量安全示范区创建方案。

攀枝花检验检疫局配合国家质检总局、四川检验检疫局开展促进民族地区农产品外贸发展大调研活动,听取政府相关部门、相关企业对检验检疫工作的意见和建议,参与《四川攀西地区外向型农业发展调研报告》的撰写,并在省委主办的《调查与决策》上刊载。出台《攀枝花检验检疫局关于促进攀枝花市特色农产品扩大出口五项措施》,得到攀枝花市委书记张剡的充分肯定。制定了《攀枝花检验检疫局关于服务凉山州经济稳定发展的十项措施》。

攀枝花检验检疫局制定了《攀枝花检验检疫局实施“一带一路”战略 推进对外经济合作工作方案》和《攀枝花检验检疫局关于服务“一带一路”战略“251三年行动计划”重点企业帮扶措施》,对100家重点企业中的鞍钢国贸攀枝花有限公司、四川豪吉食品有限公司西昌分公司、攀枝花东方钛业有限公司和中国十九冶集团有限公司等4家公司,在多次专题调研的基础上,根据企业需求,制定个性化措施,精准服务。

攀枝花检验检疫局履行攀枝花市质量强市领导小组成员单位职责,组织开展进出口产品质量状况分析及有关材料的上报工作,组织开展质量强市集中宣传活动,在《四川日报》《攀枝花日报》《攀枝花晚报》刊发署名文章和宣传稿件13篇。攀枝花检验检疫局向地方政府领导汇报检验检疫工作,争取地方党委政府的支持。先后3次向攀枝花市委张剡书记专题汇报检验检疫工作,市委书记张剡到成都拜会四川检验检疫局主要领导、对接相关工作。市委书记张剡、副市长江海和凉山州副州长杨卉对市检验检疫局积极融入地方发展大局给予充分肯定。

【实验室建设】 2015年,攀枝花检验检疫局与攀枝花学院“检校”合作,推进国家钒钛检测重点实验室建设。完成年度“二合一”现场监审和26项检测项目扩项任务,提升实验室检测能力。建立检校每月一次的联席会议工作机制,制定国重实验室验收工作方案,为迎接国家总局考核验收提供保障。组织山东局、宁波局专家对重点实验室验收核查方案进行“诊断”。参加中实国金国际对比实验室能力验证活动和澳大利亚科学与工业研究院矿物研究所组织的国际实验室能力验证活动并通过联邦科学与工业研究组织的国际能力验证。

(刘梦周　王春香　徐　洁)

开发区建设

四川攀枝花钒钛高新技术产业园区

【概　况】 攀枝花钒钛高新技术产业开发区始建于2001年，公告面积3.16平方千米，实际管辖面积78平方千米。2015年9月29日，国务院批准四川攀枝花钒钛高新技术产业园区成功晋升"国家级高新技术产业开发区"，定名为攀枝花钒钛高新技术产业开发区（以下简称"钒钛高新区"），是国内首个以金属材料产业开发为主要依托的国家级高新区。钒钛高新区党工委、管委会作为攀枝花市委、市政府的派出机构，行使市级行政、经济管理权限，经过15年的开发建设，钒钛高新区现有入园企业122家，其中规模以上企业56家，高新技术企业24家，拥有1个国家级钒钛科技孵化器，初步形成"工业+生态产业+现代服务业"的"三大经济板块"，基本实现由单一的工业园区向综合性、全产业的高新技术开发区转变。拥有国内产业链最完整的全流程钒钛产业化深加工体系，钒钛产业链完整度和产能规模全国居首。钒产品在国内、国际市场占有率分别达60%、20%，钛精矿、富钛料、钛白粉、海绵钛产品产能均居全国第一，是国内发展潜力最大的钒钛低（微）合金钢机械深加工产业基地。

【经济发展状况】 2015年，钒钛高新区实现规上工业总产值202.54亿元（不含攀钢、攀煤、钢企8.07亿元），增加6.44%；规模以上工业增加值增长4.5%。完成固定资产投资14.9亿元，其中：技改投资6.5亿元，工业投资5.2亿元；实现工业销售收入186.19亿元，完成目标任务的124%；实现外贸进出口额1857万美元，增加38.16%；实际利用外资2000万美元；招商引资到位资金64.02亿元，其中省外国内项目到位资金34.56亿元；实现公共财政预算收入1.05亿元，下降4.17%，完成目标任务的130.89%；分别实现国、地税收入0.83亿元、1.15亿元，下降23.22%、6.94%；完成5家工业企业升规；新增国家高新技术企业4家。

【产业发展】 2015年，钒钛高新区坚持规划引领，优化产业布局，"三大经济板块"发展格局日渐清晰。工业经济克难求进。按照"一企一策"，落实重点项目责任制，全力加快重大项目建设，对16家重点规上企业和42个重点项目，实行"一个项目、一个领导、一个部门"的"三个一"联系帮扶责任制，及时帮助攀枝花市钛海科技有限责任公司等企业协调解决生产用水、用电及道路和资金问题。针对性的出台《进一步强化稳定经济增长措施》《工业发展专项资金管理办法》《鼓励和扶持企业利用多层次资本市场直接融资的补助办法》等10余个稳增长文件，为企业渡过难关提供有力的政策支持。积极争取上级资金支持，强化生产要素保障，降低企业生产成本。钒钛高新区成为全省唯一一家全域纳入直购电优惠范围的园区，37户重点钒钛类企业用电价格由每度0.534元下降至0.487元。积极申报上级资金支持，为攀枝花市钛都化工有限公司、攀枝花市尚亿科技有限责任公司等29家企业，争取攀西战略资源创新开发、急转贷等各类资金4.3亿元。支持13家企业申报省、市两级科技计划项目16项，资金929万元，对18家企业、97件专利进行了审查，共兑现专利促进资金16.02万元。攀枝花卓越钒业科技股份有限公司、四川东立科技股份有限公司2家企业先后在新三板挂牌上市，实现攀枝花企业新三板上市零的突破。

生态农业蓬勃发展。攀枝花地景园艺有限公司为业主建设的三角梅高新技术产业园顺利推进，建成100公顷种植面积，销售收入突破1000万元；农业科技孵化器完成前期工作。保安营新建芒果基地40公顷，杏子基地8公顷。因地制宜，大力发展农光互补项目，引进中电国际新能源控股有限公司、北京控股集团有限公司发展林光互补产业。投入1595.8万元用于改善农村生产生活条件，解决金江村4个村民组472户、1423人饮水困难问题，完成马家坟等山坪塘整治和保安营村豆地、喻家坪、组村子等农村环境连片整治工程；启动金江镇42平方千米产业规划，金江、保安营、斑鸠湾等3个村新村规划和保安营村土地整理项目。全年，实现农业总产值6700万元，增长3.3%；农业增加值4500万元，增长14.7%；农民人均纯收入12900元，增长9.6%。

第三产业统筹推进。推进物流园区综合建设，完成《金江大型综合物流园整体规划（2014—2020）》编制，引进九州通医药集团股份有限公司发展医药物流，填补攀枝花医药物流空白；引进攀枝花晟园物流有限公司物流，推动马店河物流项目提档升级。攀枝花昊客网络科技有限公司、攀枝花德瑞欣矿业有限公司、四川金恒金融仓储有限责任公司等生产性服务业企业入驻钒钛科技孵化器。2015 年，在攀枝花昊客网络科技有限公司 O2O 工业交易平台上交易总额达 3 亿元，引进四川金恒金融仓储有限责任公司，先后为攀枝花市大西南实业有限公司、四川东立科技股份有限公司等 20 余家企业通过动产抵押方式，实现融资 11.7 亿余元。结合全市创建阳光康养产业发展试验区的扎实推进，引进攀枝花柏兰君度酒店投资管理有限公司预计总投资 5 亿元，在金江镇斑鸠湾村打造自驾露营公园项目，全年投资 3800 万元完成一期建设。

【招商引资】 2015 年，钒钛高新区坚持因区制宜，错位发展，围绕产业发展规划，邀请科研院校及行业专家包装了 1 万吨钛铝板、2 万吨雾化铁粉、3 万吨含钒钛微合金化铁粉、500 吨钛及钛合金铸件、100 万平方米分布式屋顶光伏电站等 20 个打基础、利长远、促发展、增后劲的重大产业项目，不断充实项目库。利用“中外知名企业四川行”“重庆投资合作推介会”“长江流域园区与产业对接会”“中国西部（四川）国际投资大会”“第六届四川国际自驾游交易博览会”等时机和平台，引进攀枝花市宏联万立环保科技有限公司 100 万立方工矿废弃物回收利用项目、攀枝花市黑沙钒钛科技有限公司新能源集中供气项目、3 万吨合成通用生物柴油项目，九州通医药集团医药物流项目。设立项目准入机制，根据产业化布局，设置产出强度、综合能耗等硬性指标，提高引进项目高科技含量。完善招商引资管理办法，废除不合时宜的政策条款，推动依据企业投资额度进行优惠向依据企业产出贡献大小进行优惠转变，增强招商吸引力。创新招商项目跟踪服务机制，完善招商项目协调会议制度，全面实行首问责任制，优化签约项目推进流程，分解签约项目推进任务，做到企业服务无盲点，部门对接无缝隙，倒逼签约项目早动工、早投产、早见效，努力营造重商、惠商、安商的良好环境。

【基础保障】 2015 年，钒钛高新区按照多规衔接、城乡统筹和产城一体要求，完成 31.77 平方千米工业区的控规编制工作。积极推进“金江城区”控制性详细规划的重新编制工作。不断提升承载能力，完成科陶特钢 35KV 生产用电建设，加快推进攀枝花市黑沙钒钛科技有限公司、攀枝花圣地元科技有限责任公司二期等项目生产用电建设。积极协调攀枝花市水务集团推进马店河水厂项目建设；完成物流园主干道项目财评、招商等前期工作，成为全市首家 PPP 模式投资建设项目。彩虹路改造工程完工，金五路 A 段进场施工。完成渡金线至河心水库连接线项目前期工作。

【安全环保】 2015 年，钒钛高新区加快推进国家森林城市、园林城市创建，实施保安营机场路北面至山林窝 2.3 千米旅游线路的绿化造林、青龙山花卉基地生态项目，新增造林面积 56.7 公顷。深入实施《新环境保护法》，稳步推进国家环保模范城市创建，完成创国模整治任务 17 项，完成金江镇 100 户生态家园打造。制订水污染、大气污染、固体废物污染综合整治专项行动方案，水环境和噪声环境质量均优于国家标准。全年，环境空气质量累计达标天数为 333 天，优良率达到 91.2%，同 2014 年相比达标天数增加 48 天，优良率增加 11.6 个百分点，环境质量得到明显提升；不断完善安全生产长效机制，建立企业负责人约谈制度，深入开展安全生产攻坚战，成功“摘掉”安全监管重点区的“帽子”。全面深化“打非治违”、安全隐患排查和整改“回头看”，全年，共监督检查企业 360 余家次，排查整改隐患 585 项，发出《责令限期整改指令书》30 份。推进危化品攻坚活动，指导 69 户企业注册安全隐患排查治理系统。组织安全生产月和“百日安全”等安全培训 25 期 3600 人次。全年，共发生安全事故 2 起，死亡 2 人。2015 年钒钛高新区，被考核为全市安全生产工作目标管理先进单位。

【民生事业】 2015 年，钒钛高新区争取到保障性住房补助资金 1732 万元，实施保障性住房 488 套。投入 91.85 万元提升金江镇中小学、江林小学教育硬实力。通过就业培训和推介帮助 105 名残疾人实现灵活就业，实现新增就业 913 人、再就业 537 人，发放低保 157.9 万元、五保金 11.52 万元。开展“婚育新风进万家”活动，发放独生子女费 5.15 万元；开展孕前优生优育、计生培训 17328 人。深入开展对口援律和扶贫工作，投入 636 万元用于箐河乡岩门村和金江镇金江村基础建设和产业发展，圆满完成对口援建任务；启动精准扶贫工作，完成贫困户摸底建档工作，制定扶贫工作方案。

【升创工作】 2015 年，钒钛高新区按照“以升促建”工作方案，积极推进国家级高新区创建工作。通过多方努力，于 9 月 29 日，国务院批准四川攀枝花钒钛高新技术产业园区成功晋升“国家级高新技术产业开发区”，定名为攀枝花钒钛高新技术产业开发区，成为经国务院批准的首个以金属材料产业开发为依托的国家级高新区。

（潘俊羽）

攀枝花市花城新区

【概　况】 攀枝花市花城新区开发建设管理委员会（以下简称花城新区管委会）是攀枝花市政府派出机构。主要职能为统筹花城新区项目建设、负责责任区域内基础设施建设、参与花城新区土地利用总体规划和城市规划编制审查、协调招商引资等工作。内设办公室（党工委办公室、监察室）、发展和目标管理科、规划和建设科、招商和投融资管理科、土地开发科等5个科室，行政编制10名，后勤事业编制1名。根据攀枝花市政府授权，花城新区管委会代管攀枝花市土地储备中心花城新区分中心（以下简称土储分中心）。

花城新区位于攀枝花市江南片区，北起金沙江，南至总发下线口，西起攀枝花大道，与旧城区相接，东至规划的内环路、成昆高速。规划控制面积60平方千米，建设面积33平方千米，新增人口承载力35万元。花城新区规划布局流沙坡、炳草岗、渡仁、沙沟和总发五大功能区，其中流沙坡片区将是未来发展的“科教中心区”，炳草岗片区（包括炳草岗片区的炳三区、炳四区）将打造成高品质的城市“综合居住区”，渡仁片区将建成攀枝花市未来发展的“都市中心区”，沙沟片区将建设城市的“休闲生活区”，总发片区将打造成区域综合性“现代物流区”。花城新区规划秉承有机聚合的理念，依山就势，强调山地城市用地层次感，通过梳山—理水—延绿—筑网—美桥—营城，营造宜人的生态环境，演绎山地与城市、文化与景观的交融共生，促进攀枝花市产业发展从“资源型城市”到“综合型城市”、城市交通从“自然蔓延”到“系统完善”、生态发展从“工矿城市”到“生态城市”、城市形态从“移民城市”到“宜居城市”的转变。在率先实施的渡仁片区开发建设中，制定了高品质生态城区建设的《攀枝花市花城新区渡仁片区园林及道路景观规划》。该规划秉承花城新区管委会倡导的“环境为先，生态引领”的新区建设理念，依托攀枝花山地城市、亚热带城市、阳光康养之城独特的生物资源和人文历史，在渡仁片区充分利用了“一轴两廊三片区”的空间结构，通过对风貌控制、绿地、水系、街景、植物、立体绿化和景观设施的专项设计，结合居民生活、商务办公、文化娱乐的城区主要功能，着力打造生态廊道、水景观和慢行三大系统，为人们提供“穿林行、傍山走、沐花居”独特的优质生活体验，形成“风貌独特、生态宜居、活力高效”的现代都市核心景观。

【班子及队伍建设】 2015年攀枝花市委、市政府着力推进花城新区管委会班子及队伍建设，任命王勇同志为中共攀枝花市花城新区工作委员会书记。11月25日，调整江海为攀枝花市花城新区开发建设工作领导小组办公室主任；王勇为攀枝花市花城新区开发建设工作领导小组常务副主任。花城新区管委会（含土储分中心）通过公务员招考和事业单位公开招考公务员和事业人员各2人。拟定了人才培养方案，切实加强年轻干部的教育培养。

【项目建设】 2015年，花城新区管委会紧扣攀枝花城市南向发展战略，按照“高起点规划、高标准建设”的总体要求和“突出重点、快速滚动”的工作思路，已开工建设6个项目总投资约10.8亿元，累计完成施工产值约9.4亿元，基本实现既定目标。其中阳光大道商务办公区段和干坝塘大桥项目所有建设内容全部完工，于4月30日通过监理单位工程预验收；花城大道炳仁路起点至车管所段顺利完工并于11月6日按照市里统一安排向社会全面开放交通投入使用，车管所至巴斯箐沟段正在进行路基路面和绿化施工；炳仁线管网及景观绿化工程道路、管网、绿化等所有施工内容全部完成，17日顺利通过监理单位组织的工程预验收；68公顷土地开发整理路基大致成型，其桶子树沟弃土场已完成竣工验收；巴斯箐沟弃土场项目已实现弃土150万立方米。后续基础设施建设和景观塑造项目共18个，总投资约51亿元。其中纳入全市重点工作的天星坝干通路工程于11月13日完成项目施工公开招标工作，12月正式开工建设；天星湖区园林景观工程已完成施工图设计，正抓紧开展项目招商及相关建设手续办理工作，10月受炳仁路三线博物馆处路基滑塌影响，正在进行设计调整；2015年3月通过市会商会审议的花城新区商务办公区及三线文化广场场坪整理工程、电子商务一条街市政基础设施工程、石头潭景观工程、天星坝干荷路、干桂路、干橄路、干鑫路工程等7个项目，取得市发改委核准立项批复和招标核准批复，勘察设计招标全面展开；花城新区华沙路北段、天星坝水系、巴斯箐公园等后续计划建设的基础设施和景观塑造项目共11个，其部分项目完成可研报告。10月8日炳仁路三线博物馆段突发地质灾害后，花城新区管委会负责组织应急抢险及道路恢复工作，按照“永临结合、便道保通、治理一次到位”的抢险工作原则，迅速成立炳仁线路基沉降应急抢险工作组，第一时间确定抢险工程地勘、设计、施工、监理单位，启动24小时抢险救灾机制；果断采取应急抢险工程措施，迅速消除整体失稳下滑的险情，防止事态扩大。11月6日，临时绕行便道完工通车，有力地确保了攀枝花国际自驾游交易博览会顺利召开。

【用地保障】 2015年，花城新区管委会获批86.6576公顷，累计获批林地223.0257公顷；获批城市建设用地133.8956公顷，累计获批城市建设用地428.4366公顷，局部调整渡仁片区土地利用总体规划79.0269公顷，目前累计局部调整土地利用总体规划165.2768公顷。拨付征地拆迁安置资金

2.53 亿元，累计拨付征地拆迁安置资金 8.86 亿元，累计签订征地拆迁补偿协议 528 户，营造了良好的施工环境。

【资金保障】 2015 年，通过政府拨付启动资金、BT 模式招商融资、银行贷款等渠道筹措资金及获得的投资总计约 32.84 亿元，完成投资约 23.38 亿元。

【规划编制】 2015 年，花城新区管委会坚持规划落地，协助市住建局编制完成《花城新区渡仁片区（金福单元、干坝塘单元）控制性详细规划》，编制完成《花城新区渡仁片区人行过街设施规划》和《花城新区渡仁片区公交中途站规划》并按法定程序经市政府批准实施。率先在全市开展核心区各专项规划编制工作，并严格按照各专项规划实施。正在编制《花城新区核心区智慧城市建设专项方案》《攀枝花市"市民之家"政务服务中心等三个子项目外观概念性规划》，开展《花城新区核心区产业规划》前期准备工作，完成的专项规划在具体项目实施过程中得到很好的落实。

【招商引资】 2015 年，花城新区管委会围绕发展康养产业这条主线和以产业招商这个重点，成功引入全国最大的房地产企业之一碧桂园集团入驻花城新区，计划分三期在新区打造高品质住宅小区，拟占地 52 公顷，总投资约 50 亿元，于 11 月 12 日签订招商协议书，其中项目一期占地 9.2 公顷，总投资 12 亿元，涵盖电梯公寓和别墅区、石头潭公园等建设内容，12 月 4 日项目地块首期已经挂牌取得。花投公司投资建设新建花城商务大厦，总投资约 0.7 亿元，正式进入施工图审查阶段。梳理约 24 个项目拟采取多种合作模式对外招商，通过与 10 余家央企、国企及民营企业多次对接洽谈，与云投生态股份公司签订了《攀枝花市花城新区康养休闲生态基地开发建设战略合作框架协议》，为中心湖区园林景观工程及天星坝片区的整体开发铺平了道路；与上海镕腾等企业对接拟引入综合性医院或专科医院，打造高端医疗产业；与国内知名教育集团积极对接推动 68 公顷十五年一贯制学校和巴斯箐规划国家级重点高中的建设，力争形成川滇地区教育高地。

【质量安全控制】 全面提升勘察设计质量和速度，与勘察设计单位建立定期交流机制，及时组织专家团队，对各阶段设计进行质量把关；树立精品意识，狠抓现场监督管理，形成常态化质量监督机制；加强安全文明施工，制定防汛、防火等各项安全专项实施方案，强化检查考核，安全管理工作实现常态开展；结合全市"五创联动"工作、"安全生产大检查"活动和旱季集中治理扬尘专项工作，组织开展防扬尘、文明施工等专项检查和整治，促进各项防范和整改措施有效落实，实现文明施工。

（樊　帆）

林业·环保

林　业

【概　况】 2015年,攀枝花市有林业行政管理机构7个,其中市林业局1个、市森林公安局1个、县(区)林业局(农林畜牧局)5个,林业企事业单位9个,包括普威林业局、盐边林业局、市国有林场总场、四川攀枝花苏铁国家级自然保护区管理局、市森林病虫防治检疫站、市林业调查规划设计院、市林业执法稽查队、市林业科技推广站、市天保示范苗圃。

全市共有林业用地558931万平方米,占幅员总面积75.1%,森林覆盖率60.03%。林业用地中,有林地423901万平方米、疏林地2077万平方米、灌木林地96397万平方米、未成林造林地964万平方米、苗圃10万平方米、无林地20096万平方米,宜林地15486万平方米。森林活立木总蓄积量40658330立方米,其中有林地蓄积40442185立方米、疏林地蓄积44926立方米、四旁树蓄积121220立方米、散生木蓄积49999立方米。有林地中,天然林蓄积37220134立方米,人工林蓄积3222051立方米。

全市有野生动物464种(不含昆虫纲),其中国家Ⅰ级重点保护动物6种、国家Ⅱ级重点保护动物40余种。全市共有植物(包括引进)2300余种,其中木本植物约1500余种、草本植物700余种、藤本植物70余种。

2015年,全市有效管护森林面积322968.74万平方米,巩固历年退耕还林成果18333.33万平方米,无重大、特别重大森林火灾、森林病虫害和破坏森林资源案件发生,森林火灾损失率0.13‰,林业有害生物成灾率为0,巩固林业自然保护区面积99938万平方米,完成营造林20997.16万平方米,新增森林面积5346.67万平方米,新增森林蓄积30万立方米,全市森林覆盖率60.03%,森林质量稳步提高,实现森林面积和蓄积双增长。全年实现林业总产值31.3亿元,农民人均从林业获得的收入达1857元。4月,四川省攀枝花国家森林城市建设总体规划通过国家林业局宣传中心专家评审并印发实施。11月,市林业局获四川省森林防火、森林病虫害防治、林业宣传工作先进集体称号,攀枝花市获四川省2015年度农田水利基本建设绩效考核林业项目第二名。

【天然林资源保护工程】 2015年,市政府与各县(区)签订天保目标责任书,分解落实年度工作任务。各实施单位安排巡山管护人员976人,有效管护森林面积322968.74万平方米,其中国有林233705.79万平方米,集体公益林89262.95万平方米。在各单位自查的基础上,对全市天保实施单位天保工程目标、任务、资金、责任"四到县、区(局)"情况进行考核检查,并针对考核检查中发现的问题,在全市进行通报。开展天保工程目标、任务、资金、责任"四到市、州"工作自查,形成自查报告上报省林业厅,自查评分107分。完成全市集体公益林生态效益补偿89262.95万平方米,完成率100%。国有林业职工五项保险参保率100%。

【退耕还林工程】 2015年,攀枝花市实施退耕还林工程目标、任务、资金、责任"四到县(区)"管理,由市政府与县、县与乡、乡与农户层层签订退耕还林目标任务责任书,将巩固18333.33万平方米退耕还林成果任务分解落实到各县(区),并加强检查验收。全面完成2014年度退耕地还林阶段验收县级自查、省级复查、国家核查,验收合格率100%,保存率100%。全面启动新一轮退耕还林任务2266.67万平方米(含退耕还草),投入总资金4680万元。其中退耕还林1866.67万平方米,投入资金4200万元(五年),退耕还草400万平方米(市农牧局监督实施),投入资金480万元(三年)。落实退耕还林工程后续产业建设资金107.2万元,建设34.33万平方米工业原料林和58.87万平方米经果林,改、扩、新建圈舍0.778万平方米，其中东区建设34.33万平方米短周期工业原料林；西区营造特色经果林58.87万平方米，新(改、扩)建禽、畜圈舍0.778万平方米。工程带动发展起来的茶叶、花椒、枇杷、芒果等产业持续为农民增收发挥重要作用，做到“退得下，稳得住，不反弹，能致富”。

【森林城市创建】 2015年，全市在巩固已建成创森成果的基础上，深入推进生态体系、产业体系、文化体系、支撑保障体系等四大体系建设，完成攀枝花国家森林城市建设总体规划编制等创森项目103个，其中2015年阿署达生态功能区建设等13个创森重点工程，辣木试验基地建设项目等6个市级重点项目。全年完成新增(改造)绿地5200万平方米，完成义务植树248.11万株，义务植树尽责率96%，古树名木保护率达100%，苗木自给率达80%，乡土树种使用率达83%，新增森林面积5346.67万平方米，新增森林蓄积30万立方米，森林覆盖率达60.03%，实现森林面积和蓄积双增长。1月，国家林业局宣传办组织专家对《攀枝花市创建国家森林城市总体规划(2013—2025)》进行评审；2月，市政府第49次常务工作会议审议通过《规划》；4月，市政府在全市印发了《规划》。

【森林资源管理】 2015年，攀枝花市林业局继续加大对省、市重点项目占用征收林地的协调服务指导，确保各项重点工程按时开工和依法使用林地。全市(不含盐边县)共审核审批上报占用征收林地手续53宗，使用林地面积403.41万平方米。加强林地用途管理，继续落实征占用林地被许可项目跟踪检查制度，开展占用征收林地清理整治和排查工作，避免“批甲占乙”“少批多占”等违法使用林地的行为发生。完成2014年度森林采伐限额执行情况监察，经监察，全市各项指标均未超限额。开展打击非法违规采集松脂专项行动，对非法违规采脂行为及时纠正和查处。严格木竹材经营加工管理，完善木竹材经营加工单位的管理制度，核查木竹经营加工单位原料来源以及木竹材来源备案和运输销售核销登记情况，组织开展木竹材经营加工单位清理整顿。加大木材检查站检查力度，全市12个木材检查站无公路乱设卡、乱罚款、乱收费现象。

【林业行政执法】 2015年，市林业局印发《攀枝花市林业系统2015年度依法治市工作考评细则》和《攀枝花市林业系统2015年度依法行政考评细则》，同局属各单位和各县(区)林业局分别签订依法治市(行政)目标责任书，实施依法治市(行政)目标考核。完善行政决策相关制度，严格行政执法监督检查，推行“说理式”行政处罚决定书，开展行政许可和处罚案卷评查(两卷案卷获评市优秀案卷)，实施林业普法教育和法律“七进”工作，行业行政权力公开通明运行平台建设取得突破。全市森林公安机关坚持打防结合的方针，始终保持对涉林违法犯罪的高压态势，组织开展“利剑行动”“林地行动”“林区禁种铲毒”“雷霆行动”等一系列专项整治行动，取得明显成效。全市共发现、受理各类破坏森林和野生动植物案件797起，其中：森林刑事案件立案75起，破获53起；受理行政案件722起，查处722起；依法打击处理违法犯罪人员794人，行政处罚722人；收缴罚款309万元，收缴木材187立方米，收缴野生动物494只(头)，累计挽回经济损失330余万元。

【野生动植物保护及自然保护区建设】 2015年，全市继续深入开展“湿地日”“世界野生动植物保护日”“爱鸟周”等宣传活动，共展览攀枝花境内珍稀鸟类图片50余幅，发放宣传资料2000余份，印制攀枝花境内的重点(国家一级、二级)保护野生动植物宣传画册28000份，发放宣传图画资料等3.9万余份，发放警民联系卡500余张，在社区、人员集中区域、街道、学校、交通路口等粘贴宣传资料2万余份，并邀请市中小学生代表30人在苏保区参加“野鸟与远古苏铁在一起”活动，让学生从小树立爱护森林和野生动植物的意识。继续加强野生动植物保护管理，规范野生动物驯养繁殖和市场经营管理，对本辖区内的野生动物驯养繁殖单位和个人进行全面检查清理整顿，走访检查驯养繁殖户51家，驯养野生动物品种30余种。加大执法力度，积极开展野生动物救助，全市共开展救助野生动物22次，救助动物26只(条)，加强对野生动物疫源疫病监控，严密监测野生动物的动态，未发现野生动物疫源疫病情况。落实古树名木保护措施，印制古树名木基础资料和照片，根据《攀枝花市古树名木保护管理办法》，与市城管局联合发文，明确古树名木保护措施，强化古树监管，落实养护责任，规范养护义务，签订了责任书。加强自然保护区建设。完成4个保护站建设并通过验收，二滩湿地保护与恢复工程项目903万元，完成新建项目投资的41%，已完成地方配套180.49万元，中央预算内资金361万元已支付47.90万元，设备90万元正在申报政府采购中。制定《四川攀枝花苏铁国家级自然保护区林地赎买工作方案》，多次召开林权赎买专题工作会议，协调解决赎买工作中存在的问题，已完成试点工作总结，开展了林业系统自然保护区开发建设的清理监督工作，没有发现在保护区内有新增违规建设情况。加强湿地资源管理。开展攀枝花市湿地资源保护与利用中长期规划，正在进行协调和基础材料准备；召开湿地保护和宣传座谈会，就湿地宣传、湿地资源保护、申建湿地公园等工作进行探讨，提高全市的湿地保护意识和宣传力度;积极申建湿地公园。

【森林病虫防治检疫】 2015年,全市各级森防部门认真贯彻落实《国务院办公厅关于进一步加强林业有害生物防治工作的意见》和《四川省人民政府办公厅关于进一步加强林业有害生物防治工作的实施意见》,严格执行林业有害生物法律法规;认真做好林业有害生物监测预警和测报体系建设;大力开展林业有害生物普查,全市累计完成踏查点调查2189个,采集标本2031件,拍摄工作照、生态照5958张,累计完成调查寄主种类176种、病害249种、虫害244种、其他鼠害、有害植物27种,已完成标本制作1381件;全面强化检疫执法,开展并完成"绿松—2015"和"绿盾"暨"利剑2015"检疫执法专项行动;大力防控松材线虫病等重大林业有害生物,有效遏制外来有害生物的入侵和危险性有害生物的传播蔓延;完成"核桃主要病虫害调查及防治研究"项目并通过验收;开展"森林医生"党建品牌创建活动,大力倡导"除害、敬业、厚德、求是"的"啄木鸟"精神。经统计,年初测报林业有害生物发生面积为29314.80万平方米,实际发生面积29335.33万平方米,测报准确率为99.93%;共完成林业有害生物有效防治面积3843.99万平方米,无公害防治面积为3843.99万平方米,无公害防治率达100%;应施产地检疫种苗面积53.34万平方米,实际实施种苗产地检疫53.34万平方米,全市种苗产地检疫率为100%。

【森林防火】 2015年,全市以县区为单元,完成了森林防火区的划定。全市共签订森林防火责任书1879份,其中,与林区企业签订责任书163份。全市森林防火工作大胆探索创新,积极推行"电话申报、传真批复",规范农事用火,在东区开展森林火灾处置社会化服务试点,将森林火灾处置业务整体打捆外包。森林防火项目建设稳步推进,盐边县森林防火综合能力规范化建设试点示范工程建设项目总投资882万元,累计到位资金642.8万元;森林重点火险区综合治理三期工程建设项目总投资2070.1万元,全年完成1402.25万元,占到位资金80%。

防火期内,全市组建有森林消防专业队14支313人,应急队56支659人,义务扑火队445支4449人,专职巡山护林人员1308人、瞭望人员10人,完成云南松林区计划烧除面积48000万平方米,烧铲防火隔离带666千米,全面割(锄)草320万平方米。全市共发生森林火灾70起,其中,一般森林火灾62起,较大森林火灾8起,火场总面积756.96万平方米,受害森林面积53.47万平方米,森林火灾损失率0.13‰,处理卫星热点6个,遥感监测4个,出动扑火人工2458次,车辆538台次(汽车274台次),全市无重、特大森林火灾发生和扑火人员重伤、死亡事故发生。

【林业产业】 2015年,全市林业产业发展继续按照以核桃为龙头,特色经果、林下种养业、花卉苗木及工业原料、生态旅游为重点的"1+4"产业发展体系,以核桃为主的优质特色干果产业稳步发展,全市干果种植面积已达32666万平方米,产量14985吨(其中核桃种植面积已超过26666万平方米,产量13985吨)。特色经果、林下种养业、花卉苗木及工业原料、生态旅游共同发展,全市工业原料林种植面8122万平方米,水果类经济林25620万平方米,茶叶1133万平方米,桑树4500万平方米,各类药材1780万平方米,森林蔬菜407万平方米,苗木花卉912万株(盆),林下养殖72万头(只)。全市完成林业总产值31.3亿元,完成市级目标任务30亿元的104.39%,其中生态旅游收入8.1亿元。农民人均从林业获得的收入达到1857元,完成市级目标任务1700元的109.24%。

全市现代林业重点县建设工作稳步推进,目前,米易县现代林业重点县建设通过省级验收。经过三年的不断努力,2015年米易县核桃种植面积已突破13600万平方米,其中,省级财政林业产业基地建设项目核桃新造434.6万平方米,核桃低改965.4万平方米,县级专项资金完成新造核桃898.73万平方米,低改核桃5034.6万平方米;建设核桃采穗示范圃17个,新建林区道路150千米,新建蓄水池14200立方米,新建引水渠4.2千米。在草场乡仙山村建立了"万亩林·亿元钱"高效立体林地综合利用示范区,示范区核桃基地346.67万平方米,林下种植业33.33万平方米,养殖业8.33万平方米,新建道路20千米,蓄水池4370立方米;建设特色新村——林家乐1家。以柴胡、当归为主的林下中药材面积1333.34万平方米,完成建设穿山甲基地1个,发展林下养鸡15万只,林下养羊5000只,并扶持发展灰雁、双团棘胸蛙等野生动物驯养业共19家。

全市继续加大对林业专合组织、涉林企业的扶持力度。2015年全市涉林企业102家,涉林专合组织62家(其中社员数达到100户的20家),结合全市涉林企业发展情况,市林业局组织攀枝花市丽新园艺技术有限公司进行2015年省级林业产业化重点龙头企业申报,同时,积极组织米易县老高山农业科技有限公司、攀枝花市同丰斛农业开发有限公司等6家从事林业特色水果、核桃、辣木等产品生产经营的企业进行2015年市级龙头企业申报,不断推进全市林业产业升级发展。

12月,成功举办"2015第四届攀枝花国际块菌(松露)节",通过组织召开新闻推介会、开幕式暨展览与交易、养生讲座、自驾块菌采挖之旅、块菌(松露)美食节、养生推广体验等丰富的活动向社会各界推介“攀枝花块菌”品牌，提高了“攀枝花块菌”知名度。

【林业宣传】 2015年，市林业局印发《攀枝花市林业局2015年绿色文化暨创森宣传工作计划的通知》和《市林业局2015年宣传文化工作考核细则》，开展局属各单位宣传文化目标考核工作。全市以国家级、省市级媒体为平台，开展国家森林城市创建、天然林资源保护工程、退耕还林、野生动植物保护、森林防火等系列宣传。《攀枝花日报》刊登“绿染金沙生态康养”专版一期，《攀枝花日报》《攀枝花晚报》宣传第二个世界野生动植物保护日三期，刊登《关于禁止生产、销售、燃放孔明灯的通告》、《关于进入森林防火期和开展计划烧除的通告》、“森林防火”宣传题花、“森林防火常识”专栏和“森林火案典型案例”专栏5期；攀枝花市广播电视台播出为期一个月的森林防火公益广告，市林业局局长参与攀枝花市有线电视台新闻对话2期，宣传森林防火和创建国家森林城市相关知识；“910”汽车电台连续三个月播放森林防火公益宣传，针对节假日、高火险时段开展森林防火互动宣传；市科技宣传周现场发放宣传材料3000余份，接受咨询300多人次。结合“6·29”全民义务植树日活动，宣传全市义务植树、森林城市创建、林业生态建设等有关知识，在全市营造森林城市创建和义务植树氛围，《攀枝花日报》《攀枝花晚报》各刊登义务植树暨创森创意征集、知识竞赛等相关报道15篇，攀枝花广播电视台播放焦点对话1期，攀枝花林业网、“GOGO”攀枝花网站刊发网页软文炒作5篇、网页新闻封面推荐10期、网页头条播报15天和活动新闻采编2期，市联通分公司手机短信平台播发20万条义务植树宣传信息，市级和省驻攀新闻媒体对6月29日全市党政军领导干部及市民群众义务植树活动进行跟踪报道30余次。全年在报纸杂志、广播电视和网络媒体上开展林业外宣共342篇（条、次、幅），获得2015年度全省林业宣传工作先进集体荣誉。

【林业改革与发展】 2015年，全市林业改革稳步有序推进。集体林权制度改革深入推进，编制完成《攀枝花市完善和深化集体林权制度改革的实施方案》，并通过市委深化改革领导小组会、市政府常务会、市委常委会审议后印发实施。持续推进政策性森林保险，全市森林保险参保面积达188033.34万平方米，保费总额229.21万元。完成了盐边县、米易县林权交易平台建设并运行，录入平台的流转交易35宗，完成交易20宗。制定并实施《四川攀枝花苏铁国家级自然保护区林地赎买工作方案》，非国有林政府赎买工作取得阶段性成果。森林生态红线编制试点工作开展顺利，全市完成了盐边县森林生态红线区划试点成果内外业，现已组织开展成果评审并提交了成果报告。全市建立了森林资源保护和发展目标责任制工作，签订相关目标责任书，完成了国有林业单位森林经营方案编制，成功与省林业厅签订“厅市战略合作框架协议”。积极开展林权抵押贷款省级试点工作，盐边县被省林业厅和人行成都分行确定为林权抵押贷款省级试点县。全年449套棚改房（普威林业局371套、坪山林场78套）分配完成，盐边林业局61户棚改房安置工作正在逐步落实回购商品房安置工作。

【林业科技】 2015年，全市培育鉴定和转化推广市级以上林业科技创新成果7个，包括夏块菌菌根苗培育技术研究、黄牡丹保护性种植试验、核桃良种“攀核1号”、攀枝花市何首乌优良品种筛选及选育技术研究、海州常山（斑鸠菜）、香椿繁育及高产栽培技术研究、蝎尾蕉在干热河谷地区的引种栽培研究、南亚热带室内观赏植物引种筛选观察；正在实施项目16个，2015年新上项目3个。与四川省林科院、北京林业大学、西南大学、四川农业大学、山东省林科院等科研究院校围绕干热河谷植被恢复、森林城市创建、林业产业建设、林业科技推广等方面进行全面的交流与合作。邀请中日合作林业治山技术专家组首席专家佐藤隆、业务协调员町田良太对攀枝花市生态修复重建工作提供技术指导，并就林业治山技术达成初步共识。

（孟令贵）

环境保护

【环境质量】 2015年，攀枝花市加强污染治理和主要污染物总量减排工作，促进环境质量持续改善。水环境质量达到功能区划要求，环境空气质量达标率98.9%，声环境质量保持稳定。

地表水水质：龙洞、倮果、二滩、雅砻江、金江5个断面28项指标中石油类、挥发酚、汞、硒、砷、六价铬、氰化物、阴离子表面活性剂等指标全年在所有断面均未检出。按国家《地表水环境质量标准》（GB3838－2002）评价，金沙江攀枝花段水质优,水质类别为Ⅰ类,雅砻江攀枝花段水质优,水质类别为Ⅰ类。

二滩水库水质:二滩库区设柏枝、鳡鱼、红壁滩下和二滩4个监测断面开展27项水质指标监测,本年所有断面水质优,水质监测结果均达到《地表水环境质量标准》(GB3838-2002)Ⅱ类标准,水库水质为中营养状态。

饮用水源地水质:①通过对城区集中式饮用水源地金沙江上徐家渡、水文站、金江水厂三个断面水质监测,所有指标均达到国家Ⅱ类水质标准。②县级集中式饮用水水源地水质监测结果:所有水源地水质监测指标全部达标,盐边水厂水质监测指标达Ⅱ类水质标准,米易县晃桥水库水质监测指标均达Ⅲ类水质标准,水库水质营养状态为中营养。仁和区胜利水库水质监测指标均达到Ⅲ类水域水质标准,水库水质营养状态为贫营养。③全市15个乡镇集中式饮用水水源地开展水质监测,其中11个地表水水源地监测28项指标,监测结果显示除垭口汇水区水质中的粪大肠菌群浓度劣于《地表水环境质量标准》(GB3838-2002)Ⅲ类水质标准限值,其余水源地水质均达标准要求;4个地下水水源地监测24项指标,监测结果显示各点位的总大肠菌群均超过了《地下水质量标准》(GB/T14848-93)中Ⅲ类地下水质量标准限值,其余各项指标均符合该标准中Ⅲ类地下水质量标准限值。

环境空气质量 2015年,攀枝花市中心城区环境空气质量对二氧化硫、二氧化氮、可吸入颗粒物、细颗粒物、臭氧、一氧化碳6因子开展自动监测,总监测天数为362天,缺样3天,首要污染物为可吸入颗粒物,AQI指数范围为28~114。全年空气质量91天优,267天良,4天轻微污染,全市达标率为98.9%。二氧化硫(SO_2)年均浓度为0.034mg/Nm^3,与2014年SO_2年均值0.051mg/Nm^3相比,下降0.017mg/Nm^3;二氧化氮(NO_2)年均浓度为0.032mg/Nm^3,与2014年NO_2年均值0.032mg/Nm^3相比,持平;可吸入颗粒物(PM_{10})年均浓度为0.064mg/Nm^3,与2014年PM_{10}年均值0.083mg/Nm^3相比,下降0.019mg/Nm^3;细颗粒物($PM_{2.5}$)年均浓度为0.032mg/Nm^3,与2014年$PM_{2.5}$年均值0.040mg/Nm^3相比,下降0.008mg/Nm^3;臭氧(O_3)第90百分位数为0.118mg/Nm^3,与2014年O_3年第90百分位数0.100mg/Nm^3相比,上升0.018mg/Nm^3;一氧化碳(CO)第95百分位数为2.700mg/Nm^3,与2014年CO第95百分位数3.229mg/Nm^3相比,下降0.529mg/Nm^3。2015年六项污染物年均浓度达标。

全市3个测点共采集降水样品150个。全年总雨量为1871.6mm,较2014年(1849.3mm)增加22.3mm;pH均值为5.00,较2014年(4.90)上升0.1;酸雨样品72个,酸雨频率48.0%,较2014年(57.7%)下降9.7个百分点。酸雨量952.8mm,较2014年(1061.8mm)下降109mm,酸雨pH均值4.74,较2014年(4.68)增加0.06。

2015年全市降尘量均值为15.0吨/平方千米·月,与2014年均值(15.1吨/平方千米·月)相比,下降了0.66%。硫酸盐化速率年均值为0.67mg·SO_3/100cm^2·碱片·日,超标0.34倍,与2014年均值(0.82mg·SO_3/100cm^2·碱片·日)相比,下降0.15mg·SO_3/100cm^2·碱片·日。

声环境质量 2015年攀枝花市城市区域环境噪声均值为51.6分贝,达到城市环境综合整治定量考核中城市区域环境噪声<60分贝的规定,与2014年持平。全市功能区噪声2015年昼间测量值50.9分贝比2014年(51.0分贝)低0.1分贝,夜间测量值45.9分贝比2014年(44.8分贝)高1.1分贝。全市道路交通干线噪声平均等效声级值67.5分贝,未超过国家推荐的交通噪声控制值(70分贝),比2014年(67.8分贝)下降0.3分贝。全市道路干线中超过70分贝的干线长度为11.5千米,较2014年19.5千米减少了8千米。

两县空气质量状况 米易县空气质量采用自动监测,监测项目为二氧化硫(SO_2)、二氧化氮(NO_2)和可吸入颗粒物(PM_{10}),2015年环境空气质量达标率(Ⅰ、Ⅱ级)为99.5%。二氧化硫(SO_2)年均浓度为0.039mg/Nm^3、二氧化氮(NO_2)年均浓度为0.028mg/Nm^3、可吸入颗粒物(PM_{10})年均浓度为0.044mg/Nm^3。与2014年相比,二氧化硫、二氧化氮、可吸入颗粒物浓度均下降。

盐边县城空气质量采用自动监测,监测项目为二氧化硫(SO_2)、二氧化氮(NO_2)和可吸入颗粒物(PM_{10}),2015年环境空气质量达标率(Ⅰ、Ⅱ级)为99.7%,二氧化硫(SO_2)年均浓度为0.029mg/Nm^3、二氧化氮(NO_2)年均浓度为0.015mg/Nm^3、可吸入颗粒物(PM_{10})年均浓度为0.038mg/Nm^3。与2014年相比,二氧化硫、可吸入颗粒物浓度下降,二氧化氮浓度上升。

【污染治理】 2015年,结合《四川省大气污染防治行动计划实施细则2015年度实施计划》及《攀枝花市大气污染防治行动计划实施细则》的要求,制定攀枝花市《2015年实施计划》和《2015年实施计划配套实施项目》,各项配套实施项目已基本完成。制定了《攀枝花市重点行业烟粉尘治理实施方案》,督促加强重点行业工业企业的环保监管,全面开展重点行业和燃煤锅炉烟粉尘达标治理工作,确保重点行业和燃煤锅炉烟粉尘达标排放。跟进和督促检查限期治理项目,炼铁厂新2号烧结机烟气脱硫系统改造、炼铁厂煤化工3、4号焦炉车推焦、装煤系统捕集率优化改造、5、6号焦炉车载式装煤除尘设施改造等6个项目已完成建设,投入试运行,确保了环境安全。强力推进民生工程项目,2015年两个民生工程为炼铁厂新2号烧结机烟气脱硫系统改造、钒业公司水处理系统综合整治,现已建设完成。

扎实推进水污染防治工作。加大水污染防治环保基础设施建设力度,督促加快城镇污水处理厂建设进程,加快推进炳三区污水处理厂配套管网建设、江南片区渡口桥至密地桥之间入江生活污水收集项目建设、清香坪污水处理厂污水主管网改造等工程项目,进一步提高污水处理率。编制完成《攀枝花市水环境保护规划》,3月经市政府印发实施,以全面指导开展攀枝花市水环境保护工作。加大饮用水源保护工作,开展《攀枝花市观音岩饮用水水源保护区划分》前期工作,积极向省环保厅汇报工作进展情况争取支持,主动与云南省相关市州进行协调沟通,现正对水源保护区划定重新完善。胜利水库作为备用水源地,其整治方案已编制完成并通过专家审查。编制完成《攀枝花市水污染防治行动计划实施方案》。在全市范围内开展黑臭水体调查工作,通过对辖区内的江河、湖泊、渠道、人工景观水体等地表水水体的调查,攀枝花市未发现有黑臭水体存在的情况。

【固体废物管理】 加强危险废物污染防治和管理强度,开展了2014年度危险废物申报登记工作,全面掌握攀枝花市各类危险废物的产生、贮存、转移、利用和处置情况,制定了危险废物经营许可证、转移审批办理程序。2015年对全市危险废物持证经营单位、产废单位开展了专项检查,对危险废物规范化监督考核为基本达标和不达标企业,要求企业限期整改。加强医疗废物监管。全市纳入危废登记范畴的各类医疗卫生机构共计491家,所产生的临床医疗废物全部纳入攀枝花市危险废物处置中心进行科学化、规范化、无害化处置,2015年度共处置医疗废物1597.89吨。

【主要污染物总量减排】 2015年,按照减排目标要求,编制完成了《攀枝花市2015年主要污染物总量减排工作实施方案》,严格落实钢铁、发电、水泥和城镇生活污水处理厂总量减排核查核算的各项要求,强化结构减排、细化工程减排、实化管理减排“三大”措施,健全完善总量减排统计、监测和考核“三大”体系,全力推进主要污染物总量减排工作有序开展。全年攀枝花市共上报减排项目27个,其中钢铁行业二氧化硫减排项目13个,电力二氧化硫减排项目4个,水泥氮氧化物减排项目2个,污水处理厂项目3个,结构减排项目2个。

【环境法制建设】 2015年,进一步推进环保依法行政,促进法治建设,在环境监管,环境服务,环境执法、信息公开等方面取得实效。加强法制培训,建设法治机关,开展法规知识培训,组织全市重点企业负责人、环保负责人和环保执法人员共计251人参加新《环保法》、4个配套办法及新修订《大气污染防治法》的培训。严格执法程序,规范执法行为,加大立案处罚力度,市一级行政处罚案件数量、处罚金额创历史新高。共立案处罚18起环境违法案件,处罚金额达69万元人民币,全年案件无一起被复议机关、司法机关撤销或确认违法。全面清理行政权力,清理规范272项行政权力、其中行政审批(行政许可)9项;行政处罚252项;行政征收1项;行政强制9项;行政确认1项;并向社会进行公示和公布,接受社会监督。加强执法监督,保障执法公正,建立健全决策责任追究制度,加强决策活动监督;严格执行环保内部执法监督制度,强化环保执法行为监管;做好信息公开,自觉接受社会监督。

【环境宣传教育】 2015年,攀枝花市开展形式多样环保宣传活动,发挥新闻媒体的主渠道宣传作用。3月,《人民日报》头版以《十年治污持之以恒　空气质量明显改善——蓝天白云攀枝花》为标题,报道了攀枝花市10年来在环境污染治理方面的成效。中央电视台《新闻联播》播出标题为《攀枝花:百里钢城“阳光”转型》的报道,该条时长1分20秒。在《中国环境报》《四川日报》、四川新闻网、市内新闻媒体及各类相关网站撰写、刊发宣传攀枝花市环境保护及国模创建成效的综述类、新闻类、专访类文章250余篇。在“6·5”世界环境日、“4·22”地球日、生物多样性日、安全生产月等重大环保活动中开展了内容丰富多彩的环保主题宣传。

【环境污染强制责任保险】 2015年,扩大环境污染强制责任保险试点范围。与市保险行业协会联合召开2015年度环境污染强制责任保险工作推进会,印发《攀枝花市环境保护局攀枝花市保险行业协会关于开展环境污染强制责任保险的指导意见》,扩大试点企业数量,全市共有21家企业投保了环境污染责任保险,投保金额2380万元。

【强制清洁生产审核】 制定了攀枝花市2015年度强制性清洁生产审核工作计划,完成四川德胜集团攀枝花煤化工有限公司等6家企业的清洁生产审核验收工作。

【环境影响评价管理】 2015年,严格环评审批,进一步加强源头污染防控。按照“提前介入,跟踪服务”的原则,加强重大产业化项目环评审批服务工作，做到项目环保手续办理“前期有人指导，报批有人协调，落地有人跟踪”的全过程服务。同时，采取“主动汇报，提前介入”的工作思路，加强与省环保厅和省环境工程评估中心的对接，积极主动汇报攀枝花市项目的基本情况，力争项目环评尽快进入审批程序，促进攀枝花市重大产业化项目的健康落地。全市42个重大工业产业化项目，已开展环评工作的项目有34个，占总项目的81%，其中，环评文件已通过审批的项目有26个，占总项目的62%，正在编制环评文件的项目有8个。另外有8个项目正开展可行性研究等前期工作。

省市两级环保部门共审批攀枝花市建设项目51个，涉及总投资143.99亿元，其中，省环保厅审批攀枝花市建设项目9个，涉及总投资81.89亿元，市环保局审批建设项目42个，编制报告书项目18个，编制报告表项目23个，填报登记表项目1个，总投资62.1亿元。市级检查并同意试生产项目26个，不同意试生产项目9个，完成环保竣工验收项目15个。

规范窗口管理，提高服务效率。窗口共办结134件申请，其中行政审批事项105件〔建设项目环境影响评价审批29件；拆除、闲置防治污染设施审批（大气、水）1件；建设项目环境保护设施竣工验收14件；危险废物跨市转移审批4件；辐射安全性许可证核发13件；排污许可证核发44件〕，公共服务事项29件〔受托管理的涉核建设项目环境影响评价文件审批5件；受托管理的涉核建设项目环境保护设施竣工验收审批3件；省管以上涉核建设项目环境影响评价文件预审1件；建设项目（含涉核建设项目）环境影响评价执行环保标准、污染物排放总量控制指标确认20件〕，办结率为100%，群众满意度99.21%。

【科技标准监测管理】 2015年，市环保局加强环境监测管理，监测管理工作绩效考核被评为全省优秀。以国模创建为总体目标，落实各项国模指标监测工作要求，落实责任，分解任务，狠抓工作落实，为创国模工作提供技术支撑。完成了对国省控污染源、国省控重金属污染源、减排重点污染源每季度一次的监督性监测，共完成国、省控及减排重点源废水监测100多家次、废气监测100多家次，市控重点污染源废水监测30余次、废气监测20余次，编报传输各种监测数据23000多个。继续加强科研监测能力，结合环境监测实际工作和环境监测学科发展需要，围绕攀枝花市政府与公众关心的环境热点、难点问题，开展环境科研工作，提升环境监测能力，培养环境监测队伍。开展《攀枝花市环境空气中有机污染物现状调查》《攀枝花市 $PM_{2.5}$ 的污染现状调查及防治研究》《攀枝花市钛白粉行业特征污染、环境风险及对策研究》等课题的研究工作。

【生态文明建设】 2015年，攀枝花市生态城市创建取得阶段性的成果。仁和区以97.2的高分通过省级生态区的考核验收。东区省级生态区经自查已达到四川省省级主城区生态区考核6个基本条件和27项建设指标的要求，同时完成了相关申报资料准备工作，并向省环保厅提出验收申请，待验收命名。这标志着攀枝花市生态市建设基本条件之一的“全市80%的县（区）达到生态县（区）建设标准”已完成，省级生态市建设已进入达标阶段。

【农村生态环境保护】 2015年，攀枝花持续开展生态建设。完成钒钛高新产业园区金江镇、仁和区啊喇彝族乡、仁和区平地镇、盐边县和爱彝族乡等4个乡镇12个村庄农村环境连片综合整治项目建设。着力推进米易县撒莲镇、盐边县永兴镇、仁和区大龙潭彝族乡3农村环境连片综合整治项目，至项目完成时将新增设立饮用水源地保护标志23个，建成保护挡墙200米、防护栏400米、排水沟400米，饮水管100米。在人口比较集中的村建大小不等5个人工湿地及污水收集管网等配套设施。同时，新建51座垃圾房、2个垃圾填埋场、购建116个垃圾桶（箱）、4辆垃圾清运车。加大农村饮用水源地保护力度。设置饮用水保护警示标示5个、防护栏1200米、排水沟40米、新建水源保护地二类旅游公厕2座、山坪塘水源地保护工程2个。大力推进农村生活污水处理工作。建成污水处理人工湿地3个，污水管网1753米。新建生活垃圾处理设施。新建垃圾房9座、垃圾池52座、垃圾填埋场4座、购买垃圾桶40个、垃圾清运车6辆。

【环境监察执法】 2015年，攀枝花市按照“全覆盖、零容忍、明责任、严执法、重实效”的原则，结合攀枝花市实际情况在全市开展饮用水源环保专项检查、汛期前环境安全大检查、环境安全隐患紧急大排查等系列执法活动。系列排查整治工作开展以来，市、县（区）两级环保部门共计出动执法人员3647余人次，对全市50余家国省控重点污染源、7个工业集中发展区（园区）及园区内的企业进行了环保执法检查，开展广泛深入的环境隐患排查，强力推进隐患整改，最大限度降低环境风险，保障环境安全。

【环境应急管理】 2015年，攀枝花市秉承全过程管理的原则，环境应急管理体制建设取得突破。全市积极推动环境应急管理组织体系建设，成立了应急领导小组，下设突发环境事件应急管理办公室，调配环境应急管理专职人员，环境应急管理机制得到加强。建立了环境应急决策、应急协调、信息报告和评估机制。

制定完善各项环境应急预案。呈报市人民政府审定发布《攀枝花市重污染天气应急预案》,修订完善《攀枝花市辐射事故应急预案》,编制《攀枝花市环境保护局辐射事故应急预案》等预案,规范突发环境事件应急程序,增强了突发环境事件应对水平。重点完善环境应急预案体系建设。根据《四川省突发环境事件应急预案备案管理暂行办法》有关要求,印发《攀枝花市环境保护局关于开展突发环境事件应急预案备案管理专项检查的通知》,完成了110家环境风险源单位环境应急预案备案登记工作。

深入开展环境风险隐患专项执法检查行动,系统共出动车辆480余车次、执法检查人员1300余人次,检查、排查企业450家次,发现环境安全隐患15个,提出整改要求100余条,确保了全市环境安全和公众身体健康。

【核与辐射环境监管】 2015年,市环保局严格遵循“预防为主、防治结合,新老并重、严格监管”的总体要求,督促核技术利用单位落实辐射环境安全主体责任,对全市105家核技术利用单位开展例行监督检查,其中29家涉源单位170枚放射源、4家非密封放射性物质使用单位和工作场所、58家射线装置使用单位222台射线装置。对全市辐射单位开展了年度野外(室外)使用放射源与射线装置单位辐射安全专项执法检查行动,其中,使用Ⅰ类放射源单位1家,使用非密封放射性物质单位4家,使用Ⅱ类射线装置单位9家。全市环保系统共出动车辆70车次,执法检查人员180余人次,提出整改意见200余条,约谈辐射安全与防护措施落实不到位的单位负责人,切实消除辐射环境安全隐患。

【环境信访】 2015年,市环保局共受理1461件环境信访件,其中来信277件、来访37件111人次、来电1105件、网络投诉42件。其中水污染99件、大气污染582件、固体废物21件、噪声污染691件、电磁辐射2件、三产污染29件、畜养农药化肥污染4件、其他12件、另建设项目类1件、发明建议类2件、环境监测类1件、咨询类6件、其他11件。信访办结率100%。

【排污费征收】 2015年,市环保局严格排污申报,强化排污费征收管理。以国控、省控、市控和涉危、涉重等企业为重点,不断拓宽新、改、扩建项目和“小型三产”等污染企业排污申报范围。2015年,全市共完成排污申报户数792家,其中:一般工业企业244家、污水处理厂7家、固体废物专业处置单位4家、小型企业514家、建筑施工单位8家、小型三产15家。全市排污费到账5081.83万元。

【企业信用评价】 2015年,市环保局推行企业环境信用评价体系建设。在完善企业环境信用评价制度、环境风险评估制度、突发环境污染事件应急预案备案制度的基础上,在国家、省和市重点监控企业,重污染行业内的企业,产能严重过剩行业内的企业等15类重点企业中推进企业环境信用评价工作。

(朱丽娜)

城乡规划建设·城市管理

住房和城乡规划建设

【管理机构】 2015年，攀枝花市住房和城乡规划建设局（以下简称市住建局）设有办公室、财务审计科、政策法规科、行政审批科、规划编制管理科、测绘管理科、规划项目管理科（挂市房屋建筑工程抗震办公室）、城乡建设科、建筑行业管理科、质量安全管理科、房地产市场监管科、科技信息科、人事科、离退休人员管理科14个内设机构，市规划委员会办公室、市住房保障工作办公室2个常设机构，东区规划分局、西区规划分局、仁和区规划分局、钒钛产业园区规划分局、花城新区住房和城乡规划建设分局5个派出机构，另设有机关党委、监察室、市建筑建材工会。局直属单位现有市房地产管理局、市建设工程质量安全监督站、市建设工程造价管理站、市散装水泥办公室（市节能办）、市城乡规划编制研究中心、市规划建设监察支队、市城市基本建设档案馆、市城市建设资金管理办公室、市城市地理信息中心、市建设工程勘察设计审查中心等10个直属事业单位。

【城乡规划】 2015年，《攀枝花市城市总体规划（2011—2030）》修编完成，开展阿署达片区、格里坪园区等17个片区共计106.68平方千米控制性详细规划修编工作，实现全市控规覆盖率达80%的目标。开展攀枝花规划成果数据制图技术要求等5项专项研究，完成东区501电厂至54片区大渡口街等10项规划调整，并指导3个乡（镇）开展总体规划及控制性详细规划编制。

全年共办理《建设工程项目规划选址意见书》等规划审批事项298项。同时围绕西博会签约项目、知名企业四川行、国际投资大会等重点项目以及火车南站、新区干坝塘等全市重大建设项目，积极做好规划服务和协调工作，完成房屋建筑和市政基础设施初步设计审查15个，办理施工图审查备案项目100个；核查勘察设计企业16家，完成每年核查企业总数5%的目标任务；完成攀枝花2000坐标系外业控制网布设及内业数据转换工作，控制成果覆盖范围约500平方千米，并已委托测绘质检部门进行质检；完成1∶500地形图修补测6.8平方千米；完成试验区地下管线探测约2653千米，监理单位正在对已施测区域进行检查，地下管线综合管理信息系统建设项目正进行招投标。

市住建局开展新型城镇化推进工作成效显著。制定《攀枝花市2015年加快推进新型城镇化重点工作实施方案》，并按《方案》积极落实好各项工作任务。“百镇建设试点行动”第三批试点镇丙谷镇、格里坪镇均已完成总规和控规编制，渔门镇总规和控规已通过专家评审。全年共完成项目投资3亿余元，就近就地吸纳农村转移人口4482人，占全年目标任务的64%。

【基础设施建设】 2015年，市住建局完成市政基础设施投资45亿元。开展沿江景观打造工作，建成2个污水处理厂、3条城市道路、17个人行过街设施。小城镇基础设施完成投资约7.696亿元，成功申报8个全国重点镇。完成农村危房改造9072户，总投资完成约10亿元。

【住房保障】 2015年，攀枝花市通过多种管道积极争取、筹集保障性安居工程建设资金。顺利获得上级保障性安居工程专项补助资金2亿元、国开行棚改贷款资金18亿元用于保障性安居工程建设。全市开工建设保障性安居工程6373套，开工率100.2%。按照“农民工住房保障行动”要求，定向分配给农民工的120套公租房已建设完成并分配入住，全面完成定向分配任务。实施农村危房开工改造449户，竣工394户。

“十二五”期间，攀枝花市开工建设城镇保障性安居工程33081套（其中公租房12584套，棚户区改造20497套），完成目标任务的137.84%，完成投资26.1亿元，基本建成23430套，竣工20648套,分配入住17383户,发放公租房租赁补贴17787户/次、3216.6万元,极大地缓解了城镇居民住房难问题。

【房地产业】 2015年,攀枝花市房地产业完成开发投资43.93亿元,同比减少24.2%;施工面积654.82万平方米,同比增长1%,竣工面积32.07万平方米,同比增长309.4%;全市共销售商品房78.11万平方米,同比增长18.42%,其中住宅销售67.92万平方米,同比增长23%。全市商品住宅销售均价3920元/平方米,同比下降5.12%,商品房销售面积呈现小幅回升。新增商品房预售资金监管项目6个,新增监管预售资金9.3亿元,拨付预售资金658笔,共计9.2亿元。启动开设房屋专项维修资金和办理房屋两证缴纳税费监管账户,将8家企业8个项目共1296户业主缴存的1587余万元纳入专户监管。

全年,完成现场查勘并办理商品房预售许可证23件合计16个项目,预售商品房住宅面积62万平方米,对全市128家物服企业经营活动进行动态监管。排查老楼危楼2502栋、319.83万平方米,疑似存在安全隐患房屋1264栋、81.48万平方米。

【建筑业管理】 2015年,攀枝花市住建局共完成建筑业总产值117亿元,完成地税收入5.45亿元,输出建筑劳务0.071万人,实现建筑劳务收入0.125亿元,完成职业技能鉴定851人,培训合格791人;严厉打击建筑施工违法发包、转包、违法分包及挂靠等违法行为,共下发整改通知书96份,暂停32家施工企业在攀3个月不等的投标资格,对其中23家施工企业进行不良行为记录扣分;共监工程336个,面积340万平方米(其中新增监督工程数量104个,建筑面积97万平方米),共4个工程项目、12个单位工程,通过四川省安全文明施工标准化工地现场评审检查,办理建设工程监理合同备案44项、工程竣工结算确认书90份、工程项目施工许可证22个,对152个工程项目进行了安全文明施工措施费费率测定。市住建局把建筑施工质量安全和消防安全工作纳入全年重点工作进行管理,全市未发生一般及以上安全事故。

2015年,全市推广使用散装水泥84万吨,散装率56.03%,城区新型墙体材料使用比例达到78%以上。完成44个项目的建筑节能设计备案及43个项目的节能分部工程竣工备案,开展279次节能墙改验收检查。

【行政审批】 2015年,市住建局依法清理行政权力597项,制定《攀枝花市城区公共租赁住房和廉租住房并轨运行实行意见》等5项规范性文件,深入社区、施工现场开展《测绘法》《建筑法》《城乡规划法》《房地产管理法》等法制宣传活动,依法拆除违章建筑4000余平方米,查处案件430件,处罚款73.199万元。

2015年,市住建局窗口共接件6748件,办结7137件,承诺提速71.43%,实际办理提速88.89%。受理各类房屋登记3.3万件,接收房产档案3.2万卷,实施房屋征收23个项目2851户约25.5万平方米,办理新建项目白蚁预防手续32个,共归集维修资金6718万元、面积98万平方米,实现建设项目"一站式"收费1.43亿元(其中城市基础设施配套费0.21亿元),完成城建档案整理3661卷,为建设项目提供档案利用458个工程项目、877卷次。

(黄杰、韦剑)

城市管理

【概　况】 攀枝花市城市管理局(以下简称市城管局)内设办公室、政策法规科、计划财务科、市政设施管理科、公用事业管理科(安全科)、城市绿化管理科、城市容貌管理科、劳动人事科以及行政审批处等9个职能科室,有市政工程管理处、市园林绿化处、市城建管理监察支队、市煤气总公司、市数字化城市监督指挥中心5个下属单位。

【城乡环境综合治理】 2015年,市城管局在巩固已有治理成效的基础上,继续以城乡环境综合治理为抓手,强化设施建设,狠抓常态治理,着力风貌塑造,深入推进花城打造,促进城乡环境更加清洁优美、秩序井然,城乡居民素质不断提升。将"五乱"治理工作要求融入日常管理予以全面推进,并在春节、元旦、五一等重点时期集中开展专项治理行动,着力攻克垃圾乱扔、摊位乱摆、车辆乱停等顽症痼疾。印发《攀枝花市迎接国家农村生活垃圾治理验收工作实施方案》《关于开展接受国家农村生活垃圾治理验收督查工作的通知》,并会同市治理办对全市农村生活垃圾治理情况进行督导检查,顺利通过国检暗访工作。全年,共清理卫生死角垃圾1万余吨,查处和规范流动商贩及占道经营1.83万起,拆除违章户外广告8150块,规范店招店牌1478块,清除"牛皮癣"5.07万处,治理机动车违章停放1.3万起。排查治理建筑工地扬尘污染源732个,检查货运车辆7465辆;查处脱落扬撒车辆146台;查处违章加高栏车辆66台。通过治理,全市扬尘污染情况得到改观,环境更加干净整洁,空气质量明显提高。

【创建国家园林城市】 2015 年，市城管局按照《创建国家园林城市总体规划》，细化创建工作任务，及时下达年度攻坚计划，协调督促三区、钒钛产业园区和花城新区开工建设“国园”项目。创“国园”项目实施 36 项，完成年度目标任务；同时完成创“国园”工作航拍。

【扬尘治理】 以“持续改善空气质量、打造宜居宜业环境”为目标。旱季扬尘治理期间，共出动执法人员 3700 余人次，路面检查车辆 4120 台次，查处运输车辆抛洒、泄漏、遮盖不严等违规行为 335 起，其中脱落扬洒 140 起；从源头治理巡查货源单位车辆 4410 台，劝返车辆 210 台；查治理建筑工地扬尘污染源 312 个，发出限期整改通知书 31 份，停工整改通知书 6 份，处理扬尘投诉 48 起，处罚违规企业 2 家，处罚金额 6 万元。

【市政设施】 搞好城市道路、桥涵、排水、照明及其附属设施管护，确保“路平、灯亮、排水畅”，促进市政设施更加完善、安全、便民。完成陈家垭口隧道立面美化工程、炳仁线前段（机场路段）排水设施改造工程、金泰人行天桥加固、华山天桥安全检测及加固设计、边坡治理施工图设计及招标等工程。协调完成大黑山电视台景观灯设置工作，提升城市景观效果。在城市防洪方面做到了认识到位、机构健全、责任明确，确保全年无一起洪灾事故发生，有效地保障了市民生命、财产安全。在云南省华坪县遭遇百年特大洪水之时，按市委、市政府要求，立即组织人员和抢险设备，紧急驰援华坪县抗洪救灾（先后两批次，经过 5 天艰苦奋战），完成了支援兄弟城市抗洪抢险的任务。筹备并于 11 月在攀枝花宾馆召开四川省市政市容协会市政工程分会第二届二次会议，来自全省各地的 34 家市政同行共 132 名代表参加会议。

【安全生产】 加强燃气行业监管，强化安全生产和优质服务。2015 年重点实施了新建 5 万立方米煤气柜工程。该工程已经进入煤气柜柜体安装阶段，整个气柜主体工程于 12 月底完成。全年共计检修调压站 540 次、抽水 1550 次，煤气故障维修及时率和事故抢险一次处结率达 100%，煤气灶、炉具、热水器维修一次合格率达 100%，用户满意率达 95% 以上，没有发生一起全市责任性停气事故，事故月负伤率为零。

【数字化城管】 完成了市数字城管信息系统平台和省平台对接，数字城管信息系统与天网系统对接。在市数字化城市监督指挥中心内部构建了监督中心和指挥中心，满足数字城管信息系统“两轴分离”的要求。运用城乡环境综合治理考核周报将每周的各部门的处置情况况刊登在《攀枝花日报》《攀枝花晚报》上，向社会进行通报。监督考评工作开始实施，制定了《攀枝花市城市数字化管理监督考核办法（试行）》，考核办法进一步明确了相关部门的工作职责，为系统高效运行提高强有力的保障。数字城管信息系统共上报案件 154914 件，立案 153061 件，处置结案 82483 件。

【制度建设】 编制行政权力流程图，对城市管理行政处罚、行政审批、行政强制等权力认真清理并逐项编制内部运行流程图，做到执法有据，程序规范。健全行政决策程序，规范城市管理事项的议事程序和决策程序，完善重大决策集体决定制度、事后评估制度、法律顾问制度和专家咨询制度，确保决策科学，效益最大化。规范行政执法，强化执法人员法制教育，落实亮证执法制度，公示执法人员信息，明确行政处罚自由裁量标准，执行调查与决定适当分离和“罚缴分离”制度。开展说理式执法和柔性执法，把说理、释法贯穿于案件查办、审核审理、处罚告知和执行等过程之中，让执法对象理解法律法规的含义和运用。同时，在城市管理执法过程中，灵活采取建议、提醒、规劝等非强制性行政指导，纠正执法对象违规行为。

【改革创新】 2015 年，攀枝花市城管局进一步完善市级执法片区责任制，强化下派队员协同和指导作用，建立市区两级联合执法机制；积极探索市级执法部门的联合执法机制；强化城市管理监察执法。开展城管系统行政权力、行政事业性收费、非行政许可和资质资格许可、认定的全面清理工作。共受理行政审批申请 34 件，办结 34 件，同意许可 34 件，不同意许可 0 件，同意率 100%，满意度 100%。收取异地绿化建设费 28 笔，346 万元，免收异地绿化建设费 2 笔，44 万元，退付异地绿化费 9 笔，331 万元。代收市政设施赔偿费 16.7 万元，园林绿化赔偿费 2.9 万元，户外广告设施使用费 15.6 万元。完成煤气公用户 242 户、民用户 2213 户、IC 卡 490 户充值户的收费工作，共计收费 1677581.47 元，签订用气合同 1722 户，接受咨询、安排现场查看 1900 余件次。组织开展重大项目的社会风险评估工作并深入组织实施“五查”活动；建立维稳和信访包案责任制度，严格落实社会治安综合治理责任制；认真办理“12345”市长热线和“12319”城管服务热线的受理处置回访工作，积极化解社会矛盾。加强安全生产制度建设，做好日常监督检查，开展“安全生产月”“百安活动”“城市基础设施安全隐患排查”等专项行动，组织开展假日前安全检查和燃气行业专项检查。2015 年，全市城管系统未发生重大涉稳事件和安全责任事故。

（姜雪娇）

商 贸

商务和粮食流通

【对外贸易】 2015年,攀枝花市实现外贸进出口总额2.57亿美元,在全省完成目标任务均不理想的情况下(仅5个市州完成),完成省、市政府下达目标任务(3.05亿美元)的84%,规模排全省第十二位。支持攀钢钛业、东方钛业、钛海科技和红宇白云等主要出口企业,加快产品结构和经营方式调整,提升出口产品质量和技术含量,增强竞争力;积极推动钒钛高新区出台《攀枝花钒钛高新区信贸合作平台管理办法(试行)》,每年安排不少于10万元支持园区小微外贸企业投保短期出口信保,增强企业拓展国际市场的信心;全年组织东方钛业、钛海科技、阳光诗社、天成丝绸等9户外贸企业,先后参加第117届广交会、第3届南博会暨第23届昆交会、中东、欧洲和亚太涂料展等境内外5次大型展会,累计现场销售超过20万元,达成意向性销售协议6个,金额约680万元;全年兑付外贸企业各类外贸促进项目资金近400万元。

【外资外经】 2015年,全市实际利用外资10012万美元,略高于省、市下达的目标任务(1亿美元),规模居全省第六位。全年,一批新的外资项目落户攀枝花市,其中总投资5亿元的攀枝花庆兰科技发展有限公司落户仁和区,总投资4.6亿元的攀枝花中电光伏发电有限公司落户西区,总投资300万元的攀枝花逸品敲冰巧克力庄园有限公司落户盐边县。深入研究"一带一路"有关政策,起草完成了《攀枝花市实施"一带一路"战略推进对外经济合作工作方案》和《攀枝花加快培育外贸竞争新优势工作方案》,为加快建设四川南向开放门户,主动融入"一带一路"发展战略,进一步提升攀枝花市对外开放合作的整体水平,提供政策支持。

【社会消费品零售】 2015年,全市社会消费品零售总额完成286.2亿元,增速11.8%,高于全国平均增速(10.7%)1.1个百分点,低于全省平均增速(12%)0.2个百分点。分别高出省政府下达目标任务(11.2%)和市政府下达目标任务(11%)0.6个百分点和0.8个百分点,增速排全省第17位。

市商粮局深入开展市场拓展"三大活动",有效拉动全市内外需增长。组织、引导攀枝花市企业、商会开展"惠民购物全川行"等大型促销活动30余场,拉动地方消费增长近5亿元;以国内综合性、专业性品牌展会为载体,鼓励企业积极参加"川货全国行"活动,先后在川货全国行北京站、成都茶博会等活动中,达成意向性销售额800余万元。清理限上企业、优化企业结构。在批发、餐饮、住宿行业培育一批新的限额以上企业,加大三大行业在社会消费品零售总额中的比重。重点清理建材、金银珠宝、商务宾馆、粮油、通讯器材、酒类专卖等行业限上企业,全年新增入库企业54户,清退企业63户,全市限上企业结构和质量得以进一步优化和提升。强化市场运行监测。加强对全市64户纳入国家商务部监测样本企业的监测、沟通、指导工作,按月对全市生活必需品市场运行情况进行总结分析。

【服务业发展】 2015年,全市服务业增加值完成232.84亿元,增速7.2%,超额完成省政府下达目标任务0.2个百分点,低于市政府下达年度目标任务0.8个百分点。

根据省商务厅相关文件精神,市商粮局结合攀枝花市实际,起草完成《关于推进服务业发展的实施意见(代拟稿)》,从推进市场化改革、建立完善推进机制、深化开放合作、推进重点领域发展等多方面,提出了服务业发展政策措施;梳理更新攀枝花市服务业项目库,将菩提苑康养基地项目申请纳入省级50个重点服务业项目库,并将金江综合物流园、电子商务产业园区、钒钛交易中心等服务业重点项目纳入全市"十三五"时期重点项目"新兴产业培育工程"部分,成功将攀青物流、骏丰矿业等5家企业申报为四川省物流重点联系企业;加快推进重点现代服务业项目建设,新启物流中心和密地现代商贸物流园区一期工程顺利竣工,攀枝花万达广场、御湖花都等大型商业综合体及普达、阿署达、菩提苑康养休闲基地等多个特色产业聚集区建设按计划有序推进;认真做好2015年服务业发展引导资金分配的各项工作,确保资金使用发挥最大效益;梳理40户服务业重点企业,列入市政府重点支持名单,加大对企业的扶持力度,建立名单动态管理机制、政策支持机制和分类指导联系机制,及时解决这些企业在生产要素、经营环境等方面存在的问题和困难。

【产业发展现场会】 2015年8月19日,攀枝花市电子商务产业发展现场会在炳三区奥林匹克中心隆重召开,电子商务产业园区(一期)正式开园,16家电子商务企业入驻挂牌运营。现场会上,攀枝花市与国内知名电商企业京东签订了《电子商务进农村合作项目推进协议》,电子商务进农村项目正式进入实施阶段。按照协议,京东将把企业在资本、人力、技术、硬件、设施、品牌影响力等领域的资源与攀枝花市进行深入对接,支持帮助传统中小企业应用电子商务建立线上线下销售渠道,帮助相关涉农企业和电商平台优化业务结构、提高经营水平、调整产业结构,帮助攀枝花市开闸电子商务人才培训等工作。此外,京东还将建立"攀枝花特产馆"、农产品电商直供基地,进一步拓宽攀枝花市农民群众增收致富渠道。

【民生工程】 2015年,市商粮局按照民生工程和农户科学储粮专项相关工作要求,与乡镇政府协同配合,按照民生工程时间节点计划,扎实开展农户科学储粮工作,于11月21日全面完成小粮仓制作发放任务,共发放小粮仓2000套。惠及仁和区布德乡、同德乡、平地镇、大龙潭乡,米易县攀莲镇、草场乡、丙谷镇、撒莲镇、湾丘乡、新山乡共10个乡镇,参与农户2000户,投放资金80.23万元。

【市场体系建设】 以《攀枝花市城市商业网点规划》为引领,进一步优化城市商业网点布局和商贸流通体系,更加突出城市社区物流和农村城镇物流发展;积极探索产销渠道,与成都伊藤洋华堂、成都红旗超市,以及驷马桥水果批发市场开展农超对接洽谈,帮助攀枝花市樱桃、枇杷、芒果等特色农产品批量销售进成都,做大全市特色农产品的销售规模;电子商务产业园区、攀西首家汽车综合体市场—瑞豪车立方汽车综合体市场建成并投入运营,社区生鲜购物平台加快建设,市场功能进步强化,市场服务民生整体水平提升;全面启动"攀枝花市电子商务进农村"工作,会同京东及本土企业,建立"市级服务中心+乡(镇)服务站+村服务点"的三级电子商务运营服务网络,带动攀枝花市地方特色产业发展,实现"工业品下乡"和"农产品进城"的双向畅通;抓好报废汽车补贴等政策性专项工作,接受申请报废汽车补贴车辆154台,申请补贴资金237.7万元。

【市场流通监管】 市商粮局认真开展全市打击侵犯知识产权和制售假冒伪劣商品、单用途商业预付卡备案管理、粮食库存检查等商务粮食流通领域执法检查工作,全年共查处侵权和制假案件78起,查没各类假冒伪劣商品1200余件,完成规模发卡企业备案4户,其他发卡企业备案2户;认真受理、处置"12312"投诉举报,累计受理处置各类投诉、咨询144件,并逐件依法依程序完成了转交和回复。

【电子商务】 制定并颁布实施《攀枝花市电子商务发展规划2014—2020》,明确了全市电子商务发展的顶层设计;集聚发展,积极打造电子商务产业园,为攀枝花市电子商务创新、创业、孵化、培育奠定坚实的基础;以推进电子商务进农村项目为载体,加快促进本土大型传统企业与知名电子商务企业合作,构建基于第三方网络平台的攀枝花市消费门户网站——"攀枝花特色馆";营造良好的电子商务发展氛围,组织乡村干部、专合社、种植能手开展"攀枝花市电子商务进农村"培训10余期,培训人数达到1000余人。

【商务援藏】 2015年6月10日,市商务和粮食局与木里藏族自治县人民政府签署了《商务援藏战略合作协议》,标志着攀枝花市商务援藏工作正式启动。合作以"政府引导,市场运作,资源互通、信息共享、贸易互赢"为原则,充分利用攀枝花市与木里县产品资源优势,积极探索产销对接。下半年,攀枝花市在大型超市、专业市场、相关展会上开展木里特色畜牧产品、农产品、林产品营销推广活动。

【项目资金争取】 市商粮局成功取得"省级电子商务集聚发展区"政策支持,争取省级资金340万元,用于推动全市电子商务发展;成功争取将攀枝花市列为"电子商务进农村综合示范市",获得省级内贸流通服务业发展促进资金500万元及相关政策支持;成功争取攀枝花市原粮低温库改造项目获得省级财政支持1161万元。其中:攀枝花国家粮食储备库2.2万吨仓容改造,获补助资金594万元;攀枝花密地国家粮食储备库2.1万吨仓容改造,获补助资金567万元。

【粮食安全保障】 市商粮局强化粮食收购,加强与粮食主产区的协作,稳定市外粮食调入,全年完成粮食收购4.4万吨,超额完成市政府下达目标任务(3.5万吨)的126%,市外购入粮食10.4万吨,超额完成市政府下达目标任务(8.5万吨)的122%;加强储备粮油轮换管理,按时下达了储备粮油轮换计划,督促、指导企业有序开展轮换工作;认真开展全市粮食库存检查,完成了2015年全市粮食库存检查工作,重点对"转圈粮"情况进行专项检查。经查,攀枝花市各储粮企业无"转圈粮"情况;加强粮食质量管理,年初与市质量技术监督局签订《攀枝花市地方储备粮油产品质量监督管理委托协议书》,由市质检所定期对全市各级储备粮油进行日常质量检测和轮换入库(不含中央、省级储备粮油)质量检测;全面完成危仓老库建设任务,并通过工程审计。

供销合作商业

【概 况】 2015年,市供销社系统实现商品销售总额40630万元,其中农副产品销售9073万元,新建农民专业合作社4个;系统汇总实现盈利208万元;全面完成市政府下达年度目标任务的114.19%;2015年机关编制人数20人,实有人数20人。袁斌辞去供销社任主任职务任调研员,8月21日魏渠河任供销社主任。为加强非领导职务管理,要求主任科员兼任副科级领导职务的人员,只能担任其中一个职务。原来处室改为科室,更换处室门牌和重新刻章。完成东区旧城改造项目中供销社直属企业丰瑞棉麻公司、物资回收利用公司与南泰开发公司之间就临街门面合同的签订,丰瑞棉麻公司搬迁,进行一年的补偿。协调物资回收利用公司的补偿和搬迁,多次与产投公司协调土产棉麻公司被划走的土地,聘请刘再美律师为供销社的常年法律顾问。日杂公司部分仓库和门市因旧城改造搁置,停租一年的资产重新出租。

【农资经营】 2015年供销社农资经营企业加快转型升级,着力优化农资经营品种,调整经营方式,创新服务模式,努力向农业社会化服务企业转型。全市供销社系统完成农业生产资料供应实物量53724吨,实现销售化肥、农药等主要农资销售占全市70%以上,完成农资化肥储备6000余吨。巩固供销社农资企业经营主渠道地位。加强农资市场质量监管,在系统内开展“两放心、三到户”活动,积极配合农业、工商、质监等部门,做好农资市场清理整顿工作,引导农资市场健康发展,确保向农民供应放心农资。全系统贯彻2015年3月6日省政府召开的“全省农资打假及农产品质量安全专项治理行动电视电话会议”精神,市社部署,系统内各市、县(区)农资企业开展自查自纠活动,建立进货、销售台账,完善可追溯体系,从源头杜绝三无产品和高毒高残农药进入市场,无坑农害农问题发生。探索土地托管服务(契约式委托服务),为扶贫对象、种植业合作社和龙头企业等提供科技服务。推广使用有机肥和低残留农药,带动优质农产品发展,保护土壤生态和确保食品安全。

【农民专业合作社】 2015年市供销社系统采取强化服务、项目推动、分类指导、多样发展、典型引导、示范带动;完善机制、规范运作举措,领办发展各类农民专业合作社,新发展了“米易县照壁种植专业合作社”“正芬种植专业合作社”“昔街种植专业合作社”、盐边县红宝种养殖专业合作社等4家,截至年底,市供销社在全市引领发展各类专业合作社62个,服务功能包括电子商务、超市或小卖部、农资销售配送、代收各种费用、代办充值、同时开展金融业务,米易县供销社与攀枝花农商银行建立战略合作关系。2015年,市农商银行米易支行为41家专业合作社和家庭农场提供756万元的贷款,在供销社所属综合服务站点都安装“POS”机,可以一次性取现500元;在系统内开展创建市级示范社建设,筛选系统内优秀专业合作社申报国家级“示范社”,发挥典型带动作用;开展专业合作社社员的实用技术培训。邀请市科技专家到合作社种植基地组织开展现场技术培训,提高种养殖科技含量。推动农产品产销对接和农超对接工作。组织米易开宇种植专业合作社和米易优果等企业参加省供销社、泸州市人民政府联合主办的“2015年中国酒城西南特色农产品展销会”。参展特色农产品包括水果、蔬菜等共计16个品种。

【农村电子商务】 2015年市供销社按照全国总社、省社和市委、市政府关于加快推进农村电子商务工作的部署,抓好市场主体培育、服务平台搭建和信息化改造,推进市供销社系统电子商务发展。参与全市电子商务进农村工作,协助市商粮局做好攀枝花市《电子商务五年发展规划》《全市电商进农村方案》《2015年的工作要点》提供基础数据和电商进农村意见建议。按照省社“推进流通现代化建设,大力发展电子商务”的工作重点及2015年省社、泸州和内江两次电商推进会议精神,拟定《攀枝花市供销社关于推进电子商务发展的意见》。参与市商粮局组织的两期电商进农村培训班;组织县(区)社、系统专合社骨干参加省商贸校电商培训学习;组织米易县老高山农业科技有限责任公司、水果西施(微商)、优果到(电商)、攀越枇杷种植专业合作社、寿康专业合作社等到省外培训。主动介入电商,争取试点企业。米易县商务和粮食局将市、县供销社企业米易绿满仓农业发展有限责任公司和米易县供销社领办的攀越枇杷专业合作社、黄草樱桃专合社纳入县首批电子商务试点企业;盐边县供销社鑫茂农资有限公司主动与深圳农资电商企业“联姻”组建盐边县田田圈农资电商销售平台,渔门旗舰店于6月11日正式开业。

【农业综合项目库】 按照省社项目申报指南,整理、筛选、充实了2015年“新网工程”“农业综合开发”“农村社会化服务体系建设”等项目入库储备。督促农综项目资金落实,市供销社系统首批农综项目申报成功,即“2015年四川省攀枝花市800亩枇杷种植基地改扩建项目”和“2015年四川省攀枝花市盐边县优质核桃推广示范基地新建项目”,且属于国家财政部和国家总社的“农业综合开发示范社项目”,项目资金及省财政配套资金每个 98 万元,已经启动。米易草场仙山核桃种植专业合作社获得四川省2015 年资产收益扶贫试点项目基地建设200 万项目资金支持,资金已到位,强化项目运行全过程的资金使用监管。配合市、区财政对仁和区供销社建设的 3 大项 29 个小项,项目资金 100 万的农村社会化服务项目进行实地查验;完成仁和区供销社"2013 年农村社会化服务体系项目"的复查验收工作;编制上报市供销社系统业务项目"十三五"规划(2016—2020 年)申报工作。按照省社要求和各县(区)实际情况,组织编制了今后五年的业务项目申报规划,对涉及的"流通基础设施""电子商务""农业生产规模化服务"等 3 个大项,14 个小项投资总额达 8384 万元的项目进行规划编报。

【精准扶贫】 2015 年市供销社贯彻落实市委精准扶贫工作精神,成立工作领导小组,明确责任和职责分工;制定了供销社精准扶贫工作规划;牵头组织到米易县麻陇乡马井村开展扶贫帮扶调研,掌握基本情况;牵头组织市移民扶贫局、市烟草公司、森警支队开展对马井村扶贫攻坚精准扶贫工作的专项督查。通过对马井村建档立卡 40 户贫困帮扶对象的全覆盖入户调查走访,总结分析,归纳梳理了致贫原因,并针对性提出下一步推进扶贫攻坚工作的 8 项具体措施和建议。推进"双联"帮扶工作。建立涉农资金整合统筹机制。对全市划拨供销社的涉农资金进行科学规划,推进涉农资金整合统筹,集中财力办大事,做大扶贫资金总量,提高资金使用效益。全年市供销社帮扶仁和区平地村 4.5 万元,其中 3 万元用于帮扶乡镇产业发展,种植无花果树苗 2000 余棵,1.5 万元用于灾后重建门窗安装;针对困难户在春耕时节送化肥,在节假日送慰问金和大米、食用油和衣服、鞋、药品。同时,还聘请市农林科学研究院园艺所教授尧美英教授为平地扶贫村农户进行杨梅种植培训。

【供销社综合改革】 2015 年 4 月市社系统组织学习《中共中央国务院关于深化供销合作社综合改革的决定》及总社、省社有关文件精神和领导讲话材料、文件精神,研究探讨攀枝花市深化供销合作社综合改革的思路和措施,科学合理推进攀枝花市供销系统综合改革工作,草拟《攀枝花市供销社综合改革意见》稿上报市政府。成立攀枝花市供销社综合改革领导小组,明确责任分工。开展调研,摸清家底状况。针对市供销社社属企业改革重组、基层组织恢复重建、农村电子商务创新建设三个专题开展调研,为起草出台具有可操作性的攀枝花市《实施意见》,掌握第一手基层素材。

【信访工作】 2015 年市供销社接待和处理群众来信来访共计 28 人次,其中来信 1 人次,来访 27 人次,3 人以上集体上访 24 人次,个人访 3 人次重访上访 32 人次,信访总量大幅下降,同比下降 50%。

(叶宗翠)

石油营销

【概　况】 中国石油四川攀枝花销售分公司(以下简称公司)是中国石油天然气股份有限公司在攀枝花全资分公司。截止 2015 年末,在职员工 556 人,公司下设 8 个管理部门、2 个直属管理机构、6 个销售片区和金江油库,在营业加油站 56 座。

2015 年,攀枝花市成品油消费总量 55.36 万吨,同比下降 22.5%。面对国际原油价格大幅下挫,国内经济增速放缓、市场需求低迷等不利因素,公司全年销售汽、柴油 32.07 万吨,纯枪销售 19.91 万吨,非油销售收入 3830.8 万元。全年实现营业收入 19.41 亿元,上缴税收 3933.64 万元。

【油价调整】 2015 年,按照国家发改委通知,成品油价格调动频繁,特别是下半年,油价持续下跌,给公司经营销售带来巨大的压力。

2015 年攀枝花市成品油油价情况

单位:元/吨

型号 时间	93 号汽油		97 号汽油		98 号汽油		0 号柴油	
	批发	零售	批发	零售	批发	零售	批发	零售
2015 年 1 月 12 日	7874	8174	8328	8628	9085	9385	6480	6780
2015 年 1 月 26 日	7487	7787	7920	8220	8640	8940	6130	6460
2015 年 2 月 9 日	7795	8095	8244	8994	8500	9294	6410	6710
2015 年 2 月 27 日	8208	8508	8681	8981	9470	9770	6785	7085

续表

时间＼型号	93 号汽油		97 号汽油		98 号汽油		0 号柴油	
	批发	零售	批发	零售	批发	零售	批发	零售
2015 年 3 月 26 日	7954	8254	8412	8712	9477	9477	6555	6855
2015 年 4 月 10 日	8081	8381	8547	8847	9323	9623	6670	6970
2015 年 4 月 24 日	8399	8699	8883	9183	9689	9989	6955	7255
2015 年 5 月 11 日	8669	8969	9168	9468	10000	10300	7200	7500
2015 年 6 月 8 日	8553	8853	9045	9345	9866	10166	7095	7395
2015 年 7 月 7 日	8452	8752	8939	9239	9750	10050	7005	7305
2015 年 7 月 21 日	8171	8471	8642	8942	9427	9727	6740	7040
2015 年 8 月 4 日	7938	8238	8396	8696	9159	9459	6525	6825
2015 年 8 月 18 日	7715	8015	8160	8460	8902	9202	6320	6620
2015 年 9 月 1 日	7583	7883	8020	8320	8750	9050	6200	6500
2015 年 9 月 16 日	7678	7978	8121	8421	8860	9160	6290	6590
2015 年 10 月 20 日	7731	8031	8177	8477	8920	9220	6340	6640
2015 年 11 月 3 日	7599	7899	8037	8337	8768	9068	6215	6515
2015 年 11 月 17 日	7509	7809	7942	8242	8665	8965	6135	6435
2015 年 12 月 1 日	7355	7655	7780	8080	8488	8788	5995	6295

【安全环保计量质量管理】 公司进一步深化体系建设，顺利通过三星九千认证、销售公司和省公司体系审核。强化应急处置，组织开展各类应急演练1344 次，突发事件处置能力不断提升。狠抓隐患专项整治，筹集资金 369 万元，完成金江油库边坡、甸沙关罩棚等 13 项隐患治理。突出质量计量监管，配合政府职能部门抽检 449 罐次。强化油品损耗管理，严格执行超损耗赔付制度。狠抓库站“三违”查纠，开展施工违章进行警告谈话，确保库站平稳运行。注重安全教育培训，开展培训 645 次、受训 7095 人次，员工安全意识和操作技能进一步提升，企业保持了安全稳定良好态势。

【精细化管理】 2015 年，公司制定“开源节流、降本增效”方案，强化非生产性费用管理，费用总额控制在省公司预算范围之内。严格执行“三控制一规范”，全年用工减少 43 人，用工总量、库站外用工指标均在考核范围内。突出绩效导向，试点推行全吨油计算标准，调整部分薪酬项目，站经理、合同化员工统一实施升油工资考核。积极开展“小金库”、反舞弊自查自纠工作，资金管理进一步规范。加强往来款项清理核对，处理长期挂账不需支付的款项，增加收入 25 万元。加强设备维护，完成 46 座站系统设备更新，运行效率不断提升。规范档案管理，清理基建档案 1643 卷，档案资料更加完整。

（李泽民　吴　双）

烟草营销

【概　况】 2015 年，攀枝花市烟草专卖局（公司）负责攀枝花市辖区内的烟草专卖工作，担负在许可规定的经营范围和地域内，对全市烟草行业实行产供销、人财物集中统一管理，内设 15 个科室、3 个中心；下辖米易县、盐边县、仁和区烟草专卖局（分公司），东、西区烟草专卖局、直属分公司，物流中心，全市行业从业人员 669 人。

2015 年，全市生产收购烟叶 13710 吨，销售卷烟 4.53 万箱，实现卷烟、烟叶销售收入 20.16 亿元，税利 6.39 亿元，烟叶产业发展稳步推进，卷烟营销持续优化，生产经营秩序规范有序，各项工作稳步提升。

【烟叶生产】 2015年，攀枝花市烟叶生产着力稳定规模、提升质量、强化管理、夯实基础，烟叶质量和特色得到使用企业的充分认可。全市共落实计划种植面积7563.33公顷，分布在全市32个乡镇、177个村、629个社，8489户烟农从事生产。全力推行“培肥地力、抗旱栽培、均衡营养、成熟采收、绿色防控”五项关键技术，在前旱后涝的严重自然灾害下，最大限度地保障烟叶质量和烟农效益；收购烟叶13710吨，守住了规模“红线”；上等烟叶比例36.6%，均价22.38元/千克，烟农总收入3.06亿元、户均收入3.61万元，在大灾之年保持烟叶生产规模和烟农收入的相对稳定。

【烟草技术推广应用】 2015年，攀枝花市烟草专卖局（公司）投入资金1550余万元，开展涵盖烤烟品种选育、平衡施肥、病虫害防治等8个方面的烟叶生产技术研究与应用项目22项，其中主持四川省烟草专卖局（公司）重点项目1项、计划管类项目9项，参与开展四川省烟草专卖局（公司）重点项目12项，在四川省烟草专卖局（公司）开展的科技项目中期检查中，获得五个优两个良、综合排名第一的好成绩。取得“烤烟漂浮育苗栽培方法”“烟草专用复合肥”发明专利2件，“节能热风烘干装置”实用新型专利1件；“烤烟养分平衡施肥专家系统研究与应用”与“烤烟集约化烘烤设备组合模式应用研究”分别获四川省烟草专卖局（公司）科学技术进步“一等奖”和“三等奖”。攀枝花市烟草专卖局（公司）着重加强烘烤技能培训，成功举办全市第四届烟叶烘烤技能竞赛，竞赛赛制达到全国领先水平，为全国举办同类型竞赛提供成功经验。精选人员参加全国烟叶密集烘烤技术培训暨技能比武，获得全国“一等奖”2名、“二等奖”1名的优异成绩，充分展现攀枝花烟草职工良好的精神风貌和技能水平。

【现代烟草农业建设】 2015年，按照省烟草专卖局基地单元调整规划，市烟草专卖局将现有的11个烟叶生产基地单元整合为8个，淘汰了规模不足1000吨的基地单元3个；完成烟叶基础设施投资3368.69万元，建设烟基项目1681个，其中烟水项目114个、烟田机耕道50条、烟叶调制设施1362个、农机141台，土地整理213.33公顷，进一步夯实烟叶生产基础；完成仁和区跃进水库渠系配套系统水源工程建设，米易麻晃引水水源工程进度达45%；以现代烟草农业为统领，积极推进生产组织方式转变，做实合作社服务，推广专业化育苗7800公顷、专业化植保4706.67公顷、专业化机耕399.6公顷、测土配方施肥414.4公顷，在四川省政府组织的农民合作社省级示范社评选中，全省烟草行业仅5个合作社获得此殊荣，攀枝花占3个；投入资金182.3万元给予烟农肥料补贴，引导鼓励烟农规模化种植，进一步稳定了烟农队伍，提高规模化种植水平；全面推广攀枝烟叶信息管理平台，利用烟技员手持终端，将育苗、预整地、移栽、田管、成熟采收、分类编杆、烟叶烘烤、预检预验等生产过程全面覆盖，实现烟叶管理全程信息化。

【卷烟营销】 2015年，着力于调整卷烟市场状态，深入推进市场化取向改革，卷烟销售各项工作稳步推进，网络建设工作水平持续提升，现代物流基础夯实显优。全年共销售卷烟4.53万箱，全面完成全年目标计划，单箱均价2.95万元，同比增长2.43%。全市重点品牌卷烟销量达3.96万箱；“娇子”卷烟销量2326箱；推进物流非法人实体化运作，进一步梳理管理体制、优化资源配置、规范卷烟配送工作，全面推进精益物流管理，累计入库卷烟4.84万箱，分拣配送卷烟4.53万箱。

【专卖管理】 2015年，全市共有卷烟零售户4067户，其中：食杂店3352户，便利店219户，超市40户，商场2户，烟酒商店137户，娱乐服务162户，其他155户。

全市烟草系统继续保持打假破网高压态势；坚持守土有责，守好“两个口子”〔西区（西部口）、仁和（南部口）〕、管好“四条线路”（成昆线、108国道、310省道、G5高速）；进一步深化专卖管理跨区域、多部门合作模式，共查获各类违法案件373起，同比下降60.07%；两烟总案值238.19万元，同比下降64.44%；查获非法流通卷烟23.36万支，案值28.34万元；刑拘11人，逮捕12人，判刑18人；罚没款56.21万元，同比下降45.83%；案件查处率100%，无行政诉讼和行政复议。破获一类网络案件4起，市烟草专卖局连续第五年获得全省烟草商业系统“打击制售假烟网络特等奖”；全市市场净化率为98.48%，持证经营率为96.20%，售私售假售非率为0。

【重大案件】 2015年，全市共破获一类网络案件4件。“5·29”非法经营卷烟网络案：该案涉案卷烟392.58万支，涉案金额508.05万元，刑拘3人，逮捕3人，批评教育20人。该网络案件于10月21日经四川省烟草专卖稽查总队审核认定为“一类假烟网络案件”。“8·7”非法经营卷烟网络案：该案涉案卷烟175.31万支，涉案金额122.64万元，刑拘1人，直诉2人，取保候审3人，判刑3人，行政处罚1人，批评教育12人。该网络案件于10月21日经四川省烟草专卖稽查总队审核认定为“一类假烟网络案件”。“10·4”非法经营烟叶网络案：该案涉案烟叶80470千克，涉案金额127.35万元，刑拘4人，逮捕2人，直诉3人，批评教育14人。该网络案件已于10月21日经四川省烟草专卖稽查总队审核认定为“一类假烟网络案件”。“12·22”非法经营烟叶网络案:该案涉案烟叶103010千克,涉案金额124.1774万元,刑拘3人,直诉3人,判刑3人。该网络案件于12月3日经四川省烟草专卖局审核认定为“一类假烟网络案件”。

【企业管理】 2015年,攀枝花市烟草专卖局(公司)深入开展各项企业管理工作,精益管理成效显著。大力推动精益管理向基层延伸,深入优化人力资源配置,各项综合管理水平不断提升。制定、完善员工绩效、综合评价、员工晋级、干部考核等管理办法,形成有效的约束、激励和发展机制。充分发挥财务审计作用,保障资金安全,在全省烟草商业系统首届财务知识竞赛中荣获团体“一等奖”;全面推进法律风控体系建设,法律风险有效防范;深入推进岗位安全达标,全年无我方责任安全事故发生。投资管理、物资采购、机关事务管理、职工思想政治、后勤服务、信息保障等工作均取得新成绩。

注重宣传普法,法制建设取得实效。攀枝花市烟草专卖局(公司)重点突出“3·15”“6·29”“12·4”特定法制宣传日的作用推动法治宣传,审核各类案件37件,审核合同374份;扎实开展法律风控机制建设,经过3次梳理,共识别1500余条法律风险点,在识别基础上,完成了法律风险分析赋值打分,风险等级评估,进入风险应对阶段。

(杨晓卫)

盐业营销

【概 况】 四川省盐业总公司攀枝花分公司(攀枝花市盐政市场稽查处)设4科1室,下辖渡口、米易、盐边、渔门4个支公司(稽查所)。2015年,四川省盐业总公司攀枝花分公司认真贯彻落实四川省盐业总公司“深化改革、创新模式、转型发展”工作部署,按照“改革 创新 稳量 提质 增效”的工作思路开展工作。严格执行计划管理,认真落实四川省盐务管理局食盐计划要求,按计划和规定渠道购销食盐,贯彻食盐价格政策,加强行业自律,维护食盐专营。全年,四川省盐业总公司攀枝花分公司商品盐调入21272吨,商品盐销售22496吨,销售总收入3233万元,实现年度工作目标。继续保持市级“文明单位”“社会治安综合治理”先进集体、“计划生育”先进单位、卫生达标单位、园林式机关等称号,全年无重大安全事故和责任性食盐批发脱销事件发生,各项工作任务均完成。

【机构调整】 2015年1月,四川省盐业总公司攀枝花分公司经理(法人代表)更换,由时任四川省盐业总公司凉山分公司经理陈庆华同志兼任,其他领导班子成员不变。

【市场营销】 2015年,按照四川省盐业总公司要求,攀枝花盐业分公司努力创新经营模式,全面推行“客户经理制”,积极建立现代化营销网络。市辖区内共新增加天然精制岩盐、海藻碘化钾食用盐、天然未加碘食盐3个品种,从而使小袋食盐产品达到5种规格11个品种。

【市场监管】 2015年,攀枝花市盐政市场稽查处共办理涉盐案件4件,涉案盐产品4.25吨。按四川省盐务管理局要求,攀枝花市盐政市场稽查处继续落实驻厂监控,安排盐政驻厂人员共12人次。8月,攀枝花市盐政市场稽查处与攀枝花市经济和信息化委、攀枝花市公安局、攀枝花市食品药品监督管理局联合发文《关于开展2015年夏季食盐安全整治行动的通知》,共同在攀枝花市范围内开展为期一个月的夏季食盐安全整治行动。进一步规范各食品加工用盐企业的购盐渠道及用途的管理,有效地防止盐业违法行为的发生。积极配合国家盐产品质量监督检验中心、国家井矿盐质量监督检验中心对食盐质量进行抽查,全年所抽查食盐合格率均为100%。

(杨世堂)

金 融

银 行

【银行综述】 2015年,在结构调整、产业升级还未到位,新的行业增长点还没有形成的背景下,攀枝花市经济仍面临寒冬,企业生产经营有进一步下滑的趋势。金融机构存款、贷款增速均放缓,信贷风险加速暴露,区域金融生态环境不容乐观。

年末,攀枝花市有银行机构246个(含分支机构及营业网点)。其中人民银行分支机构2个,银行业监管机构1个,银行业金融机构243个。全市银行机构从业人员为3360人。

2015年年末,攀枝花市本外币各项存款余额858.22亿元,较年初增长31.54亿元,增幅3.82%。其中:住户存款463.64亿元,增7.14%,占全部存款比重为54.02%;非金融企业存款214.39亿元,下降1.28%,占全部存款比重为24.14%;政府存款163.05亿元,增7.04%,占全部存款比重为19%;非银行业金融机构存款17.1亿元,减29.94%,占全部存款比重为1.99%。住户储蓄存款增速较以往几年增速明显下降的主要原因是:经济不景气,居民收入增速放缓;网络金融、银行理财产品和股市造成一部分分流。非金融企业存款下滑原因为:经济增速放缓、企业资金回笼周期增长,效益下滑,企业流动资金减少,派生存款下降。虽然地方财政收入下降,但同期各项财政支出也大幅回落,各级财政存款和机关事业单位存款反而有一定增加。

年末,攀枝花市本外币各项贷款余额701.04亿元,比年初增加39.36亿元,增幅5.95%。其中,住户贷款67.76亿元,增0.74%,占全部贷款比重的9.67%。非金融企业及机关团体贷款633.28亿元,比年初增加38.87亿元,增幅6.54%,占全部贷款比重的90.33%。其中,票据融资余额87.24亿元,较年初增加36.45%。截至2015年末,小微企业贷款余额168.25亿元,比年初增长14.35亿元,增幅9.32%,较同期各项贷款增幅高出3.37个百分点。全市涉农贷款余额153.72亿元,比年初增长12.15亿元,较年初增长8.58%,较同期各项贷款增幅高出2.63个百分点。从行业投向看,采矿业、制造业、批发和零售业分别占比24%、21.74%、11.26%,居于前三位。单位贷款中,短期贷款和中长期贷款的比例为53∶47。主要特点:①短期经营性贷款小幅增长。当前攀枝花市钢铁、煤炭、钒钛等支柱行业生产经营不景气,银行维持了以房产、商品、货物等为抵押物的短期流动资金贷款续贷。②中长期贷款的增长主要源于重点项目贷款和银团贷款的支撑。③票据融资方面,由于攀枝花市特有的中小企业依托于大型企业的产业链,票据签发量一直较大。2015年,企业票据融资需求下降,辖内票据签发和贴现量大幅下滑。同时,攀钢停止签发银行承兑汇票,改为签发商业承兑汇票,全年累计签发商业承兑汇票166.09亿元,较去年同期增加59.8%。

2015年,全市跨境外汇收支44008.48万美元,同比减少1744.22万美元,下降4%,其中外汇收入24820.29万美元,同比下降18%,外汇支出19188.19万美元,同比增长24%,国际收支顺差5632.10万美元。其中:货物贸易流入20393.20万美元,服务贸易流入519.99万美元,资本项下流入3192.29万美元,个人外汇流入714.81万美元;货物贸易流出13479.44万美元,服务贸易流出391.79万美元,资本项下流出3382.90万美元,个人外汇流出1934.06万美元。个人结汇1164.91万美元,个人购汇3335.09万美元。

钢铁、钒钛等主导产品市场需求不振,价格持续低位徘徊。严重产能过剩是经济转型的首要障碍。以钢铁行业为例,表现在:钢材价格下降,挤压企业利润;订单金额降低,产销压力增加;快速扩能导致企业经营压力增加;企业负债过高导致资金周转能力差。钢铁、煤炭、钛白粉等产能过剩行业贷款居高不下，战略新兴产业、钒钛综合加工、特色机械制造、阳光康养等产业尚未形成规模效应，信贷投入力度小。

造成资金周转困难的主要因素包括三个方面：①经济下行导致企业产品定价能力下降。从调查企业生产成本来看，全年波动幅度不大，甚至下降，但受市场环境影响，但企业产品价格下降幅度更大，直接导致利润空间大幅萎缩，融资成本普遍高于企业利润率。②企业间资金结算面临困境。企业间结算大都以票据为主，直接影响企业回款速度，资金周转困难导致票据不能按期兑付，银行垫款大幅上升。③银行收缩信贷规模加剧企业资金紧张。在经济下行背景下，银行催收力度加大，为应付这种局面，企业四处寻找资金，包括政府过桥资金、民间融资、集团借款等，但受期限短和成本高等因素影响，只能是权宜之计。由市政府重点支持的优质企业都向政府发出求助函，主要反映为协调银企关系，要求续贷降息解决短期流动资金困难。

攀枝花市中小企业融资结构中，贷款占比为70%以上，直接融资难度较大，过度依赖银行贷款。在目前经济下行背景下，金融资源投放边际效应呈弱化趋势。信贷投放后大量转化为企业存货或通过赊销转化为应收账款，信贷的派生效应急剧弱化，形成大量“僵尸”企业。

（高永杰）

中国人民银行攀枝花市中心支行

【概　况】 2015年年末，中国人民银行攀枝花市中心支行（以下简称中心支行）内设科室16个，辖县支行1个，职工160人。其中：中心支行机关137人（在职101人、退休36人），县支行23人（在职17人、退休6人）。大专以上111人（本科100人），88人取得各类专业技术资格，其中中级45人，初级43人。成都分行下派锻炼博士研究生1人，硕士研究生3人。

2015年，中心支行继续保持“省级卫生单位”和“市级文明标兵单位”称号，荣获“攀枝花市政务信息”先进集体、荣获“攀枝花市禁毒委员会通报表扬”、荣获《攀枝花年鉴（2015）》编撰工作先进单位称号、荣获攀枝花市第三次全国经济普查先进集体、荣获2014年度四川省ACS业务竞赛奖。货币信贷管理科荣获成都分行“青年文明号”荣誉称号，崔静荣获攀枝花市第三次全国经济普查先进个人，祁奕含荣获2013—2014年度成都分行“女职工文明示范岗”称号、王海峰荣获2015年度资本项目外汇政策业务与操作竞赛二等奖，温婧怡荣获2014年度成都分行优秀团干部称号、甘路荣获2014年度成都分行优秀团员称号。王毅宏撰写的《2015年上半年四川省国库资金运行分析报告》得到省委王东明书记批示；郜一帆撰写的《“债务——通缩效应”苗头对四川的不利影响值得关注》被总行《金融研究报告》采用，并被副省长签批；《邮储银行二类支行及代理网点落实现金全额清分存在的问题》《发行基金包装箱（袋）使用情况调查、建议》《规范银行业金融机构利率公示保护金融消费者利率知情权》《县域银行机构基层网点假币零收缴问题突出》《非预算直拨资金混入集中支付跨省联合调研》《调查显示：超3成非税收入滞留专户形成“第二国库”亟待解决》《调查显示：小额贷款公司退出市场现象持续上升应予关注》《财政贴息类小额担保贷款业务放缓情况调查》等专题报告被总行采用；《基于金融稳定因素的货币政策制定分析》总行专题调研采用；王月撰写的《人行攀枝花市中支再贴现定向支持稳增长》被《金融时报》采用。李睿、胡冰、王月撰写的《基于互联网金融创新视角的直销银行运营模式研究》《利率市场化改革中商业银行利率定价机制研究》被《西南金融》采用。

【差别准备金动态调整】 2015年，中心支行切实履行货币信贷调控职责，严格按照差别准备金动态调整规则测算和把握辖内地方法人金融机构信贷总量，测算地方法人金融机构2015年度合意贷款新增73亿元，较2014年增加28%。指导地方法人金融机构用好用活合意贷款额度，保持信贷均衡投放，持续加大对“三农”、小微企业等重点领域和薄弱环节的信贷支持力度。截至年末，小微企业贷款余额168.25亿元，比年初增长14.35亿元，增幅9.32%，较同期各项贷款增幅高出3.37个百分点。全市涉农贷款余额153.72亿元，比年初增长12.15亿元，增长8.58%，较同期各项贷款增幅高出2.63个百分点。积极引导和支持地方法人金融机构补充资本，攀枝花市商业银行成功发行10亿元二级资本债，积极筹划引入战略投资者；攀枝花农商行积极推进发行二级资本债。引导地方法人加强和改善流动性管理，创造条件改善稳健性指标，为动态调整政策参数，增加合意贷款创造条件。

【法人金融机构流动性管理】 2015年，中心支行完善动态监测的标准与方法，通过定期监测与动态监测相结合，及时掌握地方法人金融机构流动性状况及影响流动性的重大情况、变动原因，对存贷比高、杠杆高、期限错配导致平衡资金缺口量大，以及发生过准备金透支、市场违约等机构实施重点监测。对攀枝花农商行银行间债券市场操作过于频繁，进行风险预警提示，督促其改进流动性管理。加大《存款保险条例》征求意见期间法人金融机构流动性监测力度，确保区域金融平稳运行。

【存款准备金管理】 2015年，中心支行强化存款准备金日常管理，顺利完成定向降准工作。全年人民银行4次全面降准和1次定向降准，中心支行对辖内符合条件的两家地方法人金融机构下调存款准备金率2.5个百分点，着力引导银行机构将降准释放的资金快速、低成本地投向"三农"、小微企业。认真督促指导农业银行"三农金融事业部"考核。

【再贷款和再贴现管理】 2015年，中心支行充分发挥再贷款再贴现价格引导作用，有效引导金融机构降低涉农及小微企业融资成本。将支小再贷款发放与"小微企业金融服务提升工程"紧密结合起来。截至年末，攀枝花中心支行支小再贷款限额14亿元，全部发放至辖内两家法人机构，两家法人机构使用再贷款资金累计发放小微企业贷款20.54亿元，支持全市140户小微企业，规定利用支小再贷款发放的小微企业贷款利率不高于6.25%，为辖内小微企业节约融资成本约3000万元。按季对辖内金融机构开展支小再贷款检查，参加分行组织的跨区域支农再贷款检查。中心支行在全省率先建立金融机构再贴现业务现场评估制度和价格引导机制，发挥再贴现政策工具导向作用，推进"央行票据通"。截至年末，累计办理再贴现18.35亿元，低于金融机构运用其他资金办理贴现加权平均利率0.5个百分点，节省成本400多万元。完成全省电子商业汇票再贴现系统上线工作。组织完成攀枝花辖内抵押补充贷款支持棚户区改造，并就如何管理和使用好抵押补充贷款资金，提升棚改贷款政策效果提出建议。

【利率市场化改革】 2015年，中心支行加强利率日常监测分析，组织辖内金融机构认真贯彻落实各项利率政策，强化对利率政策执行情况的监督指导。推动两家法人金融机构申报合格审慎评估，两家机构于2015年通过合格审慎评估，攀枝花市成为全省唯一地方法人及市场利率定价自律机制基础成员市州。全年共成功发行21.3亿元同业存单。2015年人民银行5次降息，累计下调金融机构人民币贷款和存款基准利率各1.5个百分点，有利于引导资金成本下行，缓解企业"融资难、融资贵"难题。快速完成降息各界情况反馈。做好利率报备系统二期数据录入相关工作。针对利率市场化加速推进背景，撰写了《利率市场化进程的国际经验及其对我国银行监管问题探索》《利率市场化环境下地方法人金融机构存款利率定价机制研究》《美国利率市场化及对我国的启示》等多篇调研分析，被人行成都分行、《西南金融》采用。

【金融服务"三农"】 2015年，中心支行向市委、市政府送《攀枝花金融支持农村经济发展的专题报告》《进一步提高农村金融服务水平工作目标及措施》，从环境改善、市场培育、资金来源、金融创新等四个方面，提出完整的工作思路，全面推进和完善农村金融服务。积极推进农村土地流转收益保证贷款工作开展，米易县农村产权抵押融资试点工作取得明显成效，已成功发放3笔林权和土地流转收益保证贷款(含试点县以外县域)，金额950万元。推动攀西首家农村产权交易服务中心在攀枝花市米易县运行。做好金融支持新型农业经营主体试点工作。对专业大户、家庭农场、农业产业化龙头企业等新型农业经营主体开展摸底调查，全市558家新型农业经营主体进入名单。引导涉农金融机构结合制定分行业、分区域、分阶段的金融服务规划。截至年末，全市128户新型农业经营主体累计获得银行授信32.58亿元，获得贷款18.59亿元。进一步落实农业产业化龙头企业贷款贴息补助机制，积极探索银行、农户、龙头企业、保险公司和政府"五位一体"的综合服务方式。全市农业产业化龙头企业贷款余额达10.5亿元。截至年末，全市涉农贷款余额153.72亿元，较年初增长8.58%，较同期各项贷款增幅高出2.63个百分点。引导金融机构加强与保险公司的紧密合作，借助农业保险、履约保证保险化解规模经营农户信贷风险；完善"公司+农户"保证担保方式，依托资金流稳定的农产品供应链，积极探索开展农产品订单融资、应收账款融资等新型信贷业务。开展扶贫金融产品和服务方式创新，综合运用各类政策工具持续引导金融资源向贫困地区倾斜。向市政府报送《扎实推进农村扶贫开发工作的实施意见》。认真组织开展金融扶贫工作，组织全辖区人民银行系统和金融机构系统开展"扶贫日"等系列活动，共筹款27.31万元。

【推进"中小微企业金融服务提升工程"】 2015年，中心支行联合政府相关部门及时调整更新400户重点小微企业融资培育名单，努力扩大金融服务范围和覆盖面。联合市金融办、市经信委组织市级金融机构深入全市"三区两县"召开小微企业融资知识培训暨银企对接会，累计对接小微企业500余户，开展小微企业融资知识培训近800人次。中心支行与市经信委联合印发《关于进一步建立健全小微企业融资对接机制的通知》，推动小微企业融资对接实现制度化、规范化和高效化。截至年末，小微企业贷款余额168.25亿元，比年初增长14.35亿元，增幅9.32%，较同期各项贷款增幅高出3.37个百分点。启动"银税互动"战略合作助推小微企业发展模式。9月17日，攀枝花市召开"银税互动"战略合作签约仪式，银行与11户纳税信用良好的企业达成1879万元的贷款合作意向，3家银行分别与对接企业签订信用贷款协议，标志着"银税互动"合作项目进入成熟运行阶段。推动金融支持养老服务。中心支行引导攀枝花金融机构密切与政府、市场配合，采取"政府主导、实体承贷、市场运作、收益覆盖"模式,围绕养老服务业设计、推出专门金融产品,支持城市阳光康养养老产业发展。各银行累计向攀枝花普达阳光国际康养度假区项目、花舞人间阿署达养老项目共计发放项目贷款8.9亿元,花舞人间阿署达养老项目1.4亿元贷款正在审批中。

【建立沟通协调机制】 2015年,中心支行首先促进产业结构调整优化,加强与市发改委等部门的沟通合作,联合市发改委向成都分行、国有银行四川省分行加大对全市重点支持项目的推介力度。全面搭建多形式的重点项目融资对接平台。配合相关部门组织召开攀枝花企业与省级银行机构银企对接会。部分县(区)政府与市级银行机构签订金融支持县域经济发展战略合作协议。加强与市发改委、市经信委、市科技局、市商粮局、市住建局等政府相关主管部门的沟通与协作,积极搭建信息共享机制,推动科技、文化、战略新兴产业的金融服务支持。加强信贷政策与区域政策协调配合。以金融生态环境建设为抓手,推动新常态下金融与实体经济良性互动。攀枝花中心支行代政府起草《攀枝花市人民政府关于进一步加强全市金融生态建设的措施》,通过建立信贷需求常态化共享机制、政策支持机制、贷款贴息机制、风险补偿机制,政府、银行、保险、证券、担保、中介、企业等各方主体共同发力,推动全市金融生态建设,提高金融财政资源配置效率,实现全市经济稳增长发展目标。人民银行积极贯彻落实,印发了《关于贯彻落实进一步加强金融生态环境建设的实施意见》,截至年末,攀枝花市成立应急转贷基金2亿元。中心支行协助市政府及相关部门累计办理企业应急转贷82笔、60户,共计8.9亿元,有效化解经济下行背景下企业贷款集中到期资金链断裂风险。制定金融支持科技型企业、外贸型企业、战略性新兴企业、文化企业、"三农"及中小微企业等政策及意见措施,对部分重点支持行业、民生领域建立财政奖补政策。全年,获得小微企业、战略新型产业贷款奖补资金1000余万元,县域涉农贷款增量奖励资金281.56万元。

【普惠金融】 2015年,中心支行继续做好下岗失业人员和妇女小额担保贷款工作。截至年末,全市累计发放创业小额担保贷款258笔,贷款余额为5560万元。其中,妇女小额担保贷款145笔,贷款余额为1228万元。中心支行加强对中央、省"大众创业、万众创新"政策的把握,组织辖区银行业金融机构创新金融支持创业就业,积极支持创业惠民生。截至年底,全市金融机构支持新型农业经营主体430余户,支持大学生村官290余人,创业项目启动46项,有创业计划的107项。联合政府相关部门和金融机构以攀枝花省级首批高校毕业生创业示范园区——大学生科技创业孵化园为平台,加大对高校毕业生创业的政策资金支持。全市向高校毕业生发放小额担保贷款、小额借款66笔,552万元,兴办创业实体66个,帮助180名高校毕业生实现创业。

【落实差别化住房信贷政策】 2015年,中心支行加强窗口指导,配合市政府出台《攀枝花市人民政府关于推进危旧房棚户区改造和促进房地产业稳定健康发展的暂行意见》和《攀枝花市人民政府关于推进危旧房棚户区改造和促进房地产业稳定健康发展的暂行意见》,引导金融机构改善金融服务、合理定价,满足居民购买首套自住房的信贷需求。配合市政府完成《2013—2017年攀枝花市棚户区改造系统性融资规划》。国开行四川省分行与攀枝花市累计签订棚改合同18.05亿元,涵盖攀枝花三区两县27个城市棚户区及10个安置点,涉及改造居民5978户,改造占地面积1042.79亩,改造房屋建筑面积474255.52平方米。截至年末,累计发放贷款9.64亿元。认真做好13亿元公积金贷款支持保障性住房建设工作收尾工作。全市保障性住房建设工作被中央电视台以"保障性住房建设的攀枝花样本"进行专题报道。配合分行做好《关于进一步完善差别化住房信贷政策的通知》下发后的政策执行情况反馈和重点城市房地产市场与金融机构信贷运行情况的日常监测报备工作。

【债券市场监督管理】 2015年,中心支行加强银行间市场交易管理。加强日常监测力度,动态掌握辖内两家法人金融机构在银行间市场的交易、清算和结算情况,督促其依法合规开展业务。针对银行间市场出现"钱荒"现象以及债券代持行为,及时向分行上报《从"钱荒"现象透视中小金融机构银行间市场业务现状及建议》及《对清理规范债券代持业务的思考》,对分行的相关决策起到重要参考作用。稳步推进金融债券的发行及后续管理工作。攀枝花市商业银行成功发行10亿元二级资本债和20亿元小微金融债。持续监测攀枝花市商业银行次级债券相关情况,及时督促发行银行及有关中介机构认真做好信息披露,还本付息等工作。

【同业拆借市场监督管理】 2015年,中心支行严格按照分行有关规定和行政执法有关要求受理和初步审核同业拆借限额调整申请。分别受理了攀枝花市商业银行和攀枝花农村商业银行关于调整同业拆借限额的申请,对其申请资料的真实性、完整性、规范性进行审核后,报送省分行,获得相关批复。

【黄金市场的监督管理】 2015年,中心支行开展为期1个月的"黄金市场投资者教育"主题宣传活动,共组织金融机构到辖内米易县城、红格镇等地开展了6次"送黄金市场知识进广场"活动和4次"送黄金市场知识进社区"专题宣传讲座。通过到广场进社区"面对面""一对一"、流动宣传服务等形式，进一步贴近民众生活，使公众了解黄金投资基本知识，辨别非法黄金交易的常见形式，增强自我保护和风险防范能力，自觉远离非法黄金交易活动。

【直接债务融资】 2015年，中心支行加大培训与宣传，强化银企对接。深入推动实施"四川重点企业直接债务融资增长计划"，切实加强对重点优质企业直接债务融资知识宣传与培训。先后开展两期银行间市场直接债务融资培训与对接会，培训并对接企业149户次。在省分行的指导下，结合市政府相关部门和承销机构推荐，筛选建立直接债务融资重点后备企业库，全市进入重点后备目录的企业达27户。针对重点后备企业，协同有关部门加以重点培育，强化银企对接，支持、引导直接债务融资工具的发行。截至年末，全市共2户企业在银行间市场直接债务融资余额82亿元。全市14户企业在成都(川藏)股权交易中心挂牌，确定白云铸造、立宇矿业、西宇生物等3户企业为"新三板"挂牌融资重点后备企业。

【跨境人民币业务】 2015年实现跨境人民币结算累计金额5.74亿元人民币。强化政策宣传培训，切实抓好贯彻落实。通过举办跨境人民币业务专题培训会，邀请市商务局、国税局等相关部门为银行和企业进行相关政策解读，定期组织跨境人民币业务经办银行和企业开展经验交流等方式，积极进行政策宣传，排除业务办理障碍。完善重点企业辅导机制，加强与辖内外汇管理、商务粮食局、海关及税务等部门协调联动，提前掌握全辖区外贸、投资相关信息，将进出口规模增幅较大企业纳入金融重点支持名单。目前全市入选重点企业名录企业16户。加强部门沟通与协调，提高业务办理效率。坚持便利企业的原则，协调商务、海关、税务等部门建立跨境人民币业务定期联席会议制度。

【金融统计基础】 2015年，中心支行按要求做好金融统计各类报表报送工作，及时核定数据集中系统年初结转数据，准确完成存贷款口径调整，确保全年常规数据安全生产，无漏报、迟报和重大差错发生，数据报送质量较好。

【金融统计数据的研究运用】 2015年，中心支行严格执行制度性调查工作要求，认真开展企业景气调查、企业商品价格调查、城镇储户问卷调查、银行家问卷调查、民间融资调查、农户调查等专项调查，充分挖掘制度性调查潜力，并积极向上级行反馈调查报告。将制度性调查与专题调查相结合，提高问卷调查质量。通过现场走访调研、召开农户座谈会等方式，完成关于攀西国家级战略资源创新开发试验区建设情况、攀枝花市钛白粉行业情况、票据融资情况、新型农业经营主体情况、农村土地流转情况、夏粮生产及价格情况、农民工返乡购房情况、金融支持养老服务等10余项专题调查，分析全市经济金融运行状况和微观经济主体面临的现实问题，为上级有关部门和地方政府决策提供参考。积极配合总、分行做好金融业综合统计有关理论研究和实践工作。协助分行完成《欧央行国民账户手册》中有关章节的编译工作，被总行《调查统计专题研究》和《金融统计与分析》采用。

【开展重点课题研究】 2015年，攀枝花中心支行加强对经济形势分析研判。全年共完成各类信息调研65篇，2篇组稿部分被《监测与分析》采用，2篇被成都分行《金融研究报告》采用，7篇调研课题被《货币信贷政策执行情况》《货币信贷政策执行情况快报》采用，18篇信息和调研课题被分行门户网站采用，24篇信息和调研课题被攀枝花市委、市政府《攀政快讯》《攀政快讯特刊》采用。

【直接投资外汇管理简化和改进】 2015年，中心支行积极采取多项措施，有序推进直接投资项下外汇管理改革落实。直接投资外汇登记下放及资本金意愿结汇等外汇管理改革措施于6月1日在辖内实施。对首次办理新设外商投资企业直接投资外汇登记的银行，建立"一对一、点对点"辅导制度，提供适时的技术指导，辅导银行成功办理新增境内直接投资登记1家；货币出资入账登记5笔，金额882.26万美元，标志着外管局推进简政放权，促进贸易投资便利化新举措在攀枝花市成功落地。过去需由外管局、会计师事务所、银行三方共同参与才能完成的直接投资外汇业务，现仅需到银行就可全部完成。

【提升外汇监管工作】 2015年，中心支行紧跟热点，合理引导个人购汇需求。8月11日起，针对人民币汇率中间价报价机制及时监测，反映出个人结售汇在12日、13日出现购汇突增，美元购汇用满额度，购而不付的情况，立即上报，并通过《攀枝花晚报》开展政策宣传，消除市民恐慌性购汇心理，维护辖区个人购汇业务市场的正常秩序。突出重点，防范异常跨境资金流动风险。开展货物贸易外汇流出专项核查。对"购付汇重点企业"进口业务状况进行查验，掌握进口多付汇系上年末进口延期付款，因货物与资金分跨2个年度，继而引发付汇数据异常而非违规。保持对大额、可疑交易的重点关注，确保真实贸易背景。找准结合点，提升核查效能。在个人购汇及大额付汇的监测核查中，自主探索编制"境内、外个人累计购汇总额超等值5万美元"等8个监测指标并共享。全部监测项目的筛查仅需几分钟，大大提高了核查效率。抓住关键点，增强企业履行报告义务的意识。积极开展辅导期企业专项治理工作。对2012年8月至2015年2月期间，辅导期满未按规定履行报告义务的企业进行集中清理。核查企业报告质量;为4家新企业开展了企业报告实务培训;为3家企业办理延期收款报告2笔、差额报告2笔、贸易融资报告8笔。

【外汇服务工作】 2015年,中心支行始终将保护、维权贯穿于对外履职过程中,支持银行运用境内、外两个市场,解决实体经济融资难题。全年,通过进口押汇、出口发票融资等方式,境内为企业融资10392.83万美元;通过境外银行出口发票融资、海外代付等方式,境外为企业融资7835.96万美元。简化直接投资收付汇手续,便利企业跨境投资资金运作。办理新设外商投资企业1家,注册资本1.53亿元人民币。外商投资企业增资1家,增资3200万元人民币。外商实际到位资本金882.26万美元,改变近1年辖内无外资资本金实际流入的僵局。推出"一站式"全流程外汇服务,为便民利民提高办事效率,实施多项便民措施。涉外企业外汇业务集中受理;公示《常规外汇业务指南》;制作《贸易外汇收支企业名录登记指南》《辅导期业务报告指南》《企业贸易信贷报告指南》等资料供企业取用;开通对外公共邮箱,免费提供《出口预收现场报告表》等外汇业务登记模版、表式,方便企业足不出户就能备齐登记、报告资料;通过QQ、微信及时向银行、企业提供在线业务辅导和答疑,成功搭建"一个窗口对外办理业务"的"全流程一站式"外汇服务模式。提高服务质量和效率的同时,企业满意度进一步提升。以"金融知识普及月"活动为契机,大力推动个人业务电子化。精心组织,积极开展个人通过电子渠道办理结售汇业务等系列个人外汇业务知识宣传,引导消费者合理选用金融新工具办理业务。全年,开展宣传活动5次,向公众发放宣传资料、宣传品5000多份。辖内个人网银结售汇业务迅速发展,个人通过网银自助办理结售汇1475万美元,占个人结售汇业务总量的39%。

【维护涉外经营秩序】 2015年5—7月,中心支行先后对工行攀枝花分行、交行攀枝花分行和中行攀枝花分行2014年外汇业务合规性开展现场检查,对攀枝花远邦之星汽车销售服务有限公司外债资金使用情况开展专项检查。对远邦之星外资企业、攀枝花中行违规办理短期外债结汇用于长期建筑强夯工程违规行为分别处罚3万元、7万元,于11月全部收缴入库。

【现金供应】 2015年,中心支行按照上级行"以需定调、以需定投"以及"以调待查"的现金管理制度要求,全年共执行调拨命令24笔,其中,调入13笔,金额201290万元;调出11笔,金额190875万元,保证辖内现金的正常供应。要求银行机构落实小面额备付金需求,加大小钞投放力度。全年共投放10元以下小面额人民币12930万元,满足市场小钞需求。

【2015年版第五套人民币100元纸币发行工作】 2015年,中心支行及时制订并印发《攀枝花市新版人民币100元纸币发行宣传培训工作实施方案》;在《攀枝花日报》《攀枝花晚报》等报刊的头版头条以放大样币图片的形式,整版刊登新版100元人民币发行情况及整体防伪技术的介绍,易于公众识别;组织协调辖内各金融机构及时开展培训工作,对本行职工和各金融机构专职反假人员分别开展2次培训。为确保新版人民币的顺利发行,督促辖内各金融机构做好机具升级,并经中心支行进行抽查符合要求,确保新版人民币收付工作顺利进行。

【人民币反假】 2015年,中心支行充分发挥反假货币领导小组成员单位积极作用,加强人民币反假工作。全年共收缴假币5451张,金额43.39万元,与上年同比下降48.5%。利用"3·15"平台、开展金融知识、警银合作宣传和反假宣传月等方式,全年共集中开展"人民币反假宣传"活动6场次,全市金融机构参与反假宣传活动人数达2000人次,发放宣传帖画、折页5万余份,兑换残损人民币20余万元,宣传月活动期间,组织全市银行机构于11月11—12日在主城区和米易县开展2015年新版人民币票面特征及防伪特征和反假货币现场宣传活动。通过现场接受媒体采访、专业人员讲解、真假币对比、发放新版人民币的宣传贴画、折页等形式广泛开展宣传。主动与客运中心、铁路、民航等反假货币成员单位联系,通过在公路客运站、高速服务区、飞机场、火车站、客运列车上发放、摆放宣传资料等方式,有效扩大宣传覆盖面。要求银行机构组织开展员工反假培训,利用全面完成冠字号码记录和贴标工作的有利时机,不断提升机具质量,加强柜台堵截,严防假币流进流出银行。加强反假货币培训考试工作组织和管理,与培训机构加强沟通和联系,召开专题会议进行安排布置,全面推广反假货币考培分离模式。全年,全市金融系统反假货币培训考试报名人数1255人,理论考试合格比例89.57%,实操考试合格比例91.33%,综合合格人数1141人,综合合格比例92.92%。要求银行机构在各网点长期摆放符合要求的人民币反假宣传资料,利用电子显示屏显示相关知识,并采取在业务量大的网点摆放自助宣传设备,设立反假宣传工作站等方式,提升反假货币宣传工作的影响力。

【整治银行卡网上非法买卖】 2015年,中心支行联合市公安局、市工商局、市银监分局、市互联网信息办公室召开全市银行机构和支付机构召开整治网上银行卡非法买卖专项行动联席会议,印发《攀枝花市公安局 攀枝花银行业金融机构联席会议制度》《攀枝花市联合整治银行卡网上非法买卖专项行动工作方案》。专项行动开展以来，各单位加强信息沟通与协作，查堵并举，成功堵截5起银行卡买卖、诈骗案件，破获1起涉案人员3人、涉案金额1500万的信用卡诈骗案，及时删除银行卡网上非法买卖相关信息30余条。

【加强"ACS"制度执行】 2015年，中心支行完善"ACS"业务规范的实施细则，重新修订内部控制管理、岗位职责及工作要求、要害岗位管理等15个制度。按照支付结算履职需求，进一步加大会计核算各岗位与支付结算管理、事后监督、账户开户许可等岗位之间的整合力度。加强资金安全管理、强化对账监督。坚持与发行、开户单位每日前置对账，督促开展月度对账、电话对账，组织年终决算前上门对账等，并落实责任、换人确认。组织开展"ACS"业务手工应急演练，对发行基金支取及交存、紧急资金划拨、同城轧差净额清算等业务按照"ACS"业务连续性方案进行实际操作，提高业务人员对"ACS"业务突发事件应急处置能力。认真开展对新业务的培训、积极参加网络培训，抽调人员参加业务交叉检查，以查代训，加强兄弟行之间的交流学习，积极向分行反馈、分享中心支行"ACS"业务处理经验等。组织人员参加2015年度"ACS"征文活动，上报征文2篇。

【成立金融稳定科】 2015年，中心支行根据总行内设机构调整方案，攀枝花中支金融稳定科于2014年12月24日成立，按照科室岗位职责完成人员重新分工，修订完善金融稳定相关工作制度，理顺与中心支行各部门的业务配合流程，对外积极走访辖区金融机构，主动适应金融稳定履职新要求，建立了《金融稳定科工作职责》《金融稳定岗位职责》《红名单企业监测制度》《不良贷款、关注贷款和表外垫款统计制度》《不良贷款核销重大事项报告制度》《金融稳定工作劳动纪律》等工作制度，建立金融稳定形势季度分析报告和季度分析例会工作机制，修订了《中国人民银行攀枝花市中心支行金融机构突发事件应急预案》。

【新设银行业机构开业管理】 2015年，中心支行严格执行开业管理服务双线运行机制，将岗位资格和业务技能测试、现场核验工作适时提前，与申报材料审查双线同步进行，争取在新设银行机构金融许可证、营业执照等法律要件齐备前，完成各项基础审查工作，帮助新设银行机构尽快加入人民银行与外汇管理局金融管理服务体系。加强对其新设分支机构的管理和指导，建立本级系统内的、标准化的开业申报资料模板，供新设分支机构参考使用，避免因申报资料不全、内容不符合制度规定、内部分工不清楚、衔接不畅通等问题降低工作效率和影响开业进程。通过对南充市商业银行攀枝花分行、攀商行米易城北支行、商业街支行和攀枝花农商行瓜子坪分理处开业申请实行流程优化，使中心支行各部门在开业管理中的分工配合进一步得到加强。

【完善重大事项报告制度体系】 2015年，中心支行加强重大事项及重要信息报告管理工作。指导银行业机构建立清晰有序的报告流程，明确承办部门和经办人员工作职责，提升金融机构报告重大事项的意识，确保重大事项及重要信息的真实性、准确性、全面性和及时性。截至年底，共收到并处理银行业机构重大事项及重要信息16件。为加强对辖区不良贷款处置情况的持续掌握，出台《中国人民银行攀枝花市中心支行办公室关于将银行业机构不良贷款处置事项纳入重大事项报告的通知》，突出金融风险报告的及时性，提升区域风险预警的有效性。

【金融风险应急管理】 2015年，中心支行切实做好金融风险应对和处置。协助金融办完成非法集资、投融资理财公司清理整顿工作。全年未发生融资理财公司群体事件。结合攀枝花实际，及时修订完善了《银行机构突发事件应急预案》，增加了金融机构突发事件应急领导小组成员部门风险处置工作职责、存款准备金动用管理、县支行第一时间工作流程等内容。结合辖区实际开展攀枝花市金融机构声誉风险应急演练。此次演练以农民大额取现因未预约被拒绝、民营企业转款被无理压票引发金融机构声誉风险和挤兑风险为背景，通过市、县（区）政府、人民银行、银监局、事发银行、保险公司等单位共同配合有序完成风险处置工作。在控制舆情、秩序维护、现金调拨等处置环节进行仔细修订，进一步明确各职能部门之间的职责分工和处置金融突发事件操作流程，提高基层人民银行应对金融机构突发事件的综合管理水平和应急处置能力，为日后处理和化解各类金融风险事件积累经验。

【反洗钱工作】 2015年，中心支行新设反洗钱科，专门履行反洗钱职责，配强反洗钱队伍，有效提升反洗钱工作质量和水平。及时修订完善《中国人民银行攀枝花市中心支行反洗钱内部工作制度》《中国人民银行攀枝花市中心支行反洗钱现场检查工作规范》等16项反洗钱内控制度，明确反洗钱各岗位职责，细化反洗钱各项业务流程，形成较为健全的反洗钱工作体系。修订印发《攀枝花市反洗钱工作联席会议制度（修订稿）》，调整联席会议成员单位，并细化各成员单位的反洗钱工作职责。督导辖内机构建立健全反洗钱组织机构和内控制度，将反洗钱内控制度建设常态化并及时报备。全年共报备各类制度和文件40余份，有效提高机构反洗钱制度的实效性和可操作性。不断深化反洗钱协作机制。定期召开警银协作联席会议，建立警银协作长效机制，印发《攀枝花市公安局　攀枝花银行业金融机构联席会议制度》，确立由攀枝花市公安局、中心支行、银监分局及辖内

10 家银行机构为成员单位的联席会议制度，进一步明确各单位职责，建立完善联席会议工作原则、议事规则等相关工作制度。有效促进信息共享、案件通报、风险预警、打击金融犯罪等，共同推动平安创建、基层治保，构建基层防范金融犯罪屏障。公安机关出台服务银行业十项具体措施，细化服务方式、服务内容，共同推进社会管理创新、提升打击防范效能，为全市经济金融稳定发展、金融生态建设保驾护航。联合开展“打击利用离岸公司和地下钱庄转移账款专项行动”，充分发挥反洗钱在线索来源、资金调查等方面的作用，做好重点可疑交易报告的督促指导、线索的摸底排查和会商工作。积极开展追赃、追逃专项行动，加强外逃人员名单监测和可疑交易报告工作，指导和督促相关机构开展名单监测，并对辖区地方法人金融机构和支付机构落实情况进行抽查。做好非法集资和民间理财风险防控，做好线索分析研判、监测预警和处置工作，持续开展宣传教育，引导社会公众自觉远离非法集资。积极开展“联合整治银行卡网上非法买卖专项行动”取得成效。成功破获利用虚假资料开办大额信用卡、利用 POS 机刷卡套现案件，采取多种手段追回套现款项，努力降低损失，公安机关抓获 3 人，案件正在审理中。通过与公安部门进行情报汇商，对有涉毒嫌疑的重点交易、重点人员纳入监测名单，及时反馈银行机构进行重点、持续监测。累计向公安禁毒部门报送监测情报 10 批次，共 1360 条，其中 3 人列入公安部“5・13”系列涉毒专案立案侦查，9 月 4 日，其中 1 人被公安机关抓获，同伙 3 人一并落网，缴获毒品 1 公斤。银行柜面加大客户身份识别力度，成功甄别 4 名广东籍、持有效身份证件同一天在攀枝花 11 家网点分散多次开卡 22 张非正常行为，第一时间向该行总部和公安部门报告，中心支行指导银行机构对开立的 22 个银行卡账户进行重点防范布控。加强政策传导和工作部署。及时组织召开全市金融机构反洗钱工作会议，传达贯彻总、分行反洗钱工作会议精神，分析当前反洗钱形势，明确反洗钱工作重点，部署“二大系统工程”建设，提出反洗钱工作要求，为全年反洗钱工作有效开展打好基础。定期专题向市政府汇报全市反洗钱工作开展情况，推动洗钱案例判处。召开《金融机构反洗钱监督管理办法（试行）》培训会，确保有效贯彻落实。制定《2015 年攀枝花反洗钱工作要点》，明确全年反洗钱工作总体要求和工作重点。

【可疑交易报告管理】 2015 年，中心支行严格重点可疑交易报告处理程序，加强可疑报告质量审核把关，提高可疑交易报告质量，共接收重点可疑交易报告 11 份，并按要求向分行报告。加强对重点可疑交易的监测和风险提示工作，及时转发各类风险提示防范洗钱风险，做好辖内洗钱风险预警工作，指导、督促反洗钱义务主体加强风险控制，共编发风险提示 1 次，转发风险提示 8 次。积极开展洗钱类型分析，结合重点可疑交易报告和相关案件对地区洗钱类型进行分析，认真总结本地区洗钱活动规律，努力提升洗钱类型分析水平，报送洗钱类型分析 2 期。严格依法开展反洗钱调查，积极配合查处洗钱犯罪活动，认真做好协查、线索移交、情况通报、结果反馈等工作，协助分行调查 3 起，协助公安和国家安全机关调查 2 起，向分行申请案件调查 1 起。高质量完成反洗钱报表和报告。严把反洗钱总结、报表和报告质量关，按要求搜集、汇总各项数据并准确填报，确保报送质量，全年无差错。

【银行业信息化工作】 2015 年，中心支行通过银行业金融机构信息安全联席会，加强全市银行业金融机构的横向联系，形成信息安全工作联席会议长效机制，将辖内银行业金融机构信息安全管理工作的开展情况纳入综合评价考核体系。督促辖内银行业金融机构开展应急演练、网络安全检查、机房动力及灾备自查，提高应急处置能力。转发金融业信息安全风险提示 2 期，要求商业银行对照检查和整改，有效防范相关金融风险的发生。配合总、分行工作安排，督促商业银行国密应用改造，及时掌握并上报商业银行相关情况。攀枝花市商业银行直销银行业务在省内率先采用国产密码算法，得到分行表扬。积极组织银行业金融机构开展第二届国家网络安全宣传周活动，在营业大厅发放宣传资料和播放宣传片，提高公众网络安全意识，攀枝花市商业银行成都分行积极参与金融网络安全宣传进高校活动，在大学生中普及金融网络安全基本知识和风险防范技能，同时攀枝花市商业银行网站开辟专栏宣传网络安全。指导金融机构做好信息化发展规划工作。根据总行、分行相关要求，指导地方性金融机构做好信息化“十二五”发展规划中期评估工作和信息化“十三五”规划前期准备工作。强化对外履职。参加对恒丰银行成都分行的金融稳定评估工作，对其存在的金融科技类问题提出整改要求。参加南充商行攀枝花分行开业管理工作，组织开展了 1 次银行卡联网通用检查，对金融 IC 卡关闭降级交易情况与移动金融创新工作情况进行抽查，督促存在问题的机构进行整改，保证银行卡的联网通用。做好金融机构信息编码管理工作。积极开展金融机构代码信息核对清理工作，确保系统数据真实完整。全年，新增 8 家机构信息，撤销 2 家机构，对系统内所有机构补录新增数据项。系统内共有银行业机构 239 家，保险机构 81 家，证券公司 8 家，期货公司 1 家，小额贷款公司 9 家，担保公司 1 家。加强对地方性商业银行金融标准化工作的指导，攀枝花市商业银行 2015 年正式通过 ISO 27001（信息安全体系）和 ISO 20000（IT 服务管理体系）国际标准认证双认证。

【金融 IC 卡应用】 2015 年，中心支行积极推进金融 IC 卡发行。全市银行卡累计发卡46万张，金融IC卡17万张，占比37%；在全市范围内停发磁条卡；推动攀枝花市商业银行发行“PBOC3.0”标准芯片卡。积极推动金融IC卡多应用。落实省政府办公厅《关于推动金融IC卡在我省公共服务领域应用的实施意见》，协调推动攀枝花市政府出台《关于推动金融IC卡在公共服务领域应用的实施意见》。积极参与四川省金融IC卡暨移动金融基础服务平台建设，推动攀枝花市商业银行接入平台。8月，推动米易县实现金融IC卡电子现金公交应用，累计交易13万余笔，金额12万余元。进一步完善金融IC卡受理环境。推动POS、ATM非接改造。地方性商业银行5月完成所有ATM的改造。全市POS、ATM非接占比分别为80.8%、54.6%。新培育电子现金非接受理无障碍示范商户1个。推动攀枝花市商业银行开展移动金融业务。攀枝花市商业银行完成“TSM”建设，实现与银联对接。大力开展宣传与培训。邀请银联专家对市县两级金融机构及米易县政府相关部门开展专题培训，提升从业人员专业水平。组织全市金融机构开展为期一个月的金融IC卡“闪付”体验活动，提高收银员与市民对金融IC卡的认知。

【保障国库资金安全】 2015年，加强辖内预算收入退库业务管理。针对税务部门反映各支库办理预算收入退库时要求提供资料不一致问题，中心支库严格按照标准化手册预算收入退库相关内容；与财税部门共同印发预算收入退库资料审核办法，统一资料审核标准。加强对出口退税指标的管理，严防县（区）支库超计划办理出口退税业务。认真分析县（区）支库上报预算收入退库登记表，及时发现和纠正县（区）支库在办理预算收入退库时退库原因录入不准确的问题，为准确上报年度预算收入退库年报打好基础。加强业务检查，以查代训，促进辖内国库代理业务规范运行。在国债业务检查中，中心支库对工行网点未使用《中华人民共和国储蓄国债（电子式）认购确认书》统一表式、建行网点未建立储蓄国债销售内部考核奖惩制度等问题，要求立即整改。通过对辖内3个代理支库的检查，发现存在代理国库业务资料交接不严密、停用预留印鉴卡管理不规范、票据审核不严格、与集中支付代理银行对账不规范等问题，并责成代理支库对相关问题进行整改。对交行攀枝花分行、农村商业银行盐边支行国库经收业务和集中收付业务进行检查，对存在的税收缴款书业务处理不合规、国库经收业务科目使用不正确、代理银行与清算国库对账不规范、对账结果签署意见不规范等问题及时给予指正，并及时向管辖行通报，进一步规范执行国库相关制度规定，明确加强人员培训和业务管理的方向，指导督促代理国库进一步提高执行力。

【提升国库收支效率】 2015年，中心支行积极发挥人民银行在横向联网系统建设中的主导作用，组织协调解决横联推进工作困难，多次组织税务、金融机构召开电子缴税业务推进座谈会，共同对电子缴税推进过程中出现的横连POS操作环节多、税务大厅部分工作人员积极性不高、网络通讯不畅、不明原因引起多笔扣税失败等问题进行协商，提出解决措施。与市地税局相关部门一道，到申报纳税业务量较大的东区纳税大厅，了解纸质缴税与电子缴税操作流程，查找影响电子缴税业务发展的制约因素。针对中行POS机缴税出现多次已扣款但未入库、影响纳税人权益的问题，立即约见市中行分管领导，督促加强业务管理，并保持业务跟踪直至问题顺利解决。主动与税务部门配合，做好“金税三期”的上线准备工作，督导辖内商业银行积极配合，掌握各行横联业务测试安排情况，督促各行加强与地税部门的联系，努力做好“金税三期”的测试工作。紧抓县支库横联工作，提升电子缴税比例，辖内米易县支库建立电子缴税台账，动态监测国库业务，每日分类统计财政、税务纸质业务凭证有关数据并按月汇总，形成较为翔实的业务量统计表，同时安排专人按季进行全面分析，提出有效推进措施和工作意见，扩大横向联网系统覆盖面，1—11月，米易县支库电子缴税33908笔，占比93.16%；电子扣税金额5.50亿元。

【加强国债管理】 2015年，中心支行积极组织国债发行，实地调研国债发行效果，对违规宣传和宣传不力的机构提出批评。对两家国债发行网点开展检查，及时指出在国债管理和日常操作中出现的违规问题，并提出整改措施，督促、规范辖内国债业务。及时反馈工作开展情况。全年向上级行反馈国债发行首日销售情况信息9篇、国债调研信息1篇。其中被《四川国库情况》采用8篇，被总行《国库情况反映》部分采用1篇。

【内控机制建设】 2015年，加大内控宣传力度，把强化内控与基层央行建设紧密结合，增强职工参与内控工作的积极性和主动性。认真部署，组织开展“两个加强　两个遏制”活动。2015年一季度组织开展全行“两个加强　两个遏制”活动，推进中心支行及县支行内控机制的长效建设。分解任务，落实责任，强化制度执行。通过层层签订工作目标责任书的形式，进一步明确内控管理责任，将内控工作落实到日常业务和管理，融入到岗位履职中。高度重视并切实加强要害岗位人员管理。中心支行通过谈话、休假、轮岗、学习培训等方式加强要害岗位人员管理，促使要害岗位人员熟悉本岗位业务操作，严格执行各项规章制度，增强岗位风险控制要点的识别能力，知晓风险控制应对措施，筑牢内控体系的基础。推进内审风险评估工作，按照成都分行内审处的统一工作安排，扎实推进内审风险评估工作。一方面，以成都分行2015年关注的风险点和审计项目安排的侧重为主线，结合攀枝花中心支行风险重点防范领域，制定工作目标，确定2016年风险评估的总体思路；另一方面，依照专门性职能和综合性职能的分类，按操作风险、法律风险、声誉风险、信用风险加以区分，在做好本级风险评估工作的同时，以业务条线和内审专业指导相结合的方式，探索、指导县支行开展风险评估工作。

【金融宣传】 2015年，中心支行严格执行新闻宣传审批制度和相关纪律，确保新闻被宣传工作规范有序开展；主动利用各种宣传载体，在集市、学校、广场等人流集中的地方进行金融知识及金融法制宣传，全年累计开展宣传8次；规范门户网站管理，积极向分行门户网站推荐信息，被分行业务网门户网站采用信息14条。积极响应总、分行工作要求，努力做好舆情监测和引导工作，全年共开展舆情监测11周，不良舆情监测5次，网络不良舆论引导7次，提供四川金融舆情线索9期。

【强化干部实践锻炼】 2015年，中心支行研究制定《选派干部到金融机构交流锻炼的管理办法（试行）》，选派1名新提拔中层干部、2名业务骨干、1名新进行员到商业银行攀枝花分行学习锻炼，形成干部到金融机构交流锻炼长效机制。多层次、多渠道积极推进干部交流轮岗，通过上派到总行2人次、选派分行7人次、下派县支行1人次、部门轮岗10人次等方式，进一步加强干部培养锻炼；同时将1名优秀中层干部推荐到南充市商业银行任职。

【开展反恐和维稳工作】 2015年，中心支行认真贯彻落实总、分行《关于开展安全保卫工作“两个加强、两个遏制”专项检查的通知》《关于进一步加强发行库守卫值班工作的通知》《关于开展安全生产检查的通知》和《关于加强近期反恐安保工作的紧急通知》等专项工作要求，落实安保工作责任制，落实“一把手”对安全生产工作的第一责任，进一步明确分管领导、管理人员和操作人员责任，确保各项安全生产管理制度和措施落实。积极开展反恐知识培训。8月27日，中心支行聘请攀枝花市公安局特警大队教官在全行开展反恐知识培训，增强职工的反恐意识。同时，对应急演练人员有针对性地开展单兵动作和集体队形协同训练，为进一步完善和落实反恐怖应急处置预案，快速、有序、高效应对突发事件奠定扎实的基础。提升应急处置能力。选取各部门青壮男性青年成立中心支行安全保卫突发事件应急处置小分队，聘请市公安局特警大队教官为技术指导，研究处置预案，有针对性地开展单兵动作、集体队形、反恐和协同处置能力训练和反恐突发事件应急演练，有效提高中心支行应对和处置突发事件的能力。

（高永杰）

攀枝花银监分局

【概　况】 2015年，攀枝花银监分局（以下简称分局）内设8个科室，职工44人（在职36人，退休8人）。在职职工中研究生学历4人，本科学历28人，大专及以下学历4人，18人具有专业技术职称。

分局认真贯彻中国银监会和四川银监局工作部署，按照从严治党、依法监管的要求，扎实抓好基层党组织建设和监管能力建设，以助发展、促改革、守底线为主线，有序推进各项重点工作，确保全市银行业实现平稳运行。截至12月末，全市共有银行业机构10家，营业网点260个（含异地网点），从业人员4050人；各项存款余额929.96亿元，较年初减少6.54亿元、下降0.70%；各项贷款余额805.96亿元，较年初增加71.40亿元、增长9.72%；不良贷款余额34.74亿元，不良率4.31%，较年初增加23.39亿元、上升2.77个百分点；累计实现净利润7.86亿元。

2015年，分局荣获银监会系统舆情工作先进单位、全国银行业“雷锋岗”、四川银监局2015年度统计调研工作考核评比一等奖、四川银监局第三届“我秀我能”工作创意大赛二等奖、四川银监局2015年客户风险统计工作先进单位、《攀枝花年鉴（2015）》编撰先进单位，分局牵头组织的金融代表团被评为攀枝花市第七届运动会体育道德风尚奖代表团；分局职工蒋海燕（女）荣获四川银监局系统监管标兵和四川银监局系统信息报送先进个人、陈秋奉（女）荣获四川银监局系统监管标兵、潘俊霖（女）荣获四川银监局规制建设及监管统计劳动竞赛活动优秀个人三等奖和攀枝花市第三次经济普查先进个人。

【稳增长调结构】 持续强化监管政策的解读、传导和落实，引导银行业加强与地方经济发展战略的对接，“有扶有控”盘活存量、用好增量，保障重点项目和领域信贷支持，助推地方产业优化调整。截至12月末，全市“6+2”产业、重大项目贷款余额分别达到388.64亿元、95.36亿元，绿色信贷余额59.27亿元，分别较年初增长0.61%、11.09%和14.98%。全年开展各类银企对接活动13次，参与企业565户，达成意向性融资金额226.14亿元；配合办理困难企业应急转贷65户、9.46亿元，降低企业资金链断裂风险。

【普惠金融】 以宣传推动、走访调研、监测通报、约谈提示、准入挂钩和履职评价等方式强化正向激励，督促银行业切实提升发展普惠金融的责任意识。截至12月末，攀枝花市商业银行（以下简称攀商行）成功发行小微金融债20亿元、攀枝花农村商业银行（以下简称农商行）成立5家小企业服务中心,攀商行荣获银监会“2015 年度银行业小微企业金融服务先进单位”,攀商行西城支行荣获“2014 年四川银行业金融机构小企业金融服务先进单位”,小微企业贷款“三个不低于”(在有效提高贷款增量的基础上,努力实现小微企业贷款增速不低于各项贷款平均增速,小微企业贷款户数不低于上年同期户数,小微企业申贷获得率不低于上年同期水平)、涉农贷款“一个不低于”(涉农贷款增速不低于全部贷款平均增速)和“村村通”目标顺利实现;全市水利建设贷款、助学贷款、青年创业贷款余额分别为 9.91 亿元、1938 万元、528 万元;注重加强金融消费者教育和保护,强化舆情引导,跟帖 365 条,稳妥受理信访投诉 37 件、办结率 100%。

【降低融资成本】 组织开展不规范服务收费的自查自纠,对违规收费实行“零容忍”,督促银行业严格执行“七不准”(即不得以贷转存、不得存贷挂钩、不得以贷收费、不得浮利分费、不得借贷搭售、不得一浮到顶、不得转嫁成本)和“四公开”(即收费项目公开、服务质价公开、效用功能公开、优惠政策公开)要求,落实“续贷”政策,主动采取下调贷款利率,降低融资成本。辖内银行业机构累计为 1.54 万户小微企业办理“续贷”124.60 亿元;全年为企业节约倒贷(借助外部高成本搭桥资金续借贷款)成本 1.99 亿元,给予 395.17 亿元贷款利率优惠;取消、整合、精简和降低收费标准 353 项。

【金融扶贫攻坚】 加大贫困地区基础设施建设、特色产业和新型农村发展以及就业创业、助学等领域的贷款投放;支持攀商行、农商行参与对口援边项目,攀商行对昭觉县投入 20 万元改造小学,捐资 8 万元维修加固普诗乡便民服务中心。截至 12 月末,全市银行向 70 个贫困村发放贷款余额 7462.33 万元,较年初增长 59.60%。

【严控信用风险】 建立大额贷款和涉险企业名单,加大重点行业、企业风险监测,按季召开信用风险分析会,汇总风险情况,及时进行风险预警和提示;开展信用风险排查、押品价值调研和资产质量现场检查,督促银行真实反映风险;及时向市委、市政府汇报银行运行及风险情况,积极参与困难企业帮扶工作,并通过困难企业债委会、牵头行制度及相关部门协同配合等方式,最大限度地化解信用风险,为防范区域性风险奠定坚实基础。2015 年,全市银行业累计清收处置不良贷款 13.85 亿元,对 81.68 亿元贷款追加抵质押品及担保;积极处置 17.39 亿元大额授信风险。

【严防案件风险】 建立银行从业人员处罚信息台账,开展担保物真实性调查和“打击银行卡非法买卖”督查,组织贸易背景系统运用及案防跟踪巡查,成功堵截案件 7 件、金额 32 万元,协助抓获 1 名网上逃犯。

【增加金融服务供给】 引导银行机构合理布局网点,在县域和社区新设网点 7 个,南充市商业银行攀枝花分行于 2015 年 6 月顺利开业,攀商行完成异地 1 家分行、3 家支行的筹建开业,并有序推进引入战略投资者及雅安分行筹建。

【改善公司治理】 通过列席法人机构“三会”(股东大会、董事会、监事会)、约谈“三长”(董事长、行长、监事长)、审慎会谈、任前谈话等,落实高管、股东、董事和监事教育,攀商行增加注册资本 1.27 亿元,成功发行 10 亿元二级资本债,监管评级维持 2B 级;农商行完成董事会及监事会换届、章程修订,完成发行二级资本债的前期工作。

【金融创新】 督促银行业稳步推进金融创新工作,攀商行在全国首推掌静脉存取款业务,上线全省首家直销银行;农商行推出个人业务全免费,发放辖内首笔农村土地流转收益保证贷款 100 万元;工行开办“融 E 购”,为客户和企业提供网上交易平台,完成 2 个网点智能银行建设,市分行营业部、学园路支行荣获“千佳示范单位”“中国星级银行网点”称号;农行开展惠农通银讯业务试点。

【依法监管】 拟定年度学法方案,加大法律法规培训力度,有序推进全员学法制度化、常态化;率先在全省选配监管科室青年业务骨干兼任法律事务干部,加强执法队伍建设;以“两加强、两遏制”(加强内部管控和外部监管,遏制违规经营和违法犯罪)为抓手,做好分局自查、整改及回头看工作,促进监管能力提升,督导机构抓好问题整改落实,强化违规问责处罚,实施行政处罚 3 起,处罚机构 2 个、高管 1 人,罚款 306.84 万元,责成内部警告 3 人;发挥市场准入指导作用,暂停或延缓准入许可 15 项;强化非现场监管预警作用,加强风险研判和定期通报;落实现场检查纠偏作用,强化“EAST”系统(现场检查分析系统)推广应用,开发完善模型 15 个,2 个模型被编入《中国银监会 EAST 系统应用手册》。

【提升内部管理水平】 严格按修订后的《党政领导干部选拔任用工作条例》选拔正科长 1 名、副科长 1 名,中层干部结构不断优化;发挥群团组织凝心聚力作用,牵头组织金融代表团参加市七运会;慰问困难、退休和生病住院职工等 76 人次,开展爱心助学、扶贫帮困等累计捐款捐物 2.75 万元;强化年轻干部培养历练,开展“老带新”“一帮一”等活动,激发队伍活力,青年普惠金融调研获四川银监局第三届“我秀我能”工作创意大赛二等奖,全年分局信息调研和 e 报被上级采用 144 篇(条);有序推进保密、后勤和安保工作,强化办公经费、公务接待、用车和会议管理,分局荣获银监会、省局和市委市政府表彰19项。

（唐　云）

中国工商银行股份有限公司攀枝花分行

【概　况】 2015年，中国工商银行股份有限公司攀枝花分行（以下简称市分行）从业人员416人，较2014年减少16人；固定资产原值15375万元，较2014年增加805万元；固定资产净值8307万元，较2014年减少579万元；新增加自助银行5个；撤并网点2个。市分行严格贯彻执行国家各项经济金融方针政策，以支持地方经济发展为主线，推进市场营销，强化内控案防，深化金融改革和创新发展，抓好金融服务。年末，全行各项存款862843万元，较2014年增加47252万元，增长5.7%；各项贷款1170303万元，较2014年增加40895万元，增长3.6%；实现净利润10352万元，较2014年下降11802万元；上缴营业税及附加4183万元，较2014年减少42万元。

【综合负债业务】 2015年，市分行坚持把综合负债业务作为扩大经营规模，提升对全市经济发展金融服务能力的基础，按照“存款＋理财”的发展思路，细化营销方案，加大组织推动力度，鼓励全员开展市场营销。紧密结合区域经济发展形势，针对市场需求，适时调整营销策略，推进综合负债业务转型发展。建立健全储蓄存款、对公存款以及理财产品专项营销工作小组，制定专项业务考核管理办法，构建以法人金融业务部、个人金融业务部、结算与电子银行部为营销牵头部门，以渠道管理部、资金财务部、信息科技部、综合管理部、人力资源部、运行管理部为后台配合保障，以支行、分理处为前台业务营销的组织架构，形成上下联动、配合有力、反应及时、行动迅速的市场营销工作机制。为促进综合负债业务持续发展，在充分发挥全行整体营销功能的同时，注重发挥客户经理在市场营销中的突击作用，通过强化管理和考核调动客户经理工作积极性和参与市场营销的主动性。加大业务营销宣传力度，宣传业务优势、产品优势、网络优势与服务优势，促进全行存款业务稳步发展。2015年，全行综合负债总量1417136万元，比上年增加334010万元，所辖1个营业部、20个支行、分理处综合负债平均67482万元，比上年增加22351万元，全行各项存款总额862845万元，比上年增加53418万元，全年销售各类理财产品1680365万元，比上年增加925244万元。

【信贷融资业务】 2015年，市分行严格执行国家货币政策和行业信贷政策，面对宏观经济形势变化，以服务区域经济发展为主线，以增强服务实体经济发展能力为重点，持续加大信贷投放力度。结合区域实际，做好重大项目、重点工程、中小企业、城市基础设施建设的信贷支持工作。为满足市场金融需求，大力开展金融创新，通过“表内＋表外”的形式为区域经济发展提供多元化的信贷支持，进一步拓宽企业融资渠道，全年支持重点项目5个，投放信贷资金92500万元。继续推进票据融资业务，有效缓解资金供需矛盾，全年票据贴现593600万元，比上年增加60260万元，再贴现87126万元，比上年增加5400万元。为确保贷款顺利投放，市分行结合业务发展实际，精心制定融资服务方案，建立营销专班，完善工作机制，对重大优质项目和重点客户开展多层次走访营销和多形式联谊活动，深化合作，建立互信。全年，表内外融资余额1802650万元，比上年增加534194万元。为满足广大居民的消费需求，在分析攀枝花消费市场和居民消费需求的基础上，大力发展个人综合消费贷款、个人住房按揭贷款、个人经营性贷款业务。全年，新增个人贷款10368万元。

【中间业务】 2015年，市分行以加快经营转型为抓手，持续深化中间业务增收工程。结合业务发展，推进收入结构调整，通过扩大客户群体、加快多元化经营拓宽服务领域、开展业务创新等有效手段，促进中间业务持续稳健发展。市分行调整充实中间业务管理委员会，完善中间业务考核管理办法并配套制定相应工作措施。紧紧围绕资本节约型传统业务和新兴业务，精细制定各个业务领域中间业务年度发展规划，明确目标任务和落实要求。为调动全行员工拓展中间业务的积极性，拓宽中间业务增收渠道，市分行发挥工商银行的产品优势、结算优势、网络优势，开办各项代理业务、国际业务、银行卡业务，组织开展劳动竞赛活动，构建促进中间业务持续健康发展的良好工作机制。坚持依法合规经营不动摇，做好维护消费者权益保护工作，认真贯彻执行中国工商银行《2015收费价目表》和发改委关于金融收费管理的各项规定，杜绝各类违规收费行为。2015年，实现中间业务收入10912万元，比上年增加2119万元。

【质量管理】 认真贯彻执行国家经济金融政策和总行信贷管理的各项制度，全面加强信贷质量管理，针对信贷防线暴露水平持续增大的严峻形势，组织开展专项治理，严防信用风险。推进信贷结构优化调整，针对区域钢铁、煤炭行业不景气的实际，按照“有保有退”的原则，通过承接产业转移，对存量贷款结构进行优化调整。2015年不良贷款总量36189万元，比上年下降4424万元。继续推进不良贷款清收处置工作，全年清收转化不良贷款11660万元。全面加强风险管控，落实质量管理的各项制度规章，相继在全行开展操作风险管控10项重点领域风险整治专项活动，10项专项检查;配合省分行开展2个项目非现场监测核查;配合监管部门开展3项专项检查等工作。对违规放贷、违规参与民间融资和经商办企业、违规代客理财、违规办理柜面和ATM业务、违规套现、违规债券交易等重点风险点进行全面排查,并对整改工作进行回评,通过回评督促问题整改16个,整改率100%。加强员工日常行为管理,开展警示教育,与员工签订《严禁销售"飞单"和非法融资承诺书》,做到管控到人、整体联动,提升员工风险意识、制度意识和责任意识。

【金融服务】 2015年,市分行继续坚持以客户为中心的服务理念,加强服务管理,进一步强化整章建制,加快标准化、规范化服务建设。结合实际制定《中国工商银行攀枝花分行服务工作检查考核办法》《中国工商银行攀枝花分行服务违章处理实施办法》《攀枝花分行服务突发事件应急预案》《攀枝花分行残障人士服务应急处理预案》;继续实行"神秘人"暗访制度、"晨会直通车"制度,加强对全行服务工作的监督管理;开展岗位技术练兵、业务知识培训以及服务知识、服务礼仪培训,教育引导员工牢固树立"以客户为中心"的服务理念,把提升服务质量的要求落实到日常工作的每个层面;结合"人民满意银行"建设活动,同步开展标杆网点打造、客户投诉专项治理等活动。2015年在中国银行业组织开展的文明规范服务星级网点创建工作中,市分行学园路支行获评三星级营业网点并获评总行2015年度网点竞争力提升先进网点称号,瓜子坪支行荣获省分行竞争力提升先进网点称号,市分行营业部也顺利通过中国银行业文明规范服务千家示范单位五星级营业网点复查验收。

【改革创新】 为满足市场金融服务需求,市分行加快业务创新发展,针对信贷规模控制趋紧,资金供需矛盾突出的形势,通过"表内+表外"的融资模式,加大综合运用信用工具力度,拓宽融资渠道。针对融资产品和需求多元化的发展趋势,创新融资服务,在省工行系统中率先开办再贴现业务,累计办理87126万元的再贴现业务;大力拓展互联网金融业务,把握"互联网+"行动计划为金融业发展带来的新契机,新增工银E支付客户数净增39316户,新增工行融e购电商平台13户,依托工商银行总行融e购电商平台实现交易量118826万元;全力支持外向型经济发展,加大"走出去"企业的金融支持力度,全年国际结算量23942万美元,表内外国际贸易融资累放量11836万美元。同时通过配套T+3远期结汇和跨境结汇业务成功实现金融衍生产品"零"突破。

【网点建设】 2015年,市分行把加强网点建设、提升网点综合竞争力作为重点工作,研究制定《2014—2016网点竞争力提升方案》,明确提出加快网点转型发展的目标任务、责任要求和具体措施,建立健全相应工作机制和考核制度,深入开展部门网点结对帮扶活动,促进网点经营发展能力和市场竞争能力不断提升。继续深化网点运营标准化改革,为所辖每个网点配备管理副职,对网点柜面员工和网点客户经理队伍进行结构优化调整并建立相应的管理制度。2015年,市分行新增5个自助网点,自助银行总量达到62个,投放ATM机21台,改造金融理财便利店2个,改造智能化网点2个。所辖网点均增设贵金属展示柜或橱窗。网点服务渠道有效拓宽,服务功能明显提升,形成"立体交叉、覆盖全域、功能齐全、方便快捷"的服务网络。

【内控案防】 2015年,市分行在经营管理工作中,继续坚持内控优先原则,切实强化内控案防。制定《攀枝花分行2015年内控建设工作规划》《攀枝花分行内控建设实施细则》等制度办法;开展内控建设综合评价工作,强化内控制度约束力,有效推动全行内控案防管理水平提升;全面实施"一岗双责"管理模式,推广违规积分管理办法,推进《业务操作指南》的推广应用,不断强化常规审计与合规性检查,按照《攀枝花分行内审外查责任追究暂行规定》《攀枝花分行内控管理"一票否决"实施办法》,加大对违规违制责任人的问责力度。全年,没有发生任何安全事故和重大责任事故。

(李　广)

中国农业银行攀枝花分行

【概　况】 2015年,中国农业银行股份有限公司攀枝花分行(以下简称攀枝花分行)全辖27个营业网点,其中攀枝花分行营业部1个、一级支行营业部4个、二级支行2个、分理处18个,市分行内设部(室)15个,在职职工520人,其中研究生2人、本科302人、大专165人、中专21人、高中21人、初中及以下9人;具有高级职称资格1人、中级职称资格103人、初级职称资格250人、平均年龄42岁。2015年固定资产原值21388万元,比2014年增加253万元,净值13446万元,比2014年增加3495万元,资产总额1802700万元,比2014年减少29159万元。

2015年,攀枝花分行党委认真贯彻党的十八届四中、五中全会和总行、省分行工作会议精神,以"三严三实"教育活动为契机,认真推进党风廉政建设两个责任落实,坚持"转方式、调结构、控风险、促发展"总方针,弥补经营短板,加快转型步伐,主动适应并积极服务经济发展新常态。坚持有所为有所不为、错位经营差异竞争、审慎有效发展三个原则,围绕业务发展、风险管控、队伍建设三个中心任务,着力在零售业务、三农业务和城市业务发展上取得新突破,进一步提高全行市场竞争力和风险管控能力。年末,各项存款时点余额97.59亿元,市场占比33.26%,较年初下降2.1亿元,市场份额较年初上升0.34个百分点,其中个人存款余额69.66亿元,市场占比31.6%,较年初上升0.11个百分点,市场排名第一。对公存款余额27.93亿元,市场占比达31.6%,较年初上升0.84个百分点。市场排名第二。各项贷款余额77.41亿元,较年初净增6.65亿元,其中个贷下降0.46亿元,"A+"级以上优质法人客户贷款占比88.01%,较年初下降7.95个百分点,客户结构进一步改善。实现中间业务收入6914万元,市场占比较年初上升1.68个百分点。实现拨备前利润23789万元、拨备后利润-2773万元。反洗钱工作获得人民银行、公安部、省市禁毒委等单位高度肯定和公开表扬,被评为"2015年反洗钱风险评估A级金融机构";运营管理工作获得省分行授予"2014年度运营业务先进集体",2015年运营管理工作考评全省排名第2位,"三化三铁"有5个机构通过总行验收(三化:标准化、规范化、制度化;三铁:铁账、铁款、铁规章);攀枝花分行获得"攀枝花市司法执行查询先进集体"。

【推进网点转型】 2015年,攀枝花分行党委把激活网点活力、提升网点服务和市场竞争能力、加快零售业务转型作为全行工作重中之重,提出"五个三"网点转型方案:①完善网点绩效积分管理。以导入标杆网点1月的产品积分表为基础,结合2015绩效考核导向和网点实际,辅导辖内所有网点对基础分、产品积分表及岗位分的设定进行再修订与调整,引导网点对产品积分实行动态管理,让绩效积分起到正向强化的激励作用。在网点建立以管户客户产品交叉销售率、重点产品销售计划完成率、金融资产增长率等指标为基础的管户绩效评价体系,并将评价结果纳入网点绩效综合评价系数中,对网点销售积分进行调节,逐步淡化产品计价作用,最终实现产品计价回归绩效管理的本质。②做实基础管理,提升营销成效。构建网点"四位一体"的营销服务体系。将网点软转实践成果应用在网点营销服务上,着力构建网点负责人、客户经理、大堂经理、柜员相互配合的"四位一体"营销服务体系。以"春天行动"综合营销活动为载体,打造网点营销氛围,由市分行统一组织,对网点内外部进行"春天行动"主题形象的包装。加快客户信息数据治理,提高全行个人客户信息数据质量,为业务发展及客户分析提供较好的数据基础。落实有效管户制度。严格执行认养、指派、评价、重新指派的流程化分户机制,在网点全面推行"能力范围内的全员管户"模式,充分盘活网点存量资源。落实产品售后服务。管户经理要对客户产品到期、产品收益、止盈止损及时提醒,对重点产品要求在售后10天内进行电话回访。③固化提升软转成果。坚持常态化督导机制,通过调阅监控录像、巡检等手段,提高网点服务水平,全面提升网点服务品质。构建贵宾客户维护体系。结合省分行2015年"网点竞争力提升"考核,制定《中国农业银行攀枝花分行2015年网点竞争力提升考核办法》,对维护质量实施量化考核,做到"人人在管户,户户有人管"。持续给予4个标杆网点在推进软转型进程中,需要的各种支撑,全力提升标杆网点效应。④加强网点队伍建设。关注网点转型导入内训师的业务培训和技能的提高,统筹规划建立服务于全行网点转型的专业内训师队伍。加强基层网点培训。通过分层次培训,打造一支由低柜柜员、网点主任、客户经理、大堂经理、理财经理等组成的专业化、知识化的营销队伍,为中间业务发展提供有效的人力资源支撑。⑤加强网点建设。结合区域经济发展和城市规划发展,制定《攀枝花分行2015—2017年网点布局规划方案》。治理低效网点,由市县两级行组成特别小组,对全行存款在3亿元以下的15个网点,分析原因,重新评估网点经营能力,分类提出改进措施,分步消灭低效网点。加大金融便利店、社区银行、自助银行布局,全年完成9个自助银行网点的设立。

【银政合作】 2015年9月9日,攀枝花分行主动适应经济发展新常态,牢牢把握一系列重大政策机遇,农行四川分行与攀枝花市政府签署91.07亿元战略合作协议;加大对攀枝花阳光康养产业和"三农"工作的指导和支持;在积极防控风险的同时,对攀钢集团、大唐电力等国有大型企业开展信贷业务,有效推动信贷资产增长。全力扶持政府发布重点工业企业暨"红名单"企业生产经营。

【产品创新服务】 2015年,攀枝花分行推行科技与产品先行战略,强化科技支撑与产品创新服务,支撑前台业务发展。积极推进新一代核心银行(BoEing)系统等重点工程建设,保证辖内BoEing系统三期、四期的成功上线和正常运行;完成辖内所有网络设备接入控制,包括87台网络设备、300余端口、400多台设备接入进行策略控制和MAC地址绑定,并为网点高清摄像头和冠字号设备联网提供技术基础;在社保代扣系统上线技术支持上,全年签约社保和医保44011份,其中养老保险29960份、医疗保险14051份;绑定账户32294个,绑定激活社保卡17324个,在社保合作四家银行中,签约户数占比63%,代扣金额占比64%。

【服务三农】 2015年,攀枝花分行着力聚焦农村金融服务新渠道建设、新型农业经营主体贷款拓展、农业产业化龙头企业营销和支持城镇化建设等四个方面,持续深化"三农"金融服务,以实现"三农"业务新突破、新亮点、新成效。"银讯通"助农取款点发展196家,全年累计交易量7.8万笔,与2014年转账电话取款点同比上升881%,交易金额2390万元,同比上升443%;全力支持新型农业经营主体生产发展,新型农业经营主体贷款77户,较上年净增75户;专业合作社贷款1户，金额5万元；面对攀枝花特殊的经济环境，加大对农业产业化龙头企业的支持力度，共支持12户省市级农业产业化龙头企业，贷款余额达到11876万元，较上年净增2513万元。其中省级农业产业化龙头企业6户，贷款余额8163万元；取得农村土地经营权抵押贷款和“惠农贷”试点行资格。

【信贷业务】 2015年，攀枝花分行紧紧围绕“业务发展与严控风险”两大主线，有效推动信贷资产总量保持稳步增长。各项贷款余额774118万元，较年初增加66576万元，增长9.41%，贷款增速居四大行首位。其中，法人贷款余额689043万元，较年初增长71235万元；全力支持“红名单”企业维持生产。共支持“红名单”企业客户22户，贷款余额410729万元，较年初增长23105万元。对18户攀枝花市政府支持“红名单”企业累计发放贷款427244万元，占全部法人新发放贷款的81.67%。表外余额236392万元，较年初增长116609万元，增幅达到97.35%。其中，银行承兑汇票余额99692万元，较年初增加34909万元；国内信用证余额136700万元，较年初增加81700万元。

2015年，为最大限度救助客户，缓解小微企业转贷压力。共为7户企业办理“连贷通”，贷款金额8465万元；化解风险客户27个(法人客户25个，个人客户2个)，成功收回3000万元贷款本息，对5户企业办理再融资11155万元，清收不良贷款本金1406.01万元。

【中间业务】 2015年，攀枝花分行高度重视和关注新产品创新对中间业务贡献，以国内保理、国内信用证等新业务为突破口，做大做强新兴中间业务，使全行中间业务持续保持强劲良好态势。实现中间业务收入6914万元，完成年度计划102.46%，其中，实现对公中间业务收入2603万元，完成年度计划95.17%；个人中间业务收入1246万元，完成年度计划105.33%；电子银行中间业务收入3065万元，完成年度计划108.3%。

【内控制度建设】 攀枝花分行始终把“合规经营、防控风险”作为发展前提，重点围绕深化运营体系改革、强化网点建设；严肃财经纪律规范财务管理、把精细化管理要求落实到财务管理每个环节上。2015年，先后接受人民银行、银监局、发改委、地方税务局等部门多项检查，没有发现重大违规违纪行为。信用风险管理水平评价保持在系统内A+级。

2015年，攀枝花分行深入落实“两个责任”，制定《攀枝花分行党委领导班子成员2015年度党风廉政建设工作任务分解》，层层签订《中国农业银行攀枝花分行党风廉政建设、案件防控及合规经营操作责任书》共计77份；制定下发《攀枝花分行2015年党风廉政建设责任制考核方案》，总考核内容指标达到183项，其中落实党委主体责任考核标准110项，落实纪委监督责任考核标准73项，对重点领域潜在问题及风险隐患情况8个方面35项内容逐条开展自查自纠。

坚持以“平安农行”创建为抓手，推进“三化三达标”暨“制度化、标准化、精细化”“物防达标、技防达标、人防达标”，夯实安全管理基础，继续保持无重大事故案件记录，在省分行检查组“三化三达标”工作验收考评中，全辖一级支行、金库、营业网点、视频监控中心“三化三达标”总评考评得分为997分，达到优秀标准，优秀单位占比达到100%。推荐省分行级“三化三达标”单位34个。荣获攀枝花市公安局、攀枝花银监分局《银行业金融机构第四轮安全评估优秀单位》、荣获四川分行《2014年安全保卫工作先进单位》。

(曾兴慧)

中国银行股份有限公司攀枝花分行

【概　况】 2015年，中国银行股份有限公司攀枝花分行(以下简称分行)内设7个部门，15个营业机构，其中1个营业部、14个经营性支行，在岗员工247人，较2014年减少6人，员工平均年龄34岁，其中本科学历172人，大专学历73人，高中2人，具有大专以上学历人数占员工总数的99.10%。固定资产原值7838万元，较2014年增加472万元，增长6.42%，累计折旧2171万元，较2014年增加360万元，增长12.38%，固定资产净值4566万元，较2014年增加112万元，增长2.52%，无形资产67万元，较2014年减少19万元，下降22.32%。

2015年，面对内外部多种因素叠加带来的巨大挑战和困难，全行上下认真贯彻落实总行、省分行年度和半年工作会议精神，深刻理解领会总行、省行发展战略目标和工作基调，团结带领广大员工，振奋精神、勤奋工作、克难攻坚，经营管理平稳有序。

截至年末，分行本外币存款总额为36.54亿元，比上年末减少0.53亿元，降幅1.52%，其中人民币存款余额为35.35亿元，较上年减少9434万元，降幅2.6%。全口径人民币存款市场份额为4.13%，较年初下降0.39个百分点，四大行口径份额为12.1%，较年初提升0.09个百分点。其中公司存款10.35亿元，比年初减少2.65亿元，储蓄存款25.06亿元，比年初增加0.8亿元，各项外币存款1701万美元，较年初增长475万美元，公司存款286万美元，比年初增长40万美元，储蓄存款1415万美元，比年初增长436万美元。

分行本外币贷款余额为82.22亿元，较上年增加4.70亿元，增幅为6.06%，其中人民币贷款余额80.68亿元，比年初增加4.26亿元，增幅5.58%，人民币贷款全口径市场份额为11.57%，较上年下降0.04个百分点，人民币贷款四大行口径份额为24.47%，较上年上升1.01个百分点。外币贷款余额0.24亿美元，比去年末增加0.06亿美元，增幅31.25%。人民币公司贷款余额为74.88亿元，零售贷款余额5.78亿元。信贷不良资产余额为9183.35万元，全行贷款不良率为1.12%。

2015年，全年实现拨备前利润13182万元，同比下降2185万元，降幅为14.22%；实现考核净利润3338万元，同比下降6975万元，降幅为67.63%；全年无案件、无重大违规违纪和重大责任事故。

【负债业务】 2015年，市场经济下行，同业竞争激烈，分行坚持“存款立行”思想不动摇，把负债业务作为重中之重的工作。制订方案分类营销，扩大存款规模，对重点客户，做好假日前、关键时点资金回流，提高存款贡献；对中小型客户，加强现金流使用管理，提升结算资金沉淀量。密切关注“财税体制改革、养老制度完善、司法体制改革”等业务机遇，挖掘存量客户存款潜力，对公积金、财政、公共资源交易等客户，加强日常营销，提高存款份额；扩大现有账户存款来源，积极拓展目标客户，抓住职业年金落地契机，扩大机关事业单位客户基础，同时借助总行、省分行源头营销平台，主动联动，拓展公检法、军队、卫生系统账户。加强纯存款客户服务营销。对资金来源稳定的纯存款客户，包括中铁、武警、税务、水务等部门，努力提高服务水平，巩固合作关系，保持客户、账户和业务的稳定。有效运用产品，多手段维系存款稳定并促进增长。运用大额存款、中银步步高产品争揽持有国债、定期存款、表外理财等产品客户的资金，促进个人存款增长；加大基金、理财、三方存管等业务发展，做大个人存款资金蓄水池，稳定个人存款；强化公私联动，多渠道拓展存款来源。加大代发薪项目营销，提高基本户、授信客户、新开公司户等对单位代发薪覆盖率，利用精准营销系统中代发薪数据，针对代发薪客户展开精准营销。持续开展“一月一会”活动，强化基础客户关系维护。提高客户的产品持有率，实现产品的交叉销售。积极营销移民安置资金、大专院校校园卡、车友联名卡、居民健康卡发卡资格和通过医药销售连锁店合作，扩大基础客户规模。

【资产业务】 2015年，围绕做最好银行发展战略，以“增存款、调结构、强网点”为主线，加快公司金融业务转型发展步伐，为实现分行整体经营目标做出最大努力。分行累计办理银行承兑汇票贴现16.59亿元，较上年净增12.08亿元，累计实现利息收入3698万元，业务量及利息收入在系统内均居全省第一；办理再贴现4.32亿元，较上年净增1.5亿元；办理内部转出贴现2.5亿元；办理内部买入转贴现1亿元；成功发行攀钢短期融资券10亿元，实现中业收入300万元，新产品推广有序推动。2015年，分行办理首笔电票再贴现业务，是攀枝花市同业及中行四川省分行辖内首家开办电票再贴现业务的银行，受到省分行表彰；叙做首笔8000万元人民币利率掉期业务；叙做首笔777万美元远期结售汇业务；叙做首笔美元进口协议付款人民币还款业务1.1亿元。与攀枝花市商业银行合作领域进一步拓宽，1—11月共办理同业表内理财业务7亿元，为攀商行核定的10亿元授信总量正在总行审批。行政事业存款稳步增长，取得国库现金管理代理行资格。分行始终坚持存款立行的指导思想，积极拓展对公存款，加大对行政事业单位存款的营销力度。2015年，分行实现行政事业单位存款日均新增5000万元，并取得国库现金管理代理行资格，成功办理国库现金管理资金6400万元。分行完成与攀枝花市公共资源交易服务中心保证金管理系统的对接项目（现已投产），此项目是分行历年来首笔企业网银对接业务，为分行行政事业业务发展奠定了良好基础。

【中间业务】 2015年，分行累计实现中间业务净收入4437万元（含分润），受市场经济下行的影响较去年同期减少502万元，增幅为-10.16%，份额增幅排名第三。其中公司业务板块共实现中间业务收入238万元，较去年同期减少1057元，增幅为-30.68%。个人金融业务板块共实现中间业务收入2049元，较去年同期增加555万元，增幅为37.16%。

【重点项目营销】 重点项目营销取得突破。成功营销盐边电力公司6000万元授信项目、客运中心整体搬迁项目及金沙水电站前期三通一平项目、银江水电站项目正积极跟进，已达成初步合作意向。同业合作客户和领域扩大。南充商业银行攀枝花分行成功在分行落户，并实现同业存款日均300万元以上；行政事业存款稳步增长，2015年，分行实现行政事业单位存款日均新增5000万元，取得国库现金管理代理行资格，成功办理国库现金管理资金6400万元。

【机制建设】 2015年，分行着力于强化管理，完善内部机制，提升分行可持续发展能力。重点完善考核激励机制，制定下发《攀枝花分行2015年辖属营业机构及负责人绩效考核方案》，用更直观的导向引导员工行为，用更客观的体系评价干部业绩；进一步完善收入分配机制，修订完善创利提成方案、业务费用配置方案，费用配置和激励政策向营业网点和营销部门倾斜；在分行开展过程管理机制，实行重点工作进度监测机制，按月监测全行重点工作进度，按周监测各部门重点工作进度，并实行定期报告制度监督重点工作计划措施落实执行情况。

【党风廉政建设】 2015年,分行深入强化党的主体责任,严明政治纪律、政治规矩和组织纪律。抓好员工教育。采取多种方式开展党风党纪、廉洁从业和案防意识教育,营造“以廉为荣,以贪为耻”“合规为荣,违规为耻”的良好氛围,使员工思想处于一个良好状态,自觉抵御外来不良风气和思想的侵害,形成一级抓一级,全行抓教育的局面。加强对党的路线方针政策和省分行、分行党委重大决策部署贯彻落实情况的监督检查,确保政令畅通、令行禁止。通过查看监控录像、调阅会议记录、现场询问员工、组织员工测试等方式对各单位的工作效能和工作状态进行评估,确保学习到位、各项措施落到实处,纪律要求执行到位。务实有效推进作风建设,防止“四风”反弹。让咬耳扯袖、红脸出汗成为常态。继续做好教育提醒工作,在重要节日前、政治敏感时期,通过集中教育,短信提醒,微信提示等方式,提醒告诫,做到警钟长鸣,严防发生顶风违纪行为。加强日常作风监督,对党员领导干部出入私人会所、变相公款旅游、利用本人及家庭成员婚丧嫁娶、工作调动、乔迁等名义收受礼金、有价证券、会员卡、商业预付卡,用公款互相宴请、赠送节礼、高档消费等行为开展经常性的检查工作。继续推进作风建设,立规矩、树正气、严管控、提效率、活气氛、懂担当,不断改进部门工作作风,提高工作效率,提升服务质量,增强管控水平,形成有效的作风建设长效机制。强化员工行为管控,做到早提醒、早预防、化解隐患。持续对员工八小时内外是否存在违规违纪行为进行深入排查,重点关注员工是否有参与“民间借贷和非法集资”,是否违反“双十禁”“五十个严禁”“八个不准”规定,及时掌握员工异常行为动态,从中发现违规违纪问题,避免员工在错误的道路上越走越远,酿成大错。监察部对各部门、支行排查开展情况,是否在走过场,是否和员工谈过心、是否进行了家访,发现问题是不是隐瞒不报等情况进行检查。继续在全行实行网点“纪检监察安保案防工作月安排季检查”制度。继续推行“网点负责人每周半日内控案防工作制度”。加强过程管理,确保各网点负责人认真履行职责,提高履职能力。

【内控管理】 2015年,分行着力于落实案防工作责任制,层层签订案防责任书。坚持每季度召开全行案防工作会议、案防领导小组工作会议,及时通告操作风险、内部控制信息,总结案防工作经验。督促各条线部门认真落实内控案防工作措施,提升分行案防工作水平。牢固树立“万无一失,一失万无”的安全理念,切实担负起“保一方平安”的责任,深化“平安中行”建设,进一步夯实安保基础,实行精细化的安全管理,确保全行不发生得逞盗抢案件和安全责任事故。

在分行抓好“两项制度”的落实。执行好“网点安全轮值”和“晨会案防一分钟”制度。及时转发省分行《安全情况通报》《案防工作通报》,按季度检查各网点学习、执行情况。不断增强网点员工风险防范意识,提升网点安保能力。在全行加强技防建设。对在行式、离行式自助银行加钞间的设施、设备进行全面检查,对发现的问题一季度整改完毕。统一规范全行报警设备测试的流程,对网点技防设施测试情况进行重点检查。对全行老化、淘汰的设备逐步进行更换。新建网点和自助银行按照《银行营业场所安全防范要求》2015新标准施工装修。完善案件防控联动机制,各部门、支行相互配合,主动与公安机关联系,及时取得外部侵害案件情况,及时完善防控措施。配合省行推进“涉案账户资金网络查控”和“电信诈骗风险交易事件管理平台”系统建设,逐步实现涉案账户资金在线查询、冻结和对涉案账户、可疑账户进行预警及交易控制,满足监管要求。加强宣传,提高堵截网络诈骗的能力。全行以反恐防暴为重点,妥善处置突发事件。完善预案,开展常态化应急演练,提高应急处置能力。营业网点每月进行一次桌面推演,每季度进行1次应急演练。分行与保安公司开展1~2次应急演练,同市消防支队开展1次消防演练。健全突发事件预警与信息报告机制,加强突发事件应急准备,配备必要应急器材。

推进安防平台建设,深化安防科技应用。按照《安防监控中心建设标准》按时完成安防管理平台投产工作。完成全行安防管理平台软件升级和验收。深化安防管理平台应用,加强监控中心值班人员的培训。监控中心实行双人24小时不间断2人值守,在省分行每个月组织的非现场检查中,确保全年不被通报。监控中心和巡查人员、网点员工、分行监察部联动,提高监控中心发现、处置问题的能力。依托安防管理平台,推进金库守库与安防监控中心合并,逐步将同地值守并入安防监控中心值守。严格落实消防安全主体责任,持续开展消防宣传教育、演练及检查巡查,克服麻痹思想,排查治理消防安全隐患,提升全员消防安全“四个能力”。规范消防设施器材维护,对消防设施进行专业检测,保障其完好有效。按要求开展电气消防安全检测,严格工程施工、用火、用电的消防安全管理,严防各类火灾事故。加强对保安公司的监督。督促保安公司加强对守押和保安人员的安全知识培训和应急预案演练,加强对员工的思想教育。加大对守押员、保安员、管库员履职情况的检查力度,对违规人员要求保安公司严肃处理。

通过各项内控合规工作的有效开展,员工的合规意识和能力不断提高,分行内控环境得到较大改善,内控水平得到较大幅度提升,全年无经济案件、无刑事案件、无重大违规事件发生,实现零案件的目标任务。

【队伍建设】 2015年,分行进一步提升干部队伍活力,拓宽选人用人渠道,促进干部合理流动、多岗锻炼,努力建设高素质的干部队伍,加强人力资源管理和配置。对网点内控副职进行调整。根据银监局和《中国银行四川省分行重要岗位轮岗管理办法(2010年版)》及支行内控副行长轮岗的要求,分行党委研究对16个网点的内控副职进行调整;合理选拔人才,促进后备人才队伍建设。7月在全行范围内招聘5个职位的专业技术和管理岗位人员,全行有60人次报名,经过资格审定符合条件的32名员工参加笔试、面试,经层层选拔,涌现出一批各方面表现优秀的员工,聘任2名员工到网点任副行长、行长助理;1名员工到个金部任副主任;1名员工到网点任客户经理、4名员工到网点任助理客户经理。强化人才管理制度建设,制定《中国银行攀枝花分行高级营销经理、营销经理管理实施细则》《攀枝花分行2015年辖属营业机构及负责人绩效考核方案》,有效地将人才管理落到实处。

(寸加斌)

中国建设银行股份有限公司攀枝花分行

【概　况】 2015年,中国建设银行股份有限公司攀枝花分行(以下简称建行攀枝花分行)有营业网点24个,其中城区支行(营业部)12个,县支行、分理处各1个,储蓄所10个,机关内设机构11个,职工总数412人。全行固定资产原值17514.58万元,较2014年减少208.61万元,固定资产净值10227.11万元,较2014年减少590.69万元。

受宏观及区域经济形势持续低迷等多方面因素影响,2015年,建行攀枝花分行业务发展依然困难重重、增长乏力,主要表现在:存款下跌、不良贷款攀升、逾期欠息客户快速增加、利润下滑明显。截至12月31日,全行一般性存款78.98亿元,较年初减少6.42亿元;各项贷款余额56.93亿元,较年初减少10.75亿元;实现中间业务净收入6390万元,同比减少2269万元;利润总额-9571万元,同比减少3.08亿元;全年无案件、无重大违规违纪和重大责任事故。尽管各项主要业务指标均有不同程度的下滑,但全行坚持“防风险、调结构、强管理、稳增长”的工作总基调,以“提高服务实体经济质量和效率”为抓手,积极适应新常态,沉着应对破难题,抢抓机遇谋发展,在支持地方经济建设、资产风险管控、化解处置不良,拓展机构业务、强化队伍建设、守住案防底线、促进各项业务健康发展等方面做了大量艰苦细致的工作,呈现出多个亮点:①表内外贷款累计投放35.22亿元;办理贷款借新还旧再融资业务7户,金额3.35亿元,贷款期限调整6户,金额1.32亿元;减免小微企业收费项目26个,减轻企业财务负担900万元。②机构业务实现新突破:成功开立市级财政国库集中支付业务、社保、教育基金、党费等多个专户;与两家市级三甲医院成功签订移动诊疗平台项目合作协议;代理保险销售2.6亿元,同比增长109%,市场占比同业第一;ETC业务发展迅速,完成率105.17%;④内控合规警钟长鸣,案件防控、风险防范制度落实,检查整改到位,联动机制基本形成,员工风险意识、责任意识进一步增强,各类业务风险、操作风险得到有效遏制,案件工作“三无”目标顺利实现。⑤“三严三实”专题教育活动成效明显,党的群众路线教育实践活动成果进一步巩固,作风建设进一步深化,党委政治核心作用、支部战斗堡垒作用、党员先锋模范作用进一步增强,党组织的战斗力和党员的先锋模范作用进一步提升。开展形式多样、丰富多彩、员工喜闻乐见的各类文体和企业文化建设活动,增强企业凝集力,提振员工士气,促进业务发展。⑥消保工作稳步推进,组织架构、制度建设、考核评价体系、工作机制进一步完善,全行员工消保意识、服务意识进一步增强,客户满意度提升,投诉明显减少;安全保卫、金融统计等工作再创佳绩,在市人行、银监分局组织的相关检查评比中,建行攀枝花分行荣获全市银行业金融机构安全评估第一名、银行业机构综合评价第二名、监管统计工作一等奖和统计分析、调研工作二等奖等多项荣誉。

【资产业务】 在宏观经济持续低迷、区域工业经济主要指标下滑、信贷资产质量面临严重威胁的严峻形势下,建行攀枝花分行在防范和化解信贷风险的同时,把对地方的投入作为信贷工作的重点,多方推进资产业务,努力实现新的投放,多渠道支持地方经济发展:①认真学习贯彻市委、市政府有关帮扶企业的政策和规定,积极向上级行争取信贷扶持政策及支持“红名单”企业的有关要求。②深入推进信贷结构调整,持续做好再融资业务的受理和申报,优先选择抗风险能力强的大型优质客户,按照“一户一策”的原则,根据企业的实际风险状况,分别采用有保有压、有进有退的信贷措施,除主动退出经营状况恶化且无发展前景的民营中小企业外,对风险初步显现,但又难以实现全部退出的企业,采取增加风险缓释措施,加大有效抵押资产等,确保资产安全;对受经济环境影响导致生产经营出现暂时困难,有市场、有销路、不欠息的企业客户,克服障碍,创新手段,采取回收再贷、期限调整、借新还旧、贷款展期等多种信贷措施,有效帮助其渡过难关。③全面梳理对重点客户的信贷政策,加大对重点客户的信贷投放力度,按照审慎原则,积极支持优势特色企业和重点建设项目。④大力拓展贴现业务。年初下达贴现专项营销计划,明确提出加大贴现等业务营销力度的工作思路,积极向省分行争取规模和优惠利率,争取到的贴现规模超过全省建行总规模的50%。全年累计办理贴现6.25亿元。⑤加强住房金融业务管理,积极发展个人贷款业务、公积金贷款业务。持续做好个贷项目调研、评估、申报、投放等方面的工作,大力发展二手房贷款业务，全年共发放个人贷款2.11亿元，新增7438万元，其中发放二手房贷款6484万元，较去年同期增加2004万元。

【负债业务】 为应对区域经济低迷、对公贷款回收、互联网金融冲击等诸多不利因素对增存工作的影响，建行攀枝花分行多策并举，采取一系列措施来提升新形势下的市场竞争力，为培育和拓展存款业务新的增长点起到积极作用。在增存、稳存工作中，全行重点抓了以下工作：公司条线夯实机构类客户基础，成立任务型团队，加强与县（区）、街道、财政、工商、城投等政府职责部门的联系，制定综合服务方案，深入挖掘机构存款潜力；加强资金动向管理以及周末存款的归集工作，提高节假日资金沉淀对日均存款的贡献度；加强对存量客户的维护，"账户下沉"是全年对公客户管理上的一项重点工作，本着"有利于客户维护"的原则，制订工作方案，会计部门与公司部门协调配合，优化客户服务，提升客户满意度，促进业务增长；密切关注招商引资动态，对机构客户、关联企业、新注册客户等开展综合营销，积极营销结算账户；个金条线深入拓展代发工资客户，开展覆盖全年的代发工资业务专项营销活动；举办"客户回馈""网点竞赛""个人评比"相结合的个金存款专题营销活动；按照"大数据"思维，加强信息的沟通、分析，做好部门、条线间的协调联动，各片区网点强强联合，精准发力，做好精准营销及分层维护工作；加强社区联系，以社区为阵地，拓展社保客户；加大业务、产品、形象宣传力度，在各类对外新闻媒体刊发宣传稿件70余篇，通过广播电台、报刊广告、张贴海报、散发宣传折页、金融服务进社区等渠道，全面宣传各项业务、产品，扩大业务、产品的社会影响力；密切关注股市波动、新股申购及资金解冻等市场信息，切实做好"CTS"客户资金回流工作；加强网点渠道建设，提升网点综合服务能力，推进综合化网点建设工作。

【中间业务】 2015年，建行攀枝花分行实现中间业务净收入6390万元，居全省建行系统市州分行第五，个人中间业务净收入4402万元，计划完成率居全省建行系统市州分行第一。在中间业务方面，全行坚持产品运用和组合创新，培育和拓展新的业务增长点，重点开展以下工作：巩固单位结算业务收入、国内信用证收入、理财产品增值收入等传统优势产品的收入；积极拓展投行业务，深化大中型民营龙头客户合作，推进投行业务的营销。截至12月末，全行投行业务余额10亿元；加大电子银行业务营销力度，进一步提升网银客户活跃度，推进善融商务的发展；5月中旬，开展了为期3个月的包括行内员工体验、网点竞赛和大中专院校精准营销在内的手机银行专项营销活动，大力推动移动金融业务发展；开展ETC卡专项营销活动，推进信用卡等战略性业务营销；在全行网点间组织开展代理保险、个人客户拓展、信用卡刷卡促销等各类营销竞赛活动，促进相关业务的发展；举办贵金属展销会活动，促进贵金属业务发展；利用节假日等开展多种形式的刷卡促销活动，提高客户忠诚度。

【内控管理】 为确保安全运营，建行攀枝花分行在风险和内控管理方面主要做了以下工作：加强风险监测、预警及排查工作。充分利用风险监测预警系统，按时召开贷后管理跟踪例会，多渠道收集行内外风险信息，全面加强相关信贷风险监测、预警、提示工作；逐户梳理信贷客户风险，制定"一户一策"及专户信贷风险化解方案；对出现风险苗头的客户，根据企业具体情况，分别采取信贷退出、压缩、再融资等不同的信贷策略，并在实施信贷压退的过程中，增加风险缓释措施，降低整体风险敞口；通过定期清理、提示等方式，全面强化逾期贷款专户报告、重大风险事项报告以及抵押品管理等信贷基础管理工作；通过行领导带头赴企业走访调研、现场座谈等方式，深入了解企业生产经营状况；加强贷后检查工作，要求客户经理、风险经理根据所管理企业的风险程度，分别按照不同的检查频率，开展好客户巡查回访工作。强化资产保全工作，积极处置风险资产。成立不良贷款化解处置工作团队，明确分工，梳理处置流程，逐笔落实责任人，加强对不良资产处置工作的考核激励；由行领导带队向省分行领导、主管部门专题汇报攀枝花区域的经济金融情况，邀请省分行相关部门负责人到攀枝花调研，对攀枝花区域的问题提出具体指导意见和处理措施。在省分行资保部、风险部、集团部等部门的指导下进一步细化完善风险化解方案，通过加强与担保公司协商代偿事宜、加大催收力度、调整客户分类级次等方式，积极推进不良贷款及关注、逾期贷款的处置工作。强化案防工作，"合规创造价值"理念深入人心。按照银监分局及上级行"一个加强，两个遏制"相关部署和要求，全行高度重视，认真落实，成立自查工作领导小组，制定自查方案，多次召开专题会议安排部署，开展部分网点和相关部门自查工作情况的现场检查。完成制度梳理和工作清理自查工作，按时上报自查报告及报表，制度更加规范，员工有章可循、有理可依。按月召开案防和风险管理工作例会并形成纪要印发各部门、网点，警示教育、安全监察、合规性检查、员工行为排查、各类突发事件预案演练、重大风险事项的报告和处置等日常工作常抓不懈，按月开展对全行稽核差错率的监测分析控制工作，并将稽核差错率控制情况作为操作风险例会的重要内容之一，员工的风险合规意识得以进一步提高，内控合规、案件防控等工作与业务发展同布置、同检查、同落实，为全行业务健康发展提供有力保障。

（杨 欢）

交通银行股份有限公司攀枝花分行

【概　况】 2015年，交通银行股份有限公司攀枝花分行(以下简称分行)内设7个部室，下辖7个营业网点(6个支行，1个营业部)，现有从业人员144人。

2015年，分行面对错综复杂的经济环境，围绕市场迎难而上，全面推进创新转型升级，调整结构，持续打好提升客户基础“攻坚战”，全面提高负债业务发展速度，狠抓内控管理防范风险，提升资产质量，加强内部管理改革，攻坚克难，扎实推进经营管理工作，各项业务经营管理持续、健康、协调发展。截至12月，分行人民币存款余额306869万元。其中，人民币对公存款余额144016万元，人民币储蓄存款余额(不含天添利A款)162853万元，外币存款76万美元；人民币贷款余额298714万元。其中公司贷款余额216098万元，小企业贷款余额62278万元，个人贷款余额20184万元，票据贴现余额154万元。按五级分类，分行不良贷款余额22345.27万元，完成账面利润5247万元，加上表内理财业务外部利息补贴3252万元，实际完成利润8499万元，较上年减少7071万元，降幅45.41%。

【信贷投放】 2015年，分行在复杂严峻的经济形势下，始终坚持把实体经济作为信贷资金投放的重点，充分结合总行授信政策，积极响应政府号召，向上级行争取信贷政策。分行加大对攀钢集团、钢城集团、攀煤集团、中心医院、大唐集团等攀枝花市重点企业的支持力度，支持和保障攀钢“950”轧钢生产线改造工程、攀钢煤矸石综合利用发电机组项目、钒业公司钒氮合金生产线扩能改造工程、米易白马铁矿采选扩能改造工程、观音岩水电站、普达阳光国际康养度假区项目、中心医院花城新区等攀枝花市重点项目的发展。

【发挥综合化优势】 分行在坚持传统授信业务的基础上，充分发挥综合化优势，通过引入交银租赁等公司，推动攀枝花市企业投行业务的发展。其中，分行为四川川煤华荣能源股份有限公司发放融资租赁8.1亿元；协助市国投公司发行地方债6亿元；通过银银合作“彩虹桥”产品先后为三维发电及川煤华荣发放贷款资金6200万元。此外，分行多次利用蕴通账户、产业链、缴税通等交行品牌产品为企业的资金结算及现金流等提供服务。

【争取政策支持】 2015年，分行积极与上级行协调沟通，多次邀请总行、省分行领导来攀进行考察指导，使其充分了解攀枝花市经济状况和发展前景，落实完善一行一策、一户一策制度，以弥补分行因地区经济结构相对单一、行业受限的短板，努力争取存量授信业务得以维持，使分行客户存量贷款实现平稳过渡，积极响应市政府“不惜贷、不抽贷”的号召，以实际行动为地方经济服务。

【帮扶困难企业】 受经济下行因素影响，攀枝花部分企业信贷风险凸现，制约了攀枝花市经济的发展。为此，分行加大与政府、上级行及各困难企业债权行的联系沟通，通过成立债委会等方式，积极协调落实攀枝花市政府支持“红名单”企业的政策要求，全力帮助攀枝花市钛海集团等企业渡过难关。在省分行的大力协调及指导下，分行克服贷款重组工作的诸多困难和问题，对钛海集团、富邦钒钛、一立矿业等22家企业实现贷款重组发放3.79亿元，减缓攀枝花困难企业资产质量下迁的趋势。

【降低企业融资成本】 分行严格按照市发改委等相关单位关于收费的要求，降低企业融资成本，促进企业持续健康发展。对存量贷款客户在授信申报时均使用借新还旧的方式，解决企业在贷款到期前因无力自筹资金而被迫向民间高息拆借过桥资金的情况；降低企业的贷款利率，将原来贷款利率上浮40%降至上浮20%，对于攀枝花市的重点扶持企业，实施基准利率；严格按照国家发改委、银监会的要求，减免小微企业在融资过程中的相关费用，如抵押登记费、手续费等。

【加强银政合作】 2015年，经市政府相关职能部门牵线搭桥和分行努力下，分行与市住房公积金中心建立全面合作关系，开办住房公积金贷款业务，方便市民办理公积金贷款。

【规范化服务】 分行把规范化服务提升纳入“一把手”工程，定期对规范化服务情况进行检查通报，把改进服务环境，强化提升柜面文明、规范服务标准、整治不规范经营专项治理成果与保护金融消费者权益相结合，完善金融消费者投诉管理体制机制，维护消费者正当权益，尊重客户的选择权和知情权，在合规经营前提下提供优质服务。2015年，全年实现服务有责“零”投诉，分行营业部在四川省2015年度中国银行业文明规范服务三至五星级营业网点评定工作中，荣获“四川省2015年度中国银行业文明规范服务三星级营业网点”称号。

(庄德臣)

中国农业发展银行攀枝花市分行

【概　况】 中国农业发展银行攀枝花市分行(以下简称市

分行)是攀枝花市唯一一家农业政策性银行,辖内无分支机构。截至2015年年末,全行共有职工43人,其中:在职职工34人、退休职工9人。在职职工均为大专以上学历;有中级以上职称的14人,占41.18%;职工平均年龄40岁。全行固定资产原值824.66万元,净值468.95万元。

2015年,按照省分行年初、年中行长会议精神,面对经济运行新常态、宏观调控新变化、强农惠农新要求,市分行把握"稳中求进、进中求好"工作总基调,坚持在业务发展中解决问题的总思路,以不良贷款降旧控新、业务发展增质增量、基础管理不断强化为抓手,促进各项工作稳中趋好发展。截至年末,全行累计发放贷款92721.5万元,累计收回贷款38912.96万元,各项贷款余额217524.34万元,比年初增加53808.54万元,增长32.87%;各项存款余额25447.32万元,较年初增加6092.25万元,增长31.48%;不良贷款余额8020.26万元,占比3.69%,较年初增加5080.26万元,增长172.8%;实现账面盈利3626.33万元,同比增加464.04万元,增加14.67%。全行未发生任何经济案件和责任事故,存、贷款规模均创历史新高,绩效考核全省排位第12名,同比提升8位。保持了中国农业发展银行总行授予的"女职工文明示范岗"、中国农业发展银行四川省分行授予的"省分行级青年文明号""省分行级优质服务示范窗口""先进工会组织"称号、四川省精神文明建设委员会授予的"省级文明单位""市州级文明行业活动示范系统(单位)"称号、攀枝花市精神文明建设委员会授予的"市级文明行业""市级卫生红旗单位"称号。

【信贷业务】 2015年,市分行紧紧围绕市委、市政府统筹城乡发展战略,在继续做好传统粮油收购资金供应与管理的同时,加强对攀枝花市农业农村改革发展重点领域和薄弱环节的信贷扶持。支持8户省、市、县储备企业储备粮食4541万千克、储备油100万千克,贷款余额12002.615万元,促进储备企业宏观调控作用的发挥和地方政府政策性储备计划的实施。支持龙头加工企业和购销贸易企业2户,强化政策指导性收购贷款资金供应和管理,发放购销贸易企业短期贷款及粮食加工企业短期贷款4笔、金额2240万元,支持市场性粮油收购。支持城乡一体化建设,发放新农村建设贷款79700万元,完成所有获批7个政府类投融资客户项目266000万元贷款投放,确保攀枝花市农村土地整治、农民安置房建设等开工农业农村基础设施项目的顺利实施。对具有原料优势、规模优势、技术优势、市场优势和品牌优势的8户水果蔬菜、中药材和其他类省、市级农业产业化龙头企业的合理流动资金需求进行续贷,贷款余额11178.32万元,促进特色优势产业健康发展。支持农村流通体系企业2户,贷款余额6021.94万元,促进现代流通业态健康发展。对2000万元专项肉储备贷款进行续贷,维护市场稳定。

【存款业务】 2015年,为促进企事业单位存款稳步发展,市分行发挥信贷业务吸存、引存功能,稳定和发展信贷客户的存款资源,营销贷款客户的交易对手或下游企业资金存款,加强对政府融资平台公司贷款资金的支付监管,确保大额资金支付在市分行开立账户的承办单位和承建企业内划转,尽可能使存款资源在分行"体内"循环。加强对客户企业货款回笼归行的监管,根据客户贷款占融资总额的比例,合理确定客户货款回笼归行比例,严格监督客户营销货款回笼归行,将货款归行率与续贷、新增贷款挂钩。加强与客户的沟通联系,帮助客户清理清收不合理资金占用,压缩减少库存现金,增加生息资金存款,提高资金周转使用效益。密切与市、县(区)财政局沟通协调,严格监督财政性资金的支付管理,确保财政资金专户存储、专款专用。截至年末,各项存款余额25447.32万元,较年初增加6092.25万元,增长31.48%,日均存款37425.13万元,年度存款考评贷存比为18.57%。

【中间业务】 2015年,市分行继续推进代理保险、人民币结算等中间业务,实现中间业务收入7.55万元,同比增加1.11万元,增长17.24%。对商业性贷款形成的物资基本做到全额参保,实现代理保险手续费收入2.50万元;做好日常结算工作和其他中间业务,实现人民币结算业务手续费收入及其他中间业务收入5.05万元;协助贷款客户攀枝花市锐华农业开发有限责任公司顺利完成2.36万美元的国际结算业务,实现国际业务零的突破。同时,继续利用工商银行网银结算平台推广应用网银业务,扩大非现金结算覆盖面,提高结算效率,保障资金安全。

【信贷管理】 2015年,市分行正确执行国家宏观调控和总行的信贷政策,准确把握信贷支持重点,严格审定客户准入资格,运用先进的电子化、流程化管理手段,加强合规操作、贷后监管和基础信息资料管理,提高信贷管理执行力。组织信贷人员学习信贷管理新政策,按季开展信贷风险排查,信贷制度执行情况检查,按时完成企业信用等级评定,规范贷前尽职调查,严格贷款审查、落实客户经理贷后管理措施,强化信贷制度,加强信贷风险管控。做好评级授信管理,集中评定客户信用等级28户,在审批权限下累计授信14户、授信金额24586万元,在省分行审批权限下授信专项额度206568万元。严格按程序开展贷款审查,坚持主审人和交叉复审"双人"审查贷款制度,召开贷审会14次,审议贷款项目13个、授信方案14个,审议通过贷款额9981.5万元、通过授信额24586万元,提出风险警示31个。落实无纸化办贷,运用"CM2006"信贷管理系统规范作业监督流程,提取各项信贷数据并加强监测。做好信贷计划的编报和执行,按流程向省分行申报贷款计划,并在省分行核批计划内发放贷款。加大财政补贴资金监管力度，签订财政专户委托代理协议，拨付各项补贴8614万元并确保专款专用。按照分类定价、风险管理与成本效益匹配原则加强利率管理，发挥好利率杠杆的调控作用。调整优化信贷结构，办理地方政府贷款置换债券业务2400万元。加强信贷运行情况分析，做好信贷资金管理，规范征信系统运用，抓好统计报表编报等信贷综合管理工作。

【内控管理】 2015年，市分行加强信贷前后台、财务管理、纪检监察、法律合规、内部审计等各专业部门、业务条线间的监督制约，坚持审贷分离、管钱管物分离、部门岗位分离和授权管理，形成严密有效的内控监督体系。发挥内审监督作用，召开内控委员会会议7次，开展内部控制评价、不良贷款专项审计、担保性融资贷款审计以及反洗钱专项审计，并对内、外部审计检查发现的问题进行分类梳理和逐项研究分析，建立整改台账，明确整改责任人、整改措施和整改时间，采取加强学习教育、完善制度体系、加强监督检查等措施进行销号式整改，规范运作机制与业务流程，提高精细化管理水平。加强问责处罚，对检查发现问题责任人和新增不良贷款责任人实行经济处罚33人次、金额27539元，违规积分6人次、共积17分，强化制度刚性约束。加强制度建设，在现有制度体系的基础上整合、完善《营业机构晨会制度》《财务管理暂行办法》《案件风险排查实施细则》等16个制度办法，同时加强对制度落实情况的监督检查，确保每笔业务、每个环节和每个岗位都处于监督约束之下。开展“合规文化根植年和涉诉案件执行年”活动，强化法律合规管理，加强信贷担保法律审查、合同文书审查、用信前法律审查，组织人员参与合规知识竞赛、征文等活动，完善合规工作机制，确保法规行纪的严格执行。

【风险防控】 2015年，市分行完善和强化全面风险管理，确保稳健经营。一方面加强信贷风险防控，继续将化解贷款风险作为全行工作的重中之重，开展“贷款风险防控化解攻坚行动”，制定专项方案，实行一企一策，采取依法向借款人和保证人追偿、商请县（区）政府部门建立风险基金、协助企业引进战略投资者、将贷款清收与新项目营销挂钩等措施，加大不良贷款清收力度，年末清收不良贷款591.68万元；及时向米易县财政局发出商请函，提示拨付各类挂账贷款利息及承担财务挂账贷款本金的拨付消化责任，清收新增粮食财务挂账贷款398万元，实现新增粮食财务挂账贷款全结零，同时加强与各县（区）沟通协调，清收各项政策性粮食财务挂账利息100万元；加强存量贷款风险防控，配合市商粮局开展全国粮食清仓查库，配合政府融资平台贷款开展债权置换，配合省分行开展不良贷款审计，做好担保公司风险排查和中长期贷款后评价，完善信贷风险预警体系，实行重大风险提示与报告制度，按季召开业务经营分析例会；继续推进风险管理体系建设，召开风险管理委员会议5次，对风险信号进行预警分析，研究措施化解信贷风险。另一方面加强业务操作风险、廉政风险与案件风险防控，提升精细化管理水平。严格落实信贷新政策、《四川银行业从业人员五十个严禁（修订）》和内部条线管理制度，强化对业务操作流程和重点业务的督促检查，组织开展“一加强两遏制”（加强内部管，控遏制违规经营和违法犯罪）检查、案件风险排查、员工行为排查、风险和案件线索自查、柜面操作内控检查等自查自纠活动并迎接总行及省分行审计检查、省分行财会突击对接检查、人民银行综合执法检查、银监局案防督导检查，加强对存在问题的整改；落实党风廉政建设的党委主体责任和纪委监督责任，层层签订《党风廉政建设及“四无”创建目标管理责任书》（“四无”即无经济案件、无刑事案件、无重大责任事故、无严重违规违纪行为）；组织全员签订《廉洁从业承诺书》和《拒绝非法集资承诺书》，与贷款客户签订《银企廉政共建协议书》，聘请行风监督员11人并召开银企廉政共建座谈会；加强廉政制度执行，组织执法监察3次、提出监察建议17条，开展落实“八项规定”专项清查，对领导干部超标办公室进行调整，对2人进行廉政谈话，针对1名在外兼职员工开展个人谈话并解除聘用合同；落实案件防控规定，组织全员廉政案防教育5次、收看上级行视频教育会10次、到监狱进行警示教育1次、制作廉政及案防板报4期，实行员工行为排查30人、119人次，强制休假12人次，召开案防分析会2次、操作风险分析会3次，开展营业场所防抢劫演练、信息系统应急演练2次，顺利通过公安及银监部门联合安全评估检查，被评为“安全防范优秀单位”。

【队伍建设】 加大培训教育力度，组织参加总行、省分行各类视频学习会，安排员工参加行培训10次、参训28人次，内部条线先后8次组织员工参加外单位专业培训，组织信贷、风险、法律条线29人次参加“金农发行杯”信贷基础管理知识竞赛、“金农发行杯”法律合规网络知识竞赛、省分行征信考试、省分行消保网络知识竞赛。同时加强法规制度、业务知识学习，探索实行季度培训及考核制度，按季开展员工自学、集中考试并全行通报，提高队伍综合素质和履职水平。

（何 雯）

攀枝花市商业银行

【概 况】 2015年，攀枝花市商业银行（以下简称市商业银行）机关设16个部门，下辖5家异地分行、51家支行，从业人员1000人，其中大学本科及以上学历人数占全行员工总数的77.60%，30岁以下员工占比57.50%。资产总额

628.11 亿元,较年初增加 7.57 亿元,增幅 1.22%;各项存款余额(不含同业)375.28 亿元,较年初减少 15.19 亿元,降幅 3.89%;各项贷款(含贴现)余额 290.41 亿元,较年初增加 35.85 亿元,增长 14.09%,其中贴现余额为 41.29 亿元,较年初增加 6.48 亿元,增幅为 18.62%;表外业务 11.48 亿元,较年初减少 5.34 亿元;不良贷款 4.33 亿元,不良贷款率为 1.49%;实现税前利润 7.05 亿元,净利润 5.03 亿元,成本收入比 31.35%;流动性比例为 58.87%,拨备总额 10.96 亿元,覆盖率 217.60%。2015 年,在由《金融时报》和中国社科院金融研究所共同推出的 2015 年度"金融机构金牌榜——金龙奖"评选活动中,市商业银行荣获"年度最佳零售金融服务银行";被中国银监会评为"全国银行业金融机构小微企业金融服务先进单位"。

【跨区域发展】 2015 年,市商业银行设有成都、凉山、自贡、内江、达州等地 5 家异地分行。截至年末,市商行成都分行资产规模 92.75 亿元,各项存款(不含同业)82.37 亿元,贷款余额 82.50 亿元,实现税前利润 1.43 亿元;市商行凉山分行资产规模 16.48 亿元,各项存款余额 15.29 亿元,贷款余额 11.01 亿元,实现税前利润 4613 万元;市商行自贡分行存款余额 8.55 亿元,贷款余额 4.74 亿元;市商行内江分行存款余额 3.29 亿元,贷款余额 2.60 亿元。市商行达州分行于 2015 年 6 月 26 日正式开业,市商行雅安分行获准筹建,各项筹建工作有序推进。控股的金都村镇银行进一步明确市场定位,积极应对经济下行引起的信用风险上升、业务结构调整难度增大等不利因素,主动转变观念,增添措施,狠抓经营转型,各项业务运行总体实现稳中向好。截至年末,金都村镇银行各项存款余额 21.97 亿元,较年初增加 2.30 亿元;各项贷款 11.37 亿元,较年初增加 548 万元;实现税前利润 4648 万元。

【零售业务转型】 市商业银行以加快产品升级换代和强化综合服务功能为载体,线上线下协同营销,零售业务客群数量快速增长。截至年末,个人存款客户达到 59.37 万人,较上年增加 11.54 万人。一方面以银行卡业务为基础,着力打造"金色攀枝花"理财品牌,大力开展"阳光商盟"商户营销专项活动,进一步提升个人负债业务规模,优化全行负债业务结构。全行累计发卡 69.32 万张,新增 19.68 万张,卡内余额 34.56 亿元;发行理财产品 35 期,募集资金 69.68 亿元,年末存续余额 16.19 亿元;储蓄存款余额(不含理财,下同)95.44 亿元,发展"阳光商盟"商户 1.72 万户。另一方面,紧紧围绕"贷贷兴隆"和"花花如意"两大产品系列,加强产品创新、批量开发和组合营销,不断拓展零售资产业务。新推出 16 款个人消费类和小微经营类贷款产品,发放 500 万元(含)以下小微贷款 869 笔,余额 7.15 亿元。2015 年获"全国银行业金融机构小微企业金融服务先进单位"荣誉。

【服务地方经济】 2015 年,针对经济下行、企业盈利能力下降等情况,市商业银行积极改变服务方式,主动降低企业融资成本,与企业共渡难关,对部分经营出现困难的企业直接实行减费让利,降低企业融资成本;在授信工作中合理确定授信业务品种和期限,满足企业正常资金需求,避免授信期限与企业经营、项目期限不匹配导致企业融资成本增加的情况;采取借新还旧等方式降低企业续贷成本。市商业银行严格控制信贷投放总量和节奏,合理控制信贷投向,积极支持地方重点项目、民生项目和地方优势产业,推动地方经济发展。截至年末,全行各项授信业务余额 405.18 亿元,较年初减少 17.59 亿元。其中各项贷款余额 290.41 亿元(含贴现),较年初增加 35.85 亿元(其中贴现余额 41.29 亿元,较年初增加 6.48 亿元);签发银行承兑汇票余额 109.29 亿元,较年初减少 52.71 亿元;保函余额 5.48 亿元,较年初减少 0.73 亿元。

【拓展金融市场业务】 2015 年,市商业银行积极应对银行间市场流动性宽裕带来的资产收益下行、市场违约增多等不利因素影响,通过市场参与理念和投资策略的调整,积极尝试多样化的投资产品和业务模式,提高各项业务交易量的同时,金融市场业务团队的市场运作能力和市场活跃度明显提升。全年货币市场资金融通交易量达到 8888.22 亿元;票据二级市场交易量 1736.34 亿元;累计实现债券交易 207.5 亿元,年末债券持仓余额 73.28 亿元;成功发行 6 期同业存单,合计 17 亿元;全年金融市场收入在全行总收入的占比达 47.81%。在相关部门协调配合下,顺利完成 10 亿元二级资本债和 20 亿元小微专项金融债的发行工作,并取得四川省地方政府债券承销团一般成员资格,成功获得第一个投行业务资格。

【风险和案件防范】 2015 年,市商业银行以信用风险作为风险管理的重点,同步提升流动性风险、信息科技风险、合规风险和案件防控等多方面的风险管理能力,初步建立全面风险管控体系和架构。主要措施有:抽调专人组成授信风险防控工作组并建立风险金制度,按照"控风险、控指标、控舆情"三项目标,理顺运行机制,保全资产质量。加强对行业政策及行业风险的分析研究,先后组织铁矿山采选、房地产、煤炭和银担合作等行业领域的专项风险排查,并根据风险情况形成应对策略。积极通过债务重组、资产转让、投融结合、诉讼清收等措施,"一户一策"加大清收和处置化解力度,使已暴露风险的蔓延趋势得到有效控制。通过积极申请同业授信,加入多方合作联盟,建立流动性互助机制,畅通流动性保障渠道。充分运用内部转移定价(FTP)和资金业务管理系统(Comstar),有效提升全行的资金计划和资金运营综合管理水平,确保全行流动性保持合理水平。继续完善内控机制建设,系统梳理全行各部门、各岗位职责边界。加强业务的合法合规性审查,实行业务制度统一会审与管理,共梳理、修订制度81份。以风险导向审计理念为指引,不断强化稽核工作的深度和广度,通过签订《案防责任书》,开展员工行为排查等措施,进一步提升案件防控能力,全年未发生经济案件和安全责任事故。

【管理改革】 2015年,市商业银行按照"做强总行、做大分行、做活支行"思路,逐步完善组织架构改革。主要措施有:总行信贷管理部全面完成总行直管贷款的移交工作,管理职能进一步清晰。小微信贷部与直属支行分离,全面独立运作并行使总行条线管理职能。将财富管理中心从个人金融部分离,作为总行独立部门进行运作。增设投资银行部并初步进行人员和业务布局。在管理体系改革方面,市商业银行按照"准法人、专业化、金融管家"的标准,探索小微信贷部事业部制改革,成立房地产金融工作组,提升全行房地产金融业务专业化和规范化管理水平,促进事业部制改革。实施金融市场部和财富管理中心专营部制改革方案,按照权责发生制原则,初步实现全成本核算和独立绩效考核,为事业部制改革打下基础。薪酬体系改革全面落地,初步形成与"总——分——支"管理层级相匹配的薪酬等级;首次引入第三方机构,开展校园招聘,改革人才引进模式;首次通过竞聘,公开选拔分支机构8名中层领导干部;经董事会和职工代表大会同意,建立并开始实施企业年金制度,完善长期激励机制。

【社会责任】 为推进社会责任建设,市商业银行积极做好扶贫帮困工作。为有效改善边远民族乡镇贫困问题,实现脱贫致富奔小康的社会整体发展目标。按照市委、市政府的统一安排和部署,市商业银行多次实地考察盐边县红宝苗族彝族乡,与县乡领导座谈,制定2015年项目帮扶方案,并选派优秀的青年员工,担任帮扶的贫困村镇的第一书记,驻村精准扶贫,帮扶贫困群众脱贫。市商业银行将红宝乡建设为员工教育基地,总行团队专程前往盐边县红宝乡中心小学,筹集资金万余元,继续建设攀枝花市商业银行"爱心图书角"。同时,市商业银行继续做好"攀枝花市商业银行爱心助学金"工作,2015年度出资68万元,资助市内家庭贫困大中小学生200余人。2015年,市商业银行董事会成立"攀枝花市商业银行消费者权益保护委员会",成立"消费者权益保护部",开展2015年金融消费权益保护学习、宣传、检查、落实等工作,完善金融消费者权益保护、个人金融保护相关的各项规章制度。

(李靓婧)

攀枝花农村商业银行股份有限公司

【概　况】 2015年,攀枝花农村商业银行股份有限公司(以下简称攀枝花农商银行)内设15个职能部门,下辖总行营业部、5家支行、营业网点68个、在岗员工618人、大专及以上学历占93%、平均年龄36岁。资产总额229.15亿元,各项负债210.99亿元;各项存款164亿元,净增17.70亿元,增量位居全市同业第一,市场份额位居第二,其中储蓄存款100.21亿元,余额排名领跑全市同业;各项贷款103.64亿元,净增18.37亿元,增量排名全市同业第一,市场份额占比14.78%。实现拨备前利润6.09亿元。成本收入比29.38%;资本充足率14.65%;拨备覆盖率104.02%。攀枝花农商银行以发展为主题,风险防控为主线,以"打造零售银行"为方向,在逆境中调结构,在困境中谋发展,全年经营管理各项工作保持稳重有进。

【服务实体经济】 2015年,攀枝花农商银行主动惠及"三农",积极匡扶小微。全年涉农贷款余额51.83亿元,增量11.48亿元,实现涉农贷款"一个高于"的监管目标。保持基础金融服务村村全覆盖,截至年末,农村地区已装ATM机67台、POS机150台、EPOS机549台。加强农村信用体系建设,积极培育农村信用生态环境。已建立农户档案10.35万户,建档面为87.45%,评级授信4.45万户、27.25亿元。积极推广"卡贷通"自助信用贷款产品,缓解农户贷款担保难问题,已推广8950户,授信3.2亿元。全年小微贷款余额54.34亿元,增量9.69亿元,实现小微贷款"三个不低于"的监管目标。重点支持第三产业中流通和服务两大领域的小微企业,已为1.23万家小微企业授信,占全市小微企业总数的35%。新建零售金融部,下设5个小企业服务中心,推行"一站式"上门服务,全面覆盖"三区两县",专司服务小微企业之责。先后推出"惠商贷""惠薪贷""伞式贷""联保贷"等产品,重信用、轻抵押,基本覆盖客户各类信贷需求。独创三级审批模式,压缩服务作业流程,实现贷款最快1日办结。

【经营转型】 2015年,攀枝花农商银行结合业务经营现状以及银行业发展趋势,确立了"一体两翼"零售银行经营战略,即以零售金融业务为主体,以公司金融业务和金融市场业务为两翼,打造"零售业务、公司业务、金融市场业务——三大利润中心"。坚决走稳"服务区域从农村转向城乡并重、服务对象由争取介入大客户向小微企业和个体回归、盈利模式由单一经营转向多元化经营"的转型之路。本着减少管理层级、提高运行效率的目的,按照法定程序审慎作出扁平化管理的决策,力求通过转变工作思维、工作方式、经营重心、考核主体,改革生产关系,达到解放生产力的目的。全年通过整合总行职能部门,裁减支行业务部,重新定位机构功能,将"总行——支行——分理处"的三级运管模式调整为总行条线化直管到分理处的两级运管模式,支行从管理型机构调整为营销服务型机构。

【资金业务】 2015 年攀枝花农商银行遵循安全、合规、效益原则,不断完善运行规则,提高富余资金营运水平。及时缓冲传统业务经济周期带来的不利影响,已成利润增长主要引擎。在确保"金沙"系列稳步发售的同时,加大"花城""阳光"系列发行量,并成功研发同业理财"聚鑫同利"系列、私人定制理财"金木棉"系列,满足多元需求。资金业务跻身 2015 年度银行间本币市场交易 200 强,全年累计市场交易量达 14660.74 亿元;创造总收入 7.02 亿元,利润总额 2.27 亿元,税后净利润 1.65 亿元,年化收益率达 10.5%。率先在全省农信系统发行首只同业存单,进一步增强主动负债管理能力和意识,提高市场利率自主定价能力,完善流动性管理,全年累计发行 5 期,10 亿元。市场利率自主定价能力不断提高。

【内控管理】 2015 年是攀枝花农商银行"风险控制年",通过学习培训、案例警示、考试考核等方式,加强全员对经济金融政策、法律法规和规章制度的理解、掌握,提高风险应对能力,增强遵章守纪和合规经营的自觉性,全年组织培训及考试 18 次、涉及人员 1000 余人次。并结合业务发展需要和风险控制要求,全面梳理现有制度,查找缺陷和空白,全年修订各项制度 32 个,新建 11 个,做到制度"横向到边、纵向到底、覆盖盲区"。着力人防、物防及技防齐抓并进,重点机构、重点业务和重点人员全面排查,确保"零案件、零重大责任事故"。全年进行安全检查 807 人次,确保不留隐患、不留盲区。

【人才队伍建设】 2015 年,攀枝花农商银行坚持以业绩考核干部,以德才选拔干部,将公开竞聘、民主测评作为干部选拔考核的主要方式,公选流程不断完善,民主测评日趋严格。全年提供 16 个职位供全行角逐,对竞聘岗位原任职干部重新洗牌,"铁饭碗""铁交椅"逐步打破,干部危机意识及履职尽责意识有效增强。围绕员工,抓素质提升,严把人才引进关,逢进必考,从源头上抓素质。全年累计招聘大学生 29 名,新聘大学生试用期满经业务知识和操作技能考核合格,方能签订用工合同。业务练兵和岗位培训常抓不懈,按条线、按机构开展例会学习和定期培训,人均培训不低于每旬 1 次,做实员工增值。

【优质服务】 2015 年,攀枝花农商银行秉承"全心全意为客户服务"的服务宗旨,践行主动服务理念,全力打造客户至上的服务文化。坚持服务环境美观化,对网点硬环境进行美化,通过标准化装修改造、人性化硬件配备等措施,打造让客户满意的精品网点,全年装修改造网点 8 个。坚持服务技能标准化,引进专业培训机构,定期开展规范化服务轮训,并通过事后监督中心、远程监控中心、巡检制度对窗口服务进行全天候跟踪抽查,督促服务质量不断提高。坚持服务流程快捷化,以提供给客户最方便、最优质的服务为出发点,通过客户分类建档管理、量身定做服务方案、简化信贷审批手续等措施,实现业务流程和管理流程优化再造,确保以最快的速度响应和满足客户需求。

【践行社会责任】 2015 年,攀枝花农商银行全行上下积极发挥地方商业银行体制优势,常态化参与惠民让利、扶贫济困、慈善公益、志愿者服务、金融知识普及等社会责任活动,与社会共享金融发展成果。对"红名单"企业及其关联企业等 70 余笔、8.41 亿元贷款调低贷款利率,降幅高达 51%,年让利金额超过 3000 万元;持续推进"个人业务全免费"惠民活动,扫街扫楼、进社区跑商圈、入庙会驻集市,全年新开卡近 13 万张,让利于民近 1500 万元;每年投入 340 万元对口帮扶米易县白坡彝族乡,倾力开展"双联"工作,着力于"技扶智扶"并重、"输血造血"共行;每年出资 50 万元设立"攀枝花农商银行助学基金",帮助 100 名困难学子完成学业;其他扶贫赈灾工作常抓不懈。与此同时,将公众金融知识宣传和教育工作作为应尽的社会责任纳入到常规工作之中,全年开展集中宣传活动 65 次,发放各类通俗易懂的金融业务宣传资料 7000 余份,接受直接咨询超过 6 万人次,提高民众金融知识水平和防范金融诈骗能力。

(夏浚淞)

中国邮政储蓄银行攀枝花分行

【概　况】 中国邮政储蓄银行攀枝花分行(以下简称分行)内设 16 个部门,其中 11 个一级部门,5 个二级部门,有营业机构 39 个;在岗员工 269 名,其中硕士 5 名,本科 150 名,专科 98 名,专科以上占比 95%,平均年龄 33 岁。资产总额 84.39 亿元,固定资产原值为 4009.75 万元,固定资产净值 1411.85 万元。

2015 年,分行贯彻省分行年初工作会议精神,坚持"稳中求进、转型升级"的工作导向,明确"改革创新、加快转型"的工作思路,努力推进分行全面、协调、可持续发展。全年实现自营收入 16380 万元,同比增长 9.51%;实现利润 6507 万元,同比增长 15.79%。新增收入利润率为 39.72%,高出全省市(州)分行平均水平15.35个百分点。全年,人均劳动生产率实现64万元,人均利润率25万元,人均经济增加值(EVA)11.04万元,获得省分行表彰的2015年度"经营效益奖"。分行以市场为导向,以客户为中心,全行个人储蓄存款余额22.28亿元,在全市10家金融机构中排名第7位,全年新增存款0.92亿元,市场占有率为4.3%。全年,累计信贷投放36.39亿元(其中发放小贷1.88亿元,发放商贷1.81亿元,发放消费贷1.24亿元,发放小企业贷款2.94亿元,发放公司贷款8.2亿元,累计办理票据贴现20.32亿元)。截至年底,各项贷款余额25.67亿元,较年初下降8.48%。

【资产业务】 2015年,分行在信贷业务发展上,坚持定位发展小企业贷款及小额贷款"两小业务"不动摇,紧密围绕全省信贷发展工作思路,优化信贷资源配置,创新信贷品种,改进小微企业和"三农"金融服务。创新小额贷款品种,推出烟农小额贷款、果农小额贷款、抵押类小额贷款、个人信用消费贷款、个人汽车消费贷款等多个小额贷款新产品,同时对小额贷款要素与购买经营性车辆小额贷款要素进行调整,全年发放商户、农户、妇女贴息、再就业贴息等小额贷款1515笔,金额1.88亿元,贷款余额2.13亿元;发放个人商务贷款244笔,金额1.81亿元,贷款余额3.37亿元;发放消费类贷款586笔,金额1.24亿元,贷款余额2.55亿元;发放住房公积金贷款248笔,金额0.64亿元,贷款余额0.63亿元;坚持推动公司业务全面发展,以项目为抓手,坚持总部营销,延伸与攀钢、钢城等大型国有企业的合作广度与深度,全年发放公司贷款8.2亿元;抓住分行特色业务的优势,大力发挥票据业务,全年共贴现665笔,金额20.32亿元;分行通过深挖优质客户资源,推动小企业贷款产品创新,开办存单质押、转期贷、快捷贷等新业务。全年,发放小企业贷款47笔,金额2.94亿元,贷款余额2.96亿元,较年初增长1642.72万元。

【负债业务】 2015年,分行坚持"存款兴行"的经营理念,以规模增长为重点,以结构调整为导向,推动个人储蓄业务稳健发展。分行先后开展"旺季开门红"和各类竞赛活动,坚持每日通报,依托业务群、飞信群、短信等工具实时督导,营造"比赶超"竞争氛围。通过视频培训方式使个人客户营销系统培训覆盖率达100%,为全行客户管理提供平台与保障,同时指派专人负责信用卡预审,避免信用卡进件的积压。全年,理财日均保有量17421万元,完成年计划的106%。全行代理保费6007万元,完成年计划140%,其中期缴销量770万元,占比为12.8%,完成年计划241%,全省排名第1位。销售国债647.9万元。通过节假日刷卡优惠系列活动、"9元看电影"活动、发展"特惠商户"等活动,全年发放信用卡3100张,结存卡13254张,激活率61.85%,高于全省平均水平5.18%;活跃账户5334户,活跃率41.6%,同比提高5.78%,高于全省平均水平8.86%,全省排名第4位。

【队伍建设】 2015年,分行为充分发挥全行人力资源潜能,大力推进人力资源管理工作,强化人力资源管理,员工素质得到进一步提升。全年新增员工11人(含社会招聘6人),解聘员工9人,调出3人;不断完善员工培训,加大持证上岗管理力度,全年组织培训513次、培训2472人次,督促员工考取银行职业资格,全行持证510人次,取得5科资格证人数达到55人,同比增加21人;督导全员积极参与省分行"每日一练"和微信答题,营造良好自学氛围。组织"迎新春"职工文艺汇演、抗日战争胜利70周年歌咏晚会和登山活动、职工运动会等健康向上团队活动,建成职工食堂8个,职工小家建设初见成效;参加攀枝花市总工会组织的财贸系统劳动竞赛获得第一名。通过系列活动,增强员工的集体荣誉感和队伍的凝聚力,"牢记使命、用心工作、勇于担当、放弃借口"的理念逐渐深入人心。

【渠道建设】 2015年,分行积极推进网点(渠道)建设及自助机具投放,完成金江、太平支行新址装修工作,东区支行营业部原址装修准备工作以及二类网点龙洞支行迁址更名及新址开业、倮果支行迁址等工作。全年为配合个人储蓄系统集中授权,完成前台个人储蓄业务终端的设备更换;为增加客户体验,配合四川省分行完成15个网点WIFI的全覆盖;为提高业务处理能力和速度,配合四川省分行完成免填单系统的设备上线安装调试;为配合新版人民币的发行,完成全辖点钞机、清分机的改造升级;同时还完成15个网点线路治理工作以及3台存取款一体自动柜员机的更新工作。

【内控管理】 2015年,分行紧紧围绕"预防为主、治理为重,不发生重大资金案件"的案防工作目标,落实案件防范是第一责任的目标,全年未发生资金票款案件。相继开展"一加强、两遏制"专项检查活动、"非法集资风险专项排查"活动、现金业务风险排查活动、存款类案件风险排查、四项大型排查活动;对37个储蓄网点进行3轮次的常规检查、节日期间突击检查,下发问题整改通知书107份,处罚违规人员165人次,处罚金额5.1万元;完成邮政代理网点风险等级评价复评和自营网点风险等级评价工作;开展《十条禁令》及《合规基本法》宣传活动,通过组织开展全行员工集中学习、签订承诺书、闭卷考试等多种宣传教育活动,使全体人员进一步加深对《十条禁令》及《合规基本法》的理解,提高全行员工遵章守法、合规操作的意识。

2015年，全行安全保卫工作在复杂的金融形势和严峻的外部环境中，坚持“安全第一、预防为主、突出重点、确保安全”的工作思路，全年物防、技防、人防资金投入481.06万元，健全安保制度，完善安防设施，完成预报警系统的安装，节假日加强对自助银行和自助机具巡查，开展各类安全教育培训30余次，组织防盗抢、消防演练140余次，开展各类专项检查18次，使安全评估工作全面达标，为全行快速发展营造良好的安全环境。

【社会履职】 2015年，分行充分发挥网点遍布城乡的优势，积极参加养老金代发和新农保代发，保证各项资金及时兑现到老百姓手中，协助政府把好事办好。持续做好米易县“新农保”服务工作，全年累计发放新农保21万人次，金额近2000万元。通过流动服务车上门代收新农保缴费3182人次，为当地农民提供便利；分行率先参与养老金社会化发放工作，成为攀枝花市首批参与养老金社会化发放的金融单位，连续15年为市民提供养老金的代发工作，目前每月代发客户7.5万余户，每月代发金额超过1.85亿元；依托助农取款点和流动服务车下乡入户，为烟农提供便捷的金融服务，累计代发烟叶款5000余万元。继续在农村地区推进助农取款服务，将普惠金融服务深入广大乡村、惠及万千百姓。分行班子亲自带队，各支行紧密配合，以践行普惠金融、升级“三农”金融服务为主线，加强与地方党政、部门的汇报沟通，与攀枝花市科学技术协会召开银协合作工作座谈会，明确“银协合作、送贷上门”的工作目标；联合人行、银监分局开展“金融知识进万家”宣传推广活动，与米易县政府、市委农工委、市科协等签订战略合作协议，联合人行举办邮储银行征信征文大赛和大学生网商大赛。行领导现场调研指导贷款企业、“9元惠生活”、信用村镇建设、代发烟草款、流动服务车深入边远乡镇等贴近民生、服务实体的举措，赢得社会各界的广泛好评，分行社会知名度和美誉度进一步提高。

【优质服务】 2015年，分行以维护消费者权益为中心，实施“亲民、便民、惠民”工程，强力推进规范化服务培训，规范化服务水平不断提高。全年，“95580”转交的自营网点有责投诉共7笔，比去年同期减少5笔，下降41.67%，自从2014年攀枝花市分行开展网点规范化服务导入工作以来，网点服务质量逐步提高，客户的服务体验得到显著改善。

（张一佳）

证　券

华西证券攀枝花营业部

【概　况】 2015年，华西证券攀枝花营业部（以下简称“营业部”）拥有注册投资顾问、会计师、经济师、助理工程师、律师等专业人员共计78人。2015年，营业部拥有客户近12万人，全年实现交易量1526.24亿元，较2014年上升164.26%；基金及相关理财产品配置6.14亿元，年末各类客户中高低风险资产配置达65.75亿元。

【管　控】 2015年，营业部有反洗钱工作小组、反恐融资工作小组、投资者教育工作小组、打击非法证券交易活动工作小组等专项工作小组，为营业部各专项工作的有效开展提供组织保障。2015年，营业部累计组织员工开展各类合规培训、教育26次，合规检查4次，在运行管理、客户服务、市场营销、反洗钱等工作中，均实现零违规和零投诉。营业部再次获评“2015年度四川省反洗钱工作A类单位”。

【财富管理】 营业部立足客户多元化的财富管理需求，依托公司强大的产品研发平台，在为投资者提供股票、基金、债券等传统投资产品外，还推出基金定投等家庭理财类产品、融资融券等信用交易类业务、红利来等系列金融产品，以及年化收益在3%～7%之间，收益稳定的低风险理财产品，丰富个人投资者的投资渠道，为居民的财富管理提供一系列解决方案。

营业部主要通过“一对一”的投资顾问服务、电话服务、专人专柜产品介绍、股民学校、季度报告会、片区投资报告会、股市沙龙、短信服务等，向客户解答投资疑问、了解客户诉求、揭示市场风险、传递投资帮助和客情服务。同时，营业部还与攀枝花电视台、攀枝花人民广播电台、《攀钢日报》等攀枝花主流媒体，以及攀枝花讲坛建立良好的合作关系，通过媒体等渠道向攀枝花地区投资者传递营业部的服务。2015年华西证券攀西分公司面对各种场外配资、非法集资、P2P等各种互联网金融及多种类金融业态的冲击，为保护投资者权益，利用办公现场、短信、电台、股民学校、季度报告会等开展形式多样的投资者教育活动。其中：举办季度报告会8场、96期股民专题讲座、发送5364174条投资者教育短信。

【资本中介】 2015年,营业部积极响应市委、市政府提出的金融生态建设及多层次资本市场建设,在攀枝花宾馆为相关企业做“关于在新三板挂牌融资”的培训交流,并重点跟踪企业十余家,为实体企业借助资本市场做大做强出谋划策。公司辅导的四川东立科技股份有限公司2015年在新三板挂牌,另外一家企业秉扬科技已向股转公司递交了申报材料。同时营业部积极开展企业的融资顾问服务,利用金融租赁、信托、股权质押融资、约定式购回等工具,帮助企业融资5.36亿,帮助企业改善财务结构和债务结构。

【安全工作】 营业部坚持日常及节假日值班制度,采用“员工+保安”的双人值班制,在中午休市期间和节假日期间对营业部现场安全情况进行巡查。2015年,累计安排员工及保安节假日值班108人次。营业部坚持开展应急演练工作,全年累计开展应急演练8次,应急演练项目包括消防、防震、防内涝、电力故障等内容。全年,营业部未发生一起重大安全事故及群体性事件。

（李东泽）

保 险

中国人民财产保险攀枝花市分公司

【概 况】 2015年,中国人民财产保险股份有限公司攀枝花市分公司(以下简称分公司)下设9个支公司,6家营销服务部,劳动合同员工260人,劳务派遣员工56人,保险代理人1100人。固定资产原值为2706.23万元,净值995.24万元。主要开办机动车险、企业财产险、工程险、货运险、家财险、种植及养殖业农业保险、森林保险、意外险健康保险、责任保险、信用保险和保证保险等共10类87种保险产品。

2015年,攀枝花市经济持续下滑,企业大量关停,人口流失严重,财政资金困难,加之商车费改在即,在多种不利因素影响下,造成分公司传统优势保险资源迅速灭失或萎缩,分公司发展举步维艰,出现负增长。面对困难,分公司认真贯彻落实总、省公司工作会议精神,紧紧围绕“加快发展、深化转型、强化管理、合规经营、队伍建设”的总要求,迎难而上,全体员工艰苦努力,扎实工作,截至12月底,分公司实现保费收入42314.23万元,同比下降3.01%;支付赔款19890.18万元,综合赔付率50.85%;实现利润4646.01万元,保费利润率10.98%。市场份额56.18%,同比下降1.13个百分点。

【业务结构调整】 针对攀枝花经济持续下滑态势,分公司要求各支公司要抛弃过去主要做大单业务的思想,一心一意抓好分散性业务。为此,车商部加强与各车商和4S店的联系,通过资源互换提高与各车商和4S店的谈判议价能力,提高对新车的掌控能力。各支公司和车商部都建立各自的对外呼出团队,加大对次新车、续保车辆和外转业务的呼出力度;加大对分散性业务续保率的考核力度;加大保险进单位、进社区的工作力度。通过与广大私家车主面对面,零距离的接触宣传,提高外转业务量,严防猴子搬包谷现象发生,做到守土有责。业务管理部加强市场调研,及时了解竞争对手动态情况,积极调整承保政策,充分发挥引领作用,尽管分公司集团业务和营业性货车受经济大环境的影响大幅下滑,但是分公司的分散性业务和电网销业务发展,在全省系统和辖区内名列前茅,业务结构调整见成效。

【狠抓增值服务】 2015年3月,攀枝花市交警支队为解决车主驾驶证和行驶证审证难的问题,主动与分公司接洽,共商如何提高便民服务水平,解决最后一公里的问题。在分公司积极支持和配合下,通过认真选点,积极筹备,加大硬件投入,搞好人员培训和制度建设等工作。9月,分公司所属炳草岗、瓜子坪、河门口支公司、金瓯社区保险咨询服务点和渔门镇营销服务部均可办理车驾管业务,极大地方便车主就近办理驾驶证和行驶证审证问题,同时也丰富分公司客户俱乐部服务内容,有力地助推分公司分散性业务的发展。

【加大社区和农网建设】 2015年,为抢占社区和农村保险市场,提前为车险费率改革做准备,分公司把社区和农网建设纳入议程,加大费用投入力度,通过前期调研、合理布局、人员配置、硬件投入,分公司建成湖光社区、清乌线社区、格里坪、红格镇、永兴镇、国胜乡6个保险服务咨询点，为下一步城区以渠道发展私家车业务，农村以农网发展政策性农险、特色农业保险和农村商业车险业务夯实基础。

【依法合规经营】 为加强合规文化建设，树立依法合规经营理念，严防合规风险。2015年3月，分公司监察室对分公司班子成员、各支公司经(副)理和综合岗人员、机关各部经(副)理和主管，就固定资产管理、集中采购管理、房屋租赁管理、房屋装修管理、《再转授权书》《党风廉政建设责任书》《依法合规经营承诺书》《财经纪律十五条禁令》《理赔纪律八条禁令》《农业保险八条禁令》《农业保险条例》和《反洗钱"一法四令"》等内容进行培训。根据四川省保监局和省公司的统一安排，认真开展"两加强、两遏制"专项清理工作，对查摆出来的问题，如实进行上报，并按上级公司要求及时进行整改。11月5日，分公司党委召开专题工作会议，专题研究广州监察稽核中心对分公司总经理任中审计发现的问题，并责成涉及的支公司和机关各部门要认真对照《审计事实确认书》，逐条逐项的加以整改。

【重大赔案】 2015年4月15日，攀钢集团公司炼钢厂向分公司报案称，炼钢厂1号方坯漏钢，"95518"服务专线接到报案后，派遣查勘员徐瑞希、赵东以及分公司聘请的高级机电专家杨景全一同前往现场查勘，经确认：喷补机、液压升降系统液压油缸、钢水运输车电机、轨道及电缆等财产受损，属财产一切险保险责任，分公司支付赔款342.25万元。

2015年4月25日，分公司承保的川D/27968号东风EQ3124FF5自卸汽车，由周某某驾驶从盐边县益民乡新民地磅房过磅后，沿到船房村货场拉货，当车行至宁华路S310线202km+100m船房村岔路口，从快车道变更慢车道右转弯时，车身右侧前部与同向行驶周某某驾驶的川D/C5285两轮摩托车前部相撞，造成摩托车驾驶员周某某当场死亡，两车受损的交通事故。经现场查勘认定，属保险责任，分公司支付赔款42万元。

(李　艳)

中国人寿保险股份有限公司攀枝花市分公司

【概　况】 2015年，中国人寿保险股份有限公司攀枝花市分公司(以下简称分公司)下设8个支公司(仁和区支公司、河门口支公司、陶家渡支公司、瓜子坪支公司、炳草岗支公司、大渡口支公司、盐边县支公司、米易县支公司)和一个个险专业化公司(炳草岗营销服务部)。全年，分公司有在职员工150人，其中，机关64人，基层86人；中层及以上领导干部33人；在职员工中本科及以上学历66人、大专学历67人、中专及高中学历17人。截至年底，分公司个险渠道共有保险营销员1498人；团险渠道共有销售人员48人；银保渠道共有保险规划师90人。

全年，实现保费收入48343万元，同比增长9.6%，其中，普通寿险2.39亿元，同比增长36.5%；分红险1.81亿元，同比下降14.8%；长期健康险0.32亿元，同比增长19.4%；短期意外险(含一年定期寿险)0.12亿元，同比增长14.1%；短期健康险0.2亿元，同比增长18.9%。实现新单保费2.26亿元，同比增长21.9%。其中，首年期交保费0.79亿元，同比增长39.3%；趸交保费1.14亿元，同比增长13.4%；短险保费0.32亿元，同比增长17.1%。实现续期保费2.58亿元，同比增长0.7%。个险渠道规模保费32034万元，团险渠道规模保费1770万元，银保渠道规模保费14533万元。全市8家支公司总保费与去年同期相比，7家公司实现增长，大渡口支公司以增幅188.8%排名第一。分公司经营状况正常，费用和工资双节余。在全省经营考核评比中位列全省第六名，达到全省A类公司。分公司全部业务占全市保险市场份额的41.25%，继续保持全市寿险市场领先地位。

全年赔款支出：短期险综合赔付率51.1%，较2014年同期增长19个百分点。简单赔付率44.7%，较2014年同期增长8个百分点，其中健康险40.8%，同比增长6个百分点；意外险51.3%，同比增长12个百分点。赔款支出1448.4万元，同比增长43.8%。其中健康险822.7万元，占比57%，同比增长40%；意外险625.7万元，占比43%，同比增长49%。

全年各项给付支出：各项给付支出1.56亿元，同比增长16.8%，其中，死亡给付655.5万元，同比减少21.3%，伤残给付3万元，同比持平；医疗给付281.8万元，同比减少12.5%，满期给付1.38亿元，同比增长16.5%；年金给付886.8万元，同比增长130%。

全年退保金支出：退保金支出1.71亿元，同比增长1.4%。个险渠道退保0.3亿元，占比17%，同比基本持平；银保渠道退保1.41亿元，占比83%，同比增长2%。

2015年，分公司总资产22.83亿元，较年初21.79亿元增加1.04亿元，增长4.77%；负债总额25.76亿元，较年初23.92亿元增加1.84亿元，增长7.69%。负债主要项目是寿险、长期健康险责任准备金，年末余额为23.02亿元，占总负债89.36%。缴纳各项税款853.9万元。

【业务发展】 为促进2015年业务发展，分公司党委、总经理室出台《2015年至2017年战略发展规划》和拟定了“再造一个攀枝花公司”的宏伟目标，三大渠道各有作为。个险渠道：攀枝花公司以“双领先”战略为统领，坚持贯彻省公司“以队伍经营为根本，以客户经营为核心，以基础管理为保证，以业务发展为目的”的“四位一体”工作思路，个险渠道重点要保证期交业务总量取得绝对优势，队伍建设超越对手，保持市场份额第一的位置。一季度“开门红”不仅实现“规模期交”“10年期”“人力指标”“主险举绩人力”四项指标四开四红；全年平台运作月10年期交实收保费2000万元；个险渠道全年各项指标飘红，被集团公司授予“2015年度个险业务发展奖”，分公司是全省唯一一家获此殊荣的公司。团险渠道：由于受宏观经济的影响，市场低迷，攀枝花传统优势的煤矿、钢铁及其相关业务市场继续萎缩，市场不容乐观。面对瞬息万变的团险市场，团险渠道上下齐动、积极寻求前进的道路，在逆境中求生存、在困难下求发展，短险业务实现同比正增长，尤其是农村小额184.17万元、关爱女性220.07万元等保障业务较2014年有较大增长。银保渠道：结合上级公司的销售策略明确销售节奏：“开门红”以趸交为主、期交为辅，全力抢销规模保费，2—4季度全面向期交转型。一季度趸交完成全年目标的96.38%，进入二季度，全市进入期交业务转型工作，三季度以保险规划师基本法为抓手，出台以团队对抗为主的企划方案，使保险规划师在册人力、有效人力、业绩率有大幅度提升；四季度出台冲刺底线目标的企划方案，奖惩到人，推进各支公司的制式化自营会销平台。7—12月，实现期交保费742.3万元，占全年期交的59.4%。

【队伍建设】 2015年，分公司继续将增员工作日常化，与业务发展同安排、同部署、同考核。分公司在《2015—2017年战略发展规划》中提出两个超越的目标也是切合总、省公司提出的“双领先”战略目标的，即公司期交业务总量及月均持证人力要在全市寿险市场保持领先优势，超越主要竞争对手。全市持证人力1498人，较2014年同期增长51.61%，月均增员率6.8%；2015年新人月均三晋率46%；团队人均件数5.4件，件均保费8266元，较2014年件均保费提升71.23%。分公司收展本部从2014年12月18日开始正式筹建，2015年一季度的核心工作是开始招募渠道开拓、建立常态招募体系，建立新人育成体系及职场管理体系。二季度的核心工作是新人育成与队伍建设并行，在常态增员的同时，公司努力建立稳定、高效、可持续、对象明确的增员渠道。三季度以企业开放日为契机，大力发展收展队伍。四季度的核心工作是稳定团队架构。截至年底，机构上编124人，完成保费104万，短险14.6万；“定义种子”主管10人，自然晋升准主管4人。截至年底，保险规划师队伍人力达到90人，较年初增长30人。2015年银保渠道重点关注保险规划师的培育工作，通过“精英起飞训练营”为抓手，以保险规划师基本法上线为引导，建立架构，全年育成主管11人。

【客户服务】 分公司高度重视客户服务工作，持续深化、全面推进以高效管理、高效服务为重要内容的改革与创新，不断提升便民服务能力。调查、理赔工作。理赔工作以精细化管理和客户满意度为目标，不断优化理赔业务流程，提高理赔时效。强化风险管控，完善理赔提调标准，严格按规定开展前置调查；加强理赔申请资料的审核，认真做到“不惜赔、不烂赔”。全年，共处理各类理赔案件约1.12万件，给付金额5663万元，其中，长险赔案453件，给付金额1142万元；短险赔案10783件，给付金额4521万元。处理大病补充医疗保险879件，赔付金额2704.81万元。全年，共完成理赔调查任务542件，其中：理赔调查286件、其他生调、陪检、代服务等256件。强化柜面管理工作，全面推进柜面“一站式”服务。2015年，通过柜面轮岗、综合柜员技能培训和考试，在7月完成剩余5家柜面的“综合柜员制”推行工作，柜面“一站式”服务模式正在逐步深入。全力做好2015年满期、退保专项工作，强化客户投诉管理，竭力化解风险，妥善处置客户纠纷，确保公司运营稳定及业务持续、稳定发展。全年，成功化解可能引发较大风险的客户纠纷10余起，妥善处置客户投诉近200例。

【党建工作】 分公司党委牢固树立正确的政绩观，把抓好党建作为最大政绩，党委书记认真履行“第一责任人”职责，坚持把党建工作和中心工作一起谋划、一起部署、一起考核。班子成员也认真执行“一岗双责”，落实好分管领域党建工作责任，形成齐抓共管的工作机制。坚持把党委班子建设作为党建工作的首要任务来抓，十分重视“四好”班子建设。认真贯彻落实“两个议事规则”即：《中国人寿保险股份有限公司党委会议事规则》和《中国人寿保险股份有限公司总裁（总经理、经理）办公会议事规则》（以下简称“两个《议事规则》”）和“民主集中制”，按照集体领导、民主集中、个别酝酿、会议决定的原则决定重大事项。加大基层党员队伍的培养与发展力度。2015年共组织11名入党积极分子参加市直机关第三十四期入党积极分子培训，并全部结业合格。2014年至2015年，预备党员按期转正2人，发展预备党员2人。党群路线教育实践活动和“三严三实”专题教育成效明显。党委班子按照“照镜子、正衣冠、洗洗澡、治治病”的总要求，践行“三严三实”，扎实开展党的群众路线教育实践活动和“三严三实”专题教育活动，开门听意见，剖析见根源，建章反“四风”，通过专题教育，分公司党委着力解决“不严不实”问题，改进工作作风，汇聚公司上下干事创业的精气神，把专题教育成效体现在推动业务发展成果上。2015 年，全系统车船使用费同比下降 4.74%、业务招待费同比下降 0.03%、宣传费同比下降 11.58%、会议费同比下降 2.47%。

【内控合规建设】 2015 年，分公司在内控管理、合规管理、风险管理、专项检查、法律事务、反洗钱等方面的工作上，扎实开展各项自查自纠，不断夯实内控和风险防范的基础，加大治理“小金库”、规范银保支付手续费、防止销售误导力度，持续开展诚信我为先教育活动，继续强化风险预警系统运行，加强销售人员信用品质管理，抓好销售人员代签名等违法违规行为和案件查处工作。进一步规范单证、印章管理工作，将单证超期、遗失和自动核销作为管控的重中之重，不定期远程抽查全市各支公司的重要单证超期、遗失及自动核销管理情况，做到日清日结，有效防范。

【重大赔案】 2014 年 9 月 29 日，攀莲镇观音村 8 队源峰包装印务有限公司职工张某早上在车间上班时发生意外事故，经抢救无效死亡。因该公司为张某在中国人寿保险股份有限公司米易县支公司投保了国寿绿洲团体意外伤害保险（B 型、2013 版）、国寿综合意外伤害保险（2013 版）及国寿全家福意外伤害保险（2013 版），根据调查属于保险责任，按相关保险条款规定，分公司于 2015 年 2 月 17 日给付保险金合计 73 万元。

被保险人董某于 2012 年 12 月 27 日在工地干活时被电击后从高处坠落，经医院治疗，共花住院费 57600.47 元，治疗结束后进行了伤残鉴定。因四川省汇川送变电建设有限责任公司在中国人寿保险股份有限公司攀枝花市大渡口支公司投保了国寿安全建筑工程团体意外伤害保险和国寿附加绿洲意外费用补偿团体医疗保险，根据调查属于保险责任，按相关保险条款规定，分公司于 2015 年 4 月 13 日给付保险金合计 38 万元。

2014 年 6 月 19 日，被保险人张某在盐边县益民乡新民村走路时，因下雨路滑，不慎从一米高的堤坝上摔下，导致伤残。因张某在中国人寿保险股份有限公司盐边县支公司投保了 3 份国寿综合意外保险，根据调查属于保险责任，按相关保险条款规定，分公司于 2015 年 4 月 29 日给付保险金合计 27 万元。

（马艺瑕）

中国平安财产保险股份有限公司攀枝花中心支公司

【概　况】 中国平安财产保险股份有限公司攀枝花中心支公司（以下简称支公司）是中国平安财产保险股份有限公司四川分公司 21 家网点之一。支公司下设团体部、车商部、综拓部、新渠道部、代理部、银保部 6 大销售业务部，业管部、农险部、综合管理部、客服理赔部、总经理室 5 个职能部门及西区支公司、米易支公司、仁和营销服务部、盐边营销服务部 4 个下属四级机构。2015 年，支公司共有员工 106 人，其中本科及以上学历 61 人，大专学历 45 人。支公司经营范围涵盖责任险、个人财产险、企业财产险、货运险、工程险等 10 类 200 多个险种业务，支公司以专业的技术、丰富的经验为全市各类客户提供大量不同险种的投保、风险查勘及咨询服务，根据客户具体需求设计个性化的保险服务方案。

2015 年，支公司在总公司“专业让生活更简单”经营理念指引下，统筹规划，深化执行，拓展渠道业务发展，创新保险产品，迎合市场需求，努力提升公司经营效益。面对复杂的市场环境，支公司认识到公司面临的压力和挑战，在制定切实有效的经营措施的同时，利用公司各类 APP 的应用推广，充分调动前线销售人员的销售热情，通过前、中、后台的紧密协作，确保全年挑战目标的顺利达成。2015 年，攀枝花市场份额达到 20.44%，同比提升 1.29 个百分点；保费收入 1.54 亿元，同比增幅 5.55%，高于市场平均增速 6.67 个百分点。在发挥保险保障职能方面，攀枝花中心支公司一直致力于为社会提供全面风险保障和经济补偿。全年赔款结案 20726 件，较同期增长 13.54%，为各类客户提供了 1.11 亿元保险补偿。

【合规建设】 2015 年，支公司通过合规制度的制定、制度检视、制度文件管理、执行检查，形成完整合规的制度体系及管理流程。通过定期及不定期反洗钱宣传培训，在全员形成自觉学习的良好态势，2015 年公司反洗钱监管考核评级为 A 级。为加大防范和打击非法集资及反洗钱宣传力度，支公司在柜面及客服大厅对防范和打击非法集资及反洗钱相关宣传资料、手册及彩页等进行发放，在职场公共区域专门设置防范和打击非法集资及反洗钱宣传栏，定期对防范和打击非法集资及反洗钱知识进行更新宣传。在全省开展的“行业典范，合规 100”合规专项活动中，支公司活动开展情况获得省分公司的肯定。支公司与外部监管机构及内部稽核部门时刻保持良好的沟通，定期汇报交流，保证公司各项合规工作顺利开展。

【业务创新】 2015 年,支公司率先推出诉讼财产保全责任保险,此责任保险属于创新产品,既有“担保规则”的作用,又能打破其局限性,由保险人直接承担赔偿责任,有利于降低双方当事人及法院的保全风险;公司依托集团综合金融平台,针对有资金需求的企业车主,提供“E 企贷”业务项目,“E 企贷”是平安银行为企业车辆保险费提供融资的产品,以缴纳保费为指定贷款用途的无抵押贷款业务;同时平安旗下的租赁业务还可以为企业提供另一条融资渠道,以企业生产所需要的固定资产作为平安租赁的业务范围;公司能为当地企业提供多种融资模式,且都具有放款快捷、利率超低、手续简便、多重保障、免抵押、免担保等特点;为支持攀枝花当地农业发展,平安产险 2015 年大力推动《农产品价格指数保险》,该保险可以极大的分散种植和养殖农户因农产品价格出现较大波动导致严重亏损的风险,支公司正大力推广该产品。

【客服创新】 2015 年,支公司以客户为中心,推出了①“车险人伤三者暖心服务”项目,简化理赔资料,实现一证“闪垫”支付,商业险项下“及时预赔”;②“平安电话直赔”“微信查勘”项目,对于小额案件自助拍照、无需填写单证、无需现场等待查勘员,直接线上赔付,简化流程节约时间,提升客户体验;③“赔款直接支付第三方”项目,及时解决异地修车费用支付问题,让三者客户体验平安优质、快速的理赔服务;④“高峰快闪”项目,高峰时段,小额单方或多方事故,可线上指引客户快速撤离现场,免现场查勘,免现场等待等,有效地解决高峰时段、拥堵区域,发生的现场小额事故,客户等待时间较长,现场查勘时效无法保证问题;⑤“小安理赔指引、查勘位置可视化、查勘服务点评”项目,让客户对查勘人员的位置、理赔流程一目了然,化解客户出险后焦虑无助情形;⑥“微信自助承保、报案、理赔等”,平安推出“平安产险四川”及“平安产险”专业微信服务公众号,客户可在微信上实现承保、报案、理赔、救援、查询、咨询等系列服务;⑦2015 年,支公司推出与医院合作“商保通”平台搭建,与医院的联网直赔工作,解决患者来回奔波的麻烦;支公司专业的法律及医疗人员参与调解工作,将发生事故后的调解工作做到首位,协助政府解决重、特大事故等难题。

【重大赔案】 2015 年 5 月 20 日 17 时 40 分许,由支公司承保车辆川 DAR955 索兰托越野车在仁和华芝御景城进入地下车库时,由于视线不良,将正在车库内玩耍的小孩碾压,致当场死亡,经交警部门认定标的车主责,小孩为少数民族,系计划外生子,且未上户,事发后几十人围攻交警队,要求赔偿 80 万,由于小孩是农村户口,正常计算赔付为 20 万左右,警方和客户都迫于压力,多次找到支公司进行协商,能否按城镇进行赔付,死者家属长期在小区内帮需要装修的业主背沙挣钱,但无法提供相应的证明,也无暂住证、房租合同等能够证明在城镇居住和误工一年以上的证明材料,无法按城镇计算赔偿,后经支公司调查人员多次走访、核实,确认其家属在城镇务工等事实,并出具调查报告,支公司在家属无法提供任何书面材料的情况下,为体现保险的社会责任,本着化解矛盾,和谐社会,为客户分忧解难的目的,最终经省公司审核同意按城镇标准赔偿 40 万元。

(李雪兰)

中国太平洋财产保险股份有限公司攀枝花中心支公司

【概　况】 中国太平洋财产保险股份有限公司攀枝花中心支公司(以下简称中心支公司)成立于 1992 年,是中国太平洋财产保险股份有限公司四川分公司 22 家中心支公司之一,中心支公司内设综合管理部、财务部、销售管理部、理赔中心、车商部、重大企业客户部、银保部、新渠道部等 8 个部门,下设东区支公司、西区支公司、仁和支公司 3 个城区支公司;盐边支公司、米易支公司 2 个县级支公司,现有员工 73 人,全部具有大专及以上学历。中心支公司开展企业财产险类、机动车车辆保险类、运输工具险类、货物运输险类、工程险类、责任险类、综合险类、人身意外险类等 100 多个险种的保险业务,并根据客户实际需求推出个性化保险方案。

2015 年,面对严峻的市场环境,中心支公司在总、分公司实现可持续价值增长发展理念的指引下,专注保险主业,聚焦创新转型,业务平稳健康发展,管理水平进一步提升,中心支公司继续坚持以客户需求为导向,以提升销售能力、加快业务发展为主线,开展各项业务竞赛。全年实现保费收入 7100.8 万元,上缴税金 429.50 万元;赔款总支出 4513.74 万元,综合赔付率 61.19%,其中车险综合赔付率 59.21%。在中心支公司领导的带领下,2015 年公司继续以“走基层、访客户、优服务、促转型”为主线,公司上下凝聚共识,创新实践,坚定不移地推动转型发展,在“关注客户需求、改善客户界面、提升客户体验”上取得新进展,为提升公司持续价值创造能力奠定重要基础。

【管理创新】 2015 年,中心支公司继续坚持可持续价值增长经营理念,积极参与市场竞争,以客户需求为导向,在加快业务发展的同时,积极以“两个建设”(渠道和县级机构建设)为抓手、车险差异化策略为牵引、全面发展非车险业务为突破口,继续推进理赔省级集中,完善考核机制,为公司顺利转型提供支持。中心支公司在2015年继续强化理赔服务,提高服务质量,加快理赔结案时间,客户满意率明显提高,同时安排专人客户回访,并对专人实行量化指标考核,做到出险后,第一时间回访和关心客户,收集客户意见,了解客户需求,保持良性沟通和互动,建立服务补救机制,及时改进工作不足,同时不定期对理赔岗位员工进行各种实战性考核,通过对员工的实战考核,使理赔岗员工的综合素质明显提高;2015年,中心支公司通过与省公司加强沟通协调并在省公司的指导下开展已限时理赔,违诺补偿,快速便捷,一诺千金为主题的理赔活动,有效改善以往客户眼中理赔时效慢,赔款支付难的情况。

【机构和渠道建设】 2015年,中心支公司继续狠抓县级机构的发展,从经营理念,细化管理,提升服务,营造外部环境等四个方面做出明确要求,强调县级机构在县域经济发展上,要定位明确,夯实基础实力,提升经营管理能力。按照总、分公司县级机构改革的要求,中心支公司先后组织县级人员进行提升培训达30余次,全面带动县级机构快速发展,为当地经济发展提供有力保险保障。在多项措施的有力推动下,2015年县级公司的保费收入比2014年有明显的提升。

为加强渠道专业化团队建设整合有利资源,开辟专业的渠道队伍建设,打造一只更具专业化的销售团队。中心支公司出台专业化团队考核指标,明确专业团队发展方向。将原有的4个专业化团队进行进一步的扩充和改建,在继续深挖车商,银保等传统渠道,积极拓展新车商的基础上加大对交叉销售及新渠道业务发展的投入力度。交叉销售实行产寿联动,资源互补。依托产寿险专业化优势,为中心支公司的渠道建设进一步拓宽市场。

【服务创新】 随着互联网+、大数据应用等概念的提出,中心支公司从保险服务的前端入手,依托产险专业化运作,成功引入了“车E保”“神行车保”两款手机APP,通过该手机APP的推广宣传,客户更直观地了解自己的保险产品,无需携带纸质单证可随时通过手机或平板电脑查看自己的保单,客户所见即所得,自主优选保障,现场在线录单,实时递交核保,实时生效保单。

2015年,为更进一步提高理赔质量,中心支公司在四川省分公司的大力支持下开展限时理赔,违诺补偿,快速便捷,一诺千金为主题的包括:现场查勘“345”服务承诺即:出险地点在城市城区、市辖县城区的,30分钟内到达;出险地点在城市或市辖县郊区,距城区20千米以内的,45分钟内到达;距城区20千米以外的,双方约定时间内到达。人伤“524”服务承诺即:事故责任明确、5000元以内的轻微人伤案件。对达成调解协议的、索赔资料齐全后24小时内赔付。车损“135”服务承诺即:赔款金额在5万元(含)以内的,双方达成赔偿协议、索赔资料齐全后1日内赔付。赔款金额在5万元至20万元(含)的,双方达成赔偿协议、索赔资料齐全后3日内赔付。赔款金额在20万元以上的,双方达成赔偿协议、索赔资料齐全后5日内赔付,新年“心行动”人伤关怀4项专题活动,从现场查勘、理赔时效、赔款支付等环节有效解决理赔等待时间过长,赔款支付难的问题,进一步提高中心支公司在理赔环节的服务质量。

【重大赔案】 2015年2月10日,由中心支公司承保的川D50268与川DL9915发生碰撞,导致川DL9915车头严重受损,经现场查勘,事故属实,根据保险条款共计支付赔款22.07万元。

2015年3月19日,由中心支公司承保的川A8799H宾利飞驰轿车在成自泸高速与横穿高速的动物相撞,车辆前部受损,经现场查勘,事故属实,根据保险条款共计支付赔款26.75万元。

2015年4月17日,由中心支公司承保的川W57628号车在德昌县小高乡路段,因操作不当与拖拉机发生碰撞,导致1死1伤的重大交通事故,经现场查勘,事故属实,根据保险条例支付赔款31.41万元。

(郑翔宇)

中国太平洋人寿保险股份有限公司攀枝花中心支公司

【概　况】 2015年,中国太平洋人寿保险股份有限公司攀枝花中心支公司(以下简称中心支公司)设行政人事部、财务会计部、个险业务部、法人业务渠道中心、服务营销部、营运部等6个部门,下设4个四级机构,包含2个支公司即攀枝花市东区支公司、米易支公司,2个营销服务部即西区营销服务、仁和营销服务部。4月,按上级公司安排,中心支公司原党委书记、总经理李伦刚不再担任中国太平洋人寿保险股份有限公司攀枝花中心支公司党委书记及总经理职务,聘任于革为攀枝花中心支公司党委书记及总经理。

2015年,在“以客户需求为导向”的战略转型指导下,中心支公司推动实施销售转型、服务转型,业务内涵价值稳步提升。全年完成保费收入7992.02万元，较2014年增长15.7%；全年接到理赔案件2011件，实际赔付1982件，结案率100%，实际赔付件数较2014年增加3%；全年理赔、给付金额522万元，简单赔付率为51%，较2014年增长0.6%；投诉率0‰。

【制度建设】 中心支公司把统一发展思路，增强发展意愿，培养干部员工的适应力，树立干部员工的自信心、责任感，激发干部员工的工作激情作为重点工作常抓不懈，把“健康、幸福”作为中心支公司的愿景文化，坚持“一手抓业务、一手抓管理，两手抓，两手都要硬”的原则。

为提升中心支公司管理的专业化、集约化、规范化水平，全面加强和改善各项内部管理工作，中心支公司制定并颁布了《攀枝花中心支公司〈保险公司服务评价管理办法（试行）工作方案〉实施细则》《中国太平洋人寿保险股份有限公司攀枝花中心支公司车辆管理办法》《中国太平洋人寿保险股份有限公司攀枝花中心支公司物品出入库管理办法》等多项制度，坚持向管理要效益，通过管理促发展。在财务管控方面，为做到节约费用，中心支公司一方面抓业务发展，一方面抓费用管控，严格执行《中国太平洋人寿保险股份有限公司攀枝花中心支公司日常费用管理办法》《中国太平洋人寿保险股份有限公司攀枝花中心支公司预算管理办法》等制度，使财务费用得到合理管控，实现财务费用收支平衡。通过一系列的措施，促进团队的稳定和管理工作的加强，内控机制得到强化，风险得到有效的控制，全年没有发生一起安全生产事故。

【客户服务】 2015年，为贯彻中国太平洋人寿保险股份有限公司倡导的“关注客户需求、改善客户界面、提升客户体验”的服务理念，全面提升公司服务形象，更好地为客户服务，中心支公司开展“3·15”诚信服务宣传、“一键保险、呵护无限”保险宣传、“关注‘中国太保’微信服务号送礼品”“金卡客户免费体检”“‘移动保全’服务体验”等活动。中心支公司通过持续推动神行太保新技术运用，以电子签名、电子回执、好声音回访、增员APP、移动理赔、移动保全、电子信函等为载体，大大提高内外部客户关注的保单时效性、准确性，回访的便捷性、服务的舒适性、增员的科技性等，延伸了服务半径，拓展了服务时间，全面改善内外部客户体验，切实打造“在你身边”的保险公司形象。

【产品开发】 2015年，中心支公司在实行业务集中管理的基础上，以新型分红险产品为重点，不断推出新产品。针对不同服务对象，个人业务推出《金佑人生终身寿险（分红型）》《金佑人生（重大疾病保险）》《幸福魔方保险》《利赢年年年金保险（分红型）》《爱无忧两全保险》《幸福相伴（尊享版）两全保险》等保障型保险产品；团体业务推出团体综合医疗保险等保险产品。继续推广《团体人身意外伤害保险》《安贷宝意外伤害保险》《乘客人身意外伤害保险》《学生平安保险》等险种；银邮业务推出《鸿利年年年金保险（分红型）》《鸿鑫人生两全保险（分红型）》《安行宝两全保险》附加《安行宝重大疾病保险》等保险产品。

【重大赔案】 被保险人罗某某，于2013年9月18日购买中心支公司金佑人身保险10份，保额10万元，10年缴清。被保险人2014年12月7日在攀枝花市中心医院被确诊为胃肠间质瘤（恶性生长），被保险人家属向中心支公司报案，经调查被保险人疾病属实，符合金佑人身保险重大疾病申请条件，中心支公司于2015年1月9日向被保险人一次性支付重疾理赔金和关爱金共计人民币101908.40元。

被保险人张某某，于2014年10月21日购买中心支公司安贷宝意外伤害B款保险，保险期限一年，保额9万元。被保险人于2015年1月29日在家中吃饭时自然摔倒在地送医院途中死亡。经中心支公司与客户家属多次沟通协商，最终达成一致，对被保险人出险事故进行通融赔付，通融赔付比例为100%，金额9万元。

被保险人苟某某，投保中心支公司小福星终身寿险6份，保额6万元。被保险人2014年7月18晚在美国福罗里达州发生交通事故，被保险人在路边步行时被从后方开来的机动车撞倒，经抢救无效死亡。中心支公司接到报案后，及时与受益人联系，协助受益人准备理赔申请所需材料，2015年2月16日，中心支公司一次性向受益人支付理赔金6万元。

被保险人唐某某，2015年3月19日在凉山州农商行巴洞分理处贷款5万元，并购买了中心支公司安贷宝意外伤害保险，投保份数50份，保险期间为1年，第一受益人为凉山州农商行巴洞分理处。2015年11月12日被保险人唐某某驾驶小型货车于国道108线2799KM+200M路段时被路过车辆撞伤，11月19日因抢救无效死亡。12月29日，在收集齐理赔资料后，中心支公司快速处理，将5万元赔款转账支付到凉山州农商行巴洞分理处，帮助其偿还贷款。

（韩文君）

中华联合财产保险股份有限公司攀枝花中心支公司

【概　况】 2015年，中华联合财产保险股份有限公司攀枝花中心支公司(以下简称中支公司)内设综合管理部、财务会计部、业务管理部、客户服务部4个职能管理部门,下辖1个营销服务部、2个支公司及2个直属业务部门。中支公司共有员工40人,较2014年增加1人。固定资产原值为134万元,较2014年增加9万元,净值为43.9万元,较2014年减少1万元。主要有机动车辆保险、企业财产损失保险、家庭财产损失保险、建筑工程保险、安装工程保险、货物运输保险、能源保险、一般责任保险、飞机保险、航天保险、核电站保险、一般责任保险、短期健康保险和意外保险等157个险种,较2014年增加1个。

2015年,中支公司细致把握"价值发展、管理升级、创新驱动、能力突围"总取向,坚持把发展作为第一要务,以"转型升级、卓越发展"为主线,以经营效益为目标,坚持对标本地财产保险市场,实现业务增速及盈利能力双双超过本地平均水平,按照"转方式、促规范、防风险、稳增长"的总体思路,进一步转变观念,强化内控,全面投身二次创业,全面提升持续盈利能力,推动中支公司的全面发展。全年实现保费收入3263万元,较2014年同期增加6万元;赔款总支出1889万元,较2014年同期增加66万元;简单赔付率为57.8%,较2014年同期增加2.8%,综合赔付率为58%,较2014年同期增加2%;全年盈利334万元,较2014年同期增加32万元;全年缴纳各种税金168万元,较2014年同期减少1万元。

【重大赔案】 2015年3月31日,中支公司承保的由梅某驾驶的川EM1720帕萨特家庭自用轿车,行驶至攀枝花市东区机场路口路段时,在无交通信号灯与无交通指挥的情况下,因操作不当与川DXX577号宝马车相撞。造成车辆严重受损的交通事故,经交警及中支公司现场查勘,认定为保险责任,按照相关保险条款规定,于6月13日支付赔款,共计285161元。

2015年4月16日,中支公司承保的由杨某驾驶的川0401427川路CGC150T运输型拖拉机,行驶至攀枝花市仁和区中坝乡路段时,与三者方姚芝贵驾驶的川D61286号摩托车相撞,造成三者方驾驶员受伤的重大交通事故。经交警及中支公司现场查勘,认定为保险责任。按照相关保险条款规定,于10月14日支付赔款,共计121300元。

2015年5月23日,中支公司承保的由刘某驾驶的川DT0283捷达小型汽车,行驶至攀枝花市东区政府时,因操作不当,未避让行人,导致行人受伤,其中一人死亡、本车受损的交通事故。经交警及中支公司现场查勘,认定为保险责任。按照相关保险条款规定,于7月4日支付赔款,共计549556.5元。

2015年5月24日,中支公司承保的由袁某驾驶的川DBV833比亚迪小型汽车,行驶至凉山彝族自治州德昌县永郎镇街头时,与一小孩相撞,造成小孩抢救无效死亡的交通事故,经交警及中支公司现场查勘,认定为保险责任。按照相关保险条款规定,于10月10日支付赔款共计116134.72元。

(皮宗兴)

阳光财产保险股份有限公司攀枝花中心支公司

【概　况】 2015年6月,阳光财产保险股份有限公司攀枝花中心支公司(以下简称中支公司)新职场搬迁至攀枝花市东区机场路333号40幢17层(学府花园上行500米财智中心大楼内)内设1室3部及3个销售团队,即总经理室、综合管理部、客服部、理赔服务部、直属业务团队、车商团队、综合开拓团队。中支公司有员工25人,其中非销售类员工12人、销售类员工13人,较2014年新增3人。中支公司主要经营机动车辆保险、企业财产保险、家庭财产保险、工程保险、货物运输保险、责任保险、信用保证保险、综合险类、短期意外险和健康险等10类100多个险种的保险业务和再保险业务。

2015年,中支公司固定资产原值49.84万元,较2014年增加33.28万元,净值15.63万元,较2014年减少4.19万元,资产总值45.84万元,较2014年增加18.12万元。全年完成保费收入1683.04万元,较2014年增加47.27%;综合赔付率63.58%,较2014年减少16.92个百分点;综合成本率109.44%,较2014年减少8.99个百分点;全年上缴税金94.14万元,较2014年增加47.09%。

【财务管理】 为保证2015年总公司"三大战略"的有效落地,推进战略转型,理顺生产关系,真正让市场在资源配置中起决定性作用,激发机构活力、打造低成本竞争优势,从而实现产险的健康奔跑,中支公司根据总公司2015年成本管理思路及目标,特制订了以经营成本率、边际成本率、保费增长率、经营利润额,"三率一额"为核心,创新建设网络化、数字化、差异化的"挣资源"管理机制,提升资源配置主动性及使用效率,以"费用池"为抓手,建立资源灵活使用与调配机制,逐步打造产险"阳光化"低成本管理平台。

【客户服务】 2015年,中支公司特推出"六免两优"客户服务,其中15家修理厂参与此次活动。所谓"六免"所包含的服务项目为轿车保养免工时费、市区内20千米免施救、全车检查免费、空调检查免费、轮胎加气免费、空调加氟免工时费,两优所包含的项目为保养材料8折、加氟材料8折,并持续推出网电非事故车辆道路救援服务。此举赢得客户一致好评,为中支公司争取到更多的阳光客户。

【理赔服务】 2015年,中支公司积极响应政府及上级公司号召,顺应市场,积极推进闪赔升级服务。为实现"终极客户"思想,改善客户体验、优化闪赔服务体系,特推出2015年车险闪赔升级方案,即"省时、省事、省心的三省服务",在互联网方面,为简化理赔步骤阳光保险率先推出"YOYO"理赔系统、微信自助赔案系统,客户可以通过以上平台实现小额无争议案件自助查勘现场,自助上传理赔资料、自助查询赔款进度和金额等功能。同时,经过积极探索推出以车物闪赔、人伤闪赔、三能三勿、赔款预付等阳光特色理赔服务。

【重大赔案】 2015年8月16日,中支公司承保的由刘某某驾驶,车牌号为川DAH133的被保险机动车辆,在攀枝花市东区烂院子加油站路段行驶时,撞到路坎,标的车辆受损严重,其中一名后排乘坐人员抢救无效死亡,车上其他人员受伤。经查勘认定,属于保险责任。中支公司于11月9日支付赔款31万元。

2015年11月17日,中支公司承保的由邱某某驾驶,车牌号为川DDD510的被保险机动车辆,在四川省凉山洲盐源县路段行驶时,撞到三者行人,标的车辆受损,三者行人当场死亡。经查勘认定,属于保险责任。中支公司于12月31日支付赔款33.44万元。

(余水莲)

华安财产保险股份有限公司攀枝花中心支公司

【概　况】 2015年,华安财产保险股份有限公司攀枝花中心支公司(以下简称中心支公司)内设人事行政部、计划财务部、业管部,共有正式员工4人。主要有企业财产险类、运输工具险类、货物运输险类、建筑工程险类、责任险类、信用保证险类、综合险类、人身意外险及医疗险类等18类100多个险种的保险业务。

中心支公司坚持"利润生存、服务至上、规范经营、创新发展"的经营指导思想,坚持"责任、专业、奋进"的企业理念,践行"守信用、担风险、重服务、合规范"的核心价值理念,恪守最大诚信原则,依法履行保险合同约定,积极为保费消费者提供合法规范、真诚文明、专业精细、优质高效的保险服务,切实维护消费者合法权益,坚持依法合规经营、公平有序竞争。2015年,中心支公司固定资产原值17.81万元,资产净值2.56万元,资产净值较2014年同期增长7%;2015年实现营业收入97.01万元,其中保费收入66.15万元,保费收入较2014年同期下降30.11%;2015年上缴营业税金及附加3.7万元,较2014年同期下降30.19%;赔款总支出40.2万元,较2014年增长54.85%,盈利6.13万元,较2014年下降87.18%。

【合规管理】 2015年为加强规范中心支公司涉诉案件的统一管理,有效防范风险,提高案件处理质量,依据总公司《涉诉案件管理办法》《诉讼案件精细化管理的标准和要求》,中心支公司转发《华安财产保险股份有限公司四川分公司车险理赔诉讼案件管理细则》执行,对诉讼案件要求要有《诉讼案件呈报表》《诉讼案件呈报表》《结案报告》《分支机构诉讼事务联络人上报表》等4项报表备案。

2015年,为保证商车改革工作的顺利进行,公司要求所有人员要了解掌握相关的制度和流程,中心支公司对员工进行了新商车的制度及流程,其中包括车险出单操件指引、有价单证管理办法、新商车示范产品条款,道路交通事故理赔流程及商业车险示范条款理赔实务等培训。12月25日成功切换商车出单平台。

7—9月,中心支公司在职场及小区发放宣传册和折页,进行反洗钱和反恐怖融资危害以及涉众型洗钱犯罪预防宣传。11月,中心支公司参与人民银行组织"点滴行动、助力反洗钱",在职场及小区周边进行反洗钱宣传。12月,根据总、分公司统一部署,中支公司组织人员对2014年11月1日到2015年10月31日区间承保的中支业务及中介业务进行自查,自查自纠目的是检视"风险为本"反洗钱工作开展质量,强化基础义务履职。确保公司经营活动合法合规、反洗钱监控全面高效。自查工作主要依据《中华人民共和国反洗钱法》《保险业反洗钱工作管理办法》《金融机构反洗钱规定》《金融机构大额交易和可疑交易报告管理办法》《金融机构报告涉嫌恐怖融资的可疑交易管理办法》《金融机构客户身份识别和客户身份资料及交易资料记录保存管理办法》等法律法规。检查内容包括三大核心义务、八项配套支持、员工反洗钱意识、反洗钱监管配合及整改情况等。中心支公司对"财务控制、预算控制、财务处理系统、单证管理、发票管理、业务权限"承保及赔款重要环节岗位要求严格,对承保划卡时保费上万元的划卡人与投保人不一致和赔款上万金额未转投被保险人的,都要求客户在反洗钱数据登记表及可疑交易报告中签字确认,定期接受人民银行的检查指导。2015 年,无单证遗失现象,业务承保无违规承保,保费收入实行见费出单,从源头控制应收保费;在理赔管理中,赔付款均转账到被保险人账户,做到无现金领取及代领的现象。中心支公司无违规案例发生。

【客户服务】 2015 年,中心支公司坚持采用《中国保监会关于加强和改进财产保险理赔服务质量的意见》统一车险理赔的有关标准,加强行业服务的统一性和规范性,按照中国保险行业协会制定的《机动车辆保险理赔服务时效行业示范标准(2014 版)》,秉着"可严格、不可宽松"的原则,对理赔资料齐全,5000 元以下金额结案后自动转账支付;10000 元以下案件,1 个工作日结案赔付;50000 元以下案件,3 个工作日结案赔付;150000 元以下案件,5 个工作日内结案赔付;150000 元以上案件,10 个工作日内结案赔付。全年共处理各类赔款案件 144 件,结案率为 100%,累计支出赔款 40.2 万元。

【重大赔案】 由中心支公司承保的丰田 SCT6493E5 轻型客车,车牌号为川 ALX987(以下简称标的车),于 2015 年 2 月 17 日 13 时 10 分,标的车驾驶员由红格镇街道向昔格达村方向行驶至 S310 宁华路 195km + 200m 时,因左转弯时超车与川 DF7181 面包车相撞,导致标的车掉进沟里,造成标的前后受损,三者车川 DF7181 掉沟右侧受损的交通事故。经交警现场调查确定,中心支公司标的车川 ALX987 负全责。中心支公司于 5 月 6 日支付三者车及标的车损失赔款共 54866 元,由被保险人转账领取赔款。

由中心支公司承保的悦达 YQZ6370EMX 轿车,车牌号为川 DBK931(以下简称标的车),2014 年 11 月 23 日 14 点 30 分左右,标的车从东区往仁和区方向行驶时,碰撞到一位路人,造成路人受伤的交通事故,经交警现场调查确定,认定属标的车川 DBK931 保险责任,应负全责,按相关保险条款规定,伤者在 2015 年 7 月痊愈,中心支公司于 7 月 24 日支付三者医疗费及标的损失赔款共 62897.4 元,由被保险人转账领取赔款。

(曾　平)

天安财产保险股份有限公司攀枝花中心支公司

【概　况】 2015 年,天安财产保险股份有限公司攀枝花中心支公司(以下简称中心支公司)共有员工 26 人,内设综合管理部、承保管理部、理赔服务部、业务管理部、银保业务部 6 个职能部门。固定资产原值 43.8 万元,固定资产净值 17.6 万元。开办有机动车保险、企事业财产损失保险、家庭财产损失保险、工程保险、信用保证保险、进出口货物运输保险、短期人身意外伤害保险、人身健康保险、责任保险、投资理财保险等主险 4 类近 200 种。

2015 年,中心支公司以合规效益为主题,合规状况显著进步,业务管理、风险管控和客户服务等方面都呈现出明显进步,对承保提出更加严格的要求,对风险管控更加细致严格,全体员工以利润为中心,严格控制成本,实现有效的经营业绩,提高公司的盈利能力,在省公司的悉心指导下中心支公司严格遵守上级公司下发的承保政策、费用政策,把好承保入口关,确保业务质量稳步提高。在业务良性发展的同时,经营成本和盈利水平持续改善,规模效益总体呈现协调发展的态势。截止 12 月末公司实现保费收入 1067 万元。已决赔付 599.37 万元,年度已决赔付率 58.9%,综合费用费率 37.5%,(剔除解决以前年度遗留问题的影响因素)实际综合费用率在 33.9%。综合成本率 92%,实现承保利润 28.7 万元。完成省分公司下达的 2015 年度经济考核指标。

【基础管理建设】 2015 年,中心支公司在行政管理上加强基础工作建设,以部门为单位,加强职责管理,明确员工职责,将责任落实到人。要求员工对照工作流程与标准,定期进行自我总结,找出工作中的不足之处或缺陷;中心支公司对员工平时行为规范进行考核,强化管理、严抓纪律、严肃惩罚制度并督促、整改;从总经理做起,向员工倡导诚实守信的道德准则和价值观念,推行主动合规、合规创造价值等合规理念,促进中心支公司内部经营管理与外部监管的有效互动;同时加强各部门之间的紧密联系、互相监督,防范工作中出现经营漏洞,提高员工责任意识。通过合规经营的宣导,提高全员的合规意识。提倡将合规工作日常化:即将监管机关的各项检查内容作为日常实务工作的准则,把上级公司的各项工作制度切实运用到实际工作中,提高员工的责任意识。根据公司发展的实际情况,定期、合理地对公司内部各条线的管理办法进行修订和补充。通过整章建制,完善内控合规工作的依据。

【客户服务】 2015 年,中心支公司面对激烈的市场竞争将"服务是各家主体竞争的王牌,也是客户选择承保公司的主要参考因素"这一理念作为重要的管理战略之一。围绕客户服务,做到"主动、迅速、合理、简捷、周到",并做好以下工作:继续完善柜面服务质量考核标准、优化承保理赔服务流程、加快标准化服务网点建设,真正做到在服务上创新模式、做客户的真正贴心人。其次,提高专业技能服务,针对不同客户建立起一整套个性化服务体系，不断提供延伸服务和增值服务。如为投保企业和个人量身定制投保计划，精心设计代理机构的业务发展计划，不断提高服务的专业化程度，服务更加规范、标准。各销售渠道发展不均衡、销售队伍薄弱一直是公司发展的一个瓶颈。上半年公司业务主要以内部员工销售为主，营销渠道、互动渠道、重客渠道没有真正发挥作用，致使业务发展极其乏力。下半年随着新销售人员和网销的积极增援拓展，销售队伍逐渐壮大并发挥渠道销售作用，营销和互动业务占比有所上升。

【重大赔案】 2015年1月25日，中支公司承保的川D51297号解放牌重型载货汽车行驶至高粱坪工业园区路段，由于弯道车速过快驾驶员避让不及时与川D50125号三者车相撞冲出公路撞到坎下围墙，川D50125被撞失控后退又与川D51380号三者车相撞。本次事故造成三车不同程度受损及三车驾驶人受伤的交通事故。根据现场人员查勘确定属于机动车保险责任范围，根据条款中支公司于11月30日赔付331200.17元。

2015年2月12日，中支公司承保的川DCF675号揽胜极光RANGE ROVER EVOQUE 2.0T越野车行驶至遂宁市盐店湾村地段，由于驾驶员操作不当，标的车行驶中翻入沟中，造成标的车受损。经中支公司人员现场查勘，属于机动车保险责任范围，中支公司于4月28日赔付101200元。

2015年5月30日，中支公司承保的川D35852号福田BJ1051VBPFA－S载货汽车行驶至大理市上关镇大凤路和邓川老路交叉口，行驶时驾驶不慎追尾三者宝马云LN9751，造成三者车受损的交通事故。根据云南分公司现场人员及交警的查勘，属机动车三者险的责任范围，根据条款中支公司与8月3日赔付166700元。

2015年7月6日，中支公司承保的攀枝花市双阳玻璃钢成套制造有限公司（雇主责任保险）工人唐明祥在四川省攀枝花市仁和区金海文化玉石文化街工地上作业时不慎被电锤砸到头部和脚步，造成唐明祥鼻骨骨折的安全事故。经中支公司人员现场查勘，属雇主责任保险责任范围内，根据条款中支公司于12月10日赔付124416.1元。

2015年8月15日，中支公司承保的东风EQ1118G6D4载货汽车行驶至机场路，一行人横穿马路，由于当时车速过快，驾驶员避让不当与行人发生碰撞，造成三者行人当场死亡的重大交通事故。经中支公司现场查勘，属机动车三者险的责任范围内，根据条款中支公司于9月18日赔付110000元。

（刘 燕）

财政·税务

财　政

攀枝花财政工作

【概　况】 2015 年,攀枝花市财政系统有在职干部职工 527 人。其中市财政局有 112 人,5 个县(区)有 248 人,钒钛产业园区有 8 人,51 个乡镇财政所有 159 人。5 月,市财政局启动轮岗交流工作。6 月,局党组会议根据工作需要和干部轮岗交流岗位意向集中研究决定,调整 22 名一般干部岗位,新提拔或轮岗交流 22 名科级领导干部。8 月,市财政局综合处、预算处等 20 个内设处室名称由"处"改为"科",相对应的职务名称"处长""副处长"改为"科长""副科长",并于 10 月 1 日起正式启用科室新印章。2015 年,市财政局进一步加强财政干部队伍建设,各项工作取得可喜成绩。1 月,市财政局获 2014 年全省财政信息总分第一名。2 月,市财政局获 2013—2014 年"市学习型机关创建活动优秀单位称号"。5 月 5 日,市财政局机关档案工作顺利通过省一标复查验收,市财政局机关档案工作于 2006 年达省一标后,每三年接受一次复查。在纪念建市 50 周年暨 2014 年攀枝花欢乐阳光节系列群众体育活动篮球比赛中,市财政局女队荣获第一名。6 月 18 日,攀枝花市直机关第一届文化节"阳光花城·书香机关"诗文朗诵比赛中,市财政局参赛代表朗诵的"盛世颂歌"荣获一等奖。9 月 24 日,市财政局组织职工参加"攀枝花市商业银行杯"市直机关第一届文化节"阳光花城·盛世欢歌"文艺调演活动,获(舞蹈类)二等奖。11 月 10 日,攀枝花市财政局在 2014 年度全省预算执行分析考核评比中荣获一等奖。11 月,市财政局被四川省人力资源和社会保障厅、四川省财政厅评为"四川省财政系统先进集体"。继续保持"省级文明单位称号"。

2015 年,攀枝花市受资源类产品价格大幅下跌、土地市场持续低迷、结构性减税政策及"营改增"政策实施等,财政收入大幅下滑,刚性支出迅猛增长,财政运行较为困难。各级财政部门在做好增收节支工作的基础上,把盘活存量、用好增量、争取支持作为重要抓手,按照"稳增长、调结构、惠民生、防风险"的要求,坚持保基本、守底线,合理划分支出序列,优先保障重点支出需要,严控新增支出,大力压缩一般性支出,财政运行总体平稳。

【全市财政预算执行情况】 按照新的预算法规定,政府预算按公共财政、政府性基金、国有资本经营、社会保险基金"四本预算"进行编制。

一般公共预算执行情况:2015 年,全口径一般公共预算收入完成 911805 万元。其中,按现行财政体制属于中央和省级的收入为 378391 万元。全市一般公共预算收入完成 533412 万元,为调整预算的 100.6%,下降 15.2%;全市实现一般公共预算支出 1125416 万元,为调整预算的 96.9%,下降 7.1%。2015 年全市一般公共预算收支平衡情况是:一般公共预算收入 533414 万元,加上级补助 549949 万元、上年结余 41839 万元、调入资金 5000 万元、纳入一般公共预算管理的地方政府债券转贷收入 335700 万元,一般公共预算收入总量为 1465902 万元。收入总计减去当年一般公共预算支出 1125416 万元、上解上级支出 2757 万元、援助其他地区支出 3390 万元、一般公共预算地方政府债券还本支出 292600 万元、转入预算稳定调节基金 5680 万元后,年终滚存结余 36059 万元，实现一般公共预算收支滚动平衡的目标。

政府性基金预算执行情况：全市政府性基金收入完成 108552 万元，为调整预算的 100.3%，下降 28.8%；全市实现政府性基金支出 167294 万元，为调整预算的 96.8%，下降 14.1%。当年收入加上级补助 48336 万元、上年结余 13064 万元、纳入政府性基金预算管理的地方政府债券转贷收入 61800 万元后，政府性基金收入总量为 231752 万元。收入总计减去当年实际支出 167294 万元、上解支出 2697 万元、纳入政府性基金预算管理的地方政府债券还本支出 51200 万元、调出 5000 万元到一般公共预算后，年终滚存结余 5561 万元。

国有资本经营预算执行情况：全市国有资本经营预算收入完成 560 万元，为调整预算的 100%，增长 1.8%；全市实现国有资本经营预算支出 560 万元，为调整预算的 100%，增长 1.8%。

社会保险基金预算执行情况：全市社会保险基金（不含省级统筹的企业职工基本养老保险基金，下同）收入完成 190073 万元，为调整预算的 111.2%，下降 3.2%。全市社会保险基金支出实现 205830 万元，为调整预算的 98.9%，增长 1.7%。当年收入加上年滚存结余 186785 万元，社会保险基金收入总量为 376858 万元。收入总计减去当年实际支出 205830 万元后，年终滚存结余 171028 万元。

【市本级财政预算执行情况】 2015 年一般公共预算执行情况：市本级一般公共预算收入完成 253183 万元，为调整预算的 100.9%，下降 10.4%；市本级实现一般公共预算支出 483042 万元，为调整预算的 97.4%，下降 1.9%。

2015 年市本级一般公共预算收支平衡情况是：一般公共预算收入 253183 万元，加上级补助 549949 万元、县（区）上解收入 11090 万元、上年结余 26961 万元、调入资金 5000 万元、纳入一般公共预算管理的地方政府债券转贷收入 335700 万元，市本级一般公共预算收入总量为 1181883 万元。收入总计减去当年一般公共预算支出 483042 万元、补助区级支出 363415 万元、上解上级支出 2757 万元、援助其他地区支出 3390 万元、纳入一般公共预算管理的地方政府债券还本及转贷支出 313600 万元、转入预算稳定调节基金 3000 万元后，年终滚存结余 12679 万元，实现一般公共预算收支滚动平衡的目标。

市本级公共财政年初预算安排预备费 4000 万元，全部用于弥补财政收支预算缺口。

政府性基金预算执行情况：市本级政府性基金收入完成 34000 万元，为调整预算的 100%，下降 41.7%；市本级实现基金支出 43185 万元，为调整预算的 96.3%，下降 34.7%。当年收入加上级补助 48,336 万元、县区上解收入 2697 万元、上年结余 3853 万元，纳入政府性基金预算管理的地方政府债券转贷收入 61800 万元后，政府性基金收入总量为 150686 万元。收入总计减去当年实际支出 43185 万元、补助下级支出 46927 万元、上解支出 2697 万元、纳入政府性基金预算管理的地方政府债券还本支出 51200 万元、调出 5000 万元到一般公共预算后，年终滚存结余 1677 万元。

国有资本经营预算执行情况：市本级国有资本经营预算收入完成 560 万元，为调整预算的 100%，增长 1.8%；市本级实现国有资本经营预算支出 560 万元，为调整预算的 100%，增长 1.8%。

社会保险基金预算执行情况：市本级社会保险基金收入完成 166898 万元，为调整预算的 112.9%，下降 5.2%。市本级社会保险基金支出实现 184108 万元，为调整预算的 98.8%，增长 1%。当年收入加上年滚存结余 185332 万元，社会保险基金收入总量为 352230 万元。收入总计减去当年实际支出 184108 万元后，年终滚存结余 168122 万元。

【收支管理】 2015 年，受资源类产品价格大幅下跌、土地市场持续低迷等各种因素的叠加影响，财政运行较为困难。各级各部门调整理财思路，在做好增收节支工作的基础上，把盘活存量、用好增量、争取支持作为重要抓手，确保财政稳健运行。强化收入征管。加强成昆铁路扩能改造等重点税源征缴，做好耕地占用税的清缴，充分利用综合治税平台监控税源，切实做到税收收入的依法征收、应收尽收；抓好城市基础设施配套费、水资源费、排污费及教育费附加的征管，确保非税收入及时入库。降低行政运行成本，强化预算约束、严控预算追加，继续压缩一般性支出，对“三公”经费实行预算总额控制，市本级全年“三公”经费支出同比下降 17.2%。全力盘活财政存量资金，市、县（区）两级均对财政结转结余资金和单位自有资金进行清理，仅市本级盘活财政存量资金就达 3.5 亿元，有效弥补因短收、兑现各项政策及新增支出等形成的缺口。积极争取上级支持，通过各方面的努力，全年共争取上级转移支付资金 65.6 亿元、置换债券 33.98 亿元，有效缓解了财政收支矛盾，确保重点工作的顺利推进。

【扶持实体经济发展】 2015 年，市财税部门继续贯彻落实攀枝花市促进经济增长的 26 条政策措施，多措并举、多点发力，保障全市经济平稳增长。继续实施“营改增”扩面、小微企业税费减免政策,有序推进煤炭资源税从价计征改革,减半征收铁矿石资源税,降低失业保险、生育保险等社会保险费率,取消征地管理费、房屋租赁手续费等行政事业性收费项目42项,切实减轻企业的税费负担。筹集资金1亿元,设立产业引导股权投资基金,引导带动社会资本增加投入,着力解决企业融资难、融资贵的问题,支持产业的发展。加强财政金融互动,安排促进金融支持发展专项资金1388万元,鼓励引导金融机构更好地服务地方经济发展。安排专项资金3200万元,对新购普通商品房的购房者给予财政补助;对向居民购买普通自住房提供住房贷款的金融机构,按实际发放贷款金额的6%给予一次性补助,有效拉动城乡居民消费增长。

【支持产业发展】 2015年,全市财政部门继续按照"着力夯实第一产业、全面提升第二产业、加快壮大第三产业"的总体思路,整合产业发展、园区发展和环境治理等各类专项资金,支持特色优势产业做大做强,促进全市产业结构的调整和升级。整合支农资金9.2亿元,以国家现代农业示范区建设为平台,采取"切块下达、打捆安排"的方式,重点支持农田水利基础设施、幸福美丽新村、扶贫开发、林业生态等项目建设,促进农业增效、农民增收。筹集工业发展资金2.9亿元,以攀西战略资源创新开发试验区为平台,创新财政投入方式,着力支持科技型成长型企业发展,努力推动城市转型和产业重构。安排旅游和服务业发展资金3.6亿元,以国家级阳光康养产业发展试验区为平台,发挥财政资金的引领作用,重点支持康养度假基地、区域商贸物流中心建设,提升城市的辐射力和集聚力。

【助推重大项目建设】 2015年,为确保政府各项重大投资项目顺利推进,市财政局积极沟通协调、多方筹资,一方面,通过争取新增地方政府债券等多种途径,共筹集资金22.9亿元,重点支持花城新区基础设施、成昆铁路扩能改造攀枝花段、马鞍山水库、梅子箐水库(扩建)等重点工程建设;另一方面,发挥市场配置资源的决定性作用,创新政府投融资方式,通过PPP模式引进社会资本,推动花城新区医院、钒钛高新区物流园主干道等项目建设。

【保障社会事业发展】 2015年,全市财政始终把保障和改善民生作为一切工作的出发点、落脚点,充分履行民生守底责任,全年共投入"十项民生工程"及民生大事资金40.9亿元,完成预算的102%,织好织密民生保障安全网。

健全完善社会保障体系。全年共安排资金22.6亿元,启动机关事业单位养老保险制度改革,提高企业退休职工基本养老金、"新农合"、城镇居民医保、城乡低保、临时救助、基本公共卫生服务等财政补助标准。完善国家基本药物制度和基层医疗卫生机构运行机制,全面推开市级公立医院综合改革,健全困难群众重特大疾病医疗救助制度。继续实施积极的就业政策,努力健全养老保障、社会救助和社会福利体系,增强社会保障能力。

支持社会事业全面发展。全年安排教育支出26.5亿元,重点用于落实城乡义务教育"三免一补"、农村学生营养改善计划、民族地区减免保教费、普通高中贫困学生资助、学前教育"三儿"(家庭经济困难儿童、孤儿、残疾儿童)资助、中等职业教育免学费和助学金等政策,全方位贯彻落实教育优先发展战略。全年安排科技支出1.7亿元,支持重大科技成果转化、钒钛资源合作与开发利用,实施科技惠民、科技富民强县、科普惠农兴村等工程,提升科技创新水平。全年安排文化支出1.9亿元,支持各种公共文化设施免费开放和各类公益性活动正常开展,促进社会事业的协调发展。

【落实教育经费】 2015年市本级财政共安排教育支出73549万元,有力地保障教育事业的全面快速发展。做好学前教育经费保障,积极配合教育部门,做好普惠性民办幼儿园奖补资金的审核、拨付工作,做到应补尽补、有据可依,推动普惠性民办幼儿园加大投入,提高办园质量。保障中、小学生生均公用经费足额安排,进一步优化教育资金投向,在保障运转的同时,保障教师进修培训,促进教师师资队伍建设,促进攀枝花市教育水平的整体提高。投入资金35979万元,做好地方高校和职业学校的经费保障,积极支持地方高校和职业学校的重点发展和特色办学。加大扶困助学力度。从学前教育到高等教育的家庭经济困难学生资助政策更加完善,尽力减轻贫困生的经济负担,给他们读书创造良好条件。市级财政支出112.03万元,用于学前教育"三儿"(家庭经济困难儿童、孤儿、残疾儿童)资助制度和民族地区减免保教费政策,减免2.1万名普惠性幼儿园家庭经济困难儿童、孤儿、残疾儿和民族地区在园幼儿保教费。2015年市级财政共计支出908.98万元,对全市所有义务教育阶段学生12.29万人全部免除学杂费,免费提供教科书和作业本,并对家庭经济困难寄宿学生给予生活补助和肉食补贴,在仁和、米易、盐边全部义务教育学校推行营养餐。中等职业教育免学费和助学金政策,享受免学费的学生人数达1.31万人,0.68万家庭经济困难学生获得国家助学金。实行普通高中家庭经济困难学生资助制度。2015年,市级财政投入1351.8万元,对7377名贫困高中生发放助学金,8236名高中生享受到免学费政策。实行高校学生奖、助学金制度和生源地信用助学贷款，并对高校毕业生到艰苦边远地区基础单位就业实行学费奖补。2015 年市政府通过购买服务的方式，为市直属学校聘请法律顾问、编外聘用食堂工勤人员、增聘治安保卫人员并提高其待遇。此外，“民族地区教育十年行动计划”“藏区 9 + 3 免费教育计划”等一系列教育专项计划得到扎实推进和有效实施，教育优先发展战略得到全方位贯彻落实。

【财政工作座谈会】 2015 年 3 月 13 日，市财政局组织召开全市财政工作座谈会。各县(区)财政局局长、办公室主任、预算科(股)长，市财政局副科级以上干部参会。会议由市财政局副局长魏东主持。市财政局党组书记、局长刘元海作工作报告。会议传达学习中央、省财政工作会议精神；对 2014 年全市财政工作进行总结，客观分析当前经济发展新常态下财政工作面临的新形势，对全市 2015 年财政工作提出明确要求。9 月 16 日下午，全市财政工作座谈会在市财政局三楼会议室召开。各县(区)财政局局长、预算股股长、办公室主任及市财政局副科级以上干部参加会议。会议传达学习了全省财政扶贫开发攻坚专题工作会议精神，分析总结前几个月财政收支形势及工作情况，安排部署当前和今后一段时期的重点工作。11 月 10 日，全市财税工作座谈会在会展中心举行。县(区)政府分管领导，财政、国税、地税以及市级重点执收单位领导参会。会议由市委常委、常务副市长黄正富主持。会议要求各级财税部门奋战 50 天，确保完成各项收入任务等。市财政局、市地税局、市国税局等部门主要负责人分别就近期工作作了具体安排，要求市、县(区)两级财税部门和执收单位，锁定目标，加强财政收入征管，层层分解落实目标任务加大对金融业、房地产业、建筑安装业等行业的税务稽查力度，制定实施对重点欠税企业的欠税清缴方案，努力加快收入执行进度，切实将工作落到实处，奋力完成工作目标任务。

【行政事业性收费清理】 市财政局认真贯彻《财政部关于进一步加强行政事业性收费和政府性基金管理的通知》精神，按照《攀枝花市人民政府关于印发 2015 年简政放权结合转变政府职能工作方案的通知》有关要求，会同市发改委、市经信委、市民政局组成的市收费清理改革小组，于 7 月底通过现场查看、听取汇报等方式对市国土资源局、市住房和城乡规划建设局、市水务局、市林业局等 11 家单位的征地管理费、房屋登记费、水土保持设施补偿费等 77 项涉企收费项目开展专项清理检查。检查过程中，各执收单位均严格执行收费管理规定，未发现违规收费现象，同时联合市地税局积极开展涉煤收费基金清理检查工作。

市财政局会同市发改委及时转发并在市财政门户网站公布《2015 年政府性收费目录清单》3 份，分别是“四川省行政事业性收费目录清单”“四川省涉企行政事业性收费目录清单”“四川省政府性基金目录清单”。配合市发改委从 2015 年 1 月 1 日起取消征收征地管理费、保存人事关系及档案费等 5 项行政事业性收费；暂停征收矿产资源勘查登记费、企业注册登记费、个体工商户注册登记费等 7 项行政事业性收费；对小微企业免征房屋登记费、动物及动物产品检疫费、组织机构代码证书收费等 42 项行政事业性收费。及时公布四川省行政事业性收费等 3 份清单。从 11 月 1 日起，取消质量专业技术人员职业资格考试劳务费、房屋租赁手续费等 37 项行政事业性收费；暂停征收动物及动物产品检疫费、森林植物检疫费等 4 项行政事业性收费。

【预算管理改革】 2015 年，攀枝花市财政启动“四本预算”编制工作，加大政府性基金预算、国有资本经营预算与一般公共预算的统筹力度，建立全口径的政府预算管理体系，完善国有资本经营预算管理办法，规范国有资产经营管理，将社保基金预算纳入 2015 年财政预算编制范围，首次实现“四本预算”的编制方式。加强政府采购预算管理，要求市级预算单位在预算年度内，采购当年政府集中采购目录以内或者采购限额标准以上的货物、工程和服务均需纳入政府采购预算编制。同时，单位在编制政府采购预算时，需将采购资金细化为本级财政安排资金、上级拨款资金、结余资金和其他资金四类，并将资金来源明确到下达或批复的具体预算项目上。起草《关于攀枝花市 2014 年财政预算执行情况和 2015 年财政预算草案的报告》，主动报请市人大审议，确保预算编制、执行的合法性。将市级所有预算单位纳入部门预算编制范围，指导其按时完成部门预算编制工作并在政府门户网站上进行公开公示，主动接受社会监督。

【国库管理改革】 2015 年，市财政局深入推进国库集中支付制度改革，将市级所有财政资金纳入国库集中支付制度改革范围，健全完善国库集中支付有关管理制度。指导县(区)全面推进国库集中支付制度改革，完善县(区)国库集中支付运行机制，按照统一模式和标准规范整改落实。全面实行公务卡制度改革。大力完善公务卡受理环境，进一步扩大商场直购、公务卡机票购买、车辆通行费等公务卡结算范围。加强对市级预算单位和县(区)推进公务卡制度改革情况、公务卡强制结算目录执行情况等的监督检查，提高公务卡使用率。有序推进权责发生制政府综合财务报告试编工作。在总结试编2013年度政府综合财务报告的基础上，进一步简化工作流程，减轻工作量，完成市级2014年度政府综合财务报告试编工作。积极稳妥推进市级国库现金管理。积极研究市级国库现金管理工作，探索国库资金保值增值新的方式方法，尝试采取有效方式管理国库闲置资金。经过精心测算，在保障国库资金流动性的前提下，拿出4.8亿元国库沉淀资金开展国库现金管理，增加上百万元的利息收入，提高国库资金管理效益。

【支农资金分配方式改革】 2015年，在深入推进财政涉农资金整合的基础上，市财政进一步改革财政支农资金分配机制。在专项资金分配上坚持“项目、资金、工作、责任”四到县的原则，实行“围绕规划、明确方向、额度下达、项目审查（备案）、绩效挂钩”的管理模式，即推行因素分配、绩效分配、竞争立项与特定补助相结合的分配方式，将市级专项支农资金划分林业、农业、扶贫、新农村、水利等五大性质的专项资金切块到县，由县（区）统筹安排确定项目，编制实施方案并报市级备案。市级财政预算安排的林业专项资金1000万元、新农村建设专项资金800万元、扶贫专项资金400万元、农业发展资金630万元分别切块下达到各县（区），重点支持农村生产生活条件和生态环境改善，促进农业产业发展。市级支农资金通过切块方式下达后，把项目选择权、审批权和资金安排权、使用权下放到县，将权力、责任、义务紧密地结合起来，有效发挥市级专项资金引导作用。

【农业“三项补贴”改革】 按照省财政厅和农业厅的相关要求，市财政局会同市农牧局，及时组织各县（区）财政、农牧部门召开专门会议，集中安排部署攀枝花市2015年农业三项补贴方案，改革的主要内容是：将农业“三项补贴”（农作物良种补贴、种粮农民直接补贴、农资综合补贴）合并为“农业支持保护补贴”，政策目标调整为支持耕地地力保护和粮食适度规模经营。截至11月底，安排和落实各项政策性补贴资金4013万元。在政策贯彻落实中，市财政局、市农牧局加大对县（区）督查指导，促使各县（区）按照省、市要求及时制定耕地地力保护补贴实施方案，并于11月底将耕地地力保护补贴通过“一卡通”全部兑现到受益农户。经市农牧局和市财政局会商，粮食适度规模经营补贴资金拟用于农业贷款担保体系建设，各县（区）结合本地实际，认真编制完成了2015年度粮食适度规模经营补贴实施方案，米易县、盐边县及时启动县级农业担保机构的组建工作；东区、西区、仁和区将依托市级农业信贷担保机构开展农业信贷担保工作。

【仁和区涉农打捆项目试点工作】 为统筹实施农业农村发展项目，进一步提升财政涉农资金使用绩效，经省政府同意，省财政厅决定从2014年起，在全省选择4个符合条件的县区，开展涉农资金整合打捆下达农业项目资金改革试点。攀枝花市仁和区纳入全省深化涉农资金整合打捆下达农业项目资金改革首批试点县之一，2014年共打捆下达仁和区公共财力农业项目资金13926万元，试点核心内容是：省上下放审批权限，一次性打捆下达农业专项资金；试点县自主推进实施。

2015年，为全力抓好仁和区涉农打捆项目试点工作，市财政局采取早谋划、早安排的工作方式，及时启动相关工作，以产业发展及配套基础设施项目、惠农补贴项目、生态建设项目、“五小”水利项目、扶贫项目为财政资金重点支持环节。按照“看得见、摸得着、有指标、能考核”的原则审核、批复打捆资金项目实施方案，推进涉农资金整合改革试点工作，积极探索积累试点经验。2015年，仁和区财政资金打捆项目建设总投资30181万元。其中财政资金17130万元（省级财政打捆下达资金15330万元，市级财政资金800万元，区级财政资金1000万元）；整合相关财政涉农资金11128万元；群众筹资筹劳及社会投入资金1923万元。试点工作的顺利开展，实现“项目打捆、集中投放”的杠杆效应。全省涉农资金整合改革试点在仁和区的实施，为攀枝花市有序推进财政涉农资金整合、着力构建涉农资金整合长效机制，提升涉农资金使用绩效，促进农村经济发展和农民稳步增收搭建起重要的试验平台，为涉农资金整合在攀枝花市的全域实施提供宝贵的实践借鉴。

【涉农资金专项整治】 按照全国统一部署，2015年，市财政局牵头组织开展全市涉农资金专项整治行动。起草并由市政府办公室下发《关于开展涉农资金专项整治行动的实施意见》，制定涉农资金整治工作方案，印发涉农资金管理制度汇编和知识读本；成立涉农资金专项整治行动工作领导小组（以下简称“领导小组”），市政府副市长李仁杰任领导小组组长，市政府副秘书长、市委农工委、市财政局、市发展改革委、市农牧局负责人任副组长；明确此次专项行动的整治检查范围和对象，范围主要是2013年、2014年度各级财政预算安排用于“三农”的各项资金，2010年以来，财政和审计部门对涉农资金的各种检查发现问题的整改和处理情况及专项整治期间群众举报的事项；整治对象主要包括各级财政、发展改革、农业、民政、国土资源、交通运输、住房城乡建设、水利、林业、扶贫、畜牧、农机等多个部门，重点对涉农资金申请、使用等过程中出现的贪腐贿赂、虚报冒领、截留挪用等违规违纪违法行为进行清理和检查；组织县区和部门按时开展自查自纠工作，并及时向省整治办公室报送相关材料和报表，整治行动涉及各级涉农财政资金 65.29 亿元，通过各县（区）自查自纠发现违规问题 42 项，涉及资金 4475.67 万元；扎实开展市级检查，4 月 28—30 日，在各县（区）自查自纠的基础上，从市级部门抽调 52 人组成 6 个检查组，集中 3 天时间，采用听取工作汇报、随机抽查涉农项目资金、查阅文件政策、账证核对、走访群众、现场查看等多种方式，对 5 个县（区）和钒钛高新区涉农资金进行认真翔实的检查，通过市级检查发现违规问题 17 项，涉及资金 13576.83 万元；组织迎接省级重点检查，5 月 10—13 日，省扶贫移民局代表省政府，对攀枝花涉农资金进行省级重点检查，检查发现违规问题 23 项，涉及资金 8120.45 万元，市县两级按要求对各类问题进行专项整改。

【精准扶贫开发工作】 按照《攀枝花市农村扶贫开发规划》（2012—2020 年）要求，市财政局以扶贫开发为平台，通过产业扶持、资产股权量化试点等项目，建立精准扶贫机制，加大资金整合和统筹使用力度，加快促进贫困县（区）产业发展和民生改善。2015 年累计安排财政扶贫资金 3047.5 万元，其中，省级财政扶贫资金 2447.5 万元，市级财政扶贫资金 600 万元。项目资金支持项目区路网、渠网、田网等基础设施建设和产业发展。同时不断探索扶贫开发机制，通过支持农村贫困县（区）特色产业发展，提高贫困县（区）、贫困人口的自我发展能力。

【新村建设】 为加快推进攀枝花市幸福美丽新村建设，优化农村人居环境，完善公共服务设施，争取并下达新农村建设资金 4700 万元（其中：新村基础设施建设补助资金 3400 万元、新农村成片推进示范县 1300 元），市级专项资金 800 万元，重点用于新村基础设施和公共服务设施建设，项目实施范围覆盖三区两县。各县（区）围绕“业兴、家富、人和、村美”的目标，按照“新村建设整体性安排和县域新村建设总体规划，结合新型城镇化建设”的原则，坚持“三打破、三提高”、突出“以产业为支撑、注重与农村危房改造和洪涝地质灾害灾后重建等民生工程相结合、保持农村特色和田园风光、体现地域特色和民族风格”的具体要求，编制了 2015 年新村基础设施建设实施方案和新农村成片推进示范县实施方案。

【财政支出绩效评价工作】 2015 年，结合省级财政支出绩效评价工作方案和攀枝花市实际情况，市财政局印发了《2015 年攀枝花市财政支出绩效评价方案》，明确时间节点和目标要求，在民生保障、基础设施、产业发展、行政运行四大板块中，按照“资金量较大、代表性较强、社会关注度高”的原则，选择 12 个项目开展 2015 年项目支出绩效评价，进一步扩大部门支出绩效评价试点范围，选取 8 个市级一级预算单位开展部门支出绩效评价试点工作。10 月底，严格按照《四川省项目支出绩效评价指标体系》对各项目进行评价并及时上报评价结果，完成 2015 年度的绩效评价工作。

【开展政府向社会力量购买服务工作】 政府向社会力量购买服务，是指通过发挥市场机制作用，把政府直接向社会公众提供的一部分公共服务事项，按照一定的方式和程序，交由具备条件的社会力量承担，并由政府根据服务数量和质量向其支付费用。凡属事务性管理服务，原则上都要引入市场竞争机制，通过合同、委托等方式向社会力量购买。2015 年，攀枝花市建立了政府向社会力量购买服务机制，选取教育、就业、社保、医疗卫生、民政等基本公共服务领域进行试点，实施了为老年人购置 GPS 定位手机、居家养老服务、社区老年学校购买授课服务、部分义务教育学校聘用工勤人员等政府购买服务项目，提高政府公共服务能力，减轻财政支出压力，支持服务业的发展。

【推广政府与社会资本合作模式（PPP）】 2015 年，攀枝花市财政局认真贯彻落实十八届三中全会关于“允许社会资本通过特许经营等方式参与城市基础设施投资和运营”精神，拓宽城镇化建设融资渠道，完善财政投入及管理方式，积极开展政府与社会资本合作（PPP）各项工作。加强业务培训。为及时掌握和运用 PPP 模式，市财政局会同相关部门采取走出去、请进来的方式组织开展了 PPP 知识专题培训。2015 年 6 月 1 日，邀请财政部科研所孙洁博士为全市 600 余干部职工作了政府与社会资本合作（PPP）理论、政策、实践的专题报告。选派两名领导干部参加了国家会计学院 2015《PPP 项目全过程运营风险管控》高级实战研修班。组织市级和县（区）分管 PPP 工作的领导、财政局长、财政局分管 PPP 工作局领导、具体经办人员参加了省财政厅组织的 PPP 业务培训。通过系列培训，提高了认识，掌握了政策，理清了思路，为推进 PPP 工作奠定了基础。完善项目库建设。按照中央和省的相关要求，根据攀枝花市确定的 9 大重点产业和重点领域，各类社会资本可以通过特许经营、政府购买服务、股权合作等多种方式参与建设及运营。目前攀枝花市PPP项目库已包装项目50个，估算总投资479.25亿元，涉及8个行业领域。第一批申报的4个项目已列入国家PPP示范项目库，并推介9个项目参加四川省首次PPP项目的集中签约。加强与金融机构的合作，签订PPP项目财政支持基金框架协议，有效缓解了政府公共服务领域的投资压力。

【政府采购监督管理】 2015年，市财政局进一步加强政府采购监督管理力度，对采购方式的确定、采购信息的发布、评审专家的抽取、项目评审的程序、评审结果的公布等环节依法实行全程监控，特别是采购方式的变更严格按照规定的程序进行审批。强化政府采购开标现场监督，会同相关单位对采购单位、采购代理机构、采购供应商、评审专家的评审活动进行全程监督，监督采购开标是否符合程序、代理机构是否依法依规操作、评审专家是否严格按照有关规定进行评审等，坚决制止和纠正采购活动中违规或不规范行为。2015年，攀枝花市政府采购取消协议供货，建立网上竞价采购系统，该系统9月建成并正式投入使用，截至11月共组织采购26个项目。其中成功采购18个项目，采购预算20万元，中标金额15万元，节约资金5万元。同年，攀枝花市首次推行批量集中采购方式，全市共完成政府采购79186.16万元（不含PPP项目），共节约资金近1亿元，节约率为11.6%。

【国有资产管理】 2015年，四川省资产管理信息系统二期工程实施后首次上报统计报表，全省组织集中会审2014年度全省行政事业单位资产报表。4月，攀枝花市财政局按时完成全市787家（含县区）纳入资产管理系统的预算单位统计报表的编审和汇总，截至2014年12月31日，全市行政事业单位资产总额为167.63亿元。按要求全面实施产权登记制度，积极组织开展事业单位及其所办企业申报办理产权登记，全年共受理169家事业单位及其所办企业的产权登记线下申报事项。在资产购置方面，按照《攀枝花市党政机关通用办公设备和办公家具配置标准》，组织预算科、采购科、资产管理科对政府采购紧急程序申报项目进行审核，涉及项目75个共计10665.08万元，对超标单位提出调整意见，强化了资产管理与预算管理的有机结合，提高预算编制的科学化、精细化水平。在资产处置方面，严格按照《地方行政单位国有资产处置管理暂行办法》《攀枝花市市级预算单位国有资产处置管理办法》的规定，加强对国有资产处置残值收入的监管，确保国有资产的安全。截至2015年11月，全市共计完成64家单位（含公务车辆）资产处置审批工作，资产量达14306台（件），共计账面价值2535.49万元。其中，移交划拨资产284.89万元、报废资产2237.60万元，监管入库残值收入5.68万元。对行政事业单位公务车辆处置进行严格审批，会同市机关事务管理局对11批次、44家单位、108台、账面价值1761.39万元的公务车辆进行处置审批。其中，报废98台，监管上缴残值收入2.37万元；调拨车辆3台；拍卖车辆7台，实现拍卖收入36.02万元。

【财政监督检查】 2015年，攀枝花市财政局扎实开展规范财政管理，推进正风肃纪专项工作。9月，印发《关于规范财政管理推进正风肃纪工作的通知》，重点对各部门2015年以来是否存在违反规定自行设立津贴补贴项目或提高津贴补贴标准、在规范后的津贴补贴项目和标准之外继续发放原有津贴补贴项目、违反规定向职工普遍发放各种钱物、是否存在超预算、超标准、超范围列支“三公经费”问题以及公务卡规范使用情况（包括公务卡办卡数量、公务卡结算金额、公务卡支出占非转账支出的百分比等）开展专项检查。年内还开展了“五项经费”（包括公务接待费、因公出国经费、会议费、培训费、差旅费）专项督查、私设“小金库”及滥发钱物问题专项整治、盘活财政存量资金专项检查、两项资金（三州开发资金和少数民族发展资金）专项检查、税收收入征缴及退付专项检查、农村公共服务运行维护补助资金监督检查、公路安保工程（路侧护栏）监督检查、财政内部监督检查、会计信息质量检查、财政支出绩效评价监督、预决算公开情况专项检查、攀枝花市阳光财政公示工作等。同时，还配合相关部门完成贯彻落实中央“八项规定”和省委省政府、市委市政府“十项规定”精神的各项检查以及涉农资金专项整治工作。对检查中发现的问题按相关规定进行整改，并按规定及时向省财政厅报送检查材料，对绩效评价同步监督工作中发现的问题提出较好的工作建议。财政监督检查对严肃财经纪律，规范财务收支和会计核算以及财政资金管理，增强财经法纪意识起到积极的促进作用。

【政府性债务管控】 2015年，攀枝花市共获得地方政府置换债券三批总额33.98亿元。其中市本级13.07亿元（一般债券11.69亿元、专项债券1.38亿元），全部用于偿还清理甄别截至2014年12月31日政府债务中2015年到期债务及部分2016年到期债务本金。置换债券资金的使用，大大缓解全市政府性债务还本付息的压力，保证了到期债务的及时延续。年内，攀枝花市还争取到新增地方政府债券两批共计5.77亿元，其中市本级3.27亿元（一般债券2.21亿元、专项债券1.06亿元）。新增债券资金使用弥补基本建设资金不足的问题，保障在建公益性项目的后续融资。同时，市财政局加强债券资金使用的规范管理，建立了政府债务定期报告和限额管理制度，将置换债券和新增债券中的一般债券和专项债券分别纳入一般公共预算和政府性基金预算管理，强化风险预警分析，严格控制新增债务。市财政局代市政府草拟了《攀枝花市政府性债务管理办法》，进一步加强地方政府性债务管理，不断强化风险防控，切实防范和化解债务风险。

【财政科研】 2015 年，市财政局紧紧围绕全市社会经济发展中的热点、难点问题开展相关课题研究，成立课题小组，先后开展“优化财政支出结构”“设立股权投资引导基金”“推广运用 PPP 模式”“财政金融联动”等专项研究，全年共发布《研究报告》4 期，为市委、市政府决策提供政策参考。市财政局课题组撰写的《强化财政专项资金监督的思考》经省审计厅课题评审合格获得结题。在 2015 年度全市政务调研工作评选中，市财政局被评为先进集体，报送的调研论文获一等奖 1 个、三等奖 1 个。

【财政投资评审】 2015 年，攀枝花市投资评审中心完成财政投资评审项目 137 个，审查金额 137255.88 万元，审定金额 114497.97 万元，审减金额 22757.91 万元，审减率为 16.58%。其中，完成预算项目评审 83 个，审查金额 104465.46 万元，审减金额 11523.65 万元，审减率为 11.03%；完成概算项目评审 46 个，审查金额 29019.50 万元，审减金额 9859.63 万元，审减率为 33.98%；完成结算项目 8 个，审查金额 3770.92 万元，审减金额 1374.63 万元，审减率为 36.45%。通过对工程概算、预算和结算的评审，实现财政投资评审与建设招投标工作和工程决算的有效结合，为全市经济建设节省财政资金。

【财政信息公开】 2015 年，市财政局全面公开除涉密信息外的所有总预决算、部门预决算和“三公”经费信息，并将总预决算支出和部门预决算支出细化公开到功能分类的项级科目。同时，扩大专项资金公开公示范围，市本级共公示项目 102 项，公示财政专项资金总额 53.9 亿元，增长 12.6%。

【干部队伍建设】 2015 年，攀枝花市财政局着力加强干部队伍建设。认真开展干部选任、轮岗和选调等工作。根据《攀枝花市财政局 2015 年干部选拔任用与轮岗交流实施方案》，此次科级领导干部选拔任用与轮岗交流结合进行，空缺科级领导干部职位采取选拔任用方式进行补充，现任科级领导干部和一般干部采取横向交流方式进行岗位轮换。此次共选拔正科级 1 人、副科级 4 人；轮岗交流一般干部 13 人，科级干部 18 人。在全市范围内公开考调工作人员 7 人。抓好干部教育和日常学习。全年共组织 9 次党组中心组理论扩大学习会。制定了《关于进一步加强机关效能建设、严格工作纪律管理的通知》，不定期检查上下班情况，以科室为单位实行考勤制度。开展优秀年轻人才递进培养。在党组酝酿、会议推荐、民主测评的基础上，推荐 5 名副县级领导干部拟提拔使用人选，上报市委组织备案；推荐 2 名干部参加全市“三严三实”专题教育活动工作，推荐 2 名政治素质好、事业心和责任感强、工作能力突出、热爱农村工作的优秀干部，到党组织软弱涣散村、建档立卡贫困村担任“第一书记”，带领村组干部和党员群众建强基层组织、开展精准扶贫工作。

（夏　琼）

税　务

国家税务

【概　况】 2015 年，攀枝花市国家税务局（以下简称市国税局）辖东区、西区、仁和区、米易县、盐边县 5 个县（区）国家税务局，钒钛产业园区国税局 1 个，2 个直属单位。市局机关内设 18 个科室。2015 年，市国税局领导班子进行调整，郑敏任总经济师，何伟任总会计师。领导班子调整后，市国税局领导班子组成为局长 1 人，副局长 3 人，纪检组长 1 人，总经济师 1 人，总会计师 1 人。截至 2015 年底，全市国税系统在职职工 557 人，担负着全市 3.4 万户纳税户的税收征管工作。全系统97.9%的干部职工取得大专以上学历,33名同志通过全国注册会计师、注册税务师和律师等执业资格考试,培养省级领军人才、省级征管稽查能手28人。

2015年,市国税局共计组织税收收入36.52亿元(含海关代征增值税4292万元)。其中,完成增值税271271万元,消费税10879万元,企业所得税62297万元,个人利息所得税2万元,车辆购置税16485万元,办理出口退税8870万元,完成了省国税局和市政府下达的收入调整目标。全年累计减免各类税收7.11亿元,惠及纳税人15.47万户次。25户企业享受西部大开发优惠政策,减征所得税4486万元;893户小微企业减免企业所得税435万元,政策受益面100%;"营改增"入库税收1.67亿元,促进了现代服务业发展;办理出口退税8870万元,同比增加47.7%,推动全市企业外向型发展。

2015年,市国税局获得各级奖励及荣誉称号6个。被中央精神文明建设指导委员会表彰为"全国文明单位";被四川省依法治省领导小组办公室表彰为"四川省学法用法示范机关(单位)";被攀枝花市创建全国文明城市指挥部表彰为"2015年度全国文明城市网上申报工作先进单位";被中共攀枝花市直属机关工委表彰为"先进基层党组织";被中共攀枝花市委办公室、市政府办公室授予编纂出版《攀枝花年鉴(2015)》先进单位称号。市国税局稽查局被国家税务总局表彰为"2014年度打击发票违法犯罪活动工作成绩突出的单位"。

【税收收入】 2015年,市国税局克服宏观经济下行压力加大、地方产业结构调整阵痛和国家实施大规模减税政策的多重不利因素叠加影响,共计组织税收收入36.52亿元(含海关代征增值税4292万元),同比下降26.8%,减收133666万。其中,完成增值税271271万元,同比下降30%,减收116282万元;完成消费税10879万元,同比增长65.3%,增收4298万元;完成企业所得税62297万元,同比下降20.6%,减收16129万元;完成个人利息所得税2万元,同比下降33.3%,减收1万元;完成车辆购置税16485万元,同比下降9.5%,减收1730万元。办理出口退税8870万元,同比增长47.7%,增加2866万元。

2015年,市国税局税收收入呈现出四个特点:①税收收入总体持续低位运行。除2015年6月因受理延期申报原因增长1.7%外,其余各月均呈2位数大幅下跌。7个征收单位入库税收全面下跌,以黑色金属矿采选及冶炼和压延加工业为主要税源的直属税务分局、盐边县国税局和米易县国税局,收入分别下降31.8%、39%和31%。②重点税源税收全面下降。全市五个重点行业合计减收113732万元,下降37.9%。③第三产业税收快速攀升,产业结构进一步优化。2015年,第一、二、三产业税收分别完成123万元、220860万元和144243万元,税收收入占比分别为0.1%、60.4%、39.5%,在一、二产业税收收入同比降低0.2个百分点、6.2个百分点的情况下,第三产业税收收入占比提高6.4个百分点,反映出攀枝花市优化产业结构成效显著。第三产业中,龙头行业批发零售业、金融业收入占比分别为51%、25.6%,起到了主导作用。④主观努力成效明显。在全市国税税源极度短缺的情况下,通过努力组织税收收入34067万元,占入库税收收入的9.3%。集中优势力量开展精准评估、精准稽查,共计入库查补税款6676万元,其中稽查查补税款1515万元,纳税评估税款5161万元;围绕欠税管理基础事项,开展风险分析模型建设、风险分析识别和分类应对工作,共清理欠税户数307户,入库欠税14569万元。严格企业所得税汇算清缴管理,全年汇算清缴企业所得税12822万元。在抓好组织收入工作的同时,严格落实税收优惠政策。全年共减免税收71069万元,惠及纳税人15.47万户;办理出口退(免)税8870万元,其中退税8673万元。

完成增值税271271万元。其中:钢铁入库112524万元,同比下降42%,减收81328万元,主要是受过剩产业结构调整以及国际矿石价格下降冲击影响,黑色金属矿产品价格始终在低位徘徊,环比降幅不断扩大,企业停产或半停产面增加。煤炭入库111606万元,同比下降45.5%,减收9673万元,主要是受"8·29"矿难停产复工和煤炭价格持续下跌影响。电力入库41033万元,同比下降19.7%,减收10055万元,主要是水电行业2015年执行增值税税负超8%退税优惠政策,影响入库税金同比减少8921万元。

完成企业所得税62297万元。其中金融入库36921万元,同比下降20%,减收9222万元,主要是地方金融机构受经济下滑、贷款规模缩小影响。有色金属入库520万元,同比下降77.3%,减收1766万元,主要是钒钛等产品量价齐跌,导致利润下降。钢材钢坯入库16万元,同比下降99.7%,减收5025万元,主要是2014年同期企业所得评估补税拉高了基数。

完成消费税10879万元,同比增长65.3%,增收4298万元,主要是烟草消费税税率提高增加税款4250万元。

完成车辆购置税16485万元,同比下降9.5%,减收1730万元,主要是消费者购车偏好受到绿色环保和低排量车辆购置税优惠政策影响,造成平均单车征税额下降13.55%。

【依法治税】 2015年,市国税局切实推进依法治税工作,以法治思维为底线,平衡好严征管、重服务与税收法治的关系,防控税务执法风险。

建设法治税务。制定了《全面推进依法治税的落实意见》和《攀枝花市国家税务局全面推进依法治税工作任务分工表》,分解落实了7大项85个具体工作任务。开展"学法用法守法"活动,各级国税机关建立健全学法制度,党组中心组学习增加学法内容,普遍开展了局务会议集体学法、专题法治讲座等活动,通过加强学法引导积极用法、自觉守法的氛围,市国税局机关被评为"四川省创建学法用法示范机关"。切实抓好"依法行政示范单位"建设,对6个县(区)国税局、钒钛产业园区单位进行创建指导,夯实基础,提升能力,以点带面,提升全市国税系统依法行政水平。米易县国税局被评为"全省国税系统依法行政示范单位"。

落实简政放权。全面落实税收执法权力"正负面清单"制度,做到"法无授权不可为、法定职责必须为",用公民"法无禁止皆可为"的观念指导税收执法工作。对外公布61项税收执法权力清单和47项税务行政审批事项清单,自觉接受社会监督。加大税务行政审批制度改革力度,全年市国税局上报7项行政审批事项,完成限时办结事项162件,达成率100%;开展简政放权清理3次,将74项税务审批事项压缩为31项,取消43项,减比58%。

严格税收执法。加强"税收执法管理信息系统"日常监控,累计发生执法行为123267条,核查执法疑点数据281条,属执法过错的209条,占核实数的74.38%。全年过错责任追究共计382人次,其中批评教育283人次,责令书面检查7人,通报批评7人,取消评先资格7人,经济惩戒78人次,惩戒金额6700元。落实了《税务行政处罚裁量实施办法(试行)》,加强与市地税局的沟通合作,确保对相同或类似的违法行为处罚标准统一。认真贯彻执行新修订的《重大税务案件审理办法》,严格规范重大案件审理工作,进一步规范案件审理程序,提高了案件审理质量。完善《税务案件复审办法》,针对"执法程序是否合法;文书使用是否正确无误;被复审案件初查内容是否全面;是否存在查出问题瞒报、少报现象;纳税评估案件是否已对所有风险点予以排除,有无既无法排除的风险点,又未能说明原因;是否存在应移交稽查而未移交的;初查人员有无索贿受贿、徇私舞弊、滥用职权"等问题进行案件复审,全年抽查复审评估、稽查案件27件,提出意见建议32条。全年申辩调整后执法正确率达99.98%,排名全省前列。

加强税法宣传,普及法律知识。始终把普法工作纳入税收工作的重要议事日程,坚持抓学习规划,抓制度建设,抓具体活动,抓阵地建设。推行局务会"5+X"会前学法,创新"一线一网一群一校一厅"普法载体,启动互联网站面向社会宣传税法;依托全市6个办税服务厅显示屏传播税收新政策,年受众达10万人以上;实施法律"七进"和"春风送税法"活动,发放税收宣传资料8000余册。2015年8月市国税局通过市法治建设领导小组检查验收,9月通过四川省"六五"普法检查验收组检查,省政协副主席赵振铣充分肯定了市国税局的"六五"普法工作。

【纳税服务】 2015年,市国税局紧紧围绕"办税便捷化、服务规范化"开展纳税服务工作,在明晰征纳双方法定权利义务的前提下,最大限度方便纳税人,最大限度规范税务人,提升纳税人满意度。

深入开展"便民办税春风行动"。全面实施《全国税务机关纳税服务规范2.2版》,落实纳税服务"升中有进"行动计划,以"职能集成、资源集聚、事项集中、路径便捷"为重点,完善全职能办税服务厅建设,努力做到"服务一个标准"。与工商、地税、质监等部门联合推行"三证合一,一证一码",实现"前台受理,内部流转,一窗出件",让纳税人"少跑路",促进大众创业、万众创新。推行办税服务厅工作"晨会"制度,提前做好各项服务准备工作,提高效率,改善纳税人办税体验。探索推进国税、地税纳税服务工作合作,盐边国税、地税建立全省首个联合微信服务平台,西区国税、地税共建了攀西地区首家联合办税服务厅。启动了"银税互动"战略,帮助16户A类纳税信用等级的纳税人"以信换贷"3619万元,定期公布重大税收违法案件,引导依法纳税,推动社会诚信建设。

探索实施"互联网+纳税服务"。拓展网上办税范围,优化网上办税功能,依托门户网站、手机客户端、QQ群、微信、自主办税终端机等平台,初步构建"一体化、多功能、全覆盖"的网上办税服务厅,率先在全省国税系统实现手机办税APP全功能使用。"互联网+多元化办税"工作经验材料得到市委常委、常务副市长黄正富肯定性批示,并被省国税局《便民办税春风行动工作动态》刊载。

做好宣传咨询服务。按照"网线互通、站点支持、知识库兼容、项目丰富、快速精准推送"的标准,建好"网上行"QQ平台、用好"12366纳税服务热线",使其成为涉税咨询的重要平台、宣传政策的重要阵地、办税服务的重要载体,成为让纳税人满意的"听得见、看得见、用得上、靠得住、离不了"的办税渠道。2015年全市国税系统共开通QQ群14个、微信2个、国地税联合微信1个、微博2个、博客1个;市国税局"12366"热线远程坐席接听来电4325个,办理投诉5

件，处理涉税举报17件，转办举报14件，受理"12345"市民热线转办涉税举报2件，回访满意率达100%。全市国税系统共进行宣传访问4730户次，其中上门访问531户次，税企高层对话133户次，电话访问2087户次，QQ访问382户次，通过集中宣传等方式1730户次，发布大企业白皮书15户次，对走出去企业实施个性化辅导10户次。

【税收征管】 2015年，市国税局着力建立以风险管理为导向，以信息化为支撑，以分级分类管理为重点的新型征管体制，持续提升主观努力程度，抓强税收征管主业，筑牢事业发展根基。

全面加强风险管理。固化风险管理工作运行机制，建立"等次排序、分等分级、两级一体、分析应对"的风险管理模式，初步形成"纳税申报—分析确认—风险发起—风险应对—结果评价—案件移送—案件追踪—数据归档—申报分析"的工作机制和"一体化、闭环式"管理格局，2015年，承接省国税局风险应对任务5项，涉及纳税人130余户，主动发起风险应对项目10项，涉及纳税人2700余户，全年稽查查补1515万元，纳税评估5161万元，入库欠税1.45亿元，风险应对入库税收占比达5.27%，排名全省国税系统第三。加强"征管服务基础事项风险特征指标库"建设，按照"金税三期"工程税收征管业务框架内容清理文件6100余个、政策解读300余个，梳理出税收征管服务基础事项774项，完成227个《征管服务基础事项模板》，建立起87个《征管服务基础事项风险管理模板》，形成《征管服务基础事项操作指南》，提炼征管服务基础事项的触发(启动)条件、时限要求、文书应用、数据来源、取数口径、应对部门、关联事项等10余项共性管理要素，构成基础事项风险特征，确定每个事项监控要点，提取生成数据指标，并以此驱动基础管理事项的风险应对，发起4项基础事项风险应对任务。开展"三员四项能力"建设，通过跟班作业等方式，提升风险分析员、数据处理员、风险应对员和数据获取、数据处理、风险分析、应对处理能力。向省国税局报送《大额普通发票专项风险应对案例》《金属及金属矿批发行业风险应对案例》《企业所得税弥补亏损风险管理案例》等材料，其中《征管服务基础事项管理变革的探索与实践》在全省国税系统风险管理会议上进行经验交流。

落实征管和国地税合作规范。规范587个具体税收征管事项，推进32个国、地税合作事项，要求即时办结事项达73%，报送资料减少39%，办税环节压缩62%，办理时限缩短56%，促进"征管一个流程、执法一个尺度"，进一步夯实主业基础。

实现"金税三期"顺利上线。梳理疑点数据50074条，初始化采集信息5930条，双轨运行录入数据35000条，搭建税收征管工作新平台。在上线过程中，全市国税系统干部职工再次展现出"无私奉献、敢打硬仗"的税务铁军风范。

推行"征管服务绩效监督管理平台"。整合和规范"风险管理、疑点处理、申请事项管理、基础事项管理"等征管服务工作事项，构建覆盖主体征管服务事项的绩效管理体系，促进征管服务行为痕迹管理，初步实现对重点征管服务工作的任务统筹、过程监控和绩效评价。

加强征管数据质量管理。与地税等部门合作建成全市综合治税信息平台，实现多部门信息共享互换。加强事前、事中、事后各环节的征管数据质量监控，建立健全异常数据处理机制，促进数据的有效集中。加大"涉税流转事项及征管档案电子管理系统"推行力度，该系统成为省国税局"征管服务绩效监督管理平台"的核心支撑软件。

实施"精准稽查"。以提高选案准确率为龙头、工单式核查内容为重点、发挥主观努力为牵引，抓好风险管理导向下的"精准稽查"工作。完善"双轨选案"方法，依托涉税风险分析和纳税评估成果，对高风险纳税人开展"二次分析"，列出检查环节的检查内容清单，实施"精准稽查"，固化取证证据，依法打击逃税骗税，发挥好稽查的职能作用。推进稽查现代化建设，以标准化、规范化、信息化为抓手，创新四个环节有机互动和衔接，增添、增设必要的现代取证设备和专用场所，提高稽查办案质效。2015年初查办"1·19"制售假发票案件，年底主动查办"12·24"增值税专票大案，市国税局稽查局和白云受到国家税务总局"打击发票违法犯罪活动"通报表彰。

健全征管服务主观努力考评指标体系。从基础事项管理、涉税风险管理、纳税服务等方面入手，着眼工作的主观努力程度，健全征管服务考评指标体系，发挥能力，挖掘潜力，促进各单位、部门不断提升抓征管服务工作的主观努力程度。

【税政管理】 2015年，市国税局认真落实税制改革要求，规范各税管理。积极探索创新大企业服务，各项税收优惠政策执行到位，在深化改革中全面提升税政管理工作水平。

强化增值税管理。完成建筑业和房地产业、金融保险业、生活服务业"营改增"扩围工作，全市新增"营改增"纳税人5375户，入库增值税10854万元。全面推行"增值税发票系统升级版"，完成6270户纳税人的推行工作，实现所有增值税纳税人和所有增值税发票"全覆盖"，有效堵塞逃骗税和发票管理漏洞。市国税局先后对交通运输业、电信邮政业、快递业等开展专题调研;组织实施了交通运输业、砂石行业、工程项目增值税管理。

推进所得税集约化管理。强化对资产损失、企业重组、税收优惠等所得税重大事项的后续管理、小微企业政策的清理、检查、监督和落实,按季统计分析小微企业、固定资产加速折旧政策执行情况和政策效应分析。加强优惠政策效应分析,形成了《促进小微企业发展的税收政策初探》《浅析固定资产加速折旧新政策的执行效益》调研报告。开展所得税汇算质量抽查,根据纳税人所得税汇算情况,结合其财务报表数据进行逻辑关系审核分析,确定企业所得税弥补亏损、财政性资金核查作为重点,全年组织汇算质量抽查,检查企业1189户,调减亏损24562.58万元,补缴入库所得税及滞纳金14.14万元。

创新大企业管理服务。以"事项管理、个性服务"为着力点,找准定位,用大数据思维、信息化思路探索管理路径,体现特色,抓实涉税风险应对,努力提高大企业税收贡献率和征管服务水平。深入开发"涉税评估稽查管理暨内控系统",完善核查报告、分析查询等功能,修订通用税收风险特征库,其中增值税风险点4类141项、企业所得税风险点5类115项,修订完善煤炭开采、洗选、炼钢、颜料制造(钛白粉)等攀枝花区域特色11个行业的税收风险特征库。建立局领导联系大企业的制度及联席企业名单;建立列名大企业年度重要涉税事项预告制度、税收服务"联络员"制度,为7户列名企业"量身制定"税收服务手册。为列名服务管理的7个集团42户大企业发放涉税事项预告"白皮书"。

严格落实各项税收优惠政策。2015年,全市小微企业享受增值税优惠121083户次,共计减免增值税6275.92万元,小微企业增值税优惠面达100%。全市享受小微企业税收优惠企业893户,确保政策实际受益面100%,减免企业所得税435.44万元。贯彻落实《车辆购置税征收管理办法》。全年共受理21338台车辆的纳税申报,征收入库车辆购置税14906万元。组织开展了25户残疾人就业优惠政策执行情况的专项检查。贯彻落实《全国出口退税管理工作规范1.0版》,全年共办理出口退税8870万元,同比增加47.7%,有力推动攀枝花市企业外向型发展。

【队伍建设】 2015年,市国税局以基层党建为载体,抓优"两个作用"发挥,激发干部队伍活力。坚持"抓党建、带队伍、促发展",以提升现代化履职能力为目标,以活力工程为载体,以差异化管理为核心,努力实现组织和个人双元同向发展。

扎实抓好基层党建。开展了"三严三实"专题教育,查摆整改了16个"不严不实"具体问题。坚持从严治党,开展了党支部"三分类三升级"活动,对民主评议靠后的党员进行了约谈。抓好党建责任制落实,认真落实党组书记"第一责任"、分管领导"具体责任",其他领导干部的"基本责任",党支部书记"直接责任"的职责。积极参与市直机关工委组织的各类活动,共组织参加各类活动13项,收获多项荣誉,其中:获得桥牌团体赛第二名,围棋团体赛第四名,围棋个人赛第一,桥牌双人赛"EW方向"第二名和第三名;获得"阳光花城·书香机关"诗文朗诵第三名、"阳光花城.活动团队"趣味体育比赛第八名和第五名、"阳光花城.盛世欢歌"大合唱第三名。以"税徽添彩,木棉花红"为品牌,抓实党委、支部统揽机关建设要求,创新党建工作,形成"推动发展、服务群众、凝聚人心、促进和谐"的氛围。发挥好党员和党组织的"两个作用",促进党建工作"六化、六个亮出来"。做好"对口帮扶"和"双联双报到"工作,帮助解决大洼彝族村道路修建、阳光骊景小区水电改造、凉山盐源县国税局食堂改造等13个"老大难"问题,走访慰问系统内外困难职工和遗属,发放重大疾病补助1.06万元、困难慰问金6.08万元。市国税局被评为"第四届全国文明单位",米易局办税服务厅获评"四川省巾帼文明岗",邹惠获评"攀枝花市首届优秀志愿者"。

持续提升队伍能力。平稳推进规范津补贴、职务与职级并行工作。严格执行新的《党政机关领导干部选拔任用条例》,做好干部选拔任用工作,选准干部,配强班子,带活队伍。通过"两推两试"选拔科级领导干部19人。结合《税务系统个人绩效管理办法》,完善县(区)国税局班子成员工作实绩多维评价体系,首次对县(区)国税局班子成员进行集中测评排序,调整科级领导干部37人次。深化队伍"活力工程",开展第二届"赛比争"竞赛活动,钟叙等11人获评"省级三八红旗手""市级青年岗位能手"等称号,杨晓东等12人入选省国税局文秘科研、收入分析、纪检监察等人才库。

创新了党风廉政建设体制机制。明确了"两个责任"清单事项162个,推行了县(区)国税局和直属单位纪检组长(员)派驻制,推行各级班子党风廉政建设"一岗双责"制度,做到"两不误、双落实"。实行"三书两报告",统筹使用全市国税系统纪检监察力量,推进了纪检监察工作"职责专一化、监督常态化、工作统筹化、运行制度化"。发挥好风险提示和预警作用。推行了内控机制信息化升级版,深化"五位一体"风险防控体系建设。以流程控制为主线,以完善制度为根本,以信息技术为依托,最大限度把监督预防融入"两权"运行的各个环节。抓好涉税重大案件、违法违纪案件两个“一案双查”，严肃查处滥用公权、挪用公款、公务活动违法违纪、损害纳税人合法权益等案件。紧盯“四风”问题，组织开展“八项规定”专项检查，整改问题7个，“三公”经费和会议费支出总额同比下降45%。整治“庸懒散浮拖”，全年过错责任追究382人次，其中取消评先资格7人，经济惩戒金额6700元。加强廉政文化建设，认真学习《廉洁自律准则》和《纪律处分条例》，米易县国税局建成“全市廉政文化示范点”和“四川省国税系统廉政文化示范单位”。

【政务管理】 以绩效指标为导向，抓好“项目化管理”，全面提升工作质效。把绩效管理作为深化税收现代化建设的重要推手，以得分评业绩，以排名争站位。

稳步推进绩效管理。制定下发2015年市国税局对县（区）国税局《绩效考评规则》《加减分项目》及指标体系，承接省国税局指标68个，新增本级指标28个；举办4次绩效推进会和培训会，按月发布绩效分析报告，按季编发《绩效工作动态》；加强信息宣传及调研，2015年全年被省政府《川政晨讯》采用4篇；向市委市政府报送简报17期，得到市委常委领导批示9次；被四川省广播电台、《四川新闻联播》采用2篇。《支持攀西试验区阳光产业发展财税政策的思考》获评市政务调研一等奖。牵头组织做好重大工作事项宣传报道。分别完成“税银互动”“三证合一，一证一码”“金税三期上线”等宣传报道；推行使用好网上行政系统，规范会议管理，推进无纸化办公，提高会议效率。

有序推进电子税务局建设。抓好以“互联网＋多元化办税”“涉税风险评估稽查暨内控系统”“征管服务质效监控系统”“网上行政系统”为主要内容的电子税务局建设，成效初显。“固定资产二维码管理”得到国家税务总局、省国税局主管部门的充分肯定，全省国税系统“科技后勤”现场会在市国税局召开，持续完善网上行政系统功能，统一推行会议管理、督查督办、请销假管理、固定资产管理等功能模块；加强数据分析应用，力求建成辅助领导决策的数据支持平台，推进“办公网络化、工作流程化、管理一体化”。“网上行政系统”被省国税局确定为“互联网＋行政管理”示范点。

进一步规范财务管理。修订了《系统经费管理办法》《系统差旅费管理办法》，自主开发固定资产“二维码管理”软件，实现从资产购入到资产报废全过程跟踪管理，解决资产管理中账、卡、物不符，资产闲置浪费、虚增和流失等问题，提升资产管理水平，提高资产管理工作效率。先后两次组织全市国税系统财务人员参加国家税务总局《行政单位会计制度》《行政事业单位内部控制规范》网络知识竞赛，提高财务人员的实际操作能力和内部风险防控能力，强化风险防控意识，提升财务管理工作质量。

（杨晓东）

地方税务

【概　况】 2015年，攀枝花市地方税务局辖东区、西区、仁和区、米易县和盐边县5个县（区）地方税务局和3个直属单位（市地税局第一直属税务分局、市地税局第二直属税务分局、市地税局稽查局）。市局机关内设12个科（室）和1个事业单位。全系统在职职工559人。其中：大专以上学历职工536人，占在职职工人数的96%；中共党员427人，占在职职工人数的76%。

2015年，在市委、市政府和省地税局的正确领导下，全市地税系统干部职工凝心聚力，抓收入、重法治、强征管、优服务，全年共组织各项收入40.93亿元，税收收入37.51亿元。记录攀枝花市地税局成立20周年的专题片荣获2015年四川电视节“金熊猫”奖，继续保持“省级文明单位”称号，先后荣获“攀枝花市第三次全国经济普查先进集体”“攀枝花市政务调研工作先进集体”“攀枝花市编纂出版《攀枝花年鉴》先进单位”“攀枝花市直机关‘先进基层党组织’”等多项荣誉称号，宣传调研、网站舆情、纳税服务、征管和科技发展等多项工作获得省地税局通报表扬。

【组织收入】 2015年，全市地税系统组织各项收入40.93亿元，同比减收10.86亿元、下降20.97%。其中：税收收入37.51亿元，同比减收8.78亿元，下降18.96%；基金附加收入3.42亿元，同比减收2.08亿元、下降37.82%；市级税收10.14亿元，超市政府最终确定目标122万元。地方税收规模在全省21个市（州）排16位。地税税收地方留存部分占2015年全市地方公共财政预算收入的46.46%，其中市级税收占市级公共财政预算收入的40.16%。

2015年，全市第一产业完成地方税收0.66亿元，同比减收0.48亿元，下降41.93%；第二产业完成地方税收19.65亿元，同比减收6.5亿元，下降24.87%，减收额占税收减收总额的74.09%；第三产业完成地方税收17.2亿元，同比减收1.79亿元，下降9.44%。全市三大支柱行业采矿业、制造业及房地产业入库地方税收6.02亿元、3.46亿元和5.54亿元，减收分别为5.14亿元、1.8亿元和1.88亿元，下降幅度依次为46.05%、34.26%和25.36%。另外，建筑业减收0.44亿元，批发零售业减收0.38亿元，交通运输业减收0.19亿元，住宿餐饮业减收0.15亿元。重点行业中，仅金融业增收0.72亿元，电力行业增收0.85亿元。13个征管税种中，企业所得税同比增收0.49亿元，增长11.46%；车船税同比增收0.06亿元，增长13.13%；其余11个税种均不同程度减收。其中，资源税减收超过3亿元，是减收额最多的税种；营业税、城镇土地使用税减收超过1亿元；城建税、土地增值税、耕地占用税、契税减收均超过0.5亿元；个人所得税、烟叶税、房产税减收均超过0.3亿元；印花税减收0.16亿元。

【依法行政】 2015年，市地税局始终坚持顶格落实税收优惠政策，小微企业受惠面达100%，个人转让住房营业税"五改二"、资源税征收比例下调、支持"大众创业 万众创新"等政策全面落地。全年，全系统为1.9万余户纳税人减免税收3.65亿元；出台全市地税系统全面推进依法治税实施意见，进一步明确系统法治建设要求。完善权力清单，83项行政权力全部对外公示；推行行政审批清单制度，全面取消128项非许可审批事项；完成3家单位重点执法督察，开展税收会计、存量房交易税收征管专项督察，实现征收单位执法督察"全覆盖"；对12人次实施执法责任追究，税收执法行为进一步规范。积极创建"法治税务示范基地""依法行政示范单位"，米易县地税局成功创建为"四川省依法行政示范单位"；强化法治教育，全面推行会前学法讲纪制度，开设"法治地税"巡回课堂；创新法治人才培养，建立公职律师团队，成功整合系统内法律顾问资源；注重税务稽查提高税法遵从，全市地税稽查系统强化税收检查和区域税收专项整治，全年查补收入9572万元，有力地规范和整顿了税收秩序。大力推进"法律七进"，举办"攀税杯"税法知识竞赛，纳税人学堂授课42次、培训纳税人1万余人次，税法宣传步入常态化。

【税收征管】 2015年，市地税局成功促成二滩水电站企业所得税在攀枝花市缴纳，入库税款1.47亿元，增加市级收入3800万元，解决了二滩水电站企业所得税地方不参与分享的历史问题；主动调研报批，促使2015年8月1日起攀枝花市契税税率由4%调整为3%，在全省率先实现全市范围内新建商品房购买环节契税"直征"，支持房地产业平稳健康发展；对攀钢、攀煤等重点"红名单"企业实施"一企一策"税收扶持；推进"银税互动"，实现以"纳税信用"换取"贷款信用"，首批16户企业获得信用贷款3600余万元，帮助解决企业融资难问题；进入省地税局铁矿石资源税从价计征改革课题组成员，牵头形成《攀枝花铁矿石资源税从价计征调研报告》，并代表四川省在全国部分省铁矿石资源税从价计征改革研讨会上作重点发言，争取攀枝花市铁矿石资源税从价计征试点取得实质性进展；积极推进信息管税，"金税三期"上线工程平稳实现双轨运行，办理业务43232件，一次性通过率达99.34%。在全省首家建成非住宅类存量房交易价格评估系统，依托税务管理与决策分析平台开发出欠税管理模块，开展全省所得税后续管理软件试点，完善推广电子档案系统，全市涉税信息交换与共享平台成功运行，累计交换涉税信息350余万条，开展工商登记、股权变更等8类信息比对，查实税款5018万元，税收风险防控和化解能力进一步增强。在仁和区地税局率先进行基层征管改革，初步建立起人岗更加相适、权责更加明晰的征管模式。

【纳税服务】 2015年，市地税局"全市通办"便民办税业务扩围升级至7大类58项，10184户次纳税人实现就近办税；开通网上办税，7009户纳税人实现网上申报，走在全省前列；清理涉税事项、重组业务流程，推行"先办后审""先办后批"，有效减少办税环节，外出经营税收管理证明开具和报验实现"报一套资料、办两个事项"；"12366"纳税服务热线社会知晓度明显提升，年呼入量3000余条，纳税人信息渠道更加畅通；在全省地税系统率先推行所得税软件外包服务，为8000余名纳税人提供有效服务，解决了长期困扰纳税人的软件维护难题；32个事项实现国、地税联合办理，纳税人"进一家门、办两家事"，东区地税局实现国、地税联合定税，西区地税局建立联合办税服务厅，盐边地税局因地制宜搭建联合办税窗口、建立联合微信平台。在全省率先实现工商、质监、国税、地税"四证合一、一照三码"基础上，实现工商、质监、税务"三证合一、一证一码"无缝对接，办理"三证合一、一证一码"事项533户次。委托市统计局开展纳税人满意度调查，组织"两代表一委员"地税行活动，完成对基层工作负担调研，进一步找准制约纳税服务的关键问题。健全纳税人投诉响应机制，突出问题导向切实改进，纳税满意度进一步提升。

【"两权"监督】 2015年，市地税局制定落实党风廉政建设主体责任和监督责任实施办法，开展落实"两个责任"专项检查，层层压实责任；抓好廉政教育，做好风险提醒，强化明察暗访和网络视频监督，加强内部审计、执法监察，强化重大事项监督，创新廉政文化建设，着力解决发生在群众身边的"四风"和腐败问题；全面推广应用"两权"监督管理系统，加强行政权力依法规范公开运行电子监察平台建设。全年，推送税收执法风险任务2280条，办结率97%，促进"两权"规范行使。

【队伍建设】 2015年,市地税局深入开展"三严三实"专题教育,市地税局领导讲专题党课8次、开展专题研讨3次、召开专题民主生活会1次,查找出问题78个,整改落实52个,有力地促进了作风转变。坚持立规执纪,建立党组议事决策规则、完善地税工作规则,健全科学民主决策机制。积极搭建干部成长平台,全年选拔任用副科以上干部6人,干部轮岗交流14人,选派6名年轻干部到偏远税务所挂职锻炼、市级部门工作,1名优秀干部到对口扶贫村任"第一书记",在对口帮扶村—老村子村建立青年干部培养基地,帮助干部拓宽视野、锤炼作风。切实提升干部能力素质,全年市局组织各类培训55次、1328人次参加培训;加强市、县(区)局两级人才库建设,2人进入省局师资队伍。稳步推进职务与职级并行制度落实,推动养老保险制度改革,保障职工合法利益;抓牢基层党建,扎实开展"基层组织建设年"活动,打造服务型党组织,创新建立机关党委委员联系机关支部、机关支部联系县(区)局支部、支部联系帮扶村的"三个联系"制度,扎实推动"走基层""双联"和党员义工、志愿服务活动,打造创新型党组织,"阳光地税·心服务"被命名为全市5个党建品牌之一,米易县地税局"春风行·传党情"被列为米易县重点打造的党建品牌;设计地税统一形象识别标志,提炼"循法养德、兴税为民"地税核心价值观,打造全市行政机关首家文化展示厅;西区地税局、米易县地税局、第二直属税务分局结合实际打造特色文化项目,初步建立起具有鲜明地域特色和个性特点的攀枝花地税文化体系。

【政务管理】 2015年,市地税局综合统筹上级指标和全局重点工作,制定系统考核指标204条、机关考核指标159条、个人考核指标17条,建立具有攀枝花地税特色的组织绩效考评指标体系,绩效管理作用显现,实现全系统组织和个人绩效管理"全覆盖",考评奖惩进一步细化,日常考核更加科学,结果应用得到强化,确保上级的各项重大决策部署全面落实,促进各项工作持续改进提升。严格执行信息发布通报制度、信息审核制度、网站"共建共管"制度,加大主动公开力度,最大限度满足纳税人的知情权,提升地税部门公信力。全年通过内、外网主动公开信息2741条,通过各种渠道做好政策和涉税事项公告。紧紧围绕全系统重点和热点工作,抓好信息简报采编工作,492篇次工作动态信息被国家税务总局、省政府、省地税局、市委、市政府、市电子政务办公室采用,6期工作简报被省地税局和省专项工作组采用,简报采用量位列全省地税系统第一。以文辅政,结合经济税收形势深入开展课题调研,6篇调研文章荣获市以上表彰奖励,其中《关于铁矿石资源税改革的思考与研究》荣获省地税局国际税收课题优秀论文和省税务学会2015年度优秀课题,《经济发展新常态下做好地税工作的几点思考》获市2015年度政务调研优秀成果一等奖,《攀枝花铁矿石资源税从价计征调研报告》《关于铁矿石资源税改革的思考与研究》获市2015年度政务调研优秀成果二等奖,《地税机关强化绩效管理作用的路径探析》《在现代化税收征管体系下发挥信息化支撑作用的思考》获市2015年度政务调研优秀成果三等奖。

【精准扶贫】 2015年,市地税局把扶贫工作纳入党组重要议事日程统筹部署,成立扶贫攻坚工作领导小组和工作机构,制定翔实的扶贫工作方案,强化市局统筹,召开攻坚动员会,选派优秀干部担任"第一书记"驻村蹲点帮扶,签订责任书落实帮扶责任,市地税局班子成员先后到仁和区布德镇老村子村29次,党员干部入户239户次,实地调查制定"一户一法"的帮扶方案,构建起上下联动、同抓共推的扶贫攻坚格局。确定扶贫工作重点,精准实施帮扶项目,落实村委工作经费7万元,推动落实3.56千米道路硬化、机耕道修建项目,为困难群众、学生捐资5万余元,为8户村民争取到低保政策,筹措专项扶贫资金130万元用于2016年精准扶贫项目。市地税局举全系统之力、带着感情抓扶贫的举措得到市纪委李群林书记高度赞誉,省干部驻村帮扶工作协调小组办公室编发第59期简报《从"大水漫灌"到"精准滴灌"》,向全省介绍市地税局精准扶贫工作开展情况和经验。

(苏明慧)

科 学

自然科学

科知工作

【概 况】 2015年,全市科技和知识产权工作围绕创新驱动发展、提升创新能力的工作主线,进一步深化科技体制改革、优化创新驱动环境、科技攻关和成果转化成效明显提升、区域科技进步持续加快。攀西试验区重大科技攻关取得新进展,国家知识产权示范城市正式获批授牌,建设工作全面启动,成功跻身第一批国家知识产权质押融资试点城市行列。助推钒钛园区成功创建为国家高新技术产业开发区。

全年向上争取科技创新资金超过1.1亿元。培育新增国家高新技术企业7家,全市国家高新技术企业达到52家,实现高新技术产业产值280亿元,较2014年增长29.3%。共申请专利2092件,其中发明专利920件,同比增长16%;专利授权1540件;有效发明1386件;万人有效发明专利拥有量达到12.57件,居全省第二位;专利转化实施预计实现产值效益60亿元。完成省级科技成果登记52项,技术合同认定实现1.8亿元。获四川省科技进步奖23项,获奖数量在全省名列第二,综合科技进步水平全省排位由第五位上升至第三位,由二类地区进入一类地区,综合科技进步水平指数增幅7.37%,居全省首位。

2015年,安排市级科技计划项目148项。其中:重点科技项目(10万元以上)74项,经费1409万元;一般科技项目70项(含软科学18项),经费351万元,科技专项经费740万元。投入应用技术研究与开发经费2500万元,比2014年减少经费200万元。安排科研与技术开发项目1336项,投入资金154602.07万元,完成科技项目524项,新增经济效益129858.1万元。其中省属以上国有大中型企业安排科研与技术开发项目595项,投入资金131352.39万元,完成科技项目295项,新增经济效益19222.1万元。

全市7所国有独立科研院所(其中市规划院无数据,以下数据为其余6个单位的数据),共有职工889人,从事科研工作的科技人员有768人,占职工总数的86.4%;有专业技术职称的科技人员为656人,其中高级职称238人、中级职称286人、初级职称132人。攀枝花钢铁研究院从事科技工作的人员占69.8%,市属科研院所占30.2%。

【科技体制改革】 出台了《攀枝花市全面推进大众创业、万众创新的工作实施方案》《攀枝花加快科技孵化器建设工作方案》《攀枝花市加快科技服务业发展工作推进方案(2015—2020)》,研究拟定《攀枝花市关于加快推进科技与金融结合的实施意见》《攀枝花市激励科技人员创新创业的实施意见》,建立起科技研发、成果转化一体化科技创新体制机制,增加了创新创业活力。攀枝花学院激励科技人员创新创业专项改革试点工作初见成效。指导攀枝花学院制定《攀枝花学院激励科技人员创新创业专项改革试点工作实施方案》,协同相关部门针对制约创新创业积极性的"工资帽"、编制、身份保留等问题逐一研究解决方案,赋予学院内部分配、人才引进自主权以及科技人员兼职取酬、离岗创新创业的权力,促成13名科技人员离岗或兼职进行成果转化、领办创办科技型企业,推进了改革试点工作的先行先试和经验总结。创新科技人才引进培养机制。将攀枝花市院士后备人才培养调整为领军型技术创新人才培养。推进重点产业领域技术创新人才、团队培养计划。出台《攀枝花市领军型技术创新人才培养暂行办法》,首批遴选出5名培养对象。遴选并支持创新人才培养对象1名、创新团队3支。

【科技创新体系建设】 建立高速重载铁路用高性能钢轨重点实验室、高能电子束熔炼实验室、钒钛合金化铸锻件及特色机械装备创新中心、盐酸法富钛料工程技术研究中心、太阳能应用工程技术中心等一批支撑钒钛产业链后端发展的重点实验室和工程技术中心;支持鼓励东区高新技术园区与深圳清华大学研究院合作共建钒钛新材料孵化器,积极支持大学生创新苗圃、众创空间、创业社区等新型孵化器建设,构建了"大众创业 万众创新"的支撑平台。大力培育园区企业创新主体,培育指导钒钛园区4家企业通过高新技术企业认证;指导帮助钒钛园区建成国家级孵化器并不断探索高效可持续发展的运营机制,在培育创新主体、激励创新活动、转化创新成果中发挥积极作用,逐渐成为钒钛中小微企业的孵化中心,入孵企业超过50家;推进钒钛园区成功创建为国家高新技术产业开发区。加强与市外金融投资机构的合作,联合成都金融街企业家协会举行攀枝花高科技企业融资对接会。钒钛科技孵化器、攀枝花钒钛新材料产业孵化器与太平洋证券有限公司达成初步合作意向。积极打造"互联网+"钒钛产业技术交易平台、钒钛产品创意工作室等平台。促进了科技资源和金融资源有效对接以及多元化、多层次、多渠道的科技投融资体系构建。

【攀西试验区重大科技攻关】 编制《2015年度攀枝花市重大科技攻关协同推进方案》,建立并完善成员部门责任分工、联席会议、目标考核等制度,加快政产学研用创新资源聚集,由分管副市长亲自挂帅全力推进以"攀西试验区重大科技攻关全球公开招标项目"为核心的,事关全市产业发展转型升级的20个重大科研项目,取得显著成效。攀钢集团、金沙纳米等企业开发出宇航级钒铝合金、海洋工程用1200兆帕级超厚高强高韧耐蚀合金材料、战斗机用钛合金精密铸造零件、输油(气)管线用钛——钢复合板、碳氮化钛新型硬质合金材料、超细铁粉、钒电池电解液等系列新产品实现量产并成功进入航空航天、海洋工程、军工等高端领域;攀钢矿业和龙蟒矿冶采用不同选矿工艺流程将钛资源利用提高3%~5%,攀钢打通高钛型高炉渣高温碳化——低温氯化生产粗四氯化钛和高钙镁低品位钛渣熔盐氯化生产四氯化钛的2项工艺技术,为全国提供坚实的钛原料保障,并实现攀枝花矿冶炼钛渣生产高品质海绵钛,具有重要意义;钢城集团与北京科技大学、钢研集团特钢所合作开发的低氧低成本钛粉及制品、微合金化铬钼铸件,四川大学与德联微纳合作研发碳氮化钛基固溶体粉材料等一批产业化技术取得阶段性进展,拓展了钒钛应用新领域,具有巨大的市场前景。试验区第二批重大科技攻关项目招标顺利完成,包括攀钢集团在内的4家企业8个项目共计21个分包子项目获得9860万元立项支持并启动实施,首批14个项目85%以上进展良好,通过中期评估。

【农业科技】 进一步创新攀枝花现代农业示范区机制,推进特色水果、早春蔬菜、优质烤烟、畜牧水产、林业生物五大支柱产业创新发展;在新品种选育、设施农业、农产品精深加工,高效生态农业技术创新方面取得丰硕成果,早春蔬菜、晚熟芒果、优质肉羊、核桃、特色花卉、蚕桑、块菌、农产品精深加工和产业链综合集成等一批面向农民合作社、种养殖大户和农业科技企业的技术成果得到应用示范转化。实施农业科技园区推进工程,枇杷、芒果和核桃标准化生产科技示范园建设取得进展,发挥了农业科技园区的要素聚集、科技创新、成果转化、企业孵化和辐射带动功能,加强锐华公司、德益公司、绿生公司等农业龙头企业的培育,引导龙头企业开展技术创新,发挥示范、带动和辐射作用推动建设产出高效、产品安全、资源节约、环境友好的现代农业;加强农技"110"建设,创新服务模式,完善服务机制;建立四川省农业科技成果转化攀枝花分中心和县(区)农村产业技术服务中心,农业科技成果转移转化服务平台进一步完善。

【民生科技】 支持攀枝花学院与50家市内外太阳能企业、科研机构、协会、学会筹建省内首家太阳能应用产业技术创新联盟,推进太阳能产业技术创新体系建设。建立玛卡人工种植专家大院,开展特色生物产业化技术研究,开展沿江城市、沿边环境综合整治;组织实施煤矸石制备高档耐火材料、分子筛复合材料中试生产线建设和产品应用示范;推进大型仪器设备、煤气、自来水、光纤、气象预报、地质灾害等智能化控制技术研究;围绕脆弱生态区植被恢复,开展森林城市、园林城市、环保城市建设技术研究;开展心脑血管、职业病、地方病、食品安全等技术研究,加快社会民生领域技术创新及推广应用。

【知识产权工作】 攀枝花市正式获批授牌为"国家知识产权示范城市",同时召开了示范城市领导会谈暨示范城市建设工作会,建设工作全面启动;攀枝花钒钛高新区成功升级为"省级知识产权示范园区"和"国家级高新区",攀钢集团成功升级为"国家知识产权示范企业"。攀钢、钢城集团贯标工作实施顺利。新增十九冶、安宁铁钛、高德特3家贯标企业。县区试点取得突破,米易县成功获批为"国家知识产权强县工程试点县"。进一步推进知识产权质押融资工作,成功申报为第一批国家知识产权质押融资试点城市。全年共申请专利2092件,其中发明专利920件;专利授权1540件;有效发明1386件;万人有效发明专利拥有量达到12.57件,居全省第二位;新增实施专利295项,新增实施效益68.39万元。

【对外科技交流合作】 成功举办"2015攀枝花钒钛资源综合利用院士行暨钒钛(国际)论坛",来自中国工程院、西北有色金属研究院、宝鸡钛产业研究院，中石油油管工程技术研究院及兰州石油化工研究院、深圳清华研究院等科研院所、北京科技大学、四川大学、昆明理工大学等高校、市内外涉钒钛企业的200余名院士、专家、学者、企业代表共同参加了活动，围绕攀枝花钒钛资源综合利用和钒钛高端产业发展进行学术交流。为攀枝花钒钛资源综合利用提供新的路径参考和思路。充分利用攀西战略资源创新开发试验区重大科技攻关协同创新机制，积极协调省科技厅向国家科技部汇报和对接，支持攀枝花逐步打造钒产品国家级国际科技合作基地，帮助攀枝花引进海外人才、技术成果、提供技术前沿信息，搭建国际合作交流平台。筹备组织参加第三届绵阳科博会，组织市内企业、科研院所、有关单位参加科博会科技成果展览展示、四川四大经济片区科技投资集中推介会、投资推介及成果发布会等活动，充分展示攀枝花科技创新尤其是攀西战略资源创新开发试验区重大科技攻关成果，推介攀枝花创新创业和科技、人才投资政策，促进投资合作。

【“十三五”科技规划编制】 围绕贯彻落实中央“四个全面”战略布局和省委“三大发展战略”，推动全市经济社会发展走上创新驱动的目标任务，适应新常态，把握新形式，创新思维重新做好全市“十三五”科技发展定位及规划，进一步明确了今后5年科技和知识产权工作发展的总体思路、目标任务和重点工作，部署科技创新引领“转方式调结构，培育发展新动能，实现经济社会转型发展”的各项任务以及实施路径。明确提出各领域的发展目标、指导原则、重点任务和重大举措，为攀枝花市“十三五”经济社会健康持续发展提供有力支持。

【决策咨询】 紧紧围绕“打造钒钛之都、阳光花城、四川南向门户”的战略发展目标和市委、市政府工作重点，开展专题调研10次，重大项目咨询19次，开展重大决策咨询课题研究12个，向市委、政府报送研究成果9个，《决策咨询建议》17期。相关成果、专家建议和项目咨询意见得到市委、市政府的重视和采纳，很好地发挥了智囊团的作用。

（胡　荣）

科学技术协会

【《科学素质纲要》督导】 2015年，市纲要办（市科协）会同其他重点工作牵头单位，按照《攀枝花市全民科学素质行动计划纲要实施方案（2011—2015年）》的基本要求，进一步完善沟通协调机制、任务分工机制和督查通报机制等制度建设，助推公民科学素质建设各项工作全面落实，增强相关单位和县（区）牢固树立加强公民科学素质建设的政治意识、大局意识和责任意识，为公民科学素质建设营造良好的政策环境和社会氛围。各县（区）结合本地实际，积极推动全民科学素质工作融入当地经济社会工作大局；市级成员单位充分履行工作职责，发挥各自优势，将《实施方案》中的有关内容纳入本部门、本系统工作规划和年度工作计划，抓好自身承担任务和职责的落实。

为持续推进《科学素质纲要》的广泛深入实施，继续把《科学素质纲要》实施工作纳入省委绩效目标考核内容，同时对各县（区）下发二级目标考核细则，将《科学素质纲要》实施工作作为重要考核内容进行督查。各县（区）对《纲要》实施工作认识到位、行动自觉、责任落实、保障有力，重点工程深入推进，重点工作特色鲜明，主题活动亮点突出，科普助推地方经济社会发展作用明显，完成年度各项目标任务。省纲要工作联席会议办公室在对攀枝花完成省委保证目标情况的考核中，给予《科学素质纲要》实施工作以满分的评价。为全面总结评估攀枝花“十一五”“十二五”全民科学素质建设成效，中国科协科研院委托第三方对攀枝花市民科学素质状况进行抽样调查和综合评估，此项工作正在进行中。

为夯实科普示范县（区）创建基础，确保示范工作顺利达标，市纲要办（市科协）联合市级相关部门指导仁和区政府按照《全国科普示范县（市、区）创建办法》和《全国科普示范县（市、区）标准》，认真开展2016—2020年度全国科普示范县（市、区）示范建设工作，为迎接中国科协和省科协抽查验收做准备。东区、仁和区政府认真贯彻《科普法》和《科学素质纲要》，以科普示范县（区）创建和巩固为切入点，不断加强辖区科普组织、科普队伍和科普阵地建设，党委领导、政府推动、部门协作、社会参与的科普工作格局已经形成。市科协会同市委宣传部、市文明办、市科知局联合评审命名第三批市级科普示范社区10个；有6个社区被省科协命名为“四川省科普示范社区”。

开展第二届科普资源征集及优秀科普资源评选活动，共征集到29个部门、单位和工作室推荐的作品150余件。本届科普资源作品形式多样、内容丰富、题材广泛、主题鲜明，不仅有科普书籍、挂图、折页、光碟等传统实物，更有科技创意、科普旅游、网络科普等新兴载体，与第一届征集情况相比，无论数量质量，还是表现形式，都得到极大提升和拓展，填补攀枝花科普资源开发多项空白。按照《攀枝花市第二届优秀科普资源评选办法》要求，市纲要办（市科协）组织专家对符合条件的科普资源进行评审，评选出攀枝花市第二届优秀科普资源一等奖10项、二等奖15项、三等奖20项，优秀组织单位10个。精心挑选62件（套）作品参加“四川省2015年科普资源双年展”活动，“漫游钒钛世界”等4项展品被“年展”组委会评为“优秀科普资源”作品，市科协被评为“优秀组织单位”。

【科普宣传教育活动】 发挥各级科协科普工作主要社会力量作用，结合全市科技文化卫生“三下乡”“科普之春”科普活动月和“全国科技活动周”“全国科普日”等全民科普活动的开展，积极整合社会资源，努力搭建社会化科普服务平台，深入农村、城镇、社区和学校，广泛开展群众性科普活动。共举办各类科普宣传活动63次，宣传活动到达17个乡（镇）、20个社区，发放科普宣传资料12.5万份、科普年历2000张、环保购物手袋1500个、科普漫画扑克1500副，展出主题科普展板260余块，受益群众13.2万人次。开放科技馆科教展厅30次，1500余人次参观。开展移动科技馆进校园活动17次，2.3万名师生参观体验。举办“专家进校园”科普报告会10场，4000余名师生聆听报告。2014年9月4日，中国流动科技馆四川攀枝花站巡展工作在市四十中小正式启动。截至2015年底，东区、仁和区、米易县、西区巡展点的巡展工作已经全部结束，共有18.4万名师生和市民前往上述4个巡展点观摩体验。

市科协主要领导及相关工作人员先后6次深入米易县麻陇乡红岩村开展“双联”帮扶活动，投入资金4万元扶持该村核桃产业发展，邀请市农林科学研究院核桃专家团队进村入户开展核桃栽培管理技术示范培训，组织机关、事业单位22名职工与以该村为主的23户困难群众进行结对帮扶。市科协领导及相关工作人员3次前往盐边县渔门镇岩郎村开展计划生育“三结合”帮扶工作，安排4000元专项资金，用于20户新增户发展生产，安排1.1万元专项资金，用于该村科技示范基地建设，以促进当地群众生产、生活、生育观念转变和科技文化素质全面提升。受副市长江海指派，市科协相关领导和工作人员与市投资促进局人员一道，深入“精准扶贫”联系点盐边县红宝乡中槽村调研，与乡、村、社干部共商经济社会协调发展，群众脱贫致富奔小康的对策措施，切实做好定点帮扶对接沟通工作。

市农林科学研究院科协在全国科普日活动期间，组织农业科技人员63人次，分别在仁和区福田镇、米易县麻陇乡、白坡乡举办为期一周的芒果、核桃技术培训班17次，培训人员1400余人，田间现场技术指导500余人，接受群众咨询300余人，发放资料8000余册，展出展板67张，向农村科技示范户免费发放5万余元农用物资，为促进现代农业科技成果向现实生产力转化，推动少数民族地区和贫困山区科技精准扶贫稳步实施做出积极贡献。

【基层科普行动计划】 积极培育“科普惠农兴村计划”和“社区科普益民计划”项目，全面推进“基层科普行动计划”深度实施。经市科协、市财政局筛选，推荐6个农村专业技术协会、3个农村科普示范基地、4名农村科普带头人和3个科普示范社区，参加全国和全省2015年度“基层科普行动计划”先进申报评选。仁和区前进镇芒果专业技术协会、米易县药材种植专业技术协会、盐边县惠民瓜果协会、仁和区中坝果业科普示范基地、盐边县箐河傈僳湾野猪养殖科普示范基地、东区向阳村街道办事处向阳五村社区和米易县撒莲镇海塔村刘奎，分别获得国家级“基层科普行动计划”先进单位和先进个人称号。仁和区石榴专业技术协会、米易县得石养羊专业技术协会、仁和区平地葡萄专业技术协会、西区丽新园艺科普示范基地、西区陶家渡街道办事处矿建社区、米易县白马镇挂榜社区和仁和区草莓协会李昌宏、东区银江镇沙坝村韩大祥，分别获得省级“基层科普行动计划”先进单位和先进个人称号。以上单位和个人，共获国家和省级奖补资金189万元。

【青少年科技创新实践活动】 以“体验·创新·成长”为主题，组织开展攀枝花市第三十届青少年科技创新大赛作品的征集、整理、评审和申报，全市50余所学校的3万余名师生参加上述活动。经县（区）评审后上报市组委会的参赛作品共计325件。经市组委会评审，评出科技创新成果项目一、二、三等奖15项、20项、30项，优秀科技实践活动一、二、三等奖4项、6项、7项，少儿科学幻想绘画一、二、三等奖20幅、40幅、60幅。推荐科技创新项目19项、优秀科技实践活动项目6项、优秀少儿科幻画22幅、科技辅导员创新项目5项、科学DV项目5项和4个基层组织参加四川省第三十届青少年科技创新大赛终评展示会，获一等奖6项（幅）、二等奖17项（幅）、三等奖20项（幅）。市科协、市教育局获优秀组织奖，市三中、米易县教育局等单位获优秀基层组织奖。举办攀枝花市第三十一届青少年科技创新大赛，全市60余所学校4万余名师生参与，推荐79项科技创新成果、11项科技实践活动、176幅少儿科学幻想绘画、11项科技辅导员作品、32项科学DV作品参加市级展评，评出市级青少年科技创新成果项目一、二、三等奖15项、17项、23项，优秀科技实践活动一、二、三等奖2项、2项、5项，少儿科学幻想绘画一、二、三等奖20幅、40幅、60幅，科技辅导员创新成果项目一、二、三等奖各2项，科学DV一、二、三等奖6项、8项、10项。大赛组委会将进一步指导修改评审中涌现出的优秀项目和作品，推荐参加四川省第三十一届青少年科技创新大赛评比。

组织参加第十三届四川省青少年电脑机器人创新实践活动（四川省竞赛），攀枝花32支代表队82名学生参加比赛，获一等奖14个、二等奖10个、三等奖8个。在第十五届中国青少年机器人竞赛活动中，攀枝花5支代表队入选四川代表团参赛，并获二等奖3项、三等奖2项。攀枝花2支代表队在参加昆明举办的“2015国际奥林匹克机器人竞赛”中，获三等奖2个。

组织召开第七届攀枝花市青少年科技创新市长奖颁奖大会。8 所中小学校的 10 名青少年(仁和区金江中小学杨志林,市第三高级中学颜镜恒、王余良、市第二十五中小学尹皓永,市第一小学李奕蒙、况沛泽,市大河中学庹海阳,仁和区中坝乡中心校王微,仁和区民族初级中学郑传瑶,仁和区东风小学贺熠晖)、6 名科技辅导教师(仁和区金江中小学王从有,市第三高级中学杨小林、张瑜玲,市第一小学殷吉玉,仁和区中坝乡中心校文玉中,仁和区东风小学李奕苇)及 3 所学校(仁和区金江中小学,市第三高级中学,仁和区东风小学),获得"攀枝花市青少年科技创新市长奖"。市长张剡亲自为获奖学生、教师和单位颁奖。

【学术研讨交流活动】 充分发挥学术交流主渠道作用,促进学术水平提高。全年共组织学术交流 481 次,交流论文 924 篇,参加人员 15362 人次;举办学术报告会 93 次,6361 人次听取报告;组织科技人员外出参加学术会议 711 次,交流论文 331 篇,参加人员 1207 人次。学术交流活动为学会、企事业科协与会员联系的重要桥梁,成为会员了解本学科动态、学习新知识的特殊窗口,成为会员发表学术研究意见和成果的主要阵地。市金属学会组织的"组织推进优秀学科团体建设"研讨活动、市气象学会组织的"2015 年重大天气过程预报技术经验交流会"、市心理学会组织的"儿童精神医学新进展培训"、市林学会组织的"国家森林城市创建技术指导讲座"、攀钢(集团)矿业有限公司科协举办的"七省第二十二届矿业学术交流会"、十九冶集团有限公司科协举办的"BIM 信息化技术培训交流会"、市农林科学研究院科协举办的"第三届中国(金沙江)国际块菌论坛会",为攀枝花学科水平提高做出积极贡献。市金属学会、市医学会、市建筑学会、市统计学会、攀煤集团公司科协、攀枝花钒钛高新技术产业园区科协编辑出版《钢铁钒钛》《攀枝花医药》《攀枝花建筑》《攀枝花统计》《宝鼎科技》《攀枝花钒钛》等科技刊物,为科技人员发表学术观点提供平台。

充分发挥科协组织"智囊"优势,促进学术交流、科技建议和现实生产深度融合。全年组织实施"厂会协作"项目 87 项,技术服务项目 192 项;提出合理化建议 521 条,被采纳 315 条,创经济效益 3216 万元。市环境科学学会组织开展的"资源型城市环境空气质量改善的难题及对策"研究,为市委、市政府改善环境空气质量提供科学决策依据;市老科协组织推动的"助力发展辣木新资源食品,打造攀枝花城市新名片"项目,为建设攀枝花、元谋、华坪"辣木产业金三角"提供学术技术支撑;市林学会开展的"攀枝花核桃产业发展调研",对全市核桃产业发展方向、定位及具体对策措施提出独到见解;市统计学会开展的"攀枝花发展特色产业园区的难点与对策调研",被市政府评为政务调研二等奖;市农学会推广的"测土配方施肥技术",让新技术更好地为农业生产服务,为有效促进农民增产增收服务。

开展学会、企事业科协 2014 年度目标管理考核和优秀活动项目评选。组织开展学会、企事业科协工作现状和改革方向调研,形成专题调研报告。表彰奖补 2014 年度优秀学会、企事业科协和优秀活动项目及"金桥工程"优秀项目、优秀组织单位和"讲、比"活动先进集体、先进院士专家工作站。开展科技人员创新创业情况问卷调查,了解科技工作者创新创业态度、意愿、要求和建议。推荐 3 名优秀科技人员参加省委组织部、省人社厅、省科协组织的第十三届四川省青年科技奖评选,攀钢集团研究院有限公司工程师韩振宇获奖。市医学会、市建筑学会、市职业安全健康协会、市环境科学学会、市园林学会、市标准计量学会等通过承接政府医疗事故鉴定、技术培训、安全生产标准评审、专业标准研制、课题研究等,不断拓宽学会服务能力和服务范围,对科技社团如何深化改革适应新常态、如何有序承接政府转移职能,如何提升自身生存和发展能力进行有益探索。

【第五届攀枝花科技论坛】 为深入贯彻落实党的十八大和十八届五中全会精神,推进攀枝花创建国家攀西战略资源创新开发试验区建设,推动"大众创业、万众创新"活动广泛深入开展,引导高端专家为市委、市政府重大发展战略建言献策,由市政府、省科协、中国科协企业创新服务中心联合举办,市科协、市科知局、省科技咨询服务中心承办的,以"提升创新能力,推动创新发展",促进"大众创业、万众创新"活动为主题的第五届攀枝花科技论坛于 12 月 25 日在会展中心举行。论坛邀请国务院参事、科技部原副部长、中国创新方法研究会常务副理事长刘燕华作《新常态下的创新驱动——对创新服务的认识》的主题报告,邀请中国科技咨询服务中心原主任盛小列、国家知识产权局发展研究中心主任韩秀成分别作《专利信息应用与企业技术创新》《知识产权与创新驱动》专题报告。市委、市人大、市政府、市政协相关领导,各县(区)人民政府分管科技工作的领导及县(区)科技局、科协负责人,市级有关部门(单位)、钒钛高新区管委会、有关企(事)业单位分管领导,市科协所属学会(协会、研究会)、相关企(事)业、高校、科研院所科协负责人,近 200 人出席论坛听取报告。论坛由市委常委、市科协主席张敏主持,市长杨自力致开幕词,省科协党组书记、副主席吴群刚讲话。论坛开幕前,吴群刚和专家团一行深入东区、西区和钒钛高新区考察调研攀枝花"双创"工作开展情况,看望慰问科技工作者代表,并与市委、市政府分管领导,部分党政部门负责人,相关企业、大专院校、科研院所代表座谈交流,为全面提升攀枝花创新能力,推动创新发展,促进大众创业、万众创新建言献策。

【院士专家工作站建设】 继续做好攀钢院士专家工作站、

四川华铁钒钛科技股份有限公司院士专家工作站与院士专家工作团队的协调沟通和项目跟踪，加强与签约院士的联系服务，主动汇报服务中心和工作站工作进展情况。各院士专家工作团队在上述两家企业实施的签约项目进展顺利。四川华铁钒钛院士专家工作站顺利通过省院士（专家）工作站联席会议办公室绩效考评，获得50万元民营企业建立院士（专家）工作站资金资助。

市科协、市院士专家服务中心负责人深入攀枝花云钛实业有限公司、东方钛业有限公司、攀钢集团矿业有限公司、市中心医院、攀枝花学院、四川一美能源、钒钛产业园区摸排调研，督促指导各单位建站筹备工作稳步推进。攀钢集团矿业有限公司、攀枝花学院、攀枝花东方钛业有限公司，被市政府命名为攀枝花市第三批院士（专家）工作站。其中，攀钢集团矿业有限公司院士（专家）工作站被推荐申报省级院士专家工作站。

为积极推进院士（专家）工作站建设，营造高端人才服务攀枝花经济社会发展的良好政策环境，市政府重新修订出台《攀枝花市院士（专家）工作站管理办法》，决定给予每个省级院士（专家）工作站建站单位20万元、市级院士（专家）工作站建站单位10万元的扶持补助。市科协、市委组织部（市人才办）联合出台《攀枝花市院士（专家）工作站年度管理考核办法》。

【“金桥工程”和“讲比”竞赛活动】 深入实施“金桥工程”，大力开展“讲理想、比贡献”竞赛活动。完成“金桥工程”市级立项28项，其中报省科协登记立项11项，项目预计新增产值16.35亿元、新增效益15.66亿元、新增利税0.51亿元、节约资金0.87亿元。由东区科协搭桥实施的“1.5千瓦时无功补偿光伏并网逆变器”项目和盐边县科协搭桥实施的“利用EM菌剂对畜禽粪便无害化处理生产生物有机肥”项目被省科协评为优秀项目。组织攀钢（集团）公司、攀钢（集团）矿业公司、攀煤集团公司和十九冶集团有限公司4家大型国有企业10857名科技人员参与“讲理想、比贡献”竞赛和献计献策活动，“讲、比”活动企业立项11405项，完成782项，提出合理化建议17464条，被采纳14916条，实现经济效益4.3亿元。攀钢（集团）有限公司科协开展的“纯钛卷热连轧关键工艺技术攻关”，不仅企业产品质量得到提升，同时也为推动行业技术进步做出贡献，创经济效益5000万元；攀钢（集团）矿业有限公司科协开展的“白马选矿厂二期工艺流程优化”，节能减排、降本增效的效果明显；攀煤集团有限公司科协开展的“复杂地质条件下大倾角厚煤层综放开采技术研究”，为矿井和同类煤层综采放顶煤提供技术支撑和经验借鉴；市农林科学研究院科协开展的“科技成果转化新模式—科技示范对子户”实践活动，大胆尝试科技成果转化新模式，取得显著成效；攀枝花发电公司科协开展的“入炉煤机械采样装置改造”，有效加速新技术在生产实践中的推广应用。攀钢（集团）矿业公司被评为全国“讲、比”活动先进集体。富邦钒钛等4家单位和8名个人分别被省人社厅等六部门评为四川省“讲、比”活动先进集体、创新团队、创新标兵和先进个人。

（潘学才）

防震减灾

【概　况】 2015年，攀枝花市防震减灾局内设办公室、震害防御科（应急救援科）、科技监测科，下设攀枝花市地震监测中心、马兰山地震台、乌龟井地震台、地龙井地震台4个直属事业单位，在职职工31人（其中机关13人、下属事业单位18人）。全年，攀枝花市防震减灾局紧紧围绕市委、市政府的中心工作，坚持以防震减灾工作服务于经济建设大局，建立健全工作体系和各项规章制度，主动面对各种困难和挑战，认真抓好法制建设、地震监测预报、地震灾害预防、地震应急救援等工作，完成既定目标和任务。获四川省地震局组织的2015年全省市（州）防震减灾工作年度考核三等奖、政务工作评比二等奖；获省地震局授予的监测预报、抗震设防、法制建设单项奖；完成《2015年度攀枝花市及邻区地震趋势研究报告》，并获全省评比二等奖；各类监测手段均获全国全省评比优秀奖。

【地震监测预报】 攀枝花市防震减灾局按照省地震局局的要求，在全市各县（区）必须建设两个或两个以上地震观测手段，在全市各乡镇、村组及所属社区落实了一名宏观观测员；定期对各台站仪器、设备进行维护和检修，确保监测工作顺利进行；派出业务人员去省内外参加专业技能培训，提升专业水平，确保监测质量；严格落实值班制度，如实记录每天监测情况，及时处理地震监测数据；及时察看地震台站周边环境，消除影响观测的不利因素，确保观测环境稳定，观测数据真实可靠；认真开展会商，定期分析研判。定期开展震情会商会，每周、每月、每季度对地震监测数据进行科学分析和研究，对异常情况立即展开跟踪分析，认真研判地震趋势，及时向市委、市政府和省地震局报送预测意见；完成了《2015年年度地震趋势研究报告》并获全省评比二等奖，出《震情分析》12期，填报《周地震预报卡》55期，对攀枝花市境内及周边邻区地震活动情况作出较准确的分析研判。

【地震活动】 2015年，攀枝花市地震监测中心共监测到地震190次，其中1.0级~1.9级8次、2.0级~2.9级104次、3.0级~3.9级72次、4.0级~4.9级6次，最大地震为2015

年10月29日云南香格里拉4.7级地震。全年地震主要集中在云南鲁甸与四川巧家，四川木里与盐源交界以及云南香格里拉。2015年攀枝花市地震监测中心监测到攀枝花市境内地震共13次；其中最大地震为2015年5月17日17时40分发生在四川盐边2.9级地震。

【震情跟踪会商】 2015年12月21—23日，川滇毗邻地区震情跟踪工作协作区第三次会议在攀枝花市召开。市人民政府副市长刘先伟出席会议并致辞，市人民政府副秘书长唐刚主持开幕式。全国7级地震强化监视跟踪工作专家组部分专家、中国地震台网中心、云南省地震局、四川省地震局有关专家，川滇毗邻地区9个市（州）防震减灾部门和地震监测预报单位领导和分析预报人员共80余人参加会议。会上，中国地震台网中心、云南省地震局、四川省地震局有关专家及川滇毗邻地区各成员单位分别就区域的地震活动、前兆异常跟踪情况、地震危险性等进行详细跟踪分析和研究，形成会商结论。会议还就进一步加强区域协防等工作进行交流，对于如何加强震情跟踪工作制定具体措施。

【农村民居抗震设防】 根据法律法规赋予职责，加强对建设工程抗震设防的监督管理。攀枝花市2014年底开始启动农村民居抗震设防情况调查，2015年，由住建、农业、防震减灾等部门组成的农房核查小组再次对全市农房进行核查，攀枝花市现有56765户农房不符合抗震设防标准。市防震减灾局草拟《攀枝花市人民政府关于进一步加强农村民居地震安全工程的意见》，市政府高度重视，两次召开常务会议研究此项工作。经市政府第60次常务会议审议通过，要求各县（区）政府，市级相关部门要统筹涉农资金，因地制宜，分阶段实施，到2020年基本完成农村民居抗震设防改造。成立农村民居地震安全工作领导小组，统筹协调全市农村民居抗震设防改造工作。市发改、财政、住建、民宗、农牧、防震减灾等十四个市级部门按照各自职责加强业务指导和协调，各县（区）政府做好规划和施工质量管理，制订实施方案。加强政府引导，安排专项资金进行定额补助，统筹涉农资金、多渠道筹措补助资金，加强抗震技术的推广应用，组织工匠进行技术培训，开展现场巡查指导，努力调动农户建立安全家园的积极性。严格施工验收。要求农户与施工单位或工匠签订保证书，严格按照抗震设防标准施工。工程完成后，按照相关标准进行验收。实行专项考核。从2016年起，将农村民居抗震设防工作纳入县（区）政府年度目标考核，签订目标责任书，每年对已建成的农村民居进行改建和加固，份额不低于总额的20%。

【地震应急演练】 全年共举行大型地震应急演练1次，县（区）地震应急桌面推演2次，社区应急演练1000余次，校园地震应急演练800余次。学校和社区地震应急演练逐渐规范化、制度化、常规化，学校师生和社区居民应对突发地震事件的组织指挥能力、快速反应能力和紧急救援能力有了显著提高。

【基础单元示范创建活动】 全市共建有国家级、省级、市级地震安全示范社区各1个，防震减灾示范社区省级4个，市级5个，防震减灾示范学校省级4所，市级14所。市防震减灾局编印了防震减灾工作通讯录，该通讯录涵盖了42个防震减灾领导小组成员单位，市、县（区）防震减灾系统及社区、乡村“三网一员”相关工作人员联系信息共计1500余人。该通讯录将大大提高宏微观异常信息传达和灾情速报效率，进一步增强处理突发地震事件的应急管理能力，为下一步建设地震预警系统打下坚实基础。

【防震减灾目标考核】 将防震减灾工作纳入年度目标绩效管理，印发了《攀枝花市人民政府办公室关于开展2015年度防震减灾目标任务考核的通知》，将48项防震减灾工作任务分解到各县（区）政府和市级各有关部门，明确县（区）政府和市级各部门的主体责任。市政府与各县（区）政府签订2015年防震减灾目标责任书，对监测预报水平、抗震设防管理、地震应急响应、防震科普宣传等方面提出具体要求。

【防震减灾宣传培训】 为全面提升全市政府机关及事业单位工作人员防震减灾意识，普及防震减灾相关知识。2015年，按照相关要求，市防震减灾局将防震减灾内容纳入公务员培训计划，2015年10—12月，在市人社局开展的全市公务员年度培训工作中，市防震减灾局精心组织，安排5位中层领导干部作为授课老师，向全市公务员详细讲解地震监测、预报预警、地震灾害防御、应急救援及家庭和个人应对地震的方法等防震减灾知识，获得参培人员的一致好评。此次培训活动共计34场次，受教育人数达6000余人。此外，市防震减灾局充分利用“科技之春”“5·12”防灾减灾日、科技活动周等特殊时段，在学校、社区、街道、乡镇等地，采取播放广播、展示展板、发放宣传手册等方式进行科普知识和法律法规宣传。全年共发放各类宣传资料25万余份，悬挂横幅25幅，展出展板126块，直接或间接受教育人数达80余万人次。

【建设完成攀枝花市地震数据中心】 利用办公室调整机会，投入资金50多万元购置服务器、电脑、电视等一批设备，完成了地震数据中心建设。攀枝花市地震数据中心汇集攀枝花测震台网、前兆监测、地震预警和烈度速报、地震应急指挥等多个数据平台，可对攀枝花境内地震台站运行、地震活动情况、监测数据、地震预警信息、地震烈度速报等信息实时监视并直观显示在中心的30台电视终端上。攀枝花市数据中心的建成进一步增强了对地震监测台站的监控能力和对地震数据的处理能力。

（王　斌　吴亚西）

气　象

【概　况】 2015年，攀枝花市气象系统职工145人，其中在职职工82人、离（退）休职工63人。攀枝花市气象局下辖盐边县、米易县和仁和区气象局，属国家一般气象站，设办公室（人事教育科）、业务科技科（法规科）和计划财务科（监察审计室）3个参照公务员法管理内设机构；设攀枝花市气象台、攀枝花市气象信息中心（四川省农村经济综合信息中心攀枝花分中心）、攀枝花市气象探测中心、攀枝花市公共气象服务中心和攀枝花市气象局财务核算中心5个直属事业单位；其他独立设置的县级气象机构1个：攀枝花气象站；管理攀枝花市人工影响天气办公室（攀枝花市农业气象中心）、攀枝花市防雷中心2个地方气象事业单位。

2015年，攀枝花市气象局加强组织领导，明确工作职责，强化管理。全市国家气象站、自动土壤水分观测站、酸雨的观测质量继续保持优秀，资料传输率分别达99.86%、99.14%、100%，区域自动气象站资料传输及时率分别为98.61%（国家考核站）、98.87%（省级考核站），精细化城镇预报产品及时率100%。4月、9月分别完成盐边县和仁和区新型自动气象站建设任务，5月举办综合气象业务知识培训班，9月举办新型站软件应用培训班，7月—9月完成全市贯彻落实气象探测环境保护“4项强标”的备案工作，8月—10月完成全市地面气象业务标准化建设工作。

2015年，攀枝花市气象局全面升级改造气象信息网络，建成省——市12兆、市——县4兆的电信和移动双线路互为备份的全省气象信息广域网络；新建完成仁和区2个标准化高炮作业点建设；建成雷达站和米易县高炮作业点的视频监控系统；启动全市34个高炮作业点的信息采集系统和高炮防护盾安装工作；推广安装激光雨滴谱仪2台，有效加强人影效果评估工作。

2015年，攀枝花市气象局切实加强气象科技创新工作，在攀枝花市科学技术和知识产权局立项，与四川省气候中心合作的《攀枝花市气候灾害监测评估及变化研究》科研课题进展顺利；自筹经费立项《攀枝花市温度预报方法研究及平台建设》《攀枝花市5－6月晴雨预报研究》等课题已经开题；《新型自动气象站异常数据的分析与处理》在《北京农业》发表；《试论气象灾害风险评估在防灾减灾中的作用》在《地球》2015年第5期发表。

2015年，攀枝花气象站被四川省气象局评为2014年度四川省地面气象观测工作优秀集体。攀枝花气象站继续保持国家级“巾帼文明岗”称号。有1人被四川省气象局评为2014年重大气象服务先进个人；有2人被四川省气象局评为2014年度四川省地面气象观测工作优秀个人；有1人荣获第五届四川省气象行业天气预报技能竞赛个人历史个例预报三等奖；有3人被四川省气象局授予“2014年度四川省优秀值班预报员”称号；有1人被四川省气象局评为2014年度市（州）人工影响天气工作目标任务先进个人。

【气象服务】 2015年，攀枝花市气象局充分利用气象雷达、自动气象观测、卫星云图等现代探测手段，重点加强对寒潮、干旱、高温、森林火险、暴雨等气象灾害监测工作，努力提高天气、气候预测预报的准确率和精细化水平，及时制作和发布监测预警信息，通过电视、电台、“96121”、门户网站、手机短信、微博、微信等方式把气象预警信息传送到攀枝花市委、市政府和各县（区）政府、市级有关部门以及广大社会公众，通过预防和采取避让措施，确保人民群众生命财产安全。

2015年，攀枝花市气象局准确预报1月低温寒潮、3月—6月干旱、5月—6月高温、暴雨等灾害性天气过程。圆满完成了第六届四川国际自驾游交易博览会、攀台现代特色农业和康养产业合作交流会、攀枝花市第七届运动会等重大活动气象保障服务工作。向4063人发送决策气象短信，共发布暴雨重要天气警报、地质灾害预警信息、森林火险预警信号等决策气象服务简报179期。准确预报7次暴雨天气过程。

2015年，攀枝花市人影管理部门严格执行各项规章制度，加强对作业点的指导和管理，密切关注天气变化，适时开展人工增雨和防雹作业。全年开展人工增雨作业11次，用弹115枚。全市高温干旱天气得到有效缓解，森林火险等级显著降低，空气质量明显提升，社会、经济和生态效益显著，获得社会各界广泛认同和高度关注。全市开展防雹作业400多次，耗弹4000多发，有效保护了作业区内的农经作物未受大的冰雹灾害。

2015年，攀枝花市气象局紧紧围绕夏收夏种、烤烟生产、季节性干旱、晴热高温、秋收秋播等关键农事季节和重要生产环节，加强对主要农作物的跟踪监测，及时开展水稻、烤烟、蔬菜、水果等常规和特色农业的气象服务，不断提升为农服务能力和水平。在水稻、玉米、烤烟等作物的关键生育期又屡次开展农情调查，密切关注大春作物及烤烟的生长发育情况，为农气服务工作扎实有效。完成全市小春（大春）粮食作物气象产量趋势预报和定量预报，为全市农业增产、粮食丰收建言献策。全年发布《农业气象旬（月）报》36期、《农用天气预报》6期，《雨情通报》26期，《灾情报告》22期，《干旱监测报告》3期，撰写《农业气象专题报告》2

期，按时填报《灾情直报》《当地主要农作物发育进程表》等。同时，积极推进“直通式”为农气象服务，服务对象数量212个，较2014年增加25%。

【气候综述】 2015年，攀枝花市气温显著偏高，降水量正常偏多，日照南部偏少，其他地区正常偏多，相对湿度正常偏小。雨季开始期正常至偏晚，南部在6月上旬末期开始，北部在6月下旬至7月初开始；雨季结束期略偏早，大部地区雨季结束于10月上旬末。年内干雨季分明。1月－5月降水较少(2月－3月仅有微量)，气温回升快，湿度小。1月上中旬出现强降温天气，致使仁和区局部地区遭受低温霜冻灾害。由于此段时期持续降水较少，冬干、夏旱、高温较为明显，5月下旬中期至6月上旬后期大部地区出现了7天－12天38℃以上的高温酷热天气。随着雨季的开始到10月，气温平缓下降，日照减少，雨日增多，此段时间降水量占全年总量的85%以上，汛期中出现了7次暴雨天气过程，其中区域性暴雨3次。8月降水显著偏多，日照明显偏少，对水稻的抽穗扬花带来不利影响。部分地区出现了大风、冰雹、暴雨、洪涝等气象灾害，给农业生产造成较大损失，秋旱为一般发生。11月、12月气温偏高，降水正常偏少，出现了一般性冬干，12月中旬出现了强降温天气，中高山降了小雪。

全年攀枝花光温条件较好，降水正常偏多，年内分布较为不均。冬干、夏旱、秋旱都有不同程度的发生，暴雨、洪涝、大风、冰雹灾害一般，年初和年底有低温霜冻影响，8月多雨少日照天气对水稻的抽穗扬花不利，雨季开始期正常至偏晚。综合分析，本年农业气象条件属于一般年景。

【气温】 2015年，攀枝花市平均气温20.4℃～21.8℃，较常年显著偏高0.8℃～1.3℃(仁和偏高1.3℃)；年极端最高气温40.5℃(仁和区5月28日)，年极端最低气温2.3℃(米易县1月13日)。

月平均气温分布为：1月开始迅速回升，6月气温最高，后又逐渐下降，1月、2月、4月、7月、8月、10月基本正常，其他月份偏高，其中5月、6月显著偏高2.6℃～4.1℃；月平均气温最高出现在6月(28.5℃～29.9℃)，最低在1月(11.9℃～13.1℃)；年内旬平均气温变化幅度大，其中：1月上旬、3月上中旬、6月上下旬、9月下旬、11月下旬、12月上旬显著偏高，1月中旬、4月下旬、10月中旬显著偏低，其余时间基本正常。

气温空间分布：南部高于北部(仁和区高于米易县)，年平均气温仁和区最高(21.8℃)。

【降水】 2015年，攀枝花市总降水量为947.5毫米～1116.8毫米，较常年米易正常，其他地区偏多113.2毫米～225.9毫米，偏多幅度12.2%～27.3%。

年内各月降水分布不均，1月、8月、9月明显偏多，其他月份基本正常，绝大部分降水集中在6月～10月，2月～3月、11月～12月各地仅有少量降水；年内干雨季分明，6月～10月总降水830.7毫米～949.0毫米，占全年降水量的85%～90%，东区炳草岗地区、盐边县、仁和区的8月，米易县的9月为一年降水最多月；总降水量呈现出由西北向东南逐渐减少的趋势，仁和区中部、盐边县红格片区降雨量较少。

【日照时数】 2015年，攀枝花市日照时数为2393.5小时～2811.9小时，较常年盐边县、米易县正常，东区炳草岗地区偏多173.9小时、仁和区偏少109.3小时。

年内分布2月、3月、5月、6月偏多，其中5月、6月偏多明显，1月、12月偏少，8月显著偏少(35%～50%)，其余时间正常。日照时间分布为：雨季少，干季多；月日照时数均为5月最多，达304.3小时～328.2小时，平均每天有9.8小时～10.6小时；8月最少，平均每天3.0小时～3.9小时，空间分布上南部地区多于北部。

【相对湿度】 2015年，攀枝花市年平均相对湿度53%～63%，较常年东区炳草岗地区正常，其余地区偏小3%～9%。

年内分布为1月显著偏大，3月、5月、6月、7月、12月显著偏小，其他时段正常略偏小，8月为最大月(米易县、盐边县9月)，相对湿度70%～81%；3月为最小月，相对湿度仅27%～34%。

【气象灾害】 2015年，攀枝花市气象灾害发生较多，大风、冰雹、暴雨、洪涝、低温冻害都有发生。其中大风冰雹带来的损失较大，其他灾害一般发生。主要的气象灾害如下：

低温冻害 2014年12月16日、2015年1月8—16日，仁和区中坝乡多次遭受低温霜冻灾害。据统计，共造成农作物受灾243.3公顷，成灾84.9公顷。直接经济损失94.1万元。

大风冰雹 3月24日18～19时，米易县攀莲镇、白马镇、普威镇等乡(镇)受冰雹灾害袭击，芒果、樱桃、梨子、花椒等经济作物受灾。累计全县农作物受灾1784.9公顷、成灾1636.1公顷，农业经济损失3116.77万元。

8月1日晚，盐边县、米易县部分乡镇发生大风冰雹灾害。造成盐边县温泉、红果等5个乡(镇)20个村8175人受灾，农作物受灾676.60公顷，成灾461.92公顷，绝收214.67公顷，房屋倒塌1间，直接经济损失1596.60万元；造成米易县得石、丙谷等7个乡(镇)16个村4122人受灾，农作物受灾374.3公顷，成灾203.1公顷，绝收105.6公顷，农业经济损失733.03万元。

暴雨洪涝　9月8日夜间,盐边县格萨拉乡局部暴雨成灾,降水量83.2毫米,造成4个村2491人受灾,屋倒塌1间,转移安置37人。农作物和中药材受灾148.75公顷,成灾100.81公顷,绝收100.81公顷。直接经济损失294.6万元,其中农业损失292.6万元。

9月11日夜间,盐边县红果、箐河、惠民等12个乡(镇)遭受暴雨洪涝灾害。造成8691人受灾,房屋倒塌67间,损坏292间,转移安置381人,农作物受灾面积288.74公顷,成灾249.16公顷,绝收87.53公顷。基础设施受损,部分公路塌方,桥梁垮塌,电力受阻。直接经济损失1753.33万元,其中农业损失921.15万元。

9月12—17日,米易县出现持续性降雨天气,得石、丙谷、撒莲、垭口等10个乡(镇)遭受暴雨洪涝灾害,截至9月18日15时统计,造成61个村5309人受灾,倒塌房屋12间,多处路段出现塌方,农作物受灾166.1公顷,其中经济作物受灾66.2公顷,直接经济损失601.8万元,其中农业经济损失247.5万元。

(陶洪福　杜成勋)

农林科研

【概　况】　市农林院是由原市农科所、市林科所、市农机与节水技术推广站和市良种场四个单位于2006年整合而成,属市政府直接管理的公益一类综合性农业科研事业单位。主要职责是围绕全市中心工作和全市农业、林业、水利主导产业,开展科学研究和技术推广工作,为全市"三农"提供科技支撑和智力支持。市农林院分别在仁和区沙沟、五十一、大箐沟有三块科研实验示范基地,总面积66.67公顷。2015年12月,市农林院新增5个二级机构,现有蔬菜研究所、果树研究所、林业科学研究所、畜牧兽医研究所、作物烟草研究所、水利与农机研究所、农业信息与经济研究所、生物技术研究所、成果转化示范中心和办公室(离退休人员管理科)、党委办公室(监察科)、财务科、科技管理科共13个二级机构。拥有农业部芒果种质资源保护四川创新基地、全国灌溉试验重点站、农业部国家大宗蔬菜产业技术体系攀枝花综合试验站、农业部攀枝花金沙江干热河谷区特色农业观测试验站、四川省农业科学院攀西分院、国家现代农业产业技术体系四川攀西特色水果创新团队等省级以上科技平台。

2015年,市农林院有职工207人,其中退休91人、在职116人。在职职工中,专业技术人员72人,其中高级职称30人(研究员7人,副高职称23人)、中级职称27人。享受国务院政府津贴专家1人,有市委直接联系高层次人才1人、市级突出贡献专家5人、市学术和技术带头人6人、市学术和技术带头人后备人选17人。

市农林院坚持"科研立院、人才强院、开发兴院"的指导思想,坚持"开放办院、特色办院、统筹办院"的办院方针,坚持应用研究为主,面向基层,服务生产的工作定位。总体奋斗目标是创建"三个中心,两个基地",即攀枝花市农业科技成果孵化中心、四川省南亚热带作物科技创新中心、全国热区重要的农业科技合作与交流中心。特色效益农业成果转化示范基地、区域性农业技术培训和服务基地。

2015年,市农林院在研项目98项,其中新上项目24项。项目验收15项、成果鉴定1项。申报四川省和攀枝花市科技进步奖励9项,申报攀枝花市科技杰出贡献奖1人,申报市社会科学优秀成果科奖10项。获国家发明专利5项、获四川省和攀枝花市集体荣誉35项、市科技进步奖二等奖2项、三等奖1项。在国家、省、市正式刊物上发表论文21篇,撰写科普文章17类共94篇,新增科技展板33张。新闻媒体报道市农林院科技工作87条次,科技人员下乡累计2483人次,举办技术培训班208期,培训农业从业人员8560人次。科技成果在市内外累计推广2.6万公顷,创社会经济效益2.41亿元。

存在的不足。岗位设置制度、绩效工资制度不利于调动单位科技人员积极性和创造性。研究领域多、服务范围广,科技人员配备不足。学科建设不平衡,部分学科缺乏领军人才,导致科技人员工作压力普遍较大。中青年科技人员成长速度不够快,研发能力不够强,综合素质和科研规范性还有待提高。某些学科缺乏分类细致的实验室,试验研究手段较落后。农产品采后技术严重滞后,缺乏采后处理与加工。科技服务农业产业发展的力度亟待进一步加强。

【蔬菜研究】　2015年,蔬菜研究开展项目10项。

新品种引育。早熟丰产丝瓜新品种选育项目收集丝瓜资源材料75个进行鉴评,获得雌花节位低、瓜型棒状、表皮皱材料4份。参加四川省区试组合4个,2个表现优异。攀杂丝瓜3号通过四川省农作物品种审定委员会审定。苦瓜新品种选育项目收集苦瓜资源材料6个,鉴评苦瓜自交系13个,2个苦瓜强雌系雌花率高于85%。配制杂交新组合85个,初选优良组合6个。参加四川省区试组合2个,攀杂苦瓜7号通过四川省农作物新品种田间技术鉴定。菜豆新品种选育项目收集菜豆材料58个,初选优良材料33个。大棚蔬菜新品种引进筛选示范项目承接岗位专家任务,引进岗位专家田时炳茄子新品种7个,川南试验站黄瓜新品种9个在米易丙谷镇沙沟村进行品种比较试验,选出适合攀枝花种植的茄子品种3个,黄瓜品种3个,组织农户到田间进行了鉴评。试验站引进品种119个,其中番茄18个、辣椒21个、黄瓜12个、苦瓜6个、茄子6个、丝瓜56个。初选优良品种24个,其中番茄6个、辣椒5个、黄瓜5个、苦瓜3

个、茄子1个、丝瓜4个。

栽培技术研究。形成攀西地区夏秋番茄避雨栽培技术、大棚黄瓜、辣椒嫁接栽培技术单项技术3项。集成攀西地区早春蔬菜水肥一体栽培技术1项，节水40～70%，节肥20%以上，增产17%以上，亩产值增加1200元。自育的2个豇豆新品种“攀豇一号”和“攀豇二号”均获农业部植物新品种保护权。

【特色水果研究】 2015年，市农林院果树团队在研项目23项。

芒果研究。主要开展芒果种质资源收集、新品种选育、栽培管理、病虫害防治、采后处理、防灾减灾等全产业链的关键技术研究。芒果资源圃维护及种质资源收集项目进行芒果资源引进、收集、保存、评价和创新利用，从广西壮族自治区钦州市和中国热带农业科学热带作物品种资源研究所收集A3、A36、凤凰芒等芒果资源22份保存，资源圃现存资源165份，扩建芒果种质圃1.3公顷。对收集的芒果资源进行清理、检查嫁接成活率。加强对新梢的管理，及时抹除蘖芽，解绑，短截新梢促使分支。对资源圃进行肥水施灌、病虫防治、整形修剪、定期除草等日常管理。芒果产后团队采用边研究边推广方法，将第一轮建设所研究集成的“芒果采后商品化处理技术”及时用到生产中，通过编印技术手册、制作幻灯片、到示范区的田间地头对果农和经销商进行讲解等手段进行培训示范，辐射带动周边果农使得水果的采收包装更科学合理，有效减少运输途中损耗，现在攀西地区芒果外运损耗率低于2%。开展水果贮藏加工实验平台建设，建成规格为2米×2米×2.5米共10立方米小型贮藏冷库3间。与凉山州德昌县唯益冻库有限公司合作研制出芒果丁、芒果块速冻品。

石榴研究。完善石榴品种资源圃，现存黑籽酸、突尼斯软籽、青皮软籽、以色列酸石榴、牡丹花石榴等38种石榴品种资源。针对攀西地区发生石榴枯萎病的情况进行石榴实生苗繁育，利用繁育出的以色列软籽石榴、青皮软籽石榴、以色列硬籽石榴1000株嫁接苗代替扦插苗，进行增强抗逆性的试验。

其他特色水果研究。2015年，市农林院引进红妃、乌皮樱桃、红宝石、玛瑙红等樱桃品种16个，其中定植3个，嫁接13个。引用9个品种在3个试验点做3次重复随机区组引种栽培试验，选出当地中国樱桃优良品种1个。对嫁接未成活品种进行补接，成活率高于95%。对米易县撒莲镇海塔村、普威乡樱桃死树进行调查及防治试验。番石榴种质资源调查项目对5个样地优良单株的立地条件、树高、冠幅、结果量等基本情况进行调查，收集到5株优良单株种子，进行种苗繁育试验。引入100株火龙果自花授粉型苗木进行观察。

【园林绿化研究】 2015年，市农林院园林花卉团队在研项目8项，新上项目2项。参与攀枝花市国家森林城市、国家园林城市创建工作，调查攀枝花地区的城市园林绿化乔灌木及乡土观赏植物，掌握相关植物的种类、生物学特性及分布。参与“金沙江南亚热带植物园建设项目”和园林花卉基地建设工作。形成芒果展示园雏形。开展蔬菜展示园建设，完成攀西现代林业科技示范园建设总体规划和道路施工设计。装修植物标本室156平方米。金丝梅项目组3次对4个样地开展野外调查，收集盐边县强盛乡1个区域的金丝梅种源，采集种子3份。定值金丝梅苗木20株，定期观察物候期，适时浇水、施肥、修剪，现长势良好。

【烟草研究】 2015年，市农林院作物烟草所承担科研项目11项，其中市科学与技术知识产权局3项、横向合作项目8项，项目经费481万元。获省级科技进步三等奖一项，申报发明专利2项，发表论文4篇。培训农村实用人才727人次。烟草所首次在院外建立具有自主经营权的科研示范基地13.3公顷，首次在烟株培肥中加入中微量元素，首次在攀枝花采用邀请烟农到核心试验示范地劳作的方式推广秸秆还田技术和绿肥作物种植技术。项目组将湖南省中烟工业有限责任公司提出的深橘色优质烟叶的生产配套技术和攀枝花市2015年烤烟生产推行的培肥地力、抗旱栽培、均衡营养、田间管理、统防“五个关键”技术进行整合，通过倒换前茬作物的方法促进烤烟生长、研究推广同时进行的方法提高烤烟质量。在面积烟叶生产基地开展玉米秸秆、山草还田试验和商品有机肥的适宜施用量试验示范。在仁和区大龙潭乡6.66公顷基地开展黑麦草、豌豆、红薯种植示范和适宜播期试验，表面相同的物料处理方式下有机物料施入量越大，土壤容重越低，含水量越高。说明施入较多的有机物料能有效疏松土壤，利于植株生长。对634公顷的3个攀枝花市优质烟叶生产示范片的301个样进行苗期病毒检测，为烟农挽回经济损失14万元。

【畜牧研究】 2015年，畜牧所在研项目12项，新上项目2项。草食家畜科研示范基地2015年羊场存栏羊489只，其中种公羊22只，种母羊258只。攀枝花本地黑山羊保护性选育研究及纯繁场建设项目在攀枝花市境内引进本地黑山羊公羊16只、母羊206只，通过隔离防疫及圈养驯化繁殖羔羊近100只，建立起298只规模的本地黑山羊基础群。制定出5个攀枝花山羊养殖生产技术标准体系。开展肉牛标准化养殖设施建设、肉牛品种改良技术研究，形成适合攀枝花二半山区肉牛品种改良和标准化养殖技术。山羊圈养标准化规模化技术集成及产业化示范项目建成山羊良种繁育养殖研发基地和山羊标准化规模化养殖示范基地，新建1栋1400平方米标准化羊舍，对4栋旧舍进行标准化改造，安装有现代化元素的设施设备。引进200只优良种羊进行纯繁和示范饲养，推广优良种羊给周边养殖户。进行农作物秸秆调制及贮备（青贮、微贮、干贮），引进新型王草、巨菌草2种高产优质牧草各1000株进行适应性观察并扩繁0.67公顷。为仁和区格萨拉乡86.6公顷人工草场建植推荐适栽品种和技术指导。指导盐边县国胜乡山羊养殖示范户进行标准化圈舍、青贮窖、消毒室等设施修建。开展山羊的疫病防治，为盐边县恒斌养殖场、仁和区德荣养羊合作社等提供主要传染病疫苗的免疫程序、免疫方案及疥螨病的防治方法。“吡喹酮乳剂注射液及其制备工艺”“自动锁定式牛颈枷式饲栏”“颈枷式羔羊专用补饲槽”“羊用自动饮水装置”和“自动投药装置”5个成果均获国家发明专利。

【林业研究】 2015年，市农林院生态与生物研究所在研项目25项，新立项目5项。

核桃研究。2015年，开展核桃良种引选工作，收集国内核桃优良品种5个，保存品种28个。选育的核桃品种“攀核1号”通过四川省省级认定。建立总面积20公顷核桃良种采穗圃3个，完成4公顷的核桃幼树嫁接改造，嫁接成活率92.4%。85%的农户掌握核桃树接后管理技术。进行核桃本地优良单株调查，筛选出4个优良单株。开展攀枝花市核桃古树调查，编印出攀枝花市核桃古树图册。

食用菌研究。2015年，市农林院生物技术团队在研项目13项，其中新上项目6项。继续加强块菌栽培技术研究，通过节水喷灌设施建设和土壤改良技术培育杨树、板栗、美国山核桃、印度块菌、攀枝花白块菌、夏块菌等块菌菌根苗6000余株。在盐边县格萨拉乡海拔2200米和2600米新建2个面积共0.66公顷块菌人工栽培试验基地。开展暗褐网柄牛肝菌最适pH、温度和培养基配方面研究。开展腐生和共生兼用型牛肝菌野生种源鉴定和菌种分离纯化，培养菌株已出菇。林下食用菌植繁育技术研究在仁和区平地乡板栗林、啊喇乡核桃林、云南松林、金江镇青龙山小桐子林下种植灵芝10000多包。利用废弃果枝栽培食用菌等获4项国家发明专利，野生块菌保育促繁及保鲜技术研究与应用项目获攀枝花市科技进步奖二等奖。

中药材研究。开展何首乌、玛咖、金线莲、川续断、党参、重楼、魔芋等林下生物资源人工种植技术研究。2015年建3个玛咖试验点，4个金线莲试验点。调查攀枝花市区域内何首乌资源，选出4个优良品种，收集四川省遂宁市、广东省、贵州省等地的何首乌资源建立种质资源圃，现存23份种质资源。制定何首乌种子分级标准。重楼项目组开展不同森林郁闭度重楼根状茎生长量调查，分析重楼林下栽培最佳郁闭度。开展重楼根状茎与地上部分生长量的观测，通过观测数据分析重楼根状茎与地上部分生长量的关系。通过探索不同比例施肥方法得出提高重楼产量的办法。

乡土绿化植物研究。对毛红椿、木蝴蝶、清香木、毛叶榄仁、狭叶山黄麻、野樱桃、假杜鹃等乡土树种进行野外补充调查，采集种子，培育苗木2000余株。对培育的300多株毛红椿幼苗进行苗期肥水试验、种子千粒重测定。移栽部分幼苗到无纺布容器中，进行优质种苗培育，苗木长势良好，开展行道树苗木定向培育，在种植资源圃内定值株行距3米×3米的毛红椿30株，毛红椿侧芽生长萌发力强，需在植株高1米时及时剪去侧芽，保证顶芽生长。按照行道树的规格，将枝下高度控制在2~3米间。海州常山、香椿繁育及高产栽培技术研究项目掌握海州常山（斑鸠菜）在攀枝花干热河谷区和二半山区的物候特征、生长发育规律、抽枝特性的物候生长规律，研究出香椿种子繁育技术和矮化密植高产栽培技术，探明香椿栽植最佳密度为每亩667株。继续开展本地青花椒优良品种筛选工作，调查优良单株10株，观测开花、结果等物候期，将对优良单株进行枝条嫁接试验。开展丰产栽培试验、富碳肥试验、成锈病防治试验，效果明显。

【节水研究】 2015年，市农林院节水所在研项目6项，其中新上项目3项。主要开展农田高效节水技术、节水配套机械和灌溉节水产品研发和示范。推广滴灌、微喷灌技术。建立攀西地区目前唯一的高效节水科研实验平台，目前已投入生产。开展农业有效用水和主要农作物有效灌溉用水的基础性研究，初步探明现代农业科学用水的数据，大棚番茄膜下滴灌每亩最佳灌水量400至470吨，大棚苦瓜膜下滴灌每亩最佳灌水量240吨，露地菜豆膜下滴每亩最佳灌水量172吨，露地甘蓝膜下滴灌每亩最佳灌水量183吨，常规沟灌在适宜的灌水量和灌水周期下可省水40%~60%，在灌水与施肥环节可省工85%，增产5%。可节省用肥料10%，每亩节本增效2000元。制定出早春大棚番茄膜下滴灌技术规程等6个区域性地方标准制。

【成果转化与示范】 2015年，市农林院探索出“科技（精、准、快）扶贫模式_福田模式”，在攀枝花市贫困山区或少数民族地区复制基地13个，推广面积8666.6公顷，建立“专家——示范户”142户、“专家——示范户——对子户”404户。2015年仁和区福田镇芒果总产量197万千克，比实施前增加554.28%，总产值965.26万元，比实施前增加585.47%。2015年2月，四川省人力资源与社会保障厅批准市农林院建立特色农业省级专家服务基地。市农林院在盐边县桐子林镇安宁村指导完成20公顷番茄防冻及水肥一体技术示范（小管出流滴灌带）。在5个示范县建立7个示范基地，面积118.7公顷，其中凉山州西昌市水肥一体化技术示范面积53公顷、仁和区夏秋避雨栽培技术9.3公顷、米易、仁和大棚黄瓜、茄子、辣椒嫁接栽培技术 56.4 公顷。在盐边县红果乡进行蒜薹栽培技术示范 0.17 公顷，收入比之前种植的甜玉米增加 9000 元。为当地农户提供种子 2500 千克，示范面积 1.3 公顷。2015 年，市农林院新增盐边县益民乡鲊石村、盐边县红果彝族乡岔河村、西区新庄村 3 个引智成果示范区，仁和区福田镇 2015 年引智成果示范面积达 3666.6 公顷，增加产值 660 万元，技术辐射面积 1 万公顷。2015 年，市农林院在米易县弯丘乡、攀莲镇、盐边县红格镇、仁和区福田镇、东区小攀枝花和会理县黎溪区鱼鲊村提供攀育 2 号、印度 1 号、红凯特、金白花、红苹、热研 16 号、热农 10 号、热农 1 号和椰香共 9 个芒果品种接穗，进行高接换冠品种更新，替换原有的凯特、红象牙等，新品种示范推广面积 66.6 公顷。2015 年，突尼斯软籽石榴新品种项目组与示范户签订新品种示范协议，由项目组提供品种枝条，直接建立示范面积 1.33 公顷，辐射带动当地农户推广该品种 33.3 公顷。攀西突尼斯软籽石榴面积达 133.3 公顷。

【交流与合作】 2015 年 1 月 8 日，市委书记刘成鸣视察市农林院"金沙江南亚热带植物园"建设现场并听取市农林院院长张洪祥作情况汇报，市委常委、市纪委书记李群林陪同调研。1 月 20 日，市委常委、市委组织部部长熊伟到市农林院调研并慰问市学术和技术带头人、市领导直接联系掌握的高层次人才胡湘军。2 月 12 日，市农林院专家李贵利到仁和区福田镇"芒果科技成果转化示范基地"开展芒果管理培训。3 月 27 日，攀枝花市委常委、市委秘书长许健民率市国土局副局长余晓琴一行到市农林院调研。4 月 23 日，四川省人力资源和社会保障厅专技处处长付林、调研员钟良军一行 9 人到市农林院调研专家服务基地工作。5 月 5—12 日，市农林院副院长唐平率果树专家罗照西、李贵利等到位于云南省保山市的云南省农科院热经所、云南省德宏傣族景颇族自治州瑞丽热带农业科学研究所、云南省西双版纳傣族自治州热带作物科学研究所调研热作产业。5 月 16—22 日，市农林院果树专家尧美英到山东省聊城市参加 2015 中国樱桃年会。5 月 17—25 日，市农林院院长张洪祥率果树研究团队专家到广东省湛江市中国热科院南亚所、广西壮族自治区农科院园艺所、广州市果树研究所、福建省厦门市华侨植物引种园进行热带果树引种考察及交流。6 月 12—15 日，第六届中国蔬菜新优品种博览会暨蔬菜科技成果转化与蔬菜产销能力提升研讨会在上海浦东举行，市农林院园艺所育成提供的攀杂丝瓜 1 号、攀杂丝瓜 3 号、攀杂苦瓜 7 号、攀杂苦瓜 8 号四个蔬菜新品种其长势、抗性、果实性状及丰产性得到育种专家和种子经销商好评。6 月 17—20 日，市农林院园艺所 6 名科技人员到四川省眉山市东坡区进行蔬菜加工产业调研。6 月 24 日，市农林院作物烟草研究所所长罗桂仙一行到四川省农科院与四川薯类创新团队就"攀枝花市特色红薯品种筛选和产业开发项目"事项进行磋商。7 月 18—27 日，市农林院邀请以色列专家 AVI-HAILAN 博士到攀枝花开展芒果专题讲座和技术指导工作。7 月 25 日—8 月 4 日，市农林院生态所中药材项目组成员到河南省禹州市、安徽省亳州市中药材专业市场开展对攀枝花出产主要药材川续断、川牛膝、重楼、何首乌等市场情况及潜在需求趋势的调查工作。7 月 26 日，农业部热作处处长彭艳一行到市农林院调研，视察芒果种质资源圃、芒果展示园。7 月 28 日，中国热带农业科学研究院副院长刘国道一行 14 人到市农林院调研院市合作执行情况。8 月 8—9 日，市农林院生态所科技人员兰海、代沙到位于云南省文山市广南县的云南省林业科学院油茶研究所考察学习。8 月 12—13 日，市农林院攀西特色水果创新团队组织专家在四川省泸州市召开团队与产业基地县对接交流会，国家产业技术体系荔枝龙眼岗位专家李于兴、团队依托建设单位负责人等参会。9 月 8 日，市农林院园艺所科技人员到仁和区大龙潭乡、啊喇乡调研高山蔬菜产业。9 月 17—22 日，市农林院科技人员吴健华到四川省绵阳市参加"第三届中国（绵阳）国际科技博览会"。10 月 12—18 日，市农林院 5 名科技人员到海南省海口市参加"热带高效农业推广与应用高级研修班"培训。10 月 17—23 日，市农林院生态所中药材项目团队到位于云南省丽江市的云南省农科院高山经济植物研究所、玉龙县林科所进行考察学习。10 月 18—25 日，市农林院园艺所所长杨晓峰率科技人员到山东省潍坊市寿光县、四川省绵阳市、彭州市考察学习。10 月 19—20 日市农林院副院长罗照西率科技人员王成、刘斌于到凉山州德昌县唯益冻库有限公司进行芒果速冻加工技术调研交流。10 月 20—27 日，市农林院块菌专家柳成益到法国卡奥尔市进行块菌技术交流学习。11 月 6 日，福建省农业科学院院长助理、全国热带作物品种审定委员会枇杷、龙眼牵头人郑少泉博士率浙江省农科院园艺所研究员陈俊伟、四川省农科院园艺所刘伟等一行 4 人到攀枝花市考察攀西地区枇杷产业，市农林院副院长罗照西等专家陪同考察米易县草场乡优质冬春枇杷基地。11 月 19 日，攀枝花市委副书记、市长杨自力到市农林院基地和研发中心进行调研。11 月 21 日，中国热带农业科学研究院南亚热带作物研究所副所长詹儒林一行 4 人到市农林院调研院市合作科研项目执行情况。11 月 26 日，市农林院组织全体离退休党员参观农林院草食家畜科研示范基地、节水灌溉产品研发中心和仁和区大龙潭乡混撒拉村晚熟芒果基地。12 月 9—11 日，市农林院畜牧所专家与市春秋农牧科技开发有限公司科技人员到四川省乐至县大自然农牧有限公司考察学习。12 月 21 日，市人大副主任许秀峰、市农林院院长张洪祥到米易县攀莲镇南厂村开展对联系指导贫困村的脱贫攻坚专项督查工作。

【技术培训】 2015年，市农林院科技人员下乡累计达2483人次，举办技术培训班208期，培训农业从业人员8560人次，发放资料11万余册。2月6日，市农林院核桃专家到米易县新山傈僳族新山村核桃科技成果转化示范基地，对种植户进行核桃树冬季修剪和病虫害防治技术培训，免费发放高枝剪、手锯、嫁接刀等工具。2月9日，市农林院核桃专家到米易县麻陇彝族乡核桃科技成果转化示范基地，对麻陇乡中心村、红岩村42户核桃示范户和部分非示范户进行核桃树冬季修剪和病虫害防治技术培训并免费发放高枝剪、手锯、嫁接刀等工具。2月10日，市农林副院长韦雷飞、纪委书记王广林率农林院果树专家罗照西、李贵利等一行五人到米易县新山乡，对帮扶户进行科技帮扶，送去杀虫灯等生产物资，在芒果园开展科技现场培训。3月25日，市农林院蔬菜专家杨晓峰到四川省凉山州越西县为凉山州17个县的农技推广、蔬菜生产企业、种植大户计90余人进行大棚蔬菜水肥一体化栽培和病虫害综合防治技术培训。4月2日，市农林院园艺所专家到西昌市黄联关镇对当地蔬菜种植户106人进行设施蔬菜水肥一体化现场培训。4月20—21日，市农林院核桃专家团队到攀枝花市盐边县红宝乡对90名种植户进行核桃种植技术培训，发放资料300余册。4月24日，市农林院园艺所专家在仁和区啊喇乡开展设施蔬菜种植技术培训。7月28日，市民族宗教事务委员会和市农林院组织攀枝花市盐边县渔门镇、红果乡和米易县新山乡、白坡乡的核桃种植户在米易县麻陇乡核桃科技成果转化示范基地开展核桃采收技术培训会，发放科技资料2000份。10月20日，市农林院芒果专家李贵利到西区格里坪镇芒果成果转化示范基地，对10名新庄村科技示范户开展芒果栽培技术培训。10月27日，攀枝花学院法学教授、人文社科学院副院长王明中到市农林院为市农林院职工作“法治视野中的科研运行管理”宣讲报告。10月28日，市政协副主席、民进攀枝花市委主委周治端率18名政协委员到市农林院开展“深化科技体制改革，加快创新体系建设”调研，市科学与技术知识产权局局长李明、副局长罗昌轶陪同调研。10月28—29日，由市农林院副院长唐平率专家到云南省红河州参加“滇川两省六州市林业学术研讨会”。11月1—6日，市农林院畜牧水产研究所专家与攀枝花春秋农牧科技开发有限公司领导一行到云南省种羊场、云南省农业科技园区、云南省生龙生态农业有限公司、云南三江并流农业科技股份有限公司、天茂种羊场、云南省绿盛美地股份有限公司考察学习。12月2日，市农林院畜牧专家到盐边县国胜乡大花地村开展山羊养殖抗寒技术指导。12月21日，市农林院畜牧专家团队到盐边县红宝乡花椒箐村对39名牛羊养殖户进行技术培训，发放科技资料236册。

（刘家伶）

社会科学

社科联

【概　况】 2015年，市社科联贯彻落实中共十八大、十八届四中、五中全会和中央党的群团工作会议精神，积极投身“四个全面”战略布局攀枝花实践，紧紧围绕攀枝花推进“三个加快建设”“三个走在全省前列”工作部署组织开展各项社科工作，发挥社科界的“思想库”和“智囊团”作用，协力助推攀枝花科学发展、加快发展。全年下达并完成市级社科规划课题22项，完成省社科规划课题1项，启动全市第十二次社会科学优秀科研成果评奖工作，召开纪念常隆庆诞辰110周年暨《常隆庆在攀西之研究》出版座谈会，开展加强思想政治建设，践行“三严三实”征文活动。被评为全省社科联系统学术活动先进单位和全省社科联系统组织建设先进单位。

市社科联机关共有职工9人，其中在职在编职工8人，退休职工1人，主管的市级社科类社会团体12个。

【社科课题研究】 2015年，市社科联坚持地方社会科学研究以应用性对策研究为主的方向，紧紧围绕攀枝花经济社会发展重大现实问题开展社科课题立项和研究工作，全年下达并完成《基于“互联网+”的攀枝花阳光康养营销模式创新》《攀枝花地方特色民族文化进课堂的实践与思考》《攀枝花市少数民族婚姻现状调查分析》等22项市级社科规划课题。完成省社科规划课题《中国城市康养产业发展调研报告——以攀枝花为例》的研究工作。

【社科学术活动】 2015年3月，市社科联与市科协联合召开纪念常隆庆诞辰110周年暨《常隆庆在攀西之研究》出版座谈会。会上，《常隆庆在攀西之研究》的作者刘庆华介绍了全书的主要内容和创作历程，退休市领导秦万祥、攀枝花学院党委书记肖立军等做了发言，常隆庆的儿子常嗣凡发来书面贺信。《常隆庆在攀西之研究》是攀枝花市社会科学“十二五”重点资助项目、庆祝攀枝花工业基地建设50周年重要书目，是攀枝花市第一部科学家人物研究成果著作，该成果填补了攀枝花市科学技术史科学家人物研究的空白。6月，市社科联组织开展加强思想政治建设，践行“三严三实”征文活动。此次征文活动得到了各市级社科学会、各党政机关、企事业单位干部职工、有关专家学者和社会各界人士的积极参与和支持，最终评选出一等奖征文1篇，二等奖征文2篇，三等奖征文6篇。征文活动的开展为全市开展“三严三实”专题教育活动营造了良好的舆论氛围，部分优秀征文对加强思想政治建设，践行“三严三实”提出了很好的对策建议。

【社科优秀成果评奖】 为充分发挥好社科评奖的导向、引领作用，激发全市广大社会科学工作者的积极性和创造性，根据《攀枝花市社会科学奖励条例》规定并报请市委同意，市社科联于2015年9月启动攀枝花市第十二次社会科学优秀科研成果评奖工作。申报本次评奖的社科研究成果共153项，年内已完成资格审查、初评和学科组评审工作。

【社科知识宣传普及】 2015年，市社科联贯彻落实《四川省科学技术普及条例》有关规定，以“培育和践行社会主义核心价值观，有效提升公众人文社科素养”作为全年社科普及的主题，动员和组织全市社科学会和社科工作者开展社科知识普及和咨询服务工作，重点是开展好3月科普活动月和5月科技活动周活动。全市社科普及工作共制作科普展板200多块，悬挂横幅46幅，上街布点33处，送科技下乡13次，发送科普资料20000余份，举行社区活动7次，提供社科咨询700余人次，举办社科知识讲座9次，累计受教育面达到40000余人次。

【《攀枝花社会科学》编发】 2015年《攀枝花社会科学》（季刊）编发4期，其中有2期为专辑，分别是《攀枝花三线建设理论研讨专辑》《攀枝花“三严三实”主题教育活动理论文章专辑》。全年共刊发理论文章42篇，图片55幅。至年底，刊物已出刊98期，保持和全国各省市300多家兄弟单位的刊物交换关系，继续为展示和宣传攀枝花社科工作发挥着重要作用。

（谢仲华）

志书·年鉴编修

【概 况】 2015年，全市地方志工作以学习宣传贯彻中共十八大精神为主线，认真开展党的群众路线教育实践活动，以科学记载历史、服务当代发展为宗旨，围绕中心，服务大局，认真履行职能使命，创新工作方式方法，方志编研水平和服务社会的能力进一步增强，志书编纂、年鉴编撰、史志宣教等各项工作取得突出成绩。完成编纂出版《中国苴却砚图志》，填补了中国苴却砚历史文献上的一个空白，完成省志编委和市委、市政府下达的各项目标任务。

全年，市地方志办把市情资料作为资政、服务社会、服务大局的工作来抓。年初，市地方志办建立攀枝花市情网，在市情网上设立“市情概况”“区县概貌”“自然概况”“国民经济”“社会事业”“印象攀枝花”“攀枝花年鉴”“攀枝花市志”“图说攀枝花”等栏目，为人们了解攀枝花、宣传攀枝花、展现攀枝花市各方面所取得的丰硕成果提供了很好的平台。市地方志办主办的《攀枝花史志》开设“魅力攀枝花”“裂谷风情”“历史回眸”“岁月屐痕”“文物考古”等栏目，从历史发展的角度展现攀枝花市独特的地方文化风采。

【部门志、行业志编修】 市地方志办加强了对部门志、行业志书的评审指导。先后召开了近40余次评审座谈会，对承担的部门志、行业志书就内容、结构、体例、规范等方面提出修改意见。《市统战志》《市文联志》《中国苴却砚图志》已经出版。

另全市各县（区）政府全面加强地方志修志编鉴目标管理工作，为全市各级地方志事业的持续性发展奠定了基础。

【《中国苴却砚图志》编纂出版】 按照中共攀枝花市委第九次党代会提出的“打造文化精品、丰富城市文化内涵、不断提升城市文化软实力”和市政府工作报告关于全力打造苴却砚文化等地方文化品牌的目标要求，为进一步发掘和整理攀枝花市地方特色文化资源，宣传推广攀枝花苴却石文化，扩大阳光花城的影响力，2015年，完成了反映攀枝花地方特色文化的《中国苴却砚图志》编纂出版。《中国苴却砚图志》以图释义，全面展示了苴却石及苴却砚的资源分布、优质的石品、花纹鉴赏，精湛的雕刻艺术，蓬勃的产业发展，为传播中华传统砚文化留存了浓墨重彩的一笔。《中国苴却砚图志》的编纂出版，丰富了苴却砚艺术传播文献，具有较高的学术价值和实用价值，必将为希望了解、研究和收藏苴却砚石的朋友所喜爱。

【《中国苴却砚》出版】 市地方志学会联合市旅游协会、罗氏石艺研究所共同出版了《中国苴却砚》。《中国苴却砚》内容以图为主，以文为辅，按中华传统美工文化分类为序列、图文并茂，充分展示中国苴却砚的独特魅力。

【《攀枝花年鉴（2015）》编纂出版】 2015年是攀枝花开发

建设50周年，为全面反映攀枝花社会事业和经济建设等各方面取得显著成就，经研究决定《攀枝花年鉴（2016）》采用全彩四色印刷。年初，市地方志办召开专题年鉴业务会和专题学习会；对市级各部门年鉴撰稿人进行分类指导，制订《攀枝花年鉴（2015）》编纂出版工作进度计划，明确按进度、时序，狠抓节点控制，定人定责抓质量落实。经过紧张工作，新版全彩年鉴顺利完成编辑、审稿及出版工作。

【县（区）年鉴编纂出版】 为深入贯彻《四川省人民政府办公厅关于加强全省综合年鉴工作的通知》，市地方志办继续督促指导各县（区）编写综合年鉴。《东区年鉴（2015）》《西区年鉴（2015）》《盐边年鉴（2015）》《米易年鉴（2015）》均已公开出版发行。

【企业、单位年鉴编辑出版】 2015年，攀枝花市地方志办公室继续指导企业年鉴编辑出版。全年出版《攀钢年鉴（2015）》《钢城集团年鉴（2015）》2部企业年鉴和《攀枝花统计年鉴（2015）》1部部门年鉴。

【《攀枝花史志》编发】 2015年，市地方志办编发《攀枝花史志》4期，共收录文章80余篇稿件，近20余万字，彩图50余幅。《攀枝花史志》在内文图片、栏目设计、稿件质量上都较往年有很大的，稿件质量高，重点突出，紧扣攀枝花经济建设这一中心任务，在旅游、饮食、文化、交通等方面有特别体现。收集多篇较高质量的文稿，凸显刊物的灵魂与个性。

（龚思宇）

党史研究

【概　况】 全市党史研究系统现有6个专设工作机构，其中市委党史研究室、米易县委党史研究室单独设立；东区区委党史研究室、西区区委党史研究室、仁和区委党史研究室均与县（区）地方志办公室合署办公，盐边县设史志办履行党史工作职能。至年底，全市有专职党史工作人员25人，其中市委党史研究室7人、县（区）委党史研究室18人。各县（区）已实行参公管理，且建立起党史联络员制度，市级各部门、各县（区）、各乡镇有一名党史工作分管领导和一名党史工作专兼职党史联络员。

2015年，全市党史工作继续按照贯彻由中共攀枝花市委办公室转发的《市委党史研究室2012—2016年党史工作规划》要求，贯彻落实《中共中央关于加强和改进新形势下党史工作的意见》和全国党史工作会议精神，牢牢把握“一个突出，两个跟进”的工作基调，始终坚定服务中心工作这一正确方向，主动关注大局、参与大局、服务大局，进一步提高了党史工作水平，在党史征集、党史资政、专题研究、宣传教育等工作中不断进步，较好地完成2015年各项目标任务。市委党史研究室注重干部职工培训学习，选派室内骨干参加中共四川省委党史研究室主办的党史业务培训班、选派党务干部参加中共攀枝花市直属机关工委主办的党务干部学习培训等。加强对县（区）的党史业务指导，到各县（区）调研党史工作，指导党史工作的开展；利用县（区）党史研究室主任工作会、经验交流会等，对如何围绕县（区）委的中心工作，结合市情开展党史研究进行探讨；加强对各县（区）党史成果的审读，特别是对各县（区）编纂的党史正本和《执政实录》的审读。同时，将党史工作和“双联”、关工委工作、“双报到”活动、精准扶贫结合起来，利用节假日送去慰问品和帮扶资金，为联系村的经济发展出谋划策，帮助解决制约其发展的问题。

年内，完成《中国共产党攀枝花执政实录》（第8卷）的征集、编纂、出版工作；完成由市委主办、市委党史研究室承办的市委机关刊物《攀枝花纪事》年内的出版任务；完成2015年市级大事记编修工作、开展《中国共产党攀枝花历史》（1921—1978）编纂工作；编辑出版《中国共产党攀枝花历史日志》《攀枝花50年：建设者回忆录》；作为中国三线建设研讨会的承办单位之一，在收集论文，负责全国各参会省市党史系统的联系和人员接待，很好地完成各项任务，受到与会嘉宾的认同和好评；各县（区）执政实录继续出版；开展争先创优、创建学习型机关、城乡环境综合治理等活动；继续开展党史资料特别是口述史资料的收集工作；启动与中央党史研究室合作的重点研究课题《习近平与中国当代儒学》；在《四川党史》《巴蜀史志》等杂志上发表了《开创党史工作的春天》《毛泽东与攀枝花》《邓小平与攀枝花的开发建设》《李富春现场启动攀枝花工业基地建设大幕》等研究文章；认真开展“三严三实”专题教育。

【《中国共产党攀枝花执政实录》（第8卷）出版】 2015年12月，《中国共产党攀枝花执政实录》（第8卷）（以下简称《执政实录》）编纂出版。在前7卷的基础上，多次征询市委常委、编委会成员和相关部门关于体例、内容和篇目设置意见，对部分章节进行调整，更加符合政策和时代的要求。经过1年的资料收集和编纂，《执政实录（第8卷）》（共230万字）由中共党史出版社公开出版发行。该书是系统记述攀枝花市各级党组织执政实践的年度综合性资政参考文献，收录2014年党和国家领导人到攀活动情况、市委常委政务活动、市委的重要文件、会议及决策、各单位工作情况、组织史资料等各个方面，是对攀枝花详尽、全面的工作实录。

【《攀枝花纪事》编辑出版】 完成由市委主办、市委党史研究室承办的市委机关刊物《攀枝花纪事》2015年的出版任务，办刊质量明显提高。《攀枝花纪事》是四川省级内刊，大16开本、双月刊。该刊全年出版6期，共约100万字。

为纪念攀枝花开发建设50周年，本室编纂出版了《攀枝花纪事》特刊，刊载了研究、回忆、历史知识等方面的文章20余篇为广大干部群众提供了学习了解攀枝花开发建设史的珍贵资料，并作为中国三线建设研讨会资料赠送给与会嘉宾。

【编修《中国共产党攀枝花历史大事记》】 2015年，大事记编修继续遵循"求实、完整、及时、简明"的基本原则，广泛收集资料加以核实取舍，每月按时编修2015年大事记，基本做到"大事不漏，要事不丢，新事不放，小事不录"。内容涉及政治、经济（工业、农业、经贸）、军事、文化、教育、科技、卫生、体育、外交等各个领域，全方位、多层次地再现和展示攀枝花市的发展轨迹和取得的成就。同时在市委机关刊物《攀枝花纪事》上连载，并及时报送攀枝花市电子政务内网门户网站，确保网站上的连载。

【编纂《中国共产党攀枝花历史》（1921—1978）】 市委党史研究室在前两年对《中国共产党攀枝花历史》（1921—1978）编纂提纲修改和全面开展史料征集的基础上，继续稳步推进《中国共产党攀枝花历史》（第一、二卷）的编纂工作，已完成一校和二校，2015年底进入排版设计阶段，该书集中反映1921年—1978年，攀枝花地区各级中共党组织领导全市各族人民进行革命活动、开发建设的历程和史实的记载，以及在攀枝花开发建设以来不同时期的组织建设和经济、社会发展状况。

【编纂出版《中国共产党攀枝花历史日志》】 在中共攀枝花历史大事记的基础上，全面完成了1965年至2014年《中国共产党攀枝花历史日志》（又名《历史上的今天》）的整理、编纂修订工作，并于2015年3月由中共党史出版社公开出版发行。

【编纂出版《攀枝花50年：建设者回忆录》】 2015年4月，《攀枝花50年：建设者回忆录》正式出版，献给50年来为攀枝花的开发建设鞠躬尽瘁、无私奉献的建设者们。该书通过攀枝花开发建设者的亲历、亲见、亲闻的回忆，生动地再现了攀枝花开发建设那些战天斗地、无私奉献的岁月，生动地诠释了攀枝花精神。全书约35万字，由中共党史出版社出版发行。

【各县（区）委执政实录出版】 《中国共产党盐边县执政实录》（第四卷）于2015年11月出版发行。该书由中共盐边县委主办，盐边县史志办公室承办，以2014年中共盐边县委执政内容为主线，各乡镇、县委各部委办、县级各部门、各人民团体、各企事业单位贯彻落实县委决策、部署为脉络，展现2014年盐边县建设、改革、发展的历程和创造的业绩。

《中国共产党攀枝花市东区执政实录》（2014）于2015年11月出版发行。全书设政务活动、执政方略、执政实践、统一战线、群团建设、党管武装、街道（镇）纵横、大事记、组织史资料、附录等篇、章、节，共120万字。

《中国共产党攀枝花市西区执政实录》于2015年10月出版发行。该书《执政实录（2014）》为西区系统记述西区各级党组织执政实践的年度综合性资政参考文献。该书回顾和总结了2014年西区各级党组织的执政历程，为各级领导把握执政规律、了解事物发展趋势、实现科学决策提供了依据。全书92万字，内容包括执政方略、执政实践和组织史资料等。

《中国共产党攀枝花市仁和执政实录》（第四卷）于2015年12月出版发行。该书分政务活动、执政方略、执政实践、统一战线、群团建设、党管武装、地方纵横、人事任免、大事记、组织史资料、附录11个篇目。

【党史征编利用】 2015年，继续抓好口述历史工作，与三线建设博物馆收集资料工作相结合，注重收集丰富的、生动的、具体的第一手视频、录音等口述史资料；到凉山彝族自治州、华坪县等多个临近地收集有关攀枝花市地下党在新中国成立前后的相关资料；利用召开全国三线建设研讨会的时机，收集对参会老领导、各专家学者的采访资料、论文资料；编纂《执政实录》《大事记》《攀枝花纪事》等书刊的同时，注意征集领导干部及社会人士个人留存的党史资料与整理重要的文书档案、音像资料等，作为今后编纂党史著作、进行专题研究的资料。

【宣传教育】 2015年，参与拍摄电视专题片《炼魂·攀枝花》，参与了该片的脚本撰写，史料提供和审核及参加拍摄工作，该片于建市50周年纪念日前夕拍摄完毕，市委党史研究室参与该片的审看工作并向省委党史研究室推荐，省委党史研究室认真审看该片并向中央党史研究室推荐，该片受到各级党史部门好评；接受《光明日报》《解放军报》《四川日报》《攀枝花日报》《四川省情》杂志社的采访，为他们提供了大量攀枝花历史资料，为宣传攀枝花历史，展示攀枝花风采做了大量基础性工作；受团市委、旅游局的邀请为中国三线建设研讨会、四川自驾游博览会的志愿者作了攀枝花历史及市情专题讲座3场，为市委党校干部培训班作党史讲座1场；继续开展党史进机关、进基层、进社区、进学校活动，将编纂的党史资料《执政实录》《攀枝花纪事》等书刊送进基层、送进社区、送进学校，作为街道、学校图书馆的藏书，让群众、青少年了解攀枝花历史，继承攀枝花精神。

另外，在《四川党史》《巴蜀史志》等杂志上发表了《开创党史工作的春天》《毛泽东与攀枝花》《邓小平与攀枝花的开发建设》《李富春现场启动攀枝花工业基地建设大幕》等研究文章。

【资政工作】 2015年在《攀枝花纪事》杂志上发表专题性研究文章30余篇，党史资政水平不断提高。

【专题研究】 编纂《攀枝花50年启示录》，在前两年的专题研究的基础上，着重对攀枝花50年开发建设的历程和辉煌成就进行了总结研究，分析了攀枝花的开发建设和改革开放进程体现出的中国特色社会主义建设的若干典型特点，从中找出有价值的经验和规律，从中获得启示和收获。

启动与中央党史研究室合作的重点研究课题《习近平与中国当代儒学》。 （何岱俐）

文 化

【概 况】 攀枝花市文化广电新闻出版系统有在职职工453人,其中正高职称5人、副高职称44人、中级职称170人、初级职称113人。市文化广电新闻出版局机关有在职职工35人,其中行政人员30人、机关工勤人员5人。市编办批准内设机构12个:办公室(政策法规科)、文化艺术科、文化市场管理科(文化产业科)、文化遗产保护科、新闻出版与版权科(攀枝花市"扫黄打非"工作领导小组办公室)、广电宣传管理科、广电科技与事业科、电影与传媒机构管理科、行政审批科、人事科、计划财务科、党委办公室。

攀枝花市辖县(区)文化广电新闻出版行政管理机构有5个:东区文体广电新闻出版局、西区文化旅游广电新闻出版局、仁和区文化广播影视新闻出版局、米易县文化广电新闻出版局、盐边县文化广电新闻出版局。

攀枝花市文化广电新闻出版局有直属单位10个:攀枝花市文物局、攀枝花市文化市场综合执法支队、攀枝花市广播电视台、攀枝花市有线电视信息中心、攀枝花市图书馆、攀枝花市文化馆、四川攀枝花三线建设博物馆(攀枝花博物馆)、攀枝花市文艺创评室、攀枝花市文化艺术中心、攀枝花市广电节目广告中心。

全市基本实现市、县(区)有图书馆、文化馆,乡镇有综合文化站,村、社区有文体活动室的四级文化服务网络,并全部免费开放。有公共图书馆6个、文化馆6个,博物馆2个,纪念馆2个,市级专业演艺公司1个,市级广播电视台1家、县级广播电视台3家;市级办有综合性广播节目两套,每天自办节目达到30小时;电视节目三套,每天自办节目2.4小时。广播电视节目基本实现全域覆盖,全市有线电视数字化率达到98%,市、县(区)自办节目覆盖率达到87%。

2015年,攀枝花市文化建设重大成果——四川攀枝花三线建设博物馆、中国苴却砚博物馆建成开馆。成功举办庆祝攀枝花开发建设50周年系列文化活动,大型歌舞诗《祖国不会忘记》深受好评,舞剧《以梦为花》在首届四川省艺术节上惊艳亮相,获得剧目奖,原创京剧小品《紧要关头》荣获首届四川艺术节·第十五届戏剧小品(小戏)比赛优秀剧目奖、优秀导演奖、优秀表演奖、优秀音乐设计奖等四项大奖;19件绘画、书法、雕塑类入围"第二届四川文华美术奖";编辑出版《攀枝花1965》《戏剧作品集》和《乐养心身》等文学作品;创作大型原创魔幻舞台儿童剧《裂谷奇兵》,反响热烈。

围绕贯彻落实市委九届八次全会精神、建市五十周年宣传报道、稳增长见成效、贯彻落实"四个全面"等重大主题,广播电视宣传工作重点突出、形式鲜活、有声有色,25件作品获得省广播电视节目奖。市广播电视台手机台、官方微信矩阵正式上线运营,广电媒体逐步从传统走向全媒体。

公共文化服务场所全部免费开放,每天一场广场"大家唱""大家跳"活动,每周一场公益文艺演出、一堂"攀枝花市民讲坛",每月一场公益电影进乡村、社区,已经是群众文化生活常态。米易县庙门前、仁和区仁和凹子坡遗址文物考古工作取得重要成果,发现商周时期重要聚落、唐宋古井等遗址。

2015年,市文广新局获得第五届成都国际非物质文化艺术节先进单位、省全民阅读先进单位、省"扫黄打非"先进单位等荣誉称号。

艺术创作

【音乐创作】 2015年,新创音乐作品《十亿弯弓备射雕》《安华黑茶之恋》《廊桥情歌》《父爱如山,母爱似海》《你是最美的花》,其中《你是最美的花》在《乐苑》上发表;执排器乐曲与表演《阳光花城之恋》;学演执排器乐曲:《激情青春》《彩云追月》《天路》《一帘幽梦》《城里的月光》《火焰》《夏天》《渔舟唱晚》;新学演歌曲《总是想着你》《星星点灯》《难忘》《一支难忘的歌》《吐鲁番的葡萄熟了》《多情的土地》《祖国慈祥的母亲》《我的太阳》《依呀呀噢嘞噢》《明亮的眼睛》《愉快的旅行》《马背上的骑手》《绿色军营》《请到这里来》《情满攀枝花》《爱上一朵花》《渴望光荣》《那就是我》《蒸蒸日上》《四季花香》《亲吻祖国》《为你歌唱》《我和我的祖国》。

【舞蹈创作】 2015年,新创舞蹈《花韵》《片片枫叶情》《召唤》《弄弄坪》《赞宏图》《密地桥头》《大河涛声》《砚乡墨韵》《美人吟》;新创歌伴舞《中国吉祥》《四季花香》《欢庆》《忘不了》《干打垒》《爱我家园》《难忘》《祖国不会忘记》;学演执排歌伴舞《国家》;新创独幕舞剧《大工棚的女人》。

【戏剧创作】 2015 年,新创大型儿童剧《裂谷奇兵》、小型情景剧《情满东区》《菁菁校园》、情景音诗画《总是想着你》《英雄》、诗歌剧《心曲》、小品《夕阳无限好》参加四川省首届艺术节第十四届小戏小品比赛、戏曲小品《紧要关头》参加四川省第十五届戏剧小品比赛;学演、执排《锦绣河山》《阳光城激情绽放》。

【文学作品】 2015 年,组织创作《乐养心身》(普光泉著),该书在《攀枝花文化》连载三万余字。编辑出版长篇地域文化小说《阿依乌芝》(普光泉著,中国文联出版社出版发行)。完成 4 期《攀枝花文化》的编撰工作,刊发新创散文、诗歌、纪实文学等文学作品共计 70 余篇。

艺术表演

【重大演出】 完成庆祝攀枝花建市 50 周年群众文化活动启动仪式——《魅力花城》文艺演出、集中示范三下乡、首届四川艺术节舞剧《以梦为花》演出、市政协新年茶话会、市春节团拜会文艺演出、“唱响花城·放飞梦想”——第六届《金沙放歌》群众文化活动、攀枝花市首届非物质文化遗产日非遗展演活动、攀枝花市第七届运动会开幕式大型文艺演出、送文化下乡等 83 场公益演出。

【获　奖】 2015 年 10 月,参加省第十五届戏剧小品(小戏)比赛,京剧小品《紧要关头》荣获优秀剧目奖、优秀导演奖、优秀音乐设计奖(均系省级一等奖),话剧小品《夕阳无限好》荣获剧目奖、导演奖,刘耕余、梁尚君获优秀表演奖(系省级一等奖),李洋、曹建文获表演奖,京剧小品《紧要关头》于 11 月入围由中国文联、中国剧协主办的“中国戏剧奖·小戏小品奖”展演。参加“天籁之音·石海之约”四川省第二届民歌大赛,音乐作品《姐在江边开鱼馆》获创作金奖、表演优秀奖,《梦幻格萨拉》获创作优秀奖、表演优秀奖;攀枝花市文化馆女子合唱团参加第一届中国科技城合唱邀请赛中荣获三等奖;参加四川省“金曲迎春　舞动天府”群众广场舞总决赛比赛,《央金卓玛》获优秀奖。

美术·书法·摄影·展览

【美术作品】 2015 年,新创美术作品 12 件:《油画风景》《素描人像》《山村风景》《小村雾霭》《居幽图》《春山读书》《阿房宫女》《聊斋之香玉》《裂谷骄阳》《至秋》《家园》《夏繁》;《水磨调》入选“江南如画”中国油画作品展;《格萨拉的节日》入选“大山大水·大美四川”美展;作品《裂谷骄阳》入选中国巴蜀国际艺术博览会美术作品展览;作品《聊斋之香玉》参加成都红墙美术馆《汇》油画作品展览;作品《阿房宫女》参加 2015·《五岳·新诠释》作品展览。

【书法作品】 2015 年,创作书法作品 15 件:隶书《诸葛亮出师表》《毛泽东诗一首六盘山》,行书《小窗幽记句》《刘禹锡陋室铭》《桃花源记》《湖心亭看雪》《菜根谭句》《郑板桥诗一首》《花木琴书七言联》,草书《王德会诗一首》《咏攀枝花》《雷雨声诗一首》《古诗一首》,楷书《黄鹤楼联》,篆书《心经》。书法作品 2 件参加《瀚海尚真》2015 四川省群文美术书法摄影创作成果展,书法作品 10 件参加八省十三市政协书画作品联展。

【摄影作品】 2015 年,创作摄影作品 8 件:《傈傈阿妹》《岁月》《迎新年》《晨曦》《盛装》《天路》《养怡之福》《喜悦》。

【展览】 2015 年,全年组织各种美术、书法(摄影)展览 5 次:2 月 19—25 日在市文化馆艺术展厅举办攀枝花市 2015 年迎春书画摄影展;4 月 18—26 日举办美术高考优秀学员作品展;5 月 29 日至 6 月 12 日举办“六一”儿童节书画展;3 月 1—7 日举办“水拍金沙”庆祝攀枝花开发建设 50 周年美术书法摄影展;7 月至 10 月,由市文化馆、市艺术摄影协会、攀枝花商业银行主办“与艺术同行”攀枝花市艺术摄影协会优秀会员作品走进攀枝花商业银行摄影展。

群众文化

【公共文化服务体系】 2015 年,继续免费开放 6 个图书馆、6 个文化馆、44 个乡镇综合文化站、2 个博物馆和 2 个纪念馆。“攀枝花市民讲坛”,共举办 50 期。在市中心广场组织“大家唱”240 余场,“大家跳”230 余场。新建 1 家“留守儿童文化之家”,新建社区书屋 25 个,建设阅报栏(屏)50 个。

【公共图书馆】 2015 年,市图书馆认真做好免费开放工作,坚持每周开放 78 小时,全年共接待读者 260353 人次;新办借书证 900 个,图书流通借出 48744 册次,流通还回 47849 册次;全年共交新书 5080 册;做新书通报、新书推荐 12 期;办理续借 1000 册次,接受读者赠书 176 册。收集地方文献 252 册。修复地方报刊合订本 6 种,共 181 册。修复民国文献 6000 册。全年图书馆围绕“4·23 世界读书日”、图书馆服务宣传周及节假日等开展形式多样的读者活动。举办文化信息资源共享工程网络培训6次,举办寒假春节、三线建设、抗战电影展播30次,开展"攀枝花市民讲坛"50期。组织开展"元宵猜灯谜""小小图书管理员""4·23读书日""你读书我买单"活动等30余次;举办"走进2015""环保在你身边,共建美好家园"等图片展12次。新建5个馆外借书点,为馆外借书点轮换图书共计1000余册,赠送期刊及农信参考资料1800份,图书700册。为社区图书室赠送书刊、农信参考等共2000余册。为西区60余名文化专干暨图书管理员开展基层图书管理员业务培训。编发《农村信息参考》6期,每期印刷300份,每期分别寄往50个农村乡镇农技站等相关单位,按照季节的变化为农村读者提供及时实用的种养殖信息。编发《攀图动态》4期,及时宣传报道学会动态,同时进一步提高编发质量。增设3台电子书刊借阅机安放在市政务中心、西海岸春芽书屋、攀枝花宾馆等人流密集的公共场所,方便广大市民借阅。开通手机图书馆服务,微信公众服务平台,定期在微信上发布攀枝花市民讲坛和图书馆各项活动信息,多渠道的推广图书馆业务工作。5月同云南省开远市的区域文化联动活动在攀枝花市举行,促进两地国家示范项目建设的交流与合作。

【文化馆事业】 2015年,全年长期坚持开展免费开放项目7项以上,在市中心广场开展《大家唱》240余场,参与演唱6400余人次,观看群众万余人次;《大家跳》230场,参与81200人次;坚持开展"周日写生"活动,全年50次,共计600余人次参加活动;坚持开展"摄影艺术沙龙"活动全年12次,共计300余人次参加活动;坚持向全市业余文化队伍免费开放场馆和设备、设施使用,同时加强对文化队伍的业务指导和管理,在文化馆开展活动的有合唱队、舞蹈队、民乐队和京剧票友队,队员450余人。

积极开展下基层辅导工作。美术书法摄影专业干部下基层,辅导各类学员共计276天,5350余人次。音乐干部下基层辅导600余人次,辅导基层单位30余个、基层群众约10000人次以上,继续打造20个基层标准示范文化站室和20支群众业余演出队伍;全年共组织演员及队伍下基层演出30余场。配合"市关心下一代工作委员会"开展进社区活动;继续与市二中联合开办艺术特长生的课外培训,春、秋两期共开设10余个专业,培训学生近千人。

【全民阅读】 2015年,攀枝花市委宣传部、市文广新局、市精神文明办公室、市全民阅读活动指导委员会办公室联合下发《关于开展2015年"书香天府·花城悦读"全民阅读活动工作方案的通知》,结合工作实际,以各种活动为载体,认真开展全民阅读活动。各系统及成员单位根据全民阅读活动总体方案的工作要求,制定详细的工作方案,精心选取活动载体,组织开展好全民阅读"进家庭、进社区、进校园、进农村、进企业、进机关"活动,充分调动各方力量,努力营造"书香天府·花城悦读"的浓厚氛围。

12月24日,中共四川省委宣传部、省精神文明建设办公室、省新闻出版广电局、省全民阅读活动指导委员会办公室联合发文《关于对2015年度"书香天府·全民阅读"先进单位予以表扬的通报》(川新广联〔2015〕22号),攀枝花市文广新局、攀枝花市妇联、攀枝花市东区大渡口街道光明社区获得先进单位通报表扬。

文化遗产保护

【文物保护】 2015年,攀枝花"大田会议纪念馆"免费开放接待社会各界群众3917人次;"攀枝花市开发建设纪念馆"免费开放接待社会各界群众5198人次;"四川攀枝花三线建设博物馆"免费开放接待社会各界群众11万余人次。协助央视深入攀枝花渡口吊桥、渡口总指挥部旧址、渡口十三幢、大田会议会址以及攀煤集团沿江矿、503地下战备电厂等地,拍摄10集大型文献专题片《大三线》。配合四川省文物考古研究院对米易县庙门前遗址、仁和区凹子坡遗址进行考古发掘,将仁和凹子坡遗址保存完整的千年古井移至四川攀枝花三线建设博物馆。

【第一次全国可移动文物普查】 按照《攀枝花市第一次全国可移动文物普查实施方案》,组织开展"第一次全国可移动文物普查"第二阶段工作,攀枝花市共普查国有单位1416家,登记文物近7000件(套),普查信息数据全部通过省普查办审核,全市可移动文物普查第二阶段工作全面完成。

【四川攀枝花三线建设博物馆】 四川攀枝花三线建设博物馆的建设被列为2015年攀枝花市重点工作项目,博物馆建设工程按计划进行,于2015年3月3日开馆试运行,试运行15天,免费接待观众72000余人次,3月18日博物馆闭馆,对展陈、基建进行整改、完善。经组织专家和有关人员对征集到的意见建议进行梳理、论证,向三家展陈公司印发《关于对四川攀枝花三线建设博物馆一、二、三标段展陈进行调整的通知》,对博物馆展陈进行调整、完善、提升。基建工程整改同时进行,更换部分破损地砖,完成室外绿化工程,完成电梯、空调、消防等设施的安装、调试、验收工作。博物馆展陈调整、完善和基建工程整改于11月底全面完成,12月8日正式开馆向社会免费开放。

四川攀枝花三线建设博物馆入选国家文物局组织开展的"2016年'弘扬优秀传统文化,培育社会主义核心价值观'主题展览",此次主题展览全国共12个,四川攀枝花三线建设博物馆是四川省唯一入选的展陈项目。

启动申请命名“中国三线建设博物馆”工作，按申报程序，收集、整理材料，市政府向省政府提交申请冠名“中国三线建设博物馆”的请示，命名申请已转中央编办、国家文物局。

【非物质文化遗产保护】 组织开展第六批省级非物质文化遗产代表性项目代表性传承人申报工作，经市级非遗专家评审委员会评审，向省文化厅申报“箐山锅庄”“傈僳族刺绣技艺”“苗族斗釜歌”等5个项目6人为第六批省级非物质文化遗产项目代表性传承人待省文化厅审批。启动《攀枝花市非物质文化遗产集萃》编撰工作，组织开展资料收集、整理，图片采集等工作。组织“中国苴却砚雕刻技艺”“迤沙拉谈经古乐”“傈僳族织布技艺”3项省级非遗项目参加第五届“中国成都国际非物质文化遗产节”。攀枝花展馆以现场技艺表演、静态实物展示、图文并茂介绍等多种形式全面生动地展示攀枝花市绚丽多彩的非物质文化遗产及在保护工作中所取得的成果。市文广新局荣获第五届中国成都国际非物质文化遗产节组织工作“太阳神鸟金奖”，并被四川省人民政府授予“第五届中国成都国际非物质文化遗产节”组织工作先进集体荣誉称号。开展攀枝花市首届非物质文化遗产成果展示活动，组织省、市级非遗项目中国苴却砚雕刻技艺、傈僳族织布技艺、傈僳族纺线技艺、王应新折纸技艺进行现场活态展示；组织攀枝花市部分具有市场潜力的非物质文化遗产特色商品苴却砚雕刻产品、苴却石雕刻产品、国胜茶、油底肉、周府糕点参加展销活动；《约得情语》《羊皮鼓舞》《板凳龙》《谈经古乐》等具有特色和代表性的音乐、舞蹈节目参加展演。

印刷·出版·发行

【印　刷】 2015年，全市共有印刷复制企业（含打字复印店）259家，其中出版物印刷企业3家、内部资料性出版物印刷企业4家、包装装潢企业5家、其他印刷企业33家、打字复印店278家。

【出　版】 2015年，全市共出版报纸5种，总印数1968万份；总印张32800千印张。出版期刊2种，总印数1.5万册。全市共有报刊型内部资料32家，省内报刊社驻攀记者站2家。

【发　行】 2015年，全市共有出版物发行单位253家。其中书刊零售店、音像制品零售、出租店198家，出版物连锁经营企业直营门店5家（新华文轩），邮政系统报刊亭50家。

文化市场

【概　况】 2015年，全市共有文化市场经营单位1162家，其中电影放映场所6家，印刷复制企业302家，互联网上网营业场所187家，歌舞娱乐场所280家，艺术品经营单位4家。

【版权保护】 2015年8月26日，高标准建设攀枝花国家知识产权示范城市工作会暨示范城市授牌仪式在攀宾会展中心举行。经综合测评和充分研究，在具备示范城市资格的12个城市中，攀枝花市等率先完成评定意见落实任务，被国家知识产权局确定为“国家知识产权示范城市”，攀枝花市也由此成为中国西部地区唯一非省会地级示范城市。攀枝花市非物质文化遗产、文化品牌和苴却砚文化等助推阳光康养旅游业的发展，强化实施转化，以知识产权助推特色产业快速发展，为全市知识产权示范城市的创建做出贡献。

加强版权宣传培训，举办各种版权宣传活动10余次，提高公众识别侵权盗版能力，增强全民知识产权保护意识。攀枝花市在国家及省版权事务中心已做软件、文字、美术、摄影、音乐等作品登记的共有33项，其中计算机软件登记6项。全市共拥有各类作品登记126项。

【文化产业】 2015年，市政府印发《攀枝花市推进文化创意和设计服务与相关产业融合发展专项行动计划（2014—2020年）》，为进一步促进攀枝花市文化创意和设计服务与相关产业深度融合创新发展提供强有力的政策支撑。形成《攀枝花市文化产业发展状况调研报告》，为全面摸清攀枝花市文化产业发展的现状，找准产业发展中的问题和差距，进一步推动“十三五”期间攀枝花市文化产业加快发展提供理论依据。攀枝花市和成都市就文化产业发展达成初步合作意向，并将在“十三五”期间进一步加大交流合作力度。完成藏羌彝文化产业走廊（四川区域）攀枝花文化篇章的撰写，组织各区县拍摄25分钟文化旅游片，现纳入《四川省大型文化旅游片——藏羌彝文化产业走廊》之中。《至美宝藏——中国苴却砚》画册由四川美术出版社正式出版发行。积极组织苴却砚企业参加在台湾、北京、成都等地举办的2015台北国际礼品及文具展、全国文房四宝艺术博览会、第三届中国（四川）国际家居饰品暨第五届四川省工艺美术精品展等具有影响力的展会。

【行政执法】 2015年，全市各级文化市场监管和执法机构继续强化监管和执法工作，以打击互联网上网服务营业场所非法接待未成年人、规范出版物市场和文化市场安全工作为重点，先后开展“两节”文化市场专项整治、暑期文化市场专项检查、网吧专项整治、娱乐场所专项检查、校园周边文化市场专项整治行动、“扫黄打非”五大专项检查、印刷业专项检查、安全隐患排查、禁毒防艾以及“保考禁噪”等一系列专项治理工作。全市共出动执法人员13223人次，检查各类经营场所10134家次，其中检查演出市场25家次，电影放映单位44家次，艺术品市场102家次，歌舞游艺娱乐场所2808家次，互联网上网服务营业场所3821家次，出版物经营店1625家次，印刷复打印店1061家次，其他地面卫星接收设施648家次。责令改正243家次，一般程序处理44起，简易程序处理10起，收缴非法出版物2236册（碟），罚款12.2万元，没收违法所得5381元。

【“扫黄打非”】 2015年，重点组织开展“清源2015”“净网2015”“秋风2015”“固边2015”“护苗2015”五大专项行动以及“深化少儿出版物市场整治”“中小学教辅材料专项整治”“校园周边文化市场专项整治行动”“2015年‘两节’文化市场‘扫黄打非’联合检查行动”“打击‘三假’专项行动”“版权市场执法检查”等行动，有效遏制政治性非法出版物、淫秽色情出版物、侵权盗版出版物及网络不良信息的传播和蔓延。

广播影视

【广播电视宣传】 2015年，广电媒体紧紧围绕市委、市政府的中心工作，以贯彻落实市委九届八次全会精神、经济发展新亮点、两会宣传报道、建市五十周年宣传报道、稳增长见成效、扶贫攻坚全面小康、贯彻落实四个全面、劳动者风采、走基层看变化，以深入推进“四个全面”报道为核心，持续关注经济建设，关注五创联动工作、关注“大众创业、万众创新”、关注民生工程推进情况等重大主题进行报道，广播电视宣传工作重点突出、形式鲜活、有声有色。全市广播电视工作者坚持以人民为中心的创作导向，深入开展“走转改”活动，广泛开展“深入生活、扎根人民”主题实践活动，弘扬传播社会主义核心价值观，传递社会正能量，热情讴歌攀枝花改革开放生动实践、人民群众美好生活，确保广电新闻宣传舆论导向正确，舆论引导有力，为全市经济社会发展营造良好的舆论氛围。

组织完成第十九届攀枝花广播电视节目奖评选工作，此次评奖收到全市广播电视播出机构选送的117件作品，经评奖委员会评选，最终有84件获奖。本次评奖评选的是2014年度播出的新闻类节目和2013年、2014年度播出的文艺社教类节目，从选送的各类作品中评选出广播节目优秀奖18件、提名奖11件，电视节目优秀奖22件、提名奖33件。其中，电视短消息《“连心桥”合龙了》、广播文学节目《梦里的藤桥河》等40件作品获得优秀奖；电视新闻专题《走进坪原村》、广播评论《礼赞好马配好鞍》等44件作品获得提名奖。组织向省新闻出版广电局和省广播电视学会推荐2013年、2014年度四川省广播电视节目奖评选作品，攀枝花市共选送34件作品参评，最终有25件作品获奖。其中，电视长消息《法律无情人有情，柔情执法暖人心》、广播新闻专题《走亲戚走得天地宽》、电视十佳新闻栏目（含新闻节目编排）《新闻天天看》（12月1日编排）3件作品获得优秀奖；广播少儿节目《成长智慧树之开花的石头》、电视新闻访谈节目《让驾培市场更规范》、广播社教专题《何兵日记》、电视科普节目《碌钒变废为宝》等22件作品获得提名奖。

推动传统媒体和新媒体融合发展，市广播电视台新媒体中心（包括APP攀枝花手机台、攀枝花广电传媒网、攀枝花广播电视台微信公众号）成立并投入运行，实现多渠道、多方式、多屏幕的互动节目内容全球发布。广播电视开办有《青苹果乐园》《七彩校园》未成年人栏目。市广播电视台何虎、张建玲获得四川省广播电视第三届绿色频率频道创建“记者编辑岗位技能大练兵”优胜奖。市广播电视台拍摄的纪录片《中国傈僳族》获得2015年“金熊猫”国际评选入围奖。

2015年，市广播电视台上省人民广播电台新闻262条，上中央人民广播电台新闻8条；上四川电视台新闻213条，上中央电视台新闻10条。

【事业建设】 2015年，市文广新局按照广播影视“十二五”规划的部署，大力实施广播影视公共服务体系建设，地面数字电视工程建设走在全省前列，直播卫星“村村通”、广播“村村响”工程建设稳步推进，有线电视网络数字化和双向化建设基本完成。

大力实施广播电视村村通工程，采用直播卫星方式，解决5170个有线电视及地面数字电视均不能覆盖区域的边远山区20户以下自然村，共4000户农村群众收听收看广播电视难的问题，全市直播卫星用户数达到3.146万户。

扩大市、县（区）级自办广播电视节目覆盖工程，采用地面数字电视方式，解决5000户农村群众收听收看本地电视节目难的问题。全市已建成数字电视基站129座，发展地面数字电视用户5.6万户，市县（区）自办节目覆盖率达86%，工程进度走在全省前列。地面数字电视工程建设成本低、接收质量好、节目套数多，受到广大农村群众的欢迎。

2015年，全市已完成有线电视数字化双向化改造，有线网络有效覆盖用户达27万户，服务内容更加丰富，传输质量进一步提高，可提供高清电视、互动电视、一周回放及互联网信息服务，能为广大用户提供高品质的视听节目，满足不同用户的个性化需求。

实施广播"村村响"工程,2015 年建设 8 个乡镇广播站、77 个村级广播室。攀枝花市广播村村响从无到有,"十二五"期间已建成 43 个乡镇广播站、350 个村级广播室(含 9 个社区),基本完成"十二五"村村响建设任务。

攀枝花大黑山发射台纳入全国首批高山台站改造项目,2015 年省新闻出版广电局投入 150 万元,有效改善了攀枝花大黑山发射台生产生活条件。省新闻出版广电局投入 100 万元,建成盐边县应急广播平台。

【电影管理】 做好农村、社区、学校电影放映工程,全面实现每村每月放映一场公益电影目标,全市 352 个行政村放映 4224 场公益电影;社区公益电影全面实现每社区每月放映 1 场公益电影目标,全市 132 个社区放映 1584 场公益电影;学校公益电影实现在全市 122 所有条件放映的学校每学期放映 2 场公益电影,全年放映 488 场。加强院线管理,开展农村数字电影放映员培训,提高公益电影放映质量。公益电影放映实现实时监控。

制定攀枝花市县(区)影院建设总体方案,积极探索本地县区城市影院市场运营模式。2015 年,米易县、盐边县分别建成数字影院各一座,新增荧幕 7 块,新增座位 492 个。全市已建成城市数字影院 6 座,实现票房收入 3351 余万元。影院规模的扩大,提高观众的观影环境和播影效果,丰富人民群众的业余文化生活,综合效益显著增加。

【安全播出】 2015 年,攀枝花市继续以广播电视安全播出保障能力建设为重点,对全市各级播出传输机构的数据机房、发射台站、直播厅、机房配电系统等进行升级整改,达到广播电视安全播出标准。进一步强化广播电视安全播出管理,健全制度,完善预案,明确责任,落实措施,确保两会、春节、国庆安全播出重要保障期间全市无任何安全播出事故发生。

圆满完成"元旦""春节""5·1""9·3"阅兵式、"国庆""自驾游"等重要保障期间暨重大活动现场直播安全播出保障任务。

(杨　忠)

文联工作

【诗画集《砚池清韵》首发】 2 月 12 日,诗画集《砚池清韵》在攀枝花市仁和区长乐酒堡举行首发式。《砚池清韵》是中共攀枝花市委宣传部、攀枝花市文联为打造中国苴却砚文化品牌、彰显攀枝花文化魅力,组织中国当代诗坛优秀诗人联袂创作,深度挖掘苴却砚的人文内涵和艺术意蕴的书籍,全书采用一砚一诗、图文并茂的艺术形式,集当代名家书法、砚雕作品、诗歌佳作于一身,具有较高的艺术性、观赏性和收藏价值。《砚池清韵》的编辑出版,为提升苴却砚文化影响力,加强苴却砚同全国的文化交流提供一个很好的载体。它既是攀枝花市文艺创作策划能力、文学及砚雕作品水平的一次集中展示和全面检阅,也是向攀枝花开发建设 50 周年献礼的佳作。

【"水拍金沙"纪念攀枝花开发建设五十周年美术、书法、摄影作品展】 3 月 1 日,"水拍金沙"纪念攀枝花开发建设五十周年美术、书法、摄影作品展开幕。展览以"感恩先辈、激励当代、展望未来"为基调,以艺术的方式大力弘扬攀枝花"艰苦创业、无私奉献、开拓进取、团结协作、科学求实"的攀枝花精神,激发全市人民"热爱攀枝花、共建阳光花城"的创业热情。

展览共展出美术、书法、摄影作品 112 幅。其中美术作品 35 幅,书法作品展出 27 幅,摄影作品 50 幅。

【市文联六届二次全委会召开】 3 月 13 日,攀枝花市文联六届二次全委会在攀枝花会展中心召开。中共攀枝花市委常委、市委宣传部部长沈钧出席会议并讲话。攀枝花市文联党组书记、主席李平作工作报告。

2015 年,攀枝花市文联围绕中心、服务大局,文学艺术事业呈现出全方位跃动的局面,精品不断涌现,文艺活动影响广泛,文艺人才茁壮成长,文艺交流日趋活跃,文艺惠民成效显著,文艺队伍建设扎实推进。文艺事业的蓬勃发展,不断扩大了攀枝花文化的影响力。

文艺创作方面,以攀枝花"三线"建设 50 周年和四川省第七届少数民族艺术节为时间节点,在文学方面组织创作出版了《钢的城》《砚池清韵》《四季花香》等文学作品。在美术创作方面组织创作漫画作品《爱》、油画作品《天堑——通途》入选第十二届全国美展油画作品展,《爱》获得铜奖,在攀枝花市美术发展史上具有标志性意义。音乐舞蹈创作方面组织创作攀枝花市第一部儿童音乐剧《金沙童话》。摄影创作方面由中国摄影协会主办的"中国阳光花城"国际花卉摄影大赛中,攀枝花市共有 11 人入围,并获得 15 个奖项。

会议还增补了六届全委会委员,聘请了市文联顾问。

【第八届攀枝花文学艺术奖】 5 月 25 日上午 9 时,第八届攀枝花文学艺术奖颁奖大会在攀枝花会展中心国际厅举行。

市委常委张敏、副市长刘建明、市政协副主席何群出席会议,市委宣传部常务副部长孔炜主持会议。第八届攀枝花文学艺术奖评奖委员会主任李平作《第八届"攀枝花文学艺术奖"评奖工作情况汇报》。

副市长刘建明宣布《中共攀枝花市委、攀枝花市人民政府关于颁发第八届攀枝花文学艺术奖的决定》，颁奖大会为文学艺术家吴汉怀、王文君颁发了文学艺术贡献奖，为长篇小说《黑丧鼓》《裂谷燃情》、话剧《远山的呼唤》、音乐儿童剧《金沙童话·故事》、漫画《爱》、电视片《以梦为马》等32件文学艺术作品作者颁发了文学艺术奖。32件文学艺术奖包括文学作品8件，文学艺术评论2件，舞台艺术作品7件，美术、书法、摄影作品11件，广电文艺作品3件，以及民间文艺奖1人。

【《攀枝花文学》2014年度优秀作品奖】 2015年5月30日，《攀枝花文学》2014年度优秀作品奖颁奖典礼在攀枝花学院图书馆举办。组诗《秋雨下的检讨书》（作者：瘦西鸿），荣获“优秀诗歌作品”奖。小说《李可的望远镜》（作者：曹建川），荣获“优秀小说作品”奖。散文《故园花事如梦》（作者：艾泥），荣获“优秀散文作品”奖。文学评论《沉醉而痴狂的审美性叙事》（作者：李俊国），荣获“优秀文艺评论”奖。

【攀枝花文学艺术创作中心正式启用】 2015年8月24日，攀枝花文学艺术创作中心启用仪式在攀枝花公园路6号举行。市委书记张剡和省文联党组书记蒋东生为攀枝花文学艺术创作中心启用揭幕。市委常委、市委宣传部部长沈钧主持仪式。省文联党组副书记、副主席李兵，市人大常委会副主任张汝林，市政协副主席周治端、中国美协理事、省美协常务副主席兼秘书长梁时民，省书协副主席郭强出席。来自全省的书画名家和市级有关部门、区县（企业）文联，市级协会，市文联各部、室、院等相关负责人参加仪式。

攀枝花文学艺术创作中心是攀枝花市重点文化基础设施建设项目，是一个集文艺创作、文艺展览、文艺培训、文艺交流，面向社会、面向群众开展文艺惠民，群众共享公共资源等多功能为一体的，有丰富文化内涵的文艺创作活动中心和惠民服务平台。

【全省书画名家“走进阳光花城”创作采风活动】 8月22日，由省文联党组书记蒋东生带队，组织全省书画名家28人到攀枝花开展创作采风活动，攀枝花市文联党组书记李平陪同创作采风团，先后在攀枝花苴却砚博物馆、三线建设博物馆、花舞人间、攀枝花市文艺创作中心等地，实地体验，进行创作采风活动，期间共计创作书画作品近百幅反映攀枝花人文风貌和自然风光的书画作品。

【2015“最美花城”攀枝花摄影大赛】 市文联围绕第六届中国国际自驾游交易博览会，牵头举办了2015“最美花城”攀枝花摄影大赛。大赛从2015年7月8号开始历时3个月于10月19日圆满结束。大赛得到市民积极热情的广泛参与。共收到作品1446件。大赛经过初评、终评评审工作，评出一等奖1名、二等奖2名、三等奖20名、优秀奖177名。

【“我们的中国梦·纪念建市五十周年”有奖征文活动】 市文联以《攀枝花文学》杂志为平台，联合攀枝花日报社开展此项活动，征文活动从2014年3月开始到2015年初结束。《攀枝花文学》设立专栏，刊发征文作品70余件。用文学的形式反映攀枝花开发建设历程和辉煌成就。

【阳光花城·米易诗会影响不断扩大】 12月15－17日，在米易县举办第二届“阳光花城·米易诗会”。活动主要包括“阳光米易”全国诗歌大赛颁奖文艺晚会、采风创作、诗歌创作座谈等内容。活动由市文联、《星星》诗刊杂志社、米易县人民政府联合主办。早在5月就举办了“阳光米易”诗歌征文大赛，面向全球汉语诗人征稿，截至8月底共收到全国33个省（市、自治区）3000余名诗人的作品3万多篇。经过公开、公平、公正的评选，评出一等奖一名，二等奖两名，三等奖三名。所有获奖作品将收入《星星》增刊号出版的阳光米易专刊。

诗意、唯美的文艺晚会为老百姓带来了视觉和精神上的盛宴。《解放军文艺》《作家》《诗选刊》《莽原》等杂志主编向米易抛出了橄榄枝，希望与米易加强交流合作。让诗歌成为米易文化的一个符号，成为米易的文化品牌。成为阳光花城攀枝花的文化符号和品牌。2015第二届阳光花城·米易诗会，全国各地的著名诗人走进米易，感知米易，通过诗意的抒写，进一步扩大米易和攀枝花的知名度和美誉度。

【以颛顼文化打造，提升地方文化影响力】 市文联配合米易县“颛顼文化之乡”的策划打造颛顼文化之乡，积极与省文联、省民间文艺家协会、中国文联、中国民间文艺家协会联络争取。经向中国文联、中国民间文艺家协会申报，于2015年12月28—30日接受专家组的检查验收。

【2015年文艺惠民活动】 1月13—14日四川省文联、攀枝花市文联、四川省民间文艺家协会和杂技协会，联合开展文艺惠民走基层活动，到攀枝花市盐边县红格镇、仁和区平地镇迤沙拉村开展了文艺惠民走基层活动。赠送春联200多幅、书画作品20余件，并赠送多种书籍1000余册。

2月—12月，市文联先后组织文艺工作者到盐边县红果彝族乡、益民乡水坪村，米易县新山傈僳族乡，仁和区务本乡等地开展文艺惠民活动，慰问演出4场，现场书写春联、赠送书画、照全家福1300余张（幅）。

1月—12月，市文联及其所属协会先后到市级各中小学校开展“结对子种文化，文艺进校园”活动。通过文学交流、培训、书法、绘画笔会等文学艺术形式，先后共开展了10

次活动，赠送书画作品170余幅，书籍2000余册。

【2015年文艺大讲堂活动】 7月—12月，市文联“文艺大讲堂”先后开展了《世界语境下的华语诗歌》《泛文学生态下作家的选择》《书法临帖》《小说：畏途与捷径》《微距摄影——器材选择及使用技巧、光源使用和布光构图以及道具的运用》《苴却砚一席谈》《〈西游记〉——从神话世界到社会完形》《玉器艺术鉴赏》等13场专题公益性讲座。

中国新诗潮代表人物、原《诗刊》主编、中国作协第六、七届全委会委员叶延滨，中国书法家协会副主席、四川省书法家协会主席何应辉，四川省作协副主席、著名诗人梁平，四川省作家协会创作研究室主任马平等文艺名家和攀枝花的部分文艺家先后做客攀枝花文学艺术创作中心，开展专题讲座和面对面看稿改稿对话交流。

【2015年文艺进校园活动】 1月—12月，市文联及其所属协会先后到市实验小学、密地外国语学校、金江镇第十一中小学、攀枝花学院、攀枝花市第九小学、市第二十四中小学校、市第十八中小学校、市第四小学校等开展文学、书法、美术讲座、鉴赏、交流、互动活动。

【2015年展览活动】 3月1日，市文联组织举办了“水拍金沙”纪念攀枝花开发建设五十周年美术、书法、摄影作品展。展览共展出美术、书法、摄影作品112幅。其中美术作品35幅，书法作品27幅，摄影作品50幅。

8月6日，“大美攀枝花”美术作品展开展。展览共展出油画作品78幅，包含了本土艺术家创作的攀枝花重大题材美术收藏作品以及全国著名油画家在“大美攀枝花”活动中的油画写生作品。作品充分反映了攀枝花的山川草木、民族风情，以及现代大工业文明和谐发展的新面貌。

9月25日，“墨韵·典藏”第一季市书画院院藏作品展开展。展览为市书画院三十年来收藏的精品墨宝中的一部分，共展出43幅。其中除了老一代领导人给画院题词外，大部分是目前活跃在中国画坛上的著名画家、书法家的精品真迹，如孙其峰、张立辰、贾又福等先生。

11月21日，《攀枝花书法名家十人展》在攀枝花文艺创作中心开展。展览作品涵盖了篆、隶、楷、行、草五种书体。内容丰富，书风各异，可谓精彩纷呈，集中展现攀枝花市当前的书法艺术水平。

【2015年文学创作成果】 2015年，市文联通过不断创新工作机制，带活了文艺队伍，有效的激励和引领了创作，一批有创作潜力和实力的画家脱颖而出。

2015年组织创作出版了《空谷》《故国》《世界突然安静》《水边书》《淳风》《攀枝花1965》《花开四季》《旧时光》《花开时节》《阿依乌芝》《维西记忆》《情恋一城》《岁月还在，你不曾离去》《反弹论语》《半路斋诗词》（上、下）《苏铁风韵》（1～3）等19部作品。

攀枝花市作家召唤的长篇小说《黑丧鼓》荣获三年一届的四川省最高荣誉的文学奖项——“四川文学奖”。

【2015年艺术创作成果】 2015年，攀枝花市艺术创作取得了丰硕成果。有9件作品入选四川省美术展。其中，杨绍刚、王文革作品入选“大美四川”全国美术作品邀请展；吕涛、杨政、吴晓蓉、陈景峰、梁云彬、王勇、姚建平等作品分别入围、入选“大山大水·大美四川”美术创作作品展，吕涛、杨政作品获优秀奖。杨绍刚作品《援建队的兄弟们》、吕涛作品《又是一年花季》及杨政作品《裂谷飞虹》荣登中国美术家协会主办的刊物《美术》2015年08月总第572期。

攀枝花市有五作品获得第八届四川省巴蜀文艺奖：漫画《爱》获美术类金奖，油画《复活》获美术类铜奖，纪录片《米易》获广电类铜奖，摄影组照《流金岁月》获摄影类奖，苴却砚作品《儒释道》获民间文艺类奖。

地方报业

【概　况】 2015年，攀枝花日报社下辖“两报一中心一厂”：《攀枝花日报》《攀枝花晚报》、攀枝花日报社新媒体中心、攀枝花日报印刷厂；拥有12个媒体平台：《攀枝花日报》《攀枝花晚报》、攀枝花新闻网、“攀枝花日报”微信公众号、“攀枝花微报”微信公众号、攀枝花日报新浪官方微博、“攀枝花晚报”微信公众号、“后来如何”微信公众号、攀枝花晚报新浪官方微博、攀枝花手机报、攀枝花日报数字报、攀枝花日报社户外屏媒。攀枝花日报社在编人员111人（编辑部50人、印刷厂61人），其中专业技术人员55人（正高级职称1人、副高级职称4人、中级职称15人、初级职称39人），大专及以上学历87人；招聘人员51人，其中专业技术人员21人，大专及以上学历51人（3人为研究生）。2015年，广告收入1526万元；资产总额4816万元，净资产总额1083万元；完成《攀枝花日报》2016年订阅数16922份，《攀枝花晚报》2016年订阅数13386份。

2015年，攀枝花日报社下辖各媒体开展贯彻落实党的十八届四中、五中全会精神，省委十届六次、七次全会精神，市委九届八次、九次全会精神，“三严三实”专题教育，“四个全面”战略布局，培育和践行社会主义核心价值观，第六届四川国际自驾游交易博览会等一系列重大主题宣传报道和重点宣传报道，完成市委交办的新闻宣传工作任务，为攀枝花在全省高水平率先全面建成小康社会、全面深化改革、全面依法治市、全面从严治党提供有力的思想舆论支持。攀枝花日报社获省级及以上新闻奖49件。其中,《攀枝花日报》31件,获一等奖5件、二等奖10件、三等奖15件、优秀版面1件;《攀枝花晚报》18件,获一等奖1件、二等奖8件、三等奖8件、优秀版面1个。晚报论文《新媒体浪潮下传统媒体的应对攻略》获中国报协党报新闻论文(论著)奖一等奖。

2015年,攀枝花日报社党委书记、总编辑张春被四川省委组织部授予“四川省践行‘三严三实’优秀党员领导干部”称号;攀枝花日报社新媒体中心副主任、技术总监高妍梅被四川省政府授予“四川省先进工作者”称号;攀枝花日报社继续保持省级文明单位、省级园林式单位。

【宣传党的十八届四中、五中全会和省委十届七次全会精神】 宣传中,攀枝花日报社下辖媒体突出主题,加强组织策划,通过记者讲故事的方式,增强稿件的可读性和感染力。如在宣传贯彻四中全会中,《攀枝花日报》推出《培育法治沃土　浇开法治之花》等一批“六五”普法先进典型和先进个人报道,为建设法制攀枝花营造良好的舆论氛围。党的十八届五中全会和省委十届七次全会召开后,继续开设“决战全面小康　全力精准扶贫”专栏、加大专栏稿件发稿密度外,新开设“学习贯彻十八届五中全会暨省委十届七次全会精神”专栏,并策划《冲刺决胜全面小康终点线——不让任何一名群众“掉队”》《“聚宝盆”演绎进化论——攀枝花全面创新改革驱动转型发展记》等一批贯彻落实会议精神的稿件。《攀枝花晚报》结合自身特色,开设“聚焦·党的十八届五中全会”专题专版,以大题材、小切口的形式,通过消息、通讯、组合报道等多种报道方式,刊发了《向第一个百年奋斗目标冲刺　从党的十八届五中全会看中国发展走向》《五中全会公报提出实施全面二孩政策》等深度报道,对党的十八届五中全会精神进行全方位解读,内容丰富,深入浅出,受到读者好评。

【宣传贯彻中央“四个全面”战略布局】 2015年,中央提出“四个全面”战略布局。攀枝花日报社下辖各媒体紧紧围绕攀枝花实践这一重点,加强策划,组织记者深入基层、部门、县区,采写一批有深度、鲜活的稿件,为攀枝花在全省高水平率先全面建成小康社会、全面深化改革、全面依法治市、全面从严治党提供有力的思想舆论支持。《攀枝花日报》在全面建成小康社会宣传报道中,开设“决战全面小康　全力精准扶贫”“决战全面小康　全力精准扶贫‘第一书记’在行动”专栏,采写刊发《〈洛波雅幽〉唱出彝家幸福滋味》《“8+8”对口援边:斩断穷根奔小康》等一批来自基层一线的接地气、有深度的报道,文风清新、论证有力的本报评论员文章《勇立潮头敢争先》,为贫困村群众坚定脱贫致富的信心,尤其是在采访报道攀枝花市70个贫困村驻村“第一书记”中,记者深入边远贫困村,采写《小马书记“串门”记》《大湾村:打造攀枝花的养生药王谷》《岩门村来了个“操心掌柜”》等一批群众反响良好的鲜活稿件;在全面深化改革宣传报道中,开设“全面深化改革进行时”栏目,采写刊登《攀枝花发力推进攀西试验区“先行先试”改革》等稿件,记者深入攀钢生活公司,围绕国企改革采写了《一个馒头的“身段”》《一方豆腐的点化》《一把面条的延伸》等6篇系列报道,及时反映攀枝花市在深化改革工作中取得的好经验、好做法;在全面依法治市宣传报道中,突出抓好“法律七进”活动的宣传报道,开设“推进依法治市　建设法治攀枝花”“执法为民警民亲”“每周一案”等专栏,推出一批“六五”普法先进单位和个人报道,并结合每年的“国家宪法日”“全国法制宣传日”“国际禁毒日”“六一儿童节”“三八妇女节”“3·15国际消费者权益日”“6·5世界环境日”等节点,设定专题,安排记者采访报道全市贯彻落实相关法律法规工作情况,全年刊发稿件500余篇(幅)。在全面从严治党宣传报道中,开设“坚强堡垒　时代先锋”“加强领导班子思想政治建设”“正风肃纪进行时”“‘三项建设’促发展　阳光纪检树形象”“严查群众身边的‘四风’和腐败”“学习贯彻‘两项法规’”专栏,推出《说得多不如干得实》《当好政治“明白人”争做发展“实干家”》等一批新闻稿件和言论。

《攀枝花晚报》在全面依法治市宣传报道中,持续开设“推进依法治市　建设法治攀枝花”栏目,继续每周一、三、四、五开设“法治新闻”专版,专版开设“警界视点”“法治视点”“法庭聚焦”“法治快递”“庭审现场”等栏目,重点选取和老百姓生活密切相关的案例,着重进行法理解析,增强稿件的可读性和趣味性;在全面建成小康社会宣传报道中,推出“决战全面小康　全力精准扶贫”栏目,重点推出《“福田模式”正在攀枝花延伸》等稿件,为全市精准扶贫营造良好的舆论氛围,起到积极的推动作用。

【市委九届八次、九次全会宣传】 《攀枝花日报》在报道市委九届八次全体(扩大)会议暨市委经济工作会议中,除在一版刊登全会消息、图片外,在2至4版开设“市委九届八次全体(扩大)会议暨市委经济工作会议特别报道”专题,整版刊登会议精神的延伸报道及解读。全会召开后,就宣传贯彻全会精神及时撰写《适应新常态　实现新跨越》等系列评论员文章,并开设专栏,通过专访、消息、通讯等形式,在全市迅速掀起贯彻落实全会精神的热潮。市委九届九次全会召开前,日报以“辉煌十二五　奋进攀枝花”为主题,策划涉及经济社会发展、精准扶贫、全面深化改革等方面的一批稿件,为全会召开营造良好的舆论氛围。市委九届九次全会召开后,《攀枝花日报》用4个整版报道全会精神,除采写会议消息、侧记、撰写社论外,分别以《奋发有为　加快“三个转变”　砥砺拼搏　实现“两个跨越”》《“四区驱动”:攀枝花跨越发展的“推进器”》《坚持五大理念 重点攻坚突破》《未来五年，什么是攀枝花发展的战略选择?》为题，对全会精神进行深入解读，做到全会报道有声势、有深度。

《攀枝花晚报》在报道市委九届八次全会中，开设“聚焦市委九届八次全体(扩大)会议暨市委经济工作会”专版，刊登《奋力开创全市经济社会发展新局面》等一系列深度报道，对攀枝花市深入开展协调推进“四个全面”战略布局进行全方位解读。

【纪念攀枝花三线建设50周年宣传】《攀枝花日报》从年初开始不断升温，先后开设“辉煌攀枝花——攀枝花三线建设50周年特别报道”“攀枝花三线建设50周年直通车”“转型攀枝花·精彩故事”“一天一故事 一天一人物”等专栏，全面展示攀枝花50年改革开放取得的辉煌成就、跟踪各类庆祝活动筹备情况、展示庆祝活动实况，做到“深、广、细、透”;用鲜活的人物、具体的事例、精彩的故事和朴实的语言，展示普通人的心声、幸福和梦想，见证、记录和感受攀枝花的改革发展进步。在3月4日攀枝花三线建设50周年纪念日当天，撰写刊登社论《谱写中国梦攀枝花壮丽篇章》，分别以“国家战略”“艰苦奋斗”“改革奋进”“开放包容”“科学发展”“时代精神”“民生改善”“宏图再展”为主题推出8个整版的特别报道和24个整版的专题报道，既宏观反映攀枝花三线建设50年来取得的一系列巨大成就，又突出各县区、各行各业的特点特色，具有较高的收藏、阅读价值。当天《攀枝花日报》印刷版面达36个，为日报创刊以来单日发行版面数之最。

《攀枝花晚报》从1月开始，分别在要闻版及副刊版面推出“辉煌巨变·花开50年特别报道”“50年·50人”等栏目，内设“一天一人物”“一天一事件”板块，采用多版面互动的形式，浓墨重彩进行宣传报道，重点报道攀枝花市在三线建设50年中的重大事件和人物，重点宣传攀枝花三线建设50年来取得的辉煌成就，激励当代攀枝花人，为建设美丽幸福攀枝花而努力奋斗。在3月4日纪念日当天，晚报推出纪念特刊“花开50年”(32个版)，气势宏大，内容丰富，形式多样，取得非常好的宣传效果。

攀枝花日报社新媒体群开设“攀枝花三线建设五十周年”专题，设计大气庄重，内容丰富多彩，“特别策划”“精彩视频”“印象攀枝花”“五十年大事记”“市民送祝福”等栏目聚合了攀枝花成就图展、晚会视频、主题微画册等多媒体报道形态，全面展示攀枝花三线建设五十周年的巨大成就。举办首届“阳光花城·遇见春天”手机拍客大奖赛，向阳光花城50岁生日献礼。活动历时5个月，运用微画册、网络投稿、手机投票等新技术新形式，活动引发网友的积极参与，征集到近2000幅作品，网络投票更引发网友积极参与，从山东、河南、广东到香港、台湾，网络投票近10万人次，点击率超50万，对城市形象宣传起到积极的作用。

【“三严三实”专题教育宣传】《攀枝花日报》强化组织策划，开设“坚定践行‘三严三实’奋力推进跨越发展”“反对‘四风’联系群众”“严查群众身边的‘四风’和腐败”等栏题，认真宣传报道好全市各级各部门巩固党的群众路线教育实践活动成果和开展“三严三实”专题教育情况。撰写刊发《善始善终 善作善成》《“五结合”汇聚跨越发展强大动力》等系列评论员文章，在全市营造浓厚的舆论氛围;采写刊登《高起点开篇 高质量推进——攀枝花市“三严三实”专题教育综述》等3篇综述性稿件，对专题教育三个专题分别进行全面总结。同时，结合“党员学习日”活动，派出多组记者，以暗访的形式，报道各部门、县区开展专题教育的情况，采写了《暗访督查第二个“党员学习日”活动结果表明——学习纪律严 学习氛围浓 学习效果好》。做好典型宣传，对全市获得省级、市级的“三严三实”优秀党员领导干部和先进集体进行报道。

《攀枝花晚报》开设“加强领导班子思想政治建设”“坚定践行‘三严三实’奋力推进跨越发展”“坚强堡垒 时代先锋 三严三实在身边”等栏目，重点挖掘身边典型人物，大力宣传优秀党员干部的先进事迹，引起强烈的社会反响，不少市民通过电话、短信等方式为这些优秀党员干部点赞，催人奋进，为在全市上下开展的“三严三实”专题教育活动营造了良好舆论氛围。

【自驾游新闻报道】在第六届四川国际自驾游交易博览会宣传报道工作中，《攀枝花日报》开设“第六届四川国际自驾游交易博览会系列报道”专栏，前期预热快，升温迅速。如撰写刊登本报评论员文章《有朋远方来，攀枝花不亦乐乎》，策划推出《吃喝玩乐嗨起来!》《一家人的攀枝花》4个整版，提升攀枝花“阳光花城·康养胜地”的知名度和影响力。自博会举办期间，日报以言论、图片、消息、通讯等形式加强宣传报道，全方位展示攀枝花的发展成就和自博会盛况，策划推出《喜迎海内外嘉宾 尽展攀枝花魅力》图片版。

《攀枝花晚报》开设“第六届四川国际自驾游交易博览会系列报道”专栏，加大前期报道力度。自博会开幕后，晚报连续三天开设“一起到攀枝花 第六届四川国际自驾游交易博览会特别报道”6个专版，全方位、多角度对自博会各种活动予以报道，全面宣传自博会，宣传攀枝花。此外，晚报首次采用全媒体报道方式，通过晚报官方微博、微信直播自博会开幕式，并对自博会全程进行跟踪报道。

攀枝花日报社新媒体特别制作推出“裂谷风情——攀枝花”“阳光花城——攀枝花”“阳光味道——攀枝花”“康养胜地——攀枝花”系列微画册，集合了美图、美文，配以优美的旋律、酷炫的动画效果，在手机上呈现出“移动的画册”，展示了攀枝花的美食、美景和生机勃勃的康养产业，引发微友纷纷转发。

【“两会”新闻报道】《攀枝花日报》创新形式，会前推出专题报道，对市“两会”进行预热。市“两会”开幕后，除及时刊登会议动态、领导活动外，将更多版面留给代表委员。在二、三版推出市“两会”专刊，对政府工作报告进行解读，开设“两会观察”“热点大家谈”等专栏，对“两会”进行全面深度报道。加大会内外信息联系，安排参会记者采写了一批高质量的稿件，既确保“两会”新闻报道的权威性、严肃性，又提升报道的可读性、贴近性。

《攀枝花晚报》在“两会”期间推出“适应新常态·开创新局面 2015 攀枝花两会特别报道”，开设“两会新气象”“岳委员微博”等栏目，从民生视角，多角度、多层面对“两会”进行全面深度报道，既有回顾，又有憧憬，广大读者透过数字看变化，并切身感受到在攀枝花生活，幸福指数节节攀升。

攀枝花日报社新媒体中心在攀枝花新闻网上开设专题，在“攀枝花日报”官方微博上进行“直播两会”特别报道，在“攀枝花日报”微信公众号上精编推出“一图秒懂政府工作报告”“代表委员会场外看变化：攀枝花未来像阳光一样灿烂”“会场外的他们，想对‘两会’说点啥?”等图表、稿件，不间断、全方位联动发力，引起微友对两会的广泛关注。

【培育和践行社会主义核心价值观宣传】《攀枝花日报》加强典型报道，以典型事迹引导全社会崇尚社会主义核心价值观。在一版推出专栏“人民公仆为人民”并配发开栏语，对四川省第五届人民满意的公务员和公务员集体进行报道，采写刊发《做人民满意的警察》《百姓眼里的“自家人”》《有困难就找丁阿姨——记中国好人丁爱谱》等一批弘扬社会主义核心价值观的稿件，引导和激励广大干部群众争做社会主义核心价值观的积极践行者。

《攀枝花晚报》不断挖掘身边的先进典型，开设“公务员风采”“寻找最美的哥的姐”“让梦想照亮现实 2015 圆梦行动特别报道”等弘扬社会主义核心价值观的特色栏目 9 个，刊发新闻报道稿件 169 条。大力开展社会主义核心价值观进家庭宣传，在母亲节来临之际，晚报与市妇联联合推出“爱在阳光花城 寻找最美妈妈 特别报道”，让读者跟随 10 位母亲的脚步，感受到她们平凡而真实的温情，不断引导和激励广大市民以身边的凡人善举为榜样，争做社会主义核心价值观的积极践行者。

【“稳增长”新闻报道】 面对发展新常态和经济下行压力不断加大的严峻形势，《攀枝花日报》《攀枝花晚报》以稳中求进为基调，持续强化经济宣传，为全市实现稳增长提供强有力的舆论支持。《攀枝花日报》一季度突出“开门红”报道，年中强化实现“双过半”报道，年底加强“冲刺全年目标任务”和实现“十二五”目标的报道，做到阶段报道重点突出，为全市实现经济稳增长起到促进作用。在一版开设“稳增长 见行动”“稳增长 见行动 2015 年度民营经济特别报道”专栏，推出《敢向日月争分秒 不信春风唤不回》《“万民模式”：生态循环农业流金淌银》等稿件。11 月 23 日，在一版刊登本报评论员文章《信心化“危”逆境寻机》，其观点与当天《人民日报》刊登的评论员文章《用行动传递中国信心和力量》接近，充分发挥党报言论引导舆论的重要作用，实现宣传效果的最大化。

《攀枝花晚报》重点关注丽攀高速、攀大高速、成昆复线等重点工程推进情况，刊发《今年全市确定 110 个重大项目》等一批稿件，充分展示全市重大项目建设和经济发展成果。针对民生工程进行全面、生动、详细的报道，《市农牧局完成 6 项民生工程》等稿件在读者中反响较好。在民营经济宣传报道中，推出“稳增长见行动 2015 年度民营经济特别报道”专栏，刊发《得天独厚集团顺“市”而为 打造全国知名餐饮品牌》等稿件，宣传有声有色。

【民生宣传】 2015 年，攀枝花日报社下辖的所有媒体加大对民生热点的关注力度，重点关注交通出行、天气、中高考、物价、高温补贴、养老保险等民生新闻，及时反映与百姓生活密切相关的资讯信息，受到市民的普遍关注和好评。春运期间，《攀枝花日报》在对火车出行进行重点报道的基础上，对汽车出行方面也进行大量跟踪报道；关注极端天气，及时传递气象预报，为市民预防极端天气支招。

《攀枝花晚报》春运期间通过实地走访攀枝花火车站和市客运中心，从购票指南、乘车提醒、车次增加、路况信息、天气预报等角度，全方位报道春运各方面情况，《铁路迎来学生客流高峰》等一系列稿件，为旅客提供出行指南。关注极端天气，2015 年攀枝花市连续出现两次降雪天气和持续高温天气，晚报密切联系气象、农牧、水利、物价等相关部门，持续关注极端天气情况和相关部门单位采取的应对措施，做好相关健康提醒。5 月，《攀枝花晚报》推出“关爱户外劳动者·打造花城 V 心小站特别报道”，由市总工会牵头，倡议企业、单位积极参与，打造“花城 V 心小站”，为户外劳动者提供饮水设备、桌椅、微波炉、风扇等必要的设施设备。全市已经成立 56 个“花城 V 心小站”，基本解决了环卫工人、出租车司机等户外劳动者吃饭难、喝水难、休息难、如厕难等实际问题。此举进一步彰显《晚报》的影响力和亲和力，得到了市民的认可。

攀枝花日报社新媒体中心联动“两微一网一报”第一时间发布了“永兴镇 6000 多吨西瓜滞销，瓜农们愁得睡不着觉!”“攀枝花一产妇和婴儿急需‘熊猫血’！全城爱心集结上演生死营救”“村民枇杷卖不出去烂在家里，谁来帮帮忙!”“3花季少平安夜失踪!”“小攀攀公交车要调价,亲们怎么看?”等一大批关注民生的原创稿件,引发网友热烈互动,产生了良好的社会反响。

【“圆梦行动”传承大爱和温暖】 2015年是《攀枝花晚报》与市总工会共同发起的公益慈善行动“圆梦行动”的第11个年头。在经济形势放缓、企业不景气的背景下,爱心资金的筹集面临巨大挑战。通过《攀枝花晚报》不断努力,使阳光花城又一次上演为贫困学子圆梦的爱心接力赛。此次活动历时51天,刊发稿件共计200多篇,累计收到捐款109万元,54名贫困学生得到资助。采访报道中,晚报创新报道模式,以影像形式报道的《燕子归家记》等稿件受到社会各界好评。11年来,“圆梦行动”共筹集爱心捐款1438万元,资助1281名贫困学子圆梦大学。

【推动媒体融合发展】 2015年《攀枝花日报》成为拥有1张纸媒、2个微信公众号、1个微博的全媒体。为有效推进媒体深度融合发展,《日报》制订了新的绩效考核办法,并加强策划和指导,拓展新闻的深度和广度。在自博会期间,《攀枝花日报》与“攀枝花微报”“攀枝花日报”微信公众号、攀枝花日报新浪官方微博加强互动,提升了自博会新闻的及时性和覆盖面。如在11月16日晚举行的自博会荧光夜跑活动中,“攀枝花日报”微信公众号将原先下午5点前推送改为24点推送,对活动进行了及时关注。11月30日,“攀枝花日报”新浪官方微博推送了“米易黄草芋头滞销”消息后,《攀枝花日报》跟踪采写了《米易黄草村:芋头滞销愁坏农户 市商粮局对接商超搭建销售平台》一稿。“攀枝花日报”微信公众号年度长期位居全省公众号排名前十,最高排名第四。“攀枝花日报”微信公众号拥有1.9万粉丝,日最高阅读量4.5万次;“攀枝花微报”微信公众号拥有7000多粉丝,日最高阅读量1.4万次;攀枝花日报新浪官方微博拥有4.5万粉丝。

《攀枝花晚报》积极探索媒体融合,先后推出“后来如何”微信公众号、“攀枝花晚报”微信公众号、攀枝花晚报新浪官方微博,坚持传统媒体与新媒体的有机统一,用大众化话语体系传播各种思想理念。其中,“后来如何”微信公众号立足于每天讲述一个好故事,一经推出就受到网友的热捧,粉丝量已超过6万人,11月19日推送的《听说攀枝花有位“焊武大帝”,震惊了全世界》,截至当天18时点击量过万。《晚报》充分运用全媒体宣传报道手段,将一些重大活动及典型的案例率先通过新媒体第一时间进行报道,次日平面媒体(纸媒)再进行深度报道,这种运用全媒体宣传报道方式,立体交差错时发布,受到读者的好评。“攀枝花晚报”微信公众号拥有5000粉丝,日最高阅读量2.1万次;攀枝花晚报新浪官方微博拥有1.1万粉丝。

攀枝花日报社新媒体中心自主创新,积极钻研html5、css3、php、JavaScript及航拍、微画册等新媒体技术,并将其运用到新媒体平台中,增强新媒体平台的功能和互动性,促进其影响力的提升。加强视频创作,“航拍三线建设博物馆”“攀枝花攀枝花三线建设五十周年视频转播”等一批视频在新媒体平台发布,使报道方式更加多元化,获得不少微友点赞,为发展全媒体采编探路。不断创新、优化微画册技术,为“四川自驾游博览会”特别制作推出系列微画册。推动报社媒体融合项目——“攀枝花新闻中央厨房”系统建设,完成从技术构架规划、方案撰写到项目资金申请、厂家产品摸底等基础工作和首批53万元设备的政府公开招标采购工作,该项目已被列入全省媒体融合重点项目,为全省地市级首家。

(毛哲先)

教 育

基础教育

【概 况】 2015年，全市教体系统以建设区域教育高地和体育强市为目标，以依法治教治体为抓手，以优化资源配置为关键，以加强党建为保障，全面深化教育体育领域综合改革，提升服务经济社会发展的能力，全市教育体育事业得到全面发展。学前教育保教质量进一步提高，全市公办和普惠性幼儿园覆盖率提高至60%，学前三年毛入园率达到97%。县域内义务教育均衡发展上新台阶，全市5个县(区)顺利通过义务教育均衡发展省级督导评估，4个县(区)通过国家复检，攀枝花市成为继成都之后省内实现全部县通过义务教育均衡发展验收的第二个市(州)。深入推进教育领域综合改革，全域课堂教学改革成为新常态，从36所申请学校中评出10所课改实验样板校；东区“绿色评价”改革试点推进有力场，西区和盐边县学区化管理改革试点工作取得阶段性进展；提出边远薄弱贫困地区义务教育质量提升的关键性措施，实施了“21＋21”(21所城区优质学校对21所农村薄弱学校)结对帮扶。全市普通高中教学质量整体提升，普通高考成绩连续七年大幅提升，2015年全市本科上线3682人，重本上线1175人，本科和重本上线率，分别高于全省平均水平4.93和2.1个百分点。大力发展中等职业教育，市建筑工程学校成功创建为“国家中等职业教育改革发展示范学校”，攀枝花市中职学生曾正超在第43届世界技能大赛获焊接项目冠军，实现中国在世界技能大赛上金牌零的突破。教育体育基础设施持续改善，开工建设农村义务教育学校食堂3386平方米、农村学校教师周转宿舍144套；市第36中小学校项目全面完工。教育民生工程落实有力，建立完善从学前教育到高等教育的学生资助体系，全年受资助学生约19万人次，资助总额达2.03亿元。

2015年攀枝花市教育事业发展情况

学校类别	学校数(所)	毕业生数(人)	招生数(人)	在校生数(人)	教职工数(人)	
					合计	其中：专任教师
一、基础教育						
1. 普通中学	54	23834	20983	66875	7582	5119
高中	8	8164	7778	23821	2370	1506
其中：民办	0	0	0	0	0	0
初中	46	15670	13205	43054	5212	3613
其中：民办	0	0	0	0	0	0
2. 小学	65	13283	11573	74130	6504	4959
其中：民办	0	0	0	0	0	0

续表

学校类别	学校数（所）	毕业生数（人）	招生数（人）	在校生数（人）	教职工数（人）	
					合计	其中：专任教师
小学教学点	149	1142	1488	7144	666	662
3. 幼儿园	208	11281	30803	12811	3361	1611
其中：民办	155	5129	17377	7315	2313	1032
4. 特殊教育学校	1	28	27	129	42	32
二、中等职业教育						
1. 职业高中	0	0	0	0	0	0
2. 普通中等职业学校	8	5422	6638	16249	1110	760
其中：民办	4	1906	2690	6401	295	230
3. 成人中等专业教育	0	0	0	0	0	0

【学前教育】 2015年，全市有独立建制的幼儿园208所，其中公办园33所、企业办园19所、民办园155所，其他部门办园1所；另有中小学附设幼儿园19所，附设学前班94个，乡（镇）中心幼儿园42所，共有在园幼儿30803人，教职工3361人。市教育体育局贯彻落实《攀枝花市人民政府关于当前发展学前教育的实施意见》，出台实施《攀枝花市第二期学前教育三年行动计划》，修订普惠性幼儿园认定管理办法，加大政府购买服务力度，大力扶持普惠性幼儿园发展，各级财政共计下达扶持普惠性幼儿园发展奖补资金1302万元，评审通过45所普惠性民办幼儿园，购买6977个普惠性民办幼儿园学位，公办和普惠性幼儿园覆盖率提高至60%。全年动工新建7所乡镇中心幼儿园，评估命名1所市一级幼儿园、2所市级示范幼儿园。召开全市学前教育现场工作会，在全市广泛开展主题为"给孩子适宜的爱"的全国学前教育宣传月活动。

【义务教育】 认真贯彻落实《中华人民共和国义务教育法》，严格实施义务教育阶段适龄儿童少年依法"就近入学"原则，做好适龄儿童少年"控辍保学"工作，提高全市义务教育发展水平。2015年全市小学入学率为99.90%，毕业率为99.95%，辍学率为0.07%，完成率为99.66%；初中入学率为98.76%，毕业率为99.88%，辍学率为0.36%，完成率为98.30%，毕业生升学率为96.61%，全面达到四川省政府规定的标准。全市城乡青壮年非文盲率保持在99%以上。2015—2016学年全市义务教育阶段进城务工人员随迁子女在校生达18844名，留守儿童1564名，占全市学生总数的16.1%，外来务工人员子女100%平等入学。在全省基础教育工作例会上代表攀枝花做《抓发展 促均衡 提质量》的经验交流发言；接待凉山州政府教育考察团到攀枝花市学习义务教育均衡发展推进经验。

【普通高中教育】 2015年，全市共有普通高中8所，普通高中在校学生23821人，教职工2370人。其中2所省一级、3所省二级示范性普通高中。省级示范性普通高中在校生人数占所有普通高中学校学生人数的69.21%。2015年，普通高考成绩连续七年大幅提升，全市本科上线3682人，比2014年净增233人，上线率46.2%，增幅达6.76%；重本上线1175人，比2014年净增352人，上线率14.7%，增幅达42.77%；本科和重本上线率，分别高于全省平均水平4.93和2.1个百分点。全年召开3次全市普通高中工作例会，召开3次统考分析会，指导各普通高中学校科学确定、申报2015年高考考核任务和目标。全年组织普通高中学业水平考试正考3次、补考2次，全市73815人次参加考试，为7249名合格的普通高中学生发放毕业证。

【特殊教育】 深入贯彻落实《国务院办公厅关于转发教育部等部门特殊教育提升计划（2014—2016年）的通知》和国务院办公厅、四川省政府特殊教育工作会议精神，出台实施《关于印发〈关于特殊教育提升计划（2014—2016年）的实施意见〉的通知》，落实年度特殊教育专项经费10万元。全市随班就读学生和适龄残疾儿童在校生667名，其中市特殊教育学校2015年在校学生116名，适龄残疾儿童入学率达97.5%。市特殊教育学校有1～9年级，盲教育1个班、聋教育（含多重残疾）8个班，中职班2个，培智班2个，就读的各类残疾儿童116名，与市经贸旅游学校合办聋教中职班现共有学生15名；学校现有教职工42人，专业教师32人。残疾学生全部纳入学生资助政策体系，特教学生年均公用经费达6000元/生·年。

【职业教育】 2015年，全市共有中等职业学校8所。按照扩大规模、调整结构、加强管理、提高质量的要求，年内招生

6638人，其中“9+3”学校共招收藏区学生258人，彝区学生287人，实现职普招生比大体相当的目标，中职毕业生一次性就业率达到98.51%，其中，2012级藏区“9+3”毕业生就业率为99.69%。

深入推进课程教学改革，调整职业院校专业结构，新开办中医康复保健专业、现代农艺技术、园林技术等3个专业，开展职业教育培训2万人次；不断推进现代职业教育体系建设，市建筑工程学校通过“国家中等职业教育改革发展示范学校建设计划”第二批项目学校验收，市经贸旅游学校、攀枝花技师学院已完成国家中等职业教育改革发展示范学校建设工作，等待教育部终期检查验收；攀枝花技师学院、攀枝花华森职业学校正式成为四川省首批省级现代学徒制试点单位；组织开展和参与中等职业学校学生技能大赛，653人次参加全市中等职业学校学生技能大赛；组队参加四川省中职学生技能大赛，获得一个一等奖，三个二等奖，四个三等奖；参加全国中职学生技能大赛获两个三等奖；在第43届世界技能大赛中，攀枝花技师学院曾正超同学斩获焊接项目冠军，实现中国在世界技能大赛上金牌零的突破。

【高等教育和成人教育】 2015年，普通高考报名9099人，录取7699人，录取率81.5%，高于全省6个百分点。普通高等院校招生3994人，其中本科招生3654人、专科招生340人；高等职业院校招生3421人。普通高校在校生15196人，高等职业学校在校生8606人。积极发展成人教育，成人高等教育专科招生3332人、本科及以上招生1069人，成人高校在校生达19564人。

【民办教育】 2015年，全市共有民办学校212所(其中幼儿园155所，中等职业学校2所，培训机构55所)，在校学生27610人，教职工3692人。学校总资产约49521万元；学校占地面积约572183平方米，学校校舍建筑面积约247808平方米；仪器设备约8013万元；图书约1796万册。

【中小学德育】 坚持立德树人的根本任务，进一步加强青少年德育及思想教育，在全省率先建立青少年德育和思想教育联席会议制度，召开3次联席会议。建好用好学校教育平台、家庭教育平台、社会教育平台，深入开展社会主义核心价值观融入教育、中华优秀传统文化教育、法治教育、禁毒教育、中小学心理健康教育及评优表彰活动。2015年，组织各县(区)教育体育局、钒钛高新区社会事务局、市教体局直属学校开展征文比赛4场，讲故事和演讲2场，知识竞赛活动2场，绿书签活动现场签名5场，征集征文2037篇，讲故事演讲作品42个。先后组织900余名学生参观“中国100幅书画作品进校园巡展”，组织1200余名学生参加四川省墨香书法展示活动，参选作品150余幅，评选出优秀指导教师195名，优秀组织单位30名。主办法制节目进校园专场演出7场，“禁毒一堂课”师资培训1场，推荐省、市两级禁毒教育宣讲人员21名。评选出省、市优秀学生2047名，优秀团员团干7名，集体198个。市二中创建成为全国中小学心理健康特色学校，13所中小学校授牌为“毒品预防教育活动示范学校”。

【学校卫生与健康教育】 2015年，全市贯彻实施《中小学生健康教育指导纲要》，开展春秋季学期卫生宣传月活动，联合市卫计委组织开展对41所学校卫生工作专项检查。学校和幼托机构建立晨检、因病缺课、病因追踪登记、传染病报告和学校公共卫生突发事件应急制度，学生健康知识知晓率达≥80%。加强心理健康教育，积极开展心理健康特色学校创建工作，攀枝花市二中获得全国“中小学心理健康特色学校”称号。

【学校艺术教育】 组织开展全市第十三届中小学生艺术节暨合唱节活动，共106个表演类节目参加市级展演活动，近160幅美术作品在市青少年宫展出，近60篇艺术科研论文参加全市评比，收到学生征文近200篇。选送16个表演类节目、14幅艺术作品、11篇艺术科研论和20篇学生征文参加全省展演和评比活动，2个表演类节目获一等奖，6个节目获二等奖，8个节目获三等奖；美术作品4幅获一等奖，8幅获二等奖，2幅获三等奖；教师科研论文3篇获二等奖，5篇获三等奖；学生征文1篇获一等奖，8篇获二等奖，6篇获三等奖，市教体局获全省优秀组织奖。东区和仁和区成功申报为“四川省艺术区域整体推进示范县”。

【教育综合改革】 2015年，根据《攀枝花市人民政府办公室关于均衡配置义务教育资源促进教育公平专项改革方案》《攀枝花市教育重要改革举措实施规划(2014—2020年)》，出台《攀枝花市2015年教育综合改革要点》《市教育体育局教育领域综合改革2015年工作台账》。全市推进课堂教学改革，出台《攀枝花市中小学课堂教学方法改革实验样板学校建设实施方案》，10所学校申请成为课堂教学方法改革实验样板校；落实“管、办、评”分离改革与学区化管理改革试点工作，东区“绿色评价，推进管、办、评分离改革”和盐边县学区化管理被列为省教育综合改革试点项目；启动中等职业学校技能型、应用型拔尖人才培养改革，十九冶高级技工学校、攀枝花市华森职业学校已列入全省首批现代学徒制工作试点学校。

【义务教育均衡发展】 2015年6月，米易县在全国义务教育改革发展经验交流会上做《均衡促发展教育惠民生》的交流发言。9月，米易县创建“全国义务教育发展基本均衡县"顺利通过国检;12月,盐边县创建"全国义务教育发展基本均衡县"通过省级督导评估,攀枝花市成为继成都市后,省内接受国家级、省级和县域内义务教育基本均衡检查验收通过率最高、通过县(区)数比例最高的市(州)。大力实施农村义务教育质量提升工程,出台《攀枝花市农村义务教育教学质量提升工程工作方案》,落实21所城区学校与21所农村薄弱学校对口帮扶;实施第三批"百村支教"行动计划,支教学校覆盖全市所有的民族乡镇和盐边县北部所有乡镇;开展了第四批"百村支教"行动计划,选派100名城区优秀教师到农村小学支教。3月19日,攀枝花市在全省基础教育工作例会上,做《抓发展　促均衡　提质量》的经验交流发言。

【依法治教】　2015年,市依法治市领导小组下发《市级各有关部门协同推进"法律进学校"工作2015年工作方案》。6月,召开"法律进学校"现场工作会。市教体局出台《攀枝花市中小学"法律进学校"专项督导评估实施方案》《攀枝花市教体局直属系统法律顾问管理办法》,完成直属系统所有法律顾问考核与续聘工作。全面推进法治班主任聘任工作,深入推进依法治校示范校创建工作,省级、市级依法治校示范学校占全市中小学校比例达74%。在全省率先拍摄制作警示教育片《错位的青春》。推荐市二中校长陈丁成为全省教育系统唯一一名十大"法治中国・四川法治人物"。与市委宣传部、市司法局联合在攀枝花机电学院举办一场"知名律师以案说法・法律大讲堂进高校"专题讲座。全面推进现代学校制度建设,完成盐边县现代学校制度建设监测评估。2月3日,在全省教育工作会上,攀枝花市政府作为唯一的市(州)政府代表做《全面落实依法治教营造良好法治环境》交流发言。启动市级"法律进课堂"科研立项工作。

【依法行政】　认真开展行政权力的清理、调整、下放工作,承接四川省下放行政权力1项,减少行政权力76项,建立行政权力清单制度,目前共保留行政权力27项,编制详细的办事指南与办事流程。做好行政权力规范公开运行平台建设工作,所有行政权力全部按时录入该平台。

【规范办学】　市教体局出台《关于做好2015年义务教育阶段学校招生工作的通知》《攀枝花市2015年普通高中学校指令性招生计划》《2015年四川省一级示范性普通高中招生计划定向切块分配录取办法》,坚持县(区)属地管理原则、免试就近入学原则、公开公平阳光招生原则、"单校划片"与"多校划片"相结合的招生原则、户籍地与居住地一致优先原则开展招生工作。出台《攀枝花市2015年高中阶段教育学校招生实施规定》,严格执行招生计划和收费政策,加强收费治理,规范招生行为。市三中、市七中获得跨市(州)招生资格;指导有空余名额的3所外国语学校和米易一中采取"网上报名、摇号招生"的方式公开摇出520个小升初名额。

【教育督导】　指导督促米易县和盐边县分别通过义务教育发展基本均衡县国检和省检;大力实施发展性督导改革试点,"攀枝花市学校发展性督导研究课题"通过结题检测,形成34盒研究归档资料、4本成果资料集、两本课题学习资料集。开展四项教育专项督导工作,组织督学和专家对各县(区)第五批依法治校示范学校进行专项督导复核,对"中小学学校文化建设"开展专项督导评估,对公办体育运动学校运动员文化教育工作进行专项督导,与县(区)和市直属学校目标任务年终综合督导相结合,开展中小学素质教育督导评估,推动教育教学工作开展。

【教育科研】　2015年,点面结合扎实开展学科教研活动,全年共组织市级教研活动110余次;组织市级优秀教学论文、优质课展评、说课、微课制作、教师专项技能竞赛80余科次,参加教师1500余人次;开展攀枝花市义务教育阶段校长教学大比武活动,评出一等奖3名,二等奖9名;组织参与全国"一师一优课、一课一名师"活动,84名教师在省级比赛中获奖,其中一等奖16名,二等奖19名,三等奖49名,市教育体育局获组织奖。组织开展民族地区中小学教师信息技术应用能力竞赛活动,共评出一等奖5名,二等奖3名,三等奖4名。进一步加强和改进教学质量监测工作。开展2015年度高、初中理科实验操作考核工作,初、高中参考面均达99%,高中实验操作考查合格率99%。

【语言文字工作】　2015年,认真宣传学习和贯彻落实《国家通用语言文字法》《语言文字规划纲要》和《通用规范汉字表》等法规标准。3月18日,攀枝花市在全省2015年度语言文字工作会议上做了题为《建立长效工作机制　推动学校语言文字工作》的经验交流发言。开展"文轩杯"攀枝花市第二届汉字听写大赛,两名学生分获全国第三届汉字听写大会四川赛区选拔赛第一、第四名,并代表四川省参加2015年度中国汉字听写大会全国总决赛,一名选手晋级半决赛;开展第十八届推行普通话示范周系列宣传活动;在中小学生中广泛开展中华经典诵读、国学知识竞赛、精品阅读展示、规范汉字书写等活动,完成四川省"中国100幅经典书画进校园巡展"活动;修订《攀枝花市中小学素质教育督导评估细则》,将语言文字工作纳入对县(区)政府和中小学校的教育督导评估体系。全面开展计算机辅助普通话水平测试工作,共计开展对公务员、教师、学生及社会人员的普通话培训测试4471人次。

【教育投入】 2015年,教育改善办学条件资金预算8550万元,其中教育附加8300万元,财政专项资金250万元,安排政策性刚性支出项目37个,保运转基本支出项目45个。财政教育资金实际支出7330万元。安排"全面改薄"资金共计7567万元,其中中央改薄资金4300万元,省级改薄资金786万元,统筹中央和省其他资金779万元,县级资金1702万元。拓宽教育经费来源,全年向上争取中央、省补助资金35批共15088.76万元(不含扩权县);提高全市公办普通高中生均公用经费保障水平,对全市现有的10所公办普通高中按生均200元补助公用经费,共下达补助资金459万元;成立了攀枝花市教育基金会。

【改善办学条件】 开工建设城乡公办幼儿园7所;开工建设农村义务教育学校食堂3386平方米、农村学校教师周转宿舍建设144套;大力实施主城区教育资源配置,市第36中小学校项目、市经贸旅游学校江北校区实训大楼项目、市实验学校综合楼(含食堂)项目全面完工,市第42中小学校新建项目和西区格里坪镇中小学校扩建项目一期开工;完成攀枝花市青少年活动中心建设。

【农村义务教育薄弱学校改造】 2015年"全面改薄"校舍类项目规划投资6817万元,规划建设校舍类项目39个,建设面积81456平方米。截至年底,已开工项目36个,建设面积44174平方米,开工率54.2%。已竣工项目30个,竣工建设面积31414平方米,竣工率38.6%,累计使用资金2233万元,完成投资率32.8%。

【教育技术装备】 全面完成2014年度"全面改善贫困地区义务教学阶段薄弱学校基本办学条件"装备类项目建设,投入资金471.4万元,积极推进实施2015年"全面改薄"设备购置类项目,计划投入资金750万元,购买计算机391台,购数字教育资源(班班通)169套,宽带网络接入设施设备320台(套),完成购置655万元,采购完成率87.3%。

【教育信息化】 制定出台《攀枝花市教育信息化建设实施意见》,全面推进优质资源"班班通"和网络学习空间"人人通"工作。全市互联网光纤接入学校达95%,"班班通"覆盖率达70%;截至2015年底全市95%以上教师、70%以上中小学生拥有实名制网络学习空间。加快网络条件下的教学环境建设,基本实现中心校以上每所中小学拥有多媒体教室。市外国语学校、大河中学、市实验学校与成都七中联盟,开展远程互动教学教研,学习名校的优秀管理模式,共享优质的教学资源;市二中、市十九中小首次开展"云班"教学试点;市三中、大河中学、市二中成功自办校园电视台;市建筑工程学校、市旅游学校、市二中已建设成功自动录播教室;市直属学校校园监控全部建成,县(区)中心校以上校园监控建成率超过60%。完成全市"一师一优课,一课一名师"活动平台管理及教师注册晒课、优课录制统计、自动录播设备的分配和周报工作。全市范围内遴选112节"优课"参加省级评比,共84节课获奖,其中一等奖16节、二等奖19节、三等奖49节。

【教师队伍建设】 加强师德师风建设,对1名从事有偿家教的老师给予事业单位党内警告的处罚;组织全市中小学教师签订《教师职业道德规范承诺书》。事业单位公开招聘及公开补充招聘工作人员297名;认定各级各类教师资格759人,认定国有企业职教幼教退休教师27名;启动教师资格定期注册试点工作;上报攀枝花市定向培养农村义务教育免费师范生78名,申报攀枝花市2016届部属师范大学免费师范生招生培养需求计划35名,完成免费师范生"三方协议"签订工作,攀枝花生源地免费师范生就业率100%;招聘特岗教师4名,全市共有在岗特岗教师85名。

【人事制度改革】 继续推进县(区)域内教师"县管校用"管理制度改革及校长教师交流轮岗制度改革,稳妥实施教师职称改革和绩效工资改革,高级职称评审通过81人,中级职称评审通过162人;认真落实教师的各项工资和福利待遇,及时兑现直属单位骨干教师津贴186万元,发放农村教师生活和交通补助331.6万元。推荐上报各级各类技术和学术带头人、突出贡献专家、高层次人才65名。评选和表彰省级、市级优秀教师等40名和先进集体3个。市领导走访慰问受表彰的优秀教师和家庭困难教师16人,发放慰问金1.6万元。

【教育培训工作】 认真完成国家级教师培训、省级教师培训下达目标任务,做好市级培训,指导县(区)和学校开展县级和校本培训,重点抓好"123工程"(10位名校长、20位教育专家、30位名教师)培养人选培训。全年组织教师参加国培、省培培训5416人次,市级培训2924人次,县级培训教师22463人次;其中培训校长(园长)1076人次,培训幼儿教师500人次,培训中小学教师26508人次;组织"123工程"培养对象80余人到河南永威学校进行访学培训。开展6项对口援助木里教育人才培训工作,共培训木里县教育管理干部、教师365人次。

【学生资助工作】 建立完善从学前教育到高等教育的学生资助体系,全面落实各项资助政策。学前教育减免家庭经济困难园幼儿保教费21005人;对全市所有义务教育阶段学生122984人全部免除学杂费、免费提供教科书和作业本,其中对19245名农村义务教育家庭经济困难寄宿生补助生活费；对中职学校12200名学生免学费，对中职家庭经济困难学生6800人发放国家助学金，免除民办中职学校三年级学生学费1034人；对普通高中家庭经济困难学生实行2000元/生·年的国家助学金补助，全年共计发放普通高中助学金7377人，免除8236名普通高中家庭经济困难学生学费；为市属普通高校家庭经济困难学生发放生活补贴4609人；发放国家奖学金、国家励志奖学金奖励共计519人（其中国家奖学金21人，国家励志奖学金498人）；全市办理生源地信用助学贷款1175人，发放助学贷款710万元；为153名普通高校家庭经济困难新生发放入学资助金9.6万元；完成市属院校毕业生学费奖补7人，奖补资金11.38万元；完成省属高校毕业生学费奖补申请113人，申请奖补资金170.3万元。农村义务教育学生营养改善计划，覆盖189所（含教学点）义务教育学校的70300名学生，食堂供餐或部分食堂供餐模式学校占总数的44.1%，学生数占总数的66.2%。全市受到资助的学生约19万人次，资助总额达2.03亿元。

【招生考试】 2015年，全市有9099人报名参加高考，其中普通高中报名人数8440人，对口高职659人；设5个考区，5个考点，299个考场；所有考生均在标准化考场内考试。全市一共录取7745人，录取率81.5%，高于全省（录取率为80%）5个百分点。其中普通类录取7699人，录取率86%；对口职教师资类录取490人，录取率74%。共有15308人报名参加高中阶段教育学校招生考试。普通高中录取6717（根据各学校上报人数统计）人；中职录取5900人，其中中职学校录取4467人（含学校自主招生），五年高职录取1433人。全市3367名考生参加全国成人高校招生考试，其中：文科371人，理科2240人，专升本756人。参加自考学历考试的考生8531人，15679科次。参加全国大学英语四级考试13772人，英语六级考试4136人；参加全国计算机等级考试18371人。考风考纪良好，没有发生安全保密责任事故。

【教育信息宣传】 努力构建教育体育宣传及信息工作大格局，印发《关于进一步加强和改进教育体育宣传及信息工作的意见》，制定信息工作计分制度、约稿制度、稿酬制度、审核制度、通报制度、考核制度等6项制度。创办《攀枝花教育体育工作专报》《攀枝花教育体育动态》《攀枝花教育体育信息》，开通政务微博和政务微信平台。全年省政府信息公开目录新增主动公开信息301条，电子化达100%。编印《攀枝花教育体育工作动态》22期，《攀枝花教育体育专报》11期，通过手机彩信发布《攀枝花教育体育信息》36期，累计发布信息300余条；政务微博粉丝突破8000人、政务微信关注者达4500人。

充分利用《中国教育报》《四川日报》《教育导报》、四川电视台等国家级、省级主要媒体和各地方主要媒体加强教育宣传工作。《攀枝花日报·教育体育专刊》共出版20期，刊出教育资讯60余条；《攀枝花电视台·攀枝花教育体育栏目》截止11月共播出60余期，播出教育资讯70余条；《四川省教育导报》共采用30余条。在2015年第十届四川省中小学校园电视奖评选活动中，34件优秀校园电视作品获奖。"攀枝花教育体育"门户网站从2015年1月—9月，共发布攀枝花教育体育新闻等宣传信息1668条，上报省教育厅信息213条，省教育厅网站采用发布78条。

【党风廉政建设】 认真执行党风廉政建设党委主体责任和纪委监督责任，切实抓好反腐倡廉各项任务落实。制定《市教育体育局2015年党风廉政建设和反腐败工作意见》，按照市委落实"两个责任"约谈会议的要求，局党委书记、局长董之云与市委签订《履行党风廉政建设主体责任承诺书》，局纪委书记徐璐与市纪委签订《履行党风廉政建设监督责任承诺书》。与各直属事业单位（学校）签订《履行党风廉政建设主体责任承诺书》《履行党风廉政建设监督责任书》。贯彻落实中央《关于改进工作作风、密切联系群众的八项规定》，省委、省政府《关于改进工作作风、密切联系群众的规定》，制定《市教体局解决发生在群众身边的"四风"和腐败问题工作方案》，通过自查共梳理出机关干部作风问题、基建项目民生工程项目建设、人事管理服务、招生工作、教材教辅资料征订使用、校服定制、"校讯通"、学校改革发展、学校财务管理、师德师风"十项"问题开展治理。9月，组织开展对20所直属事业单位（学校）解决"四风"和腐败问题专项工作检查，对存在的问题进行整改。加大对违纪案件的查处力度。全年共接到各类纪检监察信访举报20件，均已核查处理，清退违规收费金额4万元。对涉嫌违规采购学生作业本问题政纪立案1件，政纪处理3人。2015年，市教体局4次上线"阳光政务——政风行风热线"广播节目，对教体领域政风行风方面存在的教师有偿家教、校园安全、阳光体育开展、体育场馆开放等问题，积极分析问题和查找原因，及时安排部署进行整改落实。

【党建工作】 开展教体系统"七个一"廉政警示教育活动，全系统2000余人次党员干部聆听班子成员专题党课，组织党委理论中心组学习21次，班子成员集中学习研讨30人次，机关党员参加党员学习日学习300余人次，学习篇目70余个；组织开展20个直属事业单位（学校）所属基层党组织新一轮"三升级三分类"活动，提升基层党组织建设整体水平。认真开展纪念建党94周年活动，向市委推荐表彰9名先进基层党组织或优秀党务工作者或优秀共产党员，局党委表彰优秀基层党组织5个和优秀共产党员24名。

【领导班子和干部队伍建设】 建立《攀枝花市教育体育局

班子结构模型》，完成105名正科级领导干部个人重大事项报告工作。加大干部培养力度，向市委推荐7名县级后备干部人选、18名中长期培养对象人选、15名优秀干部和人才、4名干部参加第三期递进班学习，选派2名局领导班子成员参加市委在延安统一组织的“三严三实”专题培训，选派1名科级干部到县（区）组织部门挂职锻炼；深入学习和贯彻落实省委干部选任工作“一个意见、五个办法”，对机构改革后局机关22名科级干部进行调整，对局机关14名科级干部进行重新任命，对直属单位（学校）10名中层正职进行重新任命，7名中层副职进行备案管理；办理4名科级干部和2名县级干部试用期满转正手续；完成2名县级干部提拔任用的相关工作。

【联系服务群众】 建立“双联”联系户分类指导台账，积极做好分类指导、帮扶工作。与局机关所帮扶的盐边县永兴镇虎鼻村签订帮扶协议，落实7条帮扶措施，捐资13000余元走访慰问67户贫困户；指导督促各直属单位（学校）与联系帮扶村做好有关帮扶工作。认真开展精准扶贫工作，先后3次深入盐边县共和乡正坝村、鳡鱼乡小槽村开展扶贫调研。选派2名干部到行政村担任“第一书记”，选派1名干部开展“双联”工作。

【学校后勤保障工作】 出台《学生食堂食品安全和饭菜质量明察暗访工作方案》《关于进一步加强学校后勤管理的意见》，规范学校后勤保障服务工作。组织7次学校食品安全检查，检查学校201校次。开展全市性《食品安全法》知识培训、竞赛、宣传周活动和2次食品安全隐患排查，加强对营养改善计划试点学校食品安全监管。推进示范性标准化学生宿舍（公寓）创建工作，市七中在四川省中小学校学生宿舍（公寓）管理培训会上做题为《用“心”营造温馨的生活空间》经验交流发言。持续开展“弘扬生态文明，绿化全川校园”活动，组织完成教育系统花城新区义务植树基地建设工作。仁和区总发乡中心学校在四川省中初等学校绿化管理工作现场会上做题为《播撒绿色种子　采撷校园美景》的交流发言。市实验学校创建全国节约型公共机构示范单位已经通过省级答辩，正等待国家的检查验收；深入推进城乡环境综合治理“进学校”活动，巩固治理“五乱”和“三乱”成果。集中开展元旦、春节、五一、国庆等节日期间专项治理活动，确定9所学校开展城市生活垃圾分类收集处理试点，全年开展6次“进学校”活动督查。

【校园安全】 根据《攀枝花市学校安全稳定目标管理考核细则》《攀枝花市教育局关于2014年学校安全稳定工作考核办法的通知》要求，对市教体局直属学校和市教体局审批的民办学校，以及28所县（区）中小学幼儿园2014年度安全工作进行检查考核。从2015年起将安全知识纳入中考内容。结合“防震减灾日”“中小学生安全教育日”等活动组织开展专项安全教育。组织223983人参加四川省中小学生安全知识网络竞赛，比2014年增加15.48%。学习贯彻落实《四川省<校车安全管理条例>实施办法》；组织139名分管安全工作的校（园）长参加“学校安全标准化管理暨法制教育培训班”学习。贯彻落实《四川省中小学幼儿园安全防范工作规范（试行）》，城区学校完成110一键式报警系统的安装工作。下发《关于印发2015年全市中小学幼儿园“护校安园”行动方案的通知》，深化“警校共育”。认真做好应急管理工作。认真落实《中小学幼儿园应急疏散演练指南》，中小学校每月开展1次应急演练，幼儿园每季度开展1次应急演练，全市100%的学校开展安全演练。向省教育厅申报2所“四川省应急教育示范学校”，2所学校建成地震预警信息服务系统。

【信访维稳工作】 信访工作纳入教育督导评估考核，全年共办理来信153件，信访室接待来访8批次，业务科室接待群众来访84批次，来电（咨询）553人次。信访事项答复率达到100%，结案率100%。全年教体系统没有发生进京上省非法上访事件和个人极端事件。

【义务教育发展基本均衡县创建】 2015年，指导米易县通过义务教育发展基本均衡县国家督导评估，指导盐边县通过义务教育发展基本均衡县省级督导评估。在迎检准备阶段，组织督学、专家共计100余人次、先后10余次深入米易县和盐边县100余所学校（含教学点）督查指导“义务教育发展基本均衡县”的创建工作。9月20—22日，米易县义务教育发展基本均衡县工作迎接国家督导评估检查；25日米易县通过国家督导评估，被认定为义务教育发展基本均衡县。10月21—23日市政府教育督导团办公室组织督学专家19人对盐边县迎接义务教育发展基本均衡县工作进行了市级复核。11月25—27日，盐边县创建“全国义务教育发展基本均衡县”工作通过省级督导评估。全市五个县（区）“义务教育发展基本均衡县”工作全部通过省级督导评估。成为全省继成都市之后通过义务教育均衡发展成绩突出的市州。

（刘才康　李洪梅）

高等教育

攀枝花学院

【概　况】 2015年,学院占地81.52公顷,校舍面积51.14万平方米,固定资产总值6.53亿元,馆藏图书380万册(纸质123.01万册),教学科研仪器设备总值1.60亿元,下设19个教学单位、2个科研单位和1个三甲中西医结合医院(附属医院),开设49个本科专业,40个专科专业,专业设置涵盖理、工、文、法、经、管、医、艺、农等9个学科门类。全日制本专科在校生及研究生、留学生15232余人,非全日制本专科在校生9373人,生源覆盖全国30个省(自治区、直辖市),形成以工为主、多学科兼容,普通高等教育、高等职业教育、成人高等教育协调发展的办学格局。

学院有教职工1010人,其中专任教师842人,教授、副教授372人,约占36.83%,硕士以上学位643人,约占63.66%,;有全国优秀教师、享受政府特殊津贴专家、四川省有突出贡献专家、四川省学术和技术带头人、教育部新世纪优秀人才支持计划等各级各类专家65人。

建有国家级特色专业1个,国家级专业综合改革试点项目1个,省级特色专业7个,省级专业综合改革试点项目3个,省级卓越人才培养计划12项,省级精品课程9门,省级实验教学示范中心3个。建有省、市科研平台29个,与企业共建联合实验室3个(教学实验室)。

2015年攀枝花学院基本情况统计

类　目	数量	类　目	数量
一、学生情况(单位:人)		四、办学条件	
1. 普通高等教育在校学生总数	15196	1. 年末固定资产总值(万元)	65323.46
普通本科生数	13867	2. 校园占地面积(万平方米)	81.52
普通专科生数	1329	3. 校舍面积(万平方米)	51.14
2. 普通高等教育招生数	4000	4. 教学科研仪器设备总值(万元)	16007.96
普通本科生数	3654	5. 图书馆面积(万平方米)	1.66
普通专科生数	346	6. 年末纸质图书册数(万册)	123.01
3. 普通高等教育毕业生数	3721	年末电子图书数量(GB)	10732
普通本科生数	3038	7. 教学用计算机台数(台)	3844
普通专科生数	683	8. 各类实验室和工程中心总数	
4. 成人教育在校生数	9373	国家重点实验室(个)	1
成人教育毕业生数	1812	省级工程中心(个)	2
成人教育招生数	2399	省级重点实验室(个)	5
二、学科及专业设置(单位:个)		省高校重点实验室(个)	2
1. 本科专业数	49	省高校科技成果转化平台(个)	2
2. 专科专业数	40	省级研发基地(个)	1
三、教职工构成(单位:人)		省级研发中心(个)	4
1. 教职工总数	1010	省级公共服务平台(个)	1

续表

类　目	数量	类　目	数量
2. 专任教师数	842	省级文化普及基地	1
3. 正高级职称数	91	市级重点实验室(个)	6
4. 副高级职称数	281	市级重点工程中心(个)	1
5. 博士	70	市级研究中心(个)	3
6. 硕士	573	校级研究所(个)	13

【教学管理】 2015 年,完成新能源材料与器件、翻译、测绘工程等专业的申报工作。完成全日制本专科学生 15196 人的电子注册工作,2015 届毕业生 3721 人的学历注册;2015 届普通本科毕业学生 2696 人取得授位资格,授位比例 88.74%。坚持学分制管理及学业警示制度,为学生 682 人办理学籍异动手续,为学生 64 人办理终止学籍手续。完成学生 76 人的专升本录取选拔工作;完成硕士研究生入学考试的辅导工作,全年考取硕士研究生 169 人。完成全日制学生的课表编排及选课工作,编制学生课表 1920 门课程、4306 个上课班级;开设校级选修课程 204 门,开出选课班 312 个,选课人数 33854 人。完成教学日常运行调度管理工作,全年办理课程调整手续 1033 次,调课学时 2066 学时。成立晚自习工作检查领导小组,为自习学生安排辅导教师和专门教室。推行教考分离,加大课程试题库建设。加强对选用教材的检查评估。

【实践教学】 2015 年,完成 2010—2012 年度中央财政支持地方高校发展专项资金建设实验室项目的验收工作,该项目新建实验室 24 个,改扩建实验室 48 个,投资 1932 万元。推动大学生校外实践教育基地建设,与攀枝花兴中钛业有限公司联合建设"工程教育实践中心",与攀枝花市农林科学研究院联合建设的"农科教合作人才培养基地"获批为四川省大学生校外实践教育基地。举行全国大学生英语竞赛、四川省大学生数学建模竞赛等学科竞赛 73 项。完成学生创新项目结题验收,启动 2015 年创新实验项目的立项与论证工作。完成对 2015 届毕业论文的答辩和评优工作。

【课程教学改革】 2015 年,开展"专业(群)转型发展改革"试点工作,在园艺、计算机科学与技术、经管类、汽车类专业展开试点,围绕学科专业群建设、校企合作发展、人才培养模式构建、应用技术型人才培养等方面,制定并落实改革方案。理顺校、院、教研室三级教学管理机制和运行机制,推进教学管理重心下移,其中学校主要负责各教学环节质量标准的制定与监控、质量监控体系的建立健全、教学考核体系的建立、对教学单位教学工作的总体考核以及对有关教学环节质量进行抽查等工作,教学单位主要承担各教学环节质量标准落实与维护、日常教学质量的保障、监控与考评等工作。

【素质教育改革】 2015 年,开展大学生素质教育改革,制定素质教育改革方案并逐步落实,内容涉及学生思想道德素质教育、人文素质教育、创新精神和实践能力教育、身体心理素质教育。加强素质拓展管理,完善学校素质拓展网络平台建设,确保网络平台的实用、安全和稳定运行。加强对二级学院素质拓展工作的指导和素质拓展学分认证管理,推进素质拓展管理工作的规范化。开设创新创业教育课程,出台《攀枝花学院创业学分置换管理办法》,打通创业学分置换学生专业学分的通道。全年组织学生参加各级各类创新创业大赛 10 项,获得国家级奖项 6 个、省级奖项 22 个,其中组织参加全国大学生互联网 + 创新创业大赛,获得省级金奖 1 项、银奖 4 项、铜奖 7 项;参加全国大学生首届移动互联网创业大赛,获得全国团体总冠军;经管学院 2013 级学生阳星月获得 50 万瑞典克朗并在瑞典留学两年的奖励。3 月 27 日,成立攀枝花学院大学生创新创业俱乐部,与创业学院实行两块牌子一套班子的工作机制,全年成功孵化项目 39 个。

【继续教育】 2015 年,招收成人高等教育学历学生 1869 人,应用型自学考试学生 530 人;截至年底,有成人教育在籍学生 9373 人、自学考试学生 4674 人、网络教育、非学历教育学生 400 人。校本部安排完成 5379 人次、109 个班次、400 多门课程、近 8000 学时的面授教学工作;安排 2013 级 9 个本科专业,400 多人的毕业论文工作,安排 12 个专科专业和 2 个本科专业共 794 人的毕业实习工作。推广非学历教育考试,全年报考全国计算机等级考试 14946 人,报考全国英语等级考试 1180 人。开展非学历培训,全年为攀枝花市委组织部、东区、米易县、盐边县委组织部培养年轻干部 209 人,为雅安市名山区培养干部 53 人。

【普教招生和就业】 2015 年,面向全国 25 个省(市、自治区)招生,招生计划为 4046 名,其中本科招生专业为 49 个、招生计划为 3687 名(含 35 名专升本计划),高职专科招生专业为 10 个、招生计划为 359 名;在川计划 3750(其中本科 3391 名,高职专科 359 名);省外计划 296 名(全为本科计划)。录取新生4263名,招生计划执行率为105.36%;其中录取本科新生3847名,招生计划执行率为104.34%;录取高职专科新生416名,招生计划执行率为115.88%。录取的第一志愿新生为4166名,占录取总数的97.72%;其中录取第一志愿的本科新生3751名,占本科执行计划的97.50%;录取第一志愿的专科新生415名,占专科执行计划的99.76%。新生报到4066名,报到率为95.38%;其中本科新生报到3715名,报到率为96.57%;专科新生报到351名,报到率为84.38%。

2015年,应届毕业生3703人,其中本科生3030人、专科生673人,涉及60个专业,其中:本科41个、专科19个,就业率95%,其中:本科为95.15%、专科为95.09%。毕业生分布主要集中在攀枝花(35.4%)和四川省其他市州(42.58%)。为2015届毕业生举办大中型就业"双选会"4场、专场招聘会127场,提供就业岗位需求计划近8020个,就业信息平均供需比2.17:1。

【学生奖助学】 2015年,完善学生奖助学体系,做好家庭经济困难学生的认定和电子信息档案工作,更新和升级学生资助信息系统,认定8080名贫困学生身份。做好学生资助管理工作,完成生源地信用助学贷款工作,为1442名学生办理近894万元的生源地助学贷款;完成奖助学金评审工作,获得国家奖助学金资助者4529人,资助金额近1359万元;做好应征入伍毕业生学费代偿工作和贫困新生入学绿色通道工作,为64名入伍学生办理学费补偿手续,代偿金额56万余元,为279名新生办理"绿色通道"手续。整合校内外勤工助学资源,设立校内固定勤工助学岗位383个、临时勤工助学岗位200个,拓展校外勤工助学岗位2000余个,获取校外报酬76万余元。

【第二轮岗位聘任】 2015年,进行设置机构,界定职责。制定《攀枝花学院机构设置方案》,明确设置教学单位19个、科研单位3个、教辅单位8个、党政群团部门15个、其他下属单位3个,确定各单位(部门)的内设机构和领导职数;制定《关于印发各单位(部门)工作职责的通知》,规定各单位(部门)共同职责和具体职责。统筹核定编制,设置岗位。制定《攀枝花学院编制核定管理办法》,核定人员编制;制定《攀枝花学院岗位设置管理实施方案》,设置专业技术岗位998个,占岗位总量的80%;管理岗位202个,占岗位总量的16%;工勤技能岗位50个,占岗位总量的4%;并分单位、部门设置岗位类别、数量和等级。规范岗位聘任程序,保证聘任公开透明。制定《攀枝花学院第二轮岗位聘任实施细则》,明确岗位任职条件、岗位职责内容;制定《攀枝花学院第二轮岗位聘任日程安排及操作规程》,以文件指导方式组织,完成岗位聘任各环节工作。

【师资队伍建设】 2015年,师资队伍总量扩大,学历结构优化。全年引进博士1人、硕士22人,培养博士5人;截至年底,学校在编职工中具有硕士学(历)位的573人,博士学位的70人;攻读博士学位教师35人。专家队伍规模扩大,层次提高。通过高层次人才认定教师14人,其中第五类高层次人才7人、第六类高层次人才4人、第七类高层次人才3人;推荐10人申报攀枝花市第九批有突出贡献专家,26人申报攀枝花市第七批学术和技术带头人,29人申报攀枝花市第七批学术和技术带头人后备人选;截至年底,有省级以上专家24人、市级专家63人、校级专家83人。开展人才继续教育与培训工作。全年组织22名新进教师参加高校教师岗前培训,2人参加四川省哲学社会科学骨干教师培训;选送6人到国内的知名高校作高级访问学者,1人作国外高级访问学者;申报2015年出国(境)培训项目计划,完成952名专业技术人员公需科目继续教育网络培训工作。加强师德师风建设。评选表彰校优秀教育工作者16人、师德标兵9人;推荐3人参加攀枝花市2014—2015学年度优秀评选;制定《攀枝花学院合格教师培养管理办法》,对近两年新参加工作的教师进行为期2年的分阶段培养。强化教师实践能力培养。全年完成14个实践能力培养项目,118名教师到企业学习锻炼;专设博士科研启动基金,申报组建博士后创新实践基地。

【专业技术职务评审】 2015年,推荐32人申报教师、科研系列高级专业技术职务,其中申报教授5人、研究员1人、副教授25人、副研究员1人;推荐1人申报图书系列副高级专业技术职务;推荐2人申报档案系列专业技术职务,其中申报正高1人、中级1人。23人评审符合中级专业技术职务学术水平要求,同意晋升,上报市职称改革领导小组审批。

【科研工作】 2015年,完成35项科研项目的结题验收,其中国家科学规划项目1个、省科技厅项目5个、省规划办项目2个、市科技局项目8个、省教育厅项目15个、横向项目4个,初审校级到期项目16项。学校教师发表论文416篇,其中核心期刊139篇。申报市级成果鉴定11项,省级成果鉴定1项。申报科技成果奖励11项,其中"攀枝花玛咖规范化种植技术研究及药用价值评价"等3项成果获市级科技进步二等奖、"急性非等容量血液稀释在脊柱手术中的应用"等3项成果获市级科技三等奖。

科技工作改革。2015年,全面推进"激励科技人员创新创业专项改革"试点项目,制定改革试点实施方案及人事、劳动工资、岗位管理等配套制度,明确试点工作的指导思想、改革目标、工作任务和实施步骤;推荐6人兼职取酬,4人离岗或兼职转化科技成果,3人离岗或兼职创办领办科技型企业。

科研平台搭建和项目申报。2015 年,新建“钛金属冶炼及其合金制备研发与应用”教育厅创新团队 1 个,“矿山二次资源综合利用攀枝花市技术创新研究团队”市级创新团队 1 个。完成 5 个省教育厅高校重点实验室的项目发布,立项厅级科研项目 35 个。新建省发改委“四川省太阳能利用技术集成工程实验室”1 个,“攀枝花汽车工程技术研究所”1 个。全年获得各类立项 77 项,其中省级项目 11 个、厅级 42 项、市级项目 24 个,经费总额 1042 余万元;推进攀西战略矿产资源综合利用协同创新中心的建设。加强科研经费管理,严肃学术道德行为。11 月 12 日,通过省科技厅科研经费检查组第一工作组对学校科研经费管理工作的检查;完成市委组织部、市科知局对学校“钛及钛合金创新团队”中期检查。

科技创新工作。2015 年,举办攀枝花市第五届校园专利活动和发明创造竞赛,收到专利成果 800 余件,向国家知识产权局取得申请号的专利 328 件;截至年底,获得专利授权 284 件,其中发明 32 件、实用新型 44 件、外观设计 208 件。向省、市争取知识产权培训资金,成功申报省知识产权人才培养经费 10 万元,攀枝花学院专利提升项目经费 50 万元。

【对外交流与合作】 2015 年,继续做好校地、校企、校校合作。全年合作项目 176 项,合作内容涉及基础建设教学、培训、科技等方面;推动建立产学研合作联盟,开展技术开发、科技项目转化、人才培养等方面的合作;与攀枝花钢铁研究院、核工业二八〇研究所、盐边县人民政府等 6 家单位建立合作关系。开展国际合作与交流,做好学生出国工作。全年派出 1 名学生赴瑞典哈姆斯塔大学交换学习,1 名学生前往美国参加暑期社会实践项目,3 名学生被国家汉办录取为汉语教师志愿者,分别赴泰国和厄瓜多尔教授汉语;招收 8 名老挝本科留学生,有 2 名美中友好志愿者在校任教。开展教师出国交流活动,选派 1 名教师参加“高等教育行政管理人员出国研修项目”,赴新加坡参加研修学习,2 名校领导参加“千名中西部大学校长研修计划”第七期培训团,分别赴澳大利亚和美国开展研修学习。推进与西华大学联合培养研究生的工作,招收硕士研究生 7 人;新增社会工作、翻译两个招生专业;新增 4 名硕士生导师、5 名校外企业兼职导师。做好校友工作。建立校内校友分会 14 个、校外校友分会 14 个。完善校友数据库建设,有 72164 名校友基础信息;做好校友返校活动、校友林的建设工作;12 月 19 日召开首届校友会长联谊会;开展“校友大讲堂”工作,全年校友返校开展讲座 14 次;加强校友自创或担任高管的企业、机构返校招聘的邀请、联系、组织工作;搭建校友企业与学校在技术合作、科研交流、学科及实验室建设、项目共建的平台,全年校友企业科技研发合作项目 3 个,共建实验室 2 个。

【校园文化建设】 2015 年,加强宣传队伍建设,成立新媒体中心,与校园广播电视台、校报学生宣传组织,吸纳学生 300 余人,分别负责学校官方新媒体建设、广播电视栏目、报纸消息宣传报道等工作。加强宣传阵地建设,9 月,开通攀枝花学院官方微博。做好校园宣传工作,校园广播台增设“大学生说”栏目;建立起新媒体宣传平台;开展“原创攀大”微电影剧本征集活动;围绕学校校风、教风、学风建设等中心工作开展宣传报道;校报作品获国家级奖 4 项、省级奖 4 项;开展对外宣传 200 余次。加强“三风”建设,开展“校风、教风、学风”凝练工作。组织召开校园文化建设工作协调会,对教学楼文化装饰建设提出具体的建设性意见。前往盐边县惠民乡三源村开展“送科普、种文化”下乡志愿服务活动;发放资料 1500 余册,义诊 120 余人次,提供咨询 100 余人次。3 月,启动“雷锋月,志愿行”活动,学生志愿服务大队组织志愿服务活动 70 余次,参加 546 人次,服务时长达 1400 余小时。

【后勤服务】 2015 年,完成后勤服务综合楼消防验收、玻璃幕墙等项目的验收;8 月 15 日羽毛球馆投入使用;11 月交通汽车学院实训楼、干热河谷实验室、钒钛中试基地实验室动工建设;完成西苑食堂操作间改造、西苑食堂操作间加层项目;完成驾校场地配套设施改造工程;完成北苑小区休闲广场和西苑休读区工程并交付使用;完成第二家属区 1～3 号楼安全质量鉴定和室内空气检测工作;完成第二家属区土地地籍确权调查工作。结算完成初审项目 75 个。完成 39 个经济合同的签订,其中工程建设施工合同 11 个,工程建设监理合同 3 个,工程建设勘察、设计、放线测量合同 5 个,工程建设造价咨询合同 7 个,设备采购及安装合同 4 个,补充协议 5 个,其他合同 4 个。完成招标项目 15 项,其中校内招标 11 项、校外招标 4 项。

【攀枝花学院附属医院建设】 2015 年,强化质控管理,加强环节质控、终末质控,不断提高医疗质量,保障医疗安全。开展优质护理工作,改善服务态度,提升服务水平,通过召开医患座谈会、义务监督员座谈会、电话回访和走访患者等形式,听取群众意见,强化意见整改,加强医德医风和行风建设。完善教学管理机构,成立内、外、妇、儿、康复、五官、中医、医技、护理、检验等 10 个教研室。加大科研奖励力度,全年科研立项 9 项,其中省部级 1 项、市厅级 8 项;组织 8 项课题申报攀枝花科技进步奖,获二等奖 3 项、三等奖 3 项,为建院以来最好成绩。加强队伍建设,调整人才结构,入选四川省“千人计划”创新人才 1 人、新增省级中医学术技术带头人 1 人、省级中医学术技术带头人后备人选 1 人。加快信息化建设,引入北大方正信息系统,对系统进行替换升级,基本建设继续推进,就医环境逐步改善。实行精细化管理,强化成本意识,多措并举,降本增效,提质增效。

【党建工作】 2015年,加强思想政治工作,抓好党委中心组理论学习和教职工政治学习,全年召开党委理论中心组学习12次,组织教职工政治学习14次,开展党员学习活动7次。开展干部档案专项审核工作,完成115名县级干部的档案专项审核工作和59名干部的出生日期、参工时间、入党时间认定工作。完成第二轮聘任科级干部工作。做好党员发展和教育管理服务工作,首次聘任组织员13人,完成组织员的培训工作和分工安排;组织学院120余名直属党组织书记和基层党支部书记进行《中国共产党发展党员工作细则》专题培训;抓好党员发展工作的检查指导工作,截至第三季度,发展党员182名;做好党员组织关系转接工作,全年转接毕业生党员组织关系565人、转接教职工组织关系74人次;做好入党积极分子、发展对象和党员的教育管理,举办2期入党积极分子培训班,培训学员837人,举办2期发展对象培训班,培训学员330人。加强干部队伍建设,做好干部交流工作,调整中层正职干部13名,中层副职干部23名,调入中层副职干部1名,免去1名中层副职干部职务,1名中层正职干部到龄退休;加大干部培训力度,组织安排4名厅级干部、1名正县级干部、8名副县级干部、2名科级干部、8名潜力型年轻干部参与各层级、班次培训学习;做好干部挂职锻炼工作,12人参与挂职锻炼。加强民主党派建设,完成农工党、致公党换届人选考察复函工作,全年2人加入攀枝花市知识分子联谊会;1人加入九三学社。选送民主党派成员及侨眷12人次参加全国和省、市的各类培训活动;推荐1名侨眷参加"侨界代表人士云南行"活动。抓好"双联"和精准扶贫工作,选派1名科级干部到米易县湾丘乡青山村任第一书记,选派1名科级干部到木里县瓦厂镇纳子店村开展精准扶贫工作;与桐子林镇安宁村、惠民乡三源村签订帮扶协议,为安宁村提供帮扶资金3万元;完成1名"双联"工作下派干部考核工作;121名县级以上干部继续做好干部服务群众工作,对口帮扶困难户242户。

(莫家莉)

四川机电职业技术学院（攀钢党校）

【基本情况】 2015年末,四川机电职业技术学院(以下简称"学院")有全日制在校学生8550人,在职教职工592人,其中专职教师341人。学校教学科研仪器设备资产总值7550多万元,设置与专业配套的校内实习室、培训车间和实验室107个、校外实习实训基地232个。图书馆馆藏图书56.53万册,比2014年增加1.65万册。有400米和300米塑胶跑道绿茵运动场各1个,标准游泳池2个,多功能室内体育馆2座。设有机械工程系、电子电气工程系、材料工程系、管理工程系、信息工程系5个教学部门。学院以国家骨干重点专业及省重点专业建设为龙头,积极推进专业和专业群建设,着力打造以钒钛钢铁产业为重点的冶金材料、电子电气、机械加工等专业集群,形成了冶金钒钛开发、电气自动化技术、机电一体化技术、材料成型与控制技术等37个特色专业。

【奖项荣誉】 学院认真践行"六种发展理念",强力推进"保命经营",凝聚扭亏脱困的强大力量,2015年学院获得"中央企业思想政治工作研究先进集体",鞍钢先进党委、攀钢"攀登"银奖,学院获得"2015年鞍钢集团公司先进单位""2015年攀钢集团公司先进单位"等荣誉称号。

【国家骨干高职院校建设项目】 根据2010年11月30日《教育部、财政部关于确定"国家示范性高等职业院校建设计划"骨干高职院校立项建设单位的通知》精神,学院被确定为国家骨干高职院校立项建设单位,并确定冶金技术(钒钛开发)、电气自动化技术、材料成型与控制技术等专业为重点建设专业,骨干建设项目启动建设年度为2012年,项目建设期为三年,2015年学院接受教育部的验收。2015年9月,四川省教育厅、财政厅联合组织专家对学校国家骨干高职院校建设项目进行省级验收。学校按照教育部、财政部批复的《国家骨干高职院校项目建设方案》和《建设任务书》,完成建设项目中1296个验收要点,完成率为99.8%,教师专业建设、课程建设及教育教学水平显著提高。专家组一致同意学院通过省级验收。国家骨干高职院校建设项目是学校发展史上的大事,对学院的发展影响巨大。

【改革与管理】 学院2015深入推进各项改革工作。依《章程》办学,积极探索现代大学治理结构;以国家骨干院校重点专业建设为平台,深化人才培养模式改革;以盘活存量资产为要务,创新管理模式,推进后勤社会化改革;以控亏增效为目标,与15个部门签订责任书,确保控亏目标的实现。加强日常考核,教职工纪律意识和劳动效率观念显著增强,在学校在岗职工不断减少的情况下,劳动效率不断提高。严格基础管理,持续推进精细化管理,厉行节约,建立激励机制,加强财务综合管理,初步形成科学规范的管理体制机制。

【职业教育与培训】 学院发挥技能培训优势,主动拓展内外培训市场,不断提升培训水平和服务质量。2015年,承办各类培训班659个,培训学员30566人。其中公司技术技能类培训学员11654人,党群管理类培训学员6478人,学生培训 10161 人,社会劳动力培训 2273 人。

为满足培训需求,与电子科技大学、四川外国语大学、云南大学及深圳科里公司等专业培训机构联合,较好完成了培训项目;服务厂矿,送教基层,先后到攀钢集团矿业公司、攀成钢、攀长特和西昌钢钒等公司开展技术技能培训;精准扶贫,送教下乡,自带设备深入盐边县桐子林镇、新九乡、温泉乡、国胜乡等乡镇,促进 300 余名农民工就业;积极服务区域经济,承办攀枝花市"百岗万人职业技能大赛"、钢城集团的"职工技术比武"、新技师培训、劳务品牌培训和高新园区农民工培训等培训项目。学院组建 5 支技术服务团队 30 多名骨干教师,对少数民族和欠发达地区的 12 所职业学校进行对口支援,培训教师 100 余人,较好地发挥国家骨干院校的辐射作用。

党员干部教育工作成效显著,承办党群类培训班 67 个、培训学员 3608 人,管理类培训班 58 个、培训学员 2870 人,分别比 2014 年增加 24.67%、35.50%。举办 3 期攀钢领导干部"能力素养"高级研修班。

【教学和科研】 学院以骨干建设为平台,着力打造以钒钛钢铁产业为重点的专业集群,编写完成各类专业人才培养方案。以工学结合为切入点,深化了人才培养模式改革。优化了课程结构,创新课程建设机制。新申报工程造价、铁道交通运营管理、健康管理等 5 个新专业并纳入招生计划,通过院企合作建成优质核心课程 30 余门,编写课程标准 200 多个,建成网络课程近 40 门。修订《教学质量监控与保障体系及其运行办法》等 6 项规章制度,完成管理制度汇编 5 本。院内"双师"素质专业教师比例达到 86.3% 以上,校外兼职教师承担的专业课学时比例近 50%。组织开展第 15 届"耕耘杯"教学竞赛,推进教师综合能力的提升。突出科研引领作用,科研成果质量和数量逐年提高。全校教职工发表各级论文 105 篇,出版教材 76 部,完成课题 11 个,建设课程 67 门,较 2014 年增幅高达 3 倍。

【招生与就业】 为争取更多优质生源,学院深入到西昌、德昌、汉源、会东、江油和邛崃等地 30 多所中学和中职学校,宣传办学优势、专业特色和就业状况,吸引更多学生报考学院。全年招生 3490 多人,招生人数创历史新高,新生入学报到率位居全省高职院校前列。拓展新就业市场,巩固老就业基地,加大对就业基地的走访力度。通过各种渠道,联系沟通就业单位 106 家来学校开展校园招聘,提供就业岗位 4000 多个。毕业生就业单位涉及冶金、机械、电子、铁路交通等 15 个行业,就业率 98.87%,位居全省同类学校前列。学院打通专升本通道,为品学兼优的学生进一步深造创造条件。2015 年有 55 名学生参加专升本报名,考取 31 人。成人教育方面,录取网络教育新生 69 人,本科学生 63 人。

【人文与素质教育】 学院重视新生德育教育,"引导学生扣好大学关键的第一粒扣子",组织开展"点燃学生心中梦想"主题教育活动。邀请参加"9·3 阅兵"学生张鲁琦为新生作报告,传递正能量。组织开展了"五四"文化月、运动会、迎新晚会等品牌活动。组织开展主题教育实践活动,前往攀枝花开发建设纪念馆、三线建设博物馆等教育基地参观,深化了学生爱国主义情怀和攀钢精神的再教育。学院素质教育成绩斐然。3 名学生分获全国、省高职院校信息安全管理与评估比赛团体三等奖、技能大赛二等奖;1 名学生获省高职高专首届化学分析检验技能竞赛二等奖;6 名学生获市总工会朗诵比赛团体一等奖。省级青春健康教育项目通过验收,市级"性病艾滋病防治教育"项目正式启动,省市项目累计投入 18.5 万元。打造了青春健康俱乐部和心理健康咨询中心,编写了 7.5 万字的首部性教育思维导图教材,全年授课 240 个学时,培训学生 428 人。

学院承办训练的攀钢田径项目在攀枝花市七运会取得优异成绩,夺得金牌 16 枚、银牌 9 枚、铜牌 6 枚、9 项破纪录、团体总分第一,为攀钢公司争得了荣誉,鼓舞了职工士气。

【学生资助与奖励】 学校按照《国家体质健康标准》,对学生进行体质测试和心理健康测查;坚持"优中选优,困中选困",评选出国家奖助学金获得者 2517 人、奖助学金额 800 余万元;为 8000 余名学生办理大学生基本医疗保险、意外伤害保险及院方责任险;为 700 余名学生办理生源地助学贷款、应征入伍学费补偿、毕业生到艰苦地区就业学费奖补、低保家庭毕业生求职补贴等,助力学生成长成才。

【职业技能鉴定】 按照四川省职业技能鉴定中心的安排和攀钢集团有限公司发展的需要,学院利用高新技能和先进的鉴定设施设备,开展技术含量高、鉴定层次高工种的职业技能鉴定,为企业高技能人才的脱颖而出提供通道。先后组织 6230 人次的特种作业人员培训,220 个工种 5405 人次初级工到高级工复审、技师到高级技师的复审,泵站操作工、变电检修工、锅炉辅机检修工等 7 个工种 3515 人次的高级工晋级和复审,钳工、电工、焊工等 9 个工种 323 人的技师考试,承担转炉炼钢工、热轧轧钢工、医学检验、化学分析工等 10 个工种 974 选手的"攀钢第六届职工技能大赛"选拔考试工作,承办攀钢职工英语达人 223 名选手初赛工作,为攀钢建成钒钛资源综合利用世界级企业提供技术人才保障。

(葛启安)

体育·卫生

体　育

【概　况】　2015年，原市体育局因机构改革与原市教育局新成立攀枝花市教育体育局，设市体育总会、市全民健身指导委员会等市级体育事业管理机构，全市有市级单项体育协会10个；县（区）级体育行政主管部门5个、体育总会5个、全民健身指导委员会5个、单项体育协会43个；全市44个乡镇、16个街办均成立体育健身活动领导机构，44个乡镇均建立综合文化站和老年人体育协会；129个社区、352个行政村全部建有文体活动中心（室）；全市有健身辅导站261个。体育事业蓬勃发展，成功举办攀枝花市第七届运动会；组织开展市级群众体育竞赛活动66次；参加全国及全省群众体育竞赛共取得38枚奖牌；大力发展阳光体育产业，体育彩票人均购买量列全省第二。

【青少年体育】　2015年，市教育体育局全面贯彻省、市《普通中小学校体育艺术五年行动计划》，全面实施《国家学生体质健康标准》，实现100%测试、100%上报；大力开展省、市“阳光体育示范学校”评选活动，4所学校创建为第三批省级阳光体育示范学校；攀枝花市1所学校成功申报创建全国校园足球特色学校；派出运动员800余名参加省第十三届青少年运动会共计22个大项的比赛，组队参加省中学生比赛，派出市三中、市七中、盐边中学参加全省中学生篮球、足球、排球和田径比赛，其中市七中排球比赛获全省第三名，市三、七中田径比赛在69个参赛队中名列第九名和第十六名。同时，在首届全省校园足球高中组决赛中，大河中学女子足球队获第七名。在全市开展中小学生篮球、足球和排球比赛。加强“高水平体育后备人才基地”和“青少年活动中心”建设，市七中成功创建省级排球高水平后备人才基地，全市省级高水平后备基地达到3个。东区成功申报为“四川省体育区域整体推进示范县”。

【全民健身活动】　2015年，市教育体育局深入实施《全民健身条例》，推动群众体育活动向纵深开展，引导市民积极参与体育健身活动，扎实开展全民健身系列群众体育活动。积极培育“假日休闲体育”项目，利用元旦、春节、欢乐阳光节等重大节庆假日，组织“全市第41届元旦越野赛”“春节趣味体育活动”“市直机关元宵登山”等活动，全市6000余人次参加活动；成功举办市卫计系统首届全民健身运动会、市直机关第一届文化节棋牌比赛、攀西地区桥牌邀请赛、攀钢第三届棋牌比赛、全市短池游泳比赛、全市第三十届钓鱼比赛、省第十六届风筝比赛、欢乐节全国桥牌公开赛等群众体育赛事。全市群众体育活动参与人员达3万余人次左右。

开展2012—2015年度全民健身先进单位和先进个人的推荐表扬工作，全市表扬县（区）政府、市教体局、攀钢、攀煤、攀枝花学院等30个全民健身先进单位和李润祥、杨华、吕荣等65名先进个人，促进攀枝花市全民健身工作。

【参加全国体育赛事】　2015年，攀枝花市教育体育局组队或抽调人员参加全国体育赛事取得优异成绩。8月，在内蒙古鄂尔多斯市举办的全国第十届少数民族运动会上，攀枝花市代表四川省组队参加蹴鞠项目的比赛，获二等奖，被四川省体育局给予通报表扬；甘孜州抽调攀枝花市运动员侯耀明代表四川省参加押加项目比赛，荣获全国二等奖；凉山州抽调攀枝花市第九中学陈文美、杨国珍、沙梦英等三名运动员参加板鞋竞速项目，荣获三等奖。5月12日—16日，在绵阳举行的全国第六届特殊奥林匹克运动会上，攀枝花市选派4名举重运动员和2名游泳运动员代表四川省代表团参赛，荣获7枚金牌、2枚银牌、5枚铜牌。5月、6月在全国地掷球锦标赛上，攀枝花市由张阜生、陆建强、李翔、张剑组成的代表队参赛，在25支队伍中取得团体第八名的成绩，荣获“体育道德风尚奖运动队”称号。

【参加省级及以上群众体育竞赛】 2015年，攀枝花市教育体育局组队参加省级以上群众体育赛事取得优异成绩。组团参加四川省第八届老年人运动会，获得5金6银4铜；组队参加四川省健身气功比赛，取得3金2铜、一个第四名；组队参加四川省第二届社会体育指导员技能与风采展示活动，获得最佳技能奖和优秀展示奖。选派攀钢代表队参加四川省第六届健身秧歌比赛，荣获金奖。

【向四川省专业运动队输送运动员】 2015年，攀枝花市向四川省专业运动队培养输送43名运动员，涉及举重、棒球、垒球、曲棍球、田径、皮划艇、射箭、激流回旋等项目。

【市场监管】 2015年，攀枝花市教育体育局加大高危险性体育经营活动监督力度，举办1期游泳指导员培训班和2期游泳救生员培训班，共培训合格游泳指导员16名、游泳救生员76名，基本满足游泳场馆对外开放的需要。指导各县(区)体育行政部门抓好抓实高危体育项目经营活动的监管工作，制定下发《关于加强攀枝花市高危险性体育项目经营活动管理的通知》，于8月对全市高危体育项目的经营场所进行全面检查，排除安全隐患，确保高危险性体育经营活动规范开展。

【行政确认】 2015年，攀枝花市教育体育局严格执行体育行政审批制度，按照《运动员等级制度》《裁判员管理办法》和社会体育指导员确认标准以及证书发放办法等相关法律法规，全年确认国家二、三级裁判员45名，二级运动员74名，审核上报一级运动员8名，接件受理满意率100%，按时办结率达到100%，满意率达到100%。

【彩票销售】 2015年，市教育体育局认真贯彻落实四川省体育彩票工作会议精神，结合攀枝花彩票市场实际，制定营销宣传方案，指导各县(区)做好宣传工作，体育彩票销售10427万元，较上年增长227万元，体育彩票人均购买量列全省第一；用好体彩公益金，资助150名贫困体育特长生和20名残疾人运动员，发放补助资金170万元。

【社会体育指导员培训】 组织体育健身指导员参加国家级培训7人、省级培训29人、市级培训100余人。全年举办太极拳(剑)、广场健身操(舞)、健身气功、功夫扇、排舞培训班5期，培训500余名中老年基层体育健身辅导员和骨干，推广五种新的健身方法。举办1期国家二级社会体育指导员培训，培训合格体育指导员110名；举办2期体育经营项目从业人员培训班，培训合格92人，合格率达90%。

【体育人才培养】 2015年，参与业余训练的学生运动员达2781人；培训裁判员、教练员、体育管理人员470人次；全市共注册青少年运动员1162名。

【体育产业】 出台《攀枝花市关于加快发展体育产业促进体育消费的实施意见》。与商家联合举办攀西桥牌邀请赛、两市一州桥牌邀请赛、攀枝花市全国桥牌公开赛、攀枝花市航空模型比赛、中泰国际搏击对抗赛、中国格斗冠军赛等6项体育竞赛活动；充分发挥气候资源优势，引进国家地掷球队、省举重队、省曲棍球队等15支国家及省级运动队500余名运动员到攀训练。

【体育基础设施建设】 加大场馆开放力度，支持公共体育场馆向群众锻炼免费、低收费开放，2015年争取到中央省级体育场馆免费、低收费奖补资金240万元。全市公共体育场馆免费向市民开放80多万人次。建设完成攀枝花市青少年体育活动中心；全年投入90多万元安装30套全民健身路径，安装更换50副篮球架，50张乒乓球桌。市级和县(区)共计投入约20余万元对全市健身路径和农民健身工程进行维修。市射击场新建工程和市老年体育活动中心建设项目正在抓紧推进。

【国民体质测试工作】 根据四川省《关于转发<国家体育总局关于开展全民健身状况调查工作的通知>的通知》精神，对东区、西区、盐边开展为期3个月(5月—7月)的入户调查，调查不同年龄、不同性别、不同地域的群众1600户，并将抽样检测情况进行归类小结，出台《2014年攀枝花市全民健身活动状况调查报告》。7月—11月深入县(区)乡镇、社区、学校、幼儿园、企业对3～6岁及20～69岁人群共3600人进行国民体质测试，将体质测试数据结合省体科所的分析统计结果，形成《2014年攀枝花市国民体质监测报告》。

【攀枝花市第七届运动会】 2014年11月16日，市第七届运动会第一次筹委会召开，研究通过《攀枝花市第七届运动会筹备工作总体方案》，决定成立攀枝花市第七届运动会筹备委员会；2014年12月31日攀枝花市人民政府办公室印发《攀枝花市第七届运动会筹备工作总体方案》；2015年5月20日，召开第一次组委会，市第七届运动会组织委员会正式成立；6月5日完成代表团第一次组团报名工作；8月3日，市七运会组委会第二次会议召开，研究市七运会筹备事项；8日市七运举行开赛仪式，历时4个月，陆续举行老年组、成年组和学生组共31个大项、46项赛事。11月29日举行市七运会开幕式，于12月7日举行市七运会闭幕式。

【体育"三下乡"活动】 2015年1月14日，市教体局党委成员、副局长杨镇华带领社体科和市社会体育指导中心工作人员，到仁和区平地镇为农村赠送体育器材，发放科学健身知识手册100余本，现场对部分群众提出的健身问题进行科学解答和动作示范。

（刘万康　李洪梅）

卫生计生

【机构和队伍】 2015年7月1日，攀枝花市卫生和计划生育委员会正式挂牌，27日，原单位办公场所完成合并，攀枝花市卫生和计划生育委员会办公地址位于原攀枝花市卫生局办公楼（攀枝花市东区人民街78号）。年内，市妇幼保健院和市计划生育指导所完成合并，市妇幼保健院作为机构第一名称，增挂市妇幼保健计划生育服务中心的牌子。攀枝花市卫生和计划生育监督执法支队在原市卫生监督局基础上完成组建。截至年底，全市共有各级各类卫生、计生机构1042个。已建成国家三级甲等综合医院2所，三级甲等中西医结合医院1所，三级甲等专科医院2所，三级乙等综合医院1所，二级医院7所；疾病预防控制机构6个，卫生监督机构6个，医学科学研究机构1个，采供血机构1个；有46个社区卫生服务机构，43个乡镇卫生院；全市共有床位9599张，有卫生技术人员10039人，其中，执业（助理）医师3915人，注册护士4362人。

【医药卫生体制改革】 6月，攀枝花市人民政府出台《攀枝花市城市公立医院综合改革试点工作实施方案》《攀枝花市关于建立分级诊疗制度的实施方案》，全市所有城市公立医院全部纳入实施范围。10月1日起，全市所有市级公立医院（含大企业医院、高校附属医院）全面实行药品零加成政策。县级公立医院综合改革继续推进，全市5家县级公立医院实行药品零加成政策，全年共计让利群众1324万元。11月4日，市卫计委印发《攀枝花市纵向医联体建设实施方案（试行）》，构建起以市中心医院、攀钢集团总医院、市中西医结合医院、市第二人民医院、市妇幼保健院分别领头，8家二级医院为支撑，65家基层医疗机构为成员的纵向医联体，县级以上医疗机构、乡镇卫生院（社区卫生服务中心）医联体覆盖率达到100%。基本公共卫生服务。调整充实市基本公共卫生服务均等化指导中心组成人员，进一步明确各成员单位工作职责。完善年度实施方案和经费分摊方案，"分期拨付，年末结算"的经费保障机制进一步健全。2015年，人均基本公共卫生服务经费补助标准由35元提高到40元，服务项目达到12大类，新增结核病患者健康管理、老年人健康管理增加腹部黑白B超检查项目。全年共开展基本公共卫生专题培训4期，培训基层人员500余人。全市居民建档率达到94.4%，高血压患者管理率达到60.39%，糖尿病患者管理率达到49.87%。4月，在省卫生计生委、省财政厅、省中医药管理局组织开展的2014年度基本公共卫生服务项目省级考核中，攀枝花市以94.93分的成绩获得省级绩效考核"第一名"。新型农村合作医疗。2015年，新型农村合作医疗（以下简称：新农合）筹资标准提高到470元/年，其中政府补助标准提高到380元/人，个人筹资标准提高到90元/人。全年、全市参合人数达48.56万人，参合率99.72%，1—12月，全市新农合政策范围内住院费用报销比达78.11%，住院实际补偿比达65.89%。全市实现市内异地就医及时结算，开通与20家省级定点医疗机构的异地及时结报。开展新农合大病商业保险招投标工作。

【区域医疗卫生高地建设】 2015年7月，攀枝花市政府正式成立攀枝花市打造区域医疗卫生高地领导小组，领导小组由分管市长任组长，各县（区）政府、市级相关部门和在攀大企业为成员单位，共同推进攀枝花市区域医疗卫生高地建设。年内完善"区域医疗中心"等六大中心构架，细化"名医名院"等八大工程任务，稳步推进花城新区医院建设，落实与华西医院签订的协议，推进卫生人才培养和重点专科建设。3个省级区域中心建设项目落户攀枝花：由市中心医院牵头的攀西区域医疗中心正推进建设，市三医院确定为攀西精神卫生中心；依托市二医院建设的攀西职业病防治中心正式运行。

【卫生基础设施建设】 攀西职业病防治中心、市第二人民医院外科大楼建成并投入使用，市中西医结合医院住院楼、十九冶康复医院等项目正在建设中。花城新区医院项目于2015年12月28日正式开工。全市43个乡镇卫生院标准化率达100%，村卫生室标准化建设率99.77%。

【基层医疗卫生体系建设】 开展"建设群众满意的乡镇卫生院""示范基层医疗机构创建"活动，推进基层医疗机构的环境打造和内涵提升，优化群众就诊环境。全市15家乡

(镇)卫生院和5家社区卫生服务中心创建“群众满意的乡镇卫生院”“示范社区卫生服务中心”,3家乡(镇)卫生院获国家卫计委命名为“国家群众满意的乡镇卫生院”,5家社区卫生服务中心获市卫委命名为“攀枝花市示范社区卫生服务中心”。推进基层医疗机构人员的培训教育。构建覆盖全市基层医疗机构的全科医生学习工作平台,建立“每月一主题、自学与集中学习相结合、定期考核通报”的长效学习培训考核机制。开展基层医疗机构管理和骨干医师培训、新农合管理经办人员培训等各类培训班,累计培训468人次。其中以提升实际操作能力为主的检验、心电图、B超、放射特殊专业小班集中脱产式进修培训班,共举办13期,培训43人次,缓解基层医疗机构特殊专业人员的需求矛盾。全面落实省卫计委下达的各项对口支援任务。全年,全市医疗卫生机构共下派对口支援350人,诊疗患者93210人次,开展手术1099台,参与会诊753人次,培训县级医院医务人员2136人次,帮助对口支援县级医院共开展新技术10余项,对口支援下派人员和诊疗量分别较上年提高9.6%、39.4%。

【医政管理】 全市新建药事管理、消化内科等4个质控中心,对已建立的25个质控中心专家组成员进行调整和完善;开展医院感染、病案质量、B超等5个专项质控督导检查,推进医疗服务精细化。实施改善医疗服务行动计划,推行建立“一站式”服务大厅,运用掌上医院APP、微信平台等改善患者就医环境和体验。推进各级重点专科建设,截至年底,全市共建成省级医学重点专科16个,市级重点专科33个。推进医师多点执业。出台《攀枝花市医师多点执业管理办法(试行)》。基层医疗机构全部执行上网采购基本药物。政府办基层医疗卫生机构基本药物制度覆盖率达100%,非政府办基层医疗卫生机构实行基本药物制度达94.3%。全市医疗机构上网采购基本药物率、全市基层医疗卫生机构阳光采购积分合格率均达100%;二级医疗机构采购品规数比例63.7%,三级医疗机构采购品规数比例50.8%;二级医院基本药物采购金额平均比例49.3%,三级医院基本药物采购金额平均比例37.4%。

【无偿献血】 2015年,全市参加无偿献血1.5万人次,采血450万毫升,分别较上年增加1.2%和10.5%。可供应血液品种达10种,成分用血率99.4%。继续保持重大血液安全事故零纪录,连续10年实现无偿献血达100%,自愿无偿献血达100%的“双百”目标,第四次连续荣获全国无偿献血先进城市。

【疾病预防控制】 创建AAA级预防接种门诊5个,AA级35个,A级20个。启用移动预防接种信息平台手机APP。开展常规免疫接种和查漏补种工作,国家免疫规划疫苗接种率达到98%以上。全市医院18个产科100%启动新生儿预防接种信息化管理。全年全市报告法定传染病19种3512例,报告发病率为283.39/10万。艾滋病抗病毒治疗比例81.6%。结核病满疗程病人系统管理率97.69%,活动性肺结核病人治疗成功率93.07%、新涂阳病人治愈率94.17%。

【卫生监督执法】 开展公共场所卫生、生活饮用水卫生、学校卫生、涉水产品等重点监督监测工作任务,对57所学校严格检查涉水产品卫生许可批件,并要求定期更换涉水产品过滤材料、检测出水水质。全年先后开展日供水千吨以上集中式供水单位卫生安全专项监督检查、公共场所集中空调通风系统卫生状况专项监督检查、消毒产品生产企业和服务单位专项检查等整治行动。并按省卫计委统一安排,开展《献血法》《护士条例》《人体器官移植条例》落实情况专项检查,医疗服务和传染病防治专项检查,职业和放射卫生技术服务机构专项整治,选择性别终止妊娠专项检查等整治行动,并按时上报各类工作报表和信息总结。参加省卫计委和省总工会联合举办的全省卫生计生监督技能竞赛,获得团体一等奖。

【卫生应急】 3月,市级卫生应急指挥平台项目建成并投入使用。健全突发公共卫生事件信息沟通和应急处置联动机制,多部门共同配合、协调应对突发公共卫生事件。进一步完善应急预案体系,开展埃博拉、鼠疫、不明原因猝死等突发公共卫生事件的防范应对和特大地震、山洪泥石流灾害救援等一系列应急演练,提高专业队伍卫生应急能力。

【妇幼卫生】 确定米易县为省级妇幼健康示范县创建单位,接受省级评估。全市复核或创建14家爱婴医院。免费婚检率达到87.85%,孕检覆盖率达98.62%。孕产妇系统管理率达97.62%,儿童系统管理率达97.29%,孕产妇死亡率18.93/10万,婴儿死亡率控制在5.3‰,5岁以下儿童死亡率控制在6.91‰,孕产妇住院分娩率达99.89%。

【爱国卫生运动】 贯彻落实《国务院进一步加强新时期爱国卫生工作意见》,中共攀枝花市委办公室、攀枝花市人民政府办公室联合印发《攀枝花市迎接第二轮国家卫生城市复审工作实施方案》,推进国家卫生城市复审工作。盐边县红格镇、米易县垭口镇创建国家卫生镇通过技术评估。全市新创省级卫生乡镇1个、卫生村10个、卫生单位21个。

【食品安全风险监测】 开展食品安全风险监测示范单位创建工作,市疾控中心成功申报四川省食品安全风险监测示范单位并顺利通过省卫计委考核验收。全市食源性疾病监测哨点医院县(区)级覆盖率达到100%,米易县在全市率先开展食品药品检测机构与市疾控中心的资源整合,疾控中心整体实力进一步提升。完成省卫计委下达的食品安全风险监测任务。12月10日,国家卫生计生委食品司副司长张志强率督导调研组到攀枝花调研食品安全卫生工作。

【计生利益导向政策】 2015年,全市确认符合农村计划生育家庭奖励扶助对象6361人,兑现奖励金610.66万元。符合计划生育家庭特别扶助对象980人,兑现奖励金564万元。少生快富3户,兑现奖励金0.9万元。计划生育家庭特别扶助(其他)对象3224人,兑现奖励金776.16万元。统计上报独生子女父母24877户,发放独生子女父母奖励金260万元。做好计划生育"三结合"帮扶工作,投入财物共计约438万元。继续帮扶上年新增户1436户,新建或继建基地45个。创新实施农村计生家庭养老保险制度,组织符合条件人员参加城镇基本养老保险或发放定额扶助金,全年累计受益170人,补助资金105余万元。

【流动人口服务管理】 加强与人口流入流出集中地区的协作。进一步发挥市流动人口协调小组的作用,联合印发《流动人口基本公共卫生计生服务工作实施方案》。开展"流动人口基本公共服务均等化示范单位"创建活动,推进流动人口基本公共服务均等化工作,新创建5个均等化服务示范社区,全市累计已建成28个。东区全面实现卫生计生服务均等化。截至12月31日,全市流动人口重点信息反馈率为99.63%,及时率为97.99%;重点信息接收率为99.61%,接收及时率为98.66%。完成全国流动人口动态监测工作,动态监测调查完成率达100%。攀枝花市流动人口信息采集工作在全省流动人口卫生计生工作会上作经验交流发言。

【依法行政】 完善主任办公会会前学法、党委中心组带头学法等制度,建立机关法律顾问制度、重大行政决策合法性审查制度、重大行政决策专家咨询论证和评估等8项重要制度。开展全员学法,加强行政执法人员学法用法培训,举办培训班6期,受训人数达450余人次,举办依法行政与依法行医专题讲座,推动普法工作向基层延伸。清理下放行政审批事项,医师和护士执业注册等2项行政审批事项下放到县(区)。依法处理违法生育行为,全年立案处理378户,立案处理率达到90.43%。2015年,全市出生人口性别比为106.39。开展行政处罚案件"一季一评"活动,形成常态化工作模式,在国家卫计委综合监督局2014年度卫生计生监督执法案例中,攀枝花市1份案卷被评优秀。参加全省卫生计生监督技能竞赛,获得团体一等奖。

【健康服务业】 医养融合服务。形成以市三医院日间照料中心为代表的"医疗机构开办养老机构模式";以市中西医结合医院在德铭菩提苑养护中心设置医务室为代表的"养老机构内设医疗机构模式";以市中心医院与攀枝花康和敏盛服务有限公司合作为代表的"协议服务模式";以主城区4个社区卫生服务中心为代表的"社区医养护一体化服务模式"。康复医疗网络。全市5家医院建立了独立的老年病专科病区,共设置床位330张,配置医务人员88人。二级以上医疗机构康复科(室)实现全覆盖,其中市中心医院等5家医疗机构开设独立的康复科,共设置床位219张,配备医务人员146人。十九冶医院康复科建成攀西地区第一个省级康复医学重点专科。社会办医。全市新增民营医疗机构18家,同比增加4.1%。新增民营医疗机构床位95张,同比增加15.2%。民营医疗机构总诊疗量增加81401人次,同比增加5.7%。

【人才引进培养】 建立市卫计委领导直接掌握联系高层次人才制度,每位班子成员联系2~3名高层次人才;成立卫生计生专家委员会。统筹管理培训工作,全年开展各类继续医学教育项目181个,共组织9000余名卫技人员参加培训,覆盖率98.12%,达标率94.19%。加强与四川大学华西医院合作,分2批选派院级领导干部和重点专科负责人12人赴华西医院挂职、进修,华西医院先后派出各学科专家50余名来攀指导。通过直接考核招聘引进高学历、高职称、急需紧缺卫生人才78名。市卫计委获批的7名政府特聘专家定期到本市开展技术指导。深化市中心医院人才优先发展试验区建设,开发人才资源、调整人才结构、保证人才投资、创新人才制度。在仁和区开展乡村人员一体化建设试点工作,探索基层人才使用新机制。选派优秀人才到藏区、村等急难险重一线历练。

【人口健康信息化建设】 基层医疗卫生机构管理信息系统在5个县(区)全面启用,系统运行正常,平台建设一期方案经专家组评审,已完成方案设计审批和财评工作。开展居民健康卡发放工作前期调研,完成居民健康卡发放的技术方案和业务方案。医院信息化水平进一步提升,全市三级医疗机构100%完成数字化医院建设,1家二级医院通过评审。完成育龄妇女基础信息核查修正工作。继续推进"计生E通"人口信息采集机制创新工作,全市通过"计生E通"移动采集终端累计上报出生人口信息6215条、修改人口信息53764条、通报接收及协查反馈流动人口信息13141次,查询人口统计报表23221次,全市手持移动终端覆盖面达到93%以上。制定《攀枝花市远程心电会诊系统Ⅰ期建设实施方案》,启动覆盖5个县级医疗机构和17所基层医疗机构的远程心电网底建设,年内完成系统建设,建成基层心电工作站22家，与市中心医院心电中心有效连接，实现远程心电图的实时诊断。推进家庭远程医疗试点。根据《四川省卫生和计划生育委员会关于开展家庭远程医疗试点工作的指导意见》，积极组织符合条件的机构进行申报，3家医院申请开展试点工作。全市4家县级医院完成远程会诊系统建设。

【中医药工作】 推进"基层中医药服务能力提升工程"，完善中医药服务体系，市、县级中医类医院基础设施建设基本完成，基层中医科室设置达到标准，市、县级中医医院达到国家"二级甲等"以上标准，100%的乡镇卫生院和社区卫生服务中心设有中医科(室)，能开展10项以上中医药适宜技术。社区卫生站和村卫生室能开展5项以上中医药适宜技术，农村和社区中医药服务量达到42%以上。加强"重点中医专科"的创建，截至年末，全市中医医院共建成国家中医重点专科1个，在建2个；建成省级中医重点专科6个，在建3个。实施中医药防治重大传染病、重大疾病和中医"治未病"工程。

【民族卫生】 开展技术大练兵，建立动态效果评估机制，提升基层业务技能水平；统筹调配设备，设备使用率进一步提升，使用效益增强；加强重点人员健康管理，居民健康档案规范化管理，健康管理覆盖面不断扩大。攀枝花市组队参加全省民族地区乡镇卫生院操作人员技能大比武，获得"一等奖"7个、"二等奖"4个、"三等奖"10个，并以总成绩第一名获得"团体一等奖"。组织卫技人员参加"四川省民族地区在职卫生技术人员本、专科学历教育免费培养项目"，提升人员学历层次。

【藏区援助】 实施《攀枝花市卫计委2015年度对口支援木里藏区人才培训计划》，接收10名木里卫生管理干部和专业技术人员来攀进修学习，组建专家组赴木里开展乡镇卫生院卫技人员培训和巡回医疗。增加安排接收一批木里中医卫技人员来攀枝花进行为期半年的进修学习。针对木里县妇女儿童健康保障水平较低的情况，赴木里开展专题调研，与木里县进行多次沟通协调，制定《支援木里县妇幼保健站学科建设项目实施方案》。

【卫生计生宣传】 市卫计委在卫生计生机构改革中单独设置了宣传科，明确宣传科工作职责和任务。针对系统宣传队伍，组织宣传培训2次，培训100余人。加强与宣传部门和省级行业媒体以及《四川日报》、四川新闻网等省级媒体驻攀枝花记者站的联系沟通，与当地日报、晚报、电视台、广播电台签订卫生计生宣传合作协议，改版新组建的市卫计委门户网站和微信、微博，编辑出版《攀枝花卫生》季刊杂志4期。全年，全市卫生计生系统在各级媒体上发稿1232条。开展网络和社会舆情应对处置，全市未发生因卫生计生引发的重大负面舆情。2015年卫生宣传工作获省卫生计生委通报表扬宣传工作突出单位。

(田维新)

社　会

民政事业

【概　况】 2015年，攀枝花市民政工作在各级党委、政府的领导下，社区公共服务能力大力提升，基层群众自治组织管理进一步规范和完善；优抚安置政策全面落实，退役士兵和军队离退休干部得到妥善安置，拥军优属、拥政爱民活动深入开展；民间组织管理改革稳步推进，区划地名、婚姻、殡葬、社会救助等专项社会事务依法管理；覆盖城乡的社会救助制度不断完善，农村五保供养水平稳步提高，困难群众生活得到有效保障；救灾应急体系建设不断加强；帮扶特殊群体的社会福利慈善事业取得新成效。2015年1月攀枝花市被民政部评为全国和谐社区建设示范城市，3月被市委、市政府表彰为纪念攀枝花三线建设50周年系列活动先进集体，8月攀枝花市被省委、省政府、省军区表彰为四川省双拥模范城，9月攀枝花市老龄办被省人社厅、省老龄办评为四川省敬老爱老助老活动先进集体，10月米易县民政局婚姻登记机关被民政部评为“全国4A级婚姻登记机关”，12月攀枝花市老龄办被评为四川省民政系统先进集体，东区枣子坪街道团结社区、大渡口街道东方红社区、西区陶家渡街道花山中心社区、米易县攀莲镇新北社区被国家减灾委、民政部授予“全国综合减灾示范社区”称号。盐边县民政局救济股被评为“全国农村五保供养工作先进单位”称号。

【城乡居民最低生活保障】 截至2015年12月，攀枝花市有城市低保对象8624户，14947人；1～12月累计支出城市低保金6785万元，城市低保累计月人均补助347.88元，完成年度目标的124.24%。2015年12月，全市有农村低保对象9356户，19937人；1—12月累计支出农村低保金4148万元，农村低保累计月人均补助168.09元，完成年度目标的140.01%。为进一步保障城乡居民最低生活保障对象基本生活，从2015年9月1日起，攀枝花市城市居民最低生活保障标准提高到440元/月，农村居民最低生活保障标准提高到3251元/年。攀枝花市最低生活保障标准分别超过全省城乡居民最低生活保障标准低限的18.92%，42.59%。动态实现最低生活保障标准与精准扶贫线“双线合一”。

市民政局、市财政局从2015年1月1日起实施《攀枝花市城乡居民最低生活保障分类施保暂行办法》《攀枝花市城乡居民最低生活保障分类施保暂行办法》对城乡低保对象中因重大疾病、慢性疾病、残疾、年老、未成年、就学等原因造成生活困难的人员，按低保标准的15%—100%增加其补助水平。2015年1—12月，全市对符合条件的城乡低保对象实施了类施保，累计发放分类施保金1500万元。市财政、市残联下发《关于做好困难成年重度残疾人最低生活保障工作的通知》，适当放宽困难成年重残人员申请低保的条件。全市一级和二级困难成年重度残疾人可以个人名义单独申请最低生活保障。印发《四川省最低生活保障经办人员和村(居)两委会成员亲属享受最低生活保障备案管理暂行办法》，对全市最低生活保障经办人员和村(居)两委会成员亲属享受最低生活保障提出明确要求。

【城乡医疗救助】 2015年市民政局加强对县(区)民政局的工作指导，认真落实对重性精神病、重度残疾人、艾滋病患者等特殊人群的救助。全面落实医疗救助资金由县(区)通过金融单位直发制度。及时资助困难群众参加基本医疗保险，全年共支出资金516.96万元。按照市政府“十二五”医改意见安排，2015年全市困难群众(合规费用)医疗救助比例提高到70%，完成年度目标任务。全年，救助困难群众5.38万人次。全市共下达城乡医疗救助资金885.8万元；省财政厅下达米易县医疗救助补助资金881万元；省财政厅下达盐边县医疗救助补助资金397万元，合计2166.5万元。

【农村五保供养】 截至2015年12月，攀枝花市农村五保对象有3460人，其中老年人2935人，残疾人1093人。全市农村敬老院有床位数2431张，工作人员166人。农村五保集中供养率达到66%，完成年度目标任务的100%。全面完成农村敬老院事业单位法人登记工作。指导各县(区)落实2015年度农村五保供养标准自然增长工作，从2015年1月起及时调整农村五保供养标准，2015年，攀枝花市特困供养人员中农村五保供养对象平均供养标准5784元/年，集中供养6103元/年，分散供养5190元/年。县（区）及时足额兑现农村五保供养金，足额落实农村五保供养资金2005.35万元；通过医疗救助资金资助农村五保户参加新型农村合作医疗完成率100%，解决农村五保户基本医疗问题。

根据省民政厅《四川省开展建立农村区域性养老服务中心试点工作指导意见》，2015年3月，攀枝花市仁和区民政局反复研究协调，确定仁和区大田镇中心敬老院（省三星级）、布德镇中心敬老院（省三星级）为2015年建设农村区域性养老服务中心第一批试点项目，并及时下达专项建设资金100万元。开展试点工作的农村中心敬老院在确保农村特困人员集中供养的基础上，重点向农村无传染病、精神分裂症等疾病的最低生活保障老人、生活困难老人、高龄老人以及重度残疾老人等特殊困难老人以及有服务需求的其他社会老人提供养老和护理服务。向农村社会老人提供寄养代养、日间托养、生活照料、医疗护理、文化健身、悠闲娱乐等服务。采取划定区域、设置标识和物理隔离等措施，让集中供养五保对象和社会老人居住区域相对独立；通过单独为社会老人新建餐厅或在原敬老院餐厅中分灶用餐等方式，让五保老人和社会老人的伙食供应相对分开；加强对敬老院共同使用的活动室等设施的规范管理，保证社会老人和五保老人和谐相处。探索医养结合。大田中心敬老院和布德中心敬老院加强与乡镇卫生院医疗服务联动，定期安排医生到敬老院坐诊，实现小病能够在养老中心内医治。

【临时救助】 根据《国务院关于全面建立临时救助制度的通知》《四川省人民政府办公厅关于进一步完善临时救助制度的意见》精神，2015年，市民政局提请市政府审议通过《攀枝花市人民政府关于进一步完善临时救助制度的实施意见》，从2015年7月25日起执行。攀枝花市新的临时救助制度按照省政府规定，提出各县（区）政府要在2015年底前全面建立起规范的临时救助制度，落实好各项工作，切实保障困难群众基本生活权益的目标任务。坚持以“救急难”为中心，坚持应救尽救，确保符合条件的困难群众求助有门，受助及时；着眼于解决基本生活困难、摆脱临时困境的应急性、过渡性救助，既要尽力而为，又要量力而行；坚持制度衔接，加强各项救助、保障制度衔接配合，形成合力；坚持资源统筹，实现政府救助、社会帮扶、家庭自救有机结合；坚持属地管理原则。结合省、市政府有关户籍制度改革的总体安排部署，将取得公安部门“居住证”的常住人口列为救助对象，使临时救助对象首次扩大到包括外来常住人口在内的全体居民。设置分类救助标准，提高救助封顶线。根据申请对象的经济状况、困难情形，申请其他社会救助制度的时间等因素，对各类突发事件和意外事件，生活陷入困境，无法维持当前基本生活的家庭或个人，在享受现有社会保障和社会救助、社会帮扶（捐赠）等措施后，个人承担费用仍然较大的，以保障基本生活为原则按程序及时给予临时救助，将救助封顶线由3000元提高到5000元。对城乡最低生活保障家庭和低收入家庭、其他困难家庭、暂时无法得到家庭支持的个人，给予攀枝花市同期城乡居民最低生活保障月标准3~6倍的一次性救助。将救助标准与最低生活保障标准挂钩，建立临时救助标准自然增长机制。在“应急程序”中首次确定县（区）民政部门可授权委托乡镇人民政府（街道办事处）在2000元限额内直接发放现金，实行先救助后审批的紧急救助程序。根据国务院、省政府临时救助意见，首次提出城乡低保资金有结余的地方，可安排部分资金用于最低生活保障对象的临时救助支出。

2015年，全市共对1354户实施临时救助，支出临时救助资金216万元。

【社会救助体系建设】 2015年，市民政局会同市级有关部门完成《四川省社会救助实施办法》的贯彻意见起草修改工作，并由市政府办公室转发《市民政局等部门关于贯彻落实〈四川省社会救助实施办法〉的意见的通知》。下发《关于贯彻落实〈四川省社会救助实施办法〉的通知》，要求各县（区）对贯彻《暂行办法》和《实施办法》进行细化落实。12月，按照省委、省政府《四川省基础设施建设扶贫专项方案等10个扶贫专项方案》，牵头完成《社会保障扶贫专项方案》、参与完成《医疗卫生计生扶贫专项方案》的拟定工作，明确未来5年贫困地区社会保障的目标和重点任务。健全农村最低生活保障制度，逐步提高保障水平，到2020年，对完全或部分丧失劳动能力、无法通过产业扶持和就业帮助实现脱贫的贫困家庭全部纳入农村低保制度覆盖范围，实现社保政策兜底脱贫，做到应保尽保、动态管理。加快养老设施建设，在供养对象自愿的前提下，对农村符合条件的无劳动能力、无生活来源、无赡养人扶养人的特困人员实行集中供养。根据对已纳入最低生活保障范围的建档立卡贫困人口在定点医疗机构发生的政策范围内住院费用，经基本医疗保险、城乡居民大病保险及各类补充医疗保险、商业保险报销后的个人负担费用，在年度救助限额内按不低于70%给予救助。认真做好西区攀煤矿区社会救助体系建设试点工作。2015年，下达帮扶资金200万元。

1月，在已经完成的“攀枝花市社区公共服务综合信息平台”“市民卡工程数据交换中心”基础上，开展“数字化民政——攀枝花市城乡社会救助管理信息系统”可行性研究。主要内容是建设“攀枝花市城乡社会救助管理信息系统”，建成综合性的社会救助基础平台、社会救助部门救助信息共享系统、居民家庭经济状况核对子系统、医疗救助（补助）与基本医疗保险支付实现“一站式”结算的软件系统，项目总投资569万元。12月，完成项目可行性研究报告评审工作,筹集资金360万元。

【救　灾】 2015年,攀枝花市遭受洪涝、风雹、滑坡、泥石流等灾害共计25次,全市5个县(区)119902人次不同程度受灾,因灾受伤4人,紧急转移安置2061人;农作物受灾6007.13公顷,成灾4385.6公顷,绝收923.2公顷,毁坏耕地0.846公顷;倒塌房屋109户271间,1391间房屋不同程度损坏;造成直接经济损失16578.83万元,其中农业损失11452.26万元,家庭财产损失1266.43万元。全市下拨中央、省、市救灾资金828.5万元;市级下拨救灾应急物资应急照明灯200个、防潮垫100张;下拨御寒物资棉被4000床,棉大衣1000件。

为了提高救灾应急能力,攀枝花市民政局不断完善救灾应急预案,认真做好综合减灾救灾应急指挥体系建设工作,修订完善《攀枝花市民政局2015年救灾应急工作规程》;制定下发《攀枝花市民政局关于进一步规范救灾资金管理使用工作的通知》,进一步全面规范全市救灾资金在分类使用、申请审批、档案管理、纪律要求等工作,进一步规范攀枝花市救灾资金的管理使用;完成市、县(区)综合减灾救灾应急指挥体系参加全省项目演练工作。积极推进全国综合减灾示范社区创建工作,东区枣子坪街道团结社区、大渡口街道东方红社区,西区陶家渡街道花山中心社区,米易县攀莲镇新北社区被国家减灾委、民政部命名为全国综合减灾示范社区。

【优待抚恤】 2015年,全市共下拨、发放“三属”(烈属、因公牺牲军人遗属、病故军人遗属)“三红”(在乡退伍红军老战士、在乡西路军红军老战士、红军失散人员)、残疾军人、伤残人民警察和在乡老复员军人、带病回乡退伍军人及“两参”(在农村和城镇无工作单位且家庭生活困难的参战退役人员、原8023部队退役人员以及其他参加核试验军队退役人员)人员等重点优抚对象的抚恤补助经费1988万元;调整优抚对象抚恤补助自然增长标准,最高的3784元/人·年,全市共发放优抚对象抚恤补助自然增长经费442万元;调整2015年入伍义务兵家庭优待金标准为10960元/年·人,东区银江镇农村入伍义务兵家庭优待金标准仍为15000元/年·人,全市发放义务兵家庭优待金676户共637万元;解决重点优抚对象“治病难”“住房难”等问题,全市共发放重点优抚对象医疗补助177万元,为65户住房困难的优抚对象新建、维修住房投入经费57万元;为全市53名伤残人民警察换发新版伤残证;优抚数据库身份证认证率达98%;广泛开展纪念革命烈士活动,在米易县烈士陵园举行“2015·攀枝花市暨米易县烈士公祭活动”,共走访慰问烈属60余人,发放慰问金2.86万元。清明节及烈士纪念日全市共接待祭扫的人员达10000余人次。加强对攀枝花市三所烈士陵园的维修改造、改建力度。市、县财政共投入900余万元对烈士陵园进行维修、改扩建;“八一”、春节期间,广泛开展对优抚对象走访慰问;广泛开展纪念抗日战争胜利70周年相关工作,走访慰问抗战老战士、老同志活动,共走访慰问对象30余人,发放慰问金及慰问品5万余元;对成都军区13个梯队的过境演习部队进行慰问,赠送慰问品价值46000元;组织攀枝花市27名伤残军人参加省民政厅安排在四川省革命伤残军人大邑休养院为期半月的重点优抚对象疗养。

【退役士兵安置】 2015年,全市共接收退役士兵286人,其中选择自主就业262人,自谋职业18人,符合新政策安置工作条件6人。发放一次性地方经济补助559.4万元,自谋职业一次性经济补助116.28万元。符合岗位安置条件6名退役士兵得到妥善安置。完成省军安办下达1名无军籍职工安置计划;丰富退役士兵培训内容形式,做好培训等安置政策宣传,退役士兵培训知晓率和培训率达到100%。全市有意愿参加培训退役士兵140人,全部参加培训合格。继续加强与市人社局军转培训中心协作,推进退役士兵创业意识培训和职业技能培训工作;攀枝花市军休所重建工程基本完工。完成两次军休干部退休费调整,为军休干部落实上年度年医疗补助及办理城镇职工补充医疗保险317699.06元;市军供站完成年度军供保障任务,实现“零差错”及满意率100%。

【双拥工作】 2015年8月,攀枝花市被省委、省政府、省军区命名表彰为“第十届四川省双拥模范城”,米易县、盐边县被命名表彰为“第十届四川省双拥模范县”,东区、仁和区被命名表彰为“第十届四川省双拥模范区”。市军休所被省民政厅认定为“全省军休服务管理机构规范化建设单位”。双拥工作取得突破与发展。

【基层政权建设工作】 推进全市和谐社区建设工作。积极实施“六大特色社区建设”,成立“攀枝花市巩固提升和谐社区建设工作”推进领导小组,建立推进工作联席会议制度。印发《推进“六大特色社区建设”工作实施方案》,明确指导思想、推进步骤、工作内容、工作要求。《关于乡镇(街道)、社区公共服务中心标准化建设的意见》,按照“科学合理、节俭适用、环境舒适、标准化与个性化相结合”的原则推进了社区公共服务综合信息平台标准化建设,做到“两统一、三规范”。即:统一名称,统一标识;规范设置窗口、规范工作队伍、规范服务事项。丰富社区公共服务中心服务事项。自4月底开始,用1个多月时间,主要采取各县区、市级各部门对本部门公共服务事项梳理,市民政局对街道(乡镇)、社区已经受理的公共服务服务事项进行梳理,借鉴和吸收外地一门式受理清单事项等三种方式对社区公共服务事项进行了梳理。然后对梳理事项进行分析整理,并走访22个部门,确认新增纳入平台事项115项。同时,根据社区信息平台运行中存在的问题,把首批纳入平台的123项优化拆分为194项,社区公共服务综合信息平台办理事项将达309项。大力推进社区公共服务综合信息平台建设。加强网点建设,信息平台覆盖全市所有县(区)、乡镇(街道)、社区。加强人员培训,对全市所有操作人员进行软件培训。积极向上争取资金,促进社区基础设施建设。2015年民政部下拨攀枝花市社区建设资金24万元,省级财政下拨攀枝花市社区建设专项资金308万元。

2015年,纳入市政府民生工程建设任务的城市社区12个,其中东区城市社区7个、西区3个、仁和区1个、米易县1个,纳入市政府民生工程建设任务的农村社区7个,其中仁和2个、米易1个、盐边2个、园区2个,全部完成建设任务。

【社会福利事业】 2015年,全市新增公办养老机构床位200张,新增民办养老机构床位2000张,建设城乡社区日间照料中心55个,维修改造公办机构养老床位400张。创建省级养老服务社会化示范社区1个;完成30个农村幸福院建设;全市城市社区居家养老服务覆盖率达到100%,农村社区居家养老服务覆盖率达到70%。完成60多名养老护理员培训及职业技能鉴定工作。

2015年,根据《四川省民政厅关于提高四川省孤儿基本生活费最低养育标准的通知》,攀枝花市按照社会散居孤儿678元/人·月,机构集中供养1130元的标准,向251名孤儿发放了孤儿基本生活保障金2433376元。草拟《攀枝花市民政局关于做好孤儿保障工作及资金管理情况的报告》上报省民政厅。完成11名社会散居孤儿和机构集中养育孤儿的信息审核和上报工作。对攀枝花市7名艾滋病病毒感染儿童按678元/人·月的标准发放基本生活费共计56952元。按照城乡事实无人抚养儿童帮扶补助资金678元/人·月的标准,帮扶攀枝花市事实无人抚养儿童181人,发放资金96.38万元。按照《关于开展重度残疾儿童关爱帮扶行动的实施办法(暂行)》。对418名重度残疾儿童发放生活补贴528300元。有40名品学兼优的贫困家庭儿童及孤儿被志翔职业技术学校录取。办理14名弃婴入市儿童福利院养育的审批手续,办理国内送养儿童6人,涉外送养儿童8人。有7个家庭与儿童福利院签订家庭助养协议。为283名19周岁以下的孤儿参加中国儿童福利基金"孤儿保障大行动爱心保险";组织攀枝花市儿童福利机构10名工作人员参加省厅组织的护理员职业技能培训班。根据"福康工程"假肢矫形器装配及手术矫治需求统计上报要求,上报假肢装配需求1851具、矫形器装配需求2422具、手术矫治需求1250人。

【社会慈善工作】 攀枝花市共使用省慈善会近两年下拨的专款累计近20万元,走访慰问散居孤儿、残疾人、孤寡老人等特殊困难人员500余人,让困难群体共享改革开放成果。与市广播电视台一起对"在同一片蓝天下·慈善助学"帮扶活动中的受助同学进行专题采访。市慈善会邀请市级相关媒体参与,以"托起希望的明天"为主题,在部分受助群众自愿原则的基础上,实地走访部分受助困难群众的学习状况及生活情况。根据四川省民政厅、四川省慈善总会、四川省教育厅、共青团四川省委《关于做好2015年度慈善·福彩帮困助学活动有关工作的通知》要求,为帮助攀枝花市家境贫寒、品学兼优的贫困学生梦圆高中、大学,市慈善会积极开展"2015年度慈善·福彩帮困助学活动";资助攀枝花市大学新生55名、高中新生50名,资助金额42.5万元,攀枝花市共有3名学生代表到省慈善总会参加助学金发放仪式。根据《四川省慈善总会关于协助开展麻醉深度检测仪式捐赠项目的通知》,全市共有12家医院通过申请审核,获得33台麻醉深度检测仪。按照四川省的统一部署,积极简化攀枝花市开展的"在同一片蓝天下·慈善助学助医"帮扶活动申报、参选全国第九届"中华慈善奖"活动,按时完成组织、资料上报工作,并获得提名。认真做好慈善募捐箱等各类善款的募捐工作。截至年底,募捐箱共收取善款2000余元。

【行政区划】 按照凉山州民政局、攀枝花市民政局《关于凉山州与攀枝花市县级行政区域界线联合检查实施方案的通知》要求,两市州于2014年完成市州间第三轮行政区域界线联合检查外业工作,2015年1月,形成联检报告,由两市州人民政府会签后报省人民政府。2月,在米易县召开攀枝花与凉山州第三轮行政区域界线联合检查暨平安边界创建总结会。积极组织三区开展市内界线联检工作,完成东区——西区、东区——仁和区、仁和区——西区3条县级行政区域界线第三轮联合检查工作。调处西区瑞丰水泥厂采石场在西区与华坪县边界线上越界开采引发的边界争议,责令采石场立即停止越界开采行为,控制事态的进一步发展,维护边界地区的社会稳定。

【地名管理】 积极推进攀枝花市第二次全国地名普查工作,组织召开地名普查动员大会、任务分解协调会、地名普查培训会,落实各成员单位的责任,培训地名普查人员,成立地名普查咨询委员会,开展地名普查宣传,组织地名普查成员单位赴内蒙古、云南考察学习,启动地名普查购买服务招标工作。按照市政府的安排,认真组织开展花城新区渡仁片区地名命名规划编制工作,通过编制规划方案、专家论证、评审、媒体网络征求意见等环节，规划命名地名30个，并上报市政府，2015年5月，攀枝花市人民政府办公室印发《关于印发花城新区渡仁片区地名命名规划方案的通知》批准通过花城新区渡仁片区地名规划命名方案。完成龙曙路、龙跃路、龙舞路、龙密路、仁发路的审核命名工作。出版《攀枝花地名故事》，宣传地名文化，为攀枝花建设50周年献礼。

【民间组织管理】 2015年，审批同意攀枝花市性病艾滋病防治协会、攀枝花市花城义工协会、攀枝花市爱心捐助协会、攀枝花市花城美容美发协会、攀枝花市速连民生数据研发中心、攀枝花市梓丹心理咨询社会服务中心、攀枝花市电子商务协会、攀枝花市检察官文学艺术联合会等社会组织成立登记。为17个社会团体，4个民办非企业单位办理变更登记。完成2014年度社会组织年检工作。截止12月，全市有社会团体478个，民办非企业单位276个，其中，市级社会团体171个，民办非企业单位35个；全市实行直接登记的社会团体11个，民办非企业单位4个。

制发《关于印发社会组织直接登记有关规程的通知》《关于改进行政审批工作，明确市级社会团体有关审批事项的通知》，迈出攀枝花市社会组织的社会体制改革的步伐。

制发《关于推进行业协会商会诚信自律建设工作的意见》《关于开展整治社会组织乱摊派的工作意见》，加强社会体制改革新形势下对社会组织的日常管理。支持社会组织积极申报国家项目，米易县乐阳社会工作者协会"农村敬老院社会救助项目"获2015年中央财政支持社会组织参与社会服务22万元项目立项。

攀枝花市钒钛产业协会，攀枝花市华森职业学校，攀枝花市东区志愿者协会秘书长刘红斌，攀枝花市汽车流通商会副会长马毅纯获得省人社厅、省民政厅"四川省社会组织先进集体和先进个人"的表彰。组织攀枝花市8个社会组织的10名工作人员参加四川省社会组织促进会举办的培训。

【婚姻登记和收养登记】 2015年，全市共依法办理结婚登记10064对，办理离婚登记4344对，补领结婚证9257对，补领离婚证709个，出具婚姻登记证明14000份。婚姻登记合格率达100%。办理国内公民收养27个，上报涉外送养申报材料3份，实现收养7个，积极开展收养评估工作，规范收养登记程序。收养登记率达100%。按民政部和省民政厅要求，10月8日起，攀枝花市不再对婚姻登记当事人出具(无)婚姻登记记录证明。

【殡葬管理】 2015年清明节期间，下发《攀枝花市民政局关于印发〈攀枝花市2015年清明节工作实施方案〉的方案》，努力实现安全文明有序祭扫目标。同时开展"主题宣传月"活动。电视台、广播频道均在清明节期间对殡葬工作进行报道和宣传。引导群众厚养薄葬、文明治丧、节俭办丧，引导群众零距离接触殡葬一线职工，增进群众对他们的理解和支持。清明节期间共刊登殡葬专题文章6篇，发放宣传册2000余份，悬挂30条横幅宣传广告，向全市群众预告免费推出50个不保留骨灰的鲜花葬、树葬的低碳环保节地葬法。共接待祭祀群众约21.7万余人，车辆约21900余辆，免费车辆接运群众1万余人，全市各级民政部门及殡仪服务机构会同公安、交警、消防、安监、工商、城管等部门全力做好群众祭扫活动服务保障、交通疏导、消防安全、新闻宣传等工作，确保全市群众清明节期间祭祀活动的安全、有序、文明、和谐。2015年市殡仪馆和各县(区)民政部门共为1980余名符合政策对象办理基本殡葬费用减免手续，减免金额达45.7万元。全年，共火化遗体3119具，各经营性公墓销售墓穴1278个，入墓安葬1508个，经营收入达2594万元。开展殡葬服务专项治理活动，对全市殡服务单位进行监督检查，及时清理整顿发现的问题。指导市殡仪馆建成攀枝花殡葬信息网。

【流浪乞讨人员救助】 2015年，市民政部门积极做好全市流浪乞讨人员的救助管理工作，确保救助管理站安全运转，不出责任事故。共救助流浪乞讨人员3597人次，其中未成年人113人次、老年人359人次、残疾人398人次、智障和精神病人178人次，救助人员自主返乡3226人次，护送返乡283人次，临时安置8人次。按规定对符合救助条件的求助对象救助率达100%，救助信访处理率达85%。做好主动救助工作，开展定期上街巡查救助工作，开展"寒冬送暖"专项活动，各救助管理机构购置了御寒衣服、食品和饮料上街发放给街头流浪乞讨人员。积极推进全省未成年人社会保护试点工作，指导仁和区做好未成年人社会保护试点工作；督促市救助管理站做好流浪未成年人救助保护中心向未成年人社会保护中心转变升级。认真开展流浪乞讨人员护送返乡以及"流浪孩子回家""流浪孩子回校园"专项行动。认真开展救助宣传活动。向市民群众发送救助管理和救助保护信息十余万条。在救助站"开放日"主动邀请广大市民、机关单位和新闻媒体到站参观了解救助工作情况。发挥流浪乞讨救助管理联席会议制度机制，进一步加强与相关部门联系，切实推进流浪乞讨救助管理工作。

【社工人才工作】 2015年，共组织安排6名县级领导干部分别参加市委举办的"阳光康养产业扶贫"专题培训班、"攀枝花市依法治市专题培训班""四个全面战略布局学习研讨班"的培训；组织2名科级领导干部参加市委组织部举办的优秀干部人才递进培养第三期培训班进行为期3个月的脱产学习；组织24名科级及以下公务员（参公人员）参加市人社局举办的“提升依法行政能力、做人民满意公务员”培训班的培训。抓好更新知识培训。组织23名财会从业人员、12名统计从业人员和5名档案管理人员参加继续教育培训；组织相关工作人员参加民政部、省民政厅举办的国家自然灾害统计制度、烈士褒扬条例、全国地名普查等专题内容的各类民政业务培训81人次。针对攀枝花市新修订出台的城市、农村居民最低生活保障工作规程，采用对县（区）民政局工作人员集中培训和分县（区）对乡（镇）、村（社）工作人员集中培训的方式举办培训班，培训人数近200人。为提高攀枝花市社区、街道前台综合受理人员对于“攀枝花市社区公共服务综合信息平台”系统的认识及业务受理能力，在项目实施过程中，基层政权科按照项目规划培训计划进行6次业务培训工作，累计培训630人次。

（普浩）

档案事业

【概 况】 2015年8月，中共攀枝花市委办公室、攀枝花市政府办公室印发《关于进一步加强和改进新形势下档案工作的实施意见》。《实施意见》着力加强和改进五个方面工作：着力加强机制建设。把档案工作纳入政府目标管理和绩效考核范畴。着力加强经费保障制度建设，着力加强信息化建设，国家档案馆“十三五”期间基本建成数字档案馆；档案室从2015年起，对存量档案进行全文数字化加工，档案移交实行纸质档案和电子信息“双套制”；着力加强档案便民服务和设施建设。“十三五”期间完成东区、西区、仁和区档案馆和市档案馆改扩建，加快推行一站式查档、远程查档、异地查档等服务模式；着力改进干部队伍建设。把档案干部列入干部培养和选拔任用统一规划；把档案法律法规纳入公务员培训和年轻干部培训内容；要求档案工作人员每年接受业务培训不少于1次。《实施意见》为新时期全市档案事业的发展提供强大的政策支持和保障。

攀枝花市档案事业以推进“三大体系”（档案资源体系、档案利用体系、档案安全体系）建设以及“五位一体”（爱国主义教育基地、档案安全保管基地、档案利用服务中心、政府信息公开中心、电子文件管理中心）为核心，通过不断努力，档案规范化管理水平不断提高，全市1161个立档案单位中，1116个实现规范化管理，规范化管理率达96%，其中，市、县两级党政机关、事业单位、国有企业535个实现规范化管理，创省一级标准128个、创省二级标准230个，创省三级标准177个；6个国家综合档案馆和2个专业（部门）档案馆，创建为“国家一级档案馆”1个、“省一级档案馆”5个、“省二级档案馆”1个；44个乡镇、50个农村中小学、46个乡镇卫生院100%实现规范化管理。民生档案、重大项目档案、企业档案的管理和服务工作不断加强。档案的行政执法、征集、编研、保管、展览等工作得到巩固和拓展。民生档案的利用率大为提高。2015年市档案馆新接收20341卷（件）档案、710册资料进馆，馆藏档案、资料已达577597卷（件、章、册），其中档案553239卷（件）、资料24358册；全市各级国家综合档案馆接收各门类档案2597卷、157779件（张、盘），全市各级各类档案馆馆藏总量达到776个全宗共637389卷，850912（件、盘、张）。

2015年，国家档案局副局长杨继波、许士平，中央档案馆利用部副主任孔繁玲先后莅攀调研，四川省档案局局长丁成明、副局长罗亚夫，云南省档案局黄凤平局长到攀枝花市考察交流，攀枝花市档案工作得到国家和省局领导的充分认可。米易县档案馆年内先后荣获“全国最美档案馆”“全国档案工作先进集体”荣誉称号。档案工作攀枝花经验受到业内高层关注。

全市档案工作的薄弱环节在于：档案馆室建设推进力度不够。市档案馆，东区、西区、仁和区档案馆及房地产档案馆、人社局、国土局等档案馆（室）建设滞后，局部改造难以满足长期安全需要，安全保管隐患没有得到实质性的改善，难以满足“五位一体”的服务功能；档案信息化建设推进缓慢。攀枝花市档案信息化工作启动虽早但进展缓慢，目前落后于省内其他市（州），仅米易县数字档案馆建设初具规模，数字化进程明显失衡，全市数字档案室建设也相对滞后。干部队伍建设不适应需求。档案干部队伍业务素质、业务水平和操作技能还需大步提高，干部队伍稳定性差、流动性大，年龄结构不合理，还不适应新时期档案工作发展的需求。

【重大项目及重大活动档案管理】 2015年，全市档案部门完成21个重大建设项目档案督查工作，对28个省级重大建设项目档案进行了登记，登记率达100%。

【农业农村档案管理】 为进一步统一和规范全市农村土地承包经营权确权登记档案管理工作，市档案局在试点县米易组织召开全市农村土地承包经营权确权登记档案管理工作现场交流会，联合市农牧局及时制定攀枝花市《关于做好农村土地承包经营确权登记档案管理工作的通知》并开展联合督查，从确权登记档案管理机制、制度建设、责任落实、归档要求、归属与流向等方面做出统一规定，指导落实。米易县创新探索制定“归档文件材料收集集中检查—规范整理和数字化加工外包—即时移交进馆”的新模式进行试点开展，完成全县12个乡（镇）归档文件材料收集工作集中检查、整理和数字化加工外包。

【民生档案管理】 2015年，全市各级档案部门加强对社保、医保、居保等民生档案以及重大活动档案的指导和监督力度。全年接收涉及民生的档案2563卷，29000余件，开放152个全宗3030卷档案，为养老保险、退休等社会保障工作提供必不可少的基础支撑。

【档案规范化管理】 2015年，市档案局对43个市属、31个县（区）一标单位进行复查验收。各县（区）完成334个单位规范化管理复查。全年新达标晋级单位12个。

【档案资源建设】 全市档案行政管理部门以“政府综合目标管理”为抓手，着力开展档案的接收、积累和征集工作，努力丰富馆藏、改善结构。2015年，各级国家综合档案馆接收各门类档案2597卷、157779件（张、盘）。为进一步丰富馆藏，不断满足社会各方利用档案资料的需求，全市重点开展珍贵、特色档案以及对市级各部门、各县（区）、各大企业近年来编辑出版的书籍资料的征集工作。通过各种渠道征集到三线建设、本土作家、彝族歌手、城市建筑规划、横板房改造、稀土开发、市级老领导、抗战老兵、建市前历史等珍贵、特色档案资料共计3402件（张、盘）。全市各级各类档案馆馆藏总量达到776个全宗共637389卷，850912（件、盘、张）。

【档案法制化建设】 2015年，市人大常委会张汝林副主任一行调研全市《中华人民共和国档案法》执行情况。市档案局对19个市属单位、7个档案馆，各县（区）对辖区66家单位进行档案行政执法检查，取得较好成效。市档案局举办行政执法人员培训，组织1000余人参加全国档案法制知识竞赛活动。全年档案系统实现重大违法案件、行政复议、违法举报三个“零”目标，全市依法治档的局面基本形成，档案治理能力进一步提升。

【档案信息化建设】 全市两级档案部门“三网一库”基本建成，数字档案室建设试点工作全面启动。全市国家综合档案馆馆藏档案数字化稳步推进，全年投入资金205万元，完成404.5万页纸质档案、10000张照片档案、106盘磁性载体档案的档案数字化工作，米易县数字档案馆基本成形。

【档案文化建设】 2015年6月30日，市档案馆举行“党和国家领导人情系攀枝花图片展”“馆藏书画精品展”“学习型干部的楷模杨文仲档案展”开展仪式暨《百年巨匠常隆庆》公开出版首发式，为全市党员干部和广大市民一举推出4个公共档案文化产品，为建市50周年献礼，这是攀枝花市档案工作围绕中心服务全市工作大局的一项重要成果。

【档案安全体系建设】 2015年，全市档案行政部门开展档案信息系统安全检查以及档案安全大检查工作。各档案馆严格执行安全保卫制度，加强档案保管和保护工作，开展消防安全应急演练3次，全年全市档案馆（室）无火灾、盗窃等安全事故发生。

2015年，仁和区档案馆投资2万元在档案重点部位安装监控摄像头，实现全天候全覆盖监控录像。投资近20万元的市档案馆信息中心机房建改造工程竣工，改造后的信息中心机房达到B类国家机房标准，档案信息数据安全保障能力大幅提升。2015年，全市各国家综合档案馆的档案数据由市档案局统一集中备份到绵阳市档案局，档案信息数据安全系数进一步提高。

【档案利用服务拓展】 2015年，攀枝花市各级国家综合档案馆累积提供档案利用16034人次，55791卷（件）次，同比增长20%。从利用目的数据分析，利用民生档案11223人次，占总利用量70%；工作查考3207人次，占总利用量20%；其他1604人次，占总利用量10%。人民群众通过利用档案解决自身的民生问题，成为利用档案工作的新常态。

【档案宣传与培训】 2015年，全市档案系统以投放新闻稿件、举办各类展览、讲座等多元渠道加强档案工作宣传，累计撰写各类信息348篇，在各类刊物、报纸及网站上刊发宣传稿件130余篇。全市共举办各种类型的基层档案人员业务培训28期，1166人受训，此外还积极选派干部参加国家、省级组织的各类培训，全年送训61人次。

（张国民）

残疾人事业

【概　况】 2015年，全市有残疾人人口7.46万人，持证残疾人2.46万人。按照“一个中心、两大体系、三大保障”（以“量体裁衣”式残疾人服务为中心，不断健全残疾人社会保障体系和服务体系，提升组织保障、资金保障和设施保障）工作思路，全面推进残疾人康复、教育、就业、维权等工作，推动全市残疾人工作持续健康发展。残疾人社会保障体系进一步健全，各项优惠政策落实到位；残疾人服务中心建设工作取得突破性进展，残疾人扶贫工作力度加大，措施精准有力；残疾人民生得到更加广泛关注，残疾人民生状况较好改善。但基层残疾人组织建设工作还很薄弱，且发展不平衡，影响残疾人工作深入开展。

【攀枝花市残联第六届主席团第二次会议】 2015年12月3日下午，市残联第六届主席团第二次会议在攀枝花会展中心召开。市残联第六届主席团组成人员参加会议。大会听取和审议市残联第六届执行理事会工作报告，增补市残联第六届主席团委员。会议选举攀枝花市人民政府副市长刘建明为第六届主席团主席，攀枝花市人民政府副秘书长杨明勇、攀枝花市财政局副局长王军为第六届主席团副主席；增补高文兵、刘达林、吴德英为第六届主席团委员；同意推举柳瑛、赵昭忠为市残联副理事长。

【健全残疾人社会保障体系】 扩大残疾分类施保范围：从2015年1月1日起，"分类施保"享受对象从原来的城市低保对象扩大到城乡低保对象，符合条件的农村残疾低保对象（限重、中度残疾人）也可享受残疾分类施保。从2015年5月开始，凡符合条件的困难成年重度残疾人（持有攀枝花市常驻户口、第二代《中华人民共和国残疾人证》，残疾等级为一级或二级，年龄在18周岁以上，本人无超过最低生活保障标准的固定收入且未纳入城市"三无"、农村"五保"供养的人员），其家庭未享受最低生活保障的，可以个人名义单独申请最低生活保障。持续加大残疾居民参加城镇居民基本医疗保险优惠力度。8月28日，攀枝花市政府办公室印发《关于调整我市城镇居民基本医疗保险相关政策规定的通知》，持续提高残疾居民参保的政府补助标准，减轻参保残疾居民个人缴费负担：2016统筹年度，参保人员个人缴费标准提高20或30元/人·年，政府持续加大对残疾人参保对象个人缴费投入，保持残疾人参保对象个人缴费水平维持2015统筹年度水平，即：持有"残疾人证"的学生儿童、在校大学生，个人不缴费；持有"残疾人证"的成年重度残疾人、持有"残疾人证"和"低保证"的三无对象或重点困难家庭中的成年非重度残疾人，个人不缴费；持有"残疾人证"和"低保证"的一般困难或临时困难家庭中的成年非重度残疾人，个人缴费20元；其他持有"残疾人证"的成年非重度残疾人，个人缴费80元。将部分残疾儿童的特殊门诊治疗费视同住院费报销。

【落实残疾人社会保障制度】 2015年，攀枝花市残疾人社会保障制度落实。全市符合最低生活保障条件的城乡残疾人家庭实现"应保尽保"，全年纳入城乡低保残疾人6865名，其中：农村低保对象4632人、城市低保对象2233人，享受残疾分类施保对象3059人（其中：农村1587人、城市1472人）。纳入五保供养残疾人1093人。全市城乡社会养老保险工作全覆盖，残疾人参加城乡居民社会养老保险优惠政策落实。全年参加城镇职工养老保险的残疾人4013人，参加城乡居民社会养老保险的残疾人13721人。全市城乡基本医疗保险制度全覆盖，残疾人参加城镇居民基本医疗保险和新型农村合作医疗优惠政策落实。全年参加城镇职工医疗保险残疾人4013人，参加城镇居民基本医疗保险残疾人5551人，参加新型农村合作医疗残疾人13677人。

【残疾人民生工程】 2015年，市残联认真做好12项涉及残疾人的民生工程，其中省级民生工程9项：帮助6600名城乡残疾人实现居家灵活就业，居家灵活就业直接补贴820人；扶持1200名农村贫困残疾人发展生产、改善生活状况；帮助700名贫困残疾人适配亟须的基本型辅助器具；为100名贫困家庭脑瘫儿童提供手术治疗、康复训练和辅具适配等康复服务；居家托养智力、精神残疾人员740人，资助2家残疾人托养服务机构；对8097名重度残疾人发放护理补贴；为300户有需求的残疾人家庭实施无障碍改造；为23名贫困家庭重度听力残疾儿童提供人工耳蜗手术、助听器适配、听力语言康复训练等康复服务；为20名贫困智力残疾儿童提供康复训练。市级民生工程3项：完成攀枝花市残疾人康复托养中心建设项目的选址、规划调整和立项批复等开工建设前期工作；开展贫困精神病患者医疗救助875人，其中住院治疗155人，服药治疗720人；为50名贫困成年残疾人配戴助听器的项目申报、实施、督查、验收、后续跟踪等工作。

【残疾人民生大事】 2015年，按照"全省每个县建成1个残疾人服务中心"工作纳入全省民生大事的工作要求，攀枝花市确定仁和区、米易县、盐边县为任务县（区）。在市残联的指导、协调下，各任务县（区）高度重视，采取有力措施，积极推进，残疾人服务中心建设工作取得实效。截至年底，仁和区将原仁和区文化馆办公楼改扩建后作仁和区残疾人服务中心，正在开展装修设计等工作；米易县采取与县民政局合作新建，进入场平阶段；盐边县将原盐边县卫生局办公楼改扩建作盐边县残疾人服务中心，已完成装修设计、施工图设计、财评等工作，进入挂网招标阶段。

【残疾人状况专项调查】 按照全国统一部署，以2015年1月1日零时为专项调查标准时点，在全市范围内开展残疾人基本服务状况和需求专项调查，重点了解各类残疾人在生活救助、社会保障、康复服务、辅具服务、接受教育、就业帮扶、托养照料、扶贫开发、住房保障、无障碍改造、权益维护等方面的现有服务状况、托底服务需求等内容。1月1日至3月20日，全市1160名专项调查员紧紧围绕残疾人基本服务状况和需求，对纳入国家调查底册的20617名残疾人（20614名持证残疾人和3名未办证的疑似残疾儿童）开展专项调查，完成调查任务，为规划全市"十三五"残疾人工作，有针对性地制定政策、开展残疾人服务提供可靠依据。

【"量体裁衣"式残疾人服务】 按照省残联统一部署，2015

年，市残联继续以"量体裁衣"式残疾人服务工作（以下简称"量服"）为中心，围绕"残疾人需要什么、残疾人能做什么和我们能为残疾人做什么"三大问题，根据每个残疾人的具体情况开展"一人一策"服务。全年为3.68余万名残疾人提供46.2万项次服务，人均提供服务12.64项次。7月17日，省残联命名攀枝花市盐边县为全省2014年度"量服"示范县（市、区），米易县草场乡、盐边县箐河乡、盐边县桐子林镇等3个乡镇为全省2014年度"量服"示范乡镇（街道），米易县攀莲镇城南社区等7个村（社区）为全省2014年度"量服"示范村（社区）。10月26日，攀枝花市人民政府残疾人工作委员会命名东区炳草岗街道等10个乡镇（街道）为攀枝花市2014—2015年度"量服"示范乡镇（街道），东区炳草岗街道望江社区等60个村（社区）为攀枝花市2014—2015年度"量服"示范村（社区）。通过示范带动全市"量服"工作质量和水平提高，推动全市残疾人事业发展。

启动"智慧量服"工作。2015年，在省残联的支持下，为市、县（区）、乡镇（街道）、村（社区）"量服"工作人员配备"智慧量服"手持终端650部，为全市全面启动"智慧量服"工作提供保障。2月3日，省残联党组书记、理事长毛大付肯定"攀枝花的'智慧量服'推进有力"。全市使用手机录入"量服"信息率100%。

开展市、县（区）和乡镇（街道）三级"量服"业务骨干培训工作，培训量服工作人员600余人次，提高"量服"工作人员业务水平。定期通报"量服"工作进度，督促工作落实。依托"四川省'量体裁衣'式残疾人服务信息平台"，开展"量服"质量抽查。市残联中层以上干部网上抽查4340人，入户督查365人，质量抽查合格率100%。全市县（区）残联干部按照每人入户督查不少于60户，每人网上督查不少于500户的要求开展质量抽查。

【残疾人康复】 2015年，市残联利用报纸、电台、电视台、网络等媒体，向社会公众、残疾人及其亲友普及康复知识，提高公众残疾预防和康复意识。开展康复服务，帮助残疾人恢复或补偿功能，减轻残疾人痛苦和家庭负担。白内障复明。全市继续巩固"全国白内障无障碍市（县）"成果，按照"当年白内障患者新发现1例、手术1例"要求开展白内障患者复明工作。"为贫困白内障患者实施复明手术100例"被列为市残联部门职能目标之一。在全市卫生系统的协助下，为178名贫困白内障患者免费实施复明手术，完成目标任务的178%。同时，市残联继续指导盐边县"全国白内障无障碍县"创建工作〔全市5个县（区）仅盐边县未建成"全国白内障无障碍县"〕。为100名贫困精神病患者实施服药补贴（其中西区50名、盐边50名），为35名贫困精神病患者实施一次性住院补助（西区）；为贫困听力残疾人免费配戴助听器7台；完成残疾人用品用具供应260件。

【残疾人扶贫】 2015年元旦、春节期间，攀枝花市继续开展"温暖万家行"活动，为贫困残疾人解决生产生活中遇到的困难和问题，帮助他们安全、温暖过冬，平安快乐过年。活动期间，攀枝花市、县（区）人民政府残疾人工作委员会成员单位和攀钢集团有限公司等大企业走访慰问贫困残疾人家庭2682户。

2015年，全市残联、财政和民政部门积极配合，加强政策宣传、资金落实、工作执行力度，按照个人申请、入户调查、评议、公示、审核、审批等程序，将符合条件的困难成年重度残疾人单独纳入低保。市残联下派1名科级领导干部驻惠民乡工作，下派1名新进事业编制人员到惠民乡工作4个月；将兴隆村34户残疾人家庭确定为联系户，对残疾人进行生产生活帮扶服务；协调相关部门，为兴隆村争取到"人饮工程"项目，解决部分群众饮水困难问题；协助村支两委理清发展思路、因地制宜制定村级经济发展规划，着力打造西瓜品牌、培育壮大蚕桑产业、推动发展设施蔬菜，2015年全村人均收入比上年度增长2%。12月3日，市残联"双联"工作联系点调整为盐边县红宝乡核桃箐村。市残联及时对接联系村，深入建档立卡的58户贫困户家中，掌握其家庭基本情况，市残联党员干部按要求与贫困户结成帮扶对子。继续开展对凉山州木里县残疾人的对口帮扶工作。加强与木里县残联的沟通联系，协调攀枝花市发改委等部门和攀枝花市驻木里的有关人员，将扶助木里县贫困残疾人工作纳入攀枝花市扶助木里县规划中，并给予特殊照顾和优先安排。

【残疾人教育】 2015年，市残联继续协助攀枝花市特殊教育学校做好盲、聋哑、智残学生招生工作，帮助残疾适龄儿童、少年入学。举办"随班就读教师专业技能"培训班。11月28日—12月2日，攀枝花市教育体育局、市残联在乐山师范学院联合举办攀枝花市"随班就读教师专业技能"培训班。来自攀枝花市特殊教育学校、全市各中小学校、教育部门负责特殊教育、教研的40名教师参加培训。推动全市特殊教育（随班就读）教师队伍建设，进一步提高全市特殊教育质量。

为残疾人参加高考提供合理便利服务。2015年是执行"为残疾人考生提供一种或几种必要条件和合理便利"政策的第一年。市残联加大政策宣传，向3名残疾人考生主动告知政策，让他们参加高考时享受到合理便利服务。其中无臂残疾考生彭超自带特殊桌椅参加高考，享受到每科考试时间延长30%的高考合理便利政策，取得603分的好成绩，被四川大学录取。

【残疾人就业】 2015年，市残联协助有关部门监督检查残疾人福利企业残疾职工用工情况，督促安置残疾人就业单位为残疾职工足额缴纳社会保险费用，保障残疾人合法权益。与攀枝花地税局、攀枝花市财政局共同做好年度残疾人就业保障金征收工作，完成年度征收任务，攀枝花市残保金人均征收额列居全省第三位。继续开展残疾人就业和职业培训状况实名制统计工作，对13641名就业年龄段残疾人进行就业和职业培训状况实名制管理。开展残疾人职业技术培训。2015年6月12—23日，市残联在攀枝花市委党校举办全市首次盲人电脑培训班，来自全市5个县(区)的30名视力残疾人接受为期12天的电脑操作基本知识集中培训；同年11月11—25日，市残联在攀枝花市委党校举办盲人保健按摩培训班，来自全市5个县(区)的48名视力残疾人接受为期15天的集中培训，并参加保健按摩师职业资格等级考试。

【残疾人维权工作】 2015年，全市残联系统办理残疾人来信来访290件次，其中市本级接待残疾人来访70人次，全部按时按质办结，全年未发生残疾人赴省、赴京集体上访事件。全年，市残联为2010名拥有机动车的残疾人申请发放2015年残疾人机动轮椅车燃油补贴。全年，全市有10名残疾人领取C5(残疾人专用小型载客汽车)车型驾驶证，截至年底全市持有C5车型驾驶证的残疾人48名。

【残疾人宣传】 2015年，市残联积极与新闻单位联系，加大残疾人工作宣传力度，全年在攀枝花市电视台、市广播电台和市级报刊播放、刊登反映残疾人事业发展和自强不息残疾人信息50余次篇。继续利用攀枝花市残疾人联合会网站和攀枝花市政府门户网站的市残联部门窗口，向广大群众宣传残疾人优惠政策，公开全市残疾人工作重要活动、重要事项等。

【残疾人体育】 2015年9月12—19日，全国第九届残疾人运动会暨第六届特殊奥林匹克运动会在四川省成都市举行，17名攀枝花市籍残疾人运动员入选四川省队参赛，获7金4银9铜。其中：参加第九届残运会田径、游泳、举重、中国象棋、轮椅击剑5个项目比赛的11名，获2银、4铜；参加第六届特奥会举重、游泳两个项目比赛的6名，获5金、2银、5铜。其中四川省残疾人特奥举重代表队由攀枝花市组建并承担训练任务，4名队员均为攀枝花籍残疾人运动员。

（黄全秀）

民族宗教事务

【概　况】 2015年，全市有彝族、傈僳族、苗族、回族、纳西族等41个少数民族；有少数民族人口17.5万人，占全市总人口的14.1%；有17个民族乡镇(米易县5个，盐边县7个，仁和区5个)，占全市44个乡镇的39%；民族地区幅员面积3940平方千米，占全市总面积的54%。盐边县、米易县、仁和区享受民族地区待遇。全市有宗教团体5个，其中市域宗教团体4个，分别是市佛教协会、市天主教爱国会、市基督教三自爱国运动委员会和市伊斯兰教协会；县域宗教团体1个，即米易县伊斯兰教协会。批准开放宗教活动场所32处，其中佛教寺庙14处，伊斯兰教清真寺8处，天主教教堂5处，基督教教堂5处。全市有宗教教职人员70人，有信教群众近11万人，其中佛教约91000人，道教约2100人，伊斯兰教约2560人，基督教约7000人，天主教约6000次。2015年，市民宗委认真贯彻党的民族宗教政策，依法管理民族宗教事务全力推进民族地区经济发展。目前，全市民族地区各族群众的生产条件明显改善，生活质量不断提高，民族地区经济加速发展，农民收入实现稳步增加，各项社会事业不断全面进步，全市各族人民互相尊重、互相学习、互相帮助、和睦相处，民族地区和宗教领域保持和谐稳定的大好局面。由于历史和自然诸多原因，攀枝花市少数民族些宗教工作还存在一些困难和问题：民族地区市场化程度低，多数产业处于低端，市场竞争力和自我发展能力不强；民族地区增长速度虽然高，但由于基数小，总量差距还在扩大，发展质量的差距更大，民族地区成为全面建成小康社会的短板、难点；民族地区贫困程度深、贫困面大，教育卫生文化等社会公共服务落后，与其他地区民生差距大，政府保基本、兜底线的任务重；周边民族地区和本地进城务工的少数民族人口不断增加，各族群众交往交流的广度和深度都迅速增强，随时之而来的摩擦纠纷也不断增多，城市维护民族团结面临诸多新课题；基督教私设聚会、天主教非法传教，佛道教乱建小庙等问题时有发生，构建和谐宗教关系任务不断加重。

攀枝花市宗教活动场所一览表

教别	场所名称	场所地址	教职人员数
佛教	1. 攀枝花市东区玉佛寺	东区银江镇沙坝村五组	7
	2. 攀枝花市西区西佛寺	西区格里坪镇大水井村三社	1
	3. 攀枝花市仁和区宝灵寺	仁和区宝灵巷 3 号	14
	4. 攀枝花市竹木山观音崖寺	仁和区金江镇保安营村山林窝组	6
	5. 攀枝花市仁和区同德观音寺	仁和区同德街 294 号	1
	6. 攀枝花市仁和区宝鼎金山寺	仁和区太平乡大坝村苍房组	无
	7. 仁和莲花寺	暂未建	无
	8. 米易县灵佛寺	米易县普威镇街村一社	3
	9. 米易县盘龙寺	米易县丙谷镇橄榄河村二社	1
	10. 米易县圣龙寺	米易县白马镇挂榜村十三社	1
	11. 米易县观音寺	米易县攀莲镇观音村三社	8
	12. 盐边县百灵寺	盐边县桐子林镇怀华百灵寺	1
	13. 盐边县兴盐寺	盐边县永兴镇范村四社	无
	14. 盐边县菩提寺	盐边县桐子林镇纳尔河村（暂未建）	无
伊斯兰教	1. 攀枝花市仁和区中坝清真寺	仁和区中坝乡团山村灰鲊凹组	1
	2. 米易县五锁沟清真寺	米易县丙谷镇雷窝村五社	1
	3. 米易县田坝清真寺	米易县白马镇田坝回族村五社	1
	4. 米易县湾崃清真寺	米易县撒莲镇湾崃村 7 社	1
	5. 米易县乡农清真寺	米易县白马镇黄草回族村一社	1
	6. 米易县磨盘清真寺	米易县白马镇挂榜村十一社	1
	7. 米易县大水沟清真寺	米易县攀莲镇观音村十二社	1
	8. 盐边县桐子林镇清真寺	盐边县桐子林镇西环南路（暂未建）	无
天主教	1. 攀枝花市东区五十四圣伯多禄堂	东区五十四金福南街 64 号	2
	2. 攀枝花市西区平江天主教堂	西区河门口公园内（迁建中）	1
	3. 攀枝花市仁和区大田天主教德助撒堂	仁和区大田镇大田街 222 号（重建）	无
	4. 米易县天主教善牧堂	米易县攀莲镇青皮村十五社	1
	5. 红格上主慈悲堂	盐边县红格镇假日酒店东侧	1
基督教	1. 攀枝花市东区江南基督教堂	东区江边街宁和巷 07 号	7
	2. 攀北活动点	东区瓜子坪攀北社区	1
	3. 攀枝花市西区基督教圣恩堂	西区河门口南街 24 号	1
	4. 攀枝花市仁和区基督教伯利恒教堂	仁和区仁和镇大河居委会二组	1
	5. 米易县基督教永生堂	米易县攀莲镇贤家村三社	1

【民族地区开发】 2015年,攀枝花市共争取和安排省市民族资金2032万元。其中:争取省级资金1332万元(省三州开发资金630万元、支援不发达地区发展资金200万元、省自发迁居农民专项扶持资金200万元、省少数民族发展金150万元、省散杂居少数民族发展资金和民族工作机动金152万元),安排市级民族资金700万元(市级少数民族发展资金450万元、市级民族工作机动金150万元、市级支援不发达地区发展配套资金100万元)。全市实施民族地区开发项目76个。其中民族地区产业发展项目5个,自发迁居农民安置发展项目8个,民族地区十年行动计划项目9个,民族地区培训和维稳项目10个,"四小"(小路、小桥、小水、小能源)基础设施项目42个。

【民生工程建设】 2015年,市民宗委坚持"突出产业,关注民生"的投入导向和"责任落实、项目实施到位、资金保障到位、督促指导到位、政策宣传到位"的资金管理要求,全年争取和安排省市民族资金1982万元在民族地区实施民族地区产业发展工程、"四小"基础设施建设工程、重点社会事业工程、自发迁居农民安置发展工程、民族教育十年行动计划工程等工程,切实改善民族地区生产生活条件。

民族地区产业发展工程。争取和安排资金195万元,新建核桃基地355.33公顷、特色水果基地8.33公顷,实施700公顷核桃基地品种改良、水路基础设施配套,续建芒果、核桃科技成果转化示范基地4个,推进民族地区产业结构调整。"四小"基础设施建设工程。争取和安排资金1495万元,配套其他部门资金,着力抓好直接改善各族群众生产生活条件的小路、小桥、小水等基础设施建设工程,在民族地区实施道路硬化75千米,道路改扩建20千米,道路新建28千米,修建小桥3座,整治山坪塘1个,新建和改造水池21口,架设各类管道13.2千米,建设太阳能提灌站3座。改善民族地区1万余名群众交通条件和266.67公顷田地的灌溉条件。民族地区教育十年行动计划工程。安排市级资金150万元,配套财政、教育民族教育十年行动计划350万元,购置1200套学生卧具、实施2所学校用电设备改造、4所学校校舍维修、1所学校校园美化、1所学校设备购置,改善民族地区中小学校办学条件。少数民族培训工程。争取和安排资金142万元,开展实用技术培训、劳动技能培训及两资管理干部培训、70个贫困村第一书记精准扶贫能力提高培训等共6000余人次,发放资料8000余份,为民族地区特色产业发展和劳动力输出提供人力资源保障。

【维护民族宗教领域稳定】 2015年,将全省法律进寺庙活动扩展到法律进寺观教堂,深入开展"宗教政策法规宣传月""和谐寺观教堂"创建活动,全年面向宗教界开展政策法规宣传培训2500余人次。以"平安宗教活动场所"创建活动为契机,开展宗教活动安全大检查5次,排除消防安全、食品安全、交通安全隐患,全年宗教活动场所无安全事故发生。开展宗教团体、寺观教堂财务管理大检查,对4个宗教团体、18个宗教活动场所进行财务检查,处置1起宗教财务方面的信访件,进一步规范宗教活动场所内部管理。安排寺观教堂维修费40万元、宗教团体工作经费12万元、教职人员困难生活补助5万元,加强宗教团体自身建设,改善宗教活动场所条件,东区江南基督教堂迁建工作顺利开展,西区平江天主教堂迁建主体工程全部完成,仁和宝灵寺、米易如来藏寺建设规划基本完成。积极倡导宗教界参与社会公益事业,组织宗教界开展"慈善周"活动,全年全市宗教界募集善款5.6万元,对攀枝花市民族地区受灾群众和困难群众进行帮扶。

【民族团结进步创建】 2015年,结合民族团结宣传活动,以建市五十周年活动、民族团结宣传月等为载体,深入开展民族政策、爱国主义和法制宣传教育活动,进一步巩固民族团结的思想基础。组织开展民族团结进步创建活动大检查,并安排民族团结进步创建活动经费28万元,对7家民族团结示范单位创建工作进行补助,对示范单位的硬件进行打造和提升。认真宣传贯彻《关于做好我市新疆籍少数民族工作的实施意见》《关于认真贯彻落实中央统战部等7部委〈关于开展禁止针对部分地区少数民族群众歧视性做法检查督查的通知〉的通知》,对全市涉及少数民族权益保障方面的进行排查和处置,防止伤害民族感情的事件发生,维护民族团结。定期开展民族地区不稳定因素排查工作,全年共开展矛盾隐患排查40余次,接待来信来访15人次,妥善协调和处理9起涉及少数民族纠纷,全市没有发生影响民族关系的重大事件,保持民族地区社会和谐稳定。

【参加全国少数民族运动会】 根据省民宗委的安排,攀枝花市组织蹴球队代表四川省参加第十届全国少数民族体育运动会,市民宗委主动协调组队相关事宜,强化训练监督指导,精心组织参赛,参赛队伍,获得二等奖1个,三等奖2个,省民宗委、省体育局为此专门向攀枝花发来感谢信。

【资助少数民族贫困生】 2015年9月,市民宗委开展"2015年关爱少数民族贫困大学新生入学补助"活动。对2015年47名应届考入大专以上院校的贫困家庭少数民族学生进行资助,帮助他们解决入学资金困难问题,全市共资助资金10

万元。

【对口“扶贫帮村”】 2015年，市民宗委深入开展“双联”“走基层”“万名干部直接联系服务群众”“干部驻村帮扶”等活动，全年共争取和安排资金34.4万余元，改善帮扶村群众生产生活条件、增加群众收入。整治社道5.5千米，开展果桑栽培、蔬菜种植、核桃管理方面的培训6期，为农户赠送化肥农药等农用物资。

（周传宝）

社会保障

【社会保障制度建设】 2015年，攀枝花市人力资源和社会保障局以创新为突破，全力推进社会保障体系建设。实施机关事业单位养老保险制度改革。精心组织实施，确保改革平稳推进。完善各项社会保险制度。修订完善现行医保政策，缓解城镇职工医保因扩面空间趋于饱和和供养比例持续恶化带来的基金支付风险。深化医疗保险付费方式改革，全面推行医保付费总额控制办法，加快推进医保医疗服务实时监控系统建设，构建控制医疗费用不合理增长的长效机制。积极参与和配合深化医药卫生体制改革各项工作。研究制定工伤保险浮动费率调整政策，积极稳妥推进工伤预防和工伤康复工作。稳步提高社会保险待遇水平。做好提高企业退休人员和城乡居民基本养老金水平工作。继续提高城乡居民基本医疗保险财政补助和个人缴费标准，提升基本医疗保障水平。做好工伤保险待遇调整工作。强化社会保险扩面征缴。以园区扩面、乡镇扩面两个专项行动为抓手，促进企业参保缴费。做好全民参保登记试点工作，建立全面、完整、准确的社会保险基础数据库。做好建筑业等高风险企业特别是农民工参加工伤保险工作。加强社会保险基金监管。以实施新预算法为契机，完善社会保险基金预算执行约束机制，加强基金支撑能力预警分析，从源头预防和控制基金风险。强化社保基金信息化监管系统在社保基金风险重点领域的监测运用和防控，鼓励社会力量参与监督，确保基金安全运行。

【社会保险扩面征缴】 2015年，攀枝花市人力资源和社会保障局积极应对经济下行导致企业参保缴费困难的问题，全力做好扩面征缴工作。全市城镇企业职工基本养老保险参保人数43.74万人，其中，在职参保人员26.9万人；工伤保险参保人数20.76万人；生育保险参保人数20.97万人；城镇职工医疗保险参保人数68.12万人；失业保险参保人数21万人。全年累计征收城镇企业职工基本养老保险费254430万元；工伤保险费10463万元；生育保险费3314万元；城镇职工医疗保险费109661万元；失业保险费15966万元。全市城乡居民养老保险参保人数23.55万人，覆盖面达到97.33%，其中缴费人数预计13.06万人，个人缴费收入预计2794万元，争取财政补助资金8874万元。全市机关事业单位养老保险登记应参保人数53256人。社会保险基金总支出68.8亿元。

【社会保险待遇发放】 确保全市企业离退休人员基本养老金按时足额发放，及时支付各项社会保险待遇，维护参保人员合法权益。全市167124名离退休人员基本养老金全部通过银行实行社会化发放，全年累计发放基本养老金487478万元，按时足额发放率和社会化发放率均保持100%。全市共支付各项社会保险待遇687977万元。其中：企业职工基本养老金515445元、基本医疗保险金118380万元、工伤保险金14941万元、失业保险金28264万元、生育保险金2606万元，城乡居保养老金8341万元。

【全民参保登记试点】 作为全国首批50个“全民参保登记”试点地区之一。按照省人社厅、省社保局的要求和市政府的安排，攀枝花市于2015年3月正式启动实施，市政府制定了《关于做好全民参保登记计划试点工作的通知》，确定了试点工作规划、部门职责、保障机制、目标任务，建立由市政府副秘书长牵头的工作联席会议制度，落实相应的基础数据来源，同时，市政府同意核拨专项工作经费，用于系统建设、宣传培训、入户调查等工作的开展。经过前期各方面数据比对、省市共建登记系统建设、工作方案研究制定和全面开展入户调查、数据筛查审核入库等5个阶段的工作，于12月15日前全面完成试点任务。全市登记入库共计131.77万人，其中通过信息比对确认入库19.53万人，通过入户调查采集入库112.24万人，常住人口登记率91%，数据完整度达到83%，建立起信息容量大、内容完整准确的社会保险基础数据库，为下一步管理应用奠定了坚实基础。我市作为全省三个全民参保试点城市之一，被省厅和省局确定的省市共建单位。在部社保中心、省人社厅和省社保局指导下，攀枝花市全民参保登记试点工作准备充分、工作扎实、经费落实，完成试点工作任务，为全省全面推开全民参保登记工作积累经验。

【机关事业单位养老保险制度改革】 2015年，攀枝花市人力资源和社会保障局扎实做好机关事业单位工作人员养老保险制度改革的各项工作。按照省里的要求和经办管理模式，攀枝花市确定由市社保局负责市本级“机保”工作的经办管理和全市“机保”工作的组织实施。在政策方面，主要配合省人社厅和省社保局完成“新机保”相关政策出台前的征求意见工作，重点清理全市自1996年实施的市本级“老机保”试点政策执行情况以及各县（区）自行将部分事业单位人员纳入企业职工养老保险的政策执行问题。在数据等基础工作方面，2014年7月对全市所有机关事业单位及其工作人员（含退休人员）基本信息工资收入（退休费）进行了一次全面的清理，建立了相应的数据库；2015年4月完成了对2014年清理的数据与现“金保工程”系统数据、编委办“实名制”数据的比对工作，基本明确了全市应参保的人员基本情况和工资及退休费情况；按照省厅要求，对全市2015年和2016年退休的1324名职工的基础信息报省，提供待遇测算数据，对“新机保”启动后新老办法计算退休待遇作准备；6月全市调整机关事业单位人员工资时，由财政按照全省统一口径预扣从2014年10月以来个人应缴纳的养老保险费和职业年金，在“新机保”工作正式启动时进行结算，减轻正式启动实施后职工一次性补缴养老保险费的资金压力，同时也使职工自然形成了缴费的意识；7月按照省人社厅要求，对全市原机关事业单位养老保险（以下简称“老机保”）试点的情况进行全面的清理，同时提出“老机保”存在的问题和处理意见及建议；按照省人社厅要求，于11月完成2016年全市机关事业单位养老保险预算编制任务；从11月起，在全市范围内正式开展全市机关事业单位养老保险参保登记和基础数据申报审核工作，标志着攀枝花市的“新机保”经办工作正式开展，至12月20日市、县（区）两级按进度完成数据采集任务；在认真研究省级统筹政策的基础上，对正式启动实施“机保”工作后攀枝花市存在的问题进行详细的梳理和分析，提出初步的应对准备措施和工作意见。

【调整增加退休人员基本养老金】 2015年，攀枝花市人力资源和社会保障局完成全年调整增加退休人员基本养老金工作。对全市162282名符合条件的企业退休人员调整增加基本养老金，人均增加225元，调整后全市企业退休人员月均基本养老金达到2480元。调整后每月养老金增加支付3652万元，月养老金支付总额4.1亿元。完成城乡居保基础养老金标准的提高和待遇补发工作，涉及72855人，补发2014年7月至2015年1月基础养老金852万元。全市城乡居民基本养老保险基础养老金从2014年的每人每月65元提高至80元，人均月养老金水平86元。

【资格认证与关系转移接续平台建设】 2015年，按照省人社厅的安排和要求，攀枝花市人力资源和社会保障局积极开展“养老保险待遇资格协查认证和养老保险关系转移接续平台”建设，分别在全市5个县（区）开展6次专题培训会。全市各县（区）信息系统管理员、转移接续经办人、各街道劳动保障所、社区、乡镇系统操作人员共计234人参加培训。培训内容涉及操作流程、省级平台系统管理员的建立和岗位权限设置以及信息系统管理等方面。年底平台已建且运行基本正常。

【完善失业保险功能】 开展失业保险扩支试点工作，帮助企业渡过难关，全力稳定就业形势，促进全市就业工作开展。扩大失业保险基金扩支总计9161.98万元，其中拨付101家企业稳岗补贴共计6320.28万元，惠及职工88312人，其他促进就业支出2841.7万元。继续探索建立失业预警工作机制。全市151家重点企业纳入失业动态监测，建立失业预警模型，收集26个指标数据，建立预测模型3个，暂时选取第三个模型，能对未来3期的失业状况进行预测，目前运行情况正常，基本形成具有攀枝花市特色的失业预警工作机制。按月分析失业动态监测数据，按季分析就业形势，并形成专题报告，为市委、市政府领导决策提供重要参考。

【城镇居民大病保险】 2015年，攀枝花市城镇居民大病保险成效显著。当期赔付结算工作正常开展，全市享受2015年度大病保险待遇为1609人次，享受大病保险赔付金额为439.1万元，其中在市内定点医疗机构及省异地就医即时结算平台前台联网“一单制”结算赔付1363人次，赔付327.61万元；医保经办机构垫付费用报销“一单制”结算赔付246人次，赔付111.49万元。全市共计有1010人享受大病保险赔付待遇，享受赔付费用335万元，人均享受赔付费用3317元，参保居民享受赔付费用最多的达到了41462元。

【异地就医即时结算】 2015年10月起，四川省异地就医结算平台正式启动运行。攀枝花市平稳推进异地就医结算平台建设。全市接入省级平台的定点医疗机构总计17家，已经实现每个县（区）有1～2家医院接入省级平台。有3545人次通过省级平台实现异地就医即时结算住院医疗费用，医保统筹基金支付合计4229.05万元，安全、高效缓解了参保人员异地就医垫资压力。

【医保付费方式改革】 2015年，攀枝花市人社局、市财政局、市卫计委联合印发《攀枝花市基本医疗保险付费总额控制试行办法》，全面推进医保付费方式改革。从2013年开始，按照《攀枝花市基本医疗保险付费总额控制方案》的部署，全市基本医疗保险付费方式改革以按项目付费为基础，陆续开展按人头付费、病种付费，并先后从一级医院开始逐步扩大到二级医院开展付费总额控制试点，积累经验后，出台《关于推进2015年度基本医疗保险付费总额控制工作的通知》，于10月1日开始在全市所有纳入总控范围的定点医疗机构实施付费总额控制。

【医保监管机制建设】 2015年12月1日起，攀枝花市医疗保险智能审核辅助系统和医疗服务监控信息系统正式投运，建立科学监管机制，智慧医保正在形成。出台《关于开展医疗保险实时监控及智能审核信息系统建设工作有关事项的通知》，把所有医保定点医院纳入范围，实现项目付费住院和门诊特殊疾病医疗费用的智能审核。根据全省门诊特殊疾病数据管理标准，结合全市慢性疾病门诊就医情况，广泛征求市内各定点医疗机构的意见、建议，借鉴省内其他市州的做法，从全省药品目录库中甄选疗效确切、副作用小、临床使用率高的药品，建立城镇基本医疗保险慢性疾病门诊报销药品库，制定相关药品目录，并于12月1日启动实施。

【医保惠民利民政策】 2015年，攀枝花市按照四川省的统一部署，针对特殊疾病患者，出台并执行惠民利民政策措施。下发《关于将酪氨酸激酶抑制剂治疗慢性粒细胞白血病和胃肠间质瘤药品费用纳入医疗保险基金支付范围有关问题的通知》，明确按照定病种、定药品、定诊断机构、定治疗机构、定责任医师的“五定”管理，将慢性粒细胞白血病和胃肠间质瘤患者使用天价抗癌药格列卫等药品纳入攀枝花市医保支付报销范围，每年每人可最高报销6万元。下发《关于康柏西普眼用注射液治疗湿性年龄相关性黄斑变性试行列入特殊疾病管理有关问题的通知》，将全市城镇医疗保险参保人员在指定医院使用康柏西普眼用注射液治疗湿性年龄相关性黄斑变性，在支付期限和定额范围内按乙类药品视同住院费用报销，将慢性粒细胞白血病和胃肠间质瘤白血病使用格列卫等药品每年每人最高6万元纳入全市医保支付。结合公立医院综合改革要求，先后出台《关于城市公立医院取消药品加成后医疗费用结算有关问题的通知》《关于公立医院取消药品加成后工伤生育保险调增费用结算有关问题的通知》，明确了实施范围、执行时间、结算管理办法和监督管理要求。为充分发挥医保对公立医院改革的支撑保障作用，确保患者费用负担减轻，对公立医院门（急）诊诊查（中医辨证论治）费上调6元，住院诊查（中医辨证论治）费上调9元，I、II、III级护理费上调9元，均纳入医保统筹基金支付范围，其中住院诊查费和I、II、III级护理费按现行医保政策报销，门（急）诊诊查费上调6元部分由基本医疗保险统筹基金全额报销。

【工伤保险管理改革】 2015年，攀枝花市人力资源和社会保障局创新工作思路，推进工伤保险管理改革工作。按照属地管理的原则，将工伤受理和认定全部委托各县（区）人社局办理，并对县（区）相关经办人员进行工伤认定业务培训，提高办理效率。按照省上部署，出台《攀枝花市建筑施工企业工伤保险实施试行办法》，规定建筑施工企业新开工项目可不以用人单位参加工伤保险，改按项目总造价一定比例缴纳工伤保险费，分解用人单位风险，维护广大施工人员尤其是农民工的合法权益。

【生育保险改革】 2015年，攀枝花市人力资源和社会保障局积极推进生育保险。降低除机关事业单位外企业的生育保险费费率，切实减轻企业负担。从10月起，将除机关事业单位外的其他用人单位生育保险费率从0.6%降为0.5%，预计每年将减轻企业负担500万元左右。制定出台《关于工伤生育保险支付公立医院取消药品加成医疗服务价格上调部分有关问题的通知》（川人社发〔2015〕434号），充分发挥生育保险对医改取消药品加成的补偿作用。

【提升经办人员服务能力】 2015年，攀枝花市人力资源和社会保障局加强社会保障经办人员能力建设。印发《攀枝花市劳动就业和社会保障业务下延街道（乡镇）或社区（村）工作实施方案》，将28项社会保险工作延伸到全市5个县（区），44个乡（镇）16个街道。实现大病保险前台“一单制”结算，参保人员可实时享受大病保险相关医疗待遇。异地就医即时结算有序推进，全市有17家定点医疗机构接入省级平台，缓解了参保人员异地就医垫资压力。医疗保险智能审核辅助系统和医疗服务监控信息系统正式投运，科学监管机制建立，智慧医保正在形成。参与《社会保险咨询服务规范》《社会保险基金财务管理》国家标准制定工作，有效提升经办人员管理服务质量。社会保障卡累计发放总量达到92.4万张。

【社保基金监管】 深入贯彻落实社保基金监管制度。逐级签订年度基金安全目标责任书；将社保基金安全责任制贯彻落实情况纳入对各单位的年度工作目标任务考核；会同市财政局联合转发《四川省社会保险基金监督奖励举报办法》，会同市公安局联合转发了《关于切实做好我省社会保险欺诈案件查处和移送工作的通知》等文件，进一步完善社保基金监督制度。不断加大社保基金专项检查力度。组织开展全市基本养老保险基金检查和2015 年社保基金专项检查，检查覆盖面达 100%；组织各级医保机构抽查 137 家定点医院和药店，收回违规医保基金 37 万元。加强督促整改，确保监管实效。下发《关于我市企业职工退休审核审批现场检查情况的通报》，通报全市在企业职工退休审核审批中存在的 7 个问题，提出 5 个方面的整改意见。全面开展社保基金网络监管。组织市本级和各县（区）全面开展全市社保基金网络监管工作，对各险种，尤其重点针对养老保险基金的各项业务数据实施有效监控，对重复领取待遇、死亡冒领、重复参保等预警信息，集中力量重点核查，核查处理失业再就业人员领取失业保险待遇 9 人，收回多领失业保险基金 7.82 万元；异地清退重复领取养老保险待遇 9 人，对省人社厅下发 14 名疑似不符合条件领取待遇人员进行核查。对工伤、生育、失业、医疗保险等同类问题重复次数较多的进行预警。市、县两级人社部门组织力量，对所属经办机构大力开展现场监督，累计检查经办机构 18 个，米易县清收被征地农民社保费 494.8 万元，收回参保单位少缴社保费 100.83 万元；追回违规医保基金 16.9 万元。积极查办社保基金监督举报案件。在 267 个窗口公布监督举报电话，各级人社部门基本建立了举报投诉查办工作制度，盐边县查办移交公安部门涉嫌骗保案件 1 起，挽回社保基金 4 万元。

【援企稳岗政策】 2015 年，攀枝花市将失业保险费率由 3% 降至 2%，将除机关事业单位外的其他用人单位生育保险费率从 0.6% 降为 0.5%，切实减轻企业负担；对困难企业实行社会保险费缓缴政策，共计缓缴社会保险费 56255.07 万元；继续实施失业保险支持企业稳定岗位政策，对采取有效措施不裁员、少裁员，稳定就业岗位的企业，使用失业保险基金给予稳定就业岗位补贴。拨付稳岗补贴 7520.47 万元，涉及企业 105 家，惠及职工 90530 人，全年兑现补贴 1.1 亿元，对企业的稳定和发展起到积极作用。

【劳动能力鉴定】 2015 年，攀枝花市人力资源和社会保障局进一步加强劳动能力鉴定程序规范化建设。全市共完成工伤认定 1293 件，其中行政复议 5 件，维持 5 件；行政诉讼 15 件，两级人民法院全部维持市人社局的工伤认定决定；完成劳动能力鉴定 1537 件。

（肖礼荣）

老龄事业

【概　况】 2015 年底，全市 60 周岁及以上常住人口 20.73 万人，百岁及以上人口 31 人。全市建有老年活动站（中心、室）180 个，老年人参与人数为 6.01 万人。全市成立各种老年人协会 399 个，参加活动人数为 4.82 万人。全市有各种老年学校（大学）43 个，在校学员 1.8 万人。

2015 年，攀枝花市加快推进社会养老服务体系建设。市政府 2 月 4 日出台《攀枝花市人民政府关于支持养老服务业发展的若干意见》；市老龄办与四川攀枝花规划建筑设计研究院有限公司共同编制的《攀枝花市中心城区养老服务设施布局规划（2015—2020）》正式规划方案 12 月 11 日通过专家组评审。

【加强老年优待工作】 实施提高长寿补贴金工作，按照《攀枝花市人民政府关于提高我市长寿补贴金标准的通知》要求，2015 年 1 月 1 日起，提高 90 周岁及以上老年人的长寿补贴金标准，全市有 90 ~ 99 周岁 1545 人、100 周岁以上 31 人享受此福利；扩大老年人免费乘坐城区公交车范围，市老龄办与市公交公司共同努力，将户籍已迁出攀枝花，但仍长期（临时）居住在攀枝花的年满 70 周岁的老年人纳入免费乘坐公交车范围；加强老年人权益保障力度，市老龄办与市法律援助中心建立老龄办维权工作站，拓宽老年人诉求渠道，为老年人提供及时、便利、高效的法律服务。

【开展第四次中国城乡老年人生活状况抽样调查工作】 8 月 1 日，第四次中国城乡老年人生活状况抽样调查工作全面启动，此次全国范围的抽样调查攀枝花市涉及仁和区平地镇、仁和镇、布德镇、大和中路街道四个乡镇（街道）16 个村（社区），调查对象共计 480 人，攀枝花市于 8 月 31 日前完成 480 人的抽样调查工作。

【推进康养产业发展】 为推进攀枝花市康养产业发展，市委、市政府主要领导带领市老龄办、市民政局主要负责人赴省民政厅专题汇报攀枝花市康养产业发展情况，积极争取省上的支持、帮助。市老龄办代省民政厅草拟《四川省人民政府关于大力支持攀枝花市建设国家康养产业试验区的意见》（下称试验区意见），并向市委、市人大、市政府、市政协办公室、各县(区)人民政府、市级各部门等40个单位征求意见。省民政厅办公室将《试验区意见》向省级相关部门发出征求修改意见的函并收集反馈于攀枝花市，市老龄办又将此修改意见传达至市级相关部门，请市级部门与省上对口部门联系、商讨，将修改意见反馈于市老龄办，综合各部门意见，市老龄办已完成修改，上报省民政厅审定。

【开展爱老助老宣传活动】 10月18日，由市创建国家级阳光康养产业试验区领导小组办公室主办，市老龄办、市民政局承办，在市中心广场开展主题为“好山好水好风光，宜居宜游宜康养”的爱老助老宣传活动，活动现场共11家养老机构、康养企业和社会组织展示养老服务和养老产品，1家医疗康复机构开展义诊活动。

【走访慰问特殊困难老人】 “重阳节”前夕，市委书记张剡，市委副书记、市长杨自力，副市长柳康健带领市委办、市政府办、市民政局、市老龄办的相关人员深入村(社区)，走访慰问特殊困难老人、百岁老人，表达市委、市政府对他们的节日祝福和亲切慰问，共发放慰问金、慰问品5万多元。

【创建敬老模范县检查组的考核验收】 按照省老龄委下发的考核验收标准，攀枝花市认真做好米易县创建省级敬老模范县的申报推荐工作。10月19日，由省老龄办、省人社厅组成的第四轮创建敬老模范县检查组对米易县进行检查验收，通过现场查看、走访了解和听取汇报等方式考核米易县的老龄事业发展情况，米易县达到验收标准，并通过命名前的公示。

【建设基层示范性老年协会】 开展示范性基层老年协会创建工作，12月8日，省老龄办认定攀枝花市西区滥坝村老年协会、仁和区金江镇金江村老年协会、仁和区平地镇辣子哨村老年协会、米易县丙谷镇观音阁社区老年协会4个协会为四川省示范性基层老年协会。

【加强老龄问题调查研究】 为进一步掌握全市老龄工作有关情况，市老龄办在全市范围内开展老龄工作调研活动，各县(区)老龄办认真完成调研成果上报。市老龄办向省老龄办推荐优秀作品，其中米易县老龄办撰写的《米易县养老服务业工作调查报告》被评为2015年度四川省老龄政策调研优秀成果一等奖。

(马文祥)

附 录

攀枝花市国民经济和社会发展主要统计指标

指 标	单 位	2015 年
一、自然资源	*	
行政区域面积	平方公里	7401
年末实有耕地面积	公顷	74952
二、人口和就业	*	
年末户籍人口	万人	110.66
# 女	万人	54.23
# 农业人口	万人	51.76
非农业人口	万人	58.89
当年出生人口	人	10238
当年死亡人口	人	6519
常住人口	万人	123.25
# 城镇人口	万人	79.79
社会从业人员	万人	67.78
# 第一产业	万人	20.83
第二产业	万人	23.37
第三产业	万人	23.58
三、综合经济	*	

指　　标	单　位	2015 年
地区生产总值（当年价）	万元	9251839
#第一产业增加值	万元	313094
第二产业增加值	万元	6610283
第三产业增加值	万元	2328462
地区生产总值指数（可比价计算，上年 = 100）	%	108. 1
#第一产业	%	104. 1
第二产业	%	108. 5
第三产业	%	107. 2
人均地区生产总值（当年价）	元	75078
人均地区生产总值指数（可比价计算，上年 = 100）	%	108. 2
四、农村经济	*	
有效灌溉面积	公顷	36780
农林牧渔业总产值	公顷	549376
农业机械总动力	万千瓦	68. 48
粮食总产量	百吨	2245. 27
五、规模以上工业	*	
规模以上工业企业单位数	个	341
规模以上工业总产值（当年价）	万元	15459158
规模以上工业企业从业人员年平均人数	人	135460
规模以上工业企业主营业务收入	万元	14538336
规模以上工业企业利润总额	万元	91973
规模以上工业企业利税总额	万元	538463
规模以上工业主要产品产量	*	
原煤	吨	6955188
洗煤	吨	15895131
铁矿石原矿	吨	90453318
成品糖	吨	12363
饮料酒	千升	42265

指　　标	单　位	2015 年
焦炭	吨	5515956
硫酸（折 100%）	吨	1483202
盐酸（氯化氢，含量 31%）	吨	19306
烧碱（折 100%）	吨	27948
纯苯	吨	40173
涂料	吨	11063
硅酸盐水泥熟料	吨	1033010
水泥	吨	2259650
商品混凝土	立方米	4905625
水泥混凝土电杆	根	18699
砖	万块	17487
天然花岗石建筑板材	平方米	1225265
耐火材料制品	吨	123704
生铁	吨	5643098
粗钢	吨	5292902
钢材	吨	4530189
铁合金	吨	68791
铝合金	吨	25720
铸铁件	吨	1385584
铸钢件	吨	257866
高压开关板	面	33419
发电量	万千瓦时	1735906
#火力发电量	万千瓦时	299454
水力发电量	万千瓦时	1436452
六、交通、通讯、能源	*	
公路客运周转量	万人公里	82117
公路货运周转量	万吨公里	502272
境内公路总里程	公里	4565

指　　标	单　位	2015 年
#高速公路	公里	145
邮电主营业务收入	万元	115454
固定电话用户	户	297806
移动电话用户	户	1162853
互联网宽带接入用户	户	296117
七、固定资产投资和建筑业	*	
全社会固定资产投资（全市）	万元	6445121
#东区	万元	1753788
西区	万元	975082
仁和区	万元	1543271
米易县	万元	1201574
盐边县	万元	971406
固定资产投资（不含农户）	万元	6115121
#房地产开发投资	万元	589447
建筑企业单位数	个	80
建筑业总产值	万元	1752842
八、国内贸易、对外经济	*	
社会消费品零售总额	万元	2861953
社会消费品零售总额比上年增长	%	11.8
进出口总额	万美元	25666
#出口总额	万美元	21921
当年实际使用外资金额	万美元	10012
九、人民生活	*	
居民人均可支配收入	元	24066
城镇居民人均可支配收入	元	30362
城镇居民人均消费性支出	元	19860
城镇居民恩格尔系数	%	35.6
农村居民人均可支配收入	元	12861

指 标	单 位	2015年
农村居民人均生活消费支出	元	9903
农村居民恩格尔系数	%	37.2
十、财政、金融	*	
一般公共预算总收入	万元	953946
地方公共财政收入	万元	533412
地方公共财政支出	万元	1126499
#农林水事物支出	万元	115743
科学技术支出	万元	16906
医疗卫生支出	万元	110382
教育支出	万元	260016
年末金融机构各项存款余额	万元	8568143
#个人储蓄存款余额	万元	4624428
年末金融机构各项贷款余额	万元	6971458
十一、教育、科技、文化、卫生	*	
小学数	所	65
普通中学	所	54
小学在校学生总数	人	74130
普通中学在校学生总数	人	66875
中等职业教育学校在校学生数	人	17418
医疗卫生机构数	个	172
医疗卫生机构床位数	张	10097
医院、卫生院技术人员	人	7599
十二、资源与环境	*	
单位GDP能耗（2010年价格）	吨标准煤	1.576
单位GDP能耗比上年降低率	%	10.17

2015 年重要文件目录

2015 年市委、市委办制发文件目录

文　号	文件标题	成文日期
攀委〔2015〕1 号	中共攀枝花市委关于唐建民同志免职退休的请示	2015 年 1 月 4 日
攀委〔2015〕2 号	中共攀枝花市委关于马晓凤等同志职务任免的请示	2015 年 1 月 5 日
攀委〔2015〕3 号	中共攀枝花市委关于对群众反映雷雨同志有关问题调查核实的报告	2015 年 1 月 8 日
攀委〔2015〕4 号	中共攀枝花市委关于江海同志工资变动的请示	2015 年 1 月 12 日
攀委〔2015〕5 号	中共攀枝花市委关于认真学习贯彻落实中央和省委经济工作会议精神的情况报告	2015 年 1 月 13 日
攀委〔2015〕6 号	中共攀枝花市委关于处置不合格党员工作情况的报告	2015 年 1 月 13 日
攀委〔2015〕7 号	中共攀枝花市委关于 2014 年度省委下达绩效保证目标任务完成情况的自评报告	2015 年 1 月 15 日
攀委〔2015〕8 号	中共攀枝花市委关于对群众举报反映陈可红同志有关问题调查情况的报告	2015 年 1 月 15 日
攀委〔2015〕9 号	中共攀枝花市委　攀枝花市人民政府关于邀请秦宜智书记回攀参加纪念毛泽东同志“三・四”批示 50 周年大会的函	2015 年 1 月 19 日
攀委〔2015〕10 号	中共攀枝花市委　攀枝花市人民政府关于举办攀枝花三线建设 50 周年系列活动相关情况的报告	2015 年 1 月 21 日
攀委〔2015〕11 号	中共攀枝花市委关于提名李光旭、祝鸿同志职务任免的通知	2015 年 1 月 22 日
攀委〔2015〕12 号	中共攀枝花市委关于对群众举报原米易县委书记李孝富有关问题的调查情况	2015 年 1 月 27 日
攀委〔2015〕13 号	中共攀枝花市委关于成立中国共产党攀枝花市第九届人民代表大会第四次会议临时委员会的通知	2015 年 2 月 3 日

文 号	文件标题	成文日期
攀委〔2015〕14 号	关于成立中国共产党政协第八届攀枝花市委员会第五次会议临时委员会的通知	2015 年 2 月 3 日
攀委〔2015〕15 号	中共攀枝花市委关于攀枝花市第九届人民代表大会第四次会议选举结果的报告	2015 年 2 月 11 日
攀委〔2015〕16 号	中共攀枝花市委关于提名唐建民同志免职的通知	2015 年 2 月 11 日
攀委〔2015〕17 号	中共攀枝花市委关于唐建民同志退休的通知	2015 年 2 月 11 日
攀委〔2015〕18 号	中共攀枝花市委关于政协第八届攀枝花市委员会第五次会议选举结果的报告	2015 年 2 月 12 日
攀委〔2015〕19 号	中共攀枝花市委关于杨长云同志工作调动的通知	2015 年 2 月 12 日
攀委〔2015〕20 号	中共攀枝花市委关于深入学习贯彻十八届中央纪委五次全会和省纪委十届四次全会精神的情况报告	2015 年 2 月 13 日
攀委〔2015〕21 号	中共攀枝花市委关于深入学习贯彻十八届中央纪委五次全会和省纪委十届四次全会精神的情况报告	2015 年 2 月 13 日
攀委〔2015〕22 号	中共攀枝花市委关于贯彻落实全省领导班子思想政治建设工作会议精神的情况报告	2015 年 3 月 2 日
攀委〔2015〕23 号	中共攀枝花市委　攀枝花市人民政府关于举办攀枝花三线建设 50 周年系列活动的情况报告	2015 年 3 月 6 日
攀委〔2015〕24 号	中共攀枝花市委　攀枝花市人民政府关于攻克钒钛磁铁矿烧结烟气脱硫“世界性难题”有关情况的报告(刘奇葆、省委、省政府)	2015 年 3 月 6 日
攀委〔2015〕25 号	中共攀枝花市委关于陈可红等四名同志工资变动的请示	2015 年 3 月 13 日
攀委〔2015〕26 号	中共攀枝花市委关于深化区域交流合作加快建设四川南向开放门户的情况报告	2015 年 3 月 17 日
攀委〔2015〕27 号	中共攀枝花市委关于杨自力等 18 名同志党风廉政建设情况的报告	2015 年 3 月 21 日
攀委〔2015〕28 号	中共攀枝花市委关于伍维根、李明 2 名同志廉洁自律情况的报告	2015 年 3 月 21 日
攀委〔2015〕29 号	中共攀枝花市委关于攀枝花市级党政领导班子和领导干部 2014 年度考核等次意见的请示	2015 年 3 月 27 日
攀委〔2015〕30 号	中共攀枝花市委关于攀钢公司退休职工曾绵金反映赵辉同志有关问题的调查报告	2015 年 3 月 30 日
攀委〔2015〕31 号	中共攀枝花市委　攀枝花市人民政府关于表扬纪念攀枝花三线建设 50 周年系列活动先进集体和先进个人的通报	2015 年 3 月 31 日
攀委〔2015〕32 号	中共攀枝花市委关于贯彻落实省委东明书记重要批示精神的意见	2015 年 4 月 7 日

文　号	文件标题	成文日期
攀委〔2015〕33 号	中共攀枝花市委关于贯彻落实全省深化国资国企改革工作会议精神的情况报告	2015 年 4 月 10 日
攀委〔2015〕34 号	中共攀枝花市委关于贯彻落实“十个抓紧抓实”重要部署的情况报告	2015 年 4 月 14 日
攀委〔2015〕35 号	中共攀枝花市委关于贯彻落实“十个抓紧抓实”重要部署的报告	2015 年 4 月 14 日
攀委〔2015〕36 号	中共攀枝花市委关于江海等 8 人赴台参加“第二届川台农业合作论坛”的请示	2015 年 4 月 15 日
攀委〔2015〕37 号	中共攀枝花市委关于贯彻落实全省市厅级主要领导干部读书班精神的情况报告	2015 年 4 月 21 日
攀委〔2015〕38 号	中共攀枝花市委关于贯彻落实全省融入国家“一带一路”建设工作座谈会精神的情况报告	2015 年 4 月 27 日
攀委〔2015〕39 号	中共攀枝花市委关于贯彻落实中央八项规定和省委省政府十项规定情况的报告	2015 年 4 月 29 日
攀委〔2015〕40 号	中共攀枝花市委关于深入贯彻落实全省全市领导班子思想政治建设工作会议精神　认真做好近期重点工作的通知	2015 年 4 月 29 日
攀委〔2015〕41 号	中共攀枝花市委关于提名贾德华同志免职的通知	2015 年 4 月 30 日
攀委〔2015〕42 号	中共攀枝花市委关于许健民等七名同志工资变动的请示	2015 年 5 月 20 日
攀委〔2015〕43 号	中共攀枝花市委　攀枝花市人民政府关于颁发第八届“攀枝花文学艺术奖”的决定	2015 年 5 月 21 日
攀委〔2015〕44 号	中共攀枝花市委关于推荐全国优秀县(市、区)委书记初步建议人选的报告	2015 年 5 月 25 日
攀委〔2015〕45 号	中共攀枝花市委关于推荐全省先进基层党组织优秀共产党员和践行“三严三实”优秀党员领导干部表彰对象情况的报告	2015 年 5 月 31 日
攀委〔2015〕46 号	中共攀枝花市委　攀枝花市人民政府关于深入开展扶贫攻坚工作的情况报告	2015 年 6 月 8 日
攀委〔2015〕47 号	中共攀枝花市委　攀枝花市人民政府关于大力发展阳光康养产业的情况报告	2015 年 6 月 8 日
攀委〔2015〕48 号	中共攀枝花市委关于推进幸福美丽新村建设的情况报告	2015 年 6 月 11 日
攀委〔2015〕49 号	中共攀枝花市委关于贯彻落实全省川东北、攀西经济区市州经济工作汇报会精神的情况报告	2015 年 6 月 11 日
攀委〔2015〕50 号	中共攀枝花市委关于传达《中共中央关于周永康违法犯罪案及其教训的通报》的情况报告	2015 年 6 月 15 日
攀委〔2015〕51 号	中共攀枝花市委关于张剡同志党风廉政建设情况的报告	2015 年 6 月 16 日

文　号	文件标题	成文日期
攀委〔2015〕52号	中共攀枝花市委关于表扬全市先进基层党组织、优秀共产党员、优秀党务工作者和践行“三严三实”优秀党员领导干部的决定	2015年6月29日
攀委〔2015〕53号	中共攀枝花市委关于杨自力同志党风廉政建设情况的报告	2015年7月1日
攀委〔2015〕54号	中共攀枝花市委关于传达学习习近平总书记重要讲话和中央、省委有关会议精神的情况报告	2015年7月3日
攀委〔2015〕55号	中共攀枝花市委关于学习讨论东明书记在省委十届六次全会第一次全体会议上重要讲话精神的情况报告	2015年7月8日
攀委〔2015〕56号	中共攀枝花市委关于学习贯彻省委十届六次全会精神的情况报告	2015年7月10日
攀委〔2015〕57号	中共攀枝花市委关于于会文同志党风廉政建设情况的报告	2015年7月16日
攀委〔2015〕58号	中共攀枝花市委关于刘先伟同志党风廉政建设情况的报告	2015年7月16日
攀委〔2015〕59号	中共攀枝花市委关于提名杨自力、张剡同志职务任免的通知	2015年7月17日
攀委〔2015〕60号	中共攀枝花市委关于提名黄芝晏、李国宏同志职务任免的通知	2015年7月20日
攀委〔2015〕61号	中共攀枝花市委关于黄芝晏同志免职的通知	2015年7月20日
攀委〔2015〕62号	中共攀枝花市委关于彭本瑜同志免职的通知	2015年7月20日
攀委〔2015〕63号	中共攀枝花市委关于苗新艳同志任职的通知	2015年7月20日
攀委〔2015〕64号	中共攀枝花市委关于李宁同志职务任免的通知	2015年7月20日
攀委〔2015〕65号	中共攀枝花市委关于提名陈德香同志任职的通知	2015年7月20日
攀委〔2015〕66号	中共攀枝花市委关于陈德香同志免职的通知	2015年7月20日
攀委〔2015〕67号	中共攀枝花市委关于孙晓蓉、高升洪同志任职的通知	2015年7月20日
攀委〔2015〕68号	中共攀枝花市委关于舒鑫同志任职的通知	2015年7月20日
攀委〔2015〕69号	中共攀枝花市委关于陈伟同志任职的通知	2015年7月20日
攀委〔2015〕70号	中共攀枝花市委关于张勇同志任职的通知	2015年7月20日

文　号	文件标题	成文日期
攀委〔2015〕71 号	中共攀枝花市委关于提名陈君仁同志免职的通知	2015 年 7 月 20 日
攀委〔2015〕72 号	中共攀枝花市委关于陈君仁同志任职的通知	2015 年 7 月 21 日
攀委〔2015〕73 号	中共攀枝花市委关于陈君仁同志免职的通知	2015 年 7 月 21 日
攀委〔2015〕74 号	中共攀枝花市委关于陈星钢同志任职的通知	2015 年 7 月 21 日
攀委〔2015〕75 号	中共攀枝花市委关于彭本瑜同志任职的通知	2015 年 7 月 21 日
攀委〔2015〕76 号	中共攀枝花市委关于起光勇同志免职提前退休的通知	2015 年 7 月 21 日
攀委〔2015〕77 号	中共攀枝花市委关于 2015 年上半年全面深化改革工作的总结报告	2015 年 7 月 27 日
攀委〔2015〕78 号	中共攀枝花市委关于杨自力、张刿同志职务任免的通知	2015 年 8 月 3 日
攀委〔2015〕79 号	中共攀枝花市委关于于会文、刘先伟同志职务任免的请示	2015 年 8 月 3 日
攀委〔2015〕80 号	中共攀枝花市委关于传达学习贯彻省委统战工作会议精神的情况报告	2015 年 8 月 10 日
攀委〔2015〕81 号	中共攀枝花市委关于提名贺云海等同志职务任免的通知	2015 年 8 月 12 日
攀委〔2015〕82 号	中共攀枝花市委关于提名贺云海同志任职的通知	2015 年 8 月 12 日
攀委〔2015〕83 号	中共攀枝花市委关于提名朱良清同志任职的通知	2015 年 8 月 12 日
攀委〔2015〕84 号	中共攀枝花市委关于提名赵路同志职务任免的通知	2015 年 8 月 12 日
攀委〔2015〕85 号	中共攀枝花市委关于赵路同志免职的通知	2015 年 8 月 12 日
攀委〔2015〕86 号	中共攀枝花市委关于提名魏渠河、袁斌同志职务任免的通知	2015 年 8 月 12 日
攀委〔2015〕87 号	中共攀枝花市委关于袁斌同志免职的通知	2015 年 8 月 12 日
攀委〔2015〕88 号	中共攀枝花市委关于提名魏渠河同志免职的通知	2015 年 8 月 12 日
攀委〔2015〕89 号	中共攀枝花市委关于提名吴红怡同志任职的通知	2015 年 8 月 12 日

文　号	文件标题	成文日期
攀委〔2015〕90 号	中共攀枝花市委关于杨军同志免职的通知	2015 年 8 月 12 日
攀委〔2015〕91 号	中共攀枝花市委关于付建平同志任职的通知	2015 年 8 月 12 日
攀委〔2015〕92 号	中共攀枝花市委关于赵海涛同志任职的通知	2015 年 8 月 12 日
攀委〔2015〕93 号	中共攀枝花市委关于曾建泉同志免职提前退休的通知	2015 年 8 月 12 日
攀委〔2015〕94 号	中共攀枝花市委关于提名王波同志任职的通知	2015 年 8 月 12 日
攀委〔2015〕95 号	中共攀枝花市委关于提名万钧同志免职的通知	2015 年 8 月 12 日
攀委〔2015〕96 号	中共攀枝花市委关于刘连志同志任职的通知	2015 年 8 月 12 日
攀委〔2015〕97 号	中共攀枝花市委关于杨关云同志任职的通知	2015 年 8 月 12 日
攀委〔2015〕98 号	中共攀枝花市委关于提名杨关云同志免职的通知	2015 年 8 月 12 日
攀委〔2015〕99 号	中共攀枝花市委关于提名姜泽先等同志职务任免的通知	2015 年 8 月 12 日
攀委〔2015〕100 号	中共攀枝花市委关于袁斌同志任职的通知	2015 年 8 月 12 日
攀委〔2015〕101 号	中共攀枝花市委关于于会文、黄正富同志任职的通知	2015 年 8 月 12 日
攀委〔2015〕102 号	中共攀枝花市委关于提名黄正富等同志职务任免的通知	2015 年 8 月 12 日
攀委〔2015〕103 号	中共攀枝花市委关于陈樵等 11 名同志提高享受按副省(部)长级标准报销医疗待遇的请示	2015 年 8 月 17 日
攀委〔2015〕104 号	中共攀枝花市委关于成立中国共产党攀枝花市第九届人民代表大会第五次会议临时委员会的通知	2015 年 8 月 17 日
攀委〔2015〕105 号	中共攀枝花市委关于杨长云同志退休的通知	2015 年 8 月 26 日
攀委〔2015〕106 号	中共攀枝花市委关于攀枝花市第九届人民代表大会第五次会议选举结果的报告	2015 年 8 月 26 日
攀委〔2015〕107 号	中共攀枝花市委关于杨自力等三名同志工资变动的请示	2015 年 8 月 27 日
攀委〔2015〕108 号	中共攀枝花市委关于黄正富等同志职务任免的通知	2015 年 9 月 8 日

文　号	文件标题	成文日期
攀委〔2015〕109 号	中共攀枝花市委关于于会文等同志职务任免的通知	2015 年 9 月 8 日
攀委〔2015〕110 号	中共攀枝花市委关于杨礼文、任礎军、邓斌 3 名同志党风廉政建设情况的报告	2015 年 9 月 9 日
攀委〔2015〕111 号	中共攀枝花市委关于学习传达贯彻全省领导干部大会精神的情况报告	2015 年 9 月 15 日
攀委〔2015〕112 号	中共攀枝花市委关于攀枝花市东区、仁和区、盐边县三县（区）委书记人选考察情况的报告	2015 年 9 月 18 日
攀委〔2015〕113 号	组织部谭成梅占用	2015 年 9 月 28 日
攀委〔2015〕114 号	中共攀枝花市委关于省委第三巡视组交办信访件办理进展情况的报告	2015 年 9 月 29 日
攀委〔2015〕115 号	中共攀枝花市委关于任礎军等 4 名同志职务任免的请示	2015 年 10 月 8 日
攀委〔2015〕116 号	中共攀枝花市委关于在“三严三实”专题教育中开展南充拉票贿选案专题剖析反思的情况报告	2015 年 10 月 10 日
攀委〔2015〕117 号	中共攀枝花市委关于省委第三巡视组交办信访件办理情况的报告	2015 年 10 月 16 日
攀委〔2015〕118 号	中共攀枝花市委关于提名李兴华等同志职务任免的通知	2015 年 10 月 16 日
攀委〔2015〕119 号	中共攀枝花市委关于提名何昌文同志免职的通知	2015 年 10 月 19 日
攀委〔2015〕120 号	中共攀枝花市委关于何昌文同志免职提前退休的通知	2015 年 10 月 19 日
攀委〔2015〕121 号	中共攀枝花市委关于田川同志免职的通知	2015 年 10 月 19 日
攀委〔2015〕122 号	中共攀枝花市委关于胡开斌同志职务任免的通知	2015 年 10 月 19 日
攀委〔2015〕123 号	中共攀枝花市委关于谢安德同志任职的通知	2015 年 10 月 19 日
攀委〔2015〕124 号	中共攀枝花市委关于任国君同志免职退休的通知	2015 年 10 月 19 日
攀委〔2015〕125 号	中共攀枝花市委关于杨旋同志免职提前退休的通知	2015 年 10 月 19 日
攀委〔2015〕126 号	中共攀枝花市委关于冯正伦同志免职提前退休的通知	2015 年 10 月 20 日
攀委〔2015〕127 号	中共攀枝花市委关于付建忠同志免职的通知	2015 年 10 月 28 日

文 号	文件标题	成文日期
攀委〔2015〕128 号	中共攀枝花市委关于付建忠、李兆春同志职务任免的通知	2015 年 10 月 28 日
攀委〔2015〕129 号	中共攀枝花市委关于蔡晓东等同志职务任免的通知	2015 年 10 月 28 日
攀委〔2015〕130 号	中共攀枝花市委关于朱斌等同志职务任免的通知	2015 年 10 月 28 日
攀委〔2015〕131 号	中共攀枝花市委关于孙永华同志任职的通知	2015 年 10 月 28 日
攀委〔2015〕132 号	中共攀枝花市委关于赵海军、张建成同志职务任免的通知	2015 年 10 月 28 日
攀委〔2015〕133 号	中共攀枝花市委关于提名赵昭忠同志任职的通知	2015 年 10 月 28 日
攀委〔2015〕134 号	中共攀枝花市委关于章俊同志免职提前退休的通知	2015 年 10 月 28 日
攀委〔2015〕135 号	中共攀枝花市委关于钟晓坤同志免职提前退休的通知	2015 年 10 月 28 日
攀委〔2015〕136 号	中共攀枝花市委关于张涛同志免职的通知	2015 年 10 月 28 日
攀委〔2015〕137 号	中共攀枝花市委关于提名张涛同志免职的通知	2015 年 10 月 28 日
攀委〔2015〕138 号	中共攀枝花市委关于提名杨俊等同志为候选人的通知	2015 年 10 月 28 日
攀委〔2015〕139 号	中共攀枝花市委攀枝花市人民政府关于南博湾项目相关问题处理情况的报告	2015 年 10 月 30 日
攀委〔2015〕140 号	中共攀枝花市委关于省委第二巡视组交办信访件办理情况的报告	2015 年 10 月 30 日
攀委〔2015〕141 号	中共攀枝花市委关于贯彻落实省委党的群团工作会议精神的情况报告	2015 年 10 月 30 日
攀委〔2015〕142 号	中共攀枝花市委关于许秀峰同志免职退休的请示	2015 年 10 月 30 日
攀委〔2015〕143 号	中共攀枝花市委关于柳康健同志免职退休的请示	2015 年 10 月 30 日
攀委〔2015〕144 号	中共攀枝花市委关于学习贯彻党的十八届五中全会精神的情况报告	2015 年 11 月 2 日
攀委〔2015〕145 号	中共攀枝花市委关于南充拉票贿选案剖析反思的情况报告	2015 年 11 月 4 日
攀委〔2015〕146 号	中共攀枝花市委关于调整攀枝花学院中层干部管理关系的通知	2015 年 11 月 5 日

文　号	文件标题	成文日期
攀委〔2015〕147 号	中共攀枝花市委关于提名刘建明等同志职务任免的通知	2015 年 11 月 5 日
攀委〔2015〕148 号	中共攀枝花市委关于任礎军等同志职务任免的通知	2015 年 11 月 6 日
攀委〔2015〕149 号	中共攀枝花市委关于廖东明同志任职的通知	2015 年 11 月 6 日
攀委〔2015〕150 号	中共攀枝花市委关于学习贯彻省委人大、政协工作会议精神的情况报告	2015 年 11 月 11 日
攀委〔2015〕151 号	中共攀枝花市委关于施亚平同志免职提前退休的通知	2015 年 11 月 11 日
攀委〔2015〕152 号	中共攀枝花市委关于冉从富同志免职的通知	2015 年 11 月 11 日
攀委〔2015〕153 号	中共攀枝花市委关于提名包晓红、包家新同志为候选人的通知	2015 年 11 月 11 日
攀委〔2015〕154 号	中共攀枝花市委关于今年以来相关重点工作开展情况的报告	2015 年 11 月 12 日
攀委〔2015〕155 号	中共攀枝花市委关于刘建华同志免职的通知	2015 年 11 月 18 日
攀委〔2015〕156 号	中共攀枝花市委关于提名付朴忠等同志职务任免的通知	2015 年 11 月 20 日
攀委〔2015〕157 号	中共攀枝花市委关于唐志强同志免职的通知	2015 年 11 月 20 日
攀委〔2015〕158 号	中共攀枝花市委关于刘汉奇、付朴忠同志职务任免的通知	2015 年 11 月 20 日
攀委〔2015〕159 号	中共攀枝花市委关于夏忠同志免职提前退休的通知	2015 年 11 月 20 日
攀委〔2015〕160 号	中共攀枝花市委关于邹渝不予转正免职的通知	2015 年 11 月 20 日
攀委〔2015〕161 号	中共攀枝花市委关于陈林同志免职的通知	2015 年 11 月 20 日
攀委〔2015〕162 号	中共攀枝花市委关于提名徐勇同志任职的通知	2015 年 11 月 20 日
攀委〔2015〕163 号	中共攀枝花市委关于王勇同志任职的通知	2015 年 11 月 20 日
攀委〔2015〕164 号	中共攀枝花市委关于提名郑志同志任职的通知	2015 年 11 月 20 日
攀委〔2015〕165 号	中共攀枝花市委关于康孔跃同志任职的通知	2015 年 11 月 20 日

文 号	文件标题	成文日期
攀委〔2015〕166 号	中共攀枝花市委关于承办第六届四川国际自驾游交易博览会的情况报告	2015 年 11 月 20 日
攀委〔2015〕167 号	中共攀枝花市委关于传达学习贯彻省委十届七次全会精神的情况报告	2015 年 11 月 20 日
攀委〔2015〕168 号	中共攀枝花市委关于群众反映仁和区福田镇寨子组有关林地流转等问题调查处理情况的报告	2015 年 11 月 20 日
攀委〔2015〕169 号	中共攀枝花市委关于办理省委第三巡视组交办信访件情况的报告	2015 年 11 月 20 日
攀委〔2015〕170 号	中共攀枝花市委关于邀请省委领导出席攀枝花国家钒钛高新技术产业园区建设推进会、“2015 攀枝花钒钛资源综合利用院士行暨攀枝花钒钛(国际)论坛”的请示	2015 年 11 月 23 日
攀委〔2015〕171 号	中共攀枝花市委关于提名刘镇同志免职的通知	2015 年 11 月 26 日
攀委〔2015〕172 号	中共攀枝花市委关于传达学习贯彻东明书记莅攀调研重要指示精神的情况报告	2015 年 11 月 26 日
攀委〔2015〕173 号	中共攀枝花市委关于提名解超怀、唐志强同志任职的通知	2015 年 11 月 30 日
攀委〔2015〕174 号	中共攀枝花市委关于陈忆同志职务任免的通知	2015 年 11 月 30 日
攀委〔2015〕175 号	中共攀枝花市委关于解超怀同志免职的通知	2015 年 11 月 30 日
攀委〔2015〕176 号	中共攀枝花市委关于提名许秀峰同志免职的通知	2015 年 11 月 30 日
攀委〔2015〕177 号	中共攀枝花市委关于许秀峰同志退休的通知	2015 年 11 月 30 日
攀委〔2015〕178 号	中共攀枝花市委关于提名柳康健同志免职的通知	2015 年 11 月 30 日
攀委〔2015〕179 号	中共攀枝花市委关于柳康健同志退休的通知	2015 年 11 月 30 日
攀委〔2015〕180 号	中共攀枝花市委关于反馈对省委常委领导班子及成员意见和建议的报告	2015 年 12 月 3 日
攀委〔2015〕181 号	中共攀枝花市委关于 2015 年全面深化改革工作的自查总结报告	2015 年 12 月 10 日
攀委〔2015〕182 号	中共攀枝花市委关于召开市委常委“三严三实”专题民主生活会的报告	2015 年 12 月 11 日
攀委〔2015〕183 号	中共攀枝花市委关于许秀峰同志免职的通知	2015 年 12 月 11 日

文　号	文件标题	成文日期
攀委〔2015〕184 号	中共攀枝花市委关于柳康健同志免职的通知	2015 年 12 月 11 日
攀委〔2015〕185 号	中共攀枝花市委　攀枝花市人民政府关于“发放现代烟草农业目标考核奖”的检查报告	2015 年 12 月 14 日
攀委〔2015〕186 号	中共攀枝花市委关于提名段怀云等同志职务任免的通知	2015 年 12 月 14 日
攀委〔2015〕187 号	中共攀枝花市委关于李春华等同志职务任免的请示	2015 年 12 月 19 日
攀委〔2015〕188 号	中共攀枝花市委关于报送市委常委班子“三严三实”专题民主生活会实施方案的报告	2015 年 12 月 21 日
攀委〔2015〕189 号	中共攀枝花市委关于解超怀同志免职征求意见的函	2015 年 12 月 22 日
攀委〔2015〕190 号	中共攀枝花市委关于提名马鹤松等同志职务任免的通知	2015 年 12 月 23 日
攀委〔2015〕191 号	中共攀枝花市委关于攀枝花·北京西城区深化友谊加强合作的情况报告	2015 年 12 月 23 日
攀委〔2015〕192 号	组织部谭成梅	
攀委〔2015〕193 号	组织部谭成梅	
攀委〔2015〕194－216 号	干部任免通知(干二郑亮)	
攀委〔2015〕217－221 号	干部任免通知(书记签发干二郑亮)	
攀委〔2015〕222 号	中共攀枝花市委关于转发《中共四川省委第三巡视组向攀枝花市委领导班子的巡视反馈意见》的通知	2015 年 12 月 31 日
攀委〔2015〕223 号	中共攀枝花市委关于认真学习贯彻落实中央经济工作会议、城市工作会议、扶贫开发工作会议及省委经济工作暨城市工作会议、全省脱贫攻坚大会精神的情况报告	2015 年 12 月 31 日
攀委〔2015〕224 号	中共攀枝花市委关于提名魏胜利同志任职的通知	2012 年 12 月 11 日
攀委〔2015〕225 号	中共攀枝花市委关于魏胜利同志任职的通知	2015 年 12 月 11 日
攀委〔2015〕226 号	中共攀枝花市委关于廖奕同志任职的通知	2015 年 1 月 6 日
攀委〔2015〕227 号	中共攀枝花市委关于李春华、魏胜利同志职务任免的通知	2015 年 1 月 8 日

文 号	文件标题	成文日期
攀委〔2015〕228 号	中共攀枝花市委关于王岩辞同志任职的通知	2015 年 1 月 8 日
攀委〔2015〕229 号	中共攀枝花市委关于王岩辞同志免职的通知	2015 年 1 月 11 日
攀委〔2015〕230 号	中共攀枝花市委关于胡孝军、任红柳同志职务任免的通知	2015 年 12 月 11 日
攀委〔2015〕231 号	中共攀枝花市委关于提名柳建康、费强同志职务任免的通知	2015 年 12 月 11 日
攀委〔2015〕232 号	中共攀枝花市委关于任红柳同志任职的通知	2015 年 12 月 11 日
攀委〔2015〕233 号	中共攀枝花市委关于提名李春华同志免职的通知	2015 年 12 月 11 日
攀委〔2015〕234 号	中共攀枝花市委关于李春华同志免职的通知	2015 年 12 月 11 日
攀委办〔2015〕1 号	中共攀枝花市委办公室　攀枝花市人民政府办公室关于表扬《攀枝花年鉴(2014)编纂工作先进单位的通报》	2015 年 1 月 13 日
攀委办〔2015〕2 号	中共攀枝花市委办公室　攀枝花市人民政府办公室关于调整中共攀枝花市委　攀枝花市人民政府决策咨询委员会主任的通知	2015 年 1 月 14 日
攀委办〔2015〕3 号	中共攀枝花市委办公室　攀枝花市人民政府办公室贯彻落实《关于党员干部带头推动殡葬改革的实施意见》的通知	2015 年 1 月 22 日
攀委办〔2015〕4 号	中共攀枝花市委办公室关于帮助协调省委领导出席指导中国三线建设研讨会的请示	2015 年 2 月 4 日
攀委办〔2015〕5 号	中共攀枝花市委办公室　攀枝花市人民政府办公室关于创新社会治理方式深入推进网格化服务管理工作的意见	2015 年 2 月 4 日
攀委办〔2015〕6 号	中共攀枝花市委办公室关于 2014 年全市党委信息工作目标完成情况的通报	2015 年 2 月 10 日
攀委办〔2015〕7 号	中共攀枝花市委办公室关于全市未按时领取机要文件情况的通报	2015 年 2 月 12 日
攀委办〔2015〕8 号	中共攀枝花市委办公室　攀枝花市人民政府办公室关于调整市委市政府部分领导担任市委市政府领导小组职务的通知	2015 年 2 月 27 日
攀委办〔2015〕9 号	中共攀枝花市委办公室　攀枝花市人民政府办公室关于认真做好全国“两会“期间信访和维稳工作的通知	2015 年 3 月 2 日
攀委办〔2015〕10 号	中共攀枝花市委办公室　攀枝花市人民政府办公室关于进一步贯彻落实中央八项规定和省委、省政府十项规定精神以及市委、市政府十项规定的通知	2015 年 3 月 2 日
攀委办〔2015〕11 号	中共攀枝花市委办公室关于清退 2014 年度党委系统涉密文件的通知	2015 年 3 月 6 日

文　号	文件标题	成文日期
攀委办〔2015〕12 号	中共攀枝花市委办公室关于转发《中共四川省委关于贯彻落实〈党政领导干部选拔任用工作条例〉进一步规范选人用人工作的意见》和《四川省选拔任用党政领导干部动议工作办法等 5 个文件》的通知	2015 年 3 月 11 日
攀委办〔2015〕13 号	中共攀枝花市委办公室　攀枝花市人民政府办公室关于 2014 年度全市人口和计划生育工作目标考结果的通报	2015 年 3 月 11 日
攀委办〔2015〕14 号	中共攀枝花市委办公室关于申请调整科级领导职数的请示	2015 年 3 月 30 日
攀委办〔2015〕15 号	中共攀枝花市委办公室关于转发《市委宣传部关于市委中心组 2015 年度理论学习安排意见》的通知	2015 年 3 月 30 日
攀委办〔2015〕16 号	中共攀枝花市委办公室　攀枝花市人民政府办公室关于对攀枝花市国有投资(集团)有限责任公司组建方案的补充通知	2015 年 4 月 1 日
攀委办〔2015〕17 号	中共攀枝花市委办公室　攀枝花市人民政府办公室关于贯彻落实省委经济工作会议重大部署对应市级责任分工的通知	2015 年 4 月 3 日
攀委办〔2015〕18 号	中共攀枝花市委办公室关于调整市委常委联系党外县级干部名单的通知	2015 年 4 月 7 日
攀委办〔2015〕19 号	中共攀枝花市委办公室关于下达 2015 年全市党委系统信息工作目标任务的通知	2015 年 4 月 7 日
攀委办〔2015〕20 号	中共攀枝花市委办公室关于印发《市委副秘书长、办公室副主任工作分工》的通知	2015 年 4 月 13 日
攀委办〔2015〕21 号	中共攀枝花市委办公室关于追加纪念攀枝花三线建设 50 周年系列活动工作经费的请示	2015 年 4 月 28 日
攀委办〔2015〕22 号	中共攀枝花市委办公室　攀枝花市人民政府办公室关于调整市级领导联系民营骨干企业的通知	2015 年 4 月 29 日
攀委办〔2015〕23 号	中共攀枝花市委办公室关于调整市委全面深化改革领导小组、改革专项小组、市委改革办组成人员的通知	2015 年 4 月 29 日
攀委办〔2015〕24 号	中共攀枝花市委办公室　攀枝花市人民政府办公室印发《关于切实做好省联席办交办 2015 年第一批信访积案难案化解的工作方案》	2015 年 5 月 8 日
攀委办〔2015〕25 号	中共攀枝花市委办公室　攀枝花市人民政府办公室关于 2014 年度市级文明单位标兵、文明单位、文明社区复查验收情况的通报	2015 年 5 月 11 日
攀委办〔2015〕26 号	中共攀枝花市委办公室　攀枝花市人民政府办公室关于印发《第六届中国国际自驾游交易博览会总体方案》的通知	2015 年 5 月 14 日
攀委办〔2015〕27 号	中共攀枝花市委办公室关于市委常委、市人大市政协党组书记联系指导县(区)、部门(单位)“三严三实”专题教育工作的通知	2015 年 5 月 14 日
攀委办〔2015〕28 号	中共攀枝花市委办公室　攀枝花市人民政府办公室关于做好 2015 年市重大项目推进工作的通知	2015 年 5 月 15 日
攀委办〔2015〕29 号	中共攀枝花市委办公室关于四川浩天复合包装有限公司欠款拒付的相关情况报告	2015 年 5 月 19 日

文 号	文件标题	成文日期
攀委办〔2015〕30号	中共攀枝花市委办公室 攀枝花市人民政府办公室关于明确市领导挂包联系产煤县(区)的通知	2015年5月25日
攀委办〔2015〕31号	中共攀枝花市委办公室 攀枝花市人民政府办公室关于调整市委市政府决策咨询委员会副主任的通知	2015年5月28日
攀委办〔2015〕32号	中共攀枝花市委办公室 攀枝花市人民政府办公室关于成立取消攀枝花二滩库区网箱养鱼发展生态渔业培育替代产业工作领导小组的通知	2015年6月2日
攀委办〔2015〕33号	中共攀枝花市委办公室 攀枝花市人民政府办公室关于进一步做好防汛减灾工作的紧急通知	2015年6月2日
攀委办〔2015〕34号	中共攀枝花市委办公室 攀枝花市人民政府办公室关于开展纪念中国人民抗日战争暨世界反法西斯战争胜利70周年和红军长征入川80周年有关活动的通知	2015年6月10日
攀委办〔2015〕35号	中共攀枝花市委办公室 攀枝花市人民政府办公室关于评选推荐四川省"4·20"芦山强烈地震灾后恢复重建先进集体和先进个人的报告	2015年7月10日
攀委办〔2015〕36号	中共攀枝花市委办公室 攀枝花市人民政府办公室关于下发2015年全市电子政务内网信息报送目标任务及计分标准的通知	2015年7月21日
攀委办〔2015〕37号	中共攀枝花市委办公室关于进一步加强和改进党委(党组)中心组学习的实施意见	2015年7月23日
攀委办〔2015〕38号	中共攀枝花市委办公室 攀枝花市人民政府办公室关于规范市县区部门内设机构名称的通知	2015年8月7日
攀委办〔2015〕39号	中共攀枝花市委办公室关于调整市委财经领导小组组成人员的通知	2015年8月25日
攀委办〔2015〕40号	中共攀枝花市委办公室 攀枝花市人民政府办公室关于成立攀枝花市创建国家级阳光康养产业试验区工作领导小组的通知	2015年9月6日
攀委办〔2015〕41号	中共攀枝花市委办公室 攀枝花市人民政府办公室关于成立攀枝花市城市公立医院管理委员会的通知	2015年9月8日
攀委办〔2015〕42号	中共攀枝花市委办公室 攀枝花市人民政府办公室关于全市离岗待退领导干部参加关工委工作的通知	2015年9月9日
攀委办〔2015〕43号	中共攀枝花市委办公室关于对攀委发〔2015〕10号部分内容进行更正的通知	2015年9月10日
攀委办〔2015〕44号	中共攀枝花市委办公室 攀枝花市人民政府办公室关于调整攀枝花市国家安全工作领导小组主要职责和组成人员的通知	2015年9月17日
攀委办〔2015〕45号	中共攀枝花市委办公室 攀枝花市人民政府办公室关于调整部分市领导、部分市级部门"双联"工作联系点的通知	2015年9月18日
攀委办〔2015〕46号	中共攀枝花市委办公室 攀枝花市人民政府办公室关于印发《第六届四川国际自驾游交易博览会总体执行方案》的通知	2015年9月24日
攀委办〔2015〕47号	中共攀枝花市委办公室 攀枝花市人民政府办公室关于进一步加强和改进新形势下地方志工作的实施意见	2015年9月24日

文　号	文件标题	成文日期
攀委办〔2015〕48 号	中共攀枝花市委办公室　攀枝花市人民政府办公室关于做好中国西部(四川)进口展暨国际投资大会参会工作的通知	2015 年 9 月 25 日
攀委办〔2015〕49 号	中共攀枝花市委办公室关于调整市委全面深化改革领导小组、改革专项小组、市委改革办组成成员的通知	2015 年 10 月 8 日
攀委办〔2015〕50 号	中共攀枝花市委办公室　攀枝花市人民政府办公室关于调整攀枝花市依法治市领导小组成员的通知	2015 年 10 月 12 日
攀委办〔2015〕51 号	中共攀枝花市委办公室　攀枝花市人民政府办公室关于成立攀枝花至大理(四川境)高速公路建设领导小组的通知	2015 年 10 月 13 日
攀委办〔2015〕52 号	中共攀枝花市委办公室关于印发《攀台现代特色农业和康养产业合作交流会工作方案》的通知	2015 年 10 月 15 日
攀委办〔2015〕53 号	中共攀枝花市委办公室　攀枝花市人民政府办公室关于成立攀枝花市干部驻村帮扶工作协调小组的通知	2015 年 10 月 16 日
攀委办〔2015〕54 号	中共攀枝花市委办公室关于省委第三巡视组巡视攀枝花市本级及东区使用经费的报告	2015 年 10 月 18 日
攀委办〔2015〕55 号	中共攀枝花市委办公室　攀枝花市人民政府办公室关于调整充实市级领导联系骨干企业和重大项目的通知	2015 年 10 月 19 日
攀委办〔2015〕56 号	中共攀枝花市委办公室　攀枝花市人民政府办公室关于建立攀枝花市青少年德育及思想教育工作联席会议制度的通知	2015 年 10 月 27 日
攀委办〔2015〕57 号	中共攀枝花市委办公室　攀枝花市人民政府办公室关于市级领导同志及市级部门(单位)联系指导贫困村精准扶贫工作的通知	2015 年 10 月 27 日
攀委办〔2015〕58 号	中共攀枝花市委办公室关于做好 2016 年度《中共中央办公厅通讯》、《秘书工作》征订工作的通知	2015 年 10 月 27 日
攀委办〔2015〕59 号	中共攀枝花市委办公室　攀枝花市人民政府办公室关于认真做好当前突出涉稳问题专项化解工作的通知	2015 年 11 月 2 日
攀委办〔2015〕60 号	中共攀枝花市委办公室　攀枝花市人民政府办公室关于 2015 年度中央和省、市委机关报刊发行工作情况的通报	2015 年 11 月 11 日
攀委办〔2015〕61 号	中共攀枝花市委办公室　攀枝花市人民政府办公室关于印发《全市集中开展危爆物品清理整顿专项行动实施方案》和《全市集中开展寄递物流清理整顿专项行动实施方案》的通知	2015 年 11 月 12 日
攀委办〔2015〕62 号	中共攀枝花市委办公室关于张伟同志分工的通知	2015 年 11 月 12 日
攀委办〔2015〕63 号	中共攀枝花市委办公室关于做好 2016 年度党中央和省、市委机关报刊发行工作严格规范报刊发行秩序的通知	2015 年 11 月 19 日
攀委办〔2015〕64 号	中共攀枝花市委办公室关于印发《贯彻落实〈中共攀枝花市委关于加强和改进党的群团工作的实施意见〉责任分工方案》的通知	2015 年 11 月 25 日
攀委办〔2015〕65 号	中共攀枝花市委办公室　攀枝花市人民政府办公室关于调整花城新区开发建设工作领导小组成员的通知	2015 年 11 月 30 日

文 号	文件标题	成文日期
攀委办〔2015〕66 号	中共攀枝花市委办公室　攀枝花市人民政府办公室关于调整攀枝花市城市管理委员会组成人员及工作机制的通知	2015 年 11 月 30 日
攀委办〔2015〕67 号	中共攀枝花市委办公室　攀枝花市人民政府办公室关于进一步加强市级机关差旅费管理的通知	2015 年 11 月 30 日
攀委办〔2015〕68 号	中共攀枝花市委办公室　攀枝花市人民政府办公室关于成立攀枝花市石墨产业发展领导小组的通知	2015 年 12 月 1 日
攀委办〔2015〕69 号	中共攀枝花市委办公室关于印发《今冬明春集中开展“走基层、解难题、办实事、惠民生”活动方案》的通知	2015 年 12 月 1 日
攀委办〔2015〕70 号	中共攀枝花市委办公室关于认真学习贯彻《中国共产党廉洁自律准则》和《中国共产党纪律处分条例》的通知	2015 年 12 月 8 日
攀委办〔2015〕71 号	中共攀枝花市委办公室　攀枝花市人民政府办公室关于调整市级目标绩效考评特殊情况加扣分标准的通知	2015 年 12 月 8 日
攀委办〔2015〕72 号	中共攀枝花市委办公室　攀枝花市人民政府办公室关于印发《脱贫攻坚专项督查方案》的通知	2015 年 12 月 14 日
攀委办〔2015〕73 号	中共攀枝花市委办公室　攀枝花市人民政府办公室关于通报清理调整市委及市委、市政府领导小组结果的通知	2015 年 12 月 14 日
攀委办〔2015〕74 号	中共攀枝花市委办公室关于印发《2015 年度县乡党委书记抓党建工作述职评议考核工作方案》的通知	2015 年 12 月 14 日
攀委办〔2015〕75 号	中共攀枝花市委办公室　攀枝花市人民政府办公室关于 2014 年度县(区)综合工作目标考核结果及兑现奖金的通知	2015 年 12 月 15 日
攀委办〔2015〕76 号	中共攀枝花市委办公室关于申请增设机构和增加行政编制的请示	2015 年 12 月 21 日
攀委办〔2015〕77 号	中共攀枝花市委办公室　攀枝花市人民政府办公室关于成立攀枝花脱贫攻坚领导小组的通知	2015 年 12 月 23 日
攀委办〔2015〕78 号	中共攀枝花市委办公室　攀枝花市人民政府办公室关于成立市全面深化区域合作领导小组的通知	2015 年 12 月 25 日
攀委办〔2015〕79 号	中共攀枝花市委办公室　攀枝花市人民政府办公室关于调整攀枝花市公务用车制度改革领导小组的通知	2015 年 12 月 28 日
攀委办〔2015〕80 号	中共攀枝花市委办公室　攀枝花市人民政府办公室关于印发《攀枝花市全面深化区域合作实施意见》的通知	2015 年 12 月 30 日
攀委办〔2015〕81 号	中共攀枝花市委办公室　攀枝花市人民政府办公室关于表扬编纂出版《攀枝花年鉴(2015)》先进单位的通报	2015 年 12 月 30 日
攀委办〔2015〕82 号	中共攀枝花市委办公室关于成立省委第三巡视组反馈意见整改工作领导小组的通知	2015 年 12 月 31 日
攀委办〔2015〕83 号	中共攀枝花市委办公室　攀枝花市人民政府办公室转发《关于进一步加强全市“五失”等特殊青少年关爱帮扶工作的实施办法》的通知	2015 年 12 月 31 日
攀委办〔2015〕84 号	中共攀枝花市委办公室关于印发《攀枝花市县(区)纪委书记、副书记提名考察办法(试行)》等 3 个办法的通知	2015 年 12 月 31 日

文　号	文件标题	成文日期
攀委办发〔2015〕1 号	中共攀枝花市委办公室关于印发《关于深入反“四风”抓整改、巩固和拓展党的群众路线教育实践活动成果的实施意见》的通知	2015 年 1 月 13 日
攀委办发〔2015〕2 号	中共攀枝花市委办公室　攀枝花市人民政府办公室关于印发《攀枝花市年度重点工作目标绩效考核实施细则》的通知	2015 年 2 月 4 日
攀委办发〔2015〕3 号	中共攀枝花市委办公室　攀枝花市人民政府办公室关于印发市领导定期接待群众来访实施方案的通知	2015 年 2 月 4 日
攀委办发〔2015〕4 号	中共攀枝花市委办公室关于转发市委宣传部《攀枝花市 2015 年宣传思想文化工作要点》的通知	2015 年 3 月 11 日
攀委办发〔2015〕5 号	中共攀枝花市委办公室关于印发《攀枝花市依法治市 2015 年工作要点》的通知	2015 年 3 月 12 日
攀委办发〔2015〕6 号	中共攀枝花市委办公室　攀枝花市人民政府办公室关于印发《贯彻实施市委依法治市〈决定〉重要举措分工方案》的通知	2015 年 3 月 24 日
攀委办发〔2015〕7 号	中共攀枝花市委办公室　攀枝花市人民政府办公室关于印发《攀枝花市 2015 年度市级综合目标任务实施方案》的通知	2015 年 4 月 3 日
攀委办发〔2015〕8 号	中共攀枝花市委办公室　攀枝花市人民政府办公室关于印发《攀枝花市 2015 年十项民生工程及 24 件民生大事实施方案》的通知	2015 年 4 月 3 日
攀委办发〔2015〕9 号	中共攀枝花市委办公室　攀枝花市人民政府办公室　政协攀枝花市委员会办公室关于印发《2015 年度协商工作计划》的通知	2015 年 4 月 8 日
攀委办发〔2015〕10 号	中共攀枝花市委办公室　攀枝花市人民政府办公室关于调整《攀枝花市东区人民政府职能转变和机构改革方案》的通知	2015 年 4 月 10 日
攀委办发〔2015〕11 号	中共攀枝花市委办公室　攀枝花市人民政府办公室关于调整《攀枝花市西区人民政府职能转变和机构改革方案》的通知	2015 年 4 月 10 日
攀委办发〔2015〕12 号	中共攀枝花市委办公室　攀枝花市人民政府办公室关于调整《攀枝花市仁和区人民政府职能转变和机构改革方案》的通知	2015 年 4 月 10 日
攀委办发〔2015〕13 号	中共攀枝花市委办公室　攀枝花市人民政府办公室关于调整《攀枝花市米易县人民政府职能转变和机构改革方案》的通知	2015 年 4 月 10 日
攀委办发〔2015〕14 号	中共攀枝花市委办公室　攀枝花市人民政府办公室关于印发《关于处置市委市政府机关办公场所非正常上访行为的暂行办法》的通知	2015 年 4 月 15 日
攀委办发〔2015〕15 号	中共攀枝花市委办公室　攀枝花市人民政府办公室转发《市委宣传部、市委政法委、市“扫黄打非”工作领导小组办公室关于 2015 年“扫黄打非”工作安排》的通知	2015 年 4 月 23 日
攀委办发〔2015〕16 号	中共攀枝花市委办公室　攀枝花市人民政府办公室印发《关于创新群众工作方法解决信访突出问题的贯彻意见》的通知	2015 年 4 月 23 日
攀委办发〔2015〕17 号	中共攀枝花市委办公室关于印发《贯彻落实全市领导班子思想政治建设工作会精神实施方案》的通知	2015 年 4 月 29 日
攀委办发〔2015〕18 号	中共攀枝花市委办公室关于印发《贯彻落实市委从严治党〈决定〉责任分工方案》的通知	2015 年 4 月 29 日

文 号	文件标题	成文日期
攀委办发〔2015〕19 号	中共攀枝花市委办公室关于印发《市委全面深化改革领导小组 2015 年工作要点》的通知	2015 年 4 月 29 日
攀委办发〔2015〕20 号	中共攀枝花市委办公室关于印发《市委九届七次全会重要改革举措实施规划(2015—2020 年)》的通知	2015 年 4 月 29 日
攀委办发〔2015〕21 号	中共攀枝花市委办公室关于转发《市委维护社会稳定领导小组关于 2015 年维护社会稳定工作的意见》的通知	2015 年 4 月 30 日
攀委办发〔2015〕22 号	中共攀枝花市委办公室关于印发《关于进一步加强乡镇干部队伍建设的实施意见》的通知	2015 年 4 月 30 日
攀委办发〔2015〕23 号	中共攀枝花市委办公室　攀枝花市人民政府办公室关于印发《攀枝花市完善和深化集体林权制度改革的实施方案》	2015 年 5 月 5 日
攀委办发〔2015〕24 号	中共攀枝花市委办公室关于印发《关于在县处级以上领导干部中开展“三严三实”专题教育的实施方案》的通知	2015 年 5 月 7 日
攀委办发〔2015〕25 号	中共攀枝花市委办公室关于印发《攀枝花市“不严不实”领导干部认定办法》和《攀枝花市“不严不实”领导干部四十种表现》的通知	2015 年 5 月 13 日
攀委办发〔2015〕26 号	中共攀枝花市委办公室　攀枝花市人民政府办公室关于印发《关于进一步加强和改进新形势下高校宣传思想工作的贯彻意见》的通知	2015 年 5 月 15 日
攀委办发〔2015〕27 号	中共攀枝花市委办公室关于印发《攀枝花市党风廉政建设责任追究工作办法(试行)》的通知	2015 年 5 月 20 日
攀委办发〔2015〕28 号	中共攀枝花市委办公室　攀枝花市人民政府办公室关于印发《攀枝花市 2015 年未成年人思想道德建设工作要点》的通知	2015 年 5 月 26 日
攀委办发〔2015〕29 号	中共攀枝花市委办公室　攀枝花市人民政府办公室关于印发《进一步精简会议加强会议管理的规定》的通知	2015 年 5 月 27 日
攀委办发〔2015〕30 号	中共攀枝花市委办公室关于印发《2015 年全面深化改革工作考核办法》的通知	2015 年 6 月 3 日
攀委办发〔2015〕31 号	中共攀枝花市委办公室关于印发《深化党的建设制度改革工作方案》的通知	2015 年 6 月 3 日
攀委办发〔2015〕32 号	中共攀枝花市委办公室　攀枝花市人民政府办公室关于印发《市委网络安全和信息化领导小组 2015 年工作要点》的通知	2015 年 6 月 4 日
攀委办发〔2015〕33 号	中共攀枝花市委办公室　攀枝花市人民政府办公室关于印发《攀枝花市推动传统媒体和新兴媒体融合发展专项方案》的通知	2015 年 6 月 4 日
攀委办发〔2015〕34 号	中共攀枝花市委办公室关于印发《市委全面深化改革领导小组 2015 年工作台账》的通知	2015 年 6 月 15 日
攀委办发〔2015〕35 号	中共攀枝花市委办公室关于印发《关于进一步压实两个责任积极开展预防腐败工作的意见》的通知	2015 年 7 月 15 日
攀委办发〔2015〕36 号	中共攀枝花市委办公室印发《关于全面落实纪委监督责任的实施意见(试行)》的通知	2015 年 7 月 17 日
攀委办发〔2015〕37 号	中共攀枝花市委办公室　攀枝花市人民政府办公室关于贯彻落实进一步建立健全行政权力清单制度的实施意见	2015 年 7 月 17 日

文　号	文件标题	成文日期
攀委办发〔2015〕38号	中共攀枝花市委办公室关于印发《攀枝花市中国共产党党员档案管理办法（试行）》的通知	2015年7月29日
攀委办发〔2015〕39号	中共攀枝花市委办公室关于对《市委九届七次全会重要改革举措实施规划（2015—2020年）》部分内容进行调整的通知	2015年8月13日
攀委办发〔2015〕40号	中共攀枝花市委办公室关于印发《关于进一步深化"三严三实"专题教育的指导意见》的通知	2015年8月14日
攀委办发〔2015〕41号	中共攀枝花市委办公室　攀枝花市人民政府办公室关于印发《攀枝花市深化司法体制和社会体制改革实施方案》的通知	2015年8月19日
攀委办发〔2015〕42号	中共攀枝花市委办公室关于印发《攀枝花市市级部门内设机构和直属单位主要负责人向市纪委派驻机构述责述廉实施办法（试行）》的通知	2015年8月20日
攀委办发〔2015〕43号	中共攀枝花市委办公室关于印发《攀枝花市统筹联动中央驻川和省驻攀单位纪检工作办法（暂行）》的通知	2015年8月20日
攀委办发〔2015〕44号	中共攀枝花市委办公室关于转发《四川省县（市、区）党委、政府及市（州）部门主要负责人向市（州）纪委全委会述责述廉办法（试行）》的通知	2015年8月20日
攀委办发〔2015〕45号	中共攀枝花市委办公室　攀枝花市人民政府办公室关于进一步加强和改进新形势下档案工作的实施意见	2015年8月20日
攀委办发〔2015〕46号	中共攀枝花市委办公室　攀枝花市人民政府办公室印发《关于统筹推进全市电子政务发展的实施意见》的通知	2015年8月21日
攀委办发〔2015〕47号	中共攀枝花市委办公室关于印发《市委领导同志分工》的通知	2015年8月24日
攀委办发〔2015〕48号	中共攀枝花市委办公室关于印发《2015—2018年攀枝花市党员教育培训实施细则》的通知	2015年8月28日
攀委办发〔2015〕49号	中共攀枝花市委办公室　攀枝花市人民政府办公室关于印发《攀枝花市县以下机关建立公务员职务与职级并行制度的实施意见》的通知	2015年9月8日
攀委办发〔2015〕50号	中共攀枝花市委办公室　攀枝花市人民政府办公室关于印发《攀枝花市迎接第二轮国家卫生城市复审工作实施方案》的通知	2015年10月16日
攀委办发〔2015〕51号	中共攀枝花市委办公室　攀枝花市人民政府办公室关于调整《攀枝花市盐边县人民政府职能转变和机构改革方案》的通知	2015年4月7日
攀委办发〔2015〕52号	中共攀枝花市委办公室　攀枝花市人民政府办公室关于印发贯彻落实《关于集中力量打赢扶贫开发攻坚战确保同步全面建成小康社会的意见》责任分工方案的通知	2015年11月9日
攀委办发〔2015〕53号	中共攀枝花市委办公室关于印发《攀枝花市2015年度县（区）党委、政府和市级部门主要负责人向市纪委全委会述责述廉工作方案》的通知	2015年11月19日
攀委发〔2015〕1号	中共攀枝花市委关于印发《2015—2018年攀枝花市干部教育培训规划》的通知	2015年1月26日

文　号	文件标题	成文日期
攀委发〔2015〕2 号	中共攀枝花市委关于坚持思想建党与制度治党紧密结合全面推进从严治党的决定	2015 年 2 月 13 日
攀委发〔2015〕3 号	中共攀枝花市委关于贯彻落实党的十八届四中全会精神全面深入推进依法治市的决定	2015 年 2 月 15 日
攀委发〔2015〕4 号	中共攀枝花市委关于废止和宣布失效一批党内规范性文件的决定	2015 年 3 月 2 日
攀委发〔2015〕5 号	中共攀枝花市委　攀枝花市人民政府关于支持攀枝花钒钛高新技术产业园区“以升促建”的意见	2015 年 3 月 13 日
攀委发〔2015〕6 号	中共攀枝花市委关于进一步加强全市领导班子思想政治建设的实施意见	2015 年 4 月 2 日
攀委发〔2015〕7 号	中共攀枝花市委关于转发《中共攀枝花市人大常委会党组关于进一步加强和改进人大监督工作的意见》的通知	2015 年 4 月 2 日
攀委发〔2015〕8 号	中共攀枝花市委　攀枝花市人民政府关于全面深化农村改革加快农业现代化发展的意见	2015 年 6 月 23 日
攀委发〔2015〕9 号	中共攀枝花市委　攀枝花市人民政府关于 2015 年党风廉政建设和反腐败工作的意见	2015 年 5 月 12 日
攀委发〔2015〕10 号	中共攀枝花市委　攀枝花市人民政府关于全面提升城乡社区建设水平的意见	2015 年 6 月 24 日
攀委发〔2015〕11 号	中共攀枝花市委关于进一步加强和改进新形势下机关党建工作的意见	2015 年 7 月 8 日
攀委发〔2015〕12 号	中共攀枝花市委　攀枝花市人民政府关于集中力量打赢扶贫开发攻坚战确保同步全面建成小康社会的意见	2015 年 9 月 9 日
攀委发〔2015〕13 号	中共攀枝花市委　攀枝花市人民政府关于进一步推进户籍制度改革的实施意见	2015 年 10 月 9 日
攀委发〔2015〕14 号	中共攀枝花市委关于印发《攀枝花市党的建设制度“废改立”工作方案》的通知	2015 年 11 月 12 日
攀委发〔2015〕15 号	中共攀枝花市委关于加强和改进党的群团工作的实施意见	2015 年 11 月 25 日
攀委发〔2015〕16 号	中共攀枝花市委印发《中共攀枝花市委关于落实省委第三巡视组反馈意见的整改方案》的通知	2015 年 12 月 31 日
攀委发〔2015〕17 号	中共攀枝花市委关于全面创新改革驱动转型发展的决定	2015 年 12 月 30 日
攀委发〔2015〕18 号	中共攀枝花市委关于制定国民经济和社会发展第十三个五年规划的建议	2015 年 12 月 30 日

2015年攀枝花市政府及市政府办公室制发文件目录

文　号	文件标题	成文日期
攀办发〔2015〕1号	转发市教育体育局等部门关于建立攀枝花市中小学校舍安全保障长效机制实施意见的通知	2015年1月7日
攀办发〔2015〕2号	关于印发《攀枝花市均衡配置义务教育资源促进教育公平专项改革方案》的通知	2015年1月22日
攀办发〔2015〕3号	关于印发实施《攀枝花市大宗物料运输方式转变专项规划》的通知	2015年1月26日
攀办发〔2015〕4号	关于推进政府向社会力量购买服务工作的实施意见	2015年1月31日
攀办发〔2015〕5号	关于清理规范税收等优惠政策的通知	2015年1月31日
攀办发〔2015〕6号	关于成立清理规范税收等优惠政策工作小组的通知	2015年1月31日
攀办发〔2015〕7号	关于实施《攀枝花市人民政府职能转变和机构改革方案》任务分工的通知	2015年2月2日
攀办发〔2015〕8号	关于调整攀枝花市太阳能资源开发利用工作小组成员的通知	2015年2月5日
攀办发〔2015〕9号	关于成立攀枝花市建设用地节约集约利用评价领导小组的通知	2015年2月10日
攀办发〔2015〕10号	关于印发《二滩库区生态渔业发展规划(2014－2020年)》的通知	2015年2月11日
攀办发〔2015〕11号	印发关于开展清理规范钢材市场秩序积极帮扶钢铁企业脱困专项行动实施方案的通知	2015年2月28日
攀办发〔2015〕12号	关于印发《攀枝花市鼓励和扶持企业利用多层次资本市场直接融资补助办法》的通知	2015年3月3日
攀办发〔2015〕13号	关于成立支持实体经济发展工作组的通知	2015年2月28日
攀办发〔2015〕14号	关于切实抓好2015年度现代烟草农业生产的通知	2015年3月9日
攀办发〔2015〕15号	关于下达各县(区)2015年农业发展指标的通知	2015年3月9日
攀办发〔2015〕16号	关于印发《攀枝花市水环境保护规划》的通知	2015年3月11日
攀办发〔2015〕17号	关于发布市政府重点支持工业企业"红名单"的通知	2015年2月13日

文 号	文件标题	成文日期
攀办发〔2015〕18 号	印发关于本市贯彻落实《国务院关于扶持小型微型企业健康发展的意见》任务分工的通知	2015 年 3 月 16 日
攀办发〔2015〕19 号	关于印发《攀枝花市开展社会公墓（塔陵）建设经营情况排查工作实施方案》的通知	2015 年 3 月 18 日
攀办发〔2015〕20 号	关于在全市范围内开展矿产资源开发与保护工作自查整改的通知	2015 年 3 月 7 日
攀办发〔2015〕21 号	关于印发《攀枝花市 2015 年度市本级国有建设用地供地计划》的通知	2015 年 3 月 31 日
攀办发〔2015〕22 号	关于发布市政府服务业重点联系企业名单的通知	2015 年 4 月 2 日
攀办发〔2015〕23 号	关于印发进一步加强全市金融生态环境建设政策措施的通知	2015 年 4 月 7 日
攀办发〔2015〕24 号	关于印发 2015 年度推进依法行政工作安排的通知	2015 年 4 月 9 日
攀办发〔2015〕25 号	关于印发《攀枝花国家森林城市建设总体规划（2013－2025）》的通知	2015 年 4 月 16 日
攀办发〔2015〕26 号	关于印发《攀枝花市建设国家知识产权示范城市工作方案》的通知	2015 年 4 月 17 日
攀办发〔2015〕27 号	关于下达 2015 年度市长重点推进项目目标任务的通知	2015 年 4 月 16 日
攀办发〔2015〕28 号	关于印发《攀枝花市危旧房棚户区改造项目国家开发银行专项贷款管理办法》的通知	2015 年 4 月 22 日
攀办发〔2015〕29 号	印发《攀枝花市推进文化创意和设计服务与相关产业融合发展专项行动计划（2014～2020 年）》的通知	2015 年 4 月 24 日
攀办发〔2015〕30 号	转发省政府办公厅关于深化政务公开工作实施意见的通知	2015 年 4 月 24 日
攀办发〔2015〕31 号	关于印发加快推进行政权力依法规范公开运行实施方案的通知	2015 年 4 月 28 日
攀办发〔2015〕32 号	关于印发攀枝花市市本级公共资源交易目录的通知	2015 年 4 月 28 日
攀办发〔2015〕33 号	关于印发加强行政权力依法规范公开运行电子监督工作实施意见的通知	2015 年 4 月 28 日
攀办发〔2015〕34 号	关于印发攀枝花市清理规范驻省会城市办事机构实施方案的通知	2015 年 5 月 5 日
攀办发〔2015〕35 号	关于印发攀枝花市属国有经济发展规划（2015－2020 年）的通知	2015 年 5 月 11 日
攀办发〔2015〕36 号	关于印发精简审批事项规范中介服务完善企业投资项目并联审批制度实施方案的通知	2015 年 5 月 7 日

文　号	文件标题	成文日期
攀办发〔2015〕37 号	关于印发攀枝花市 2015 年食品安全重点工作安排的通知	2015 年 5 月 7 日
攀办发〔2015〕38 号	关于印发《2015 年市级义务植树实施方案》的通知	2015 年 5 月 8 日
攀办发〔2015〕39 号	关于印发加强金融生态环境建设工作职责任务分工的通知	2015 年 5 月 17 日
攀办发〔2015〕40 号	关于印发 2015 年政府信息公开工作要点的通知	2015 年 5 月 18 日
攀办发〔2015〕41 号	关于清理盘活市级预算单位自有资金账户结余资金的通知	2015 年 5 月 19 日
攀办发〔2015〕42 号	关于印发观音岩引水工程征地拆迁补偿安置工作意见的通知	2015 年 5 月 22 日
攀办发〔2015〕43 号	关于印发 2015 年攀枝花市减轻企业负担工作要点的通知	2015 年 6 月 3 日
攀办发〔2015〕44 号	关于进一步做好农村饮水安全工作的通知	2015 年 6 月 2 日
攀办发〔2015〕45 号	关于印发《攀枝花市 2015 年主要污染物总量减排工作实施方案》的通知	2015 年 6 月 1 日
攀办发〔2015〕46 号	关于印发《攀枝花市城乡规划编制公示、公布管理规程》的通知	2015 年 6 月 1 日
攀办发〔2015〕47 号	关于印发《攀枝花市电子商务发展规划(2015～2020)》的通知	2015 年 6 月 4 日
攀办发〔2015〕48 号	关于印发《攀枝花市创建四川省质量强市示范城市实施方案》的通知	2015 年 6 月 5 日
攀办发〔2015〕49 号	关于加强政府网站信息内容建设的实施意见	2015 年 6 月 18 日
攀办发〔2015〕50 号	关于调整机关事业单位工作人员基本工资标准和增加机关事业单位离退休人员离退休费实施意见的通知	2015 年 6 月 18 日
攀办发〔2015〕51 号	关于印发攀枝花市规范行政执法裁量权实施办法的通知	2015 年 7 月 13 日
攀办发〔2015〕52 号	关于印发《攀枝花市城市数字化管理监督考核办法(试行)》的通知	2015 年 7 月 31 日
攀办发〔2015〕54 号	关于全面推进气象现代化建设工作的意见	2015 年 8 月 20 日
攀办发〔2015〕55 号	关于调整我市城镇居民基本医疗保险相关政策规定的通知	2015 年 8 月 28 日
攀办发〔2015〕56 号	关于印发《市政府常务会议会务工作规范》《市政府常务会议议事规则》及《市长办公会议制度》的通知	2015 年 8 月 28 日

文 号	文件标题	成文日期
攀办发〔2015〕57 号	关于大力推动生态原产地产品保护工作的通知	2015 年 8 月 27 日
攀办发〔2015〕58 号	转发市人力资源和社会保障局等部门关于加强机关事业单位工作人员和编外人员管理实施意见的通知	2015 年 9 月 11 日
攀办发〔2015〕59 号	关于实施“五大行动”进一步加强安全生产工作的通知	2015 年 9 月 2 日
攀办发〔2015〕60 号	关于印发《攀枝花市第九届城市无车日活动方案》的通知	2015 年 9 月 11 日
攀办发〔2015〕61 号	关于部分内设机构更名的通知	2015 年 9 月 23 日
攀办发〔2015〕62 号	关于成立四川鸿舰重型机械制造有限责任公司整体搬迁升级改造项目推进领导小组的通知	2015 年 10 月 8 日
攀办发〔2015〕63 号	关于建立病死畜禽无害化处理机制的实施意见	2015 年 10 月 9 日
攀办发〔2015〕64 号	关于转发《四川省人民政府办公厅关于进一步加强林业有害生物防治工作的实施意见》的通知	2015 年 10 月 9 日
攀办发〔2015〕65 号	关于调整市解决建设领域拖欠工程款及农民工工资领导小组成员的通知	2015 年 10 月 12 日
攀办发〔2015〕66 号	关于印发《攀枝花市区域卫生规划（2011 年—2020 年）2014 修订稿》的通知	2015 年 10 月 22 日
攀办发〔2015〕67 号	关于切实加强闲置土地整改并坚决遏制新增闲置土地的通知	2015 年 11 月 2 日
攀办发〔2015〕68 号	关于印发攀枝花市开展清理规范公共服务事项办理工作实施方案的通知	2015 年 11 月 3 日
攀办发〔2015〕69 号	关于印发攀枝花市市场主体住所（经营场所）登记管理办法的通知	2015 年 11 月 4 日
攀办发〔2015〕70 号	关于推动金融 IC 卡在公共服务领域应用的实施意见	2015 年 11 月 13 日
攀办发〔2015〕71 号	关于进一步做好融资对接工作的实施意见	2015 年 11 月 20 日
攀办发〔2015〕72 号	关于清理调整市政府设立的各类领导小组的通知	2015 年 11 月 20 日
攀办发〔2015〕73 号	关于印发《攀枝花市创新重点领域投融资机制鼓励社会投资的实施意见》的通知	2015 年 11 月 25 日
攀办发〔2015〕74 号	关于印发攀枝花市创新投资管理方式建立协同监管机制工作方案的通知	2015 年 12 月 8 日
攀办发〔2015〕75 号	关于下达我市 2016 年保障性安居工程目标任务的通知	2015 年 11 月 26 日

文　号	文件标题	成文日期
攀办发〔2015〕76 号	关于加强农产品质量安全监管工作的实施意见	2015 年 12 月 8 日
攀办发〔2015〕77 号	转发市财政局关于权责发生制政府综合财务报告制度改革实施方案的通知	2015 年 12 月 21 日
攀办发〔2015〕78 号	关于进一步加强财政预算管理的通知	2015 年 12 月 23 日
攀办发〔2015〕79 号	关于印发攀枝花市推广随机抽查规范事中事后监管实施意见的通知	2015 年 12 月 25 日
攀办发〔2015〕80 号	关于印发攀枝花市市属国有企业领导人员经济责任审计办法的通知	2015 年 12 月 31 日
攀办函〔2015〕1 号	关于建立社会救助专职工作者制度的情况通报	2015 年 1 月 4 日
攀办函〔2015〕2 号	关于调整攀枝花市第二次全国地名普查领导小组成员的通知	2015 年 1 月 4 日
攀办函〔2015〕3 号	2014 年 10～12 月政务信息采用情况通报	2015 年 1 月 4 日
攀办函〔2015〕4 号	关于 2014 年下半年公文报送情况的通报	2015 年 1 月 7 日
攀办函〔2015〕5 号	关于结转 2014 年年终结余资金的函	2015 年 1 月 8 日
攀办函〔2015〕6 号	关于确定邓文彬科级非领导职务的函	2015 年 1 月 12 日
攀办函〔2015〕7 号	关于召开全市安全生产工作专题会议的通知	2015 年 1 月 9 日
攀办函〔2015〕8 号	关于报送 2015 年度职能目标的函	2015 年 1 月 19 日
攀办函〔2015〕9 号	关于进一步加强食品药品监管体系建设有关事项的通知	2015 年 1 月 13 日
攀办函〔2015〕10 号	关于成立攀枝花市机关事业单位“吃空饷”问题集中治理工作小组的通知	2015 年 1 月 15 日
攀办函〔2015〕11 号	转发《四川省人民政府办公厅转发〈国务院办公厅转发人力资源社会保障部等部门关于开展机关事业单位“吃空饷”问题集中治理工作意见的通知〉的通知》的通知	2015 年 1 月 15 日
攀办函〔2015〕12 号	印发关于进一步加强财政资金管理规定的通知	2015 年 1 月 1 日
攀办函〔2015〕13 号	关于印发攀枝花市深入开展安全隐患大排查大整治活动工作方案的通知	2015 年 1 月 19 日

文 号	文件标题	成文日期
攀办函〔2015〕14 号	关于召开市政府第五次全体会议的通知	2015 年 1 月 20 日
攀办函〔2015〕15 号	关于召开《攀枝花市国家森林城市建设总体规划》修编评审会议的通知	2015 年 1 月 21 日
攀办函〔2015〕16 号	关于做好 2014 年政府信息公开工作年度报告编制和统计数据报送工作的通知	2015 年 1 月 21 日
攀办函〔2015〕17 号	关于成立攀枝花市处置非法集资和民间投资理财风险防控工作领导小组的通知	2015 年 1 月 24 日
攀办函〔2015〕18 号	关于 2014 年度目标任务完成情况的自查报告	2015 年 1 月 23 日
攀办函〔2015〕19 号	关于个人参会人员违反会议纪律情况的通报	2015 年 1 月 27 日
攀办函〔2015〕20 号	关于调整市政府外来企业投诉中心领导同志及成员单位的通知	2015 年 1 月 27 日
攀办函〔2015〕21 号	关于成立攀枝花市国家知识产权示范城市建设工作领导小组的通知	2015 年 1 月 29 日
攀办函〔2015〕22 号	关于建立不动产统一登记工作局际联席会议制度的通知	2015 年 2 月 5 日
攀办函〔2015〕23 号	关于召开 2015 年全市人力资源和社会保障工作会议的通知	2015 年 2 月 6 日
攀办函〔2015〕24 号	关于支持企业春节期间正常生产的通知	2015 年 2 月 7 日
攀办函〔2015〕30 号	关于调整攀枝花市服务业发展领导小组成员的通知	2015 年 2 月 26 日
攀办函〔2015〕31 号	关于表扬 2014 年度政务服务工作先进集体和先进个人的通报	2015 年 3 月 3 日
攀办函〔2015〕32 号	关于开展涉税信息交换与共享工作的通知	2015 年 3 月 23 日
攀办函〔2015〕33 号	关于表扬“邮储银行杯”攀枝花市第三届青年创业创富大赛获奖项目的通报	2015 年 3 月 4 日
攀办函〔2015〕34 号	批转《攀枝花市人民政府教育督导团关于市教育体育局直属系统 2014 年教育工作目标任务完成情况的督导评估报告》的通知	2015 年 3 月 6 日
攀办函〔2015〕35 号	批转《攀枝花市人民政府教育督导团关于东区人民政府 2014 年教育工作目标任务完成情况的督导评估报告》的通知	2015 年 3 月 6 日
攀办函〔2015〕36 号	批转《攀枝花市人民政府教育督导团关于县(区、园区)及有关单位完成 2014 年教育工作目标任务情况的督导评估结论通报》的通知	2015 年 3 月 6 日
攀办函〔2015〕37 号	批转《攀枝花市人民政府教育督导团关于西区人民政府 2014 年教育工作目标任务完成情况的督导评估报告》的通知	2015 年 3 月 6 日

文 号	文件标题	成文日期
攀办函〔2015〕38 号	批转《攀枝花市人民政府教育督导团关于仁和区人民政府 2014 年教育工作目标任务完成情况的督导评估报告》的通知	2015 年 3 月 6 日
攀办函〔2015〕39 号	批转《攀枝花市人民政府教育督导团关于盐边县人民政府 2014 年教育工作目标任务完成情况的督导评估报告》的通知	2015 年 3 月 6 日
攀办函〔2015〕40 号	批转《攀枝花市人民政府教育督导团关于米易县人民政府 2014 年教育工作目标任务完成情况的督导评估报告》的通知	2015 年 3 月 6 日
攀办函〔2015〕41 号	批转《攀枝花市人民政府教育督导团关于对攀枝花钒钛高新技术产业园区管理委员会 2014 年教育工作目标任务完成情况的督导评估报告》的通知	2015 年 3 月 6 日
攀办函〔2015〕42 号	关于成立攀枝花市公共资源交易管理委员会的通知	2015 年 3 月 7 日
攀办函〔2015〕43 号	关于下发 2015 年政务信息采用目标任务及评分方法的通知	2015 年 3 月 9 日
攀办函〔2015〕44 号	关于进一步加强国家机关公文寄递管理的通知	2015 年 3 月 4 日
攀办函〔2015〕45 号	关于成立攀枝花市油气输送管道安全隐患整治工作领导小组的通知	2015 年 3 月 5 日
攀办函〔2015〕46 号	关于进一步加强城区道路交通标识和信号灯管理工作的通知	2015 年 3 月 12 日
攀办函〔2015〕47 号	关于召开攀枝花金融生态建设暨银政企合作座谈会的通知	2015 年 3 月 16 日
攀办函〔2015〕48 号	关于做好 2014 年度农用地转用和土地征收审批审核督察工作的通知	2015 年 3 月 16 日
攀办函〔2015〕49 号	关于李小林等 4 人晋升正科级非领导职务的函	2015 年 3 月 16 日
攀办函〔2015〕50 号	关于申请调拨资产的函	2015 年 3 月 16 日
攀办函〔2015〕51 号	关于申请调整预算指标的函	2015 年 3 月 16 日
攀办函〔2015〕52 号	关于确定岳全军为主任科员职务的函	2015 年 3 月 16 日
攀办函〔2015〕53 号	关于调整市政府妇女儿童工作委员会组成人员的通知	2015 年 3 月 18 日
攀办函〔2015〕54 号	关于扩大学生营养改善计划实施范围的通知	2015 年 3 月 18 日
攀办函〔2015〕55 号	关于推荐四川省第七届劳动模范候选人的通知	2015 年 3 月 19 日

文 号	文件标题	成文日期
攀办函〔2015〕56号	关于召开2015年全市卫生计生工作会议的通知	2015年3月19日
攀办函〔2015〕57号	关于申请核拨市政府江海同志赴台湾考察相关费的函	2015年3月23日
攀办函〔2015〕58号	关于调整攀枝花市人民政府教育督导团团长的通知	2015年3月30日
攀办函〔2015〕59号	关于成立攀枝花市机关事业单位养老保险制度改革工作领导小组的通知	2015年3月30日
攀办函〔2015〕60号	关于做好全民参保登记计划试点工作的通知	2015年3月31日
攀办函〔2015〕61号	关于表扬2014年度两项资金管理先进集体的通报	2015年3月31日
攀办函〔2015〕62号	关于做好“2015中外知名企业四川行”活动组织筹备工作的通知	2015年3月31
攀办函〔2015〕63号	关于通报2014年工业经济责任目标完成情况和下达2015年工业经济责任目标的通知	2015年4月1日
攀办函〔2015〕64号	关于做好2015年重大工业产业化项目推进工作的通知	2015年4月1日
攀办函〔2015〕65号	关于在啊喇乡啊喇村实施彝家新寨建设的通知	2015年4月16日
攀办函〔2015〕66号	关于加强工业园区安全生产工作的通知	2015年4月9日
攀办函〔2015〕67号	关于落实乡镇(街道)妇联工作经费的意见	2015年4月9日
攀办函〔2015〕68号	关于修订人民防空袭方案的通知	2015年3月17日
攀办函〔2015〕69号	关于调整经费指标的函	2015年4月9日
攀办函〔2015〕70号	关于做好“十三五”市级重点专项规划的通知	2015年4月13日
攀办函〔2015〕71号	关于积极做好固定资产投资统计制度方法改革工作的通知	2015年4月13日
攀办函〔2015〕72号	关于成立固定资产投资统计制度方法改革领导小组的通知	2015年4月13日
攀办函〔2015〕73号	关于调整攀枝花市大学中专招生委员会成员的通知	2015年4月14日
攀办函〔2015〕74号	关于贯彻落实《中华人民共和国职业教育法》的自查报告	2015年4月16日

文 号	文件标题	成文日期
攀办函〔2015〕75 号	关于开展涉农资金专项整治行动的实施意见	2015 年 4 月 17 日
攀办函〔2015〕76 号	关于印发《攀枝花市 2015 年城市环境“一联合三集中”专项治理工作方案》的通知	2015 年 4 月 21 日
攀办函〔2015〕77 号	关于调整全市社区公共服务综合信息平台建设工作推进领导小组的通知	2015 年 4 月 21 日
攀办函〔2015〕78 号	2015 年一季度政务信息采用情况通报	2015 年 4 月 21 日
攀办函〔2015〕81 号	关于做好 2015 年市人大代表建议和政协提案办理工作的通知	2015 年 4 月 22 日
攀办函〔2015〕82 号	关于成立市普通国省干线公路迎国检暨大中修工程项目建设领导小组的通知	2015 年 4 月 28 日
攀办函〔2015〕83 号	关于召开全市残联工作会议的通知	2015 年 4 月 27 日
攀办函〔2015〕84 号	关于再次梳理社区公共服务中心受理事项的通知	2015 年 4 月 29 日
攀办函〔2015〕85 号	关于印发攀枝花市 2015 年安全生产工作重点任务分解表的通知	2015 年 5 月 5 日
攀办函〔2015〕86 号	关于开展农村土地承包经营权确权登记工作督查的通知	2015 年 5 月 5 日
攀办函〔2015〕87 号	关于四川富邦钒钛制动鼓有限公司欠缴电费问题的函	2015 年 5 月 6 日
攀办函〔2015〕88 号	关于进一步加强防震减灾工作的通知	2015 年 5 月 8 日
攀办函〔2015〕89 号	关于印发《攀枝花市 2015 年度地质灾害防治方案》的通知	2015 年 5 月 8 日
攀办函〔2015〕90 号	关于调整攀枝花市质量强市工作领导小组成员的通知	2015 年 5 月 10 日
攀办函〔2015〕91 号	关于农作物秸秆禁烧重点区域划定的通知	2015 年 5 月 12 日
攀办函〔2015〕92 号	关于印发花城新区使用国家开发银行贷款资金管理办法的通知	2015 年 5 月 19 日
攀办函〔2015〕93 号	关于印发花城新区渡仁片区地名命名规划方案的通知	2015 年 5 月 19 日
攀办函〔2015〕94 号	关于申请追加基建经费的函	2015 年 5 月 18 日
攀办函〔2015〕95 号	关于印发《攀枝花市 2015 年淘汰落后生产能力工作实施方案》的通知	2015 年 5 月 26 日

文 号	文件标题	成文日期
攀办函〔2015〕96 号	关于印发《2015 年攀枝花市消防工作目标任务分解表》的通知	2015 年 5 月 25 日
攀办函〔2015〕97 号	关于印发《攀枝花市 2015 年消防工作意见》的通知	2015 年 5 月 25 日
攀办函〔2015〕98 号	关于下达 2015 年度投资促进工作目标任务的通知	2015 年 5 月 27 日
攀办函〔2015〕99 号	印发《〈攀枝花市大气污染防治行动计划实施细则〉2015 年度实施计划》的通知	2015 年 6 月 1 日
攀办函〔2015〕100 号	关于调整攀枝花市花城新区医院建设领导小组成员的通知	2015 年 6 月 3 日
攀办函〔2015〕101 号	关于印发《攀枝花市 2015 年电子商务工作重点》的通知	2015 年 6 月 4 日
攀办函〔2015〕102 号	关于印发《攀枝花市人民政府关于公布市本级第一批取消的非行政许可审批事项的决定》的通知	2015 年 6 月 4 日
攀办函〔2015〕103 号	关于成立攀枝花市产业引导基金协调小组的通知	2015 年 6 月 20 日
攀办函〔2015〕104 号	关于成立攀枝花市第七届运动会组织委员会的通知	2015 年 6 月 4 日
攀办函〔2015〕105 号	关于印发《攀枝花市院士(专家)工作站管理办法》的通知	2015 年 6 月 4 日
攀办函〔2015〕106 号	关于进一步加强当前火灾防控工作的通知	2015 年 6 月 3 日
攀办函〔2015〕107 号	关于办文办会办事有关事项的管理办法	2015 年 6 月 11 日
攀办函〔2015〕108 号	关于进一步加强批而未用和闲置土地整改工作的通知	2015 年 6 月 16 日
攀办函〔2015〕109 号	关于开展 2015 年度政务调研成果评选工作的通知	2015 年 6 月 17
攀办函〔2015〕110 号	关于印发《攀枝花市关于建立分级诊疗制度的实施方案》的通知	2015 年 6 月 18 日
攀办函〔2015〕111 号	关于成立攀枝花市不动产统一登记工作领导小组的通知	2015 年 6 月 18 日
攀办函〔2015〕112 号	关于参加全省征兵工作电视电话会议暨召开攀枝花市征兵工作电视会议的通知	2015 年 6 月 26 日
攀办函〔2015〕113 号	关于表彰 2014 年度征兵工作先进单位和先进个人的通报	2015 年 6 月 24 日
攀办函〔2015〕114 号	关于攀枝花市三区危旧房改造项目房屋征收补偿货币化安置有关问题的通知	2015 年 6 月 25 日

文　号	文件标题	成文日期
攀办函〔2015〕115 号	关于印发《攀枝花市老楼危楼安全排查整治工作方案》的通知	2015 年 7 月 6 日
攀办函〔2015〕116 号	关于印发《攀枝花市第三轮矿产资源总体规划编制工作方案》的通知	2015 年 7 月 8 日
攀办函〔2015〕117 号	关于印发《攀枝花市 2015 年计量发展实施计划》的通知	2015 年 7 月 7 日
攀办函〔2015〕118 号	关于印发《2015 年攀枝花市环境保护大检查方案》的通知	2015 年 7 月 9 日
攀办函〔2015〕119 号	关于成立城市客运管理领导小组暨建立城市客运局际联席会议制度的通知	2015 年 7 月 13 日
攀办函〔2015〕120 号	关于印发《攀枝花市人民政府组团参加第三届中国(绵阳)科技城国际科技博览会工作方案》的通知	2015 年 7 月 13 日
攀办函〔2015〕121 号	关于印发《攀枝花市打造区域医疗卫生高地规划 2015 年实施计划》的通知	2015 年 7 月 13 日
攀办函〔2015〕122 号	关于成立攀枝花市打造区域医疗卫生高地领导小组的通知	2015 年 7 月 13 日
攀办函〔2015〕123 号	关于印发市级各部门 2015 年食品安全工作责任分解表的通知	2015 年 7 月 10 日
攀办函〔2015〕125 号	关于报送 2015 年度职能目标的函	2015 年 7 月 16 日
攀办函〔2015〕126 号	关于印发《攀枝花市普通中小学体育艺术教育五年行动计划》的通知	2015 年 7 月 17 日
攀办函〔2015〕127 号	关于印发 2015 年社会信用体系建设工作要点的通知	2015 年 7 月 17 日
攀办函〔2015〕128 号	关于达士杰、史莉月晋升正科级非领导职务的函	2015 年 7 月 24 日
攀办函〔2015〕129 号	关于聂小平公务员试用期满按期转正的函	2015 年 7 月 24 日
攀办函〔2015〕130 号	2015 年 4 ~6 月政务信息采用情况通报	2015 年 7 月 24 日
攀办函〔2015〕131 号	关于 2015 年 4 ~6 月公文报送情况的通报	2015 年 7 月 28 日
攀办函〔2015〕132 号	关于印发《攀枝花市 2015 ~2017 年度实施"一带一路"战略推进对外经济合作工作方案》的通知	2015 年 7 月 27 日
攀办函〔2015〕133 号	关于转发市民政局等六部门贯彻落实《四川省社会救助实施办法》的意见的通知	2015 年 7 月 30 日
攀办函〔2015〕134 号	关于授予余启飞等六名同志为第三批"攀枝花市名中医"的通知	2015 年 8 月 6 日

文 号	文件标题	成文日期
攀办函〔2015〕135 号	关于全市建立完善安全生产领域打非治违常态化工作机制的意见	2015 年 8 月 11 日
攀办函〔2015〕136 号	关于成立攀枝花市土地和矿产资源规划编制工作领导小组的通知	2015 年 8 月 13 日
攀办函〔2015〕137 号	关于印发《2015 年攀枝花市政府网站绩效评估指标体系》的通知	2015 年 8 月 14 日
攀办函〔2015〕138 号	关于切实抓好 2015 年烟叶收购工作的通知	2015 年 8 月 17 日
攀办函〔2015〕139 号	关于印发《攀枝花市质量工作考核办法(试行)》的通知	2015 年 8 月 14 日
攀办函〔2015〕140 号	关于印发《攀枝花市开展“整顿和规范市场秩序,改善消费环境”工作方案》的通知	2015 年 8 月 14 日
攀办函〔2015〕141 号	关于调整攀枝花市人民政府教育督导团总督学及有关人员的通知	2015 年 8 月 17 日
攀办函〔2015〕142 号	关于开展 2012 ~2015 年全市群众体育先进单位和先进个人评选表扬工作的通知	2015 年 8 月 18 日
攀办函〔2015〕143 号	关于印发《攀枝花市教育信息化建设实施意见》的通知	2015 年 8 月 21 日
攀办函〔2015〕144 号	关于召开高标准建设攀枝花国家知识产权示范城市工作会暨示范城市授牌仪式的通知	2015 年 8 月 24 日
攀办函〔2015〕145 号	关于印发 2015 年政府效能建设、信息公开、政务信息、应急管理、政务调研等二级目标考核细则的通知	2015 年 8 月 24 日
攀办函〔2015〕146 号	关于召开市政府第六次全体会议的通知	2015 年 8 月 24 日
攀办函〔2015〕147 号	关于印发市政府领导同志分工的通知	2015 年 8 月 24 日
攀办函〔2015〕148 号	关于成立攀枝花市政府推进职能转变协调小组的通知	2015 年 8 月 31 日
攀办函〔2015〕149 号	关于解决刘永昌同志去世丧葬费及一次性抚恤金的函	
攀办函〔2015〕150 号	关于开展 2015 年度防震减灾目标任务考核的通知	2015 年 8 月 28 日
攀办函〔2015〕151 号	关于清理调整市政府设立的工作领导小组的通知	2015 年 8 月 28 日
攀办函〔2015〕152 号	关于进一步加强乡村医生队伍建设的实施方案	2015 年 8 月 28 日
攀办函〔2015〕153 号	关于印发《攀枝花市重污染天气应急预案》的通知	2015 年 8 月 28 日

文 号	文件标题	成文日期
攀办函〔2015〕154号	关于调整市深化医药卫生体制改革领导小组成员的通知	2015年9月6日
攀办函〔2015〕155号	关于调整攀枝花保安营机场应急救援领导小组成员的通知	2015年9月11日
攀办函〔2015〕156号	关于成立攀枝花市“百镇建设试点行动”领导小组的通知	2015年9月11日
攀办函〔2015〕157号	关于调整住房公积金管理委员会成员的通知	2015年9月11日
攀办函〔2015〕158号	关于成立加快推进红山国际项目发展工作领导小组的通知	2015年9月15日
攀办函〔2015〕159号	关于个别参会单位违反会议纪律情况的通报	2015年9月15日
攀办函〔2015〕160号	关于申请对原市政府驻昆明办事处三千米仓库资产处置的函	2015年9月16日
攀办函〔2015〕161号	关于建立攀枝花市支持农民工返乡创业工作联席会议制度的通知	2015年10月9日
攀办函〔2015〕163号	关于成立攀枝花市立宇矿业公司资产重组协调工作领导小组的通知	2015年9月24日
攀办函〔2015〕164号	关于报送规范内设机构名称工作情况的函	2015年9月29日
攀办函〔2015〕165号	关于进一步做全国政府网站普查工作的紧急通知	2015年9月29日
攀办函〔2015〕166号	关于支持四川省通信管理局攀枝花市通信发展办公室工作的通知	2015年10月17日
攀办函〔2015〕167号	关于成立炳仁路沉陷路段抢险救灾工作领导小组的通知	2015年10月20日
攀办函〔2015〕168号	关于做好新一轮退耕还林还草工作的通知	2015年10月20日
攀办函〔2015〕169号	关于调整市粮食仓储设施维修改造工作领导小组成员的通知	2015年9月3日
攀办函〔2015〕170号	关于成立攀枝花市电子商务发展工作领导小组的通知	2015年10月21日
攀办函〔2015〕171号	关于提高城乡居民最低生活保障标准的通知	2015年10月21日
攀办函〔2015〕172号	关于编制2016年度国有建设用地供应计划的通知	2015年10月21日
攀办函〔2015〕173号	关于印发进一步做好新形势下就业创业工作重点任务分工方案的通知	2015年10月22日

文 号	文件标题	成文日期
攀办函〔2015〕174 号	关于整合不动产登记职责等有关机构编制事项的通知	2015 年 10 月 21 日
攀办函〔2015〕175 号	2015 年 7～9 月政务信息采用情况通报	2015 年 10 月 26 日
攀办函〔2015〕176 号	关于发布第二批市政府重点支持工业企业“红名单”的通知	2015 年 10 月 23 日
攀办函〔2015〕177 号	关于 2015 年 7～9 月公文报送情况的通报	2015 年 10 月 26 日
攀办函〔2015〕178 号	关于印发进一步做好新形势下就业创业工作重点任务分工方案的通知	2015 年 10 月 29 日
攀办函〔2015〕179 号	关于成立攀枝花市在攀央企“三供一业”分离移交工作协调小组的通知	2015 年 10 月 30 日
攀办函〔2015〕180 号	关于 2014 年度全市单位 GDP 和固定资产投资规模增长的新增建设用地消耗考核结果的通知	2015 年 11 月 2 日
攀办函〔2015〕181 号	关于成立攀枝花市鼎星钛业有限公司“10·27”事故调查组的通知	2015 年 10 月 30 日
攀办函〔2015〕182 号	关于归垫房屋维修费的函	2015 年 11 月 10 日
攀办函〔2015〕183 号	关于调整钒钛产业博览会后续工作经费结余的函	2015 年 11 月 12 日
攀办函〔2015〕184 号	关于印发《进一步扩大住房公积金制度覆盖面的实施意见》的通知	2015 年 11 月 13 日
攀办函〔2015〕185 号	关于表扬支援华坪县“9·15”洪灾抢险救灾先进单位的通报	2015 年 11 月 13 日
攀办函〔2015〕186 号	关于印发攀枝花市网格化环保监管体系实施方案的通知	2015 年 12 月 31 日
攀办函〔2015〕187 号	关于报送 2015 年政府信息公开工作总结的通知	2015 年 11 月 18 日
攀办函〔2015〕188 号	关于成立攀枝花市政府与社会资本合作（PPP）财政支持基金工作领导小组的通知	2015 年 11 月 20 日
攀办函〔2015〕189 号	关于建立金融工作联系会议制度的通知	2015 年 11 月 20 日
攀办函〔2015〕190 号	关于举办攀枝花国家钒钛高新技术产业开发区建设推进会、2015 攀枝花钒钛资源综合利用院士行暨钒钛（国际）论坛的通知	2015 年 11 月 26 日
攀办函〔2015〕191 号	关于印发《攀枝花市深化特色农业保险试点工作实施方案》的通知	2015 年 12 月 2 日
攀办函〔2015〕192 号	关于召开全市道路交通安全综合整治深化巩固年工作推进会议的通知	2015 年 12 月 2 日

文号	文件标题	成文日期
攀办函〔2015〕193 号	关于解决陈素宇同志去世丧葬费及一次性抚恤金的函	2015 年 11 月 19 日
攀办函〔2015〕194 号	关于成立攀枝花市推进创新创业工作协调小组的通知	2015 年 12 月 7 日
攀办函〔2015〕195 号	关于印发《攀枝花市普通公路货运车辆超限超载治理工作方案》的通知	2015 年 7 月 24 日
攀办函〔2015〕196 号	关于确定张雪梅科级非领导职务的函	2015 年 12 月 10 日
攀办函〔2015〕197 号	关于调整市深化医药卫生体制改革领导小组成员的通知	2015 年 12 月 18
攀办函〔2015〕198 号	关于举办第五届攀枝花科技论坛的通知	2015 年 12 月 18 日
攀办函〔2015〕199 号	关于 2015 年度全市政务调研工作先进集体和优秀成果评选结果的通报	2015 年 12 月 21 日
攀办函〔2015〕200 号	关于执行新一代中国地震动参数区划图的通知	2015 年 12 月 23 日
攀办函〔2015〕201 号	关于印发攀枝花至大理(四川境)高速公路征地搬迁补偿安置指导意见的通知	2015 年 12 月 28 日
攀办函〔2015〕202 号	关于成立攀枝花市公共文化服务体系建设协调组的通知	2015 年 12 月 28 日
攀办函〔2015〕203 号	关于调整村(社区)干部基本报酬及党员教育培训经费的通知	2015 年 12 月 29 日
攀办函〔2015〕204 号	关于印发攀枝花至大理(四川境)高速公路征地搬迁补偿安置资金管理制度的通知	2015 年 12 月 28 日
攀办函〔2015〕205 号	关于印发《水污染防治行动计划》攀枝花市实施方案的通知	2015 年 12 月 31 日
攀府〔2015〕1 号	关于 2014 年全面推进依法行政工作情况的报告	2015 年 1 月 8 日
攀府〔2015〕2 号	关于调整我市部分土地适用城镇土地使用税税额等级的请示	2015 年 1 月 8 日
攀府〔2015〕3 号	关于办理我市现代烟草农业发展情况审议意见的报告	2015 年 1 月 15 日
攀府〔2015〕4 号	关于《攀枝花市国民经济和社会发展第十二个五年规划纲要实施中期评估报告》审议意见办理情况的报告	2015 年 1 月 22 日
攀府〔2015〕5 号	关于 2014 年耕地保护暨国土资源管理工作情况的自查报告	2015 年 1 月 28 日
攀府〔2015〕6 号	关于办理我市国家现代农业示范区建设情况审议意见的报告	2015 年 2 月 2 日

文 号	文件标题	成文日期
攀府〔2015〕7号	关于《攀枝花市城市总体规划(2011－2030)》编制和报批等工作情况的报告	2015年2月5日
攀府〔2015〕8号	关于我市开展国家知识产权示范城市建设整改工作的情况报告	2015年2月6日
攀府〔2015〕9号	关于报送攀枝花市2014年度主要污染物总量减排工作总结的报告	2015年2月12日
攀府〔2015〕10号	关于煤矿整顿关闭和企业兼并重组工作相关事项的请示	2015年2月13日
攀府〔2015〕11号	关于审批攀枝花市仁和区平地镇迤沙拉村历史文化名村保护规划的请示	2015年2月26日
攀府〔2015〕12号	关于《攀枝花市2014年上半年国民经济和社会发展计划执行情况审议意见》办理情况的报告	2015年3月9日
攀府〔2015〕13号	关于举办攀枝花加强金融生态环境建设座谈会相关事宜的请示	2015年3月9日
攀府〔2015〕14号	关于清理规范税收等优惠政策相关情况的报告	2015年3月16日
攀府〔2015〕15号	关于四川攀枝花钒钛高新技术产业园区创建国家级高新区"以升促建"工作情况报告	2015年3月13日
攀府〔2015〕16号	关于贯彻落实全省教师队伍建设电视电话会议精神的情况报告	2015年3月30日
攀府〔2015〕17号	关于将我市铁矿石资源税征收纳入从价计征试点的请示	2015年4月1日
攀府〔2015〕18号	关于2015年一季度民生工程及民生大事实施进展情况的自查报告	2015年4月2日
攀府〔2015〕19号	关于更换攀枝花市西区人民政府印章的请示	2015年4月9日
攀府〔2015〕20号	关于申报第三批公立医院改革国家联系试点城市的请示	2015年4月14日
攀府〔2015〕21号	关于攀枝花市2015年第1批城市建设用地的请示	2015年4月13日
攀府〔2015〕22号	关于贯彻落实全省一季度经济形势分析电视电话会议精神的情况报告	2015年4月21日
攀府〔2015〕23号	关于对市九届人大常委会第二十一次会议审议意见办理情况的报告	2015年2月27日
攀府〔2015〕24号	关于召开乌东德水电站征地拆迁补偿协调会的请示	2015年5月4日
攀府〔2015〕25号	关于2015年1－4月民生工程及民生大事实施进展情况的自查报告	2015年5月5日

文　号	文件标题	成文日期
攀府〔2015〕26 号	关于我市 2013 年度财政预算执行和其他财政收支情况审计工作的审议意见办理情况的报告	2015 年 5 月 6 日
攀府〔2015〕27 号	关于帮助协调将四川攀枝花三线建设博物馆冠名为“中国三线建设博物馆”的请示	2015 年 5 月 8 日
攀府〔2015〕28 号	关于市九届人大常委会第二十次会议对国模创建工作审议意见办理情况的报告	2015 年 5 月 11 日
攀府〔2015〕29 号	关于调整契税税率的请示	2015 年 5 月 11 日
攀府〔2015〕30 号	关于攀枝花市 2015 年第 3 批城市建设用地的请示	2015 年 5 月 19 日
攀府〔2015〕31 号	关于审定《第六届中国国际自驾游交易博览会总体方案》的请示	2015 年 5 月 15 日
攀府〔2015〕32 号	关于对国务院重大政策措施落实情况的自查报告	2015 年 5 月 26 日
攀府〔2015〕33 号	关于市人大常委会 2014 年全市民生工程完成情况审议意见办理情况的报告	2015 年 5 月 26 日
攀府〔2015〕34 号	关于局部调整攀枝花市土地利用总体规划的请示	2015 年 6 月 3 日
攀府〔2015〕35 号	关于 2015 年 1 ~ 5 月民生工程及民生大事实施进展情况的自查报告	2015 年 6 月 3 日
攀府〔2015〕36 号	关于推荐米易县为四川省敬老模范县的请示	2015 年 6 月 19 日
攀府〔2015〕37 号	关于 2015 年省级民生工程实施进展情况的自查报告	2015 年 6 月 25 日
攀府〔2015〕38 号	关于 2015 年 1 ~ 6 月民生工程及民生大事实施进展情况的自查报告	2015 年 7 月 3 日
攀府〔2015〕39 号	关于申请举办“中国(攀枝花)芒果产业发展论坛”的请示	2015 年 7 月 7 日
攀府〔2015〕40 号	关于报送攀枝花市 2015 年上半年主要污染物总量减排工作总结的报告	2015 年 7 月 22 日
攀府〔2015〕41 号	关于报送 2015 年上半年度民生工程路侧护栏建设自查情况的报告	2015 年 7 月 28 日
攀府〔2015〕42 号	关于申请验收桐子林水电站下闸蓄水阶段移民安置工作的请示	2015 年 7 月 31 日
攀府〔2015〕43 号	关于 2015 年 1 ~ 7 月民生工程及民生大事实施进展情况的自查报告	2015 年 8 月 5 日
攀府〔2015〕44 号	关于民生工程及民生大事实施进度和资金拨付的情况报告	2015 年 8 月 5 日

文 号	文件标题	成文日期
攀府〔2015〕45号	关于请求协调解决攀枝花钢城集团瑞钢工业有限公司搬迁补偿费用的请示	2015年8月19日
攀府〔2015〕46号	关于攀枝花市2015年第10批城市建设用地的请示	2015年11月13日
攀府〔2015〕47号	关于省级重点工作目标整改情况的报告	2015年8月20日
攀府〔2015〕48号	关于呈报《四川省人民政府规划督察意见书》回复意见的报告	2015年8月21日
攀府〔2015〕49号	关于报送清理阻碍环境监管执法“土政策”工作情况的报告	2015年9月2日
攀府〔2015〕50号	关于2015年1~8月民生工程及民生大事实施进展情况的自查报告	2015年9月7日
攀府〔2015〕51号	关于报送国家发展和改革委员会关于上半年经济形势和做好下半年经济工作的建议落实情况的报告	2015年9月27日
攀府〔2015〕52号	关于2015年1-9月民生工程及民生大事实施进展情况的自查报告	2015年9月29日
攀府〔2015〕53号	关于《攀西战略资源创新开发试验区重大科技攻关项目推进情况报告的审议意见》办理情况的报告	2015年10月13日
攀府〔2015〕54号	关于提请市人大常委会审议我市城市棚户区改造项目(二期)委托代建资金和代建管理费列入市财政年度预算的议案	2015年10月13日
攀府〔2015〕55号	关于审议攀枝花市本级2015年财政预算调整方案的请示	2015年10月14日
攀府〔2015〕56号	关于邀请省政府领导出席“攀台现代特色农业和康养产业合作交流会”的请示	2015年10月20日
攀府〔2015〕57号	关于提请审批《盐边县城市总体规划(2011-2030)》的请示(代拟稿)	2015年10月21日
攀府〔2015〕58号	关于邀请省政府领导出席第六届四川国际自驾游交易博览会的请示	2015年11月6日
攀府〔2015〕59号	关于恳请在第六届国际自驾游交易博览会期间增加成都至攀枝花航班的请示	2015年11月4日
攀府〔2015〕60号	关于2015年1~10月民生工程及民生大事实施进展情况的自查报告	2015年11月5日
攀府〔2015〕61号	关于市人大常委会市本级债务情况审议意见研究处理情况的报告	2015年11月10日
攀府〔2015〕62号	关于局部调整攀枝花市土地利用总体规划的请示	2015年11月12日
攀府〔2015〕63号	关于攀枝花市2015年第5批城市建设用地的请示	2015年11月13日

文　号	文件标题	成文日期
攀府〔2015〕64 号	关于邀请省政府领导出席攀枝花国家钒钛高新技术产业园区建设推进会、“2015 攀枝花钒钛资源综合利用院士行暨攀枝花钒钛(国际)论坛”的请示	2015 年 11 月 19 日
攀府〔2015〕65 号	关于办理落实贯彻执行《四川省城市绿化条例》的审议意见的情况报告	2015 年 11 月 29 日
攀府〔2015〕66 号	关于《攀枝花市人大常委会关于专题询问食品药品安全保障工作的审议意见》办理情况的报告	2015 年 12 月 8 日
攀府〔2015〕67 号	关于 2015 年 1～11 月民生工程及民生大事实施进展情况的自查报告	2015 年 12 月 4 日
攀府〔2015〕68 号	关于四川攀枝花钒钛高新技术产业园区更名为攀枝花钒钛高新技术产业开发区的请示	2015 年 12 月 7 日
攀府〔2015〕69 号	关于丽江至攀枝花高速公路攀枝花段收费立项有关事宜的请示	2015 年 12 月 8 日
攀府〔2015〕71 号	关于 2015 年民生工程及民生大事完成情况的报告	2015 年 12 月 15 日
攀府〔2015〕72 号	关于攀枝花市 2015 年第 2 批城市建设用地的请示	2015 年 12 月 18 日
攀府〔2015〕73 号	关于攀枝花市 2015 年第 17 批城市建设用地的请示	2015 年 12 月 18 日
攀府〔2015〕74 号	关于攀枝花市 2015 年第 8 批城市建设用地的请示	2015 年 12 月 18 日
攀府〔2015〕75 号	关于攀枝花市 2015 年第 6 批城市建设用地的请示	2015 年 12 月 18 日
攀府〔2015〕76 号	关于攀枝花市 2015 年第 4 批城市建设用地的请示	2015 年 12 月 18 日
攀府〔2015〕77 号	关于攀枝花市 2015 年第 15 批城市建设用地的请示	2015 年 12 月 18 日
攀府〔2015〕78 号	关于攀枝花市 2015 年第 13 批城市建设用地的请示	2015 年 12 月 18 日
攀府〔2015〕79 号	关于攀枝花市 2015 年第 16 批城市建设用地的请示	2015 年 12 月 18 日
攀府〔2015〕80 号	关于攀枝花市 2015 年第 11 批城市建设用地的请示	2015 年 12 月 18 日
攀府〔2015〕81 号	关于攀枝花至大理高速公路(四川境)项目建设用地的请示	2015 年 12 月 18 日
攀府〔2015〕82 号	关于攀枝花市 2015 年第 7 批城市建设用地的请示	2015 年 12 月 18 日

文 号	文件标题	成文日期
攀府〔2015〕83 号	关于攀枝花市 2015 年第 9 批城市建设用地的请示	2015 年 12 月 18 日
攀府〔2015〕84 号	关于提请市人大常委会审议批准我市 2015 年地方政府债务限额的议案	2015 年 12 月 21 日
攀府〔2015〕85 号	关于我市 2014 年度财政预算执行和其他财政收支情况审计工作审议意见办理情况的报告	2015 年 12 月 24 日
攀府〔2015〕86 号	关于我市 2014 年财政决算和 2015 年 1 至 6 月预算执行情况审议意见办理情况的报告	2015 年 12 月 29 日
攀府发〔2015〕1 号	关于加快发展现代职业教育的实施意见	2015 年 1 月 22 日
攀府发〔2015〕2 号	关于支持养老服务业发展的若干意见	2015 年 2 月 4 日
攀府发〔2015〕3 号	关于促进市场公平竞争维护市场正常秩序的实施意见	2015 年 2 月 11 日
攀府发〔2015〕4 号	关于表彰攀枝花市劳动模范的决定	2015 年 2 月 25 日
攀府发〔2015〕5 号	关于印发《攀枝花市发展现代保险服务业实施方案》的通知	2015 年 3 月 3 日
攀府发〔2015〕7 号	关于贯彻四川省人民政府关于进一步加强土地出让管理规定的意见	2015 年 3 月 30 日
攀府发〔2015〕9 号	关于深入推进依法行政 加快建设法治政府的意见	2015 年 4 月 9 日
攀府发〔2015〕10 号	关于颁发第七届攀枝花市青少年科技创新市长奖的决定	2015 年 4 月 14 日
攀府发〔2015〕11 号	关于街道(乡镇)、社区公共服务中心标准化建设的指导意见	2015 年 4 月 21 日
攀府发〔2015〕12 号	关于表扬 2013～2014 年度攀枝花市钒钛磁铁矿资源综合开发利用技术创新项目奖的决定	2015 年 4 月 24 日
攀府发〔2015〕13 号	关于表扬 2013～2014 年度攀枝花市促进高新技术产业发展获奖单位的决定	2015 年 4 月 24 日
攀府发〔2015〕14 号	关于对 2014 年度攀枝花市科学技术进步成果奖励的决定	2015 年 4 月 27 日
攀府发〔2015〕15 号	关于印发《攀枝花市开展道路交通安全综合整治深化巩固年行动实施意见》的通知	2015 年 4 月 28 日
攀府发〔2015〕16 号	关于攀枝花市推进危旧房棚户区改造和促进房地产业稳定健康发展的暂行意见	2015 年 5 月 13 日
攀府发〔2015〕17 号	关于重新明确攀枝花川煤华荣红坭煤业有限公司兼并重组期间地方煤矿托管相关事项的通知	2015 年 5 月 12 日

文　号	文件标题	成文日期
攀府发〔2015〕18号	关于贯彻落实规范行政审批行为改进行政审批工作的实施意见	2015年5月19日
攀府发〔2015〕19号	关于加强攀枝花市城镇地下管线建设管理的实施意见	2015年6月15日
攀府发〔2015〕20号	关于进一步完善临时救助制度的实施意见	2015年6月24日
攀府发〔2015〕21号	关于印发《攀枝花市城市公立医院综合改革试点工作实施方案》的通知	2015年6月29日
攀府发〔2015〕22号	关于印发2015年简政放权放管结合转变政府职能工作方案的通知	2015年7月10日
攀府发〔2015〕23号	关于支持个体工商户转型升级为企业的实施意见	2015年7月17日
攀府发〔2015〕24号	关于调整全市最低工资标准的通知	2015年7月28日
攀府发〔2015〕26号	关于进一步做好新形势下就业创业工作的意见	2015年8月11日
攀府发〔2015〕27号	关于表扬攀枝花市优秀乡村教师和校长的决定	2015年9月6日
攀府发〔2015〕28号	关于贯彻落实四川省粮食安全省长责任制的实施意见	2015年10月17日
攀府发〔2015〕29号	关于印发《攀枝花市全面推进大众创业、万众创新的工作实施方案》的通知	2015年10月16日
攀府发〔2015〕31号	关于印发攀枝花市推进"一带一路"建设重点工作(2015～2016年)的通知	2015年11月13日
攀府发〔2015〕32号	关于进一步加强农村民居地震安全工程的意见	2015年11月24日
攀府发〔2015〕33号	关于印发《攀枝花市加快推进科技企业孵化器建设实施方案》的通知	2015年12月21日
攀府发〔2015〕34号	关于对邬治良等4名个人和盐边县红坭永生炭业有限责任公司群体见义勇为给予奖励的决定	2015年12月22日
攀府发〔2015〕35号	关于印发攀枝花市政府性债务管理办法的通知	2015年12月25日
攀府发〔2015〕36号	关于取消非行政许可审批事项的决定	2015年12月28日
攀府发〔2015〕37号	关于做好第三次全国农业普查的通知	2015年12月29日
攀府发〔2015〕38号	关于表彰2013－2015年度获得国家地理标志保护产品等品牌企业及组织的决定	2015年12月31日

文 号	文件标题	成文日期
攀府发〔2015〕39号	关于授予攀钢集团攀枝花钢钒有限公司等企业第二届“攀枝花市政府质量奖”的决定	2015年12月24日
攀府函〔2015〕1号	关于报送《攀枝花市2015年度松材线虫病等重大林业有害生物预防实施方案》的函	2015年1月4日
攀府函〔2015〕2号	关于报送《2014年度松材线虫病等重大林业防控工作自查报告》的函	2015年1月4日
攀府函〔2015〕3号	关于《四川省川投化学工业集团有限公司国有产权无偿划转协议》等相关事项的批复	2015年1月8日
攀府函〔2015〕4号	关于对《盐边县煤矿企业兼并重组进一步优化方案》的批复	2015年1月9日
攀府函〔2015〕6号	关于报送全市2014年度安全生产工作总结和目标管理考核评分细则的函	2015年1月14日
攀府函〔2015〕7号	关于确认盐边、米易两县二滩库区滑坡塌岸治理方案的函	2015年1月16日
攀府函〔2015〕8号	关于确认盐边、米易两县二滩库区滑坡塌岸治理方案的函	2015年1月16日
攀府函〔2015〕9号	关于报送进一步加强食品药品监管体系建设相关工作进展情况的函	2015年1月16日
攀府函〔2015〕10号	关于申报关闭矿井积水对相邻保留矿井影响联合调查项目的函	2015年1月19日
攀府函〔2015〕11号	关于四川省环境保护模范城市复核整改情况的报告	2015年1月19日
攀府函〔2015〕12号	关于我市申报2015年新一轮退耕还林还草任务的函	2015年1月23日
攀府函〔2015〕13号	关于对财政部驻四川省财政监察专员办事处〔2014〕120号文件所提问题的整改落实情况报告	2015年1月27日
攀府函〔2015〕14号	关于金沙江水电站土地利用规划指标情况说明的函	2015年1月27日
攀府函〔2015〕15号	关于同意收回仁和区金江镇人民政府部分国有土地使用权的批复	2015年1月27日
攀府函〔2015〕16号	关于同意收回西区格里坪镇格里坪村村民委员会部分国有土地使用权的批复	2015年1月27日
攀府函〔2015〕17号	关于推荐米易县、盐边县等四个县（区）申报开展农村产权抵押融资试点的函	2015年1月30日
攀府函〔2015〕18号	关于调整《丽攀高速公路攀枝花段工程可行性研究报告》的函	2015年2月4日
攀府函〔2015〕19号	关于恳请支持G4216线金阳至攀枝花段高速公路路线方案意见的函	2015年2月4日

文　号	文件标题	成文日期
攀府函〔2015〕20 号	关于我市开展环境保护大检查工作的情况报告	2015 年 2 月 5 日
攀府函〔2015〕21 号	关于申请攀枝花市国盛机动车检测有限公司增项扩建环保检测线项目的函	2015 年 2 月 2 日
攀府函〔2015〕22 号	关于恳请支持举办“中国青年企业家攀西阳光行”活动的函	2015 年 2 月 5 日
攀府函〔2015〕23 号	关于我市 2014 年度大气污染防治行动计划实施情况的自查报告	2015 年 2 月 9 日
攀府函〔2015〕24 号	关于拨付盐边、米易两县二滩库区滑坡塌岸治理资金的函	2015 年 2 月 11 日
攀府函〔2015〕25 号	关于对《仁和区移民后扶整村推进示范片建设 2015 年度实施方案》和《仁和区移民后扶整村推进示范片建设 2013 年度奖补项目实施方案》的批复	2015 年 2 月 28 日
攀府函〔2015〕26 号	关于恳请在纪念三线建设 50 周年系列活动期间增加航班的函	2015 年 2 月 26 日
攀府函〔2015〕27 号	关于恳请在纪念三线建设 50 周年系列活动期间增加航班时刻支持的函	2015 年 2 月 26 日
攀府函〔2015〕28 号	关于报送《攀枝花市环境管理重点问题建设项目整改方案》的函	2015 年 3 月 4 日
攀府函〔2015〕29 号	关于 2014 年度突发事件应对工作总结评估的报告	2015 年 2 月 16 日
攀府函〔2015〕30 号	关于河石坝至格里坪片区控规河 B－01 等地块规划调整等两项控制性详细规划调整的批复	2015 年 3 月 4 日
攀府函〔2015〕32 号	关于报送《四川省港口条例实施办法（草案代拟稿）》修改意见的函	2015 年 2 月 15 日
攀府函〔2015〕33 号	关于呈送《攀枝花市人民政府关于进一步加强全市金融生态建设的若干政策措施》的函	2015 年 3 月 10 日
攀府函〔2015〕34 号	关于《金沙江金沙水电站工程社会稳定风险分析报告》评估意见的函	2015 年 3 月 16 日
攀府函〔2015〕35 号	关于报送 2015 年重点项目“新三板”挂牌后备企业的报告	2015 年 3 月 16 日
攀府函〔2015〕36 号	关于乌东德水电站环境影响评价有关问题的函	2015 年 3 月 16 日
攀府函〔2015〕37 号	关于报送《四川省人民政府办公厅关于环境监管执法工作的通知》修改意见的函	2015 年 3 月 16 日
攀府函〔2015〕38 号	关于《四川省“十三五”时期经济社会发展基本思路（征求意见稿）》修改意见的函	2015 年 3 月 19 日

文　号	文件标题	成文日期
攀府函〔2015〕39号	关于呈报2014年度财政总决算报表的函	2015年3月19日
攀府函〔2015〕40号	关于呈报2014年度财政部门决算报表的函	2015年3月19日
攀府函〔2015〕41号	关于同意收回市人防办部分国有土地使用权的批复	2015年3月23日
攀府函〔2015〕42号	关于恳请支持我市残疾人康复和托养设施建设的函	2015年3月24日
攀府函〔2015〕44号	关于协调解决观音岩水电工程税收问题的复函	2015年3月29日
攀府函〔2015〕45号	关于报送2015年企业债券本息兑付有关事项的函	2015年3月27日
攀府函〔2015〕46号	关于2014年度市政府与攀钢集团地企合作目标任务考核结果及兑现奖励的函	2015年4月1日
攀府函〔2015〕47号	关于报送省发改委《关于贯彻落实粮食安全省长责任制的意见（征求意见稿）》修改意见的函	2015年4月2日
攀府函〔2015〕48号	关于开展社会公墓（塔陵）建设经营情况排查工作情况的函	2015年4月3日
攀府函〔2015〕49号	关于恳请协调省政务服务中心与市社区公共服务综合信息平台实现协同的函	2015年4月3日
攀府函〔2015〕50号	关于长江造林局攀枝花分局小得石林场退休职工信访事项化解情况的报告	2015年4月13日
攀府函〔2015〕51号	关于炳三区M13地块控制性详细规划调整的批复	2015年4月8日
攀府函〔2015〕52号	关于开展国家重点生态功能区范围调整工作的复函	2015年4月21日
攀府函〔2015〕53号	关于仁和区2015年财政涉农资金整合打捆示范区建设项目实施方案的批复	2015年4月10日
攀府函〔2015〕54号	关于同意2014－BE2#等3宗地国有建设用地使用权出让实施方案的批复	2015年4月21日
攀府函〔2015〕55号	关于报送在建重大工程地质灾害防治项目名单的函	2015年4月21日
攀府函〔2015〕56号	关于无偿划转四川省川投化学工业集团有限公司国有产权的通知	2015年4月22日
攀府函〔2015〕57号	关于金沙江乌东德水电站仁和区农村移民集中安置点供水方案的函	2015年4月27日
攀府函〔2015〕58号	关于恳请协调九三学社中央2015年科学座谈会在我市召开的函	2015年4月27日

文 号	文件标题	成文日期
攀府函〔2015〕59 号	关于报送《攀枝花市办公用房清理和公务用车管理自查整改报告》的函	2015 年 4 月 28 日
攀府函〔2015〕60 号	关于我市开展职业教育工作的自查报告	2015 年 4 月 29 日
攀府函〔2015〕61 号	关于报送《攀枝花市清理规范驻省会城市办事机构实施方案》的函	2015 年 5 月 5 日
攀府函〔2015〕62 号	关于攀枝花市残疾人康复中心建设项目落实配套资金的承诺函	2015 年 5 月 4 日
攀府函〔2015〕63 号	关于确认攀枝花瑞云机动车检测有限公司建设机动车环保检测线项目业主的函	2015 年 5 月 12 日
攀府函〔2015〕64 号	关于承诺申报 2015 战略性新兴产业及高端成长型产业专项资金项目配套地方资金的函	2015 年 5 月 6 日
攀府函〔2015〕65 号	关于协调解决我市铁路客货运输有关问题的函	2015 年 5 月 13 日
攀府函〔2015〕66 号	关于丽攀高速公路攀枝花段工程可行性研究报告征地拆迁补偿安置测算标准的函	2015 年 5 月 19 日
攀府函〔2015〕67 号	关于加快推进我市 1 ~4 月部分进度相对滞后和未开工省重点项目的函	2015 年 5 月 21 日
攀府函〔2015〕68 号	关于成昆铁路峨眉至米易段扩能改造工程攀枝花市筹资落实情况的函	2015 年 5 月 22 日
攀府函〔2015〕69 号	关于申请四川省城乡居民住房地震保险试点的函	2015 年 5 月 25 日
攀府函〔2015〕71 号	关于贯彻落实全省铁路建设推进工作会议精神有关情况的复函	2015 年 5 月 27 日
攀府函〔2015〕72 号	关于报送“十三五”期间年森林采伐限额建议指标的函	2015 年 6 月 1 日
攀府函〔2015〕73 号	关于调整攀枝花仲裁委员会委员的通知	2015 年 6 月 1 日
攀府函〔2015〕74 号	关于同意《攀枝花市西区 2015 年度省级环保专项资金支持项目实施方案》的批复	2015 年 6 月 1 日
攀府函〔2015〕75 号	关于同意《花城新区渡仁片区人行过街设施规划》和《花城新区渡仁片区公交中途站规划》的批复	2015 年 6 月 1 日
攀府函〔2015〕76 号	关于请求合理确定我市城市公交成品油价格补贴政策的函	2015 年 6 月 3 日
攀府函〔2015〕77 号	关于请求合理确定我市城市公交成品油价格补贴政策的函	2015 年 6 月 3 日
攀府函〔2015〕78 号	关于局部调整攀枝花市土地利用总体规划的函	2015 年 6 月 3 日

文 号	文件标题	成文日期
攀府函〔2015〕79 号	关于终止攀枝花机场航油保障协议相关事宜的函	2015 年 6 月 4 日
攀府函〔2015〕80 号	关于对《攀枝花市对口支援木里藏族自治县五年实施规划(2012～2016 年)》预评估情况的报告	2015 年 5 月 30 日
攀府函〔2015〕81 号	关于推荐 2015 年度四川省科学技术奖候选项目的函	2015 年 6 月 4 日
攀府函〔2015〕82 号	关于申请将攀枝花市推荐为国家知识产权质押融资试点城市的函	2015 年 6 月 9 日
攀府函〔2015〕83 号	关于报送 2015 年上半年全市依法行政工作情况的函	2015 年 6 月 8 日
攀府函〔2015〕84 号	关于攀枝花市国正投资有限责任公司公开转让四川省川投化学工业集团有限公司 100% 国有股权转让的立项批复	2015 年 6 月 12 日
攀府函〔2015〕85 号	关于提请审定《攀枝花市城市公立医院综合改革试点工作实施方案》的函	2015 年 6 月 19 日
攀府函〔2015〕86 号	关于批准 2014 年度地质灾害综合防治体系建设实施方案的批复	2015 年 6 月 24 日
攀府函〔2015〕87 号	关于磋商攀枝花—凉山(西昌)段天然气管道项目建设有关事项的复函	2015 年 7 月 1 日
攀府函〔2015〕88 号	关于调整契税税率的函	2015 年 7 月 2 日
攀府函〔2015〕89 号	关于同意收储攀枝花市 2015 年第 5、7、14 批城市建设用地的批复	2015 年 7 月 7 日
攀府函〔2015〕90 号	关于米易县政府处置到期出租汽车经营权的批复	2015 年 7 月 3 日
攀府函〔2015〕91 号	关于四川省川投化学工业集团有限公司 100% 国有股权转让所涉及的企业净资产变现评估参考价值核准的函	2015 年 7 月 7 日
攀府函〔2015〕92 号	关于同意 2014－BE2#等 7 宗国有建设用地使用权出让实施方案的批复	2015 年 7 月 8 日
攀府函〔2015〕93 号	关于推荐攀钢集团攀枝花钢钒有限公司参评第二届中国质量奖的函	2015 年 7 月 8 日
攀府函〔2015〕94 号	关于精简整合驻省会城市办事机构的函	2015 年 7 月 10 日
攀府函〔2015〕95 号	关于同意金江钒 D01－R 地块规划条件的批复	2015 年 7 月 10 日
攀府函〔2015〕96 号	关于同意收回攀枝花市十八小学校国有土地使用权的批复	2015 年 7 月 10 日
攀府函〔2015〕97 号	关于 2014 年度我市实行最严格水资源管理制度考核工作的自查报告	2015 年 7 月 10 日

文　号	文件标题	成文日期
攀府函〔2015〕99 号	关于报送钢材市场联合执法检查情况的函	2015 年 7 月 16 日
攀府函〔2015〕100 号	关于对国发 25 号文件贯彻落实情况的函	2015 年 7 月 17 日
攀府函〔2015〕101 号	关于同意四川省川投化学工业集团有限公司 100% 国有股权转让方案的函	2015 年 7 月 22 日
攀府函〔2015〕102 号	关于同意《攀枝花市弃土场专项规划》等 2 项规划的批复	2015 年 8 月 3 日
攀府函〔2015〕103 号	关于报送落实责任加强项目协调推进情况的函	2015 年 8 月 3 日
攀府函〔2015〕104 号	关于确定四川攀枝花钒钛高新技术产业园区为直购电交易用户的函	2015 年 8 月 3 日
攀府函〔2015〕105 号	关于加快推进 1 月—6 月部分进度相对滞后和未开工省重点项目情况的报告	2015 年 8 月 4 日
攀府函〔2015〕106 号	关于解决攀枝花学院师资队伍建设有关问题的批复	2015 年 8 月 6 日
攀府函〔2015〕107 号	关于将攀枝花学院附属医院纳入四川省卫生和计划生育委员会管理的函	2015 年 8 月 6 日
攀府函〔2015〕108 号	关于上报《攀枝花市全面推进大众创业万众创新工作的自查报告》的函	2015 年 8 月 7 日
攀府函〔2015〕109 号	关于同意《攀枝花市东区区域污染综合整治方案(2015 年—2017 年)》的批复	2015 年 8 月 11 日
攀府函〔2015〕110 号	关于同意将攀枝花市中禾矿业有限公司纳入市政府重点支持企业红名单的批复	2015 年 8 月 12 日
攀府函〔2015〕111 号	关于同意《攀枝花市城市色彩规划设计》的批复	2015 年 8 月 13 日
攀府函〔2015〕112 号	关于对《攀枝花市 2013 年至 2014 年矿产资源开发利用保护及相关资金征管情况的审计报告(初稿)》意见反馈的函	2015 年 8 月 18 日
攀府函〔2015〕113 号	关于对《四川省 2013 年至 2014 年矿产资源开发利用保护及相关资金征管情况的审计报告》(征求意见稿)意见反馈的函	2015 年 8 月 21 日
攀府函〔2015〕114 号	关于乌东德水电站可行性研究阶段建设征地移民安置规划报告的确认函	2015 年 8 月 21 日
攀府函〔2015〕115 号	关于审计反映土地出让有关问题核实情况的复函	2015 年 8 月 24 日
攀府函〔2015〕116 号	关于降低铁路货物运输费用的函	2015 年 8 月 31 日
攀府函〔2015〕117 号	关于《水污染防治行动计划实施情况考核办法(征求意见稿)》修改建议的复函	2015 年 8 月 27 日

文 号	文件标题	成文日期
攀府函〔2015〕118号	关于我市生活垃圾焚烧发电项目处理规模情况说明的函	2015年9月2日
攀府函〔2015〕119号	关于攀枝花市环境管理重点问题建设项目整改落实情况的函	2015年9月2日
攀府函〔2015〕120号	关于申请举办2016四川乡村文化旅游节(冬季)的函	2015年9月2日
攀府函〔2015〕121号	关于矿产审计指出徐家沟铁矿矿权设置存在问题反馈意见的函	2015年9月9日
攀府函〔2015〕122号	关于报送全民科学素质行动计划纲要落实情况自查报告的函	2015年9月10日
攀府函〔2015〕123号	关于对《四川省水污染防治目标责任书》(征求意见稿)修改建议的复函	2015年9月11日
攀府函〔2015〕124号	关于报送攀枝花市2014年度国家现代农业示范区建设水平监测评价结果和自评价报告的函	2015年9月11日
攀府函〔2015〕125号	关于闲置土地处置情况的复函	2015年9月11日
攀府函〔2015〕126号	关于同意四川省川投化学工业集团有限公司100%国有股权再次转让价格方案的批复	2015年9月14日
攀府函〔2015〕127号	关于对西区老法院旧城改造(新·都汇)项目有关事项的批复	2015年9月14日
攀府函〔2015〕128号	关于《〈水污染防治行动计划〉四川省工作方案(征求意见稿)》修改建议的复函	2015年9月14日
攀府函〔2015〕129号	关于对攀枝花质量发展有关工作予以支持的函	2015年9月10日
攀府函〔2015〕130号	关于对不达标乡镇饮用水源地相关情况进行核实的函	2015年9月24日
攀府函〔2015〕131号	关于对《关于办理征地补偿安置争议案件的通知(征求意见稿)》的复函	2015年9月21日
攀府函〔2015〕132号	关于征求《攀枝花市航运发展规划》意见的函	2015年10月8日
攀府函〔2015〕133号	关于攀钢集团钢城企业总公司土地权属变更涉及契税有关问题的批复	2015年10月8日
攀府函〔2015〕134号	关于省水利厅冷刚厅长来信办理情况的回复的函	2015年10月15日
攀府函〔2015〕135号	关于《攀枝花市五十四至仁和片区(弯腰树单元、那招单元、火车南站单元)控制性详细规划》的批复	2015年10月16日
攀府函〔2015〕136号	关于《攀枝花市西区格里坪工业园区(格里坪园区单元、龙洞单元)控制性详细规划》的批复	2015年10月16日

文　号	文件标题	成文日期
攀府函〔2015〕137号	关于《攀枝花市东区阿署达片区(阿署达单元)控制性详细规划》的批复	2015年10月16日
攀府函〔2015〕138号	关于拟选派市农林科学研究院代沙同志赴海南大学攻读博士学位的函	2015年10月19日
攀府函〔2015〕139号	关于同意攀枝花市国有投资集团有限责任公司申请公开发行公司债券的批复	2015年10月21日
攀府函〔2015〕140号	关于成立二滩、桐子林水电站区域综合协调委员会的通知	2015年10月21日
攀府函〔2015〕141号	关于盐边县住建局挪用保障性住房建设资金处理意见的函	2015年10月26日
攀府函〔2015〕142号	关于G4216高速公路攀枝花市境内路线方案的函	2015年10月27日
攀府函〔2015〕143号	关于开通新航线的函	2015年10月30日
攀府函〔2015〕144号	关于攀枝花市生活垃圾焚烧发电项目社会稳定风险评估意见的函	2015年10月29日
攀府函〔2015〕145号	关于招标投标规定清理结果的报告	2015年11月10日
攀府函〔2015〕146号	关于《花城新区渡仁片区(金福单元、干坝塘单元)控制性详细规划》的批复	2015年11月11日
攀府函〔2015〕147号	关于恳请对盐边县义务教育发展基本均衡县工作进行督导评估的函	2015年11月3日
攀府函〔2015〕148号	关于市全面改善贫困地区义务教育薄弱学校基本办学条件工作的报告	2015年11月18日
攀府函〔2015〕149号	关于申请开展攀枝花电力体制改革试点工作的函	2015年11月18日
攀府函〔2015〕150号	关于攀枝花市2015年第9批城市建设用地涉及征收(占用)林地有关情况说明的函	2015年11月20日
攀府函〔2015〕151号	关于攀枝花市2015年第11批城市建设用地涉及征收(占用)林地有关情况说明的函	2015年11月20日
攀府函〔2015〕152号	关于攀枝花市2015年第16批城市建设用地涉及征收(占用)林地有关情况说明的函	2015年11月20日
攀府函〔2015〕153号	关于2014年度整顿关闭煤矿省级财政补助(奖励)资金核实工作的报告	2015年11月23日
攀府函〔2015〕154号	关于表扬2012～2015年度全市群众体育先进单位和先进个人的决定	2015年11月24日
攀府函〔2015〕155号	关于《攀枝花市建筑物停车位配建标准(修订)》的批复	2015年11月24日

文 号	文件标题	成文日期
攀府函〔2015〕156号	关于攀枝花市城市棚户区改造项目(一期)有关调整事项确认的函	2015年11月24日
攀府函〔2015〕157号	关于攀枝花市地质灾害综合防治体系建设2015年度实施方案的批复	2015年12月1日
攀府函〔2015〕158号	关于请予预缴攀大高速公路攀枝花段社保安置保证金的函	2015年12月1日
攀府函〔2015〕159号	关于报送贯彻落实稳增长政策措施存在问题整改情况的函	2015年12月1日
攀府函〔2015〕160号	关于攀枝花市水资源总体规划的批复	2015年12月2日
攀府函〔2015〕161号	关于报送2015年防震减灾工作自查情况的函	2015年12月3日
攀府函〔2015〕162号	关于推进大众创业万众创新政策措施落实情况的自查报告	2015年12月4日
攀府函〔2015〕163号	关于闲置土地和批而未供整改情况的函	2015年12月7日
攀府函〔2015〕164号	关于同意收回中国第十九冶金建设公司国有土地使用权的批复	2015年12月7日
攀府函〔2015〕165号	关于恳请协调解决电价等有关事项的函	2015年12月8日
攀府函〔2015〕166号	关于同意局部调整仁和区布德镇等五个乡镇土地利用总体规划(2006—2020年)的批复	2015年12月8日
攀府函〔2015〕167号	关于2013-BS9#等14宗国有建设用地使用权出让实施方案的批复	2015年11月13日
攀府函〔2015〕168号	关于报送国家土地督察局审核督察整改意见办理落实情况的函	2015年12月8日
攀府函〔2015〕169号	关于同意局部调整米易县白马镇等十个乡镇土地利用总体规划(2006—2020年)的批复	2015年12月8日
攀府函〔2015〕170号	关于进一步降低我市安宁铁钛股份有限公司铁路运输费用的函	2015年12月11日
攀府函〔2015〕171号	关于我市商品现货市场清查管理工作情况的报告	2015年12月15日
攀府函〔2015〕172号	关于报送我市落实重点流域水污染防治规划及实施方案目标任务情况的函	2015年12月16日
攀府函〔2015〕173号	关于同意东区举办攀枝花市第八届运动会的批复	2015年12月15日
攀府函〔2015〕174号	关于支持四川省富邦钒钛制动鼓有限公司续贷相关事宜的函	2015年12月17日

文 号	文件标题	成文日期
攀府函〔2015〕175 号	关于金沙水电站瑞钢工业公司搬迁补偿相关问题的承诺函	2015 年 12 月 17 日
攀府函〔2015〕176 号	关于米易县 2015 年第 1 批乡镇建设用地农用地转用的批复	2015 年 12 月 17 日
攀府函〔2015〕177 号	关于命名攀枝花市第三批院士(专家)工作站的通知	2015 年 12 月 18 日
攀府函〔2015〕178 号	关于盐边县 2015 年第 3 批乡镇建设用地农用地转用的批复	
攀府函〔2015〕179 号	关于盐边县 2015 年第 4 批乡镇建设用地农用地转用的批复	
攀府函〔2015〕180 号	关于《盐边县煤矿企业兼并重组进一步优化方案》的批复	2015 年 12 月 22 日
攀府函〔2015〕181 号	关于恳请将攀枝花作为省级政务云异地灾备中心的函	2015 年 10 月 27 日
攀府函〔2015〕182 号	关于报送《重点流域水污染防治规划(2011 –2015 年)》2015 年度实施情况的函	
攀府函〔2015〕183 号	关于报送清理规范驻省会城市办事机构工作总结的函	2015 年 12 月 21 日
攀府函〔2015〕184 号	关于攀枝花钢城集团有限公司土地权属变更涉及契税减免事宜的函	2015 年 12 月 29 日
攀府函〔2015〕185 号	关于报送 2015 年度重大林业有害生物防治目标责任自查总结及相关资料的函	2015 年 12 月 24 日
攀府函〔2015〕187 号	关于报送优化城乡建设用地增减挂钩试点改革工作方案的函	2015 年 12 月 23 日
攀府函〔2015〕188 号	关于申报 2016 年度国家电信普遍服务补偿试点项目的函	2015 年 12 月 25 日
攀府函〔2015〕189 号	关于报送攀枝花市 2015 年度大气污染防治行动计划实施情况自查报告的函	2015 年 12 月 28 日
攀府函〔2015〕190 号	关于恳请解决攀大高速公路四川段用地指标的函	2015 年 12 月 29 日
攀府函〔2015〕191 号	关于对财政部驻川财政监察专员办事处 16 号文所提问题的整改落实情况的报告	2015 年 12 月 31 日
攀府人〔2015〕1 号	关于谢安德、陈力任职的报告	2015 年 1 月 5 日
攀府人〔2015〕2 号	关于罗凡任职的通知	2015 年 2 月 15 日
攀府人〔2015〕3 号	关于杨军免职的通知	2015 年 3 月 27 日

文 号	文件标题	成文日期
攀府人〔2015〕4 号	关于李明等五人职务任免的报告	2015 年 4 月 14 日
攀府人〔2015〕5 号	关于陈绍泉等五人职务任免的通知	2015 年 4 月 14 日
攀府人〔2015〕6 号	关于贾德华免职的报告	2015 年 5 月 8 日
攀府人〔2015〕7 号	关于贾德华等三十三人职务任免的通知	2015 年 5 月 8 日
攀府人〔2015〕8 号	关于王勇任职的通知	2015 年 5 月 28 日
攀府人〔2015〕9 号	关于杨自力任职的报告	2015 年 7 月 21 日
攀府人〔2015〕10 号	关于陈德香、陈君仁职务任免的通知	2015 年 7 月 21 日
攀府人〔2015〕11 号	关于于会文等三人职务任免的报告	2015 年 8 月 13 日
攀府人〔2015〕12 号	关于魏渠河等十五人职务任免的通知	2015 年 8 月 13 日
攀府人〔2015〕13 号	关于李兴华等十人职务任免的通知	2015 年 10 月 20 日
攀府人〔2015〕14 号	关于何昌文免职的报告	2015 年 10 月 20 日
攀府人〔2015〕15 号	关于付朴忠等五人职务任免的通知	2015 年 12 月 1 日
攀府人〔2015〕16 号	关于冉从富等十人职务任免的通知	2015 年 12 月 23 日
攀府人〔2015〕17 号	关于段怀云等四人职务任免的报告	2015 年 12 月 23 日

索 引

使用说明

一、本索引采用内容分析索引法，按索引要目汉语拼音字母顺序排列。

二、索引标目后的数字表示内容所在的页码。

A

爱国卫生运动 379
安全播出 356
安全工作 225,307
安全环保 259
安全环保计量质量管理 277
安全监察执法 113
安全监管 174
安全教育培训 113
安全科技 114
安全生产 228,229,272
安全生产管理工作 147
安全生产和质量监督 241
安全生产监测监控 118
安全生产行政审批 115
安全生产宣传 113
安全生产月活动 114
安全文化建设 114
安委会工作 112
安置帮教 180
案件集中管理 175

B

八届五次会议 128
班子队伍建设 165
班子及队伍建设 260
版权保护 354
办理代表批评、建议和意见 87
办理人大代表建议和政协提案 94
办理人大代表建议和政协提案 75
帮扶困难企业 299
保护消费者合法权益 205
保密技术 80
保密检查 80
保密宣传教育 80
保密指导管理 80
保障国库资金安全 288
保障“联合行动－2015D”军事演习 158
保障社会事业发展 320
碧桂园项目入住花城新区 128
编修《中国共产党攀枝花历史大事记》 349
编制公布行政许可项目目录 183
编制规划 121
编纂出版《攀枝花50年：建设者回忆录》 349
编纂出版《中国共产党攀枝花历史日志》 349
编纂《中国共产党攀枝花历史》（1921—1978） 349
标准化工作 207
殡葬管理 386
病虫害防治 235
不动产登记职责整合 68
不动产统一登记 211
部门志、行业志编修 347

C

财富管理 306
财务管理 314
财政工作座谈会 321

财政监督检查 324
财政金融与外资工作 187
财政科研 325
财政、税收、金融和保险 17
财政投资评审 325
财政信息公开 325
财政支出绩效评价工作 323
采煤沉陷区居民安置 111
彩票销售 377
参股成昆铁路公司 193
参加全国少数民族运动会 393
参加全国体育赛事 376
参加省级及以上群众体育竞赛 377
参与扶贫攻坚 134
参与全市重点工作 134
参政党建设 77
参政议政 138,142,144,146
残疾人扶贫 390
残疾人教育 390
残疾人就业 391
残疾人康复 390
残疾人民生大事 389
残疾人民生工程 389
残疾人体育 391
残疾人维权工作 391
残疾人宣传 391
残疾人状况专项调查 389
蚕桑生产 235
藏区援助 381
查办和预防职务犯罪 176
差别准备金动态调整 281
拆迁安置 195
产地证签证 256
产品创新服务 293
产品开发 313
产业发展 258
产业发展现场会 274
产业化经营 238
产业经贸工作 185
产业延伸 226
产业园区建设 192
常委会议 129
厂务公开民主管理 149
成本调查监审与价格监测工作 188
成果转化与示范 344
成立金融稳定科 286
承办四川省促进妇女居家灵活就业暨巾帼文明岗交流培会 154
城市管理 22
城市基础设施建设 194
城市建设 22,25,40,49
城乡规划 270
城乡环境综合治理 271
城乡建设 30,89
城乡居民最低生活保障 382
城乡医疗救助 382
城乡用地增减挂钩试点 211
城镇保障性安居工程跟踪审计 202
城镇居民大病保险 395
筹融资 195,243
出版 354
出口产品检验检疫监管 256
出租车行业“爱心送考” 248
创建国家环保模范城市 9
创建国家森林城市 9
创建国家园林城市 9,272
创建敬老模范县检查组的考核验收 398
创建全国文明城市 9
创建中国阳光康养旅游城市 9
创新审批服务形式 122
从严依规管党治党 58
促进攀西试验区建设 134
存款业务 300
存款准备金管理 282

D

打击经济犯罪 173
打击刑事犯罪 172
大力发展第三产业 90
大中型水利水电移民 111
“大众创业,万众创新”活动 99
代建项目管理工作 189
代条码工作 209
党的基层组织建设 64
党的建设 50
党的建设制度改革 62
党风廉政建设 165,296,368
党风廉政教育暨反腐倡廉警示教育大会 57
党建工作 230,309,368,374
党史征编利用 349
党外代表人士队伍建设 77
党委班子和干部队伍建设 155
档案安全体系建设 388
档案法制化建设 388
档案规范化管理 388
档案利用服务拓展 388
档案文化建设 388
档案信息化建设 388
档案宣传与培训 388
档案资源建设 388
道路运输 245
地标工作 208
地方经济和民营经济 48
地理位置 15
地名管理 385
地形河流 15
地震活动 338
地震监测预报 338
地震应急演练 339
地质环境恢复治理 210
地质灾害防治 210
第八届攀枝花文学艺术奖 356
第二届攀西试验区投资推介会攀枝花市签约40亿元 127
第二轮岗位聘任 372
第六届四川国际自驾游交易博览会 118
第六届四川国际自驾游交易博览会攀枝花市签约金额233.6亿元 128
第六届四川国际自驾游交易博览会在攀举办 94
第三产业 20,24
第三次党代会 230

第三届职工技术运动会　230
第十届格萨拉索玛花生态旅游节开幕　45
第五届攀枝花科技论坛　337
第一次全国可移动文物普查　353
电网建设与发展　227
电影管理　356
电子商务　274
电子商务发展　250
电子政务管理　253
电子政务基础设施建设　253
电子政务应用　253
调查研究　138
调查与视察　86
调整增加退休人员基本养老金　395
动物防疫　236
督办督查　75
队伍建设　79,159,175,179,229,296,301,305,309,329,332
对口帮扶　145
对口“扶贫帮村”　394
对口援藏工作　67
对口援建名山区灾区工作　189
对台交流交往　78
对台宣传和涉台教育　78
对外交流与合作　373
对外经济　17
对外开放　49
对外科技交流合作　334
对外贸易　273
对外市场拓展　229
对外宣传工作　71

F

发挥协会作用　249
发挥综合化优势　299
发行　354
发展规划制定与实施管理工作　187
法律顾问履职尽责　183
法律七进　181
法律宣传　213
法律援助　181
法律政策研究　177
法人金融机构流动性管理　281
法治工商建设　205
法治国土建设　211
法治建设工作　172
法治能力建设　177
法治示范创建　182
钒钛磁铁矿综合利用示范基地建设　211
反洗钱工作　286
防汛抗旱工作　240
防震减灾目标考核　339
防震减灾宣传培训　339
房地产管理　108
房地产业　271
非钢产业　221
非公经济人士理想信念教育　77
非公有制工业　214
非公有制经济队伍　214
非煤矿山安全监督管理　115
非物质文化遗产保护　354
非行政许可审批事项清理　68
风险防控　301
风险和案件防范　302
扶持实体经济发展　319
扶贫帮村“双联”活动　106
扶贫工作　77,110
扶贫开发及帮扶工作　157
扶贫移民资金管理　112
服务创新　312
服务大局　178
服务党政中心　149
服务地方经济　255,302
服务地方经济发展　256
服务非公有制经济发展　146
服务经济社会发展　171
服务民生　174
服务全市改革发展　76
服务三农　293
服务社会　251
服务实体经济　303
服务台胞台属和台资企业　79
服务业发展　273
负债业务　295,298,305
妇女居家灵活就业　152
妇幼卫生　379

G

改革创新　174,272,292
改革发展　225
改革与管理　374
改善办学条件　367
改善公司治理　290
改善能源体系工作　186
概况　56,61,69,76,82,9,95,97,106,107,108,110,112,118,121,124,126,145,147,151,155,160,162,172,175,178,179,193,195,202,211,214,215,215,217,223,224,227,228,228,230,231,238,239,243,248,249,250,251,252,253,255,256,258,260,262,271,275,276,277,279,281,289,291,292,294,297,299,299,301,303,304,306,307,308,310,311,312,313,314,315,316,318,325,330,333,338,340,342,346,347,348,351,354,358,363,370,376,382,387,388,391,397
干部队伍建设　61,325
干部管理监督　63
干部培训　83
高等教育和成人教育　365
高速公路项目推介活动　247
高效节水项目建设　242
格福路改建完工　247
个私协会管理　206
个体私营经济监督管理　204
各县(区)委执政实录出版　349
耕地保护　209
工程建设　160,222,223
工会自身建设　149

工矿废弃地复垦利用试点工作　211
工伤保险管理改革　396
工业和建筑业　16
工业结构调整升级　190
工业经济　20,24,29,33,43,48
工业经济综述　189
工资福利　103
工资集体协商工作　148
公车改革　227
公共机构节能管理　109
公共图书馆　352
公共文化服务体系　352
公交客运　243
公路管养　244
公务车辆管理　109
公务员管理　100
公证工作　181
供销社综合改革　276
构建和谐劳动关系　149
固定资产投资　17,243
固定资产投资工作　186
固体废物管理　267
关心下一代工作　151
管控　306
“7s”管理　229
管理创新　311
管理创新　222
管理服务　121
管理改革　303
管理机构　270
贯彻落实四川省委统战工作会议　76
贯彻落实中央、省市委党的群团工作会议精神　147
广播电视宣传　355
规范办学　366
规范化服务　299
规范权力运行　123
规范市县(区)部门内设机构名称　68
规范行政复议答复工作　183
规范行政审批行为　122
规范性文件备案　182
规划编制　261
规划财务工作　104
国家钒钛质检中心建设　207
国家骨干高职院校建设项目　374
“12·4”国家宪法日暨全国法制宣传日　182
国库管理改革　321
国民经济　89
国民经济发展　48
国民体质测试工作　377
国内贸易及旅游　17
国土资源　15,209
国土资源规划　209
国有企业党风廉政建设　200
国有企业党建　199
国有资产管理　198,324
国资国企改革　198

H

海关监管　255
海事监管　245
“寒窗助学”行动　148
航空安全　248
航空市场　248
合规管理　315
合规建设　310
和谐警民共建　166
和谐矿区建设　226
和谐劳动关系建设　105
核与辐射环境监管　269
狠抓部队安全稳定　156
狠抓增值服务　307
红飘带爱心出租车队成立　247
宏观政策措施落实情况跟踪审计　202
后勤保障建设　165,169
后勤服务　373
后勤建设　159
“互联网+”和两化融合工作　191
互联网宣传管理及舆情信息工作　71
户外劳动者关爱行动　148
“花城联姐”婚调室建设　153
华丽高速试验段开工建设丽攀高速攀枝花全段年内通车　247
环境保护和安全生产　18
环境法制建设　267
环境监察执法　268
环境污染强制责任保险　267
环境信访　269
环境宣传教育　267
环境应急管理　268
环境影响评价管理　267
环境质量　265
环境治理　25
黄金市场的监督管理　283
回望建队50年　167
惠民关爱行动　153
婚姻登记和收养登记　386
火灾及接警出动情况　163
火灾隐患整治　163
获奖　352

J

机场服务　248
机构编制调查研究　69
机构编制纳入经济责任审计　68
机构编制事项审批　67
机构编制突出问题专项整治　68
机构调整　279
机构和队伍　378
机构和队伍建设　211
机构和渠道建设　312
机关党建　61
机关建设　139
机关事业单位养老保险制度改革　394
机械行业　231
机制建设　295
积案难案化解　96
基本情况　221,374
基层部队建设　170
基层法律服务　181
基层科普行动计划　336

基层平台与信息化建设 100
基层医疗卫生体系建设 378
基层政权建设工作 384
基层组织 162
基础保障 259
基础单元示范创建活动 339
基础管理 221
基础管理建设 316
基础设施建设 120,270
疾病预防控制 379
集约节约用地 210
集中力量打赢扶贫开发攻坚战 54
计量检定与计量测试 208
计量市场监督管理 208
计生利益导向政策 380
纪检监察系统警示教育暨作风巡察动员会 58
纪念攀枝花三线建设50周年宣传 360
技术培训 346
技术支撑与服务 254
继续教育 371
继续教育教学管理和招生 83
加大观音岩引水工程资金保障 193
加大社区和农网建设 307
加快发展现代农业 90
加强国企党建 193
加强国债管理 288
加强和改进党的群团工作 55
加强老龄问题调查研究 398
加强老年优待工作 397
加强全市领导班子思想政治建设 54
加强银政合作 299
加强政务服务窗口建设 123
加强"ACS"制度执行 286
价格监管与认证工作 188
坚决压实"两个责任" 58
监察工作 189
监督执法 164
监管企业安全和稳定 199
监管企业发展 199
检察技术 177
建功立业促发展行动 147
建立沟通协调机制 283
建立健全行政权力清单制度 55
建设基层示范性老年协会 398
建设完成攀枝花市地震数据中心 339
建市50周年系列宣传活动 72
建制人口 28
建置人口 19,23,32,42
建筑业管理 271
健康服务业 380
健全残疾人社会保障体系 389
健全公共资源交易管理机制 124
健全行政权力平台监督 123
践行社会责任 304
奖项荣誉 374
降低企业融资成本 299
降低融资成本 290
降水 341
交流与合作 345
交通安全 246
交通部原部长黄镇东到攀枝花调研金沙江航运发展工作 246
交通管理 174
交通基础建设 243
交通建设 27,30
交通、通信和邮电 17
教师队伍建设 367
教学管理 371
教学和科研 375
教育 21,26,31,35,44
教育督导 366
教育和科学技术 18
教育技术装备 367
教育科研 366
教育培训工作 367
教育投入 367
教育信息化 367
教育信息宣传 368
教育综合改革 365
"接访大厅"建设 97
街道、乡(镇)发展状况 32
街道、镇发展状况 23,27
节能环保 226
节能减排与环境资源工作 188
节水研究 344
界别工作 133
"金桥工程"和"讲比"竞赛活动 338
金融创新 290
金融风险应急管理 286
金融扶贫攻坚 290
金融服务 292
金融服务"三农" 282
金融IC卡应用 287
金融统计基础 284
金融统计数据的研究运用 284
金融宣传 289
紧急救援与应急保障 95
进口产品检验检疫监管 256
禁毒缉毒 173
经济发展方式转变 190
经济发展状况 19,23,28,42,258
经济科技 107
经济目标完成情况 185
经济社会发展 33
经济体制改革工作 188
经济运行分析工作 185
经济指标 29
经济综述 16
经营管控 225
经营管理 227,228
经营转型 303
精神文明建设 255
精神文明建设工作 71
精细化管理 277
精准扶贫 39,210,276,332
精准扶贫工作 62,153
精准扶贫工作的研究 56
精准扶贫开发工作 323
警报建设 161
境内运输经营 248
救灾 384
就业创业 38,98
就业创业促进活动 148

就业创业能力培训　100
举报投诉　113
卷烟营销　278
决策咨询　335
军事能力建设　169
军事训练　159
军转安置解困　103
竣工决算　196

K

开通西区河石坝至同德镇农村客运线路　246
开展爱老助老宣传活动　398
开展第四次中国城乡老年人生活状况抽样调查工作　397
开展法治实践　150
开展反恐和维稳工作　289
开展“三严三实”专题教育整顿活动　156
开展投资促进活动　78
开展依法行政示范创建活动　182
开展政府向社会力量购买服务工作　323
开展重点课题研究　284
科技　20,31,35,44
科技标准监测管理　268
科技创新　220,223,226
科技创新体系建设　334
科技体制改革　333
科技与信息化工作　228
科普宣传教育活动　336
科学　25
《科学素质纲要》督导　335
科研工作　83,372
可疑交易报告管理　287
客服创新　311
客户服务　251,252,309,313,314,316
课程教学改革　371
空政文工团大型经典民族歌剧《江姐》演出活动　73
跨境人民币业务　284
跨区域发展　302
快递市场监管业务　249
“宽带乡村”惠民工程建设　250
矿产资源　28
矿政管理　209
困难帮扶工程　148

L

劳动保障监察　105
劳动能力鉴定　397
劳动人事争议仲裁　105
劳模评选与关爱行动　147
老干部工作　66
“雷霆—E”综合应急救援演练　167
李传林一行调研攀枝花市交通运输重点工作　248
理论武装工作　69
理赔服务　315
力促工业企稳回升　90
利率市场化改革　282
利用住房公积金贷款支持保障性住房建设试点　125
联系服务群众　369
粮食安全保障　274
粮食生产　234
“两纲”实施　152
“两会”新闻报道　361
“两权”监督　331
“量体裁衣”式残疾人服务　389
林业产业　264
林业改革与发展　265
林业科技　265
林业行政执法　263
林业宣传　265
林业研究　344
临时救助　383
零售业务转型　302
领导班子和干部队伍建设　63,368
领导到攀授课　57
领导干部经济责任审计　203
领导干部廉洁自律　60
领导接访下访　96
领导责任制　172
流动人口服务管理　380
流浪乞讨人员救助　386
“六个一”项目　162
“六五”普法检查验收　181
路政管理　244
旅游　31
旅游经济　40
律师工作　180
落实残疾人社会保障制度　389
落实差别化住房信贷政策　283
落实惠农政策　236
落实教育经费　320
落实政协重点提案提前完成渡金线限速调整工作　247

M

矛盾纠纷排查化解　96
煤矿安全监督管理　115
煤炭生产　224
美术作品　352
《魅力城市——攀枝花》正式上线　79
米易县丙谷镇两个自发迁居农民安置点新建公路已全面竣工　247
民办教育　365
民爆物品安全监督管理　116
民间组织管理　386
民商事审判　178
民生档案管理　388
民生工程　22,27,49,75,211,274
民生工程建设　393
民生科技　334
民生事业　259
民生宣传　361
民主法治建设　49
民主监督　138,179
民族地区开发　393
民族事务　41
民族团结进步创建　393
民族卫生　381

民族宗教工作 77
目标管理 74

N

纳税服务 327,331
内部审计工作 203
内控案防 292
内控管理 296,298,301,304,305
内控合规建设 310
内控机制建设 288
内控制度建设 294
2015 年版第五套人民币 100 元纸币发行工作 285
年产 2 万吨钛板坯项目成功落户盐边县 127
年轻干部人才递进培养 62
2015 年文学创作成果 358
2015 年文艺大讲堂活动 358
2015 年文艺惠民活动 357
2015 年文艺进校园活动 358
2015 年艺术创作成果 358
2015 年展览活动 358
农村电子商务 275
农村集体土地确权登记发证 210
农村经济 34
农村民居抗震设防 339
农村能源建设 237
农村农业工作 185
农村生态环境保护 268
农村五保供养 382
农村义务教育薄弱学校改造 367
农广校招生与培训 237
农机发展与管理 237
农民负担监管 236
农民工工作 100
农民专业合作社 275
农田基本建设 237
农田水利基本建设 240
农药市场监管 235
农业 16
农业产业化 238
农业和农村经济 20
农业经济 30,43
农业抗灾救灾 237
农业科技 334
农业农村档案管理 387
农业农村经济 48
农业"三项补贴"改革 322
农业综合项目库 275
农资经营 275

P

排污费征收 269
攀钢集团钒业有限公司 215
攀钢集团钛业有限责任公司 218
攀西钒钛磁铁矿整装勘查 211
攀西国家级战略资源创新开发试验区 211
攀西国家级战略资源创新开发试验区建设工作 187
攀西试验区重大科技攻关 334
攀西资源开发工作 189
攀枝花东方钛业有限公司 219
攀枝花钢城集团有限公司 231
攀枝花钢企欣宇化工有限公司钛业分公司 218
攀枝花国家钒钛高新技术产业开发区授牌 94
《攀枝花纪事》编辑出版 348
攀枝花金融生态建设暨银政企合作座谈会 92
攀枝花凉山两市州水上交通安全工作联席会在攀召开 247
《攀枝花年鉴(2015)》编纂出版 347
《攀枝花社会科学》编发 347
《攀枝花史志》编发 348
攀枝花市参加"中外知名企业四川行"活动 127
攀枝花市残联第六届主席团第二次会议 388
攀枝花市党员学习《两个条规》知识竞赛决赛活动 58
攀枝花市第七届运动会 377
攀枝花市获批全国区域工业绿色转型发展试点城市 93
攀枝花市廉政教育基地授牌 58
攀枝花市民兵综合应急营成立 157
攀枝花市首个农光互补电站项目正式并网发电 45
攀枝花市首个钛产品加工项目落户西区 127
《攀枝花市西区 2015 年国民经济和社会发展计划》 23
攀枝花市鱼鲊金沙江大桥 5 月底通车 247
攀枝花市与成都市签署合作框架协议 127
攀枝花市与华润电力签订银江水电站合作协议 128
攀枝花市与九鼎投资共建投资小镇 127
攀枝花市庄上旅游新村专线包车开通 247
《攀枝花文学》2014 年度优秀作品奖 357
攀枝花文学艺术创作中心正式启用 357
攀枝花学院附属医院建设 373
攀枝花·毅德城项目落户仁和区 127
攀枝花卓越钒业科技有限公司 216
培训情况 252
培育和践行社会主义核心价值观宣传 361
《平凡的感动——攀电人自己的故事》征集 230
平战结合 161
普遍服务监管业务 249
普查工作 200
普法和法律服务志愿者支队成立 182
普惠金融 283,289
普教招生和就业 371
普通高中教育 364

Q

其他项目 238
气候 15,28
气候综述 341
气温 341
气象服务 340
气象灾害 341
企业、单位年鉴编辑出版 348
企业工资分配制度改革 105
企业管理 279
企业和职工文化建设工程 149
企业文化 221,252
企业信用评价 269
强化干部实践锻炼 289
强化自身建设 151
“强基固本”行动 153
强制隔离戒毒 180
强制清洁生产审核 267
切实改善保障民生 90
青少年科技创新实践活动 336
青少年体育 376
轻工行业 231
区域医疗卫生高地建设 378
渠道建设 305
权益保障 108
全面创新改革驱动转型发展 54
全面深入推进依法治市 54
全面推进从严治党 54
全民参保登记试点 394
全民健身活动 376
全民阅读 353
全省书画名家“走进阳光花城”创作采风活动 357
全市安全生产工作推进会暨第三次安委会 92
全市财政预算执行情况 318
全市对外开放和招商引资工作会议 91
全市扶贫攻坚工作会 92
全市扶贫攻坚工作会议 52
全市工业经济稳增长促投资工作推进会 92
全市科学技术奖励大会 92
全市领导班子思想政治建设工作会 51
全市农业产业化重点项目推进会 92
全市“三严三实”专题教育工作座谈会 51

R

人才队伍建设 304
人才服务 102
人才工作 65
人才建设 223
人才开发和市场管理 102
人才引进培养 380
人口 18
人口健康信息化建设 380
人力资源 227
人力资源管理 225
人民币反假 285
人民调解 180
人民生活 89
人民生活和社会保障 18
人事考试工作 103
人事人才 35
人事任免 88
人事制度改革 367
人文与素质教育 375
仁和区涉农打捆项目试点工作 322
认证工作 208
日照时数 341

S

“三无”创建活动 97
三线建设博物馆正式开馆 93
“三严三实”专题教育和领导班子思想政治建设 62
“三严三实”专题教育宣传 360
“三言三实”教育活动 80
“扫黄打非” 355
森林病虫防治检疫 264
森林城市创建 263
森林防火 264
森林资源管理 263
商标品牌战略 204
商务援藏 274
上下联动活动 133
社保基金监管 396
社工人才工作 386
社会保险待遇发放 394
社会保险扩面征缴 394
社会保障 31,38
社会保障制度建设 394
社会慈善工作 385
社会服务 139,142
社会福利事业 385
社会救助体系建设 383
社会履职 306
社会事业 89
社会事业发展工作 186
社会体育指导员培训 377
社会稳定 49
社会消费品零售 273
社会责任 303
社会治安综合治理 171
社科课题研究 346
社科学术活动 346
社科优秀成果评奖 347
社科知识宣传普及 347
社区矫正 180
涉农资金专项整治 322
摄影作品 352
深化改革 49,220
深化改革凝聚发展动力 91
深化国企改革 193
深化源头防腐 60
深入反“四风”抓整改、巩固和拓展党的群众路线教育实践活动成果 55
深圳直飞攀枝花航班开通 93
审查、制定市政府规范性文件 182
审计自身建设 204
升创工作 259

生产经营　219,222,224
生产要素协调与保障　190
生态环境建设　30
生态建设　39
生态文明建设　77,268
生物资源　15,28
生育保险改革　396
省道310线格福路改建完工　27
省道310线格福路龙洞至格里坪段试通车　247
省道216线同德至渔门段恢复正常通行　246
省交通运输厅副厅长冯文生一行到攀调研　246
省厅公路局检查考核普通国省干线公路养护管理工作　246
省委领导到攀调研　57
省住建厅检查、调研　126
师资队伍建设　372
诗画集《砚池清韵》首发　356
“十二五”水利规划完成情况　239
“十三五”科技规划编制　335
石墨矿勘查开发　211
实践教学　371
实名制管理与督查　68
实施社会主义核心价值观建设“3554”工程　72
实验室建设　257
实战化练兵　164
食品安全风险监测　379
食品药品及医疗器械检验检测　214
食品药品监管体制改革　212
食品药品专项整治　213
食品质量安全追溯体系建设　213
市本级财政预算执行情况　319
市场服务　228
市场监督管理　205
市场监管　279,377
市场流通监管　274
市场体系建设　274
市场营销　279
市场主体登记管理　204
市第七届运动会举行　94
市级部门机构概况　67
市级单位纪检组织负责人2014年度述责述廉　58
市纪委九届五次全会　57
市交通运输局被评为全国先进集体　247
市九届人大常委会会议　84
市九届人大常委会主任会议　85
市九届人民代表大会会议　84
“12345市民热线”　97
市人民政府门户网站　253
市委九届八次、九次全会宣传　359
市文联六届二次全委会召开　356
市政府廉政工作暨全市依法行政、审计工作会议　91
市政府与交通运输部科学研究院签署战略合作框架协议　247
市政设施　272
事业单位登记　69
事业单位登记管理改革　69
事业单位法人治理结构试点　69
事业单位分类改革　68
事业单位管理　101
事业建设　355
视察、考察　130
视频接访系统建设　97
适应新常态、抢抓新机遇、展现新作为，加快推动攀枝花转型升级发展的研究　56
收费管理工作　188
收支管理　319
首届家庭文化艺术节活动　154
首届“家庭植树节”活动　154
首届四川省养生旅游节　119
首抓项目稳定社会投资　89
书法作品　352
疏散基地建设　161
蔬菜生产　234
蔬菜研究　342
数字化城管　272
“双基”夯实行动　149
“双联”和干部驻村帮扶工作　82
双拥工作　384
水果生产　234
“水拍金沙”纪念攀枝花开发建设五十周年美术、书法、摄影作品展　356
水土保持　241
水务改革　242
水资源管理　240
税收收入　326
税收征管　255,328,331
税政管理　328
司法改革　179
司法鉴定　181
司法警察　177
司法考试　182
司法所规范化示范点创建　180
司法为民　179
司法业务用房建设　182
思想建设　80
思想政治建设　155,166,168
思想政治教育　158
四川安宁铁钛股份有限公司　219
四川龙蟒矿冶有限责任公司　233
四川攀西钒业科技有限公司　217
四川攀枝花三线建设博物馆　353
四川汽车客运票务网投运　246
四川省内首个农、风、光互补试点项目投产　46
“四心”建设　230
“送清凉”活动　148
“送温暖”活动　148
诉讼监督　176
素质教育改革　371
“素质提升”行动　152

T

太阳能产业发展　192
特色水果研究　343
特赦工作　180
特殊教育　364
特种设备安全监察　208

提案工作　130
提高综合保障能力　156
提升国库收支效率　288
提升经办人员服务能力　396
提升内部管理水平　290
提升外汇监管工作　284
体育　21,37,45
体育产业　377
体育基础设施建设　377
体育人才培养　377
体育“三下乡”活动　378
天然林资源保护工程　262
铁路建设工作　186
听取社会公众意见　182
通信保障　251,252
同业拆借市场监督管理　283
桐子林水电站正式投产发电　94
统筹施策发展社会事业　91
统计报表　200
统计调查　200
统计法制建设　201
统计分析　201
统计服务　201
统计改革　201
统计能力建设　201
统计双基建设　201
统计信息化建设　201
统战部门自身建设　77
统战、工会、共青团、妇女工作　82
统战理论　138
投资建设项目审计　203
图片展览活动　158
土地治理　238
推动工作创新　150
推动媒体融合发展　362
推广政府与社会资本合作模式(PPP)　323
推进户籍制度改革　55
推进军民融合深度发展　157
推进军事斗争准备　155
推进康养产业发展　397
推进网点转型　293
推进志愿服务制度化　74
推进“中小微企业金融服务提升工程”　282
推进重点群体就业　98
推进住房公积金改革　125
退耕还林工程　262
退役士兵安置　384
拓展金融市场业务　302
拓展融资渠道　197

W

外宾来访接待　106
外汇服务工作　285
外来企业投诉　182
外资外经　273
完善促进就业创业政策　98
完善和深化集体林权制度改革　55
完善失业保险功能　395
完善重大事项报告制度体系　286
240万吨扩建工程　226
万企帮万村活动　77
网点建设　292
网络保密管理　80
网络运营　251,252
网上信访信息综合平台　97
危险化学品安全监督管理　116
违纪违法案件查处　60
维护民族宗教领域稳定　393
维护社会稳定　171
维护涉外经营秩序　285
维权信访工作　152
维权与维稳　148
卫生　22,26,45
卫生基础设施建设　378
卫生计生　36
卫生计生宣传　381
卫生监督执法　379
卫生应急　379
未成年人思想道德建设　74
委员无题座谈会　132
文化　21,26,37,44
文化产业　354
文化馆事业　353
文化建设工作　70
文化体育　31
文化、卫生和体育　18
文化宣传　160
文明城市创建　73
文史工作　133
文物保护　353
文学作品　352
稳步推进纪律检查体制改革　59
稳增长调结构　289
“稳增长”新闻报道　361
“我们的中国梦·纪念建市五十周年”有奖征文活动　357
污染治理　266
无偿献血　379
无公害农产品监测　235
无线电管理　192
舞蹈创作　351
物业管理　109

X

戏剧创作　352
先进典型选树宣传活动　73
县(区)年鉴编纂出版　348
县(区)政府机构改革　68
现代服务业　48
现代烟草农业建设　278
现金供应　285
乡镇发展　41
乡镇概况　46
相对湿度　341
相关产业　224
向四川省专业运动队输送运动员

377
项目建设　22,49,260
项目资金争取　274
消防安全宣传　164
消防工作社会化　163
119 消防宣传周　167
消费者质量投诉　208
校园安全　369
校园文化建设　373
协商座谈会　132
新村建设　323
新能源开发　229
新农村建设　24
新设银行业机构开业管理　286
新提拔交流县级领导干部集体廉政谈话　57
信贷管理　300
信贷融资业务　291
信贷投放　299
信贷业务　294,300
信访工作　276
信访事项复查复核　97
信访维稳　111
信访维稳工作　369
信访维稳综治工作　106
信息化工程　106
信息化工作　83,191
信息化建设　226
信息网络安全与运维保障　254
刑事检察　175
刑事审判　178
行政处罚案件信息公开　183
行政处罚及行政许可案卷评查　183
行政“大调解”　104
行政调解　184
行政复议案件　183
行政复议委员会工作制度　183
行政区划　385
行政确认　377
行政审判　178
行政审批　271
行政审批改革　121
行政审批工作　104,187
行政事业性收费清理　321
行政执法　208,244,354
行政执法人员资格认证　183
行政执法与刑事司法衔接　184
行政执法证件管理　183
行政职能改革　22
“幸福家庭”行动　153
修改法规、规章草案　184
畜产品检疫　236
畜牧生产　235
畜牧研究　343
宣传党的十八届四中、五中全会和省委十届七次全会精神　359
宣传工作　132
宣传贯彻中央“四个全面”战略布局　359
宣传教育　139,162,184,349
宣传营销　121
宣讲工作　83
学前教育　364
学生奖助学　372
学生资助工作　367
学生资助与奖励　375
学术研讨交流活动　337
学习会　131
学习宣传贯彻习近平总书记系列重要讲话精神　72
学校后勤保障工作　369
学校卫生与健康教育　365
学校艺术教育　365

Y

烟草技术推广应用　278
烟草研究　343
烟花爆竹安全监督管理　116
烟叶生产　278
严防案件风险　290
严控信用风险　290
盐边县鳡鱼大桥新建工程全面完工　46
盐边县纳入全省第二批县域全域规划试点　45
盐边县首个芒果深加工项目成功落地　46
盐边县桐子林水电站首批机组成功投产发电　46
盐边县小河沟水库工程正式开工建设　46
盐边县义务教育发展基本均衡县工作通过省政府督导评估　46
盐边县在“2015 中外知名企业四川行”签约项目 87.5 亿元　45
盐宁路全线贯通　45
扬尘治理　272
阳光花城·米易诗会影响不断扩大　357
阳光邮局　250
养产业合作交流会　79
冶金安全监督管理　117
冶金行业　231
野生动植物保护及自然保护区建设　263
业务创新　311
业务发展　251,252,309
业务结构调整　307
一期企业债转回售　193
医保付费方式改革　396
医保惠民利民政策　396
医保监管机制建设　396
医疗机构药械质量管理规范化建设　213
医疗卫生　31

医药卫生体制改革　378
医政管理　379
依法合规经营　308
依法监管　290
依法行政　80,331,366,380
依法行政工作　104
依法行政和依法治水　241
依法行政示范创建　213
依法治教　366
依法治军建设　169
依法治理　114
依法治企　229
依法治市　49,176
依法治税　327
移民后期扶持　111
以颛顼文化打造,提升地方文化影响力　357
义务教育　364
义务教育发展基本均衡县创建　369
义务教育均衡发展　365
异地就医即时结算　395
疫情监控、进口粮后续监管　256
因公出国(境)　106
音乐创作　351
银行业信息化工作　287
银行综述　280
银政合作　293
引导非公有制经济人士健康成长　146
印刷　354
拥政爱民　160
用地保障　260
优待抚恤　384
优化环境打造宜居城市　90
优化提升公路网络工作　185
优质服务　304,306
邮政综合便民服务平台　250
油价调整　276
鱼塘至机场路新建工程建成试通车　247
舆论宣传工作　70
语言文字工作　366
预算管理改革　321
预算执行情况审计　202
园林绿化研究　343
园区安全监督管理　117
“圆梦行动”传承大爱和温暖　362
援企稳岗政策　397
院士专家工作站建设　337
运政管理　245

Z

再贷款和再贴现管理　282
增加金融服务供给　290
债券市场监督管理　283
展览　352
战备执勤　159
招商引资　20,25,34,44,49,118,259,261
招生考试　368
招生与就业　375
招投标　195
招投标管理工作　187
召开全市保密工作会议　80
震情跟踪会商　339
争取棚改项目贷款　193
争取政策支持　299
争取资金支持　119
征兵工作　158
整治银行卡网上非法买卖　285
正风惩腐维护群众利益　59
政法队伍建设　172
政府采购监督管理　324
政府性债务管控　324
政府职能转变　68
政务调研　95
政务服务　210
政务公开　95
政务管理　330,332
政务信息　95
政务信息公开　254
支持产业发展　320
支农资金分配方式改革　322
知识产权工作　334
执法监察　210
执行工作　178
直接投资外汇管理简化和改进　284
直接债务融资　284
职工代表巡视督察　230
职工技能素质提升行动　147
职工经济技术创新工程　147
职业技能鉴定　375
职业健康监督管理　117
职业教育　364
职业教育与培训　374
职业能力建设　99
植物检疫　235
制度建设　81,272,313
质量安全控制　261
质量管理　207,291
质量监督抽查　206
质量强市建设　206
质量专项监督检查　207
治安管控　173
致公党员风采　142
智能包裹柜建设　250
中共攀枝花市委九届八次全体(扩大)会议暨市委经济工作会议　50
中共攀枝花市委九届九次全体(扩大)会议暨市委经济工作会议　53
《中国共产党攀枝花执政实录》

（第8卷）出版 348
《中国苴却砚》出版 347
《中国苴却砚图志》编纂出版 347
中国三线建设研讨会在攀召开 93
2015中国四川·二滩至泸沽湖山地徒步大会开幕 46
中国西部（四川）进口展暨国际投资大会攀枝花市投资促进工作成果丰硕 127
中间业务 294,294,295,298,300
中文域名注册 69
中小学德育 365
中医药工作 381
种子管理 237
仲裁工作 184
重大案件 278
重大工业产业化项目推进 190
重大赔案 308,310,311,312,313,314,315,316,317
重大项目 29
重大项目及重大活动档案管理 387
重大项目建设 27
重大项目建设工作 186
重大行政处罚、强制备案 183
重大演出 352
重点化工企业 231
重点路桥建设 197
重点水利工程建设 239
重点项目 120
重点项目稽查工作 189
重点项目营销 295
重点项目用地保障 209
主席会议 129
主要工作 135,137,140,143
主要接待 107
主要污染物总量减排 267
主要指标完成情况 228
助推康养产业发展 133
助推重大项目建设 320
住房保障 270
住房公积金管委会会议 126
住房公积金缴存管理 124
住房公积金使用管理 125
住房公积金运营效益及收益分配 125
住建部公积金督查员巡查 126
抓住领导干部“关键少数”，营造良好政治生态的研究 56
专卖管理 278
专题调研 76,131
专题研究 350
专项资金审计（调查） 203
专业队伍 161
专业技术人才管理 101
专业技术职务评审 372
转型升级 221
着力产业研判，实施精准招商 78
资本中介 307
资产业务 295,297,305
资格认证与关系转移接续平台建设 395
资金保障 261
资金管理及安全 125
资金业务 304
资政工作 350
资助少数民族贫困生 393
自驾游新闻报道 360
自身建设 67,145
综合负债业务 291
综合行政执法改革试点 68
走访慰问特殊困难老人 398
组织概况 149
组织基层专武干部集训 157
组织建设 81,139,146,158,168
组织民兵骨干集训 157
组织收入 330
组织指挥 160
组织状况 135,136,138,140,141,143,144
2015“最美花城”攀枝花摄影大赛 357
作风和反腐倡廉建设 81